Droit constitutionnel

Dans la même collection

Droit privé

Introduction au droit, J.-L. Aubert et É. Savaux
Droit civil. Les obligations :
– vol. 1 : *L'acte juridique*, J. Flour, J.-L. Aubert et É. Savaux
– vol. 2 : *Le fait juridique*, J. Flour, J.-L. Aubert et É. Savaux
– vol. 3 : *Le rapport d'obligation*, J. Flour, J.-L. Aubert et É. Savaux
Droit civil. Introduction. Biens. Personnes. Famille, Y. Buffelan-Lanore et V. Larribau-Terneyre
Droit civil. Les biens, M.-L. Mathieu
Droit civil. Les obligations, Y. Buffelan-Lanore et V. Larribau-Terneyre
Droit commercial et des affaires, D. Legeais
Droit commercial. Actes de commerce. Commerçants. Fonds de commerce. Contrats commerciaux. Concurrence. Instruments de paiement et de crédit, D. Houtcieff
Droit de la concurrence interne et européen, M. Malaurie-Vignal
Droit de la consommation, Y. Picod
Droit des contrats internationaux, M.-É. Ancel, P. Deumier et M. Laazouzi
Droit de la distribution, M. Malaurie-Vignal
Droit des entreprises en difficulté, P.-M. Le Corre et E. Le Corre-Broly
Droit européen des contrats, H. Kötz, B. Fauvarque-Cosson, C. Signat et D. Galbois-Lehalle
Droit de la famille, P. Courbe et A. Gouttenoire
Droit international privé, T. Vignal
Droit pénal spécial, M. Véron
Droit des sûretés, M. Bourassin et V. Brémond
Droit du travail, B. Gauriau et M. Miné
Gestion des ressources humaines, J.-P. Citeau et Y. Barel
Procédure civile, G. Couchez et X. Lagarde
Voies d'exécution, G. Couchez et D. Lebeau

Droit public

Droit administratif, P. Chrétien, N. Chifflot et M. Tourbe
Droit administratif des biens, Ph. Godfrin et M. Degoffe
Droit administratif des obligations, J.-C. Ricci et F. Lombard
Droit constitutionnel, B. Chantebout
Droit constitutionnel, F. Mélin-Soucramanien et P. Pactet
Droit européen des droits de l'Homme, C. Gauthier, S. Platon et D. Szymczak
Droit général de l'Union européenne, M. Blanquet
Les institutions administratives, H. Oberdorff et N. Kada
Libertés publiques et droits de l'Homme, G. Lebreton

Ferdinand Mélin-Soucramanien
Professeur à l'Université de Bordeaux
Directeur du Centre d'études et de recherches comparatives
sur les constitutions, les libertés et l'État (CERCCLE)

Pierre Pactet

Droit constitutionnel

39e édition

2021

SIREY

DALLOZ

31-35, rue Froidevaux – 75685 PARIS CEDEX 14

ISBN 978-2-247-19919-8

Sommaire

Une table des matières détaillée figure à la fin de l'ouvrage.

Principales abréviations

AFDC	Association française de droit constitutionnel
AIDC	Association internationale de droit constitutionnel
AFDI	*Annuaire français de droit international*
AIJ	*Annuaire international de justice constitutionnelle*
Archives Phil. Dr.	*Archives de philosophie du droit*
Bull. C. cass.	*Bulletin des arrêts de la Cour de cassation*
CEE	Communauté économique européenne
CE	Conseil d'État
C. cass.	Cour de cassation (si Ass. plén. : Assemblée plénière)
CEDH	Cour européenne des droits de l'Homme
CJUE	Cour de justice de l'Union européenne
Const.	Constitution de la République française
Const.	*Constitutions – Revue de droit constitutionnel appliqué*
D.	*Recueil Dalloz*
Décis.	Décision
EDCE	*Études et documents du Conseil d'État*
GDCC	*Grandes décisions du Conseil constitutionnel*
JCP	*Juris-Classeur périodique*
LPA	*Les Petites Affiches*
LGDJ	Librairie générale de droit et de jurisprudence
NCCC	*Les nouveaux Cahiers du Conseil constitutionnel*
PUAM	Presses universitaires d'Aix-Marseille
PUF	Presses universitaires de France
QPC	Question prioritaire de constitutionnalité
RA	*Revue administrative*
RCC	*Recueil des décisions du Conseil constitutionnel* (annuel)
RCE	*Recueil des décisions du Conseil d'État* (annuel)
RDE	*Revue de droit européen*
RDI	*Revue de droit international*
RDH	*Revue des droits de l'Homme*
RDP	*Revue du droit public et de la science politique*
RFDA	*Revue française de droit administratif*
RFDC	*Revue française de droit constitutionnel*
RFDI	*Revue française de droit international*
RJC	*Recueil de jurisprudence constitutionnelle*
UE	Union européenne

Note sur les décisions du Conseil constitutionnel

Elles sont désignées par un **numéro d'ordre** et par leur **date**. Les décisions de conformité ou de non-conformité portent en outre l'appellation simplifiée de la loi à l'occasion de laquelle elles ont été rendues.

Le numéro d'ordre permet l'identification. Il comporte le millésime du dépôt de la requête et un numéro d'enregistrement. Pour les décisions en matière électorale ce numéro suffit, bien que le nom du (ou des) requérant(s) soit indiqué. Pour presque toutes les autres décisions le numéro d'ordre comporte aussi des initiales lettres.

Les initiales « **DC** » indiquent qu'il s'agit d'une décision de conformité (ou de non-conformité), à la Constitution rendue en application des articles 54 et 61 de la Constitution.

Les initiales « **QPC** » désignent les décisions prononcées à l'issue d'une procédure de question prioritaire de constitutionnalité prévue par l'article 61-1 de la Constitution.

L'initiale « **L** » indique que le Conseil, saisi en application de l'article 37, alinéa 2, de la Constitution s'est prononcé sur le caractère législatif ou réglementaire de dispositions figurant dans un texte de forme législative déjà adopté.

Les initiales « **FNR** » (fin de non-recevoir) indiquent que le Conseil, saisi en application de l'article 41 de la Constitution, s'est prononcé sur le point de savoir si une proposition ou un projet de loi entre ou non dans le domaine qui est réservé à la loi.

Les initiales « **LP** » s'appliquent aux décisions concernant les « lois du pays » adoptées par les instances de la Nouvelle-Calédonie en vertu de l'article 104 de la loi organique du 19 mars 1999.

Les initiales « **LOM** » recouvrent la catégorie des décisions de déclassements outre-mer prévue dans le cas particulier de la Polynésie française par l'article 12 de la loi organique du 27 février 2004.

Les initiales « **RIP** » correspondent aux décisions rendues par le Conseil constitutionnel en vertu de la loi organique du 6 décembre 2013 portant application de l'article 11 de la Constitution qui lui attribue compétence pour vérifier que sont bien réunies les conditions de dépôt d'une proposition de loi enclenchant un référendum d'initiative partagée.

Les initiales « **OF** » visent les décisions rendues par le Conseil constitutionnel lorsqu'il a été saisi en vertu de l'article LO 136-4 du Code électoral par le bureau d'une assemblée du non-respect, par un parlementaire, de ses obligations fiscales.

Les initiales « **PDR** », « **AN** » ou « **SEN** » correspondent aux décisions rendues par le Conseil constitutionnel en vertu des articles 58 ou 59 de la Constitution à l'occasion desquelles il a vérifié la régularité d'« élections politiques nationales » que sont l'élection présidentielle, les élections législatives ou les élections sénatoriales.

Les avis émis et les constatations faites par le Conseil constitutionnel ne comportent pas de lettres indicatives.

Bibliographie

Les bibliographies données en fin de chapitres sont, comme dans les précédentes éditions, volontairement limitées à quelques ouvrages, articles ou sites internet paraissant les plus utiles aux lecteurs désirant approfondir leurs connaissances sur les sujets abordés.

I. – Recueils de textes

Constitution, lois organiques et ordonnances relatives aux pouvoirs publics (Journaux officiels, brochure n° 1119).

G. Carcassonne et M. Guillaume, *La Constitution*, 15e éd., Seuil, coll. « Points », 2019.

M. Lascombe, A. Potteau, X. Vandendriessche et C. de Gaudemont, *Code constitutionnel et des droits fondamentaux*, 9e éd., Dalloz, 2020.

F. Mélin-Soucramanien, *Constitution de la République française*, 17e éd., Dalloz, 2020.

F. Mélin-Soucramanien, *Les constitutions de la France. De la Révolution à la IVe République*, Dalloz, 2009.

F. Mélin-Soucramanien, *Les grandes démocraties*, 3e éd., Dalloz, 2010.

T. S. Renoux, M. de Villiers et X. Magnon, *Code constitutionnel 2019*, 9e éd., Lexis-Nexis, 2018.

S. Rials, *Textes constitutionnels français*, 31e éd., PUF, coll. « Que-sais-je ? », 2019.

Dans une approche de droit positif, il est évidemment indispensable de se reporter aux textes. Comme les textes français sont évidemment les plus importants pour les étudiants, les recueils suivants sont d'ores et déjà signalés.

II. – Manuels

1. – Manuels et ouvrages comportant l'étude des institutions de la Cinquième République

Ph. Ardant et B. Mathieu, *Droit constitutionnel et institutions politiques*, 31e éd., LGDJ, 2019.

D. Baranger, *Le droit constitutionnel*, PUF, coll. « Que-sais-je ? », 2017.

C. Cerda-Guzman, *Cours de droit constitutionnel et institutions de la Ve République*, 5e éd., Gualino, coll. « Amphi LMD », 2019.

B. Chantebout, *Droit constitutionnel*, 32e éd., Sirey, coll. « Université », 2015.

J.-J. Chevallier, G. Carcassonne et O. Duhamel, *Histoire de la Ve République. 1958. 2017*, 16e éd., Dalloz, coll. « Classic », 2017.

M.-A. Cohendet, *Droit constitutionnel*, 4e éd., LGDJ, coll. « Cours », 2019.

V. Constantinesco et S. Pierré-Caps, *Droit constitutionnel français*, 7e éd., PUF, coll. « Thémis », 2016.

R. Debbasch, *Droit constitutionnel,* 13e éd., LexisNexis, coll. « Objectif droit-Cours », 2019.

O. Duhamel et G. Tusseau, *Droit constitutionnel et institutions politiques*, 5e éd., Le Seuil, Paris, 2020.

L. Favoreu, P. Gaïa, R. Ghevontian, J.-L. Mestre, A. Roux, O. Pfersmann, G. Scoffoni, *Droit constitutionnel,* 21e éd., Dalloz, coll. « Précis », 2019.

J. Gicquel et J.-E. Gicquel, *Droit constitutionnel et institutions politiques,* 33e éd., Domat Montchrestien, coll. « Droit public » 2019.

O. Gohin, *Droit constitutionnel*, 4e éd., LexisNexis, coll. « Manuels », 2019.

C. Grewe et H. Ruiz-Fabri, *Droits constitutionnels européens,* PUF, 1995.

H. Haquet, *Droit constitutionnel en 11 thèmes*, 2 e éd., Dalloz, coll. « Séquences », 2019.

F. Hamon et M. Troper, *Droit constitutionnel*, 40e éd., LGDJ, coll. « Manuel », 2019.

J. P. Jacqué, *Droit constitutionnel et institutions politiques,* 12e éd., Dalloz, coll. « Mémentos », 2018.

A.-M. Le Pourhiet, *Droit constitutionnel*, 9e éd., Economica, coll. « Corpus droit public », 2018.

E. Oliva et S. Giummarra, *Droit constitutionnel,* 9e éd., Sirey, coll. « Aide-mémoire », 2017.

H. Portelli, *Droit constitutionnel,* 13e éd., Dalloz, coll. « HyperCours », 2019.

D. Rousseau et A. Viala, *Droit constitutionnel,* Montchrestien, coll. « Pages d'amphi », 2004.

F. Rouvillois, *Droit constitutionnel. Fondements et pratiques*, t. 1, 6e éd., Flammarion, 2017.

F. Rouvillois, *Droit constitutionnel. La Ve République,* t. 2, 6e éd., Flammarion, 2019.

M. Verpeaux, *Droit constitutionnel français*, 2e éd., PUF, coll. « Droit fondamental », 2015.

É. Zoller, *Droit constitutionnel,* 2e éd., PUF, 1999.

2. – Dictionnaires et lexiques

O. Duhamel et Y. Meny (dir.), *Dictionnaire constitutionnel*, PUF, 1992.

M. de Villiers et A. Le Divellec, *Dictionnaire du droit constitutionnel*, 11e éd., Sirey, 2017.

P. Avril et J. Gicquel, *Lexique de droit constitutionnel,* 6e éd., PUF, coll. « Que sais-je ? », no 3655, 2016.

3. – Manuels et ouvrages publiés avant 1958

On doit également faire état d'ouvrages classiques plus anciens et dont les développements de théorie générale présentent toujours le plus grand intérêt. Toutefois, il faut bien préciser que ces ouvrages ne peuvent plus être utilisés que pour ces développements ou pour leur intérêt historique.

Un premier groupe rassemble les manuels et ouvrages publiés sous la Quatrième République notamment par :

G. Burdeau, *Traité de science politique*, 10 vol., LGDJ, 1949-1977 ; J. Laferrière, *Manuel de droit constitutionnel*, Domat, 1947 ; G. Vedel, *Manuel élémentaire de droit constitutionnel*, Sirey, 1949, rééd., Dalloz, 2002.

Un deuxième groupe réunit les manuels et ouvrages publiés sous la Troisième République, parmi lesquels on retiendra particulièrement ceux de : R. Carré de Malberg,

Contribution à la théorie générale de l'État, 2 tomes, Sirey, 1920, rééd. Dalloz, 2003 ; L. DUGUIT, *Traité de droit constitutionnel*, 5 vol., E. de Boccard, 1921-1929 ; *Manuel de droit constitutionnel*, nouvelle éd. Panthéon-Assas, 2007 ; et *Leçons de droit public général*, E. de Boccard, 1926, rééd., La Mémoire du droit, 2000 ; de A. ESMEIN, *Éléments de droit constitutionnel*, Sirey, 2 vol., 1927, nouvelle éd. Panthéon-Assas, 2001 ; et de M. HAURIOU, *Principes de droit public*, Sirey, 1910 ; *Précis de droit constitutionnel*, Sirey, 1929, rééd. 1965.

Enfin, pour mémoire, citons le tout premier manuel de droit constitutionnel publié en France (1835) :

P. ROSSI, *Cours de droit constitutionnel*, 4 vol., 1866-1867, rééd. Dalloz, 2012.

III. – Revues

Les cinq revues écrites en langue française les plus importantes pour le droit constitutionnel sont la *Revue du droit public et de la science politique*, la revue *Pouvoirs*, la *Revue française de droit constitutionnel*, l'*Annuaire international de justice constitutionnelle* et, enfin, *Constitutions – Revue de droit constitutionnel appliqué*. Leurs formules sont différentes mais également intéressantes. La *RDP* est la revue de référence pour les publicistes français. Elle rassemble dans un même numéro des études et des articles ayant une ambition doctrinale élevée. La revue *Pouvoirs* est une revue par thème, chaque numéro rassemblant des études et des articles qui se rapportent à un même sujet. Il faut ajouter que ces deux revues publient régulièrement des chroniques du plus grand intérêt (par exemple sur la jurisprudence du Conseil constitutionnel ou sur la vie parlementaire française à la *RDP*, sur la pratique constitutionnelle française à la revue *Pouvoirs*, etc.). La *Revue française de droit constitutionnel* est plus récente puisqu'elle a commencé à paraître en 1990. Elle comporte des articles de fond et de nombreuses rubriques (jurisprudence constitutionnelle, pratique institutionnelle, régimes étrangers, etc.), qui permettent d'être constamment informé des questions d'actualité. Quant à l'*Annuaire international de justice constitutionnelle*, il s'agit de l'unique publication offrant une vision de droit constitutionnel comparé aux lecteurs français grâce notamment à la publication régulière de chroniques étrangères. La dernière-née de ces revues est *Constitutions. Revue de droit constitutionnel appliqué*. Cette revue, dont le n° 1, est paru en mars 2010, au moment où est entrée en vigueur la réforme créant la question prioritaire de constitutionnalité, a pour vocation de présenter les aspects concrets du droit constitutionnel envisagé dès lors comme un droit vivant.

IV. – Rapports

Comité consultatif pour la révision de la Constitution, dit « Comité Vedel », Rapport du 15 février 1993, *Journal officiel* du 16 février 1993.

Comité de réflexion et de proposition sur la modernisation et le rééquilibrage des institutions, dit « Comité Balladur », Rapport du 29 octobre 2007, La documentation française/Fayard, 2007.

Commission pour la rénovation et la déontologie de la vie publique, dite « Commission Jospin », La documentation française, 2012.

Groupe de travail sur l'avenir des institutions, dit « Commission Bartolone/Winock », *Refaire la démocratie*, Rapport n° 3100, Assemblée nationale, 2015 ; éd. Thierry Marchaisse, 2016.

V. – Sites internet

– www.droitconstitutionnel.org (site de l'Association française de droit constitutionnel),

– www.iacl-aidc.com (site de l'Association internationale de droit constitutionnel),

– www.accpuf.org (site de l'Association des cours constitutionnelles ayant en partage l'usage du français),

– www.conseil-constitutionnel.fr (site du Conseil constitutionnel français),

– www.legifrance.gouv.fr (site permettant d'accéder à l'ensemble du droit positif français),

– www.bfdc.org (blog français de droit constitutionnel),

– www.election-politique.com (site donnant accès à l'ensemble des résultats électoraux récents en France et dans le monde),

– www.ladocumentationfrancaise.fr (site permettant d'obtenir rapidement un panorama de la chronologie des événements internationaux),

– www.juspoliticum.com (site de la revue en ligne de droit politique).

Avant-propos

À la mémoire de Pierre Pactet

La longue et riche carrière universitaire de Pierre Pactet est notamment retracée dans les premières pages du recueil de *Mélanges* en son honneur qu'avec plusieurs collègues nous lui avions offerts il y a une quinzaine d'années (*L'Esprit des institutions, l'équilibre des pouvoirs*, Dalloz, 2003). Au-delà de ses nombreux ouvrages, articles, communications dans des colloques ou de ses missions à l'étranger, Pierre Pactet aura été avant tout un pédagogue hors pair. C'est sans aucun doute l'un des professeurs de droit constitutionnel dont le nom aura été le plus identifié à un ouvrage : son manuel de droit constitutionnel. Pour lui, ce manuel représentait la quintessence de ses réflexions personnelles et, en même temps, le reflet de l'espoir qu'il formait de guider les étudiants en droit dans les arcanes du droit constitutionnel.

L'objectif de cette trente-neuvième édition du manuel consiste à mettre à la disposition prioritairement des étudiants de première année de licence en droit, mais aussi de tous les autres lecteurs en France ou à l'étranger, une présentation pédagogique aussi complète et claire que possible du droit constitutionnel. On sait que celui-ci constitue une des matières fondamentales de l'enseignement du droit.

La première partie correspond aux enseignements du premier semestre de première année. Elle est intitulée « Théorie générale du droit constitutionnel ». La seconde partie, qui couvre tout le programme du second semestre, approfondit quant à elle l'étude du « Droit constitutionnel français ». De la sorte, les étudiants disposent d'un outil de travail complet et parfaitement à jour au moment où la question constitutionnelle est de nouveau au cœur du débat démocratique en France. La compréhension des fondements théoriques et du fonctionnement concret des systèmes constitutionnels représente donc, plus que jamais, une exigence impérieuse.

Ferdinand Mélin-Soucramanien

Introduction

1. Cette introduction entend se borner à présenter brièvement la nouvelle édition, l'objet de l'ouvrage et les méthodes observées. Elle écarte donc volontairement les développements d'initiation et les définitions successives. En effet, il nous paraît préférable d'aborder directement le vif du sujet, étant observé que les développements et les définitions nécessaires seront effectués au fur et à mesure de la progression retenue.

2. ***La trente-neuvième édition.*** Elle comporte diverses modifications et des remaniements importants.

Il n'est pas inutile, avant de les présenter, de souligner que cette nouvelle édition demeure fidèle à la ligne directrice de l'ouvrage depuis ses débuts : proposer une explication aussi complète que possible des régimes politiques pratiqués dans les principaux États étrangers et en France, assurer un équilibre entre la présentation nécessaire des données qui servent de support aux institutions et l'analyse approfondie des mécanismes constitutionnels, normatifs et contentieux qui en caractérisent le fonctionnement. On sait que la discipline étudiée connaît depuis plusieurs décennies des oscillations qui ont conduit à mettre l'accent tantôt sur des phénomènes de pouvoir vus sous l'angle de la science politique, tantôt sur les éléments normatifs principalement décrits à travers la jurisprudence des cours constitutionnelles. D'excellents ouvrages ont illustré depuis longtemps et encore récemment ces deux tendances. Pour sa part, le présent manuel entend, comme il l'a toujours fait, suivre sa ligne propre qui se rattache aux précédents de l'école française, prenant en compte le politique, l'histoire et le contexte international et européen, sans lesquels on ne peut comprendre les conditions du fonctionnement des institutions et des organes qui édictent les règles, tout en privilégiant le juridique, qui recouvre l'institutionnel, le normatif et le contentieux et constitue la substance même du droit constitutionnel. Les chapitres consacrés à la théorie constitutionnelle avaient été modifiés et sur certains points augmentés dans les précédentes éditions. Ils ont de nouveau été attentivement revus.

3. S'agissant des régimes étrangers, il a été procédé, comme chaque année, à une mise à jour attentive. Par exemple, des évolutions importantes sont survenues aux États-Unis où les élections de mi-mandat en 2018 avaient déjà conduit à effriter l'assise du président Donald Trump qui ne dispose plus du soutien de la Chambre des représentants. Cette situation nouvelle pour lui, à laquelle ont été confrontés nombre de ses prédécesseurs, l'a poussé à faire usage à plusieurs reprises ces derniers mois de son droit de veto. Cette forme de « cohabitation » a aussi conduit, fait rare dans l'histoire politique et constitutionnelle des États-Unis, au déclenchement d'une procédure *d'impeachment* par la Chambre des représentants (à majorité démocrate), suivi d'un abandon des poursuites par le Sénat (à majorité républicaine). Les mois qui viennent, marqués par l'approche de l'élection présidentielle en novembre 2020, constitueront donc une mise à l'épreuve de la grande démocratie nord-américaine et, en particulier, de la puissance de ses contre-pouvoirs institutionnels. En Grande-Bretagne, le référendum sur la sortie du pays de l'Union européenne et surtout les tergiversations du Parlement britannique pour parvenir finalement à approuver un accord négocié avec l'Union européenne sur les conditions du « Brexit » ont conduit à la démission du premier ministre, Mme Theresa May, et à la désignation de M. Boris Johnson comme chef du gouvernement. Dans ce pays, qui plus est fortement touché par la pandémie de covid-19, on peut relever aussi une forme de mise à l'épreuve d'une grande démocratie, européenne, cette fois.

4. En France, après l'élection du huitième président de la Cinquième République, M. Emmanuel Macron, le 7 mai 2017, et les élections législatives des 11 et 18 juin 2017 qui ont accordé la majorité absolue à l'Assemblée nationale aux candidats issus du mouvement la République en marche, la période récente a été marquée par un mouvement de contestation sans précédent par son ampleur et sa répétition durant près d'une année : celui des « gilets jaunes », puis par la proclamation d'un état d'urgence sanitaire prenant notamment la forme inédite d'un confinement généralisé de la population française afin de tenter de freiner la progression de la pandémie de covid-19 Entre autres conséquences, ces évènements ont conduit à l'interruption du processus de réforme de la Constitution annoncée par le président de la République dès son discours devant le Congrès, le 3 juillet 2017. Le premier projet de loi constitutionnelle visant à créer une « démocratie plus représentative, responsable et efficace », présenté lors du conseil des ministres du 4 mai 2018, a été officiellement abandonné. Le second projet de loi constitutionnelle « pour un renouveau démocratique », présenté lors du conseil des ministres du 28 août 2019 a bien été déposé à l'Assemblée nationale, mais son adoption est aujourd'hui devenue assez improbable. Pourtant, ces deux projets, qui ne présentaient que peu de différences entre eux, contenaient des pistes intéressantes de réformes institutionnelles. Certaines étaient reprises de projets anciens n'ayant pu aboutir faute de majorité lors du quinquennat précédent, comme par exemple : la réforme du Conseil supérieur de la magistrature, la suppression de la Cour de justice de la République ou encore la disparition de la possibilité pour les anciens présidents de la République de siéger comme membres de droit au Conseil constitutionnel. D'autres étaient plus novatrices comme celles relatives à la protection de l'environnement, le remplacement de l'actuel Conseil économique, social et environnemental par une « Chambre de la société civile », ou encore une série de mesures relatives aux collectivités territoriales, parmi lesquelles il faut signaler celles concernant la Corse. Ces projets s'inscrivaient dans un ensemble de réformes plus vaste contenant aussi un projet de loi organique et un projet de loi ordinaire prévoyant la réduction du nombre des députés et des sénateurs, l'interdiction du cumul des mandats dans le temps, au-delà de trois mandats identiques, complets et consécutifs, pour les parlementaires et les présidents d'exécutifs locaux, ainsi que l'instillation d'une dose de proportionnelle de 15 % pour l'élection des députés. Si, malgré les vents mauvais, ce train de réformes institutionnelles était finalement adopté, il ne fait pas de doute que le président Emmanuel Macron marquerait durablement de son empreinte les institutions de la Cinquième République.

5. ***Présentation de l'ouvrage.*** Étudier le droit constitutionnel c'est d'abord étudier les règles inscrites dans la Constitution et qui dans un État de droit s'imposent aux forces politiques participant à la compétition en vue de l'exercice du pouvoir et de sa dévolution. Ces règles portent sur l'affirmation des libertés, les titres des gouvernants, leurs compétences, leurs rapports – entre eux et avec les gouvernés – les systèmes de garantie des droits. Bien que souvent brèves et concises, elles sont à l'origine complexes d'institutions, de mécanismes, de procédures et de normes. En ce sens, on peut dire que le droit constitutionnel sert de cadre juridique aux « jeux de pouvoirs » des forces politiques.

Mais il est clair que si cet élément constitutif de la discipline étudiée est essentiel, il ne peut être exclusif. Il en représente l'aspect juridique, normatif. Il détermine ce qui devrait être. Encore est-il indispensable de s'intéresser de très près au fonctionnement réel des institutions, à la mise en œuvre des mécanismes et des procédures, à l'interprétation donnée aux normes, ce qui est toujours faire œuvre juridique mais de manière plus concrète, plus pragmatique. Chacun sait que ce qui existe effectivement ne correspond pas toujours, ni même souvent, à ce qui avait été envisagé. Les forces politiques elles-mêmes ne peuvent être passées sous silence car ce sont elles qui animent le cadre constitutionnel, lequel autrement serait vide et sans signification. C'est l'aspect pratique ou politique. Il doit conduire à essayer d'atteindre la réalité du régime pratiqué, son fonctionnement effectif, qui doit constamment s'adapter aux mouvements incessants et aux contradictions de la vie.

Ces deux éléments, le juridique et le politique, sont étroitement imbriqués mais ils ne se situent pas nécessairement à parité. Dans les développements qui suivent et au fur et à mesure de la progression retenue, l'accent sera mis de plus en plus fortement sur le juridique, qui domine l'étude des régimes étrangers et français et tout particulièrement celle de la Cinquième République. Pour autant, on y trouvera aussi, sans exclusive et lorsqu'il y a lieu, les explications relatives à la vie politique qui sont nécessaires à la compréhension du fonctionnement des régimes politiques. Le premier chapitre de l'ouvrage est même entièrement consacré au pouvoir politique. Il doit être considéré comme une introduction générale au droit constitutionnel parce que tout part du pouvoir et que tout y revient et aussi parce qu'il constitue l'enjeu permanent des participants à la compétition.

6. ***Les options retenues.*** Si le plan n'appelle pas de commentaires particuliers, en revanche certains choix doivent être signalés.

Sur un plan général, on rappellera que depuis les dernières années du XXe siècle, le modèle dominant dans les sociétés contemporaines est représenté par le régime démocratique, pluraliste et libéral, au sens politique que revêt ce terme. C'est donc dans ce cadre que se situent les développements qui suivent, mais en signalant qu'il a existé et qu'il existe toujours d'autres types de régimes. Dans le même esprit, il faut souligner le choix qui a été fait de présenter un droit constitutionnel résolument actuel, destiné à faire comprendre le monde dans lequel nous vivons. Ceci étant, la connaissance du présent est tributaire de celle du passé et par conséquent il a été procédé, toutes les fois qu'il était nécessaire, à un bref rappel des antécédents historiques.

7. S'agissant de la première partie qui correspond aux enseignements délivrés au cours du premier semestre de la première année de licence en droit, elle comporte l'exposé de données théoriques (sur l'État, la Constitution, la démocratie, l'aménagement du pouvoir, la compétition pour le pouvoir, les régimes politiques) et des études spécifiques sur des États étrangers situés dans différentes parties du monde (Grande-Bretagne, Allemagne, Italie, Japon, États-Unis, Fédération de Russie, Chine). La connaissance des régimes étrangers est indispensable et le choix a été diversifié pour atténuer l'occidentalo-centrisme. À noter que des encadrés sont proposés, sous formes de tableaux comportant dates et indications chiffrées, afin de retracer l'évolution historique ou récente de ces pays, sur le plan électoral ou sur celui de l'exercice du pouvoir.

8. S'agissant de la seconde partie, elle rassemble d'une part, les régimes français de 1789 à 1958, d'autre part, la Cinquième République. Pour les premiers, il faut retenir les deux dates fondatrices, 1789 avec l'apparition du droit de suffrage et du principe d'égalité, 1875 avec la mise en place progressive de la tradition républicaine. S'il a paru possible de passer rapidement sur la période allant de 1789 à 1875, la Troisième et la Quatrième République font l'objet d'une étude substantielle car leur compréhension commande celle de la Cinquième République. S'agissant de cette dernière, l'étude est évidemment très approfondie à la fois sur le plan institutionnel et normatif afin de couvrir l'ensemble des questions pouvant être abordées au cours du second semestre de la première année de licence en droit. Ceci est d'autant plus important que le régime de la Cinquième République fait aujourd'hui encore l'objet de critiques, en particulier parce qu'il instaure une forme de « monarchie républicaine » qui, dans le contexte européen où le modèle parlementaire s'est généralement imposé, apparaît comme un archaïsme freinant l'adaptation du régime politique français aux nécessités du temps présent.

Titre 1

Les données fondamentales des régimes contemporains

9. Il faut évidemment partir de la notion de pouvoir politique, qui commande tous les développements ultérieurs. Le pouvoir politique est en étroite imbrication avec la société dans laquelle il est ancré et sur laquelle il agit. C'est de lui que procèdent les institutions politiques et les règles juridiques. Son rôle est fondamental (chapitre 1, Le pouvoir politique). Celui de l'État ne l'est pas moins. Aussi bien l'État est-il l'institution par excellence, celle qui assure la permanence du pouvoir politique à travers ses titulaires successifs. L'État est un phénomène complexe et plus mystérieux qu'il n'y paraît à première vue mais qu'il faut essayer d'éclaircir parce qu'il sert de cadre aux institutions et aux régimes politiques (chapitre 2, L'État). Mais ceux-ci supposent nécessairement des rapports entre gouvernants et gouvernés et par conséquent une règle du jeu pour présider à ces rapports. Tel est l'objet de la Constitution, c'est-à-dire de la norme fondamentale qui institue les pouvoirs publics, détermine leurs attributions, règle les modalités de leur coexistence ou de leur collaboration, fixe les droits fondamentaux et les devoirs des citoyens (chapitre 3, La Constitution). Il ne suffit pas cependant de connaître les modes d'élaboration et de révision de la Constitution, l'autorité qui lui est attachée, les mesures prises pour assurer sa suprématie, encore faut-il établir le titre en vertu duquel les gouvernants exercent le pouvoir, un titre qui est précisément inscrit dans la Constitution. Ce titre, dans le monde du début du XXIe siècle, dominé par les idéologies de la démocratie et de l'État de droit – invoquées par presque tous les États, bien que nombre d'entre eux ne les respectent guère en pratique – c'est le libre consentement des gouvernés, exprimé par l'élection de leurs représentants (chapitre 4, La démocratie). Le titre des gouvernants une fois fondé en droit, il importe d'étudier de manière plus détaillée les modes de répartition et d'exercice du pouvoir (chapitre 5, L'aménagement du pouvoir), ainsi que les modalités et la dynamique de la compétition que se livrent, pour l'exercice du pouvoir, les partis politiques, aidés et relayés par les médias et les lobbies (chapitre 6, La compétition pour le pouvoir). Les données sur lesquelles ils reposent étant ainsi recensées et analysées, il pourra être procédé à l'étude des différents types de régimes (chapitre 7, Les régimes politiques).

Chapitre 1

Le pouvoir politique

10. On examinera en trois sections successives les données générales du pouvoir politique (section 1), le pouvoir politique et la société (section 2), le pouvoir politique, le droit et les institutions (section 3).

Section 1

Présentation du pouvoir politique

11. Il faut situer le pouvoir politique par rapport aux autres phénomènes d'autorité et préciser ses caractères propres.

I. Phénomènes d'autorité et pouvoir politique

12. Le pouvoir politique est un phénomène d'autorité parmi d'autres mais particulièrement complexe.

A. Les phénomènes d'autorité

13. Ils se rencontrent constamment dans toutes les collectivités, dès lors qu'une personne ou un groupe de personnes est en mesure d'imposer sa volonté à autrui. Ils impliquent donc nécessairement une double relation de commandement et d'obéissance et par là même une différenciation entre ceux qui commandent – ou qui, plus simplement et plus généralement, occupent une position dominante les mettant à même de faire prévaloir leurs vues – et ceux qui obéissent.

Pour autant, il ne faut pas prendre de ces rapports et de ces phénomènes une vue trop simpliste. Il n'y a pas, dans la société, une fois pour toutes, d'un côté ceux qui commandent, de l'autre ceux qui obéissent. La réalité est infiniment plus complexe. Il est rare que celui qui commande n'ait pas aussi à obéir, dans le même secteur ou dans d'autres, et de la même manière celui qui obéit a souvent aussi à diriger. En d'autres termes, ces rapports et ces phénomènes s'insèrent dans un tissu social extrêmement dense, ramifié, entrecroisé, dans lequel ils peuvent paraître s'estomper. Ils n'en existent pas moins et constituent une donnée à la fois élémentaire et fondamentale de la vie sociale.

Il faut ajouter que la différenciation entre les détenteurs de l'autorité et ceux qui en sont les destinataires peut être plus ou moins masquée, selon la nature de la communauté considérée et aussi selon les circonstances et les époques. Il est évidemment normal que l'autorité soit plus apparente et plus appuyée dans une unité militaire ou une administration publique qu'au sein d'une compagnie artistique ou d'une association. Mais il est rare qu'elle disparaisse complètement. Ce qui peut le faire penser – à tort – c'est que l'autorité s'exerce parfois sans manifestations visibles et que l'obéissance est souvent consentie.

14. En réalité, et quelle que soit l'importance du groupe au sein duquel est constaté le phénomène d'autorité, celui-ci met en œuvre, selon le cas, un sentiment de confiance ou un élément de contrainte et le plus souvent les deux ensemble. La confiance l'emporte, en principe, dans l'équipe ou la profession. La contrainte prédomine dans bien d'autres cas, soit qu'elle s'exerce effectivement pour sanctionner manquements ou défaillances, au besoin par l'exclusion du groupe, soit, si ce dernier est plus évolué, que la simple menace, c'est-à-dire la possibilité de la voir s'appliquer, suffise à maintenir les membres du groupe dans la voie de l'obéissance acceptée ou subie et, presque toujours, à la fois acceptée et subie.

B. Le pouvoir politique

15. Après avoir précisé sa signification, on en marquera les caractères et aussi l'originalité, qui procède essentiellement de son institutionnalisation dans le cadre étatique.

a) La notion de pouvoir politique

16. Il s'entend, dans le sens étymologique, du pouvoir dans la cité et, dans le sens contemporain, du pouvoir dans l'État mais il est évidemment nécessaire de préciser davantage.

17. C'est pourquoi le pouvoir politique peut être défini comme le pouvoir de prévision, d'impulsion, de décision et de coordination qui appartient à l'appareil dirigeant du pays, en principe celui de l'État, c'est-à-dire aux gouvernants au sens large, et qui leur permet de déterminer et de conduire l'ensemble de la politique nationale, avec tout ce qu'elle implique dans l'ordre interne comme dans l'ordre international.

18. On notera cependant que dans la pratique le pouvoir politique est surtout le fait des organes exécutifs car ce sont eux qui ont en charge, de manière presque exclusive, la politique nationale (et qui sont considérés comme les véritables gouvernants), les organes délibérants apparaissant désormais surtout comme des organes de contrôle. Il faut également signaler que dans les régimes totalitaires, le pouvoir politique réside parfois davantage dans les instances dirigeantes du parti unique que dans celles de l'appareil de l'État.

Il faut ajouter que le pouvoir politique est un enjeu. Avant d'être attribué, il est donc l'objet, non seulement entre les partis mais aussi à l'intérieur de chacun d'eux et au sein des grandes coalitions, d'âpres luttes entre des dirigeants que séparent certes leurs convictions mais plus souvent encore leurs ambitions.

b) Les caractères du pouvoir politique

19. Le pouvoir politique présente cependant des caractères spécifiques qui tiennent à ce qu'il est à la fois contraignant, initial et global.

20. Il est d'abord *contraignant* même si les ressorts psychologiques sont, eux aussi, très importants. Dans les sociétés primitives, le pouvoir a des origines magiques plutôt que matérielles. Dans les sociétés contemporaines, les gouvernants réussissent souvent à conduire les gouvernés simplement parce qu'ils les ont convaincus qu'il devait en être ainsi. En d'autres termes, le poids de la tradition, la croyance en la légitimité des gouvernants, le sentiment de l'impossibilité ou de l'inutilité d'un renversement de l'ordre établi constituent des facteurs déterminants. Mais ces éléments psychologiques ne sont nullement exclusifs, la coercition, effective ou potentielle, s'y ajoute toujours et nécessairement. Même si elle n'apparaît pas au premier plan, elle demeure dans l'ombre, en attente. La contrainte matérielle ne fonde pas obligatoirement le pouvoir politique mais elle sert à le maintenir et en est absolument indissociable.

21. Il est aussi *initial* en ce sens que tout part, en tous domaines, des gouvernants. Certes, il existe des pouvoirs autres que politiques et il existe également des contre-pouvoirs mais ils sont toujours plus ou moins dépendants, plus ou moins tributaires précisément du pouvoir politique. La capacité d'innover de ce dernier est incomparablement supérieure à celle de tous les autres organismes sociaux.

22. Il a enfin une vocation *globale*. Les gouvernements disposent, en principe, d'une autorité qui s'applique à tous les membres de la communauté, s'exerce sur toute l'étendue du territoire et, ce qui est plus important encore, peut porter sur tous les objets possibles, de l'économie au social, de l'enseignement à la santé, du travail aux loisirs, des prix à l'urbanisme, des libertés à la culture, de la famille aux sports. Pour peu que les gouvernants le souhaitent, aucun secteur de l'activité humaine ne saurait leur échapper et le pouvoir politique n'a d'autres limites que celles qu'il accepte de se fixer à lui-même. C'est là une différence capitale avec les autres phénomènes d'autorité qui revêtent, parce qu'ils s'exercent dans des groupes restreints et presque toujours dépendants, un caractère limité et partiel.

c) L'institutionnalisation du pouvoir politique

23. Le pouvoir politique a d'abord commencé par être attaché à la personne des gouvernants, souvent des chefs religieux ou des anciens, parfois des chefs militaires. Cette personnalisation s'est évidemment accusée lorsque du collectif initial s'est dégagée une personnalité dirigeante unique, dont la vocation charismatique était déterminée par les circonstances ou affirmée, pour plus de commodité, par l'intéressé lui-même. Dans un système de ce genre, il n'existe aucune légitimité ni d'ailleurs le plus souvent aucun appareil survivant à la cessation de fonctions du chef politique. Il s'ensuit une évolution discontinue, en ligne brisée, du pouvoir politique qui entraîne de nombreux aléas, notamment lors de la période difficile au cours de laquelle est assurée la succession du chef.

24. Dans l'ensemble, il n'en est plus ainsi. Le pouvoir politique s'est institutionnalisé, ce qui veut dire qu'il s'est dissocié de la personne des gouvernants pour se reporter sur une entité qui lui sert de support. Depuis le XVIe siècle, en France notamment, cette entité est l'État. La différence avec le système antérieur est capitale puisque désormais les gouvernants ne disposent de compétences qu'en raison de leurs fonctions. Bien loin d'être maîtres de leurs pouvoirs, ils ne sont, en principe, que les dépositaires provisoires, les agents d'exercice des compétences qui leur sont confiées. Il existe en dehors d'eux une légitimité qui les dépasse, un appareil qui leur survit. C'est le pouvoir politique institutionnalisé dans un cadre étatique qui domine le monde actuel et qui sera étudié dans les développements qui suivent.

C. L'importance des contre-pouvoirs

25. On ne peut présenter le pouvoir politique sans évoquer en même temps le problème des contre-pouvoirs. En effet, il serait tout à fait irréaliste d'imaginer qu'il n'existe rien entre le petit groupe des gouvernants et l'immense masse des gouvernés. Une vue moins abstraite, plus proche du réel et du foisonnement de la vie, montre d'une part, que le groupe des gouvernants est lui-même diversifié et peut donc faire place aux contre-pouvoirs, d'autre part et surtout, qu'entre l'appareil dirigeant et les gouvernés il y a une multitude d'organismes qui apparaissent très légitimement comme de véritables contre-pouvoirs.

a) La notion de contre-pouvoirs

26. Il faut entendre par contre-pouvoirs tous les centres organisés de décisions, de contrôle, d'intérêts ou d'influence qui, par leur seule existence ou par leur action, quel que soit l'objectif poursuivi, ont pour effet de limiter la puissance de l'appareil dirigeant de l'État. Ils présentent une utilité incontestable et en même temps posent quelques problèmes délicats.

27. L'utilité des contre-pouvoirs tient au rôle qu'ils remplissent, souvent d'ailleurs sans que cela soit leur vocation première, et qui est d'éviter l'omnipotence du pouvoir politique. Ils peuvent le remplir soit en participant eux-mêmes à l'exercice du pouvoir politique (mais en exerçant des fonctions de contrôle), soit en se situant à l'extérieur du pouvoir politique mais alors en disposant d'une réelle influence et, par conséquent, en étant susceptibles d'opposer une résistance aux entreprises abusives du pouvoir ou, lorsque c'est possible, en incitant celui-ci à y renoncer de lui-même. Ils peuvent aussi faire contrepoids aux groupes de pression liés à la majorité gouvernante. Ce faisant, ils permettent souvent l'instauration d'un meilleur équilibre d'ensemble (et pas seulement politique), plus favorable aux droits, libertés et intérêts des gouvernés.

On conçoit dès lors que les contre-pouvoirs n'aient d'existence et d'influence réelles que dans les régimes pluralistes. Au contraire, dans les régimes totalitaires, où l'appareil dirigeant de l'État assume aussi la direction du parti unique et de l'économie, leur rôle a toute chance d'être insignifiant, ce qui laisse les gouvernés dans un état de moindre protection.

28. Les contre-pouvoirs n'en posent pas moins, là où ils existent réellement, des problèmes difficiles. D'une part, ils s'intègrent assez mal dans la théorie démocratique qui, très abstraite, ne connaît guère que les gouvernants et les citoyens et qui, privilégiant les forces politiques au détriment des forces sociales (lesquelles constituent justement une part non négligeable des contre-pouvoirs), se préoccupe assez peu du rôle politique que ces dernières peuvent parfois être amenées à tenir. D'autre part et surtout, ils posent, toujours dans ce même cadre, un problème de mesure car s'il est bénéfique pour les citoyens que les contre-pouvoirs incitent les gouvernants à éviter tout abus, il serait contraire à la démocratie qu'ils abusent à leur tour et réussissent à faire prévaloir des intérêts catégoriels sur l'intérêt général. C'est, somme toute, un problème de modération et d'équilibre.

b) La nature des contre-pouvoirs

29. On peut distinguer sommairement trois catégories principales de contre-pouvoirs :

30. Premièrement, les contre-pouvoirs *institutionnels*, qui sont prévus précisément pour assurer l'équilibre interne du pouvoir politique et éviter ses excès éventuels (il peut s'agir du corps électoral lui-même et plus souvent des organes de contrôle politique ou juridictionnel, c'est-à-dire des assemblées parlementaires et des cours suprêmes [1]). On peut dire, en ce sens, que la célèbre théorie de la séparation des pouvoirs tend précisément à instituer des contre-pouvoirs. Le cas des assemblées est particulièrement intéressant car celles-ci peuvent également être considérées comme des organes du pouvoir politique et, dans une certaine mesure, comme des contre-pouvoirs. De même, dans les systèmes fédéraux ou largement décentralisés, les collectivités composantes jouent le rôle de contre-pouvoirs voués à contrebalancer le poids de l'appareil fédéral ou central.

31. Deuxièmement, les contre-pouvoirs *politiques,* qui recouvrent notamment les partis politiques, dès lors qu'ils disposent d'une pleine liberté d'action, ce qui implique le pluralisme. Ils recouvrent aussi la presse écrite, au moins en partie et aux mêmes conditions, c'est-à-dire dans la mesure où elle est indépendante du pouvoir : cela est si vrai que la presse, en raison de son influence sur l'opinion, a pu être qualifiée de quatrième pouvoir (les trois premiers étant l'exécutif, le législatif, le judiciaire). Ils peuvent aussi recouvrir les médias audiovisuels mais à condition que ceux-ci ne fassent pas l'objet d'un monopole de l'État ou d'un contrôle du Gouvernement.

32. Troisièmement, les contre-pouvoirs *sociaux,* qui présentent une très grande diversité puisqu'ils recouvrent aussi bien les forces économiques et sociales (confédérations syndicales diverses, associations, etc.) que les forces militaires (l'armée peut jouer dans certains pays le rôle d'un contre-pouvoir bien que, en principe, elle soit un instrument au service du pouvoir politique) ou que les forces spirituelles (les Églises, presque toujours neutres dans les régimes libéraux, peuvent, elles aussi, être érigées en contre-pouvoirs dans les régimes autoritaires). On observera cependant que ces forces, n'ayant nullement pour mission de s'opposer au pouvoir politique, ne se comportent que de manière tout à fait exceptionnelle en contre-pouvoirs.

---

1. En ce sens, cf. F. Hourquebie, *Sur l'émergence du contre-pouvoir juridictionnel sous la Ve République*, Bruylant, 2004.

II. Mythes et réalités du pouvoir politique

33. Phénomène social par excellence, le pouvoir politique demeure difficile à saisir tout au moins quant à sa nature, alors que ses modes d'exercice sont bien connus. Ce qui revient à dire qu'il est plus aisé de le constater et de le décrire que de l'expliquer en profondeur. On essaiera de pénétrer plus avant dans sa compréhension en étudiant la permanence de ses aspects mythiques et l'apparition de réalités nouvelles.

A. La permanence des aspects mythiques

34. Le caractère mythique du pouvoir politique est lié à sa nature même. C'est dire qu'il est profondément enraciné et que l'on ne doit donc pas s'étonner de sa persistance dans les sociétés contemporaines [1].

a) La sacralisation du pouvoir

35. Elle tient à ce que le pouvoir politique non seulement exerce sur l'homme la fascination de ce qui le dépasse de manière absolue (ne serait-ce que par son caractère universel et continu depuis les origines de l'humanité), mais encore a pour raison d'être d'affronter le sort à sa place (avec toute la charge de surnaturel que le sort peut comporter). À cet égard, on peut dire que le pouvoir politique est à la fois conjuration et incantation.

36. Il est d'abord conjuration des forces obscures qui, dans le psychisme collectif et individuel, semblent menacer le groupe dans son ensemble et chacun de ses membres en particulier. La peur de ces forces obscures – qui paraissent surtout habiter l'inconscient des hommes mais que le monde extérieur vient confirmer par ses agressions de toutes sortes et auxquelles il donne ainsi une sorte de réalité – s'identifie largement avec la crainte des autres, dont l'histoire contemporaine continue à offrir tant d'exemples, qu'il s'agisse des autres collectivités étatiques, des autres groupes sociaux ou des autres membres du même groupe. Le pouvoir politique a pour raison d'être de conjurer cette peur en instaurant un ordre et en assurant une protection.

37. Il est aussi incantation en vue d'un avenir meilleur. À ce titre il est chargé de veiller à la pérennité du groupe, de satisfaire les aspirations de ses membres et de réaliser, sinon l'âge d'or, du moins une progression. Le pouvoir politique est porteur de rêves, quitte à décevoir s'il ne peut invoquer à son actif que de médiocres réalisations. Il doit donc à la fois maintenir la cohésion du groupe et promouvoir sa marche en avant.

38. On comprend dès lors que le pouvoir politique, incarnant et assurant le salut et le devenir du groupe et pour mieux dire de l'État, se nimbe d'une sorte d'aura sacrée. Un autre facteur joue dans le même sens : c'est que, par l'intermédiaire de la loi, le pouvoir politique légitime et autorise – et il est le seul à pouvoir le faire – la contrainte que

---

1. Sur les aspects magiques du pouvoir, cf. les remarquables développements de G. Burdeau, *Traité de science politique,* LGDJ, tome I, vol. 2. *Le pouvoir politique,* 3e éd. (1980), p. 40 et s.

certains membres du groupe exercent, au nom d'une entité, sur les autres, ce qui ne peut manquer de fasciner le groupe tout entier et de sacraliser le pouvoir lui-même car il s'agit, à proprement parler, d'une œuvre qui dépasse l'homme.

b) Le charisme des gouvernants

39. « Il faudrait des dieux pour donner des lois aux hommes » écrivait Jean-Jacques Rousseau[1]. Les gouvernants ne sont certes pas des dieux mais il est vrai qu'ils découragent rarement le mouvement d'opinion qui tend tout naturellement à les isoler et à les placer au-dessus de l'humanité courante.

40. On doit toutefois distinguer le charisme des gouvernants de la personnalisation du pouvoir. Ce second phénomène est, on le sait, universel. En dépit de l'institutionnalisation du pouvoir, qui n'est pas remise en cause pour autant, l'habitude s'est prise d'identifier l'appareil dirigeant à la personnalité qui y exerce les fonctions les plus importantes, qu'il s'agisse du chef de l'État, du chef du Gouvernement ou, comme tel était le cas dans les régimes socialistes, du Premier secrétaire du Parti communiste. Parmi les facteurs qui ont contribué à la personnalisation du pouvoir il faut citer l'influence des médias, notamment audiovisuels, qui s'attachent aux aspects anecdotiques (et donc personnels) du pouvoir pour satisfaire la curiosité supposée des gouvernés, le besoin de simplification qui conduit, compte tenu de la très grande complexité de l'appareil, à individualiser ce qui dans la réalité est collectif et largement anonyme, les guerres et les crises qui portent le projecteur sur le personnage servant de porte-drapeau à son pays.

41. Le charisme a une autre dimension en ce sens qu'il ne conduit pas seulement à isoler celui qui en est l'objet mais aussi à le revêtir d'une aura en raison de ses dons, de son ascendant, d'aptitudes considérées à tort ou à raison comme exceptionnelles et à le situer ainsi nettement au-dessus de la condition humaine moyenne. En d'autres termes, le charisme, tout en étant lié aux fonctions, l'est davantage encore à la personnalité et à un magnétisme un peu mystérieux et c'est sans doute pourquoi il ne profite qu'à certains gouvernants. On notera à son sujet qu'il pose des problèmes difficiles car il s'accorde assez mal avec la théorie démocratique : si on peut accepter que des gouvernants normalement désignés bénéficient, en plus, d'un certain charisme personnel, il serait très dangereux que des personnalités invoquent leur charisme prétendu pour revendiquer le pouvoir.

c) Le cérémonial et les rites

42. Depuis toujours ils sont indissociables du pouvoir politique. Le cérémonial concerne l'exercice du pouvoir et il est essentiellement destiné à renforcer l'autorité des gouvernants en entourant leurs manifestations de solennité et en montrant à tous leur droit au commandement et la nécessité de l'obéissance. Les rites concernent plutôt la prise du pouvoir : ce sont des rites d'investiture et de légitimité, les élections se substituant désormais aux onctions monarchiques d'antan. Il est clair que cette liturgie institutionnelle et politique sacralise également le pouvoir. Mais

1. *Du Contrat social,* Livre 2, chapitre 7 (1762).

accessoirement elle assure une certaine protection des gouvernés, dans la mesure où elle impose des limites aux gouvernants, tenus de la respecter.

B. L'apparition de réalités nouvelles

43. Procédant pour une large part des nouvelles idéologies, du progrès des technologies, des mutations de la société et même de l'accroissement démographique, elles affectent sensiblement l'exercice du pouvoir politique.

a) La primauté des partis

44. Le pouvoir politique a été longtemps affaire de personnalités individuelles et celles-ci jouent toujours un rôle capital, ainsi qu'en témoignent les développements précédents sur la personnalisation du pouvoir et sur le charisme des gouvernants. Mais désormais elles ne peuvent assumer ce rôle que si elles sont « portées » par des partis politiques et ce sont ces derniers qui conditionnent et commandent la conquête et l'exercice du pouvoir.

S'agissant de la conquête du pouvoir, on doit noter qu'elle est tributaire, dans les régimes pluralistes de la compétition que se livrent les partis et que le peuple arbitre lors des élections, et dans les régimes dictatoriaux de la lutte d'influence qui oppose les différents courants existant à l'intérieur du parti unique ou dominant. Certes il y a des partis dont la principale justification est de soutenir la personnalité qui l'a fondé et qui y joue le premier rôle. Aussi bien tous les partis ont-ils nécessairement leurs leaders, et, peut-on dire, leurs vedettes. Il n'en reste pas moins que la plupart d'entre eux se présentent comme des organisations structurées, hiérarchisées, comportant (en effectifs variables) des adhérents, des militants, des organes de direction et faisant valoir des objectifs et des programmes. C'est en fonction de ces structures, qui aident puissamment à la compétition, et de ces programmes, qui permettent aux électeurs de rendre leur verdict, que partis et leaders accèdent ou non au pouvoir.

45. S'agissant de l'exercice du pouvoir, le rôle des partis n'est pas moindre. Une fois installée aux leviers de commande de l'État et disposant des organes exécutifs, la direction victorieuse ne peut espérer réaliser son programme et promouvoir sa politique que si elle est soutenue par son propre parti, et éventuellement par ses alliés, au sein des organes de contrôle (qu'il s'agisse des organes délibérants de l'État ou de certaines instances du parti unique) et dans l'ensemble du pays. Dans le cas contraire, elle ne pourrait se maintenir au pouvoir et il est certain que l'importance primordiale prise par les partis politiques a constitué, en la matière, l'un des phénomènes marquants du XXe siècle.

b) La complexité du pouvoir

46. Il n'a jamais été simple de gouverner mais la difficulté s'est beaucoup accrue au cours des dernières décennies.Cette difficulté tient à l'ampleur nouvelle et à la diversité des tâches qui doivent être assumées par les gouvernants. Dans les anciens régimes socialistes, on sait déjà que l'État prenait en charge l'ensemble des activités du pays, ce qui l'obligeait – l'économie étant plus souvent étatisée que véritablement socialisée – à disposer d'un énorme appareil administratif. Dans les régimes pluralistes mêmes, où l'économie demeure pour sa plus large part libérale, le pouvoir est amené à intervenir de plus en plus dans les secteurs les plus divers. Dans tous les régimes, le pouvoir doit se préoccuper très activement de la conduite des relations extérieures qui, elles aussi, deviennent de plus en plus complexes, l'interdépendance entre les différents pays, et les organisations internationales de plus en plus nombreuses, n'ayant jamais été aussi étroite. On comprend, dans ces conditions, que l'on constate un peu partout un extraordinaire développement de la bureaucratie.

47. En revanche, les progrès de la technologie ont donné aux appareils dirigeants une maîtrise quasi-totale des moyens de transmission et de communication et par là même ont facilité leur tâche de manière non négligeable. Les gouvernants sont assurés de se faire obéir de leurs agents dans des conditions de très grande rapidité. Ils peuvent aussi faire connaître leur position à la population et exercer sur celle-ci une pression, qui d'ailleurs ne va pas toujours sans abus.

c) L'importance des techno-structures

48. La complexité des tâches désormais dévolues au pouvoir politique a beaucoup alourdi la prise des décisions gouvernementales et administratives et donc renforcé le rôle d'une bureaucratie omniprésente, volontiers désignée pour ses sphères les plus hautes ou les plus spécialisées sous le terme de techno-structures.

Nombre de décisions importantes exigent, en effet, des études préliminaires approfondies, un examen des incidences financières, la consultation d'organismes de réflexion et d'avis, une coordination entre les différents services administratifs également concernés. Certes il n'y a rien là de surprenant et on retrouve en cette occasion le partage habituel des tâches entre le personnel politique, qui donne l'impulsion et l'orientation, et les hauts fonctionnaires, chargés de la préparation, dans le sens indiqué, des décisions à prendre (et, ultérieurement, de les exécuter). Mais l'alourdissement de la procédure, passé un certain seuil, peut entraîner une grande lenteur (il s'écoulera des mois entre l'impulsion et la décision), un infléchissement ou un freinage de la volonté initiale des hommes politiques (sous couvert des exigences techniques) et une quasi-impossibilité à remettre en cause la décision préparée alors même qu'elle ne conviendrait pas (parce que la remise en chantier, en retardant la décision finale, comporterait plus d'inconvénients que d'avantages). De même, l'exécution des décisions prises peut se heurter à une certaine force d'inertie.

49. Il apparaît ainsi que, même si les techno-structures suivent fidèlement, comme elles en ont le devoir, les consignes données, elles n'en jouent pas moins, par leur poids même, un rôle capital et, à proprement parler, participent à la prise des décisions, au moins lorsque celles-ci ont un caractère technique. Le danger est que ces techno-structures deviennent des ensembles ou des complexes autonomes, sur lesquels le pouvoir a relativement peu de prise (parce que le personnel de l'appareil est protégé par ses compétences et parfois par son statut) en marge de la théorie démocratique (parce que les techno-structures ne sont pas représentatives de l'opinion) et pratiquement irresponsables (parce que leurs travaux se font dans le secret). À cet égard, il est curieux de constater que la personnalisation du pouvoir s'accompagne de l'anonymat des techno-structures. Toujours est-il que le contrôle de ces dernières constitue un des problèmes les plus importants qui se posent au pouvoir dans les sociétés contemporaines.

50. Elle est étroitement liée au rôle grandissant des techno-structures. Celles-ci sont animées, au plus haut niveau, par des technocrates, c'est-à-dire par des spécialistes, soit d'un secteur technique, soit plus souvent de l'administration et de la gestion. De même que les managers dirigent les affaires privées, les technocrates ont conquis la haute administration et accèdent même aux fonctions politiques. De ce fait, la frontière entre le personnel politique et la haute administration est devenue beaucoup moins nette qu'autrefois.

Ces progrès de la technocratie viennent battre en brèche la conception classique du « gouvernement par amateurs », c'est-à-dire par des hommes ayant ou non des capacités particulières mais dont on attend surtout qu'ils soient dotés d'un solide bon sens et représentatifs d'un courant d'opinion[1]. En effet, le rôle des ministres, ainsi qu'il a été indiqué, est de veiller à ce que les services placés sous leurs ordres règlent les problèmes conformément à la volonté politique du Gouvernement, ce qui est à la portée d'un non-spécialiste s'il a un caractère ferme. Actuellement on a plutôt tendance à considérer que les tâches techniques doivent être confiées à des experts, même s'il est difficile de concilier technocratie et démocratie. On observera cependant que l'on trouve des spécialistes incontestables – de l'économie par exemple, mais également de bien d'autres secteurs – qui en présence d'une même situation ont des vues radicalement différentes, ce qui ne va pas sans tempérer quelque peu leur audience ni sans inciter au scepticisme.

Il faut ajouter que les technocrates sont formés dans de grandes écoles spécialisées, telles les écoles supérieures d'administration et qu'ils peuvent en garder, lorsqu'ils s'orientent ensuite vers une carrière politique, une manière certes très rationnelle mais aussi assez abstraite de concevoir les problèmes à résoudre. C'est pourquoi ils ont souvent tendance à vouloir y apporter des solutions qui ne sont pas toujours aussi adaptées à la réalité que le souhaiteraient les hommes politiques de terrain et les populations concernées.

Section 2
Le pouvoir politique et la société

51. Le pouvoir politique entretient, avec la société qui l'environne, et qu'il organise, des rapports étroits et ambivalents puisque s'il est largement conditionné par la société, il agit aussi sur elle. Mais avant d'étudier ces rapports, il est indispensable de montrer que sous l'unité et l'homogénéité apparentes des notions abstraites relatives au corps social (celles de peuple, de gouvernés, de citoyens, d'électeurs), il existe une réalité humaine et sociale infiniment plus diversifiée et plus bigarrée.

I. La diversité du corps social

52. Le corps social se compose de catégories très diverses mais il serait imprudent d'établir un lien trop direct entre appartenance sociale et orientation politique.

---

1. Sur le gouvernement par amateurs, cf. H. Laski, *Le gouvernement parlementaire en Angleterre*, 1938, trad. française, PUF, 1950, p. 184.

A. Classes sociales, différenciations catégorielles, disparités régionales

53. Dans nos sociétés contemporaines comme dans les sociétés antérieures, la population de chaque pays, certes unie par des caractères et des sentiments communs, n'en est pas moins divisée en classes et en catégories dont les mentalités et les intérêts peuvent être fort différents. Il faut ajouter qu'elle est géographiquement répartie entre des régions dont les habitants ont le plus souvent leurs traditions et leurs orientations propres.

a) Les classes sociales

54. Elles ne peuvent être étudiées sérieusement en quelques lignes mais il est important d'en montrer la complexité en évoquant les trois principaux problèmes qu'elles soulèvent.

Un premier problème est celui de l'appartenance à ces classes. Cette appartenance est fonction d'éléments très divers qui vont de la situation économique (fortune, revenus) à la condition professionnelle (formation, profession) et des antécédents (famille, traditions) à l'éducation (études, diplômes) et au mode de vie (goûts, habitudes, manières). Il est difficile de mesurer l'influence respective de ces éléments et ce serait certainement une erreur que de privilégier trop vite certains d'entre eux et notamment, comme on pourrait être tenté de le faire, les éléments économiques ou patrimoniaux. Les mentalités et d'une manière générale les éléments psychologiques, d'ailleurs liés aux précédents, jouent un rôle qui n'est pas moins important.

Un second problème concerne la détermination des classes sociales elles-mêmes. Certes on parle couramment de classe ouvrière, de classe paysanne, de classes moyennes, de classe bourgeoise mais il s'agit là de masses si considérables et si composites qu'elles en sont quelque peu informes. Leurs frontières sont très imprécises et leurs membres pourraient bien souvent figurer dans deux au moins des classes ainsi distinguées (c'est notamment le cas des paysans, en raison de leurs différences de statut, et on peut d'ailleurs douter qu'ils constituent vraiment une classe). En réalité on a affaire, là, à une classification très sommaire, largement héritée du passé, et qu'il faudrait certainement affiner et actualiser. Mais l'extrême difficulté d'y parvenir ne doit pas non plus conduire à nier le sentiment, toujours parfaitement perçu, de l'existence de classes sociales différentes, non plus que le sentiment très répandu de l'appartenance à une classe et d'une certaine solidarité avec ses autres membres.

Un troisième problème se rapporte à l'évolution des classes et à la circulation de leurs membres. En effet, les classes sociales ne sont pas figées. Collectivement, leurs modes de vie se transforment et il semble bien qu'ils tendent dans une certaine mesure à se rapprocher, au moins dans les sociétés les plus évoluées. Individuellement, leurs membres passent d'une classe à l'autre en fonction, soit de leur activité personnelle, soit de l'évolution de l'économie (c'est ainsi, par exemple, que le développement continu du secteur tertiaire a entraîné un accroissement sensible des classes moyennes).

b) Les différenciations catégorielles

55. Il existe, à l'intérieur ou en marge des classes sociales, de très nombreuses catégories sociales qui ne sont pas fonction d'un ensemble complexe de données très diverses (comme c'est le cas pour les classes) mais généralement d'un facteur unique qui détermine à lui seul l'appartenance à la catégorie. Celles-ci répondent à deux types bien différents.

Au premier type correspondent les catégories qui sont fonction du genre d'activité de leurs membres ou du statut socioprofessionnel de ces derniers. C'est ainsi, par exemple, qu'on distinguera parmi les classes moyennes les agents de maîtrise, les cadres, les artisans, les chefs des petites et moyennes entreprises, les fonctionnaires, les professions libérales, etc., parmi la classe paysanne les viticulteurs, les éleveurs, les céréaliers, etc., parmi la classe ouvrière, les ouvriers spécialisés, les ouvriers qualifiés, etc. Se situant dans le cadre d'ensemble des classes sociales, ces catégories, mieux délimitées et plus homogènes, permettent précisément d'affiner la division assez grossière et approximative de la société qui en résulte. On ajoutera que ces catégories sont souvent assez bien structurées par suite de l'existence de chambres patronales de branches professionnelles, d'associations corporatives ou de centrales syndicales spécialisées.

Au second type correspondent les catégories déterminées par un autre mode de coupe à l'intérieur de la société, effectué cette fois transversalement. Elles rassemblent des personnes qui, bien qu'appartenant à des classes sociales différentes, se trouvent à certains égards dans une situation similaire par suite de l'existence d'un facteur commun. Il peut s'agir de l'âge (qui détermine les catégories très composites mais souvent invoquées des jeunes ou des personnes âgées), du genre ou de l'orientation sexuelle, de la situation familiale (une réglementation précise définit ce qu'on doit entendre par famille nombreuse), de l'état de santé (les handicapés), d'une origine étrangère (les immigrés), voire – lors des années 1960 – de la décolonisation (les rapatriés), etc. Ces catégories du second type sont très disparates, elles comportent des effectifs très inégaux, une spécificité et une solidarité très variables, certaines sont bien structurées et d'autres pratiquement inorganisées ou même n'existent qu'en raison des préoccupations électorales des pouvoirs publics.

Ainsi les différenciations catégorielles venant s'ajouter aux classes sociales présentent l'intérêt de souligner, au sein de chaque État et sous la masse uniforme des gouvernés ou des citoyens, l'existence d'une véritable mosaïque sociale, quelque incontestable que soit par ailleurs le sentiment commun de l'unité nationale.

c) Les disparités régionales

56. Elles sont également à prendre en considération si on veut apprécier la réalité sociale dans ce qu'elle a de plus concret. Il est fréquent, en effet, que les différentes régions d'un même pays présentent des caractères spécifiques qui tiennent à des considérations très diverses allant de la démographie à l'économie (l'orientation agricole ou industrielle donne à une région ses traits propres) et des mentalités aux traditions (par exemple, les antécédents historiques et culturels, les orientations et les pratiques religieuses peuvent être largement différenciés selon les régions). On constate d'ailleurs dans nombre de pays, pour se limiter à l'Europe occidentale, il n'est qu'à penser aux cas de l'Espagne, de la France, de l'Italie ou encore de la Grande-Bretagne, un fort courant en faveur d'une décentralisation régionale authentique, permettant aux populations intéressées d'exprimer plus librement leur personnalité et de prendre en main une part plus importante des affaires qui les concernent.

B. Appartenance sociale et orientation politique

57. C'est un problème souvent posé mais fort difficile à résoudre que celui de la correspondance éventuelle entre l'appartenance à une classe sociale – ou éventuellement à une catégorie si elle est de type professionnel et se situe par conséquent dans le cadre d'une classe – et l'orientation vers un courant politique, telle qu'elle peut s'exprimer à l'occasion d'un vote. On sait d'ailleurs que certaines doctrines ont pris position à ce sujet et c'est ainsi que les marxistes présentent volontiers les partis politiques, dans les régimes non socialistes, comme des organisations de défense de classes sociales antagonistes, ce qui implique logiquement que les membres de chaque classe se sentent solidaires et partagent, s'ils sont conscients, le même idéal politique.

La meilleure méthode, pour apprécier ce qu'il en est dans la réalité, consiste sans doute à se référer aux résultats électoraux. Encore convient-il de les aborder avec prudence parce qu'il n'est pas facile de les interpréter et qu'on ne peut en tirer d'indications très précises et aussi parce que d'un pays à l'autre les structures sociales sont différentes et qu'on ne peut transposer les explications. Sous ces réserves, qui sont importantes, il semble que deux constatations s'imposent, dont la contradiction n'est qu'apparente.

58. D'une part, il est clair qu'il n'y a pas, dans l'ensemble, de corrélation précise et complète entre l'appartenance sociale et le vote. Aussi bien cette corrélation serait-elle particulièrement difficile dans les pays industrialisés où les classes moyennes progressent constamment (en fonction du développement continu et rapide du secteur tertiaire) alors que c'est chez elles qu'on trouve la plus grande diversité d'opinions. Il faut ajouter que, précisément, les opinions politiques, si elles procèdent pour une part importante de conditions objectives (situation patrimoniale et professionnelle, niveau de revenus, conditions de vie), sont aussi très largement subjectives et doivent beaucoup aux sensibilités, aux mentalités et aux traditions. C'est ce qui explique que des citoyens de niveaux et de modes de vie comparables votent de manière différente, ainsi qu'en témoignent les élections, simplement parce qu'ils ont, à tort ou à raison, le sentiment d'appartenir à des couches sociales distinctes (ou parce qu'ils n'ont pas le sentiment de leur solidarité) et le désir de demeurer fidèles à leurs tendances traditionnelles.

59. D'autre part, on ne peut nier que des partis aient recruté leurs adhérents, et par extension leurs électeurs, dans certaines classes de préférence à d'autres. L'analyse marxiste en a fait grand état aux XIXe et XXe siècles mais c'est actuellement beaucoup moins vrai, compte tenu de l'extension du secteur tertiaire et de l'énorme progression des classes moyennes. On observera d'ailleurs que les dirigeants des partis politiques – de gauche comme de droite – viennent majoritairement des mêmes couches aisées ou relativement aisées et culturellement influentes. En réalité, l'opinion, qui désormais évolue assez rapidement, est devenue mouvante. Si de larges couches sociales conservent leurs fidélités traditionnelles, d'autres témoignent par leurs votes de protestations ou de rejet, au bénéfice des partis d'opposition au régime, qu'elles s'estiment défavorisées ou plus souvent encore incomprises.

II. Les influences réciproques du pouvoir politique et de la société

60. Il faut distinguer les influences exercées par les données de base (idéologiques, économiques, historiques, internationales, psychologiques) de toute société et de tout pouvoir politique, les pressions exercées par le corps social tel qu'il vient d'être présenté dans sa diversité et, dans l'autre sens, l'action du pouvoir lui-même sur la société.

A. L'influence des données de base sur le pouvoir politique

61. La société et le pouvoir politique sont conditionnés par un certain nombre de facteurs qu'il faut rapidement passer en revue.

a) Les données idéologiques

62. Toute société repose sur un système de valeurs que le pouvoir politique doit prendre en compte (par exemple, respect de la vie et de la dignité humaines, croyance dans le progrès, etc.). Ces valeurs tendent actuellement, à travers la diversité des régimes, à se rejoindre et à se confondre. En revanche, le Monde se partage en idéologies fort différentes qui ont joué et qui jouent toujours un rôle capital car elles commandent largement l'aménagement des institutions et l'exercice du pouvoir (par ex. philosophie des Lumières, idéologie démocratique, libérale et pluraliste, idéologie socialiste, idéologie islamiste, etc.).

b) Les données économiques

63. Leur importance est également primordiale. Selon la doctrine marxiste, c'était l'infrastructure économique qui déterminait la superstructure institutionnelle et politique. Bien que de manière moins systématique, les autres doctrines reconnaissent, elles aussi, que le niveau de développement et le taux de croissance, l'appareillage et les modes de production, la justice ou l'injustice de la répartition influencent très sensiblement à la fois la nature des régimes et les opinions des citoyens. Il est clair que le régime adapté à une société évoluée, sur-industrialisée, s'efforçant à l'économie d'abondance ne conviendra probablement pas à une société en voie de développement, s'efforçant de maîtriser une économie de pénurie. La première pourra s'offrir le luxe d'un régime libéral, la seconde aura tendance à adopter des structures plus interventionnistes. Il est tout aussi évident que de fortes différences vont séparer les régimes des pays à économie capitaliste et ceux des pays à économie socialiste.

c) Les données historiques et les traditions

64. L'Histoire joue, dans chaque pays, un grand rôle à la fois quant à l'élaboration des structures institutionnelles et quant à la conduite de la politique nationale. Elle pèse, en effet, d'un poids considérable sur les mentalités et les manières de penser et de vivre les problèmes qui se posent dans le présent. Souvent cette pression est positive en ce sens qu'elle inspire directement les décisions à prendre, parfois aussi elle est négative en ce sens qu'elle suscite une réaction en sens contraire mais, dans un cas comme dans l'autre, l'histoire, avec ce qu'elle a de spécifique et d'irréductible, fait sentir son influence. Il faut ajouter qu'elle est étroitement associée aux traditions qui doivent tout au passé et sont faites de sensibilités et d'expériences transmises, ainsi que de souvenirs collectifs. Il est à peine besoin de souligner ce que les institutions de la Grande-Bretagne, pour prendre un exemple entre beaucoup d'autres mais particulièrement significatif, doivent à l'Histoire. En France même, ce que l'on appelle la tradition républicaine, qui est née et s'est développée sous la Troisième République, continue de peser, heureusement, de tout son poids sur les institutions actuelles.

d) Les données internationales

65. On doit d'autant moins les négliger que la pression des grandes puissances demeure, dans le monde contemporain, très considérable. Elles sont naturellement portées à établir, lorsqu'elles le peuvent, leur hégémonie sur d'autres nations et, par des procédés divers, à essayer d'obtenir que celles-ci adoptent ou conservent le régime le plus favorable à leurs intérêts. Un exemple significatif a été fourni par le partage des zones d'influence qui s'est opéré en 1945, à Yalta, entre Américains et Soviétiques et on en pourrait citer d'autres. Toujours est-il que ce partage a, jusqu'en 1990, entravé la liberté d'action des pays se trouvant dans ces zones. Depuis lors la situation a évolué mais il existe toujours des zones d'influence et des pressions possibles de la part de la super-puissance subsistante.

e) Les données psychologiques et les mythes

66. La psychologie individuelle et collective joue également un grand rôle dans la vie des peuples. Dans tout système social, la réalité a souvent moins d'importance que la représentation que la population s'en fait. Or il peut arriver que certaines représentations, suscitées par les circonstances, développées par les médias, voire encouragées par les gouvernants, se transforment en de véritables mythes pesant d'un poids considérable sur la vie politique. Par leur nature, ces mythes ont une existence très solide même lorsque, avec l'écoulement du temps, ils s'éloignent d'une réalité qui, inévitablement, évolue et se modifie. C'est pourquoi leur persistance donne fréquemment à la vie politique, au moins pour certains secteurs, un caractère quelque peu irréel.

B. Les pressions du corps social sur le pouvoir politique

67. On peut en distinguer de trois sortes, qui ne sont d'ailleurs pas exclusives les unes des autres.

a) Les pressions électorales

68. Ce sont les premières auxquelles il convient de penser parce que ce sont les plus importantes, celles qui permettent à l'ensemble du corps social d'orienter de manière décisive l'exercice du pouvoir politique et la conduite de la politique nationale.

Elles sont directes, politiques, globales, épisodiques et n'existent que dans les pays authentiquement démocratiques. Elles sont directes en ce sens que le peuple fait connaître sa volonté en se prononçant pour les candidats d'un parti ou d'une coalition et en les chargeant, s'ils sont élus, de le représenter pour une durée préfixée. Elles sont politiques parce que le choix auquel procèdent les électeurs l'est au premier chef et qu'il s'agit de désigner ceux qui vont exercer le pouvoir. Elles sont globales parce que le mandat dont bénéficient ces derniers leur permet de décider sans réserve ni restrictions de l'ensemble de la politique nationale, sous ses multiples aspects. Elles sont épisodiques parce que les élections n'ont lieu qu'à échéances plus ou moins éloignées. On observera cependant que la voie électorale, qui est de toute évidence la meilleure pour la désignation des gouvernants, peut être obscurcie, soit par l'effet d'un mode de scrutin, soit par le manque d'information de l'opinion ou par les pressions exercées sur elle. On ne doit pas oublier non plus que, dans l'intervalle de deux consultations, il est toujours à craindre que la volonté du peuple soit détournée par ses représentants.

b) Les pressions diffuses

69. Ce sont celles qui sont exercées, de manière plus discrète mais aussi plus constante, par le corps social et qui tiennent au poids des mentalités et des mœurs.

On sait que les mentalités s'entendent des habitudes intellectuelles et des manières de percevoir et de penser des groupes sociaux. Elles commandent pour partie les mœurs qui procèdent également des comportements sociaux et de la conscience collective. C'est d'ailleurs pourquoi les mœurs sont généralement communes à de larges fractions du corps social. Il est évident que les gouvernants doivent tenir compte des mentalités et des mœurs. Dans les pays démocratiques, ils en ont le devoir s'ils veulent respecter les modes de penser, de sentir et de vivre de leurs mandants. Dans tous les pays, ils y ont intérêt s'ils veulent ne pas construire sur le sable et donner aux règles qu'ils édictent une assise solide.

C'est essentiellement sur le droit que, par l'intermédiaire du pouvoir politique, cette pression des mentalités et des mœurs va s'exercer. C'est ainsi que l'évolution des mœurs conduit les gouvernants à prendre les mesures d'adaptation d'abord souhaitées, ensuite réclamées et enfin exigées par l'opinion publique ou, assez souvent, par une partie d'entre elle se comportant en minorité agissante. Bien entendu, il peut arriver que les gouvernants anticipent quelque peu sur l'évolution des mœurs dans l'objectif avoué de l'accélérer. Le plus souvent, cependant, les gouvernants préfèrent attendre pour agir que l'évolution soit acquise, ce qui entraîne un certain décalage et un retard plus ou moins prononcé du droit sur les mœurs.

c) Les pressions catégorielles

70. Elles sont très nombreuses et très diverses et empruntent généralement, pour agir sur les pouvoirs publics, le canal des groupes de pression.

Les pressions catégorielles s'exercent parfois officiellement et au grand jour par l'intermédiaire d'organismes bien structurés (chambres patronales, centrales syndicales, associations de défense), parfois de manière plus officieuse par l'intermédiaire de lobbies dont l'action s'accommode particulièrement bien d'une grande discrétion. Parfois même les pouvoirs publics, en voulant se concilier les faveurs électorales d'une catégorie sociale déterminée, l'encouragent à exercer certaines pressions, qu'ils sont décidés à satisfaire au moins partiellement. De toute manière, le déferlement continu des revendications catégorielles permet aux gouvernants d'exercer un arbitrage et, bien entendu, de favoriser les catégories sociales dans lesquelles ils recrutent leurs partisans. À cet égard, il n'est pas douteux que toutes les catégories sociales ne sont pas à parité, et que certaines pressions ont, en raison de l'orientation des gouvernants, beaucoup plus de chances que d'autres d'être satisfaites.

C. L'action du pouvoir politique sur la société

71. Elle ne le cède en rien à l'influence de la société sur le pouvoir politique. On peut dire, en effet, que ce dernier a toujours pour objet d'agir sur la société, soit parfois pour la maintenir en l'état, soit plus souvent pour la transformer, ce qui implique dans les deux cas un objectif et une politique. Bien entendu, cette action peut être menée de bien des manières différentes. Elle peut être poursuivie de manière lente et progressive, par des améliorations sectorielles et successives, en canalisant et en orientant dans la mesure du possible l'évolution naturelle du corps social. Elle peut aussi être conduite de manière radicale, en vue d'un changement rapide et complet. Quels qu'en soient les résultats, et même s'ils ne sont pas ceux espérés ou attendus, on peut tenir pour assurer qu'il existe entre pouvoir politique et société une interdépendance étroite.

Section 3

Le pouvoir politique, le droit et les institutions

72. Le pouvoir politique joue un rôle essentiel dans la création du droit et des institutions, même s'ils doivent également beaucoup aux mentalités et aux comportements collectifs. C'est lui qui, même lorsqu'il ne l'édicte pas (notamment dans le cas des règles coutumières), donne sa valeur officielle à la norme juridique et au moins en impose l'observation et en sanctionne les transgressions. Mais les rapports du pouvoir, du droit et des institutions sont particulièrement complexes car le pouvoir, s'il est très largement à l'origine du droit et des institutions, leur est aussi soumis et doit les respecter, tout en étant normalement en mesure de les modifier. On examinera successivement les notions juridiques fondamentales et les rapports entre le pouvoir politique et le droit.

I. Les notions juridiques fondamentales

73. Avant de procéder à l'étude de ces notions, qui dans nos sociétés se situent dans un cadre étatique, il nous faut prendre une première approche de l'État, l'étude d'ensemble de ce dernier étant réservée pour le chapitre suivant.

A. Première approche de l'État

74. Tout système juridique, même rudimentaire, implique une organisation sociale déjà quelque peu élaborée, ce qui n'empêche évidemment pas que l'on retrouve la trace du droit dans des temps très anciens (en Mésopotamie le code d'Hammourabi peut être daté d'environ 1 700 ans avant J.-C.). En revanche, l'État tel que nous le connaissons, qui représente le type contemporain le plus achevé d'organisation sociale, n'est apparu que tardivement, vers le XVIe siècle et encore sous une forme embryonnaire et dans quelques pays seulement. Il n'en est pas moins vrai que l'on ne peut à l'heure actuelle définir et expliquer le droit sans se référer à l'État, tellement les deux sont liés.

75. Sommairement et en première analyse, on peut définir l'État comme une collectivité politique et juridique que sa nature et son indépendance rendent irréductible aux autres collectivités, qu'elles se situent au-dessus ou au-dessous de lui. L'État est notamment différent, par sa nature même, des collectivités qui exercent leur activité sur son territoire parce qu'elles sont toutes tributaires de lui et qu'elles n'ont de possibilités d'action que dans la mesure où il le permet. D'une manière plus générale encore, on peut dire que l'État est à l'origine, directement ou indirectement, de toutes les règles (ainsi que de tous les rapports ou situations juridiques) existant sur son territoire, soit que les gouvernants les édictent eux-mêmes, soit qu'ils en permettent l'édiction par d'autres autorités [1].

B. Les règles de droit, le droit positif, l'ordre juridique

76. Ce sont trois notions essentielles pour la compréhension de toutes les disciplines juridiques.

a) Les règles de droit

77. Les règles de droit ou normes juridiques sont des prescriptions générales et obligatoires émanant d'autorités habilitées ou reconnues (dans le cas de règles coutumières il peut s'agir de la collectivité elle-même), et dont la transgression est, en principe, sanctionnée par les tribunaux. D'où les principaux caractères des normes juridiques, qui sont officielles, impersonnelles, obligatoires et sanctionnables.

78. Leur caractère *officiel* tient à leur consécration par les autorités publiques, c'est-à-dire en dernière analyse par les autorités étatiques. Il est indissociable du caractère obligatoire, lequel ne peut être conféré que par ces mêmes autorités publiques.

79. Le caractère *impersonnel* provient de ce que les normes visent anonymement leurs destinataires et ceci qu'elles modifient des règles préexistantes ou qu'elles s'y ajoutent ou encore qu'elles confèrent des avantages à des bénéficiaires ou qu'elles imposent des obligations à des assujettis. En revanche, peu importe le nombre des destinataires, qui peut être considérable ou insignifiant, dès lors qu'ils ne sont pas nommément désignés.

80. Le caractère *impératif* tient à ce que la norme produit des effets de droit et, par conséquent, modifie l'ordonnancement juridique existant. C'est là un caractère essentiel : la norme s'impose à la fois à ses destinataires directs et à la population tout entière puisque les premiers doivent en observer les prescriptions et que la seconde doit en permanence respecter l'ordonnancement juridique en vigueur.

81. Enfin la règle de droit est *sanctionnable*, ce qui revient à dire que son observation sera assurée au besoin par la force publique, soit que les autorités compétentes s'adressent aux tribunaux pour leur demander de réprimer les transgressions, soit qu'elles puissent les sanctionner directement, le premier procédé étant évidemment d'un esprit plus libéral que le second. On observera, cependant qu'il peut arriver qu'aucune sanction ne soit prévue en cas de violation de la règle. Elle n'en demeure pas moins une règle de droit en dépit de l'imperfection qui l'affecte (l'absence de sanction en cas de méconnaissance) et qui réduit son efficacité, évidemment moins bien assurée.

---

1. Même les normes supranationales, telles celles édictées par l'Union européenne, qui s'appliquent immédiatement et directement sur le territoire et à la population des États membres, ne s'imposent que parce que ces derniers ont accepté à un moment donné de s'y intégrer, en acceptant les effets ultérieurs.

b) Les règles écrites et les règles coutumières

82. Les normes juridiques peuvent être écrites ou coutumières.

Les premières, qui dans la plupart des pays sont de beaucoup les plus nombreuses, comprennent essentiellement les lois constitutionnelles, les lois votées par les organes législatifs et les règlements édictés par les autorités exécutives, gouvernementales et administratives.

Les secondes, autrefois dominantes mais désormais assez rares, naissent de la volonté des gouvernés eux-mêmes puisqu'elles procèdent de l'observation suffisamment prolongée de comportements auxquels s'attache une prescription (positive ou négative). Bien entendu, ces règles coutumières supposent d'une part, une répétition sans discontinuité, d'autre part, le consensus de tous ceux qui sont concernés, même indirectement et lointainement, ainsi que leur conviction qu'il s'agit bien de règles juridiques. Il est évident que les règles coutumières sont moins nettes que les règles écrites et qu'il est aussi difficile de déterminer le seuil de répétition (ou le seuil d'abandon) à partir duquel on doit considérer que la règle est formée (ou qu'elle a disparu) qu'il l'est d'en préciser le contenu (qui reste toujours un peu flou). On doit observer enfin et surtout que la règle coutumière ne devient une véritable règle de droit que si elle est considérée par tous, y compris par les tribunaux, comme obligatoire et cela même si les transgressions ne sont pas sanctionnables. Autrement elle n'atteindrait pas le seuil juridique car elle ne se distinguerait pas des simples usages et pratiques qui sont dépourvus d'effets de droit.

c) Le droit positif

83. Il s'entend de l'ensemble des normes juridiques susceptibles, dans un État, d'être appliquées par les tribunaux en un instant donné, c'est-à-dire, en définitive, de l'ensemble des normes en vigueur.

Il s'agit donc d'une masse énorme et fluctuante car constamment de nouvelles règles s'y ajoutent cependant que d'autres sont modifiées ou disparaissent. En d'autres termes, le droit apparaît comme perpétuellement en devenir, ce qui ne saurait surprendre car reflétant et ordonnant la vie en société il est nécessairement changeant comme elle.

La conception positiviste du droit s'oppose aux écoles dites du droit naturel, selon lesquelles le droit doit s'inspirer de modèles dérivés de « la nature des choses » et qui, inévitablement, procèdent des conceptions idéalistes – et parfois chimériques – de leurs auteurs. Dans l'ensemble, la conception positiviste ne tient compte que du droit existant, tel que normalement il procède de l'application du principe majoritaire. Mais cette conception, si elle épouse la réalité juridique dans pratiquement tous les pays, n'en soulève pas moins une grave difficulté dans la mesure où, reliant très étroitement le droit à l'État, elle place le premier sous la coupe du second.

C'est pourquoi il faut bien souligner que le positivisme tend seulement à faire connaître les systèmes juridiques effectivement pratiqués dans les différents États. Il constate leur existence et rend compte de leur fonctionnement parce que cette connaissance est indispensable à toute démarche scientifique comme d'ailleurs, sur un plan totalement différent, à tout choix éclairé. On sait que depuis la fin de la Seconde Guerre mondiale et le triomphe des démocraties, l'évolution a été de plus en plus favorable à la diffusion du modèle démocratique, pluraliste et politiquement libéral. Même si bien des progrès restent à faire, c'est ce modèle qui constitue la toile de fond des chapitres qui suivent.

d) L'ordre juridique

84. C'est celui qui, s'inscrivant entre les frontières d'un État, recouvre non seulement l'ensemble normatif constituant le droit positif mais aussi l'ensemble des rapports et des situations juridiques intéressant à la fois les autorités publiques et les personnes privées exerçant leur activité sur le territoire. Ces rapports et situations juridiques, qui doivent se situer dans le cadre général du droit positif et lui être conformes, procèdent pour l'essentiel des jugements rendus par les tribunaux institués par les gouvernants, des décisions individuelles ou collectives (c'est-à-dire visant nommément leurs destinataires) prises unilatéralement par les autorités publiques, des conventions passées par les personnes publiques et par les personnes privées, ainsi que de certains faits auxquels le droit positif attache des conséquences juridiques (par exemple, un fait dommageable entraînant réparation).

C. Le droit public, les institutions politiques, les régimes politiques

85. Ces trois notions présentent un caractère moins général que les trois précédentes mais étant relatives aux gouvernants elles intéressent tout particulièrement la matière de cet ouvrage.

a) Le droit public

86. On distingue traditionnellement le droit privé et le droit public. De manière sommaire, on peut définir le premier comme le droit s'appliquant aux personnes privées, physiques ou morales, et aux rapports qu'elles peuvent avoir entre elles, le second comme le droit s'appliquant à l'État et aux autres collectivités publiques. Quant aux rapports entre les collectivités publiques, y compris l'État, et les personnes privées, ils relèvent le plus souvent du droit public et parfois du droit privé. Le droit public peut donc être présenté comme la partie du droit positif qui traite de l'État, des collectivités publiques et de leurs rapports avec les personnes privées lorsque ces rapports mettent en cause les prérogatives des personnes publiques.

Le droit public présente deux caractéristiques importantes, qui le distinguent profondément du droit privé et qui sont d'ailleurs étroitement liées entre elles. D'une part, le droit public est dominé par la recherche de l'intérêt général, qui constitue la finalité nécessaire et exclusive de l'État et des collectivités publiques (alors que le droit privé n'arbitre jamais que des intérêts particuliers). D'autre part, le droit public est un droit d'inégalité car l'intérêt général doit l'emporter sur les intérêts particuliers et c'est pourquoi l'État et les collectivités publiques sont dotés de moyens juridiques de contrainte qui leur permettent de faire prévaloir leur volonté sur celle des personnes privées (alors que le droit privé est un droit d'égalité faisant un large appel aux relations conventionnelles, les personnes privées se trouvant entre elles à parité sur le plan juridique).

Ceci étant posé, qui est certain, il faut tout de même ajouter que l'on a constaté au cours des dernières décennies un certain rapprochement entre le droit public et le droit privé. Plus précisément, il est apparu que le droit privé s'était en quelque sorte « publicisé » par suite des interventions croissantes de l'État dans les rapports entre personnes privées et surtout en raison de l'existence d'un phénomène croissant de constitutionnalisation des branches du droit ; cependant que, en sens contraire, l'État et les collectivités publiques acceptaient plus volontiers, pour une part de leur activité, notamment dans le secteur industriel ou commercial, de se soumettre au droit privé.

b) Les institutions politiques

87. Au sens strict, on désigne par institution un ensemble ou un complexe de normes qui se rapportent à un même thème ou à un même objet et qui, présentant par conséquent une certaine unité et une certaine permanence, peuvent être, à l'intérieur d'une des branches du droit positif, considérées et étudiées de manière autonome. Par exemple, on peut parler en ce sens de l'institution du mariage. Il arrive souvent que cet ensemble soit organisé, c'est-à-dire lié à l'existence d'un ou plusieurs organes qui en concrétisent l'unité et la permanence. C'est ainsi qu'on peut faire état des institutions régionales.

Dans ces conditions, les institutions politiques devraient s'entendre, toujours au sens strict, des organes chargés d'exercer le pouvoir politique et des normes relatives à cet exercice. Mais on observera qu'il s'agit là d'une acception bien étroite et que comprises de cette manière les institutions politiques ne se différencieraient guère du droit constitutionnel, même si l'accent est mis davantage, pour les premières, sur les organes du pouvoir et, pour le second, sur les mécanismes juridiques. À la limite, on ne comprendrait pas bien pourquoi les deux expressions sont associées. La vérité est que les institutions politiques sont prises dans un sens plus large, qui couvre non seulement les organes et les normes mais aussi la vie même de ces organes et l'application des normes. En d'autres termes, si l'expression a d'abord un contenu juridique qui reste essentiel, il s'y ajoute un contenu politique, qui rapproche sensiblement sa signification de celle (malgré tout plus claire et plus complète) qui s'attache à « régimes politiques ».

c) Les régimes politiques

88. Un régime politique est, dans un État donné, la résultante du jeu des forces politiques, et principalement des partis, dans un certain cadre institutionnel et juridique, compte tenu des données historiques, idéologiques, économiques et sociologiques propres à cet État. Si ces derniers éléments assurent, par leur combinaison, l'originalité profonde de chaque régime, ce sont tout de même les deux premiers, c'est-à-dire le cadre institutionnel et le jeu des partis, qui en commandent le fonctionnement.

II. Les rapports complexes du pouvoir politique avec les institutions et avec le droit

89. Le volontarisme du pouvoir politique constitue la source par excellence des institutions et du droit. C'est lui qui établit les organes exerçant le commandement et en assure le fonctionnement. C'est également lui qui édicte les normes juridiques et prévoit la sanction des transgressions. Mais dans le même temps le pouvoir politique doit aussi respecter les institutions et se soumettre au droit. Ce sont ces rapports complexes qu'il faut examiner.

A. L'emprise croissante du pouvoir politique

90. L'emprise du pouvoir politique sur les institutions et sur le droit a toujours été considérable mais plusieurs facteurs accroissent encore son importance à l'époque contemporaine.

a) Les facteurs tenant à la nature des régimes

91. Force est de constater que le pouvoir s'étend et se développe quel que soit le type de régime pratiqué.

C'est indiscutable pour les régimes de type autoritaire, qui ont toujours exercé une très forte pression sur les institutions et sur le droit. Or ces régimes sont toujours très nombreux dans le monde actuel. La plupart des régimes des pays en voie de développement, et beaucoup d'autres, relèvent de ce type.

Ce n'est évidemment pas moins vrai pour les régimes de type socialiste qui subsistent encore et qui sont d'ailleurs aussi des régimes autoritaires. En effet, il s'agit de régimes à idéologie exclusive et à parti unique même lorsqu'ils évoluent, comme la Chine, vers le libéralisme économique. L'emprise du pouvoir sur les institutions et sur le droit demeure décisive, ainsi que sur l'ensemble de la vie politique, économique et sociale. Il en est de même pour les régimes de type intégriste ou théocratique.

C'est sans doute plus surprenant pour les régimes de type pluraliste et pourtant, là encore, l'emprise du pouvoir se renforce constamment. En effet, le progrès et la diffusion des idées démocratiques permettent au pouvoir de s'exprimer au nom du peuple et aux gouvernants, qui procèdent directement ou indirectement d'une élection, d'affirmer non sans raison qu'ils ne font, en édictant des règles et en établissant des institutions, que donner une formulation juridique aux vœux d'une population qu'ils sont chargés de conduire puisqu'ils la représentent. En d'autres termes, il ne peut y avoir d'antinomie entre la volonté des dirigeants et les aspirations des masses, les premiers incarnant les secondes et étant mandatés par elles. Qu'il y ait là une vue théorique et largement idyllique du fonctionnement de la démocratie n'enlève rien à la force du raisonnement et on peut seulement attendre de ce type de régime – ce qui est déjà essentiel – que l'emprise du pouvoir n'y soit pas totale.

b) Les facteurs tenant au développement de l'administration

92. Ils complètent les précédents, parce que l'administration est l'instrument privilégié du pouvoir politique. Or d'une part, l'administration contemporaine est devenue une machinerie extrêmement complexe et diversifiée qui, même dans les États capitalistes et libéraux, traite de multiples problèmes et par là même est amenée à préparer pour les gouvernants des réglementations nombreuses et détaillées, qui vont souvent jusqu'à l'inflation normative. D'autre part, l'administration est devenue de plus en plus spécialisée et technocratique et la présence des experts n'a fait, comme toujours en pareil cas, qu'accroître sa propension naturelle à réglementer ou, si on veut, à « faire du droit ».

B. Le pouvoir politique à la source des institutions et du droit

93. Les institutions et le droit sont largement déterminés, comme il a été indiqué, par les conditions économiques et sociales, ainsi que par les traditions et par les mœurs qui caractérisent, en un temps et pour un pays donné, la société à laquelle ils s'appliquent. Mais ils n'en procèdent que par l'intermédiaire, souvent déformant, du pouvoir politique.

a) L'établissement des institutions

94. Le pouvoir politique est à l'origine immédiate des institutions et tout particulièrement des institutions politiques, c'est-à-dire des organes chargés d'exercer l'autorité et de l'exercer officiellement. C'est le pouvoir politique qui crée la plus importante de ces institutions, l'État, soit qu'il s'agisse de l'établir pour la première fois (comme cela a été le cas dans les années soixante pour les territoires anciennement colonisés accédant à l'indépendance), soit qu'il s'agisse de le faire resurgir après une défaite, une annexion, une occupation (comme cela a été le cas pour l'Allemagne et l'Autriche après la Seconde Guerre mondiale). Dans un cas comme dans l'autre, une initiative du pouvoir politique est indispensable. Peu importe d'ailleurs qu'il s'incarne à ce moment dans des gouvernants de fait : à ce stade l'existence du pouvoir et son effectivité sont plus importantes que sa validité. Aussi bien ces notions sont-elles liées.

Mais l'État une fois mis en place, le rôle des gouvernants détenteurs du pouvoir politique ne s'arrête certes pas. Il n'y a pas d'État sans organisation juridico-politique, sans appareil dirigeant, dont les rouages font normalement l'objet de la Constitution. Il leur faut donc établir celle-ci et là encore peu importe sa forme, écrite ou coutumière, de même que ses modalités, frustes ou sophistiquées. L'important est que le pouvoir en s'incarnant dans l'État et en se dotant d'une Constitution se juridicise et se transforme lui-même – car il est le seul à en avoir la capacité – de pouvoir de fait en pouvoir de droit. On retrouve la même et mystérieuse alchimie en cas de révolution réussie, lorsque le nouveau pouvoir, après avoir éliminé le précédent, s'installe à sa place, instaure un nouvel ordre des choses et l'officialise.

b) L'édiction du droit

95. Le pouvoir politique n'est pas moins à la source du droit que des institutions mais précisément il en est à la source par l'intermédiaire des institutions et plus particulièrement de la première d'entre elles, c'est-à-dire de l'État.

Ce n'est pas là minimiser le rôle du pouvoir politique car c'est lui qui anime l'appareil étatique, lui donne l'impulsion, lui prête une volonté, le met en mouvement et le fait agir. On ne peut, de toute évidence, dissocier l'État et le pouvoir politique qui en est le cerveau. C'est donc le pouvoir qui, par le canal de l'appareil étatique, doit décider quelles normes seront édictées, quels droits accordés aux citoyens, quels pouvoirs conférés aux corps intermédiaires : collectivités publiques, entreprises, sociétés, associations. Il est essentiel, à ce sujet, de noter que si la plus grande partie des règles juridiques appliquées dans un pays donné émanent non pas directement des gouvernants mais des autorités et des organismes de toutes sortes qui ont été habilités à les édicter, ce sont tout de même les gouvernants qui sont à leur origine puisqu'eux seuls peuvent donner les habilitations nécessaires. Le pouvoir politique est donc bien à la source du droit, c'est-à-dire non seulement des normes mais aussi des rapports et des situations des sujets de droit, qui constituent l'ordonnancement juridique.

Mais encore faut-il que le droit ait un caractère officiel, c'est-à-dire qu'il bénéficie de la sanction, au sens le plus large, des institutions établies, de telle manière que celles-ci puissent en assurer l'application et en réprimer les violations. C'est pourquoi, dans nos sociétés contemporaines, le pouvoir politique passe nécessairement, pour l'édiction du droit, par le truchement de l'État. Il ne peut en être autrement parce que, comme nous aurons l'occasion de le montrer, seul l'État dispose à la fois dans l'exercice de ses fonctions de souveraineté du monopole de l'édiction des règles de droit et du monopole de la force publique.

C. Le pouvoir politique et la soumission aux institutions et au droit

96. C'est le second volet des rapports complexes du pouvoir et du droit et qui peut d'ailleurs paraître difficile à concilier avec le premier.

a) Le respect des institutions

97. Il faut d'abord préciser que le problème posé n'est pas tant celui du respect des institutions par ceux qui en sont les destinataires, c'est-à-dire par les gouvernés (il est normalement assuré par l'appareil étatique), que par ceux qui les ont établies ou qui les utilisent, c'est-à-dire par les gouvernants (qui précisément disposent de l'appareil étatique). Le problème se complique du fait que les institutions, comme toutes choses, doivent évoluer et qu'il est souhaitable et même indispensable qu'elles fassent l'objet d'adaptations, de modifications, et même de transformations lorsque le besoin s'en fait sentir.

Le problème ainsi posé appelle une réponse de bon sens. Il va de soi que les détenteurs du pouvoir politique doivent respecter les institutions qu'ils ont eux-mêmes établies ou que leurs prédécesseurs ont voulues, qu'il s'agisse des organes mis en place ou des procédures et des mécanismes prévus. De même, s'ils entendent les modifier, voire les transformer, ce qui relève, en effet, du volontarisme du pouvoir, ils doivent observer les règles édictées par la Constitution pour sa révision : on peut dire que toutes les constitutions prévoient des procédures à ce sujet, qui s'imposent à tous, et en premier lieu aux gouvernants. Telles sont les obligations auxquelles doivent se conformer les titulaires du pouvoir politique, l'État de droit étant à ce prix. Certes on peut faire valoir que trop souvent ces obligations ne sont pas assorties de sanctions en cas de manquements. Il est pourtant moins facile qu'il ne paraît de s'en affranchir, au moins dans les régimes pluralistes et libéraux, car le pouvoir y est divisé en plusieurs organes disposant de compétences croisées, ce qui fait que les abus des uns peuvent être freinés ou stoppés par les autres, en dehors même des protestations auxquelles tout naturellement ils donnent lieu. En revanche, l'État de droit peut être difficile à faire respecter dans les régimes où le pouvoir est très concentré et son exercice très autoritaire.

98. L'exposé de ces principes doit cependant être complété par deux observations.

La première concerne la pratique politique, c'est-à-dire l'usage que les gouvernants font des institutions dans l'exercice en quelque sorte quotidien du pouvoir. Il ressort de ce qui précède que cette pratique doit s'inscrire dans le cadre fourni par les textes constitutionnels. Cependant on doit admettre qu'il est presque inévitable qu'elle s'en écarte parfois. Non seulement parce que les textes ne peuvent avoir tout prévu (et il est normal que la pratique supplée leurs lacunes) mais aussi parce qu'on doit tenir compte du fait que la vie politique est en perpétuel devenir et qu'on ne peut donc refuser aux gouvernants, aux prises avec des difficultés immédiates, de prendre les décisions nécessaires, même si elles impliquent quelques adaptations des règles en vigueur. Il reste, bien entendu, que toute modification notable ou prolongée du cadre institutionnel appelle une révision de la Constitution. En ce domaine comme en beaucoup d'autres concernant les institutions politiques, tout est question de mesure.

La seconde observation a pour objet de réserver le cas des révolutions réussies. Celles-ci représentent un exemple typique, et d'ailleurs unique, d'élimination des institutions existantes qui non seulement n'emporte pas condamnation mais encore instaure un nouvel État de droit.

b) La soumission au droit

99. Les rapports du pouvoir politique et du droit appellent dans l'ensemble les mêmes observations. Le pouvoir peut, en utilisant l'appareil d'État et au nom de ce dernier, ainsi que dans le respect des procédures prévues, édicter de nouvelles règles de droit ou modifier celles qui existent déjà. Mais il ne doit en aucun cas s'affranchir du droit en vigueur et s'il le fait il est normal que l'État – dont il emprunte la personnalité – soit condamné à réparation par les tribunaux qu'il a lui-même institués. Ce sont là des règles de civilisation qui se suffisent à elles-mêmes et qui n'appellent donc pas d'autre justification.

► Bibliographie

Il est particulièrement conseillé de consulter les ouvrages ou articles suivants :

Association française des constitutionnalistes, *Le pouvoir et l'État dans l'œuvre de G. Burdeau*, Economica-PUAM, 1993.

D. de Béchillon, *Qu'est-ce qu'une règle de droit ?,* Odile Jacob, 1997.

G. Burdeau, *Traité de science politique*, tome I : Présentation de l'univers politique, 2 vol., LGDJ, 1980.

M. Crozier, *La société bloquée,* Seuil, 1970.

R. Dahl, *Qui gouverne ?,* A. Colin, 1971.

J.-M. Denquin, *Introduction à la science politique*, 3e éd., Hachette., 2018.

L. Favoreu, « La constitutionnalisation du droit », in *Mélanges R. Drago,* Economica, 1996.

J. Freund, *L'essence du politique*, Sirey, 1965.

H. Kelsen, *Théorie pure du droit,* trad. C. Eisenmann, Dalloz, 1962.

Sur l'enseignement du droit constitutionnel

J. Chevallier, « Droit constitutionnel et institutions politiques : les mésaventures d'un couple fusionnel », *in Mélanges P. Avril*, Montchrestien, Paris, 2001, p. 183.

L. Favoreu, « L'enseignement du droit constitutionnel en France », *L'enseignement du droit constitutionnel*, J.-F. Flauss (dir.), Bruylant, Bruxelles, 2000, p. 47.

L. Hamon, « L'enseignement du droit constitutionnel », *Rev. eur. dr. publ.* 2001, p. 779.

F. Mélin-Soucramanien et K. Mavrias (dir.), *Constitution, enseignement et doctrine*, Bruylant, Bruxelles, 2011.

J.-L. Mestre, « L'évolution de l'enseignement du droit constitutionnel à la Faculté de droit d'Aix », *Les Cahiers Portalis*, n° 4, 2016, p. 113.

P. Pactet, « Réflexions sur le droit constitutionnel et son enseignement », *RDP* 2010, p. 155.

M. Troper, « La théorie dans l'enseignement du droit constitutionnel », *RDP* 1984, p. 263.

Chapitre 2

L'État

100. Le pouvoir politique s'inscrit et s'exerce dans le cadre de l'État, qui constitue le support de toutes les institutions existant sur le plan national comme sur le plan international et qui représente donc une donnée fondamentale du droit constitutionnel. On examinera la notion d'État (section 1), ses formes (section 2), l'État face aux revendications à des fins d'autonomie ou d'indépendance (section 3), l'intégration de l'État dans des ensembles plus vastes (section 4) et ses fonctions (section 5).

Section 1
La notion d'État

101. L'État est une réalité de la vie nationale et internationale aisément et immédiatement perceptible mais cette simplicité n'est qu'apparente et recouvre une réelle complexité. En effet, la part de l'histoire et de ses hasards y est aussi importante, et sans doute bien davantage, que celle du droit et de la raison. C'est ce qu'il convient de ne pas oublier en étudiant la réalité et la spécificité de l'État.

I. La réalité de l'État

102. L'État est un phénomène historique, politique et juridique, qui tient à la fois d'une construction de l'esprit et de la réalité sociologique nationale et internationale. On étudiera ces différents aspects en examinant successivement les principales conceptions de l'État et ses conditions d'existence.

A. Les conceptions de l'État

103. On essaiera d'abord de préciser les différentes significations données au mot État avant de distinguer les conceptions des systèmes pluralistes et celles des systèmes socialistes.

a) Les significations du terme État

104. Le terme a plusieurs significations parmi lesquelles il faut particulièrement retenir les deux suivantes. La première, et la plus large, fait de l'État une communauté nationale particularisée par son passé et par une certaine unité, qui peut devoir davantage à la volonté et aux efforts des hommes qu'aux données naturelles, notamment si des populations différentes sur le plan ethnique et linguistique cohabitent dans le cadre d'une même communauté. Celle-ci comporte nécessairement certains caractères politiques et juridiques qui la rendent différente des autres communautés infra ou supra-étatiques. C'est ainsi que l'organisation qui assume la direction de l'État dispose, au nom de ce dernier, du monopole de l'édiction des règles de droit et de l'emploi de la force publique. La seconde, plus limitée, désigne sous le terme d'État le seul appareil de direction de cette communauté, avec ses différents moyens de contrainte.

b) Les conceptions pluralistes

105. Certaines voient dans l'État le produit de la différenciation des gouvernants et des gouvernés, les premiers « possédant la puissance politique, c'est-à-dire une puissance de contrainte irrésistible »[1], d'autres estiment que l'État est lié à l'apparition d'un ordre juridique mis en place par la Constitution et succédant au désordre de fait antérieur[2], d'autres encore font de l'État la plus éminente des institutions sociales[3].

En réalité, l'essentiel, dans ces théories, réside moins dans ce qui les sépare, et qui est souvent important, que dans ce qui les réunit et qui tient à leur inspiration. Toutes, même celle qui met en avant la différenciation des gouvernants et des gouvernés, reposent sur le postulat de l'existence d'un « fait de solidarité sociale » (L. Duguit), d'une « communauté d'intérêts » ou d'un « principe d'unité » (M. Hauriou) et encore de « l'union de tous les membres » (R. Carré de Malberg). En d'autres termes, l'accent est mis sur la cohésion du groupe social, sur le sentiment de solidarité qui doit l'animer et que traduit la nécessaire prédominance, au plan politique, de la volonté générale, et au plan juridique, de l'intérêt général. L'État – au moins s'il est démocratique – est la chose de tous, il est organisé pour la satisfaction des besoins et des intérêts collectifs, il recueille un consentement collectif. Sans que les conflits soient éludés ou sous-estimés, il apparaît avant tout comme un centre de convergences sociales. On retrouve dans cette inspiration, optimiste et idéaliste, l'écho lointain et affaibli des doctrines du contrat social du XVIe au XVIIIe siècle.

c) Les conceptions socialistes

106. Leur unité leur venait de la doctrine marxiste-léniniste. Selon cette doctrine, l'État trouvait son origine dans les contradictions et les antagonismes de classe et s'identifiait à l'appareil répressif permettant à la classe dominante de maintenir son pouvoir. La révolution prolétarienne remettait cet appareil à la disposition du plus grand nombre, au cours de la phase de dictature du prolétariat. Celle-ci devait permettre d'atténuer, voire d'éliminer les antagonismes sociaux, de telle manière qu'un allégement de la dictature du prolétariat soit concevable et qu'on puisse passer, sur la voie qui mène au socialisme, du parti et de l'État prolétarien au parti et à l'État du peuple tout entier. Encore ne s'agissait-il que d'une étape intermédiaire car on sait que le communisme, qui constituait la phase ultime du processus, devait être

---

1. L. Duguit, *Leçons de droit public général*, E. de Boccard, 1926, p. 148, rééd., *La Mémoire du droit*, 2000 ; cf. également, *Traité de droit constitutionnel*, E. de Boccard, tome 1, 1927, p. 670 et s.

2. R. Carré de Malberg, *Contribution générale à la théorie de l'État*, Sirey, 1920-1922, rééd. 1962, tome 1, p. 65.

3. M. Hauriou, *Droit constitutionnel*, Sirey, 1929, réimpr. CNRS, 1965, p. 78 et s.

caractérisé par le dépérissement de l'État, la disparition totale des classes entraînant, au profit de l'autogestion, celle de l'appareil répressif.

Cet objectif n'a jamais paru totalement réaliste mais l'effondrement du communisme dans le monde montre encore mieux à quel point il était utopique.

B. Les conditions d'existence de l'État

107. Elles sont au nombre de trois et conditionnent la naissance, la disparition et l'éventuelle résurrection de l'État tout autant que son existence proprement dite.

a) Le territoire, la population et l'organisation politique et juridique

108. L'État n'existe que si les *trois conditions* suivantes sont réunies.

Il faut d'abord un ***territoire,*** qui situe l'État dans l'espace et délimite la sphère d'exercice de ses compétences. Le territoire peut être divisé en deux parties séparées (par exemple, l'Allemagne de 1919 à 1939). Il peut aussi faire l'objet de certaines limitations (attribution de concessions ou de bases à une puissance étrangère) ou de modifications (cession d'une partie du territoire par vente ou à la suite d'une défaite) sans cesser pour autant de servir de support à l'État dès lors qu'il ne passe pas entièrement sous le contrôle d'une ou de plusieurs autres puissances.

Il faut ensuite une population habitant ce territoire et unie de telle manière qu'elle forme une ***Nation,*** que ce soit par des caractères communs (origine ethnique, langue, religion, etc.) ou, ce qui est beaucoup plus important, par les mêmes traditions, les mêmes usages, le même mode de vie et, surtout, la volonté de vivre en commun (par ex. : la Suisse). L'identité et la continuité de l'État ne sont pas affectées par les phénomènes d'émigration, d'immigration ou de transfert de populations, quelque condamnation que l'on puisse porter contre ces derniers.

Il faut enfin une ***organisation politique et juridique*** – c'est-à-dire ce que nous avons appelé précédemment un appareil d'État – destinée à assurer le maintien et la perpétuation de la Nation sur son territoire. Cette organisation doit exercer les compétences exclusives sans lesquelles il n'y aurait ni indépendance ni souveraineté de l'État (cf. II, B), ainsi qu'un contrôle effectif, ce qui revient à dire qu'elle doit être véritablement en mesure d'être obéie sur son territoire. Elle implique donc des gouvernants investis de compétences les autorisant à commander et dont les gouvernés acceptent les ordres. Il va de soi que les modifications affectant l'organisation politique et juridique, c'est-à-dire les changements de gouvernements et même de régimes, n'entament en rien l'identité et la continuité de l'État.

b) La naissance et la disparition des États

109. Les États ne sont pas des données naturelles intangibles mais des créations humaines. Ils sont donc affectés par les mouvements de la vie[1].

La naissance des États est évidemment subordonnée à la réunion des trois conditions qui viennent d'être étudiées. Elle peut être consécutive au démembrement d'un empire (par ex : morcellement de l'empire austro-hongrois en 1919), à des opérations de

---

1. T. Michalon, « À la recherche de la légitimité de l'État », *RFDC* 1998, p. 289.

décolonisation (accession des anciennes colonies à l'indépendance à partir de la fin des années 1950[1]), à une sécession (cas du Bangladesh) ou à une partition (cas des deux Allemagnes entre 1949 et 1991, des deux Corées ou encore récemment du Soudan et du Soudan du sud depuis 2011). Depuis la fin de la Seconde Guerre mondiale, de très nombreux nouveaux États ont ainsi fait leur apparition sur la scène internationale[2].

La disparition d'un État tient à la perte ou au défaut de l'une des trois conditions d'existence qui sont, on le sait, cumulatives et non pas alternatives. Presque toujours, elle a des causes violentes, telles par exemple une défaite militaire si complète qu'elle entraîne à la fois l'élimination de l'organisation politique et juridique au pouvoir et l'impossibilité de lui en substituer une autre, ce second élément étant décisif car il signifie la perte de l'indépendance et de la souveraineté. L'État disparaît alors du fait de son absorption par un ou plusieurs autres. Mais il arrive aussi que l'on assiste à une résurrection de l'État disparu lorsque la collectivité qui en constitue le support – parfois amputée d'une partie de la population, parfois sur un territoire un peu différent – est de nouveau habilitée à se doter d'une organisation politique et juridique pouvant prétendre à l'indépendance et à la souveraineté. Les exemples ne manquent pas d'États ayant ainsi disparu et resurgi (Autriche, disparue de 1938 à 1945, Pologne de 1939 à 1945, Allemagne de 1945 à 1949).

II. La spécificité de l'État

110. La caractéristique essentielle de l'État est de constituer une collectivité irréductible aux autres collectivités, qu'elles appartiennent à l'ordre interne ou à l'ordre international. Une première condition, nécessaire mais non suffisante, se rapporte à la personnalité juridique de l'État. La seconde condition, déterminante, concerne la souveraineté de l'État.

A. La personnalité juridique de l'État

111. Création humaine, l'État apparaît comme une entité et, en termes juridiques, une institution, une personne morale, détachée de la personne physique des gouvernants. Le progrès qui a marqué l'évolution des sociétés a, en effet, consisté à institutionnaliser le pouvoir politique, c'est-à-dire à le dissocier progressivement de la personne de ceux qui commandent pour le confier à l'État. C'est de l'État que les gouvernants reçoivent leurs compétences, c'est en son nom qu'ils les exercent. Le pouvoir est attaché à leur fonction, non à leur être. Ainsi l'État, symbole de la communauté nationale (qui survit à ses membres) et titulaire du pouvoir politique (dont les gouvernants ne sont que les dépositaires provisoires et les agents d'exercice) est-il nécessairement érigé en personne morale (ou juridique) de droit public, seule solution susceptible d'assurer sa continuité et d'en faire un centre de décisions.

---

1. À titre d'exemple, cf. C. Zorgbibe, *Naissance d'un État,* 1982. Il s'agit du Vanuatu (anciennement Nouvelles Hébrides), qui a accédé à l'indépendance le 30 juillet 1980.

2. À titre indicatif, signalons qu'en 2019 l'ONU réunit 193 États sur les 197 officiellement reconnus.

112. Il va de soi que si l'État est une personne juridique, la première et la plus importante de toutes, ce n'est pas la seule, tant s'en faut. Il existe, précisément dans le cadre de l'État et par la volonté de son organisation politique et juridique, un grand nombre d'autres collectivités de divers ordres et d'importance variable, qui sont érigées en personnes morales, qu'il s'agisse, comme en France, de personnes morales de droit public (régions, départements, communes, établissements publics) ou de droit privé (associations, sociétés). C'est pourquoi on ne peut suffisamment caractériser l'État par sa personnalité morale, qui constitue un élément du critère mais non pas le critère unique.

B. La souveraineté et le critère de l'État

113. Si on veut déterminer le critère juridique de l'État, il faut ajouter à sa personnalité un élément qui n'appartienne qu'à lui et qui affecte de manière spécifique son organisation politique et juridique. Pour la doctrine classique, cet élément ne serait autre que sa souveraineté [1].

a) La doctrine classique de la souveraineté

114. Elle part de cette constatation que l'État détermine lui-même ses propres compétences et ses propres règles fondamentales, normalement inscrites dans la Constitution, lesquelles conditionnent toutes les autres règles applicables sur son territoire, sans exception, et pour l'observation desquelles il peut seul mettre en mouvement la force publique puisqu'il dispose du monopole de la contrainte armée. En d'autres termes, l'État fonde et délimite l'ordre juridique national, c'est-à-dire l'ensemble des règles qu'il se donne et des règles qui en procèdent. C'est ce que les auteurs allemands traduisent en disant que seul l'État a la compétence de ses compétences (notamment Jellinek). C'est ce que l'on exprime plus couramment en parlant de la souveraineté de l'État.

Celle-ci peut alors être définie comme un pouvoir de droit (il ne s'agit pas d'une situation de force mais d'un pouvoir s'inscrivant dans l'ordre juridique qu'il fonde), initial (parce qu'il est à la source de cet ordre juridique), inconditionné (parce qu'il ne procède d'aucune norme extérieure ou antérieure) et suprême (parce qu'il n'existe aucune norme supérieure). Si l'État est ainsi à la source du droit, il n'en constitue pas pour autant la fin, sauf dans les conceptions totalitaires. Les conceptions libérales ou démocratiques assignent pour finalité à l'État le bien commun des individus.

b) La critique contemporaine de la souveraineté

115. La souveraineté a le grand mérite de bien faire comprendre ce qu'il y a, dans l'État, d'irréductible aux autres groupements et collectivités. Les données de base dont elle part, et qui rendent un compte assez exact de ce que l'observation fait découvrir de plus courant dans la vie nationale et internationale, permettent, en effet, de dégager une notion suffisamment claire et précise de l'État. Mais elle a le tort d'adopter une formulation trop systématique et trop tranchée, inacceptable parce qu'elle ne rend pas compte de toute la réalité. Notamment, cette formulation n'est guère compatible

---

1. On doit distinguer entre la souveraineté *de* l'État dans ses rapports avec les autres puissances (qui est la notion étudiée dans ce chapitre) et la souveraineté *dans* l'État, qui concerne la détermination de l'autorité disposant à l'intérieur des frontières du pouvoir initial.

avec les limitations, voire les transferts, dont les compétences de l'État peuvent être l'objet dans des hypothèses qui tendent à devenir de plus en plus nombreuses. C'est ainsi qu'elle ne permet pas d'expliquer la subordination de l'État aux règles du droit public international, pourtant admise par presque tous les États, quand bien même, en fait, ils ne la respectent pas toujours. La souveraineté explique encore moins des situations assez fréquentes, comme celle de l'État fédéral et des États membres, car on considère traditionnellement que les uns et les autres constituent des États et on ne peut pas admettre qu'ils soient également souverains, si on se réfère à la définition précédente.

c) Existe-t-il un critère de l'État ?

116. Compte tenu des observations qui précèdent, nombre d'auteurs considèrent qu'il n'existe pas de critère juridique satisfaisant de l'État, qui ne peut être véritablement caractérisé que par ses éléments historiques et politiques [1]. Cette conception présente le grand avantage de souligner l'importance décisive du fait dans le domaine étatique, qui n'est que partiellement juridique. Elle comporte certainement une grande part de vérité mais il n'en faut pas moins rechercher si, à défaut de critère absolu, une explication de la situation juridique de l'État peut être proposée. À cet égard, deux explications peuvent être suggérées.

Une première tendance consiste à réintégrer la collectivité étatique dans la société internationale et à faire de l'État une collectivité intermédiaire (ou un ordre juridique) se situant au-dessus des collectivités (ou des ordres juridiques) infra-étatiques, qui tiennent d'elle leurs compétences, et au-dessous des collectivités supra-étatiques ou plus spécialement de l'ordre juridique international, dont elle reçoit les siennes. Cette conception présente l'intérêt de rétablir l'unité d'un monde juridiquement cohérent mais à un degré d'abstraction trop élevé [2].

C'est pourquoi une seconde tendance, plus pragmatique, est proposée par les spécialistes du droit international, qui sont d'autant plus concernés par cette difficulté que la mise en cause de la souveraineté est essentiellement due à l'existence de nombreuses normes internationales contraignantes, générales ou conventionnelles, et à la création d'une organisation mondiale comme les Nations unies ou encore d'organisations interrégionales comme l'Union européenne, dotées de permanence et du pouvoir d'obliger les États membres en dépit de leur vote contraire – s'ils sont minoritaires – au sein des institutions communes. Elle consiste à substituer au concept de souveraineté, dont la connotation historique est globale et absolutiste, la notion beaucoup plus neutre du « faisceau de compétences » pour désigner les pouvoirs dont disposent, au nom du peuple, les gouvernants d'un État. Au contraire de la souveraineté, ces compétences peuvent être dissociées, comme le terme faisceau l'indique fort bien. Dès lors, il devient compréhensible qu'elles fassent l'objet de limitations diverses et que les États puissent d'eux-mêmes en transférer un certain nombre à des organismes fédéraux ou supranationaux, qui pourront ensuite imposer unilatéralement leur volonté.

Pour autant cette présentation ne peut être considérée comme totalement satisfaisante. D'abord parce que de très nombreux États, et notamment les plus récemment créés, sont

---

1. C.A. Colliard, *Institutions des relations internationales*, Dalloz, 1978, n° 79.

2. H. Kelsen, *Théorie pure du droit*, Dalloz, 1962, p. 378 et s.

très attachés au concept de souveraineté, qui ne peut donc être considéré comme dépassé [1]. Ils inscrivent la souveraineté dans leur Constitution et y veillent jalousement, sans doute pour en avoir été longtemps privés. Ensuite parce que même si la notion du faisceau de compétences est à bien des égards mieux adaptée au cas des États membres de l'Union européenne et des États candidats à l'adhésion, ou ne saurait lui reconnaître une véritable valeur explicative.

En effet, si elle permet de constater l'état de droit existant, ce qui est déjà beaucoup, elle ne permet nullement de préciser la spécificité de l'État par rapport aux autres collectivités, qui disposent toutes d'un faisceau de compétences. Or, il existe bien une spécificité au moins historique de l'État, doté originellement – même s'il peut ensuite s'autolimiter – du pouvoir de commandement et du monopole de l'édiction des règles de droit. L'autolimitation pose aussi un problème de seuil car il paraît très difficile de déterminer quelles sont les prérogatives dont l'État peut se démunir sans renoncer à la maîtrise de son destin. On peut craindre qu'il n'y ait pas de réponse satisfaisante.

Section 2

Les formes d'État

117. La distinction traditionnelle et fondamentale est celle de l'État unitaire et de l'État fédéral mais on doit immédiatement préciser qu'il s'agit de formes comportant des variantes souvent complexes dont certaines, bien qu'empruntées à deux types différents, ne sont pas aussi éloignées les unes des autres qu'on pourrait le penser. On n'oubliera pas d'autre part que des formes nouvelles d'organisation sont apparues, sans caractère étatique.

I. L'ÉTAT UNITAIRE

118. On examinera successivement l'organisation de l'État unitaire et les problèmes de la décentralisation territoriale qui présentent, dans la plupart des pays de ce type, une actualité et une acuité certaines.

A. L'organisation de l'État unitaire

119. Il faut déterminer ce qu'est l'État unitaire et évoquer ses structures.

---

1. Cf. O. Beaud, « Le souverain », *Pouvoirs* n° 67, 1993, p. 33 ; « La souveraineté dans la contribution à la théorie générale de l'État de Carré de Malberg », *RDP* 1994, p. 1251 ; « Fédéralisme et souveraineté, notes pour une théorie constitutionnelle de la Fédération », *RDP* 1998, p. 83 ; v. également : M. Troper, « Le titulaire de la souveraineté », *RDP* 1996, p. 1504 ; M. David, « Positivisme juridique et souveraineté du peuple selon M. Troper », *RDP* 1997, p. 965. À propos de la souveraineté : deux relectures de Carl Schmitt, *RDP* 1999, p. 660 ; F. Luchaire, « La souveraineté », *RFDC* 2000, p. 451 ; A. Haquet, *Le concept de souveraineté en droit constitutionnel français*, PUF, 2004.

a) La définition de l'État unitaire

120. L'État unitaire est celui qui sur son territoire et pour la population qui y vit ne comporte qu'une seule organisation politique et juridique – un seul appareil d'État – dotée, et elle seule, de la plénitude de sa souveraineté-indépendance, ainsi qu'il vient d'être indiqué.

En d'autres termes, cette organisation politique et juridique dispose exclusivement de la totalité des compétences étatiques, sans aucun partage possible puisqu'il n'existe pas, à quelque niveau que ce soit, une autre organisation de même type qui puisse entrer en concurrence avec elle sur le même territoire et pour la même population. Il s'ensuit que les gouvernants de l'État unitaire sont libres de déterminer et de conduire librement la politique de cet État sans restrictions tenant à la présence à un niveau supérieur d'un État jouant à leur égard un rôle tutélaire ou à un niveau inférieur d'un ou de plusieurs États assumant des compétences sur lesquelles ils ne pourraient empiéter. Les gouvernants de l'État unitaire sont donc en contact direct d'une part, avec les États étrangers (et tous le sont par rapport à lui) et la société internationale, d'autre part, avec les citoyens et les différentes collectivités habilitées à exercer leur activité sur son territoire. La France, la Grande-Bretagne, l'Italie sont des États unitaires.

b) Structures étatiques et centralisation

121. La plupart des États unitaires ont connu et parfois connaissent encore des structures fortement centralisées qui, pour l'essentiel, s'expliquent par des raisons historiques.

En effet, nombre d'entre eux se sont constitués lentement et progressivement, souvent sur plusieurs siècles, en agrégeant à un noyau central des provinces périphériques arrachées à l'étranger – ou récupérées sur lui – à la suite de guerres et de traités. En France même, la liste est longue des provinces qui, jointes aux possessions monarchiques primitives, ont fini par constituer le « pré carré » puis l'hexagone, de la Bretagne (1532) à la Savoie et à Nice (1860) en passant par la Franche-Comté (1678) et bien d'autres provinces, villes et territoires. Même lorsque la configuration géographique paraissait plus favorable (insulaire pour la Grande-Bretagne, péninsulaire pour l'Espagne ou l'Italie), les difficultés ont souvent été considérables. Partout les anciennes monarchies ont dû soutenir des efforts continus pour vaincre la résistance et les velléités d'opposition de leurs vassaux. Partout il a fallu assimiler les provinces acquises, dont les habitants parlaient parfois une langue différente, avaient des modes de vie et des traditions propres. Partout l'État devait à la fois se concilier ses nouveaux nationaux et faire fortement sentir son emprise pour décourager toute opposition et prévenir, au profit de l'unité nationale, les effets d'une force centrifuge redoutée.

Ces États ont donc ressenti la nécessité d'instituer un pouvoir central fort, de telle manière que le Gouvernement puisse promouvoir une seule et même politique pour l'ensemble du territoire et de la population et qu'il puisse en contrôler l'application par ses agents régionaux et locaux. On dit que le pouvoir est centralisé si le Gouvernement en dispose pleinement et on dit également qu'il est concentré si ses agents locaux n'ont qu'à exécuter ses directives sans que leur soit déléguée une marge importante de libres décisions.

c) La nécessaire déconcentration du pouvoir

122. Les États ont dû cependant constater qu'il n'était ni possible ni souhaitable de tout gouverner et de tout décider à partir des organes centraux et de la capitale. En effet, un tel système implique l'existence, auprès des gouvernants, d'une administration tentaculaire et inévitablement coupée des réalités locales et régionales.

Il paraît donc préférable, tout en laissant aux organes centraux la responsabilité de toutes les décisions importantes, de confier à leurs agents régionaux et locaux, beaucoup plus proches des réalités politiques, économiques et sociales de la base et par conséquent mieux informés, le soin de prendre les décisions qui ne mettent pas en cause les intérêts supérieurs et permanents de la Nation et, en tout cas, les décisions qui intéressent le plus directement les administrés des circonscriptions territoriales de l'État. Cette politique de déconcentration est, en principe, sans inconvénients puisque, de toute manière les agents de l'État auxquels est délégué un pouvoir de décision demeurent sous l'autorité des gouvernants et se trouvent même soumis à un contrôle hiérarchique particulièrement étroit de la part de ces derniers.

B. L'État unitaire et la décentralisation territoriale

123. Dans leur ensemble, les États unitaires contemporains ont estimé qu'il convenait d'aller beaucoup plus loin et de pratiquer une politique de décentralisation, mieux adaptée aux aspirations des populations et comportant d'ailleurs de nombreuses modalités.

a) Définition et utilité de la décentralisation territoriale

124. Entre la décentralisation et la déconcentration il y a non pas une différence de degré, mais une différence de nature.

La décentralisation territoriale, au contraire de la déconcentration, ne se situe pas dans le cadre général de l'État personne morale. Elle n'a pas non plus pour objet d'assurer techniquement un meilleur exercice du pouvoir d'État en rapprochant des administrés et de la base les organes et les agents, qui demeurent de toute manière étatiques, chargés de prendre les décisions.

La décentralisation sort de ce cadre en créant, au sein de l'État, des collectivités territoriales (régions, départements, communes) dotées elles aussi de la personnalité morale, habilitées à s'administrer elles-mêmes dans des conditions d'une relative autonomie par rapport aux gouvernants et aux organes centraux [1]. Elle se donne un tout autre objectif en invitant les habitants de ces collectivités à prendre en mains leurs propres affaires et plus précisément à en confier la gestion à leurs représentants élus : la décentralisation territoriale est à cet égard une des formes les plus efficaces et les plus séduisantes de l'autogestion administrative. Elle vise à assurer une plus grande démocratie là où sans

---

1. Il existe aussi une décentralisation dite fonctionnelle, en ce sens que certains services ou certains établissements créés par l'État ou par d'autres collectivités publiques sont dotés de la personnalité morale et habilités, sous certaines limites, à s'administrer eux-mêmes. Mais cette forme de décentralisation sans base territoriale véritable, bien que fort intéressante, concerne moins le droit constitutionnel que le droit administratif.

doute elle est particulièrement nécessaire, c'est-à-dire à la base, et c'est pourquoi on peut considérer les collectivités décentralisées comme de véritables contre-pouvoirs.

L'utilité de la décentralisation n'est pas contestable. Elle permet de satisfaire les aspirations des populations qui, d'une part, s'estiment non sans raison mieux informées et mieux qualifiées que quiconque pour administrer leurs provinces ou leurs régions et décider de leur avenir et, d'autre part, entendent leur garder leur originalité et leurs traits propres. Cette dernière préoccupation est assez nouvelle mais elle est aussi très générale et prend dans tous les pays de plus en plus d'importance. Elle va parfois, notamment lorsque s'y ajoute le souvenir de rancœurs anciennes, jusqu'à la revendication de l'autonomie complète, voire au désir de sécession, tout au moins chez une minorité agissante.

b) Caractéristiques de la décentralisation territoriale

125. La décentralisation suppose la réunion de certaines conditions et le respect de certaines limites.

Les conditions sont bien connues : 1°) il faut d'abord choisir la collectivité qui va bénéficier de la décentralisation et qui sera dotée de la personnalité juridique. Elle doit être de dimension suffisamment importante et surtout elle doit correspondre, dans la mesure du possible, à une province ou à une région présentant sur le plan géographique, historique ou économique une unité et une spécificité certaines[1] ; 2°) la collectivité ainsi déterminée doit être administrée dans des conditions qui la rendent, on l'a signalé, relativement autonome par rapport aux organes centraux. Le procédé le plus efficace est certainement celui de l'élection au suffrage universel direct de l'organe délibérant chargé de l'administrer. Les autres procédés habituellement employés sont d'un effet moins sûr, qu'il s'agisse de l'élection au suffrage indirect ou de la désignation de membres de droit, qui peuvent d'ailleurs être choisis parmi les élus de la région ; 3°) il faut également que les organes chargés d'administrer la collectivité disposent d'un véritable pouvoir de décision et sur des questions importantes, bien que ne mettant pas en cause les intérêts de l'ensemble de la Nation. S'il n'en était pas ainsi la décentralisation ne serait que pure apparence, ce qui revient à dire que les organes centraux doivent accepter de déléguer aux collectivités décentralisées des compétences nombreuses, variées et majeures ; 4°) enfin, et ce n'est pas le moins important, il est indispensable que ces organes disposent des ressources leur permettant de financer leurs décisions et aussi qu'elles en disposent véritablement et librement. C'est dire qu'il faut que le produit de certains impôts – dont on sait à l'avance qu'il sera suffisamment substantiel – soit affecté aux collectivités décentralisées, de telle manière qu'elles n'aient pas à dépendre de la bonne volonté des gouvernants, consentant ou non à leur accorder des subventions dont ils fixeraient le montant et les modalités : sans une certaine autonomie financière, il n'y a pas de décentralisation véritable.

1. La décentralisation peut bénéficier à des collectivités de petites ou grandes dimensions (par ex. en France, communes, départements, régions) mais elle n'a d'incidence sur la structure de l'État que si elle s'applique à des collectivités étendues et peuplées (régions).

c) Limites de la décentralisation territoriale

126. Cependant on ne doit pas oublier que la décentralisation territoriale se situe dans le cadre des États unitaires qui, pour les raisons historiques précédemment évoquées, tiennent à leur cohésion et craignent la force centrifuge. Il faut ajouter que chaque État est constamment en rapport – et parfois aux prises – avec les autres et que si sa cohésion était remise en cause par les différentes composantes de l'ensemble national, il se trouverait dans une situation diminuée et difficile. Il est donc normal que les gouvernants disposent d'un droit de regard – ou pour employer un terme juridiquement plus approprié d'un droit de tutelle – sur les décisions prises par les collectivités décentralisées. Malheureusement, il est très difficile de trouver la mesure exacte de cette tutelle. Si elle est trop légère ou trop lointaine, c'est la cohésion de l'État qui risque de se trouver compromise. Si elle est trop pesante ou trop étroite, c'est la décentralisation qui risque d'être remise en cause [1].

Plusieurs procédés de tutelle sont possibles. La tutelle peut être exercée par les gouvernants eux-mêmes ou par l'intermédiaire d'agents des gouvernants placés auprès des organes des collectivités décentralisées, soit pour en être l'organe exécutif, soit pour effectuer un contrôle sur leurs décisions. En effet, la tutelle peut porter soit sur les organes des collectivités décentralisées (si, par exemple, les gouvernants peuvent en prononcer la dissolution), soit sur les décisions prises.

C'est évidemment la tutelle sur les décisions qui est la plus fréquente et la plus intéressante. Elle sera légère si ces décisions sont immédiatement exécutoires (l'autorité de contrôle, tenue informée, gardant la possibilité de former un recours dans certaines conditions). Elle sera plus prononcée si ces décisions ne deviennent exécutoires qu'à l'expiration d'un certain délai (pendant lequel l'autorité de contrôle peut intervenir). Elle sera lourde si ces décisions ne deviennent définitives qu'après approbation de l'autorité de contrôle. Enfin la décentralisation sera réduite à fort peu de chose si cette dernière garde la possibilité de se substituer d'office aux organes des collectivités décentralisées en prenant des décisions à leur place.

II. L'ÉTAT FÉDÉRAL

127. Le fédéralisme est particulièrement complexe puisqu'il associe et superpose des collectivités étatiques distinctes, à l'étage inférieur des États membres ou fédérés, à l'étage supérieur l'État fédéral. Il doit donc réaliser un équilibre harmonieux entre le principe d'autonomie et le principe d'association, auxquels il fait également appel.

---

1. L'effort de décentralisation procède souvent par vagues successives, parfois séparées par de longs intervalles. En France on peut distinguer les textes assez mesurés des débuts de la Troisième République (loi du 10 août 1871 pour les départements, loi du 5 avril 1884 pour les communes), puis un siècle plus tard la loi du 2 mars 1982, accordant une plus grande autonomie aux régions et aux autres collectivités territoriales et la révision constitutionnelle du 28 mars 2003, qui poursuit et complète l'organisation décentralisée de la République, sans pour autant modifier radicalement la donne.

A. Le passage au fédéralisme

128. Comme toujours lorsqu'il s'agit de l'État, les conditions historiques du passage au fédéralisme jouent un rôle important. On distingue généralement deux modes de formation d'un système fédéral.

Le fédéralisme peut naître par *association* d'États unitaires lesquels constituent le plus souvent dans un premier stade une confédération d'États et passent dans un second stade au système fédéral. Cela a été le cas des États-Unis en 1787, de la Suisse en 1848. Ce mode de passage au fédéralisme convient particulièrement lorsqu'il s'agit de rapprocher des populations déjà liées par des origines communes ou dominantes (telles les populations américaines à la fin du XVIIIe siècle) ou par une longue habitude de la vie en commun (telles les populations helvétiques). Il convient aussi lorsque les États qui veulent se lier sont inégaux quant à leur territoire et surtout quant à leur population. Là encore l'exemple de la Suisse est très significatif puisque certains cantons (en réalité États fédérés) comptent moins de 50 000 habitants (par ex. Uri, Unterwald) alors que d'autres en ont vingt fois plus et davantage (par ex. Berne, Zurich). Dans des cas de ce genre, il est clair que seule l'adoption d'un système fédéral permet de procéder au rapprochement souhaité tout en garantissant aux collectivités qui s'unissent – et particulièrement aux plus faibles, c'est-à-dire aux moins peuplées – la pérennité à laquelle elles tiennent et qui leur est assurée par la Constitution fédérale et par le caractère étatique qu'elles conservent.

129. Le fédéralisme peut aussi naître par *dissociation* d'un État unitaire qui accepte de transformer radicalement ses structures, d'accorder aux collectivités qui le composent le caractère étatique en ne conservant que des compétences de superposition. Cela a été le cas de l'Union soviétique en 1924 (et jusqu'en 1991), de la Tchécoslovaquie de 1969 à 1992. Ce second mode de passage au fédéralisme convient particulièrement aux États qui comptent sur leur territoire des nationalités diverses (par exemple, en Union soviétique plus de cent nationalités) dont les modes de vie et la langue sont différents et, parfois, dont l'antagonisme est traditionnel. Il convient aussi très bien aux États qui souhaitent accorder à leurs régions ou provinces une autonomie nettement plus large que celle qui pourrait résulter de mesures de décentralisation territoriale.

B. La spécificité du fédéralisme

130. Bien qu'il existe une assez grande variété de fédéralismes, ceux-ci présentent des traits communs et une spécificité incontestable que la comparaison avec des systèmes différents – confédération, décentralisation – met particulièrement en valeur.

a) Les critères du fédéralisme

131. Quel que soit son mode de formation, le fédéralisme présente une unité et une spécificité certaines.

L'unité tient à ce que le fédéralisme comporte traditionnellement une superposition d'ordres juridiques, à savoir ceux des États fédérés et celui de l'État fédéral, qui recouvre l'ensemble du territoire des États fédérés et s'applique à l'ensemble de leurs populations, chaque citoyen ayant la double citoyenneté.

Cette superposition d'ordres juridiques étatiques constitue aussi le principal critère du fédéralisme. Celui-ci n'existe que si les collectivités fédérées sont véritablement des États et disposent de certains attributs de la souveraineté car – et on sait déjà que c'est une des principales critiques que l'on peut adresser à la théorie de la souveraineté – il est certain que la leur n'est pas pleine et entière. Ils n'en peuvent pas moins se doter de leur propre Constitution, de leur propre pouvoir politique et de leur propre système juridictionnel. Certes il arrive que la Constitution fédérale comporte des dispositions impératives quant aux principes qui doivent inspirer les constitutions fédérées, comme tel est le cas en Fédération de Russie et en Allemagne fédérale [1]. Il arrive aussi que, d'eux-mêmes et sans y être aussi strictement tenus, les États fédérés s'inspirent assez étroitement de la Constitution fédérale, comme tel est le cas aux États-Unis. Si la Constitution fédérale des États-Unis est moins contraignante sur le plan proprement constitutionnel, sous réserve de l'exigence de « la forme républicaine de gouvernement » des États fédérés (art. 4, section 4), elle n'en comporte pas moins des prescriptions et des interdictions précises quant aux compétences de ces derniers (art. premier, section 10). Mais on ne peut pour autant leur refuser le caractère étatique car ils conservent de toute manière une part suffisante d'autonomie garantie par la Constitution fédérale comme par leur propre Constitution, à défaut de véritable souveraineté. Il faut ajouter que ce caractère est si peu contestable qu'en cas de dissociation ou de démembrement de l'État fédéral, les collectivités fédérées doivent normalement redevenir des États au sens plein.

Il existe un autre critère, non moins important, lié lui aussi à la superposition des ordres juridiques étatiques, et qui tient au fait que, dans un système fédéral, les États fédérés doivent participer *en tant que tels* aux décisions fédérales et aux révisions du pacte fédéral, c'est-à-dire indépendamment de l'étendue de leur territoire et de l'importance de leur population. Il s'ensuit que les États les moins peuplés pèsent sur la politique fédérale d'un poids plus que proportionnel à leur importance démographique relative.

b) Fédéralisme, confédération et décentralisation

132. Il est intéressant de situer le fédéralisme par rapport à des formes distinctes et totalement séparées mais qui ne sont pas sans présenter avec lui une certaine parenté, même si elle est parfois lointaine.

133. La ***confédération*** associe les États confédérés sans superposition d'un État fédéral. Elle ressemble assez à une alliance dotée d'une certaine permanence. Elle prend son origine dans un traité, c'est-à-dire un engagement international alors que l'État fédéral repose, lui, sur une Constitution [2]. Les institutions confédérales sont réduites au strict minimum, en pratique à un seul organe commun – la Diète – composé de représentants des gouvernements des États confédérés et ne disposant que de compétences très limitées. Cette Diète est très semblable à une conférence diplomatique puisque les décisions doivent y être prises à l'unanimité et que leur exécution est laissée

1. Cf. l'article 28 de la Loi fondamentale allemande : « L'ordre constitutionnel dans les *Länder* doit être conforme aux principes d'un État de droit républicain, démocratique et social au sens de la présente loi fondamentale… La Fédération garantit la conformité de l'ordre constitutionnel des *Länder* avec les droits fondamentaux… ».

2. En ce sens, l'Union européenne, même dotée d'une « pseudo-Constitution » telle que celle imaginée en 2004-2005, s'apparenterait davantage à une Confédération qu'à un État fédéral.

à la discrétion des États confédérés. Un tel système présente l'avantage de parfaitement respecter la souveraineté, au sens plein, des États confédérés mais il présente, en contrepartie, l'inconvénient d'être très peu efficace en raison de l'extrême faiblesse de la superstructure institutionnelle et de la règle de l'unanimité [1].

134. Le ***fédéralisme*** va beaucoup plus loin que la confédération puisqu'il superpose aux États fédérés un État fédéral. Il prend en principe sa source dans la Constitution fédérale et si les États membres disposent de compétences qui échappent au contrôle de l'État fédéral et participent à l'adoption des décisions fédérales, celles-ci n'en sont pas moins prises à la majorité et peuvent être exécutées, et au besoin imposées, par les organes fédéraux. C'est un système qui, du fait de la répartition des compétences entre l'Union et les États fédérés, présente l'avantage d'allier souplesse et efficacité.

135. La ***décentralisation*** s'inscrit, comme il a déjà été indiqué, dans le cadre d'un État unitaire. Elle se caractérise par le refus de tout caractère étatique aux collectivités territoriales, qui peuvent bénéficier d'une plus ou moins large autonomie mais qui n'ont pas leur propre Constitution, leur propre Gouvernement ni leur propre système juridictionnel et qui ne participent pas, en tant que telles, à la prise des décisions étatiques. Sur ces deux points, elle se différencie profondément du fédéralisme.

On observera que si l'analyse juridique fait apparaître entre ces trois formes des différences de nature, l'observateur des cas concrets, dont l'actualité internationale fournit une gamme riche et variée, est plutôt conduit à n'y voir que des différences de degrés, notamment entre un État unitaire très décentralisé et une Fédération où la vie politique réelle se situe au niveau fédéral.

C. Les procédés du fédéralisme

136. Système complexe, le fédéralisme repose sur des principes peu faciles à concilier et dont le dosage ne laisse pas, dans la pratique, d'être délicat.

a) Intégration et équilibre

137. Ainsi qu'il a été signalé, tout système fédéral implique un équilibre à trouver entre deux principes naturellement antagonistes, le principe d'autonomie des États fédérés et le principe de l'association de ces mêmes États au sein d'un ensemble qui se superpose à eux. Il faut donc assurer une certaine intégration des États membres en respectant leur pérennité, leur personnalité et leur originalité et en tenant compte des acquis historiques.

La clé du problème est évidemment dans le degré d'intégration à réaliser. Il faut, pour que le système soit efficace et crédible, que les institutions fédérales soient suffisamment intégrées pour pouvoir prendre des décisions – exécutives, législatives, juridictionnelles – sans être entravées ou paralysées par l'opposition d'un ou plusieurs États fédérés. En d'autres termes, des décisions doivent pouvoir être prises par l'organe fédéral qualifié, qu'il s'agisse d'un gouvernant solitaire (par exemple le président des États-

---

1. On ne s'arrêtera pas, pour déterminer s'il s'agit d'une confédération ou d'une fédération, à la terminologie employée par l'État intéressé. En effet, l'appellation Confédération recouvre parfois un véritable État fédéral : tel est le cas par exemple pour la Confédération helvétique.

Unis) ou d'organes délibérants et, dans ce second cas, à la majorité des voix (par exemple, dans le cadre des deux chambres du Congrès américain). Mais il faut aussi que l'intégration ne soit pas poussée trop loin car les États fédérés doivent pouvoir exercer un contrôle sur ce qui se passe au niveau supérieur, c'est-à-dire au plan fédéral.

Pour atteindre cet équilibre si recherché, deux procédés doivent être cumulés, d'une part, une répartition des compétences étatiques entre l'État fédéral et les États fédérés, d'autre part, la participation de ces derniers à l'exercice du pouvoir fédéral.

b) La répartition des compétences entre l'État fédéral et les États fédérés

138. Ce problème est normalement résolu par la Constitution fédérale.

En principe, celle-ci réserve, en les énumérant de manière expresse, les matières mettant en cause les intérêts supérieurs de l'ensemble fédéral (par ex. affaires étrangères, défense, finances, économie, etc.) à la Fédération, qui bénéficie donc de compétences d'attribution. Par raisonnement *a contrario*, il s'ensuit que, dans le silence du texte fédéral, toutes les autres matières sont dévolues aux États fédérés, qui bénéficient donc de compétences de droit commun. Mais il ne s'agit là que d'un principe général de répartition et la réalité est souvent plus complexe : 1°) dans l'ensemble, seul l'État fédéral dispose des compétences diplomatiques attachées à la personnalité internationale ainsi que de la maîtrise de la conduite de la politique extérieure fédérale. Toutefois, les collectivités fédérées peuvent se voir reconnaître par la Constitution fédérale et sous le contrôle de la Fédération, le droit « de conclure des traités avec l'étranger dans les domaines de leur compétence », ce qui est évidemment très utile (cf. Constitution suisse du 18 avril 1999, art. 56). On peut aussi rappeler qu'après la Seconde Guerre mondiale, l'Ukraine et la Biélorussie avaient été admises à l'ONU alors qu'elles étaient à l'époque des États fédérés de l'Union soviétique, disparue en 1991 ; 2°) la Constitution fédérale peut prévoir expressément des secteurs de compétences concurrentes entre la Fédération et les États fédérés (cf. art. 74 de la Loi fondamentale allemande, art. 72 de la Constitution de Russie de 1993), étant observé que ces derniers ne peuvent alors intervenir que dans la mesure où la Fédération, qui a un droit de priorité, s'abstient de le faire elle-même (cf. art. 72, même texte) ; 3°) il peut se faire que la Constitution fédérale se borne à une énumération relativement succincte, par grandes questions (cf. Const. États-Unis, art. premier, section 8) mais il arrive aussi, bien que plus rarement, qu'elle attribue à la Fédération des compétences nombreuses et variées, qu'elle entre très avant dans les détails et qu'elle s'efforce, dans certains cas, d'opérer elle-même le partage : c'est le cas de la Constitution suisse [1].

La répartition des compétences ainsi opérée par la Constitution fédérale est fondamentale car – sous réserve des secteurs de compétences concurrentes – elle délimite des sphères d'activité où la Fédération et les États fédérés vont pouvoir agir librement et, au moins en théorie, sans empiétement les uns sur les autres.

---

1. À titre indicatif, et parmi beaucoup d'autres exemples possibles, citons la Constitution suisse du 18 avril 1999, dont l'article 78 dispose que « la protection de la nature et du patrimoine est du ressort des cantons », mais prévoit également que la Confédération « ménage les paysages, la physionomie des localités, les sites historiques et les monuments naturels et culturels... légifère sur la protection de la faune et de la flore... ».

c) La participation des États fédérés au pouvoir fédéral

139. Elle est dominée par une double nécessité, d'une part, celle de maintenir une certaine parité entre les collectivités fédérées, quelles que soient les différences qui existent entre elles, d'autre part et surtout celle de leur accorder des possibilités d'intervention *de l'intérieur* à l'égard des rouages essentiels du pouvoir politique fédéral (législatif et exécutif), ainsi que de contrôle à l'égard du pacte fédéral.

140. ***La participation au pouvoir législatif*** fédéral est la plus directe et la plus spectaculaire. En effet, dans tous les États fédéraux, il existe à côté d'une assemblée élue chargée de représenter l'ensemble de la population un organe spécifique, qui est le Sénat fédéral et qui a pour mission d'assurer la représentation des États fédérés. Cette seconde chambre fédérale présente des traits originaux à la fois quant à sa désignation et à ses attributions.

Sur le plan de la *désignation,* le principe est que, pour respecter la parité et l'acquis historique des collectivités les moins importantes, les États fédérés sont représentés sur un pied d'égalité (par ex. chacun des cinquante États composant les États-Unis désigne deux sénateurs, l'Alaska, très peu peuplé, aussi bien que la Californie, très peuplée ; cf. également Constitution suisse, art. 80). Cependant, dans certains États fédéraux, la représentation varie légèrement en fonction de l'importance des États fédérés mais d'une manière qui, loin d'être proportionnelle à la population, avantage toujours les États les plus faibles (par ex. les *Länder* allemands désignent de trois à six délégués chacun au *Bundesrat*). Presque toujours les membres de la chambre fédérale sont élus au suffrage universel direct mais il peut arriver, exceptionnellement, qu'ils soient nommés par les gouvernements de chaque État fédéré (c'est le cas en Allemagne, cf. Loi fondamentale, art. 51). Dans cette dernière hypothèse, le Gouvernement qui les a nommés – et d'ailleurs choisis en son sein – peut aussi les révoquer et il leur adresse ses instructions (au *Bundesrat* les voix d'un *Land* ne peuvent être exprimées que globalement). On observera tout de même que lorsqu'il en est ainsi – encore une fois très rarement – la chambre fédérale est plutôt plus proche d'une Diète que d'un Sénat authentiquement fédéral (tout au moins en ce qui concerne la désignation de ses membres).

Sur le plan des *attributions,* le principe est que la chambre fédérale doit disposer de pouvoirs réels et importants : sinon la participation des États fédérés à l'exercice du pouvoir législatif fédéral serait illusoire. Trois systèmes sont possibles. Selon le premier, la chambre fédérale dispose de pouvoirs supplémentaires par rapport à ceux de la chambre représentant la population (c'est le cas du Sénat des États-Unis). Selon le deuxième, les deux chambres sont sur un pied de stricte égalité (par ex. en Suisse). Selon le troisième, la chambre fédérale n'est à parité de pouvoirs que pour ce qui concerne « la législation et l'administration de la Fédération et les affaires de l'Union européenne » (c'est le cas en Allemagne, cf. Loi fondamentale, art. 50).

141. ***La participation au pouvoir exécutif*** est beaucoup plus indirecte et plus subtile car il ne s'agit pas d'une participation à l'exercice de ce pouvoir (encore qu'un certain contrôle soit concevable) mais d'une participation à la désignation du (ou des) titulaire de ce pouvoir. Plusieurs procédés sont possibles. C'est ainsi que le Gouvernement fédéral est parfois désigné par les deux assemblées réunies, ce qui, au moins en théorie, avantage légèrement les États les moins peuplés en leur donnant, pour cette élection, un poids plus que proportionnel à l'importance de leur population (par ex. Suisse). Bien entendu, le chef de l'État peut être lui aussi élu dans les mêmes conditions (c'est le cas en Suisse pour le président de la Confédération) ou dans des conditions approchantes (par exemple, s'il est élu par la première assemblée augmentée, comme en Allemagne, d'un nombre égal de membres élus par les assemblées représentatives des *Länder*). Il peut également être élu au suffrage universel, comme aux États-Unis où le président est le principal titulaire du pouvoir politique, mais dans le cadre des États fédérés et d'une manière qui en souligne l'importance (cf. chapitre 10, section 2).

Enfin le *contrôle de la Constitution fédérale* est exercé à l'occasion de ses révisions, qui doivent, quel que soit leur mode d'élaboration et d'adoption, être approuvées par une majorité qualifiée d'États fédérés.

D. Les difficultés du fédéralisme

142. Système complexe et hiérarchisé, le fédéralisme soulève des difficultés de mise en œuvre qui appellent des solutions variées se situant à la fois sur le plan juridique et sur le plan politique.

a) Les difficultés procédant de la complexité du système fédéral

143. Elles sont de deux sortes, les unes tenant à la répartition des compétences entre l'État fédéral et les États fédérés, les autres aux rapports multiples existant entre les citoyens, les États fédérés, les instances fédérales.

Les premières mettent en cause la Constitution fédérale. Si elle est détaillée, des problèmes d'interprétation vont se poser, si elle est succincte, ce qui est plus courant, les conflits de compétence sont inévitables. De toute manière, la Constitution fédérale ne peut avoir tout prévu et des questions nouvelles risquent d'apparaître, que l'on peut souhaiter attribuer à la Fédération alors qu'elles ne figurent pas sur la liste des matières qui relèvent de sa compétence. En marge de ces problèmes de frontières, d'autres litiges vont naître de la coexistence, sur des sujets voisins, de règles fédérales et de règles fédérées obéissant à des hiérarchies distinctes mais interférant à certains égards les unes sur les autres. Certes, de telles difficultés ne devraient pas apparaître puisque la Constitution fédérale attribue à la Fédération et aux États fédérés des secteurs différents de compétences (souvent des compétences d'attribution à la Fédération et une compétence résiduelle ou de droit commun aux États fédérés). En fait, elles surgissent tout de même parce que les dispositions relatives à la répartition ne sont jamais suffisamment précises et détaillées pour ne pas poser de difficultés d'interprétation et pour ne pas comporter de chevauchements.

Les secondes concernent les conflits qui peuvent opposer la Fédération et un État fédéré ou des États fédérés entre eux ou des citoyens à la Fédération et à des États fédérés autres que le leur ou encore des citoyens d'États fédérés différents entre eux. Ce sont des difficultés proprement contentieuses qui appellent l'intervention des juges.

b) La nécessité d'un système juridictionnel fédéral et d'une Cour suprême

144. À ces difficultés essentiellement juridiques, il faut des solutions juridictionnelles. Tout système fédéral doit donc comporter l'institution de juridictions fédérales chargées de maintenir la Fédération et les États fédérés dans les limites de leurs compétences respectives, de préciser toutes les fois qu'il est nécessaire la hiérarchie des normes s'appliquant en l'occurrence et enfin de connaître d'un litige qui pour des raisons tenant, par exemple, à la présence de certaines parties, ne relève pas clairement de la compétence de l'appareil juridictionnel d'un État fédéré (ou si les juridictions fédérales n'en connaissent pas directement elles doivent alors pouvoir attribuer compétence à une juridiction fédérée). Il faut ajouter qu'une Cour suprême fédérale se révèle indispensable dans un système de ce type car elle seule peut unifier la jurisprudence et trancher ou indiquer les principes de solution des litiges nés de la complexité de ce système.

c) Les difficultés relatives à l'observation par les États fédérés des décisions prises par les instances fédérales

145. Les difficultés de cet ordre sont politiques autant que juridiques. Il est certain que les États fédérés doivent exécuter les décisions prises par les instances fédérales dans leurs secteurs de compétences, ainsi que les décisions rendues par les juridictions fédérales et par la Cour suprême. Des interventions fédérales de ce type ont eu lieu en 1847 dans un État aussi pacifique que la Suisse (guerre dite du « *Sonderbund* ») et aux États-Unis dans les années 1960 (pour obliger les États du Sud à observer les décisions de la Cour suprême relatives à la déségrégation scolaire). Mais il s'agit d'un moyen ultime, auquel les autorités fédérales préfèrent ne pas recourir. Presque toujours, les tensions et conflits seront réglés par des moyens politiques (négociations, envois de délégués, pressions financières par le jeu des subventions fédérales, etc.).

d) Les difficultés relatives à la mise en cause du cadre fédéral existant

146. Purement politiques, elles se présentent rarement mais sont alors très graves. On peut distinguer deux cas : 1°) un État fédéré peut vouloir quitter le cadre fédéral, ce qui va sans doute susciter la résistance des autres et celle des institutions fédérales (on sait que le problème s'est posé pour le Québec mais un référendum organisé le 20 mai 1980 a donné un résultat négatif ; il en a été de même, à une très courte majorité, lors du second référendum organisé le 30 octobre 1995) ; 2°) il peut s'agir aussi de la volonté d'une communauté spécifique de quitter le cadre de l'État fédéré auquel elle appartient pour accéder à son tour à la qualité d'État fédéré : c'est ainsi que le Jura suisse a réussi à sortir du canton de Berne et au bout de plusieurs années, après de nombreuses difficultés et des consultations populaires sans équivoque, à former en 1977 le 23e canton de la Confédération helvétique.

E. Les tendances du fédéralisme

147. Les orientations actuelles du fédéralisme sont assez diverses mais on constate le plus souvent une tendance au resserrement des liens fédéraux.

Dans les États fédéraux pluralistes, ce resserrement prend sans doute son origine dans les crises et les guerres mondiales du XXe siècle, qui ont nécessité une intervention plus énergique des institutions fédérales. Sur le plan constitutionnel, les secteurs de compétences fédérales se sont beaucoup accrus, en liaison avec le développement de l'État-providence. Il faut ajouter que la résonance nouvelle de la politique internationale, désormais largement diffusée auprès de l'opinion publique, a beaucoup servi les instances fédérales, seules habilitées à conduire les relations avec les autres États. Sur le plan politique, les partis en compétition ont dû étendre leur organisation et leur activité à l'ensemble du territoire fédéral, condition indispensable pour espérer conquérir le pouvoir. De ce fait, la vie politique, tout en demeurant enracinée au plan local (notamment aux États-Unis), a tout de même eu tendance à se simplifier. Sur le plan économique, l'existence de grandes firmes qui ont besoin pour leurs produits de débouchés à l'échelle de la Fédération a contribué à l'alignement des législations commerciales.

Cette tendance rencontre cependant des limites qui tiennent soit à la diversité ethnique et culturelle des populations concernées (par ex., en Suisse, au Canada, en Belgique), soit à la souplesse souhaitée du système institutionnel (par ex., aux États-Unis). Cette souplesse peut aller jusqu'à la mise en place d'un fédéralisme dit « asymétrique [1] » traitant différemment des collectivités qui ne se trouvent pas dans la même situation, ou encore d'un fédéralisme à plusieurs niveaux (Fédération de Russie). Ces formules adaptées témoignent de la volonté d'autonomie de populations distinctes par leurs origines, leurs traditions, leur histoire [2].

En revanche, lorsque sous l'effet d'un choc interne le lien fédéral disparaît, comme il est arrivé dans l'ex-Union soviétique et en Yougoslavie par suite de l'effondrement du communisme, ou s'affaiblit, comme au sein de la Fédération de Russie, les nationalismes traditionnels réapparaissent, souvent sous une forme agressive. Ils constituent, en effet, la seule réalité tangible dans des sociétés multi-ethniques en proie à une crise très profonde à la fois idéologique, politique, institutionnelle et économique.

Section 3

L'État face aux revendications aux fins d'autonomie ou d'indépendance

148. La revendication peut porter sur l'indépendance (dans les États fédéraux) sur l'autonomie interne ou l'indépendance (dans les États unitaires). La différence essentielle tient à ce que l'autonomie interne, contrairement à l'indépendance, ne confère pas un statut classique d'État.

I. Les revendications séparatistes ou dissociatives

149. Elles tiennent toujours à l'existence d'un particularisme qui est mis en avant et qui différencie – selon les promoteurs de la tentative de dissociation – une collectivité par rapport aux autres se situant dans le même État. Les situations ainsi engendrées peuvent être très diverses.

Pour ce qui est du particularisme invoqué, il peut être ethnique, religieux, linguistique, historique, culturel, ou conjuguer plusieurs de ces caractères, dont la liste n'est pas limitative. C'est ainsi qu'il peut aussi bien tenir à un facteur purement géographique

---

1. M. Croisat, « Le fédéralisme asymétrique », *RFDC* 1999, p. 49.
2. En dehors des États fédéraux déjà cités (États-Unis, Russie, Suisse, Allemagne), il faut mentionner l'Autriche, l'Australie, la Belgique, le Brésil, le Canada, l'Inde, le Mexique, la République Sud-africaine, etc.

comme l'insularité qu'à la volonté de rejeter une emprise expansionniste comme la colonisation. L'essentiel est qu'il conduise la population concernée à ressentir fortement sa différence et partant sa solidarité interne.

Dans les années soixante, les territoires colonisés ont constitué un cas spécifique de très grande importance. Les instances internationales ont justement considéré que la décolonisation s'imposait d'elle-même, sur le plan juridique comme sur le plan moral, et que les territoires en question devaient accéder à l'indépendance. La Constitution française de 1958, dans son préambule, a ouvert les mêmes perspectives, très rapidement mises en œuvre. On a donc assisté dans le monde entier à l'apparition de très nombreux nouveaux États. Plus rarement certains territoires ont bénéficié soit d'une intégration complète, soit d'une autonomie très poussée. Il est arrivé aussi que des territoires ou des villes aient été restitués à l'État dont ils avaient été séparés (Hongkong 1997, Macao 1999). C'est pourquoi les problèmes liés à la colonisation ne se posent plus guère sous cette forme.

Actuellement, les revendications séparatistes se situent plutôt dans le cadre des États d'ancienne tradition et elles sont davantage orientées vers l'autonomie interne (Catalogne en Espagne, Écosse en Grande-Bretagne, Corse et Nouvelle-Calédonie en France, etc.). Elles sont le fait de minorités agissantes se prévalant du particularisme de leur collectivité. Elles engendrent des relations tendues, qui peuvent aller jusqu'à la violence, avec les autorités nationales (Pays basque espagnol). En effet, dans les États unitaires il n'y a guère de dialogue possible entre ces minorités, généralement non reconnues et sans mandat de la population, et l'État disposant du monopole de la force publique et en mesure de réprimer des menées illégales. Dans les États fédéraux, un dialogue plus paisible – ce n'est pas toujours le cas, par exemple en Tchétchénie ou en Ukraine – doit normalement s'instaurer entre autorités fédérales et autorités fédérées habituées à travailler ensemble (par exemple le Canada avec le Québec). Il faut ajouter que les États héritiers d'une longue tradition, disposant depuis longtemps d'une souveraineté dont ils ont largement usé, s'en sont quelque peu extraits aujourd'hui et offrent souvent une moindre résistance aux revendications de celles de leurs collectivités qui souhaitent l'autonomie interne. C'est ce que l'on constate, y compris en France, avec l'exemple de la Nouvelle-Calédonie depuis les accords de Nouméa de 1998.

II. Les obstacles juridiques

150. Ils sont nombreux et en principe décisifs : ni l'indépendance ni l'autonomie interne ne sont de droit. On doit au contraire souligner que la volonté majoritaire de la collectivité qui désire se dissocier ne suffit jamais.

La Constitution représente le premier et le plus important des obstacles juridiques que rencontrent les revendications présentées. Par définition elle s'applique à tout le territoire, y compris à ses fractions lointaines ou isolées, et à toute la population. Elle est faite pour un ensemble. Dès lors, aucune sécession ou dissociation ne peut être envisagée que si la Constitution est révisée en vue de permettre l'opération projetée. Même dans les cas où la Constitution – par hypothèse fédérale – prévoit la libre sortie des collectivités composantes, encore faut-il que certaines procédures soient respectées. À cet égard, la sécession de la Crimée, qui a quitté le giron de l'Ukraine pour celui de la Russie en 2014, représente un parfait contre-exemple. Il faut ajouter qu'au-delà de leur existence même, les constitutions forment obstacle parce qu'elles comportent souvent des dispositions préventives en vue d'éviter tout démembrement. Dans les États fédéraux, elles énumèrent parfois les collectivités fédérées et en verrouillent ainsi le nombre et l'identité (par exemple l'Allemagne, la Russie). Dans les États unitaires, elles font souvent référence à leur unité, à leur indivisibilité, à leur intégrité territoriale (par exemple Espagne, Italie ; pour la France, référence est faite à l'indivisibilité de la République, ce qui est un peu différent).

Qu'il s'agisse d'autonomie interne ou d'indépendance, un libre accord de l'État concerné et de la collectivité est nécessaire. La révision constitutionnelle va témoigner du consentement de l'État et il doit y être procédé selon la procédure requise[1]. Mais il faut aussi que l'on soit certain de la volonté majoritaire de la collectivité. En effet, on ne doit pas oublier qu'initialement et pendant longtemps la revendication est le fait d'un groupe très minoritaire et agissant, qui peut n'être pas suivi par la population. C'est pourquoi une consultation référendaire de tous les citoyens de la collectivité est normalement considérée comme indispensable, qu'elle soit de simple avis ou de codécision[2]. Il appartient en principe à l'État de tutelle de l'organiser, parfois ce peut être un État fédéré qui prend l'initiative comme au Québec[3]. Compte tenu de l'importance du choix à faire, des problèmes difficiles peuvent être posés par l'une ou l'autre des parties en présence, portant par exemple sur l'exigence d'une majorité simple ou pondérée, sur le pourcentage des abstentions, sur les intervalles de temps devant séparer des consultations successives et même sur d'éventuelles discriminations électorales (par exemple en Nouvelle-Calédonie).

III. L'autonomie interne

151. Des trois solutions possibles : maintien du *statu quo* (en cas de rejet des revendications), indépendance (avec apparition d'un nouvel État) et autonomie interne étendue, on écartera les deux premières puisque ces statuts sont déjà connus, pour ne retenir que la troisième, dont on indiquera brièvement les principales caractéristiques.

À la différence des États, les collectivités autonomes ne peuvent être considérées comme souveraines, tout au plus peut-on parler – comme pour la Nouvelle-Calédonie – de « souveraineté partagée ». L'autonomie interne se situe à un stade intermédiaire entre la collectivité décentralisée et la collectivité fédérée, peut-être plus proche de cette dernière mais sans son caractère étatique. Elle a une origine complexe, procédant à la fois des accords négociés avec les représentants de fait ou de droit de la collectivité

---

1. Elle peut faire intervenir, selon les textes, les organes représentatifs ou l'ensemble des électeurs.

2. On pourrait aussi penser à consulter les représentants mais, à la différence des représentants nationaux chargés d'exprimer la volonté générale, ils n'ont pas été élus pour prendre des décisions de cet ordre.

3. On sait qu'il y a eu deux référendums sur l'indépendance du Québec en 1980 et en 1995 et qu'à cette dernière date la différence – en faveur du maintien du lien fédéral – était de moins de 1 % des suffrages exprimés. En 1998, la Cour suprême du Canada, consultée pour avis par le gouvernement fédéral, a estimé pour sa part que si le Québec pouvait organiser seul une consultation référendaire sur l'indépendance, il ne pouvait imposer unilatéralement celle-ci à l'État fédéral. La Cour a également spécifié qu'en présence d'une réponse populaire nette et claire, le gouvernement fédéral était dans l'obligation – même sans texte – d'engager des négociations *de bonne foi* en vue d'une solution. La Cour a donc adopté une position prudente mais en définitive très libérale (cf. M.-L. Gély, « La Cour suprême du Canada, arbitre confirmée de l'évolution du fédéralisme », *RDP* 1999, p. 645 ; J. Woehrling, « La Cour suprême du Canada et la sécession du Québec », *RFDC* 1999, p. 29).

et des dispositions introduites dans la Constitution et précisant son statut. La collectivité autonome a évidemment la personnalité juridique, ses propres organes de direction, dont un Parlement élu et un exécutif indépendant. Elle bénéficie d'importants transferts de compétences et de l'autonomie financière (facilitée par l'octroi de ressources propres et de subventions), l'État conservant un droit de regard et d'action sur ce qui concerne la politique extérieure, la défense, l'ordre public, la justice. Le Parlement dispose du pouvoir de voter des lois sur les matières de sa compétence, sans aucune tutelle, l'exécutif du pouvoir de les mettre en application. Ces organes peuvent aussi négocier des traités avec des États étrangers de proximité et participer de manière active à la conduite de la politique extérieure dans le cadre de leurs compétences et de leur aire géographique mais sous le contrôle de l'État de tutelle, voire « co-souverain ».

Section 4
L'intégration de l'État dans une organisation supranationale

152. Il s'agit d'une modalité d'intégration différente de la forme fédérale précédemment étudiée et qui connaît actuellement un développement illustré notamment par l'Union européenne (UE).

I. Les caractères spécifiques de l'organisation supranationale

153. Il faut supposer qu'un certain nombre d'États s'associent pour créer par convention une organisation supranationale. Celle-ci se situe dans un cadre régional et a un objet précis et bien circonscrit. Elle va comporter des organes communs et permanents, toujours un exécutif composé de représentants de haut niveau des États-membres, normalement un organe délibérant, élu et donc représentatif, doté de plus ou moins de pouvoirs, éventuellement une Cour de justice commune.

La supranationalité tient à la présence de caractéristiques spécifiques. On en retiendra quatre en prenant pour modèle l'UE. D'une part, certains organes, en principe l'organe exécutif, disposent du pouvoir d'édicter des normes et des décisions dans le secteur de compétences déterminé par la convention institutive. D'autre part, ce pouvoir peut être exercé selon le cas soit à l'unanimité, soit à la majorité qualifiée ou simple. Par ailleurs, les mesures édictées et les décisions prises s'imposent aux États-membres sans formalité de réception particulière et même si la décision a été prise à la majorité et que le représentant de l'État considéré ait fait partie de la minorité. Enfin les normes et les décisions communes priment celles des États sur leur propre territoire.

Il s'ensuit que les organes supranationaux ont la faculté d'imposer unilatéralement, dans leurs secteurs de compétence, leur volonté aux États-membres. Pour autant l'organisation ou la communauté n'est pas revêtue d'un caractère étatique ou fédéral, ce qui se comprend d'autant mieux que sa spécialisation dans un domaine relativement bien délimité, par exemple économique ou énergétique, contraste avec la vocation politique et globale des États.

La supranationalité d'une organisation ou d'une communauté affecte donc nécessairement la souveraineté des États-membres puisque ceux-ci sont soumis aux normes communautaires et ne disposent plus d'une maîtrise totale de leurs normes nationales, concurrencées par les premières et subordonnées à elles. Il est clair que des problèmes constitutionnels peuvent se poser dans ces États à ce sujet.

II. L'organisation supranationale par rapport à la confédération et à la fédération

154. Elle est plus intégrée que la confédération mais ne constitue pas un État au contraire de la fédération et, de toute manière, a souvent à ses débuts un objet spécialisé, économique ou autre, qui la distingue de l'une et de l'autre.

Elle est différente de la confédération qui est très peu institutionnalisée et qui est régie, en principe, par la règle de l'unanimité. Les organes confédéraux, très réduits, n'ont pas un véritable pouvoir normatif et lorsqu'ils parviennent à prendre une décision, ils ne peuvent que s'en remettre aux États confédérés du soin de la faire appliquer. Ce n'est pas le cas des Communautés supranationales qui ont des structures très élaborées, comportant même une Cour de justice, sont soumises parfois à la règle unanimitaire, parfois à la règle majoritaire et disposent d'un pouvoir normatif et de décision très efficace. Leurs normes s'appliquent d'ailleurs de plein droit sur le territoire et à la population des États membres.

Elles sont aussi différentes des Unions fédérales d'abord, et de manière décisive, parce qu'elles n'ont pas le caractère étatique, en raison de leur spécialisation[1]. Il faut ajouter que l'organe délibérant des communautés, s'il est représentatif parce qu'élu au suffrage universel direct (c'est le cas pour l'UE), ne dispose pas de pouvoirs de décision analogues à ceux des Parlements des États fédéraux. En revanche, on peut considérer que l'organisation supranationale marque, pour les États qui en font partie, le passage par un stade « pré-fédératif ». Mais, bien entendu, ils sont libres de ne pas aller plus avant dans la voie fédérale.

Section 5
Les fonctions de l'État

155. L'État ne constitue jamais sa propre fin, contrairement à ce qu'ont soutenu certaines idéologies, fascistes notamment. C'est un instrument, de très grande importance, certes, mais un instrument dont la finalité ne peut être que l'homme, considéré dans sa liberté individuelle et à travers le bien commun. Cette position de principe ne doit jamais être perdue de vue.

À la lumière de cette observation préliminaire, on peut assigner à l'État principalement deux fonctions. D'abord il appartient à ses instances d'exercer ce pouvoir de commandement qu'on qualifie généralement de souveraineté. Ensuite, il doit mettre en œuvre un choix de société, que celui-ci procède de la volonté des gouvernants eux-mêmes ou, plus démocratiquement, de celle des gouvernés, telle qu'elle peut être exprimée à l'occasion des consultations électorales.

---

1. Par exemple pour l'Union européenne, cette spécialisation a été longtemps de caractère économique. Mais depuis le traité de Maastricht de 1992, l'Union européenne déborde largement ce cadre.

I. Les fonctions d'exercice de la souveraineté

156. Elles sont évidemment fondamentales car c'est sur elles que tout repose et on peut dire qu'elles constituent la raison d'être de l'État.

A. L'exercice interne de la souveraineté

157. L'État doit assurer la pérennité et la cohésion de la collectivité dont il constitue l'armature politique et juridique. Pour cela, il dispose de prérogatives très importantes, auxquelles correspondent des tâches spécifiques et irréductibles.

S'agissant des prérogatives, il faut observer que l'État doit pouvoir non seulement prendre des décisions et les faire exécuter mais aussi faire céder les résistances qui viendraient à se manifester. C'est à ce titre qu'il dispose, on le sait, du monopole de l'édiction des règles de droit et du monopole de la force publique. Le premier situe l'État – parfois en concurrence avec le groupement d'États dans lequel il a accepté de s'intégrer – à la source du système juridique et institutionnel en vigueur sur son propre territoire, même s'il est bien évident que ses propres instances ne prennent directement qu'un nombre nécessairement limité de décisions, car c'est lui qui confère leurs compétences aux personnes physiques et morales qui assument l'essentiel de la vie juridique interne. Le second fait de lui le détenteur premier de la force publique, qui ne peut jamais être mise en mouvement que dans les cas qu'il a prévus, par les autorités qu'il a habilitées et dans les conditions qu'il a prescrites.

S'agissant des tâches correspondant à ces prérogatives, on doit y faire entrer toutes celles qui ont en vue le maintien de l'ordre intérieur, au sens large. Il s'agira, bien sûr, de l'ordre public, qui entre dans les attributions du Gouvernement. Il s'agira aussi de la justice, qui relève de l'ensemble des juridictions instituées dans le pays.

Mais ce sont là des tâches minimales et les objectifs poursuivis appellent, en réalité d'autres interventions de l'État, sans qu'il soit toujours facile de leur fixer une limite précise, d'autant que celle-ci est nécessairement fonction des idées dominantes, lesquelles évoluent. En tout cas, on doit certainement considérer comme partie intégrante des fonctions de souveraineté ce qui concerne l'administration, les transmissions, la monnaie, et, d'une manière générale, ce qui correspond aux attributions de ce qu'on appelait, au XIXe siècle, l'État-gendarme, c'est-à-dire de l'État réduit à ses fonctions incompressibles.

B. L'exercice externe de la souveraineté

158. Il appartient à l'appareil étatique de conduire les relations internationales de la collectivité qu'il dirige. Il va pour cela user des mêmes prérogatives, auxquelles correspondent deux tâches essentielles : sur le plan diplomatique, mener la politique étrangère, sur le plan militaire, promouvoir la politique de défense. À cette fin, l'État doit entrer en rapports avec les États étrangers et les organisations internationales, parfois s'intégrer dans un ensemble supranational et, en tout cas, s'efforcer d'agir sur les autres États au mieux de ses intérêts, forger les forces armées et le matériel indispensable. Bien entendu, il s'agit là de tâches irréductibles, qui entraient elles aussi dans les attributions de l'État-gendarme. L'évolution du monde contemporain vers une plus grande interdépendance de l'ensemble des États peut conduire à inclure dans les fonctions de souveraineté des tâches nouvelles, tels par exemple la recherche et le contrôle des ressources énergétiques.

II. Les fonctions d'encadrement de la société

159. Elles sont plus ou moins discrètes ou affirmées, selon la nature du régime, selon aussi son niveau de développement.

Dans les régimes pluralistes et libéraux de type occidental, le rôle de l'État devrait, en principe, être limité puisqu'il n'a pas pour doctrine de transformer la société. Cependant, il va tout de même s'efforcer d'en corriger les défauts et les excès. C'est ainsi que tout en préservant la liberté économique qui constitue le fondement du système social, il agira pour réduire les inégalités et que tout en gardant la propriété privée, il va tenter d'en limiter les abus. Mais c'est là une position théorique. En réalité, il y a beaucoup de questions dont, en ce début de XXIe siècle, l'État ne peut se désintéresser. Il va donc, au moins pour une part, prendre en charge l'éducation nationale, la santé publique, les équipements collectifs.

Bien souvent, il ira même beaucoup plus loin, tant la conception de l'État-providence s'est diffusée, y compris dans les États libéraux. Il est ainsi conduit à encourager les investissements et l'industrialisation, contrôler les conditions de travail, aménager le territoire, réglementer l'urbanisme, s'intéresser à la culture, aux arts, aux sports, aux loisirs. À la vérité, dans les pays les plus libéraux eux-mêmes, il n'y a aucun domaine qui soit *a priori* exclu des interventions de l'État, pas même les activités familiales et privées, bien qu'elles soient mieux protégées que les activités professionnelles ou publiques. On ajoutera que dans les régimes à direction sociale-démocrate, il ne s'agit même plus d'encadrement mais d'orientation de la société. L'État procède à une redistribution des revenus, prélevant sur les agents productifs, subventionnant les couches déshéritées, agissant sur les différentes classes sociales en fonction de ses choix et de son idéologie.

Bien entendu, il en est résulté un changement considérable dans les rapports entre l'État et la population car les gouvernés soumis aux directives contraignantes de l'appareil dirigeant sont également des bénéficiaires de services qui attendent de l'État un certain nombre de prestations diverses, quitte à sacrifier une part non négligeable de leur sphère d'activité et de liberté personnelles. Il est vrai que la tendance à l'uniformisation des mœurs, l'aspiration à l'égalisation des conditions, l'accroissement des besoins lié au développement de la publicité ont entraîné l'avènement d'une société « massifiée », qui postulait l'État-providence et en constitue le meilleur support.

Dans les régimes socialistes subsistants, le rôle de l'État est plus important encore puisqu'il comporte une prise en charge non plus totale mais encore très considérable de l'économie.

Dans les pays en voie de développement, ce rôle est également considérable mais différent. L'État doit assurer le développement et rattraper un retard dû à l'absence de ressources naturelles ou à leur insuffisante diversité ou à l'inefficacité de leur exploitation, au manque de capitaux, à la mainmise étrangère ou encore à l'absence de technologie de haut niveau. Il lui faut suppléer l'inexistence ou les défaillances de l'initiative privée, attirer les capitaux étrangers et cependant en maîtriser le flux. Seul l'État est en mesure, non pas de tout faire lui-même, ce qui donne rarement de bons résultats, mais de donner les impulsions nécessaires.

▶ Bibliographie

O. Beaud, *La puissance de l'État*, PUF, 1992.
G. A. Beaudoin, *Le fédéralisme au Canada*, Wilson et Lafleur, Montréal, 2000.
R. Carré de Malberg, *Contribution à la théorie générale de l'État*, Sirey, 1920-1922, rééd., 2003.
C. A. Colliard, « État et Nation », in *Itinéraires, Études offertes à L. Hamon*, Economica, 1982.
M. Croisat, *Le fédéralisme dans les démocraties contemporaines*, Montchrestien, 1995.
J. Dabin, *L'État ou le politique*, Dalloz, 1957.
M. David, *La souveraineté du peuple*, PUF, 1996.
L. Duguit, *L'État, les gouvernants et les agents*, préf. F. Moderne, rééd., Dalloz, 2005.
A. Haquet, *Le concept de souveraineté en droit constitutionnel français*, PUF, 2004.
H. Kelsen, *Théorie pure du droit*, trad. fr., 1934, Dalloz, rééd. 1962.
P. Rosanvallon, *L'État en France de 1789 à nos jours*, Seuil, 1993.
M. Troper, *Pour une théorie juridique de l'État*, PUF, 1994.

Chapitre 3

La Constitution

160. C'est l'élément de base du droit constitutionnel. On étudiera successivement la notion de Constitution (section 1), l'établissement et la révision des constitutions (section 2) et le contrôle de conformité à la Constitution des autres normes juridiques et notamment des lois (section 3).

Section 1

La notion de Constitution

161. Avant d'examiner la notion de Constitution, il faut d'abord en situer l'origine en étudiant le constitutionnalisme.

I. Le constitutionnalisme : sources et prolongements

162. Le constitutionnalisme désigne le mouvement, apparu au siècle des Lumières, qui est parvenu à substituer aux coutumes existantes, souvent vagues et imprécises et qui laissaient de très grandes possibilités d'action discrétionnaire aux souverains, des constitutions écrites conçues comme devant limiter l'absolutisme et parfois le despotisme des pouvoirs monarchiques. Les libéraux ont donc demandé que les modes de dévolution et d'exercice du pouvoir politique soient fixés une fois pour toutes par une charte fondamentale servant de règle du jeu. Et, en effet, par son existence même, la Constitution, entendue au sens formel, s'oppose à l'arbitraire en ce qu'elle définit un état de droit où n'est possible que ce qui est conforme aux règles qu'elle pose.

A. L'importance historique du constitutionnalisme

163. La notion classique de Constitution prend son origine dans les doctrines du contrat social présentes dès le XVIe siècle et dominantes au XVIIIe siècle, qui faisaient remonter l'établissement de la société civile à un pacte social originel. Dans cette optique, la Constitution apparaît comme la confirmation ou le renouvellement de ce pacte. C'est aussi pour cette raison que, historiquement, le constitutionnalisme a joué dans le sens d'une limitation du pouvoir.

On peut en prendre pour exemples, entre beaucoup d'autres, les principales constitutions françaises et notamment les grands textes révolutionnaires. C'est par cette voie que le peuple a pu faire admettre le principe de sa participation au pouvoir, qu'ont été posées les règles restreignant la liberté d'action des gouvernants et qu'a été affirmée l'existence, au profit du citoyen, de « droits inaliénables, naturels et sacrés », selon la formule de la Déclaration des droits de l'Homme et du citoyen. Sans doute est-il toujours possible que des textes constitutionnels, loin de contraindre les gouvernants, viennent étendre leurs compétences par rapport à l'état antérieur. Mais ces exceptions ne suffisent pas à infirmer le sens général de l'évolution. Aussi bien la première vague du constitutionnalisme a-t-elle été suivie de beaucoup d'autres, et il est significatif que les nouveaux États qui ont accédé à l'indépendance depuis 1945 n'aient rien eu de plus pressé que de se doter de constitutions écrites, souvent très protectrices des gouvernés, au moins sur le papier.

B. Limites et insuffisances du constitutionnalisme

164. La Constitution se présente normalement comme une barrière contre l'arbitraire du pouvoir mais, plus précisément c'est une barrière de papier ou, en termes plus juridiques, une barrière purement formelle. Actuellement, tous les États du monde ont des constitutions qui, dans leur très grande majorité et conformément aux idéologies dominantes, établissent la démocratie et affirment les droits du peuple. Mais personne n'aurait la simplicité de croire que ceux-ci existent par là même. La foi naïve, qui était celle des hommes de la Révolution, en la vertu des textes et des principes, s'est quelque peu émoussée avec le temps et au fur et à mesure que s'est accru le nombre des expériences politiques et constitutionnelles.

Il est, en effet, apparu très clairement que les règles constitutionnelles étaient une chose et que la pratique politique en était une autre, qui pouvait être fort différente et allait rarement dans le sens d'une limitation du pouvoir des gouvernants. C'est que la Constitution, comme il a été indiqué, ne tranche véritablement que des principes et du problème, assez théorique et abstrait, de la source du pouvoir mais se borne en ce qui concerne son exercice à tracer des perspectives d'avenir et à indiquer ce qui doit être. La pratique politique, au contraire, est décisive en ce qui concerne l'exercice du pouvoir et l'observation montre que la réalité ne correspond pas toujours, ni même souvent, à l'optimisme des schémas constitutionnels. Même dans un régime aussi libéral que celui de la Troisième République, on a pu constater que, en fait, les parlementaires et plus largement la classe politique, avaient dépossédé le peuple de sa souveraineté. On imagine sans peine combien l'écart peut être considérable entre la réalité politique et la lettre constitutionnelle dans les pays dépourvus de tradition en ce domaine. Le rôle historique du constitutionnalisme a certes été considérable, il contribue encore à freiner le pouvoir mais il s'en faut de beaucoup qu'il constitue la limitation intangible qu'à une certaine époque on avait cru y voir.

II. La Constitution : définitions et signification

165. Il faut rechercher ce que recouvre la notion de Constitution, préciser les rapports entre la notion de légalité constitutionnelle et celle de légitimité, ainsi que le rôle actuel de la coutume dans l'ordre constitutionnel.

A. Constitution au sens matériel et Constitution au sens formel ou organique

166. Si on la définit ***matériellement***, c'est-à-dire en fonction de son contenu, la Constitution s'entend de toutes les règles relatives à la dévolution et à l'exercice du pouvoir, qu'elles figurent ou non dans un texte écrit et, dans l'affirmative, quelle que soit la catégorie juridique dont relève ce texte. Cette définition matérielle est à la fois imprécise et extensive. En effet, s'il est évident que les règles concernant la forme de l'État, les organes du pouvoir, leurs attributions, leurs rapports ou les droits des citoyens font sûrement partie de la Constitution au sens matériel, il serait également assez normal d'y faire entrer le droit électoral et le droit parlementaire et on pourrait même songer à y intégrer les statuts des partis politiques car ils ont un rapport peut-être moins direct mais certain avec la dévolution et l'exercice du pouvoir.

167. Si on la définit ***formellement***, ou pour mieux dire ***organiquement***, la Constitution s'entend des règles qui, soit ont reçu *forme* distincte (c'est le cas, par hypothèse, de la Constitution écrite), soit ont été édictées ou ne peuvent être révisées que par un *organe* spécifique (par exemple, qui ont été édictées par une assemblée constituante), soit ont été édictées ou ne peuvent être révisées que selon une *procédure* spécifique (par ex., qui ne peuvent être révisées qu'à la majorité des deux tiers des membres d'une ou de deux assemblées parlementaires ou après un référendum de ratification). La définition formelle ne présente tout son intérêt que si elle ne se borne pas au caractère écrit mais intéresse aussi l'organe et la procédure car ce n'est qu'à ce moment qu'elle comporte des conséquences juridiques véritables en rendant la Constitution *rigide*. Le point de vue organique est donc beaucoup plus important que le point de vue matériel car il commande la révision.

168. Il faut ajouter que le sens matériel et le sens formel ou organique ne se recouvrent pas nécessairement. Sans doute ont-ils en commun les principales règles relatives à la dévolution et à l'exercice du pouvoir. Mais une Constitution écrite, donc formelle, peut parfaitement laisser en dehors d'elle des règles qui, cependant, touchent, de près ou de loin, à la dévolution et à l'exercice du pouvoir (par ex., très généralement le droit électoral, le droit parlementaire, toujours le statut des partis politiques, etc.). En revanche, peuvent y figurer des dispositions qui ne sont pas matériellement constitutionnelles (par ex., l'article 80 de la Constitution suisse du 18 avril 1999 charge la Confédération de régler « l'abattage des animaux » ; cf. aussi les 18e et 21e amendements à la Constitution des États-Unis relatifs aux boissons alcoolisées).

B. Constitution écrite et Constitution coutumière

169. La première est suffisamment définie par sa dénomination. Presque tous les États ont maintenant une Constitution de ce type mais on sait déjà que l'important tient moins à la forme écrite qu'à l'existence d'un organe de révision spécifique se déterminant, le plus souvent, selon une procédure également spécifique.

La seconde comprend l'ensemble des règles coutumières relatives, pour un pays donné, à la dévolution et à l'exercice du pouvoir. Ces règles coutumières reposent sur la répétition, sans discontinuité véritable et pendant une certaine durée, de précédents recueillant un très large consensus, pour ne pas dire l'assentiment général. Il va de soi que les coutumes sont très imprécises – et partant très incommodes – car on ne sait jamais très exactement quand elles entrent en application et quand elles tombent en désuétude, le seuil nécessaire de durée étant aussi difficile à déterminer dans un cas que dans l'autre. Il est également certain que l'on ne peut donner de la Constitution coutumière qu'une définition matérielle mais on observera que la Constitution entendue au sens matériel ne s'identifie pas avec la Constitution coutumière car elle peut aussi comporter, et parfois exclusivement, des règles écrites. Actuellement, les constitutions coutumières sont très rares et on ne peut guère citer à leur actif, parmi les grands pays, et d'ailleurs pour partie seulement, que la Grande-Bretagne.

C. Le rôle de la coutume dans les États à Constitution écrite

170. Les constitutions coutumières appartenant au passé, à quelques exceptions près, le seul vrai problème que pose la coutume de nos jours, c'est celui de son rôle dans les États à Constitution écrite, cette expression étant comprise dans le sens précédemment indiqué de Constitution dotée d'une certaine rigidité. Ces constitutions ne peuvent, en effet, tout prévoir ni tout régler et leurs lacunes laissent des places vides que les règles coutumières peuvent remplir et qu'à défaut la pratique politique viendra nécessairement combler. À cet égard, il est important de bien distinguer les *règles coutumières,* qui sont – en principe, et sous la réserve importante, souvent, de l'absence de sanction – de véritables normes juridiques, par conséquent contraignantes et produisant des effets de droit, et la *pratique politique,* qui n'a aucun effet contraignant pour l'avenir et qui ressortit purement et simplement du domaine du fait[1].

Deux règles permettent de résoudre les difficultés susceptibles de se présenter quant au rôle des règles coutumières dans les États à Constitution écrite.

a) Première règle

171. La coutume ne peut jamais modifier ou abroger une disposition constitutionnelle écrite et précise. Cette dernière ne perd jamais sa valeur juridique quand bien même elle cesserait d'être appliquée pendant une très longue période. S'il en était autrement, il serait possible de modifier la Constitution – que l'on a supposée, par hypothèse, dotée d'une certaine rigidité – sans recourir à la procédure de révision qu'elle institue, ce qui est évidemment inacceptable. Ce serait également admettre que les règles du droit constitutionnel positif prennent leur source non seulement dans le texte lui-même mais aussi dans ses violations répétées et finalement encouragées, ce qui ne l'est pas moins.

---

1. P. Amselek, « Le rôle de la pratique dans la formation du droit : aperçus à propos de l'exemple du droit public français », *RDP* 1983, p. 1421 ; *Interprétation et droit,* 1995 ; R. Capitant, « La coutume constitutionnelle », *RDP* 1979, p. 959 ; J. Chevallier, « La coutume et le droit constitutionnel français », *RDP* 1970, p. 1375 ; D. Levy, « De l'idée de coutume constitutionnelle à l'esquisse d'une théorie des sources du droit constitutionnel et de leur sanction », in *Mélanges C. Eisenmann,* p. 81 ; J.-C. Maestre, « À propos des coutumes et des pratiques constitutionnelles, l'utilité des constitutions », *RDP* 1973, p. 1275 ; M.-C. Ponthoreau, *La reconnaissance des droits non-écrits par les cours constitutionnelles italienne et française,* Economica, coll. « Droit public positif », 1994.

b) Seconde règle

172. La coutume peut, dans certaines conditions, ajouter à la Constitution écrite en cas de silence, et surtout permettre son interprétation en cas d'incertitude. Elle est alors supplétive ou interprétative. Mais, même dans ces hypothèses, il convient d'être très exigeant quant à l'existence et très prudent quant à la valeur juridique de la coutume. Notamment, il faut que les conditions requises pour qu'il y ait règle coutumière soient réunies, ce qui suppose que l'on attende qu'il y ait eu suffisamment de précédents, que ceux-ci soient convergents et qu'ils recueillent l'adhésion de tous. Il va de soi que si certains précédents sont infirmés par d'autres, allant en sens contraire, le niveau de la règle coutumière ne peut être atteint et on en reste à celui de la pratique politique, c'est-à-dire du simple fait.

Section 2

L'établissement et la révision des constitutions

173. Les constitutions constituent une matière vivante : elles naissent, vivent, subissent les déformations de la vie politique, sont l'objet de révisions plus ou moins importantes, et peuvent disparaître.

I. L'ÉTABLISSEMENT DES CONSTITUTIONS

174. On étudiera successivement le pouvoir constituant originaire, qui permet l'établissement de nouvelles constitutions, l'ordre constitutionnel positif, qui en est l'aboutissement et le problème des révolutions.

A. Le pouvoir constituant originaire

175. Il faut en préciser la notion et examiner ses procédures de mise en œuvre.

a) La notion

176. Le pouvoir constituant *originaire* est le pouvoir d'établir les règles fondamentales relatives à la dévolution et à l'exercice du pouvoir politique. Il s'agit, somme toute, d'élaborer le texte constitutionnel qui va fonder le nouvel ordre juridique. C'est pourquoi il faut supposer que l'ordre juridique antérieur a disparu ou est devenu caduc et que l'on se trouve devant un vide juridique.

Celui-ci peut se produire en diverses circonstances. Il se produit d'abord après une Révolution, celle-ci détruisant l'ordre constitutionnel existant et lui substituant un gouvernement de fait qui ne tient son autorité que de lui-même. Le vide juridique peut aussi se produire lors de l'apparition d'un nouvel État. Dans cette hypothèse encore, la liberté des titulaires du pouvoir constituant originaire est totale. C'est dans cette situation que se sont trouvés, au cours des années soixante, les territoires sous dépendance coloniale, française et anglaise notamment, lorsqu'ils ont accédé à l'indépendance. En tant qu'États, ils n'avaient pas de passé. Le vide juridique peut enfin se produire à l'occasion d'une guerre, en cas de résurrection d'un État que l'on a pu croire un moment disparu. Deux solutions sont alors concevables. D'une part, on peut estimer que la rupture avec le passé, éventuellement l'occupation prolongée du territoire, justifient l'établissement d'une nouvelle Constitution, comme s'il s'agissait d'un nouvel État. Tel a été le cas de l'Allemagne de l'Ouest, après la défaite, lorsqu'elle a adopté la Loi fondamentale du 23 mai 1949, qui réservait expressément l'hypothèse – lointaine à l'époque – de la réunification. D'autre part, on peut aussi penser que la Constitution antérieure doit être purement et simplement remise en vigueur, ne serait-ce que pour marquer la continuité de l'État, en dépit de l'interruption momentanée et involontaire de ses activités. Tel a été le cas de l'Autriche qui, en 1945, a préféré redonner vie à la Constitution du 1er octobre 1920, dont l'application avait été interrompue, en 1938, par l'Anschluss. Tout dépend donc des circonstances de fait.

b) La mise en œuvre

177. Au regard de l'idéologie démocratique, qui est l'idéologie dominante et doit donc servir de critère de référence, c'est au peuple qu'appartient le pouvoir constituant originaire. Cependant, le problème important n'est pas tant de savoir qui est titulaire de cette compétence fondamentale que de savoir qui l'exercera. Or, c'est le gouvernement de fait assumant provisoirement le pouvoir qui va nécessairement déterminer quel sera l'organe – ou les organes – appelé à mettre en œuvre le pouvoir constituant originaire. Il est d'ailleurs possible que, dans certains cas, ce gouvernement, tout en s'affirmant attaché à la légitimité démocratique, s'arrange pour en éluder les conséquences.

178. On peut ainsi classer les diverses modalités possibles de l'exercice du pouvoir constituant originaire en fonction de leur caractère plus ou moins démocratique.

Certains modes d'établissement sont, de manière ouverte, ou de manière plus dissimulée, non démocratiques. Parmi les premiers, il y a d'abord ceux – appartenant surtout au passé – qui excluent toute intervention du peuple, pris dans son ensemble, sous quelque forme que ce soit. Tel est le cas, de la charte octroyée de 1814. Tel est aussi le cas, mais à un moindre degré, de la charte de 1830, qui n'est plus « octroyée » et qui est bien l'œuvre d'une assemblée, mais d'une assemblée élue au suffrage censitaire, par un très petit nombre d'électeurs. Parmi les seconds, il faut ranger ceux qui font au peuple un appel hypocrite, pour autoriser ou ratifier, souvent sous la pression du pouvoir, une Constitution élaborée en dehors de lui par un groupe non élu désigné par l'autorité exerçant provisoirement le pouvoir. Le fait que le peuple n'ait aucun contrôle sur l'élaboration proprement dite et le secret qui entoure généralement cette dernière sont manifestement contraires à l'esprit démocratique. Il faut citer, en ce sens, l'autorisation préalable, véritable blanc-seing populaire donnée aux rédacteurs de la Constitution de 1852 ou encore, procédé peut-être moins choquant mais toujours très peu démocratique, le référendum de ratification de la Constitution de l'an VIII.

179. Les modes d'établissement démocratiques sont ceux qui confient à une assemblée élue par l'ensemble des citoyens le soin d'élaborer la Constitution. En effet, le peuple, en désignant les membres de l'assemblée constituante, est à même d'orienter l'élaboration de la Constitution. Il intervient ainsi au moment opportun, au lieu d'être mis devant le fait accompli. C'est dans ces conditions qu'ont été élaborées les constitutions de 1848 et de 1875. Mais le procédé le plus démocratique est certainement celui qui soumet au peuple, pour ratification, le projet élaboré par l'assemblée constituante. Le peuple intervient alors une première fois, tout au début du processus d'établissement de la Constitution, pour désigner ses représentants, puis une seconde fois, tout à la fin, pour entériner ou rejeter. Entrent dans cette catégorie les constitutions de 1791, de 1793 et de l'an III, bien que l'on puisse faire des réserves sur le caractère démocratique du suffrage (notamment en 1791) et sur l'information des électeurs. C'est surtout la Constitution de 1946 qui fournit l'exemple-type puisque son adoption a été précédée du rejet du premier projet élaboré par l'assemblée constituante. La loi constitutionnelle du 2 novembre 1945 peut être considérée, sur le plan de la démocratie, comme un modèle du genre.

Les assemblées constituantes sont généralement maîtresses de leur procédure puisque, par hypothèse, elles ne sont liées par aucune norme antérieure. Leur vocation est double car elles doivent non seulement élaborer une Constitution mais aussi assurer le travail législatif habituel des assemblées et contrôler le Gouvernement. Elles ont d'ailleurs une nette tendance à privilégier ce second rôle, ce qui retarde d'autant l'adoption de la Constitution (par exemple, les lois constitutionnelles de 1875). Il arrive cependant que l'assemblée constituante voit sa compétence fixée et limitée dans son objet et dans le temps par une loi référendaire car seul le peuple a, en effet, qualité pour le faire (par exemple, la loi constitutionnelle référendaire du 2 novembre 1945).

B. L'ordre constitutionnel positif : légalité et légitimité

180. L'ordre constitutionnel positif doit être défini à partir des notions de *légalité* et de *légitimité*. Il peut être affecté par des perturbations diverses dont les principales sont les révolutions.

Légalité constitutionnelle et légitimité représentent deux notions très différentes, qui appartiennent à des catégories nettement séparées. la légalité désigne l'effet contraignant qui s'attache à l'ordre constitutionnel positif, dont le respect est assuré par les pouvoirs publics, sous peine de sanction. La légitimité est la qualité qui s'attache à un pouvoir dont l'idéologie, les valeurs, les sources d'inspiration et les critères de référence font l'objet d'une adhésion sinon unanime du moins très majoritaire de la part des gouvernés. En d'autres termes, il y a entre légalité et légitimité une différence qui est de nature et non pas de degré. Confronter les deux notions, c'est donc, comme cela a été fait d'une manière générale, dans le chapitre consacré au pouvoir politique, étudier la corrélation existant entre les institutions et le corps social mais en insistant davantage sur les croyances et la psychologie individuelle et collective.

Ces notions, que sépare une différence de nature, ne sont cependant nullement antinomiques. Il est éminemment souhaitable que l'ordre constitutionnel positif soit légitime, c'est-à-dire conforme au sentiment populaire et bénéficiant d'un large consensus. Il est permis de penser qu'il en est le plus souvent ainsi. La difficulté réside dans le fait que si la légalité constitutionnelle est une notion juridique précise qui ne donne lieu à aucune équivoque, la légitimité est une notion imprécise, fuyante, peu mesurable et, à la limite, subjective. Il n'existe dans un pays et un temps donné qu'un seul ordre constitutionnel positif alors qu'il peut être invoqué plusieurs légitimités et qu'il peut être difficile de déterminer celle qui correspond aux vues de la majorité.

181. Il n'est pas facile, dans ces conditions, d'apprécier les distorsions entre légalité et légitimité. Un exemple souvent cité est celui du Gouvernement de Pétain entre 1940 et 1944 : on a fait valoir qu'au début il était à la fois légal, parce que la loi du 10 juillet 1940 avait régulièrement assuré la transmission du pouvoir, et légitime, parce qu'il correspondait aux vues d'une part importante de la population, mais que, par la suite, il était devenu illégitime, lorsque le sentiment populaire et patriotique, mieux informé, a rejeté sa politique de collaboration avec l'ennemi et s'est porté sur la France libre. À vrai dire, cet exemple n'est guère satisfaisant car d'une part, la légalité du Gouvernement de Vichy est plus que contestable, et d'autre part, il est difficile de croire à sa légitimité, même au début, car ce serait supposer, de la part des Français, un singulier retournement, leurs opinions étant à la veille de la guerre bien éloignées de celles de Pétain. Même si on accepte cet exemple, il est impossible de situer avec précision le moment où le régime de Vichy est devenu illégitime. En revanche, il paraît beaucoup plus exact d'affirmer que le Gouvernement en exil du Général de Gaulle, qui n'a jamais prétendu à la légalité, pouvait invoquer une véritable légitimité, à partir du moment où une meilleure information lui a fait porter les espoirs de tout un peuple et dans la mesure où il entendait se situer dans la tradition – ou légitimité – républicaine.

Compte tenu de ces difficultés, une tentation courante est de fonder la légitimité sur l'idéologie démocratique, en raison de sa position d'idéologie dominante sur l'ensemble de la planète. Mais les difficultés resurgissent immédiatement. D'abord il a existé deux versions très différentes – pluraliste et socialiste – de la démocratie, ce qui est un élément de complication. Ensuite l'identification de la légitimité avec une idéologie internationale apparaît comme une déviation – et une « objectivation » – de la notion, qui devrait se situer plus près des croyances d'une communauté nationale spécifique.

En définitive, la seule certitude réside dans le caractère impératif et contraignant de l'ordre constitutionnel positif (c'est-à-dire de la légalité constitutionnelle) quelque jugement de valeur que l'on puisse porter sur lui et quelque tentative que l'on puisse faire pour le modifier et éventuellement lui en substituer un autre, ce qui ne change rien à ce caractère. Par rapport à cette certitude, la légitimité, notion difficilement saisissable, ne présente guère d'intérêt pratique, si ce n'est vis-à-vis des régimes fondés sur la violence manifeste, qui sont certainement illégitimes, pour justifier moralement et politiquement le droit du peuple à résister à l'oppression.

C. Le problème des révolutions

182. Sur le plan de la théorie du pouvoir, elles présentent l'intérêt d'être à la jonction entre le fait et le droit. En effet, la Révolution, qui est de pur fait, met fin à la légalité constitutionnelle en vigueur pour donner naissance à un nouvel ordre constitutionnel positif. Elle détruit pour reconstruire. Il va de soi cependant qu'une Révolution n'entraîne ces effets juridiques que si elle aboutit à la prise du pouvoir. Ce qui revient à dire qu'il y a un moment où l'ordre existant et le fait révolutionnaire sont en bascule, l'un des deux devant nécessairement l'emporter.

L'un des caractères les plus remarquables de la Révolution réussie est qu'elle apparaît comme la négation de ce principe sous-jacent à toutes les sociétés organisées de la primauté du droit sur le fait. En d'autres termes, elle conduit au point où l'explication juridique devient impossible et doit céder le pas à la constatation du fait. Il faut aller plus loin encore et affirmer qu'elle contredit toute explication juridique puisque le refus du droit existant non seulement n'entraînera aucune sanction mais encore sera à l'origine de la création d'un droit nouveau. La progression du corps social est, semble-t-il, à ce prix et on s'aperçoit à ce point-limite à la fois combien les systèmes juridiques sont toujours un peu statiques et combien, en droit constitutionnel, la distance est réduite entre le fait et le droit.

183. Mais la Révolution n'est pas seulement une négation, elle est aussi, et davantage encore, porteuse d'avenir. Certes, dans l'immédiat, elle apporte généralement de nouvelles et plus lourdes contraintes, pour assurer les débuts du nouveau régime, mais il s'agit d'une période transitoire, et qui n'est pas nécessairement destinée à durer. À terme, elle apporte le changement des institutions et de l'ordre social qu'elles expriment et prépare les voies d'un nouveau consensus, qui peut être spontané mais qui est assez souvent aussi imposé. La Révolution apparaît alors comme un instrument de rénovation politique et sociale.

184. Encore faudrait-il distinguer entre les révolutions proprement dites, étayées par de larges mouvements populaires, (la Révolution française de 1789, la Révolution russe de 1917, les « printemps arabes » de 2010) et les coups d'États et autres *pronunciamentos*, exécutés par de petits groupes d'activistes, souvent militaires, qui entraînent aussi un changement de régime mais dans un contexte très différent (nombreux exemples en Amérique du Sud et en Afrique).

La distinction, toutefois, n'est pas facile. Sur le plan de l'exécution, Révolution et coup d'État ont beaucoup de points communs car les minorités agissantes jouent, dans les deux cas, un grand rôle. Tout au plus peut-on dire que, dans le cas de la Révolution, le peuple participe s'il ne conduit pas nécessairement et que, dans le cas du coup d'État, la population se borne à l'acceptation passive et craintive de ce qu'elle considère comme une « révolution de palais ». Il faut ajouter que les groupes minoritaires qui ont conduit la Révolution ou la tentative peuvent être plus ou moins désavoués lorsque le peuple entier est invité à s'exprimer (c'est arrivé en France en 1848, en 1871, ou encore en 1968). C'est pourquoi l'essentiel de la distinction réside dans l'inspiration et dans la finalité. La Révolution, qui se réfère à l'idéologie démocratique, a pour objet de redonner au peuple l'exercice du pouvoir constituant originaire afin de lui permettre de fonder une nouvelle société. Les coups d'États et les *pronunciamentos* militaires se proposent seulement de chasser l'équipe au pouvoir pour lui en substituer une autre, ils confisquent la souveraineté et se gardent généralement de donner au peuple l'occasion de s'exprimer, si ce n'est, parfois longtemps après, pour ratifier sous la pression ce qui a été élaboré en dehors de lui.

II. La révision des constitutions

185. On étudiera successivement le pouvoir constituant dérivé et sa mise en œuvre.

A. Le pouvoir constituant dérivé ou institué

186. Il faut le définir et examiner la distinction très importante des constitutions souples et des constitutions rigides.

a) La notion

187. Il s'agit du pouvoir de révision de la Constitution, celle-ci étant entendue au sens formel ou organique. Certes, il est permis de penser que la charte fondamentale de l'État a été mûrement réfléchie lorsqu'elle a été élaborée et qu'elle est faite pour durer. Cependant rien n'est immuable et il peut être nécessaire de la modifier sur certains points, sans que pour autant le régime soit remis en cause.

Il faut rappeler à ce sujet que la Constitution n'est plus de nos jours considérée comme un texte sacré et intangible, même dans les États pluralistes, héritiers de la philosophie des Lumières. Bien au contraire, nombreux sont ceux qui estiment qu'en adaptant la Constitution à l'évolution de la situation politique par des révisions non pas fréquentes mais suffisamment espacées, on accroît considérablement ses chances de durée. À cet égard, deux sortes de révisions peuvent apparaître nécessaires.

188. Il y a d'abord les révisions destinées à corriger les lacunes et les imperfections techniques que peut révéler le fonctionnement des institutions. C'est ainsi, par exemple, que sous la Cinquième République une vingtaine de révisions sont intervenues ou ont été tentées dont quelques-unes très importantes et d'autres pour remédier aux défauts apparus, combler des lacunes ou faire face à des problèmes nouveaux (cf. la liste des projets de révision publiée à la fin du chapitre 23).

Il y a ensuite les révisions qui marquent un tournant, ou tout au moins un changement important, dans l'orientation politique du régime. Tel a été le cas, sous la Troisième République, de la révision du 14 août 1884 qui avait pour objet, si on peut s'exprimer ainsi, « de rendre la République républicaine ». Il peut arriver aussi, comme en Belgique, qu'après des remaniements importants, la référence aux précédents textes n'ayant plus aucun sens. Ainsi, dans ce pays, la révision du 17 février 1994, marquant le passage d'un État unitaire à un État fédéral, a conduit à ce qu'il soit considéré que le pays s'était en réalité doté alors d'une nouvelle Constitution. Dans le même esprit, il est possible qu'une Constitution ayant fait l'objet de multiples modifications portant sur des points souvent relativement dispersés, il devienne souhaitable d'y remettre un peu d'ordre et de cohérence. Ce problème s'est posé en Suisse en raison du droit d'initiative constitutionnelle reconnue à ses citoyens, qui aboutit à de nombreuses retouches. C'est pourquoi la Constitution fédérale du 29 mai 1874 a fait l'objet d'une refonte totale et a cédé la place à l'actuelle Constitution du 18 avril 1999, date de la votation populaire d'approbation (Constitution entrée en vigueur le 1er janvier 2000).

b) Constitution souple et Constitution rigide

189. Parce qu'elle est la charte fondamentale de l'État, la Constitution doit l'emporter sur toutes les autres règles juridiques adoptées par les organes institués, qu'ils soient législatifs ou réglementaires. Ceci rend évidemment souhaitable que l'on puisse distinguer la loi constitutionnelle, qui est au sommet de la hiérarchie des normes juridiques, des autres règles en vigueur dans l'État et notamment des lois ordinaires votées par les organes législatifs. Cette distinction ne sera jamais mieux marquée qu'à l'occasion des révisions de la Constitution initiale : c'est à ce moment seulement que l'on pourra constater si la primauté de la Constitution se manifeste formellement et organiquement. D'où l'intérêt de la distinction des constitutions souples et des constitutions rigides.

190. La Constitution *souple* est celle qui peut être révisée par les organes et selon les procédures servant à l'adoption des lois ordinaires (par ex. : par les assemblées parlementaires statuant à la majorité des suffrages exprimés). La suprématie de la Constitution n'est alors qu'un mot car il n'y a aucune différence entre les lois constitutionnelles et les lois ordinaires, elles s'identifient et se situent donc à la même place dans la hiérarchie des règles juridiques. Les constitutions coutumières sont presque toujours souples (ex., Grande-Bretagne), les constitutions écrites ne le sont que très exceptionnellement (ex., charte de 1830).

191. La Constitution *rigide* est celle qui ne peut être révisée que par un organe distinct (par ex. les deux assemblées composant le Parlement mais siégeant ensemble) ou – et souvent « et » – selon une procédure différente (par ex. à la majorité des deux tiers ou après un référendum de ratification) de celle servant à l'adoption des lois ordinaires. La différenciation existant alors, sur le plan organique ou sur le plan procédural, entre les lois constitutionnelles et les lois ordinaires marque clairement la suprématie des premières, qui occupent la première place dans la hiérarchie des règles juridiques. Il est tout à fait exceptionnel qu'une Constitution coutumière soit rigide mais on peut citer, à titre de curiosité, le cas des lois fondamentales de la monarchie sous l'Ancien Régime, que le Roi, qui disposait du pouvoir législatif, ne pouvait modifier sans le consentement des États généraux. En revanche, presque toutes les constitutions écrites sont rigides.

Encore le sont-elles plus ou moins. Tout dépend à cet égard des modalités de révision. La rigidité est faible lorsqu'il y a peu de différences procédurales entre le vote des lois constitutionnelles et celui des lois ordinaires (ex., Troisième République). En revanche, elle est considérable lorsque les procédures de révision sont spécifiques et complexes (ex., Cinquième République ; Canada depuis le rapatriement de la Constitution par la loi anglo-canadienne du 29 mars 1982, la dernière du genre puisque depuis lors les révisions doivent être effectuées par les seules instances canadiennes).

B. La mise en œuvre des révisions

192. Les indications qui suivent ne peuvent évidemment concerner que les constitutions rigides.

a) Les organes

193. Il y a une grande variété de situations possibles, qu'on peut cependant ramener à deux grandes catégories comportant de nombreuses variantes.

Dans une première série de situations, ce sont des représentants élus qui sont investis, seuls et de manière exclusive, du pouvoir constituant dérivé. Mais on peut subdiviser. Selon une première modalité, ces représentants peuvent avoir été élus spécialement pour procéder à la révision, ils composent alors ce qu'on appelle une convention, d'après une terminologie d'origine américaine (cf. Constitution des États-Unis, art. 5). Selon une autre modalité, il s'agit tout simplement des représentants composant les assemblées parlementaires mais on doit supposer que, pour la révision, ils siègent dans une formation différente de celle prévue pour le vote des lois ordinaires (cf. loi constitutionnelle du 25 février 1875, art. 8). En effet, dans le cas contraire la Constitution serait souple.

Dans une seconde série, sont investis du pouvoir constituant dérivé d'une part, ces mêmes représentants élus, dans les conditions qui viennent d'être évoquées, d'autre part, soit le peuple, qui se prononce par référendum de ratification (c'est une sorte de rappel du pacte social originel), soit – dans le cas des États fédéraux – les États membres, qui se prononcent par l'intermédiaire de leurs assemblées. Ces formules rendent la Constitution plus rigide.

b) Les procédures

194. Là encore tout dépend de ce qui a été prévu par la Constitution. Mais, au-delà de la diversité des situations, on peut distinguer, selon les cas, deux ou trois phases.

La première est celle de l'*initiative* du projet ou de la proposition de révision. Elle appartient le plus souvent aux organes exécutifs et aux parlementaires. Plus rarement, elle peut être reconnue à une fraction du peuple : c'est ainsi qu'en Suisse une pétition revêtue de 100 000 signatures au moins suffit à déclencher le processus de la révision sur le plan fédéral. La deuxième est celle de la *discussion* et de la *décision* soit par une convention spécialement élue, soit par les assemblées parlementaires siégeant en commun, souvent selon une procédure plus solennelle, et se prononçant à une majorité qualifiée, qui peut être des deux tiers ou des trois cinquièmes des membres composant ces assemblées. Enfin il peut parfois exister une troisième phase, qui est celle de la *ratification* par le peuple ou par les États membres, comme on l'a vu (l'article 5 de la Constitution des États-Unis exige une ratification par les trois quarts des États fédérés).

c) Les interdictions et limitations

195. La Constitution peut contenir des dispositions prévoyant certaines interdictions (par exemple qu'il ne pourra être porté atteinte à la forme républicaine du gouvernement, cf. article 2 de la loi constitutionnelle du 14 août 1884, art. 89.5 de la Constitution de 1958) ou certaines limitations (par exemple qu'il ne pourra être procédé à une révision pendant l'intérim de la présidence de la République, cf. art. 7 de la Constitution de 1958). La loi fondamentale allemande du 23 mai 1949 est nettement plus précise lorsqu'elle interdit à son article 79, alinéa 3, toute modification de la Constitution qui porterait atteinte aux principes du fédéralisme et surtout aux droits fondamentaux énoncés aux articles premier à 20 de la Constitution [1].

La valeur juridique des interdictions a parfois été contestée car on a fait valoir que les auteurs de la Constitution initiale ne peuvent imposer leurs vues aux générations suivantes, qui doivent rester libres de modifier le texte constitutionnel comme bon leur semble. Cet argument ne peut être retenu. Il est souhaitable, au contraire, que les constituants fassent le partage entre les quelques questions qui leur paraissent essentielles et qui ne peuvent être remises en cause sans coup de force et les autres, de beaucoup les plus nombreuses, qui peuvent toujours être modifiées.

Il a également été avancé que les organes chargés de la révision pourraient échapper à ces interdictions, qui figurent presque toujours dans les dispositions relatives à la révision, en décomposant l'opération en deux temps. Dans un premier temps, la révision, qui serait effectuée conformément à la procédure prévue, porterait sur les dispositions contenant les interdictions, pour les faire disparaître et, éventuellement, les remplacer par d'autres. Dans un second temps, une nouvelle révision, affranchie des interdictions du texte initial, pourrait être effectuée dans la plus totale liberté [2]. Mais la possibilité ainsi offerte apparaît théorique et douteuse. Théorique, parce que lorsque les circonstances sont suffisamment graves pour qu'il soit question de passer outre une interdiction

---

1. Cf., pour le cas allemand : M. Fromont, « La révision de la Constitution et les règles constitutionnelles intangibles au droit allemand », *RDP* n° 2, 2007, p. 89 ; cf., pour le cas français : M. Vonsy, « Le "Parlement constituant" n'est pas souverain », *RDP* n° 3, 2007, p. 771.

2. Cf. J. Laferrière, *Le nouveau gouvernement de la France*, Sirey, 1942, p. 36.

constitutionnelle, les titulaires du pouvoir constituant dérivé n'ont généralement pas le loisir de décomposer l'opération en deux temps, ils sont pressés d'aboutir et, de toute manière, le respect de la légalité les préoccupe très peu, comme on l'a bien vu en juillet 1940. Douteuse, parce qu'il serait trop facile, dans ces conditions, de tourner les dispositions constitutionnelles. En effet, l'argument des deux révisions successives est fallacieux, la vérité étant qu'elles forment un ensemble indissociable et illicite puisque la première, la plus hypocrite, ne sert qu'à ouvrir la voie à la seconde. De toute manière, l'esprit du texte est trahi. En revanche, on est obligé d'admettre que si ces interdictions sont transgressées, il n'y a pratiquement aucune sanction possible, parce que le plus souvent la Constitution ne prévoit pas de recours juridique contre la loi de révision.

Section 3
Le contrôle de constitutionnalité

196. On étudiera successivement les problèmes théoriques posés par le contrôle de constitutionnalité et les solutions pratiques qui lui sont apportées.

I. Les problèmes théoriques

197. Il faut distinguer le problème général du contrôle de conformité des normes juridiques inférieures aux normes juridiques supérieures et le problème particulier et épineux du contrôle de la constitutionnalité des lois.

A. Le problème général du contrôle de conformité des normes juridiques inférieures aux normes juridiques supérieures

198. Il a déjà été indiqué que les États, dans leur quasi-totalité, ont adopté un système de constitutions écrites et rigides. Il faut ajouter qu'il existe, dans ces États, une hiérarchie des règles juridiques qui est presque toujours fonction de la hiérarchie existant entre les organes auteurs de ces règles. Or cette hiérarchie est elle-même établie en fonction de critères qui nous viennent de la philosophie politique des Lumières. Il faut mettre en tête les organes titulaires du pouvoir constituant. La seconde place est occupée par les organes législatifs, en fait les assemblées parlementaires, parce qu'ils sont composés de représentants élus par la Nation. Ce n'est qu'en troisième position que se situent les organes exécutifs car dans la terminologie héritée des Lumières ce sont des organes nommés et « commis », qui ne procèdent pas directement du peuple. Le fait que de nos jours certaines autorités exécutives fassent l'objet d'une élection au suffrage universel direct (par ex. le président de la République en France) ou d'une désignation quasi plébiscitaire lors des élections législatives (par ex. le Premier ministre en Grande-Bretagne) ne change rien à ce classement traditionnel.

Bien entendu, il s'agit là d'une hiérarchie très sommaire, par grandes catégories, qu'il faudrait affiner et diversifier. Par exemple, il serait indispensable d'intercaler entre les lois constitutionnelles et les lois ordinaires « les règles du droit public international », ainsi que les normes édictées par l'Union européenne, les unes et les autres s'étant intégrées depuis plusieurs décennies dans les hiérarchies normatives nationales. Elle suffit cependant à faire comprendre que, dans un même secteur de compétences, les règlements de l'exécutif doivent être conformes aux lois votées par le législateur qui doivent elles-mêmes être conformes à la Constitution : c'est là une exigence logique. Il est donc souhaitable qu'un contrôle soit institué pour veiller au respect des normes supérieures par les normes inférieures, afin que si une règle inférieure transgresse une règle supérieure elle soit annulée[1]. C'est effectivement ce qui est prévu dans la plupart des pays. En France, par exemple, il existe un contrôle de la légalité et de la constitutionnalité des règlements et des autres actes de l'exécutif, qui est confié à la juridiction administrative, sur recours pour excès de pouvoir, et qui ne soulève plus de problème particulier. Il n'en est pas encore de même du contrôle de la constitutionnalité des lois.

B. Le problème particulier du contrôle de la constitutionnalité des lois

199. Certains pays, comme la France, ont manifesté de grandes réticences vis-à-vis du contrôle de la constitutionnalité des lois. Le problème se pose ici sur le plan politique davantage encore que sur le plan juridique, les critiques mettant en cause d'une part, le bien-fondé et par conséquent l'existence même du contrôle, d'autre part, son utilité et les effets fâcheux qu'il peut comporter à certains égards.

a) Les critiques relatives au bien-fondé du contrôle

200. Elles font valoir que la loi ordinaire, comme la loi constitutionnelle, est l'œuvre d'assemblées élues et représentatives et qu'elle est traditionnellement censée exprimer la volonté générale, c'est-à-dire la volonté de l'ensemble de la Nation. Dans ces conditions, on peut considérer qu'en dépit des quelques différences qui peuvent exister quant à l'édiction des lois constitutionnelles et quant à celle des lois ordinaires, il n'y a pas de raison valable de faire prévaloir les premières, chronologiquement les plus anciennes et qui peuvent correspondre à une volonté déjà dépassée de la Nation, sur les secondes, qui correspondent sûrement à sa volonté actuelle.

Certes, il s'agit là d'un sophisme et le raisonnement pèche par la base puisqu'il nie purement et simplement la hiérarchie des règles juridiques, ainsi que la distinction des lois constitutionnelles et des lois ordinaires, qui caractérise les constitutions rigides, et qu'il remet en cause la suprématie de la Constitution. Pourtant, c'est le point de vue qui dominait traditionnellement en France jusqu'en 1958. Il présente de graves inconvénients car il aboutit à renforcer les pouvoirs du Parlement et du Gouvernement, qui se trouvent affranchis du respect dû à la Constitution.

En effet, les lois étant votées par le Parlement sur la demande du Gouvernement investi de sa confiance, le courant majoritaire au pouvoir pourra légiférer (et pratiquement tout faire, même méconnaître la Constitution) sans contrôle ni sanction. Il faut ajouter qu'il serait illogique que le Gouvernement soit soumis à un contrôle lorsqu'il prend des règlements et qu'il y échappe lorsqu'il fait voter des lois, ce qui lui est aussi facile dès lors qu'il est soutenu par une majorité solide (et alors que les lois menacent bien plus gravement les droits et les libertés des citoyens que les règlements).

---

1. L. Favoreu, « Le principe de constitutionnalité », in *Mélanges C. Eisenmann*, Cujas, 1975, p. 33 ; L. Favoreu, « Actualité et légitimité du contrôle juridictionnel des lois en Europe occidentale », *RDP* 1984, p. 1147 ; M. Troper, « Le problème de l'interprétation et la théorie de la supra-légalité constitutionnelle », in *Mélanges C. Eisenmann*, *op. cit.*, p. 133.

b) Les critiques concernant les effets du contrôle

201. Elles sont de deux sortes. Les unes font valoir que le contrôle est presque toujours inutile, les autres qu'il est nuisible dans la mesure où il confère aux juges – ou aux membres des Cours constitutionnelles – un pouvoir excessif.

Selon les premières, le contrôle de la constitutionnalité des lois ne prend toute sa valeur que s'il est ouvert aux particuliers et si ces derniers peuvent l'utiliser pour faire sanctionner par un juge les violations des libertés publiques et des droits constitutionnels que pourrait commettre le législateur. Pour cela il faut que ces libertés et ces droits soient prévus et définis avec précision par le texte constitutionnel, sinon le juge ne pourra rien faire. Or, les constitutions concernent surtout l'organisation et le fonctionnement des pouvoirs publics. Mais c'est là une critique assez superficielle car précisément il arrive souvent qu'elles soient précédées d'une Déclaration ou d'un Préambule conférant valeur constitutionnelle aux libertés.

Les secondes critiques portent – et ce sont les plus importantes – sur les modalités du contrôle. On a fait valoir que même lorsqu'il est ouvert aux citoyens, le contrôle de la constitutionnalité des lois entraîne de sérieuses difficultés. En effet, même si les constitutions et les déclarations ou préambules qui les précèdent visent les libertés, c'est toujours de manière très brève, en posant des règles ou des principes sans entrer dans les détails d'application. Le juge saisi du problème de conformité de la loi à la Constitution va devoir interpréter celle-ci et il sera souvent conduit à le faire en fonction du jugement personnel qu'il porte sur la loi. En d'autres termes, il sera tenté – parce qu'il en a la possibilité – de faire prévaloir son point de vue sur celui des organes politiques qui ont adopté la loi et pour y parvenir – et d'ailleurs inconsciemment le plus souvent – il va faire dire à la Constitution ce qui lui convient. D'où le risque de « Gouvernement des juges ».

Ces critiques ne sont sans doute pas dénuées de fondement et il peut arriver que le juge rende une décision faisant prévaloir une interprétation trop personnelle ou plus ou moins contestable du texte constitutionnel. Mais cet inconvénient est indissociable de la fonction dévolue au juge : il doit trancher et, dans l'hypothèse retenue, sans recours. Aussi bien, on peut admettre que les décisions contestables sont rares. La doctrine peut d'ailleurs exposer ses critiques et un revirement de jurisprudence est toujours possible. Surtout, l'inconvénient signalé ne peut en aucun cas contrebalancer l'inconvénient infiniment plus grave qui résulterait de l'absence de contrôle. En effet, ainsi qu'il a été indiqué, il ne peut y avoir d'État de droit si le parti ou la coalition au pouvoir, qui dirige l'exécutif et dispose de la majorité parlementaire, peut imposer par la voie législative des mesures méconnaissant la Constitution. Le contrôle de constitutionnalité est une des conditions du respect de l'État de droit et des libertés.

II. Les solutions pratiques

202. Elles se caractérisent par leur diversité et souvent par leur complexité. On essaiera de les présenter en les regroupant et en les intégrant dans un cadre d'ensemble. Le problème de l'indépendance des organes de contrôle sera ensuite évoqué [1].

---

1. D. Rousseau, *La justice constitutionnelle en Europe*, Montchrestien, 1992.

A. L'absence de contrôle

203. C'est la solution française jusqu'en 1946 et notamment celle qui a prévalu sous la Troisième République. Elle s'explique par la conception de la loi expression de la volonté générale qui vient du XVIIIe siècle et qu'a illustré depuis lors en particulier Raymond Carré de Malberg dans son ouvrage, paru en 1931, *La loi, expression de la volonté générale.*

Elle n'a pas présenté trop d'inconvénients pour deux raisons. D'une part, il a toujours existé, on le sait, un contrôle de la constitutionnalité – lorsqu'aucune loi ne s'interpose – et de la légalité des règlements et des autres actes de l'exécutif. Ce contrôle a paru suffisant parce que dans la tradition républicaine française, le danger pouvant menacer les citoyens dans leurs droits et libertés ne pouvait venir que de l'exécutif, composé d'organes nommés et « commis ». Il ne pouvait venir du législatif puisque celui-ci est composé de représentants de la nation. D'autre part, la Troisième République a été un régime extrêmement libéral et non seulement le législateur n'a pas attenté aux libertés mais encore il les a aménagées et réglementées au mieux de l'intérêt des citoyens.

B. La mise en œuvre du contrôle et ses problèmes

204. Cette mise en œuvre pose des problèmes complexes concernant notamment la détermination de l'organe de contrôle, celle des personnes habilitées à le saisir, ainsi que la procédure à suivre.

a) Les organes

205. Il existe deux types d'organes de contrôle. D'une part, il peut s'agir des juridictions habituelles, étant observé qu'en principe les procès mettant en cause la constitutionnalité d'une loi remonteront, en raison de l'importance de l'enjeu, jusqu'à la Cour suprême représentant le plus haut niveau de la hiérarchie judiciaire. D'autre part, il peut s'agir aussi d'une Cour constitutionnelle non intégrée dans la hiérarchie judiciaire, dont la Constitution fixe à la fois la composition et les compétences, qui vont souvent bien au-delà du contrôle de la constitutionnalité des lois.

b) La saisine

206. Trois solutions sont possibles. Le droit de saisir l'organe de contrôle peut être réservé à des autorités politiques (exécutives ou législatives, personnalités ou organes délibérants). Il peut aussi être confié aux juridictions (notamment lorsque l'organe de contrôle est une Cour constitutionnelle). Il peut enfin être accordé aux citoyens.

c) La procédure

207. Deux voies sont concevables pour saisir l'organe de contrôle. La voie de l'action est celle qui permet à un organe, une personnalité, un citoyen, de saisir directement un juge, ou plus souvent la Cour constitutionnelle, d'une requête aux fins de lui faire vérifier la conformité d'une loi à la Constitution. La voie de l'exception est celle qui permet à une partie à un procès en cours d'instance d'invoquer l'inconstitutionnalité de la loi dont on prétend faire application à son encontre.

d) La variété des solutions

208. Les diverses possibilités qui viennent d'être énumérées peuvent être combinées entre elles, ce qui explique la variété des solutions appliquées dans les différents pays. On retiendra, dans les développements suivants, deux modalités de contrôle particulièrement importantes : d'une part, les contrôles ouverts à la seule initiative des autorités politiques, d'autre part, les contrôles ouverts à des initiatives diverses dont celles des citoyens.

C. Les contrôles ouverts à la seule initiative des autorités politiques

209. Normalement exercés par une Cour constitutionnelle (toujours saisie par voie d'action), leur efficacité est subordonnée à la réunion de deux conditions.

En premier lieu, il est nécessaire que, par sa composition, la Cour donne toute garantie d'indépendance et d'impartialité.

En second lieu, il est indispensable que la Cour puisse être saisie par des courants d'opposition (par exemple, par un nombre suffisamment réduit de parlementaires). En effet, si la Cour ne pouvait être saisie que par le courant majoritaire agissant par l'intermédiaire des organes qu'il contrôle (chef de l'État, chef du Gouvernement, président de l'assemblée élue au suffrage universel direct, etc.), il n'y aurait pratiquement jamais de recours car on ne peut attendre de ce courant majoritaire qui, par hypothèse, a voulu et voté la loi, qu'il la défère à une Cour constitutionnelle pour la faire annuler. Cette condition est satisfaite en France depuis la révision constitutionnelle du 29 octobre 1974 qui a attribué à l'opposition parlementaire, sous la forme de soixante députés ou de soixante sénateurs, le droit de saisir le Conseil constitutionnel.

On ajoutera d'une part, que les Cours constitutionnelles sont assez souvent dotées de compétences nombreuses et très diversifiées, qui vont du contentieux électoral à l'interdiction des partis politiques en passant par des décisions et des avis déclaratifs concernant les principaux organes de l'État, d'autre part, qu'elles peuvent être chargées de vérifier, à l'occasion du contrôle de constitutionnalité des lois, que l'organe législatif n'est pas sorti de son domaine lorsque la Constitution lui en assigne un.

D. Les contrôles ouverts à des initiatives diverses dont celles des citoyens

210. Ils présentent de sérieuses différences avec les précédents.

D'une part, ces contrôles peuvent être exercés à l'initiative de citoyens (ou de personnes morales), souvent des tribunaux, parfois aussi des autorités politiques ou administratives (l'initiative pouvant venir d'une ou de plusieurs de ces catégories, si elles sont également autorisées à intervenir).

D'autre part, ces contrôles peuvent être confiés aux juridictions habituelles, ce qui sera souvent le cas si la saisine n'appartient qu'aux citoyens et éventuellement aux tribunaux, à l'exclusion des autorités politiques. L'unité de la jurisprudence est alors assurée par une Cour suprême. Il arrive aussi que ces contrôles soient confiés à une Cour constitutionnelle se situant en marge des juridictions ordinaires, ce qui sera le cas si les autorités politiques peuvent intervenir aux côtés des citoyens et des tribunaux.

Enfin, il faut souligner l'intérêt capital que présente le contrôle ouvert aux citoyens lorsque la Constitution contient des dispositions relatives aux droits et libertés ou encore lorsqu'elle renvoie à des Déclarations ou Préambules. Il leur permet de faire constater l'éventuelle violation de leurs libertés constitutionnelles par la loi et de tenir cette dernière en échec. On peut ajouter que la possibilité ainsi offerte aux citoyens vient compléter d'autant plus utilement le contrôle des règlements et actes de l'exécutif que désormais la loi est, elle aussi, au moins en fait, l'œuvre de l'exécutif.

211. Comme on le sait déjà, il existe deux voies : l'action et l'exception.

En cas de contrôle par ***voie d'action,*** les citoyens peuvent prendre l'initiative de saisir, soit les tribunaux, soit, beaucoup plus souvent, la Cour constitutionnelle instituée à cet effet. Deux points sont à signaler. D'une part, comme il faut une base juridique à toute action en justice, la saisine du juge ou de la Cour n'est possible que si elle est prévue par un texte mais elle peut aboutir à l'annulation de la loi (cette modalité de contrôle existe en Suisse où les citoyens peuvent – sous diverses conditions – saisir directement la Cour suprême fédérale). D'autre part, pour éviter d'encombrer le rôle de la Cour constitutionnelle, l'action en inconstitutionnalité est soumise à des conditions très strictes en ce sens que non seulement la loi litigieuse doit mettre en cause un de leurs droits fondamentaux mais encore que les citoyens doivent avoir complètement épuisé jusqu'à la dernière instance les recours ouverts devant les tribunaux (cf. Loi fondamentale de la République fédérale d'Allemagne, art. 93, I, 4°).

Il arrive également que le contrôle par voie d'action soit ouvert aux juridictions lorsque, au cours d'un procès, elles rencontrent une difficulté qui pose le problème de la conformité de la loi ordinaire à la Constitution : elles sont alors habilitées à saisir la Cour et à lui demander de se prononcer. C'est là une modalité particulièrement intéressante car l'intervention du juge constitue une garantie de sérieux évidente (cf. Loi fondamentale de la RFA, art. 100).

En cas de contrôle par ***voie d'exception,*** les citoyens, lorsqu'ils sont attraits devant les tribunaux en application d'une loi qu'ils estiment inconstitutionnelle, peuvent invoquer cette inconstitutionnalité pour leur défense ; l'action étant déjà engagée et le juge saisi, il n'est pas nécessaire que cette possibilité soit prévue par les textes. Normalement, elle n'aboutit pas à l'annulation de la loi mais au refus du juge de l'appliquer, du fait de son inconstitutionnalité, à l'affaire qui lui est soumise. En pratique, si la décision est prononcée – en raison du jeu de l'appel – par une Cour suprême, elle fait jurisprudence et tient la loi inconstitutionnelle en échec aussi sûrement que si l'annulation en était prononcée (c'est le contrôle existant aux États-Unis, où il est exercé par tous les tribunaux ; cf. chapitre 10, section 3).

212. En France, la révision constitutionnelle du 23 juillet 2008 a créé une nouvelle procédure combinant contrôle par voie d'exception (à l'américaine) et renvoi préjudiciel (à l'européenne). Le nouvel article 61-1 de la Constitution prévoit en effet que, désormais, un justiciable peut arguer de l'inconstitutionnalité d'une loi devant tout juge. Cependant, le Conseil constitutionnel ne peut trancher la question constitutionnelle que s'il a été saisi au terme d'un renvoi préjudiciel effectué par les juridictions suprêmes que sont le Conseil d'État et la Cour de cassation. Cette nouvelle voie de recours, qualifiée par la loi organique du 10 décembre 2009 de « question prioritaire de constitutionnalité » est entrée en vigueur le 1er mars 2010.

E. L'indépendance de l'organe chargé de contrôler en dernier ressort la constitutionnalité des lois

213. Le problème se pose davantage pour les Cours constitutionnelles, qu'elles soient saisies par les autorités politiques, les tribunaux ou les citoyens (par voie d'action), que pour les Cours suprêmes, normalement saisies à la suite d'une exception d'inconstitutionnalité soulevée par un citoyen au cours d'un procès qui remonte jusqu'à l'instance chargée d'unifier la jurisprudence.

En effet, les Cours suprêmes sont intégrées dans une hiérarchie judiciaire dont elles occupent la plus haute position, leurs membres sont des magistrats au sommet de leur carrière. Il va de soi qu'elles illustrent au premier chef les traditions d'indépendance et de haute compétence qui caractérisent en principe l'autorité judiciaire.

214. Il n'en va pas nécessairement de même pour les Cours constitutionnelles [1], spécialement instituées pour assumer des tâches souvent très diversifiées et qui interviennent généralement en premier et dernier ressort pour contrôler la constitutionnalité des lois. Elles se situent en marge de la hiérarchie judiciaire, leurs membres sont rarement des magistrats, elles ne participent pas aux mêmes traditions. Le problème du recrutement et du statut de leurs membres appelle donc une attention particulière. Ceci étant, il faut souligner que les Cours constitutionnelles ont presque toujours fait montre d'une indépendance qui ne le cède en rien à celle des Cours suprêmes. Tel est le cas, par exemple, en Allemagne fédérale, en Italie, en France.

S'agissant du recrutement des membres de la Cour, deux éléments sont à prendre en considération. D'abord on doit se demander quelles sont les autorités habilitées à nommer les membres de la Cour (chef de l'État, chef du Gouvernement, présidents des assemblées, assemblées parlementaires, etc.). Il est clair que les personnalités (ou les corps) investies du pouvoir de nomination auront tendance à désigner des sympathisants de leur propre orientation politique. Cependant, la pratique ne vérifie pas toujours cette assertion et la tradition peut parfois exiger que soit respecté un certain équilibre entre les partis (à l'image des nominations à la Cour suprême des États-Unis). En tout cas, il s'agit d'un problème particulièrement important car si la majorité au pouvoir était en mesure d'imposer ses choix, le contrôle perdrait beaucoup de son intérêt puisque la Cour a pour mission de vérifier la conformité à la Constitution de lois qui sont, par hypothèse, voulues et adoptées par la majorité. Ensuite, on doit se demander quelles sont les procédures applicables à la désignation des membres (choix libre et direct, désignation sur propositions d'instances qualifiées, choix à effectuer sur des listes d'experts et de spécialistes, renouvellement total ou partiel, etc.). On observera que des procédures judicieusement choisies peuvent largement compenser les inconvénients résultant de la désignation des membres par des autorités politiques. À noter que le mode de désignation du président de la Cour est également un élément important.

S'agissant du statut des membres de la Cour, on doit tenir compte d'un certain nombre d'éléments qui sont de nature à influencer son indépendance (brève ou longue durée du mandat, reconduction possible ou interdite, incompatibilités, traitement, etc.).

Il n'est sans doute pas inutile d'ajouter enfin que l'indépendance ne peut être codifiée ni mise en formule et que des Cours constitutionnelles dont le recrutement n'était pas sans susciter certaines critiques ont su faire montre de toute l'indépendance souhaitable

---

1. Cf. H. Kelsen, *Théorie pure du droit,* trad. C. Eisenmann, Dalloz, 1962.

vis-à-vis des autorités qui avaient nommé leurs membres. Le caractère, la conscience des hautes fonctions assumées sont en l'occurrence des éléments d'une importance fondamentale.

▶ Bibliographie

C. Eisenmann, *La justice constitutionnelle et la Haute Cour constitutionnelle d'Autriche*, préf. H. Kelsen, 1928, rééd. 1986, Economica, avant-propos G. Vedel.

L. Favoreu, « Légalité et constitutionnalité », in *Cahiers du Conseil constitutionnel,* n° 3, Dalloz, 1997.

L. Favoreu et W. Mastor, *Les cours constitutionnelles,* 2e éd., Dalloz, coll. « Connaissance du droit », 2016.

M. Fromont, *La justice constitutionnelle dans le monde*, Dalloz, 1996.

C. Klein, *Théorie et pratique du pouvoir constituant*, PUF, 1996.

F. Mélin-Soucramanien (dir.), *L'interprétation constitutionnelle,* Dalloz, 2005, p. 353.

M. Troper, « La logique de la justification du contrôle de la constitutionnalité des lois », in *Mélanges P. Pactet*, Dalloz, 2003, p. 911.

Chapitre 4

La démocratie

215. La démocratie peut être considérée, selon la définition adoptée, comme le pouvoir du plus grand nombre ou le gouvernement du peuple, par le peuple et pour le peuple ou encore comme le régime qui assure l'identification des gouvernés aux gouvernants. Actuellement, la plupart des États se réclament de la démocratie sans toujours la pratiquer véritablement et c'est pourquoi il faut commencer par examiner les principes de base qui en conditionnent l'application (section 1). Mais comme, concrètement, la démocratie implique avant tout l'organisation d'élections – au suffrage universel – il faut aussi étudier celles-ci d'une part, telles qu'elles organisent les rapports des gouvernants et des gouvernés (section 2), d'autre part, à travers leurs principales modalités, c'est-à-dire à travers les différents modes de scrutin (section 3).

Section 1
Les conditions de la démocratie

216. Il faut entendre la démocratie dans la seule version qui soit désormais reconnue, à savoir la démocratie pluraliste et libérale. Pourtant, au cours du XXe siècle, cette exclusivité lui avait été contestée par les tenants de l'idéologie socialiste.

Héritière de la philosophie des Lumières, la démocratie pluraliste et libérale est la forme classique pratiquée à partir de la seconde moitié du XIXe siècle dans toutes les grandes sociétés industrielles occidentales et depuis lors largement diffusée dans le monde. On distinguera les conditions nécessaires et les conditions favorables.

I. Les conditions indispensables

217. Situant la source du pouvoir dans le peuple, la démocratie s'efforce de faire prévaloir la volonté des plus nombreux. Elle repose donc sur le suffrage universel et implique à la fois le pluralisme des formations politiques et la liberté des citoyens et des groupes. À partir de ces données, la règle majoritaire peut s'appliquer.

A. Le pluralisme politique

218. La démocratie suppose que le peuple – tout le peuple – puisse choisir ses gouvernants. Or il n'y a de choix véritable que si l'électeur peut se prononcer entre plusieurs possibilités, ce qui implique d'une part, qu'il n'existe pas d'orthodoxie idéologique, d'autre part, que les partis puissent se former et agir librement.

Le rejet de toute orthodoxie idéologique est fondamental. Dans une démocratie pluraliste, il ne doit pas et il ne peut pas y avoir de vérité officielle, prétendument démontrée ou délibérément imposée, concernant l'avenir du pays, la nécessité du changement ou le sens de l'histoire, et qui échapperait en tant que telle aux critiques. Au contraire, celles-ci doivent toujours pouvoir s'exprimer librement, de même que chaque courant d'opinion doit pouvoir exposer les mesures qu'il préconise.

Le pluralisme des partis n'est pas moins essentiel. En effet, c'est leur rôle de définir des objectifs, d'élaborer des programmes d'action et de les proposer aux électeurs. Ils doivent donc bénéficier de la plus grande liberté. Toutefois, il faut signaler que certains partis, à savoir les partis d'opposition au régime – ceux préconisant un changement total et irréversible mettant en cause la démocratie elle-même – posent un problème difficile car il n'y a pas d'autre alternative que de les interdire, contrairement aux principes, ou de les laisser agir, en faisant courir des risques à la démocratie.

B. Le libéralisme politique

219. Il est indissociable du pluralisme et les développements précédents valent aussi pour lui. Le libéralisme ne peut s'accommoder d'une vérité imposée ou pseudo-scientifique. Bien entendu, il recouvre à la fois les libertés individuelles et celles des partis et groupements susceptibles d'éclairer ou d'influencer l'opinion. À cet égard, la liberté de la presse et celle de la communication audiovisuelle sont tout aussi essentielles que celle des individus et des partis car pour que l'opposition ait une chance d'accéder au pouvoir, il faut qu'elle puisse convaincre les citoyens en exposant librement et publiquement ses critiques. C'est à cette condition que l'alternance peut être réalisée : en démocratie, la minorité d'aujourd'hui peut devenir la majorité de demain.

C. Le principe majoritaire

220. Lors des élections et des votations, chaque citoyen se détermine dans le secret de sa conscience et selon ses lumières. Bien entendu, tous les citoyens doivent pouvoir voter, selon des conditions minimales d'âge, de nationalité, d'absence de toute incapacité ou indignité. Il reste ensuite à additionner les volontés individuelles. Ce sont les électeurs qui font la majorité et c'est celle-ci qui l'emporte.

Il va de soi qu'en droit toute majorité suffit, serait-elle d'une voix. Mais dans la pratique politique il est évident qu'un élu – ou un courant – disposera d'une bien plus grande autorité s'il devance nettement ses concurrents.

II. Les conditions favorables

221. Ce sont celles qui facilitent le bon fonctionnement de la démocratie.

On retiendra d'abord que si le pluralisme est indispensable, un trop grand nombre de partis en compétition brouille le jeu et nuit au choix des électeurs : il suffit de deux ou trois partis. Ajoutons, en complément d'observations déjà présentées, que l'absence de partis d'opposition au régime doit être regardée comme particulièrement favorable. Dans leur ensemble, les régimes anglo-saxons satisfont à ces deux conditions et c'est sans doute une des raisons qui font que la démocratie y fonctionne dans de très bonnes conditions.

La démocratie suppose par ailleurs une éducation et une information. Un choix ne peut être éclairé que s'il est le fait d'un citoyen conscient, apte à confronter les programmes et les raisonnements, ayant par conséquent un acquis culturel et informé de manière suffisamment objective par les moyens habituels de communication. On devine que toutes ces conditions ne sont pas toujours réunies.

C'est sans doute pourquoi la démocratie pluraliste et libérale, bien que désormais pratiquée dans un grand nombre de pays, est souvent présentée, au même titre que la liberté, comme un luxe de régimes prospères. Et il faut reconnaître, en effet, qu'un certain niveau de bien-être économique ne nuit certainement pas au bon fonctionnement de la démocratie.

Section 2
Les gouvernés et les gouvernants

222. La démocratie implique que le peuple participe à l'exercice du pouvoir. Nous étudierons et situerons les diverses formes possibles de participation avant de retenir la principale d'entre elles, qui consiste pour le peuple à désigner les gouvernants.

I. La participation des gouvernés

223. Elle pose un double problème de souveraineté. Il s'agit d'abord de savoir qui est titulaire de la souveraineté car selon qu'on l'attribue à la Nation ou aux citoyens, ce qui correspond à la distinction classique de la souveraineté nationale et de la souveraineté populaire, les conséquences quant à la participation des gouvernés seront assez différentes. Il s'agit ensuite de savoir comment la souveraineté est exercée car cet exercice peut être direct ou indirect, ce qui correspond à la distinction également classique de la démocratie directe et de la démocratie représentative. Il s'agit enfin de savoir si une formule mixte ne peut être adoptée, que l'on qualifie habituellement de démocratie semi-directe.

A. Souveraineté nationale et souveraineté populaire

224. Ces deux notions, qui prennent leur origine dans la philosophie des Lumières, ont été souvent opposées l'une à l'autre. Mais la distinction a beaucoup perdu de sa netteté initiale.

a) La souveraineté nationale

225. Dans cette première formule, la souveraineté est confiée à la Nation, être collectif et indivisible, distinct des individus qui le composent. C'est là une conception très ancienne, qui vient des monarchomaques de la Renaissance et qui est reprise au XVIIIe siècle par nombre d'auteurs, dont Sieyès. Son succès est tel qu'elle fait figure de véritable dogme, ainsi qu'en témoigne l'article 3 de la Déclaration des droits de 1789 : « Le principe de toute souveraineté réside essentiellement dans la Nation. Nul corps, nul individu ne peut exercer d'autorité qui n'en émane expressément »

Elle comporte un certain nombre de conséquences. La Nation, être collectif et unique, a une volonté et une seule : elle peut donc déléguer sa souveraineté mais elle doit alors la déléguer tout entière à ses représentants élus, c'est-à-dire aux assemblées parlementaires (la souveraineté est *indivisible*) et elle ne peut le faire que de manière temporaire, pour une durée limitée (la souveraineté est *inaliénable*), sans qu'aucune délégation d'exercice, aussi longue soit-elle, puisse l'empêcher de s'en ressaisir au moment de son choix (la souveraineté est *imprescriptible*). C'est d'ailleurs peu de dire que la Nation peut déléguer sa souveraineté : en réalité, elle y est obligée car une entité doit nécessairement, pour exercer sa souveraineté, passer par l'intermédiaire de représentants ; en ce sens, la souveraineté nationale postule un régime représentatif. Les électeurs exercent non pas un droit mais une fonction qui leur est conférée par la Nation et que celle-ci est libre de ne pas accorder à tous les citoyens, ce qui revient à dire que la souveraineté nationale peut s'accommoder du suffrage censitaire aussi bien que du suffrage universel. Les élus représentent non pas les électeurs qui les ont choisis mais la Nation tout entière, ce qui fait qu'ils ne peuvent être assujettis à aucun mandat impératif : l'élection une fois acquise, ils ne relèvent que de leur conscience et votent selon leur intime conviction. L'interdiction du mandat impératif figure dans les constitutions de nombre d'États pluralistes [1]. Enfin la Nation étant considérée dans sa permanence – la chaîne des générations – les institutions peuvent comporter des organes représentatifs de la continuité nationale (par ex : Roi, Chambre aristocratique et héréditaire, Sénat).

b) La souveraineté populaire

226. Dans cette seconde formule, la souveraineté appartient aux citoyens ou, si l'on veut, au peuple mais elle est partageable entre tous les individus qui le composent. On la trouve exposée chez J.-J. Rousseau, dont la pensée, complexe et parfois contradictoire, est à la source des deux notions [2]. Mais elle a eu, en tout cas en France, un succès moindre. En effet, elle n'a guère inspiré que la Constitution de 1793.

La souveraineté populaire emporte des conséquences différentes de celles impliquées par la souveraineté nationale. Certes, elle est toujours inaliénable et imprescriptible mais elle ne postule plus nécessairement des institutions représentatives et même, bien au contraire, s'accommode mieux des procédures de la démocratie directe ou semi-directe. Aussi bien, chaque citoyen, lorsqu'il vote, exerce non pas une fonction mais un droit qui lui appartient en propre, en tant que détenteur d'une parcelle de la souveraineté. Il va de soi qu'aucun d'eux ne saurait être privé de ce droit et la souveraineté populaire exige logiquement le suffrage universel. Elle peut admettre le mandat impératif et les procédures de révocation des élus car ceux-ci sont les mandataires des électeurs de leurs circonscriptions tout autant que leurs représentants. Enfin la souveraineté populaire exprimant la volonté du peuple au moment où celui-ci l'émet, il est clair qu'elle se concilie mal avec les institutions représentatives de la durée.

---

1. En France : Const. 1791, titre III, chapitre 1, section 3, art. 7 ; Const. 1793, art. 29 ; Const. an. III, art. 52 ; Const. 1848, art. 34 ; Const. 1958, art. 27. À l'étranger : Const. Allemagne fédérale de 1949, art. 39 ; Const. Italie de 1947, art. 67.

2. J.-J. Rousseau, *Du Contrat social*, (1762), Livre III, chapitre 1 : « Supposons que l'État soit composé de dix mille citoyens. Le souverain ne peut être considéré que collectivement et en corps. Mais chaque particulier, en qualité de sujet, est considéré comme individu. Ainsi le souverain est au sujet comme dix mille est à un, c'est-à-dire que chaque membre de l'État n'a pour sa part que la dix millième partie de l'autorité souveraine, quoiqu'il lui soit soumis tout entier. »

c) La jonction de fait

227. En réalité, il n'y a aucun État qui ait tiré toutes les conséquences logiques de l'une ou de l'autre notion. Celles-ci sont le plus souvent étroitement imbriquées, même si l'une d'elles peut apparaître dominante, telle la souveraineté nationale dans les démocraties pluralistes et spécialement en France.

En France, la confusion a commencé très tôt, au moins au plan de la terminologie. C'est ainsi que la Constitution de 1793, inspirée par l'idée de souveraineté populaire, interdit dans son article 29 le mandat impératif, cependant que la Constitution de l'an III, qui se rattache à la notion de souveraineté nationale, proclame dans son article 2 que « l'universalité des citoyens français est le souverain ». Cette confusion s'est perpétuée puisque la Constitution de 1946 dans son article 3 et celle de 1958 également dans son article 3 emploient la même formule ambiguë : « la souveraineté nationale appartient au peuple ». C'est pourquoi, si on peut considérer que la notion de souveraineté nationale est toujours prééminente, conformément à l'article 3 de la Déclaration de 1789, il faut immédiatement ajouter que son principal intérêt réside désormais dans le maintien de l'interdiction traditionnelle du mandat impératif. Chaque élu continue de représenter la Nation tout entière. Mais, pour le reste, on est bien obligé de constater que l'institution du suffrage universel en 1848 a substitué l'électorat-droit à l'électorat-fonction et que les procédures de démocratie semi-directe n'ont cessé de gagner du terrain alors que les institutions représentatives de la durée n'ont fait qu'en perdre.

B. Démocratie directe et démocratie représentative

228. La première n'est, en ce qui concerne la figure moderne de l'État, qu'une curiosité politique et institutionnelle. La seconde est, en revanche, universellement répandue.

a) La démocratie directe

229. C'est le régime dans lequel le peuple exerce directement le pouvoir. Bien entendu, un tel régime ne peut s'appliquer qu'à de très petites unités. C'est pourquoi on le conçoit mieux au niveau communal qu'au niveau de l'État, à moins qu'il ne s'agisse d'un État exigu, ne comportant qu'une très faible population. Cela a été, il y a encore quelques décennies, le cas de quelques cantons suisses parmi les plus anciens et les moins peuplés. Ils ont presque tous fini par renoncer à un système certes démocratique mais aussi incommode et peu adapté à la vie contemporaine.

L'institution principale de la démocrate directe, dans ces cantons, était celle de la *Landsgemeinde*. Elle consistait à convoquer les citoyens pour participer à une assemblée populaire qui se tenait chaque année fin avril ou début mai, en principe en plein air. Au cours de cette session de la *Landsgemeinde,* les citoyens élisaient leurs représentants, réglaient les difficultés constitutionnelles, discutaient et votaient les lois, se prononçaient sur certains problèmes administratifs majeurs. Le caractère très démocratique du système était évident mais il était tout de même atténué par le fait que les votes avaient lieu à main levée et que la session était très brève, ce qui laissait aux organes élus la charge principale de la gestion des cantons au cours de l'année. Ce système, véritable curiosité historique et constitutionnelle, a presque complètement disparu.

b) La démocratie représentative

230. L'exercice du pouvoir y est confié à des représentants élus au suffrage universel et chargés de décider au nom de la Nation ou de l'ensemble du peuple. La démocratie représentative implique évidemment que tous les citoyens puissent participer à l'élection des représentants, ce qui revient à dire qu'elle exige le suffrage universel, de préférence direct. Mais il va de soi qu'un régime peut être représentatif sans être démocratique, ce qui a été le cas des régimes censitaires (par ex. Grande-Bretagne avant 1918, France entre 1814 et 1848).

Il y a deux modalités principales de démocratie représentative. Dans la *première modalité,* qui constitue la forme pure ou ultra-représentative, les gouvernés n'élisent au suffrage universel direct ou indirect que les seuls parlementaires, c'est-à-dire les membres des assemblées législatives, ceux-ci désignant à leur tour directement ou indirectement les organes exécutifs que, d'autre part, ils contrôlent. Un tel système médiatise le pouvoir exécutif en le faisant procéder du législatif et en l'éloignant des sources populaires. Comme les parlementaires peuvent seuls prétendre à la qualité de représentants du peuple, ils en tirent un prestige incontestable, dont ne bénéficient pas au même degré les organes exécutifs, qui apparaissent par rapport à eux comme des organes commis et seconds. Dans *la seconde modalité,* les gouvernés élisent au suffrage universel non seulement les parlementaires mais aussi le chef de l'État (États-Unis, France depuis 1962). La prééminence traditionnelle du législatif se trouve alors contrebalancée, et au-delà, par le prestige plus personnalisé du chef de l'État.

La démocratie représentative, en faisant des élus l'élément moteur exclusif du système politique entraîne à plus ou moins longue échéance la constitution d'une classe politique au sein de laquelle se recrutent les représentants et qui est sociologiquement dissociée du peuple. Ce type de régime n'en a pas moins été longtemps considéré comme particulièrement favorable aux intérêts du plus grand nombre. Et, en effet, il faut reconnaître que si la masse est mal informée et peu éclairée, le pouvoir pourra la manipuler et l'influencer plus facilement qu'il ne pourrait le faire à l'égard des notables de la classe politique et parlementaire [1].

231. Il va de soi que la démocratie représentative peut connaître des déviations sensibles qui s'analysent toutes en un transfert de souveraineté au détriment des gouvernés.

Une première déviation consiste à passer de la souveraineté nationale à la souveraineté parlementaire. Il risque d'en être ainsi si les représentants, une fois élus, peuvent ne pas tenir compte de la volonté de leurs électeurs et s'affranchir en fait de tout contrôle. Tel peut être le cas, dans certains régimes multipartis, lorsque les élections n'ayant pas donné d'indications bien nettes, de nombreuses combinaisons demeurent possibles, donnant lieu en cours de législature à des infléchissements et même à des renversements de majorité (par ex., en France, sous la Troisième République). On peut craindre dans ce cas que les représentants perdent le contact avec l'opinion, surtout si leur mandat est long. Au point d'aboutissement, le Parlement devient le véritable souverain.

Une seconde déviation relaye et prolonge souvent la première. Elle consiste dans le dessaisissement des parlementaires par les états-majors des partis. En effet, dans les

1. On retrouve des traces de cet attachement à la démocratie purement représentative dans la méfiance manifestée par les partis de gauche en 1962 à l'égard non seulement de la procédure référendaire mais aussi de l'élection du président de la République au suffrage universel direct.

systèmes contemporains de partis structurés, centralisés, hiérarchisés, il est logique que les représentants se conforment, pour les votes importants, aux directives et aux consignes données par leurs dirigeants (par ex., en France, sous la Quatrième République). Mais si ceux-ci se montrent, comme il arrive souvent, plus sensibles aux pressions de leurs adhérents et militants qu'à celles de l'opinion, le système n'a plus de démocratique que l'appellation et on aboutit à la République des partis. Il faut rappeler que s'il est normal que les partis jouent un rôle très important, il n'appartient pas à des comités directeurs irresponsables devant les citoyens de se situer au-dessus du Parlement et de s'attribuer la souveraineté réelle[1].

C. La démocratie semi-directe

232. Elle implique la coexistence d'organes représentatifs et de procédures d'interventions populaires directes, étant bien entendu que ce sont ces dernières qui sont spécifiques de cette forme de régime. Longtemps la démocratie semi-directe n'a été pratiquée que par quelques pays, dans la tradition constitutionnelle et politique desquels elle s'intégrait (Confédération helvétique, Cantons suisses, États membres des États-Unis). Mais elle ne cesse de se développer et les procédures d'intervention populaire directes sont désormais inscrites dans les constitutions de nombreux États (par exemple, outre ceux déjà cités, France des Quatrième et Cinquième Républiques, Autriche, *Länder* de la République fédérale allemande, Eire, Italie, Suède, etc.). La Grande-Bretagne elle-même, prototype de la démocratie représentative, a eu recours au référendum en 1975. Il faut ajouter que de plus en plus souvent ces procédures s'appliquent non seulement en matière de révision constitutionnelle mais aussi en matière législative ordinaire[2].

a) Les techniques d'interventions populaires

233. Les techniques utilisées sont très diversifiées.

Il y a d'abord le *veto populaire,* qui permet au peuple, par le dépôt d'une pétition revêtue du nombre requis de signatures et suivie d'une consultation référendaire, de s'opposer à la mise en œuvre ou plus fréquemment – compte tenu du délai nécessaire pour recueillir les signatures – d'obtenir l'abrogation totale ou partielle d'une loi pourtant adoptée dans les conditions que fixe la Constitution par les organes représentatifs et par conséquent parfaite et définitive (cf. Constitution italienne, art. 75).

Une technique très proche est celle de la *révocation populaire*, qui permet aux électeurs d'une circonscription, toujours par le dépôt d'une pétition donnant lieu à référendum, de mettre fin avant le terme normal à un mandat électif. La révocation populaire, individuelle ou collective, qui était d'une pratique courante dans les régimes socialistes, est rarement prévue par les textes constitutionnels pluralistes, qui dans l'ensemble proscrivent le mandat impératif.

---

1. Cf. A.-M. Le Pourhiet, B. Mathieu, F. Mélin-Soucramanien et D. Rousseau (dir.), *Représentation et représentativité*, Dalloz, 2008.

2. En matière constitutionnelle, la technique référendaire peut être utilisée non seulement pour réviser la Constitution mais aussi pour fonder un nouvel ordre démocratique. C'est ainsi qu'en Espagne le référendum du 15 décembre 1976 a posé le principe, après près de quarante ans de franquisme, de l'élection des Cortès au suffrage universel. Cf. dans le même sens, le référendum du 8 décembre 1974 en Grèce, après la dictature des colonels, a permis au peuple de se prononcer pour la République et à la Chambre des députés d'adopter le 7 juin 1975 une Constitution républicaine.

Une troisième technique est celle de l'*initiative populaire,* qui permet au peuple de proposer l'adoption d'une disposition constitutionnelle ou législative. La procédure commence là encore par le dépôt d'une pétition. Ensuite le principe de la révision constitutionnelle ou de la modification législative est soumis aux organes représentatifs et, si ceux-ci sont défavorables, à l'ensemble des électeurs par un référendum de consultation. Il reste ensuite à élaborer et faire ratifier le projet de révision ou de modification (cf. Constitution helvétique, art. 192 à 195 ; Constitution italienne, art. 71).

La quatrième et principale technique demeure tout de même le *référendum,* c'est-à-dire la consultation des électeurs sur une question ou sur un texte qui ne deviendra alors parfait et définitif qu'en cas de réponse positive. Il peut s'agir d'un texte constitutionnel ou législatif. Le référendum peut être obligatoire, s'il est imposé par la Constitution dans quelques cas précis, par exemple à la fin du processus de révision, ou facultatif, s'il est laissé à la discrétion d'un organe exécutif ou législatif (sur ces deux points, cf. Constitution française de 1958, art. 89 et 11).

b) Référendum et plébiscite

234. La procédure référendaire peut devenir rien moins que démocratique et présenter les plus graves dangers si elle dégénère en plébiscite. En théorie, la distinction est claire car on peut dire qu'il y a référendum si la réponse populaire est donnée en fonction de la question posée et qu'il y a plébiscite si elle est donnée en fonction de la personnalité de l'auteur de la question[1]. En fait, la distinction est assez largement artificielle car il est souvent difficile de séparer la question de son auteur, surtout si celui-ci est un individu, par exemple le président de la République (cf. Constitution de 1958, art. 11), et non pas un organe collégial ou une assemblée (cf. Constitution de l'Eire, art. 27).

D'une manière générale, on peut considérer que ce glissement sera facilité par la réunion de quelques éléments caractéristiques, le plus important étant certainement l'existence d'une forme de chantage au départ : il y a plébiscite si l'auteur de la question fait d'une réponse positive la condition de son maintien en fonction car il invite alors lui-même les citoyens à répondre en considération de sa personne et non de la question. Les autres éléments favorables concernent la concentration et la personnalisation du pouvoir au profit de l'auteur de la question, la trop grande complexité de la question posée, l'exigence d'une réponse unique alors qu'il y a en réalité deux questions et la manipulation de l'opinion par la propagande officielle. Le plébiscite constitue, dans une démocratie, une pression choquante sur l'ensemble des citoyens.

D. Une illustration de la démocratie semi-directe : l'exemple de la Suisse

235. La Suisse a toujours été la terre d'élection de la démocratie semi-directe[2]. La Constitution actuelle du 18 avril 1999, entrée en vigueur le 1er janvier 2000, qui procède d'une révision totale de la Constitution de 1874 maintient intégralement ce caractère[3].

---

1. Pour une réflexion théorique approfondie sur les notions de référendum et de plébiscite ainsi qu'une défense solidement argumentée de ces procédés de démocratie semi-directe (cf. J.-M. Denquin, *Référendum et plébiscite. Essai de théorie générale,* LGDJ, Paris, 1976).

2. J. Rohr, *La démocratie en Suisse*, Economica, 1987.

3. Pour des informations fiables et précises relatives notamment aux multiples votations fédérales en Suisse, le lecteur intéressé peut se reporter aux données fournies par l'Office fédéral de la statistique (www.admin.ch).

En matière constitutionnelle, il faut distinguer entre la révision totale et les révisions partielles.

S'agissant de la révision totale, elle peut être proposée par l'Assemblée fédérale (c'est le cas le plus logique et celui qui a abouti à la révision du 18 avril 1999), ou par l'un des deux Conseils ou par le peuple. Dans cette dernière hypothèse, l'initiative populaire s'exprime par le dépôt d'une pétition revêtue de 100 000 signatures de citoyens et citoyennes ayant le droit de vote (art. 138). Cette initiative ne fait que déclencher le processus, elle ne suffit évidemment pas. Il est ensuite procédé à un référendum pour que le peuple décide s'il y a lieu ou non à procéder à une révision totale. Dans l'affirmative, les deux Conseils sont renouvelés et élaborent le projet de Constitution. La même procédure serait observée si l'initiative venant d'un Conseil, l'autre Conseil se déclarait en désaccord (art. 103). Bien entendu le projet établi et adopté par l'Assemblée fédérale est dans tous les cas – y compris lorsque l'initiative a été prise par cette assemblée – soumis au vote du peuple et des cantons, étant observé que le résultat du vote populaire dans un canton représente le vote de celui-ci (art. 142). Ainsi le peuple doit-il être consulté au moins une fois si la révision totale a été décrétée par l'Assemblée fédérale (il intervient alors pour approuver ou rejeter) et parfois trois fois (dans les autres cas, une fois pour décider qu'il y a lieu à révision totale, une fois pour renouveler les Conseils, une fois pour approuver ou non). À noter que la participation populaire peut être un peu décevante, comme cela s'est produit lors de la ratification le 18 avril 1999 de la Constitution actuelle. Il n'y a eu, en effet, que 36 % de votants (soit 64 % d'abstentions).

S'agissant des révisions partielles, elles peuvent être demandées par le peuple ou décrétées par l'Assemblée fédérale (art. 194). Ce même article prévoit qu'elles doivent respecter « l'unité de la matière », afin d'éviter la dispersion des objectifs qui ne permettrait pas une réponse claire et significative. L'initiative populaire se concrétise par le dépôt d'une pétition revêtue de 100 000 signatures. Elle peut être conçue en termes généraux ou prendre la forme d'un projet rédigé mais de toute manière l'Assemblée fédérale vérifie si elle satisfait aux conditions requises (et notamment à « l'unité de la matière »). S'il s'agit d'une initiative rédigée en termes généraux, il appartient à l'Assemblée d'élaborer le projet qui sera soumis au vote du peuple et des cantons. Si elle rejette l'initiative, celle-ci est soumise au vote du peuple et si ce vote est positif l'Assemblée a l'obligation d'établir un projet qui sera soumis au vote du peuple et des cantons. S'il s'agit d'un projet rédigé contenu dans l'initiative populaire, l'Assemblée prend position à son sujet : elle peut en recommander l'acceptation ou le rejet et dans ce cas lui opposer un contre-projet. Le peuple et les cantons ont ensuite à voter pour la décision finale.

En matière non constitutionnelle – ce qui recouvre les lois fédérales et les traités les plus importants, ainsi que certains arrêtés fédéraux – l'intervention populaire se manifeste sous la forme du référendum dit facultatif. Le processus peut être déclenché soit par le dépôt d'une pétition revêtue de 50 000 signatures, soit par huit cantons (art. 141). Dans le cas où l'une ou l'autre de ces hypothèses se réalise, le texte visé – parmi ceux précités – doit être soumis au vote du peuple. Le référendum devient obligatoire – comme en matière constitutionnelle – lorsqu'il s'agit de traités portant adhésion à des organisations de sécurité collective ou à des communautés supranationales ou encore de lois fédérales déclarées urgentes et dépourvues de bases constitutionnelles.

Il est clair que l'on ne peut guère concevoir de système plus démocratique. Cependant, il n'est pas sans inconvénient car la fréquence des consultations populaires entraîne un très fort abstentionnisme. En outre, le risque est grand de voir ces consultations populaires opérer un glissement de la démocratie vers la démagogie. Ce risque est avéré lorsque sont en cause des sujets dits « de société ». Un bon exemple de ces dérives peut être trouvé dans le vote, le 8 février 2004, d'une initiative populaire prévoyant « l'internement à vie pour les délinquants sexuels ou violents jugés très dangereux et non amendables ».

II. La désignation des gouvernants

236. On étudiera successivement le régime du suffrage et l'organisation des élections.

A. Le régime du suffrage

237. Il s'agit de savoir qui peut voter. La réponse à cette question étant évidemment fonction de l'époque et du pays considérés ainsi que des textes et de la pratique, il est nécessaire de procéder à une série de distinctions permettant de faire le tour des problèmes susceptibles de se présenter.

a) Suffrage restreint et suffrage universel

238. Le suffrage est restreint lorsque les électeurs sont sélectionnés en fonction de critères divers dont le plus courant a été la fortune ou plus précisément encore le revenu. De nombreux pays, dont la Grande-Bretagne et la France (tout spécialement de 1814 à 1848), ont pratiqué le système censitaire, qui consiste à n'accorder le droit de vote qu'aux seuls possesseurs d'un certain montant de revenu, attesté par le paiement d'un certain montant d'impôt, le cens. Le suffrage est universel lorsqu'il appartient à tous les citoyens sous certaines conditions minimales, qui tiennent normalement à l'âge, à la nationalité et à la jouissance des droits civils et civiques.

Le suffrage universel est relativement récent puisqu'il ne date guère que d'environ un siècle. En France, il a été adopté en 1848 mais sous la forme du suffrage universel masculin et il a fallu attendre 1944 pour qu'il soit étendu aux femmes. Aux États-Unis, le suffrage universel masculin a été adopté par les différents États dès la fin du XIXe siècle mais le droit de suffrage des femmes n'a été proclamé qu'en 1919 (19e amendement). La Grande-Bretagne a pour sa part adopté le suffrage universel masculin et féminin en 1918. Actuellement, se pose la question de savoir si le suffrage que nous qualifions en France d'« universel » l'est réellement dans la mesure où les étrangers (hormis les ressortissants communautaires, sous certaines conditions pour les élections municipales et européennes) ne bénéficient pas du droit de vote. Le débat reste ouvert entre ceux qui considèrent le droit de vote comme un facteur d'intégration et ceux qui envisagent la nationalité comme une condition impérative à l'exercice de ce droit.

Il faut ajouter que le suffrage n'est véritablement universel que si les conditions requises sont réellement minimales et si elles sont respectées. Sur le premier point, on doit tenir compte de l'évolution des mœurs et des conceptions, ce qui explique l'abaissement du seuil d'âge à 18 ans (en 1971 aux États-Unis, en 1974 en France) ainsi que l'assouplissement des conditions imposées aux naturalisés (réduction ou suppression de la durée du « stage » probatoire). Sur le second point, on doit regretter que les principes libéraux inscrits dans les textes constitutionnels soient parfois méconnus par la législation d'application ou en pratique. On sait, par exemple, qu'aux États-Unis les dispositions du 15e amendement (1869) interdisant les discriminations raciales ont été très longtemps tournées, et de multiples façons, par les États du sud des États-Unis.

b) Suffrage direct et suffrage indirect

239. Le suffrage est direct si les électeurs procèdent sans intermédiaires à la désignation de leurs représentants (par ex., élection des députés en France). Il se combine aussi bien avec le suffrage restreint qu'avec le suffrage universel mais ce n'est que lorsque le suffrage est à la fois universel et direct qu'il peut être considéré comme véritablement démocratique.

Le suffrage est indirect lorsque l'élection se réalise en plusieurs phases, la désignation des représentants étant le fait d'un collège composé d'intermédiaires procédant eux-mêmes d'une élection au suffrage restreint ou universel (par ex. élection des sénateurs en France ou du président aux États-Unis). Il comporte des modalités diverses. C'est ainsi que les intermédiaires, ou grands électeurs, composant le collège électoral peuvent être spécialement élus en vue d'une élection bien déterminée, comme c'est le cas, par exemple, pour l'élection du président des États-Unis [1]. Les intermédiaires peuvent aussi être des élus procédant d'une élection antérieure, comme c'est le cas, par exemple, pour les élus locaux, départementaux et régionaux (députés, conseillers régionaux, conseillers généraux, délégués des conseillers municipaux) composant le collège sénatorial en France. Le nombre de degrés est également variable : les sénateurs français sont élus au suffrage indirect à deux et trois degrés.

Le suffrage universel indirect est certainement moins démocratique que le suffrage universel direct. Les raisons en sont à la fois sociologiques et politiques. En effet, les intermédiaires appartiennent presque toujours à une classe de notables qui dispose ainsi d'une influence très disproportionnée à son peu d'importance numérique. Il faut ajouter que les risques de déformation et de mauvaise interprétation des volontés de la base populaire augmentent sensiblement au fur et à mesure que, en multipliant les degrés, on s'éloigne de cette base.

c) Les autres caractères du droit de suffrage

240. Pour être complet, il faut signaler trois autres distinctions.

D'abord, la *distinction du suffrage individuel et du suffrage social.* Le premier appartient au citoyen en tant que tel, rattaché par sa résidence à une circonscription. Le second est conféré au citoyen en tant que membre d'un groupe économique ou professionnel. C'est évidemment le suffrage individuel qui, dans le monde actuel, constitue la norme.

Ensuite, la *distinction du suffrage égal et du suffrage plural.* Le premier correspond à une conception très simple qui consiste à attribuer à chaque citoyen une voix et une seule. Le second confère plusieurs voix à certains électeurs en raison d'une qualité qui leur est propre. Il a pu s'agir, par exemple, de la possession de diplômes universitaires (notamment en Grande-Bretagne, au XIXe siècle) ou encore

---

1. Dans ce cas précis, on peut d'ailleurs parler d'un suffrage universel quasi-direct puisque les grands électeurs sont liés, en vertu d'une règle non-écrite, par un mandat impératif.

de la qualité de chef de famille (le nombre de voix est alors fonction du nombre des enfants). Le suffrage plural, qui procède de conceptions désuètes, appartient au passé et a été partout supplanté par le suffrage individuel.

Enfin la *distinction du suffrage facultatif et du suffrage obligatoire*. Le premier laisse à chaque électeur la possibilité d'exercer son droit de vote ou de s'en abstenir. Le second sanctionne l'abstention par le paiement d'une amende. Rares sont les législations qui ont institué le vote obligatoire mais on le rencontre tout de même en Belgique, ainsi qu'en France pour l'élection des sénateurs. Toutefois, compte tenu de l'élévation continue du nombre d'abstentionnistes lors des consultations électorales, ce procédé juridique paradoxal pourrait être étendu.

B. L'organisation des élections

241. Elle soulève de nombreux problèmes qui seront seulement signalés, étant observé qu'il sera procédé ultérieurement à une étude plus détaillée du droit électoral français.

a) Les compétences en matière électorale

242. Dans la plupart des pays, les textes constitutionnels se bornent à poser quelques principes, tel celui de l'élection au suffrage universel, et renvoient pour le reste, et notamment pour l'organisation des élections et le choix du mode de scrutin, à des lois ordinaires, complétées s'il y a lieu par des textes réglementaires. Il s'ensuit que la loi électorale est l'œuvre à la fois du Gouvernement qui en prend l'initiative et de la majorité qui, sur sa demande, la vote. Elle reflète donc les vues et favorise les intérêts du parti ou de la coalition au pouvoir et c'est d'ailleurs pourquoi une nouvelle majorité peut être tentée de modifier le mode de scrutin. Il n'est cependant pas souhaitable que les changements soient trop fréquents. C'est pourquoi, l'attribution d'une compétence de principe en la matière au pouvoir constituant représente, et de loin, le système offrant le plus de garanties.

b) Les circonscriptions électorales

243. Leur délimitation est toujours une opération délicate et importante, surtout en cas de scrutin uninominal car elle peut avoir une influence sur la composition politique de l'assemblée. Deux procédés peuvent être utilisés pour exercer une action sur cette composition. D'une part, il est possible, alors que les circonscriptions devraient comporter le même nombre d'inscrits, de laisser se créer, par l'écoulement du temps et par suite des mouvements de population (des campagnes vers les villes et des villes vers les banlieues), de fortes inégalités : il suffit à la majorité au pouvoir, si elle s'estime avantagée, de s'abstenir de procéder au redécoupage de la carte électorale. D'autre part, il est aussi possible, en tenant compte des opinions supposées et quelquefois connues des populations, de leur caractère urbain, suburbain ou rural, de leur niveau économique, de procéder à un découpage qui favorise directement un parti ou une coalition, selon la pratique dite du « *gerrymandering* », du nom d'un ancien gouverneur de l'État du Massachusetts, Elbridge Gerry (1744-1814).

c) Les conditions d'éligibilité et les candidatures

244. Les conditions sont variables selon les élections. Mais, dans l'ensemble, elles reprennent, en les renforçant légèrement, notamment quant à l'âge, celles applicables à l'électorat. Il est normal que l'on exige des candidats une maturité plus grande et une honorabilité plus stricte encore que des électeurs. En fait, les différences ne sont pas considérables.

La démocratie suppose que, sous réserve de ces conditions d'éligibilité, les candidatures soient libres, c'est-à-dire que chacun puisse se présenter, fût-ce de son propre chef.

Tel est bien le principe mais il faut tout de même souligner que les candidats n'ont de chances sérieuses que s'ils sont investis par un parti politique. Le label de ce dernier leur est doublement utile. D'une part, l'investiture leur vaut généralement une aide matérielle (sous forme d'aide financière, de matériel documentaire, d'affichage, etc.). D'autre part et surtout, elle assure à chaque candidat la caution politique qui permet aux électeurs d'effectuer leur choix avec la clarté et la sécurité souhaitables.

d) Les dépenses électorales

245. Elles risquent d'entraîner des inégalités choquantes entre les candidats et les partis en fonction de l'abondance ou de l'insuffisance de leurs ressources : on rejoint là le problème du financement des partis. Pour essayer de « moraliser » les élections, le législateur a, dans la plupart des pays, réglementé les dépenses électorales, notamment en leur assignant des plafonds. En France, la loi n° 90-55 du 15 janvier 1990, outre le plafonnement, impose aux candidats l'obligation de passer par une association de financement électoral ou par un mandataire financier (cf. Code électoral, art. L. 52.4 à L. 52.18).

e) La campagne et les opérations électorales

246. La campagne électorale se situe à la fois sur le plan national et sur le plan local, entre les candidats et entre les partis dont ils relèvent. Elle implique non seulement l'utilisation des moyens traditionnels (affiches, envoi de circulaires, réunions publiques, porte à porte, etc.) mais aussi celle de procédés plus nouveaux tels les moyens audiovisuels (radio et télévision), qui présentent un intérêt particulier en raison de leur influence sur les électeurs (influence qui reste considérable pour les présidentielles mais qui tend à décliner pour les législatives). Ils appellent une réglementation qui doit tenir compte de deux éléments. D'une part, l'accès de la voie des ondes doit être réservé aux partis les plus importants parce qu'il n'est pas techniquement possible d'y admettre tous les groupements quels qu'ils soient. D'autre part, la neutralité observée par les pouvoirs publics pendant la campagne n'a de sens que si elle est maintenue entre deux élections mais sur ce point on constate souvent, de la part des chaînes publiques existant même dans les pays pratiquant le libéralisme politique et économique, de fâcheuses défaillances.

Les opérations électorales doivent se dérouler dans des conditions de parfaite régularité, hors de toutes pressions. C'est pourquoi il est indispensable que le vote soit secret, c'est-à-dire organisé de telle façon que le choix de chacun soit ignoré de tous (isoloir), même si Jean-Jacques Rousseau, dans une vision quelque peu angélique, considérait que seul le « vote franc », au vu et au su de tous, constitue un véritable acte démocratique.

f) Le contentieux électoral

247. Les litiges auxquels donnent lieu les élections doivent être jugés en toute indépendance.

Plusieurs procédures sont concevables. On peut d'abord confier à l'assemblée nouvellement élue la tâche de procéder à la validation de ses membres : ce procédé, dit de la « vérification des pouvoirs », a été employé en France sous les Troisième et Quatrième Républiques, mais il fait courir le risque de voir la majorité se servir de ses compétences dans un but politique, à l'encontre de la minorité. On peut aussi confier le soin de trancher ces litiges aux juridictions ordinaires : c'est le procédé employé en France pour les élections régionales, cantonales et municipales mais on peut craindre que, s'agissant d'élections politiques, le procédé soit moins heureux parce que faisant intervenir les juges dans des conflits qui doivent leur demeurer étrangers. On peut confier ce contentieux à des juridictions spécialement créées à cet effet comme dans la plupart des pays d'Amérique du Sud (*juntas electorales*). On peut enfin confier ce soin à un organe spécifique, qu'il s'agisse d'une Cour suprême ou d'une haute instance constitutionnelle : c'est la solution qui a été adoptée en France depuis 1958, pour les élections politiques nationales, au profit du Conseil constitutionnel [1].

Section 3

Les modes de scrutin

248. Tout mode de scrutin exerçant une influence sur les résultats de l'élection, le choix qui en est fait est largement commandé par l'objectif politique poursuivi. Il ne faut surtout pas oublier cette considération essentielle en étudiant les différents modes de scrutin, c'est-à-dire les systèmes majoritaires, la représentation proportionnelle et les très nombreux systèmes mixtes. Mais auparavant on indiquera brièvement quels sont les éléments qui permettent de caractériser un mode de scrutin.

I. Les éléments de base

249. Ces éléments concernent le mode de calcul à retenir pour l'attribution des sièges, la dimension des circonscriptions et le nombre de tours. Étroitement liés entre eux, ils peuvent être présentés sous la forme de trois alternatives.

A. Système majoritaire ou représentation proportionnelle

250. C'est l'alternative principale, celle qui exerce la plus grande influence sur les résultats mais on se bornera ici à la signaler puisqu'elle forme la matière des développements qui suivent. En cas de système majoritaire, le (ou les) siège (s) est (ou sont) attribué (s) au candidat ou à la liste ayant obtenu la majorité des suffrages exprimés [2]. En cas

---

1. Cf. J.-P. Camby, *Le Conseil constitutionnel, juge électoral,* 7e éd., Dalloz, 2017. Cf. également : F. Mélin-Soucramanien, « Le Conseil constitutionnel, juge électoral », in *Pouvoirs* n° 105, 2003, p. 117.

2. Selon le cas, à l'issue du premier ou du second tour.

de représentation proportionnelle, les sièges sont répartis entre les listes en fonction des voix obtenues par chacune d'elles. Il faut souligner que ces deux méthodes ne sont pas exclusives l'une de l'autre et que leurs combinaisons possibles sont susceptibles de donner naissance à une gamme extrêmement riche et variée de systèmes mixtes.

B. Scrutin uninominal ou scrutin de liste

251. Les différences entre ces deux modalités tiennent non seulement au nombre de sièges à pourvoir dans une circonscription donnée – un seul pour le scrutin uninominal, plusieurs pour le scrutin de liste – mais aussi et peut-être surtout à la dimension de cette circonscription. On comprend aisément que le scrutin de liste doit s'inscrire dans une circonscription nettement plus grande que le scrutin uninominal. À noter que si ces deux modalités peuvent parfaitement être associées aux systèmes majoritaires, la représentation proportionnelle, elle, ne peut être associée qu'au seul scrutin de liste.

C. Scrutin à un tour ou scrutin à deux tours

252. Indiquons immédiatement que cette troisième alternative se situe dans le cadre des seuls systèmes majoritaires car la représentation proportionnelle n'appelle pas de second tour. En cas de scrutin à un tour, la majorité relative des suffrages exprimés suffit pour être élu, ce qui fait que l'emporte le candidat ou la liste qui arrive en tête. En cas de scrutin à deux tours, la majorité absolue est exigée lors du premier tour, la majorité relative suffit au second. Bien entendu, il existe d'autres règles que nous retrouverons par la suite et qui font notamment que la participation au second tour est souvent soumise à certaines conditions, tel par exemple le fait d'avoir obtenu lors du premier un certain pourcentage de voix par rapport aux électeurs ou aux suffrages.

II. Les systèmes majoritaires

253. Il faut distinguer très classiquement entre les systèmes majoritaires à un tour et les systèmes majoritaires à deux tours. On sait qu'ils s'accommodent aussi bien du scrutin de liste que du scrutin uninominal mais, comme cette seconde modalité est beaucoup plus pratiquée, c'est sur elle que nous raisonnerons.

A. Le scrutin uninominal à un tour

254. C'est le système anglais, désigné par l'adage « *first past the post* », également pratiqué aux États-Unis et dans les autres pays anglo-saxons, dans le cadre de petites circonscriptions à un seul siège. Il est étudié dans les développements qui suivent mais il faut auparavant signaler que ce mode de scrutin a pu aussi se situer dans le cadre de circonscriptions de moyenne dimension, à plusieurs sièges, et qu'il y prend alors une signification différente. C'est le cas, par exemple, au Japon.

a) L'analyse du scrutin

255. Le système majoritaire à un tour est un des plus simples qui soient : à l'issue du tour unique est déclaré élu le candidat qui a obtenu le plus de voix.

Soit 84 000 suffrages exprimés pour un siège à pourvoir.

Trois candidats : A et B présentés par les deux grands partis conservateur et travailliste et C présenté par le parti libéral.

Ont obtenu : A : 38 000 voix ; B : 40 000 voix ; C : 6 000 voix.

Le candidat B est déclaré élu à la pluralité des voix (il n'était pas nécessaire qu'il obtienne la majorité absolue).

Ce mode de scrutin présente tous les mérites de la simplicité : aisément compréhensible pour chacun, il permet, en principe, de dégager une majorité parlementaire nette, dans la mesure notamment où il est lié au bipartisme. C'est là un avantage appréciable et qui à lui seul justifie le système adopté. Il est vrai qu'on pourrait aussi soutenir que celui-ci simplifie abusivement le choix offert aux électeurs et surtout qu'il fait dépendre le sort de la consultation des électeurs les moins convaincus : par exemple, conservateurs et travaillistes ayant leurs fiefs traditionnels, ce sont les électeurs dits « flottants » qui font la décision en se portant tantôt sur les uns, tantôt sur les autres. Il peut aussi arriver – de manière tout à fait exceptionnelle – que le parti qui obtient le plus de sièges ne soit pas celui qui a obtenu le plus de voix dans le pays. Un exemple chiffré permettra de mieux comprendre ce phénomène singulier.

Soit deux partis aux prises, A et B, pour obtenir la victoire dans le cadre de 100 circonscriptions comportant chacune 100 000 suffrages exprimés. Si le parti A l'emporte, même de peu, supposons par 55 000 voix contre 45 000 dans 51 circonscriptions, il disposera de la majorité absolue des sièges à l'assemblée. Mais si le parti B l'emporte largement dans les autres circonscriptions, supposons par 70 000 voix contre 30 000, il sera minoritaire à l'assemblée tout en étant majoritaire dans le pays.

Cet exemple est poussé à l'extrême, pour mieux faire comprendre, mais un schéma approchant s'est réalisé à deux reprises en Grande-Bretagne depuis 1945.

En octobre 1951 :

- Conservateurs : 13 713 000 voix (48 %), 312 sièges (51,35 %)
- Travaillistes : 13 948 000 voix (48,80 %), 295 sièges (47,20 %)

En février 1974 (aucun parti n'obtient la majorité absolue)

- Conservateurs : 11 857 000 voix (38,30 %), 296 sièges (46,60 %)
- Travaillistes : 11 654 000 voix (37,50 %), 301 sièges (47,40 %)

Quels que soient les inconvénients du système majoritaire à un tour, les Anglo-Saxons y sont très attachés parce qu'ils estiment, avec juste raison, que les élections ne doivent pas servir au recrutement d'une académie reflétant fidèlement les moindres nuances de l'opinion mais à dégager une majorité parlementaire homogène de soutien à un Gouvernement décidé à agir. L'efficacité parlementaire est préférée à la justice électorale.

b) Les conséquences politiques

256. Le système majoritaire à un tour est lié au bipartisme, qu'il renforce et perpétue, en éliminant les petits partis, au moins sur le plan parlementaire. D'une part, le tour unique interdit les alliances électorales et supprime toute possibilité de repentir pour les électeurs qui doivent voter immédiatement utile s'ils désirent, comme il est naturel, que leur vote serve à quelque chose. D'autre part, le scrutin a un effet amplificateur si on passe des voix aux sièges, ce qui fait que la formation majoritaire est surreprésentée cependant que les formations minoritaires sont sous-représentées.

C'est ce qui explique que les partis de faible importance n'aient guère de chance de s'affirmer et de se développer. Là encore, l'exemple britannique est significatif, qui montre qu'avec un très bon score, 7 339 912 voix en juin 1987, soit 23 % des suffrages exprimés, l'alliance des libéraux et du SDP n'a obtenu qu'un nombre infime de sièges, 22 soit 3,5 % (alors qu'avec 10 029 778 voix, soit 31 % des suffrages exprimés le parti travailliste obtenait 229 sièges, c'est-à-dire dix fois plus). Il lui était donc difficile d'espérer accéder un jour au pouvoir. Tout au plus, le parti libéral a-t-il pu, à titre exceptionnel, comme en février 1974, lorsqu'aucun des deux grands partis n'a pu obtenir la majorité absolue des sièges, servir d'appoint à l'un d'eux pour gouverner. En d'autres termes, avec ce mode de scrutin, le troisième parti se trouve empêché d'accéder au pouvoir et cela est si vrai que le parti travailliste n'a pu, au cours de la période d'entre les deux guerres, éliminer le parti libéral, pourtant depuis longtemps installé, et se substituer à lui que parce qu'il a été constitué par les *trade-unions*, c'est-à-dire les syndicats britanniques, et qu'il a donc pu bénéficier dès sa naissance de la masse de leurs adhérents. C'est pourquoi les inégalités de représentation jouent surtout au détriment du troisième parti. En Grande-Bretagne, lors des élections de juin 2001, un élu travailliste, représentait 25 999 voix, un élu conservateur 50 409 voix et un élu libéral-démocrate 92 677 voix.

B. Le scrutin uninominal à deux tours

257. C'est le système qui a été pratiqué en France sous la Troisième République, repris de 1958 à 1985 par la Cinquième République, suspendu en juillet 1985 et rétabli en juillet 1986.

a) L'analyse du scrutin

258. Il consiste à déclarer élu le candidat qui a obtenu, au premier tour, la majorité absolue des suffrages exprimés ou, à défaut, le candidat qui obtient au second tour la majorité simple. En principe, ne peuvent participer au second tour que les candidats qui, lors du premier, ont obtenu un certain pourcentage de suffrages ou d'électeurs (en France, depuis la loi du 19 juillet 1976, 12,5 % du nombre des électeurs inscrits).

Soit, dans une circonscription, 95 000 électeurs inscrits pour un siège à pourvoir.

Cinq candidats : A, B, C, D, E.

Au premier tour, 79 000 suffrages exprimés. Ont obtenu : A : 31 000 voix, B : 19 000 voix, C : 14 700 voix, D : 2 000 voix, E : 12 300 voix.

La majorité absolue étant de 39 501 voix, il y a ballottage. (Dans le système anglais, A aurait été élu).

Un second tour est donc nécessaire, auquel ne seront admis à prendre part que les candidats ayant obtenu au moins 12,5 % du nombre des électeurs inscrits (D est donc éliminé). D'autre part, on suppose que C se désiste pour B, en raison d'accords conclus entre leurs partis respectifs et que E se maintient. Au second tour, 81 000 suffrages exprimés. Ont obtenu : A : 33 000 voix, B : 37 000 voix, E : 11 000 voix. Le candidat B est proclamé élu à la majorité relative.

Il est clair que les alliances électorales et les désistements qu'elles entraînent jouent un rôle capital dans ce mode de scrutin, dont les résultats sont souvent fort différents de ceux que donnerait le scrutin majoritaire à un tour. On constate d'ailleurs, dans l'exemple chiffré ci-dessus, que le scrutin à deux tours aboutit à l'élection d'un minoritaire (B ne compte au départ que 19 000 électeurs convaincus sur 79 000 suffrages exprimés). Mais ce résultat n'est pas particulièrement choquant dans la mesure où les partis dont relèvent les candidats B et C appartiennent à une même famille politique.

Dans un tel système, la psychologie de l'électeur, est, elle aussi, différente. Au premier tour, il lui est possible de se prononcer pour le candidat de son choix, même si celui-ci n'a aucune chance de l'emporter. Il fait ainsi connaître son opinion et apporte son soutien à l'une des forces politiques en compétition. C'est pourquoi le premier tour peut seul renseigner valablement sur la physionomie politique du pays. Mais entre le premier et le second tour, des retraits, des maintiens et des désistements vont intervenir. Il arrive que les désistements aient été préparés longtemps à l'avance, notamment lorsque les différents partis se présentent aux urnes rassemblés en une ou plusieurs coalitions. Ils peuvent aussi avoir lieu après le premier tour et résulter de négociations intervenues entre les candidats au plan local ou entre les partis au plan national. Conclus de longue main ou en dernière heure, ils ont généralement, pour peu que les électeurs suivent les consignes données, un effet décisif. C'est pourquoi le second tour se présente souvent sous la forme de duels ou de luttes triangulaires et donne ainsi aux grands partis et, éventuellement, aux coalitions l'occasion de s'affronter. L'électeur doit se déterminer en fonction de ces conditions particulières et c'est ce qui explique, s'il n'a pas la chance de voir son candidat du premier tour demeurer en lice, qu'il soit conduit à porter son suffrage sur le candidat le moins éloigné de ses opinions ou encore sur le candidat le mieux placé pour tenir en échec le candidat à qui il veut absolument barrer la route. D'où la formule bien connue : au premier tour on choisit, au second tour on élimine.

Comme les autres systèmes majoritaires, ce mode de scrutin ne vise nullement à la justice électorale et il peut engendrer des résultats surprenants. Notamment, il peut arriver, lorsque deux coalitions sont en compétition, que celle qui remporte la majorité des voix au premier tour ne soit pas celle qui obtient la majorité des sièges à l'issue du second tour. C'est ce qui s'est passé en France lors des élections de 1978.

b) Les conséquences politiques

259. Elles sont moins nettes que celles du scrutin uninominal à un tour.

Pendant longtemps, le scrutin à deux tours a été présenté, d'ailleurs à juste titre, comme associé au multipartisme et même comme relativement favorable aux partis de faible importance lorsqu'ils bénéficient d'une bonne implantation locale. En effet, il est moins brutal que le système anglais, les alliances en vue du second tour permettant le plus souvent de freiner et d'amortir les mouvements de l'opinion. Et s'il est exact que le second tour peut aussi bien accentuer la tendance dégagée par le premier que la freiner, cette accélération est elle-même très atténuée par rapport à ce qu'aurait donné le scrutin à un tour. C'est pourquoi ses résultats avaient été jugés décevants sous la Troisième République où on le rendait responsable de l'absence de majorité parlementaire et de l'instabilité gouvernementale. C'est à son sujet que Briand évoquait les « mares stagnantes » du scrutin d'arrondissement, en raison de l'immobilisme qu'il entraînait sur le plan local, cependant que par ses résultats globaux il apparaissait plus proche de la représentation proportionnelle que du système majoritaire à un tour.

La situation a beaucoup évolué sous la Cinquième République, en raison notamment des accords de désistement mutuel conclus par les grands partis et de l'élévation du seuil d'élimination des petits partis à 12,5 % du nombre des inscrits. Le scrutin uninominal à deux tours a dégagé des majorités parlementaires nettes, il a obligé les partis à se regrouper et a joué un rôle dans la bipolarisation de la vie politique. Il a même eu cette conséquence de laminer le centre comme l'ont encore montré l'élection présidentielle et les élections législatives intervenues en 2007 et en 2012. Mais il présente les mêmes inconvénients que le système majoritaire à un tour car les inégalités de représentation sont particulièrement considérables.

C. Les scrutins majoritaires de liste

260. On y a rarement recours pour les élections politiques mais ils sont parfois pratiqués pour les autres types d'élections. On peut distinguer entre le scrutin de liste proprement dit et le scrutin plurinominal.

a) Le scrutin de liste à un ou deux tours

261. Ses caractéristiques ne sont guère différentes de celles des scrutins uninominaux correspondants. En réalité, le problème le plus délicat posé par ce mode de scrutin n'est pas celui du nombre de tours mais celui du panachage éventuel. Si ce dernier n'est pas possible, c'est-à-dire si les listes sont bloquées, l'une d'elles peut obtenir tous les sièges tout en ne bénéficiant que d'une faible majorité. C'est dire que la brutalité du système est plus grande encore que celle du système anglais, parce que s'appliquant à un nombre moins élevé de circonscriptions plus étendues, ce qui risque de creuser les écarts. Un tel système avantage évidemment les grands partis.

b) Le scrutin plurinominal

262. Il est proche du précédent à ceci près, qui n'est pas négligeable, que s'il n'exclut pas les listes, il permet les candidatures isolées. Il peut comporter lui aussi un ou deux tours et laisse à l'électeur une grande liberté de choix.

III. La représentation proportionnelle

263. Elle est fondamentalement différente, dans sa finalité comme dans sa technique, des systèmes majoritaires mais comme ces derniers elle comporte plusieurs modalités.

A. Les caractères généraux

264. La représentation proportionnelle (RP) est un système simple dans son principe puisqu'il s'agit de répartir les sièges en fonction du nombre de voix obtenues par les différentes listes en présence.

On aperçoit donc immédiatement ce qui la différencie des systèmes majoritaires : la représentation proportionnelle supprime pratiquement les distorsions entre voix et sièges, ainsi que les inégalités de représentation. Elle tend à la justice électorale, c'est-à-dire à donner une représentation aussi exacte que possible de l'état des opinions, enregistrant jusqu'aux courants mineurs et assurant aux minorités la certitude qu'elles seront représentées conformément à leur importance réelle. Ou, si on préfère, elle s'efforce de donner une véritable photographie de la physionomie politique du pays, jusque dans ses nuances.

265. Mais la représentation proportionnelle présente aussi trois inconvénients majeurs. *D'une part*, en donnant aux petits partis des chances électorales, elle les encourage à se maintenir alors qu'ils ne jouent pas un rôle décisif et que le trop grand nombre des partis nuit à l'efficacité de l'action politique. En effet, s'il n'est pas inutile qu'une assemblée apparaisse comme un reflet assez fidèle de l'opinion, il faut d'abord qu'elle constitue un organe de soutien au Gouvernement, ce qu'elle ne peut être si elle est trop divisée. On ajoutera que, précisément en raison de cette division, un scrutin à la proportionnelle peut ne pas donner d'indications suffisamment nettes sur la volonté des électeurs. C'est pourquoi ce mode de scrutin tend souvent, dans les systèmes multipartis, à favoriser la permanence des combinaisons centristes (comme sous la Quatrième République et en Italie jusqu'en 1993) au détriment des solutions plus franches et donc de l'alternance.

D'autre part, la représentation proportionnelle tend à déposséder l'électeur de sa souveraineté en la transférant aux partis qui sont pratiquement assurés de faire élire leurs dirigeants en les désignant comme têtes de listes. Cet inconvénient n'est pas moins grave que le précédent car il est fâcheux que candidats et élus se sentent davantage tributaires de l'appareil du parti que des électeurs. *Enfin* on retiendra que la représentation proportionnelle, parce qu'elle amortit de manière excessive les conséquences parlementaires des mouvements d'opinion, enlève une partie de son intérêt et de son utilité à la procédure de dissolution. En effet, alors qu'avec les systèmes majoritaires un déplacement de voix relativement faible suffit à entraîner l'alternance, la représentation proportionnelle cristallise, ou peu s'en faut, les positions des différents partis au sein des assemblées. L'exécutif voit ainsi une de ses armes perdre de son acuité et de son efficacité.

La RP commence nécessairement par la détermination du quotient électoral dans la circonscription considérée. Celle-ci est toujours de dimension plus importante que celle servant de cadre au scrutin uninominal à un ou deux tours et elle pourrait même s'étendre, au moins théoriquement, à l'ensemble du territoire national. Le quotient s'obtient en divisant le nombre de suffrages exprimés par le nombre de sièges attribués à la circonscription. Il est ensuite procédé à la répartition de ces sièges entre les listes en compétition en divisant par le quotient le nombre de suffrages obtenus par chaque liste. Mais pratiquement cette opération ne peut jamais être réalisée en une seule fois car, après la première répartition, il subsiste toujours des restes, c'est-à-dire des voix non représentées, et des sièges non pourvus. Il faut donc procéder à une nouvelle répartition et on peut dire que toute la difficulté de la RP réside précisément dans l'utilisation des restes pour l'attribution des sièges non pourvus. Selon les méthodes pratiquées, on distingue la RP approchée et la RP intégrale, celle-ci s'efforçant de diminuer le plus possible le nombre subsistant – en fin de processus – de voix non représentées.

B. La RP approchée

266. La RP est dite approchée lorsque la répartition des restes s'effectue à l'intérieur de la circonscription (département par exemple) et non pas au plan national. Pour cette répartition des restes, deux systèmes sont utilisés, celui des plus forts restes (PFR) et celui de la plus forte moyenne (PFM). C'est à la RP dans le cadre départemental et avec répartition des restes selon le système de la plus forte moyenne (et avec élimination des listes n'ayant pas obtenu au moins 5 % des suffrages exprimés) qu'ont eu lieu les élections législatives françaises de mars 1986.

Soit dans un département 400 000 suffrages exprimés pour huit sièges à pourvoir.

Quotient électoral : 400 000 : 8 = 50 000 voix.

La répartition des voix entre listes A, B, C, D, E est la suivante :

Liste A : 126 000 voix

Liste B : 94 000 voix

Liste C : 88 000 voix

Liste D : 65 000 voix

Liste E : 27 000 voix

Il est d'abord procédé à la répartition des sièges au quotient :

Liste A : 126 000 : 50 000 = 2 sièges, reste 26 000 voix non représentées

Liste B : 94 000 : 50 000 = 1 siège, reste 44 000 voix non représentées

Liste C : 88 000 : 50 000 = 1 siège, reste 38 000 voix non représentées

Liste D : 65 000 : 50 000 = 1 siège, reste 15 000 voix non représentées

Liste E : 27 000 : 50 000 = 0 siège, reste 27 000 voix non représentées

Il reste trois sièges non pourvus.

Si on les attribue selon le système du plus fort reste : la liste B aura le sixième siège, la liste C le septième, et la liste E le huitième.

La répartition définitive est la suivante :

Liste A : 2 sièges

Liste B : 2 sièges

Liste C : 2 sièges

Liste D : 1 siège

Liste E : 1 siège

Si on les attribue selon le système de la plus forte moyenne, la répartition est un peu plus complexe et plusieurs procédés étant possibles, on évoquera ici le plus courant, qui consiste, pour chaque siège non pourvu, à l'attribuer fictivement à chacune des listes pour l'attribuer définitivement à celle dont le rapport est le plus élevé (rapport du nombre de voix obtenues au nombre de sièges, ce nombre comprenant les sièges attribués au quotient plus le siège fictif supplémentaire). Il est ainsi procédé à la répartition du sixième siège :

Liste A : 126 000 : 3 (2 + 1) = 42 000

Liste B : 94 000 : 2 (1 + 1) = 47 000 plus forte moyenne : 1 siège supplémentaire

Liste C : 88 000 : 2 (1 + 1) = 44 000

Liste D : 65 000 : 2 (1 + 1) = 32 500

Liste E : 27 000 : 1 (0 + 1) = 27 000

En procédant de même pour les deux sièges restants, on est conduit à attribuer le septième à la liste C et le huitième à la liste A (faire les calculs à titre d'exercice [1]).

La répartition définitive est la suivante :

Liste A : 3 sièges

Liste B : 2 sièges

Liste C : 2 sièges

Liste D : 1 siège

Liste E : 0 siège

---

1. Ce système comporte une variante, appelée système Hagenbach-Bischof ou du quotient rectifié, pratiquée en Suisse. Elle consiste à diviser le nombre de voix obtenues par le nombre total des sièges affecté à la circonscription, augmenté d'une unité (en l'occurrence 8 + 1 = 9), et à recommencer l'opération jusqu'à ce que tous les sièges puissent être attribués.

On constate immédiatement que la répartition n'est pas la même selon le système PFR et selon le système PFM. Le premier avantage manifestement les petits partis (en l'espèce le parti E), le second est plus élaboré et plus équitable car moins approximatif.

Il faut noter qu'on parviendrait au même résultat en utilisant le système d'Hondt, qui consiste à diviser le nombre de voix obtenues par les différentes listes par les premiers nombres cardinaux dans la limite du nombre de sièges à pourvoir – en l'occurrence 8 – et à attribuer ensuite ces 8 sièges aux 8 quotients les plus élevés[1] :

	1	**2**	**3**	**4**	**5**	**6**	**7**	**8**
Liste A	*126 000*	*63 000*	*42 000*	31 500	25 200	21 000	18 000	15 750
Liste B	*94 000*	*47 000*	31 333	23 500	18 800	15 666	13 428	11 850
Liste C	*88 000*	*44 000*	29 333	22 000	17 600	14 666	12 571	11 000
Liste D	*65 000*	32 500	21 666	16 250	13 000	10 833	9 285	8 125
Liste E	27 000	13 500	9 000	6 750	5 400	4 500	3 857	3 375

Il faut souligner que la RP dans le cadre départemental ne peut être qu'approchée. En effet, si on calcule, pour chaque liste, le nombre de voix représentées par chaque siège, il apparaît que : un siège de la liste A représente 42 000 voix, un siège de la liste B 47 000 voix : un siège de la liste C 44 000 voix : un siège de la liste D 65 000 voix et que les 27 000 voix de la liste E ne sont pas représentées. Comme ces effets se produisent dans tous les départements et qu'ils peuvent se cumuler aussi bien que se compenser, il est évident que, sur le plan national, la représentation peut n'être pas vraiment proportionnelle.

C. La RP intégrale

267. Puisque l'objectif est de parvenir à une représentation extrêmement fidèle de l'opinion, il faut qu'il y ait le moins de voix non représentées possible et pour cela deux méthodes sont concevables, qui consistent l'une et l'autre à transférer les restes sur le plan national.

La première méthode fait du territoire national une seule et unique circonscription comportant autant de sièges que l'assemblée à élire compte de membres. Il est clair qu'un tel système, qui implique que chaque parti présente des listes de plusieurs centaines de candidats, serait très incommode et surtout conduirait à faire désigner la plupart des élus par les partis et non par les électeurs. Il serait donc fort peu démocratique et il n'est d'ailleurs que rarement appliqué. Aussi bien ne pourrait-il l'être que dans un État de petite dimension et de faible population, comme c'est le cas en Israël. C'est cependant le mode de scrutin qui a été retenu pour l'élection des délégués français au Parlement européen depuis la loi du 7 juillet 1977 jusqu'à la loi du 11 avril 2003.

La seconde méthode consiste à opérer la répartition des restes non plus à l'intérieur de la circonscription départementale mais sur le plan national. Les voix non représentées de chaque liste sur le plan départemental sont additionnées et donnent lieu à répartition en fonction d'un quotient qui, au lieu d'être différent d'un département à l'autre, peut être fixé à l'avance, par exemple, en divisant le nombre des électeurs par celui des sièges à pourvoir. Ce système n'est pas couramment utilisé mais il a tout de même été pratiqué dans quelques pays, dont l'Italie jusqu'à la réforme électorale de 1993.

---

1. Le système d'Hondt est pratiqué en Belgique. Les États scandinaves, Suède, Norvège, Danemark, pratiquent depuis 1952 un système assez voisin.

Soit un quotient fixe de 40 000 voix. Dans un département donné, la liste A obtient 110 000 voix. Elle reçoit deux sièges. Les 30 000 voix non représentées sont additionnées à toutes celles obtenues par la liste A dans les différentes circonscriptions et non représentées. Si le total de ces voix est 824 000, la liste A recevra, au titre de la répartition opérée sur le plan national, vingt sièges de plus. L'inconvénient de ce système est évidemment de faire des élus de la seconde répartition des parlementaires qui procèdent non de la volonté du peuple mais de celle des états-majors des partis. On observera également que si ce procédé donne dans l'ensemble une représentation très fidèle de l'opinion, il subsiste de légères distorsions entre les pourcentages de voix et de sièges.

D. Le panachage

268. Il permet à l'électeur de choisir des noms sur plusieurs listes (lorsqu'il n'est pas autorisé, les listes sont dites bloquées). S'il complique matériellement les opérations de dépouillement, les principes de la répartition demeurent les mêmes. La seule difficulté consiste à obtenir le total des voix obtenues par une liste alors que chaque candidat a obtenu un nombre de voix différent. Elle est aisément résolue par le procédé de la moyenne de liste.

Soit dans l'exemple précédent (RP approchée), la liste D.

Les huit candidats obtiennent respectivement :

d 1 : 59 000 voix ; d 2 : 61 000 voix ; d 3 : 63 000 voix ; d 4 : 58 000 voix ; d 5 : 65 000 voix ; d 6 : 68 000 voix ; d 7 : 60 000 voix ; d 8 : 57 000 voix.

La moyenne de liste s'établit ainsi : c : 59 000 + 61 000 + 63 000 + 58 000 + 65 000 + 68 000 + 60 000 + 57 000 : 8 = 61 375.

Il ne reste plus ensuite qu'à diviser la moyenne de chaque liste par le quotient électoral, comme précédemment, pour avoir le nombre de sièges.

E. Le vote préférentiel

269. Il permet à l'électeur de modifier, sur une liste, l'ordre des candidats.

Soit, par exemple, l'ordre proposé pour la liste A : a 1, a 2, a 3, a 4, a 5, a 6, a 7, a 8.

L'électeur est libre de proposer les candidats dans l'ordre suivant :

a 5, a 7, a 8, a 1, a 2, a 3, a 4, a 6.

Le vote préférentiel ne concerne donc pas la répartition des sièges entre les listes mais leur répartition à l'intérieur d'une liste. En pratique, il est très rare que l'ordre de présentation soit modifié car la plupart des électeurs s'abstiennent d'user de cette possibilité et ceux qui le font dispersent leurs préférences sur l'ensemble des candidats.

IV. Les systèmes mixtes

270. Un mode de scrutin étant toujours choisi en fonction d'un objectif politique, il est souvent arrivé que l'on propose des systèmes mixtes, empruntant à la fois au système majoritaire et à la représentation proportionnelle. Ces systèmes mixtes sont très nombreux car on peut les faire varier presque à l'infini, c'est une simple affaire d'imagination. Nous retiendrons, à titre d'exemple, deux systèmes qui combinent, de manière caractéristique, la RP et le système majoritaire. Le premier est, en réalité, un faux système mixte dans la mesure où les résultats de l'élection sont de toute façon acquis à la RP, qui est seule utilisée pour attribuer à chaque parti le nombre de sièges auquel il a droit, le système majoritaire n'intervenant que pour permettre aux électeurs de désigner directement, dans ces limites, un certain nombre d'élus (c'est le système allemand du double vote). Le second est un vrai système mixte dans la mesure où le nombre de sièges attribués à chaque parti peut varier en fonction d'un élément lui-même contingent, à savoir la décision qui peut être prise par certains partis de s'associer pour l'élection (c'est le système français, en usage à la fin de la Quatrième République, des apparentements).

A. Le système allemand du double vote

271. Il combine RP et système majoritaire mais, comme il vient d'être indiqué, seule la RP joue un rôle pour ce qu'il y a de plus important, c'est-à-dire la répartition des sièges entre les partis. On a d'ailleurs justement pu parler au sujet de ce système de RP personnalisée.

À la suite de la réunification allemande décidée en 1990 et qui a pris effet le 3 octobre 1990 (cf. chapitre 8, section 2), l'Allemagne fédérale est divisée en 328 circonscriptions, mais le Bundestag compte 656 députés (auxquels le mode de scrutin peut ajouter quelques sièges supplémentaires). En d'autres termes, dans chaque Land, il y a un nombre de députés double de celui des circonscriptions. Chaque électeur vote deux fois, utilisant un bulletin de vote divisé en deux parties, la première comportant les noms des candidats pour la circonscription considérée, la seconde comportant les listes présentées par les différents partis dans le cadre du Land. Ces deux votes font l'objet de deux appréciations distinctes selon deux modes de scrutin différents, à savoir le système majoritaire à un tour pour le premier vote (première partie du bulletin), la RP selon le système Hare-Niemeyer pour le second (seconde partie du bulletin).

C'est le second vote qui est décisif car il sert à fixer le nombre de sièges auquel, dans le cadre des Länder, chaque parti a droit en fonction des voix obtenues. Le premier vote, lui, sert à désigner au scrutin uninominal à un tour un élu par circonscription. Bien entendu, il demeure, après la proclamation de ces élus, un nombre en principe égal de sièges vacants. Ces sièges sont répartis entre les listes présentées par les partis dans le cadre de chaque Land, de manière à ce qu'ils complètent, dans la limite du nombre de sièges attribués à chacun de ces partis par le second vote, la représentation déjà obtenue au titre du premier. S'il arrive que dans un Land, les sièges obtenus par un parti au titre des premiers votes excèdent le nombre de sièges auquel il a droit au titre des seconds, il conserve ces sièges excédentaires et le nombre de députés composant le Bundestag est augmenté d'autant. On ne doit pas oublier que l'électeur a le droit de voter, au titre de ses deux votes, pour le candidat d'un parti et pour la liste d'un autre, bien que, en pratique, ces distorsions soient rares.

Supposons que dans un land il y ait vingt sièges à pourvoir et 1 800 000 suffrages exprimés dans le cadre de 10 circonscriptions.

Les premières voix (scrutin majoritaire à un tour) donnent les résultats suivants :

SPD : 5 élus. – CDU : 4 élus. – FDP : 1 élu.

Les secondes voix (RP à la plus forte moyenne) donnent les résultats suivants :

SPD : 756 000 voix soit 42 % a droit au total à 9 élus.

CDU : 828 000 voix soit 46 % a droit au total à 10 élus.

FDP : 144 000 voix soit 8 % a droit au total à 1 élu.

XYZ : 72 000 voix soit 4 % est éliminé parce qu'il n'obtient, au niveau fédéral,

ni 5 % des voix ni 3 sièges directs.

Les sièges complémentaires (élus de listes) seront donc attribués de la manière suivante :

SPD : 9 – 5 = 4 élus de liste.

CDU : 10 – 4 = 6 élus de liste.

FDP : 1 – 1 = 0 élu de liste.

C'est ce système allemand du « double vote » qui a servi d'inspiration aux conclusions de la commission présidée par Georges Vedel et chargée de faire des propositions sur une évolution des modes de scrutin.

B. Le système français des apparentements

272. La loi du 9 mai 1951 combinait système majoritaire et RP d'une manière originale. Mais on ne peut la comprendre que si on tient compte de l'objectif poursuivi par ses auteurs, consistant à sous-représenter les partis considérés comme extrémistes ou d'opposition au régime et à surreprésenter les partis composant la « Troisième force ».

Ramenée à ses grandes lignes, la loi de 1951 peut être schématisée ainsi : il s'agit d'un scrutin de liste dans le cadre du département. Les listes présentées par les différents partis sont autorisées à conclure entre elles des accords préalables (d'où les « apparentements »). Dès lors, de trois choses l'une : si elles ne le font pas, la répartition des sièges a lieu à la RP si elles le font, mais n'obtiennent pas la majorité absolue des suffrages exprimés, la répartition a encore lieu à la RP ; si elles le font et obtiennent la majorité absolue, elles se voient attribuer tous les sièges qui sont ensuite répartis entre elles à la RP.

Reprenons le premier exemple (RP approchée avec plus forte moyenne).

1° Répartition des sièges si aucune liste ne s'apparente :

Liste A : 126 000 voix, 3 sièges

Liste B : 94 000 voix, 2 sièges

Liste C : 88 000 voix, 2 sièges

Liste D : 65 000 voix, 1 siège

Liste E : 27 000 voix, 0 siège

2° Répartition des sièges si les listes C, D et E s'apparentent :

88 000 + 65 000 + 27 000 = 180 000

majorité absolue : 400 000/2 + 1 = 200 001

Les listes apparentées n'obtenant pas la majorité absolue, la répartition se fait comme précédemment à la RP, sous cette réserve très importante que les listes apparentées sont considérées comme une même liste pour l'attribution des sièges.

Elles vont de ce fait se trouver très avantagées :

Listes C, D, E : 180 000 voix, 4 sièges

Liste A : 126 000 voix, 2 sièges

Liste B : 94 000 voix, 2 sièges

La répartition des sièges entre les listes apparentées se fait ensuite à la RP et à la plus forte moyenne, ce qui donne le résultat suivant :

Liste C : 2 sièges

Liste D : 2 sièges

Liste E : 0 siège

Par rapport à la première répartition (sans apparentement), la liste A perd un siège et la liste D en gagne un.

3° Répartition des sièges si les listes B, C et E s'apparentent :

94 000 + 88 000 + 27 000 = 209 000 voix

Obtenant la majorité absolue, elles reçoivent les 8 sièges qui sont ensuite répartis entre elles à la RP, toujours selon la plus forte moyenne, ce qui donne les résultats d'ensemble suivants :

Liste A : 126 000 voix, 0 siège

Liste B : 94 000 voix, 4 sièges

Liste C : 88 000 voix, 3 sièges

Liste D : 65 000 voix, 0 siège

Liste E : 27 000 voix, 1 siège

Les résultats sont donc très différents de ceux qu'aurait donnés la RP.

► Bibliographie

Sur la démocratie pluraliste

G. Burdeau, *La démocratie*, La Baconnière, 1956.

B. Manin, *Principes du gouvernement représentatif*, Flammarion, coll. « Champs », 2012.

S. Milacic, « La théorie démocratique face au défi minoritaire », in *Mélanges P. Pactet*, Dalloz, 2003, p. 339.

D. Rousseau (dir.), *La démocratie continue*, Bruylant, LGDJ, 1995.

G. Vedel, *Manuel élémentaire de droit constitutionnel*, 1949, Dalloz, rééd. 2002.

M. Waline, *L'individualisme et le droit,* 2e éd., Domat, Montchrestien, 1949, rééd. Dalloz, 2007.

Sur les élections et les modes de scrutin

J.-P. Camby, *Le Conseil constitutionnel, juge électoral*, 7e éd., Dalloz, coll. « Thèmes et commentaires », 2017.

T. Debard et F. Robbe (dir.), *Le caractère équitable de la représentation politique*, L'Harmattan, 2004.

Y.-M. Doublet, *Le financement de la vie politique*, PUF, coll. « Que sais-je ? », n° 2550.

J.-C. Masclet, *Droit électoral*, PUF, coll. « Droit fondamental », 1989.

O. Perrineau et D. Reynié (dir.), *Dictionnaire du vote*, PUF, 2001.

F. Potier, M. de Villiers et M. Pichon de Vendeuil (dir.), *Code électoral*, Lexis-Nexis, 2020.

R. Rambaud, *Droit des élections et des référendums politiques*, LGDJ, coll. « Précis Domat », 2019.

R. Rambaud, *Le droit des campagnes électorales*, LGDJ, coll. « Systèmes », 2016.

Sur le référendum et le plébiscite

J.-M. Denquin, *Référendum et plébiscite. Essai de théorie générale*, LGDJ, Paris, 1976.

E. Grisel, *Initiative et référendum populaires. Traité de la démocratie semi-directe en Suisse*, Institut droit public Lausanne, 1987.

M. Guillaume-Hofnung, *Le référendum*, PUF, coll. « Que sais-je ? », n° 2329.

F. Hamon et O. Passelecq (dir.), *Le référendum en Europe, Bilan et perspectives*, L'Harmattan, 2001.

F. Hamon, « Référendum et plébiscite (le cas de l'Union européenne) », in *Mélanges P. Pactet*, Dalloz, 2003, p. 211.

Chapitre 5

L'aménagement du pouvoir

273. L'étude de l'aménagement du pouvoir conduit à examiner successivement les structures et les fonctions gouvernantes (section 1), les libertés, les droits et la protection des gouvernés (section 2) et l'objectif de l'État de droit (section 3).

Section 1

Les structures et les fonctions gouvernantes

274. Leur analyse a été longtemps dominée par la célèbre théorie de la séparation des pouvoirs. C'est donc par elle qu'il faut commencer, avant d'étudier l'aménagement contemporain du pouvoir politique, ce qui conduit à distinguer les fonctions directive et administrative et les fonctions délibérantes et de contrôle.

I. La théorie de la séparation des pouvoirs et ses vicissitudes

275. Peu de théories constitutionnelles ont eu autant d'audience, mais si elle continue à être fréquemment invoquée, elle a beaucoup perdu de sa signification et de sa portée et ne rend plus compte de l'aménagement actuel du pouvoir.

A. La théorie classique de la séparation

276. Conceptualisée par Aristote, formalisée par Locke à la fin du XVIIe siècle, puis par Montesquieu au XVIIIe siècle, la théorie est étroitement liée à la philosophie des Lumières.

a) Le contenu et la signification de la théorie : fonctions, pouvoirs, structures et équilibre des pouvoirs

277. La théorie procède de la distinction de trois fonctions : la fonction d'édiction des règles générales ou fonction législative, la fonction d'exécution de ces mêmes règles ou fonction exécutive, la fonction de règlement des litiges ou fonction juridictionnelle. Elle postule ensuite qu'à l'exercice de chaque fonction correspond un pouvoir : le pouvoir législatif, le pouvoir exécutif, le pouvoir judiciaire. Elle implique enfin, et surtout, que chaque pouvoir soit confié à des organes distincts : assemblées représentatives pour le législatif, chef de l'État, éventuellement chef de Gouvernement, ministres pour l'exécutif, juridictions pour le judiciaire. L'essentiel ne réside cependant pas dans la différenciation des organes mais dans leur indépendance qui, si elle ne peut être totale, doit être aussi large que possible. En d'autres termes, ils doivent dépendre le moins possible les uns des autres, que ce soit pour leur désignation ou pour leurs attributions.

En effet, il s'agit moins de séparation que d'équilibre des pouvoirs et plus précisément des deux pouvoirs politiques, le législatif et l'exécutif. L'objectif est simple et Montesquieu l'a clairement défini : « Pour qu'on ne puisse pas abuser du pouvoir, il faut que, par la disposition des choses, le pouvoir arrête le pouvoir ». L'équilibre des pouvoirs doit permettre, sur le plan juridique, d'éviter que l'un d'eux ne s'empare, en cumulant l'exercice des trois, d'une souveraineté qui n'appartient qu'à la Nation, et sur le plan politique d'empêcher les abus qu'un titulaire unique ne manquerait pas de faire de ses pouvoirs et qui seraient extrêmement dangereux pour les libertés des citoyens. Au fond, les théoriciens de la séparation des pouvoirs associent cette dernière au gouvernement modéré – nous dirions aujourd'hui libéral – de même qu'ils identifient concentration des pouvoirs et despotisme, au moins virtuel. C'est là une réaction contre l'absolutisme monarchique. Ceci explique que la Déclaration des droits de l'Homme de 1789 aille jusqu'à déclarer que toute société dans laquelle la séparation n'est pas déterminée « n'a point de Constitution » (art. 16).

b) L'application et les prolongements de la théorie : séparation des pouvoirs et classification des régimes

278. Elle a été mise en pratique dans la Constitution des États-Unis de 1787 et dans plusieurs constitutions révolutionnaires (constitutions de 1791 et de l'an III). Par la suite, on n'a guère cessé de l'invoquer, sinon de l'appliquer (Constitution de 1848). En France, il y a constamment été fait référence et elle constitue toujours, sous la Cinquième République, un fondement souvent invoqué des institutions.

La fortune de la théorie a même été si importante au cours du XIXe siècle qu'elle a servi de fondement à une classification des régimes politiques opposant ceux qui pratiquent la confusion des pouvoirs au profit de l'exécutif (Consulat) ou du législatif (Convention) à ceux qui réalisent une séparation souple (régime parlementaire anglais ou français) ou stricte (régime présidentiel américain). À vrai dire, on ne devrait parler de séparation des pouvoirs qu'à propos du régime présidentiel car le régime parlementaire, s'il suppose une différenciation des organes, implique aussi leur nécessaire et constante collaboration. Même lorsque la Constitution a séparé assez strictement l'exécutif et le législatif, comme aux États-Unis et en Suisse, le régime n'a pu durablement fonctionner que parce que, en pratique, une collaboration s'est instaurée entre eux. Il reste que c'est à la théorie que l'on doit les appellations toujours employées d'exécutif pour l'organe présidentiel ou les organes gouvernementaux et de législatif pour le ou les organes parlementaires.

B. La critique de la théorie classique

279. Depuis longtemps elle n'exprime plus la réalité politique ou seulement de manière très partielle.

a) Le rejet de la théorie par les régimes autoritaires

280. Ils ont été particulièrement nombreux au XXe siècle, des régimes fascistes de l'entre-deux-guerres aux régimes socialistes d'inspiration marxiste-léniniste, qui ont eu une si grande importance jusque vers 1990. Tous rejetaient la séparation des pouvoirs. En effet, au contraire des régimes pluralistes et libéraux, procédant de la philosophie des Lumières, qui considéraient le pouvoir comme redoutable et menaçant et estimaient dès lors nécessaire d'en diviser l'exercice, ces régimes considéraient le pouvoir comme l'instrument nécessaire des transformations restant à accomplir pour promouvoir l'État ou parvenir au socialisme. Il n'était donc pas question de le diviser ou de le restreindre. Sans doute ces régimes ont-ils disparu ou sont en complet déclin mais ils n'en ont pas moins joué un rôle très important jusqu'à ces dernières années.

b) L'inadaptation de la théorie dans les régimes pluralistes

281. Même dans les régimes pluralistes, la théorie est largement contredite par les faits.

On sait qu'elle se proposait d'établir un équilibre des pouvoirs de nature à favoriser la mise en place d'un régime libéral. Or l'analyse de certains régimes contemporains, dans lesquels on voyait une confirmation éclatante de la théorie, montre qu'ils sont, en réalité, des régimes de concentration des pouvoirs sans cesser pour autant d'être des régimes libéraux. L'exemple de la Grande-Bretagne, est, à cet égard, particulièrement probant puisque le régime parlementaire biparti concentre tous les pouvoirs entre les mains du Cabinet, c'est-à-dire du comité dirigeant du parti vainqueur des élections qui, en principe, dispose de la majorité absolue aux Communes. S'agissant d'un des régimes les plus libéraux du monde, il faut bien admettre que son libéralisme tient à d'autres causes qu'à la séparation des pouvoirs. Aussi bien cet exemple n'est-il pas isolé.

Il faut ajouter qu'on ne peut plus considérer, comme le faisaient les théoriciens de la séparation, que le législatif constitue un frein efficace aux excès éventuels de l'exécutif. Plus précisément, ce frein n'existe que dans les régimes présidentiels authentiques, mais ils sont très rares. Dans les régimes où le Gouvernement est responsable devant une assemblée, il est, en principe, assuré de faire adopter par sa majorité de soutien les lois qu'il estime nécessaire. Dès lors, le législatif ne saurait apparaître, en dépit de son caractère représentatif, comme une garantie pour les gouvernés.

c) Le vieillissement de la théorie

282. L'inadaptation de la théorie tient pour une large part à ce qu'elle a été élaborée en un temps où les partis n'existaient pas encore, tout au moins sous leur forme moderne. Les principaux problèmes posés par le pouvoir étaient d'ordre institutionnel, ils concernaient les différents organes, leurs compétences et leurs rapports et la théorie pouvait, en effet, apporter entre eux un équilibre souhaitable. Actuellement, ce sont les partis qui animent la vie politique, à laquelle les institutions ne fournissent qu'un cadre formel. Il n'y a pas d'un côté le Gouvernement, et de l'autre le Parlement. Il y a d'un côté, la majorité, composée du ou des partis vainqueurs des élections et qui dispose à la fois du Gouvernement et du Parlement, et de l'autre l'opposition – ou les oppositions – qui attend les prochaines élections pour prendre une éventuelle revanche. Sans doute ce schéma s'applique-t-il plus rigoureusement aux pays de bipartisme (Grande-Bretagne) qu'aux pays de multipartisme mais, dans ses grandes lignes, ceux-ci le vérifient également et de plus en plus (France, Allemagne fédérale, etc.).

Cependant il ne faut pas croire pour autant que la théorie de la séparation des pouvoirs appartient au passé. En effet, on constate presque toujours un décalage important entre le déclin d'une théorie, qui perd progressivement de sa force et de sa valeur explicative parce qu'elle ne correspond plus vraiment à la réalité, et sa réception par l'opinion publique, qui continue d'y croire, et par la classe politique, qui persiste à l'évoquer. C'est pourquoi les régimes pluralistes, fidèles à leurs origines et à la philosophie des Lumières, continuent de lui témoigner une révérence marquée. Pour s'en tenir à la France, on notera que la loi constitutionnelle du 3 juin 1958, qui a précédé et permis l'élaboration de la Constitution actuelle, fait référence à la séparation des pouvoirs. Quant au Conseil constitutionnel, il cite expressément « le principe constitutionnel de la séparation des pouvoirs » dans sa jurisprudence[1]. Toutefois, dans sa jurisprudence plus récente, le Conseil constitutionnel se réfère le plus souvent à ce qu'il dénomme la « conception française de la séparation des pouvoirs ». Cette formule lui permet essentiellement de limiter les immixtions du pouvoir exécutif dans les activités confiées aux juridictions judiciaires[2]. La séparation des pouvoirs « à la française » est donc étroitement circonscrite aux rapports entre le pouvoir exécutif et la fonction juridictionnelle.

II. L'aménagement contemporain du pouvoir politique

283. Ainsi qu'il vient d'être indiqué, la séparation des pouvoirs a exercé une trop forte emprise sur les esprits et pendant trop longtemps pour qu'elle ne continue pas à servir de base au nouvel aménagement du pouvoir.

A. Le maintien des structures législatives et exécutives traditionnelles

284. Dans tous les régimes pluralistes, la distinction des organes législatifs et exécutifs constitue toujours la pierre angulaire des structures du pouvoir politique.

Certes, on préfère souvent parler maintenant d'organes exécutifs et d'organes délibérants mais il s'agit surtout d'un changement de terminologie car, sur le plan organique, on ne constate aucun bouleversement. Les structures exécutives recouvrent bien le chef de l'État (monarque, président), le chef de Gouvernement lorsqu'il en existe, les ministres et les secrétaires d'État. Ces organes exécutifs sont soutenus et relayés par un appareil administratif considérable, doté de prérogatives importantes et chargé de préparer et d'exécuter leurs décisions. De leur côté, les structures délibérantes continuent de s'entendre des assemblées représentatives.

On rappellera pour mémoire qu'il s'agit d'organes à finalité politique par opposition à l'autorité judiciaire, qui recouvre l'ensemble des juridictions chargées de juger les procès par mise en œuvre des normes juridiques qui leur sont applicables (sur la récente montée en puissance de l'autorité judiciaire, cf. ce chapitre, section 5).

---

1. Décis. n° 80-119 DC du 22 juill. 1980.

2. Décis. n° 2004-492 DC du 2 mars 2004.

B. La transformation des fonctions dévolues aux structures traditionnelles

285. Les fonctions traditionnellement dévolues aux organes législatifs et exécutifs cèdent la place à de nouvelles, mais celles-ci marquent le déclin de l'équilibre tant recherché des pouvoirs.

a) La fonction directive et la fonction délibérante

286. La nouvelle répartition des fonctions résulte de cette tendance très générale des sociétés contemporaines, qui consiste à confier au Gouvernement le soin de prendre les grandes décisions politiques, qu'elles se traduisent par des lois ou par des mesures exécutives et aux assemblées une œuvre de réflexion et le soin de contrôler l'action gouvernementale. Le Gouvernement est au pouvoir pour réaliser la plate-forme électorale du ou des partis vainqueurs des élections, avec la collaboration constante des assemblées où siègent les représentants de ces mêmes partis. C'est pourquoi la véritable division n'est pas entre le pouvoir de faire la loi et celui de l'exécuter mais entre, d'une part, le pouvoir qui appartient aux organes exécutifs de diriger la politique nationale en proposant aux assemblées les lois qu'ils estiment nécessaires et en utilisant l'appareil administratif dont ils disposent et, d'autre part, la liberté laissée aux organes délibérants, c'est-à-dire aux assemblées parlementaires, de contrôler l'action gouvernementale. En d'autres termes, la distinction fondamentale réside désormais entre les fonctions directive et administrative assumées par le chef de l'État, le Gouvernement et les autorités qui en procèdent et les fonctions délibérante et de contrôle assumées par les assemblées. Bien entendu, il ne s'agit que d'un schéma d'ensemble, qui laisse subsister entre les régimes démocratiques des différences souvent très importantes comme, par exemple, entre régimes parlementaire, présidentiel et mixtes. Mais il n'en exprime pas moins une orientation très générale des sociétés pluralistes contemporaines.

b) Le déclin de l'équilibre des pouvoirs

287. Pour les théoriciens de la séparation, chaque organe devait disposer de pouvoirs – et notamment de « facultés d'empêcher », aussi importantes, si ce n'est plus, que ses « facultés de statuer » – lui permettant de contrebalancer l'influence de l'autre. Législatif et exécutif étaient considérés comme potentiellement antagonistes. Il devait en résulter un équilibre institutionnel qui constituait le fond même de la théorie et sa raison d'être.

Dans le nouveau schéma, l'équilibre institutionnel ne subsiste plus guère qu'en régime présidentiel. En effet, dans un tel régime, législatif et exécutif demeurent largement indépendants et sont, en principe, dépourvus de moyens de pression et d'action réciproques. Si la majorité parlementaire relève d'un autre courant politique que celui auquel appartient le président, comme il est arrivé fréquemment aux États-Unis, ce dernier ne peut imposer sa volonté au législatif et il y a bien équilibre. Mais dans les régimes où le Gouvernement est responsable devant l'assemblée et où il doit par conséquent être soutenu par une majorité dont il rassemble les éléments dirigeants, l'équilibre tend à décliner et, s'il subsiste, c'est qu'il tient aussi à d'autres causes. En effet, un Gouvernement assuré d'une majorité fidèle dispose à la fois du législatif et de l'exécutif. Il serait donc vain d'opposer ceux-ci, qui non seulement ne sont plus antagonistes mais encore vont travailler en étroite association, ce qui dans un État moderne est d'ailleurs la condition de leur efficacité. L'unité du pouvoir politique se trouve ainsi largement rétablie.

Certes, il faut bien préciser là encore qu'il ne s'agit que d'une orientation très générale, recouvrant des modalités très diverses et comportant des tempéraments nombreux. En fait, un Gouvernement, même lié à sa majorité par une commune appartenance partisane, est rarement assuré d'un soutien inconditionnel et presque inévitablement des tensions et des conflits vont surgir de temps à autre, qui risquent d'être plus fréquents et plus graves s'il s'agit d'une majorité de coalition. Le Gouvernement doit donc savoir jusqu'où il peut aller sans trop heurter sa majorité, et quel est le seuil à ne pas dépasser. On peut d'ailleurs voir là un élément d'équilibre, mais il serait sans doute plus logique et plus exact d'y voir un phénomène d'autolimitation, ce qui est différent. Ainsi l'équilibre du législatif et de l'exécutif, qui constituait le principal objectif poursuivi par les théoriciens de la séparation, ne disparaît pas à proprement parler mais il est en très net recul et il change de caractère dans la mesure où il devient plus politique qu'institutionnel.

On observera à ce sujet que ce recul de l'équilibre n'a nullement entamé le libéralisme politique des régimes pluralistes qui faisaient référence à la séparation des pouvoirs. Simplement, ce libéralisme réside désormais davantage dans la situation faite à l'opposition, dans l'affirmation et la protection des droits individuels, dans l'indépendance de l'autorité judiciaire et dans la mise en place de structures décentralisées permettant aux gouvernés de s'exprimer plus directement et plus librement sur leurs propres affaires.

III. Les organes exécutifs et les fonctions directive et administrative

288. Les organes exécutifs ont en charge la direction de la politique nationale, et ils disposent à cet effet d'un appareil administratif appelé à jouer un rôle capital.

A. Les organes exécutifs et la direction de la politique nationale

289. Non seulement ces organes ont le plein exercice du pouvoir politique mais encore l'évolution actuelle tend à renforcer leur autorité et leurs pouvoirs.

a) Le plein exercice du pouvoir politique

290. Il vient d'être suffisamment montré que, dans la plupart des régimes autres que présidentiel, les organes exécutifs disposent en fait tout autant du législatif que de l'exécutif proprement dit et il n'est donc pas utile d'y revenir. On peut cependant indiquer que, dans les régimes où le Gouvernement est responsable devant l'assemblée, environ 90 % des lois adoptées sont d'origine gouvernementale.

Il faut ajouter que les organes exécutifs sont les seuls organes politiques qui soient à la fois d'impulsion et d'action, c'est-à-dire capables d'élaborer une politique et de la mettre en œuvre. D'impulsion, parce qu'ils disposent des services administratifs et techniques susceptibles aussi bien de préparer une politique d'ensemble que d'établir des projets précis. D'action, parce que leur rôle consiste à prendre des décisions, à faire progresser et à réaliser des programmes, à engager et à conduire des négociations, à récompenser des dévouements, à sanctionner des défaillances et à régler constamment des affaires et des problèmes considérés sous leur aspect le plus concret, ce que ne pourrait faire aucune assemblée. Les organes exécutifs sont d'ailleurs parfaitement armés pour cette tâche, à la fois sur le plan technique, parce qu'ils ne comprennent qu'un nombre restreint de membres entretenant des rapports hiérarchisés, sur le plan politique, parce qu'il s'agit des éléments dirigeants des partis majoritaires (au moins pour les régimes de type parlementaire), sur le plan institutionnel, parce qu'ils bénéficient non seulement des moyens administratifs et financiers indispensables mais aussi de la force publique, sans laquelle on ne peut concevoir qu'une politique puisse être entreprise et réalisée.

Il apparaît donc que les organes exécutifs, longtemps considérés – dans l'optique de la philosophie des Lumières – comme des organes commis, seconds et subordonnés parce que ne procédant pas directement de la volonté de la Nation, sont en réalité l'élément moteur et dynamique de tout système politique. Bien loin d'être les instruments d'une politique décidée par les assemblées, ils doivent être regardés comme les véritables auteurs et réalisateurs de la politique nationale, que les organes représentatifs n'ont plus ensuite qu'à approuver et à contrôler. Leur rôle n'est donc ni second ni subordonné mais au contraire primordial.

b) La tendance au renforcement de l'exécutif

291. Les organes exécutifs des régimes démocratiques voient constamment leur autorité s'accroître et leurs pouvoirs se développer.

L'autorité accrue tient à ce que le principal titulaire de l'exécutif fait désormais l'objet d'une véritable investiture populaire. On sait déjà qu'en régime présidentiel ou dans certains régimes mixtes (Cinquième République), le président est élu au suffrage universel direct ou quasi-direct (États-Unis). Mais en régime parlementaire, le chef du Gouvernement est en principe choisi par le chef de l'État. Or, il apparaît que ce dernier n'a de véritables possibilités de choix que dans les régimes multipartis comportant plusieurs majorités possibles. Le plus souvent, le chef de l'État ne peut faire autrement que désigner le leader du parti dominant de la coalition qui a obtenu la victoire ou *a fortiori* du parti qui devient à lui seul majoritaire. Dans cette dernière hypothèse, on peut dire que le leader, connu à l'avance, est littéralement plébiscité par les électeurs (c'est le cas en Grande-Bretagne).

Le développement des pouvoirs des organes exécutifs se manifeste de deux manières. En premier lieu, on constate un phénomène de transfert du législatif à l'exécutif. C'est ainsi que, dans certains pays, les assemblées voient leur domaine législatif circonscrit et limité par la Constitution, celle-ci ne leur conférant que des compétences d'attribution cependant que le Gouvernement bénéficie d'une compétence normative de droit commun. Il existe aussi dans la plupart des pays – à l'exception de ceux pratiquant un authentique régime présidentiel – un système de « législation déléguée » qui permet aux assemblées d'habiliter le Gouvernement à intervenir par voie réglementaire dans des matières qui sont normalement législatives (procédure des décrets-lois et des ordonnances ; Constitution de 1958, art. 38 ; *delegated legislation* britannique). En second lieu, on doit tenir compte de l'importance grandissante prise par des secteurs tels que les affaires étrangères, la défense, l'économie. Cette importance profite de manière quasi-exclusive aux organes exécutifs, les assemblées se bornant à un contrôle épisodique et lointain[1].

---

1. P. Juillard, « La continuité du pouvoir exécutif », in *Mélanges G. Burdeau,* LGDJ, 1977, p. 159.

B. Les organes exécutifs et la disposition de l'appareil administratif

292. L'exécutif ne pourrait rien faire sans l'administration. C'est pourquoi il faut mesurer l'importance de cette dernière et constater à la fois sa subordination de principe et son influence de fait.

a) La subordination de principe de l'administration

293. Il existe deux principaux modèles d'administration, qui sont également subordonnés aux organes exécutifs, parce que ceux-ci sont des organes politiques.

Le premier modèle est le modèle américain, qui lie étroitement, au moins pour les emplois les plus élevés, l'administration à la politique, chaque nouveau président remplaçant les titulaires de ces postes par de nouvelles équipes : c'est le *spoils system* ou système des dépouilles. Le second modèle est le modèle français qui dissocie, au contraire, administration et politique. En effet, le recrutement d'un corps de fonctionnaires permanents (y compris pour les hauts postes), appelés à faire carrière jusqu'à leur retraite, oblige les intéressés à une stricte neutralité puisqu'ils seront amenés à servir des présidents et des gouvernements relevant de partis fort différents. La subordination tient dans le premier cas à l'absence de carrière, dans le second à la neutralité imposée.

Cette subordination a une cause profonde, qui tient à la nature même des régimes démocratiques. Elle résulte naturellement de ce que les services administratifs, ne procédant pas de l'élection, ne peuvent prétendre représenter le peuple ni par conséquent exercer le pouvoir en son nom. Seuls les organes politiques sont habilités à le faire alors que l'administration doit se borner à exécuter les directives qui lui sont données. Elle doit être un instrument neutre et passif du pouvoir, ce qui revient à dire que la démocratie doit maintenir la technocratie dans un état subordonné.

b) L'influence de fait de l'administration

294. Elle tient à l'étroite symbiose existant entre le personnel politique et la haute administration, comme à la technicité et à la spécificité des problèmes traités.

L'influence de l'administration est presque toujours officieuse et diffuse, elle n'en est pas moins certaine. Elle peut d'abord se manifester par l'intermédiaire des cabinets ministériels, qui assurent la liaison entre le ministre et l'administration centrale. Chargés d'orienter dans le sens politiquement souhaité par le ministre les textes préparés par les services mais composés de membres venant de la haute administration, ces cabinets sont des organes-charnières, où l'influence peut s'exercer dans les deux sens. Elle se manifeste aussi par la communauté de formation et d'appartenance à une même oligarchie politique et administrative – l'*establishment* – qui lie souvent ministres et hauts fonctionnaires, les premiers sortant fréquemment des mêmes écoles et venant des mêmes grands corps que les seconds (pour la France : Conseil d'État, Cour des comptes, Inspection des finances). Elle se manifeste surtout par les énormes possibilités de résistance passive dont dispose une administration assurée de sa permanence et se réfugiant volontiers derrière des impératifs financiers réels ou supposés. Il n'est donc pas douteux que la haute administration exerce une influence considérable sur les mécanismes gouvernementaux soit en faisant prévaloir ses vues et adopter ses projets, soit en opposant la force d'inertie et en faisant échec aux réformes qu'elle juge peu souhaitables.

La complexité et la technicité des problèmes traités à l'échelon gouvernemental accroissent encore cette influence. Les analyses de J. K. Galbraith sont ici parfaitement transposables. Pour aussi compétent et engagé que soit le ministre, il reste dans une certaine mesure tributaire de ses services. Si l'influence de ces derniers est difficile à évaluer et ne doit pas être surestimée, on peut tout de même affirmer que les technostructures étatiques jouent un rôle très important dans la politique gouvernementale.

IV. Les organes représentatifs et les fonctions délibérante et de contrôle

295. Deux problèmes sont à examiner qui concernent l'un, les fonctions actuellement dévolues aux organes représentatifs, l'autre, l'institution des secondes chambres. Nous étudierons successivement la diversité des fonctions de ces organes et leur déclin relatif et le bicamérisme.

A. Les organes représentatifs et leurs fonctions

296. Les assemblées ont à remplir des tâches très variées qui peuvent être ramenées à quelques fonctions essentielles : fonction représentative, fonction délibérante (qui recouvre la participation à l'œuvre législative et financière), fonction sélective, fonction de contrôle du Gouvernement (cette dernière seulement dans les régimes parlementaires).

La fonction de représentation tient à ce que à partir de la fin du XVIIIe siècle et dans presque tous les régimes dits représentatifs – sauf aux États-Unis où le président était également élu – les assemblées parlementaires étaient les seuls organes pouvant se prétendre mandatés par la Nation parce que procédant de l'élection, d'abord au suffrage censitaire, puis au suffrage universel. Cette fonction exclusive de représentation de la population, qui a pris tout son sens avec l'avènement de la démocratie, est très importante car elle fonde la prééminence non pas tant institutionnelle ou politique que philosophique et morale qui a été longtemps concédée aux assemblées par rapport à ces organes « commis » – dans la terminologie des Lumières – qu'étaient les organes exécutifs. Il faut d'ailleurs croire qu'elle était bien ancrée car, dans une certaine mesure, elle survit, semble-t-il, au déclin contemporain des Parlements et à la concurrence née, sur le plan représentatif, de l'élection de plus en plus fréquente du chef de l'exécutif au suffrage universel direct ou quasi-direct.

La fonction délibérante a été longtemps confondue avec la fonction législative, elle-même tributaire au moins à l'origine de la fonction financière des assemblées, c'est-à-dire du pouvoir qu'elles avaient conquis de consentir à l'impôt précisément parce qu'elles étaient réputées représentatives. Le recul des compétences financières et législatives invite à mettre en avant le rôle très important de réflexion qui est celui des assemblées contemporaines. Certes, les lois qu'elles votent sont, en régime parlementaire, dans leur quasi-totalité des textes d'origine gouvernementale mais les travaux et les débats qui ont lieu au sein des commissions et des assemblées amènent fréquemment le Gouvernement à reprendre et à améliorer ses projets. En d'autres termes, les assemblées sont, par leur nature même, des organes de réflexion et de discussion dont le rôle dans l'élaboration de la loi demeure très important.

La fonction sélective est sans doute plus discrète mais elle n'en est pas moins utile. En effet, les assemblées parlementaires remplissent une activité de formation et de sélection du personnel politique et gouvernemental dans l'exercice de laquelle elles ne pourraient guère être remplacées.

La fonction de contrôle du Gouvernement reste cependant, en régime parlementaire, la plus importante. Elle s'applique à toute l'activité du Gouvernement, de sa naissance à sa disparition, mais elle connaît au cours de cette période et quelle qu'en soit la durée, plusieurs temps forts, particulièrement lors de la constitution de la formation gouvernementale et à l'occasion des éventuelles mises en cause de sa responsabilité politique. Cependant il s'agit là d'un schéma théorique car, en réalité, la fonction de contrôle peut perdre beaucoup de son importance si le Gouvernement dispose dans les assemblées d'une majorité de soutien fidèle sinon inconditionnelle, de préférence soudée par une même appartenance partisane, ou, à défaut, unie dans le cadre d'une coalition sûre parce que bien composée. Dans cette hypothèse, les assemblées assument alors le double rôle de chambres d'enregistrement des volontés du Gouvernement (en raison du soutien de la majorité) et de tribunes de l'opposition (en raison des critiques de la minorité).

B. Le déclin relatif des assemblées représentatives

297. Il a des causes diverses, les unes déjà anciennes, les autres plus récentes. Cependant le rôle des assemblées demeure important.

a) Le déclin par réduction

298. Les fonctions traditionnelles des assemblées sont sensiblement réduites par l'extension croissante des compétences de l'exécutif.

Sur le plan ***législatif***, le recul ressort suffisamment de l'accroissement du rôle normatif du Gouvernement (projets de loi, législation déléguée, ampleur du domaine réglementaire, etc.). Ce recul est aussi celui de la démocratie devant la technocratie. Sur le plan ***financier***, le recul tient à la perte fréquente de l'initiative des dépenses, à la réduction du nombre des séances consacrées à l'examen du budget et au vote de ce dernier par grandes divisions (titres ou chapitres et non plus articles), à la reconduction automatique, d'année en année, de masses importantes de dépenses (fonds consolidé en Grande-Bretagne, services votés en France), ainsi qu'à l'existence de nombreux comptes spéciaux hors budget. Sur le plan du ***contrôle***, le recul se manifeste par le fait qu'il est devenu rare qu'un Gouvernement soit contraint à la démission parce que sa responsabilité politique a été mise en cause par l'assemblée.

b) Le déclin par dessaisissement

299. Les assemblées sont désormais souvent victimes d'un double dessaisissement, d'une part, du fait de la décentralisation, d'autre part, en raison de l'intégration de nombreux États dans des ensembles supranationaux.

La décentralisation opère un dessaisissement par le bas, des compétences étant transférées de l'État aux collectivités régionales et locales.

L'intégration dans un ensemble supranational – telle l'Union européenne – correspond à une aspiration par le haut d'un certain nombre de compétences étatiques. Classique dans les États fédéraux, ce dessaisissement a été ressenti avec plus d'acuité dans les États unitaires qui, comme la France, ont une longue tradition centralisatrice derrière eux.

c) L'importance conservée

300. En dépit du déclin des assemblées – plus marqué en régime parlementaire qu'en régime présidentiel – leur existence même et leur activité constituent un avertissement permanent à l'exécutif et un frein à ses abus éventuels. C'est pourquoi il faut évoquer ce déclin de manière nuancée. Il est à la fois certain et relatif, les assemblées demeurant irremplaçables dans un système démocratique.

C. Les assemblées représentatives et le bicamérisme

301. Le bicamérisme consiste à instituer deux assemblées au lieu d'une, chargées de représenter la Nation et, dans les États fédéraux, les États membres. Il a presque toujours un caractère modérateur en ce qu'il a essentiellement pour objet de corriger les excès éventuels de la loi du nombre, qu'incarne l'assemblée qui a la base populaire la plus large, c'est-à-dire dans le monde actuel, celle qui est élue au suffrage universel direct. Peu démocratique dans son principe, le bicamérisme a passablement évolué et comporte des modalités diverses.

a) Le bicamérisme aristocratique

302. Il n'a plus qu'un intérêt historique. Sous sa forme extrême, il associait à l'assemblée élue une chambre composée de titulaires de fiefs se perpétuant par voie d'hérédité et de prélats : c'était le cas de la Chambre des Lords, à qui son recrutement anachronique interdisait toute action politique. En 1999 les pairs héréditaires ont perdu le droit de siéger. Il s'agit d'une modernisation intéressante d'une formule devenue anachronique, qui consistait à nommer dans une seconde chambre non héréditaire de hauts dignitaires (chambre des Pairs de la monarchie de Juillet, Sénat du Second Empire).

b) Le bicamérisme politique ou des notables

303. C'est essentiellement un bicamérisme d'inspiration conservatrice. Il s'agit, en effet, d'associer à l'assemblée élue au suffrage universel direct, qui est par excellence une assemblée populaire et représentative de l'ensemble de la Nation, une seconde chambre, qui a entre autres vocations celle de surreprésenter des couches sociales que l'on entend favoriser. Cette seconde chambre a de ce fait une composition politique différente de celle de la première parce que, même issue elle aussi de l'élection, et plus précisément du suffrage universel, elle présente des caractères spécifiques en raison de l'âge plus élevé qui est requis pour en faire partie, d'un mode de renouvellement partiel lié à l'allongement du mandat, d'un mode de scrutin différent et, le plus souvent, d'une élection au suffrage indirect à deux ou trois degrés. La seconde chambre est alors censée représenter les intérêts de la Nation dans leur continuité et leur devenir, en même temps qu'elle permet à des groupes sociaux minoritaires de s'exprimer et leur assure une influence politique considérable. Dans le cas de la France, ces groupes sociaux sont traditionnellement ceux des notables.

On observera à ce sujet que le bicamérisme n'est véritablement conservateur que si la seconde chambre bénéficie sensiblement des mêmes pouvoirs que la première. Tel était le cas du Sénat de la Troisième République qui disposait d'un véritable droit de veto à l'égard des textes législatifs votés par la Chambre des députés – puisque les lois devaient être votées en termes identiques par les deux assemblées – et qui pouvait mettre en cause la responsabilité politique d'un Gouvernement ayant la confiance de la Chambre et l'obliger à la démission. Le progrès des idées démocratiques a rendu choquantes de telles conséquences et c'est pourquoi le Sénat de la Quatrième République, puis celui de la Cinquième République, selon des modalités d'ailleurs différentes, ont été privés de la possibilité de s'opposer durablement à l'Assemblée nationale sur le plan législatif, ainsi que de la possibilité d'obliger un Gouvernement à se retirer. De ce fait la seconde chambre perd beaucoup de son caractère conservateur, qui ne tient plus qu'à son mode de recrutement, pour devenir une chambre de réflexion, susceptible d'améliorer le travail législatif et de freiner et corriger les excès éventuels de la première.

c) Le bicamérisme économique et social

304. Il s'agit cette fois d'instituer une seconde chambre destinée à assurer la représentation de groupes économiques et sociaux : syndicats de travailleurs et de chefs d'entreprises, organismes professionnels, syndicats agricoles, associations familiales, etc. Dans son principe, il est encore moins démocratique que le bicamérisme politique car les membres de la chambre économique ne procèdent évidemment pas d'une élection par la population et c'est pourquoi il ne se rencontre pratiquement jamais dans les régimes occidentaux.

En revanche, il arrive que ces derniers comportent un organisme à caractère économique et social. Il rassemble des experts en la matière, généralement nommés par le Gouvernement sur proposition des organismes spécialisés. Bien entendu il ne s'agit plus d'un véritable bicamérisme mais le Conseil ainsi institué, qui n'a qu'un pouvoir d'avis, peut jouer un rôle utile. Il consacre officiellement l'influence, généralement occulte, des détenteurs du pouvoir économique et des syndicats. Souvent aussi il avantage la capitale où les intérêts économiques sont concentrés. Ce type de Conseil se situe évidemment en marge du Parlement.

d) Le bicamérisme fédéral

305. Il assure au sein de la chambre fédérale une représentation en principe égale à chaque État membre (par exemple, deux représentants par État au Sénat des États-Unis). Il est donc lui aussi modérateur et tend à compenser les excès de la loi du nombre en protégeant les collectivités étatiques les plus petites et les moins peuplées. Mais il a une base plus solide que le bicamérisme des États unitaires car on ne peut concevoir le fédéralisme sans bicamérisme alors que les États unitaires peuvent se passer du bicamérisme, qui, s'il est utile, n'est jamais indispensable.

Section 2

Les libertés, les droits et la protection des gouvernés

306. La question des droits et de la protection des gouvernés représente l'un des enjeux majeurs du droit constitutionnel moderne. On l'examinera à travers les grands textes en la matière, la distinction des libertés et des droits, les garanties souhaitables ainsi qu'en évoquant le rôle de protection indirecte qu'assurent la décentralisation et la présence des corps intermédiaires.

I. L'héritage des Lumières : Déclarations des Droits et Préambules

307. Le XVIIIe siècle finissant a vu apparaître les Déclarations de droits les plus célèbres. Cependant, beaucoup d'autres textes sont intervenus depuis lors, relevant parfois d'un esprit différent.

A. L'influence des Lumières

308. Au fil du temps, des doctrines et des religions, et tout particulièrement la religion chrétienne, ont proclamé l'éminente dignité de l'être humain. C'est néanmoins sous l'influence des Lumières que l'on va chercher à donner des libertés et des droits une formulation juridique destinée à produire des effets de droit. En effet, pour les philosophes des Lumières, le pouvoir est un fait social dont il faut s'accommoder mais qui reste redoutable et menaçant. On peut ajouter que l'identification recherchée des gouvernants et des gouvernés par le biais du bulletin de vote sera largement, et de plus en plus, ressentie comme une fiction. C'est pourquoi il est indispensable de proclamer les droits de l'individu, qui lui viennent de la nature même, qui préexistent à la société civile et qui lui sont supérieurs.

B. Les Déclarations américaines

309. La plus remarquable est la Déclaration des droits de l'État de Virginie du 1er juin 1776. Tout y est ou peu s'en faut : le droit de jouir de la vie et de la liberté, le droit au bonheur, le droit de propriété, le peuple souverain, la séparation des pouvoirs et surtout l'idée que ces droits sont naturels, c'est-à-dire antérieurs au pouvoir, et que les hommes ne peuvent y renoncer. On retrouve la même inspiration dans les Déclarations d'autres États américains et dans la Déclaration d'indépendance du 2 juillet 1776. Elle servira de support aux dix premiers amendements rédigés sous une forme beaucoup plus concrète, ajoutés le 15 décembre 1791 à la Constitution des États-Unis de 1787.

C. La Déclaration française des droits de l'Homme et du citoyen du 26 août 1789

310. Ce texte capital est un des premiers votés par l'Assemblée constituante, à partir des suggestions et revendications figurant dans les cahiers de doléances. Il présente un caractère abstrait, universel, intemporel, en ce sens qu'il s'adresse, dans une très belle langue, à l'homme de tous les temps et de tous les pays, même s'il exprime aussi les aspirations de la classe bourgeoise accédant au pouvoir. Comme son intitulé l'indique, il distingue l'homme et le citoyen. L'homme a des droits naturels, attachés à son existence et supérieurs au droit positif, fondant éventuellement un droit de résistance à l'oppression. Ces droits naturels recouvrent la liberté, l'égalité, la propriété. Le citoyen a des droits politiques s'appliquant à l'organisation de la société qui doit être régie par les principes de la souveraineté nationale, de la séparation des pouvoirs et de la primauté de la loi, expression de la volonté générale. Le Préambule de la Constitution de 1958 a réincorporé formellement ce texte dans notre droit positif.

D. Les développements ultérieurs et extérieurs

311. La Déclaration de 1789 a été suivie d'autres textes du même genre, en 1793, 1795, 1848 mais elle a été seule à bénéficier d'un écho aussi puissant en France et dans le Monde. Ainsi, pour ne donner qu'un exemple, elle a représenté l'agent déclencheur de mouvements d'émancipation dans le monde entier et particulièrement en Amérique latine. Aujourd'hui encore, son texte figure au fronton des monuments nationaux notamment en Colombie ou en Bolivie.

Le Préambule de la Constitution du 27 octobre 1946, lui aussi maintenu en vigueur par le Préambule de 1958, énonce un certain nombre de principes politiques, économiques et sociaux « considérés comme particulièrement nécessaires à notre temps ». Cette fois, il s'agit moins de libertés que de droits devant bénéficier aux travailleurs et à tous les défavorisés de la civilisation industrielle.

La plupart des États proclament également libertés individuelles et droits sociaux, souvent dans le texte même de leur Constitution (par ex. Allemagne : Loi fondamentale, art. premier à 19 ; Italie : Constitution, art. premier à 54 ; etc.). L'ex-Union Soviétique elle-même lorsqu'elle a recouvré sa liberté, a adopté le 5 septembre 1991 une Déclaration des droits de l'être humain, proche des textes occidentaux. On ajoutera cependant que les États qui proclament les droits de l'Homme ne les respectent pas nécessairement.

II. Libertés individuelles et droits sociaux

312. La conception première des libertés, telle qu'on la trouve dans les Déclarations américaine ou française, est foncièrement individualiste.

Qu'il s'agisse de la liberté sous ses divers aspects, de la sûreté au regard du droit pénal et de la force publique, de l'égalité ou du droit de propriété, c'est toujours l'individu qui en est l'objet et le titulaire. Il en est de même pour les Déclarations ultérieures bien que les droits sociaux, c'est-à-dire qui émanent du groupe et impliquent une satisfaction collective, fassent une apparition timide dans la Déclaration de 1793 (art. 33 : « L'instruction est le besoin de tous... ») puis un peu plus affirmée dans le Préambule de la Constitution de 1848 (« la République doit... assurer l'existence des citoyens nécessiteux... en leur procurant du travail dans les limites de ses ressources... »). C'est essentiellement dans le Préambule de la Constitution de 1946 que les droits économiques et sociaux font une entrée massive (droit au travail, droit syndical, droit de grève… « à la détermination collective des conditions du travail ainsi qu'à la gestion des entreprises…, à l'instruction, à la formation professionnelle et à la culture, à la protection de la santé et aux loisirs… »).

Il faut bien voir que libertés individuelles et droits sociaux se situent sur deux plans distincts et expriment deux philosophies de la société assez différentes. Les libertés individuelles reposent sur l'autonomie intangible de l'individu qu'elles entendent protéger des atteintes possibles d'un pouvoir toujours plus ou moins suspecté de vouloir étendre abusivement sa sphère d'influence. Leur satisfaction implique avant tout des gouvernants une abstention d'agir. C'est tout le contraire pour certains droits sociaux, dont la satisfaction exige une action positive des gouvernants. Dans un cas, l'individu assume sa vie, ne demandant au pouvoir que d'y intervenir le moins possible – c'est la conception de la bourgeoisie aisée et libérale de la fin du XVIIIe et du XIXe siècle – dans l'autre, il compte sur ce même pouvoir pour lui procurer, dans un monde dominé par un extraordinaire progrès technique et par une division très poussée du travail, ce qu'il ne peut atteindre seul.

Il va de soi que, pour autant, libertés individuelles et droits sociaux non seulement ne s'opposent pas mais encore sont complémentaires et même se rejoignent dans une finalité unique, qui est celle du bonheur de l'homme (cf. la Déclaration de 1793, art. premier : « le but de la société est le bonheur commun »). Le droit à l'instruction, le droit à la protection de la santé, le droit syndical ou le droit de grève se concilient parfaitement avec les libertés individuelles et on doit même dire qu'ils les étendent, les approfondissent et les enrichissent.

III. Les garanties des droits fondamentaux

313. Elles peuvent se situer à deux niveaux.

D'une part, il faut que les textes qui proclament et réglementent les libertés se situent à un très haut niveau de la hiérarchie des normes juridiques. Sur ce point, satisfaction est obtenue lorsque le texte qui les proclame a valeur constitutionnelle et que les textes qui les réglementent doivent obligatoirement avoir valeur législative, comme c'est actuellement le cas en France (cf. Constitution, Préambule et art. 34).

D'autre part, il est encore plus nécessaire que, sous couvert de réglementer les libertés, le législateur – presque toujours inspiré par l'exécutif – ne puisse leur porter atteinte. Il doit donc exister un contrôle de la constitutionnalité des lois d'une grande efficacité. Bien entendu ce contrôle doit être complété par un contrôle juridictionnel de la constitutionnalité et de la légalité des actes spécifiques de l'exécutif, règlements ou décisions individuelles. En d'autres termes, les libertés ne seront garanties que si est institué un véritable État de droit.

IV. Décentralisation et corps intermédiaires

314. La protection des gouvernés peut aussi être assurée de manière plus indirecte en limitant les pressions que fait peser sur eux l'administration étatique. Il faut alors développer et multiplier les organismes publics ou privés au sein desquels les citoyens pourront, par circonscriptions territoriales ou par secteurs d'activité ou encore dans un but d'intérêt général, prendre en charge leurs propres affaires, défendre leurs intérêts ou simplement faire connaître leur point de vue.

La décentralisation administrative territoriale répond à ces conditions en créant des collectivités publiques communales, départementales, régionales, où les citoyens sont certes intégrés d'autorité, du fait de leur domicile ou de leur résidence, mais dont, en contrepartie ils désignent librement, au suffrage universel direct, les organes de direction. Si ces collectivités sont dotées de la personnalité morale et de compétences suffisamment étendues, comme c'est le cas en France et dans la plupart des pays, il y a là sur un plan local particulièrement sensible et important une forme d'autogestion qui accroît considérablement l'autonomie des citoyens dans leurs rapports avec l'État.

La libre création de corps intermédiaires entre gouvernants et gouvernés, qu'il s'agisse d'associations, de partis ou de syndicats, répond également aux exigences d'une certaine autogestion. Si les citoyens peuvent y participer en toute liberté et si ces organismes sont nombreux et vivants, il n'est pas douteux que les gouvernés seront mieux garantis.

Section 3
L'objectif de l'État de droit

315. Dans les États démocratiques et libéraux, l'aménagement du pouvoir a pour objectif l'institution d'un État de droit caractérisé par la volonté d'éliminer l'arbitraire des gouvernants. Sans revenir sur les exigences déjà étudiées (séparation des pouvoirs, proclamation des libertés et des droits, contrôle de constitutionnalité, etc.), l'État de droit implique aussi un encadrement juridique du pouvoir, l'indépendance de l'autorité juridictionnelle, une finalité humaniste et libérale des institutions et des normes.

I. L'encadrement juridique du pouvoir

316. Il ne peut y avoir État de droit que si le pouvoir politique s'exerce par les voies du droit et seulement par ces voies. Pour cela, il faut qu'il existe dans l'État un réseau normatif bien adapté et une hiérarchisation des normes avec au sommet des principes à valeur constitutionnelle qui servent de références.

A. Le réseau normatif

317. C'est par lui que l'on peut espérer éliminer ou, tout au moins limiter, l'arbitraire. Dans un régime démocratique le pouvoir du plus grand nombre n'a de sens que s'il ne laisse aux gouvernants aucune possibilité – ou des possibilités extrêmement réduites – de détourner à leur profit la volonté générale. C'est pourquoi il est nécessaire que celle-ci s'exprime le plus souvent possible dans la loi ou dans les autres normes qui en procèdent. En d'autres termes, il faut que le pouvoir soit canalisé par le droit et qu'il n'existe pas en certaines matières de vide juridique permettant aux gouvernants d'agir à leur guise sans contrôle ni sanction. Par son caractère procédural et formel, la norme juridique objective la volonté de son auteur – le législateur, l'exécutif – elle s'impose à lui autant qu'à ses destinataires. Il reste encore à l'auteur, et c'est indispensable, des possibilités de choix mais encadrées par le droit, le discrétionnaire étant substitué à l'arbitraire.

On observera que si le réseau normatif doit être suffisamment dense et serré, il doit aussi être adapté aux besoins car il n'est pas souhaitable que les autorités de l'État légifèrent et réglementent sur toutes les matières, d'autant qu'il faut aussi tenir compte de la réglementation très abondante émanant éventuellement d'autorités supranationales (par exemple pour la France de l'Union européenne). De nombreux secteurs doivent être laissés à l'initiative privée, celle-ci étant un facteur très important de créativité et de responsabilité. Un équilibre est donc à trouver, ce qui n'est pas facile.

B. La hiérarchisation des normes juridiques

318. Schématiquement, elle intègre les lois constitutionnelles, les traités internationaux, les lois ordinaires, les règlements des organes exécutifs, les règlements des autorités administratives. C'est cette hiérarchisation qui, seule, permet aux juridictions qualifiées de contrôler, dans un même secteur de compétences, la conformité des normes inférieures aux normes supérieures, sur recours selon les cas de l'opposition ou des gouvernés eux-mêmes. Il est donc nécessaire que soient institués un contrôle de la constitutionnalité des lois et un contrôle de la constitutionnalité et de la légalité des règlements exécutifs et administratifs. On observera qu'une telle hiérarchie suppose une différenciation entre lois constitutionnelles et lois ordinaires et par conséquent une Constitution écrite et rigide.

Historiquement, c'est sous la forme du *principe de la primauté de la loi*, posé par la Déclaration des droits de 1789, dont huit articles sur seize font référence à la loi, qu'est apparue la hiérarchisation des normes juridiques. Selon ce principe, et si on met à part la Constitution, nécessairement placée au plus haut niveau, la loi doit l'emporter sur les autres normes parce que étant votée par les élus du peuple elle apparaît comme l'expression de la volonté générale (cf. Déclaration, art. 6). Or, a-t-on dit, la volonté générale « est toujours droite et tend toujours à l'utilité publique[1] ». Elle ne peut donc nuire au peuple, lequel par l'intermédiaire de ses représentants en serait le véritable auteur.

Si ce schéma demeure valable sur un plan théorique, sa portée pratique s'est beaucoup réduite. D'une part, comme il a déjà été indiqué, la loi bien que toujours votée par les représentants élus du peuple, est souvent moins leur œuvre que celle du Gouvernement. D'autre part, le pouvoir reconnu à celui-ci d'édicter des règles générales s'est beaucoup étendu, soit qu'il agisse sur habilitation des assemblées, soit qu'il intervienne spontanément dans des matières réglementaires par nature. Enfin la hiérarchie des normes juridiques s'est beaucoup diversifiée et les normes internationales

1. J.-J. Rousseau, *Du Contrat social*, Livre 2, chapitre 3.

et supranationales, qui l'emportent sur la loi, tiennent désormais une place très importante. Il reste que la loi occupe toujours une place éminente et surtout qu'elle s'impose au Gouvernement.

II. L'indépendance de l'autorité juridictionnelle

319. Elle constitue une garantie majeure contre l'arbitraire du pouvoir et en réalise par là même la limitation. Elle représente un des prolongements les plus intéressants et les plus souhaitables de la théorie de la séparation des pouvoirs. Alors que le « pouvoir judiciaire » avait toujours été plus ou moins négligé, il apparaît actuellement sous la forme plus neutre de l'autorité juridictionnelle, c'est-à-dire de l'ensemble des juridictions nationales, comme un élément essentiel de la protection des gouvernés. Il leur garantit, en effet, s'il est véritablement indépendant, le respect imposé aux organes du pouvoir politique, en fonction de la hiérarchie normative, de l'ensemble des règles juridiques en vigueur.

Par autorité juridictionnelle, il faut entendre aussi bien la Cour constitutionnelle que les diverses juridictions chargées de trancher les litiges qui opposent, soit des personnes privées, physiques ou morales, entre elles, soit des personnes privées à des personnes morales de droit public (c'est-à-dire aux gouvernants et à l'administration), soit encore des personnes morales de droit public entre elles. Sur le plan juridique, l'indépendance des juges peut être garantie d'une part, par leur inamovibilité, qui les met à l'abri de toute révocation et de tout déplacement imposé, sauf le cas de faute très grave et selon une procédure juridictionnelle, d'autre part, en confiant le contrôle de leur avancement à un organe indépendant du Gouvernement et largement corporatif. Bien entendu, l'indépendance doit aussi beaucoup à la conscience des juges et à leurs traditions corporatives.

Actuellement on assiste dans de nombreux pays à un véritable retournement de tendance dans la mesure où les juges, à travers les tribunaux répressifs et, notamment, à l'occasion d'affaires concernant des modalités illicites de financement des partis politiques, exercent une pression certaine sur le haut personnel politique. L'abus de biens sociaux, infraction la plus souvent invoquée (il s'agit d'un financement indirect et masqué des partis par des sociétés privées), échappe en fait à toute prescription, celle-ci ne partant que du jour où elle est constatée.

III. Une philosophie humaniste et libérale

320. S'il est nécessaire que les titulaires du pouvoir politique voient leur liberté d'action encadrée et parfois verrouillée par un réseau de normes hiérarchisées sous le contrôle de l'autorité juridictionnelle, cela ne saurait être considéré comme suffisant pour la mise en œuvre d'un véritable État de droit. Celui-ci implique que le tissu normatif soit inspiré par une philosophie humaniste et libérale plaçant au premier plan la dignité et le mieux-être de la personne. Sans insister sur des questions déjà étudiées, on rappellera que l'État n'est pas une fin en soi mais un instrument au service du bien commun et que tout État démocratique et pluraliste doit nécessairement avoir pour support un corps de principes fondamentaux affirmant les libertés et les droits des citoyens.

▶ Bibliographie

Sur les structures et les fonctions gouvernantes

J. Chevallier, *L'État de droit*, Montchrestien, 1994.

J.-L. Quermonne, *L'appareil administratif de l'État*, Seuil, 1991.

P. Rosanvallon, *Le bon gouvernement*, Seuil, 2015.

M. Troper, *La séparation des pouvoirs et l'histoire constitutionnelle française*, LGDJ, 1973, nouvelle éd., 1980.

Sur les droits et libertés fondamentaux

L. Favoreu *et al.*, *Droit des libertés fondamentales,* 7e éd., Dalloz, coll. « Précis », 2016.

F. Mélin-Soucramanien, *Libertés fondamentales*, 3e éd., Dalloz, coll. « Mémentos », 2018.

J. Rivero et H. Moutouh, *Libertés publiques,* tome I, 9e éd., PUF, 2003.

Chapitre 6

La compétition pour le pouvoir

321. Elle existe partout et toujours, dans tous les pays et à toutes les époques, mais elle peut revêtir des formes très différentes. On examinera les acteurs principaux de cette compétition que représentent actuellement les partis politiques (section 1), les relais et les supports qu'ils trouvent dans les médias et les groupes de pression (section 2), ainsi que les divers types contemporains de compétition (section 3).

Section 1
Les acteurs de la compétition : les partis politiques

322. Les partis jouent un rôle essentiel dans le fonctionnement des régimes politiques contemporains. Il faut donc examiner leurs caractères, leur financement, leur nombre et leur rôle.

I. Les caractères des partis

A. La composition des partis

323. Elle détermine dans une large mesure les modalités de leur action, ainsi que le climat de la vie politique. La distinction traditionnelle est celle des partis de notables et des partis de masses mais on a tendance à lui substituer, sous une formulation plus moderne, celle des partis de cadres et des partis d'adhérents (qui ne recouvre pas exactement la précédente). L'intérêt sur le plan du régime réside dans la liaison entre les partis de notables ou de cadres et le multipartisme : ils peuvent être créés d'autant plus facilement que les troupes ne sont pas nécessaires et qu'ils en appellent directement aux électeurs.

B. L'idéologie des partis

324. Le propre des partis est d'incarner un courant d'opinion, c'est-à-dire de faire prendre forme à une conception de l'homme et de la société, et de lutter pour lui faire conquérir le pouvoir par l'audience des électeurs. Trois observations doivent être faites. D'abord, dans un même pays peuvent coexister plusieurs partis dont certains sont en désaccord avec les autres non seulement sur l'exercice de l'action gouvernementale mais également sur la forme du régime, ce qui pose toujours des problèmes difficiles. Ensuite, les partis en présence peuvent être tous d'accord sur les données fondamentales du régime mais en désaccord sur l'exercice du pouvoir par le Gouvernement (ex., partis conservateur et travailliste en Grande-Bretagne). Les choses sont alors plus simples et la vie politique assez paisible. Enfin, il peut même advenir que les partis, non seulement soient d'accord sur le régime, mais le soient aussi sur l'exercice du pouvoir, à quelques légères différences près. En d'autres termes, leurs programmes ne révèlent aucune divergence idéologique sensible, ce qui revient à dire qu'il ne s'agit plus de partis d'opinion mais de partis de gestion (cf. les partis démocrate et républicain aux États-Unis).

C. La direction et la discipline

325. Elles ont sur le fonctionnement des régimes une incidence directe que l'on se bornera à évoquer. En ce qui concerne la direction, l'un des principaux problèmes a trait aux rapports du groupe parlementaire et du comité directeur du parti : il est important, par exemple, de savoir si ce dernier et plus généralement l'appareil du parti pourront imposer certaines prises de position aux élus, car le régime réel risque d'être alors assez différent de celui qui, peut-être, avait été prévu. En ce qui concerne la discipline, il suffit d'indiquer, pour l'instant, que certains régimes, tel le régime anglais, reposent largement sur la discipline partisane.

II. Le financement des partis

A. Les problèmes posés

326. Le principal concerne l'indépendance des partis, tout au moins dans les pays pluralistes. En effet, dans les pays à parti unique, celui-ci est nécessairement dépendant des pouvoirs publics sans lesquels son monopole de droit ou de fait ne pourrait se concevoir. Dans les pays pluralistes, au contraire, il est éminemment souhaitable que les partis soient indépendants des détenteurs du pouvoir politique et des détenteurs du pouvoir économique et, en tout cas, qu'ils n'aient pas à se soumettre, pour des raisons financières, aux pressions exercées par ceux-ci. Il faut ajouter que la compétition pour le pouvoir ne peut se dérouler dans les conditions d'égalité attendues que si elle n'est pas faussée par la trop grande inégalité des ressources dont bénéficient les différents partis.

B. Les inconvénients constatés

327. Ils tiennent pour une large part à ce que les dépenses supportées par les partis sont considérables : il leur faut acheter ou louer des immeubles, rémunérer des « permanents », organiser des réunions, des campagnes de circulaires et d'affiches, soutenir des organisations satellites, diffuser une presse d'opinion, faire face à l'énormité des dépenses électorales. Il est clair que le plus souvent les cotisations des adhérents ne sauraient suffire et ceci est particulièrement vrai des partis de cadres. D'où la nécessité de se procurer d'autres ressources. La tentation peut donc être grande d'aller les demander au Gouvernement, dispensateur des fonds secrets (lorsqu'il s'agit de partis proches du pouvoir) ou plus souvent aux milieux d'affaires constitués en groupes de pression, détenteurs du pouvoir économique ou encore d'avoir recours à des pratiques quasi délictueuses ou délibérément illégales, en se servant des municipalités conquises par le parti pour favoriser, à l'occasion des marchés passés par ces dernières, des entreprises qui vont, en remerciement, subventionner le dit parti. Il arrive même que le circuit soit encore perfectionné, des partis contrôlant en sous-mains les entreprises auxquelles leurs municipalités passent de préférence leurs commandes.

C. Les solutions possibles

328. C'est pourquoi de nombreux pays ont adopté des règles destinées à moraliser le financement des partis politiques. Certains imposent la limitation et la publication des dépenses électorales, instituant ainsi un double contrôle par les pouvoirs publics et par l'opinion (Grande-Bretagne, États-Unis). C'est là une solution intéressante mais non complètement satisfaisante car d'une part, elle n'est que partielle, ne concernant que les dépenses électorales et d'autre part, elle soulève des difficultés d'application et de contrôle. D'autres pays vont plus loin et allouent aux différents partis une subvention publique généralement calculée en fonction du nombre de voix obtenues (Allemagne) et parfois aussi du nombre de parlementaires élus (la France tient compte des deux éléments, suffrages et élus)[1]. Toutefois, d'une part, on peut se demander s'il convient de subventionner, par exemple, les partis d'opposition non seulement au Gouvernement mais aussi au régime et d'autre part, la solution retenue ne garantit nullement que les partis n'essaient pas de se procurer d'autres ressources par les voies contestables que précisément on voulait éliminer. Il n'en faut pas moins admettre que ces différentes réglementations, même prêtant à critiques, sont certainement préférables à l'abstention. Elles représentent, au moins, des tentatives intéressantes en vue de maîtriser une situation de fait qui comporte de graves menaces pour la démocratie et en fausse le fonctionnement normal.

III. Le nombre des partis

329. Il commande le système des partis et, par-là, les différents régimes.

A. Le parti unique

330. Il prévaut dans deux types distincts de régimes : les régimes fascistes et les régimes marxistes. Mais il y revêt des significations différentes. Dans les régimes *fascistes* (Italie 1922-1943, Allemagne 1933-1945), il est lié au rejet de la démocratie et du libéralisme ; on le trouve encore actuellement dans des régimes se réclamant d'idéaux voisins ou dans les régimes autoritaires du tiers-monde. Dans les régimes *marxistes,* la doctrine l'explique par la disparition des antagonismes sociaux : en effet, les partis étant considérés comme des organisations de classes, la fin de la lutte entre ces dernières rend inutile la pluralité des partis. Il est à peine besoin d'ajouter que dans les États où n'existe qu'un seul parti, c'est celui-ci qui, bien davantage que les institutions, donne au régime son véritable sens politique.

---

1. Cf. : loi du 11 mars 1988 relative à la transparence financière de la vie politique, modifiée à plus de dix reprises depuis son adoption.

B. Le parti dominant

331. L'appellation peut recouvrir des réalités bien différentes. D'abord, elle a pu masquer un système de parti unique dans certaines démocraties populaires ou socialistes où on avait laissé subsister, aux côtés du Parti communiste, quelques autres organisations qui étaient, en fait, ses filiales socio-professionnelles (par ex., en Chine). Elle correspond, en revanche, à une réalité dans certains pays en voie de développement où le parti dominant résulte souvent de la transformation d'un mouvement de libération en parti politique. Cependant cette réalité est très diversifiée. En effet, le parti dominant peut être très solidement implanté et monopoliser le pouvoir dans des conditions proches du parti unique (par ex., au Mexique, le Parti révolutionnaire institutionnel a exercé le pouvoir plus de 40 ans, jusqu'en 1997) ou occuper une position moins forte et représenter une phase transitoire dans une évolution qui conduit – mais rarement – au multipartisme, voire à l'alternance (par ex., en Inde, entre le Parti Janata et le Parti du Congrès) et plus souvent au parti unique ou aux coups d'État militaires. Dans les régimes pluralistes occidentaux, il arrive aussi que l'on parle de parti dominant mais ces termes désignent simplement un parti qui dispose d'une forte assise parlementaire et il va de soi que cette domination ne fait nullement obstacle à la concurrence des autres partis (par ex., tel a été le cas, en Allemagne fédérale, de la CDU de 1982 à 1998, en Italie de la Démocratie chrétienne de 1948 à 1994, au Japon du Parti libéral-démocrate de 1946 à 1993).

C. Le bipartisme

332. C'est une modalité du multipartisme qu'il convient d'isoler en raison de ses caractères originaux. Le bipartisme s'inscrit dans le cadre général de la démocratie pluraliste et libérale et on considère à juste titre qu'il en facilite considérablement l'exercice. En effet, il présente plusieurs avantages.

Au niveau des élections, il offre au peuple un choix clair et suffisant. Généralement, l'un des partis incarne un certain conservatisme, l'attachement à l'ordre et à la tradition, cependant que l'autre s'affirme partisan du progrès, orienté vers l'évolution et le mouvement : ce sont là deux constantes de l'esprit humain entre lesquelles l'électeur peut se prononcer en toute connaissance de cause.

Au niveau du pouvoir, il dégage une majorité nette et sans appel. En démocratie, dès lors que deux partis seulement sont en présence, il faut bien que l'un des deux obtienne la majorité absolue. Mais le bipartisme présente aussi d'autres caractères qui contribuent à en faire un phénomène original. D'une part, il ne s'improvise pas et, lorsqu'il existe, il tend naturellement à se perpétuer : c'est le cas en Grande-Bretagne et aux États-Unis où le bipartisme plonge ses racines dans le passé national et où les tiers partis n'ont guère de chance de succès sur le long terme. D'autre part, il suppose l'accord des deux partis sur les données fondamentales du régime. En effet, il implique la libre alternance au pouvoir, en fonction des élections, des deux partis en compétition. Il ne peut donc fonctionner normalement que si on est assuré que l'un d'eux ne profitera pas d'une période d'exercice du pouvoir pour changer le régime.

D. Le multipartisme

333. C'est la forme la plus fréquemment adoptée par les démocraties pluralistes et libérales, le bipartisme étant surtout le fait des démocraties anglo-saxonnes. Le multipartisme comporte évidemment de nombreuses modalités, qu'il n'est pas possible d'étudier ici. On ne retiendra donc que ses incidences sur le régime.

Au niveau des élections, il offre sans doute à l'électeur un choix plus large et mieux adapté à toute la gamme des opinions qui peuvent exister dans une société évoluée ; mais, en revanche, ce choix risque de n'être pas aussi clair qu'il serait souhaitable, à la fois parce que plusieurs des partis en présence ont des programmes voisins que des différences de détail seules séparent, et parce que l'électeur est souvent partagé entre différents partis qui correspondent également, par certains de leurs aspects, à ses opinions.

Au niveau du pouvoir, on ne peut formuler de règle car le multipartisme a des effets très différents selon ses modalités. En principe, une coalition de plusieurs des partis en présence est nécessaire pour constituer l'équipe gouvernementale. Celle-ci peut se caractériser par une grande stabilité. Mais très souvent le multipartisme entraîne l'instabilité gouvernementale, soit parce que les partis sont si divisés qu'il n'existe pas de support possible à la coalition, soit parce que celle-ci est trop hétérogène et qu'elle risque d'éclater à la moindre occasion, soit parce qu'elle a une base trop étroite. Ces inconvénients sont cumulés lorsque l'existence de partis d'opposition au régime (ou considérés comme tels, ce qui revient au même) oblige à choisir les éléments de la coalition parmi les autres partis, alors même qu'ils sont très divisés et qu'à eux tous ils n'atteignent que les deux tiers des sièges : c'est ce qui s'est produit sous la Quatrième République.

IV. Le rôle des partis

334. Ils servent d'intermédiaires entre le peuple et le pouvoir et assument aussi, lorsqu'ils ont réussi à conquérir le pouvoir, la conduite de la politique nationale.

A. La fonction d'intermédiaire

335. Cette fonction a été longtemps assumée par les élus mais ceux-ci ont été relayés ou, plus précisément, absorbés par les partis. Il faut bien voir les différences que ce changement entraîne. Dès les premiers temps du parlementarisme, les élus ont été censés représenter la Nation. Sans doute étaient-ils liés à une circonscription dont les électeurs les choisissaient pour leurs qualités personnelles, leur ascendant ou leur situation locale lorsqu'il s'agissait de notables. Ils n'en disposaient pas moins d'une large liberté d'action dans l'exercice de leur mandat. Comme leur désignation, cet exercice avait un caractère individuel. Même appartenant à des partis – ceux-ci existent depuis longtemps – ils ne se sentaient que médiocrement liés par les directives communes et, souvent, n'hésitaient pas à s'en écarter. C'est pour ce parlementarisme individualiste, atomistique (chaque député formant un noyau isolé), encore courant au XIXe siècle et qui s'est plus ou moins prolongé selon les pays, que la plupart des théories constitutionnelles ont été édifiées.

336. Mais l'intervention des partis change tout. Dans le choix du représentant, c'est la considération de son appartenance qui prime. Une fois élu, il est tributaire des consignes du parti, qui lui dicte ce qu'il doit faire. Dans les pays de multipartisme, les ministres des gouvernements de coalition apparaissent eux-mêmes comme les délégués de leurs partis tout autant, sinon plus, que comme les membres d'une équipe solidaire. Partout, la politique nationale se fait à la fois dans les organes constitutionnels et dans les instances dirigeantes, largement irresponsables, des partis. Ceux-ci prennent en charge la part principale de la vie politique et assument entre le peuple et le pouvoir cette fonction d'intermédiaire qui caractérise le parlementarisme aux XXe et XXIe siècles. Bien entendu, il serait vain de critiquer une situation qui constitue une donnée objective, sur laquelle il n'est certainement pas possible de revenir. À côté d'inconvénients sérieux (dans les pays de multipartisme, les partis tendent souvent à déposséder le peuple de sa souveraineté), elle présente d'ailleurs des avantages certains (dans les pays de bi ou tripartisme, ils clarifient le choix des électeurs). Le problème n'est donc plus de savoir si les partis doivent jouer un rôle aussi important, car cela est acquis, mais si le système qu'ils forment est favorable ou non au bon fonctionnement des institutions adoptées.

B. La fonction de direction

337. Les partis ont également pour fonction de conquérir le pouvoir et de l'exercer pour mettre en œuvre la politique annoncée dans leur programme ou leur plate-forme électorale. Cette fonction était évidente dans les régimes socialistes où le parti communiste l'exerçait de manière effective et où son appareil de direction représentait l'organe de commandement de l'État, autant et même davantage que les organes prévus par la Constitution. Elle l'est un peu moins dans les régimes pluralistes où subsiste encore largement la conception traditionnelle selon laquelle les organes exécutifs ont charge de promouvoir l'intérêt national indépendamment des partis. En fait, cependant, ceux-ci assurent bien la conduite de la politique nationale, par l'intermédiaire du Gouvernement et de la majorité, dans la mesure où ils gagnent les élections législatives.

Section 2

Les relais de la compétition : les médias et les groupes de pression

338. La compétition entre les partis a deux relais. D'une part, les moyens modernes de communication de masse assurent sa diffusion – et son retentissement – dans le pays. D'autre part, les groupes de pression s'efforcent d'en modifier les données et d'en influencer les résultats en agissant sur l'opinion.

I. La radio et la télévision

339. Elles jouent un rôle de premier plan qui pose le problème, dans chaque pays, du contrôle et par conséquent du statut des moyens audio-visuels.

A. Le rôle des moyens audio-visuels

340. Les médias peuvent tendre à assurer une formation orientée de l'opinion ou une information neutre des citoyens et, le plus souvent, oscillent entre ces deux pôles.

Dans les régimes socialistes et plus généralement dans tous les systèmes de parti unique (ou très dominant, les autres partis n'étant alors que des satellites), les moyens audio-visuels servent d'abord à former l'opinion en l'orientant dans le sens défini par les pouvoirs publics. Certes, l'information n'est pas absente mais elle se situe, par principe, dans le cadre des thèses et positions officielles. Dans un tel système, la radio et la télévision – de toute manière orientées – peuvent atteindre un niveau éducatif élevé mais sur le plan politique, elles contribuent à éliminer toute opposition.

Dans les régimes pluralistes, les moyens audio-visuels devraient servir exclusivement à l'information des citoyens, de manière à ce que soit respectée la philosophie du système, qui implique la libre et égale compétition entre les partis. En effet, le véritable pluralisme est incompatible avec toute orientation de l'opinion. Ce refus d'orienter ne signifie d'ailleurs pas que les stations et les chaînes doivent s'abstenir de tout débat politique, mais que les différents partis doivent avoir un égal accès aux moyens audio-visuels, sans que certains soient privilégiés soit par les pouvoirs publics, soit par les groupes financiers qui contrôlent ces moyens. On voit qu'il s'agit là d'un problème difficile.

B. Le contrôle des moyens audio-visuels

341. Ce contrôle dépend du régime applicable aux émissions et du statut des stations émettrices.

Le régime des émissions peut être soit un régime de liberté, plus ou moins contrôlée, soit un régime de monopole. Le premier système est pratiqué aux États-Unis où un groupe privé peut installer et exploiter une station émettrice sous la seule condition d'obtenir une licence délivrée par une commission nommée par le président et dont l'intervention se situe sur un plan essentiellement technique (attribution de fréquence, contrôle de qualité). Le second s'est appliqué dans plusieurs pays d'Europe occidentale et a fait de l'exploitation des stations émettrices un monopole public. Mais dans les pays pluralistes et libéraux, le monopole a, depuis la fin des années 1980, cédé la place à un système plus complexe, composé d'une ou deux chaînes assurant le service public et de chaînes concédées à des groupes privés.

Dans ces conditions, les statuts des chaînes peuvent être très divers : il s'agira selon le cas de sociétés purement privées, de sociétés privées concessionnaires ou de services publics. De toute manière, des précautions doivent être prises pour garantir à la fois une information respectant le pluralisme des opinions et l'égal accès aux ondes des partis politiques. Lorsqu'il s'agit de sociétés concessionnaires, elles sont imposées par les cahiers des charges. Lorsqu'il s'agit de services publics, une solution consiste à confier la gestion de la chaîne à un conseil d'administration aussi indépendant que possible des pouvoirs publics et soumis au contrôle du Conseil supérieur de l'audiovisuel.

Il faut souligner à cet égard que l'indépendance des stations et des chaînes dépend moins de la forme juridique adoptée que de la volonté politique libérale des pouvoirs publics. En France, la loi du 30 septembre 1986 a posé les principes de la liberté et du pluralisme de la communication audiovisuelle. Désormais des sociétés privées concessionnaires, soumises à de nombreuses contraintes, coexistent avec le secteur public.

Ce libéralisme contrôlé a permis une diversification des chaînes qui peuvent avoir chacune leur spécificité, ce qui favorise le libre choix des usagers. Sur le plan constitutionnel et politique, on observera que ceux-ci, désormais très habitués à l'audiovisuel, se montrent nettement moins sensibles à l'impact des campagnes spécialisées – électorales notamment – à l'exception de la campagne présidentielle, qui demeure très importante.

II. La presse écrite

342. Elle exerce une influence considérable sur l'opinion mais bien évidemment cette influence n'affecte la compétition entre les partis que dans la mesure où celle-ci existe, c'est-à-dire dans les régimes pluralistes. Dans les régimes socialistes, la presse est nécessairement orientée et son influence ne peut s'exercer que dans le sens voulu par le pouvoir. On ne retiendra donc que le cas des régimes pluralistes.

Or, la compétition risque, dans les pays pluralistes, d'être perturbée et faussée par la dépendance de la presse vis-à-vis des puissances d'argent. On ne doit pas oublier, en effet, que la liberté de la presse est particulièrement coûteuse et par conséquent largement formelle. Sa dépendance est triple. Premièrement, les entreprises de presse nécessitent des capitaux importants et sont donc tributaires des groupes financiers qui les créent et qui les dirigent. Deuxièmement, elles ne peuvent vivre que grâce à l'appoint de la publicité et sont exposées aux pressions des publicitaires et des annonceurs. Troisièmement, elles travaillent, à l'exception des journaux les plus importants, qui disposent de leurs propres réseaux de correspondants, sur une matière première fournie par les agences de presse, lesquelles sont contrôlées, soit par des groupes privés, soit par les gouvernements.

Ces dangers sont aggravés par le recul de la presse d'opinion devant la presse d'information. Dans de nombreux pays, et notamment en France, la première maintient une présence mais n'a plus de tirages assez importants pour exercer une véritable influence. Il faut ajouter que la tendance à la concentration des entreprises de presse et à la réduction du nombre des quotidiens à fort tirage renforce l'emprise des groupes financiers sur l'opinion. En France, la liberté de la presse a été instituée par la grande loi du 29 juillet 1881, modifiée notamment par la loi du 1er août 1986 portant réforme du régime juridique des entreprises de presse et surtout par la loi du 4 janvier 2010 qui consacre avec force le principe du secret des sources des journalistes en le faisant figurer en tête de la loi de 1881.

III. Les groupes de pression

343. Ils participent aussi à la compétition pour le pouvoir mais de manière généralement plus indirecte. On peut distinguer d'une part, les groupes constitués pour la défense et la promotion d'intérêts particuliers ou spécifiques qui, dans les conditions propres aux lobbies, exercent leur action sur les partis et d'autre part, les organisations constituées par les partis eux-mêmes, généralement dans des secteurs sensibles, pour relayer et amplifier leur pression sur l'opinion.

Les groupes de pression qui s'efforcent d'amener les partis politiques à prendre leurs intérêts en considération sont très nombreux et très diversifiés : groupes financiers ou patronaux, branches d'industrie, groupements économiques ou sociaux, syndicats, etc. Ils font l'objet de critiques justifiées mais qu'il convient cependant de nuancer.

Sur le plan des objectifs, on doit distinguer entre les groupes qui tentent d'assurer la protection d'intérêts respectables se confondant pratiquement avec l'intérêt général (environnement, santé publique, catégories défavorisées, etc.) et les groupes qui poursuivent des intérêts particuliers, sans lien avec l'intérêt général et qui peuvent même lui être contraires (groupes financiers ne recherchant qu'un plus grand profit, industries du tabac, etc.). Ces derniers, d'ailleurs les plus efficaces, appellent évidemment condamnation ou, tout au moins, un encadrement strict. Sur le plan des méthodes, on doit distinguer entre les groupes qui exercent leur action publiquement et ceux dont l'influence est dissimulée ou occulte. Les seconds ont un caractère d'autant plus choquant qu'on y retrouve presque tous ceux qui ne poursuivent que leurs intérêts particuliers, le plus souvent au détriment des intérêts des autres catégories. Mais, parmi les premiers, on trouve aussi des groupes dont les positions politiques sont très affirmées et qui essaient de peser sur le pouvoir.

Section 3

Les formes de la compétition

344. La compétition pour le pouvoir existe dans tous les régimes mais elle revêt des formes très différentes selon qu'elle s'inscrit dans un cadre pluraliste ou unitaire. Le pluralisme politique autorise la concurrence entre les partis et rend possible leur alternance au pouvoir. Une doctrine unitaire ne permet que des luttes de tendances au sein d'un même parti, excluant par là même toute possibilité d'alternance entre courants différenciés, bien que ces luttes puissent donner lieu à des modifications de la ligne politique. Il faut ajouter que la compétition peut parfois ne pas respecter les formes constitutionnelles : quel que soit le cadre, pluraliste ou unitaire, des actions de force peuvent toujours déterminer un changement d'équipes ou de régime.

I. La concurrence entre les partis et leur alternance au pouvoir dans les régimes démocratiques

345. Cette concurrence est la caractéristique des régimes pluralistes et libéraux.

A. Le problème posé par les partis d'opposition au régime

346. Dans un régime pluraliste, la concurrence entre les partis repose sur la liberté reconnue aux partis d'opposition au Gouvernement : il faut que les partis minoritaires puissent s'exprimer librement pour obtenir l'audience des électeurs et conquérir le pouvoir. Mais lorsqu'il existe des partis d'opposition au régime, c'est-à-dire des partis qui ont la volonté d'en modifier la nature pour instaurer un nouveau système politique et économique, la question se trouve posée de savoir s'il convient de les faire bénéficier de la même liberté. En effet, si ces partis accèdent au pouvoir, ils risquent de transformer profondément et de manière irréversible non seulement l'état de droit existant mais aussi la société elle-même, rendant par-là impossible tout retour ultérieur au pouvoir des autres partis, c'est-à-dire toute alternance. En d'autres termes, ils constituent une menace grave pour l'existence même des régimes libéraux.

Le problème posé par ces partis est difficile. Certes, il est normal qu'un régime se défende et on doit admettre qu'il puisse être amené à prendre des mesures d'interdiction ou de restriction. Mais lorsque ce régime a une assise libérale, les mesures prises ne doivent frapper que ceux qui constituent pour son existence une menace grave. Or, comme les décisions sont prises nécessairement par la majorité au pouvoir, on peut craindre que celle-ci, sous couvert de défense du régime, veuille surtout éliminer des adversaires politiques. On sait que pendant longtemps se sont surtout trouvé visées de petites formations d'extrême gauche ou d'extrême droite, qui revendiquaient elles-mêmes un caractère révolutionnaire ou activiste. La difficulté est évidemment plus considérable lorsqu'il s'agit d'une grande formation recueillant un nombre élevé de suffrages. Tel a été naguère le cas du parti communiste, qui affirmait vouloir poursuivre un changement total de société avant de se reconvertir à partir de 1992 en parti réformiste. Mais tel demeure encore le cas des formations d'extrême droite, là où elles existent.

347. Les solutions appliquées sont très variées. Certains pays n'ont pas eu à affronter ce problème parce qu'il n'existait pas chez eux de partis importants d'opposition au régime : tel est le cas de la Grande-Bretagne. D'autres, bien que se trouvant dans la même situation, ont préféré agir préventivement en prenant des mesures d'interdiction ou de répression à l'encontre du ou des partis considérés, à tort ou à raison, comme menaçants pour le régime : tel a été le cas en Allemagne fédérale et aux États-Unis [1]. L'exemple le plus frappant en ce sens est celui de la Turquie. En effet dans ce pays, la Cour constitutionnelle a prononcé l'interdiction de pas moins de vingt-quatre partis politiques se rattachant tous plus ou moins à la mouvance islamiste. Cependant, dans un arrêt du 30 juillet 2008, la Cour a renoncé à prononcer l'interdiction du parti au pouvoir, le parti de la justice et du développement (AKP), ce qui a sans doute évité une crise institutionnelle sans précédent, voire une guerre civile. D'autres pays encore, comme l'Italie et la France, où le problème se posait de manière plus aiguë, parce qu'il existait un parti communiste important, n'ont pas entendu pour autant violer les principes libéraux qui leur servent d'assise. Il faut dire aussi qu'il leur était bien difficile d'interdire un parti recueillant un nombre important de suffrages. Mais ils se sont généralement efforcés de l'empêcher d'accéder au pouvoir (notamment en Italie) ou de limiter sa participation (notamment en France de 1981 à 1984 et de 1997 à 2002). La même politique est appliquée aux formations d'extrême droite.

---

1. En Allemagne fédérale, l'article 21 de la Loi fondamentale autorise la Cour constitutionnelle fédérale à déclarer inconstitutionnels les partis qui « visent à porter atteinte à l'ordre fondamental libéral et démocratique ». La Cour a notamment appliqué l'article 21 au Parti communiste (KPD) le 17 août 1956. Mais l'évolution politique a conduit les autorités à laisser recréer un parti communiste, sans véritable audience, sous une nouvelle appellation (DKP), le 16 septembre 1968. Sur la question, A. Bockel, « Réflexion à partir d'une décision de la Cour constitutionnelle turque portant dissolution du parti islamiste Refah », *RFDC* 1999, p. 911.

B. L'alternance possible

348. C'est un élément essentiel des régimes pluralistes que d'une élection – législative ou présidentielle – à l'autre, les partis aient la possibilité de se succéder au pouvoir, en fonction de la volonté populaire.

L'alternance peut s'effectuer selon des modalités très diverses et être plus ou moins effective. Elle est particulièrement nette dans les pays de type anglo-saxon où la compétition pour le pouvoir n'oppose que deux partis en accord profond sur les données fondamentales du régime, comme c'est le cas en Grande-Bretagne ou aux États-Unis. On notera cependant qu'un parti peut obtenir la majorité lors de plusieurs élections consécutives, ce qui allonge sensiblement la durée du cycle. L'alternance peut également s'effectuer dans de bonnes conditions lorsque la compétition oppose des coalitions bien différenciées et permanentes. Il en va différemment lorsque un ou plusieurs partis importants étant éliminés de la compétition (généralement parce que considérés comme d'opposition au régime), l'alternance ne peut plus être envisagée qu'entre les partis situés plus ou moins au centre de l'échiquier politique : les coalitions concevables n'opposent plus des courants différenciés et ne se distinguent entre elles que par des nuances [1]. Une situation de type voisin peut se présenter lorsque la coalition « tourne », c'est-à-dire lorsqu'un parti s'allie successivement avec chacun des autres et exerce le pouvoir avec lui [2] ou encore lorsqu'un parti-pivot, tel le parti démocrate-chrétien en Italie, exerce le pouvoir de manière ininterrompue, avec l'aide sporadique et changeante de certains des autres partis [3]. Il est clair que, dans ce dernier cas, on ne peut plus parler d'alternance véritable.

On observera à ce sujet que les régimes pluralistes se caractérisent moins par l'effectivité de l'alternance que par sa possibilité. C'est ce qui explique qu'un certain nombre de pays voient un parti ou une coalition exercer le pouvoir de manière très prolongée sans que la nature pluraliste du régime s'en trouve affectée [4].

II. Rivalités, luttes de tendances, changements d'orientation dans les régimes dictatoriaux

349. Il peut s'agir de régimes militaires, de dictatures plus ou moins masquées ou de régimes marxistes.

A. Les rivalités dans l'entourage du dictateur

350. Elles sont classiques et toujours actuelles car elles correspondent à la logique de ce type de système. Il arrive d'ailleurs que le dictateur les encourage pour échapper à une

---

1. C'était le cas en France sous la Quatrième République.

2. Une telle situation s'est produite notamment en Belgique et en Allemagne.

3. En Italie, le parti démocrate-chrétien a exercé le pouvoir de 1945 à 1994 soit seul, soit au sein de coalitions dont il était le principal élément.

4. En Suède, le parti social-démocrate a exercé le pouvoir pratiquement sans interruption de 1932 à 1976 et encore souvent ultérieurement. En France, le même courant politique a exercé le pouvoir pendant vingt-trois ans sans interruption de 1958 à 1981, sous les septennats des présidents de Gaulle, Pompidou et Giscard d'Estaing.

influence trop envahissante ou pour assurer son pouvoir en divisant le clan qui le soutient. Elles deviennent particulièrement aiguës lorsque paraît s'annoncer la succession du chef.

B. Les luttes de tendances dans les régimes socialistes

351. Dans les régimes d'inspiration marxiste, à doctrine exclusive et à parti unique, il ne peut s'agir que de tendances se situant à l'intérieur de ce parti. Ces tendances ont d'ailleurs de grandes difficultés pour se manifester et même exister, en raison du caractère unanimitaire et totalitaire de ces régimes, qui considèrent toute réticence, même mesurée, comme une activité fractionnelle sinon une dissidence ou un schisme. Mais enfin il est dans la nature des choses que, même dans ces régimes, il existe des tendances différentes et des ambitions à satisfaire.

C. Les changements d'orientation

352. Le groupe qui l'emporte va procéder à une modification de la ligne politique tout en se maintenant dans le schéma d'ensemble de la doctrine marxiste-léniniste. Simplement, les nouveaux dirigeants déterminent la nouvelle interprétation de l'idéologie officielle et la stratégie spécifique qui constituent la nouvelle orthodoxie. Pour illustrer ces observations, il suffit de rappeler ce qui s'est produit dans l'ancienne Union soviétique en 1957 avec l'accession au pouvoir de Khrouchtchev et la lutte contre le groupe « anti-parti » (appellation combien significative donnée aux dirigeants précédents) et en Chine en 1976 après la disparition du Mao et la campagne qui a suivi contre la « bande des Quatre ».

III. Actions de force et transitions pacifiques

353. Tout pouvoir peut être mis en cause par une violence externe (défaite militaire, occupation du territoire, etc.) ou interne (révolution, *pronunciamentos*, coups de force divers, etc.). Mais un régime peut aussi changer de fondement et de nature par l'effet d'une transition plus paisible permettant une modification des textes constitutionnels.

A. Les actions de force

354. Elles jalonnent l'histoire politique de très nombreux pays et peuvent entraîner, si elles se soldent par un succès, un changement d'équipe ou un changement de régime. De toute manière elles portent une atteinte grave et parfois totale à la légalité constitutionnelle. Presque toujours elles se caractérisent par leur soudaineté et leur brutalité. La France en a connu un certain nombre (par ex. les « journées » révolutionnaires du XIXe siècle). Dans certains États, on pourrait aller jusqu'à dire qu'elles constituent le mode habituel d'accession au pouvoir (en Afrique, en Amérique du Sud). Dans d'autres, et notamment dans les pays anglo-saxons, elles sont beaucoup plus rares (cependant on n'oubliera pas la guerre de Sécession).

B. Les transitions pacifiques

355. Le pouvoir peut aussi changer de mains et un régime de nature sans que la violence joue un rôle décisif. En effet, la pression de l'opinion peut s'avérer suffisante, soit qu'elle détermine un lent processus de mise en cause d'une dictature communiste (comme en Pologne) ou d'un régime militaire (Chili, Brésil) finissant par consentir à céder au moins partiellement le pouvoir, soit qu'elle s'exprime à l'occasion d'élections libres enfin obtenues (Nicaragua en 1990) ou de manifestations de masse débordant des dictatures communistes minées par la faillite économique (Hongrie, Tchécoslovaquie, RDA). L'Espagne reste sans doute le modèle le plus achevé de passage d'une dictature fascisante à une démocratie pluraliste et libérale (entre 1975 et 1978), grâce à l'évolution des esprits et à l'action habile et déterminée de quelques personnalités agissantes (en premier lieu le roi Juan Carlos). Il va de soi, cependant, que si les transitions pacifiques excluent, par hypothèse, la violence, elles ne vont pas, le plus souvent, sans tensions et difficultés diverses, économiques et politiques. L'exemple récent du « printemps arabe » initié par le soulèvement de la population tunisienne au début de l'année 2011 est intéressant car il a permis de mettre en évidence l'existence de nouvelles formes de mobilisation et de sensibilisation de l'opinion à travers les réseaux sociaux sur internet. Ce phénomène nouveau a joué un rôle démultiplicateur des soulèvements populaires, non seulement à l'intérieur du pays concerné, mais aussi à l'égard des pays voisins : Égypte, Maroc, Algérie, Syrie, etc.

C. L'implosion de l'empire

356. C'est ainsi qu'a pris fin en décembre 1991 l'ex-empire soviétique après soixante-dix ans de socialisme et quelques années de réformisme inefficace. À partir de 1985, sous l'impulsion de M. Gorbatchev, le régime a été politiquement libéralisé mais sans répudiation véritable de l'orthodoxie, sans mise au pas du Parti communiste et surtout sans parvenir à surmonter la faillite économique. La tentative avortée de coup d'État du 19 août 1991 a enfin conduit à l'interdiction du Parti communiste mais la situation s'était tellement délitée que la fin de 1991 a vu l'éclatement de l'ensemble du système fédéral.

► Bibliographie

Sur les partis et leur financement

D. Biroste, *Financement et transparence de la vie politique*, LGDJ, coll. « Systèmes », 2015.

P. Bréchon, « Les partis politiques dans l'expression du suffrage », *Pouvoirs* n° 120, 2007, p. 109.

Y.-M. Doublet, *L'argent et la politique en France*, Economica, 1997.

M. Duverger, *Les partis politiques*, A. Colin, 1950, rééd. 1976.

R. Rambaud, *Droit des élections et des référendums politiques,* Montchrestien, 2019.

R. Rambaud, *Droit des campagnes électorales*, LGDJ, coll. « Systèmes », 2016.

Sur les transitions démocratiques

G. Conac (dir.), *L'Afrique en transition vers le pluralisme politique*, Economica, 1993.

K. G. Mavrias, *Transition démocratique et changement constitutionnel en Europe du Sud. Espagne, Grèce, Portugal*, Ed. Ant. N. Sakkoulas, 1997.

S. Milacic (dir.), *La démocratie constitutionnelle en Europe centrale et orientale. Bilans et perspectives*, Bruylant, 1998.

X. Philippe et N. Danelciuc-Colodrovschi (dir.), *Transitions constitutionnelles et constitutions transitionnelles*, Bruylant, coll. « Transition et justice », 2014.

Chapitre 7

Les régimes politiques

357. Tout régime apparaît d'abord comme la résultante du jeu des forces politiques, et plus précisément d'un ou plusieurs partis, dans le cadre institutionnel établi par la Constitution. Mais il faut aussi tenir compte d'autres facteurs, historiques, idéologiques et économiques, qui présentent une importance considérable. C'est finalement la combinaison de ces différents éléments qui permet de déterminer la nature des régimes et de les classer. Nous retiendrons principalement les régimes pluralistes, parce que ce sont ceux pratiqués par les États occidentaux, dont la France, et parce qu'ils comportent, en raison de leur ancienneté, plusieurs modalités d'une originalité et d'une richesse également remarquables (section 1) ainsi que les régimes socialistes, parce que leur spécificité est évidente et qu'ils ont bénéficié au lendemain de la Seconde Guerre mondiale d'une très forte progression avant de connaître dernièrement un très important reflux qui risque de les faire complètement disparaître (section 2). Quelques indications plus brèves seront données sur les autres types de régimes (section 3).

Section 1

Les régimes pluralistes

358. Ils présentent des caractères communs qui doivent être précisés. Les principaux types de régimes pluralistes seront ensuite successivement examinés.

I. Unité et diversité des régimes pluralistes

359. Les régimes pluralistes se caractérisent à la fois par leur unité, qui tient à leur inspiration idéologique et à leur rattachement au libéralisme politique, et par leur diversité, qui tient aux modalités fort variées adoptées pour l'aménagement des pouvoirs publics.

A. L'unité des régimes pluralistes

360. Fondamentalement, et comme leur nom l'indique, ce sont des régimes qui impliquent la pluralité des opinions, des courants et des partis, ainsi que la libre compétition de ces partis pour l'exercice du pouvoir.

De manière plus élaborée, on peut dire qu'il s'agit de régimes qui satisfont aux quatre conditions suivantes. Sur le plan idéologique, ils se rattachent à deux sources qui interfèrent, d'une part, ils invoquent l'idéal démocratique sous sa forme majoritaire, d'autre part, ils procèdent de la philosophie des Lumières, telle qu'elle s'exprime, notamment, dans la Déclaration de 1789. Sur le plan économique, ces régimes sont pratiqués très généralement par des sociétés développées, et même souvent surindustrialisées, mettant en œuvre le système capitaliste, bien que, très fréquemment, on constate une certaine intervention de l'État. Sur le plan politique, ils affirment l'existence de libertés individuelles et collectives, sans lesquelles il ne saurait d'ailleurs y avoir de pluralisme, et respectent dans l'ensemble le droit de l'opposition ou des oppositions de critiquer le Gouvernement et de s'efforcer de lui succéder au pouvoir. Sur le plan institutionnel, ils aménagent le pouvoir de telle sorte que son exercice demeure modéré et, à cette fin, s'efforcent de réaliser un double équilibre, d'une part, entre l'autorité et la liberté, d'autre part, entre les organes directifs chargés d'élaborer et de conduire la politique nationale et les organes délibérants chargés de contrôler les précédents. C'est pourquoi ils mettent en œuvre, d'ailleurs selon des moyens différents, un système de *checks and balances,* c'est-à-dire un système d'équilibre, de freins et de contrepoids entre les pouvoirs publics.

B. La diversité des régimes pluralistes

361. Elle tient précisément à ce que l'équilibre peut être recherché de manières fort différentes.

À la vérité, il en existe deux principales. D'une part, on peut chercher à réaliser l'équilibre des pouvoirs exécutif et législatif en organisant leur collaboration et en dotant le Gouvernement et les assemblées de moyens d'action réciproques, de telle sorte qu'ils soient toujours en accord étroit ou, si cet accord vient à manquer, qu'il puisse être très rapidement rétabli, par modification de la composition politique de l'un des deux partenaires. C'est la voie du régime parlementaire. D'autre part, on peut chercher à réaliser l'équilibre de ces mêmes pouvoirs en cantonnant les organes exécutifs et les organes législatifs dans l'exécution de leurs tâches spécifiques, en les assurant qu'ils demeureront en fonction pendant toute la durée préfixée de leurs mandats et en évitant qu'ils ne disposent, les uns par rapport aux autres, de moyens d'action décisifs. C'est la voie du régime présidentiel. Dans les deux cas, les partis jouent un rôle capital. C'est le bipartisme qui assure, de beaucoup, le meilleur fonctionnement mais, bien entendu, ces régimes peuvent s'accommoder du multipartisme.

Il faut encore signaler l'existence possible de régimes d'assemblée et fréquente de régimes mixtes. Le régime d'assemblée confie tous les pouvoirs à l'assemblée élue, qui en délègue ensuite l'exercice à des comités élus en son sein et facilement révocables. C'est une catégorie que l'on fait traditionnellement figurer auprès des deux précédentes mais de manière un peu abusive car on ne peut guère citer d'exemples contemporains véritablement typiques[1]. En revanche, les régimes mixtes, qui comportent des éléments empruntés au régime parlementaire et au régime présidentiel, présentent une importance théorique et pratique indéniable, en dehors même de l'intérêt que ne peut manquer de présenter pour nous le cas de la Cinquième République.

---

1. La Quatrième République qui a été souvent présentée comme un régime d'assemblée faisait sans doute une part trop importante aux organes représentatifs mais demeurait fondamentalement un régime parlementaire, même si son fonctionnement était défectueux. Le seul exemple véritablement probant est celui du régime Conventionnel (1792-1795) mais il appartient au passé.

II. Les régimes parlementaires

362. Il faut en parler au pluriel car ils peuvent être de divers types et sont très différents d'un pays à l'autre. On examinera les origines historiques, les mécanismes fondamentaux, les principales modalités et l'évolution récente des régimes parlementaires.

A. Les origines historiques des régimes parlementaires

363. Ils sont apparus dans des circonstances historiques bien précises, au milieu du XVIIIe siècle en Grande-Bretagne, au début du XIXe siècle en France, un peu plus tard dans les autres pays. Les conditions dans lesquelles ils se sont établis appellent deux observations.

La première porte sur le fait que la naissance du régime parlementaire se situe, dans chaque pays, au moment précis où un pouvoir royal encore fort mais déclinant doit composer avec des organes représentatifs en pleine expansion. C'est pourquoi le régime parlementaire apparaît dès l'origine à la fois comme un régime libéral parce qu'il met fin à l'absolutisme monarchique, et comme un régime de notables, parce qu'il est lié au suffrage censitaire. On observera sur ce dernier point que l'implantation du régime parlementaire a certainement été favorisée par le fait que ses mécanismes complexes et délicats ont été mis en œuvre par et pour une classe sans doute peu nombreuse mais politiquement informée et très éclairée.

La seconde observation concerne la mise en place lente, progressive et surtout empirique du régime parlementaire. Bien que la théorie de la séparation des pouvoirs ait joué un rôle non négligeable dans cette mise en place, parce qu'elle a permis la différenciation des organes exécutifs et législatifs, condition préliminaire et indispensable, le régime parlementaire ne procède pas, en lui-même, d'idées *a priori* mais de l'enchaînement des circonstances, de la pression des événements et, dans une certaine mesure, du hasard. Cette observation vaut tout particulièrement pour la Grande-Bretagne, qui a été l'initiatrice de cette forme de régime. Elle vaut évidemment un peu moins pour les États qui, par la suite, l'ont adoptée en s'inspirant de l'exemple britannique et dont le cas est d'ailleurs moins significatif [1]. Elle montre en tout cas l'importance décisive de la pratique dans la compréhension du régime parlementaire.

B. Les mécanismes fondamentaux des régimes parlementaires

364. Tout régime parlementaire peut être défini pour l'essentiel comme un régime dans lequel le Gouvernement doit disposer à tout moment de la confiance de la majorité parlementaire. C'est là l'élément de base à partir duquel s'expliquent tous les mécanismes du régime.

a) La dissociation des organes exécutifs et la procédure du contreseing

365. En régime parlementaire, il y a, d'une part, dissociation entre les fonctions de chef de l'État et celles de chef de Gouvernement, qui sont confiées à des organes

---

1. Le régime parlementaire a d'ailleurs mis plusieurs décennies pour s'implanter, en Grande-Bretagne et aussi en France.

distincts et, d'autre part, transfert au second de la substance des compétences extrêmement importantes qui étaient l'apanage traditionnel du premier.

Le chef de l'État a pour vocation d'incarner la continuité de l'État mais, en principe, il ne participe pas ou très peu à l'exercice du pouvoir, exception faite du choix du chef du Gouvernement et encore doit-il le choisir dans la majorité parlementaire[1]. On retrouve l'origine historique du régime : le chef de l'État – à l'époque le monarque – doit être tenu à l'écart des luttes politiques pour ne pas être affecté par leurs aléas et par une éventuelle défaite. Mais, en contrepartie, il s'abstient d'exercer un rôle actif. Politiquement irresponsable et par conséquent assuré de demeurer en fonction, pour la durée de son règne ou celle de son mandat, il est aussi sans autorité réelle. Celle-ci est exercée par le chef du Gouvernement et par ses ministres. Ce sont eux qui assument devant les assemblées la responsabilité de la politique nationale, il est donc normal que ce soient eux qui élaborent et conduisent cette politique. Un tel système présente le double avantage de mettre le chef de l'État à l'abri des vicissitudes de la politique et de lier étroitement autorité réelle et responsabilité, ce qui est logique.

Il reste qu'il a fallu transférer au chef du Gouvernement les pouvoirs qui, antérieurement, étaient ceux du monarque. Ce transfert s'est opéré par la procédure du contreseing. En régime parlementaire, tout acte du chef de l'État doit être obligatoirement contresigné par le chef du Gouvernement, qui en prend ainsi la responsabilité devant les chambres[2]. Les deux signatures n'ont d'ailleurs plus exactement la même signification. À l'origine, le contreseing avait le caractère d'une acceptation par le Gouvernement de la décision prise par le chef de l'État. Actuellement, et depuis fort longtemps, la signature du chef de l'État a le caractère d'une authentification de la décision prise par le Gouvernement.

Il faut ajouter que ce dernier constitue un organe collégial et solidaire sous l'autorité du chef du Gouvernement. Chaque ministre prend en charge l'ensemble de la politique gouvernementale et ils en sont tous collectivement responsables.

b) La responsabilité politique du Gouvernement et la dissolution

366. La première citée représente la pièce maîtresse du régime parlementaire. C'est cette responsabilité politique qui permet, associée au droit de dissolution, d'apporter une solution aux conflits susceptibles de survenir entre le Gouvernement et la majorité parlementaire, dont pourtant il est issu. En effet, si un tel conflit surgit et s'il ne peut être surmonté, la mise en cause de la responsabilité politique du Gouvernement peut conduire à la constitution d'un nouveau Gouvernement qui aura la confiance de la majorité, cependant que la dissolution peut dégager une nouvelle majorité. Que l'on utilise l'un ou l'autre de ces deux procédés, l'harmonie sera donc rétablie entre le Gouvernement et la majorité, sans risque de blocage des institutions.

La responsabilité politique du Gouvernement peut revêtir deux significations bien différentes selon qu'elle est mise en cause sur l'initiative du Gouvernement ou des parlementaires.

---

1. Il faut cependant réserver le cas de la forme dualiste du régime parlementaire qui fait participer le chef de l'État à l'exercice du pouvoir.

2. C'est ce qui explique que les Chefs d'État aient pu paraître disposer – comme sous la Troisième République – de pouvoirs importants, conférés par la Constitution et qui n'étaient que des pouvoirs nominaux, alors que les pouvoirs réels appartenaient au gouvernement.

Dans le premier cas, il s'agit d'un moyen de pression du Gouvernement, qui pose la question de confiance ou engage sa responsabilité, sur sa majorité, c'est-à-dire sur ceux qui doivent normalement lui apporter leur soutien parce qu'ils appartiennent au même parti ou à la même coalition. En effet, s'il constate chez ces derniers des réserves à l'égard de sa politique générale ou d'un projet de loi important, il peut engager son existence devant l'assemblée afin de les mettre devant leurs propres responsabilités. Il les avertit ainsi que s'ils lui faisaient défaut, une crise gouvernementale s'ouvrirait, avec toutes ses conséquences fâcheuses pour le parti ou la coalition jusque-là au pouvoir.

Dans le second cas, il s'agit d'un moyen d'action de l'assemblée sur le Gouvernement. Les parlementaires peuvent vouloir obliger celui-ci à démissionner parce qu'ils désapprouvent sa politique. Logiquement, l'initiative doit alors venir des membres de l'opposition, qui déposent une motion de censure en espérant y rallier une partie de la majorité. Mais le Gouvernement peut aussi être contraint à la démission parce qu'il est mis en minorité sur un problème ou sur un texte important[1].

La dissolution représente un autre moyen – qui peut d'ailleurs être cumulé avec le précédent sans inconvénient – de résoudre le désaccord éventuel entre le Gouvernement et la majorité. Il s'agit de faire appel à l'arbitrage populaire en demandant aux électeurs de trancher le conflit, soit en élisant une nouvelle majorité, soit en reconduisant la précédente. Quel que soit le résultat, le chef de l'État n'a plus qu'à choisir le chef du Gouvernement au sein de la majorité qui conquiert le pouvoir. On observera que s'agissant de trancher un conflit entre le Gouvernement et l'assemblée, la décision de prononcer la dissolution doit, en régime parlementaire, toujours être prise par le chef du Gouvernement même si, en la forme, elle paraît émaner du chef de l'État. Il faut aussi signaler que la dissolution ne s'applique jamais qu'à la chambre élue au suffrage universel direct. Toujours est-il qu'elle constitue une contrepartie nécessaire à la possibilité qu'a l'assemblée de mettre en cause la responsabilité politique du Gouvernement et, par conséquent, un facteur précieux de l'équilibre des pouvoirs recherché par le régime parlementaire.

c) La collaboration du Gouvernement et des assemblées

367. Elle est impliquée par l'esprit même du régime parlementaire, qui exige, comme il a été indiqué, que le Gouvernement et la majorité soient étroitement soudés. C'est ainsi que les ministres sont normalement choisis parmi les parlementaires et qu'ils ont accès aux assemblées. Le Gouvernement a d'ailleurs l'initiative législative et participe très activement à l'élaboration de la loi. D'une manière générale, le dialogue doit être constant.

C. Les modalités principales des régimes parlementaires

368. On les examinera à travers les trois distinctions suivantes.

a) Le régime parlementaire dualiste et le régime parlementaire moniste

369. C'est sous sa forme dualiste que le régime parlementaire a d'abord été pratiqué et on le comprend d'autant mieux que l'institution monarchique, si elle se trouvait sur la

1. En principe, un gouvernement n'a pas à se retirer s'il est mis en minorité sur une question mineure. Il faut aussi ajouter que si le régime parlementaire est rationalisé, la responsabilité du gouvernement ne peut être mise en cause que dans les conditions, généralement précises et détaillées, fixées par la Constitution.

défensive, disposait encore d'une autorité considérable. Le roi ne faisait pas que régner, il gouvernait aussi, pour une part. Mais les inconvénients considérables que comporte cette modalité du parlementarisme y ont fait assez rapidement renoncer.

En régime parlementaire dualiste, le Gouvernement est politiquement responsable non seulement devant l'assemblée, ou les assemblées, comme il a été expliqué, mais aussi devant le chef de l'État, qui participe donc activement à l'exercice du pouvoir. Il est clair qu'un tel système ne peut fonctionner correctement que si le chef de l'État et la majorité parlementaire appartiennent au même courant politique car s'il n'en est pas ainsi, la position du Gouvernement risque de devenir intenable.

En effet, ni la révocation du chef du Gouvernement par le chef de l'État, ni sa censure par l'assemblée ne pourraient suffire à rétablir l'harmonie. C'est pourquoi la seule solution consiste à prononcer la dissolution de l'assemblée et ensuite – en tout état de cause – à respecter la volonté du corps électoral, ce qui revient à dire que si celui-ci donne raison à l'assemblée, c'est-à-dire reconduit la majorité précédente, le chef de l'État, qui ne peut tout de même pas prononcer des dissolutions en cascade, n'a plus d'autre possibilité que de s'accommoder de cette majorité, ce qui revient pour lui à s'incliner et à renoncer au rôle actif qui était le sien. S'il refuse de s'incliner, la situation est, en effet, sans issue.

C'est pourquoi le régime parlementaire dualiste est justement critiqué. Il ne présente aucun des avantages attendus du régime parlementaire puisque d'une part, il met directement en cause le chef de l'État et que d'autre part, il peut conduire à un blocage des institutions. Il a d'ailleurs été abandonné par tous les pays qui l'ont pratiqué [1]. La double responsabilité du Gouvernement devant le chef de l'État et devant l'assemblée ne subsiste plus que dans quelques régimes mixtes [2]. Les régimes parlementaires authentiques sont désormais monistes, ce qui signifie que le Gouvernement n'est responsable que devant l'assemblée élue au suffrage universel direct et, exceptionnellement, devant les assemblées.

b) Le régime parlementaire biparti et les régimes parlementaires multipartis

370. Ils fonctionnent le plus souvent de manière très différente, étant observé que le bipartisme assure, dans l'ensemble, un bien meilleur fonctionnement que le multipartisme.

Le régime parlementaire biparti est celui, déjà évoqué, pratiqué par la Grande-Bretagne et par quelques pays anglo-saxons. Il a pour principale caractéristique de donner à l'un des deux partis en présence la majorité absolue des sièges à l'assemblée élue au suffrage universel direct. De ce fait, sa responsabilité gouvernementale ne sera pratiquement jamais mise en cause, la stabilité gouvernementale est remarquable et l'alternance régulière. Certes, il peut se produire quelques accidents de parcours, notamment si le bipartisme n'est pas parfait et si un tiers parti vient empêcher qu'une majorité nette se dégage au profit de l'un des deux grands. Dans l'ensemble cependant, ce type de régime fonctionne sans le secours de procédures particulières et avec une grande régularité.

---

1. Il a été pratiqué par la Grande-Bretagne au XVIIIe siècle mais il était déjà abandonné lors de l'avènement de Victoria en 1837. Il a été également pratiqué en France, sous la Monarchie de Juillet et en Belgique au XIXe siècle, ce qui explique qu'il soit parfois qualifié de régime parlementaire orléaniste ou belge.

2. On peut citer le cas de la Cinquième République en dehors des périodes de cohabitation.

Les régimes parlementaires multipartis présentent moins d'unité. Certains fonctionnent de manière remarquable et assurent une stabilité gouvernementale et une alternance au pouvoir qui ne cède en rien à celles des pays de bipartisme (c'est le cas de l'Allemagne fédérale). Mais il en est d'autres qui connaissent des situations différentes. En effet, il faut tenir compte non seulement du nombre des partis mais aussi de leur nature et de leur position dans l'échiquier politique.

C'est ainsi que la présence d'un grand parti d'opposition au régime peut obliger les autres partis à se coaliser pour éviter qu'il n'accède au pouvoir : cette coalition va exercer continûment le pouvoir sans possibilité d'alternance mais non pas nécessairement sans instabilité gouvernementale (exemple typique de l'Italie). C'est ainsi également que la présence d'un parti dominant – ou d'une coalition – peut à la fois assurer la stabilité gouvernementale et raréfier l'alternance (c'est le cas de la Suède) ou même l'exclure (cela a été le cas longtemps au Japon).

c) Le régime parlementaire inorganisé et les régimes parlementaires rationalisés

371. En raison des conditions mêmes qui ont présidé à l'établissement des régimes parlementaires, ceux-ci ont commencé à fonctionner sans règles préétablies. Il ne faut d'ailleurs pas oublier qu'en Grande-Bretagne, premier pays à avoir pratiqué ce régime, il n'existe pas de Constitution écrite. Le régime s'est donc mis en place de lui-même et il fonctionne encore aujourd'hui selon son schéma le plus simple.

Mais on sait que le fonctionnement de certains régimes parlementaires multipartis n'a pas donné les mêmes satisfactions. C'est pourquoi l'idée s'est fait jour, dans les États ayant à élaborer une nouvelle Constitution – mais seulement dans ceux pratiquant le multipartisme – d'essayer de remédier à une éventuelle instabilité gouvernementale en s'efforçant de prévenir, par des moyens institutionnels, les crises ministérielles. Il s'agit, somme toute, de rendre ces crises plus difficiles pour les rendre plus rares.

Deux procédés principaux sont utilisés à cette fin. D'une part, on s'efforce de donner au Gouvernement, lors de sa formation, la plus large majorité parlementaire possible, en espérant que la coalition impliquée par cette majorité se maintiendra suffisamment longtemps pour lui permettre de travailler avec continuité. Pour cela, le chef du Gouvernement, une fois choisi par le chef de l'État, doit se présenter devant l'assemblée élue, lui présenter son Gouvernement et lui exposer son programme, pour en obtenir un vote d'investiture à une majorité qualifiée, par exemple à la majorité des membres composant l'assemblée. D'autre part, on s'efforce d'obliger les députés à bien réfléchir avant de contraindre un Gouvernement à la démission. C'est pourquoi la mise en cause de la responsabilité politique du Gouvernement, que ce soit sur l'initiative de ce dernier ou sur celle des parlementaires, est précédée et entourée de formalités qui constituent autant d'obstacles : par exemple, on exigera un délai de réflexion, une majorité qualifiée, la désignation concomitante d'un Gouvernement successeur[1].

Le régime parlementaire rationalisé est donc celui qui organise de manière minutieuse et détaillée les rapports du Gouvernement et des assemblées et il se traduit toujours par une plus grande complexité. On ajoutera que la rationalisation des rapports

---

1. L'article 67 de la Constitution d'Allemagne fédérale lie de manière indissociable au renversement d'un gouvernement la formation de son successeur.

entre le législatif et l'exécutif s'étend généralement à des éléments autres que les deux évoqués, et notamment à la dissolution, mais non pas nécessairement dans le même objectif[1].

C'est après la Première guerre mondiale que le régime parlementaire rationalisé a commencé à être pratiqué, notamment dans l'Allemagne de Weimar. Il a conquis de nombreux pays après la Seconde guerre mondiale, tels l'Allemagne fédérale, l'Italie, la France. Dans ces deux derniers pays, ses résultats ont été longtemps décevants.

D. L'évolution contemporaine des régimes parlementaires

372. Elle tient à l'importance prise par le jeu des partis, qui transforme la signification du régime parlementaire et elle se manifeste par le recul des procédures traditionnelles.

a) La nouvelle signification du régime parlementaire

373. Celui-ci a été élaboré en un temps où chaque député était censé se déterminer selon son intime conviction et il visait à instituer un équilibre entre l'exécutif et le législatif, considérés comme potentiellement antagonistes. Or sur ces deux plans, les changements sont considérables. Les députés appartiennent à des partis, sans lesquels ils ne pourraient se faire élire et dont, une fois élus, ils doivent suivre avec discipline les consignes. Le régime parlementaire est devenu un régime des partis. Il s'ensuit que lorsqu'il fonctionne correctement, on ne peut plus considérer le Gouvernement et l'assemblée comme des organes antagonistes puisque c'est le même parti ou la même coalition qui dispose du premier et de la majorité au sein de la seconde. C'est pourquoi le régime parlementaire est désormais, au moins au cours d'une législature, un régime de concentration des pouvoirs au profit d'un parti ou d'une coalition bien davantage qu'un régime d'équilibre[2].

b) Le recul des procédures parlementaires traditionnelles

374. Ce recul affecte tout particulièrement la responsabilité politique du Gouvernement devant l'assemblée élue au suffrage universel direct (la seule devant laquelle il soit désormais responsable). La responsabilité gouvernementale est, en effet, l'objet d'un phénomène singulier. Elle n'est presque plus jamais mise en cause par les voies parlementaires traditionnelles (refus de confiance, motion de censure) mais l'instabilité gouvernementale, dans les pays qui y sont sujets, n'a pas diminué pour autant : simplement, les crises surviennent sans que l'assemblée ait eu à se prononcer, pour des motifs qui tiennent essentiellement aux décisions prises de l'extérieur par les partis politiques. En d'autres termes, dans les pays où une majorité solide peut être dégagée il n'y a pas

---

1. En effet, les formalités et les conditions de nature à entraver le libre exercice du droit de dissolution ne peuvent jouer qu'à l'encontre de la stabilité gouvernementale.

2. Cette nouvelle signification du régime parlementaire s'applique à la plupart des pays qui le pratiquent, mais avec quelques notables exceptions visant notamment l'Italie (jusqu'en 1994) et les Troisième et Quatrième Républiques (ce qui fausse les perspectives françaises sur la réalité actuelle du régime parlementaire).

de crises, dans les autres, les crises subsistent mais l'essentiel en ce qui les concerne se situe en dehors de l'enceinte parlementaire.

III. Le régime présidentiel

375. Le régime présidentiel se caractérise par une grande unité qui lui vient peut-être de ce qu'il est peu pratiqué par les États occidentaux, tout au moins sous sa forme classique et si on exclut à la fois les régimes présidentialistes d'Afrique et d'Amérique du sud (qui comportent des déviations inassimilables) et les régimes mixtes. Il n'en présente pas moins une grande importance puisque c'est le régime des États-Unis. On examinera les origines historiques, les données fondamentales et l'évolution du régime présidentiel.

A. Les origines historiques du régime présidentiel

376. Il est apparu à l'extrême fin du XVIIIe siècle, avec la Constitution des États-Unis de 1787, c'est-à-dire un peu plus d'un demi-siècle après l'établissement du régime parlementaire en Grande-Bretagne. Mais il est né dans des conditions bien différentes.

En effet, le régime présidentiel représente, précisément sous sa forme nord-américaine, la première application systématique des idées exposées par les philosophes des Lumières et plus particulièrement de la théorie de la séparation des pouvoirs, qui avait été utilisée en Grande-Bretagne mais non pas de manière aussi délibérée et avec cet esprit de système. Certes, le régime présidentiel procède pour une part très importante de la pratique observée dans les décennies qui suivirent l'adoption de la Constitution. Il n'en reste pas moins que l'établissement du régime présidentiel est, comparé à celui du régime parlementaire, infiniment plus volontariste, que la part des circonstances et du hasard y est beaucoup moins grande. C'est un régime qui doit sa spécificité à une réflexion sur le problème du pouvoir, comme en témoigne la Constitution de 1787 elle-même, avec ses trois premiers articles, fondamentaux, consacrés chacun à l'un des pouvoirs distingués par les auteurs des Lumières.

B. Les éléments fondamentaux du régime présidentiel

377. C'est un régime plus simple que le régime parlementaire, même si son fonctionnement s'avère parfois difficile. Il s'analyse pour l'essentiel comme un régime dans lequel l'équilibre recherché des pouvoirs exécutif et législatif résulte de leur indépendance réciproque et de leur certitude de demeurer en fonction jusqu'à l'expiration de leur mandat.

a) Le monocéphalisme exécutif et l'autorité du président

378. En régime présidentiel, le pouvoir exécutif est concentré entre les mains du président, qui dispose donc d'une autorité considérable que doit justifier son caractère largement représentatif.

Le président exerce pleinement le pouvoir exécutif, soit directement, soit par l'intermédiaire de ses ministres. En effet, on ne retrouve pas dans ce régime le bicéphalisme exécutif qui caractérise le régime parlementaire. Bien au contraire, le président fait fonction à la fois de chef de l'État et chef du Gouvernement, ce qui revient à dire que les différents ministres relèvent directement de lui, qui les choisit (en dehors des assemblées), les nomme, peut les révoquer. En d'autres termes, le président est le titulaire exclusif du pouvoir exécutif, aussi bien du pouvoir réel, effectif, que du pouvoir nominal. Il n'y a pas de chef de Gouvernement venant concurrencer, en quelque mesure que ce soit, l'autorité du chef de l'État. Le vice-président, élu en même temps que le président et d'ailleurs choisi par lui, ne peut jouer un rôle politique que pour autant que le président l'accepte. Les ministres ne forment pas un Gouvernement, c'est-à-dire un organe collégial et solidaire, ayant des tâches et une responsabilité propres. Chacun d'eux est chargé de mettre en œuvre la politique du président, qui peut toujours mettre fin aux fonctions d'un ministre s'il l'estime nécessaire.

Il est clair que le président doté de pouvoirs aussi considérables doit trouver dans une élection à une large majorité l'assise qui lui est indispensable. C'est pourquoi, en régime présidentiel, le président est normalement élu au suffrage universel direct ou quasi-direct [1]. On peut aussi concevoir une élection par un collège de grands électeurs, encore que le procédé soit moins démocratique. Mais de toute manière, il est certain que l'élection doit se faire sur une base excédant largement le cadre restreint des assemblées parlementaires, afin que le président, puisqu'il est chargé de conduire la politique de la Nation, puisse légitimement prétendre à la qualité d'organe représentatif de celle-ci.

b) L'indépendance réciproque du président et des assemblées

379. Le propre du régime présidentiel, c'est que les organes exécutifs, c'est-à-dire le président et ses ministres, disposent pleinement du pouvoir exécutif et que les organes législatifs, c'est-à-dire les assemblées, disposent pleinement du pouvoir législatif, les uns et les autres pour toute la durée de leurs mandats respectifs.

Il s'ensuit deux conséquences importantes. La première est qu'un organe ne doit, en principe, jamais interférer dans l'exercice des fonctions dévolues à l'autre : le président ne peut participer à la fonction législative, les assemblées ne peuvent intervenir dans le fonctionnement de l'exécutif. La seconde est qu'un organe ne doit jamais pouvoir exercer des pressions sur l'autre et encore moins agir à son encontre : le président ne dispose donc pas du pouvoir de prononcer la dissolution de l'assemblée mais celle-ci ne peut, de son côté, mettre en cause la responsabilité du président. Une fois élu, chaque organe est donc assuré de demeurer au pouvoir pour la durée prévue. C'est d'ailleurs précisément pour que les organes exécutifs puissent aller jusqu'au terme de leur mandat que la vice-présidence a été instituée.

Il va de soi qu'un système aussi rigoureux comporte toujours quelques aménagements, comme aux États-Unis, mais ceux-ci doivent demeurer mineurs, sous peine de lui faire perdre sa cohérence interne.

c) Les difficultés de fonctionnement du régime présidentiel

380. La séparation des pouvoirs, conçue de manière intransigeante, suscite d'indéniables difficultés de fonctionnement, institutionnelles et politiques.

---

1. Il y a élection au suffrage universel quasi-direct lorsque les grands électeurs reçoivent des électeurs un mandat impératif de voter pour tel candidat.

Les difficultés institutionnelles sont évidentes et elles montrent bien que le régime présidentiel, à travers l'archétype américain, procède de vues anciennes et, sur certains points, dépassées. C'est ainsi, par exemple, que les assemblées disposant de la plénitude du pouvoir législatif, le président se voit refuser l'initiative législative et ne peut donc déposer de projets de lois cependant que ses ministres ne devraient, en bonne logique, pas pouvoir intervenir dans la procédure d'élaboration de la loi. Mais c'est là oublier que le président est élu pour mettre en œuvre son programme et que celui-ci doit être réalisé aussi par la voie législative, qui est indispensable. D'où la nécessité de recourir à des subterfuges divers, qui tendent toujours à tourner les dispositions constitutionnelles.

Les difficultés politiques sont bien plus graves encore car elles peuvent conduire à une certaine paralysie du système. En effet, si le président et les majorités parlementaires ne relèvent pas du même courant politique, des tensions risquent de se manifester. Or, le régime présidentiel ne comporte pas de mécanismes destinés à résoudre les conflits susceptibles de survenir. Comme chaque organe est assuré d'aller jusqu'au terme de son mandat, le président et les assemblées sont condamnés à vivre ensemble mais peut-être sans s'entendre. Bien qu'en raison des caractères propres aux partis américains, cette situation n'ait pas présenté d'inconvénients trop sérieux, elle n'en reste pas moins fâcheuse.

IV. Les régimes mixtes

381. Les régimes mixtes combinent éléments empruntés au régime parlementaire et éléments empruntés au régime présidentiel, ce qui pose parfois, quant à leur fonctionnement, le problème de leur cohérence.

A. Les régimes mixtes et les emprunts au régime parlementaire et au régime présidentiel

382. Ce sont toujours les mêmes éléments qui sont empruntés à ces deux types de régimes : au régime parlementaire, les régimes mixtes empruntent l'existence d'un Gouvernement, collégial et solidaire, responsable devant l'assemblée élue au suffrage universel direct, au régime présidentiel, ils empruntent l'institution d'un président élu, lui aussi, au suffrage universel direct et disposant non seulement de l'autorité que confère ce mode de désignation mais aussi de pouvoirs souvent considérables. Parmi les régimes mixtes existant actuellement, il faut citer l'Autriche, la Finlande, l'Irlande, l'Islande, le Portugal et, bien entendu, la France sous la Cinquième République, ainsi que, depuis 1993, la Fédération de Russie rejoignant quelques pays d'Europe centrale ou orientale.

Il faut d'abord souligner le caractère relativement récent de ces régimes qui ne se sont implantés que depuis la seconde moitié du XXe siècle. Ils procèdent tous d'une Constitution écrite mais doivent beaucoup à la pratique, qui leur a donné leurs caractères spécifiques, souvent éloignés les uns des autres.

Précisément, on doit insister sur les différences de fonctionnement existant entre ces régimes de même type institutionnel. Si l'on s'en tient à la lettre de la Constitution, les similitudes sont évidentes, bien que le président puisse disposer de pouvoirs plus ou moins importants[1]. Mais si on considère la réalité politique, on constate que certains présidents vont au-delà de leurs pouvoirs constitutionnels et que d'autres demeurent en deçà de ce que leur permet la Constitution.

À cet égard, on ne saurait trop souligner que les régimes mixtes ne constituent pas, en raison de leur nature même, une catégorie homogène. Il faut ajouter qu'ils concernent des États extrêmement différents par leur superficie, leur population, leur passé historique, leur niveau économique. Même si quelques caractéristiques communes peuvent être dégagées, il serait vain de chercher à établir une unité qui ne pourrait être qu'artificielle.

B. Le fonctionnement des régimes mixtes et le problème de leur cohérence

383. Ce fonctionnement donne, dans l'ensemble, satisfaction mais pour des motifs différents.

Dans certains pays, les difficultés sont éludées parce que le président renonce en fait à tenir le rôle moteur qui pourrait être le sien. L'explication est structurelle. C'est le cas le plus fréquent, celui de l'Autriche, de l'Irlande, de l'Islande, qui bien qu'élisant un président au suffrage universel direct ont des régimes se rapprochant, à des degrés divers, du régime parlementaire. Dans d'autres pays, tel la Finlande, le fonctionnement harmonieux tient à l'équilibre assez étonnant qui caractérise les régimes scandinaves.

En France, où le président exerce pleinement ses pouvoirs et va même au-delà, le fonctionnement a paru satisfaisant au cours des périodes où il disposait d'une majorité parlementaire, absolue ou seulement relative, ce qui est encore suffisant. L'explication était conjoncturelle. Mais on sait que la conjoncture n'est pas toujours favorable. Entre 1986 et 1988, puis entre 1993 et 1995, lorsque le président a eu à affronter une majorité et un Gouvernement dont les convictions politiques étaient contraires aux siennes, il a fait figure de chef de l'opposition tout en laissant le Premier ministre gouverner mais l'opinion politique ne s'est pas inquiétée parce que des élections importantes, présidentielles ou législatives, devaient avoir lieu deux ans plus tard. Elle a donc pensé, à juste titre, qu'elles rétabliraient l'harmonie et que les périodes de cohabitation, de durée relativement brève, n'étaient que des accidents de parcours. En revanche, après la dissolution ratée de 1997, la cohabitation a paru devoir être longue et elle a suscité une inquiétude qui s'est dissipée lors des élections de 2002.

Il reste que le fonctionnement des régimes mixtes est empreint d'une certaine fragilité. En effet, régime parlementaire et régime présidentiel comportent chacun, en fonction de leur logique propre, des solutions aux crises possibles entre l'exécutif et le législatif. Les régimes mixtes, au contraire, dans la mesure où ils établissent un Gouvernement de type parlementaire et un président de type présidentiel, non seulement n'en prévoient pas, mais encore, par manque de cohérence, accroissent les risques de conflits, au moins si chaque organe entend utiliser pleinement ses pouvoirs. Les risques de blocage des institutions ne sont donc pas négligeables.

---

1. En Finlande et au Portugal, ainsi qu'en France, le président dispose de pouvoirs considérables. En Irlande, ses pouvoirs sont beaucoup moins importants.

Section 2

Les régimes socialistes d'inspiration marxiste

384. Ils sont devenus très peu nombreux, compte tenu de l'effondrement du socialisme en Europe orientale et centrale et en ex-Union soviétique. Cependant, on n'oubliera pas qu'ils ont joué un rôle très considérable après la Seconde Guerre mondiale et qu'ils représentent toujours dans plusieurs pays, dont la Chine, une forme de régime très caractérisée. Il faut aussi souligner qu'ils ont pour la plupart pris une distance certaine vis-à-vis de l'inspiration marxiste qui a présidé à leur formation.

C'est pourquoi on examinera successivement les dogmes fondateurs et la pratique actuelle, souvent différente, parfois originale et assez diversifiée.

I. Les caractéristiques originelles

A. Le Parti communiste et le centralisme démocratique

385. Le Parti communiste assurait pratiquement seul l'exercice du pouvoir.

a) Le parti unique

386. La position exclusive ou dominante du Parti communiste tient à la doctrine même. Si les antagonismes sociaux n'ont pas encore disparu, c'est à lui, avant-garde de la classe ouvrière, qu'il appartient d'exercer la dictature du prolétariat. S'ils ont disparu et qu'il n'existe plus qu'une seule classe, celle des travailleurs, toute solution pluraliste est encore à rejeter (puisque les partis ne sont, pour les marxistes, que les groupes de défense des classes sociales) et seul peut subsister le parti ayant en charge l'intérêt de ces travailleurs, c'est-à-dire le Parti communiste. Celui-ci, qui comprend l'élite des travailleurs, assume les véritables responsabilités gouvernementales. C'est, en effet, un trait propre aux régimes socialistes que les instances du parti doublent à tous les échelons les instances de l'appareil d'État. Deux organisations parallèles coexistent donc, bien qu'en fait il y ait une certaine osmose et que, pour une bonne part, on retrouve les mêmes personnalités dans les deux. Il faut tout de même souligner que le parti constitue la plus importante, celle qui prend les décisions capitales et qui détermine l'orientation de la politique nationale.

b) Le centralisme démocratique

387. C'est un principe qui s'applique à la fois au Parti et à l'État. Il signifie : 1°) que tous les organismes dirigeants, de la base au sommet, doivent être élus ; 2°) qu'ils doivent rendre compte de leurs activités devant leurs organisations respectives et devant les organismes immédiatement supérieurs ; 3°) qu'une fois les décisions prises, la minorité doit se soumettre à la majorité et observer une discipline rigoureuse ; 4°) que les décisions des organes supérieurs s'imposent aux organes inférieurs.

Le centralisme démocratique a permis au Parti de former un bloc monolithique, ce qui a considérablement renforcé son pouvoir et son efficacité.

B. Les institutions et le caractère totalitaire du pouvoir

388. Les régimes socialistes ont toujours comporté des institutions spécifiques et se sont signalés par le caractère totalitaire qu'y revêtait l'exercice du pouvoir.

a) L'organisation des institutions

389. Les institutions sont soumises aux mêmes principes que le Parti, c'est-à-dire au centralisme démocratique et à la direction collective. Il faut y ajouter la distinction des organes du pouvoir d'État (ce sont les organes délibérants) et des organes de l'administration d'État (c'est le Gouvernement). Cette distinction se substitue à celle des organes législatifs et exécutifs, qui n'a pas de sens dans un régime marxiste-léniniste. En effet, les organes du pouvoir d'État disposent de la plénitude du pouvoir politique (et non pas seulement du pouvoir législatif) alors que les organes de l'administration d'État sont des organes d'exécution et étroitement dépendants. Mais il s'agit là de la théorie. En fait, les assemblées titulaires du pouvoir d'État ne siègent généralement que quelques jours par an et apparaissent surtout comme des organes de ratification des décisions préparées par les organes de l'administration d'État. De toute manière, l'essentiel du pouvoir ne réside pas dans l'appareil d'État mais dans les instances dirigeantes du Parti.

b) Le caractère totalitaire

390. Il procède pour une part importante de l'existence d'un parti unique mais aussi de l'unité de la doctrine et du centralisme démocratique. Tous ces éléments cumulés enferment la vie politique dans un cadre clos. Aussi bien l'existence d'une vérité officielle ne saurait favoriser de libres débats. C'est pourquoi on ne peut concevoir que des oppositions se manifestent publiquement car elles prendraient immédiatement l'aspect d'activités fractionnelles, voire de dissidences ou de véritables hérésies. Les systèmes socialistes ont toujours été d'essence unanimitaire.

II. Les inflexions actuelles

391. Longtemps les dogmes fondateurs ont été appliqués strictement par les régimes socialistes et même, à l'époque stalinienne, de manière parfois caricaturale. Actuellement les très rares régimes subsistants ont tous pris de la distance vis-à-vis de ces dogmes, qui ne constituent plus qu'un arrière-fond doctrinal susceptible de nombreux et importants aménagements.

C'est sur le plan économique que les changements sont les plus spectaculaires. La Chine a donné l'exemple du « socialisme de marché », au moins dans les zones urbaines, qui réhabilite le profit. Cette réorientation s'explique : souvent implanté dans des pays à faible niveau de vie, le socialisme n'a jamais vraiment résolu les problèmes de production, c'est pourquoi il recherche maintenant les investissements étrangers et doit tenir compte d'un environnement international de plus en plus dominé par le système capitaliste. Le Vietnam et Cuba, dont l'économie est très affaiblie, sont en proie à la même tentation ou au même besoin. Il reste à se demander si cet infléchissement très considérable peut demeurer sans conséquences politiques.

En réalité, même si l'identité de ces régimes demeure, on assiste à un effacement progressif de leurs particularismes les plus topiques. Ils se rapprochent désormais d'une part, de nombreux régimes de pays en voie de développement, autoritaires et interventionnistes comme eux, d'autre part, de certains régimes issus de l'éclatement de l'ex-Union soviétique, dont la transition vers le pluralisme et le libéralisme est nécessairement lente et difficile.

▶ Bibliographie

Sur les régimes pluralistes

R. Capitant, « Les régimes parlementaires », in *Mélanges Carré de Malberg*, Sirey, 1933.

J.-C. Colliard, *Les régimes parlementaires*, Presses de la FNSP, 1978.

M.-H. Fabre, *La République*, Edisud, 1987.

Ph. Lauvaux, *Les grandes démocraties contemporaines*, 4e éd., PUF, « Droit fondamental », 2015.

Y. Meny et Y. Surel, *Politique comparée. Les démocraties*, 8e éd., Montchrestien, 2009.

J.-L. Quermonne, *Les régimes politiques occidentaux*, 5e éd., Seuil, 2006.

Sur les régimes socialistes

P. Gelard, *Les systèmes politiques des États socialistes*, Cujas, 2 vol., 1975.

M. Lesage, *Le système politique de l'URSS*, PUF, coll. « Thémis », 1987.

Titre 2

Le fonctionnement des régimes étrangers contemporains

392. Il est évidemment indispensable d'illustrer les explications théoriques qui viennent d'être données par l'exposé de cas concrets, c'est-à-dire par l'étude d'un certain nombre de régimes politiques actuellement pratiqués dans le monde. Il faut indiquer que les régimes étudiés ont été choisis non seulement en raison de l'importance des États qui les pratiquent (États-Unis, Japon, Chine, etc.) mais aussi, soit parce qu'ils peuvent être considérés comme particulièrement représentatifs d'une des catégories analysées dans le chapitre 7 (c'est le cas des États-Unis pour le régime présidentiel), soit, éventuellement, parce qu'ils montrent la diversité d'une catégorie qui comporte plusieurs tendances (c'est le cas de la Grande-Bretagne, de l'Allemagne fédérale, de l'Italie pour les régimes parlementaires), soit enfin parce qu'il s'agit d'un groupe de régimes en pleine mutation, comme c'est le cas pour les États nés de l'éclatement de l'empire soviétique.

Les quatre chapitres qui suivent traiteront donc des régimes parlementaires pluralistes qu'il s'agisse des régimes à alternance régulière britannique et allemand (chapitre 8) ou des régimes à alternance limitée italien et japonais (chapitre 9), du régime présidentiel aux États-Unis (chapitre 10) et des transformations profondes affectant les régimes anciennement socialistes de l'Est européen, avec une étude détaillée de la Fédération de Russie, en y ajoutant, comme témoin du système antérieur, après une très considérable évolution, le régime chinois (chapitre 11).

Chapitre 8

Les régimes parlementaires à alternance régulière britannique et allemand

393. Les régimes parlementaires sont d'une grande diversité. Se situant dans un cadre pluraliste et libéral, beaucoup pratiquent une alternance qui fait succéder au pouvoir les grands partis en compétition, généralement peu nombreux – deux ou trois – et préconisant des politiques nettement différenciées. Presque toujours, l'alternance est facilitée par le fait qu'on n'y rencontre pas de partis importants d'opposition au régime.

On retiendra dans ce chapitre les régimes britannique et allemand, particulièrement représentatifs de ce type de régime.

Section 1
Le régime de la Grande-Bretagne

394. La Grande-Bretagne contemporaine a porté à son point de perfection le régime parlementaire biparti. Mais cette perfection même, œuvre du temps, des mœurs et de la tradition bien davantage que des institutions, en a fait un cas unique, hors de la portée de ses nombreux imitateurs.

I. Les antécédents historiques

395. Leur connaissance est indispensable à qui veut comprendre un régime qui est le fruit d'une longue évolution historique.

A. Les révolutions anglaises du XVIIe siècle

396. Les grandes luttes politiques du XVIIe, marquées par les révolutions de 1648 et de 1689 et soutenues victorieusement par le Parlement contre la dynastie absolutiste des Stuart, forment le point de départ de l'évolution. Sans doute le Parlement a-t-il déjà une longue existence. Il se compose d'une Chambre haute (les Lords) où siègent prélats et barons, et d'une Chambre basse (les Communes) où siègent chevaliers et bourgeois représentant les comtés et les villes de quelque importance. Les Communes se sont vues reconnaître très tôt le droit de consentir l'impôt et elles en ont profité pour participer au travail législatif. Mais 1689 marque le début d'une évolution irréversible vers un parlementarisme modéré et raisonnable. Dans le même temps, de grands textes sont adoptés en vue de protéger les droits individuels et de rappeler les lois fondamentales du royaume : *Pétition des droits* de 1628, *Act d'Habeas Corpus* de 1679 obligeant le pouvoir à faire comparaître dans les vingt jours les personnes arrêtées devant le juge compétent, *Bill of Rights* de 1689.

B. L'établissement du régime parlementaire au XVIIIe siècle

397. C'est la constitution d'un Cabinet politiquement responsable devant les Communes qui va en décider. Au départ, les ministres ne sont que de simples membres du Conseil privé, sans existence collective. Mais lorsque, en 1714, les princes allemands de la dynastie de Hanovre montent sur le Trône, ils ignorent la langue anglaise et se désintéressent des affaires du royaume. Le Cabinet acquiert alors une existence autonome, sous l'autorité du Premier ministre, et se détache du Conseil privé. Une évolution similaire se produit quant à la responsabilité. Les ministres ne sont d'abord qu'individuellement responsables devant le Parlement pour les actes de leur gestion. C'est une responsabilité purement pénale, qui donne lieu à une mise en accusation par les Communes (procédure d'*impeachment*) et à un jugement par les Lords, qui peuvent aller jusqu'à condamner les ministres à la peine de mort. À partir de 1689, la simple menace de l'*impeachment* va conduire les ministres à se retirer lorsqu'ils se sentent désapprouvés par les Communes, sans attendre la mise en œuvre de la procédure. Ainsi une responsabilité politique et collégiale *a priori* se substitue à une responsabilité pénale et individuelle *a posteriori*. Le Cabinet est désormais un organe solidaire, dirigé par le Premier ministre, politiquement responsable devant les Communes et non pas devant le Roi. Celui-ci, qui conserve le droit de dissoudre les Communes, tire d'ailleurs de grands bénéfices du nouveau système qui permet à la Chambre basse – c'est un de ses grands avantages – de critiquer la gestion des affaires nationales sans mettre en cause la personne du monarque.

C. La démocratisation du pouvoir au XIXe siècle

398. Ce nouveau système était libéral mais il n'était pas démocratique, son support électoral demeurant très étroit. Par étapes progressives et prudentes, des réformes intervinrent en 1832, 1867, 1872, 1884 pour étendre le droit de suffrage et garantir la sincérité du vote. C'est en 1918 que le suffrage universel masculin et féminin fut adopté. Dans le même temps, une redistribution s'opérait entre les différents organes en présence. Ceux que leur recrutement situait hors du circuit démocratique étaient pratiquement écartés de l'exercice du pouvoir. Tel était le cas de la Monarchie, dont la fonction nationale et symbolique assure cependant la pérennité. Tel était surtout le cas de la Chambre des Lords, que les *Parliament Acts* de 1911 et de 1949 ont mis définitivement en sommeil. Seuls conservent une importance politique les Communes, le Cabinet et aussi – et surtout – les deux grands partis compétiteurs.

II. Le bipartisme britannique

399. Il domine toute la vie politique anglaise dont il permet de comprendre les ressorts profonds.

A. La permanence du bipartisme

400. Un phénomène des plus remarquables est qu'il n'y a jamais eu que deux partis à jouer un rôle décisif, bien qu'ils n'aient pas toujours été les mêmes. Sans doute, il y a-t-il une filiation directe entre le parti conservateur et le parti tory des origines, de même qu'entre le parti libéral et le parti *whig*. Mais, précisément, le parti libéral, dont le rôle a été si important au XIXe siècle, sous la direction de Gladstone, a été pratiquement éliminé par le parti travailliste, qui s'est substitué à lui et l'a réduit à un rôle qui apparaissait limité, tout au moins jusqu'en mai 2010. Ainsi le système des deux partis, rompu par l'apparition, à l'extrême fin du XIXe siècle, du *Labour Party*, s'est-il lentement reconstitué par l'éviction progressive, notamment au cours de la période comprise entre les deux guerres mondiales, qui a été une période de tripartisme, de l'un des partis en présence. Ce phénomène s'explique pour une part, par le mode de scrutin britannique, pour une autre part, par le fait que le *Labour* a été constitué à l'origine par les *trade-unions*, c'est-à-dire par les syndicats, et qu'il a ainsi bénéficié de leurs effectifs dès sa naissance, ce qui lui a permis de faire irruption tout armé dans l'arène politique.

B. L'influence du mode de scrutin

401. Le système majoritaire à un tour, qui a été précédemment étudié, tend naturellement au bipartisme.

a) L'obligation de voter utile

402. Le caractère immédiatement décisif de ce mode de scrutin (*First past the post*) conduit l'électeur à voter utile. Dans un souci d'efficacité, il se détourne de lui-même du troisième parti, peut-être plus proche de ses convictions, mais qui n'a pas encore ou qui n'a plus l'importance numérique indispensable pour participer à la lutte pour le pouvoir. Car l'électeur anglais pense généralement, à juste titre, que son vote n'a pas pour objet de faire connaître son opinion au pays et au monde mais de lui permettre une influence sur l'exercice du pouvoir. Dès lors le troisième parti estimera souvent inutile de présenter des candidats dans toutes les circonscriptions, ou bien il fera alliance avec l'un des deux autres en lui apportant des suffrages dans certaines circonscriptions pour pouvoir se maintenir dans d'autres mais par là même il renonce lui-même à être un parti d'importance nationale, donc à la majorité aux Communes et à l'exercice du pouvoir. Si le scrutin à la pluralité des voix est étroitement associé au bipartisme, il n'en emporte pas moins cette conséquence curieuse que la décision est assurée, lors des élections générales, par les électeurs flottants (*floating votes*), c'est-à-dire par ceux qui ne suivent pas fidèlement l'un des deux partis en compétition. En effet, ceux-ci ont leurs fiefs traditionnels, dont ils sont plus ou moins sûrs. C'est donc une minorité, et politiquement la moins convaincue – parfois la plus indifférente – qui détermine l'issue des élections.

b) Le scrutin et les majorités parlementaires

403. Jusqu'à présent, le scrutin a, le plus souvent, contribué à la formation de majorités parlementaires nettes en avantageant les deux grands partis et en sous-représentant le Parti libéral-démocrate.

À l'égard du troisième parti, le scrutin a un effet réducteur qui n'est pas moins remarquable. Les élections nationales qui ont eu lieu entre 1974 et 2019 sont à cet égard très significatives puisque avec un nombre de suffrages approchant – et parfois dépassant largement – la moitié de ceux obtenus par le Labour, les partis centristes – Libéral, Alliance, Libéral-démocrate – n'ont obtenu qu'un dixième ou un vingtième des sièges remportés par les travaillistes. À titre d'exemple, en 2010, avec environ 8 600 000 voix, les travaillistes obtenaient 258 sièges, alors qu'avec 6 800 000 voix, les libéraux-démocrates n'en obtenaient que 57. L'écart de représentation est énorme : un député travailliste représente environ 33 000 électeurs quand un député libéral-démocrate en représente plus de 120 000.

Le scrutin peut aussi donner lieu à des résultats surprenants ou aberrants. En effet, il peut arriver qu'un parti minoritaire en nombre de voix obtienne la majorité absolue des sièges mais on observera que cette particularité bien connue du système majoritaire, si elle est choquante sur le plan de la justice électorale, n'a pas eu d'incidence sur le régime jusqu'à présent. Il peut aussi arriver qu'aucun des deux grands partis n'obtienne la majorité absolue des sièges et dans ce cas c'est le fonctionnement même du régime qui se trouve affecté. Cette situation s'était déjà produite en 1974 avec des conséquences politiques réduites. En revanche, en 2010, cette situation a conduit à l'obligation de constituer un Gouvernement de coalition réunissant en son sein conservateurs et libéraux-démocrates et dirigé par David Cameron, conservateur, Premier ministre, et Nick Clegg, libéral-démocrate, vice-Premier ministre. De même, après les élections générales du 8 juin 2017, la nouvelle leader du parti conservateur et Premier ministre, Theresa May, ayant perdu la majorité absolue aux Communes, a été contrainte de composer sur son aile droite avec des formations comme le parti unioniste démocrate (nord-irlandais).

C. Les partis politiques

404. Il existe deux grands partis, un troisième non négligeable, au moins en voix, et des partis régionaux très actifs.

a) Le Parti conservateur

405. En dépit d'un reflux important par rapport aux années 1950, il compte encore environ 500 000 adhérents. Le leader est élu par le groupe parlementaire selon une procédure qui le place dans une certaine mesure, sous le contrôle du groupe. Il n'en assure pas moins la direction effective du parti et exerce une influence décisive sur l'appareil que dirige officiellement le président élu par le Comité exécutif.

b) Le Parti travailliste

406. Il a conservé de nombreux traits originaux de sa constitution initiale par les *trade-unions*. Il comporte deux catégories bien distinctes d'adhérents. D'une part, les syndicats peuvent adhérer collectivement, mais leurs membres doivent, s'ils veulent devenir membres du parti, confirmer individuellement par le paiement d'une cotisation distincte. D'autre part, il y a les adhérents directs, constitués en sections locales, qui jouent un rôle essentiel car ils ont les convictions les plus affirmées, les syndicats assurant le soutien financier. La direction du Parti doit veiller à l'équilibre entre l'influence de l'état-major des *trade-unions* et celle procédant des sections locales. En 2006, le parti revendiquait 450 000 adhérents à l'issue d'une campagne d'adhésion à tarif réduit.

c) Le Parti libéral-démocrate

407. Il est l'héritier lointain du prestigieux Parti *whig*, qui a souvent exercé le pouvoir au XIXe siècle. Dans sa configuration actuelle, il résulte de la fusion en 1988 de l'ancien parti libéral britannique et du parti social-démocrate, formation issue des rangs du parti travailliste. Ce parti n'a cessé de marquer des points depuis sa renaissance, notamment lors des scrutins locaux. Un tournant décisif a été pris en 2007 avec la désignation à sa tête de Nick Clegg qui a réussi le tour de force d'imposer le parti libéral-démocrate comme le « tiers-parti » de la scène politique britannique. La mue de ce parti en parti de Gouvernement aurait été achevée si Nick Clegg était parvenu à faire adopter la réforme du scrutin dont il avait fait son principal cheval de bataille. Las, à l'issue du référendum organisé le 5 mai 2011, les britanniques ont considéré à une large majorité (68 %) qu'il était plus prudent de conserver le système traditionnel de scrutin uninominal à un tour. Il est probable que le résultat sans ambiguïté de cette consultation sonne le glas des ambitions de ceux qui auraient espéré voir émerger un tiers parti sur la scène politique britannique.

d) Les partis régionaux

408. Implantés en Écosse et au Pays de Galles, ainsi qu'en Ulster, ils ont joué, en s'associant le cas échéant au parti vainqueur des élections lorsque sa majorité était faible, un rôle bien supérieur à ce que leur représentation pouvait leur laisser espérer. Depuis que le Gouvernement de Tony Blair a accordé en 1997 une autonomie réelle à l'Écosse et dans une certaine mesure au Pays de Galles, ils sont appelés à jouer un rôle plus important encore. C'est le cas, y compris à la Chambre des Communes elle-même, où le Parti national écossais compte 35 membres et le Plaid Cymru (parti en faveur de l'indépendance galloise) compte lui 4 membres. Ces deux partis, alliés, forment un groupe aux Communes.

D. Idéologies et discipline

409. Différentes, les idéologies ne sont cependant pas figées. La discipline partisane a, elle aussi, évolué.

a) Les idéologies en compétition

410. Une des caractéristiques essentielles des partis britanniques est d'être en accord profond sur les données fondamentales du régime.

C'est évident pour le parti conservateur, qui n'entend nullement transformer la société et qui est essentiellement un parti de gestion par une élite dont les capacités sont liées à son appartenance à l'*establishment*. Mais c'est également vrai pour le Labour, qui a été plus souvent dans l'opposition qu'au Gouvernement et dont la spécificité idéologique est naturellement plus marquée que celle du parti conservateur. Tirant les leçons de la tentative de radicalisation des années 1970-1980, qui l'a tenu éloigné longtemps du pouvoir, il s'est affirmé de nouveau comme un parti réformiste, peu soucieux de mettre en cause les acquis économiques de l'ère thatchérienne mais partisan de promouvoir diverses améliorations sociales. C'est ce recentrage idéologique qui lui a permis de conquérir le pouvoir en mai 1997 avec à sa tête Tony Blair.

Il faut ajouter que, comme il a été signalé pour le Parti travailliste, chaque parti comporte, en fait, plusieurs tendances. Le bipartisme représentant une simplification et même une stylisation du système politique, il est naturel que le foisonnement et les complexités de la vie réapparaissent à l'intérieur des partis conservateur et travailliste (l'un et l'autre divisés sur l'Union européenne).

b) La discipline partisane

411. Elle a longtemps été considérée comme devant être très stricte et comme une des pierres angulaires du système, avec le mode de scrutin. En effet, le soutien sans défaillance du groupe majoritaire conditionne, en régime biparti, le maintien au pouvoir du Cabinet pour la durée de la législature, surtout si sa majorité est faible. C'est pourquoi la discipline partisane est toujours exigée pour les votes importants et elle est contrôlée, dans chaque parti, par les *whips*, ceux de la majorité occupant des fonctions ministérielles qui assurent leur autorité. Les députés qui l'enfreindraient peuvent être sanctionnés et notamment privés d'investiture lors des élections suivantes. Cependant la discipline de vote n'est plus ce qu'elle était. Depuis les années soixante-dix elle s'est beaucoup assouplie et des députés n'hésitent pas à transgresser les consignes. Même Margaret Thatcher pourtant jalouse de son autorité n'a pu toujours l'obtenir pleinement. En mars 2003, sur la question de la guerre en Irak, Tony Blair a été abandonné par nombre de députés travaillistes et n'a dû sa majorité qu'à ses adversaires conservateurs.

III. Le cadre institutionnel

412. Il constitue le cadre de la vie politique et, en apparence, n'a pas été modifié depuis des siècles, même si des transformations profondes s'opèrent actuellement.

A. La « Constitution »

413. C'est une Constitution non écrite et c'est aussi une Constitution souple, qui peut être modifiée à tout moment sans mise en œuvre d'une procédure particulière de révision. Les grands textes qui jalonnent l'histoire britannique, de la *Grande Charte* aux *Déclarations des droits*, pourraient être eux-mêmes modifiés par le Parlement de la même manière que celui-ci adopterait une loi ordinaire. Aussi bien constituent-ils surtout des survivances historiques, de grande valeur symbolique, mais de peu d'importance juridique. Ce qui n'est évidemment pas le cas de la Convention européenne des droits de l'Homme qui depuis le *Human Rights Act* de 1998 a été directement incorporée au droit britannique. Cette mesure ayant pris effet le 2 octobre 2000, les pouvoirs publics britanniques (Parlement, administrations, tribunaux) ont désormais l'obligation de mettre en compatibilité leur droit interne avec les exigences de la Convention. Il en résulte que ce texte est devenu la pièce maîtresse du droit constitutionnel britannique comme l'illustre, par exemple, la décision controversée du 12 avril 2006 rendue par la Haute Cour de Londres par laquelle cette juridiction estime incompatible la loi anti-terroriste de 2005 avec la Convention européenne des droits de l'Homme. Néanmoins, des réticences perdurent. Ainsi, David Cameron, lors des campagnes électorales de 2010 et 2015, avait-t-il fait de l'abrogation du *Human Rights Act* l'un des fers de lance de son programme.

B. La Monarchie

414. Elle est soumise à la règle fondamentale de la neutralité politique du souverain. Ses prérogatives, qui sont fort nombreuses, sont purement nominales et aucune d'entre elles ne peut être exercée sans le contreseing du Premier ministre et des membres intéressés du Cabinet. Le choix même du Premier ministre, qui constitue une prérogative non négligeable des Chefs d'États parlementaires en régime multiparti lui échappe complètement du fait du bipartisme : il ne peut désigner, en effet, que le leader de celui des deux grands partis qui a gagné les élections. Il faut, à ce sujet, souligner que la neutralité exigée du souverain consiste avant tout à respecter les données fondamentales du jeu des partis.

C. La Chambre des Lords

415. Pendant longtemps, elle a représenté une institution immuable du système britannique, largement anachronique aux yeux d'un observateur extérieur. Pourtant, depuis 1999, la Chambre des Lords a entamé un processus de mutation qui n'est peut-être pas encore parvenu à son terme.

a) L'héritage du passé

416. Avant 1999, elle était composée de 1 295 Lords, dont 759 à titre héréditaire, 26 Lords spirituels (archevêques et évêques) et 510 nommés à vie, en vertu d'un *Act* de 1958 permettant aussi de nommer des femmes. Il faut également signaler la présence de *Law Lords*, hauts magistrats nommés en cette qualité et chargés de former la Cour suprême du royaume. En fait, il n'y avait guère plus de deux cents Lords participant habituellement aux séances de la Chambre. Celle-ci n'avait plus aucun pouvoir de contrôle sur le Cabinet. Ses pouvoirs législatifs avaient été considérablement réduits par les *Acts* de 1911 et de 1949 puisque les Communes peuvent passer outre l'opposition des Lords en votant le projet de loi dans son même texte, au cours de deux sessions successives séparées par un délai minimum d'un an. Quant aux pouvoirs financiers, ils ont été réduits à néant dès 1911, les textes votés par les Communes devenant définitifs au bout d'un mois, quel que soit le vote des Lords. Ces mesures s'expliquent par le décalage politique constant entre les Communes, où l'alternance est possible lors de chaque élection, et les Lords, où elle n'était jamais envisageable du fait de la domination majoritaire des conservateurs. Aussi bien les Lords – ceux du moins qui participaient aux séances – s'estimant à juste titre hors du circuit politique, s'en tenaient-ils à une attitude d'opposition modérée et se gardaient-ils d'entrer en conflit direct avec la Chambre démocratique sur les textes importants.

b) Les mutations actuelles

417. Depuis 1999, a été amorcé un processus évolutif de réforme de la vénérable institution qui compte actuellement environ 800 membres, en majorité nommés à vie par la Couronne, sur proposition du Premier ministre.

En application de cette réforme initiée à l'origine par le Gouvernement de Tony Blair, les Lords héréditaires, tout en conservant leurs titres toujours transmissibles, ont perdu pour eux et pour leurs descendants le droit de siéger et de voter, en raison de leurs titres, à la Chambre [1]. Celle-ci n'est donc plus composée que de ses membres nommés, c'est-à-dire des pairs et des pairesses désignés par les gouvernements successifs depuis l'*Act* de 1958 et toujours en fonction. Cependant, pour faciliter une transition en douceur, il a été décidé que les pairs héréditaires désigneraient 92 d'entre eux qui seraient nommés par le Gouvernement en complément des précédents. Il faut souligner que ces pairs « héréditaires » ne sont à la Chambre des Lords que pour la durée de leur vie et que parce qu'ils ont été nommés. En outre, et toujours dans le même esprit de conciliation, un certain nombre de pairs à vie ont été nommés depuis la réforme par le Gouvernement et choisis parmi les pairs héréditaires qui s'étaient montrés actifs et qui ne figuraient pas parmi les quatre-vingt-douze visés précédemment. Le 20 juin 2003, le Gouvernement de Tony Blair a aussi fait cesser une violation multi-séculaire du principe de séparation des pouvoirs en décidant qu'il était mis fin aux fonctions du *Lord chancelier* qui présidait la Chambre des Lords tout en étant membre du Gouvernement. Le Lord chancelier, qui était le troisième personnage de l'État, a été remplacé au Gouvernement par un « ministre des affaires constitutionnelles ». Tandis que dans le même temps, il est prévu que la chambre des Lords élise, en son sein, son *speaker*. Il faut ajouter à cette évolution déjà très importante que la chambre des Lords a perdu son pouvoir juridictionnel au profit d'une Cour suprême à l'américaine.

D. La Chambre des Communes

418. C'est l'héritière d'une très ancienne tradition mais qui a su parfaitement s'adapter aux conditions nouvelles du parlementarisme.

a) Le fonctionnement des Communes

419. La Chambre est présidée par un *Speaker* élu pour la durée de la *législature* (cinq ans) mais la tradition d'impartialité de sa fonction est si bien établie et si fermement assurée qu'il est normalement réélu, même en cas de changement de majorité. Cependant, l'institution respectée du *Speaker* a été mise à mal par un scandale politico-financier relatif à des « notes de frais » engagées sans aucun contrôle par des parlementaires, au premier rang desquels figurait, M. Michael Martin, le *Speaker*. La révélation de cette affaire a entraîné la démission de ce dernier le 19 mai 2009. Il faut remonter à 1695 pour trouver un tel précédent. En toute hypothèse, si l'encadrement statutaire est assuré par le *Speaker* et ses adjoints, l'encadrement politique des deux groupes parlementaires, non moins important, est assuré par les *leaders* et les *whips*.

La *session* dure pratiquement toute l'année car la clôture de la précédente et l'ouverture de la nouvelle ne sont séparées que par quelques jours, en novembre, mais, en fait, la Chambre, qui a la possibilité de s'ajourner, ne siège que pendant environ six mois. Chaque session s'ouvre par le Discours du Trône, qui permet au Premier ministre de faire connaître ses intentions, et par le vote d'une Adresse en réponse à ce discours, qui donne l'occasion d'un débat de politique générale largement laissé à la discrétion de l'opposition. Quant aux séances, il faut signaler qu'elles accordent une place importante aux questions orales posées par les députés : quarante-cinq minutes leur sont réservées en début de séance

1. En revanche, les Lords deviendraient éligibles aux Communes.

les quatre premiers jours de la semaine et ce procédé de contrôle, très précis et concret, est considéré avec une grande faveur, tant par les parlementaires que par l'opinion.

Le *système des commissions parlementaires* comporte actuellement deux catégories distinctes : d'une part, une quinzaine de commissions spécialisées correspondant aux ministères de manière à être informées de leur activité, comportant peu de membres (une douzaine), pouvant convoquer ministres et toutes personnes utiles, aménageant elles-mêmes leur travail et rédigeant des rapports, d'autre part, des *standing Committee* pour l'étude des projets de lois, sans pouvoir de convocation et qui, en dépit de leur appellation, sont spéciales et temporaires pour chaque projet [1].

b) Les attributions des Communes

420. Elles sont très importantes puisque la Chambre a le pouvoir de voter les lois *(public bills),* qui peuvent être d'origine gouvernementale *(government bills)* ou parlementaire *(private members'bills).* Elle a également des pouvoirs financiers mais il faut observer que, si elle vote ouvertures de crédits et autorisations de recettes, elle n'a en la matière aucun droit d'initiative. En outre, les débats budgétaires sont très strictement réglementés (vingt-neuf séances seulement pour les ouvertures de crédits ; là encore, la majorité laisse à l'opposition de larges possibilités de critique). Enfin les Communes ont des pouvoirs de contrôle et peuvent, notamment, mettre en cause la responsabilité politique du Cabinet.

E. Le Premier ministre et le Cabinet

421. Ce sont les organes clés du pouvoir, ceux qui déterminent et conduisent la politique de la Nation.

a) Le Premier ministre

422. En vertu d'une règle non écrite, le Premier ministre est nécessairement le leader du parti majoritaire aux Communes.

Après des élections générales, il est nommé mais non pas choisi par la Reine puisqu'elle est dans l'obligation de désigner le leader du parti vainqueur. On peut donc dire que le Premier ministre est choisi par les électeurs sur proposition des partis.

Si le Premier ministre démissionne en cours de législature, il appartient à son parti de désigner le nouveau leader, qui sera aussi Premier ministre. L'usage veut alors qu'une dissolution soit décidée dans un délai raisonnable – à moins que la législature ne soit sur sa fin – afin de permettre aux électeurs de faire connaître leur volonté.

Dans l'un et l'autre cas, le rôle du parti est capital. Il y a longtemps que le Parti travailliste fait élire son leader selon des règles modifiées parfois mais toujours strictes. Le Parti conservateur admettait plus de souplesse au moins en cas de démission en cours de législature. Mais, il a adopté à son tour, en 1974, des règles impératives de désignation qui donnent la haute main au groupe parlementaire. En novembre 1990, c'est parce qu'elle n'avait pas été réélue au premier tour leader de son parti que Margaret Thatcher a démissionné de ses fonctions de Premier ministre. Son

1. Ce système se substitue à l'institution originale et typiquement britannique du Comité de la chambre entière, qui n'a plus qu'une existence épisodique (il s'agissait de la Chambre elle-même mais hors la présence du *Speaker* et sans aucun apparat).

remplacement par John Major a eu lieu selon la procédure prévue par les statuts du Parti. En 1995, étant contesté à l'intérieur de son parti, John Major a démissionné, s'est représenté et ayant été confirmé en tant que leader est demeuré Premier ministre. Après la victoire travailliste de mai 1997, Tony Blair lui a succédé et les élections de 2001 et 2005 ont confirmé son rôle majeur dans la vie politique britannique en étant le premier chef de Gouvernement travailliste désigné à trois reprises. Ce lien direct établi entre le leadership au sein du parti majoritaire à la Chambre des Communes et la fonction de chef du Gouvernement est encore apparu très nettement en mai 2007 avec la désignation de M. Gordon Brown comme chef de file unique du parti travailliste et donc successeur naturel de Tony Blair. En revanche, la situation survenue en 2010 était inédite depuis 1945. En effet, après la dissolution ratée initiée par Gordon Brown, un Gouvernement de coalition avait été désigné le 11 mai 2010, David Cameron devenant Premier ministre et Nick Clegg acceptant la fonction nouvelle au Royaume-Uni de vice-Premier ministre. Cette « anomalie » a pris fin en 2015 avec la large victoire de David Cameron aux élections législatives de mai 2015 et sa désignation comme Premier ministre soutenu par une majorité confortable issue du parti conservateur à la chambre des communes.

423. Toutefois, depuis lors, la situation est devenue plus confuse. En effet, se conformant à son principal engagement de campagne, David Cameron a organisé un référendum sur l'appartenance du Royaume-Uni à l'Union européenne le 29 juin 2016. Les partisans du *Leave* l'ayant emporté, ce scrutin conduisant au « *Brexit* » (*Britain/Exit*) a acquis une dimension historique. De fait, c'est la première fois que la population d'un État membre se prononce en faveur de la sortie de l'Union européenne. M. Cameron, ayant pris position en faveur du maintien du Royaume-Uni dans l'Union européenne en a tiré les conclusions en démissionnant. Le parti conservateur s'est alors choisi un nouveau leader en la personne de Theresa May devenant ainsi Premier ministre en juillet 2016 avec pour principale mission de mettre en œuvre la sortie de son pays de l'Union européenne. Ayant décidé d'actionner l'article 50 du traité sur l'Union européenne en mars 2017, la nouvelle chef du gouvernement a choisi de demander la dissolution de la chambre des Communes, ce qui a conduit à organiser des élections générales anticipées. Celles-ci ont eu lieu en juin 2017, mais ont fait perdre au parti conservateur sa majorité absolue aux communes. Theresa May a donc été conduite à conclure des alliances, en particulier, avec le Parti unioniste démocrate, parti conservateur d'Irlande du Nord.

424. Cependant, l'incapacité de Theresa May à faire approuver par la chambre des Communes l'accord de retrait du Royaume-Uni de l'Union européenne approuvé par le Conseil européen le 25 novembre 2018 malgré trois tentatives les 15 janvier, 12 mars et 29 mars 2019, l'a contrainte à démissionner à son tour en juin 2019. Aussi, le 24 juillet 2019, à la suite d'un vote faisant participer les seuls adhérents du parti conservateur, M. Boris Johnson, ancien maire de Londres et l'un des hérauts du *Leave*, a été désigné Premier ministre. Un report de la date du *Brexit*, initialement prévu le 29 mars, a été accordé par l'Union européenne jusqu'au 12 avril, puis au 31 octobre 2019, puis enfin au 31 janvier 2020. Les élections générales britanniques anticipées du 12 décembre 2019 ont permis au Parti conservateur, mené par le nouveau Premier ministre Boris Johnson avec le slogan *Get Brexit done*, de remporter la majorité absolue. Un nouveau traité a ainsi pu être signé et finalement ratifié le 9 janvier 2020 par la chambre des Communes. Le Parlement européen a ratifié l'accord définitif le 29 janvier suivant, ouvrant la voie au *Brexit*, la sortie du Royaume-Uni de l'Union étant effective le 31 janvier 2020 à minuit, heure de Bruxelles. Ce faisant, le premier ministre, M. Boris Johnson, a d'ores et déjà tenu sa principale promesse de campagne.

b) Le Cabinet et le Gouvernement

425. Le Cabinet est une formation réduite mais particulièrement importante (généralement une vingtaine de membres) au sein d'une équipe gouvernementale très nombreuse (une centaine de membres). Il faut dire que celle-ci comprend des ministres sans portefeuille, des ministres chargés d'un Département, des secrétaires et des sous-secrétaires d'État, des secrétaires parlementaires, ainsi que les *whips* de la majorité. C'est le Premier ministre qui choisit les membres de son Gouvernement et qui peut à l'occasion les révoquer. Son choix s'exerce de manière quasi exclusive parmi les membres des Communes mais il y a toujours quelques Lords. On doit tenir compte, en effet, de ce que les ministres n'ont accès qu'à la chambre dont ils font partie[1].

Il va de soi qu'un Gouvernement aussi nombreux est nécessairement très hiérarchisé. Organe collégial et solidaire, politiquement homogène et dont les membres sont liés par l'appartenance à un même parti, il comporte en fait trois niveaux. Au plus élevé se situe le Cabinet, qui prend les décisions les plus importantes, puis viennent les autres ministres « à portefeuille » et enfin les secrétaires et sous-secrétaires, qui sont de jeunes parlementaires appelés à faire leurs premières armes gouvernementales.

c) Les attributions gouvernementales

426. Il suffit d'indiquer que, sous l'autorité du Premier ministre, le Cabinet exerce tous les pouvoirs, qu'il les exerce seul et qu'il les exerce pleinement. En effet, le Cabinet est l'organe politique chargé par les électeurs de promouvoir au cours de la législature la politique annoncée dans la plate-forme électorale du parti vainqueur des élections. Il est donc habilité à prendre toutes les mesures qui lui paraissent nécessitées par la conjoncture politique, qu'elles soient gouvernementales, législatives ou financières mais, pour ces deux dernières catégories, avec le concours des Communes.

F. La Cour suprême

427. Depuis longtemps annoncée, finalement créée par le *Constitutional reform Act* de 2005, la Cour suprême du Royaume-Uni a vu le jour officiellement le 1er octobre 2009. Elle a son siège à Londres dans le bâtiment de *Middlesex Guildhall* qui, symboliquement se situe face au Parlement. Cette Cour, composée de douze juges, nommés par la Reine après avis du Premier ministre, est présidée depuis le 11 janvier 2020 par Robert Reed. Ses compétences sont celles que détenaient les *law lords* de la chambre des Lords. De plus, elle assume également désormais une partie des missions dévolues au comité judiciaire du Conseil privé. Cette Cour représente donc une avancée vers une plus grande séparation des pouvoirs au Royaume-Uni dans la mesure où les juges suprêmes ne seront plus dans le même temps des parlementaires. Il reste que

---

1. C'est également vrai pour le Premier ministre : A. Douglas-Home a dû démissionner de la Chambre des Lords et se faire élire aux Communes lors d'une élection partielle pour occuper ensuite en 1963 les fonctions de Premier ministre.

le particularisme britannique demeure marqué puisque les juges suprêmes sont toujours nommés par l'exécutif, émanation directe du Parlement.

428. La Cour a rendu plusieurs arrêts extrêmement intéressants. Le premier d'entre eux, rendu le 16 décembre 2009, concernait les critères d'admission dans un établissement d'enseignement confessionnel, la *Jewish free School*. Dans cette affaire extrêmement délicate, était en cause l'appartenance au judaïsme d'un enfant que ses parents souhaitaient inscrire dans cet établissement. Or, la direction de l'école refusait l'inscription au motif que la mère de l'enfant ne serait devenu juive qu'à l'issue d'une conversion. Pour la Cour suprême, par cinq voix contre quatre, ce refus d'inscription constitue une discrimination directe. On le voit, dès cette première affaire, la Cour suprême a entendu jouer pleinement son rôle dans la défense des droits fondamentaux. Le 24 janvier 2017, la Cour a aussi rendu un arrêt très attendu en jugeant, par huit voix contre trois, que le gouvernement britannique devait nécessairement recueillir l'aval du Parlement pour déclencher le processus de sortie du Royaume-Uni de l'Union européenne. Cet arrêt d'une centaine de pages, solidement motivé, paraît avoir définitivement imposé la Cour suprême du Royaume-Uni comme la garantie juridictionnelle des principes constitutionnels britanniques.

IV. Le fonctionnement du régime

429. Il est historiquement dominé par le bipartisme mais il arrive que celui-ci soit sujet à certaines défaillances. Pour s'en tenir aux trente dernières années, on étudiera d'abord les dérèglements du bipartisme, avant d'évoquer les problèmes actuels posés par l'évolution du régime britannique.

A. Le dérèglement du bipartisme

a) Le schéma classique

430. Le bipartisme assure presque nécessairement à l'un des partis en présence la majorité absolue aux Communes et la responsabilité de former le Cabinet. Dès lors le parti majoritaire dispose à la fois de l'organe délibérant et de l'organe exécutif. Tout naturellement c'est ce dernier, c'est-à-dire le Cabinet sous l'autorité du Premier ministre, mieux armé pour l'action, qui va assumer la plénitude du pouvoir gouvernemental, législatif, financier. À noter que le Premier ministre fait l'objet, lors des élections, d'un véritable plébiscite car les leaders conservateur et travailliste étant connus à l'avance, les électeurs savent parfaitement qu'il s'agit de porter l'un d'eux au pouvoir et la consultation s'en trouve à la fois personnalisée et encore simplifiée. Pour autant la plate-forme des partis n'est pas oubliée et il appartient au Premier ministre d'en assurer la mise en œuvre. C'est également à lui qu'il revient de décider du retour devant les électeurs, soit parce qu'il estime nécessaire de changer de politique, soit plus souvent parce que, vers la fin de la législature, il estime le moment favorable pour son parti. Dans ce schéma, c'est la majorité qui assure l'unité du pouvoir pour la durée d'une législature, ce que confirme la réalité.

S'il est normal que la majorité fasse prévaloir ses vues, l'opposition n'en a pas moins un rôle essentiel à jouer qui est de critiquer le pouvoir afin d'essayer de reconquérir l'opinion et d'affronter dans de bonnes conditions les élections suivantes. En d'autres termes, les Communes doivent servir de tribune à l'opposition. Aussi bien celle-ci est-elle considérée, assez curieusement, comme une institution officielle et son leader rémunéré sur les fonds publics [1]. Les éléments dirigeants forment sous son autorité le *shadow cabinet,* appelé à exercer le pouvoir en cas de victoire aux élections. Pour autant, l'opposition ne doit pas entraver l'action gouvernementale, il lui suffit de la critiquer.

Ainsi il apparaît que, au moins au cours d'une législature, le régime n'est pas fondé sur la séparation des pouvoirs législatif et exécutif mais sur leur concentration entre les mains du parti majoritaire et plus spécialement du Premier ministre et du Cabinet, véritable comité directeur de ce parti. Si on peut néanmoins parler d'équilibre des pouvoirs, c'est seulement d'équilibre dynamique, dans le temps et de préférence sur une longue période, en raison de l'alternance au pouvoir des deux partis compétiteurs.

b) Vers la fin du bipartisme ?

431. Lorsque le bipartisme se dérègle, le fonctionnement du régime se trouve gravement perturbé. La stabilité gouvernementale est elle-même affectée, non pas que la responsabilité du Cabinet soit nécessairement mise en cause mais l'absence de majorité nette conduit à des dissolutions et à des élections répétées (en 1922, 1923, 1924, 1929, 1931, 1935). Le bipartisme s'est de nouveau déréglé en 1974, bien que de manière moins grave que dans la période d'entre les deux guerres et la confusion qui en est résulté, due à l'alliance Lib-Lab, s'est pratiquement poursuivie jusqu'aux élections de 1979. Ces dérèglements trouvent leur origine immédiate dans les élections de février 1974, décidées par le Premier ministre conservateur E. Heath. Ces élections, tout à fait atypiques, présentent deux particularités notables. D'une part, les libéraux, dont les scores se situaient depuis 1945 autour de 2 500 000 voix (avec une pointe à un peu plus de 3 000 000 en 1964) en obtiennent plus de 6 000 000. Certes ils n'augmentent pas pour autant le nombre de leurs sièges (de 12 il passe à 14). D'autre part et surtout, aucun des deux grands partis n'obtient la majorité absolue des sièges à la Chambre des Communes. Le Parti travailliste, arrivé en tête, en profite pour revendiquer le pouvoir mais on ne voit pas comment il pourrait l'exercer sans le secours des libéraux, forts de leur performance en suffrages. Le leader travailliste H. Wilson succède donc à E. Heath mais il est clair que de nouvelles élections devront avoir lieu très rapidement. La dissolution est effectivement prononcée dès la fin de l'été, et des élections ont lieu en octobre 1974. Les résultats sont proches de ceux de février 1974, ce qui ne saurait étonner à quelques mois d'intervalle. Les élections d'octobre 1974 ouvrent donc une période difficile qui sera marquée par l'alliance des travaillistes et des libéraux. Comme on pouvait s'y attendre, ces derniers exercent une forte pression sur les travaillistes et exigent des concessions et des avantages en contrepartie de leur soutien. Le 28 mars 1979, le leader conservateur, Margaret Thatcher, prend l'initiative d'une motion de censure qui est votée à une voix de majorité et met fin à cette alliance de circonstances. C'est la première fois depuis 1924 que les Communes mettent en cause la responsabilité politique d'un Gouvernement et l'obligent à démissionner.

432. Dans la période plus immédiatement contemporaine, une situation comparable s'est reproduite. Le résultat partagé des élections de 2010 a paru, dans un premier

---

1. J. Leruez, « Le Cabinet fantôme : l'opposition institutionnalisée en Grande-Bretagne », *Pouvoirs* 1980, p. 165.

temps tout au moins, sonner le glas du bipartisme qui structure la vie politique britannique depuis plus de deux siècles. En effet, la constitution d'un Gouvernement de coalition dirigé par le Premier ministre David Cameron (conservateur) et le vice-Premier ministre Nick Clegg (libéral-démocrate) augurait des évolutions en profondeur. La contrepartie la plus importante concédée par les conservateurs aux libéraux-démocrates pour le prix de leur ralliement a été l'acceptation de la tenue d'un référendum sur la réforme électorale. L'option proposée consistait à maintenir le scrutin majoritaire à un tour, tout en cherchant à estomper l'un des effets les plus injustes. Ce projet de scrutin, dit « alternatif », prévoyait que pour être élu dès le premier tour, le candidat arrivé en tête devait recueillir au moins 50 % des suffrages exprimés. S'il ne parvenait pas à ce seuil, alors un second tour devrait être organisé. Cette réforme, qui aurait entraîné un véritable changement de régime politique en Grande-Bretagne, n'a finalement pas vu le jour puisque lors du référendum du 5 mai 2011, le non l'a largement emporté.

Le résultat des élections générales de mai 2015 a d'ailleurs conduit à un retour au schéma bipartisan classique. De même, les élections générales de décembre 2019 ont à nouveau apporté une majorité absolue au parti conservateur emmené par Boris Johnson. Il est donc confirmé que le scrutin uninominal majoritaire à un tour et, par suite le bipartisme même imparfait, a encore de beaux jours devant lui.

La composition des Communes : résultats électoraux depuis 1945

Élections	Électeurs	Suffrages exprimés	Conservateurs	Travaillistes	Libéraux-Démocrates
juillet 1945 640 sièges	32 836 419	24 082 612 73,3 %	9 577 677 voix 39,8 % 212 sièges (33,1 %)	11 632 191 voix 47,8 % 394 sièges (61,5 %)	2 197 191 voix 9,1 % 12 sièges (1,9 %)
février 1950 625 sièges	34 269 770	28 773 671 4 %	12 502 567 voix 43,5 % 298 sièges (47,7 %)	13 266 592 voix 46,1 % 315 sièges (50,4 %)	2 621 548 voix 9,1 % 9 sièges (1,4 %)
octobre 1951 625 sièges	34 645 573	28 595 668 82,5 %	13 717 538 voix 47,9 % 321 sièges (51,4 %)	13 948 605 voix 48,7 % 295 sièges (47,2 %)	730 536 voix 2,5 % 6 sièges (0,9 %)
mai 1955 630 sièges	34 858 263	26 760 493 76,8 %	13 311 936 voix 49,8 % 345 sièges (54,8 %)	12 404 970 voix 46,3 % 277 sièges (44 %)	722 405 voix 2,7 % 6 sièges (0,9 %)
octobre 1959 630 sièges	35 397 080	27 859 241 78,7 %	13 763 830 voix 49,4 % 366 sièges (58,1 %)	12 215 538 voix 43,8 % 258 sièges (41 %)	1 641 571 voix 5,9 % 6 sièges (0,9 %)
octobre 1964 630 sièges	35 892 572	27 655 374 7 %	12 001 936 voix 43,4 % 304 sièges (48,2 %)	12 205 814 voix 44,1 % 317 sièges (50,3 %)	3 092 878 voix 11,2 % 9 sièges (1,4 %)
mars 1966 630 sièges	35 964 684	27 263 606 75,8 %	11 418 433 voix 41,9 % 253 sièges (40,1 %)	13 064 957 voix 47,9 % 365 sièges (57,9 %)	2 327 533 voix 8,6 % 12 sièges (1,9 %)
juin 1970 630 sièges	39 342 013 (l'âge requis est abaissé à 18 ans)	28 344 798 2 %	13 145 123 voix 46,4 % 330 sièges (52,4 %)	12 178 295 voix 42,9 % 287 sièges (45,5 %)	2 117 033 voix 7,5 % 6 sièges (0,9 %)
février 1974 635 sièges	39 770 724	31 340 162 78,1 %	11 872 180 voix 38,3 % 296 sièges (46,6 %)	11 646 391 voix 37,5 % 301 sièges (47,4 %)	6 058 744 voix 19,3 % 14 sièges (2,2 %)

octobre 1974 635 sièges	40 072 971	29 189 178 72,7 %	10 464 817 voix 35,8 % 277 sièges (43,6 %)	11 457 079 voix 39,2 % 319 sièges (50,2 %)	5 346 754 voix 18,3 % 13 sièges (2 %)
mai 1979 635 sièges	41 093 264	31 221 361 6 %	13 697 923 voix 43,9 % 339 sièges	11 532 218 voix 36,9 % 268 sièges	4 313 804 voix 13,8 % 11 sièges
juin 1983 650 sièges	42 197 344	30 671 136 72,7 %	13 012 315 voix 42,4 % 397 sièges	8 456 934 voix 27,6 % 209 sièges	Alliance [2] 7 780 949 voix 25,4 % 23 sièges
juin 1987 [1] 650 sièges	43 181 321	32 536 137 75,4 %	13 763 066 42,6 % 376 sièges	10 029 778 30,8 % 229 sièges	Alliance 7 341 290 22,7 % 22 sièges
avril 1992[1] 651 sièges	43 249 721	33 612 693 77,7 %	14 092 891 voix 41,8 % 336 sièges	11 559 735 voix 34,2 % 271 sièges	5 999 384 voix 17,8 % 20 sièges
mai 1997[1] 659 sièges	43 846 643	31 286 284 71,2 %	9 600 943 30,7 % 165 sièges	13 518 167 43,2 % 418 sièges	5 242 947 16,8 % 46 sièges
juin 2001[1] 659 sièges	44 374 047	26 389 822 59,4 %	8 368 025 31,7 % 166 sièges	10 737 967 40,7 % 413 sièges	4 819 239 18,2 % 52 sièges
mai 2005 645 sièges	44 180 243	26 933 147 61,3 %	8 772 598 32,3 % 197 sièges	9 556 183 35,2 % 355 sièges	5 982 045 22 % 62 sièges
mai 2010 650 sièges	45 610 396	29 642 900 65,1 %	10 683 600 36,9 % 305 sièges	8 601 300 29,7 % 258 sièges	6 827 300 23,6 % 57 sièges
mai 2015 650 sièges	46 425 386	30 697 845 66,1 %	11 300 303 36,9 % 330 sièges	9 344 328 30,5 % 232 sièges	2 415 888 7,8 % 8 sièges
juin 2017 650 sièges	46 843 896	32 181 757 68,7 %	13 650 900 42,4 % 317 sièges	12 858 652 40 % 262 sièges	2 368 048 7,4 % 12 sièges
décembre2019 650 sièges	47 587 254	32 014 065 67,3 %	13 996 451 43,6 % 365 sièges	10 295 907 32,2 % 202 sièges	3 696 423 11,5 % 11 sièges

[1] Ce tableau ne mentionne les résultats que des trois principaux partis qui dominent la vie politique britannique. Il ne fait donc pas mention des partis régionaux, notamment écossais, gallois ou irlandais, du parti d'extrême-droite (UKIP), ou encore du parti écologiste alors même que ceux-ci recueillent un nombre très honorable de suffrages.

B. Les problèmes posés par l'évolution du régime britannique

433. Si on considère la longue période écoulée depuis la Seconde Guerre mondiale, plusieurs observations peuvent être faites.

D'abord, il est certain que les travaillistes n'ont pas réussi à conquérir le pouvoir aussi souvent et aussi longtemps que les conservateurs. En effet, jusqu'en 1997, ils ne l'ont exercé que durant quinze ans alors que ces derniers l'ont exercé trente-sept ans. Pour autant, on n'oubliera pas que les élections de 1997 ont vu le retour au pouvoir du *Labour* avec une très forte majorité confirmée au cours des dix années suivantes, ce qui rétablit quelque peu l'équilibre au moins pour les trente dernières années.

Ensuite, il est évident que les mérites si justement vantés du régime britannique sont indissociables du jeu normal du bipartisme : le dérèglement de ce dernier entraîne les mêmes inconvénients (coalitions précaires, surenchère du parti d'appoint, dissolutions successives) que dans les autres régimes parlementaires. On l'avait constaté entre 1919 et 1939, cela a été confirmé entre 1974 et 1979 et cela s'est encore vérifié en 2010 et tout récemment entre juin 2017 et décembre 2019.

Enfin, il faut appeler l'attention sur l'étonnante aptitude du régime à résoudre, sans recours à des moyens institutionnels et notamment au parlementarisme rationalisé, sur un cycle relativement court, ses propres dérèglements.

Pourtant il faut aussi souligner que le problème n'est résolu qu'au plan institutionnel car le bipartisme ne tient plus qu'aux énormes inégalités de représentation que génère le mode de scrutin. En effet, s'il n'y a que deux grands partis aux Communes (en se reportant aux sièges), il y en a au moins trois dans le pays (en considérant les suffrages). Depuis 1974, c'est le tripartisme qui prévaut sur le terrain, le parti centriste – sous ses diverses appellations – qui ne recueillait auparavant qu'un peu plus de deux millions de voix, obtient désormais régulièrement entre trois et sept millions de voix. Il est permis de se demander si au-delà d'un certain seuil, la démesure de la sur-représentation et davantage encore de la sous-représentation ne risque pas d'enlever de sa crédibilité à un régime par ailleurs si justement admiré.

Les cabinets anglais depuis 1945

W. Churchill	(Cab. d'union nationale)	mai 1940 – août 1945
C. Attlee	(Cab. travailliste)	août 1945 – octobre 1951
W. Churchill	(Cab. conservateur)	octobre 1951 – avril 1955
A. Eden	(Cab. conservateur)	avril 1955 – janvier 1957
H. Macmillan	(Cab. conservateur)	janvier 1957 – octobre 1963
A. Douglas-Home	(Cab. conservateur)	octobre 1963 – octobre 1964
H. Wilson	(Cab. travailliste)	octobre 1964 – juin 1970
E. Heath	(Cab. conservateur)	juin 1970 – février 1974
H. Wilson	(Cab. travailliste)	février 1974 – mars 1976
J. Callaghan	(Cab. travailliste)	avril 1976 – mars 1979
M. Thatcher	(Cab. conservateur)	avril 1976 – novembre 1990
J. Major	(Cab. conservateur)	novembre 1990 – mai 1997
T. Blair	(Cab. travailliste)	mai 1997 – juin 2007
G. Brown	(Cab. travailliste)	juin 2007 – mai 2010
D. Cameron	(Cab. libéral-démocrate)	mai 2010 – mai 2015
D. Cameron	(Cab. conservateur)	mai 2015 – juillet 2016
T. May	(Cab. conservateur)	juillet 2016 – juin 2017
T. May	(Cab. conservateur)	juin 2017 – juin 2019
B. Johnson	(Cab. conservateur)	juillet 2019 – décembre 2019
B. Johnson	(Cab. conservateur)	décembre 2019 - …

Section 2

Le régime de l'Allemagne fédérale

434. La République fédérale d'Allemagne est née de la division consécutive à la défaite de l'Allemagne en 1945. S'inscrivant dans les zones d'occupation occidentales, elle adopte le 23 mai 1949 sa Loi fondamentale, qui se voulait Constitution transitoire dans l'attente d'une réunification ultérieure avec la République démocratique allemande, instituée le 7 octobre 1949 dans la zone d'occupation soviétique. Quarante ans plus tard, l'effondrement économique et politique de la RDA et le reflux du camp socialiste permettent effectivement la réunification. Celle-ci intervient en 1990 par absorption de la RDA, qui disparaît après avoir créé cinq *Länder* s'intégrant à la République fédérale d'Allemagne dans le cadre juridique déterminé par la Loi fondamentale du 23 mai 1949. C'est parce que la Loi fondamentale continue de servir de Constitution à la nouvelle République fédérale d'Allemagne, au territoire agrandi et à la population augmentée, que les développements qui suivent traiteront à la fois de la période allant de 1949 à 1990 (à l'exclusion de ce qui concerne la RDA) et de la période postérieure à 1990. Aujourd'hui, l'heure est à la normalisation et à la réunification réelle d'un pays qui, en mai 2009, a commémoré le soixantième anniversaire de sa Constitution, ferment de cette unité retrouvée.

I. La réunification et ses problèmes constitutionnels

435. Le terme réunification est celui habituellement utilisé mais on n'oubliera pas qu'en réalité la RFA a absorbé la RDA avec l'accord de cette dernière et même à la demande de sa population.

A. Le processus de la réunification

436. Le problème ne s'est posé qu'en 1989 lorsque la population de la RDA a réussi à se libérer du régime socialiste parce qu'il était en pleine décomposition et parce que les grandes difficultés que connaissait l'Union soviétique l'ont conduite à ne pas s'y opposer. Cependant, réunifier les « deux allemagne » a représenté une opération délicate.

a) Les voies possibles

437. Deux voies paraissaient possibles. D'une part, on pouvait faire jouer l'article 23 de la Loi fondamentale de la RFA, qui dispose que celle-ci « entrera en vigueur dans d'autres parties de l'Allemagne après l'accession de celles-ci à l'indépendance ». Tel avait été le cas de la Sarre en 1956. C'était la voie la plus rapide et elle permettait de conserver la Loi fondamentale qui, à l'origine était sans doute provisoire, mais qui avait fait ses preuves et était l'objet d'un large consensus. D'autre part, on pouvait aussi penser à l'article 146 de cette même Loi, qui prévoit qu'elle cessera « d'avoir effet le jour auquel entrera en vigueur la Constitution qui aura été adoptée par le peuple allemand libre de ses décisions ». Cette voie était plus novatrice car elle conduisait à élaborer une nouvelle Constitution en y faisant participer le peuple mais elle était aussi beaucoup plus lente et semée d'écueils non négligeables.

b) L'article 23 et les traités

438. C'est finalement la voie de l'article 23 qui a été choisie mais elle a été assortie de traités passés d'une part entre la RFA et la RDA, d'autre part, entre ces États et les quatre puissances « occupantes [1] », dont l'accord est évidemment indispensable.

Le processus a été le suivant : des élections anticipées et enfin libres permettent le 18 mars 1990 de renouveler l'assemblée législative (*Volkskammer*) de la RDA. Elles donnent la majorité à la CDU. Dès lors le Chancelier Kohl (RFA) peut prendre les initiatives nécessaires en plein accord avec son homologue de RDA. Sur le plan des relations entre États, plusieurs traités d'union entre la RFA et la RDA sont passés, dont le plus important est le traité du 31 août 1990, fixant au 3 octobre 1990 la date à laquelle la réunification devient effective et définitive. Ce traité est suivi, le 12 septembre 1990, du traité dit « 2 + 4 », passé entre les deux États allemands et les puissances « occupantes », États-Unis, Grande-Bretagne, Union soviétique, France. Sur le plan du droit constitutionnel interne, la *Volkskammer* de la RDA vote le 22 juillet 1990 la reconstitution sur son territoire de cinq *Länder* de tradition historique et le 23 août 1990 l'adhésion de ces cinq *Länder* à la RFA, dans le cadre juridique de l'article 23, par 294 voix contre 62 et 7 abstentions.

Le 3 octobre 1990 il n'y a donc plus, sous le couvert de la RFA, qu'une seule Allemagne, qui recouvre désormais seize *Länder* (les dix anciens, les cinq nouveaux et Berlin, qui constitue le seizième) et à laquelle s'applique la Loi fondamentale de 1949, à quelques corrections près.

B. Les incidences constitutionnelles

439. En effet, dès lors que la Loi fondamentale demeurait en vigueur, il devenait indispensable de procéder à quelques ajustements – d'ailleurs limités au strict minimum – imposés par la nouvelle situation. Ces ajustements ont été réalisés par l'article 4 du traité du 30 août 1990, procédé un peu insolite mais finalement mieux adapté que l'article 79 de la Loi fondamentale, relatif aux révisions constitutionnelles. De toute manière, le traité a été approuvé par le *Bundestag*, le *Bundesrat* et le *Volkskammer* à des majorités supérieures à celles prévues par l'article 79.

Ces corrections suppriment dans le Préambule l'appel à parachever l'unité de l'Allemagne, désormais considérée comme acquise. Dans le même esprit, l'article 23 disparaît dans son ancienne rédaction pour éviter que des territoires étrangers peuplés pour partie de citoyens d'origine allemande – comme la Silésie polonaise – ne puissent un jour demander leur rattachement [2]. Le nombre de sièges du *Bundesrat* dévolu aux *Länder* est très légèrement augmenté, cependant que l'article 146 précise que « l'unité et la liberté de l'Allemagne » sont désormais parachevées. Cette révision a été complétée le 21 décembre 1992, par la voie de l'article 79, au profit des *Länder* et du *Bundesrat*.

---

1. À noter que l'occupation de guerre s'était transformée en assistance militaire conventionnelle, résultant d'accords passés avec les États allemands.

2. Il a reçu une nouvelle rédaction lors de la révision constitutionnelle de 1992, nécessitée par le traité de Maastricht.

II. Les données politiques et électorales

440. Les principales données sont fournies par les partis politiques et par le système électoral.

A. Les partis politiques

441. Ils jouent un rôle essentiel. Depuis 1982, trois grandes coalitions se sont succédées, la première modérée, rassemblant chrétiens-sociaux et libéraux sous l'égide du Chancelier Kohl (de 1982 à 1998), la deuxième, située à gauche, réunissant socialistes et « Verts » sous la direction du Chancelier Schröder (de 1998 à 2005) et enfin, la dernière, réunissant aussi bien la CDU, le CSU que le SPD sous l'autorité de la Chancelière Angela Merkel (depuis 2005).

a) Le statut des partis politiques

442. Le principe de base est évidemment celui de la libre création et activité des partis, inséparable des régimes pluralistes. Mais des textes constitutionnels et législatifs n'en ont pas moins établi un véritable statut des partis.

C'est ainsi que l'article 21 de la Loi fondamentale prévoit que « les partis doivent rendre compte de leurs ressources » et que « les partis qui, d'après leurs buts ou le comportement de leurs sympathisants, visent à porter atteinte à l'ordre libéral et démocratique sont inconstitutionnels ». Des textes ultérieurs, et notamment la loi du 24 janvier 1967, ont défini les droits des adhérents et précisé un certain nombre de règles concernant le rôle du Congrès de chaque parti, l'adoption et la publication des statuts et des programmes, le respect de la démocratie pour la désignation des éléments dirigeants, ainsi que le financement des partis.

L'élément le plus intéressant demeure pourtant celui qui permet à la Cour constitutionnelle fédérale d'interdire les partis d'opposition au régime (et non pas seulement au Gouvernement). On sait que cette disposition de l'article 21 a été utilisée à l'encontre d'un parti d'extrême droite en 1952 et du parti communiste en 1956 mais que celui-ci a été autorisé à se reconstituer en 1968.

b) Les partis représentés au Bundestag

443. La réunification n'a pas apporté de grands changements car les principales formations de l'Ouest ont essaimé à l'Est.

Les deux partis les plus importants sont le Parti chrétien-démocrate (CDU) et le Parti social démocrate (SPD) qui, en Allemagne de l'Ouest, ont gouverné alternativement avec l'aide du petit Parti libéral (FDP). La CDU est un parti modéré qui rassemble, bien que non exclusivement, des catholiques et des protestants et qui est étroitement lié à un parti de même inspiration, créé en 1946, mais d'implantation bavaroise, le CSU. Le SPD est un parti socialiste réformiste, qui a renoncé aux thèses marxistes et qui accepte les données fondamentales du système libéral et capitaliste, se réservant cependant d'en corriger les injustices. Par contraste avec ces deux partis qui approchent ou dépassent le million d'adhérents, le FDP est un parti à faible effectif, moins de 100 000 adhérents, favorables au libéralisme économique, attaché aux libertés politiques et d'orientation modérée. Il n'a cessé de jouer un rôle important, sans commune mesure avec des résultats électoraux modestes. En effet, il s'agit d'un parti charnière, qui a presque constamment participé à l'exercice du pouvoir, soit en s'alliant avec le SPD (de 1969 à 1982), soit en s'alliant avec la CDU (de 1982 à 1998). Ces trois partis (CDU, SPD et FDP) sont désormais implantés dans les *Länder* de l'Est aussi bien que dans ceux de l'Ouest.

Deux autres partis sont représentés au *Bundestag* depuis 1990. Les « Verts » désignent une formation écologiste, qui se situe nettement à gauche et qui n'a été représentée au *Bundestag* qu'à partir de 1983. Les élections de 1990 lui ont été très défavorables à l'Ouest mais son association avec une formation de même tendance à l'Est lui a permis de se maintenir en 1990 et de nettement progresser de 1994 à 2002. Le parti communiste, sous la nouvelle appellation de Parti du socialisme démocratique, est également présent par le suffrage de ses derniers fidèles à l'Est. Sa rénovation en 2007 et sa transformation en « Die Linke » (La Gauche) sous la férule d'Oskar Lafontaine, lui a permis de passer la barre des 10 % lors des élections générales du 27 septembre 2009.

B. Le système électoral

444. Il se caractérise à la fois par son originalité et par son efficacité.

L'originalité tient à ce qu'il associe, par le système du double vote, représentation proportionnelle et scrutin majoritaire. Mais on aurait tort de croire qu'il les associe à parité et que les deux modes de scrutin ainsi combinés ont la même influence sur les résultats : ainsi qu'il a déjà été indiqué, c'est la représentation proportionnelle qui prévaut et qui détermine pratiquement seule la répartition des sièges entre les partis représentés au *Bundestag*. En d'autres termes, c'est en fonction du second vote – pour les listes présentées par les partis – que ceux-ci connaissent le nombre de sièges revenant à chacun, le premier vote – pour les candidats dans chaque circonscription – n'ayant d'autre objet que de permettre aux électeurs de désigner plus directement leurs représentants, ou plus précisément une partie d'entre eux, dans un cadre général qui reste fixé par le jeu de la proportionnelle. C'est d'ailleurs celle-ci qui peut seule expliquer la survie jusqu'en 2013, aux côtés des deux partis dominants chrétien-démocrate et social-démocrate, du petit parti libéral FDP. Cette situation a néanmoins pris fin lors des élections législatives du 22 septembre 2013 où, passant sous la barre des 5 %, le FDP est passé brutalement de 93 représentants à aucun.

On le voit, l'efficacité tient à l'élimination des petits partis par application du seuil des 5 %. Alors qu'en 1949, dix partis étaient représentés au *Bundestag*, sept au moins d'entre eux ont été progressivement évincés, même si, entre-temps, il en est apparu deux ou trois nouveaux.

Les élections législatives en Allemagne réunifiée

	CDU/CSU		FDP		SPD		Verts		PDS « Die Linke »	
	voix %	sièges	voix %	sièges	voix %	sièges	voix %	Sièges	voix %	Sièges
décembre 1990	43,9	319	10,9	79	33,5	239	5,2	8	9,9 Est	17
octobre 1994	41,5	294	6,9	47	36,4	252	7,2	49	4,4	50
septembre 1998	34,7	245	6,3	43	41,4	298	6,5	47	5,2	36
octobre 2002	38,5	248	7,4	47	38,5	251	8,6	55	3	2
septembre 2005	35,2	226	9,8	61	34,2	222	8,1	51	8,6	54
septembre 2009	38,4	239	15	93	23,5	146	10,9	68	12,2	76
septembre 2013	41,5	311	4,7	0	25,7	193	8,4	63	8,6	64
septembre 2017	34,7	246	11,2	80	21,5	153	9,4	67	9,7	69

445. Le résultat serré des élections législatives de septembre 2005, qui avaient mis au coude-à-coude les démocrates chrétiens (CDU-CSU) d'une part, et les sociaux-démocrates (SPD) d'autre part, avait contraint la nouvelle chancelière fédérale, Angela Merkel, issue des rangs de la CDU à composer avec le SPD. Au résultat, le Gouvernement fédéral comportait entre 2005 et 2009 autant de ministres démocrates chrétiens que sociaux-démocrates. Les élections de 2009 ont vu se former un nouveau Gouvernement de coalition, mais avec cette fois une alliance plus classique entre la CDU-CSU et les libéraux du FDP. Lors des élections de septembre 2013, Angela Merkel l'a largement emporté, frôlant même la majorité absolue. Cependant, ne pouvant plus s'allier avec le FDP ne comptant plus aucun représentant au *Bundestag*, ni avec les verts en raison d'une série de scandales ayant porté atteinte à l'image de ce parti, Angela Merkel n'a eu d'autre choix que de prendre à nouveau la tête d'une « grande coalition » avec le SPD, mais cette fois dans des conditions bien différentes de celles ayant présidé à la constitution de cette alliance en 2005. En effet, en 2013, la CDU-CSU distancie largement le SPD et la chancelière fédérale conforte ainsi son emprise sur la vie politique allemande. Ce Gouvernement « Merkel III » est sans doute celui qui offrait le plus de marges de manœuvre à la chancelière depuis son accession au pouvoir. Néanmoins, les capacités d'action de la chancelière ont été considérablement réduites à l'issue des élections fédérales de septembre 2017 à l'occasion desquelles la CDU-CSU a perdu un nombre important de sièges. Aussi, dans un premier temps, la SPD a refusé constituer à nouveau une « grande alliance » avec la CDU-CSU. Il a fallu attendre mars 2018 pour qu'un accord de gouvernement soit finalement trouvé entre les deux grandes formations qui dominent la vie politique du pays, accord qui a débouché sur la constitution d'un gouvernement « Merkel IV ». Depuis lors, en raison en particulier de la nécessité de prendre des décisions difficiles afin de lutter contre la pandémie de covid-19, cette alliance politique s'est encore affermie.

III. L'ÉTAT ET LES CITOYENS

446. Ce sont des conceptions fédérales et libérales qui ont inspiré la Loi fondamentale.

A. Le système fédéral

447. La République fédérale d'Allemagne comprend depuis la réunification de 1990 seize États fédérés (*Länder*).

a) La répartition des compétences

448. Elle est fixée par la Loi fondamentale. Celle-ci attribue compétence exclusive à la Fédération pour les matières les plus importantes (art. 73) et institue des compétences concurrentes pour plusieurs autres (art. 74), ce qui revient à dire que les *Länder* peuvent légiférer à leur sujet sous réserve de respecter la faculté prioritaire de la Fédération d'en faire autant. C'est ce que prévoit expressément l'article 72-1 de la loi fondamentale : « Dans le domaine de la compétence législative concurrente, les *Länder* ont le pouvoir de légiférer aussi longtemps et pour autant que la Fédération n'a pas fait par une loi usage de sa compétence législative ». Les *Länder* ont compétence exclusive pour toutes les autres matières et leurs possibilités d'action sont d'autant plus grandes qu'ils disposent, grâce à une répartition équitable du produit des impôts, de ressources considérables. Ce système de fédéralisme considéré comme un « fédéralisme coopératif » entre le *Bund* (le Gouvernement fédéral) et les *Länder* a néanmoins montré ses limites et abouti dans nombre de cas à une situation de blocage. C'est la raison pour laquelle la Loi fondamentale a été amendée durant l'été 2006. Cette révision qualifiée de « mère de toutes les réformes » ou de réforme la plus importante depuis 1949 a porté sur 25 articles de la loi fondamentale et est entrée en vigueur au 1er septembre 2006. En apparence, elle opère une forme de « recentralisation » puisque, désormais, le *Bundesrat* n'interviendra plus que sur 30 % environ des lois fédérales au lieu de 60 % auparavant. Mais en réalité, il faut noter que les *Länder* se sont vus attribuer de nouvelles compétences exclusives, par exemple en matière de maintien de l'ordre dans les prisons, de lois relatives aux manifestations, de rémunération des fonctionnaires, et surtout d'éducation. Cette dernière compétence exclusive reconnue au profit des *Länder* fait craindre un éclatement du système de l'enseignement primaire, secondaire et supérieur en Allemagne.

449. La révision constitutionnelle de 1992, pour préserver les droits des *Länder* en cas de transfert « des droits de souveraineté » à l'Union européenne, a considérablement renforcé les compétences du *Bundesrat.* Tel est l'objet du nouvel article 23 de la Loi fondamentale, dont on peut résumer les principales dispositions de la manière suivante : – 1°) De tels transferts de droits de souveraineté doivent être votés par le *Bundestag* à la majorité des deux tiers de ses membres et par le *Bundesrat* à la majorité des deux tiers des voix. – 2°) Les *Länder* participent « aux affaires de l'Union européenne » par l'intermédiaire du *Bundesrat* et ce dernier doit, à ce titre, être informé, comme le *Bundestag*, des projets de réglementation européenne ; il doit aussi « être associé à la formation de la volonté » de la Fédération dans tous les cas où son accord serait indispensable si la mesure considérée était de droit interne ; on ajoutera que même si la matière traitée est de la compétence exclusive de la Fédération, le *Bundesrat* doit intervenir dès lors que les intérêts des *Länder* sont en cause. C'est assez dire que le nouvel article 23 confère au *Bundesrat* un rôle décisif et au moins égal à celui du *Bundestag* en matière communautaire. On observera à ce sujet que l'Allemagne fédérale s'est montrée à la fois favorable à l'intégration européenne et préoccupée de garantir et préserver les droits de ses propres collectivités fédérées.

D'ailleurs, les deux préoccupations sont liées et on peut souligner que le fait que l'Allemagne pratique depuis de nombreuses années un fédéralisme avancé l'a sans doute mieux préparée que d'autres États, la France par exemple, à assimiler la création d'un ordre juridique complexe comme celui de l'Union européenne.

b) Le Bundesrat, principal organe fédéral

450. L'institution fédérale par excellence est le *Bundesrat*, composé de 68 membres, représentant les *Länder.* Chacun de ceux-ci désigne au moins 3 délégués, les *Länder* qui comptent plus de 2 millions d'habitants en ont 4, ceux qui comptent plus de 6 millions d'habitants en ont 5 et ceux qui comptent plus de 7 millions d'habitants en ont 6. La véritable originalité du système est dans le mode de désignation des délégués et dans le mode de fonctionnement du *Bundesrat.* En effet, d'une part, les délégués sont non pas élus au suffrage universel par la population des États membres (comme tel est le cas aux États-Unis et dans d'autres États fédéraux) mais nommés par les gouvernements des *Länder*, qui peuvent aussi les révoquer. D'autre part, chaque délégation vote globalement en fonction des directives qui lui sont adressées par son Gouvernement, lequel délibère et arrête l'attitude qui doit être prise par l'ensemble de ses délégués. Il s'ensuit que le délégué qui passerait outre aux instructions de son Gouvernement s'exposerait évidemment à être révoqué. C'est là un système qui peut surprendre parce qu'il est, dans son esprit et même dans ses modalités, plus proche de la confédération que de la fédération au moins sur les deux points signalés. Comme il a été indiqué, ce caractère a été nettement confirmé par la révision constitutionnelle de 1992. Aussi bien on ne doit pas oublier que les gouvernements des *Länder* procèdent d'assemblées élues au suffrage universel direct.

451. Toujours est-il que les *Länder* peuvent, par l'intermédiaire de leurs délégués, exercer un contrôle efficace sur la législation fédérale. Il y a deux catégories de lois. La première comprend celles qui touchent de manière plus ou moins directe aux intérêts des *Länder*. Elles doivent être adoptées par les deux assemblées, l'approbation du *Bundesrat* étant indispensable. La deuxième catégorie comprend toutes les autres lois fédérales. Le *Bundesrat* en est obligatoirement saisi et il a, à leur égard, non pas un pouvoir d'approbation mais un pouvoir d'opposition, ce qui signifie que, après examen, il peut demander la convocation d'une commission de conciliation et, en cas d'échec, faire opposition. Dans cette dernière hypothèse, le *Bundestag* ne pourra surmonter cette opposition que par un vote à une majorité qualifiée. La loi devient alors définitive. Le *Bundesrat* apparaît donc à la fois comme un organe fédéral et comme un possible contre-pouvoir en cas de cohabitation entre des majorités d'orientations différentes (CDU et SPD) au sein de chacune des assemblées.

Les gouvernements et les majorités en RFA depuis 1949

Chanceliers et Gouvernements		Exercice des fonctions
Adenauer	CDU-FDP	septembre 1949 – octobre 1953
Adenauer	CDU-divers	octobre 1953 – octobre 1957
Adenauer	CDU	octobre 1957 – novembre 1961
Adenauer	CDU-FDP	novembre 1961 – octobre 1963
Erhard	CDU-FDP	octobre 1963 – novembre 1966
Kiesinger	CDU-SDP	décembre 1966 – octobre 1969
Brandt	SDP-FDP	octobre 1969 – mai 1974
Schmidt	SDP-FDP	mai 1974 – octobre 1982
Kohl[1]	CDU-FDP	octobre 1982 – septembre 1998
Schröder	SPD-Verts	septembre 1998 – septembre 2005
Merkel	CDU-CSU/SPD	septembre 2005 – septembre 2009
Merkel	CDU-CSU/FDP	septembre 2009 – septembre 2013
Merkel	CDU-CSU/SPD	septembre 2013 – septembre 2017
Merkel	CDU-CSU/SPD	septembre 2017 – …

[1] Le Chancelier H. Kohl est demeuré au pouvoir de 1982 à la réunification, intervenue le 3 octobre 1990, et après cette date, ayant gagné avec ses alliés FDP les élections de 1990 et de 1994.

c) Les autres voies du fédéralisme

452. Le fédéralisme se manifeste aussi sur d'autres plans : 1°) Le président fédéral est élu par une assemblée composée des membres du *Bundestag* et d'un nombre égal de membres élus à la représentation proportionnelle par les assemblées des *Länder* ; 2°) La Loi fondamentale ne peut être révisée qu'avec l'approbation non seulement des deux tiers des membres du *Bundestag* mais aussi des deux tiers des voix du *Bundesrat* (cf. art. 79) ; 3°) La Cour constitutionnelle fédérale doit veiller au respect de la répartition des compétences entre la Fédération et les *Länder.*

Le système fédéral allemand présente un grand intérêt sur le plan politique. En effet, dans un régime où le pouvoir est monopolisé pour de longues périodes par un parti ou une coalition, le fédéralisme permet aux partis évincés de devenir – par l'intermédiaire des *Länder* – majoritaires au sein du *Bundesrat.* C'est ainsi, par exemple, que le SPD a pu de 1995 à 1998 tenir en échec la réforme fiscale souhaitée par le Chancelier Kohl.

B. Les droits fondamentaux

453. La Loi fondamentale s'est attachée à affirmer l'existence de droits et libertés et à assurer leur protection.

Les droits fondamentaux sont énumérés et proclamés par les vingt premiers articles, ainsi que par les articles 33, 38, 101, 103 et 104 cependant que les articles 97 et 98 s'efforcent de garantir l'indépendance des juges[1]. Les droits et libertés ainsi affirmés tendent à la protection des citoyens – mais, s'il y a lieu, également des personnes morales de droit privé – contre l'État. Ils s'imposent à toutes les autorités de l'État et selon la formule de l'article premier, § 3, ils « lient le pouvoir législatif, le pouvoir exécutif et le pouvoir judiciaire à titre de droit directement applicable ». Cependant certains droits fondamentaux peuvent être restreints par une loi si la Loi fondamentale le prévoit et à condition que les limitations légales ne portent pas atteinte à la substance même des droits.

454. La protection des droits fondamentaux est assurée par l'ensemble des juridictions et plus spécialement par la Cour constitutionnelle fédérale. S'agissant de cette dernière on doit distinguer entre trois procédures de contrôle : 1°) Le contrôle dit « *abstrait* » (en ce sens qu'il ne se produit pas à l'occasion d'un litige, c'est-à-dire d'un cas concret) est prévu par l'article 93.I. n° 2 de la Loi fondamentale ; il permet au Gouvernement fédéral, à ceux des *Länder* et au tiers des membres du *Bundestag* de demander à la CCF de contrôler la constitutionnalité d'une loi, fédérale ou de *Land*, ou d'un règlement (notamment par rapport aux droits fondamentaux) ; 2°) Le contrôle dit « *concret* » (donc à l'occasion d'un litige) est prévu par l'article 100 de la Loi fondamentale, qui impose aux tribunaux, à quelque niveau de la hiérarchie judiciaire qu'ils se situent, estimant que la loi (et non plus les règlements) qu'ils ont à appliquer est inconstitutionnelle de surseoir à statuer et de saisir la CCF, qui tranche ; c'est une voie de recours importante parce qu'elle permet de saisir la CCF de cas d'inconstitutionnalité, notamment pour violation des droits fondamentaux, que les autorités politiques

---

1. M. Fromont, « Des droits fondamentaux dans l'ordre juridique de la République fédérale allemande », in *Mélanges C. Eisenmann,* Cujas, 1975, p. 49.

s'abstiendraient peut-être de lui soumettre. 3°) Le *recours constitutionnel* est prévu par l'article 93.I n° 4 a, introduit en 1969 dans la Loi fondamentale ; c'est un recours direct devant la CCF qui n'est ouvert aux citoyens qu'à deux conditions, d'une part, que soit précisément allégué la violation d'un droit fondamental, d'autre part, qu'ils aient complètement épuisé, jusqu'à la dernière instance, les recours ouverts devant les tribunaux. Mais sous cette réserve, qui est de pure procédure, les citoyens peuvent mettre en cause devant la CCF une loi, une mesure exécutive ou une décision judiciaire.

IV. Le cadre institutionnel

455. Ayant à reconstruire sur une table rase, l'Allemagne fédérale a pu se doter d'institutions sophistiquées.

A. Les organes fédéraux

456. Ils comprennent les organes législatifs et exécutifs, ainsi que la Cour constitutionnelle fédérale.

a) Les organes législatifs

457. On peut à peine parler de bicamérisme car le *Bundesrat* est un organe intergouvernemental bien davantage qu'une chambre délibérante. Plus précisément, il est l'émanation des *Länder* et intervient essentiellement dans leur intérêt.

Le ***Bundestag***, qui compte 630 membres, assure la représentation de l'ensemble de la population. C'est l'organe de délibération et de contrôle, qui investit le Chancelier, peut l'obliger à démissionner et qui vote les lois, sous réserve de l'intervention du *Bundesrat*. Son rôle essentiel demeure cependant, comme il est normal en régime parlementaire, de permettre de dégager une majorité, homogène ou de coalition, à partir de laquelle peut être constitué un Gouvernement.

Le ***Bundesrat*** est le garant de la pérennité des *Länder*, le représentant et le protecteur de leurs intérêts. Les seize *Länder* y sont représentés à due proportion de leur poids démographique. Sur un nombre total de 69 votes, les *Länder* dont la population est supérieure à 7 millions d'habitants ont 6 votes, ceux dont la population est comprise entre 6 et 7 millions d'habitants disposent de 5 votes, ceux dont la population est comprise entre 2 et 6 millions se voient attribuer 4 votes et, enfin, les *Länder* dont la population n'excède pas 2 millions ont 3 votes. Ce système conduit donc à une surreprésentation des « petits » *Länder*. La participation du Bundesrat à l'exercice du pouvoir législatif a pour vocation la défense des intérêts propres des *Länder* et il en est de même du droit de regard et de contrôle sur les transferts de souveraineté au profit de l'Union européenne qui lui a été reconnu en 1992 et qui a très sensiblement renforcé sa position. Bien que ne pouvant mettre en cause la responsabilité politique du Gouvernement, il est clair, eu égard à l'importance du fédéralisme, que le *Bundesrat* exerce une magistrature d'influence qui le place au cœur du système. Il peut aussi jouer, lorsqu'il est dominé par les partis d'opposition, comme cela est arrivé à plusieurs reprises, le rôle d'un contrepouvoir.

b) Les organes exécutifs

458. Il s'agit du président, du Chancelier et de ses ministres.

Le président fédéral est élu au suffrage indirect par l'Assemblée fédérale qui compte 1 223 parlementaires et représentants de la société civile pour un mandat de cinq ans, renouvelable une fois. La fonction de président fédéral jouit d'un prestige important en Allemagne. L'actuel président fédéral est Frank-Walter Steinmeier. Cet ancien ministre fédéral des Affaires étrangères a été élu à la fonction présidentielle le 12 février 2017.

Il s'agit d'un chef d'État de type parlementaire, qui assume des fonctions de représentation mais n'exerce aucun pouvoir effectif. Il ne préside pas le Conseil des ministres et on ne peut même pas dire qu'il choisit le Chancelier car il ne dispose pas d'une véritable marge de liberté, étant donné qu'il ne peut désigner qu'un dirigeant susceptible d'être investi par le *Bundestag*. Il ne dispose guère de plus de liberté pour prononcer la dissolution du *Bundestag*, celle-ci étant étroitement liée aux incidents de la procédure d'investiture du Chancelier ainsi qu'à l'échec éventuel d'une question de confiance posée par ce dernier. Son seul véritable pouvoir réside en définitive dans sa « faculté d'empêcher » en refusant de promulguer une loi. Ainsi, en octobre et en décembre 2006, le président fédéral a, par deux fois, opposé son veto sur des textes qu'il considérait comme contraires à la Loi fondamentale.

Comme cela sera approfondi plus loin, le Chancelier est le vrai détenteur du pouvoir politique. Chef du Gouvernement, chargé de fixer les lignes directrices de sa politique, il choisit ses ministres et peut les révoquer.

c) La Cour constitutionnelle fédérale

459. Cette Cour, qui siège à Karlsruhe, comporte deux chambres composées chacune de huit membres dont le mandat est de douze ans, élus pour moitié par le *Bundestag*, pour l'autre moitié par le *Bundesrat*, en dehors des organes législatifs et exécutifs de la Fédération et des *Länder*. Certaines de ses attributions ont déjà été signalées, notamment en ce qui concerne le respect de la répartition des compétences fédérales et fédérées et celui des droits fondamentaux[1]. Mais elle est aussi chargée de contrôler la constitutionnalité des lois fédérales et fédérées sur demande du Gouvernement fédéral, d'un Gouvernement de *Land*, d'un tiers des membres du *Bundestag* (art. 93) ou encore d'un tribunal (art. 100). Elle peut aussi prononcer la déchéance des droits fondamentaux (art. 18) ou l'interdiction d'un parti (art. 21). C'est donc un organe essentiel, qui n'intervient, le plus souvent, que lorsque les recours judiciaires habituels sont épuisés.

---

1. La Cour constitutionnelle fédérale a notamment compétence pour trancher « les litiges portant sur l'étendue des droits et obligations d'un organe fédéral » (Loi fond., art. 93). Elle peut donc avoir à apprécier la régularité de mesures mettant directement en cause le fonctionnement du régime. C'est ce qui s'est produit lorsqu'elle a été appelée à se prononcer le 16 février 1983 sur le bien-fondé de la décision de dissolution du *Bundestag*.

B. Le parlementarisme rationalisé

460. La Loi fondamentale fait très largement appel à ses techniques.

a) Les procédures des articles 63, 67 et 68

461. Elles concernent l'investiture du Chancelier et la mise en cause de sa responsabilité politique, ainsi que l'exercice du droit de dissolution.

Le Chancelier est, en principe, élu sur proposition du président et sans discussion, à la majorité des voix des membres du *Bundestag*. Lorsque cette majorité ne peut être atteinte, le *Bundestag* peut proposer lui-même un nouveau candidat et l'élire à la majorité absolue des membres dans les quatorze jours. Passé ce délai, il est procédé à un nouveau vote : s'il y a un élu à la majorité des voix, il doit être nommé ; sinon, le président peut dans les sept jours soit nommer l'élu arrivé en tête, soit dissoudre le *Bundestag* (art. 63).

La responsabilité politique du Gouvernement peut être mise en cause sur l'initiative du *Bundestag* ou sur celle du Chancelier lui-même. Dans le premier cas, elle est régie par le célèbre article 67 de la Loi fondamentale, qui prévoit que le *Bundestag* ne peut exprimer sa défiance au Chancelier qu'en lui élisant un successeur à la majorité absolue de ses membres (défiance dite « constructive »). Cette procédure est destinée à éviter qu'un Gouvernement soit renversé par une conjonction de groupes d'opposition incapables de s'allier pour constituer une nouvelle majorité. Dans le second cas, l'article 68 prévoit que si la question de confiance posée par le Chancelier n'est pas approuvée à la majorité absolue une période de vingt-et-un jours s'ouvre au cours de laquelle ou bien le *Bundestag* peut désigner un nouveau Chancelier (par la voie de l'article 67) ou bien le président peut, sur proposition du Chancelier désavoué, en fait sur sa décision, prononcer la dissolution du *Bundestag*.

b) La mise en œuvre des procédures rationalisées

462. Ces procédures, d'une sophistication incontestable, représentent sans doute l'extrême pointe de la rationalisation des rapports entre organes exécutifs et organes législatifs en régime parlementaire. Cependant leur mise en œuvre, d'ailleurs exceptionnelle, n'est pas sans susciter certaines critiques, au moins en ce qui concerne l'article 68.

S'agissant de l'article 67, on relèvera que sur ses deux applications une seule a abouti à un changement de Gouvernement. En 1972, le Chancelier Brandt, à la tête d'un Gouvernement SPD-FDP, ne disposait que d'une très courte majorité. Celle-ci s'étant encore amenuisée à la suite de défections, la CDU a déposé le 23 avril 1972 une motion de défiance constructive, qui n'a été repoussée que par deux voix de majorité. Bien entendu, le Chancelier Brandt n'a pu demeurer dans cette situation précaire et il lui a fallu provoquer des élections à la fin de cette même année. En 1982, le Chancelier Schmidt, qui se trouvait lui aussi à la tête d'un Gouvernement associant le SPD et le FDP, a été affronté au désaccord persistant et de plus en plus aigu de ces deux partis sur la politique économique à suivre. Le renversement d'alliances finalement opéré par le FDP rendait inévitable le dépôt d'une motion de censure. Le 1er octobre 1982, celle-ci était votée par 256 voix contre 235 et 4 abstentions et H. Kohl succédait à H. Schmidt à la tête d'une nouvelle coalition réunissant la CDU et le FDP.

S'agissant de l'article 68, il faut observer que sa mise en œuvre a suivi à quelques mois d'intervalle l'application de l'article 67. En 1972, le Chancelier Brandt, que le rejet de la motion de défiance constructive laissait tout de même très affaibli, n'avait d'autre possibilité que de recourir à l'arbitrage des électeurs. Mais pour cela il lui fallait être mis en minorité dans les conditions fixées par l'article 68. Il a donc engagé le 20 septembre 1972 sa responsabilité politique et a demandé à ses ministres de voter contre le Gouvernement. Il a été effectivement battu par 248 voix contre 233 et a pu ainsi faire décider la dissolution par le président fédéral. En 1982, le Chancelier Kohl s'est trouvé dans une situation voisine. En effet, il avait intérêt à faire ratifier par les électeurs le renversement d'alliances qui venait de s'opérer. Engageant sa responsabilité devant le *Bundestag* le 17 décembre 1982, il a demandé à ses partisans de s'abstenir et a été mis en minorité par 218 voix (SDP) contre 8 (CDU et FDP) et 248 abstentions (CDU et FDP), ce qui permettait la dissolution.

Ces deux mises en œuvre de l'article 68 ne laissent pas d'être décevantes. D'une part, elles traduisent un véritable détournement de procédure dans la mesure où un Chancelier disposant d'une majorité au *Bundestag* (particulièrement nette dans le cas du Chancelier Kohl) est obligé, pour parvenir à ses fins, de demander à cette majorité de s'abstenir ou même de voter contre lui. Il y a là un artifice de procédure qui peut paraître choquant et qui à tout le moins doit être considéré comme contraire à l'esprit du régime parlementaire[1]. D'autre part, elles témoignent d'une faille dans la rationalisation des rapports entre le Chancelier et le *Bundestag* car il est anormal que le premier soit conduit à recourir à de tels subterfuges et que la dissolution ne puisse être utilisée avec plus de facilité alors qu'elle représente un des mécanismes élémentaires du régime parlementaire. À cet égard, il semble que le système allemand soit victime de sa propre sophistication.

V. Le fonctionnement du régime

463. Ce fonctionnement a été très satisfaisant en Allemagne de l'Ouest de 1949 à 1990 et après cette date en Allemagne réunifiée car il a assuré à la fois la stabilité gouvernementale et l'alternance au pouvoir. Le Chancelier H. Kohl l'a exercé de 1982 à 1998 à la tête d'une coalition CDU/FDP et le Chancelier G. Schröder a pris sa succession à partir d'octobre 1998 à la tête d'une coalition SDP/Verts. Depuis septembre 2005, le Chancelier Angela Merkel dirige le pays, tantôt à la tête d'une « grande alliance » CDU-CSU/SPD comme de 2005 à 2009 et depuis 2013, tantôt à la tête d'une coalition plus classique CDU-CSU/FDP comme de 2009 à 2013.

A. La simplification du système et la stabilité gouvernementale

464. Les procédures complexes qui avaient été prévues ont assez peu servi et le système politique allemand a fonctionné dans des conditions très simplifiées mais sans que

---

1. On observera cependant que la Cour constitutionnelle fédérale a admis la constitutionnalité de la décision de dissolution. Dans son arrêt du 16 février 1983, d'une rédaction très étudiée, elle a estimé d'une part, que sur un plan général l'article 68 ne devait pas être utilisé par un Chancelier largement majoritaire, d'autre part, qu'en la circonstance le Chancelier Kohl, compte tenu de la crise affectant le FDP, ne disposait pas d'une majorité sûre et qu'il était donc autorisé à recourir à la dissolution (cf. M. Fromont, « Le parlementarisme allemand de 1981 à 1983 », *RDP* 1983, p. 929).

la stabilité gouvernementale soit mise en cause, puisqu'en près de soixante-dix ans, de 1949 à 2018, huit chanceliers seulement se sont succédés au pouvoir.

Si on remonte jusqu'au commencement de la RFA, c'est-à-dire jusqu'en 1949, la désignation des chanceliers n'a jamais posé de problèmes insurmontables. Ils ont tous été élus par le *Bundestag*, sur proposition du président, au premier tour de scrutin et à la majorité absolue, en application de l'article 63. Leur élection a soulevé d'autant moins de difficultés que le choix du président s'était nécessairement porté sur le chef de file incontesté du parti majoritaire ou du parti dominant à l'intérieur d'une coalition. Seul le Chancelier Kohl a été élu en 1982 lors du vote d'une motion de défiance constructive, en application de l'article 67. C'est finalement la désignation de Mme Merkel comme chancelier qui a soulevé le plus de difficultés en raison du résultat électoral très particulier des élections législatives de 2005. Mais cette fois encore le régime allemand a fait la preuve de sa maturité démocratique en permettant que cette difficulté soit surmontée.

La démission des chanceliers n'a pas soulevé davantage de difficultés. Ce qui est tout à fait remarquable, c'est qu'elle est presque toujours intervenue à la suite d'un changement d'attitude ou d'orientation du FDP. En effet, la démission de C. Adenauer en 1963 était motivée à la fois par son âge et par les engagements qu'il avait pris vis-à-vis du FDP lors des élections de 1961, celle de L. Erhrard en 1966 est due au départ des ministres FDP et au faible soutien que lui apportait son propre parti, la CDU, le Chancelier Kiesinger a dû quitter le pouvoir après les élections de 1969 lorsque le FDP s'est allié au SDP, le Chancelier Schmidt a été mis en minorité et renversé en 1982 lorsque le FDP a rompu avec le SDP pour s'allier avec la CDU. Quant au Chancelier Kohl, c'est sa défaite lors des législatives de 1998 qui l'a conduit, après seize ans d'exercice, à quitter le pouvoir. En revanche, la démission de W. Brandt en 1974 était due aux retombées d'une affaire d'espionnage atteignant son entourage immédiat.

Le fait que les articles 67 et 68 n'aient été que très rarement mis en œuvre doit être considéré comme un signe de bonne santé du système allemand. Ces procédures ont été inventées pour trouver une solution rapide et cohérente aux conflits susceptibles de survenir entre le Chancelier et le *Bundestag*. Si elles n'ont que très peu servi, c'est tout simplement parce que ces conflits ont été exceptionnels.

En réalité, la stabilité gouvernementale, si remarquable, tient essentiellement aux conditions politiques. Au début, l'élimination rapide et quasi-totale des petits partis n'a laissé en place que deux partis dominants (la CDU et le SPD) et un parti minoritaire (le FDP), qui a exercé de son côté une influence décisive et d'ailleurs positive, le jeu de bascule auquel il s'est livré ayant finalement favorisé l'équilibre. À cet égard, la règle toute simple privant de représentation parlementaire les partis n'ayant pu obtenir 5 % des suffrages ou trois élus directs a sans doute joué, sur le plan institutionnel, un rôle plus important que les procédures très élaborées des articles 67 et 68.

B. L'alternance au pouvoir et les coalitions tournantes

465. De 1949 à la réunification en 1990, toutes les alliances possibles entre les trois partis compétiteurs ont été essayées, ce qui témoigne de leur accord profond sur la nature du régime.

En effet, la CDU a gouverné seule, en une occasion unique, sous la direction d'Adenauer (d'octobre 1957 à novembre 1961). Le plus souvent, elle a exercé le pouvoir en association avec de petits partis (de septembre 1949 à octobre 1957) et plus fréquemment avec le FDP (de septembre 1949 à octobre 1953 et de novembre 1961 à décembre 1966) sous les directions successives d'Adenauer et d'Erhard. Puis est venu le temps de la Grande coalition, associant sous l'autorité du Chancelier démocrate-chrétien Kiesinger la CDU et le SDP (de décembre 1966 à octobre 1969). C'est sans doute là l'épisode le plus singulier car il s'agissait d'allier deux partis qu'on pouvait penser potentiellement antagonistes, en tout cas des deux partis constituant chacun la seule alternative politique possible. À partir de 1969, le pouvoir est animé par la coalition du SDP et du FDP sous la direction d'abord de W. Brandt, puis de H. Schmidt. C'est cette coalition qui gagne les élections de 1980 plus nettement encore que celles de 1976. Mais en 1982 il faut souligner le rôle décisif du FDP qui, en sa qualité de groupe charnière, était en mesure de donner le pouvoir au grand parti de son choix, et qui a choisi la CDU.

De 1998 à 2005, le SPD de Gerhard Schröder n'a pu exercer le pouvoir que grâce à l'appui des verts. Depuis 2005, la grande coalition s'est reformée puisque la chancelière fédérale tient son pouvoir d'une alliance entre les principaux partis majoritaires CDU-CSU d'une part, et SPD d'autre part. Ce Gouvernement au centre, qui exclut les formations marginales (Verts, extrême-droite, anciens communistes…) présente des avantages certains mais aussi un certain nombre d'inconvénients. Ainsi, les mesures adoptées par le Gouvernement d'Angela Merkel, entre 2005 et 2009 notamment en matière budgétaire et fiscale, reflétaient une politique du « moins-disant ».

► Bibliographie

Sur la Grande-Bretagne

A. Antoine, *Droit constitutionnel britannique*, 2e éd., LGDJ, 2018.

H. Barnett, *Constitutional and administrative law*, 9e éd., Routledge, Oxford, 2011.

J. Beatson, « Le Royaume-Uni et la nouvelle Déclaration des droits (*Human Rights Act* 1998) », *RFDC* 2001, p. 685.

J. Bell, « La révolution constitutionnelle au Royaume-Uni », *RDP* 2000, p. 413.

M. Charlot, *Le pouvoir politique en Grande-Bretagne*, 3e éd., PUF, 2000.

D. Frison, *Histoire constitutionnelle de la Grande-Bretagne*, Ellipses, 2005.

J. Leruez, *Gouvernement et politique en Grande-Bretagne*, Presses de la FNSP, 1989.

S. Pierre-Caps, *Les institutions du Royaume-Uni*, La documentation française, 2012.

B. Stirn, D. Fairgrieve et M. Guyomar, *Droits et libertés en France et au Royaume Uni,* Odile Jacob, Paris, 2006.

P. of Worth Matravers, « La Constitution du Royaume-Uni », *Les Cahiers du Conseil constitutionnel*, hors-série, 2009, p. 83.

Sites internet

www.dca.gov.uk
www.parliament.uk
www.supremecourt.gov.uk

Sur l'Allemagne fédérale

Chronique « Allemagne », *Annuaire international de justice constitutionnelle.*

C. Autexier, *Introduction au droit public allemand*, PUF, coll. « Droit fondamental », 1998.

M. Fromont, « La révision de la Constitution et les règles constitutionnelles intangibles en droit allemand », *RDP* n° 1, 2007, p. 89.

M. Fromont, « La réforme du fédéralisme allemand de 2006 », *RFDC* n° 70, 2007, p. 227.

M. Fromont, « Présentation de la Cour constitutionnelle fédérale d'Allemagne », *Cahiers du Conseil constitutionnel* 2003. 90.

M. Fromont et A. Rieg, *Introduction au droit allemand*, Cujas, tome 1. *Les fondements*, 1977 ; tome 2, *Droit public. Droit pénal*, 1984 ; tome 3, *Droit privé*, 1991.

O. Jouanjan, *Le principe d'égalité devant la loi en droit allemand*, Economica, 1994.

U. Karpen, *La Constitution de la République fédérale d'Allemagne. Essai sur les droits fondamentaux et les principes de la Loi fondamentale*, 1996.

O. Lepsus, « Le contrôle par la Cour constitutionnelle des lois de révision constitutionnelle dans la République fédérale d'Allemagne », *Les Cahiers du Conseil constitutionnel*, n° 27-2009, p. 13.

Y. Mény et Y. Surel, *Politique comparée*, 8e éd., Montchrestien, 2009.

A. Rainer, « L'élection et les compétences du président fédéral allemand », *RDP* 1995, p. 303.

S. Schott, *L'initiative populaire dans les États fédérés allemands. Contribution à la connaissance d'une institution démocratique*, LGDJ, 2012.

C. Witz, *Le droit allemand*, 3e éd., Dalloz, coll. « Connaissance du droit », 2018.

Sites internet

www.botschaft-frankreich.de (site de l'Ambassade de France en Allemagne)
www.bundestag.de (site du *Bundestag*)
www.bundesregierung.de (site du Gouvernement fédéral)
www.bundeswahlleiter.de (site présentant les résultats officiels des élections)
www.bverfg.de (site du tribunal constitutionnel fédéral)

Chapitre 9

Les régimes parlementaires à alternance limitée italien et japonais

466. Dans certains régimes parlementaires, l'alternance est parfaitement possible mais elle n'est que rarement pratiquée ou ne l'est que dans un cadre très restreint parce qu'il existe un parti dominant qui, soit dispose de la majorité absolue des sièges, soit occupe une position parlementaire suffisamment forte pour que les coalitions se forment autour de lui. Tel a été le cas depuis la fin de la Seconde Guerre mondiale de l'Italie et du Japon, encore que de manière assez différente. Mais depuis 1993 un revirement s'est opéré dans chacun de ces deux pays, qui ont adopté l'un et l'autre des modes de scrutin assez proches.

Section 1
Le régime de l'Italie

467. L'Italie s'est dotée le 27 décembre 1947 d'une Constitution très sophistiquée qui se situe dans la droite ligne du parlementarisme rationalisé. Cependant, les précautions prises, sur le plan institutionnel, n'ont pu éviter une instabilité gouvernementale caractérisée. C'est pourquoi, après les réformes électorales de 1993, qui ont déjà apporté une nette amélioration, une révision constitutionnelle générale a été envisagée mais n'a toujours pas abouti.

En effet, en 2016, l'ambitieuse réforme portée par Matteo Renzi, comme celle portée en 2006 par Silvio Berlusconi, a été rejetée par une majorité d'italiens lors d'un référendum alors même qu'elle avait été approuvée au préalable par le Parlement. À dix années d'intervalle, les échecs de ces deux réformes constitutionnelles visant à transformer en profondeur les institutions du pays (d'ailleurs dans des directions opposées), tendent à accréditer l'idée que l'Italie serait marquée par une forme d'immobilisme institutionnel.

I. Les données politiques et électorales

468. On présentera d'abord les changements survenus en 1993 qui ont eu des conséquences très importantes sur le fonctionnement des institutions, avant d'examiner le système électoral et les partis politiques.

A. Les réformes de 1993 et la réorientation du régime

469. Ces réformes ont complètement modifié le mode de scrutin pour l'élection des députés et des sénateurs.

Elles marquent une césure dans l'évolution du régime car la plupart des caractéristiques de ce dernier étaient attachées au mode de scrutin précédent, à savoir, au moins pour l'élection des députés, la représentation proportionnelle quasi intégrale. Celle-ci a eu ses effets habituels : elle a largement cristallisé la représentation parlementaire, rendu inévitable le recours à des gouvernements de coalition et, compte tenu de l'existence d'un fort parti communiste auquel les autres partis souhaitaient faire barrage, assuré la présence constante au pouvoir des mêmes partis regroupés autour de la Démocratie-chrétienne et fait obstacle par là même à toute possibilité d'alternance. C'est cette disposition permanente et exclusive du pouvoir qui a conduit les partis ayant dominé la vie politique pendant près d'un demi-siècle à des pratiques contestables et qui les a fait accuser de corruption par les juges mettant en œuvre, de leur propre chef, l'opération « mains propres ».

Le choix en 1993 du scrutin uninominal majoritaire à un tour pour les trois quarts des sièges de députés et de sénateurs a entraîné, avant même que les élections aient lieu, une véritable recomposition du paysage politique. Des partis naguère tout-puissants ont subi un déclin sensible, d'autres se sont transformés, modifiant leur appellation et leur orientation, de nouveaux partis sont apparus et ont connu un succès d'audience immédiat. Les élections intervenues de 1994 à 2013, en bouleversant la représentation parlementaire traditionnelle, ont confirmé l'importance du changement intervenu.

C'est pourquoi il est indispensable de le prendre en compte et de bien distinguer, notamment en ce qui concerne les élections, les partis et la vie politique, la longue période qui va de 1947 jusqu'en 1993 et le processus de renouvellement qui a été entamé à compter de 1993.

B. Le système électoral

470. Les changements successifs de modes de scrutin en 1993, 2005, 2015 et, enfin, 2017 ont eu des effets décisifs sur les résultats des élections.

a) L'élection des députés

471. Les modalités de leur élection ont été modifiées à plusieurs reprises depuis 1947. Cette instabilité démontre, si besoin était, la nécessité de placer la loi électorale, à l'abri de la Constitution, afin d'éviter les manipulations politiciennes. Jusqu'en 1993, l'élection avait lieu à la représentation proportionnelle avec répartition des restes sur le plan national. La première répartition s'effectuait dans le cadre de chacune des 32 circonscriptions, au quotient électoral. La seconde répartition avait lieu au quotient national, entre les listes ayant obtenu au moins un élu dans une circonscription ou 300 000 suffrages sur l'ensemble du territoire national.

472. En août 1993, une loi votée sous la pression de l'opinion avait substitué à ce mode de scrutin un système mixte faisant largement dominer le scrutin uninominal majoritaire à un tour. Chaque électeur disposait de deux voix. La première servait à désigner dans le cadre de 475 collèges un élu au scrutin uninominal majoritaire à un tour. La seconde voix servait à désigner les 155 députés du dernier quart à la représentation proportionnelle dans le cadre de 26 circonscriptions selon le système des plus forts restes. En avril 1999, puis en mai 2000 la représentation proportionnelle subsistante a été mise en cause par voie référendaire mais sans succès, les votants représentant moins de la moitié des électeurs.

473. En 2005, la règle du jeu électoral a à nouveau été changée par le Gouvernement dirigé par Silvio Berlusconi afin de servir les intérêts de son camp. Le scrutin proportionnel de listes bloquées a été rétabli, mais un correctif majoritaire a été prévu puisqu'un bonus était donné à la coalition ou au parti arrivé en tête de l'élection afin qu'il détienne au moins 340 sièges, soit la majorité absolue des sièges. Ce système était censé assurer une certaine stabilité. Cependant, il a aussi montré ses limites puisqu'il n'a pas freiné, loin s'en faut, les manœuvres préélectorales et, surtout, n'a pas permis de dégager une majorité stable de Gouvernement.

474. C'est pourquoi, en mai 2015, une nouvelle loi électorale avait encore été votée à l'initiative de Matteo Renzi. Elle visait à instaurer un mécanisme inédit s'apparentant à du « sur mesure » en prévoyant que, pour les élections législatives devant avoir lieu en 2018, les députés seraient élus au scrutin de liste majoritaire à deux tours. L'objectif de la réforme était de créer une majorité stable en accordant la majorité des sièges à la Chambre des députés au parti, et non plus à la coalition de partis, qui obtiendrait au moins 40 % des voix au premier tour des législatives. Cependant, cette loi électorale ayant été déclarée en partie contraire à la Constitution par la Cour constitutionnelle, il a fallu à nouveau changer la règle du jeu électoral quelques mois avant les élections générales. Désormais, la loi du 3 novembre 2017 prévoit que les élections à la Chambre des députés se déroulent sur un seul tour de scrutin et utilisent un système mixte, avec 36 % de sièges alloués au scrutin majoritaire uninominal à un tour et 64 % au scrutin proportionnel. Il résulte donc ce nouveau mode de scrutin qu'au sein de la Chambre des députés, composée de 630 députés élus pour cinq ans, 232 sont élus directement dans autant de circonscriptions uninominales ; 386 sont élus par la représentation proportionnelle nationale ; et, 12, sont élus par les Italiens de l'étranger.

b) L'élection des sénateurs

475. Elle est très démocratique en ce sens qu'elle a lieu au suffrage universel direct. Le choix de ce mode d'élection est cohérent avec l'équilibre institutionnel global puisque la Constitution italienne crée, ce qu'il est convenu d'appeler un « bicamérisme parfait » auquel Matteo Renzi, a tenté de mettre fin, sans succès, en 2016. En toute hypothèse, pendant près d'un demi-siècle, là encore la représentation proportionnelle a dominé, comportant quelques différences avec l'élection des députés : la circonscription de base était la région, l'âge requis pour voter un peu plus élevé, enfin et surtout, le mode de scrutin combinait représentation proportionnelle et scrutin majoritaire. Chaque circonscription régionale était divisée en autant de collèges qu'il y avait de sièges à pourvoir. Dans chaque collège, le scrutin était donc uninominal à un tour mais pour être élu il fallait avoir obtenu 65 % des voix. Si aucun candidat n'obtenait ce résultat, ce qui était le cas normal, les voix étaient regroupées par parti à l'échelon régional et les sièges étaient attribués à la représentation proportionnelle en tenant compte de scores réalisés par les candidats.

Désormais, la loi du 3 novembre 2017 prévoit que les élections au Sénat, comme à la Chambre des députés, se déroulent sur un seul tour de scrutin et utilisent un système mixte, avec 36 % de sièges alloués au scrutin majoritaire uninominal à un tour et 64 % au scrutin proportionnel. Il résulte donc ce nouveau mode de scrutin que le Sénat, composé de 315 sénateurs élus pour cinq ans, comporte en son sein : 116 sénateurs élus directement dans des circonscriptions uninominales ; 193 élus régionalement à la représentation proportionnelle dans des circonscriptions plurinominales ; et, 6, élus par les Italiens de l'étranger. À ces 315 sénateurs procédant de l'élection s'ajoutent un petit nombre variable de sénateurs à vie, composé des anciens présidents de la République et de cinq autres personnalités nommées à vie pour leurs mérites par le président de la République.

C. Les partis politiques

476. Le multipartisme demeure une donnée traditionnelle mais sa composition est en perpétuel mouvement.

a) Jusqu'en 1993

477. Les partis étaient nombreux, d'importance très inégale et de nature différente car il y avait à la fois des partis respectant le cadre habituel de la démocratie pluraliste et des partis considérés, à tort ou à raison, comme d'opposition au régime (essentiellement le PC et le MSI).

Le parti dominant était la Démocratie-chrétienne (DC), divisé il est vrai entre de nombreux courants souvent antagonistes (une quinzaine environ), qui l'obligeaient à des compromis nuisant à son dynamisme. Bien qu'elle n'ait cessé de décliner en suffrages et en sièges, elle est demeurée tout au long de cette période, et de loin, le premier parti italien. Le Parti communiste (PC) était le second parti, nettement derrière la DC, lui aussi en déclin continu et subissant même une chute brutale en 1992, liée à l'effondrement du socialisme en URSS. Bien entendu, il existait de nombreux autres partis mais ne représentant chacun qu'un assez faible pourcentage de voix. Le courant socialiste était, depuis les années cinquante, divisé en deux partis, le Parti socialiste italien (PSI) et le Parti social-démocrate italien (PSDI), et parfois trois. Le Parti républicain (PR) et le Parti libéral (PL) étaient des partis centristes, proches de la DC et qui lui étaient souvent associés. D'autres partis ont eu une existence plus fugitive, au moins sur le plan de la représentation parlementaire. Le Mouvement social italien (MSI), d'inspiration néo-fasciste, a toujours été, en tant que tel, écarté des coalitions gouvernementales.

b) Depuis 1993

478. Les partis sont encore nombreux et d'importance inégale mais ce ne sont plus exactement les mêmes et le problème posé par les partis dits d'opposition au régime paraît s'être largement estompé.

De nouveaux partis sont apparus, dont certains ont obtenu immédiatement des succès importants. Tel est le cas de *Forza Italia* (FI), lancé au début de 1994 par S. Berlusconi pour faire face à la coalition de gauche et qui est devenu lors des élections de mars 1994 le premier parti italien, de nouveau porté au pouvoir en mai 2001. Tel est le cas également de la Ligue, ex-Ligue du Nord (LN), qui préconisait à l'origine des solutions sécessionnistes mais qui a connu un déclin en 1996 et 2001 avant de connaître un nouvel essor à l'occasion de la crise migratoire qui touche l'Italie depuis ces dernières années et de se transformer en véritable parti national.

Ce qu'on peut souligner, c'est la grande capacité d'adaptation des partis italiens qui les a conduits, comme le nouveau mode de scrutin l'imposait, à constituer, en dépit de quelques soubresauts, des coalitions quasi-permanentes. De ce fait, une franche alternance, guère envisageable auparavant, a été mise en pratique lors des élections nationales à partir de 1994. D'une part, à droite, la « Maison des libertés » ou « Peuple de la Liberté » regroupe les principaux partis de droite et de centre-droit. D'autre part, à gauche, l'« Olivier » d'abord, l'« Union » ensuite traduisent une volonté de créer une grande force occupant l'espace politique de la gauche jusqu'au centre-gauche. Ce processus s'est poursuivi avec la naissance en 2007 du Parti Démocrate. Ce parti résulte de la fusion entre les Démocrates de gauche (DS, héritiers du parti communiste italien) et la Démocratie libérale-Marguerite (DL, héritière de la Démocratie-chrétienne). Si ce processus était allé jusqu'à son terme, les deux grands partis de l'après-guerre (Parti communiste et Démocratie-chrétienne) auraient enfin achevé leur mue. Néanmoins, il faut relever que cette bipolarisation naissante de la vie politique transalpine a été contrarié par le succès inattendu du Mouvement Cinq étoiles d'abord aux élections intervenues en février 2013. Bien que cette formation populiste conduite alors par l'inclassable Beppe Grillo n'ait été créée qu'en 2009, elle a recueilli alors plus de 25 % des voix représentant 108 sièges à la Chambre des députés. Son refus, à l'époque, de toute alliance avec la coalition des partis de gauche (Parti démocrate et alliés) comme avec celle des partis de droite (Peuple de la Liberté, Ligue du Nord et alliés) est à la source de la crise de régime qu'a traversée l'Italie au début de l'année 2013. Ce premier succès a été confirmé lors des élections générales de mars 2018. En effet, le Mouvement Cinq étoiles, dirigé depuis septembre 2017, par Luigi di Maio, avec 228 députés, représente la formation politique ayant obtenu à elle seule le plus grand nombre de sièges à la Chambre des députés. Ayant accepté, cette fois, de constituer une alliance avec une formation plus traditionnelle, la Ligue du Nord, dirigée par Matteo Salvini qui compte quant à elle 125 députés, après d'intenses tractations qui ont duré près de trois mois, un Président du Conseil, M. Giuseppe Conte a enfin pu être désigné et un gouvernement formé. Ce nouveau gouvernement, reposant sur une alliance contre-nature, avec à sa tête un novice en politique démontre que l'Italie n'en a sans doute pas encore fini avec le mal récurrent de l'instabilité qui mine son régime politique.

Les élections en Italie depuis 1947 (sièges)

Chambre des députés[1]	**PC (DS)**	**PSI**	**PSDI**	**PRI**	**DC**	**PL**	**MSI**	**Autres partis**
avril 1948 574 sièges	183		33	9	305	25		19 [2]
juin 1953 590 sièges	143	75	19	5	263	13	29	43 [2]
mai 1958 596 sièges	140	84	22	6	273	17	24	30 [2]
avril 1963 630 sièges	166	87	33	6	260	39	27	12 [2]
mai 1968 630 sièges	177	91		9	266	31	24	32
mai 1972 630 sièges	179	61	29	15	266	20	56	4
juin 1976 630 sièges	227	57	15	14	263	5	35	14
juin 1979 630 sièges	201	62	20	16	262	9	30	30 [3]
juin 1983 630 sièges	198	73	23	29	225	16	42	24

juin 1987 630 sièges	177	94	17	21	234	11	35	41[3]
avril 1992 630 sièges	107[4]	92	16	27	206	17	34	96[5]

[1] PC : Parti communiste ; PSI : Parti socialiste ; PSDI : Parti socialiste démocratique ; PRI : Parti républicain ; DC : Démocratie-chrétienne ; PL : Parti libéral ; MSI : Mouvement social italien.

[2] Le contingent le plus important est fourni par les monarchistes, 14 en 1948, 40 en 1953, 25 en 1958, 8 en 1963.

[3] Dont au titre du Parti radical 18 en 1979 et 13 en 1987.

[4] Les Refondateurs communistes ont obtenu en outre 5,6 % des voix et 35 sièges.

[5] Dont 55 pour la Ligue lombarde.

[6] Les résultats donnés sont ceux des principaux partis mais il en existe une douzaine d'autres. La « Marguerite » désigne un rassemblement de centristes démocrates-chrétiens intégrés au Pôle des Libertés, qui trouve son répondant dans l'autre coalition (Libertés).

[7] Les coalitions ont encore évolué au cours de cette élection puisque les principales formations de gauche se sont regroupées sous la bannière de l'Union et de Romano Prodi.

	Nouveau mode de scrutin (1993)				
mars 1994 *630 sièges*	*Pôle du Progrès* 213	*Pôle des Libertés* 366	*Autres partis* 51		
avril 1996 630 sièges	Refondateurs communistes 35	Pôle de l'Olivier 284	Pôle des Libertés 246	Ligue du Nord 59	Autres partis 6
mai 2001 630 sièges	Pôle de l'Olivier 264	Maison des Libertés 341	Autres partis 25		
avril 2006 630 sièges	L'Union 348	Maison des Libertés 273	Autres partis 9		
avril 2008 630 sièges	Italie des valeurs 29	Parti démocrate 217	Peuple de la Liberté 275	Ligue du Nord 60	Autres partis 49
février 2013 630 sièges	Mouvement Cinq étoiles 109	Parti démocrate 345	Peuple de la Liberté et Ligue du Nord 125	Autres partis 49	
mars 2018 630 sièges	Mouvement Cinq étoiles 228	Parti démocrate 111	Ligue du Nord 125	Autres partis 166	

[1] PC : Parti communiste ; PSI : Parti socialiste ; PSDI : Parti socialiste démocratique ; PRI : Parti républicain ; DC : Démocratie-chrétienne ; PL : Parti libéral ; MSI : Mouvement social italien.

[2] Le contingent le plus important est fourni par les monarchistes, 14 en 1948, 40 en 1953, 25 en 1958, 8 en 1963.

[3] Dont au titre du Parti radical 18 en 1979 et 13 en 1987.

[4] Les Refondateurs communistes ont obtenu en outre 5,6 % des voix et 35 sièges.

[5] Dont 55 pour la Ligue lombarde.

[6] Les résultats donnés sont ceux des principaux partis mais il en existe une douzaine d'autres. La « Marguerite » désigne un rassemblement de centristes démocrates-chrétiens intégrés au Pôle des Libertés, qui trouve son répondant dans l'autre coalition (Libertés).

[7] Les coalitions ont encore évolué au cours de cette élection puisque les principales formations de gauche se sont regroupées sous la bannière de l'Union et de Romano Prodi.

II. L'État et les citoyens

479. L'État est très décentralisé et les droits reconnus aux citoyens, étendus.

A. Le « régionalisme renforcé »

480. La Constitution de 1947 a institué « la plus ample décentralisation administrative » (art. 5), avec pour élément essentiel des régions disposant d'un degré variable d'autonomie. Ce mouvement de régionalisation a été amplifié en 2001 avec la révision du titre V de la Constitution. Il y a vingt régions, quinze à statut ordinaire et cinq à statuts spéciaux, dont la Sardaigne et la Sicile. Comme d'autres institutions italiennes, elles n'ont été mises en place que tardivement, à partir de 1970.

a) Statuts et organisations

481. Aux termes de l'article 123 de la Constitution, les statuts sont établis par les Conseils régionaux eux-mêmes, statuant à la majorité absolue de leurs membres. L'article 123, modifié en 1999, prévoit désormais que « le Gouvernement peut soulever une question de constitutionnalité sur les statuts régionaux devant la Cour constitutionnelle dans les trente jours de sa publication ». Ces règles sont évidemment d'inspiration très libérale.

Les Conseils régionaux sont élus pour cinq ans au suffrage universel direct selon un mode de scrutin dominé par la représentation proportionnelle dans le cadre de chacune des provinces composant la région. Il faut souligner que depuis la révision constitutionnelle de 2001, l'article 122 prévoit que le système applicable dans les régions n'est plus déterminé par une loi nationale, mais par « une loi de la région dans le cadre des principes fondamentaux établis par la loi de la République, qui fixe également la durée des organes électifs ».

L'exécutif est assuré par une « *Giunta* », dont les membres sont élus par le Conseil. Toutefois, depuis 1995, le président de l'exécutif est nécessairement le conseiller placé en tête de liste lors de l'élection à la représentation proportionnelle des quatre cinquièmes du Conseil. Le président bénéficie donc de l'autorité que lui confère une élection au suffrage direct ou plus précisément quasi-direct. Chacun des membres de la « Giunta » a des attributions précises, l'ensemble formant, sous l'autorité du président, un véritable Gouvernement régional.

b) Compétences législatives

482. Les régions bénéficient de véritables compétences législatives.

Le Parlement a donné une interprétation favorable à l'élargissement de la compétence régionale. Il reste que chacune d'elles ne s'applique que sur le territoire de la région considérée et qu'elles ne sauraient méconnaître ni la législation d'État ni le droit communautaire. Mais là encore, une interprétation dans l'ensemble libérale vis-à-vis des régions a été donnée par la Cour constitutionnelle, appelée à arbitrer, de « l'intérêt national » et des « principes fondamentaux » que doivent respecter les Conseils régionaux. La révision constitutionnelle du 18 octobre 2001 a modifié la clé de répartition des compétences entre l'État central et les régions dans le sens d'un accroissement de l'autonomie locale. En effet, alors qu'auparavant l'article 117 énumérait limitativement les compétences régionales tout en prévoyant que toutes les autres compétences étaient du ressort de l'État. Désormais, le système a été bouleversé, voire inversé, puisque le nouvel article 177 énumère, tout d'abord, les compétences exclusives de l'État (comme, par exemple, la politique et la citoyenneté), puis les compétences concurrentes entre l'État et les régions (comme, par exemple, le commerce extérieur, la protection et la sécurité du travail, l'éducation scolaire ou encore l'aménagement du territoire). Enfin, l'article 117 précise que « dans toutes les matières qui ne sont pas expressément réservées à la législation de l'État, le pouvoir législatif échoit aux régions ». Il résulte clairement de ces nouvelles dispositions constitutionnelles que la compétence législative de principe appartient désormais aux régions autonomes. De plus, au terme de l'article 119 de la Constitution, cette autonomie législative se double d'une autonomie financière reconnue au profit non seulement des régions, mais aussi des communes, provinces et villes métropolitaines.

B. Les régions et la démocratie

483. Le choix d'une décentralisation véritable a conféré aux institutions une souplesse qui, sur le plan national, leur a longtemps manqué.

En effet, jusqu'à la réforme du mode de scrutin, à partir de 1993, la situation politique était sur ce plan largement bloquée, compte tenu du quasi-monopole exercé par la Démocratie chrétienne sur le pouvoir politique. Dans ce système, alors sans alternance possible, les régions ont servi d'exutoire. Tous les partis y avaient leurs chances d'accéder non seulement aux Conseils régionaux, ce qui va de soi avec un mode de scrutin proportionnel, mais aussi aux Conseils exécutifs et aux Présidences grâce à des combinaisons inenvisageables au niveau national. C'est ainsi que le PC, toujours écarté du Gouvernement de l'État, a pu obtenir des présidences de régions. C'était, pour l'ensemble du système politique, une soupape de sûreté loin d'être négligeable. Il faut ajouter que les Conseils régionaux ont accompli une œuvre législative quantitativement considérable dans des conditions difficiles, le Parlement ayant parfois omis ou retardé de voter les lois-cadres fixant les limites dans lesquelles les régions devaient légiférer (cf. art. 117). Bien que le régime ait beaucoup changé depuis une décennie, en permettant enfin l'alternance au plan national, les régions conservent toute leur importance. Ainsi, par exxemple, la défaite de *Forza italia,* le parti de M. Silvio Berlusconi, lors des élections régionales de 2005 a contraint ce dernier à démissionner moins d'une semaine après la proclamation des résultats. Cette influence des scrutins régionaux sur la vie politique nationale indique assez bien l'ancrage du régionalisme en Italie. Une telle situation serait bien évidemment inconcevable en France.

C. Les droits et libertés

484. La Constitution proclame, dans ses articles 1 à 54, de manière particulièrement détaillée et complète, des principes fondamentaux et les droits et devoirs des citoyens.

On distingue parmi les droits et libertés deux catégories : d'une part, celle des droits inviolables (cf. Constitution, art. 2), dont le législateur ne peut que préciser les modalités d'application et auxquels seule une révision constitutionnelle pourrait porter atteinte, d'autre part, les droits et libertés que le législateur peut réglementer et à cette occasion limiter partiellement ou assortir de certaines conditions, sans que bien entendu ces atteintes puissent aller jusqu'à leur suppression, ce qui, là encore, exigerait une révision constitutionnelle. Cette seconde catégorie, très réduite par rapport à la première, comprend essentiellement des droits à caractère économique, lesquels sont par conséquent considérés comme susceptibles de restrictions législatives. On peut citer à ce titre le droit de grève (art. 40), le droit de propriété (art. 42 s.), le droit des travailleurs à collaborer à la gestion des entreprises (art. 46).

Les droits et libertés sont, sans distinction, sous la protection de la Cour constitutionnelle. Le rôle de cette dernière, déjà très important à l'égard de la longue théorie des droits inviolables, l'est sans doute davantage encore à l'égard des droits économiques de la seconde catégorie. Il lui appartient, en effet, de fixer des limites à l'intervention du législateur, ainsi que le seuil qu'il ne peut dépasser sans porter atteinte à la substance même des droits considérés. La Cour veille à ce que les restrictions éventuellement décidées demeurent, selon la formule même des arrêts, raisonnables, qu'elles ne tombent pas dans l'arbitraire et soient bien justifiées par l'intérêt général.

D. Les institutions de démocratie semi-directe

485. Trois articles de la Constitution de 1947 sont consacrés aux procédures de démocratie semi-directe : les articles 71 (initiative populaire), 75 (référendum d'abrogation ou veto populaire, cf. chapitre 4, section 2) et 138 (référendum en matière constitutionnelle).

a) L'initiative populaire

486. L'article 71 prévoit que le peuple « exerce l'initiative des lois au moyen d'une pétition formulée par cinquante mille électeurs au moins et constituant un projet rédigé en articles ». C'est là une disposition intéressante qui constitutionnalise et organise – en l'élevant au rang de droit d'initiative populaire – un droit de pétition assez traditionnel dans les régimes parlementaires, où il n'est généralement prévu que par les règlements d'assemblées, et d'ailleurs peu utilisé. Bien entendu, il ne s'agit que d'une proposition et il faut ensuite, pour que le texte devienne loi, qu'il satisfasse aux procédures et aux conditions habituelles en la matière. On observera que le nombre de signatures requis est très peu élevé (50 000 seulement) et que dans la réalité le droit d'initiative appartient aux partis autant qu'aux citoyens.

b) Le référendum d'abrogation

487. C'est certainement l'article 75 qui institue la procédure la plus intéressante parmi les trois précitées. Comme plusieurs autres dispositions de la Constitution, il n'a pu être appliqué que depuis 1970, lorsque les textes d'application ont enfin été votés. Il permet aux citoyens – mais, en fait, l'initiative va toujours venir d'un parti – de décider, par référendum, l'abrogation totale ou partielle d'une loi, ou d'un acte à valeur législative, sur demande présentée par cinq cent mille électeurs (il pourrait s'agir aussi de cinq Conseils régionaux).

Le schéma référendaire se déroule donc de la manière suivante : 1°) il faut partir de l'adoption par les chambres d'une loi, qui est donc votée puis promulguée et qui est par conséquent parfaite et définitive ; 2°) il y a ensuite, sur l'impulsion d'un ou plusieurs partis (dont les représentants ont certainement refusé de voter la loi), dépôt d'une pétition revêtue de 500 000 signatures, recueillies en trois mois au plus, qui seront évidemment vérifiées ; 3°) la légitimité, ou si l'on préfère l'admissibilité au regard de la Constitution et des textes d'application, ainsi que des conventions internationales, du référendum demandé doit être appréciée et vérifiée par le Bureau central des référendums (composé de hauts magistrats) et par la Cour constitutionnelle elle-même ; il faut indiquer, à ce sujet, que les textes d'application ont voulu éviter toute inflation référendaire : les référendums ne peuvent avoir lieu qu'entre le 15 avril et le 15 juin, à condition que des élections législatives ne soient pas organisées au cours de cette même période (comme c'est arrivé en 1972 et en 1979, auquel cas la consultation référendaire est reportée) et à condition également que les chambres ne procèdent pas d'elles-mêmes, avant l'ouverture de la votation, à un remaniement substantiel du texte contesté (auquel cas la consultation référendaire deviendrait, en effet, inutile) ; 4°) si les conditions requises sont réunies, le référendum est organisé ; on observera que, compte tenu de son objet (abrogation ou non de la loi), les citoyens doivent répondre « non » s'ils veulent le maintien de la loi et « oui » s'ils veulent la voir disparaître : c'est là peut-être un élément de complication mais peu important et il ne paraît pas avoir gêné les électeurs italiens.

488. L'article 75 a, en effet, été appliqué à de nombreuses reprises. C'est ainsi qu'un référendum en vue de l'abrogation de la loi relative au divorce, organisé le 12 mai 1974, a vu le succès des « non » (59,1 %). Le score est intéressant car il indique que les électeurs ne suivent pas fidèlement les directives des partis (ceux préconisant le oui, dont la DC, totalisaient en théorie beaucoup plus de 40 % des suffrages). En 1978, 1981, 1985, des référendums souvent inspirés par le petit Parti radical ont également donné des résultats négatifs mais avec un pourcentage de votes positifs nettement supérieur au score habituel du parti initiateur, qui ne dépassait guère 4 % des voix. En juin 1991, le vote préférentiel a été supprimé par 62 % de votants et 95 % de oui. En avril 1993, huit consultations référendaires ont eu lieu le même jour et ont donné des résultats positifs. L'une d'elles, déjà signalée (cf. I), sur le changement du mode de scrutin, est d'une importance capitale pour le fonctionnement du régime. Les lois concernées peuvent avoir des objets très divers (divorce, interruption volontaire de grossesse, centrales nucléaires, etc.) mais en février 1997 la Cour, après avoir admis onze demandes, en a rejeté douze autres dont trois qui, sous couvert de l'article 75, tendaient abusivement à des mises en cause constitutionnelles. En avril 1999 et en mai 2000, les référendums en vue de supprimer la partie restante de représentation proportionnelle ont échoué, faute d'un nombre suffisant de participants. C'est précisément l'intérêt du référendum d'abrogation tel qu'il est prévu par l'article 75 : il permet aux électeurs, consultés sur des questions qui concernent des problèmes de société, de voter selon leurs opinions personnelles, sans avoir à passer par l'intermédiaire des partis politiques (qui font toujours prévaloir la volonté de leur appareil) et sans même se préoccuper outre mesure de leurs directives (bien que celles-ci soient tout de même suivies par une large fraction des citoyens). C'est ce qui explique que les consultations aient donné tantôt des résultats négatifs (ce qui témoigne d'un accord plus profond qu'on ne le prétend avec la représentation parlementaire) tantôt des résultats positifs.

c) Le référendum en matière constitutionnelle

489. Aux termes de l'article 138, les lois de révision constitutionnelle peuvent être soumises à un référendum populaire à deux conditions. D'une part, il faut que lors de la procédure devant les chambres, le vote de confirmation auquel celles-ci sont tenues ait été acquis, certes, à la majorité absolue des membres de chaque chambre mais sans que les votes positifs aillent jusqu'à la majorité des deux tiers, car, dans ce cas, il ne pourrait y avoir de référendum (et, en effet, une telle majorité rendrait la ratification tout à fait inutile). D'autre part, il faut que le référendum soit demandé dans un délai de trois mois après la publication du texte adopté par les chambres, soit par un cinquième des membres de l'une d'elles, soit par cinq Conseils régionaux, soit encore par cinq cent mille électeurs. En d'autres termes, le référendum n'a jamais lieu d'office. Mais s'il a été demandé, la loi de révision ne pourra être promulguée que si elle a été ratifiée à la majorité des suffrages.

III. Le cadre institutionnel

490. La Constitution de 1947, qui comporte des innovations intéressantes, établit un régime parlementaire rationalisé.

A. Les organes du pouvoir

491. Ils comprennent les organes législatifs, les organes exécutifs et la Cour constitutionnelle.

a) Les organes législatifs

492. Ils donnent le rare exemple d'un bicamérisme véritablement démocratique et égalitaire. On sait, en effet, que la Chambre des députés et le Sénat sont élus au suffrage universel direct selon des modalités voisines ce qui n'est pas d'ailleurs sans soulever des difficultés lorsque chacune des assemblées est dominée par une majorité politique différente comme cela a été le cas entre 2013 et 2018 notamment. Ce mécanisme original peut même conduire à des situations de blocages institutionnels insurmontables, raison pour laquelle il a été envisagé d'y mettre fin, toujours sans succès jusqu'à présent.

493. De plus, il importe de souligner que les deux assemblées disposent des mêmes pouvoirs et se trouvent sur un pied d'égalité. Elles exercent conjointement le pouvoir législatif (art. 70), elles doivent l'une et l'autre accorder leur confiance au Gouvernement lors de son entrée en fonction et elles peuvent également mettre en cause sa responsabilité (art. 94). En contrepartie, elles peuvent l'une et l'autre ou l'une d'entre elles seulement, faire l'objet d'une mesure de dissolution (art. 88).

Il faut également appeler l'attention sur une innovation remarquable du système législatif italien, qui consiste à déléguer aux Commissions permanentes de chaque chambre, composées à la proportionnelle, l'examen et l'approbation de projets de loi, à l'exception, bien entendu, des plus importants, qui continuent à être examinés et votés par chaque assemblée en formation plénière (art. 72).

b) Les organes exécutifs

494. Comme toujours en régime parlementaire, ils comprennent le président de la République, le président du Conseil des ministres et son Gouvernement.

Le président de la République est élu pour sept ans, à la majorité des deux tiers d'une assemblée comprenant la Chambre, le Sénat et trois délégués élus par chaque Conseil régional de manière à ce que la représentation des minorités soit assurée. Tous ses actes doivent être contresignés et il va de soi qu'à ses pouvoirs nominaux, assez larges, ne correspondent pas des pouvoirs politiques effectifs, bien que son influence morale ne soit pas négligeable surtout lorsque le pays traverse, comme c'est le cas sporadiquement depuis quelques années, une crise politique. En ce sens, il faut signaler que si l'élection du président de la République a souvent été laborieuse – jusqu'à vingt-trois tours de scrutin – l'autorité morale du chef de l'État a été constamment en s'affirmant, pour se transformer progressivement en une véritable magistrature d'influence sous les septennats des présidents Pertini, Cossiga, Scalfaro, Ciampi ou Napolitano. Dans un pays, aux prises avec une instabilité gouvernementale chronique, au-delà de son rôle honorifique, le président de la République apparaît bien souvent comme un pôle de stabilité et, partant, comme le meilleur garant de l'unité nationale. L'actuel chef de l'État italien est, depuis février 2015, M. Sergio Mattarella.

495. Le président du Conseil des ministres est choisi par le président de la République qui nomme aussi les ministres sur sa proposition, mais il doit obligatoirement se présenter, dans les dix jours qui suivent la formation du Gouvernement, devant la Chambre et le Sénat pour en obtenir un vote de confiance. Le Gouvernement est donc nécessairement l'émanation de la majorité parlementaire et c'est en tant que tel qu'il exerce la plénitude du pouvoir. Sa responsabilité politique peut être mise en cause sur l'initiative des chambres (motion de défiance) ou sur sa propre initiative (question de confiance) et, dans les deux cas, le vote contraire de l'une des deux assemblées suffit à l'obliger à démissionner. Mais une simple mise en minorité survenue en dehors de ces deux hypothèses ne l'empêcherait nullement de continuer à exercer le pouvoir. À plusieurs reprises, Silvio Berlusconi, lorsqu'il était président du Conseil, a défendu l'idée d'une réforme constitutionnelle visant à permettre l'élection directe du président de la République afin d'instaurer un régime présidentiel dans lequel le rôle du chef du Gouvernement serait évidemment minoré.

Les gouvernements et les majorités en Italie depuis 1993 [1]

Présidents du Conseil	Exercice des fonctions
S. Berlusconi I (Forza Italia, Ligue du Nord, AN)	mai 1994-janvier 1995
L. Dini (Gouvernement technique)	janvier 1995-mai1996
R. Prodi I (PP, PDS, divers)	mai 1996-octobre 1998
M. d'Alema I (PDS, partis centre gauche)	octobre 1998-décembre 1999
M. d'Alema II (PDS, partis centre gauche)	décembre 1999-avril 2000
G. Amato II (partis centre gauche)	avril 2000-juin 2001

S. Berlusconi II (Forza Italia, Ligue du Nord et Maison des Libertés)	juin 2001-avril 2005
S. Berlusconi III (Forza Italia, Ligue du Nord et Maison des Libertés)	avril 2005-mai 2006
R. Prodi II (l'Union)	mai 2006-mai 2008
S. Berlusconi IV (Peuple de la liberté et Ligue du Nord)	mai 2008-novembre 2011
M. Monti (Gouvernement technique)	novembre 2011-avril 2013
E. Letta (Parti démocrate)	avril 2013-février 2014
M. Renzi (Parti démocrate)	février 2014-décembre 2016
P. Gentiloni (Parti démocrate)	décembre 2016- juin 2018
G. Conte I (Mouvement Cinq étoiles et Ligue)	juin 2018 – septembre 2019
G. Conte II (Mouvement Cinq étoiles et Parti démocrate)	septembre 2019 - …

[1] L'instabilité gouvernementale est si élevée en Italie qu'il n'avait guère de sens de faire apparaître les soixante-dix présidents du conseil et leurs majorités successives depuis 1947. C'est pourquoi, le choix a été opéré de faire débuter ce tableau à compter des premières élections générales ayant eu lieu après la réforme électorale de 1993.

c) La Cour constitutionnelle

496. Elle a commencé à fonctionner en 1955. La Cour est composée de quinze juges, dont cinq élus par les magistratures supérieures de l'État, cinq élus par le Parlement, cinq nommés par le chef de l'État, tous choisis parmi les juristes professionnels, professeurs de droit, magistrats, avocats. La Cour est compétente à deux titres principaux : d'une part, elle doit se prononcer sur la constitutionnalité des lois et des actes en forme législative de l'État et des régions lorsqu'elle est saisie à ce sujet par un juge devant qui une telle question de validité constitutionnelle a été soulevée au cours d'un procès (procédure dite d'opposition indirecte), d'autre part, elle connaît, sur recours selon le cas du président du Conseil ou du président d'un Conseil régional, des conflits d'attribution entre les différents pouvoirs de l'État ou entre l'État et les régions ou encore entre les régions.

B. Le parlementarisme rationalisé

497. Il présente le double caractère d'être assez faiblement rationalisé et surtout de n'avoir guère été mis en œuvre.

La rationalisation se manifeste dans les procédures de confiance au Gouvernement ou de mise en cause de sa responsabilité. C'est ainsi, par exemple, qu'une motion de défiance ne peut être déposée que par un dixième des membres d'une assemblée, qu'un délai de réflexion est requis, que la motion doit être motivée et votée sur appel nominal. Cependant, il faut convenir que les exigences constitutionnelles ne sont pas trop contraignantes et qu'il est d'ailleurs peu fait appel à des majorités qualifiées.

Avant les réformes d'avril et août 1993, les gouvernements naissaient et disparaissaient à la suite d'accords conclus ou de différends survenus entre les partis, en marge des procédures parlementaires. En ce qui concerne la formation des gouvernements, on notera que les ministres sont désignés par les états-majors des partis de la coalition bien davantage qu'ils ne sont choisis par le président du Conseil. En ce qui concerne leur démission, ce n'est que dans une très petite minorité de cas qu'elle a eu lieu dans les conditions prévues par l'article 94. L'essentiel de la vie politique, et les crises gouvernementales elles-mêmes, se déroulent en dehors du Parlement comme l'atteste l'histoire récente. Par exemple, le président du Conseil désigné en 2013, M. Enrico Letta, a été poussé vers la sortie à l'issue d'un vote interne à son propre parti, le Parti démocrate alors dirigé par M. Matteo Renzi qui, sans véritable surprise, lui a succédé.

IV. Le fonctionnement du régime

498. Le régime a longtemps fonctionné avec des majorités de coalition ayant pour pivot la Démocratie chrétienne, sans véritable possibilité d'alternance et cependant en proie à une instabilité gouvernementale aussi caractérisée que paradoxale. Les changements de modes de scrutin en 1993, 2005, puis en 2017 (appliqué pour les élections de 2018), ainsi que la mue progressive des partis d'opposition ont fait sensiblement évoluer la situation.

A. La Démocratie chrétienne au pouvoir et l'absence d'alternance

499. Bien que la Constitution comporte des dispositions originales et ingénieuses, le régime parlementaire n'a pas fonctionné de manière pleinement satisfaisante faute d'alternance.

a) Les méfaits de la proportionnelle

500. La représentation proportionnelle, en vigueur jusqu'en 1993, est pour une grande part à l'origine des difficultés du régime. D'une part, elle a sensiblement renforcé le multipartisme dans un pays qui y était naturellement porté. D'autre part, en dispersant et en atomisant les résultats des élections, elle n'a pu prendre en compte les mouvements de l'opinion, dont elle a cristallisé la représentation. De ce fait, la dissolution a perdu beaucoup de son utilité. Ce mode de scrutin ne permet pas de répondre, ou trop tardivement, aux besoins nouveaux d'une société qui, elle, évolue et subit des mutations.

De plus, pendant près d'un demi-siècle, les deux principaux partis italiens, la DC et le PC, ont dominé la vie politique, totalisant à eux deux environ 470 sièges à la Chambre en début de période et encore de 320 à 350 en fin de période. Mais le régime parlementaire n'a pu fonctionner normalement parce que l'un d'entre eux se situait en marge de la compétition politique. En effet, le PC a toujours été jugé comme un parti d'opposition au régime et n'a donc pu prendre la tête d'une coalition majoritaire, les autres partis refusant de s'allier avec lui de crainte qu'il n'arrive, même en simple participation, à créer les conditions d'un changement irréversible de la société, comme cela avait été le cas en Europe centrale et orientale après la Seconde Guerre mondiale. Dès lors la seule solution possible était celle d'une coalition formée autour de la DC et lui associant les petits partis socialistes et centristes (PSI, PSDI, PR, PL), ce que l'on a appelé le *pentapartito*, à l'exclusion, bien sûr, du MSI, lui aussi parti d'opposition au régime.

b) L'instabilité gouvernementale

501. On pourrait croire qu'une domination aussi continue de la Démocratie chrétienne s'est accompagnée d'une grande stabilité gouvernementale mais il n'en a rien été. Plus de de soixante-dix gouvernements se sont succédé de la fin de la Seconde Guerre mondiale à 2020, soit une durée moyenne d'une année par gouvernement.

Les causes de cette instabilité sont diverses. La majorité parlementaire demeure à la merci de ses alliés et de ses propres factions. Le moindre incident est une occasion de crise car la majorité n'est jamais sûre. Une bonne illustration de ce phénomène typique de la vie politique italienne peut être fournie avec la crise provoquée par Matteo Salvini au cours de l'été 2019. En effet, à la suite de désaccords politiques au sein de la coalition au pouvoir formée avec le mouvement cinq étoiles, le chef de la Ligue, par ailleurs ministre de l'intérieur et vice-président du Conseil a déposé une motion de censure contre le gouvernement auquel il appartenait afin de provoquer des élections générales anticipées. Sa tentative de renverser le gouvernement ayant échoué, il a été lui-même contraint à la démission et Giuseppe Conte a pu former une nouvelle alliance, cette fois, plus traditionnelle avec le Parti démocrate. La plupart des crises surviennent d'ailleurs en marge des procédures constitutionnelles et même en dehors des chambres. Ce sont les dirigeants des partis et de leurs factions qui décident. En réalité, la crise devient le meilleur moyen de résoudre les difficultés rencontrées.

B. Les incidences du nouveau mode de scrutin sur le fonctionnement du régime

502. Le nouveau mode de scrutin mis en place en 1993, à nouveau modifié en 2005 et 2017, a tout de même eu quelques effets vertueux. En particulier, il a permis qu'apparaissent de grandes coalitions, à gauche comme à droite.

Ainsi, les élections d'avril 2006 ont été marquées par un regroupement des forces de gauche autour de Romano Prodi, candidat officiel de l'Union. L'ancien président de la Commission européenne avait été désigné au terme de « primaires ouvertes » qui constituent une expérience sans précédent en Europe, mais qui a fait des émules en particulier en France pour les élections de 2012. Il a fallu attendre près de deux semaines pour la Cour de Cassation italienne confirme enfin la victoire électorale du nouveau président du Conseil. En effet, Silvio Berlusconi, comme à son habitude, avait nié l'évidence et contesté les résultats de l'élection par tous les moyens constitutionnels à sa disposition. Il n'en reste pas moins que Romano Prodi a réussi la « passe de trois » en obtenant la majorité à la Chambre des députés et au Sénat ainsi qu'en parvenant à faire désigner le candidat de son choix, M. Giorgino Napolitano, un ancien communiste à la présidence de la République. Les élections municipales de mai 2006 et, en particulier les succès rencontrés à Rome, Turin et Naples par l'Union du centre-gauche, ont démontré qu'une franche alternance était possible en dépit d'un mode de scrutin favorisant l'éparpillement des voix.

503. Cependant, la politique d'austérité budgétaire conduite par « *il professore* », M. Romano Prodi, conjuguée à un scandale ayant éclaboussé son ministre de la justice ont eu pour résultat une mise en minorité du chef du Gouvernement devant le Sénat. M. Romano Prodi a alors été contraint de présenter sa démission au chef de l'État qui l'a acceptée le 24 janvier 2008. Dans la foulée, le Parlement a été dissous et des élections législatives anticipées ont dû être organisées. Désavoué par son propre camp, M. Romano Prodi ne se représentait pas et la gauche italienne était donc emmenée par le jeune maire de Rome, M. Walter Veltrani. Comme son adversaire politique, M. Silvio Berlusconi, celui-ci a formé une alliance. S'affrontaient donc deux partis principaux : le Parti démocrate de M. Veltroni et le Peuple de la liberté de M. Berlusconi. Il s'agit donc d'une tentative d'instaurer une forme de bipartisme sans toutefois modifier le mode de scrutin. Pour être complet, soulignons le fait que le poids de la Ligue du Nord s'est encore accru, ce qui a d'ailleurs fait écrire au professeur Marc Lazar qu'il s'agit d'une « bipolarisation à deux partis et demi »[1]. Les élections des 13 et 14 avril 2008 ont vu, en effet, la droite progresser spectaculairement puisque le parti de M. Silvio Berlusconi a remporté à lui seul 275 sièges de députés, auxquels on doit rajouter les 60 obtenus par la Ligue du Nord. Le début du troisième mandat de M. Berlusconi a été marqué par un bras de fer avec la magistrature. La pomme de discorde a résidé dans le vote le 26 août 2008 d'une loi conférant une immunité pénale aux quatre plus hauts responsables de l'État italien, dont le président du Conseil lui-même. Cette première victoire de l'exécutif sur les magistrats que M. Berlusconi a accusé de « subversion » représentait la première étape d'une entreprise visant à reprendre en main le pouvoir judiciaire.

504. Toutefois, le Gouvernement emmené par Silvio Berlusconi a, à son tour, été emporté par la crise économique et, il faut bien le dire, par les turpitudes personnelles du *cavaliere*. Mario Monti, professeur d'économie et ancien commissaire européen, lui a succédé en novembre 2011. Afin de faire face à la crise économique et financière qui frappe le pays, il avait réuni autour de lui un Gouvernement composé de techniciens et ne comportant aucun parlementaire. Il cumulait les fonctions de président du conseil et de ministre de l'économie et des finances. Malgré un programme d'austérité sévère, il a bénéficié d'une forte adhésion populaire et de la confiance du Parlement. Lorsque ce dernier a fini par retirer cette confiance à M. Monti en décembre 2012, le Parlement a été dissous et il a fallu procéder à de nouvelles élections nationales en février 2013. Les résultats ambigus de cette consultation ont provoqué une véritable crise de régime. En effet, deux facteurs ont conduit à troubler le jeu politique. D'une part, le Parti démocrate ne bénéficiait de la majorité qu'à la Chambre des députés et non au Sénat, ce qui compte tenu du bicamérisme égalitaire prévalant en Italie, rendait de fait le pays ingouvernable. D'autre part, l'apparition sur la scène politique du Mouvement Cinq étoiles mené par Beppe Grillo et qui a refusé toute alliance avec les principaux partis de Gouvernement a renforcé la confusion. Après plusieurs mois de crise, durant lesquels M. Monti a assumé la responsabilité de conduire un Gouvernement de transition chargé d'expédier les affaires courantes, M. Enrico Letta, issu du Parti démocrate, a été désigné président du Conseil par le chef de l'État. Moins d'un an après sa désignation comme chef du Gouvernement, M. Letta a été poussé vers la sortie par le maire de Florence qui venait d'être porté à la tête du parti démocrate. Le 13 février 2014, M. Matteo Renzi est devenu le nouveau président du Conseil italien avant de devoir céder sa place en 2016 à M. Paolo Gentiloni.

---

1. Cf. *Esprit* juin 2008.

505. La situation politique s'est encore davantage dégradée avec les élections de mars 2018. En effet, le Parti démocrate de Matteo Renzi s'est effondré, perdant près de 200 sièges à la chambre des députés, *Forza Italia* de Silvio Berlusconi a continué à décliner, ce qui a créé un espace politique encore plus important au profit du Mouvement Cinq étoiles. Les deux gouvernements Conte qui se sont succédés depuis 2018 ont pu s'appuyer sur le socle de ce mouvement populiste : dans un premier temps, en constituant une alliance jusqu'en septembre 2019 avec la Ligue de Matteo Salvini ; puis, dans un second temps, en formant une coalition avec le Parti démocrate depuis septembre 2019.

C. Vers un changement de régime ?

506. Ces crises de régime successives ont fait la démonstration ultime de l'épuisement du modèle constitutionnel italien dont la transformation radicale s'impose désormais. C'est d'ailleurs sur cette voie d'une réforme structurelle ambitieuse que Matteo Renzi s'était engagé. Fort de ses succès électoraux, notamment aux élections européennes de juin 2014, et d'une popularité au zénith, le plus jeune président du Conseil qu'ait connu l'Italie d'après-guerre avait présenté une réforme constitutionnelle de grande ampleur le 15 juillet 2014. Elle prévoyait de transformer en profondeur le Sénat qui serait devenu une « Assemblée des régions » et serait passé de 315 membres à 100. Il était surtout envisagé de mettre fin au bicamérisme égalitaire, dit « parfait » en abaissant fortement les pouvoirs du Sénat qui n'auraient plus été les mêmes que ceux de la Chambre des députés, sauf en matière constitutionnelle. Symétriquement, les pouvoirs de la Chambre des députés auraient pu en sortir grandis puisqu'elle serait devenue *de facto* l'unique assemblée législative.

507. Cette réforme était sans aucun doute la plus importante parmi toutes celles envisagées ces dernières années car le Sénat a été désigné comme l'une des causes principales de l'immobilisme et du conservatisme, voire du blocage institutionnel du pays à plusieurs reprises depuis 1947. Néanmoins, cette révision de la Constitution a été repoussée à près de 60 % par le peuple italien, consulté par référendum le 4 décembre 2016. Cet échec a conduit à la démission du président du Conseil, Matteo Renzi. L'heure d'une nouvelle République italienne marquant la fin de l'instabilité gouvernementale n'est donc pas encore venue [1].

Section 2

Le régime du Japon

508. Une Constitution démocratique et libérale, établissant un régime parlementaire de type occidental, a été élaborée de juin à octobre 1946 par une Diète constituante. Elle a été promulguée par l'Empereur (le *Tenno*) le 3 novembre 1946 et est entrée en application le 3 mai 1947. Fait remarquable, la Constitution de 1947 n'a fait l'objet d'aucune révision en soixante-dix ans [2]. La pression des autorités américaines d'occupation

---

1. Cf. F. Lafaille, « Chronique de droit politique italien », *RFDC*, n° 110-2017, p. 519.
2. Cf. Y. Ida, « Vers une révision de la Constitution japonaise ? », *RDP* 2010, p. 387.

dans l'adoption du texte de la Constitution a certes été importante mais le maintien du *Tenno* a permis l'adhésion d'une très large partie de la Nation au nouveau régime se mettant en place [1].

I. Les données politiques et électorales

509. Le système des partis est très spécifique. Le mode de scrutin a été profondément modifié en 1993.

A. Le Parti libéral-démocrate et le phénomène du factionnalisme

510. Il existe au Japon un parti dominant : le Parti libéral-démocrate (PLD). Divisé en factions concurrentes, il a implosé en 1993 mais a reconstitué assez rapidement son unité et demeure aujourd'hui encore le plus important du pays.

a) Le Parti libéral-démocrate

511. C'est un parti conservateur qui prend son aspect actuel – et son nom de *Jiminto* – de la fusion en 1954 du Parti libéral et du Parti progressiste.

Le *Jiminto* fait état d'effectifs considérables, de l'ordre de 1 500 000 adhérents, parfois davantage, qui sont sans doute très surestimés si on ne considère que le parti proprement dit mais qui correspondent assez bien à la réalité si on tient compte des organisations satellites contrôlées par lui, qu'il s'agisse d'organisations spécialisées (féminine, de jeunesse) ou d'organisations de soutien. Cette prise en compte paraît logique car ces organisations satellites sont souvent plus vivantes et plus actives que le Parti lui-même et il arrive d'ailleurs, comme cela a été le cas à la fin des années 1970, que l'état-major décide de transférer au Parti les adhérents des organisations satellites en payant leurs cotisations. On notera, à ce sujet, que le Parti dispose de fonds très considérables qui lui sont alloués par les milieux d'affaires. Le lien étroit ainsi établi entre le grand patronat et le PLD, qui défend ses théories économiques, choque sans doute moins qu'ailleurs dans un pays dont la réussite est spectaculaire et où le capitalisme n'est guère contesté. Mais il n'est pas sans susciter de temps à autre des scandales, à l'exemple du scandale Lockheed en 1976, auquel fut mêlé le Premier ministre Tanaka.

Le Parti, en dépit de cette large assise, apparaît à bien des égards plutôt comme un club que comme un parti de masse. Ses cadres dirigeants sont souvent d'anciens hauts fonctionnaires ayant opté pour une seconde carrière élective. Ils sont généralement âgés, les députés sortants étant automatiquement représentés. Sa structure est à la fois souple et fédérale, démocratique et cependant oligarchique : les adhérents votent par correspondance pour dresser une liste de personnalités « présidentiables » et le président du Congrès (instance suprême du PLD) est choisi tous les deux ans parmi elles par les parlementaires du Parti, c'est-à-dire en fait par les factions.

---

1. Cette Constitution est d'une grande rigidité, l'article 96 imposant pour sa révision un vote des deux tiers des membres de chaque chambre et un vote populaire de confirmation à la majorité des suffrages exprimés.

b) Le phénomène du factionnalisme

512. L'unité et l'homogénéité apparentes du PLD recouvrent en réalité la coexistence permanente d'au moins cinq factions (*habatsu*), d'importance inégale.

Ces factions se présentent comme des clans regroupant des cadres du parti, et plus précisément des parlementaires (de 40 à 100 environ), autour d'une personnalité éminente, ayant été ou susceptible de devenir président du Parti, et par conséquent Premier ministre. Elles sont d'essence féodale, comme en témoignent l'étroite solidarité de leurs membres et leur commune allégeance au chef de la faction (le *ryoschu*). En revanche, elles sont organisées de manière très moderne : largement indépendantes, chacune d'elles dispose de fonds, de locaux, de permanents, d'une gestion informatisée, qui les rendent efficaces et performantes. Semblables à des équipes en compétition pour la direction d'une grande entreprise, elles luttent pour l'exercice du pouvoir, c'est-à-dire pour la présidence du Parti, ce qui les oblige à des alliances précaires et révocables.

B. Les autres partis et la recomposition du paysage politique

513. Dans un premier temps, le PLD éclate en raison de scissions en chaîne. Il faut dire que le factionnalisme, s'il comportait l'avantage de réintroduire une certaine diversité dans un système où le poids et la permanence du parti dominant pouvaient avoir quelque chose d'oppressant, présentait aussi l'inconvénient d'exacerber la compétition. Toujours est-il que des dissidences collectives donnent naissance en 1992 au nouveau Parti du Japon et l'année suivante au Parti du Progrès et au Parti des Pionniers. Compte tenu de leur origine, ces trois partis sont à la fois d'esprit conservateur et de tendance réformatrice. Lors des législatives de 1993, le PLD subit le contrecoup de ces scissions : il perd la majorité absolue des sièges à la Diète et se trouve éliminé du pouvoir jusqu'en juin 1994.

514. Dans un second temps, s'opère une recomposition du paysage politique. En dépit de succès électoraux importants en 1993, les nouveaux partis issus de la dissidence sont apparus hétérogènes et fragiles. Avant même les élections suivantes, des scissions se sont produites, de nouvelles appellations choisies, des reclassements sont intervenus selon une démarche parfois hésitante. Une coalition réformatrice s'est un moment formée sous les auspices du Shinshinto. Finalement le PLD, toujours en position dominante sinon majoritaire à lui seul, a conservé le pouvoir avec le soutien des conservateurs et du Kômeito, fondé à l'origine par une secte bouddhiste et d'orientation pacifiste. En dehors de la majorité, il faut citer l'important Parti démocrate, ainsi que d'autres partis à l'audience plus réduite, comme le Parti libéral, le Parti social-démocrate et le Parti communiste, qui s'est montré assez peu sensible aux influences russe et chinoise.

515. Aujourd'hui, une évolution est très sensible : la scène politique japonaise laisse place à deux acteurs de premier rang que sont le Parti libéral démocrate d'une part et le Parti démocrate d'autre part. En effet, lors des élections du 8 novembre 2003 à la chambre des représentants, on a vu le PLD frôler à lui seul la majorité absolue avec 237 sièges (la majorité absolue étant de 241 sièges). Dans ce contexte, les autres partis membres de la coalition gouvernementale (Komeito et conservateurs) ne sont plus que des forces d'appoint. Alors que dans le même temps, le parti démocrate avec

177 sièges gagne 50 sièges par rapport aux dernières élections. Se dessine donc une bipolarisation de la vie politique au Japon. Celle-ci s'est confirmée avec la victoire sans appel du Parti démocrate du Japon (PDJ) lors des élections d'août 2009. Cette alternance historique, même si elle a été suivie d'un retour en force du PLD lors des élections suivantes en 2012, 2014 et 2017, représente la première véritable respiration démocratique qu'ait connue le Japon depuis 1945. Elle laisse espérer une évolution à terme du système institutionnel et politique du Japon.

C. Le système électoral

516. Il faut distinguer entre l'élection des Représentants et celle des Conseillers composant la seconde chambre.

a) L'élection des Représentants

517. Le mode de scrutin a été modifié en novembre 1994.

Avant cette date, l'élection se faisait selon un mode de scrutin très original, à savoir le scrutin uninominal majoritaire à un tour mais – et c'est là une différence majeure avec le système britannique – dans le cadre de 130 circonscriptions de moyenne dimension, c'est-à-dire comportant plusieurs sièges (en principe, de 3 à 5). En d'autres termes, chaque électeur ne vote que pour un seul candidat (le bulletin ne porte qu'un nom), les différents sièges prévus étant ensuite attribués, dans l'ordre, aux candidats ayant obtenu le plus grand nombre de voix (sous réserve du respect d'un seuil minimum).

Ce mode de scrutin a longtemps donné satisfaction. Il permettait à un grand parti comme le PLD de jouer de ses factions pour présenter plusieurs candidats dans une circonscription afin d'essayer de conquérir des sièges supplémentaires. À cet égard, tout l'art – fort subtil – consistait à déterminer le nombre optimal de candidats se réclamant d'une faction ou d'un parti dans une même circonscription : s'il y en a trop, la dispersion des voix risque de coûter un ou plusieurs sièges, s'il n'y en a pas assez, l'élection peut être acquise avec une avance excessive et inutile qui aurait pu permettre, les voix étant mieux réparties, l'élection d'un autre candidat. En contrepartie, il imposait aux partis des dépenses considérables et à ce titre encourageait peut-être la corruption.

518. Depuis la réforme de 1994, sur un total de quatre cent quatre-vingts membres, trois cents Représentants doivent être élus au scrutin uninominal majoritaire à un tour dans le cadre de circonscriptions à un seul siège, ce qui a nécessité un nouveau découpage, et cent quatre-vingts autres à la représentation proportionnelle dans le cadre de circonscriptions régionales. Les élections selon ce nouveau mode de scrutin, n'ont pas entraîné de bouleversement dans les équilibres politiques du pays.

b) L'élection des Conseillers

519. Elle se fait aussi par un système de double vote. En effet, chaque électeur vote une première fois, dans le cadre de circonscriptions locales comportant plusieurs sièges, selon le même mode de scrutin que pour l'élection des Représentants (pour la désignation de 152 Conseillers) et il vote une seconde fois, dans le cadre de l'ensemble du territoire national, à la représentation proportionnelle (substituée en 1982 au mode de scrutin précité), sans panachage ni vote préférentiel, avec répartition des restes selon le système d'Hondt (pour la désignation de 100 Conseillers). Mais les listes bloquées introduites en 1982 favorisent les grands partis alors que le second vote avait initialement pour objet de permettre l'élection de personnalités indépendantes.

II. L'État et les citoyens

520. L'élément le plus original de la Constitution japonaise est sans conteste son article 9 par lequel ce pays renonce à la guerre. Cette disposition, comme d'ailleurs le reste de la Constitution dite « Mac-Arthur » pour marquer son origine nord-américaine, fait aujourd'hui l'objet d'un débat au Japon. Depuis janvier 2000, une « commission de recherche sur la Constitution », émanant de la chambre des représentants, prépare une réforme constitutionnelle qui, en 2018, n'a toujours pas vu le jour.

A. La renonciation à la guerre et le problème de la défense

521. L'article 9 de la Constitution dispose que « le peuple japonais renonce à jamais à la guerre en tant que droit souverain de la Nation, ou à la menace, ou à l'usage de la force comme moyen de règlement des conflits internationaux » et prévoit également que, de ce fait, « il ne sera jamais maintenu de forces terrestres ou navales ou aériennes, ou autre potentiel de guerre »

Cette autolimitation radicale de la souveraineté du Japon, que l'on ne retrouve dans la Constitution d'aucun autre pays, s'expliquait assez bien dans le contexte de 1946, après que des bombes atomiques aient explosé sur Hiroshima et Nagasaki, mais elle a par la suite suscité difficultés et polémiques. L'article 9 interdit aussi les guerres et les armées « défensives », notion d'ailleurs très difficile à cerner. À la vérité, aucun pays ne peut renoncer totalement et durablement à sa propre et légitime défense. Des forces militaires – la Garde de défense – ont donc été instituées. Les États-Unis eux-mêmes, après avoir signé avec le Japon le Traité de sécurité de 1952, l'ont encouragé à réarmer. Finalement, le Japon s'est doté d'une armée moderne, classée parmi les plus puissantes au Monde. Le problème de sa constitutionnalité s'est évidemment posé mais la Cour suprême, saisie à trois reprises, s'est efforcée d'éluder la difficulté et n'a pas donné de réponse tranchée. Le Premier ministre arrivé au pouvoir en septembre 2006, M. Abe, a innové en obtenant la création d'un ministère de la défense. Ce dernier a fait long feu, puisque dès le 3 juillet 2007, le ministre de la défense a été contraint à la démission après avoir prononcé des propos malheureux sur les bombardements atomiques de 1945. En 2015, le débat sur l'article 9 de la Constitution a été relancé par le Premier ministre, M. Abe, revenu au pouvoir à la faveur des élections de 2012. Désormais, faute de pouvoir réviser formellement la Constitution sur ce point sensible, le Premier ministre s'est résolu à faire prévaloir une interprétation « non-pacifique » de la Constitution japonaise en empruntant la voie législative plutôt que celle de la révision constitutionnelle. La législation japonaise actuelle instaure donc un droit d'« auto-défense collective » en permettant aux forces armées japonaises notamment de se joindre à des coalitions militaires en cas de menaces. Néanmoins, formellement, le Japon ne renonce pas au « pacifisme constitutionnel » qui le caractérise [1].

---

1. Y. Hasebe, « The end of constitutional pacifism ? », *Washington international law journal*, 2017, p. 125.

Les élections à la chambre des représentants du Japon depuis 1946[1]

	PLD		Kômeitô		Parti social-démocrate		Parti socialiste		Communistes		Indépendants et divers[2]	
	Suffrages en pourcentage Sièges											
1952	66,1	325			11,6	57	9,6	54	2,6	0	10,1	30
1953	65,7	310			13,5	66	13,1	72	2	1	5,7	17
1955	63,2	297			13,9	67	15,3	89	2	2	5,6	12
1958	58,2	287					32,5	166	2,6	1	6,7	13
1960	57,6	296			8,8	17	27,6	145	2,9	3	3,1	6
1963	54,7	283			2,4	23	29	144	0,9	5	5	12
1967	48,8	277	5,4	25	2,4	30	27,9	140	4,8	5	5,7	9
1969	47,6	288	10,9	47	7,7	31	21,5	90	6,8	14	5,5	16
1972	46,8	282	8,5	29	7	19	21,9	118	10,5	38	5,3	16
1976[3]	41,8	249	10,9	55	6,3	29	20,7	123	10,4	17	9,9	38
1979	44,6	248	9,8	57	6,8	35	19,7	107	10,4	39	11,7	25
1980	47,9	284	9	33	6,6	32	19,3	107	9,8	29	7,4	26
1983	45,8	258	10,1	59	7,3	39	19,5	113	9,3	27	8	15
1986	49,4	300	9,4	56	6,4	26	17,2	85	8,8	26	8,8	19
1990	46,1	275	8	45	4,8	14	24,4	136	7,8	16	8,9	26
1993	36,6	223	8,1	51	3,5	19	15,5	70	2,2	15		143[3]

[1] Statistiques tirées de Tadakazu Fukase et Yoichi Higuchi : *Le constitutionnalisme et ses problèmes au Japon, une approche comparative*, 1984, pp. 214-215, et continuées ensuite.

[2] Des élus indépendants rejoignent régulièrement après leur élection le PLD et lui permettent d'atteindre la majorité absolue des sièges lorsqu'il ne l'a pas.

[3] Dont 103 sont des dissidents du PLD : Nouveau Parti du Japon 35, Parti de la Renaissance 55, Parti des Pionniers 13, soit 8, 10,1 et 2,6 % des voix.

Nouveau mode de scrutin[1]	PLD	Conserv.	Kômeitô	P. lib.	PSD	PDJ	Comm.	Ind.
1996	271	18	42	18	14	95	26	16
2000	233	7	31	22	19	127	22	19
2003	237	4	34	1	6	177	9	1
2005	296	4	31	1	7	113	9	19
2009	119	0	21	3	7	308	9	6
2012	294	54	31	9	2	57	9	5
2014	291	41	35	2	2	73	21	2
2017	284	50	29	22	2	55	12	2

[1] Le nombre des députés a été réduit à 480 en 2000, 475 en 2014 et 465 en 2017. 300 députés sont élus au scrutin majoritaire, 165 à la représentation proportionnelle.

B. Les libertés et les garanties

522. La Constitution, qui consacre son chapitre 3 aux « Droits et devoirs du peuple », insiste nettement sur les droits. En revanche, les garanties juridictionnelles, juridiquement bien conçues, ne paraissent pas aussi efficaces qu'elles pourraient l'être, en raison d'une certaine timidité de la Cour suprême.

a) Les libertés et les droits

523. Prévus par les articles 10 à 40 de la Constitution, ils appellent deux remarques. D'une part, les libertés et les droits de la personne humaine sont énumérés de manière très complète. Assez proches à bien des égards de ceux inscrits dans la Déclaration française de 1789, ils comprennent aussi, outre la liberté religieuse et celle de l'enseignement, le droit «... à la poursuite du bonheur » (art. 10), « ... à un niveau minimum de vie matérielle et culturelle » (art. 25). Ils requièrent aussi très classiquement de l'État qu'il respecte la dignité de citoyens égaux en droits et libres de penser et d'agir.

524. D'autre part, les droits économiques et sociaux, sans être ignorés, sont évoqués assez sommairement. Certes, le droit de propriété et le libre choix d'exercice des professions sont affirmés avec force car ils sont indissociables du système capitaliste en vigueur. En revanche, les droits relatifs à la protection des travailleurs font l'objet de dispositions succinctes bien que mention soit faite du « droit au travail » et du « droit des travailleurs de s'organiser, de négocier et d'agir collectivement ». On sait, à ce sujet, que les syndicats sont plus coopératifs que combatifs et que la grève n'est permise que dans le secteur privé.

b) Le contrôle de constitutionnalité

525. Il se fait par voie d'exception, comme aux États-Unis.

L'exception peut être soulevée à l'occasion d'un procès civil ou pénal, devant n'importe quel tribunal dès lors qu'il est compétent pour connaître du litige, par toute partie au procès et viser tout « acte officiel » (article 81 de la Constitution), ce qui inclut à la fois les lois votées par la Diète et les décrets et décisions pris par le Gouvernement. Il appartient ensuite aux tribunaux, et en dernier ressort à la Cour suprême, de vérifier la conformité à la Constitution de l'« acte officiel déféré », ce qui devrait leur permettre d'assurer un contrôle efficace du respect des libertés et des droits énoncés dans le chapitre 3 de la Constitution. Malheureusement, la jurisprudence de la Cour suprême est assez décevante sur ce point, dans la mesure où elle fait montre d'une très grande timidité vis-à-vis du pouvoir, qu'elle n'a que très rarement censuré. L'explication doit sans doute en être cherchée dans sa composition.

III. Le cadre institutionnel

526. Il faut étudier les organes du pouvoir, ainsi que les règles présidant à leurs rapports.

A. Les organes du pouvoir

527. On examinera successivement l'Empereur, le Gouvernement, la Diète et la Cour suprême.

a) L'Empereur

528. Maintenu en place par les autorités américaines d'occupation en raison de l'attachement du peuple japonais, l'Empereur n'en voit pas moins le fondement juridique de son pouvoir totalement transformé par la Constitution de 1946. Titulaire jusqu'alors de la souveraineté, il en est dépossédé au profit du peuple : l'article premier de la Constitution est sans ambiguïté qui dispose que l'Empereur est le symbole de l'État et de l'unité du peuple, il doit ses fonctions à la volonté du peuple, en qui réside le pouvoir souverain. En juin 2017, fait sans précédent dans la longue histoire du Japon impérial, la diète a approuvé une loi ouvrant droit à l'abdication de l'Empereur. Cette loi, souhaitée par Empereur Akihito, alors âgé de 84 ans, lui a permis d'abdiquer le 30 avril 2019 en faveur de son fils, le prince héritier, Naruhito. Par conséquent, depuis le 1er mai 2019, ce dernier est le 126e Empereur du Japon.

529. L'Empereur est donc devenu le chef dynastique d'un État démocratique et libéral. Nécessairement irresponsable sur le plan politique, il est aussi dépourvu de pouvoir effectif. En effet, si la Constitution lui reconnaît un certain nombre de compétences, elle prévoit aussi que tous ses actes requièrent l'approbation du Cabinet, attestée par le contreseing du Premier ministre (art. 3). C'est donc bien au Gouvernement que réside la réalité du pouvoir exécutif.

b) Le Premier ministre et le Gouvernement

530. Le Premier ministre doit obligatoirement être un membre civil de la Diète, élu d'un commun accord par les deux chambres et nommé par l'Empereur. Dans l'hypothèse, qui ne s'est jamais réalisée jusqu'à présent, où les deux chambres ne pourraient s'entendre, c'est la Chambre des Représentants qui devrait procéder à la désignation. Durant plus de cinquante ans, le Premier ministre ne pouvait être que la personnalité choisie par le PLD, après une compétition parfois très vive entre les factions qui le composent. Depuis 2009, la survenance d'une alternance possible parait avoir en partie changé la donne.

531. Le Premier ministre est le chef du Gouvernement, au sens fort du terme. Il nomme les ministres et peut les révoquer mais là encore il doit tenir compte, en fait, de l'accord intervenu au moment de sa désignation entre les factions. Disposant pleinement du pouvoir exécutif, il détermine et conduit la politique nationale avec le soutien de sa majorité parlementaire.

Les gouvernements japonais depuis 1946

Yoschida (conservateur)	1946-1947
Katayama (socialiste)	1947-1948
Yoschida (conservateur)	1948-1953
Hatoyama (conservateur-PLD)	1953-1957
Ischibashi (PLD)	1957
Kishi (PLD)	1957-1960
Ikeda (PLD)	1960-1964
Sato (PLD)	1964-1972
Tanaka (PLD)	1972-1974
Miki (PLD)	1974-1976

Fukuda (PLD)	1976-1978
Ohira (PLD)	1978-1980
Suzuki (PLD)	1980-1982
Nakasone (PLD)	1982-1987
Takeshita (PLD)	1987-1989
Uno (PLD)	1989
Kaifu (PLD)	1989-1991
Miyazawa (PLD)	1991-1993
Hosokawa (NPJ et six autres partis)	1993-1994
Hata (Parti de la Renaissance et même coalition, moins les socialistes)	1994-1994
Murayama (Parti socialiste, PLD et Sakigaké centriste)	1994-1996
Hashimoto (PLD)	1996-1998
Obuchi (PLD)	1998-2000
Mori (PLD)	2000-2001
Koizumi (PLD)	2001-2006
Abe (PLD)	2006-2007
Fukuda (PLD)	2007-2008
Aso (PLD)	2008-2009
Hatoyama (PDJ)	2009-2010
Kan (PDJ)	2010-2011
Noda (PDJ)	2011-2012
Abe (PLD)	2012-2014
Abe (PLD)	2014-2017
Abe (PLD)	2017-...

c) La Diète

532. Elle est composée de la Chambre des Représentants (480 sièges) et de la Chambre des Conseillers (252 sièges).

Ces deux chambres sont aussi démocratiques l'une que l'autre puisque élues toutes deux au suffrage universel direct, dans les conditions qui ont été exposées. La Chambre des Représentants est élue pour quatre ans mais elle peut faire l'objet d'une dissolution. Les Conseillers sont élus pour six ans mais la Chambre est renouvelée par moitié tous les trois ans. Chaque chambre procède à la validation de l'élection de ses membres – l'invalidation devant être décidée à la majorité des deux tiers des présents – et élit son président.

533. La Diète, présentée comme l'« organe suprême du pouvoir d'État » (art. 41), dispose du pouvoir législatif, financier et de contrôle, mais sa véritable vocation est le soutien du Gouvernement, comme il est de règle en régime parlementaire. Encore faut-il préciser que les deux chambres ne sont pas à parité. La Chambre des Représentants peut imposer sa volonté à la Chambre des Conseillers en matière législative et budgétaire. Le Premier ministre n'est responsable que devant elle.

d) La Cour suprême

534. Ce n'est pas une Cour constitutionnelle à proprement parler, mais une Cour suprême, c'est-à-dire la juridiction la plus élevée de la hiérarchie judiciaire, qui est appelée à intervenir lorsqu'une exception d'inconstitutionnalité remonte jusqu'à elle.

Ses membres sont nommés par le Gouvernement, qui peut par conséquent les choisir parmi les personnalités qui lui sont favorables et on peut voir là une des raisons d'une certaine passivité, déjà signalée, de la Cour en matière de contrôle de constitutionnalité. Il est vrai, toutefois, que le peuple a la possibilité de revenir sur ces nominations par une procédure de révocation populaire, une première fois au moment des élections législatives suivant la nomination des membres et ensuite tous les dix ans (art. 79). Mais les procédures de révocation populaire n'ont d'efficacité que dans le cadre de circonscriptions restreintes et c'est pourquoi elles demeurent sans effet, au plan national, sur la composition de la Cour suprême.

B. Les rapports entre les organes

535. Ce sont les rapports propres au régime parlementaire, lequel appelle, sur le plan institutionnel, les deux observations suivantes.

D'une part, et pour l'essentiel, le régime fonctionne par le simple jeu des équilibres prévus entre les différents organes. La responsabilité politique du Gouvernement peut être librement engagée, sans formalités spéciales, par le Premier ministre ou par la Chambre des Représentants, le Gouvernement ayant le choix, s'il est mis en minorité, entre démissionner et prononcer la dissolution. En dehors de cette hypothèse, la dissolution peut aussi être décidée par le Gouvernement, sans précautions ni contraintes particulières. Dans l'ensemble, les dissolutions sont très fréquentes. La dernière en date a eu lieu le 28 septembre 2017, à l'initiative du Premier ministre, M. Abe, qui entendait profiter de sa popularité à la suite de son attitude dans la crise des missiles nord-coréens.

536. D'autre part, les rapports des deux chambres ont été rationalisés au bénéfice de la Chambre des Représentants. D'abord pour l'élaboration de la loi : la Chambre des Représentants peut statuer définitivement soit, en cas de désaccord, parce qu'elle le décide à la majorité des deux tiers des membres présents, soit parce que la seconde chambre ne s'est pas prononcée dans les soixante jours suivant sa saisine. Ensuite pour l'adoption du budget et l'approbation des engagements internationaux : les mêmes règles s'appliquent, à ceci près que la majorité simple d'un côté, un délai de trente jours de l'autre, suffisent. Enfin pour la désignation du Premier ministre : la Chambre des Représentants procède seule à cette désignation en cas d'échec des procédures de conciliation ou d'écoulement d'un délai de dix jours sans que la Chambre des Conseillers se soit prononcée.

IV. Le fonctionnement du régime

537. Depuis plus de soixante ans la vie politique japonaise est dominée par le PLD, sauf entre 1993 et 1994 et entre 2009 et 2012 ou le PDJ s'est fugacement imposé comme le parti majoritaire.

A. La longue domination du Parti libéral-démocrate

538. Elle a été constante de 1955 à 1993 mais les conservateurs qui sont à l'origine du PLD étaient déjà au pouvoir depuis 1946, à l'exception d'un bref intermède du centre gauche en 1947.

C'est au sein des instances supérieures du Parti, et non pas à la Diète, que se faisaient et se défaisaient les gouvernements. La concurrence entre les factions était absolument décisive. Tout se joue sur les rivalités des dirigeants, l'occupation de postes stratégiques (tel celui de Secrétaire général), les alliances conclues, le soutien des milieux d'affaires. Le but est la conquête de la présidence du Parti qui ouvre l'accès à la fonction de Premier ministre. Certes l'appui des adhérents n'est pas négligeable (par exemple, il contribue à la victoire d'Ohira en 1978), mais il s'agit encore de la clientèle des factions, qui souvent payent les cotisations d'un certain nombre d'adhérents. Les décisions majeures sont donc prises au niveau le plus élevé, celui des factions, soit que ces dernières choisissent un Premier ministre à l'ancienneté (Miki en 1974) ou pour marquer une pause et calmer le jeu (Fukuda en 1976, Suzuki en 1980), soit que la désignation manifeste la victoire d'une faction ou d'une coalition (Tanaka en 1972 ou Nakasone en 1982, imposé par la puissante faction Tanaka).

À cet égard, il est significatif que la fonction de Premier ministre ait le plus souvent changé de titulaire au rythme des Congrès du PLD (c'est-à-dire tous les deux ans, notamment en 1972, 1982 et 2006) et non pas à celui des législatures, qui durent normalement quatre ans mais s'achèvent assez souvent par une dissolution (en 1979, 1980, 1983, 1986, 1993).

Il est également significatif que deux gouvernements seulement aient eu à se retirer dans les formes constitutionnelles à la suite du vote d'une motion de censure (Ohira le 16 mai 1980 et Miyazawa le 18 juin 1993), les autres démissionnant sous la pression des factions ou encore parce qu'une certaine désaffection populaire a conduit le Premier ministre à démissionner (Mori en 2001) et que le Congrès a élu un nouveau président (Koizumi en 2001).

539. Mais si la compétition entre les factions est l'élément moteur du système japonais, il ne faut tout de même pas oublier que les factions agissantes se situent dans le cadre d'un même parti, le PLD et que, à quelques nuances près, elles préconisent la même politique conservatrice. Une fois la présidence du Congrès acquise par l'une des factions, un consensus s'établit pour l'attribution des postes ministériels, y compris au profit des factions minoritaires. Il a même été décidé en 1984 que, pour assurer une rotation plus rapide et une meilleure répartition, le président du Congrès (et par conséquent le Premier ministre) ne pourrait être réélu qu'une fois et devrait nécessairement céder la place à l'expiration d'un délai maximum de quatre ans. L'âpreté de la concurrence en vue du poste suprême est donc largement tempérée par le sentiment raisonné d'équité qui préside au partage des dépouilles.

B. Les difficultés de l'alternance

540. Pour l'essentiel, elles tiennent à ce que les électeurs et leurs représentants ont été constamment et majoritairement d'opinion conservatrice ou modérée.

À cet égard, il faut souligner qu'en 1993, lorsque le PLD a été provisoirement écarté du pouvoir, il ne s'agissait nullement d'une alternance idéologique. En effet, les dissidents ont certes affaibli le PLD mais ils sont à l'origine d'une nette victoire de la droite (103 sièges pour les trois nouveaux partis et 223 pour le PLD, c'est-à-dire au total bien davantage que lors des élections précédentes). Toujours est-il que cet éclatement du courant conservateur a déconcerté et les coalitions hostiles au PLD formées par les gouvernements Hosokawa et Hata sont apparues fragiles et n'ont pas duré.

En juin 1994 la surprise est venue du Parti socialiste, rejetant les Partis dissidents pour former sous la direction d'un des siens, Murayama, un Gouvernement de coalition avec le PLD, son principal adversaire. Cette grande coalition n'a elle-même que peu duré et on est revenu en janvier 1996 à une situation plus logique de gouvernements PLD, dirigés par les présidents de ce parti, R. Hashimoto d'abord, en janvier 1996, puis en juillet 1998, lorsque le recul du PLD lors des élections à la Diète l'a contraint à démissionner, par K. Obuchi. Après le brusque accident de santé de ce dernier, en avril 2000, Y. Mori lui a succédé et a reconduit son Gouvernement. Les élections législatives de juin 2000 ont confirmé le PLD et ses associés tout en réduisant leur majorité mais Y. Mori, qui est apparu peu crédible, a dû céder ses fonctions à J. Koizumi en avril 2001. Les événements politiques survenus en 2005 ont encore renforcé l'emprise du PLD sur la vie politique du pays. En effet, après que son projet de réforme de la poste n'ait été adopté que de justesse à la Diète, le Premier ministre a prononcé la dissolution de la chambre basse. Les élections législatives du 11 septembre 2005, marquées par une forte participation électorale (67,5 %), ont conféré la majorité absolue au seul PLD, l'alliance PLD/Komeito représentant 2/3 des sièges à la chambre. Naturellement, après un tel succès, M. Koizumi a été confirmé dans ses fonctions de Premier ministre.

541. C'est dans ce contexte particulièrement favorable que M. Koizumi a choisi de ne pas briguer un troisième mandat à la tête du PLD et donc de « passer la main » à son dauphin M. Shinzo Abe qui est ainsi devenu Premier ministre le 26 septembre 2006. Cette accession à la fonction suprême d'un nationaliste revendiqué qui a fait de la remise en cause de la Constitution pacifiste de 1947 son principal mot d'ordre pourrait avoir des conséquences importantes sur le Japon et son influence dans l'aire asiatique. L'une des premières mesures spectaculaires de M. Abe aura été la création d'un ministère de la défense disparu du Gouvernement depuis 1945. Cependant, affaibli par des scandales à répétition et une sévère défaite de son parti lors des élections à la Chambre des conseillers en juillet, M. Shinzo Abe a démissionné le 12 septembre 2007. Conformément à la tradition parlementaire, c'est au sein du parti majoritaire à la chambre des représentants (Chambre basse) qu'une solution a été trouvée. En effet, c'est un cacique du parti, M. Yasuo Fukuda qui a été investi comme Premier ministre. Cette désignation, dans des circonstances politiques difficiles, illustre bien la décomposition lente du parti dominant, le PLD, et augure d'une montée en puissance de l'opposition, voire d'une alternance. D'ailleurs, le Gouvernement dirigé par M. Fukuda n'aura réussi à se maintenir qu'une année à peine et a dû démissionner le 1er septembre 2008. M. Taro Aso, devenant le nouveau président du parti au pouvoir, lui a succédé comme chef du Gouvernement.

C. Les promesses déçues de l'alternance

542. Dans un pays qui, sur le plan constitutionnel et politique, paraissait comme figé depuis 1945 puisqu'aucune révision de la Constitution n'avait eu lieu et qu'un seul parti dominait la vie politique, les élections survenues en août 2009 ont représenté un véritable coup de théâtre. Elles ont été organisées à la suite d'une dissolution de la chambre des représentants, voulue par le Premier ministre de l'époque, Taro Aso, et officialisée par l'Empereur. Les résultats ont été sans appel puisque le Parti démocrate du Japon (PDJ) a remporté à lui seul plus de 42 % des suffrages exprimés et 308 sièges sur 480, détenant ainsi à lui seul la majorité à la chambre des représentants. Ce virage à gauche du Japon a paru représenter une lueur d'espoir dans un pays sclérosé, doutant de lui-même. Le nouveau Premier ministre, Yukio Hatoyama, paraissait à même de répondre à cette formidable aspiration au changement. Cependant, à peine neuf mois après sa nomination, il a été contraint à la démission, tant en raison d'échecs politiques personnels que des erreurs répétées de son parti qui, il faut le souligner, n'avait jamais exercé le pouvoir. En juin 2010, Naoto Kan, jusqu'alors vice-Premier ministre et ministre des finances, a été désigné Premier ministre. Il a essuyé une motion de défiance en mai 2011 en raison de ses erreurs de gestion de la crise provoquée par la catastrophe nucléaire de Fukushima survenue en mars 2011. Il a finalement été contraint à la démission en août 2011. Son successeur, qui était jusqu'alors son ministre des finances, Yoshihiko Noda, a été officiellement investi Premier ministre le 2 septembre 2011. Cependant, son mandat a également été de courte durée puisqu'en novembre 2012, l'Empereur a été contraint de dissoudre la chambre des représentants à la demande du Premier ministre qui devait faire face à une contestation croissante de la politique de son Gouvernement non seulement en matière économique, mais encore dans la gestion des conséquences de la catastrophe de Fukushima.

543. Les élections intervenues en décembre 2012 ont été marquées par le retour en force du parti de centre-droit, traditionnellement dominant, le PLD. Logiquement, son chef de file, Shinzo Abe, qui avait déjà exercé cette fonction de 2006 à 2007, a été désigné Premier ministre. Ainsi, la boucle est bouclée et les espoirs suscités par l'alternance de 2009 de voir le Japon accéder à une véritable démocratie ont été sérieusement mis à mal. Cette instabilité de la fonction primo-ministérielle au Japon qui a connu six premiers ministres en six ans, de 2006 à 2012, démontre les difficultés de procéder avec succès à une véritable alternance politique dans un pays où la démocratie n'est le plus souvent qu'une apparence. De plus, M. Shinzo Abe a mis à profit son retour sur le devant de la scène pour réactiver son projet de réviser le fameux article 9 de la Constitution, dit « pacifiste », par lequel le pays renonce à son droit souverain de faire la guerre. Confronté à d'importantes difficultés dans la conduite de sa politique économique de relance, les « Abenomics », le Premier ministre a fait procéder à la dissolution de la Chambre des représentants le 18 novembre 2014. Les élections intervenues le 14 décembre 2014, puis en 2017 à la faveur d'une dissolution, lui ont permis de consolider sa majorité. M. Shinzo Abe a ainsi pu, à défaut de parvenir à réviser la Constitution, faire approuver des textes modifiant l'interprétation pacifiste de la Constitution japonaise. En particulier, depuis une loi adoptée en septembre 2015, il est prévu que les forces japonaises d'autodéfense peuvent être utilisées en dehors du pays, pour soutenir un allié.

▶ Bibliographie

Sur l'Italie

Chronique « Italie », *Annuaire International de justice constitutionnelle.*

M. Baudrez, *La justice constitutionnelle en Italie*, 1996.

M. Baudrez (dir.), *La réforme constitutionnelle en Italie*, Economica-PUAM, 2002.

G. Cahin, « L'évolution de la République italienne », *RFDC* 2001, p. 705.

M.-P. Elie, « L'Italie, un État fédéral ? », *RFDC* 2002, p. 749.

T. Groppi, « Le régionalisme italien aujourd'hui », *RFDC* 2000, p. 481.

M. Luciani, « Le contrôle de constitutionnalité des lois constitutionnelles en Italie », *Les Cahiers du Conseil constitutionnel*, n° 27, 2009, p. 27.

Site internet

www.corteconstituzionale.it

Sur le Japon

Chronique « Japon », *Annuaire international de justice constitutionnelle.*

T. Fukase, Y. Higuchi, *Le constitutionnalisme et ses problèmes au Japon : une approche comparative*, PUF, 1984.

C. Guerin-Bargues et H. Yamamoto (dir.), *Aux sources nouvelles du droit – Regards comparés franco-japonais*, Mare et Martin, 2019.

K. Hasegawa et R. Hertzog, *Le nouveau défi de la Constitution japonaise : les théories et les pratiques pour le nouveau siècle*, LGDJ, Paris, 2004.

O. Hiroshi, « État de Droit, contrôle juridictionnel de la légalité et pouvoir normatif autonome local au Japon », *RFDC* 2006, p. 13.

Y. Ida, « Vers une révision de la Constitution japonaise ? », *RDP* 2010, p. 387.

Y. Noda, *Introduction au droit japonais*, Dalloz, 1966.

M. Ueno, *Justice, Constitution et droits fondamentaux au Japon*, préf. T. S. Renoux, LGDJ, 2010.

Chapitre 10

Le régime présidentiel aux États-Unis

544. Le régime politique des États-Unis se caractérise, sur le plan de la démocratie, par l'extrême importance des élections, leur fréquence et leur nombre ; sur le plan du pouvoir, par son aménagement qui concilie efficacité et libéralisme, dans la mesure où il fait du président l'organe primordial de direction tout en assignant à son action des limites précises, de manière à prévenir tout arbitraire. Seront étudiés les fondements du régime (section 1), le pouvoir politique fédéral (section 2), le pouvoir judiciaire fédéral (section 3) et le fonctionnement du régime (section 4).

Section 1
Les fondements du régime

545. On distinguera : d'une part, les données constitutionnelles et fédérales et, d'autre part, les données politiques et électorales.

I. Les données constitutionnelles et fédérales

546. Elles sont importantes pour la compréhension du régime.

A. La Constitution et ses amendements

547. La Constitution des États-Unis représente la plus ancienne Constitution écrite encore en vigueur, puisqu'elle date du 17 septembre 1787, ce qui explique à la fois ses caractères et qu'elle ait fait l'objet de plusieurs amendements.

a) Le texte initial

548. Ce texte est divisé en sept articles, dont les trois premiers, les plus importants, traitent du pouvoir législatif fédéral (Congrès), du pouvoir exécutif fédéral (président) et du pouvoir judiciaire fédéral. Ils mettent donc en œuvre jusque dans la forme la séparation des pouvoirs préconisée par les auteurs du XVIIIe siècle et qui inspire l'ensemble du texte. À cet égard, la Constitution est historiquement « datée ».

b) Les garanties constitutionnelles du système fédéral

549. La Constitution mettant en place un système fédéral devait nécessairement comporter des dispositions destinées à protéger les États fédérés et notamment les plus faibles d'entre eux. Elles concernent principalement l'institution de la Chambre fédérale, c'est-à-dire du Sénat, et l'admission de nouveaux États. S'agissant du Sénat, on doit noter que l'article premier, section 3, indique qu'il sera composé de deux sénateurs pour chaque État, chacun d'eux disposant d'une voix, cependant que l'article 5 prévoit qu'aucun État ne peut être privé sans son consentement de l'égalité de suffrage au Sénat. Ces dispositions entraînent une limitation très importante du pouvoir de révision mais indispensable dans un système fédéral. S'agissant de l'admission de nouveaux États, les dispositions de l'article 4, section 3, visent à assurer le respect des États déjà fédérés en renvoyant, pour toute modification les concernant, au consentement de leurs législatures. Mais il est vrai que ces dispositions, non négligeables en 1787 (la Constitution n'a été signée que par les représentants de douze États), ont perdu beaucoup de leur importance depuis que la situation de l'ensemble fédéral apparaît stabilisée.

c) Les procédures de révision

550. La Constitution des États-Unis est rigide, les deux procédures de révision prévues par l'article 5 étant, l'une et l'autre, complexes. La Constitution peut être révisée soit sur l'initiative du Congrès par le vote des deux chambres à la majorité des deux tiers, soit sur l'initiative des législatures des deux tiers des États par une convention spécialement élue à cet effet. Dans les deux cas, les amendements adoptés doivent être ratifiés par les trois quarts des États (c'est-à-dire actuellement par trente-huit États).

551. Ces procédures appellent trois observations. La *première* est que des deux procédures prévues, l'une est demeurée purement théorique, à savoir celle faisant appel à une convention spécialement élue, car c'est toujours l'autre, impliquant une initiative du Congrès, qui est utilisée. C'est dire que les révisions intervenues l'ont été sur initiative fédérale même si l'inspiration venait, comme il se doit, tout autant des États fédérés que des institutions fédérales. Il faut ajouter que des amendements ont également été ratifiés par les législatures fédérées et non par des conventions spéciales, à l'exception du 21ᵉ amendement (qui a aboli, en 1933, le 18ᵉ amendement relatif à la prohibition des boissons alcoolisées). La *deuxième* est que ces procédures portent nettement les traces des doctrines du contrat social qui ont dominé le XVIIIᵉ siècle et qui ont inspiré la Constitution américaine : le pacte originel ne peut être modifié que par un accord qui, faute de pouvoir être unanime, doit tout de même faire la preuve de l'existence d'une très large majorité. On ajoutera que le fédéralisme exige de toute façon l'approbation d'une majorité qualifiée d'États. La *troisième* est que, dans l'esprit qui vient d'être indiqué, c'est aux organes législatifs (ou spécialement élus) qu'il appartient d'amender, dans les conditions décrites, le texte initial de la Constitution. Le président, pour sa part, n'a pas à intervenir et si néanmoins il tient, comme il arrive parfois, à apposer sa signature celle-ci n'apporte rien sur le plan juridique.

d) Les difficultés relatives aux ratifications

552. Elles sont de deux sortes, tenant d'une part au repentir éventuel des États ayant ratifié, d'autre part et surtout, au délai dans lequel la ratification doit être donnée.

Sur le premier point, il est clair que la ratification d'un État, une fois acquise, est définitive et irrévocable et que l'État intéressé n'a par conséquent aucune possibilité de revenir sur son approbation. Le problème s'est posé à plusieurs reprises et notamment après la guerre de Sécession lorsque le New Jersey et l'Ohio tentèrent de revenir sur leur ratification du 14ᵉ amendement. Cette tentative ne fut pas admise.

Sur le second point, les difficultés tiennent à ce que l'article 5, assez succinct et qui n'entre pas dans les détails, ne comporte aucune précision quant au délai dans lequel les ratifications devraient intervenir. Il s'ensuit en principe que le délai est illimité ou, plus précisément encore, qu'il n'y a pas de délai et que les dernières ratifications peuvent être données très longtemps après la transmission du texte aux États. Mais on voit tout de suite les graves inconvénients d'un tel système, qui retarde abusivement l'application des révisions souhaitées et adoptées par le Congrès et fait vivre le pays dans un climat malsain d'incertitude constitutionnelle. C'est pourquoi le Congrès a inclus, en 1917, dans son projet de 18ᵉ amendement des dispositions fixant la date limite de ratification à l'expiration de la septième année suivant la transmission du texte aux États. La Cour suprême, saisie de la difficulté, a avalisé la compétence que le Congrès s'était reconnu à lui-même (affaires *Dillon c/Gloss* en 1921 et *Coleman c/Miller* en 1939).

Depuis lors, le Congrès a presque constamment repris cette pratique et ce même délai de sept ans à l'occasion de ses projets d'amendements mais il l'a fait de deux manières différentes. Parfois, il inclut le délai dans le texte même du projet et lui confère donc un caractère « pré-constitutionnel », ce qui fait qu'il ne peut revenir, par exemple pour l'allonger, sur le délai une fois la procédure de ratification commencée (cela a été le cas pour les 18ᵉ, 20ᵉ, 21ᵉ et 22ᵉ amendements). Parfois, il fixe le délai dans le message par lequel il transmet aux États le texte du projet d'amendement (c'est le cas pour les 23ᵉ, 24ᵉ, 25ᵉ et 26ᵉ amendements). Cette seconde procédure est évidemment plus souple parce qu'elle laisse au Congrès la possibilité, si les dernières ratifications tardent à venir et si le délai de sept ans paraît insuffisant, de le proroger d'une ou plusieurs années.

553. À titre de curiosité juridique, il faut signaler qu'un amendement proposé en 1789 par James Madison, qui n'avait reçu à l'époque que l'adhésion de six États sur douze (il en aurait fallu neuf), a fait l'objet – en dépit de son intérêt très mineur – de trente-deux adhésions nouvelles un siècle plus tard et a finalement été ratifié de manière définitive en 1992. Il constitue le 27ᵉ amendement [1]. On observera que paradoxalement une ratification tardive de ce type – à supposer qu'elle conserve un intérêt, ce qui est discutable – ne peut profiter qu'à un amendement très ancien, en tout cas antérieur à 1917 puisque depuis cette date la durée du processus a été limitée par les moyens qui ont été exposés.

---

1. Le projet d'amendement anti-profanation du drapeau a été adopté à plusieurs reprises par la Chambre des représentants mais a toujours échoué au Sénat, obligeant à renouveler l'entière procédure à chaque nouveau Congrès.

e) Les amendements intervenus

554. On dénombre vingt-sept amendements ratifiés et définitifs qui ont des objets très divers. Il faut mettre à part les dix premiers, entrés en vigueur dès le 15 décembre 1791, c'est-à-dire quatre ans seulement après l'adoption de la Constitution, et qui présentent une parfaite cohérence puisque neuf d'entre eux constituent une Déclaration des droits à la manière anglo-saxonne, c'est-à-dire très concrète, cependant que le dixième précise les principes qui doivent présider à la répartition des compétences entre l'Union et les États. On peut ajouter à ces amendements les deux suivants, ratifiés en 1798 et en 1804, qui eux aussi complètent le texte initial en ce qui concerne l'organisation des pouvoirs publics fédéraux et plus particulièrement le rôle du pouvoir judiciaire et l'élection du président et du vice-président. Viennent ensuite les trois amendements (les 13e, 14e et 15e) adoptés à l'issue de la guerre de Sécession (en 1865, 1868 et 1870), et qui sont sans doute les plus célèbres : ils abolissent l'esclavage et interdisent les discriminations raciales sur le plan civique. Les amendements intervenus depuis sont beaucoup plus disparates. Deux d'entre eux (les 18e et 21e) sont complètement étrangers aux institutions puisqu'ils traitent des boissons alcoolisées, d'abord pour les prohiber (en 1919) puis pour rapporter cette décision (en 1933). Les autres traitent de problèmes fiscaux, électoraux, des mandats présidentiels, de l'égalité des sexes.

B. La pratique politique

555. Si les textes constitutionnels ont exercé une influence considérable sur le développement des institutions, il faut tout de même souligner que le fonctionnement de celles-ci doit également beaucoup, et même certainement bien davantage, à la pratique politique.

En effet, le texte initial est trop ancien pour pouvoir régler tous les problèmes susceptibles de se poser et que d'ailleurs il ne pouvait avoir en vue ni seulement envisager. Il est même certain que la Constitution souffre d'un certain archaïsme, comme on le verra en étudiant l'élection présidentielle. Plus précisément, elle a été très novatrice en son temps et, à la fin du XVIIIe siècle, d'un modernisme étonnant. À l'heure actuelle, elle ne permet pas de répondre aux questions nouvelles qui se posent ou elle n'y répond que par une interprétation et une sollicitation des textes, qui à la limite font de la Constitution une création continue. De leur côté, les amendements ont été adoptés au fur et à mesure que des occasions se présentaient et ils ne comportent aucune cohérence d'ensemble. C'est donc la pratique politique qui a suppléé, au fil des années, à l'insuffisance des textes. W. Wilson le reconnaissait dès 1885 en indiquant clairement que : « … la Constitution (…) n'est plus que la moëlle d'un système de Gouvernement bien plus important que le tronc sur lequel il a été greffé (…) un système dont certaines branches n'ont que de très vagues et très élémentaires sources dans la substance de la Constitution ».

En revanche, l'esprit des Lumières qui animait le texte initial est, dans l'ensemble, toujours celui qui préside au fonctionnement du système politique américain et c'est en quoi le régime actuel, en dépit d'une évolution considérable, témoigne d'une fidélité certaine à ses Pères fondateurs.

C. Le fédéralisme américain

556. Bien adapté au gigantisme des États-Unis, le fédéralisme concourt efficacement à l'équilibre du système politique.

a) La répartition des compétences

557. La Constitution met en place les institutions fédérales et pose les principes de la répartition des compétences entre l'Union et les États fédérés.

Cette répartition fait, en effet, l'objet du 10e amendement, en vertu duquel « les pouvoirs qui ne sont pas délégués aux États-Unis par la Constitution ni refusés par elle aux États sont conservés par les États respectivement ou par le peuple. » En d'autres termes, l'Union bénéficie de compétences d'attribution et les États de la compétence de droit commun.

Toutefois, il est bien évident que ce principe de répartition ne rend pas compte de la réalité actuelle. Depuis 1787, de très nombreuses et très importantes questions nouvelles ont surgi qui, si on appliquait strictement le 10e amendement, devraient relever de la compétence des États. Or il n'en est rien et tout au contraire ce sont les compétences de l'Union qui se sont énormément accrues, ce qui est d'ailleurs conforme à la logique et au bon sens sinon au texte de la Constitution. Par exemple, celle-ci ne pouvait évidemment avoir prévu l'ensemble des problèmes liés à l'énergie nucléaire. Faut-il penser pour autant que ces problèmes sont dévolus aux États ? Il est clair que ce serait absurde.

558. En réalité, les dispositions constitutionnelles attribuant des compétences à l'Union ne représentent que le soubassement d'une construction très étendue qui a été édifiée, en application du principe dit « des pouvoirs implicites », sur l'initiative du Congrès et sous le contrôle des tribunaux et particulièrement de la Cour suprême. En effet, la section 8 de l'article premier de la Constitution, qui énumère un certain nombre de matières attribuées au Congrès, se termine par une disposition lui conférant « le droit de faire toutes les lois que pourra nécessiter la mise à exécution des pouvoirs ci-dessus énumérés et de tous ceux dont sont investis, par la présente Constitution, soit le Gouvernement des États-Unis, soit tous les départements ou les officiers qui en dépendent ». C'est à partir de ce texte qu'a été élaborée la doctrine des pouvoirs implicites, en vertu de laquelle les autorités de l'Union, et tout spécialement le Congrès, disposent non seulement des pouvoirs énumérés par la Constitution mais aussi de tous ceux « impliqués » par les précédents – et l'extension ainsi réalisée est considérable – ainsi que de la faculté de choisir les moyens leur permettant d'atteindre les objectifs qui leur sont assignés. Cette doctrine a été entérinée par la Cour suprême dès 1819 (affaire *MacCulloch c/Maryland*). Depuis lors la Cour suprême a eu à se prononcer souvent sur des additions et des extensions des compétences fédérales décidées par le Congrès et qui ont été admises dès lors qu'on pouvait considérer qu'elles trouvaient leurs racines, parfois lointaines, quelquefois infimes, dans le texte constitutionnel.

L'évolution de la pratique institutionnelle et la jurisprudence de la Cour suprême fédérale a donc été plutôt favorable à l'Union. Il faut néanmoins souligner que la tendance de la Cour suprême est aujourd'hui à une plus grande restriction des pouvoirs du Congrès. Ainsi, dans l'affaire *U.S. c/Lopez* du 26 avril 1995, elle a jugé que le *Gun-Free School zones Act* de 1990 excédait la compétence que le Congrès tire de la clause de commerce (art. premier, section 8, § 3).

b) Les États fédérés

559. Ils sont actuellement au nombre de cinquante, de superficies, de populations et de ressources fort variables mais qui restent entre eux sur un pied de stricte égalité politique et juridique. Chacun d'eux a sa Constitution et ses institutions, généralement inspirées par le modèle fédéral : Parlement bicaméral (sauf au Nebraska, qui pratique le système monocaméral), gouverneur élu au suffrage universel[1], système judiciaire complet faisant une large place à l'élection. Certains États ont des institutions de démocratie semi-directe : initiative populaire, référendum, *recall* c'est-à-dire possibilité pour les électeurs de révoquer leurs élus. Cette dernière procédure, qui constitue une dénaturation du régime représentatif, a été utilisée en 2003 en Californie. Après avoir provoqué la destitution du gouverneur démocrate Gray Davis, les électeurs californiens ont désigné comme gouverneur le 7 octobre 2003, Arnold Schwarzenegger. L'ancien comédien est parvenu à faire de la Californie un modèle en matière de protection de l'environnement. Cependant, cet État qui, s'il était souverain, constituerait la sixième puissance économique mondiale, est confronté à un problème récurrent d'endettement qui a fragilisé la position du médiatique gouverneur dont le mandat a pris fin en 2011.

II. Les données politiques et électorales

560. Elles confèrent pour une large part son caractère spécifique au régime car le bipartisme américain est fort différent du bipartisme britannique et les élections jouent dans le fonctionnement des institutions un rôle qui n'a guère d'équivalent ailleurs.

A. Le bipartisme américain

561. On examinera la permanence du bipartisme, les caractères des partis et l'organisation des deux grandes formations.

a) La permanence du bipartisme

562. Le bipartisme procède pour une large part de l'élection du président au suffrage universel. Ce bipartisme est fermement établi et les tiers partis qui se manifestent périodiquement n'ont jamais eu de succès durables. Pratiquement, on peut considérer leur influence comme négligeable.

Il faut cependant signaler l'existence, au départ, d'une période de confusion qui s'est prolongée jusqu'au milieu du XIXe siècle. En effet, on distingue d'abord le parti fédéraliste, avec Hamilton et John Adams, et le parti qu'on appelle à l'époque républicain, puis républicain-démocrate, avec Jefferson et Madison, et qui est surtout préoccupé de préserver les droits des États face au renforcement redouté du pouvoir fédéral. C'est Jefferson qui l'emporte et qui, paradoxalement, va beaucoup contribuer à accroître l'autorité présidentielle. Il réussit en tout cas à éliminer presque complètement le parti fédéraliste. Les républicains-démocrates demeurent donc la formation la plus

---

1. Au 1er janvier 2019, on peut dénombrer vingt-huit gouverneurs républicains contre vingt-deux démocrates.

importante, bien que plusieurs autres partis soient créés, dont le parti whig qui parvient à obtenir la présidence à deux reprises. Mais le problème de l'esclavage et celui de l'accession des nouveaux États obligent à une redistribution des cartes. En 1854, des dissidents d'un certain nombre de formations politiques (dont le plus célèbre est A. Lincoln) fondent le parti républicain, qui rassemble rapidement tous les éléments anti-esclavagistes cependant que le parti républicain-démocrate, devenu parti démocrate, demeure lié aux intérêts esclavagistes. Le bipartisme américain prend à ce moment son aspect définitif.

b) Les caractères des partis

563. Les partis américains sont des partis de gestion, organisés dans le cadre étatique et dotés d'une grande souplesse encore accrue par l'absence de discipline partisane.

Il faut souligner d'abord que ce bipartisme si solide n'oppose pas deux courants idéologiques très différenciés mais deux organisations dont les objectifs, les méthodes et la « clientèle » apparaissent relativement peu éloignées. Il est, en effet, assez difficile de distinguer, d'après ses opinions, un républicain d'un démocrate. On doit voir là l'effet d'un accord profond sur les données fondamentales de la vie politique et sur l'*american way of life,* ainsi que d'une prospérité qui donne la priorité aux techniques de gestion sur les divergences d'opinion. Il faut aussi tenir compte du gigantisme américain qui conduit les partis, pour élargir leur audience à l'échelle de l'Union, à adopter des programmes moyens, assez ternes, peu compromettants et donnant satisfaction à tous.

On doit ensuite insister sur le fait que l'activité des partis se manifeste principalement dans le cadre des États et surtout au moment des campagnes électorales. En d'autres termes, il n'y a pas tant un parti démocrate et un parti républicain que cinquante partis démocrates et cinquante partis républicains. En effet, la décentralisation des structures fait que l'essentiel réside dans les appareils locaux, c'est-à-dire d'État ou même de subdivisions inférieures, qui sont pratiquement indépendants.

Enfin, il faut appeler l'attention sur l'indiscipline des élus. Lors des votes importants, il est rare que les partis ne se partagent pas et que leurs membres ne se retrouvent pas à la fois dans la majorité et dans la minorité selon des proportions variables.

c) Les partis démocrate et républicain

564. Leur organisation est, dans l'ensemble, comparable bien qu'ils aient des orientations politiques différentes.

L'organisation repose, à la base, sur des comités constitués dans le cadre des bureaux de votes ou de leurs subdivisions (*precincts*, *wards*) et composés d'électeurs sympathisants sous l'autorité d'un responsable élu (*precinct leader* ou *captain*), dont le rôle est très actif. Il y a environ 100 000 *precinct* pour l'ensemble de l'Union. Ensuite, et dans le cadre étatique, il existe des comités de comtés, de districts et d'État, composés de délégués de la base et de permanents du parti et dirigés par un président élu (*chairman*). Au niveau fédéral, il existe une convention nationale, qui se réunit tous les quatre ans en vue de l'élection présidentielle et qui est composée de délégués désignés soit lors des primaires présidentielles, soit par des conventions d'État. La convention nationale désigne à son tour, pour quatre ans, un Comité national chargé d'assurer la direction du parti entre deux présidentielles. Le Comité national comporte au moins deux délégués par État et, chez les républicains, des représentants supplémentaires pour les États dans lesquels le parti a été majoritaire lors des élections précédentes.

565. Les orientations, en revanche, sont distinctes bien que, au cours des temps, elles se soient révélées interchangeables. Le parti démocrate a été à l'origine le défenseur des États et le demeura longtemps. Mais au XXe siècle, il s'affirme à partir de 1932, sous les présidences de F.D. Roosevelt, comme le champion de l'interventionnisme fédéral en matière économique et sociale (*New Deal*). Il devient en même temps le parti des intellectuels (auparavant plus favorables aux républicains) et reste celui des minorités d'immigrants, de catholiques et de Noirs, encore qu'un clivage géographique divise le parti en deux, un démocrate du sud étant plus éloigné d'un démocrate du nord que celui-ci ne l'est, le plus souvent, d'un républicain. Le parti républicain était à l'origine essentiellement fédéraliste et anti-esclavagiste. Il a lui aussi évolué pour s'affirmer partisan des droits des États et champion de la libre entreprise. Il ne comporte pas de clivage géographique mais plutôt une division en deux tendances, conservatrice et libérale.

B. Le système électoral

566. Assez complexe car il fait intervenir à la fois les États et l'Union, le système électoral américain présente des caractères d'une originalité certaine.

a) Les compétences en matière électorale

567. Ce sont les États qui sont compétents pour fixer les règles relatives non seulement aux élections qui les concernent mais aussi aux élections fédérales concernant la désignation des représentants et des sénateurs (Constitution, art. premier, section 4). La législation électorale peut donc varier, et a effectivement souvent varié, d'un État à l'autre. C'est ce qui explique, par exemple, qu'à la fin du XIXe siècle le suffrage universel ait été adopté à des dates différentes selon les États.

Toutefois, la compétence de principe des États ne les autorise évidemment pas à contrevenir aux dispositions constitutionnelles et aux amendements qui traitent des élections. Or ces derniers sont nombreux et importants. Il faut citer le 12e amendement sur l'élection présidentielle (1804), le 15e amendement interdisant les discriminations électorales « pour des raisons de race, de couleur ou de condition antérieure de servitude » (1870), le 17e amendement sur l'élection des sénateurs au suffrage universel (1913), le 19e amendement interdisant les discriminations électorales en fonction du sexe (1920), le 24e amendement interdisant de subordonner le droit de vote au paiement d'une taxe électorale ou de tout autre impôt (1964), le 26e amendement abaissant à 18 ans le seuil d'âge requis (1971). Il faut ajouter que la Constitution prévoyait déjà que le Congrès peut déterminer ou modifier par une loi les règles des élections fédérales (art. premier, section 4).

568. Il est évident que la dualité des sources du droit électoral ne pouvait manquer de susciter des difficultés. C'est surtout à propos du vote des Noirs qu'elles se sont manifestées. Les États du sud se sont, en effet, efforcés de tourner les dispositions du 15e amendement en imposant à une population noire maintenue en état de servitude économique des obligations de résidence, de taxation ou de capacité intellectuelle (droit de vote subordonné à un examen) qu'elle pouvait difficilement satisfaire (par exemple, l'examen était subi devant un jury composé d'Américains blancs et très souvent hostiles). Bien entendu, cette violation flagrante de l'esprit de la Constitution ne pouvait être commise qu'avec la complicité et l'appui de la Cour suprême. Mais depuis 1945 celle-ci a complètement modifié sa jurisprudence et combat les pratiques discriminatoires, auxquelles s'opposent par ailleurs le 24e amendement et la loi sur les droits civiques (1965).

b) Droit de vote et inscription sur les listes électorales

569. Si les États ont compétence pour tout ce qui concerne l'attribution du droit de vote, désormais et depuis près d'un demi-siècle aux conditions minimales habituelles (essentiellement âge et nationalité), en revanche l'inscription sur les listes électorales, indispensable pour participer au vote, est laissée à la libre initiative des électeurs qui doivent la solliciter et remplir les formalités prescrites par l'État de leur résidence. On retrouve là la conception proprement américaine selon laquelle le citoyen doit agir librement et personnellement, sans intervention excessive de l'État. Or, parmi les citoyens en âge de voter – dix-huit ans au moins – nombreux sont ceux qui s'abstiennent de s'inscrire (près d'un tiers). On n'oubliera pas d'autre part que la population est plus mobile qu'en Europe et que l'installation d'un électeur dans un autre État l'oblige à s'inscrire de nouveau. Il s'ensuit que le pourcentage de votants est nettement plus faible qu'en Europe par rapport au nombre d'électeurs en âge de voter bien que sensiblement équivalent à celui des pays européens par rapport aux électeurs inscrits.

c) Le cadre étatique des élections fédérales

570. Ce sont les États qui servent de cadre aux différentes élections fédérales. Pour les présidentielles, c'est par État qu'est fixé le nombre des mandats, lequel correspond au nombre de représentants augmenté de celui des sénateurs. Pour l'élection des sénateurs, chaque État a droit à deux sièges. Pour l'élection des représentants, chaque État est divisé en circonscriptions dotées chacune d'un siège. C'est le Congrès qui fixe le nombre de sièges attribué à chaque État en fonction des recensements décennaux de population. C'est ensuite la législature de l'État concerné qui délimite les circonscriptions. Compte tenu de la mobilité de la population américaine, ce tracé devrait subir de fréquentes révisions. En fait, ce n'est pas toujours le cas et la Cour suprême a rappelé dans un arrêt de 1963 (*Wesberry c/Sanders*) que les circonscriptions devaient comporter sensiblement le même nombre d'électeurs.

Les élections congressionnelles depuis 1952
(*Statistical Abstract of the U.S.* : www.census.gov)

Année de l'élection (novembre)	**Président et Congrès**	**Représentants**		**Sénat**
		Pourcentage	***Sièges***	***Sièges***
1952	Eisenhower (R) 83e Congrès	49,7 49,7	211 221	D – 47 R – 48
1954	84e Congrès	52,1 47	203 232	D – 48 R – 47
1956	Eisenhower (R) 85e Congrès	51,5 48,7	233 200	D – 49 R – 47

1958	86ᵉ Congrès	56,2 43,2	283 153	D – 64 R – 34
1960	J. Kennedy (D) 87ᵉ Congrès	54,7 44,8	263 174	D – 56 R – 35
1962	88ᵉ Congrès L.B. Johnson (D) 1963	52,5 47,2	258 177	D – 67 R – 33
1964	L.B. Johnson (D) 89ᵉ Congrès	57,2 42,3	255 178	D – 67 R – 33
1966	90ᵉ Congrès	50,9 48,3	247 187	D – 64 R – 36
1968	R. Nixon (R) 91ᵉ Congrès	50 74,2	246 189	D – 57 R – 43
1970	92ᵉ Congrès	53,4 45,1	254 180	D – 55 R – 45
1972	R. Nixon (R) 93ᵉ Congrès	51,7 46,4	239 196	D – 57 R – 43
1974	R. Nixon (R) G. Ford (R) 94ᵉ Congrès	57,6 42,4	290 145	D – 63 R – 37
1976	J. Carter (D) 95ᵉ Congrès	56,2 43,8	292 143	D – 62 R – 38
1978	96ᵉ Congrès	53,5 45,1	276 159	D – 58 R – 42
1980	R. Reagan (R) 97ᵉ Congrès	56,2 42,1	242 193	D – 46 R – 54
1982	98ᵉ Congrès	55,6 42,9	269 166	D – 46 R – 54
1984	R. Reagan (R) 99ᵉ Congrès	52,2 47,3	252 183	D – 47 R – 53
1986	100ᵉ Congrès	53 47	260 175	D – 55 R – 45
1992	B. Clinton (D) 103ᵉ Congrès	51,2 46,7	259 176	D – 57 R – 43
1994	104ᵉ Congrès	45,2 54,7	204 231	D – 47 R – 53
1996	B. Clinton (D) 105ᵉ Congrès	47,5 49,1	207 228	D – 45 R – 55
1998	106ᵉ Congrès	47,2 48,9	211 223	D – 45 R – 55
2000	G.W. Bush (R) 107ᵉ Congrès	47,1 47,9	212 221	D – 50 R – 50
2002	108ᵉ Congrès	45 49,7	205 229	D – 48 R – 51
2004	G.W. Bush (R) 109ᵉ Congrès	46 53	202 231	D – 44 R – 55

2006	G.W. Bush (R) 110e Congrès	53,6 46,4	233 202	D – 51 R – 49
2008	B. Obama (D) 111e Congrès	59,1 40,9	257 178	D – 56 R – 41
2010	B. Obama (D) 112e Congrès	44 56	188 239	D – 51 R – 47
2012	B. Obama (D) 113e Congrès	49,2 48	201 234	D – 53 R – 45
2014	B. Obama (D) 114e Congrès	43,6 56,4	183 235	D – 44 R – 54
2016	D. Trump (R) 115e Congrès	47,3 49,9	194 241	D – 48 R – 52
2018	D. Trump (R) 116e Congrès	53,4 44,8	235 200	D – 45 R – 53

d) Le procédé des primaires

571. Les primaires sont des élections organisées par l'État mais qui présentent plusieurs particularités essentielles : d'abord et surtout, elles servent à désigner des candidats et non pas des élus, elles précèdent donc l'élection proprement dite et le plus souvent elles sont propres à un parti, bien qu'il puisse exister, notamment au plan municipal, des primaires non partisanes. Elles peuvent être ouvertes, si tout électeur inscrit peut y participer, ou fermées, si seuls peuvent y participer les électeurs qui, au moment de leur inscription, ont fait connaître leur désir de prendre part aux primaires démocrates ou républicaines. C'est un procédé utilisé pour nombre d'élections et qui présente incontestablement un caractère très démocratique, d'autant que tout éligible peut concourir sans même être présenté par un parti.

Pour le scrutin présidentiel ayant eu lieu le 8 novembre 2016, les primaires ont été marquées par une exceptionnelle intensité du débat politique au sein du parti républicain. Après une campagne qui a retenu l'attention de l'opinion américaine et mondiale, les républicains ont désigné Donald Trump comme candidat, alors même que celui-ci ne bénéficiait pas des faveurs du « *grand old party* ».

Section 2
Le pouvoir politique fédéral

572. On examinera successivement le président, le Congrès et leurs rapports.

I. Le président

573. C'est sur lui que repose pratiquement tout le système politique américain et son rôle sur la scène politique nationale et internationale est d'autant plus grand que le président jouit d'un charisme fort. De ce point de vue, l'élection de Barack Obama comme quarante-quatrième président des États-Unis, a paru marquer un tournant. Élu en 2008, à 47 ans à la tête de la première puissance mondiale, son parcours personnel est édifiant : d'origine africaine et américaine, il était professeur de droit constitutionnel à l'université de Chicago de 1992 à 2004 avant de devenir sénateur des États-Unis en 2004. Le contraste est évidemment saisissant avec le président actuel, Donald Trump, élu le 8 novembre 2016. Le quarante-cinquième président, héritier milliardaire d'un empire immobilier, ancien animateur d'une émission de télé-réalité, offre l'image d'une autre Amérique : conservatrice et isolationniste.

A. L'élection du président

574. Il est, en fait, directement élu par l'ensemble de la population, selon un mécanisme complexe et original, qui comporte deux phases et s'étend de février à novembre. Comme le président ne prend ses fonctions que le 20 janvier suivant, l'élection présidentielle s'échelonne sur un délai d'une année, ce qui est très long, surtout si on tient compte de ce que le mandat n'est que de quatre ans. En réalité, la procédure suivie porte la marque de l'archaïsme du texte constitutionnel et elle paraît peu adaptée à l'époque actuelle.

a) La préparation de l'élection

575. Elle incombe aux deux partis, qui proposent chacun leurs candidats à la présidence et à la vice-présidence. Ces candidats sont choisis par les conventions nationales démocrate et républicaine au cours de l'été précédant l'élection présidentielle, traditionnellement fixée au premier mardi de novembre de chaque année bissextile. Deux méthodes sont utilisées pour désigner les délégués – par État – à la convention et départager les candidats éventuels.

576. La plus originale est celle des *élections primaires,* dont la formule est très démocratique. Inaugurée par le Wisconsin en 1905, pratiquée actuellement par 31 États [1], elle consiste à charger les électeurs de désigner, d'une part, les délégués à la convention nationale, d'autre part, parmi les leaders ayant fait acte de candidature celui qui a leurs préférences [2]. À noter que les délégués ainsi désignés ne sont généralement pas tenus de voter, lors de la convention nationale, pour le candidat qui l'a emporté aux primaires de leur État (ou ils ne sont tenus que lors du ou des premiers tours).

577. Dans les autres États, les délégués sont choisis par la *convention* de chaque parti ou même par le comité central du parti dans l'État considéré ; le système peut aussi être mixte, mais de toute manière la machine du parti et les « patrons » locaux ont un rôle déterminant.

Bien que les délégués désignés par les conventions d'État jouent un rôle important, l'extraordinaire résonance des primaires n'en constitue pas moins un atout – ou un handicap – très sérieux. Aussi les candidats éventuels à la présidence choisissent avec

---

1. Ce nombre ne vaut que pour le Parti républicain, le Parti démocrate n'organisant de primaires que dans vingt-six États.

2. En 2008, les primaires ont commencé en réalité près d'un an avant l'élection, en novembre 2007. Même si dès mars 2008, le choix de M. Barack Obama par le camp démocrate était acquis, il a fallu attendre la fin du mois d'août 2008 et le ralliement à sa candidature sans conditions de sa principale rivale Mme Hilary Clinton lors de la convention du parti démocrate à Denver pour que tout suspens soit levé.

beaucoup de soin les primaires auxquelles ils acceptent de se présenter. C'est là une question de stratégie. Les candidats déjà connus ou bien appuyés par la machine du parti ont intérêt à ne se présenter que s'ils ont des chances sérieuses, car finalement les primaires comportent pour eux plus de risques que d'avantages. Les candidats moins connus peuvent, au contraire, avoir intérêt, quels que soient les résultats, à voir se concentrer sur eux les feux de l'actualité.

578. En ce qui concerne la candidature du président en exercice, le 22e amendement, adopté après les trois réélections de F.D. Roosevelt, a décidé qu'il ne pourrait être réélu qu'une seule fois. Le président qui a pris ses fonctions à la suite du décès ou de la démission de son prédécesseur et a exercé son mandat plus de deux ans ne peut être élu qu'une seule fois. On sait que H. Truman, qui a succédé en 1945 à son prédécesseur disparu, F.D. Roosevelt, a été élu président en 1948. S'il a exercé les fonctions de son prédécesseur moins de deux ans, il peut être élu, puis réélu. Cela a été le cas de L.B. Johnson qui après avoir succédé en 1963 à J. Kennedy, s'est fait élire président en 1964 mais n'a pas voulu ensuite se représenter comme il en avait la possibilité.

b) L'élection proprement dite

579. L'élément essentiel en est le scrutin du premier mardi suivant le premier lundi de novembre, soit le mardi 8 novembre 2016 pour la dernière élection présidentielle et le mardi 3 novembre 2020 pour la prochaine.

Le scrutin présidentiel permet aux électeurs d'élire de grands électeurs qui s'engagent à voter, lors du scrutin définitif, soit pour le candidat républicain, soit pour le candidat démocrate. Comme le mandat de ces grands électeurs est impératif en vertu de ce qui est devenu une véritable coutume constitutionnelle, le scrutin à deux degrés comporte le même effet pratique qu'une élection au suffrage universel direct. Il s'explique pour des raisons en grande partie historiques, l'existence de ce relais électoral ayant été rendue nécessaire, au début du XIXe siècle, par la difficulté des communications.

L'élection des grands électeurs a lieu au scrutin de liste à un seul tour et à la pluralité des voix. Le nombre des grands électeurs est fixé dans chaque État par rapport au nombre total des sénateurs (toujours deux) et des représentants de cet État (nombre variable en fonction de l'importance de la population) mais ni les représentants, ni les sénateurs ne peuvent eux-mêmes être élus grands électeurs. Il y a ici une stricte incompatibilité. C'est seulement leur nombre qui est pris en compte. Ainsi, les États les moins peuplés comme le Vermont, le Montana ou le Delaware se voient attribuer 3 grands électeurs (2 + 1), alors que l'Etat le plus peuplé, la Californie permet la désignation de 55 grands électeurs (2 + 53). Dans chaque État, la liste qui obtient la majorité, même de très peu, se voit attribuer tous les sièges de grands électeurs (ou mandats). Ce mécanisme est appelé couramment « *winner takes all* », littéralement le gagnant remporte tout. C'est ce qui explique que, pour l'ensemble de l'Union, à une majorité minime de suffrages (par exemple, en 1960, le président Kennedy n'obtient que 34 227 000 voix contre 34 108 000 à son concurrent Nixon) puisse correspondre un écart considérable entre les nombres de mandats obtenus (même exemple, 303 contre 219).

580. Le nombre total de mandats est de 538 (correspondant aux 435 représentants, 100 sénateurs et 3 délégués pour le district de Columbia qui n'a pas de représentant). Le vote ayant lieu à la majorité absolue, il faut, pour être élu président, obtenir au moins 270 mandats. D'où l'importance d'emporter la majorité dans quelques-uns des grands États industriels à forte représentation : Californie 55 mandats, Texas 38, New York 29, Floride 29, Pennsylvanie 20, Illinois 20. Les votes pour la présidence sont décomptés au début de janvier de l'année suivante par le Congrès au cours d'une cérémonie purement formelle car les grands électeurs se conformant à la volonté des électeurs on sait, dès le soir de leur élection, qui est élu. Le président prend ses fonctions le 20 janvier.

581. Dans le cas – assez improbable compte tenu du bipartisme actuel mais qui a failli se produire en 2000 – où aucun candidat n'obtiendrait la majorité absolue des mandats, il reviendrait à la Chambre des représentants, en vertu du 12e amendement, de désigner le président parmi les trois candidats ayant obtenu le plus grand nombre de voix, les votes étant alors recueillis par État. En d'autres termes, la représentation de chaque État ne disposerait, quelle que soit son importance, que d'une voix, ce qui confère une prime importante aux États les moins peuplés. La Chambre des représentants n'a eu à intervenir de cette manière que deux fois, en 1800 et en 1824.

B. La pratique des élections présidentielles

582. Le scrutin de novembre 2000, qui a abouti à la première élection de Georges W. Bush, a soulevé des difficultés inhabituelles qu'il faut brièvement retracer. Trois phases peuvent être distinguées.

La première se rapporte à la constatation du faible écart séparant le candidat républicain (Georges W. Bush) du candidat démocrate (Al Gore). Au soir du scrutin du 7 novembre le décompte des mandats (grands électeurs) faisait apparaître que le premier disposait de 246 mandats et le second de 260, eu égard aux résultats dans 49 États sur 50. Le sort de l'élection était donc suspendu au résultat dans le 50e État, c'est-à-dire en Floride, disposant de 25 mandats. Qui gagnait en Floride devenait président. Or, dans cet État aussi, les scores étaient très proches, séparés seulement par quelques centaines de voix. D'où la décision des autorités de faire procéder à des « recomptes » – automatiques ou manuels – des voix dans certaines circonscriptions aux résultats incertains ou contestés. Sur le terrain la confusion était considérable (bulletins litigieux, calculs refusés ou abandonnés, attente des votes émis à l'étranger, absence de règles claires, etc.).

La deuxième phase ne pouvait être que judiciaire et se situer sur le plan local. Compte tenu de l'importance de l'enjeu, les tribunaux furent saisis et la contestation remonta rapidement jusqu'à la Cour suprême de Floride. Le 21 novembre celle-ci décidait d'exiger la remise des décomptes pour le 26 puis, l'incertitude persistant, ordonnait le 8 décembre le « recompte » manuel de 45 000 bulletins incertains.

C'est évidemment la Cour suprême des États-Unis qui a dominé la troisième phase. Elle avait été saisie par les républicains et avait reconnu sa compétence dès le 1er décembre. Par des décisions des 4 et 12 décembre elle a adopté, en l'absence de règles précises régissant les décomptes manuels (exceptionnels aux États-Unis), une position de principe peu favorable à leur égard et surtout elle a décidé par cinq voix contre quatre de suspendre définitivement – plus d'un mois après l'élection – tout nouveau « recompte ». Dès lors Georges W. Bush conservait sa courte avance en Floride, obtenait donc les 25 mandats et devenait président.

583. L'intervention de la Cour suprême des États-Unis n'a pas manqué de susciter des controverses. Certes, le fait que le président ne l'ait emporté que par 271 mandats (il en fallait 270) alors qu'il avait moins de suffrages sur l'ensemble de l'Union que son concurrent ne pouvait surprendre car il s'agit d'un des effets bien connus du mode de scrutin pratiqué. En revanche, des critiques se sont fait jour : d'un côté, on a fait valoir que c'est finalement la Cour suprême des États-Unis qui a désigné le président et que le partage des voix – cinq contre quatre opinions dissidentes – pouvait cacher des arrière-pensées politiques, d'un autre côté, on a rappelé qu'il était nécessaire et urgent d'en finir, même si on ne doit jamais savoir qui l'a réellement emporté en Floride.

Les élections présidentielles depuis 1920
(Source : Statistical Abstract)

Année de l'élection	Suffrages exprimés		Démocrates				Républicains			
	Nombre	*%*	*Candidats*	*Voix*	*%*	*Mdts*	*Candidats*	*Voix*	*%*	*Mdts*
1920	26 748 000	43,5	Cox	9 130 000	34,1	127	*W. Harding*	12 143 000	60,4	404
1924	29 086 000	43,9	Davis	8 385 000	28,8	136	*C. Coolidge*	15 718 000	54,0	382
1928	36 812 000	51,9	Smith	15 016 000	40,8	87	*H. Hoover*	21 392 000	58,1	444
1932	39 732 000	52,5	*F.D. Roosevelt*	22 810 000	57,4	472	Hoover	15 759 000	39,7	59
1936	45 643 000	57,6	*F.D. Roosevelt*	27 753 000	60,8	523	Landon	16 675 000	36,5	8
1940	49 891 000	59,2	*F.D. Roosevelt*	27 308 000	57,4	449	Willkie	22 321 000	44,7	82
1944	47 969 000	52,9	*F.D. Roosevelt*	25 607 000	53,4	432	Dewey	22 015 000	45,9	99
1948	48 691 000	51,3	*H. Truman*	24 106 000	49,5	303	Dewey	21 970 000	45,1	189
1952	61 551 000	61,5	Stevenson	27 315 000	44,4	89	*D. Eisenhower*	33 936 000	55,1	442
1956	62 027 000	59,3	Stevenson	26 023 000	42,6	73	*D. Eisenhower*	35 590 000	57,4	457
1960	68 838 000	62,8	*J. Kennedy*	34 227 000	49,7	303	Nixon	34 108 000	49,5	219
1964	70 645 000	61,8	*L.B. Johnson*	43 129 000	61,1	486	Goldwater	27 178 000	38,5	52
1968	73 212 000	60,9	Humphrey	31 275 000	42,7	191	*R. Nixon*	31 785 000	43,4	301
1972	77 719 000	55,7	Mac Govern	29 170 000	37,5	17	*R. Nixon*	47 170 000	60,7	520
1976	81 551 000	56,5	*Carter*	40 829 000	50,1	297	G. Ford	39 146 000	48	240
1980	84 263 000	52,5	Carter	34 663 000	41,1	49	*R. Reagan*	42 951 000	51	489
1984	92 653 000	60,3	Mondale	37 577 000	40,6	13	*R. Reagan*	54 455 000	58,8	525
1988	91 300 000	50,1	Dukakis	41 809 000	45,6	112	*G. Bush*	48 886 000	53,4	426
1992	104 425 000	53,6	*B. Clinton*	44 908 000	43	370	G. Bush	39 102 000	38	168
1996	93 227 626	49	*B. Clinton*	45 557 228	49	379	R. Dole	37 841 817	41	159
2000	102 228 889	51,7	A. Gore	50 996 039	48,4	260	*G.W. Bush*	50 456 141	42,8	271
2004	122 298 308	59,6	J.F. Kerry	59 028 548	48,2	251	*G.W. Bush*	62 041 268	50,7	286
2008	131 240 287	61,6	*B. Obama*	64 263 667	53	365	J. Mac Cain	53 357 100	47	173
2012	128 737 953	61	*B. Obama*	65 907 213	51	332	M. Romney	60 931 767	47	206
2016	137 053 000	54,5	H. Clinton	65 853 625	48	227	*D. Trump*	62 985 106	45,9	304

584. L'élection présidentielle de novembre 2004 s'est déroulée de manière nettement plus apaisée malgré un contexte international difficile (enlisement de la guerre en Irak, transition démocratique heurtée en Afghanistan, etc.). En effet, G.W. Bush a nettement devancé J. Kerry puisqu'il a obtenu cette fois près de trois millions de votes populaires d'avance et, par suite, une majorité confortable de grands électeurs. De même, les élections de 2008 et 2012, qui ont vu l'élection, puis la réélection de Barack Obama, n'ont pas prêté à contestation dans la mesure où le quarante-quatrième président a bénéficié, dans les deux cas, à la fois de la majorité des suffrages des électeurs et, par conséquent, de celle du nombre des grands électeurs. En revanche, l'élection de Donald Trump le 8 novembre 2016 a relancé le débat sur le mode de scrutin en vigueur aux États-Unis dans la mesure où Donald Trump a, certes obtenu la majorité des grands électeurs, mais en étant devancé de près de trois millions de voix par sa rivale : Hilary Clinton.

C. Les collaborateurs du président

585. Compte tenu de l'importance de ses tâches, le président doit être entouré de collaborateurs de haut niveau, nombreux, compétents, qui assurent les relais et les transmissions nécessaires auprès de l'administration fédérale.

Le vice-président doit être cité en premier, pour respecter l'ordre des préséances mais ce n'est pas nécessairement le collaborateur le plus important du président. C'est celui-ci qui le choisit en le proposant à la désignation de la convention nationale de son parti et il porte généralement son choix sur une personnalité complémentaire de la sienne. Ainsi, le président Obama a-t-il choisi comme vice-président Joe Biden, âgé de 66 ans à la date de sa première élection en 2008 et disposant d'une grande expérience dans le domaine des affaires étrangères ce qui était perçu, à tort ou à raison, comme une lacune du président Obama. Le vice-président peut d'ailleurs devenir l'un des rivaux du président à la candidature présidentielle, comme cela a été le cas pour G. Bush, choisi en juillet 1980 par R. Reagan. La tradition n'assigne, en principe, au vice-président qu'un rôle effacé mais depuis la fin de la Seconde Guerre mondiale, celui-ci tend à prendre plus d'importance. L'essentiel de l'autorité du vice-président tient tout de même à ce que, en cas de décès ou de démission du président, il est appelé à lui succéder pour la durée de son mandat restant à courir (par ex. : H. Truman de 1945 à 1948, L. Johnson de 1963 à 1964, G. Ford de 1974 à 1976).

586. Les secrétaires sont les ministres chargés de diriger les différents départements de l'administration fédérale (15 en 2016). Ils sont nommés par le président qui les choisit librement, souvent dans le secteur privé, parfois au sein de l'administration ou parmi les gouverneurs, normalement en dehors du Congrès (mais ce n'est pas une règle absolue : le président Carter a nommé, en 1976, deux représentants à la tête des Départements de l'Agriculture et des Transports). Le cabinet du président Obama tranchait avec celui de ses prédécesseurs par le souci qu'a eu le président de s'entourer des meilleurs tout en respectant des critères tels que le genre et la diversité ethnique. À noter que Mme Hilary Clinton, sa rivale dans la course à l'investiture démocrate en 2008 avait pris la tête du département d'État, c'est-à-dire des affaires étrangères, lors de son premier mandat de 2008 à 2012. En revanche, bousculant à sa manière les traditions, le président Donald Trump n'a pas hésité à nommer en grand nombre des personnalités venues comme lui du monde de l'entreprise. Ainsi, par exemple, le département d'État a-t-il été confié dans un premier temps à l'ancien P.-D.G. d'ExxonMobil, Rex Tillerson qui était devenu ainsi le lointain (à tous égards) successeur de Thomas Jefferson.

Le président peut mettre fin à leurs fonctions tout aussi librement. Ainsi, par exemple, Rex Tillerson a-t-il été limogé en avril 2018. La présidence Trump est d'ailleurs marquée par une « volatilité » sans précédent des ministres ou conseillers à la présidence que le président congédie, au gré de ses humeurs, dans une proportion sans commune mesure avec ce qu'avaient fait ses prédécesseurs avant lui. En toute hypothèse, les ministres ne forment pas un Gouvernement, organe collégial et solidaire, au sens que l'on donne à ces termes en régime parlementaire. Ce sont des collaborateurs individuels du président, dont la mission consiste à exécuter sa politique, chacun en ce qui le concerne et pour les tâches qui lui sont confiées.

587. L'entourage du président comprend aussi des conseillers personnels, qui constituent son *brain-trust* : environ 500 personnes dont l'influence est grande parce que travaillant directement avec ou pour le président. L'*Executive office,* qui constitue le Secrétariat général de la présidence, emploie environ 5 000 agents.

Enfin le président a sous son autorité l'administration fédérale (environ 3 000 000 d'agents en 2018) et de nombreux et importants organismes qui lui sont rattachés. S'agissant de la première, on sait que le traditionnel *spoils system,* désormais très atténué, permet tout de même un certain renouvellement de l'administration lorsqu'un parti succède à l'autre. S'agissant des seconds, il faut signaler que gravitent autour du président des Offices, Agences, Commissions, dont le rôle est souvent essentiel. Il suffit de citer, entre beaucoup d'autres, le *National Security Council,* la Commission de l'énergie atomique, l'Administration de l'aéronautique et de l'espace (NASA), le Système fédéral de réserve (rôle monétaire et bancaire), la CIA (*Central Intelligence Agency*).

D. Les pouvoirs du président

588. La Constitution en fait le chef de l'exécutif fédéral mais, en réalité, il est bien davantage que cela car élu par l'ensemble de la Nation il est le principal titulaire du pouvoir politique, encore que des limites très précises lui soient assignées.

On observera d'abord que le président assume à la fois le rôle de chef de l'État et celui de chef de Gouvernement ainsi, à vrai dire, que ceux du Gouvernement tout entier. En effet, il dispose non seulement des compétences qui lui sont attribuées par la Constitution mais encore de la plénitude du pouvoir gouvernemental.

S'agissant des prérogatives constitutionnelles, on doit reconnaître qu'elles sont relativement peu nombreuses, assez imprécises et souvent partagées avec le Congrès. C'est ainsi, pour s'en tenir aux principales, que si le président est le chef des armées, c'est au Congrès qu'il appartient de lever et d'entretenir les armées, d'accorder les crédits nécessaires (pour un délai n'excédant pas deux ans), de déclarer la guerre ou d'autoriser le président à utiliser les forces armées sur des théâtres d'opérations extérieures, comme cela a été le cas en janvier 1991 lors de la crise du Golfe et encore en mars 2003 pour la guerre en Irak. De même, si le président reçoit le pouvoir de conclure les traités, leur ratification doit être autorisée par le Sénat et c'est au Congrès qu'il appartient de réglementer le commerce avec les États étrangers et entre les États fédérés. Et encore, si le président a le pouvoir de procéder à des nominations, les plus importantes d'entre elles doivent être approuvées par le Sénat. Il dispose aussi d'un droit de veto.

589. En revanche, le président possède bien la plénitude du pouvoir gouvernemental et il en dispose seul, sans partage avec les membres de son équipe. Ceux-ci ne constituent pas, on le sait, un organe collégial. Chacun d'eux ne relève que du président qui l'a nommé et peut le révoquer. Sans doute le président peut-il réunir les ministres et leur demander leur avis mais en cas de désaccord c'est sa volonté qui prévaut, quand bien même il serait seul de son avis. On n'oubliera pas, cependant, que pour la préparation et l'exécution de ses décisions le président dépend assez largement des techno-structures.

E. L'irresponsabilité du président

590. Elle est totale sur le plan politique mais le président encourt, en vertu de la Constitution (art. 2, section 4) une responsabilité pénale pour trahison, corruption ou crimes et délits majeurs, ceci sous la forme anglo-saxonne de la procédure d'*impeachment*. Celle-ci implique, si le président est mis en accusation par la Chambre des Représentants à la majorité simple, qu'il soit jugé par le Sénat, présidé pour l'occasion par le président de la Cour suprême, et qui doit se prononcer à la majorité des deux tiers des présents. On ne peut citer que quatre cas, celui du président A. Johnson en 1868, mis en accusation mais non condamné, et ceux, plus récents et plus intéressants, des présidents R. Nixon en 1974, B. Clinton en 1999 et D. Trump en 2020.

591. S'agissant du président Nixon, l'installation par effraction d'un matériel d'écoutes au siège du Comité démocrate lors de la campagne présidentielle de 1972 – affaire du *Watergate* – a déclenché une instruction judiciaire et une enquête sénatoriale. Le président républicain s'étant refusé à communiquer les documents qui lui étaient réclamés, la Chambre – à majorité démocrate – a entamé la procédure d'*impeachment* et adopté trois chefs d'accusation en vue de sa destitution. Devant la menace, le président n'a pas attendu d'être traduit devant le Sénat et a donné sa démission en 1974. Au cours de cette procédure, le président Nixon avait exercé des pressions pour obtenir le remplacement d'un Procureur qu'il estimait lui être défavorable. Pour en éviter le renouvellement, une loi fut votée en 1978 permettant, lorsqu'il en est besoin, la nomination par trois juges fédéraux d'un Procureur spécial, encore dit indépendant, qui ne dépend pas du ministère de la Justice et qui ne peut être révoqué sauf faute grave. C'est ainsi que fut désigné en 1994 à titre temporaire le procureur K. Starr chargé d'enquêter sur des affaires qui, déjà, concernaient indirectement le président en fonction.

592. Quant au président Clinton, accusé d'avoir entretenu une relation extra-conjugale avec une jeune stagiaire à la Maison-Blanche, Monica Lewinsky, la procédure *d'impeachment* avait été déclenchée par le procureur Starr qui avait remis au Congrès en septembre 1998 un rapport énonçant divers chefs d'accusation possibles – mensonge, obstruction à la justice, etc. – liés à divers développements judiciaires prenant leur source indirecte dans le comportement privé du président. En octobre, la Chambre des Représentants décidait l'ouverture d'une enquête puis, en décembre, votait la mise en accusation du président pour parjure et entrave à la justice. Le Sénat a été saisi de l'*impeachment* en janvier 1999 mais après trois semaines de procès, devant l'impossibilité d'obtenir la majorité requise des deux tiers, a abandonné l'accusation et n'a même pas émis le moindre blâme. Cet épisode étonnant, très médiatisé et sans utilité apparente, n'aura finalement servi qu'à décrédibiliser l'Union et son président [1].

593. Enfin, plus récemment encore, une procédure d'*impeachment* a été initiée contre Donald Trump. Cette procédure prend sa source dans la controverse concernant

---

1. J.-P. Lassale, « La puissance et la fragilité : chronique d'une destitution annoncée », *RDP* 1999, p. 535.

Donald Trump et l'Ukraine. En effet, de mai à août 2019, Donald Trump, candidat à un second mandat présidentiel en 2020, et son avocat personnel Rudy Giuliani auraient fait pression sur l'exécutif ukrainien pour lancer une enquête sur Joe Biden, son adversaire démocrate le plus probable pour l'élection présidentielle de 2020. Un lanceur d'alerte avait également accusé la Maison-Blanche d'avoir tenté de dissimuler le contenu d'un appel téléphonique avec le président ukrainien, Volodymyr Zelensky. Donald Trump a donc été mis en accusation par la Chambre des représentants à majorité démocrate, présidée par Nancy Pelosi, en décembre 2019 pour abus de pouvoir et entrave à la bonne marche du Congrès. Son procès en destitution devant le Sénat, à majorité républicaine, très médiatisé, a finalement abouti à son acquittement, le 5 février 2020 [1].

II. Le Congrès

594. Il se compose de la Chambre des Représentants et du Sénat. C'est à lui qu'est dévolu le pouvoir législatif.

A. Les élections congressionnelles

595. On ne reviendra pas sur les modalités déjà étudiées du droit électoral américain mais il est nécessaire de souligner certaines particularités des élections congressionnelles et plus particulièrement des élections à la Chambre des Représentants.

Les représentants sont élus au suffrage universel direct, au scrutin uninominal à un tour et à la pluralité des voix, pour un mandat très court puisqu'il n'est que de deux ans. Il s'ensuit que l'année de l'élection présidentielle, les électeurs ont, pour des raisons de commodité, à désigner un nombre élevé de titulaires de fonctions électives, à savoir non seulement le président mais aussi la totalité des représentants, un tiers des sénateurs, une partie des gouverneurs, des administrateurs et des élus d'État. Pour ce qui est des représentants, ils sont entièrement renouvelés deux ans plus tard, à mi-parcours du mandat présidentiel. Les dernières *mid-term elections* ont eu lieu le 6 novembre 2018 et ont constitué le premier test électoral national pour le président Trump après son élection en 2016.

596. Ce système comporte des conséquences singulières sur le plan électoral et politique. D'abord il est susceptible d'entraîner des distorsions sur le plan politique entre le président et la majorité des représentants. C'est ainsi qu'un président peut se trouver confronté, après deux ans d'exercice, à une majorité émanant de l'autre parti. Cela a été le cas pour le président B. Clinton, les élections congressionnelles de 1994 et de 1996 ayant donné la majorité aux républicains à la fois à la Chambre des représentants et au Sénat (ce qui n'était pas arrivé depuis 1946). Le président B. Obama a été confronté à une situation comparable, puisque les démocrates avaient perdu les *mid-term elections* de novembre 2014. Minoritaire à la Chambre des représentants et au Sénat, le président Obama a donc été confronté à une forme de cohabitation. Le Congrès s'apparente alors à un *Do nothing Congress* où les opposants au Gouvernement présidentiel usent de tous les procédés en leur possession afin de faire de

1. I. Fassassi, « Donald Trump et la Constitution », *Pouvoirs* 2020, p. 29.

l'obstruction parlementaire. Quant au président Donald Trump, après avoir bénéficié de l'appui d'une majorité républicaine à la fois à la Chambre des représentants et au Sénat de 2016 à 2018, il doit désormais faire face, depuis les *mid-term elections* de novembre 2018, à une Chambre des représentants à majorité démocrate présidée par une opposante déterminée : Nancy Pelosi.

597. Les élections à la Chambre sont également caractérisées par un très fort taux d'abstention. Celui-ci est difficile à évaluer avec précision car l'usage aux États-Unis est de calculer les votants par rapport non pas aux inscrits mais à la population en âge de voter (dont l'estimation peut présenter quelques approximations). Il reste que l'abstention déjà très élevée pour l'élection du président l'est bien davantage encore pour l'élection des représentants. À titre d'exemple, en 2000, sur une population en âge de voter de plus de 200 millions de personnes on a pu noter un taux d'abstention de 48,70 % pour l'élection présidentielle et de 60 % pour les élections à la chambre des représentants. Encore s'agissait-il de l'année de l'élection présidentielle. Lors des élections pour le renouvellement de la Chambre qui ont lieu entre deux élections présidentielles l'abstention est bien plus importante encore et il n'est pas rare que le pourcentage des votants tombe au-dessous de 40 %.

B. La Chambre des Représentants

598. Il faut en examiner le fonctionnement et les attributions.

a) Le fonctionnement

599. La session commence au début janvier (les élections ayant lieu le premier mardi de novembre) et dure pratiquement jusqu'en décembre avec un ajournement en été. La première démarche de la Chambre nouvellement élue consiste dans l'élection du *Speaker*, c'est-à-dire de son président, qui, au contraire du *Speaker* britannique, demeure très largement un homme de parti. Ainsi que dans toutes les grandes assemblées modernes, les débats sont strictement réglementés, mais par accord mutuel entre les principaux intéressés. Parmi ceux-ci, outre le *Speaker*, les *floor leaders* (c'est-à-dire les présidents de groupe) et les présidents de commissions. En effet, non seulement les commissions (entre 18 et 25) jouent aux États-Unis un rôle déterminant dans l'élaboration de la loi mais encore leurs présidents, nommés à l'ancienneté et de ce fait très indépendants, disposent des plus larges pouvoirs. L'un des plus importants est sans doute le président du *Rules Committee* car il peut, en pratique, différer à son gré et même ajourner *sine die* l'examen des lois par la Chambre.

b) Les attributions

600. La Chambre dispose du pouvoir législatif, sur un pied de stricte égalité avec le Sénat et dans toute sa plénitude (initiative, examen, vote). Bien entendu, la réalité est un peu différente et il est très souhaitable qu'elle se concerte avec le président. En revanche, elle ne peut mettre en cause la responsabilité politique du président, non plus que celle des ministres.

C. Le Sénat

601. C'est l'organe fédéral par excellence.

a) Le recrutement

602. Le Sénat est l'organe spécifiquement fédéral de l'Union, il assure aux États une représentation égale quelle que soit leur importance, à raison de deux sénateurs par État. Il s'ensuit que les 25 États les moins peuplés (20 % de la population totale) disposent de la moitié des sièges. Les sénateurs sont élus au suffrage universel direct depuis 1913. Leur mandat est de six ans et ils sont renouvelés par tiers tous les deux ans, lors de l'élection des représentants, le premier mardi de novembre.

b) Le fonctionnement

603. Les règles sont proches de celles applicables à la Chambre mais on doit noter qu'il est présidé de droit par le vice-président des États-Unis, d'ailleurs souvent suppléé par un président *pro tempore* élu, et que les débats n'y sont pas réglementés ; chaque sénateur peut parler autant de temps qu'il le désire et que ses forces le lui permettent : c'est la pratique du *filibustering* qui ne peut être tenue en échec que par un vote à la majorité des deux tiers.

c) Les attributions

604. Il dispose du même pouvoir législatif que la Chambre puisque les lois doivent être votées en termes identiques par les deux assemblées. Mais, en outre, il a le pouvoir d'autoriser la ratification des traités, à la majorité des deux tiers des sénateurs présents (c'est parce que le traité de Versailles n'a été approuvé qu'à la majorité simple qu'il n'a pas été ratifié par les États-Unis), ainsi que le pouvoir d'approuver, à la majorité simple, un grand nombre de nominations faites par le président, dont celle des juges à la Cour suprême, des ambassadeurs, etc. (cette approbation est souvent accordée, mais il arrive qu'elle soit refusée).

D. Le renforcement du personnel et des moyens du Congrès

605. Pendant longtemps, représentants et sénateurs n'ont disposé que de très peu de moyens tant sur le plan du personnel que sur celui, également important, de l'accès à l'information et à la documentation. De ce fait, ils se trouvaient dans une situation de nette infériorité par rapport à l'exécutif.

Néanmoins, après la démission provoquée du président Nixon, la situation a évolué car les chambres ont ressenti le besoin de disposer d'un personnel compétent et de haut niveau, ainsi que de leurs propres sources d'information. Actuellement environ 30 000 personnes travaillent pour le Congrès, dont plus de 10 000 en tant qu'assistants de chaque représentant et sénateur. Ceux-ci disposent donc chacun d'environ une quinzaine de conseillers, d'experts ou d'enquêteurs qualifiés. Ils disposent en outre des moyens perfectionnés et sophistiqués d'information, de documentation et de communication engendrés par les progrès de l'électronique et du numérique.

Ce renforcement très considérable du Congrès, tout en assurant son indépendance, lui a permis de rétablir ses positions, sinon de faire jeu égal avec le président. En effet, ce dernier continue de bénéficier de l'avantage que lui confère la concentration sous son autorité des moyens de l'exécutif. D'autre part et de manière un peu paradoxale, la naissance d'une technocratie congressionnelle n'est pas sans poser des problèmes aux représentants et aux sénateurs car ceux-ci doivent demeurer maîtres du jeu politique, ce qui n'est pas toujours aisé face à des spécialistes de bon niveau.

III. Les rapports du président et du Congrès

606. Ces rapports sont, du fait de la séparation des pouvoirs, limités sur le plan institutionnel mais ils sont nécessaires et inévitables sur le plan politique et ils présentent même une importance d'autant plus grande qu'ils ne sont pas – ou qu'ils sont insuffisamment – organisés par la Constitution.

A. La concertation souhaitable

607. Il est préférable que le président et le Congrès entretiennent des rapports de bon voisinage et si possible de concertation, tout simplement parce que, en régime présidentiel, il n'existe aucun moyen de résoudre institutionnellement les conflits susceptibles de survenir entre eux, contrairement à ce qui se passe en régime parlementaire.

608. Il faut souligner d'abord que le président ne peut décider la dissolution de la Chambre des Représentants, laquelle ne peut de son côté mettre en cause sa responsabilité politique, non plus que celle de ses ministres. En d'autres termes, le président et la Chambre sont condamnés à vivre ensemble pour la durée, d'ailleurs inégale, de leurs mandats respectifs, même s'il existe entre eux des divergences politiques. Ajoutons que le président qui a la chance de pouvoir compter sur une majorité au sein de la Chambre au début de son mandat n'est pas certain qu'elle sera reconduite lorsque la Chambre sera entièrement renouvelée, à mi-parcours du mandat présidentiel. Ajoutons encore que le soutien de la Chambre ne saurait suffire s'il n'est pas accompagné du soutien du Sénat, puisque celui-ci dispose de pouvoirs identiques, et même légèrement supérieurs à ceux de la Chambre. C'est dire que ce couple, pour lequel il n'y a pas de divorce possible (sauf cas exceptionnels, comme en témoigne la démission du président Nixon), a encore plus d'intérêt qu'un autre à établir dans ses rapports une certaine harmonie.

609. Mais si l'harmonie est souhaitable, il faut aussi souligner que le système peut fonctionner dans toutes les hypothèses. Même s'il a affaire à des majorités réservées ou hostiles, le président n'en garde pas moins son rôle d'élément moteur et dirigeant qu'il est seul à pouvoir assumer. Le Congrès, très efficace contrepouvoir, ne peut en aucun cas se substituer à lui pour diriger la politique fédérale. Après bien d'autres, les présidences de Bill Clinton en ont témoigné suffisamment de 1994 à 2000, tout comme celles de Barack Obama de 2008 à 2016.

B. Les difficultés possibles

610. Certaines peuvent venir, pour le président, non seulement du parti adverse s'il détient la majorité au sein d'une des assemblées (ce qui est une conséquence normale du jeu politique dans une démocratie pluraliste) mais aussi de son propre parti si, étant majoritaire, il ne fait pas montre de la discipline indispensable.

La première situation évoquée n'est pas rare et elle s'est même réalisée souvent, plus particulièrement lorsque le président était républicain, compte tenu de la domination fréquente des démocrates sur la Chambre des Représentants. C'est ainsi que les présidents Eisenhower (au cours de son second mandat), Nixon, Ford, Reagan et Bush ont eu affaire à des Chambres démocrates, sans pouvoir trouver de secours du côté du Sénat, également aux mains des démocrates (à l'exception de Reagan, qui bénéficia d'un Sénat républicain). C'est également la situation à laquelle a été confronté G.W. Bush depuis les élections de mi-mandat intervenues en novembre 2006 jusqu'en 2008. Mais l'inverse peut aussi se produire puisque tel a été le cas du président Clinton, qui a dû affronter des majorités républicaines à la Chambre et au Sénat. Cela a aussi été le cas du président B. Obama qui a été contraint de composer avec une Chambre des représentants et un Sénat à majorité républicaine depuis les élections de mi-mandat ayant eu lieu en novembre 2014 jusqu'à son départ de la Maison Blanche en novembre 2016.

611. La seconde situation est plus fréquente encore et on peut même dire qu'elle est constante. Les partis américains ne sont pas monolithiques et un président n'est jamais assuré d'obtenir l'appui de ses amis politiques. Le président Kennedy a eu les plus grandes peines, alors qu'il disposait dans les deux assemblées de majorités démocrates très confortables, à faire voter ses projets de lois.

Toutefois, s'il n'est sans doute pas indifférent pour un président que son propre parti soit majoritaire au sein des assemblées, une conjoncture aussi favorable n'est pas absolument indispensable. Ainsi qu'il a été indiqué, sur les votes importants les membres de chaque parti se partagent. Ce qui revient à dire que si le président ne peut compter sur la totalité de ses amis politiques, la défection de ceux d'entre eux qui ne voteront pas son projet peut éventuellement être compensée par le vote favorable de certains membres du parti adverse. Sans doute il y a-t-il au sein des assemblées une confrontation constante entre républicains et démocrates mais tout dépend du texte en question, de la conjoncture, du rapport de forces, des personnalités des deux parties et, bien sûr, du président. D'où l'importance capitale de l'autorité personnelle du président, de ses aptitudes à persuader, de sa force de conviction, de son habileté politique et aussi de la campagne discrète de son entourage, toujours à recommencer.

C. L'action législative et le veto du président

612. C'est au Congrès qu'appartient le pouvoir législatif dans sa plénitude. Le président pour sa part ne dispose ni de l'initiative législative ni d'aucune prérogative « positive », c'est-à-dire lui permettant de faire pression sur le Congrès pour l'amener à voter les textes qu'il souhaite[1].

---

1. La Constitution ne traite pas du problème de l'initiative législative du président mais les titulaires de la fonction ont souvent préféré s'abstenir de déposer directement et personnellement des projets

La Constitution lui confère en revanche, avec le droit de veto, une prérogative « négative » lui permettant de s'opposer aux lois qui ne lui conviennent pas.

Il faut d'abord souligner que le Congrès peut parfaitement voter des lois qui ont été préparées et proposées par des représentants ou des sénateurs. C'est même, sur le plan constitutionnel, le cas normal. Mais, en réalité, nombre de textes sont préparés par l'administration, qu'il s'agisse des services du président ou des ministres, qui disposent d'un appareil documentaire et d'un personnel important et compétent. Il va d'ailleurs de soi que le président ne peut tenir les engagements contenus dans sa plate-forme électorale que s'il les traduit dans des textes de lois : on sait que légiférer est une nécessité pour les exécutifs contemporains. C'est pourquoi le président, qui adresse chaque année de nombreux messages au Congrès (dont celui sur l'état de l'Union, au début de janvier) en profite pour l'informer de son programme législatif. Il fait ensuite présenter ses projets par les représentants ou les sénateurs de son parti (mais il peut aussi s'agir parfois de membres de l'autre parti). Il est donc nécessaire que le président garde des liens étroits et permanents avec le Congrès pour faire aboutir ses projets, soit par l'intermédiaire des *floor leaders* de son parti, soit par les contacts officieux des secrétaires et de son entourage.

Le président qui prend ainsi, en fait, une part notable à l'activité législative peut aussi user de la « faculté d'empêcher » qui lui est reconnue par la Constitution, à savoir de son droit de veto. Le Congrès ne peut passer outre le veto présidentiel que si chacune de ses deux chambres vote de nouveau le texte et cette fois à la majorité des deux tiers, ce qui arrive relativement rarement (on distingue vetos exprès et vetos dits de poche, ces derniers étant définitifs et résultant du refus du président dans les dix jours précédant un ajournement du Congrès de signer la loi qui lui est soumise).

613. Certains présidents ont largement usé de leur droit (F.D. Roosevelt, H. Truman, D. Eisenhower), d'autres peu (R. Reagan, G. Bush, B. Clinton). Tout dépend de la conjoncture politique. Ainsi, G.W. Bush, disposant d'une majorité très confortable à la fois à la Chambre des représentants et au Sénat n'a pas utilisé son droit de veto durant tout son premier mandat et ne s'en est servi qu'une fois en 2006 au cours de la première moitié de son second mandat. En revanche, les deux années de « cohabitation » (2006-2008) entre un président républicain et un Congrès à majorité démocrate ont fourni nombre d'occasions de mises en œuvre de la procédure de veto. Le président Bush a utilisé son droit de veto à onze reprises sur la période 2007-2008. Il s'est ainsi opposé à une loi démocrate visant à organiser le retrait des troupes américaines d'Irak. Sa décision la plus controversée, à juste titre au regard des standards européens en la matière, a été sans conteste celle d'opposer son veto le 8 mars 2008 à la loi démocrate visant à proscrire le « *water-boarding* », c'est-à-dire la torture consistant à immerger les prisonniers. Durant son premier mandat, de 2008 à 2012, B. Obama a fait un usage parcimonieux du droit de veto qu'il n'a utilisé que deux fois, en 2009 et en 2010. Cette attitude s'expliquait par la concordance des majorités à la présidence des États-Unis et dans les deux chambres du Congrès. Depuis les *mid-term elections* perdues de novembre 2014, les données ont changé et le président Obama, aux prises avec un Congrès entièrement dominé par l'opposition républicaine, a utilisé à douze reprises son droit de veto. Quant au président Donald Trump, deux phases sont à distinguer dans son mandat entamé

---

de lois. Cependant des projets sont annexés aux messages du président mais, en principe, ils doivent être repris et déposés par un membre du Congrès.

en 2016. Dans une première phase, de 2016 à 2018, bénéficiant d'une majorité républicaine dans les deux chambres du Congrès, il n'a pas eu de raison de mettre en œuvre son droit de veto. En revanche, dans une seconde phase, depuis 2018, confronté à une Chambre des représentants à majorité démocrate, il a déjà mis en œuvre à sept reprises cette prérogative constitutionnelle : une première fois en mars 2019 afin de contourner le blocage parlementaire au financement de la construction du mur que le président a promis d'ériger entre les États-Unis et le Mexique ; une deuxième fois en avril de la même année pour s'opposer à l'adoption d'une résolution du Congrès qui l'exhortait à arrêter tout soutien américain à la coalition saoudienne dans la guerre au Yémen. En dernier lieu, le 6 mai 2020, Donald Trump a opposé son veto à une résolution du Congrès, approuvée par tous les élus démocrates et un nombre non négligeable d'élus républicains, visant à limiter ses possibilités de recourir à une intervention militaire contre la République islamique d'Iran.

Les rapports du président et du Congrès
Le tableau ci-dessous est relatif à l'emploi de la procédure de veto
pour les différents présidents depuis 1912
(Sources : *Statistical Abstract*)

Période	*Président*	*Nombre total de vetos du président*	*Vetos exprès*[1]	*Lois tenues en échec*	*Lois adoptées en dépit du veto*
1913-1920	Wilson (D)	44	33	38	6
1921-1924	Harding (R)	6	5	6	–
1925-1928	Coolidge (R)	50	20	46	4
1929-1932	Hoover (R)	37	21	34	3
1933-1945	F.D. Roosevelt (D)	631	371	622	9
1945-1952	Truman (D)	250	180	238	12
1953-1960	Eisenhower (R)	181	79	198	3
1961-1963	Kennedy (D)	21	12	21	–
1963-1968	Johnson (D)	30	16	30	–
1969-1974	Nixon (R)	43	24	36	7
1974-1976	Ford (R)	66	53	60	12
1977-1980	Carter (D)	31	13	29	2
1981-1988	Reagan (R)	78	39	69	9
1989-1993	Bush (R)	44	29	43	1
1993-2000	Clinton (D)	38	37	36	2
2000-2008	G.W. Bush (R)	10	10	7	3
2008-2016	B. Obama (D)	12	12	11	1
2016-...	D. Trump (R)	7	7	7	0

[1] La différence entre le nombre total de vetos et le nombre de vetos exprès correspond au nombre de « vetos de poche ».

D. Le contrôle du Congrès

614. Pour se présenter dans des conditions très différentes de celles des régimes parlementaires, ce contrôle n'en existe pas moins et présente une efficacité certaine.

Il faut d'abord rappeler qu'il appartient au Sénat d'autoriser la ratification des traités et d'approuver les nominations aux fonctions les plus importantes et que les pouvoirs de guerre du président sont soumis au contrôle du Congrès, comme la guerre du Golfe en 1991 et la guerre faite en Irak en 2003 l'ont confirmé. Les deux assemblées ont également l'occasion d'exercer un contrôle sur la politique présidentielle en refusant, ou en acceptant ou encore en modifiant les textes de lois souhaités par le président. Depuis novembre 2006, ces pouvoirs de contrôle du Congrès jouent à plein. Ainsi, le président Bush n'a-t-il pas hésité, après la victoire des démocrates lors des élections de mi-mandat à sacrifier son « chef de guerre », M. Donald Rumsfeld. De même, le Congrès et particulièrement la Chambre des représentants, présidée par Mme Nancy Pelosi de 2008 à 2010, première femme *speaker* dans toute l'histoire des États-Unis, a utilisé tous les moyens à sa disposition afin d'enrayer le processus de fuite en avant à l'œuvre dans la « guerre menée contre le terrorisme » par le président G.W. Bush. Elle a ainsi fait voter une loi visant à faire procéder au retrait des troupes américaines d'Irak. Ce texte a été contré par un veto présidentiel le 1er mai 2008.

615. D'une manière plus originale, les Chambres se sont attribué depuis un demi-siècle un droit de veto législatif qu'il ne faut pas confondre avec le droit de veto présidentiel. Ce veto législatif s'exerçait dans le cadre des délégations de pouvoirs du Congrès au président (législation déléguée) et permettait aux assemblées (ou à l'une d'elles ou à une commission) d'évoquer et éventuellement de suspendre les mesures prises par l'exécutif qui seraient jugées contraires à la loi d'habilitation. Les délégations de pouvoirs étant de plus en plus nombreuses et portant souvent sur des matières très importantes – par exemple des lois ont étendu les pouvoirs du président en matière militaire et en matière financière – le veto législatif apparaissait comme une contrepartie nécessaire aux habilitations dont bénéficiait l'exécutif, dans l'intérêt bien compris de ce dernier comme du législatif. Mais la Cour suprême a décidé, par l'arrêt *Chadha* du 23 juin 1983, que le veto législatif, pratique sans support dans le texte de la Constitution, n'était pas conforme à cette dernière.

616. Le Congrès exerce également un contrôle très actif et plus diversifié par le moyen de ses commissions et notamment de ses commissions d'enquête. Celles-ci peuvent citer devant elles toutes personnes dont elles estiment la comparution nécessaire, y compris les secrétaires et les agents de l'administration. Sans même remonter jusqu'à la célèbre Commission des activités non-américaines du sénateur MacCarthy, qui a laissé un fâcheux souvenir, on peut indiquer que plus près de nous des commissions diverses, de la Chambre ou du Sénat, ont mis en cause en 1975 H. Kissinger, secrétaire d'État (demandant notamment qu'il soit poursuivi pour « mépris du Congrès », à qui il avait refusé de communiquer des documents diplomatiques), et ordonné une enquête en 1979 sur le président Carter lui-même (à la suite de la démission forcée de B. Lance, Directeur du Budget, qui était un de ses amis). À la vérité, dans ces différents cas la notion de contrôle est dépassée et on assiste plutôt à des procédés de harcèlement de l'exécutif, notamment dans les hypothèses de « cohabitation » à l'américaine c'est-à-dire lorsque, le président appartient à un parti et que le Congrès étant dominé par un autre. Cette situation a prévalu de 2006 à 2008 et de 2014 à 2016.

617. Enfin, il faut rappeler que le Congrès s'est doté depuis environ deux décennies d'un personnel nombreux et compétent et d'une logistique, qui le mettent à même d'exercer un contrôle efficace. En pratique, chaque membre du Congrès dispose d'un cabinet étoffé et qualifié. Il s'agit là d'un élément récent mais important favorisant l'équilibre entre le législatif et l'exécutif.

Section 3

Le pouvoir judiciaire fédéral

618. Aux États-Unis, on peut parler d'un véritable pouvoir judiciaire, les juridictions fédérales étant amenées à rendre des jugements qui ont un effet direct sur le fonctionnement des institutions et bien souvent sur la vie politique.

A. Les juridictions fédérales

619. Pour l'essentiel, il faut citer les quatre-vingt-quatorze juridictions de districts *(District courts of the US),* les treize juridictions d'appel *(Circuit courts of appeal of the US)* et, bien entendu, la Cour suprême. Celle-ci, bien qu'elle dispose des compétences propres qui lui sont attribuées par l'article 3, section II de la Constitution, tire avant tout son importance de ce que, étant placée au sommet de la hiérarchie judiciaire, elle décide de la jurisprudence de l'ensemble des juridictions fédérales.

620. La Cour suprême est composée de neuf magistrats dont un faisant office de président ou *Chief Justice.* La nomination à vie et un traitement qui les met à égalité avec le vice-président leur assurent une indépendance totale. Le rôle politique assumé par la Cour conduit le président à tenir compte, dans les choix à faire, de considérations diverses qui ne sont généralement pas d'ordre juridique : par exemple, il veillera à ce que les deux partis, les différentes régions et les principales confessions soient représentés au sein de la Cour suprême. Les jugements sont rendus à la majorité mais, conformément à une pratique anglo-saxonne, des opinions séparées, éventuellement dissidentes, peuvent être émises par un ou plusieurs juges.[1]

Après le décès en 2006 de l'emblématique William Rehnquist, le nouveau *Chief Justice* est un conservateur âgé de 51 ans à la date de sa nomination : John Roberts. Son âge, ses prises de position antérieures et son charisme permettent de penser qu'il pourrait laisser une empreinte profonde à la présidence de la Cour suprême fédérale[2]. Les juges sont nommés à vie par le président des États-Unis et ont la faculté, dont ils profitent rarement, de se retirer à 70 ans, s'ils le désirent. Ainsi, le juge David Souter ayant annoncé qu'en raison de son âge, il se retirerait le 30 juin 2009, le président Barack Obama a nommé Mme Sonia Sotomayor afin de pourvoir à son remplacement. Le président Obama a encore eu l'opportunité de procéder à une seconde nomination en 2010 en raison de la démission du doyen de la Cour suprême, le juge John Paul Stevens, âgé de 90 ans. Barack Obama a, à nouveau choisi de nommer une femme, jeune et à la réputation sans failles. Il s'agit d'Elena Kagan, alors âgée de 49 ans, ancien doyen de la Faculté de droit de Harvard et qui fut conseiller de la présidence des États-Unis

---

1. Cf. W. Mastor, *Les opinions séparées des juges constitutionnels*, Economica - PUAM, 2005.
2. En ce sens, cf. J. Cantegreil, « Sur l'institution et la mise en œuvre de la Cour Roberts », *RFDC* 2007, p. 355.

durant le mandat de Bill Clinton. Ces deux nominations successives ont contribué au renforcement de la Cour suprême si l'on se fie aux critères de la compétence, du genre et de l'âge. Cependant, la nomination d'un nouveau juge à la Cour suprême a été au cœur d'un conflit ouvert entre Barack Obama et la majorité républicaine au Sénat. En effet, le décès du juge Scalia en février 2016 a ouvert la possibilité au président Obama dont le mandat était sur le point de s'achever de nommer un nouveau membre. Le président a proposé le nom de Merrick Garland, mais la majorité républicaine du Sénat a refusé d'entériner ce choix, considérant que cette nomination devait revenir au successeur de Barack Obama. Cette mise en échec de la volonté du président sortant a permis au président nouvellement élu, Donald Trump, de nommer un juge en avril 2017. Il s'agit de Neil Gorsuch, un juge classé comme conservateur. La démission surprise d'Antony Kennedy le 27 juin 2018 a permis au président Trump de procéder rapidement à une seconde nomination. Il a choisi de nommer Brett Kavanaugh, un juge d'appel de 54 ans au profil politique très marqué. Cette proposition de nomination a engendré une violente controverse, Brett Kavanaugh ayant été accusé d'agressions sexuelles commises lorsqu'il était étudiant en droit à Yale. Malgré tout, le Sénat a entériné cette nomination par 50 voix pour et 48 contre. Avec cette nomination, finalement intervenue le 6 octobre 2018, la Cour suprême, compte en son sein cinq juges pouvant être considérés comme conservateurs et quatre comme progressistes ce qui fait peser une menace certaine sur des libertés fondamentales comme la liberté d'avortement, par exemple.

Composition de la Cour suprême au 1er juillet 2019

Nom	Date de nomination	Autorité de nomination
Clarence Thomas	1991	G. Bush (Rép.)
Ruth Ginsburg	1993	B. Clinton (Dém.)
Stephen Breyer	1994	B. Clinton (Dém.)
John Roberts (chef juge)	2005	G. W. Bush (Rép.)
Samuel Alito	2006	G. W. Bush (Rép.)
Sonia Sotomayor	2009	B. Obama (Dém.)
Elena Kagan	2010	B. Obama (Dém.)
Neil Gorsuch	2017	D. Trump (Rép.)
Brett Kavanaugh	2018	D. Trump (Rép.)

B. Les compétences juridictionnelles

621. La répartition des compétences entre juridictions fédérales et juridictions d'États est fort complexe, comme on peut s'y attendre dans un système fédéral. On en évoquera seulement les grandes lignes.

a) Les compétences des juridictions fédérales

622. Elles procèdent des dispositions de la Constitution fédérale et aussi des lois votées par le Congrès. Dans l'ensemble, les juridictions fédérales ont compétence dans deux séries d'hypothèses : 1°) En fonction des implications du litige, lorsque celui-ci met en cause le droit fédéral, c'est-à-dire la Constitution fédérale, les lois fédérales, les règlements fédéraux, ainsi que les conventions internationales passées par l'Union. 2°) En fonction de la qualité des parties, notamment lorsque le litige oppose l'Union à un ou plusieurs États ou à des particuliers ou lorsqu'il oppose des États entre eux ou encore lorsqu'il oppose des citoyens des différents États. On voit que ces compétences couvrent un champ très vaste et comportent une confrontation permanente de règles situées à tous les niveaux de la hiérarchie des règles juridiques. En fait, de très nombreuses affaires viennent devant les juridictions fédérales. Il faut ajouter que si les affaires ainsi dévolues à ces dernières sont généralement de nature civile, elles peuvent aussi connaître d'affaires pénales, toujours en vertu de la Constitution ou du Congrès.

b) Le partage avec les juridictions d'États

623. C'est un partage passablement compliqué. On considère, en effet, que la Constitution, en attribuant les séries de litiges précédemment indiquées aux juridictions fédérales, ne leur confère pas pour autant une compétence exclusive. Seul le Congrès peut décider que les juridictions fédérales auront compétence exclusive à l'égard de telle ou telle catégorie de litiges. Il s'ensuit que les juridictions d'État sont compétentes non seulement dans tous les cas où la Constitution ou le Congrès n'ont pas attribué compétence aux juridictions fédérales, ce qui va de soi, mais encore dans tous les cas où ces dernières ayant reçu compétence le Congrès n'a pas décidé que celle-ci était exclusive. En d'autres termes, il existe des cas de compétences concurrentes des juridictions fédérales et des juridictions d'États (il s'agit notamment des litiges dans lesquels l'Union est partie ou dans lesquels un État est opposé à une partie autre que ses propres citoyens). Dans de telles hypothèses, c'est le demandeur qui décide du choix de la juridiction.

c) Les compétences de la Cour suprême

624. Là encore, on se bornera à quelques indications. En vertu de la Constitution, la Cour suprême a compétence, en première instance, pour tous les litiges où un État est partie, ainsi que pour tous ceux concernant certaines hautes personnalités fédérales, tels les ambassadeurs et les ministres. Elle a compétence d'appel à l'égard de tous les autres litiges relevant des juridictions fédérales (art. 3, section 2). Mais, bien entendu, le Congrès peut toujours lui attribuer des compétences supplémentaires, sous réserve de ne pas contrevenir aux dispositions de la Constitution.

C. Le contrôle de constitutionnalité et l'arrêt *Marbury c/Madison*

625. Les juridictions fédérales ont toujours assumé un rôle important en matière constitutionnelle. En effet, dans le cadre de leurs compétences, elles se sont reconnues – et, bien sûr, plus particulièrement la Cour suprême – habilitées à contrôler la conformité à la Constitution fédérale des autres normes juridiques.

C'est par l'arrêt *Marbury c/Madison* que la Cour suprême a établi en 1803, c'est-à-dire quelques années après la mise en application de la Constitution, le contrôle de la constitutionnalité des lois aux États-Unis.

L'affaire est en elle-même curieuse. En 1800, et très peu de temps avant l'élection présidentielle, l'administration du président John Adams (fédéraliste) avait procédé à la nomination de 42 juges, dont William Marbury, ce dernier aux modestes fonctions de juge de paix dans le district de Columbia. Compte tenu du *spoils system* en vigueur aux États-Unis, on pouvait évidemment penser que les intéressés devaient leur nomination à leurs sympathies fédéralistes. Malheureusement pour eux, et bien que les nominations aient été décidées dans les règles, elles n'avaient pas encore été notifiées lorsque, à la suite des élections présidentielles, le président John Adams fut remplacé par le président Thomas Jefferson (républicain-démocrate). La nouvelle administration, et notamment le secrétaire d'État James Madison, chargé de suivre ces nominations, n'y mit aucune bonne volonté et n'en délivra que vingt-cinq parmi lesquelles ne figurait pas W. Marbury. Celui-ci porta l'affaire devant la Cour suprême pour qu'elle contraigne l'administration à lui délivrer sa nomination, encore qu'il n'y eût plus guère intérêt car la durée pour laquelle il avait été nommé était presque expirée.

La Cour suprême, présidée par le célèbre John Marshall, dont les liens avec le parti fédéraliste étaient connus, s'est trouvée dans une situation embarrassante. D'une part, il lui était demandé d'arbitrer un combat douteux car si la mauvaise volonté de la nouvelle administration républicaine-démocrate était évidente, le caractère tardif et en fait (mais non pas en droit) quelque peu abusif des nominations pouvait aussi être invoqué. D'autre part, la Cour, sans cacher ses sympathies, ne souhaitait pas entrer en conflit direct et immédiat avec la nouvelle administration. Le président Marshall va diriger, avec une grande habileté stratégique, la démarche de la Cour, en affirmant son autorité sans mécontenter ses adversaires politiques auprès du président Jefferson. Pour cela, il va présenter un raisonnement étonnant qui l'amène paradoxalement à se prononcer sur le fond de l'affaire tout en déclinant la compétence de la Cour.

626. En simplifiant, ce raisonnement peut être résumé de la manière suivante : 1°) Si la Cour ne peut, en vertu de la séparation des pouvoirs, connaître des actes politiques de l'exécutif, elle peut en revanche apprécier la légalité des actes administratifs. Or, à cet égard, il est certain que Marbury a raison et dès lors que sa nomination est juridiquement régulière, il a droit à ce qu'elle lui soit délivrée ; 2°) Le véritable problème consiste donc à déterminer qui peut obliger l'administration à procéder à cette délivrance. Certes, une loi fédérale de 1789 sur l'organisation judiciaire paraît précisément attribuer compétence à la Cour pour donner à l'administration l'injonction d'exécuter, par un *writ de mandamus* ordonné en première instance. Mais cette loi de 1789 est contraire à la Constitution car celle-ci ne confère, en principe, à la Cour qu'une compétence d'appel, sous réserve de quelques cas limitativement énumérés de compétence de première instance, parmi lesquels ne figure manifestement pas celui qui lui est soumis en l'espèce (cf. art. 2, section 2) ; 3°) Dans ces conditions, la Cour, constatant l'inconstitutionnalité de la loi de 1789, ne peut que se déclarer incompétente à délivrer en première instance un *writ de mandamus* et renvoyer Marbury, dont le bon droit est malgré tout reconnu, à se pourvoir devant une juridiction compétente. Il s'abstiendra de le faire, n'y ayant plus aucun intérêt pratique.

627. En rendant cet arrêt, la Cour suprême et son président J. Marshall ont réussi un coup de maître. Ils ont d'abord évité d'entrer en conflit direct avec l'administration jeffersonienne, qui se refusait absolument à intégrer Marbury dans son poste. Mais en échange de cette satisfaction d'amour-propre, la Cour a affirmé son droit à contrôler les actes administratifs de l'exécutif et son droit à contrôler la constitutionnalité des lois, alors qu'il n'existait aucun texte susceptible de fonder sa compétence en la matière. On peut ajouter que Marbury lui-même obtint la satisfaction de principe, sans conséquence pratique, ce qu'il recherchait avant tout.

D. Les caractéristiques du contrôle de constitutionnalité

628. Par l'arrêt *Marbury c/Madison*, la Cour suprême a ouvert une voie d'une importance capitale et qui s'est révélée extrêmement féconde[1].

Il s'agit d'un contrôle par voie d'exception, le seul possible d'ailleurs en l'absence de texte. Il suppose qu'au cours d'un procès l'une des parties, à l'encontre de qui est invoqué une norme ou un acte, va soulever devant la juridiction saisie le problème de la non-conformité à la Constitution fédérale de cette norme ou de cet acte. Cette possibilité existe devant toutes les juridictions fédérales mais, bien entendu, ce sont les jugements rendus par la Cour suprême qui sont seuls décisifs car les autres juridictions fédérales, saisies de litiges similaires, ne voudront pas contrevenir à la jurisprudence de la Cour.

629. On observera cependant que la Cour ne peut, si elle estime qu'il y a bien inconstitutionnalité, que déclarer la norme ou l'acte en question inapplicable à l'espèce qui lui est soumise. Cette norme ou cet acte n'est pas annulé pour autant, il subsiste mais en fait tout se passe comme s'il était annulé car il va de soi que les instances chargées de son application vont devoir y renoncer, faute de quoi au cours de nouveaux procès de nouvelles exceptions d'inconstitutionnalité seraient soulevées, qui aboutiraient nécessairement au même résultat.

630. L'exception d'inconstitutionnalité peut être soulevée à l'encontre de n'importe quelle norme, fédérale ou étatique, comme à l'égard de n'importe quel acte d'une autorité exécutive, fédérale ou d'État. Il peut notamment s'agir d'une loi fédérale (comme dans l'affaire *Marbury c/Madison*), il peut aussi s'agir d'une loi d'État et la Cour suprême s'est prononcée très tôt en ce sens (dans l'affaire *Flechter c/Peck* en 1810). Il faut ajouter que même si le contrôle par voie d'exception présente un caractère très général, c'est évidemment le contrôle de la constitutionnalité des lois, quelle qu'en soit l'origine, qui, en raison de son importance, retient essentiellement l'attention et éclipse les autres aspects.

631. Il faut enfin rappeler que le contrôle par voie d'exception présente un inconvénient sérieux en ce sens que l'on peut avoir à attendre assez longtemps le règlement de l'appréciation de conformité puisqu'il faut qu'un procès ait lieu, que l'exception soit soulevée et que l'affaire remonte jusqu'à la Cour. Or, lorsque la constitutionnalité d'une loi importante est mise en cause par les spécialistes, une telle attente risque d'être préjudiciable. C'est pourquoi la Cour suprême accepte, dans des cas de ce genre, la pratique de procès largement fictifs, parfois avec la complicité de l'administration, et traités très vite, de manière à ce qu'elle puisse se prononcer rapidement. Il s'agit, somme toute, d'une simple anticipation des procès qui, de toute manière, surviendraient à ce sujet et l'esprit de la procédure reste défensif.

---

1. É. Zoller (dir.), *Marbury v. Madison (1803-2003). Un dialogue franco-américain*, Dalloz, 2003.

E. L'interprétation de la Constitution fédérale

632. Ayant à connaître de litiges qui impliquent de leur part une appréciation de conformité à la Constitution, les juridictions fédérales doivent interpréter cette dernière, ce qui est d'autant plus nécessaire que la Constitution fédérale est un texte relativement court et en tout cas fort ancien. Aussi bien est-il évident qu'on ne pouvait prévoir à la fin du XVIIIe siècle le développement technique et économique moderne.

Mais les juridictions fédérales, et plus particulièrement la Cour suprême, compte tenu de sa position au sommet de la hiérarchie judiciaire, courent évidemment le risque, sous couvert d'interprétation, de faire dire à la Constitution ce qu'elles veulent. Ce risque est d'autant plus grand que certaines dispositions constitutionnelles, sur lesquelles la Cour prend souvent appui, laissent à celle-ci, par leur imprécision, la plus large liberté d'appréciation. Tel est le cas, notamment, de la célèbre clause de *due process of law* incluse dans le 14e amendement (1868) et aux termes de laquelle « aucun État ne pourra priver une personne de sa vie, de sa liberté ou de ses biens *sans une procédure légale (ou régulière)* ». En vérifiant l'existence de cette procédure et en appréciant sa régularité, la Cour suprême avait le moyen de contrôler toute la législation relative aux libertés. Plus récemment, elle a préféré s'appuyer sur une autre clause du même amendement interdisant aux États de « refuser à quiconque relève de leur juridiction une égale protection des lois », mais sa liberté d'appréciation est également considérable. On pourrait multiplier les exemples et citer d'autres textes. Ce qu'il faut surtout souligner, c'est que tout se passe comme si les juges pouvaient, en interprétant, ajouter au texte. Ainsi que le déclarait le *Chief Justice* – de 1930 à 1941 – C. E. Hughes, il est vrai avant d'entrer lui-même à la Cour suprême : « La Constitution est ce que les juges disent qu'elle est ».

633. L'actuel président de la Cour suprême prône une philosophie de la « modestie judiciaire ». Pour John Roberts, la Cour doit adopter une attitude de « *self-restraint* » et surtout rechercher au maximum le consensus le plus large en évitant les décisions à 5 contre 4 qui, selon lui, « nuisent à son image d'autorité impartiale et à l'autorité même de ses décisions ». En dépit de cette « modestie judiciaire » affichée, la Cour suprême des États-Unis a rendu des décisions importantes qui ont provoqué des tensions entre elle et le président B. Obama. C'est le cas en particulier de l'arrêt *Ricci vs. De Stefano* du 29 juin 2009 où la Cour suprême a censuré une discrimination positive représentant en fait une discrimination à rebours. Mais c'est surtout l'arrêt *Citizen United vs Federal election commission* du 21 janvier 2010 qui a provoqué l'irritation du président car elle autorise les entreprises à utiliser librement leurs bénéfices pour subventionner les campagnes électorales. Dans son discours sur l'état de l'Union prononcé le 27 janvier 2010, le président B. Obama a ouvertement critiqué cette solution retenue par la Cour suprême ce qui, évidemment, porte atteinte à la séparation des pouvoirs [1].

F. Le rôle politique des juridictions fédérales

634. Il était inévitable, dans ces conditions, que les juridictions fédérales dans leur ensemble et la Cour suprême en particulier assument un rôle politique.

---

1. *Le Monde*, 12 mai 2010, p. 3.

a) Les caractéristiques du rôle politique

635. Celui-ci procède à la fois du pouvoir d'interprétation de la Cour et de son pouvoir de contrôle de la constitutionnalité, le premier étant d'ailleurs lui-même étroitement lié au second.

Sur le premier point, il est clair que la Cour est en mesure de faire prévaloir sur les intentions supposées – et peut-être inactuelles ou dépassées – des Pères fondateurs la volonté politique de ses membres. Son attitude à l'égard du problème Noir le montre bien, puisque en utilisant les mêmes clauses et les mêmes méthodes – mais sa volonté politique ayant changé – elle a élaboré des jurisprudences complètement opposées. Après la guerre de Sécession, elle a mis son ingéniosité au service des États sudistes qui entendaient, au mépris des 14e et 15e amendements, restreindre le droit de vote des Noirs et leur refuser la véritable égalité civique au titre de la doctrine « égaux mais séparés ». Depuis la Seconde Guerre mondiale et plus précisément depuis les années cinquante, elle a fondamentalement modifié sa jurisprudence et s'est efforcée, à partir des mêmes textes constitutionnels, de lutter contre les législations ségrégationnistes.

636. Sur le second point, il semble également évident que si la Cour est en mesure d'annihiler, en les déclarant inapplicables, des lois fédérales ou étatiques, elle vient nécessairement en concurrence – et en concurrence conflictuelle – avec le Congrès et le président qui a probablement souhaité ou inspiré ces textes, sans même parler des législatures d'État. Elle apparaît alors beaucoup moins comme une juridiction suprême (ce qu'elle est aussi pourtant) que comme un organe disposant, à l'égard des institutions politiques, législatives et exécutives, d'une « faculté d'empêcher » proprement politique. La lutte délibérée et opiniâtre qu'elle a soutenue contre le New Deal du président Roosevelt, avant de se rallier, témoigne de ces conflits possibles et d'une participation – négative il est vrai – de la Cour à l'exercice du pouvoir. C'est cette action que l'on a pu qualifier, surtout au cours de la longue période qui va de la guerre de Sécession à la Seconde Guerre mondiale, de « Gouvernement des juges ».

b) Les difficultés du rôle politique

637. Ce dernier ne pouvait pas ne pas poser de problèmes importants. Sur le plan théorique, il ne paraît pas normal qu'un organe éminent certes mais non élu, et par conséquent non représentatif, puisse tenir en échec les organes politiques qui sont chargés par la Nation d'exprimer sa volonté. Sur le plan pratique, il paraît difficile, si la Cour décide d'aller à contre-courant, que les conflits qui vont naître puissent se prolonger durablement. Aussi bien F.D. Roosevelt avait-il envisagé une réforme de la Cour suprême pour mettre fin à son opposition. Mais, dans l'ensemble, l'expérience montre qu'il n'est pas nécessaire d'aller jusqu'à cette extrémité (qui d'ailleurs susciterait bien des oppositions et serait très difficile à réaliser). Le renouvellement, lent sans doute mais sûr, des membres, l'évolution des esprits, font que la Cour finit toujours par rejoindre les courants dominants de l'opinion, même si elle le fait avec un retard parfois considérable et après des périodes de tensions assez vives.

c) La politique jurisprudentielle de la Cour

638. On peut, très sommairement, distinguer quatre phases. De 1803 jusqu'à la guerre de Sécession, la Cour est relativement peu sollicitée et ne rend qu'un petit nombre d'arrêts. Ceux-ci sont importants, il est vrai, et on considère généralement qu'une de ses décisions a pu aggraver le conflit sur le problème de l'esclavage, qui allait donner lieu à la guerre de Sécession (affaire *D Scott* en 1857). L'issue de cette dernière ouvre une seconde phase qui va jusqu'à la Seconde Guerre mondiale. C'est la grande époque de ce qu'on qualifie de *Gouvernement des juges*. La Cour, très active, prend position dans un sens presque toujours conservateur et, notamment, avalise sur le plan juridique – mais pour des raisons politiques – des pratiques qui réduisent à néant, ou peu s'en faut, les acquis, pour les Noirs, de la guerre civile. Après la Seconde Guerre mondiale commence une troisième phase, caractérisée d'abord par le retour à la modération, puis par une jurisprudence beaucoup plus active de rétablissement de l'égalité en accordant des droits préférentiels aux minorités ethniques pour compenser la discrimination raciale négative dans le passé (législation et jurisprudence de l'*affirmative action* ou de discrimination positive). Depuis 1995, la Cour suprême a pris un tournant conservateur. Ainsi, pour la seule année 2008, la Cour a sévèrement limité les hypothèses dans lesquelles une discrimination positive peut être effectuée. De même, elle a banni toute forme d'avortement tardif, elle a reconnu la constitutionnalité de mesures visant à limiter la liberté d'expression dans les universités, elle a considéré qu'il était nécessaire de protéger l'octroi de fonds publics aux associations religieuses. De plus, sur le fondement du deuxième amendement, la Cour suprême a affirmé solennellement, dans un arrêt du 26 juin 2008, l'existence d'un droit individuel des américains à posséder une arme à feu.

Section 4
Le fonctionnement du régime

639. Comme il a été indiqué, ce fonctionnement doit désormais beaucoup plus à la pratique qu'au texte constitutionnel. Il met en vedette le rôle déterminant du président mais il témoigne également des équilibres du régime présidentiel.

A. Le rôle dirigeant du président

640. Il faut rechercher les causes de la prééminence présidentielle avant d'en établir les principales caractéristiques.

a) Les causes de la prééminence présidentielle

641. Elles sont nombreuses et diverses.

Elles tiennent d'abord, au rôle accru de l'exécutif dans tous les régimes : or le président est à lui seul tout l'exécutif. Elles tiennent également au phénomène moderne de la personnalisation du pouvoir, lui aussi commun à tous les régimes : non seulement le président tire de son élection au suffrage universel quasi direct un prestige évident mais encore il est l'objet, tout au long de son mandat, de l'intérêt incessant des médias qui concentrent sur sa personne et sur sa fonction tous les projecteurs de l'actualité. En d'autres termes, l'intervention inévitable des médias joue comme un facteur multiplicateur susceptible de développer dans d'énormes proportions l'audience du président et par conséquent son pouvoir. On observera cependant qu'il s'agit d'une arme à double tranchant qui peut tout aussi bien, si le président déçoit, le desservir dans les mêmes proportions, comme on l'a constaté pour le président Nixon lors de l'affaire du Watergate en 1974.

642. Il existe aussi des causes plus spécifiques. C'est ainsi que le rôle actuel du président doit beaucoup à l'extension des compétences de l'Union qui est résulté de l'interventionnisme économique pratiqué par F.D. Roosevelt pour juguler la grande dépression de 1929 et poursuivi, bien que de manière très atténuée, par certains de ses successeurs. On peut, à cet égard, dater des présidences Roosevelt un renouvellement des conceptions de la fonction présidentielle. C'est ainsi également que le rôle mondial assumé depuis 1945 par les États-Unis, notamment en tant que garant des régimes pluralistes, n'a pu que renforcer la position du président, seul, en définitive, à pouvoir parler et agir au nom de l'Union. Ce rôle s'est encore renforcé depuis les années quatre-vingt-dix.

b) Les caractéristiques de la prééminence présidentielle

643. Le président est plus que jamais l'organe moteur du système. Il assume la direction de la politique fédérale dans son ensemble, soit en déterminant ses grandes orientations, soit en prenant plus ponctuellement les décisions qui engagent l'Union sur des points essentiels.

Dans le domaine de la politique étrangère et de la défense, la liste est longue des décisions capitales prises personnellement par le président, de la fabrication – et de l'utilisation en 1945 – des bombes atomiques et nucléaires à la fabrication de la bombe à neutrons en 1981 en passant par l'envoi de troupes en Corée en 1950, l'embargo sur Cuba en 1962 comme la décision d'y mettre fin en 2015, l'intervention militaire au Vietnam, la guerre du Golfe en 1991, la guerre en Yougoslavie – initialement sans mandat de l'ONU – en 1999, la guerre faite en Irak en 2003, avec l'appui du Congrès, mais décidée unilatéralement sans mandat de l'ONU, ou encore en 2018, l'accord intervenu avec la Corée du Nord. Dans le domaine de la politique intérieure, l'action du président n'est pas moins importante bien qu'elle soit généralement moins spectaculaire, encore que l'on puisse faire état de décisions telles que la réquisition des aciéries en 1952, l'intervention des troupes fédérales en Arkansas en 1957 sur le problème de la déségrégation scolaire, le licenciement collectif des contrôleurs aériens en 1981 la réforme du système de santé proposée par le président Clinton après son élection en 1992 mais largement tenue en échec par le succès électoral républicain de 1994, ou encore la politique inquiétante en matière d'immigration menée par le président Trump depuis son élection en 2016.

644. C'est peut-être lorsque le président, au lieu d'agir ponctuellement, détermine les grandes orientations de la politique fédérale que son action risque d'être moins efficace. Le président doit, en effet, obtenir que ses directives soient exécutées et compte tenu de l'énormité de la machinerie administrative, au sens le plus large, il lui faut davantage convaincre que contraindre. Il faut ajouter que le président assume également des fonctions d'impulsion à l'égard du Congrès. Toutefois, il doit prendre garde à intervenir de manière discrète car il ne peut s'appuyer sur les textes – souvent silencieux ou imprécis sur ses possibilités d'action – mais seulement sur son poids politique, sur l'autorité de sa fonction, sur l'appui de son parti et sur le réseau de contacts et de relations dont il dispose parmi les membres influents de l'autre parti.

B. Les équilibres du régime présidentiel

645. La structure fédérale s'oppose à la toute-puissance du président parce qu'elle lui interdit d'intervenir dans les secteurs de compétence des États fédérés. Sans doute les secteurs de compétence fédérale se sont-ils révélés extensibles, ce sont néanmoins les seuls où l'autorité du président peut librement se déployer.

La séparation des pouvoirs oppose également à l'action du président une série de butoirs tirés des compétences exclusives, dans leur domaine, du Congrès et des tribunaux, plus spécialement de la Cour suprême.

S'agissant du pouvoir législatif, il est clair que le président est très largement désarmé à l'égard d'un Congrès hostile puisqu'il ne peut exercer qu'une pression officieuse sans disposer d'aucune prérogative constitutionnelle pour faire adopter son programme législatif. On sait que seule « une faculté d'empêcher » lui est reconnue, avec son veto présidentiel, mais on ne doit pas oublier que le Sénat dispose lui aussi d'une « faculté d'empêcher » à l'égard du président, avec son pouvoir d'approbation des nominations décidées par ce dernier et son pouvoir d'autorisation de ratifier les traités. Le président doit donc persuader le Congrès, sans aucun moyen de surmonter son éventuelle mauvaise volonté, d'autant que politiquement irresponsable devant la Chambre des Représentants, il ne peut en prononcer la dissolution.

646. Il faut ajouter qu'il existe aussi des limites politiques aux pouvoirs présidentiels. Ainsi qu'il a été indiqué, un président peut avoir en face de lui une majorité hostile ou réservée. Plus souvent encore, il aura affaire à une majorité méfiante ou pointilleuse, même lorsqu'elle est composée de membres de son parti. Il est vrai que l'absence de discipline partisane des élus constitue un correctif à ces inconvénients. Le président n'est jamais assuré du soutien de son propre parti mais l'hostilité de ses adversaires n'est pas davantage systématique.

Ces limites sont encore apparues en 1991 lors de la crise du Golfe. La résolution autorisant le président Bush à « utiliser les forces armées des États-Unis conformément à la résolution 678 du Conseil de Sécurité des Nations unies » a certes été votée mais à des majorités assez faibles, qui ne constituaient pas un véritable blanc-seing (le 12 janvier 1991 par 250 voix contre 183 à la Chambre et par 52 voix contre 47 au Sénat).

S'agissant du pouvoir judiciaire, il suffit de rappeler que la Cour suprême a la possibilité, en interprétant plus ou moins librement la Constitution, de tenir en échec les lois souhaitées par le président.

▶ Bibliographie

S. Breyer, *Pour une démocratie active,* préf. R. Badinter, Odile Jacob, Paris, 2007.

I. Fassassi, *La légitimité du contrôle juridictionnel de constitutionnalité des lois aux États-Unis. Étude critique de l'argument contre-majoritaire,* Dalloz, coll. « Nouvelle Bibliothèque de Thèses », 2017.

I. Fassassi, « Donald Trump et la Constitution », *Pouvoirs* 2020, p. 29.

P. Gaulmin, « Le droit de veto présidentiel aux États-Unis », *RFDC* 1998, p. 251.

P. Lauvaux, *Les grandes démocraties contemporaines*, 4e éd., PUF, coll. « Droit fondamental », 2015.

R. Pinto, « La Cour suprême américaine et l'avortement », *RDP* 1993, p. 907.

M. Rosenfeld, « Les décisions constitutionnelles de la Cour suprême américaine pour la session 1998-1999 », *RDP* 2000, p. 1329.

M.-F. Toinet, *Le système politique des États-Unis*, 2e éd., PUF, col. « Thémis », 1990.

L. H. Tribe, *American Constitutional law,* 3e éd., Foundation press, New York, 2000.

É. Zoller, *Histoire du gouvernement présidentiel aux États-Unis*, Dalloz, 2011.

É. Zoller, *Les grands arrêts de la Cour suprême des États-Unis*, Dalloz, 2010.

Sites internet

www.whitehouse.gov
www.supremecourtus.gov
www.clerk.house.gov
www.senate.gov
www.america.gov
www.census.gov

Chapitre 11

L'évolution des régimes russe et chinois

647. Le socialisme, qui a été instauré en 1917 en Russie devenue Union soviétique en 1922-24, et qui a connu une extraordinaire extension aux lendemains de la Seconde Guerre mondiale, notamment en Europe orientale et centrale, ainsi qu'en Chine, a subi à la fin des années quatre-vingt une crise très grave qui a fini par entraîner son effondrement dans la plupart des pays qui le pratiquaient, sauf en Chine. Il convient donc d'étudier les causes et le processus de cet effondrement, qui est un des événements majeurs de la fin du XXe siècle (section 1), d'examiner les conditions du passage de la Fédération de Russie, principal État composant l'ex-Union soviétique, à un régime pluraliste, ainsi que son évolution (section 2), et d'analyser en contrepoint la survie du socialisme en Chine, qui s'accompagne au moins sur le plan économique d'une rupture progressive mais très nette avec l'orthodoxie marxiste, donnant ainsi naissance à un système d'une originalité certaine (section 3).

Section 1
L'effondrement des régimes socialistes

648. Il se produit dans un délai relativement court, à partir de l'automne 1989 et sans l'excès de violence que l'on aurait pu redouter.

I. L'implosion de l'Union soviétique

649. Le fédéralisme soviétique bénéficiait d'un encadrement juridique très strict, que venait conforter la direction unitaire du Parti communiste. La perte d'autorité de ce dernier et sa disparition ont suffi à désintégrer l'ensemble du système.

A. L'amorce d'une libéralisation politique

650. Dans les années quatre-vingt, le régime vit sur un acquis idéologique hérité du XIXe siècle et qui aurait grand besoin d'être renouvelé ou adapté. En effet, les conditions politiques, économiques et sociales ont totalement changé mais on continue à attribuer force de vérité scientifique au dogme marxiste-léniniste, qui ne peut être remis en cause. L'immobilisme qui en résulte se reflète de manière significative dans la prise en mains de l'appareil de direction du Parti par une véritable gérontocratie (Brejnev, Andropov, Tchernenko). Plus de soixante ans après la révolution, il semble déraisonnable d'attendre un changement important.

Celui-ci va pourtant venir avec l'arrivée au pouvoir de M. Gorbatchev, alors âgé de 54 ans et élu Secrétaire général du Parti en mars 1985, qui s'emploie pendant deux ou trois ans à éliminer les anciennes équipes gérontocratiques et à les remplacer par ses partisans. À partir de 1987, il imprime une nouvelle orientation au Parti, à l'État et à la société en imposant la *perestroïka* (restructuration) et la *glasnost* (transparence), totalement contraires aux pratiques antérieures du régime. Conscient de l'essoufflement de ce dernier, M. Gorbatchev s'efforce de le renouveler en profondeur et peu importe qu'il ait voulu, en le libéralisant, le sauver et le perpétuer. C'est cette libéralisation qui va déclencher le processus de décomposition.

B. Le fédéralisme soviétique

651. La forme fédérale a été substituée par la Constitution du 31 janvier 1924 à la forme unitaire antérieure sous la pression des circonstances. Ce texte ne faisait d'ailleurs qu'institutionnaliser un choix opéré dès le 29 décembre 1922. En effet, le nouveau régime, aux prises avec les énormes problèmes que posait, après la guerre civile, la refonte totale des structures non seulement de l'État mais aussi de la société, pouvait difficilement assurer l'unité politique de 109 nationalités différentes et qui se situaient à des niveaux de civilisation assez divers. Mais dès que le régime s'est affermi, il s'est orienté vers le renforcement des structures et des institutions fédérales.

652. Le fédéralisme soviétique a toujours été à plusieurs étages. Jusqu'en 1991, l'Union rassemblait quinze Républiques fédérées considérées par l'article 76 de la Constitution du 7 octobre 1977 comme des États souverains ayant vocation à exercer le pouvoir d'État sur leur territoire. Quatre de ces Républiques (Russie, Ouzbekistan, Georgie et Azerbaïdjan) comprenaient vingt Républiques autonomes (seize pour la seule Russie), ayant leur propre Constitution. Il fallait aussi tenir compte de l'existence de régions et de districts autonomes. Par exemple, le Nagorno-Karabakh, qui a été le théâtre d'affrontements inter-ethniques, est une région autonome peuplée d'Arméniens mais située en Azerbaïdjan. Les collectivités fédérées ou autonomes étaient évidemment représentées au sein des instances fédérales, Congrès des députés du peuple et Soviet des nationalités (pour ce dernier, les représentants étaient onze par République fédérée, quatre par République autonome, deux par région autonome, un par district autonome).

Il est clair que la souveraineté reconnue aux Républiques ne s'est jamais traduite dans la réalité tant que le Parti communiste a pu exercer son autorité sans aucune contrainte. Le fédéralisme institutionnel recouvrait, en fait, une forte centralisation. C'est pourquoi l'article 72 de la Constitution du 7 octobre 1977 disposant que « chaque République fédérée conserve le droit de sortir librement de l'URSS » apparaissait comme un texte purement formel sans signification concrète.

C. La conquête de l'indépendance

653. Elle s'opère en deux vagues successives : en 1989 et en 1990, nombre de Républiques fédérées adoptent des déclarations de souveraineté, puis en 1991, et notamment après l'échec de la tentative de coup d'État du 19 août, proclament leur indépendance. Dans les deux cas, ce sont les Républiques baltes qui ouvrent la voie.

a) Les initiatives des Républiques baltes

654. Il est aisé de comprendre la position en flèche adoptée par ces trois Républiques. Héritières d'une ancienne civilisation, le socialisme marxiste leur a été imposé sans qu'elles aient été consultées, par entente directe entre Staline et Hitler en 1940. C'est pourquoi elles entendent profiter des circonstances pour se libérer, dans toute la mesure du possible, de ce qu'elles considèrent comme une tutelle étrangère.

C'est l'Estonie qui frappe le premier coup en adoptant une déclaration de souveraineté le 16 novembre 1988. Elle est suivie par la Lituanie (15 mai 1989), la Lettonie (24 juillet 1989). D'autres entités vont faire de même, notamment la Géorgie et l'Azerbaïdjan. Mais dès le 10 novembre 1989, le Présidium du Soviet suprême de l'Union soviétique déclare non conforme à la Constitution de 1977 plusieurs actes législatifs des Républiques baltes. Par ailleurs, on ne doit pas oublier, en toile de fond, que, au même moment, des troubles interethniques affectent plusieurs Républiques et se poursuivront les années suivantes.

b) Le problème posé par les déclarations de souveraineté

655. Il était à la fois politique et juridique et tenait à ce que, tout en proclamant la souveraineté des Républiques fédérées, la Constitution de 1977 les plaçait sous le contrôle de l'Union (art. 70, 73, 74, 75). L'article 73 notamment conférait à cette dernière non seulement de nombreuses compétences d'attribution mais aussi une sorte de compétence de droit commun en lui attribuant « le règlement des autres questions d'importance fédérale », que bien entendu l'Union déterminerait elle-même. On ajoutera que, comme il est de règle dans les ensembles fédéraux, la loi fédérale l'emportait sur les lois fédérées. Jusqu'en 1989, ces textes n'avaient pas soulevé de difficulté parce qu'il ne venait pas à l'esprit des dirigeants des RSS de revendiquer une véritable autonomie.

Les déclarations de souveraineté tendaient à redonner à ce terme son sens plein et à substituer aux rapports hiérarchiques entre l'Union et les RSS des rapports conventionnels résultant d'un traité d'union librement accepté. Les RSS veulent pouvoir adopter des dispositions constitutionnelles dérogeant à la Constitution de l'Union (en dépit de l'article 76) et tenir en échec les lois fédérales (en dépit de l'article 74). L'Estonie avait indiqué clairement que la souveraineté doit signifier que « le pouvoir suprême sur son territoire appartient à ses organes supérieurs de pouvoir… et que le futur statut de la République au sein de l'URSS doit être fixé par un traité d'union » (et non par la Constitution).

c) L'échec des solutions et les déclarations d'indépendance

656. L'Union soviétique avait évidemment beau jeu de se retrancher derrière la Constitution de 1977. Mais le problème était politique plus encore que juridique. C'est pourquoi elle s'est efforcée, mais sans succès, de rechercher un compromis. Des lois sont adoptées les 3 et 26 avril 1990 sur les modalités d'une possible sécession et sur la délimitation des compétences avec les RSS mais l'Union entend préserver une part trop importante de ses prérogatives. Un traité d'union, plusieurs fois remanié, est préparé mais dans son dernier état (27 juin 1991) il n'aura même pas le temps d'être examiné en raison du putsch du 19 août 1991.

Le pouvoir se délite et en 1990 des déclarations de souveraineté sont adoptées par la plupart des RSS. Dès les 11 et 31 mars 1990, la Lituanie et l'Estonie sont passées au stade de la déclaration d'indépendance. Celles-ci se multiplient après le putsch. Depuis plusieurs mois, la Fédération de Russie est pratiquement en sécession. Finalement et sous son impulsion, l'URSS cesse d'exister le 31 décembre 1991.

D. La création de la Communauté des États indépendants et ses difficultés

657. Cette création a été décidée à Minsk dès le 30 décembre 1991 afin d'assurer une certaine coordination entre les anciennes collectivités composantes de l'ex-URSS. Formée à l'initiative de la Russie, de l'Ukraine et de la Biélorussie, la CEI a fini par réunir progressivement, à l'exception des États baltes, presque tous les autres anciens États membres de l'ex-URSS.

Son existence est à la fois nécessaire car elle a eu à régler des problèmes urgents de dévolution et de répartition (notamment des forces armées et du matériel militaire, en particulier des armes nucléaires tactiques et stratégiques), et difficile car les États en présence ont des intérêts souvent divergents. C'est pourquoi elle n'est actuellement que faiblement institutionnalisée et son efficacité réduite par rapport aux nombreux conflits interethniques qui ont surgi à l'intérieur des Républiques ou entre elles. Il semble cependant que son incontestable utilité devrait la conduire à jouer ultérieurement un rôle plus important.

II. La libération des États d'Europe centrale et orientale

658. En l'espace de trois ans, à partir de l'automne 1989, les États de l'Europe centrale et orientale vont accéder à une véritable indépendance et pour la plupart rompre avec le socialisme.

A. L'évolution des États-satellites

659. Pendant longtemps Moscou a tenu d'une main de fer les régimes communistes d'Europe centrale et orientale, aidé en cela par des gouvernements nationaux d'une grande rigueur, et sans hésiter à réprimer de manière sanglante des soulèvements inspirés à la fois par les difficultés économiques et par l'aspiration à l'indépendance (Berlin-Est 1953, Poznan février 1956, Budapest octobre 1956, Prague 1968, etc.). C'est pourquoi il n'a pratiquement jamais été possible aux forces de contestation de s'organiser en tant que telles. Elles existent cependant et prennent même de plus en plus d'importance, réunissant les élites intellectuelles et exerçant occasionnellement des pressions officieuses. En Pologne, elles vont parvenir à s'exprimer au grand jour avec la création en 1980 du syndicat Solidarnosc, qu'anime L. Walesa, et qui va rapidement devenir un pôle d'attraction pour les réformistes, en dépit des persécutions du pouvoir socialiste.

660. D'autres éléments sont à prendre en considération, qui expliquent pour une part l'effondrement subit du socialisme en 1989. Des courants réformateurs apparaissent au sein des Partis communistes vers la fin des années 1980, qui vont exercer une influence décisive au moment crucial et assurer un relais utile. Les Églises jouent leur rôle naturel de contre-pouvoirs en régime oppressif. Des pressions extérieures sont exercées, qui ne peuvent être complètement ignorées par un pouvoir économiquement dépendant. C'est ainsi que la Conférence pour la sécurité et la coopération en Europe joue un rôle non négligeable en faveur de l'ouverture des frontières.

Mais, bien sûr, l'élément déterminant réside dans l'évolution politique intervenue en Union soviétique. Celle-ci a deux raisons pour laisser faire ou, au pire, protester sans passer à l'action : d'une part, elle est elle-même aux prises avec de très graves difficultés qui finiront par entraîner la disparition de l'ensemble fédéral, d'autre part, elle n'a aucune raison, dans la logique de son propre aggiornamento, de soutenir des éléments conservateurs dont elle se débarrasse chez elle. C'est cette logique qui lui fait approuver l'élimination de N. Ceaucescu en Roumanie et d'E. Honecker en RDA, après y avoir très probablement quelque peu participé.

B. La rupture avec le système socialiste

661. Elle est acquise dans plusieurs États dès la fin de l'année 1989. Dans d'autres la situation est plus confuse mais la rupture interviendra dans les deux années suivantes.

En Pologne, le socialisme est abandonné en fait dès août 1989 lorsque le général Jaruzelski doit confier à l'un des dirigeants de Solidarnosc, T. Mazowiecki, le poste de Premier ministre. La rupture est confirmée lors de l'élection de L. Walesa à la présidence de la République le 9 décembre 1990. En Hongrie, une loi avait été votée dès janvier 1989 pour autoriser la formation de nouveaux partis politiques. À l'automne, les réformateurs communistes, qui accèdent au Gouvernement, permettent aux réfugiés est-allemands de se rendre en RFA, contrairement aux demandes pressantes de la RDA. Mais il s'agit plutôt d'un changement d'orientation, qu'avaient déjà exprimé en juin 1989 les obsèques nationales faites à I. Nagy, chef du Gouvernement lors du soulèvement de 1956 et exécuté par le pouvoir communiste. En revanche, les élections d'avril 1990, qui donnent la victoire au Forum démocratique, parti libéral d'opposition, dont le chef, J. Antall, est nommé Premier ministre, marquent bien un rejet du socialisme. En Tchécoslovaquie, la « révolution de velours » de novembre 1989 suffit à consommer la rupture avec le régime communiste. Dès le 29 décembre 1989, Vaclav Havel, l'un des principaux dirigeants de l'opposition, est élu président de la République. En République démocratique allemande, les manifestations de masse et les sorties du territoire (plus de 700 000) conduisent à la démolition partielle et à l'ouverture du Mur de Berlin, le 9 novembre 1989 et l'année suivante à l'absorption de la RDA par la RFA.

Section 2

Le régime de la Fédération de Russie

662. Les développements qui suivent seront consacrés à la Fédération de Russie, qui peut être regardée, avec son territoire gigantesque et sa population de près de 150 millions d'habitants, comme la principale héritière de l'Empire disparu.

On examinera donc successivement les événements de la période de transition et la mise en place du nouveau système institutionnel.

I. La mise en place du régime transitoire

663. Elle n'est rendue possible que par la désagrégation interne du pouvoir socialiste.

A. La fin du pouvoir socialiste

664. L'effondrement du socialisme a eu lieu de manière quasi concomitante en URSS et dans la Fédération de Russie. Sur le plan économique, le passage à une économie de marché est devenu l'objectif fondamental. Sur le plan politique, le Parti communiste a perdu, en apparence tout au moins, son rôle dirigeant cependant qu'un pluralisme politique de fait a précédé sa reconnaissance officielle par la révision constitutionnelle du 14 mars 1990. Sur le plan institutionnel, des révisions répétées et assez peu cohérentes ont affecté les constitutions de l'URSS et celles des républiques satellites. À cet égard, on notera que la Fédération de Russie est allée nettement plus loin que l'URSS.

En effet, cette dernière adopte le régime présidentiel par la révision précitée du 14 mars 1990 mais il est décidé que le président, qui doit dans l'avenir être élu au suffrage universel direct, sera pour cette première fois, élu par le Congrès des députés du peuple. C'est M. Gorbatchev qui est élu le 15 mars 1990 mais il cumule ses nouvelles fonctions avec celles du Secrétaire général du Parti et se fait réélire dans ces dernières dès juillet 1990 par le 28e Congrès du Parti. En d'autres termes, la confusion traditionnelle entre les fonctions de chef du Parti et celles de chef de l'appareil d'État est maintenue.

Dans la Fédération de Russie, quelques mois supplémentaires sont nécessaires mais la mutation est réalisée de manière plus démocratique. Le 17 mars 1991, les électeurs sont consultés pour décider s'il convient d'élire le président au suffrage universel direct. La réponse est largement positive. Le 24 mai 1991, la révision nécessaire est effectuée et le 12 juin 1991, B. Eltsine est élu. Il faut ajouter que, contrairement à M. Gorbatchev, B. Eltsine rompt dès le 28e Congrès, c'est-à-dire dès juillet 1990, avec le Parti communiste, dont il démissionne. En juillet 1991, il interdit toute activité des partis dans les usines et les administrations. À cette date, il est clair que dans la Fédération de Russie la rupture est consommée et la sortie du socialisme réalisée.

665. La tentative de coup d'État perpétrée le 19 août 1991 par les éléments conservateurs du Parti communiste de l'URSS rend cette rupture définitive et irréversible. Alors que M. Gorbatchev est retenu prisonnier en Crimée, B. Eltsine, s'appuyant sur les organes de la Fédération de Russie, brise le putsch en trois jours. Dès lors son ascendant est total sur M. Gorbatchev, libéré mais marginalisé politiquement. B. Eltsine accélère le mouvement : le 23 août, le Congrès des députés de la Fédération de Russie interdit les activités du Parti communiste (qui sera dissous le 7 novembre), le 1er novembre il autorise – en marge de toute constitutionnalité formelle – B. Eltsine à suspendre l'application des actes édictés par les instances de l'Union soviétique, le 8 décembre, il décide la dissolution de l'URSS, qui cesse d'exister le 31 décembre 1991.

B. Le régime transitoire en Russie

666. L'Union soviétique disparue, la Fédération de Russie apparaît, ainsi qu'il a été dit, comme sa principale héritière. Elle connaît jusqu'à l'adoption de la nouvelle

Constitution, le 12 décembre 1993, une période agitée, marquée par les conflits continuels entre le président B. Eltsine, fort de son investiture par un vote populaire, et les assemblées élues en mars 1990 sous le régime communiste.

La Constitution de la Fédération de Russie datait du 12 avril 1978 mais des révisions étaient intervenues, dont la plus importante, celle du 24 mai 1991, instaurait un régime présidentiel. Le président, assisté par un vice-président et par un Gouvernement, disposait de pouvoirs importants mais il n'était prévu aucune solution aux conflits susceptibles de survenir avec le Soviet suprême : le président ne pouvait dissoudre ce dernier qui de son côté ne pouvait destituer le président que selon une procédure complexe et une majorité qualifiée. Ce schéma institutionnel s'accompagnait de grandes difficultés économiques et de la naissance désordonnée de nombreux partis politiques.

Le président Eltsine s'est trouvé presque constamment aux prises non seulement avec le Soviet suprême et son président R. Khasboulatov mais aussi avec le vice-président de la Fédération A. Routskoï. Il n'en a pas moins réussi à faire admettre l'organisation, le 25 avril 1993, d'un référendum comportant quatre questions. Les deux premières étaient destinées à mesurer la confiance envers le président. Les réponses ont été largement positives, consolidant la position de B. Eltsine. Les deux dernières avaient trait au renouvellement du président et des assemblées mais sont demeurées sans suite bien qu'ayant fait l'objet d'une réponse positive, la majorité par rapport aux inscrits n'ayant pas été atteinte, alors qu'elle était nécessaire compte tenu des implications constitutionnelles.

Au cours de l'été 1993 les tensions devinrent de plus en plus vives jusqu'au double coup de force du 21 septembre : d'une part, le président Eltsine dissout le Soviet suprême (ce qu'il n'avait pas le droit de faire), d'autre part, celui-ci destitue le président (sans que la majorité requise soit atteinte). Une période confuse suit que, à la requête du président, l'armée dénoue en donnant l'assaut au bâtiment abritant le Soviet, le 4 octobre 1993.

Le président Eltsine, vainqueur de la confrontation, a alors décidé que le 12 décembre 1993 auraient lieu à la fois un référendum pour l'approbation d'une nouvelle Constitution et des élections pour la désignation d'une nouvelle assemblée. Le projet de Constitution a été adopté par 58 % des suffrages exprimés, avec une participation de 55 % par rapport aux inscrits, donc suffisante.

II. La Constitution du 12 décembre 1993

667. L'élaboration de la nouvelle Constitution avait donné lieu en 1992 et en 1993, à de nombreuses frictions entre le Soviet suprême et le président Eltsine. La victoire de ce dernier en octobre 1993 lui a permis d'infléchir le texte dans le sens présidentiel qu'il préconisait [1].

A. Les principes fondamentaux et les droits de l'Homme

668. Les deux premiers chapitres de la Constitution sont consacrés aux fondements de l'ordre constitutionnel et aux droits et libertés de l'Homme.

---

1. M. Lesage, « La Constitution russe du 12 décembre 1993 et les six premiers mois du système politique », *RDP* 1994, p. 1735.

S'agissant des fondements, la Constitution fait de la Fédération de Russie un État démocratique, laïc, social et la qualifie d'État de droit. Surtout, elle reconnaît le pluralisme idéologique et politique, ainsi que le multipartisme (cf. art. 13). C'est un changement total, au moins en apparence, par rapport au système socialiste antérieur. Par ailleurs, le texte fait référence à la primauté des normes internationales, ainsi qu'à la séparation des pouvoirs législatif, exécutif et judiciaire. Il est moins net sur le régime de la propriété, se bornant à reconnaître de manière un peu sibylline « la propriété privée, d'État, municipale et les autres formes de propriétés » (art. 8 et 9).

669. S'agissant des droits et libertés de l'Homme et du citoyen le texte confirme le ralliement aux conceptions occidentales en la matière, qui avait été amorcé par la Déclaration du 5 septembre 1991, adoptée tout à la fin de l'ère soviétique et remplacée par la Constitution du 12 décembre 1993. Tant en ce qui concerne les libertés individuelles (de pensée, de conscience, de religion, d'association, etc.) que les droits sociaux (droit au logement, à la santé, à l'instruction, etc.), on retrouve les idées qui animent la Déclaration universelle des droits de l'Homme de 1948, les Déclarations occidentales ou la Convention européenne de sauvegarde des droits de l'Homme. Cependant on notera que, là encore, le droit de propriété privée, le droit de succession ne sont affirmés qu'en termes mesurés, sous le couvert de la législation en vigueur. On ajoutera qu'il n'est fait état de la liberté d'entreprise que de manière allusive (cf. art. 34).

B. Le fédéralisme russe

670. L'article 65 de la Constitution du 12 décembre 1993, révisée sur ce point en janvier 2009 et en mars 2014, énumère quatre-vingt-cinq « sujets » de la Fédération de Russie, à savoir 22 Républiques, 9 territoires, 46 régions, 3 villes d'importance fédérale (Moscou, Saint-Pétersbourg et désormais Sébastopol), 1 région autonome et 4 districts nationaux. Le référendum du 16 mars 2014 dont la constitutionnalité a pu être contestée a conduit à intégrer au territoire de la Fédération de la Russie : la Crimée qui devient une République autonome et la ville de Sébastopol qui a elle le statut de ville d'importance fédérale.

671. La Constitution met fortement l'accent sur le pouvoir fédéral. D'abord, et c'est le plus important, seule la Fédération est souveraine. Le texte souligne l'intégrité et l'inviolabilité de son territoire, constitutionnellement garanties. En revanche, les « sujets » ne sont pas souverains et si la Constitution admet d'éventuels changements de statuts et même de frontières, avec l'accord des intéressés et celui de la Fédération, ainsi que l'adhésion possible de nouveaux membres, elle se refuse à envisager toute tentative de sécession, problème qui avait suscité bien des difficultés dans les dernières années d'existence de l'ex-URSS. Ensuite, et comme il est de règle dans les États fédéraux, le droit fédéral prime toutes les autres normes, sauf dans les matières réservées à la compétence des « sujets ».

En effet, le texte distingue entre les matières de la compétence exclusive de la Fédération, les matières de la compétence conjointe et les matières relevant de la compétence propre des « sujets ». Les premières concernent tout ce qui assure la coordination des parties composantes (révision de la Constitution, politique extérieure et relations internationales, organes fédéraux, frontières, citoyenneté, droits et libertés, protection des minorités, propriété fédérale, budget fédéral, marché unique, etc.). Les secondes partagées entre la Fédération et les « sujets » recouvrent entre autres la garantie de la conformité des constitutions et statuts des Républiques et autres « sujets » à la Constitution fédérale, la protection des libertés et des droits, les principes d'imposition, la législation civile, l'éducation, la santé, la protection de l'environnement, la réglementation des ressources naturelles, etc. Les dernières correspondent à la compétence de droit commun appartenant aux « sujets » pour tout ce qui ne figure pas dans les deux premières énumérations (celles des articles 71 et 72).

672. C'est donc le pouvoir fédéral qui détient les principaux leviers de commande. C'est également lui qui a sous son contrôle le rouble, unité monétaire s'appliquant à l'ensemble de la Fédération. Cependant l'article 78 confère une certaine souplesse à cette répartition en autorisant, dans les deux sens, des transferts de compétence entre les organes exécutifs fédéraux et les organes exécutifs des sujets, à condition, lorsqu'ils ont lieu au profit de ces derniers, qu'ils ne soient pas contraires à la Constitution. En d'autres termes, le fédéralisme russe, dans un pays de longue tradition impériale est en grande partie un fédéralisme de façade ou « inauthentique ».

C. Les institutions fédérales

673. On distinguera les organes exécutifs, les assemblées et la Cour constitutionnelle.

a) Les organes exécutifs

674. Ils comprennent le président et le Gouvernement.

Le président de la Fédération est à la fois le chef de l'État et le principal titulaire du pouvoir, à la manière américaine et surtout française. Élu pour six ans au suffrage universel direct[1], il ne peut exercer plus de deux mandats. Cette limitation, en principe absolue, ne devrait toutefois pas s'appliquer à Vladimir Poutine lui-même puisqu'un amendement à la Constitution, voté par référendum le 1er juillet 2020, prévoit une « remise à zéro du compteur » du nombre de mandats présidentiels passés ou en cours. En d'autres termes, Vladimir Poutine qui, théoriquement, n'aurait pas pu être à nouveau candidat à l'issue de son mandat en 2024, pourra l'être à nouveau et, ainsi, présider la Russie jusqu'en 2036. En outre, les compétences du président sont nombreuses et font de lui l'élément moteur du système institutionnel. Il dirige la politique extérieure et il est commandant en chef des forces armées. Il exerce un très large contrôle sur le Gouvernement, dont il nomme le chef (avec l'accord de la Douma d'État) et préside les réunions et qu'il peut contraindre à démissionner. Il a le pouvoir réglementaire ainsi que de très importants pouvoirs de nomination directe aux hautes fonctions de l'administration, de la diplomatie et du commandement. On rapprochera de ces derniers ses pouvoirs de proposition aux fonctions de juges à la Cour constitutionnelle. Le président intervient aussi dans le domaine législatif, a l'initiative des projets de lois, dispose d'un droit de veto législatif suspensif, fixe la date des élections à la Douma d'État, peut lui adresser des messages, en prononcer la dissolution, prendre l'initiative d'un référendum. Il doit veiller à la

---

1. Depuis la révision constitutionnelle du 30 décembre 2008, l'article 81, alinéa premier, de la Constitution prévoit que le mandat du président passe de quatre ans à six ans.

cohérence des institutions et, en cas de nécessité, décider la mise en application de l'état d'urgence. On ajoutera que ce président tout puissant est politiquement irresponsable et ne peut être destitué qu'en cas de haute trahison, sur l'initiative de la Douma d'État statuant à la majorité au moins des deux tiers de ses membres. C'est assez dire que la barre est placée très haut.

675. Le Gouvernement de la Fédération est l'organe exécutif opérationnel. On sait que son président est nommé par accord entre le président de la Fédération et la Douma d'État. Si celle-ci rejette trois propositions successives, le président de la Fédération nomme un président du Gouvernement et dissout la Douma, de manière à permettre de nouvelles élections. Le Gouvernement comprend des vice-présidents et des ministres fédéraux nommés par le président de la Fédération sur proposition du président du Gouvernement. Il est politiquement responsable devant la Douma d'État mais dans des conditions qui ménagent la primauté du président de la Fédération. Deux procédures sont prévues, très classiquement. D'une part la Douma d'État peut adopter une motion de défiance à la majorité de ses membres, auquel cas le Gouvernement doit démissionner mais le président de la Fédération peut refuser cette démission qui ne devient définitive que si la Douma réitère son vote de défiance dans les trois mois. D'autre part le Gouvernement peut poser la question de confiance devant la Douma d'État qui se prononce cette fois à la majorité des voix. Si la confiance est refusée, le président de la Fédération doit dans les sept jours accepter la démission du Gouvernement ou dissoudre la Douma. La révision constitutionnelle du 30 décembre 2008 a créé, en outre, l'obligation pour le Gouvernement de rendre compte de son activité devant la Douma au moins une fois par an. D'une manière générale, il est clair que le Gouvernement doit agir en étroite harmonie avec le président de la Fédération, c'est en tout cas à cette fin que le système a été mis en place.

b) L'Assemblée fédérale

676. Elle est composée de la Douma d'État et du Conseil de la Fédération.

La Douma d'État est par excellence l'organe législatif et représentatif de l'ensemble de la population. L'article 96, alinéa premier, de la Constitution, modifié par la révision du 30 décembre 2008 prévoit que ses membres sont désormais élus pour cinq ans au suffrage universel direct lors d'un scrutin à un tour combinant scrutin majoritaire et représentation proportionnelle. La Douma vote les lois fédérales à la majorité des voix, désigne le président du Gouvernement sur proposition du président de la Fédération, peut mettre en cause la responsabilité du Gouvernement soit en adoptant à la majorité de ses membres une motion de défiance, soit en rejetant la question de confiance à la majorité des voix, procède à des désignations diverses, dont celle du président de la Banque centrale. Le président de la Fédération peut en prononcer la dissolution en cas de désaccord persistant sur la désignation du président du Gouvernement (cf. art. 111), de vote renouvelé de défiance ou de refus de confiance (cf. art. 117) sous réserve dans ces dernières hypothèses qu'un délai d'un an se soit écoulé depuis l'élection de la Douma, sous réserve également de certaines restrictions d'exercice en périodes sensibles (état de siège, procédure de destitution du président de la Fédération).

Si la Douma d'État dispose en principe du pouvoir législatif (en accord pour certaines lois avec le Conseil de la Fédération), elle n'en doit pas moins tenir compte des compétences des autres organes et notamment du président de la Fédération. Celui-ci a l'initiative législative, de même que le Gouvernement, les membres de l'Assemblée fédérale, la Cour constitutionnelle et les organes législatifs des « sujets » (cf. Constitution, art. 104). Il est également chargé de promulguer les lois adoptées et peut, dans le délai de quatorze jours qui lui est imparti, exercer un droit de veto. Si c'est le cas, la loi ne pourra être définitivement approuvée que si elle fait l'objet d'un vote de confirmation à la majorité des deux tiers de l'ensemble des membres du Conseil de la Fédération et de la Douma d'État. La promulgation s'impose alors au président de la Fédération.

677. Le Conseil de la Fédération est l'organe spécifiquement fédéral. Il est composé de deux représentants de chaque « sujet » : un représentant de l'organe législatif et un représentant de l'organe exécutif. Ses compétences sont essentiellement orientées vers la cohésion de l'ensemble fédéral : approbation de la modification des frontières entre les « sujets », approbation nécessaire aux décisions les plus importantes du président de la Fédération (état de siège ou d'urgence, envoi à l'extérieur des forces armées, destitution du président sur proposition de la Douma, etc.). Dans le même esprit, il doit aussi donner son accord à certaines lois fédérales concernant les impôts fédéraux, l'émission de monnaie, la réglementation des changes, la ratification des traités internationaux, la guerre et la paix.

c) La Cour constitutionnelle

678. La Cour a fait l'objet d'une loi constitutionnelle complémentaire du 21 juillet 1994. Elle est composée de 19 juges nommés par le Conseil de la Fédération sur proposition du président de la Fédération, ce qui évidemment ne garantit guère l'indépendance et l'impartialité de ses membres. Elle a désormais son siège à Saint-Petersbourg depuis une loi organique du 5 février 2007. Actuellement, la Cour est présidée par M. Valery Zorkin. La loi organique du 2 juin 2009 a prévu qu'à l'expiration de son mandat, la Cour serait présidée par un président, assisté de deux vice-présidents, nommé le conseil de la Fédération sur proposition du président de la Russie. La loi organique prévoit également que le président de la Cour constitutionnelle est choisi parmi les membres de la Cour et qu'il est nommé pour six ans.

679. Elle peut être saisie par le président de la Fédération, le Conseil de la Fédération ou la Douma d'État (ou même seulement un cinquième des membres de chacune de ces deux chambres), le Gouvernement, la Cour suprême et la Cour d'arbitrage de la Fédération, les organes législatifs ou exécutifs des « sujets », etc. Elle se prononce sur la conformité à la Constitution fédérale des constitutions et statuts des « sujets », des lois fédérales et des actes normatifs des organes exécutifs de la Fédération, des traités internationaux non encore entrés en vigueur, elle interprète si nécessaire la Constitution fédérale, règle les conflits de compétence entre la Fédération et les « sujets[1] ». La Cour constitutionnelle de Russie tient aussi de l'article 125 de la Constitution le pouvoir d'exercer un contrôle concret des normes en cas de violation des droits et libertés constitutionnels. Ces recours constituent aujourd'hui la plus grande part des recours adressés à la Cour

1. A. Gazier, « Justice constitutionnelle et fédéralisme en Russie », *RDP* 1999, p. 1359.

constitutionnelle (98 %) et sont aussi logiquement à l'origine de la majorité des décisions rendues de 1995 à 2009 (85 %)[1]. C'est sans doute le développement de ce contrôle concret des normes constitutionnelles qui permet de comprendre que le rôle de la Cour constitutionnelle est en train de changer de manière sensible ces dernières années. En particulier, elle apparaît comme un vecteur de la Convention européenne des droits de l'Homme en Russie, et plus largement des standards européens en matière de droits fondamentaux. Cependant, il a pu être relevé que la Cour privilégiait une approche utilitariste, souvent ambivalente, de la Convention européenne[2].

III. Le fonctionnement du régime

680. La démocratie implique de libres élections. Malheureusement un multipartisme excessif et effervescent ne permet pas l'émergence d'une majorité nette. En revanche, les précautions institutionnelles prises en décembre 1993 assurent au président primauté et stabilité.

A. Les élections législatives et présidentielles

681. On les examinera successivement.

a) Les élections législatives

682. À l'origine, les députés à la Douma devaient être élus pour quatre ans, mais il a été prévu, pour faciliter l'installation du nouveau régime, que le mandat des premiers représentants, élus le 12 décembre 1993, serait limité à deux ans. De nouvelles élections ont donc eu lieu en 1995, 1999, 2003, 2007, 2011 et 2016. Depuis les élections de 2011, à la suite d'une réforme constitutionnelle intervenue en 2008, les députés sont désormais élus pour cinq ans.

La Douma est élue au suffrage universel direct, pour moitié à la représentation proportionnelle et pour moitié au scrutin majoritaire uninominal à un tour. C'est un système qui peut être considéré comme satisfaisant dans la mesure où dans un grand pays d'environ cent millions d'électeurs, il limite les inconvénients propres à chacun de ces modes de scrutin sans porter atteinte à leurs caractères spécifiques.

S'agissant des 225 députés élus à la représentation proportionnelle sur des listes fédérales présentées par des « blocs électoraux » ayant recueilli le seuil minimum légal de signatures, il faut noter que seuls sont représentés à la Douma les blocs ayant obtenu au moins 5 % des suffrages exprimés. Compte tenu du multipartisme actuel, qui est sans véritable ancrage, cette disposition est de nature à éliminer un grand nombre de partis n'ayant que peu d'audience (en 1995, 39 partis sur 43 ont été privés de représentation à ce titre). Elle conduit en conséquence à une surreprésentation des partis ayant dépassé les 5 %, qui bénéficient des sièges non attribués aux partis évincés.

---

1. O. Khokhryakova, « Le contrôle concret des normes dans la pratique de la Cour constitutionnelle de Russie », *Constitutions* n° 3, 2010, p. 395.

2. M.-E. Baudoin, « La réception des normes européennes : le juge constitutionnel russe et la Convention européenne des droits de l'Homme », *Revue d'études politiques et constitutionnelles est-européennes*, 2008, p. 83.

S'agissant des 225 députés élus au scrutin majoritaire uninominal à un tour, il faut signaler que les candidats doivent eux aussi être présentés soit par l'un des blocs électoraux, soit de manière plus locale et plus indépendante par une liste de signatures comportant au moins 1 % de l'électorat de la circonscription. Comme on pouvait s'y attendre, ce second mode de scrutin a donné depuis 1993 des résultats assez différents de ceux du premier, qu'il complète et corrige heureusement. Il faut souligner que les élections à la Douma sont marquées par un grand nombre d'irrégularités. Les opposants sont arrêtés sous divers prétextes pendant le déroulement du scrutin, la liberté de la presse est encore davantage restreinte, etc.

683. Les dernières élections à la Douma ont eu lieu le 18 septembre 2016. Elles ont consacré, une nouvelle fois, la victoire du parti de Vladimir Poutine, Russie Unie. Ce parti dominant a retrouvé la majorité qualifiée des deux tiers dont il disposait jusqu'en 2011 et qui lui permet en particulier d'adopter à lui seul des révisions de la Constitution. Avec 343 sièges sur les 450 que compte la Douma au profit de Russie Unie, l'opposition a peu de chances de faire réellement entendre sa voix.

b) Les élections présidentielles

684. Le président de la Fédération de Russie est élu pour six ans au suffrage universel direct et au scrutin majoritaire à deux tours. Il ne peut, théoriquement, exercer plus de deux mandats. Au titre des conditions d'éligibilité, on notera que les candidats doivent avoir trente-cinq ans au moins, la nationalité fédérale et justifier avoir résidé en Fédération de Russie au cours des vingt-cinq années précédant l'élection. En ce qui concerne les candidatures, elles doivent être appuyées d'au moins un million de signatures recueillies soit par des associations électorales formées six mois au moins avant l'élection, soit par les blocs électoraux reconnus et déjà visés à propos des élections à la Douma. C'est évidemment une tâche considérable qui est ainsi imposée aux commissions de contrôle mais elle est indispensable si on veut que l'élection soit significative.

685. L'élection de juin 1991, qui a abouti à la désignation de B. Elstine, s'est encore située au cours de la période transitoire, avant la dislocation de l'Union soviétique et les derniers soubresauts qui ont précédé l'adoption de la Constitution de 1993. L'élection de juillet 1996, certes toujours marquée par l'apprentissage de la démocratie, a donné lieu à la réélection au second tour du président Eltsine. Ce dernier ayant démissionné le 31 décembre 1999, des élections anticipées se sont déroulées en mars 2000. Dès le premier tour, le dauphin désigné par Boris Eltsine, Vladimir Poutine, Premier ministre depuis le 9 août 1999 et président par intérim depuis le 1er janvier 2000 (cf. art. 92), est élu par 52,5 % des voix contre 29,4 à G. Ziouganov, son concurrent communiste. Lors des élections du 14 mars 2004, le président Poutine a été réélu avec 71,2 % des suffrages exprimés dès le premier tour. Au terme de l'article 81 de la Constitution, il ne pouvait être à nouveau candidat en 2008 puisqu'une même personne ne peut exercer plus de deux mandats consécutifs. Alors que nombre d'analystes misaient sur un scénario à l'africaine qui aurait vu le président Poutine initier une réforme de la Constitution afin de pouvoir briguer au troisième mandat consécutif, une solution plus « constructive » a été imaginée par l'homme fort du Kremlin. Le président Poutine a investi un dauphin, M. Dmitri

Medvedev, un jeune *aparatchik* ayant en charge depuis plusieurs années les « grands projets nationaux » ; autrement dit ayant la haute main sur le gaz russe. Signalons tout de même au passage que M. Medvedev avait été, avant de s'engager dans le monde des affaires et la vie politique ce qui en Russie aujourd'hui va de pair, professeur de droit. Lors de l'élection du 2 mars 2008, M. Medvedev a rallié plus de 52 400 000 voix, soit 70,23 % des suffrages. À l'issue de la passation de pouvoir entre les deux hommes, le 16 mai 2008, M. Medvedev a nommé M. Poutine comme Premier ministre.

686. Cette solution ingénieuse destinée à contourner l'impossibilité d'exercer plus de deux mandats consécutifs ne masque pas la réalité qui tient en deux points : 1°) M. Poutine détient l'essentiel du pouvoir exécutif ; 2°) M. Poutine pourra à nouveau être candidat à l'élection présidentielle devant avoir lieu en mars 2012. De fait, Vladimir Poutine s'est présenté à nouveau à l'élection présidentielle qui s'est déroulée le 4 mars 2012. Il a été élu dès le premier tour avec 63 % des voix au terme d'un scrutin marqué, une fois de plus, par de très nombreuses irrégularités. Malgré ce succès et une popularité indéniable de celui qui apparaît de plus en plus comme un nouveau Tsar, la contestation du pouvoir personnel de Vladimir Poutine a gagné du terrain lors de cette élection en particulier à Moscou. Sans surprise, il a immédiatement désigné son prédécesseur à la présidence, Dmitri Medvedev, comme Premier ministre. Cette manœuvre ingénieuse de permutation entre les deux hommes forts du pays, que les russes férus d'échecs appellent le « grand roque » (permutation entre la tour et le roi afin de protéger ce dernier), devrait permettre à Vladimir Poutine soutenu par un parti, certes non pas unique, mais très dominant, d'exercer la réalité du pouvoir durant de nombreuses années encore. D'ailleurs, lors de la dernière élection présidentielle ayant eu lieu le 18 mars 2018, Vladimir Poutine a, à nouveau été élu, dès le premier tour cette fois avec près de 77 % des voix. Il entame donc son quatrième mandat comme président, avec une césure entre 2008 et 2012. En pratique, Vladimir Poutine exerce la réalité du pouvoir exécutif depuis 2000 et depuis le référendum du 1er juillet 2020 qui a opportunément « effacé » ses mandats présidentiels antérieurs, il pourrait à nouveau être candidat en en 2024, puis en 2030, soit demeurer président jusqu'en 2036.

B. La mise en œuvre des institutions

687. Elle s'est effectuée dans des conditions difficiles.

a) Difficultés politiques

688. Comme on pouvait s'y attendre tous les problèmes se sont posés en même temps.

L'adoption très rapide du libéralisme politique et du pluralisme a suscité une prolifération de partis sans audience réelle, qui ne pouvait que perturber et brouiller les données de la compétition pour le pouvoir. Trois ensembles peuvent être distingués. À gauche, l'interdiction qui avait frappé le Parti communiste en 1991 a été ultérieurement levée et plusieurs partis se réclament de cet héritage, le plus important étant le Parti communiste de la Fédération de Russie, dirigé par G. Ziouganov. Ce parti a très sensiblement édulcoré sa doctrine et est plus proche d'un parti social-démocrate que de l'ancien Parti communiste. Au centre, il a toujours existé plusieurs partis disposés à soutenir, parfois avec des réserves, l'action du président Eltsine. Depuis décembre 1999, le président V. Poutine peut compter sur l'appui d'une majorité de centre droit rassemblée autour du parti Unité. Enfin, à l'extrême droite, le bloc Jirinovski, qui n'a jamais réalisé de bonnes performances électorales, paraît en déclin.

Il apparaît difficile, dans ces conditions, de constituer une majorité, les partis qui réalisent de bons scores à la proportionnelle, en raison essentiellement de la surreprésentation, n'en ayant que de médiocres au scrutin majoritaire. La représentation parlementaire est donc très fragmentée et des votes quelque peu inattendus ou insolites peuvent survenir, comme lorsque la Douma a décidé le 15 mars 1996, de manière d'ailleurs platonique, d'annuler le démantèlement de l'ex-URSS.

b) La prépondérance de la présidence fédérale

689. Elle est inscrite dans le texte constitutionnel et elle a été longtemps l'élément moteur du système mais elle s'était dégradée avec l'état de santé devenu fragile du président Eltsine. En revanche, elle s'est réaffirmée avec beaucoup de force depuis 2000 et surtout 2004 au bénéfice du président Vladimir Poutine.

Il est important de souligner que la Constitution de 1993 a fait la preuve de sa grande efficacité. En effet, depuis son adoption, la Russie a traversé nombre de crises et de difficultés qu'elle a pu surmonter grâce, d'une part, au volontarisme du président Eltsine, d'autre part, à des mécanismes institutionnels judicieusement élaborés. En peu de temps, beaucoup ont déjà été utilisés. Il faut citer le renvoi en mars 1997 du Gouvernement tout entier (à l'exception de son chef V. Tchernomydine) ainsi que les nominations successives de S. Kirienko (avril 1998), de E. Primakov (septembre 1998), de S. Stepachine (mai 1999) et de V. Poutine (août 1999) aux fonctions de Premier ministre. Les deux premières nominations ont mis aux prises le président et la Douma. En avril 1998, le président Eltsine avait réussi à imposer son choix à la Douma qui, après avoir émis deux votes négatifs, a cédé devant la menace de dissolution. En septembre, le président voulait faire revenir V. Tchernomydine mais après deux nouveaux votes négatifs de la Douma, c'est lui qui a cédé et qui a proposé E. Primakov pour le troisième vote, lequel a été positif. En mai 1999, le président B. Eltsine a remplacé E. Primakov par S. Stepachine alors qu'il était lui-même menacé d'une procédure de destitution par la Douma. En août 1999, la stabilisation a été amorcée avec la désignation de V. Poutine et confirmée en mars 2000 avec la désignation comme président du Conseil de Mikhail Kassianov qui a fait l'objet d'un vote favorable de la Douma par 325 voix contre 55.

690. Depuis l'élection présidentielle de 2004, le régime est devenu clairement autoritaire. Nombre de libertés sont, de fait, annihilées. C'est le cas de la liberté de manifester, de la liberté d'expression ou de la liberté de la presse, notamment. Vladimir Poutine ne dissimule même plus son objectif de reconquérir l'Empire russe comme le montre la crise ukrainienne et l'annexion de la Crimée. Tout l'enjeu de l'évolution du régime consiste à savoir s'il pourra se démocratiser progressivement ou s'il continuera à consacrer une forme de dictature personnelle au profit de Vladimir Poutine.

Les élections à la Douma d'État depuis 1993

	Partis ayant obtenu plus de 5 % des suffrages et pourcentages des voix (7 % à partir de 2007)		Sièges	Observations
12 déc. 1993 *55 982 000 suffrages*	Choix de la Russie	15,3	96	Cinq partis autorisés à se présenter n'ayant pas atteint 5 % des suffrages, les 225 sièges sont répartis entre les huit partis cités, de ce fait surreprésentés. Les élus indépendants des circonscriptions se reclassent pour la plupart, une fois à la Douma, avec les partis cités ou forment des groupes souvent liés avec des partis sans siège RP.
	Parti lib.-démocrate	22,7	70	
	Parti communiste	12,3	65	
	Parti agraire	7,9	47	
	Bloc Iabloko	7,8	33	
	Unité et concorde	6,7	27	
	Femmes de Russie	8,1	25	
	Parti démocrate	5,5	21	
17 déc. 1995 *69 204 000 suffrages*	Candidats indépendants élus		66	Mêmes observations. Le nombre élevé des partis autorisés à se présenter (43) et la dispersion des voix accroissent la surreprésentation des quatre partis dépassant les 5 % (totalité des sièges RP pour 50,3 % des voix). Au scrutin majoritaire, la dispersion des voix défavorise au contraire les grands partis mais un reclassement s'opère à la Douma.
	Notre Maison la Russie	10,1	55	
	Parti libéral démocrate	11,1	51	
	Bloc Iabloko	6,8	45	
	Candidats indépendants élus		142	
19 déc. 1999 *66 840 000 suffrages*	Parti communiste	24,3	113	Les observations précédentes sont toujours valables mais les électeurs sont désormais plus habitués aux modes de scrutin, la surreprésentation
	Unité	23,3	74	
	Patrie – Toute la Russie	13,3	66	
	Union des forces	8,5	29	
	Iabloko	5,9	21	
	Bloc Jirinovski	5,9	17	

	Candidats indépendants élus		130	est moins forte qu'en 1995. La dispersion des voix entraîne toujours des résultats un peu erratiques au scrutin majoritaire.
7 déc. 2003 *60 633 000 suffrages*	Russie Unie	37,09	222	Le Parti Russie Unie qui soutient l'action de Vladimir Poutine a encore renforcé sa majorité, bien qu'il n'ait pas à lui seul la majorité absolue. Les femmes élues représentant moins de 10 % de la Douma. À noter que le Conseil de l'Europe et l'OSCE ont relevé que de graves irrégularités ont entaché tant la campagne électorale que le scrutin proprement dit.
	Indépendants		68	
	Parti communiste	12,67	52	
	Bloc de la mère Patrie	9,02	37	
	Parti libéral démocrate	11,45	36	
2 déc. 2007 *69 537 000 suffrages*	Parti communiste	64,30	315	Le seuil de représentation ayant été élevé à 7 %, seuls quatre partis envoient des députés à la Douma. Ce mode de scrutin favorise encore la sur représentation du parti dominant, Russie Unie, de Vladimir Poutine.
	Parti libéral démocrate	11,57	57	
	Russie Juste	8,14	40	
	Russie Juste	7,74	38	
4 déc. 2011 *64 623 000 suffrages*	Russie Unie	49,32	238	Le parti Russie Unie conserve
	Parti communiste	19,19	92	
	Russie juste	13,24	64	

	Parti libéral démocrate	11,67	56	la majorité en nombre de sièges à la Douma, même s'il ne détient plus la majorité qualifiée.
18 sept. 2016 *52 700 922 suffrages*	Russie Unie Parti communiste Parti libéral démocrate Russie juste	54,18 13,35 13,16 6,42	343 42 39 23	Le parti Russie Unie conquiert la majorité qualifiée des deux tiers à la Douma qui lui permet notamment de procéder seul à des révisions constitutionnelles.

Section 3

Le régime de la Chine

691. Le régime marxiste s'y est installé en 1949 après la victoire des armées de Mao Zedong et le repli sur Taiwan de Chiang Kaï-shek. Il a connu alors une histoire agitée et depuis peu un très important changement d'orientation économique et juridique, qui marque une rupture avec le marxisme initial et a conduit à faire de ce pays comptant 1 milliard 400 millions d'habitants, la deuxième puissance économique mondiale.

I. Les données de base du régime

692. On examinera les données historiques, idéologiques, politiques.

A. Le passé du régime

693. Le Parti communiste chinois, qui tient son premier Congrès en 1921, connaît jusqu'en 1949 une existence difficile. Il collabore et rompt (en 1927 et en 1945) à deux reprises avec le Guomintang de Chiang Kaï-shek, cependant que les épreuves de la Longue marche (en 1934 et 1935) lui assurent des antécédents mythiques. La capitulation japonaise en 1945 est suivie d'une nouvelle guerre civile qui s'achève par la victoire des armées communistes. La République populaire est proclamée le 1er octobre 1949.

De 1949 à sa mort en 1976, Mao Zedong va exercer une domination totale sur le régime. Il cumule les fonctions de direction à la tête du Parti et, jusqu'en 1958, de l'État. Des réformes de structures sont entreprises et les anciennes classes possédantes et dirigeantes éliminées, au besoin par la terreur. Cette période de construction du socialisme comporte des phases variées et souvent contrastées : les Cent-Fleurs (1956), le Grand bond en avant (1958), la rupture avec l'URSS (1960), la rivalité aussi avec Liu Shaoqi, qui l'a remplacé à la tête de l'État (1958). L'épisode le plus notable, et aussi le plus délirant, est celui de la Révolution culturelle, qui s'ouvre en 1965 et va se poursuivre pendant six ou sept ans. L'objectif en est proprement révolutionnaire puisqu'il s'agit, sous l'impulsion des dirigeants et de Mao Zedong d'une gigantesque remise en question par les masses prolétariennes du Parti lui-même. Il faut détruire l'ordre « ancien », que ce soit dans le domaine de la culture, de la pensée, des mœurs, des coutumes mais – et c'est bien là l'étonnant – l'adversaire est dans le régime plutôt que hors celui-ci. Il en résulte une situation extrêmement chaotique. Mao Zedong en profite pour éliminer des rivaux éventuels : Liu Shaoqi meurt en prison en 1969, Lin Biao, ministre de la Défense, trouve la mort dans un accident d'avion en 1971 (on ne le saura qu'en 1972). Cette période pleine de bruit, de fureur et de confusion s'achève au début des années 1970. Le retour au calme est acquis lorsque la mort le 8 janvier 1976 de Zhou En-laï, chef du Gouvernement, puis le 9 septembre 1976 celle de Mao Zedong ouvrent une nouvelle période.

694. Ses débuts sont assez obscurs. Hua Guofeng s'empare du pouvoir cependant qu'une réaction se produit à l'encontre des proches de Mao Zedong (dont sa femme), la « Bande des Quatre », rendus responsables des erreurs commises.

L'événement important intervient en 1977 lorsque le Comité central réintègre Deng Xiaoping, qui avait été destitué en avril 1976 de ses fonctions de vice-Premier ministre. Pendant plus d'une quinzaine d'années il va dominer le régime, mais de manière officieuse et indirecte, en se bornant à assumer la présidence des Commissions militaires du Parti et de l'État – qu'il n'abandonnera qu'en 1990 – et en plaçant des hommes à lui à la tête des institutions et du Parti communiste. C'est ainsi que Hua Guofeng doit céder en 1980 ses fonctions de Premier ministre à Zhao Ziyang et en 1981 ses fonctions de président du Parti à Hu Yaobang. En 1982, le Parti adopte de nouveaux statuts et l'Assemblée nationale populaire une nouvelle Constitution, la quatrième, cependant qu'une politique de rénovation et de développement économique est mise en œuvre.

695. En mars 1989, la jeunesse étudiante suscite et organise Place Tien An Men à Pékin des manifestations de masse, bientôt relayées dans d'autres villes, réclamant plus de liberté et de démocratie. Après une brève hésitation, le pouvoir en place met fin à cette tentative mais poursuit néanmoins une politique beaucoup plus ouverte qu'auparavant. Deng Xiaoping, né en 1905, prend de plus en plus de distance. Il disparaît en février 1997 et dès 1998 une ère nouvelle est ouverte sous la direction du président Jiang Zemin, secondé par le Premier ministre Zhu Rongji. En mars 2003, l'Assemblée nationale populaire leur a substitué le président Hu-Jintao, qui est également le secrétaire général du parti communiste chinois, et le Premier ministre Wen Jiabao. Lors du 18e Congrès du parti communiste chinois en novembre 2012, cette équipe dirigeante vieillissante a commencé à être renouvellée, Xi Jinping devenant secrétaire général du parti et, *de facto*, le nouvel homme fort du régime.

B. Les assises idéologiques

696. L'idéologie marxiste a très longtemps constitué le fondement proclamé du régime mais désormais il ne s'agit plus guère que d'une référence nominale. De toute manière, la version chinoise s'est toujours distinguée par son originalité.

Les textes de 1982 (statuts du Parti et Constitution), tout en étant plus discrets que les textes antérieurs, continuaient d'affirmer que la Chine est « un État socialiste de dictature démocratique populaire dirigé par la classe ouvrière et basé sur l'alliance des ouvriers et des paysans » (Constitution, art. premier). Le système économique mettait en œuvre l'esprit et les principes collectivistes et avait pour base la propriété publique socialiste des moyens de production, la terre étant propriété d'État dans les villes, propriété collective à la campagne et dans les banlieues. Le régime restait ancré dans l'idéologie marxiste.

En revanche, la pensée Mao Zedong paraissait déjà très largement abandonnée. En effet, il s'agissait d'une théorie de la révolution permanente ou tout au moins de la continuation de la révolution. Or les nouveaux dirigeants, et notamment Deng Xiaoping, entendaient réagir contre la désorganisation qui en était résulté, ramener l'ordre et promouvoir le développement économique.

Le virage vers l'économie de marché socialiste est amorcé dans les années 1980, confirmé dans les années 1990, constitutionnellement consacré en 1993 et surtout en 1999. Le choix de ce système économique, avec les nombreux éléments empruntés au capitalisme qu'il comporte, et notamment l'acceptation particulièrement significative du profit, est difficilement compatible avec l'idéologie socialiste de type marxiste. Il a d'ailleurs déjà produit des effets bénéfiques qui améliorent très sensiblement la position mondiale de la Chine. Il reste que celle-ci se trouve une fois encore dans une situation d'une grande originalité. En effet, les institutions politiques demeurent celles, autoritaires et monolithiques, d'un régime socialiste mais l'activité économique tend de plus en plus à échapper aux contraintes propres à ce type de régime.

697. D'autres particularités doivent être signalées, qui ajoutent à l'incertitude actuelle. Depuis 1982 des traits spécifiques sont apparus, la lutte des classes a été gommée, le Parti communiste est devenu celui de « tout le peuple », une attention particulière a été portée aux nationalités. Par réaction contre le culte de la personnalité dont avait bénéficié Mao Zedong, la nécessité d'une direction collective était affirmée cependant qu'était recherchée et poursuivie la séparation des instances du Parti et de l'État, autrefois confondues. Pourtant en 1993 le cumul est rétabli en faveur de Jiang Zemin, Secrétaire général du Parti nommé président de la République et président de la très importante Commission militaire. En mars 1998 Zhu Rongji, forte personnalité, autrefois exclu un temps du Parti et ancien maire de Shanghaï, exerce les fonctions de Premier ministre, jusqu'en mars 2003. À cette date, lorsque s'opère un renouvellement doublé d'un rajeunissement, le même cumul à la tête du Parti et de l'État bénéficie à Hu Jintao, cependant que l'adjoint de Zhu Rongji, Wen Jiabao, lui succède.

L'influence de Jiang Zemin a été importante puisque la dernière révision de la Constitution, en mars 2004, constitutionnalise son idéologie de la Nation chinoise en insérant dans la Constitution de 1982 le concept de la « triple représentativité ». Celui-ci implique que le parti communiste fait prévaloir le développement : des forces productives, de la culture et des intérêts de la majorité du peuple chinois.

C. Le Parti communiste

698. Officiellement, la Chine ne pratique pas le système du parti unique et, après 1949, ses dirigeants ont laissé subsister quelques partis dits démocratiques. En fait, ces formations sont satellisées par le Parti communiste et tout se passe comme s'il s'agissait d'un parti unique.

Le Parti communiste comptait en 2015, 88 millions de membres, ce qui est énorme mais à l'échelle de la population. Dans l'ensemble, il présente les caractéristiques habituelles des partis communistes, quant à sa composition – les adhésions sont soumises à des conditions rigoureuses : parrainage, stage, contrôle des instances supérieures, etc. – quant à son rôle d'éducation vis-à-vis de ses membres et quant au rôle de direction qu'il assume dans le pays.

L'organisation supérieure du Parti comporte un Congrès national élu au suffrage indirect par les organisations de base et intermédiaires, qui se réunit en principe tous les cinq ans mais dont les sessions sont en réalité beaucoup plus irrégulières, un Comité central, élu par le Congrès et qui est l'organe suprême de direction du Parti, un Bureau politique et un Secrétaire général, élus l'un et l'autre par le Comité central et qui assument la direction effective.

Le Comité central élit une Commission militaire, ainsi qu'une Commission de contrôle de la discipline.

II. Les institutions et leur fonctionnement

699. Le gigantisme du territoire et de la population, les disparités entre régions et entre villes et campagnes posent des problèmes institutionnels complexes. Le plus difficile est tout de même de faire coexister un système politique exclusif et contraignant avec un système économique que l'on voudrait plus ouvert et plus libre.

A. Les constitutions chinoises

700. Elles correspondent chacune à des étapes importantes.

La Constitution du 20 septembre 1954 institutionnalise la mise en place du régime socialiste. Forte de 106 articles, elle donne à l'État des structures qui seront assez peu modifiées, parmi lesquelles une Assemblée populaire nationale tenant une session annuelle et organe suprême du pouvoir d'État (surtout en théorie), un Comité permanent et un président de la République. L'Assemblée élit également un Gouvernement sous la forme du Conseil des affaires d'État dirigé par le Premier ministre.

La Constitution du 17 janvier 1975 est consécutive aux agitations de la révolution culturelle mais Mao Zedong est toujours à la tête des affaires. Très brève (30 articles seulement), elle affirme la primauté de la pensée Mao Zedong, la nécessité de la dictature du prolétariat, l'importance du rôle du Parti. Pour le reste, elle se borne à quelques indications sur les différentes institutions, qui sont dans l'ensemble maintenues, à l'exception de la présidence de la République.

La Constitution du 5 mars 1978 suit la disparition de Mao Zedong et la prise en mains des leviers de commande par de nouveaux dirigeants. C'est une Constitution de transition (60 articles) qui établit une sorte de compromis entre les deux textes précédents, tout en marquant une réserve à l'égard de la révolution culturelle.

701. La Constitution actuellement en vigueur date du 4 décembre 1982. Elle marque la volonté de Deng Xiaoping d'ancrer plus solidement la stabilisation qui s'amorce. Comportant 138 articles, elle est beaucoup plus complète et plus élaborée que les deux précédentes, qui n'étaient guère que des ébauches constitutionnelles. Elle témoigne de la distance prise avec le maoïsme. Ceci est d'autant plus vrai que cette Constitution a subi une modification importante, sans aucun doute la plus importante depuis 1982, le 14 mars 2004. Le quatrième amendement à la Constitution prévoit désormais que l'« État chinois a le devoir de protéger les droits de l'Homme ». Bien sûr, cette mention de la nécessité de respecter les droits individuels n'était pas sans arrière-pensées à l'approche des Jeux olympiques de 2008, néanmoins, elle représente une véritable innovation [1].

B. Les institutions chinoises

702. On distingue l'Assemblée populaire nationale, le président, le Conseil des affaires d'État et des organismes plus spécialisés.

a) L'Assemblée populaire nationale

703. Organe suprême du pouvoir d'État, elle est composée de députés élus pour cinq ans par les assemblées populaires des provinces, des régions, des municipalités (donc au suffrage indirect). Elle doit tenir une session par an et dispose, en théorie, de pouvoirs importants. En fait, les sessions ne durent que quelques jours et, comme il était d'ailleurs courant dans les régimes socialistes, l'APN apparaît surtout comme un organe de ratification de décisions prises ailleurs, et notamment dans les instances de direction du Parti communiste. L'APN élit un Comité permanent, responsable devant elle, ainsi qu'un président et des vice-présidents. Le Comité exerce dans l'intervalle des sessions des pouvoirs qui ne le cèdent guère en importance à ceux de l'APN.

b) Le président de la République populaire

704. La fonction avait été supprimée après la disgrâce de Liu Shaoqi en 1968 mais elle a été rétablie par la Constitution de 1982. Le président, élu pour la durée du mandat de l'APN, n'a en droit que très peu de pouvoirs propres. Il « nomme ou décharge de leurs fonctions » le Premier ministre, les ministres, les présidents de commissions, proclame la loi martiale et l'état de guerre (Const., art. 80), mais toujours « en vertu des décisions de l'APN et de son comité permanent ». En cas de vacance, le vice-président élu en même temps que lui par l'APN lui succède et achève son mandat. Le président et le vice-président peuvent être relevés de leurs fonctions par l'APN. Cette inféodation apparente du président à l'APN ne doit pas induire en erreur. En fait, son rôle sur l'échiquier complexe du pouvoir politique chinois est bien plus important qu'il n'y paraît à première vue, en raison du cumul des fonctions. Ainsi, l'actuel président nommé le 14 mars 2013, Xi Jinping, dispose de pouvoirs considérables dans la mesure où il est avant tout le secrétaire général du parti communiste chinois. Dans le contexte politique actuel de la Chine, le président est devenu le véritable homme fort du pays, sur la scène politique intérieure comme sur la scène extérieure. D'ailleurs, en 2018, Xi Jinping a fait supprimer de la Constitution la disposition qui prévoyait que le président n'est rééligible qu'une fois. Dans la foulée, il a été à nouveau désigné président de la République par l'APN le 18 mars 2018 pour un mandat de cinq ans, mais dont le renouvellement pourra désormais être indéfini.

---

1. Cf. Zheng Yongliu, Cheng Chunming et Long Weiqiu, *How to establish human rights in the Constitution of PRC*, www.law-thinker.com, 2005.

c) Le Premier ministre et le Conseil des affaires d'État

705. Le Conseil est le Gouvernement populaire central, il est aussi l'exécutif de l'APN. Il est élu par cette dernière et responsable devant elle. Le Premier ministre dirige les travaux du Conseil et occupe une fonction d'autant plus importante qu'elle n'a connu que six titulaires : Zhou En-lai, Hua Guofeng, Zhao Ziyang, Li Peng, Zhu Rongji, Wen Jiabao et depuis le 15 mars 2013, Li Keqiang. Actuellement il n'y a, en principe, qu'une vingtaine de ministres mais compte tenu de l'énormité du territoire, de la population et des problèmes liés à ce gigantisme, ils disposent de très nombreux adjoints.

d) La Commission militaire centrale

706. Organe de grande importance, elle est composée d'un président et de membres élus par l'APN et elle est chargée de diriger toute les forces armées du pays. Deng Xiaoping a longtemps présidé cette Commission, qui pratiquement s'identifie, parce qu'elle a la même composition, à la commission militaire du Parti. Elle est actuellement présidée également par Xi Jinping.

e) Les organes judiciaires

707. Alors que les tribunaux populaires étaient, en vertu des textes antérieurs, entièrement sous le contrôle des organes politiques, la Constitution met l'accent sur leur indépendance. Il est difficile, toutefois, d'apprécier ce qu'est cette dernière, surtout si l'on considère que la Cour populaire supérieure est responsable devant l'APN.

C. L'évolution du régime

708. Depuis sa prise en main en 1977 par Deng Xiao Ping, le régime a connu à la fois une grande stabilité politique et, au prix d'une rupture avec les dogmes antérieurs, un remarquable essor économique. Pour autant le gigantisme déjà signalé de cet État unitaire n'est pas sans poser quelques problèmes.

a) Le choix de « l'économie de marché socialiste »

709. Sans renoncer formellement au socialisme, les dirigeants chinois, sous l'impulsion de Deng Xiao Ping, ont choisi de privatiser pour partie l'économie de manière à l'ouvrir sur l'extérieur. À cette fin, ils ont desserré les contraintes et autorisé les entreprises privées, auxquelles la Constitution révisée en 1993 et en mars 1999 fait désormais référence. Comme nombre d'entre elles sont à caractère mixte et font appel à des capitaux étrangers, le profit a ainsi retrouvé droit de cité et il est à peine besoin de souligner combien le changement ainsi intervenu est fondamental.

La révision constitutionnelle de 2004 a accentué ce trait en enchâssant dans la Constitution la protection de la « propriété légitime ». Cette révision constitutionnelle a été prolongée par deux importantes lois adoptées le 16 mars 2007 qui visent à légaliser et encadrer la propriété privée.

b) Les moyens juridiques du développement

710. On doit considérer que pendant longtemps – pratiquement jusqu'à la fin de la Révolution culturelle – la Chine en a été largement dépourvue. De ce fait, la sécurité des relations commerciales des étrangers avec ce grand pays n'était pas vraiment assurée. Là encore un effort considérable a été entrepris pour se rapprocher des normes applicables au plan international et dans les autres grandes puissances de manière à leur inspirer confiance. C'est pourquoi depuis une vingtaine d'années des codes ont été élaborés (*Code pénal* en 1979, *Principes du droit civil* en 1986) et de nombreuses lois adoptées en matière économique, commerciale et fiscale, sans lesquelles les investissements étrangers nécessaires n'auraient pas été concevables. Il va de soi cependant que ces textes, et le concept même de droit unifié qu'ils s'efforcent de mettre en place, sont encore trop récents pour imprégner véritablement la population, réserve faite des milieux professionnels spécialisés. On ajoutera que cette difficulté est aggravée par le fait que cet immense pays unitaire comporte cinquante-six nationalités distinctes auxquelles la Constitution accorde de sérieuses garanties, linguistiques notamment (cf. art. 134).

c) La stabilité des structures politiques

711. Celles mises en place par la Constitution de 1982, tout en portant la marque de Deng Xiao Ping, ne s'écartent guère du schéma socialiste habituel. Certes, le Parti communiste est davantage dissocié des institutions qu'il ne l'était auparavant, des procédures plus précises sont prévues, une attention plus soutenue est portée aux minorités. Le Parti, fort de plus quatre-vingt millions de membres, n'en a pas moins continué à exercer le pouvoir et à contrôler le fonctionnement des institutions. C'est pourquoi on doit considérer, de manière évidemment un peu schématique, que si le marxisme a été largement abandonné sur le plan économique, la conception léniniste d'un pouvoir fort et autoritaire subsiste. A bien des égards, le pouvoir en Chine prend la forme inédite d'une *dictature collégiale.* Néanmoins, certaines évolutions sont perceptibles.

On observera d'abord que la nette différenciation établie en 1982 entre les hiérarchies parallèles du Parti et de l'État a pu paraître constituer, pendant une décennie, un trait spécifique mais il n'a pas duré. En effet, s'il n'est pas douteux que tout au long des années quatre-vingt le véritable homme fort du régime n'a été ni le Secrétaire général du Parti, ni le Premier ministre mais Deng Xiao Ping, président des Commissions militaires et dictant ou inspirant la politique à suivre, l'âge l'a finalement conduit à se retirer progressivement avant qu'il ne disparaisse en 1997. En 1993, le Secrétaire général du Parti, Jiang Zemin, a été élu président de la Commission militaire du Parti et, au niveau le plus élevé, président de la République populaire. Ce cumul des fonctions les plus importantes concernant le Parti, l'État et l'armée, témoigne d'une emprise politique qui demeure très unitaire et que prolonge pour la plus grande part le renouvellement intervenu en 2003 au profit de Hu Jintao qui est resté président de la République populaire de Chine jusqu'en 2013. Ce nouveau schéma institutionnel a été reproduit au profit de Xi Jinping qui cumule lui aussi les fonctions de secrétaire général du parti communiste chinois, président de la commission militaire centrale et de président de la République depuis 2013.

712. Il faut enfin souligner l'existence de courants nettement différenciés à l'intérieur du Parti, certains plus radicaux ou conservateurs, d'autres plus modérés. Ces courants sont évidemment en compétition permanente et leurs succès comme leurs échecs influencent nécessairement la ligne directrice du Parti et de l'État. On ajoutera que le gigantisme déjà signalé suscite, par sa pesanteur même, des risques de distorsion entre les instances supérieures centrales et les organes régionaux d'exécution, souvent en mesure de réguler, freiner et infléchir les décisions prises au plus haut niveau.

► Bibliographie

Sur la Russie

M.-E. Baudoin, « La Cour constitutionnelle de Russie vue par un juriste français », *Cahiers du Conseil constitutionnel*, n° 28, 2010. 55.

G. Essakov, N. Masek et F. Mélin-Soucramanien (dir.), *Les principes fondateurs des droits français et russe*, Dalloz, 2011.

M. Lesage (dir.), *Constitutions d'Europe centrale, orientale et baltique*, La documentation française, 1995.

R. Lirou, *La Russie entre fédération et Empire. Contribution à la définition constitutionnelle de l'État russe*, LGDJ, Paris, 2009.

J.-P. Massias, *Justice constitutionnelle et transition démocratique en Europe de l'Est*, LGDJ, Paris, 1998.

J.-P. Massias, *Droit constitutionnel des États d'Europe de l'Est*, PUF, Paris, 2008.

M. Mendras, *Poutine : la défaite de l'État*, Odile Jacob, 2008.

S. Milacic (dir.), *La démocratie constitutionnelle en Europe centrale et orientale*, Bruylant, 1998.

T. Yaroulovna Khabbrieva, « Le statut constitutionnel du président de la Fédération de Russie », *RFDC*, n° 81, 2010, p. 105.

M. Zakharova, « Vingt ans après, la Russie est-elle dotée d'une véritable justice constitutionnelle ? », *Constitutions*, n° 2, 2012.

Site internet

www.russie.net

Sur la Chine

S. Balme, *Vie et institutions politiques de la Chine populaire (1980-2005)*, Dalloz-Sirey, coll. « Compact », 2006.

J.-P. Cabestan, *Le système politique de la Chine populaire*, PUF, coll. « Thémis », 1994.

J.-P. Cabestan, *Le système politique chinois : un nouvel équilibre autoritaire*, Presses de Sciences po, 2014.

H. Dayuan et F. Mélin-Soucramanien (dir.), *Le contrôle de constitutionnalité en France et en Chine,* Dalloz, coll. « Thèmes et commentaires », 2014.

H. Kissinger, *De la Chine*, Fayard, 2012.

Z. Quianfan, *The Constitution of China : a contextual analysis, Hart publishing*, Oxford, 2012.

Z. Sanzhu, *Law and institutions of modern China : critical concepts in law, Routledge*, Londres, 2011.

J. Tao, « Le contrôle de constitutionnalité en République populaire de Chine », *RDP* 1987, p. 579.

W. Wang, *Le contrôle de constitutionnalité en Chine au regard de l'expérience française*, thèse dactyl., Université Aix-Marseille, 2013.

Site internet

http://french.china.org.cn

Seconde partie

Droit constitutionnel français

Titre 1

Les institutions françaises de 1789 à 1958

713. On ne peut comprendre le régime actuel et son fonctionnement sans remonter assez loin dans le temps, en fait jusqu'à la Révolution française. C'est elle qui constitue, très classiquement, le véritable point de départ de l'évolution politique et constitutionnelle qui a conduit jusqu'aux systèmes pratiqués de nos jours.

Il faut d'abord souligner que cette évolution est véritablement spécifique. Propre aux institutions françaises, elle n'a pas d'équivalent à l'étranger. En effet, on sait que la France a connu un grand nombre de régimes différents, la plupart adoptés par réaction contre le régime précédent autant, sinon davantage, que par conviction propre, souvent aussi après une de ces révolutions qui jalonnent l'histoire de notre pays.

Il faut ensuite insister sur le fait que cette évolution a largement valeur explicative. Nombre de caractéristiques contemporaines de la vie politique et du fonctionnement institutionnel prennent leur origine et leur motivation dans le passé de la Nation. C'est ce dernier qui explique, pour une part très importante, les profondes divisions de l'opinion et la transformation de la compétition pour le pouvoir en un affrontement souvent passionnel. C'est lui aussi qui explique les orientations et les incertitudes de la Cinquième République qui se situe, certes, dans le prolongement des Troisième et Quatrième Républiques et, en même temps, entend réagir contre elles.

Dans ces conditions, on étudiera successivement les institutions françaises de 1789 à 1870 (chapitre 12), la Troisième République (chapitre 13) et la Quatrième République (chapitre 14).

Chapitre 12

Les institutions françaises de 1789 à 1870

714. Il est indispensable, pour bien comprendre les trois Républiques qui se sont succédé depuis 1870 et qui forment la matière des chapitres suivants, de procéder à une présentation rapide des institutions françaises de 1789 à 1870.

I. La période révolutionnaire de 1789 à 1799

715. C'est au cours de cette période que s'opèrent les transformations les plus décisives, détruisant l'ordre ancien et en édifiant un nouveau.

A. La Constituante et les fondements du nouveau droit public

716. Le rôle déterminant y est tenu par des révolutionnaires, les Feuillants, éclairés et modérés, mais dépourvus d'expérience, qui vont parfaitement définir les nouveaux principes sans arriver à mettre au point un aménagement satisfaisant des institutions.

a) La Déclaration des droits de l'Homme et du citoyen

717. Votée le 26 août 1789, elle constitue encore actuellement une règle de droit positif par la référence qu'y fait le préambule de la Constitution de 1958. Prenant ses sources dans les précédents anglo-saxons ainsi que dans l'esprit du siècle et la philosophie des Lumières, elle exprime l'idéal individualiste de la bourgeoisie éclairée, sa volonté de fonder une société meilleure.

718. ***La forme.*** Les Déclarations anglo-saxonnes se présentaient comme des répertoires de revendications concrètes, répondant à des circonstances nationales et historiques. La Déclaration française, formulée de manière abstraite, s'adresse aux hommes de tous les temps et de tous les pays. Plus précisément, elle s'adresse à l'Homme dont, « sous les auspices » de l'Être suprême, « elle énumère les droits naturels, inaliénables et sacrés ».

719. ***Le contenu.*** Fondamentalement individualiste, il concerne à la fois l'homme et le citoyen. L'homme a des droits attachés à son existence même, « naturels » et donc supérieurs au droit positif : la liberté, l'égalité et la propriété. Ces droits sont strictement individuels car rien n'est plus étranger à la Déclaration que l'esprit collectiviste. Le citoyen vit au sein d'une société politique qui *doit* être régie par quelques principes fondamentaux. La *souveraineté nationale* est le premier d'entre eux. Sous l'Ancien Régime, le Roi était souverain en son royaume. La démarche la plus pressée des constituants est de restituer cette souveraineté à la Nation, c'est-à-dire au peuple en corps, considéré dans son ensemble et dans son devenir. C'est, en effet, celle qui conditionne les autres, qui permet d'abolir les institutions anciennes et d'en édifier de nouvelles. Mais les autres principes ne sont guère moins importants, puisqu'il s'agit du *gouvernement représentatif,* de la *primauté de la loi,* expression de la volonté générale et garantie des citoyens contre l'arbitraire, de la *séparation des pouvoirs,* exécutif, législatif et judiciaire, préconisée par Montesquieu et déjà mise en pratique aux États-Unis.

b) La Constitution des 3-4 septembre 1791

720. Son application est de courte durée.

721. ***Le suffrage.*** La souveraineté appartient à la Nation mais sont seuls autorisés à exprimer la volonté de cette dernière un nombre réduit de « citoyens actifs ». C'est qu'en effet le vote de l'électeur, comme le mandat de l'élu, constitue une *fonction* – et non un droit – exercée au nom de la Nation tout entière. Ce qui implique, d'une part, l'interdiction de tout mandat impératif, chaque élu représentant non ses électeurs, mais la Nation, d'autre part, la libre attribution par celle-ci de la fonction électorale. Effectivement, l'électorat est doublement restreint : 1°) le suffrage est censitaire ; seuls sont électeurs les citoyens « actifs » âgés de 25 ans et payant une contribution au moins égale à trois journées de travail ; 2°) le suffrage est indirect, les citoyens actifs se bornant à élire des électeurs du second degré (cens renforcé), qui à leur tour élisent les députés.

722. ***Les institutions.*** Les trois pouvoirs sont alors confiés à des organes distincts et nettement indépendants. Les ministres ne sont pas politiquement responsables devant l'Assemblée dont le Roi ne peut prononcer la dissolution. Seules interférences entre les pouvoirs législatif et exécutif : le Roi doit approuver les lois mais l'Assemblée peut, après deux législatures, passer outre son veto qui n'est que suspensif.

723. ***L'échec.*** La séparation des pouvoirs trop strictement entendue prive l'Assemblée et le Roi de tout moyen d'action l'un sur l'autre et l'impossibilité de régler les différends inévitables constitue le vice principal du système. Il est significatif que les ministres, bien loin de jouer le rôle d'un élément de liaison, soient à l'origine des principaux sujets de conflits. La journée d'insurrection parisienne du 10 août 1792, connue sous le nom de « La Réunion » et ayant donné son nom à l'île anciennement dénommée « Bourbon », met fin à la Constitution.

B. L'apport de la Convention

724. Le gouvernement de la Convention dure trois ans, de 1792 à 1795, pendant lesquels la France demeure sans Constitution.

a) Le gouvernement révolutionnaire

725. Les pouvoirs de la Convention, affranchis de toute subordination à une règle constitutionnelle, sont sans limites. Sous l'emprise des graves périls intérieurs et extérieurs, elle va exercer une véritable dictature, soumettant le pays à des lois d'exception qui n'épargnent même pas la justice.

b) Le gouvernement d'assemblée

726. La Convention dispose de tous les pouvoirs, même si elle en confie l'exercice à des comités tels le Comité de sûreté générale et le célèbre Comité de salut public. L'exercice du pouvoir par ce dernier, entre juin 1793 et juillet 1794, constitue l'apogée de la période révolutionnaire ; c'est à ce moment que se forme la tradition jacobine, autoritaire et centralisatrice, qui va marquer de son empreinte la vie politique française ultérieure. Mais pour aussi puissants que soient les comités, ils dépendent de la Convention, ce qui à l'occasion permet à celle-ci un revirement brutal, comme celui qui se produit lors de l'élimination de Robespierre le 9 thermidor an II.

c) La Constitution du 24 juin 1793

727. C'est la Constitution montagnarde, approuvée par référendum mais jamais appliquée car les événements obligent d'abord à en différer l'application et après le 9 thermidor elle est abandonnée par la nouvelle majorité. C'est une Constitution très *démocratique,* instituant le suffrage universel masculin et faisant une place à la démocratie semi-directe. En effet, les lois votées par le Corps législatif ne deviennent définitives qu'à l'expiration d'un délai de quarante jours, si dans la moitié plus un des départements le dixième des électeurs n'a pas protesté (dans le cas contraire, il y a lieu à référendum). D'autre part, le Corps législatif désigne les membres du Conseil exécutif parmi les noms qui lui sont proposés, à raison d'un par département, par les électeurs. C'est aussi une Constitution qui réalise une *très forte concentration* des pouvoirs au profit du Corps législatif, élu pour un an et qui dispose également du pouvoir exécutif. En effet, le Conseil exécutif lui est étroitement subordonné et constitue plutôt un organe de gestion administrative. Fortement inspirée par le gouvernement conventionnel, la Constitution de 1793 aurait institué, si elle avait été appliquée, un régime d'assemblée tempéré par de fréquents retours devant les électeurs.

C. La transition Directoriale

728. Sur le plan constitutionnel, le Directoire n'apporte guère d'innovations, exception faite du bicamérisme.

729. ***La Constitution du 5 fructidor an III.*** Ce n'est que plus d'un an après la chute de Robespierre qu'elle est votée par la Convention post-thermidorienne. Son application dure quatre années pleines. Précédée d'une Déclaration des droits et des devoirs, c'est la plus longue Constitution française (377 articles). Fondamentalement différente de la Constitution de 1793, elle est animée par la volonté d'éviter tout retour à la dictature.

730. ***Le suffrage.*** La Constitution revient au suffrage censitaire et indirect. Pour être électeur, il faut payer impôt ou avoir fait campagne. Les électeurs du second degré sont des titulaires de revenus élevés (30 000 environ). Les conditions d'éligibilité portent principalement sur l'âge (30 ans pour les Cinq Cents, 40 ans pour les Anciens).

731. ***Les institutions.*** Elles marquent le retour à la séparation des pouvoirs. Le Corps législatif est composé du Conseil des Cinq Cents, qui a l'initiative des lois, et du Conseil des Anciens, qui les discute et les vote. Leurs membres sont élus pour trois ans et renouvelés annuellement par tiers. Le Directoire exécutif comprend cinq membres, élus pour cinq ans, l'un d'entre eux étant renouvelé chaque année. L'élection est le fait des Anciens sur la proposition des Cinq Cents. Organe collégial, le Directoire est assisté par sept ministres, qu'il choisit et révoque librement. Conseils et Directeurs sont dépourvus de tous moyens d'action réciproques. Les Conseils ne peuvent mettre en cause la responsabilité politique des Directeurs, non plus que celle des ministres. De leur côté, les Directeurs ne peuvent prononcer la dissolution des Conseils, ni intervenir dans le travail législatif autrement que pour promulguer les lois.

732. ***Le fonctionnement du régime.*** Il sera marqué par des crises graves, trouvant leur origine dans le renouvellement des Conseils. En effet, les Directeurs n'hésitent pas à contester par la force les élections qui leur sont défavorables (fructidor an V et floréal an VI). De leur côté, les Conseils s'efforcent d'évincer les Directeurs (prairial an VII). Le 18 brumaire an VIII (9 novembre 1799), c'est un coup d'État préparé par le Directeur Sieyès et exécuté par le général Bonaparte qui met fin au régime.

II. Le régime consulaire et impérial

733. La nouvelle Constitution est rédigée en moins d'un mois par un comité restreint.

A. La Constitution du 22 frimaire an VIII

734. C'est un texte assez court (quatre-vingt-quinze articles), qui reflète très largement les idées de Sieyès, mais revues et corrigées sur tous les points essentiels par Bonaparte. Il porte d'ailleurs la marque du génie réaliste et organisateur de ce dernier, qui préfère l'efficacité aux principes. Il est principalement caractérisé par une très forte concentration des pouvoirs au profit du Premier Consul, dont l'autorité l'emporte sur toutes les autres et par l'affaiblissement corrélatif du législatif et du judiciaire, le premier parce que ses organes sont divisés et leurs compétences réduites, le second parce qu'il ne procède plus de l'élection mais de la nomination par le Premier Consul. Une autre caractéristique, non moins importante, est l'abandon des procédures électives authentiques car s'il subsiste encore des élections, elles n'aboutissent plus qu'à des présentations. Par la suite, Bonaparte aura plus volontiers recours au plébiscite qui, sous les apparences d'un appel au peuple et d'un dialogue avec lui, permet de ne procéder qu'à des consultations épisodiques et dirigées.

a) Le suffrage

735. L'adoption du suffrage universel masculin confère le droit de vote à tous les hommes âgés d'au moins 21 ans. Mais les élections sont soumises à l'adage de Sieyès : « La confiance vient d'en bas, le pouvoir d'en haut » En effet, les électeurs ne sont chargés que de désigner un dixième d'entre eux pour figurer sur les listes de confiance communales. La même opération est renouvelée pour l'établissement de listes départementales, puis d'une liste nationale, au sein de laquelle les législateurs, les tribuns et les consuls sont choisis par le Sénat. Ainsi ce système ingénieux débouche finalement sur le vide, le scrutin à trois degrés ne servant qu'à fixer un cadre et des limites au choix du Sénat. Par la suite, le suffrage censitaire a été réintroduit dans les collèges départementaux, dont les membres sont choisis parmi les 600 citoyens les plus imposés de leur circonscription. Quant à la démocratie semi-directe, elle revêt une forme plébiscitaire.

b) Les institutions

736. Elles sont dominées de très haut par le Premier Consul. Viennent ensuite le Sénat et les organes législatifs.

737. *Le Premier Consul* est Bonaparte, qui s'est désigné lui-même. Il est assisté : 1°) par les deux autres consuls (Cambacérès et Lebrun) qui n'ont que voix consultative ; 2°) par des ministres, qu'il nomme et révoque librement ; 3°) par un Conseil d'État, qu'il recrute à son gré, haut conseil administratif appelé à un grand avenir et toujours bien vivant. Il a la totalité du pouvoir gouvernemental et n'en est pas moins politiquement irresponsable. Il a le droit d'initiative en matière législative et constitutionnelle.

738. *Le Sénat conservateur* est un organe clé puisque c'est lui qui, en choisissant au sein de la liste nationale, désigne les tribuns et les législateurs et devrait normalement désigner les Consuls. Organe coopté, fort de 80 membres, il est le gardien de la Constitution : il contrôle la constitutionnalité des lois votées par le Corps législatif et des actes du Gouvernement, s'ils lui sont déférés par le Tribunat ; il interprète la Constitution et décide des révisions par sénatus-consultes. En fait, il ne refusera jamais rien au Premier Consul.

739. *Les organes législatifs* sont le *Tribunat,* de 100 membres, et *le Corps législatif,* de 300, désignés par le Sénat pour cinq ans et renouvelés chaque année par cinquième. Leur rôle est réduit par l'extrême division des tâches : le Tribunat procède à une discussion sommaire et se prononce globalement, le Corps législatif vote sur le texte sans pouvoir le discuter ni l'amender.

Le passage du Consulat à l'Empire se fait par deux sénatus-consultes, l'un du 16 thermidor an X attribuant à Bonaparte le consulat à vie, l'autre du 28 floréal an XII confiant le gouvernement de la République à un Empereur et nommant Napoléon Bonaparte Empereur des Français. Les institutions ne subissent que quelques retouches.

B. Le césarisme démocratique

740. Il est beaucoup plus césariste que démocratique.

a) Une dictature éclairée

741. Dans le régime consulaire et impérial, l'autorité de la loi cède le pas à la volonté du chef plébiscité par le peuple. Les institutions comptent peu, mais seulement l'Empereur tout puissant, soutenu par ses obligés, appuyé sur sa police, chef de guerre autant que chef civil, et dont la volonté fait tout ployer : c'est le règne du pouvoir personnel plutôt que de l'État de droit. Mais ce césarisme se situe dans le prolongement de la Révolution, il en maintient et consolide les principales conquêtes par ces monuments juridiques que sont les codes napoléoniens, il achève la destruction de l'Ancien Régime par la mise en place d'une nouvelle organisation administrative.

b) Une fausse démocratie

742. Le suffrage universel et l'appel au peuple ne doivent pas faire illusion et l'emporter sur les caractères réels d'un système dont l'objectif est de déposséder la Nation de sa souveraineté. Les élections ne servent à rien puisqu'elles ne permettent pas au peuple de choisir librement et directement ses représentants. Quant aux référendums, ils ont un caractère plébiscitaire marqué.

III. Les monarchies censitaires

743. La révolution de 1830 ne rompt pas l'unité d'une période caractérisée par le gouvernement des classes possédantes et la naissance du régime parlementaire.

A. Les Chartes constitutionnelles

744. Revenu en France à la suite des armées étrangères, Louis XVIII sait qu'il doit faire accepter par le peuple une Restauration étroitement associée aux malheurs du pays. C'est pourquoi, par sa déclaration du 2 mai 1814, dite de Saint-Ouen, il annonce son intention « d'adopter une Constitution libérale », qui maintiendra le gouvernement représentatif et garantira les libertés publiques. Cependant, la Charte qu'il promulgue le 4 juin 1814 marque, en sa forme, un net retour à l'Ancien Régime, la Charte est « octroyée » par le Roi à ses sujets et le Préambule s'efforce laborieusement de « renouer la chaîne des temps ». Mais ce fâcheux rappel d'une époque révolue n'altère pas sensiblement le fond : les douze premiers articles confirment les conquêtes sociales de la Révolution, spécialement quant à la liberté, l'égalité et la propriété.

En 1830, le changement dynastique illustre parfaitement la relève de l'aristocratie légitimiste par la bourgeoisie libérale. Celle-ci n'éprouve pas le besoin de bouleverser le régime mais seulement de l'adapter. C'est pourquoi la Charte du 14 août 1830, sans modifier l'économie générale de la Charte de 1814, se borne à amender celles de ses dispositions qui étaient les plus choquantes : le Préambule est supprimé, le caractère de charte « octroyée » disparaît, les sujets redeviennent des citoyens, la France reprend le drapeau tricolore, Louis-Philippe, qui tient sa couronne de la Chambre, est le Roi des Français. Mais sur le plan des institutions, les modifications sont peu importantes.

B. Le gouvernement des classes possédantes

745. La participation à l'exercice du pouvoir est juridiquement réservée, par le suffrage censitaire, à une petite minorité de possédants.

a) Le corps électoral

746. Aux termes de l'article 40 de la Charte de 1814, nul n'est électeur s'il ne paye une contribution directe de trois cents francs et s'il a moins de trente ans. Les rédacteurs du texte souhaitaient avantager les grands propriétaires fonciers, c'est-à-dire l'aristocratie conservatrice et légitimiste. Mais les contributions directes couvraient à la fois l'impôt foncier et la patente et c'est au titre de ce second impôt que la grande bourgeoisie d'affaires reçoit le droit de vote. Héritiers des Lumières, les banquiers et les industriels qui la composent sont souvent d'opinion libérale, la liberté étant pour eux d'ordre économique autant que politique.

Ainsi la richesse mobilière cohabite à la Chambre avec la richesse foncière, celle-ci l'emportant avant 1830, celle-là ensuite. Mais à aucun moment le peuple ne participe au débat. La révolution de 1830, qui abaisse légèrement le cens, ne fait que doubler le nombre des électeurs (de 90 000 en 1814 à 170 000 en 1830). Les conditions d'éligibilité sont toujours très rigoureuses, du double point de vue du cens et de l'âge (40 ans en 1814, 30 ans en 1830) et le nombre des éligibles ne dépassera guère 15 000.

b) Les institutions

747. Les Chartes sont brèves (76 articles en 1814, 70 en 1830) et décrivent succinctement les institutions, sans préciser leurs rapports.

748. Le Roi est le chef suprême de l'État, sa personne est « inviolable et sacrée », il dispose du pouvoir exécutif, il est assisté par des ministres qui peuvent être membres des Chambres et, en tout cas, y ont accès ; il peut dissoudre la Chambre des députés.

749. Il existe deux assemblées : la *Chambre des Pairs,* héréditaires ou à vie – l'hérédité sera supprimée en 1831 – dont la nomination est à la discrétion du Roi, et la *Chambre des députés,* élue pour cinq ans, bénéficiant des immunités parlementaires. Le président de la Chambre des députés, et les présidents des collèges électoraux, nommés par le Roi en 1814, sont élus après 1830. L'initiative de la loi appartient au Roi en 1814, au Roi et aux chambres en 1830. Les chambres votent la loi que le Roi sanctionne et promulgue. En fait, les Chartes renseignent peu sur le fonctionnement des institutions, qui doit tout à la pratique. Celle-ci va tout de même introduire en France le régime parlementaire.

C. La naissance du régime parlementaire

750. C'est sous sa forme dualiste que le régime parlementaire s'établit progressivement en France.

a) Les éléments favorables

751. Certains tiennent au laconisme des Chartes, qui laisse de larges possibilités à la pratique, ou au suffrage censitaire qui, bien que choquant sur le plan des principes, a pu favoriser la mise en place d'un régime dont l'esprit de compromis et les mécanismes délicats s'accommodent bien d'un débat politique réservé à une classe peu nombreuse et à laquelle la possession de la fortune assure, en dépit des divergences d'opinion, une certaine unité. D'autres tiennent à ce que les nouveaux dirigeants avaient, pour la plupart, vu fonctionner le régime parlementaire en Angleterre, alors qu'ils y étaient en exil. On ne peut pas non plus négliger le caractère de certains protagonistes, tel Louis XVIII, dont le tempérament mesuré et peu porté aux extrêmes convenait bien à un système d'équilibre institutionnel. Enfin, il existe des facteurs conjoncturels, comme l'existence, au début de la Restauration, de majorités conservatrices ultra (Chambre introuvable, Chambre retrouvée) : leurs membres, bien que peu portés au parlementarisme, vont exiger que la volonté des Chambres, parce qu'elle est la leur, soit prise en considération.

b) L'institution du Cabinet

752. Si on s'en tient aux Chartes, les ministres n'ont pas d'existence collective, ils ne sont que les conseillers privés et individuels du Roi, qui les nomme et les révoque à son gré. Leur responsabilité, telle que les textes la prévoient, est d'ordre pénal et s'applique seulement aux actes criminels qu'ils peuvent commettre. En pratique, ils vont former un organe collégial et solidaire, le Cabinet, délibérant sous l'autorité du Premier ministre – Richelieu, Villèle, C. Perrier, Thiers, Guizot – qui a la confiance du Roi. Le Cabinet assure la liaison entre le Roi et les chambres et d'autant mieux que ses membres sont choisis au sein de ces dernières et peuvent s'y faire entendre.

c) Le dialogue entre le Cabinet et les Chambres

753. Il permet à celles-ci de critiquer l'Exécutif sans mettre le Roi en cause. La procédure parlementaire fournit de multiples occasions : un important débat de politique générale précède la rédaction de l'Adresse en réponse au Discours du trône, qui ouvre chaque session. D'autres débats s'engagent lors de l'examen des textes législatifs et budgétaires ou des pétitions écrites que les citoyens peuvent adresser aux chambres. Les parlementaires ont également à leur disposition la procédure des questions et des interpellations, celles-ci normalement suivies du vote d'un ordre du jour motivé de confiance ou de défiance. Les assemblées, qui peuvent aussi prescrire des enquêtes confiées à des commissions parlementaires, disposent donc de toute une gamme de moyens d'information, de pression et d'action.

d) La double responsabilité politique du Cabinet

754. S'il a toujours été admis que le Cabinet est responsable devant le Roi, il apparaît de plus en plus qu'il doit aussi être soutenu par la confiance des chambres ; s'il ne la possède plus, il lui devient difficile de gouverner, les moyens de le faire, législatifs ou financiers, pouvant lui être refusés. Il se trouve alors dans l'obligation de démissionner, ce qui revient à dire qu'il est politiquement responsable devant les chambres et plus spécialement devant la Chambre des députés. Le régime parlementaire qui s'établit progressivement est donc *dualiste* ou *orléaniste* – du nom de famille de Louis-Philippe – c'est-à-dire comportant une double responsabilité politique du Cabinet devant le Roi et devant la Chambre. Il en résulte des conflits difficiles à régler lorsque la majorité des députés est en désaccord avec le Roi.

IV. La Seconde République

755. Le point faible du régime orléaniste tenait à l'extrême étroitesse de son support électoral. Objet d'une campagne réformiste, il est renversé le 24 février 1848 par une « journée » parisienne.

756. ***La Constitution du 4 novembre 1848.*** Des élections rapides, le 23 avril 1848, envoient à l'Assemblée constituante une majorité conservatrice dont le nouveau soulèvement de juin va encore aggraver les craintes. La Constitution du 4 novembre 1848 porte les traces d'influences composites et contradictoires où se mêlent les souvenirs de la Grande Révolution, l'esprit généreux mais utopique de 1848, qui se manifeste notamment dans le Préambule, la réaction habituelle contre le régime précédent et cette crainte de l'agitation qui fait désirer un pouvoir fort.

757. ***Le suffrage universel direct.*** C'est l'apport principal de la Seconde République puisque depuis lors on n'est plus jamais revenu sur le principe même, sinon parfois sur ses modalités. On observera qu'il ne s'agit que d'un suffrage masculin mais à l'époque il représente un énorme progrès, mis en œuvre pour la première fois (la Convention avait été élue au suffrage universel mais à deux degrés). La Constitution définit le régime moderne de l'électorat : sont électeurs tous les Français âgés de 21 ans et jouissant de leurs droits civils et politiques. Le vote est secret, toute fonction publique rétribuée incompatible avec le mandat parlementaire, contrairement à ce qui se passait auparavant ; l'éligibilité bénéficie aux électeurs âgés de 25 ans.

758. ***Le conflit des pouvoirs.*** La Constitution recherche l'équilibre des pouvoirs non par leur collaboration mais par leur séparation et leur indépendance. En effet, le peuple délègue le pouvoir législatif à une Assemblée unique, élue pour trois ans et permanente ; il délègue le pouvoir exécutif à un président de la République, élu lui aussi au suffrage universel direct, pour quatre ans, et non immédiatement rééligible. Son statut est assez proche de celui du président des États-Unis : les ministres qu'il nomme et révoque librement ne sont pas responsables devant l'Assemblée où ils peuvent cependant se faire entendre. Il n'a pas de veto législatif mais peut faire présenter un projet de loi par ses ministres. Il fait part, dans un message annuel à l'Assemblée, de l'état des affaires.

Le président et l'Assemblée sont sans moyen d'action l'un sur l'autre : le président ne peut prononcer la dissolution de l'Assemblée mais celle-ci ne peut l'obliger à se retirer, non plus que ses ministres. Dès lors, il était à penser que, en cas de conflit entre les deux organes issus du suffrage universel direct, celui disposant du pouvoir exécutif, et par conséquent de la force, l'emporterait nécessairement. C'est effectivement ce qui se produit lors du coup d'État du Prince-président Louis-Napoléon, le 2 décembre 1851.

V. Le Second Empire

759. Il redonne une nouvelle vie aux institutions du Premier Empire.

A. La Constitution du 14 janvier 1852

760. Elle est rédigée en secret par un comité de cinq membres, où Rouher joue le rôle principal. Très courte (58 articles), ses principes sont clairement exposés dans la Proclamation qui la précède et qui s'adresse à « la France régénérée par la Révolution et organisée par l'Empereur ». Cette double invocation exprime bien ses caractères : d'une part, le retour aux institutions de l'Empire, d'autre part, la fidélité – assez verbale – aux « grands principes proclamés en 1789 » et au suffrage universel. L'Empire est rétabli par le sénatus-consulte du 7 novembre 1852.

B. Le césarisme impérial

761. L'Empereur détient toute la réalité du pouvoir. Formule combien significative, l'article 3 de la Constitution dispose qu'il « gouverne *au moyen* des ministres, du Conseil d'État, du Sénat et du Corps législatif ». Il nomme et révoque les ministres, qui ne peuvent être pris parmi les membres du Corps législatif, où ils n'ont pas entrée et devant qui ils ne sont pas responsables. Le Sénat, dont il nomme les membres, est entièrement sous sa dépendance. Non seulement l'Empereur dispose seul du pouvoir exécutif, mais il a seul l'initiative des lois qu'il est aussi chargé de sanctionner et de promulguer. Face à cette énorme puissance, le Corps législatif, élu pour six ans, est enfermé dans un filet aux mailles fines : son président, nommé par l'Empereur, contrôle la publicité des séances, ses membres exercent leurs fonctions gratuitement et doivent prêter serment de fidélité à l'Empereur (à partir de 1858), il n'a pas l'initiative des lois et ne peut proposer d'amendement qui ne soit adopté par le Conseil d'État, il ne peut non plus recevoir de pétition. En revanche, l'Empereur peut en prononcer la dissolution. Encore faut-il ajouter que le suffrage universel n'est qu'une pure façade et que le système de la candidature officielle soutenue par le pouvoir et les nombreuses pressions de ce dernier enlèvent toute authenticité aux consultations populaires.

Le sénatus-consulte du 21 mai 1870 donne à l'Empire une Constitution plus libérale mais la défaite militaire entraîne, trois mois plus tard, l'effondrement du régime.

▶ Bibliographie

Association française des constitutionnalistes, *La continuité constitutionnelle en France de 1789 à 1989*, Economica-PUAM, 1990.

J.-J. Chevallier, *Histoire des institutions et des régimes politiques de la France de 1789 à 1958*, préf. J.-M. Mayeur, 9e éd., Dalloz, coll. « Classic », 2009.

G. Conac et J.-P. Machelon (dir.), *La Constitution de l'an III*, PUF, 1999.

G. Conac, M. Debene et G. Teboul (dir.), *La Déclaration des droits de l'Homme et du citoyen de 1789*, Economica, 1993.

M. Deslandres, *Histoire constitutionnelle de la France*, Sirey, tomes 1 et 2 (1789-1815 et 1815-1870), 1933.

J. Godechot, *Les constitutions de la France depuis 1789*, Garnier-Flammarion, 1984.

J. Godechot, *Les institutions de la France sous la Révolution et l'Empire*, PUF, 1998.

Y. Guchet, *Histoire constitutionnelle française (1789-1958)*, 3e éd., Ed. européennes Erasme, 1993.

M. DE GUILLENCHMIDT, *Histoire constitutionnelle de la France depuis 1789*, Economica, 2000.
F. MÉLIN-SOUCRAMANIEN, *Les constitutions de la France de la Révolution à la IVe République*, Dalloz, 2009.
M. MORABITO, *Histoire constitutionnelle et politique de la France (1789-1958)*, 14e éd., Montchrestien, 2016.
Pouvoirs n° 50 (1989), « 1789-1989, Histoire constitutionnelle ».
M. TROPER, *La séparation des pouvoirs et l'histoire constitutionnelle française*, 2e éd., LGDJ, 1980.
M. TROPER et L. JAUME (dir.), *1789 et l'invention de la Constitution*, Bruylant, LGDJ, 1994.
M. VERPEAUX, « Les transitions constitutionnelles sous la Révolution française », in *Mélanges P. Pactet*, Dalloz, 2003, p. 937.

Régimes	**Quelques dates importantes**
Assemblée nationale Constituante	5 mai 1789 : Ouverture des États Généraux. 17 juin 1789 : Les États Généraux se transforment en Assemblée nationale constituante. 26 août 1789 : Déclaration des droits de l'Homme et du citoyen. 16-24 août 1790 : Loi sur la séparation des autorités administrative et judiciaire. 12-15 juin 1791 : Élections (désignation des électeurs du second degré). 20 juin 1791 : Fuite du Roi, arrêté le lendemain à Varennes. 29 août-5 septembre 1791 : Élections (députés). ***3-14 septembre 1791 :*** *Constitution* (vote et approbation).
Assemblée législative	20 septembre 1791 : Séparation de l'Assemblée nationale constituante. 1er octobre 1791 : Première séance de l'Assemblée législative. mars-juin 1792 : Conflits entre l'Assemblée et le Roi concernant les ministres. 20 juin 1792 : « Journée » parisienne, l'Assemblée est envahie. 10 août 1792 : « Journée » parisienne, formation d'une Commune insurrectionnelle, *suspension de la Constitution* (et du Roi) ; convocation d'une Convention.
Gouvernement révolutionnaire Convention	26 août-2 septembre 1792 : Élections (suffrage universel à deux degrés). 20 septembre 1792 : Première séance de la Convention (victoire de Valmy). 21 septembre 1792 : Proclamation de la République. 21 janvier 1793 : Exécution de Louis XVI. 6 avril 1793 : Création du Comité de salut public (Danton) ; mesures d'exception. 2 juin 1793 : Élimination des Girondins.

Régimes	Quelques dates importantes
	24 juin 1793 *: Constitution* (approuvée par référendum le 4 août mais *non appliquée).* 27 juillet 1793 : Danton est éliminé, Robespierre entre au Comité de salut public ; mesures d'exception ; gouvernement révolutionnaire. 27 juillet 1794 (9 thermidor an II) : Chute de Robespierre ; réaction post-thermidorienne. ***22 août 1795*** *: Constitution du 5 fructidor an III* (approuvée par référendum, septembre 1795).
Directoire	octobre 1795 : Élections des nouvelles assemblées (compte tenu des décrets des deux tiers des 22 et 30 août 1795). 30 octobre 1795 : Les Conseils élisent le Directoire. avril 1797 : Renouvellement d'un tiers des Conseils ; succès royaliste. 4 septembre 1797 (18 fructidor an V) : Avec l'aide de l'armée (Augereau), coup de force des Directeurs, dont Barras, contre deux d'entre eux (Carnot et Barthélémy) et contre les Conseils ; les élections sont annulées. avril 1798 : Renouvellement d'un tiers des Conseils ; succès révolutionnaire. 11 mai 1798 (22 floréal an VI) : Coup de force des Directeurs et des Conseils, qui invalident les nouveaux élus (150 annulations). avril 1799 : Renouvellement d'un tiers des Conseils ; succès révolutionnaire. 18 juin 1799 (30 prairial an VII) : Coup de force des Conseils, qui obligent trois Directeurs à se retirer. 9 et 10 novembre 1799 (18 brumaire an VIII) : Coup d'État de Sieyès, du Général Bonaparte et de Lucien Bonaparte. Fin du Directoire. Organisation du gouvernement transitoire.
Consulat et Premier Empire	***13 décembre 1799*** *: Constitution du 22 frimaire an VIII* (approuvée par référendum le 7 février 1800). 25 décembre 1799 : Mise en application de la Constitution. Désignation des sénateurs. 17 février 1800 (28 pluviôse an VIII) : Loi organisant l'administration départementale : préfet, Conseil général, Conseil de préfecture. 16 juillet 1801 : Signature du Concordat. **3 août 1802** (*Sénatus-Consulte du 16 thermidor an X*) ; Consulat à vie ; il s'agit d'une nouvelle Constitution. 21 mars 1804 : Code Civil.

Régimes	Quelques dates importantes
	18 mai 1804 *(Sénatus-Consulte du 28 floréal an XII)* : Le gouvernement de la République est confié à un Empereur : Napoléon 1er. 19 mars 1807 : Sénatus-consulte supprimant le Tribunat. 3 avril 1814 : Décret du Sénat prononçant la déchéance de Napoléon. 6 avril 1814 : Projet sénatorial de Constitution. 7 avril 1814 : Abdication de Napoléon.
Première Restauration	2 mai 1814 : Déclaration de Saint-Ouen (Louis XVIII de retour d'émigration). ***4 juin 1814*** *: Charte constitutionnelle.* ***1er mars 1815*** *: Napoléon débarque à Cannes.*
Les Cent-Jours	20 mars 1815 : Début des Cent-Jours : Napoléon fait son entrée à Paris. *22 avril 1815 : Acte additionnel aux constitutions de l'Empire.* 30 mai 1815 : Approbation par référendum de l'Acte additionnel. 7 juin 1815 : Séance impériale des nouvelles Chambres. 18 juin 1815 : Waterloo (Napoléon abdique le 22 juin).
Seconde Restauration	8 juillet 1815 : Second retour de Louis XVIII. Fin des Cent-Jours. 14-22 août 1815 : Élection de la Chambre « introuvable » (dissoute le 5 septembre 1816). 1815-1818 : Ministère Richelieu (également en 1820-1821). déc. 1821-sept. 1824 : Ministère Villèle. 1824-1830 : Règne de Charles X (1827-1829 : Ministère Martignac). 2 mars 1830 : Adresse en réponse au discours du Trône : réprobation à l'égard du ministère Polignac. 16 mai 1830 : Dissolution de la Chambre des députés et succès de l'opposition. 20 juillet 1830 : Ordonnances de Charles X (en vertu de l'art. 14 de la Charte).
Monarchie de Juillet	26-27-28 juillet 1830 : Les Trois Glorieuses : « journées » révolutionnaires. 3 août 1830 : Louis-Philippe, Lieutenant Général du Royaume, devant la Chambre. 7 août 1830 : Déclaration de la Chambre des députés revisant la Charte de 1814 et appelant au Trône Louis-Philippe. 9 août 1830 : Louis-Philippe, Roi des Français, prête serment devant la Chambre. ***14 août 1830*** *: Promulgation de la nouvelle Charte.* mars 1831-mai 1832 : Ministère Casimir Périer. octobre 1832-mars 1834 : Ministère Soult-Broglie. février 1836-août 1836 : Ministère Thiers (second ministère début 1840). août 1836-août 1839 : Ministère Molé.

Régimes	Quelques dates importantes
	1840-1848 : Ministère Guizot. fin 1847 : Campagne des banquets (les réunions publiques étaient interdites) en vue d'obtenir un élargissement du suffrage censitaire.
Seconde République	24 février 1848 : « Journée » parisienne. 25 février 1848 : Constitution du Gouvernement provisoire de la République. 23 avril 1848 : Élection de l'Assemblée nationale constituante (au suffrage universel direct). 23-24-25 juin 1848 : Émeutes parisiennes (suite, très aggravée, des mouvements populaires de mars et avril contre les élections). L'Assemblée confie la répression au Général Cavaignac. ***4 novembre 1848** : Constitution.* 10 décembre 1848 : Élection du président de la République : Louis-Napoléon, neveu de Napoléon 1er, est élu à une très forte majorité contre Cavaignac, Ledru-Rollin et Lamartine (suffrage universel direct). 13 mai 1849 : Élection de l'Assemblée législative (succès monarchiste). 31 mai 1850 : L'Assemblée vote une loi électorale imposant, pour l'exercice du droit de vote, une obligation de résidence de trois ans. fin 1851 : Échec de la tentative de révision afin de rendre le président immédiatement rééligible.
Second Empire	2 décembre 1851 : Coup d'État : dissolution de l'Assemblée ; Appel au peuple, ***14 janvier 1852** : Constitution.* 7 novembre 1852 : Sénatus-consulte rétablissant la dignité impériale. 21 novembre 1852 : Approbation par référendum (très forte majorité). 17 février 1858 : Sénatus-consulte imposant le serment aux candidats à la députation. 24 novembre 1860 et 2 février 1861 : Décret et sénatus-consulte prescrivant diverses mesures libérales (publicité des séances, vote d'une Adresse, etc.). 1869 : Élections. Les républicains élaborent le programme de Belleville. ***21 mai 1870** : Sénatus-consulte fixant une nouvelle Constitution.* 2 septembre 1870 : Défaite de Sedan. 4 septembre 1870 : Proclamation de la République.

Chapitre 13

La Troisième République

762. S'inscrivant entre deux guerres tragiques, la Troisième République n'en a pas moins été le régime français le plus durable, au moins jusqu'à nos jours, le plus libéral aussi et celui qui permit au pays de surmonter de redoutables épreuves, dont celle, particulièrement terrible, de la Première Guerre mondiale.

Section 1

L'installation du régime

763. Cette installation est longue et difficile. Il faut distinguer la période des débuts, qui va de la proclamation de la République à l'adoption des lois constitutionnelles de 1875 et la période de mise en place du nouveau régime, qui est d'un intérêt capital pour son fonctionnement ultérieur et qui se prolonge jusqu'à la grande révision républicaine de 1884.

I. Les débuts du régime

764. Ils couvrent l'organisation provisoire des pouvoirs publics, à laquelle il faut procéder immédiatement, et l'élaboration de la Constitution, qui est particulièrement lente et laborieuse.

A. L'organisation provisoire des pouvoirs publics

765. Le 4 septembre 1870 la nouvelle de la capitulation de Napoléon III à Sedan déclenche une « journée » parisienne. La République est proclamée, un Gouvernement provisoire de la Défense nationale constitué qui ne peut, en dépit de ses efforts, rétablir la situation militaire. Il se trouve ainsi amené à signer le 28 janvier 1871 une convention d'armistice qui doit permettre au pays de se doter d'un Gouvernement habilité à traiter avec l'ennemi. Des élections ont lieu, de manière hâtive, le 8 février 1871 au suffrage universel masculin direct.

a) L'Assemblée nationale et le Gouvernement de M. Thiers

766. Les élections se sont faites sur la question de savoir si le pays doit ou non poursuivre la lutte. Or les monarchistes et les droites estiment qu'il faut accepter la défaite et faire la paix très rapidement alors que les républicains, surtout implantés dans les grandes villes, veulent, en dépit des efforts infructueux de l'hiver 1870-1871, poursuivre la lutte en vue de la libération du territoire. Ce sont les premiers qui l'emportent à une très forte majorité car les campagnes veulent la paix. Dans l'Assemblée nationale élue le 8 février 1871, les républicains ne sont que 162, les bonapartistes 19, le groupe rassemblé autour de Thiers compte 80 députés, et les monarchistes sont au nombre de 396, dont 182 légitimistes et 214 orléanistes.

767. Le 17 février 1871 l'Assemblée nationale réunie à Bordeaux prend deux décisions. D'une part, et compte tenu des circonstances, elle réserve la question des institutions futures par ce que l'on a appelé le Pacte de Bordeaux. D'autre part, elle élit M. Thiers chef du pouvoir exécutif de la République française. Il doit exercer ses fonctions sous l'autorité de l'Assemblée, avec le concours des ministres qu'il choisit. Le Gouvernement d'Adolphe Thiers affronte et surmonte les plus graves périls : il conclut la paix, réprime la Commune, libère le territoire, réorganise le pays. Mais ses relations avec l'Assemblée vont se dégrader progressivement.

b) La « Constitution » J. Rivet (31 août 1871)

768. Au cours de l'été 1871, l'impossibilité de toute Restauration immédiate et l'orientation républicaine des élections partielles déterminent l'Assemblée à préciser, pour les limiter, les pouvoirs de Thiers. Aux termes de la loi Rivet du 31 août 1871, qui est une Constitution au sens matériel, le chef du pouvoir exécutif prend – à titre personnel et sans que la fonction soit créée – le titre de président de la République française.

Des dispositions de cette loi, il ressort clairement que l'Assemblée est investie, par son élection, d'un pouvoir souverain. C'est d'elle par conséquent que les autres organes, y compris le président de la République, tiennent nécessairement leurs compétences. Aussi l'Assemblée confirme-t-elle la délégation du pouvoir exécutif qu'elle avait accordée à Thiers le 17 février 1871. À ce titre, le président promulgue les lois et en assure l'exécution (mais l'Assemblée conserve la plénitude du pouvoir législatif). Il est assisté par des ministres, qu'il nomme et révoque et qui doivent contresigner ses décisions. Les dispositions les plus intéressantes sont celles concernant les rapports du président et de l'Assemblée car elles marquent bien la méfiance dans laquelle la seconde tient le premier. Non seulement le président est placé sous l'autorité de l'Assemblée, devant laquelle il est responsable, ainsi que ses ministres, mais encore il est expressément prévu qu'il doit résider au lieu où siège l'Assemblée et surtout qu'il ne peut se faire entendre d'elle que s'il le croit nécessaire et après avoir informé de son intention le président de l'Assemblée. Il s'agit à la fois de bien marquer la dépendance de l'exécutif par rapport à l'Assemblée et de limiter l'influence personnelle de Thiers.

c) La « Constitution » Albert de Broglie (13 mars 1873)

769. De la loi Rivet au printemps 1873, Thiers, qui obtient la libération anticipée du territoire, domine la vie politique. Après avoir hésité, il se prononce le 13 novembre 1872 pour une République conservatrice. Dès lors la majorité monarchiste souhaite l'éliminer.

C'est l'intention qui inspire la loi Albert de Broglie du 13 mars 1873. Celle-ci prévoit d'abord que les rapports de l'Assemblée avec le président se feront désormais par l'intermédiaire des ministres : ce sont ces derniers qui viennent lire à l'Assemblée les messages du président, c'est à eux que doivent s'adresser les interpellations. Elle dispose ensuite que le président ne peut plus se faire entendre qu'après l'avoir demandé à l'Assemblée par un message et seulement le lendemain de la réception de ce message. Après son discours la séance est immédiatement levée et ce n'est que lors d'une séance ultérieure qu'il peut être procédé à un vote, hors la présence de l'intéressé. Cette procédure complexe (et rationalisée avant la lettre), que Thiers qualifiait de « cérémonial chinois », doit être appliquée même lorsque les questions débattues à l'Assemblée engagent la responsabilité du président parce qu'elles se rattachent à la politique générale du Gouvernement.

Ces dispositions produisent rapidement l'effet attendu et le 24 mai 1873, Thiers, mis en minorité, donne sa démission. Le même jour, le Maréchal de Mac-Mahon est élu président. (Sur cette période, cons. D. Halévy, *La fin des notables,* 1930). Comme on le verra, la révision constitutionnelle du 23 juillet 2008 est revenue sur cette tradition républicaine interdisant au président de se rendre devant les chambres.

d) La loi du Septennat (20 novembre 1873)

770. Les tentatives de Restauration se poursuivent tout au long de l'été 1873 mais en octobre l'opiniâtreté du comte de Chambord dans l'affaire du drapeau blanc montre que la réalisation en est impossible avant longtemps. Désireuse de gagner du temps, l'Assemblée prolonge le régime provisoire en confiant à Mac-Mahon le pouvoir exécutif pour sept ans, avec le titre de président de la République, mais toujours sans créer la fonction.

B. L'élaboration et l'adoption de la Constitution

771. On peut comprendre assez facilement qu'une Assemblée à majorité monarchiste qui, par la faute du Prétendant, ne pouvait faire prévaloir la monarchie, ait montré peu d'ardeur pour élaborer une Constitution républicaine. Cette élaboration fut donc longtemps éludée et ce n'est que lorsqu'il est apparu qu'elle ne pouvait plus faire autrement que l'Assemblée a enfin exercé son pouvoir constituant en allant au plus simple, c'est-à-dire en s'inspirant du régime en vigueur et en lui apportant les adjonctions nécessaires pour que la république soit conservatrice.

a) Les débuts du septennat de Mac-Mahon et l'amorce du régime parlementaire

772. De la présidence Thiers à la présidence Mac-Mahon, ce sont les mêmes textes qui s'appliquent, à la réserve près, d'ailleurs importante, de la loi du Septennat. Mais les régimes pratiqués sont, en fait, très différents.

Sous la présidence de Thiers, celui-ci dirigeait lui-même et effectivement l'action de ses ministres. Il était à la fois chef de l'État et chef de Gouvernement. Aussi bien venait-il fréquemment s'expliquer devant l'Assemblée et c'est précisément pour réduire et limiter ses interventions que celle-ci avait adopté les mesures inscrites dans la loi Rivet et surtout dans la loi de Broglie. Le régime pratiqué était ambigu car il comportait sans doute quelques éléments de régime parlementaire dualiste (notamment le contreseing ministériel et la double responsabilité des ministres) mais, en droit, il était plus proche du régime d'assemblée (en raison de la responsabilité directe du président devant l'Assemblée nationale et de l'absence de bicéphalisme exécutif) cependant qu'en fait la forte personnalité de Thiers en a fait longtemps un régime à prépondérance présidentielle.

773. Sous la présidence de Mac-Mahon, on constate un changement très sensible. En effet, il a accepté la présidence par sentiment du devoir mais il entend prendre ses distances vis-à-vis de la politique. Dès lors, il s'opère une dissociation entre les fonctions de chef de l'État, assumées par Mac-Mahon pour une durée préfixée, et les fonctions de chef de Gouvernement, assumées par le vice-président du Conseil des ministres. Ce bicéphalisme exécutif produit ses effets habituels en ce sens que le président bénéficie d'une irresponsabilité de fait, d'ailleurs conforme à la logique de la loi du Septennat, cependant que le vice-président du Conseil exerce son autorité sur le Gouvernement et assume devant l'Assemblée l'entière responsabilité de la politique suivie[1].

Dans le régime ainsi pratiqué, les éléments empruntés au régime parlementaire sont désormais prédominants. Les constituants de janvier 1875 vont s'en inspirer.

b) Le vote des lois constitutionnelles de 1875 et le problème du Sénat

774. La loi du Septennat avait prévu la création d'une commission de trente membres, chargée de préparer le projet de Constitution et dont les travaux n'avancent que très lentement.

Dans son message du 6 janvier 1875, Mac-Mahon déclare que : « L'heure est venue d'aborder la grave discussion des lois constitutionnelles... l'opinion comprendrait mal un nouveau retard. » Dès lors tout va aller très vite. Après quatre ans d'atermoiements, l'Assemblée vote les lois constitutionnelles en quelques semaines, l'essentiel étant pour elle l'institution d'un Sénat dont la composition garantisse le conservatisme. Le 30 janvier 1875 un amendement présenté par H. Wallon prévoit que le président de la République est élu par le Sénat et la Chambre des députés réunis en Assemblée nationale. C'était créer une présidence dissociée de la personne de ceux qui y sont élus – contrairement à ce qui s'était passé pour Thiers et pour Mac-Mahon – et c'était par conséquent fonder la République. L'amendement est voté par 353 voix contre 352, grâce au ralliement d'un groupe charnière[2]. L'essentiel étant acquis, il ne restait plus qu'à voter les lois constitutionnelles.

775. La loi du 24 février 1875 relative à l'organisation du Sénat est adoptée par 435 voix contre 234, la loi du 25 février 1875 relative à l'organisation des pouvoirs publics est adoptée par 425 voix contre 254 et la loi du 16 juillet 1875 sur les rapports des pouvoirs publics est adoptée par 550 voix contre 82. L'Assemblée nationale peut se séparer mais le Maréchal de Mac-Mahon demeure président de la République puisqu'il a été élu pour sept ans le 24 mai 1873.

---

1. À partir du 24 mai 1873, on assiste à une succession de gouvernements, parfois mis en minorité par l'Assemblée mais parfois aussi maintenus en fonction par le président. Le ministère de Broglie dure ainsi jusqu'au 22 mai 1874 en dépit des démissions données le 26 novembre 1873 et 8 janvier 1874. Il est remplacé par le ministère de Cissey, qui lui aussi démissionne à deux reprises les 8 juillet 1874 et 6 janvier 1875, et qui est remplacé à son tour, le 10 mars 1875, par un ministère Buffet.

2. Il s'agit du groupe rassemblé autour du député Target. Quelques députés du Centre droit votent également l'amendement Wallon.

II. La mise en place du régime

776. Les républicains avaient obtenu l'essentiel mais ils ne pouvaient être complètement satisfaits de ces institutions républicaines hâtivement votées – après de longues tergiversations – par une assemblée monarchiste. C'est pourquoi la véritable mise en place du régime républicain se fait après l'adoption des lois de 1875. Elle tient sur le plan politique aux conséquences de la crise du 16 mai 1877 et sur le plan institutionnel aux révisions de 1879 et de 1884.

A. La crise du 16 mai 1877 et ses suites

777. Elle est d'un intérêt capital pour la compréhension de la Troisième République (et même de la Cinquième République, cf. chapitres 15 et 17).

a) Les événements

778. Le 16 mai 1877 le Maréchal de Mac-Mahon adresse au président du Conseil, Jules Simon, une lettre désapprouvant sa politique. Jules Simon démissionne et il est remplacé par Albert de Broglie, cependant que le 18 mai la Chambre des députés et le Sénat sont ajournés jusqu'au 16 juin. Mais la Chambre des députés élue les 20 février et 5 mars 1876 était composée pour trois cinquièmes d'élus républicains. Dès le 18 mai, ceux-ci s'élèvent, par le manifeste des 363, contre ce qu'ils considèrent comme un coup de force du président. Le 16 juin, les chambres se réunissent de nouveau et le 21 juin un ordre du jour est voté à la Chambre des députés par les 363, déclarant expressément « que le ministère n'a pas la confiance des représentants de la Nation ». Le 25 juin, le président de la République, sur avis conforme du Sénat, prononce la dissolution de la Chambre.

Au cours de l'été, la campagne électorale oppose, d'une part, le président de la République qui s'engage personnellement et le Gouvernement de Broglie qui mène son action par l'intermédiaire de ses préfets, et d'autre part, les forces républicaines rassemblées qui décident que les 363 sortants n'auront pas de concurrents républicains cependant que Gambetta, le 15 août, évoquant leur victoire, affirme, parlant du Maréchal, qu'il devra « se soumettre ou se démettre ». Les élections eurent lieu les 14 et 28 octobre 1877. Elles virent la nette victoire des républicains, qui obtinrent 326 sièges alors que les droites n'en avaient que 207. Le 7 novembre, la Chambre se réunit et décide le 12 de créer une commission d'enquête sur les événements du 16 mai. Le ministère de Broglie, démissionnaire à la suite du résultat des élections, est remplacé le 23 novembre par un Gouvernement de Rochebouet dont les principaux ministres sont pris hors du Parlement. Mais la Chambre vote le 24 un ordre du jour par lequel elle déclare « qu'elle ne peut entrer en rapport avec ce ministère » et se prépare à refuser tous crédits aux gouvernements qui ne seraient pas pris dans sa majorité. Après avoir encore un peu hésité, le Maréchal se résigne à la seule solution possible et demande, le 13 décembre, à Dufaure de constituer le Gouvernement.

b) L'aboutissement

779. En même temps que se constitue le Gouvernement Dufaure, le président se voit contraint d'adresser un message au Parlement dans lequel, désavouant son propre comportement dans l'affaire du 16 mai, il affirme son désir de revenir « à la pratique sincère des lois constitutionnelles ». Ainsi, l'arbitrage des électeurs ayant été rendu en faveur des républicains, le président est obligé de se soumettre. Pendant toute l'année 1878, il doit s'accommoder d'une majorité et d'un Gouvernement pratiquant une politique qui ne répond pas à ses convictions. Mais au début de l'année 1879, il perd son dernier appui, les républicains obtenant la majorité au Sénat. Le 30 janvier 1879, il donne sa démission et les deux chambres réunies procèdent à son remplacement.

C'est Jules Grévy qui est élu par 563 voix sur 713 votants. Il adresse le 6 février un message au Parlement dans lequel il affirme et promet qu'il n'entrera « jamais en lutte contre la volonté nationale exprimée par ses organes constitutionnels ». C'est ce que l'on a appelé parfois la « Constitution » Grévy, bien qu'il s'agisse d'une simple déclaration d'intention.

c) Les conséquences

780. Elles sont capitales pour l'avenir et le fonctionnement du régime. Les unes sont favorables, les autres défavorables.

Parmi les conséquences favorables, la principale est l'abandon de la forme dualiste ou orléaniste, qui implique une double responsabilité politique du Cabinet à la fois devant le président de la République et devant les Chambres. Le régime dualiste présente de graves inconvénients puisqu'il exige que ces organes soient toujours d'accord sans prévoir aucune solution harmonieuse s'il n'en est pas ainsi. Désormais, le cabinet sera seulement responsable devant les Chambres. L'effacement de la présidence de la République résultant de la « Constitution » Grévy représente également un élément favorable car normal dans un régime parlementaire classique.

Mais il y a aussi des conséquences défavorables, la plus importante, de beaucoup, étant le discrédit dans lequel tombe la procédure de dissolution. Elle est désormais considérée, en raison de l'emploi qui en a été fait par le président de la République dans un sens conservateur et réactionnaire, comme menaçant les institutions républicaines. Alors que, exercée par le président du Conseil des ministres, elle constitue une pièce maîtresse du régime parlementaire, elle ne sera plus jamais utilisée au cours de la Troisième République.

B. Les révisions républicaines

781. Il y aura trois révisions républicaines au total mais seules les deux premières présentent une importance politique[1].

a) La révision du 21 juin 1879

782. À la suite de la conquête des deux chambres par les républicains et du remplacement de Mac-Mahon par J. Grévy[2], il est procédé à une première révision, dont l'intérêt n'est certes pas négligeable mais demeure encore modeste. Elle a, en effet,

---

1. La troisième révision est celle résultant de la loi constitutionnelle du 10 août 1926. Celle-ci avait pour objet de rassurer les souscripteurs de bons de la défense nationale en créant une caisse d'amortissement à laquelle il ne pourrait être porté atteinte que par une révision de la Constitution.

2. Une révision « républicaine » ne pouvait guère avoir lieu plus tôt car l'article 8, *in fine,* de la loi du 25 février 1875 disposait que « pendant la durée des pouvoirs conférés par la loi du 20 novembre 1873 à M. le Maréchal de Mac-Mahon, cette révision ne peut avoir lieu que sur la proposition du président de la République ».

pour objet de déconstitutionnaliser l'article 9 de la loi constitutionnelle du 25 février 1875, qui fixait à Versailles le siège des pouvoirs publics. Une loi ordinaire du 22 juillet 1879 peut ensuite fixer ce siège à Paris.

b) La révision du 14 août 1884

783. C'est la grande révision républicaine. Elle intervient après que les élections législatives de 1881 et le renouvellement sénatorial de 1882 aient encore renforcé la majorité républicaine au sein des deux chambres. Elle comporte à la fois des dispositions symboliques et des dispositions extrêmement importantes qui modifient considérablement la physionomie du Sénat.

784. Les premières déclarent que la forme républicaine du gouvernement ne peut faire l'objet d'une révision et que les membres des familles ayant régné sur la France sont inéligibles à la présidence de la République. Elles suppriment aussi les prières publiques qui, en vertu de la loi du 16 juillet 1875, devaient être faites le dimanche suivant la rentrée des assemblées.

785. Les secondes « déconstitutionnalisent » les articles 1 à 7 de la loi du 24 février 1875, qui peuvent dès lors être modifiées par une loi ordinaire. Tel est effectivement l'objet de la loi du 9 décembre 1884. Les modifications apportées concernent principalement la composition du Sénat et la composition de son collège électoral. D'une part, elles suppriment pour l'avenir les soixante-quinze sénateurs inamovibles et cooptés par le Sénat : désormais les trois cents sénateurs seront élus au suffrage universel indirect[1]. D'autre part, les conseils municipaux, au lieu d'élire chacun un délégué au collège sénatorial, comme c'était le cas, éliront des délégués en nombre variable selon le nombre des conseillers municipaux et, par conséquent, selon l'importance de la population, sans que pour autant une véritable proportionnalité soit établie entre celle-ci et le nombre des délégués. L'influence prépondérante passe, au sein du collège sénatorial, des campagnes aux bourgs et aux petites villes mais les grands centres urbains sont toujours sous-représentés.

Section 2
Les institutions et leur fonctionnement

786. Les lois constitutionnelles de 1875 sont brèves (34 articles au total) et sans aucune prétention doctrinale. Faciles à réviser[2], elles sont pourtant demeurées pratiquement intangibles après la révision de 1884. Il n'est d'ailleurs pas douteux que

---

1. Les sénateurs nommés par l'Assemblée nationale – qui, curieusement, avait nommé une majorité de sénateurs républicains, les légitimistes préférant encore ces derniers aux orléanistes – demeurent en fonction mais au fur et à mesure que des sièges deviennent vacants ils sont pourvus par des sénateurs élus.

2. La procédure de révision implique d'abord que chaque assemblée se prononce par délibération séparée et à la majorité absolue des voix sur le principe de la révision, ensuite que les deux chambres réunies en Assemblée nationale décident de la révision à la majorité absolue des membres composant cette dernière.

leur laconisme a beaucoup contribué à leur longévité. En tout cas, elles mettent en place tous les éléments du régime parlementaire, à savoir un exécutif bicéphale, un Parlement bicaméral et des mécanismes de collaboration entre le premier et le second.

I. Les organes exécutifs

787. Ils comprennent dans le texte des lois de 1875 un président de la République et des ministres mais dans la pratique les ministres sont regroupés sous l'autorité d'un président du Conseil des ministres.

A. Le président de la République

788. Il est élu pour sept ans, à la majorité absolue des suffrages et au scrutin secret, par la Chambre et le Sénat réunis en Assemblée nationale. Il faut distinguer entre ses pouvoirs nominaux et ses pouvoirs réels et évoquer aussi son irresponsabilité.

a) Les pouvoirs nominaux

789. Ils sont très importants. Le président nomme les ministres et, en pratique, choisit celui d'entre eux qui fait office de président du Conseil des ministres. Il négocie et ratifie les traités et dispose de la force armée. Il nomme aux emplois civils et militaires, ce qui en fait le chef de l'administration d'État, il promulgue les lois, en surveille et en assure l'exécution, ce qui lui confère le pouvoir réglementaire. Il a l'initiative des lois, peut demander aux chambres une nouvelle délibération dans le délai de promulgation. Il communique avec les assemblées par des messages lus à la tribune par un ministre, il prononce la clôture de leur session et peut aussi les convoquer en session extraordinaire. Il peut aussi décider la dissolution de la Chambre des députés sur avis conforme du Sénat.

b) Les pouvoirs réels

790. Ils sont inexistants sauf en ce qui concerne le choix du chef du Gouvernement.

Aux termes de l'article 3, *in fine*, de la loi du 25 février 1875, chacun des actes du président de la République doit être contresigné par un ministre, cependant qu'aux termes de l'article 6, *in fine,* de cette même loi le président est politiquement irresponsable. Ces deux règles, traditionnelles en régime parlementaire, enlèvent toute substance aux compétences normalement attribuées au président par les lois constitutionnelles. En effet, comme le président est politiquement irresponsable, le Gouvernement assume, en contresignant les décisions apparemment prises par lui, la responsabilité de ces décisions devant les chambres. Mais en régime parlementaire autorité et responsabilité sont indissolublement liées et, par conséquent, le Gouvernement responsable doit disposer du pouvoir réel. La procédure du contreseing concrétise le transfert du pouvoir effectif du président de la République au Gouvernement.

Le seul pouvoir véritable du président de la République, qui présente d'ailleurs une grande importance, c'est le choix du président du Conseil des ministres. Certes, il ressort implicitement de la « Constitution » Grévy qu'il doit nécessairement le choisir dans la majorité parlementaire mais ce n'est pas là une obligation trop contraignante dans la mesure où il existe plusieurs majorités possibles (de coalition) et où, par conséquent, le président dispose tout de même d'une large marge de choix. En revanche, il va de soi après 1877 que le président de la République, ne peut, en aucun cas, révoquer le président du Conseil des ministres, qui n'est nullement responsable devant lui, et qu'il doit user d'une extrême circonspection dans l'exercice du droit de dissolution, en raison du souvenir très fâcheux laissé par le précédent de 1877.

c) L'irresponsabilité du président

791. Inscrite dans la Constitution, elle rencontre certaines limites lorsque, pour une raison quelconque, le président sort du rôle effacé qui doit être le sien en vertu de la pratique du régime. Le cas de Mac-Mahon mis à part, puisque déjà étudié, plusieurs présidents furent amenés à démissionner avant la fin de leur septennat. Si le cas de J. Grévy [1] et celui de J. Casimir Périer [2] ne sont pas vraiment significatifs, en revanche celui d'A. Millerand est riche d'enseignements dans la mesure où il confirme le précédent de 1879.

Le président Millerand avait été élu en 1920 par une Assemblée nationale dominée par le Bloc national. Il prit des initiatives, recevant ministres et préfets et cette attitude n'aurait pas été acceptée par tous ses présidents du Conseil puisque, semble-t-il, elle aurait provoqué la démission du Gouvernement Briand en janvier 1922. Le 14 octobre 1923, Millerand prononce à Évreux un discours dans lequel il prend position sur le fonctionnement des institutions et préconise une révision facilitant au président de la République l'exercice du droit de dissolution par la suppression de l'avis conforme du Sénat. Le Gouvernement Poincaré et les majorités modérées des deux chambres n'avaient pas protesté.

792. Mais les élections générales du 10 mai 1924 voient le succès du Cartel des gauches, qui avait fait campagne contre le rôle actif joué par le président Millerand. Celui-ci demanda à E. Herriot, leader du Cartel des gauches, de former le nouveau Gouvernement. Herriot refuse, en raison de l'exclusive lancée contre Millerand par le Cartel. Le président, isolé, n'a d'autre recours que de faire appel à un député qui est aussi un ami pour lui demander de former le Gouvernement et de le présenter à la Chambre en donnant lecture d'un message présidentiel. Il le fait le 10 juin 1924, à la suite de quoi la Chambre vote par 327 voix contre 217 un ordre du jour proposé par Herriot et par lequel elle se disait « résolue à ne pas entrer en relations avec le ministère François Marsal... et décide d'ajourner toute discussion jusqu'au jour où se présenterait devant elle un Gouvernement constitué conformément à la volonté souveraine du pays ». Le président Millerand donne sa démission le 11 juin 1924.

Incontestablement, et comme cela était déjà arrivé pour Mac-Mahon, la Chambre des députés a sanctionné le comportement, estimé coupable, du président de la République. Finalement, en dépit de son irresponsabilité officielle, ce dernier peut voir sa responsabilité de fait engagée et se trouver ainsi contraint à donner sa démission.

---

1. Réélu en décembre 1885, Jules Grévy est contraint par les Chambres à démissionner en novembre 1887, à la suite du scandale des décorations dans lequel est impliqué son gendre Wilson.

2. Élu président de la République en juin 1894, J. Casimir-Périer, qui estime ne pas disposer des moyens nécessaires pour exercer convenablement ses fonctions, démissionne en janvier 1895.

B. Le président du Conseil des ministres et le Gouvernement

793. Bien que le premier ne soit, sous la Troisième République, qu'un membre du Gouvernement parmi d'autres, il est de bonne méthode de les étudier séparément.

a) Le président du Conseil des ministres

794. Les lois constitutionnelles de 1875 ne prévoient pas la fonction de chef de Gouvernement et n'indiquent pas davantage qui doit présider le Conseil. Mais il faut voir là, plus que l'effet d'une volonté délibérée, la prise en compte du système en vigueur, dans la précipitation des semaines de janvier et de février 1875 au cours desquelles la Constitution est adoptée. En effet, l'omission vient sans doute de ce que, dans les textes intervenus entre 1871 et 1873, le Conseil des ministres était présidé par le président de la République. Il n'était donc besoin que d'un vice-président du conseil et encore n'apparaît-il vraiment qu'à partir de juin 1873 lorsque Mac-Mahon introduit le bicéphalisme exécutif, le vice-président du conseil assumant en fait les fonctions de chef de Gouvernement.

C'est cette situation qui va se perpétuer mais avec un changement d'appellation : l'usage supplée le silence des textes. Après l'élection des assemblées prévues par la nouvelle Constitution il y aura bien désormais un chef de Gouvernement, mais le premier en date, A. Dufaure le 23 février 1876, est désigné sous le titre de président du Conseil des ministres, qui sera aussi celui de ses nombreux successeurs (un peu plus d'une centaine).

Pour ce qui est de la présidence proprement dite de l'équipe gouvernementale il conviendra tout au long de la Troisième République de distinguer deux formations possibles : normalement le Conseil des ministres est présidé par le président de la République, si exceptionnellement ce dernier ne peut assumer cette tâche, il appartient au président du Conseil de présider un Conseil de cabinet.

b) L'absence de statut

795. La présidence du Conseil est donc, sous la Troisième République, une institution de nature coutumière, non prévue par les textes. Il s'ensuit que l'autorité de son titulaire est essentiellement politique. On notera cependant que le président du Conseil doit obligatoirement contresigner tous les actes du président de la République, ce qui le met en mesure de contrôler toute la politique gouvernementale et, par conséquent, l'activité des autres ministres.

Mais cette autorité laisse le président du Conseil *primus inter pares*. Il n'a aucun moyen juridique pour imposer sa volonté et notamment la faire prévaloir sur celle de ses collègues, s'ils ne sont pas du même avis. Souvent, le président du Conseil assumera aussi la gestion d'un département ministériel, alors qu'il devrait se consacrer exclusivement à ses fonctions d'impulsion, de coordination et de décision. Il ne dispose même pas des services administratifs et des moyens matériels nécessaires et ce n'est qu'en 1934 que sera enfin créé, auprès du président du Conseil, l'embryon d'un secrétariat général du Gouvernement.

c) Le Gouvernement

796. Il constitue, comme il se doit en régime parlementaire, un organe collégial et solidaire.

Les ministres sont choisis par le président du Conseil et nommés par le président de la République. À ce moment, le Gouvernement est définitivement constitué. Contrairement à ce qui se passera sous la Quatrième République sa formation ne dépend pas d'un vote d'investiture des Chambres. Mais tous les présidents du Conseil viennent présenter leur programme et leur Gouvernement aux assemblées.

Les ministres sont presque toujours des parlementaires. Cependant, dans le silence des textes, il pourrait parfaitement en être autrement et, en 1936, le premier Gouvernement Blum comprendra des femmes, alors qu'elles ne sont même pas électrices. Les ministres pourraient également, semble-t-il, être révoqués, les textes étant muets à ce sujet et par conséquent ne s'y opposant pas mais le contexte institutionnel et politique n'est pas favorable, le président du Conseil, à qui devrait en fait revenir la décision, n'ayant pas d'existence juridique en tant que tel. Les désaccords internes donnent donc plutôt lieu à démission collective du Gouvernement.

II. Les organes législatifs

797. Les deux chambres sont sur un pied d'égalité et on sait que la Constitution républicaine n'a été adoptée par la majorité monarchiste de l'Assemblée nationale que parce qu'elle comportait un Sénat.

A. La Chambre des députés

798. Elle est élue au suffrage universel masculin direct et dispose de la plénitude des pouvoirs législatif et de contrôle.

a) L'élection de la Chambre

799. Elle n'est pas réglementée par la Constitution qui ne fait que poser le principe du suffrage universel et renvoie pour le reste, et notamment pour le choix du mode de scrutin, à des lois dites « organiques » qui, juridiquement, ne se distinguent pas des lois ordinaires. En dehors d'une courte période, entre 1920 et 1928, pendant laquelle il a été fait application d'un système proportionnaliste, la Troisième République a pratiqué le scrutin majoritaire à deux tours, presque constamment sous la forme du scrutin uninominal dans le cadre de l'arrondissement. Ce mode de scrutin a certainement aidé à maintenir élevé le nombre des partis politiques.

b) Le fonctionnement de la Chambre

800. La Chambre élit son bureau chaque année au début de la session. Celle-ci s'ouvre de plein droit le second mardi de janvier et doit durer au moins cinq mois. C'est le président de la République qui prononce la clôture de la session (mais il va de soi que, en fait, c'est le Gouvernement qui décide). Une session extraordinaire doit être convoquée si elle est demandée par la majorité absolue des députés et par la majorité absolue des sénateurs. Elle peut aussi être convoquée sur décision du Gouvernement. Les deux assemblées siègent toujours en même temps.

c) Les attributions de la Chambre

801. Elles sont très étendues et ne rencontrent d'autres limites que celles résultant des attributions concurrentes du Sénat. La Chambre participe avec le Sénat à l'élection du président de la République, à l'exercice du pouvoir constituant dérivé, à l'exercice du pouvoir législatif, ainsi qu'au contrôle du Gouvernement. Les députés ont donc le droit de déposer des propositions de lois et des amendements et ils ont les mêmes attributions en matière financière qu'en matière législative ordinaire, ils peuvent notamment proposer des dépenses supplémentaires. Le contrôle du Gouvernement s'effectue par une gamme très variée de procédures, des questions écrites ou orales à la mise en cause de la responsabilité ministérielle en passant par les interpellations et par le contrôle exercé par les commissions permanentes et spécialisées.

B. Le Sénat

802. Même après la révision de 1884, il continue de jouer un rôle essentiel dans le fonctionnement des institutions.

a) L'élection du Sénat

803. Le Sénat est élu au suffrage indirect à deux et trois degrés, par un collège électoral comprenant les députés, les conseillers généraux, les conseillers d'arrondissement et des délégués élus par les conseils municipaux.

Du fait de son mode d'élection, le Sénat apparaît certes, ainsi que le souhaitaient les constituants, comme une chambre de notables, d'orientation conservatrice, qui assure une nette sur-représentation des milieux ruraux et des petites villes, mais il se présente aussi comme un gardien de la tradition républicaine et manifestera toujours une fidélité sans défaillance au régime. On peut dire que, à l'image de ces collectivités locales dont il procède et qui constituent de véritables corps intermédiaires, le Sénat est politiquement républicain et socialement conservateur.

Les sénateurs sont élus pour neuf ans, le renouvellement ayant lieu par tiers tous les trois ans. L'âge d'éligibilité est de quarante ans. Comme la Chambre, le Sénat procède à la validation de l'élection de ses membres.

b) Les attributions et la faculté d'empêcher du Sénat

804. Le Sénat est à parité avec la Chambre puisqu'il participe, exactement dans les mêmes conditions qu'elle, à l'exercice de toutes ses compétences. Tout au plus peut-on observer que s'agissant de l'élection présidentielle, les sénateurs pourraient sembler peser d'un moindre poids parce qu'ils sont nettement moins nombreux que les députés [1]

1. En réalité, il n'en est rien et la présidence du Sénat demeure le meilleur atout pour l'élection à la présidence de la République, comme en témoignent les cas de Loubet (1896), Fallières (1906), Doumergue (1924), Doumer (1931), Lebrun (1932).

et que s'agissant des pouvoirs législatif et financier, les lois de finances doivent être, en premier lieu, présentées à la Chambre des députés et votées par elle [1].

Le Sénat dispose ainsi, selon la terminologie de Montesquieu, d'une véritable faculté d'empêcher. En effet, il peut faire obstacle à une dissolution éventuelle et tenir en échec toute tentative de révision. Il peut opposer son veto aux lois adoptées par la Chambre et aux crédits accordés par elle. Il peut aussi, comme nous le verrons, obliger un Gouvernement investi de la confiance de la première assemblée à démissionner. Cette faculté d'empêcher est, à l'exception de l'opposition éventuelle à la dissolution, essentiellement dirigée contre la chambre représentative de l'ensemble de la Nation, parce que élue au suffrage universel direct, dont les constituants se méfiaient beaucoup. Subsidiairement elle est aussi dirigée contre le Gouvernement, qui a nécessairement trouvé une majorité au sein de la Chambre.

III. Les mécanismes de collaboration

805. Ils recouvrent, comme il est de règle en régime parlementaire, l'exercice de la compétence législative et les rapports existant entre le Gouvernement et les chambres et que concrétise la responsabilité du premier devant les secondes.

A. L'exercice de la compétence législative

806. C'est sous la Troisième République que le grand juriste R. Carré de Malberg donne de la loi l'analyse la plus claire et la plus classique mais c'est aussi après la Première guerre mondiale que les notions traditionnelles reçoivent leurs premières atteintes, avec les lois de pleins pouvoirs et les décrets-lois.

a) La loi, expression de la volonté générale

807. C'est précisément le titre d'un ouvrage publié par R. Carré de Malberg (*La loi, expression de la volonté générale,* Sirey, 1931). L'auteur y montre que la loi tire sa spécificité et ses caractères de cette qualité qui lui est reconnue depuis la Révolution française d'exprimer la volonté générale. Il en résulte deux conséquences importantes, à savoir que la loi obéit à une définition exclusivement organique et qu'elle l'emporte sur les normes réglementaires émanant de l'exécutif.

Si la loi répond à un critère organique exclusif, c'est-à-dire si elle est et ne peut être que l'acte voté par le Parlement selon la procédure législative, c'est justement parce que le Parlement est le seul organe à pouvoir, dans la tradition constitutionnelle française, prétendre représenter l'ensemble de la Nation et exprimer sa volonté. En d'autres termes, la loi se définit par son auteur et non par son contenu. Il s'ensuit que le Parlement peut légiférer sur toute question et que son champ d'action est sans borne parce que l'on ne peut en assigner à la volonté générale. En revanche, les règlements de l'exécutif doivent se borner à préciser les modalités d'application des lois et ce n'est que de manière très exceptionnelle, c'est-à-dire seulement dans le silence de la

---

1. Mais, en sens contraire, il faut signaler que le Sénat s'est fait une spécialité de l'examen du budget et du contrôle des finances publiques et qu'il se présentait volontiers comme le gardien de l'orthodoxie financière.

loi, que l'autorité réglementaire peut intervenir spontanément. Il va de soi d'ailleurs que, même dans ce cas, le législateur peut légiférer et dessaisir par là-même l'autorité réglementaire.

C'est aussi parce que la loi exprime la volonté générale qu'elle l'emporte sur les règlements des organes exécutifs, qui ne sont que des organes « commis », ne représentant pas l'ensemble de la Nation (ou tout au moins n'en procédant pas de manière directe), et dont les actes apparaissent donc comme subordonnés et seconds. Aussi bien, il existe un contrôle juridictionnel des actes des autorités exécutives, assuré par la voie du recours pour excès de pouvoir porté devant les juridictions administratives, qui permet à celles-ci de vérifier la légalité de ces actes.

b) Les lois de pleins pouvoirs et les décrets-lois

808. Ce système parfaitement cohérent et rationnel reçoit à partir de 1924 une grave atteinte du fait de la pratique des lois de pleins pouvoirs[1]. Ces lois sont adoptées sous la pression des difficultés économiques consécutives à la Première Guerre mondiale, qui exigent des mesures rapides, importantes et très souvent impopulaires car il s'agit de remédier au déficit budgétaire et d'assainir la situation financière. Le Parlement ne tient pas tellement à en assurer la paternité et s'en remet volontiers au Gouvernement du soin de prendre les mesures nécessaires.

Comme leur nom l'indique suffisamment, les lois de pleins pouvoirs habilitent le Gouvernement à prendre, pendant un délai préfixé (généralement trois ou quatre mois), par décrets approuvés en Conseil des ministres[2], les mesures qu'implique le redressement financier et économique. Ces décrets peuvent le cas échéant modifier la législation existante : il s'agit alors de décrets-lois qui doivent être déposés pour ratification devant le Parlement dans un délai normalement prévu à l'avance. Douze lois de pleins pouvoirs sont ainsi intervenues entre 1924 et 1939.

809. Les lois de pleins pouvoirs présentent, entre autres caractères, celui de conférer au Gouvernement une compétence très étendue sinon globale puisqu'il s'agit presque toujours de permettre le redressement financier et économique, lequel couvre un éventail extrêmement large de secteurs d'activités et de mesures possibles. Or ce caractère pose des problèmes juridiques difficiles. En effet, on ne peut prétendre, comme cela a été parfois avancé, que les lois de pleins pouvoirs étendent temporairement la compétence de l'autorité réglementaire en délégalisant les matières législatives correspondantes, ce qui n'aurait été admissible que si elles avaient été déterminées avec suffisamment de précision mais ce n'était pas le cas. Et on ne peut non plus concevoir qu'elles comportent une délégation du pouvoir législatif, celle-ci étant bien évidemment

---

1. La loi du 22 mars 1924 et la loi 3 août 1926 ont accordé les pleins pouvoirs à des gouvernements dirigés par Raymond Poincaré, au moment où il a opéré, en 1926 notamment, le redressement auquel son nom reste attaché.

2. Ces décrets entrent en application dès leur publication mais ils ne conservent leur validité que s'ils sont déposés en temps utile sur le bureau des chambres pour ratification. Cependant il n'est pas indispensable que celle-ci ait lieu. Si elle intervient les décrets prennent valeur législative, dans le cas contraire, ils gardent valeur réglementaire (CE 6 juin 1934, *Rec.* 638 ; CE 25 juin 1937, *Rec.* 618 ; Req. 13 févr. 1939 ; *DH* 1939. 195). Toutefois, un décret modifiant la législation existante, même s'il n'a pas été ratifié, ne peut plus être modifié que par un texte législatif (Paris, 8 janv. 1936, *DH* 1936. 152 ; CE 6 déc. 1935, *DH* 1936. 6). Si les décrets n'ont pas été déposés en temps utile pour ratification ils perdent leur validité et deviennent caduques.

inconstitutionnelle parce que non prévue par les lois de 1875. En réalité, ces lois correspondent à un besoin pratique incontestable mais leur justification juridique est des plus douteuses.

B. Les rapports du Gouvernement et des chambres

810. Les lois de 1875, dans lesquelles on chercherait en vain la moindre amorce de rationalisation, font très brièvement mention de la responsabilité du Gouvernement et du droit de dissolution. Encore celui-ci tombe-t-il en désuétude après 1877.

a) La responsabilité du Gouvernement devant la Chambre des députés

811. Aux termes de l'article 6 de la loi du 25 février 1875, « Les ministres sont solidairement responsables devant les chambres de la politique du Gouvernement et individuellement de leurs actes personnels » C'est l'application pure et simple de la règle fondamentale du régime parlementaire que les constituants ont voulu établir. On observera que l'extrême brièveté des dispositions constitutionnelles laisse la mise en œuvre de cette procédure à la discrétion du Gouvernement et des chambres, qui peuvent également en prendre l'initiative.

b) La responsabilité du Gouvernement devant le Sénat

812. Elle procède de ce même texte visant la responsabilité du Gouvernement « devant *les chambres* », donc aussi devant le Sénat. Effectivement, le Gouvernement a été, à plusieurs reprises, obligé de démissionner en raison de l'hostilité du Sénat, soit qu'il ait été mis en minorité après avoir posé la question de confiance, soit qu'il ait préféré, après avoir constaté qu'il ne pouvait obtenir l'approbation de la seconde chambre, se retirer sans engager sa responsabilité au sens précis du terme [1].

La responsabilité du Gouvernement devant le Sénat a suscité des critiques de deux sortes. D'une part, on a fait valoir qu'il était anormal que le Gouvernement soit responsable devant une chambre dont il ne pouvait pas faire prononcer la dissolution, alors que les deux sont liés en régime parlementaire. D'autre part, on a fait valoir qu'il était choquant qu'une chambre de notables contraigne à se retirer un Gouvernement disposant de la confiance de la chambre élue au suffrage universel direct. Ce second argument est sans doute, quant au fond, décisif. Mais il ne pouvait évidemment pas être retenu dès lors qu'il existait un texte sans équivoque prévoyant expressément la responsabilité du Gouvernement devant les assemblées.

c) La dissolution de la Chambre des députés

813. Il a déjà été indiqué qu'elle n'a plus été pratiquée après 1877. Mais ce n'est pas à dire que le problème n'a pas été évoqué. Un président de la République, Millerand (en 1923-24), et un président du Conseil des ministres qui avait été président de la République, Doumergue (en 1934), ont envisagé de rendre la dissolution plus facile en faisant supprimer la nécessité de l'avis conforme du Sénat. Non seulement rien n'a été fait

---

1. Il faut citer notamment la démission des gouvernements Tirard (1890), Bourgeois (1896), Clemenceau (1908), Briand (1913), Herriot (1925), Tardieu (1930), Laval (1932), Blum (1937).

en ce sens mais encore ils ont été contraints à la démission[1]. Le mythe de la dissolution coup de force de l'exécutif contre le législatif continue pendant toute la durée de la Troisième République à produire ses effets maléfiques.

Section 3
Les caractères dominants du régime

814. Ils apparaissent à travers l'étude de ses bases politiques et de ses déformations institutionnelles.

A. Les bases politiques du régime

815. On les trouve dans le pluralisme et dans le libéralisme du régime. Mais le premier se discrédite par ses excès alors que le second marque de son empreinte cette tradition républicaine qui servira ensuite de modèle de référence.

a) Le pluralisme politique et ses excès

816. La Troisième République est caractérisée par un multipartisme compétitif et agressif qui se traduit, au plan des assemblées, par la prolifération des groupes, à laquelle ne remédie que très imparfaitement la politique dite de « concentration républicaine ».

Les partis se distinguent par leur nombre relativement élevé et par leur faible degré d'organisation, surtout à droite et au centre. En 1901, se constitue le parti républicain radical et radical-socialiste qui va, jusqu'à la fin de la Troisième République, dominer la vie politique ; en 1905 les socialistes forment le parti socialiste unifié (SFIO), qui n'accédera au pouvoir qu'en 1936, après le succès électoral du Front populaire ; en 1920 la division du mouvement socialiste donne naissance au parti communiste. Au centre et à droite, il existe une nébuleuse de partis très proches d'orientation mais constitués autour de fortes personnalités et défendant farouchement leur indépendance.

La Troisième République voit se succéder les gouvernements de concentration républicaine, c'est-à-dire appuyés sur des coalitions éliminant les extrêmes et réunissant les divers groupes du centre. Mais cette pratique n'est pas sans inconvénient car elle aboutit à la mise en œuvre de politiques très voisines par des majorités à peine différentes. Il est évident que, dans ces conditions, les électeurs ne peuvent se prononcer sur des politiques nettement tranchées et que, le mode de scrutin aidant, ils sont tentés de perpétuer le système.

b) Le libéralisme politique et ses acquis

817. Il constitue un actif d'autant plus remarquable que les périodes calmes ont été rares et que le régime a traversé les crises les plus graves, du Boulangisme (1887) aux ligues (1934) en passant par l'affaire Dreyfus (1898). Tous les grands textes sur les

---

1. L'annonce du projet de révision Doumergue qui, rétrospectivement, semble singulièrement modeste, entraîne la démission des ministres radicaux et finalement celle du gouvernement tout entier.

libertés datent du début de la Troisième République : loi du 29 juillet 1881 sur la liberté de la presse, lois des 30 juin 1881 et 28 mars 1907 sur la liberté de réunion, du 21 mars 1884 sur le droit syndical, du 1er juillet 1901 sur la liberté d'association, du 9 décembre 1905 sur la liberté de conscience et de culte, etc. Le libéralisme se complète d'une œuvre importante en matière de décentralisation (avec les chartes départementales du 10 août 1871 et municipale du 5 avril 1884) et de protection du citoyen (développement du recours pour excès de pouvoir). C'est sous la Troisième République que se forme la tradition républicaine.

B. Les déformations institutionnelles du régime

818. Elles prennent leur aspect le plus grave dans une extraordinaire instabilité gouvernementale et aboutissent à un déséquilibre institutionnel inquiétant.

a) L'instabilité gouvernementale

819. Elle atteint des proportions étonnantes : cent quatre gouvernements se succèdent entre 1871 et 1940.

Les causes immédiates ont souvent été cherchées dans le fait qu'aucune procédure particulière n'est prévue pour la mise en œuvre de la responsabilité politique du Gouvernement. Dès lors tous les prétextes sont bons et la moindre mise en minorité relative suffit, même sur une question de procédure[1] ou un scandale extérieur[2]. Il peut aussi démissionner sans avoir été mis en minorité[3] ou à la suite des critiques adressées lors d'un Congrès par un parti pourtant associé au Gouvernement[4]. Il arrive même que des gouvernements démissionnent après avoir obtenu un vote de confiance[5].

820. Mais il existe des causes plus profondes, politiques et non pas institutionnelles. On peut les trouver dans le multipartisme, dans l'hétérogénéité des « combinaisons » ministérielles, dans leur fragilité, dans la pluralité des majorités de rechange, elle-même liée à la traditionnelle politique de conjonction des centres. Il suffit de la défection de quelques voix, de l'appui de quelques autres pour que se substituent les unes aux autres, des majorités centristes très proches et pratiquant des politiques voisines. L'instabilité s'accompagne paradoxalement de la permanence du personnel gouvernemental.

b) Le déséquilibre institutionnel

821. Il tient au renversement complet qui s'est opéré entre l'exécutif et le législatif. Alors que le premier avait reçu des lois de 1875 des pouvoirs considérables, c'est

---

1. Démission du gouvernement J. Ferry en 1885. Mais il est vrai qu'une mise en minorité sur la procédure traduit souvent un désaccord sur le fond (en l'occurrence la politique indochinoise de J. Ferry).

2. Démission du gouvernement C. Chautemps en janvier 1934 en raison de l'affaire *Stavisky*.

3. Démission du gouvernement E. Combes en 1905 et du gouvernement C. Chautemps en 1938.

4. Démission du gouvernement R. Poincaré en 1928 à la suite du Congrès radical d'Angers et du gouvernement G. Doumergue en 1934 à la suite du Congrès radical de Nantes.

5. Démission du gouvernement A. Briand en 1910 et en 1914, du gouvernement E. Daladier en 1934.

le second qui finit le plus souvent par l'emporter. Le Parlement dispose à la fois de la plénitude du pouvoir législatif et de pouvoirs de contrôle très étendus. Il fait et défait les gouvernements de coalition dont l'assise parlementaire est toujours plus ou moins vacillante et qui ont renoncé à user du droit de dissolution. Il dessaisit même les électeurs. C'est ainsi que des Chambres que les élections de 1924, 1932 et 1936 avaient nettement orientées à gauche ont mis en place deux ans plus tard des gouvernements nettement orientés à droite (R. Poincaré en 1926, G. Doumergue en 1934, E. Daladier et P. Reynaud en 1938).

Mais si le Parlement est un vrai lieu de pouvoir, sa prépondérance est purement négative. Il peut empêcher le Gouvernement de gouverner, il ne gouverne pas à sa place. Bien plus il va renoncer en partie à légiférer. Les lois de pleins pouvoirs et les décrets-lois témoignent de son incapacité à remplir sa fonction. Le Cabinet est mis dans l'impossibilité de gouverner et les Chambres ne légifèrent plus sur les questions importantes : c'est le cumul des inconvénients.

Section 4
La fin du régime et les gouvernements successeurs

822. Après 1919, les habitudes prises paraissent irréversibles et si une volonté de réforme se manifeste, les forces politiques qui tiennent le régime en mains sont trop sclérosées pour y donner suite et la détérioration du régime va en s'accentuant. La défaite militaire de 1940 lui porte le coup fatal.

I. La chute du régime

823. L'acte du 10 juillet 1940 met fin à la Troisième République dans des conditions d'une irrégularité flagrante.

A. Le vote de l'acte dit loi constitutionnelle du 10 juillet 1940

824. La défaite représente, pour un courant d'opinion et quelques hommes politiques minoritaires, mais installés au pouvoir depuis la formation du Gouvernement Pétain, le 16 juin 1940, l'occasion tant espérée d'un changement de régime qu'ils n'auraient jamais pu réaliser par une voie légale et démocratique.

L'armistice demandé par le Gouvernement Pétain est signé le 22 juin. Convoquées à Vichy[1], les Chambres adoptent le 9 juillet une résolution déclarant « qu'il y a lieu de réviser les lois constitutionnelles[2] ». Le matin du 10 juillet, les deux chambres se réunissent en Assemblée nationale et procèdent à une discussion officieuse du projet de révision présenté par P. Laval, vice-président du Conseil. Ce projet donne tout

---

1. Deux décrets du 6 juillet 1940 avaient prononcé l'un, la clôture de la session ordinaire, l'autre la convocation en session extraordinaire, cependant qu'un décret du 8 juillet fixait à Vichy le siège des pouvoirs publics. On observera que cette fixation était matière législative depuis la révision du 21 juin 1879 et la loi du 22 juillet 1879 mais le gouvernement bénéficiait d'une habilitation du législateur (cf. L. du 11 juill. 1938, art. 59).

2. Le texte est voté à la Chambre par 359 voix contre 3 et au Sénat par 229 voix contre 1.

pouvoir au Gouvernement « sous l'autorité et la signature du Maréchal Pétain » à l'effet de promulguer une nouvelle Constitution de l'État français devant garantir « les droits du travail, de la famille et de la patrie ».

L'Assemblée nationale se réunit de nouveau le 10 juillet après-midi, cette fois de manière officielle. Le débat au fond ayant eu lieu le matin, il n'est procédé qu'à une discussion sur la procédure, à la suite de laquelle il est décidé que la majorité sera calculée sur les suffrages exprimés. Le vote est ensuite acquis par 559 voix contre 80 et 17 abstentions.

B. L'invalidité de l'acte dit loi constitutionnelle du 10 juillet 1940

825. L'analyse juridique de l'acte du 10 juillet montre clairement son irrégularité tant au regard des lois constitutionnelles de 1875 (quant à la procédure) que des principes traditionnels du droit public (quant au fond) comme l'a souligné, le premier, René Cassin dès 1940 dans *La France Libre*[1].

a) L'irrégularité de la procédure suivie

826. Aux termes de l'article 8 de la loi du 25 février 1875 une révision ne peut être votée qu'à « la majorité absolue des membres composant l'Assemblée nationale ». Peut-être pouvait-on hésiter sur le point de savoir s'il s'agissait du nombre légal de députés et de sénateurs ou du nombre de parlementaires en fonction[2]. Mais en décidant, sous la pression d'un Gouvernement désireux d'abaisser la barre, que le calcul se ferait sur les suffrages exprimés, l'Assemblée commet une irrégularité grossière et d'autant plus absurde qu'elle était inutile puisque l'interprétation la plus rigoureuse n'aurait pas constitué un obstacle[3].

b) L'invalidité de la délégation accordée

827. C'est un principe constant du droit public français qu'une autorité investie d'une compétence ne peut en déléguer l'exercice que si elle y est autorisée. Or l'Assemblée nationale n'a pas révisé elle-même la Constitution, elle a délégué au Gouvernement, « sous l'autorité et la signature du Maréchal Pétain », l'exercice d'un pouvoir constituant dérivé qui lui avait été confié par la Constitution sans que celle-ci prévoie qu'elle pouvait le déléguer à un autre organe. Ce faisant, elle a modifié de son propre chef et sans y être habilitée les règles constitutionnelles relatives à l'attribution de la compétence constituante, qui s'imposaient à elle. C'était commettre une violation au fond dont il est inutile de souligner la gravité[4].

---

1. R. Cassin, « Un coup d'État : la soi-disant Constitution de Vichy », *La France Libre,* déc. 1940 – janv. 1941, réimpression, *RDP* 2009 ; *contra* : G. Vedel, *Manuel élémentaire de droit constitutionnel,* Sirey, Paris, 1949, p. 273 et s.

2. La seconde interprétation aurait exclu du nombre total retenu les parlementaires décédés et non remplacés, les invalidés, les démissionnaires et les déchus (c'est-à-dire à l'époque les parlementaires communistes).

3. L'interprétation adoptée exclut du nombre total, en supplément, les parlementaires absents (alors nombreux) et ceux qui présents se sont abstenus.

4. Sur la pertinente et courageuse critique de la procédure suivie et de la délégation accordée, cf. J. Laferrière, *Le nouveau gouvernement de la France,* Sirey, 1941.

II. Les gouvernements successeurs

828. La période qui va de l'été 1940 à l'été 1944 voit coexister deux gouvernements bien différents, d'une part, le Gouvernement de Vichy, qui exerce son autorité sur le territoire métropolitain, d'abord partiellement puis totalement occupé par l'ennemi, d'autre part, le Gouvernement de la France libre, d'abord installé en exil puis sur les territoires libérés, qui sous l'autorité du général de Gaulle s'efforce à la libération et à la résurrection de la Nation.

A. Le Gouvernement de Vichy

829. Philippe Pétain prend des actes constitutionnels concernant, pour l'essentiel, l'attribution du pouvoir gouvernemental.

Deux périodes peuvent être distinguées. Jusqu'en avril 1942, le chef de l'État dispose en droit de la plénitude du pouvoir constituant, gouvernemental et législatif. À partir d'avril 1942, il partage ses pouvoirs avec P. Laval, nommé chef du Gouvernement par l'acte constitutionnel n° 11 du 18 avril 1942. Le chef de l'État dispose du pouvoir constituant, d'un pouvoir législatif exercé en Conseil des ministres et du pouvoir réglementaire. Le chef du Gouvernement, nommé par le chef de l'État et responsable devant lui, exerce le pouvoir législatif en Conseil de cabinet et participe aussi à l'exercice du pouvoir réglementaire.

Un projet de Constitution a été élaboré, qui n'a jamais été officiellement diffusé mais dont on connaît cependant le texte [1]. On y retrouve l'inspiration contre-révolutionnaire, anti-libérale, passéiste et, d'une manière générale, très simpliste qui caractérisait les gouvernants de fait de Vichy.

B. Le Gouvernement de la France libre

830. Il est né de la volonté du général de Gaulle qui dès le 18 juin 1940 lance son Appel à la résistance et à la poursuite du combat.

a) Les institutions de la France libre

831. Elles sont nécessairement centrées sur la personne du général de Gaulle, âme de la lutte contre l'ennemi et qui, presque tout au long de la période, dispose pratiquement seul de tous les pouvoirs.

On peut cependant distinguer plusieurs phases. Au cours de la première, les institutions prennent la forme d'un Comité français de libération nationale, installé à Londres et présidé par le général de Gaulle (jusqu'en novembre 1942). La seconde voit d'abord la coexistence des organisations dirigées à Londres par le général de Gaulle et à Alger par le général Giraud, puis à partir du 3 juin 1943, leur fusion en un pouvoir unique siégeant à Alger, qui prend le nom de Comité français de libération nationale et qui est coprésidé par le général de Gaulle et le général Giraud (de novembre 1942 à novembre 1943). À partir de novembre 1943, le général de Gaulle demeure seul président du Comité, qui est assisté

---

1. Cf. Duguit, Monnier et Berlia, *Les constitutions et les principales lois politiques de la France depuis 1789,* LGDJ, 1952, p. 386.

depuis septembre 1943 par une Assemblée consultative provisoire et qui se transforme, le 3 juin 1944, c'est-à-dire vers la fin de cette troisième phase, en Gouvernement provisoire de la République française (GPRF).

b) Le rétablissement de la légalité républicaine

832. En prévision de la Libération, l'ordonnance du 21 avril 1944 dispose que « le peuple français décidera souverainement de ses futures institutions » et qu'une assemblée constituante devra être convoquée. À cette fin le général de Gaulle confère le droit de vote aux Français des deux sexes : les femmes pourront enfin voter. Le texte capital est cependant l'ordonnance du 9 août 1944 sur le rétablissement de la légalité républicaine, dont l'article premier dispose : « La forme du gouvernement de la France est et demeure la République, en droit celle-ci n'a pas cessé d'exister » L'ordonnance comporte d'autre part des dispositions relatives à la nullité – qui doit être constatée – des actes pris par le Gouvernement de Vichy et à l'introduction des décisions prises par le Gouvernement de la France libre.

▶ Bibliographie

J.-F. de Bujadoux, *La Constitution de la Troisième République*, LGDJ, 2014.

E. Cartier, *La transition constitutionnelle en France (1940-1945). La reconstruction révolutionnaire d'un ordre juridique « républicain »*, LGDJ, 2005.

R. Cassin, « Un coup d'État. La soi-disant Constitution de Vichy », *La France libre,* vol. 1, nos 2 et 3, déc. 1940 et janv. 1941, pp. 162 et 252.

J.-P. Duprat, « De quoi meurent les régimes politiques ? (Essai sur les IIIe et IVe Républiques) », in *Mélanges P. Pactet*, Dalloz, 2003, p. 129.

E. Le Floch, *Les projets de Constitution de Vichy (1940-1944)*, thèse dactyl., Paris II, déc. 2003.

F. Goguel, *La politique des partis sous la IIIe République*, 3e éd., Seuil, 1968.

B. Mathieu et M. Verpeaux (dir.), *La République en droit français,* 1996.

M. Morabito, *Histoire constitutionnelle et politique de la France (1789-1958)*, 14e éd., Montchrestien, 2016.

P. Pactet, « Retour sur l'acte dit loi constitutionnelle du 10 juillet 1940. Le passé et ses suites », in *La Constitution et les valeurs. Mélanges en l'honneur de D. Lavroff,* Dalloz, 2005, p. 491.

C. Vimbert, *La tradition républicaine en droit public français*, LGDJ, 1992.

Chapitre 14

La Quatrième République

833. Après avoir connu des débuts difficiles, la Quatrième République, qui ne trouvera jamais son point d'équilibre s'achemine rapidement vers sa fin.

Section 1

L'installation du régime

834. L'installation du régime a été, en raison des circonstances, complexe et laborieuse puisqu'elle a même comporté un faux départ, avec l'échec du projet de Constitution du 19 avril 1946. Nous étudierons l'organisation provisoire des pouvoirs publics et les travaux constitutionnels qui ont abouti à la Constitution du 27 octobre 1946.

I. L'ORGANISATION PROVISOIRE DES POUVOIRS PUBLICS

835. On examinera successivement le problème constitutionnel qui se pose aux autorités françaises, les consultations qu'elles organisent et la solution qui en résulte.

A. Le problème constitutionnel

836. C'est un problème d'une particulière gravité puisqu'il s'agit de savoir quelles seront les futures institutions de la France.

L'alternative est la suivante : ou bien, la parenthèse du régime de Vichy, qui avait été ouverte par la défaite et l'occupation ennemie, étant fermée et même effacée, les institutions de la Troisième République sont purement et simplement remises en vigueur, ou bien, compte tenu de la rupture qui est intervenue en fait dans la continuité républicaine, de nouvelles institutions sont élaborées et adoptées et le pays passera de la Troisième à la Quatrième République. Certes, la première solution a ses partisans mais il semble que, d'une manière générale, l'opinion soit plus favorable à la seconde, d'une part, parce que la Troisième République souffre du discrédit que fait peser sur elle l'effondrement de 1940, d'autre part, parce que le souvenir de l'instabilité gouvernementale qui la caractérisait conduit à penser qu'il faut profiter de l'interruption pour mettre en place des institutions mieux adaptées.

Pratiquement le général de Gaulle et le GPRF jouissent d'une telle audience dans la France enfin libérée qu'ils pourraient exercer leur choix en toute liberté. Ils ne vont pourtant pas le faire et le général de Gaulle adopte la solution la plus démocratique, qui consiste à consulter directement le peuple et à le laisser décider lui-même. Deux ordonnances du 17 août 1945 posent le principe et arrêtent les modalités d'organisation du référendum et des élections, dont la date est fixée au 21 octobre 1945.

B. Les consultations du 21 octobre 1945

837. Elles sont assez complexes puisque le référendum comporte deux questions distinctes et que le même jour les électeurs élisent des représentants. Pour la première fois en France le suffrage universel est masculin et féminin.

Le référendum a un double objet. Par sa première question, ainsi libellée : *Voulez-vous que l'assemblée élue ce jour soit constituante ?*, il doit régler le problème du choix entre le retour à la Troisième (s'il est répondu non) et le passage à la Quatrième (s'il est répondu oui). Par sa seconde question, ainsi rédigée : *Si le corps électoral a répondu oui à la première question, approuvez-vous que les pouvoirs publics soient, jusqu'à la mise en vigueur de la nouvelle Constitution, organisés conformément aux dispositions du projet de la loi ci-contre ?*, il doit déterminer l'organisation provisoire des pouvoirs publics, les électeurs pouvant opter entre la toute puissance de l'assemblée (s'il est répondu non) et la limitation de ses compétences (s'il est répondu oui). La campagne référendaire qui s'engage oppose communistes (partisans du oui-non), radicaux (partisans du non-oui), socialistes et MRP (partisans du oui-oui). Comme le souhaitait le général de Gaulle, les électeurs apportent, de manière massive, aux deux questions posées une double réponse positive. Pour la première question, il y a 17 957 000 oui et 670 000 non. Pour la seconde, 12 318 000 oui et 6 271 000 non.

838. Quant aux élections, elles voient le triomphe des trois grands partis (Parti communiste, Parti socialiste, Mouvement républicain populaire) qui obtiennent les trois quarts des suffrages et se partagent les quatre cinquièmes des sièges, cependant que modérés et radicaux s'effondrent. Il faut dire que le mode de scrutin adopté par l'ordonnance du 17 août 1945 – représentation proportionnelle dans le cadre départemental avec répartition des restes dans ce cadre selon la règle de la plus forte moyenne – n'est sans doute pas étranger au succès des grands partis et à cette simplification soudaine mais provisoire de la vie politique française.

C. La loi constitutionnelle du 2 novembre 1945

839. Le projet de loi annexé à la consultation référendaire est promulgué et devient la loi constitutionnelle du 2 novembre 1945. Elle comporte deux objets distincts car d'une part, elle détermine la compétence constituante de l'Assemblée et d'autre part, elle organise les pouvoirs publics jusqu'à la mise en œuvre de la nouvelle Constitution.

a) La détermination de la compétence constituante de l'Assemblée

840. La loi du 2 novembre 1945, après avoir posé en principe que l'Assemblée établit la Constitution nouvelle, assigne à sa compétence constituante deux limitations. D'une part, le projet de Constitution adopté par l'Assemblée doit être, dans le mois suivant, soumis à référendum, ce qui constitue une formule très démocratique, associant les avantages de la démocratie représentative et de la démocratie directe. D'autre part, il est décidé à l'avance que l'Assemblée ne pourra demeurer en fonction plus de sept mois après sa première réunion. En conséquence, si, au cours de ces sept mois, elle ne parvenait pas à adopter un projet de Constitution ou si le projet adopté par elle était rejeté par le corps électoral, « il serait procédé aussitôt, et dans les mêmes formes, à l'élection d'une nouvelle Assemblée constituante » jouissant des mêmes pouvoirs et soumise aux mêmes limitations (art. 7). C'est là une formule originale qui permet d'accélérer de manière très efficace l'établissement de la Constitution.

b) L'organisation des rapports entre le GPRF et l'Assemblée

841. La loi du 2 novembre 1945 organise et rationalise – ce qui est nouveau en France – les rapports entre l'exécutif, c'est-à-dire le GPRF, et le législatif, c'est-à-dire l'Assemblée constituante.

Comme il arrive fréquemment dans les systèmes provisoires de ce type, l'Assemblée exerce un double contrôle sur le Gouvernement. D'une part, elle élit au scrutin public et à la majorité absolue des membres la composant le président du Gouvernement. Celui-ci après avoir constitué son Gouvernement, le soumet, en même temps que son programme à l'approbation de l'Assemblée, qui se prononce cette fois à la majorité des suffrages exprimés. D'autre part, elle peut mettre en cause la responsabilité du Gouvernement et l'obliger à se retirer.

Mais le Gouvernement n'est pas dépourvu de moyens d'action. D'abord, son président, du fait de son mode d'élection doit, en principe, disposer dès le départ d'une large assise parlementaire. Ensuite, il ne peut être tenu à démission qu'à la suite du vote distinct d'une motion de censure intervenant au plus tôt deux jours après son dépôt sur le bureau de l'Assemblée et adoptée, au moyen d'un scrutin à la tribune, par la majorité absolue des membres composant l'Assemblée, sans que le rejet d'un texte ou d'un crédit l'oblige à se retirer. Enfin, le Gouvernement, qui a l'initiative des lois concurremment avec l'Assemblée, peut, après le vote mais avant la promulgation, demander une nouvelle délibération, demande qui équivaut à un droit de veto atténué puisque, dans ce cas, la loi ne peut être promulguée que si l'Assemblée confirme son premier vote à la majorité absolue des membres la composant.

Sans doute ce système n'étant pas destiné à durer ne comporte que les organes et les mécanismes indispensables à un exercice du pouvoir réduit à l'essentiel. Intermédiaire entre le régime d'assemblée et le régime parlementaire, son principal intérêt est de s'efforcer, dans le cadre limité qui est le sien, à un aménagement rationnel des rapports entre le législatif et l'exécutif. À cet égard, nombre d'idées sous-jacentes seront reprises et développées par la suite.

II. L'élaboration et l'adoption de la Constitution

842. L'Assemblée élue le 21 octobre 1945 élabore un projet de Constitution, dit du 19 avril 1946, qui est rejeté par les électeurs. Conformément à la loi constitutionnelle du 2 novembre 1945, une seconde Assemblée constituante est élue, dont le projet de Constitution est approuvé par le peuple.

A. La première Constituante et le projet de Constitution du 19 avril 1946

843. On doit examiner l'élaboration, le contenu et le rejet de ce projet.

a) L'élaboration du projet

844. Il faut d'abord indiquer, pour situer le contexte politique dans lequel s'inscrit l'élaboration du projet, que, au sein de l'Assemblée constituante, communistes et socialistes disposent de la majorité absolue des sièges et que, le 20 janvier 1946, le général de Gaulle démissionne de la présidence du GPRF, où il est remplacé par F. Gouin, socialiste[1]. Dès le 23 janvier, les trois grands partis (PC, SFIO, MRP) s'engagent à collaborer loyalement à l'Assemblée comme au Gouvernement, où chacun d'eux dispose d'environ un tiers des portefeuilles ministériels.

Cette collaboration va cependant se heurter aux divergences qui apparaissent entre le MRP d'une part, le PC, et la SFIO d'autre part, à l'occasion précisément de l'élaboration du projet de Constitution. Ces divergences sont nombreuses et finalement le rapporteur général MRP de la Commission de Constitution, F. de Menthon, démissionne et cède la place à P. Cot, chargé d'exprimer les vues des groupes majoritaires cependant que, situation singulière, les ministres du MRP demeurent au Gouvernement pour ne pas laisser ce dernier aux seuls socialistes et communistes. Finalement, le projet de Constitution est voté le 19 avril 1946 par 309 voix (socialistes et communistes) contre 249 (MRP, radicaux, modérés).

b) Le contenu du projet

845. Le projet de Constitution proprement dit est précédé d'une « Déclaration des droits de l'Homme » comportant 39 articles et distinguant entre les « libertés » (21 articles, reprenant à quelques modifications et additions près le texte de la Déclaration de 1789) et les « droits économiques et sociaux » inspirés largement par le programme du Conseil national de la Résistance (18 articles constituant un ensemble entièrement nouveau). Le texte constitutionnel consacré à l'organisation des nouvelles institutions est intitulé « Des institutions de la République » et il comporte 86 articles. Il a pour caractéristique essentielle d'établir la toute-puissance d'une assemblée unique.

Il n'existe en effet qu'une seule assemblée, l'Assemblée nationale élue au suffrage universel direct, qui dispose du pouvoir législatif dans sa plénitude et qui est constamment en mesure de contrôler les organes exécutifs. Elle élit le président de la République, ainsi que, à la majorité absolue de ses membres, le président du Conseil des ministres, qui constitue ensuite son Gouvernement et revient en soumettre la composition, ainsi que son programme, à l'Assemblée, pour approbation à la majorité des suffrages exprimés. Le président de la République, pour sa part, n'intervient absolument pas dans le choix du chef du Gouvernement puisqu'il doit se borner à communiquer à l'Assemblée les noms des candidats. L'Assemblée peut aussi mettre en cause

---

1. Le général de Gaulle part de son plein gré mais on doit tenir compte, pour comprendre son départ, des difficultés qui ont surgi le 30 décembre 1945 à propos des crédits militaires. En effet, un député socialiste a proposé une réduction de 20 % de ces crédits alors qu'ils étaient demandés à l'Assemblée par un gouvernement où les socialistes figuraient en nombre. C'est là une conception un peu surprenante de la solidarité gouvernementale, qui a pu faire penser au général de Gaulle que le jeu des partis allait recommencer.

la responsabilité politique du Gouvernement par une notion de censure votée à la majorité absolue des députés et, lorsqu'elle ne siège pas, son bureau est chargé de contrôler l'action du Cabinet.

c) Le rejet du projet

846. Le projet de Constitution, soumis à référendum le 5 mai 1946, est repoussé par 10 273 000 non contre 9 110 000 oui. L'Assemblée constituante est donc désavouée par le peuple. C'était la première fois en France qu'une consultation référendaire donnait lieu à un résultat négatif.

B. La seconde Constituante et la Constitution du 27 octobre 1946

847. Conformément à la loi constitutionnelle du 2 novembre 1945, dont, à l'expérience, les Français mesurent mieux la sagesse, il est procédé à l'élection d'une seconde Assemblée constituante chargée d'élaborer un nouveau projet de Constitution.

a) La seconde Assemblée constituante

848. Les élections ont lieu le 2 juin 1946 et donnent lieu à un léger déplacement des voix et des sièges au détriment des communistes et des socialistes et au profit du MRP.

Cependant, le tripartisme survit aux élections du 2 juin comme il a survécu à la rupture sur le premier projet de Constitution. En effet, le MRP a besoin d'alliés et il ne veut pas être rejeté à droite. De leur côté, le PC et la SFIO ne souhaitent pas être écartés du pouvoir pendant une période cruciale. L'Assemblée élit donc président du Gouvernement, le 19 juin 1946, G. Bidault, MRP, qui forme un Gouvernement composé de démocrates-chrétiens, de socialistes et de communistes.

b) L'élaboration du nouveau projet

849. Entre les élections et la formation du Gouvernement, le général de Gaulle a fait connaître ses vues constitutionnelles dans un discours prononcé à Bayeux, le 16 juin 1946, qui a un grand retentissement. Elles tendent à la restauration de l'État par le renforcement de l'exécutif et plus précisément du président de la République.

Pour les dirigeants des trois partis associés au sein du Gouvernement, il faut donc désormais aller vite. Certes les socialistes et les communistes sont prédominants mais rien ne peut se faire sans le concours du MRP. Les conditions d'un compromis sont donc réunies. La Commission de constitution, présidée par A. Philip, socialiste, désigne comme rapporteur général P. Coste-Floret, MRP, qui s'efforce d'obtenir le maximum de concessions de ses alliés, souvent avec bonheur. Elle poursuit activement ses travaux et le nouveau projet de Constitution est adopté par l'Assemblée le 29 septembre 1946 par 443 voix (PC, SFIO, MRP) contre 106.

c) La comparaison entre le second et le premier projet

850. Quoi qu'on ait pu dire, le second projet présente des différences sensibles avec le premier. Elles affectent les différents organes aussi bien que le régime lui-même.

L'Assemblée nationale dispose toujours de pouvoirs considérables mais un bicamérisme limité est rétabli avec l'institution du Conseil de la République, dont les pouvoirs seront augmentés par la suite. Face à cette Assemblée, qui a perdu son exclusivité et une partie de sa toute-puissance initiale, le président de la République récupère, en dépit de la procédure d'investiture, une influence certaine sur la désignation du chef de Gouvernement, influence dont l'expérience montrera l'importance, cependant que le président du Conseil apparaît davantage que dans le premier projet comme le chef d'un exécutif organisé et efficace. Il peut d'ailleurs exercer son droit de dissolution dans des conditions nettement améliorées même si elles ne sont pas encore complètement satisfaisantes. Quant à la Déclaration des droits de l'Homme du premier projet, elle est remplacée par un Préambule qui s'incorpore, par la référence qu'il y fait, la « Déclaration des droits de 1789 et les principes fondamentaux reconnus par les lois de la République » et qui, en outre, proclame « comme particulièrement nécessaires à notre temps » un certain nombre de principes politiques, économiques et sociaux.

D'une manière générale, le projet établit un régime parlementaire rationalisé dans l'espoir, semble-t-il, que les procédures complexes instituées suffiraient à assurer la stabilité. L'expérience a montré qu'il s'agissait d'une erreur largement imputable au maintien de la représentation proportionnelle créant les conditions d'une toute puissance des partis.

d) L'adoption du projet de Constitution

851. Les trois grands partis font naturellement campagne pour une réponse positive. Le général de Gaulle, pour sa part, se prononce énergiquement pour le non. La consultation référendaire a lieu le 13 octobre 1946 mais de très nombreux électeurs s'abstiennent (8 520 000 sur 26 312 000 inscrits). Il faut dire qu'il s'agit du troisième référendum en moins d'un an et encore doit-on tenir compte aussi des deux élections générales qui ont eu lieu au cours de la même période.

Le projet de Constitution est adopté par 9 297 000 oui contre 8 165 000 non. Promulgué, il devient la Constitution du 27 octobre 1946. Si on tient compte du fait que les trois grands partis ont totalisé lors des élections du 2 juin 1946 environ quinze millions de suffrages, il apparaît clairement que le nouveau régime suscite plus de résignation que d'enthousiasme.

Section 2
Les institutions et leur fonctionnement

852. Il faut examiner successivement le cadre institutionnel et les mécanismes de collaboration entre les différents organes.

I. Le cadre institutionnel

853. C'est celui d'un régime parlementaire et il en comporte les éléments traditionnels, inscrits dans une Constitution de type rigide (cf. art. 90), qui n'a été révisée qu'une seule fois par la loi constitutionnelle du 7 décembre 1954, laquelle a notamment renforcé les pouvoirs du Conseil de la République et modifié la procédure d'investiture. Un contrôle de constitutionnalité est prévu mais il est très mal organisé et il aboutit à un échec.

A. Les organes législatifs

854. Le Parlement tient la première place dans la vie politique comme dans la Constitution. Il se compose de l'Assemblée nationale et du Conseil de la République mais ces deux chambres ne sont pas sur un pied d'égalité, la première l'emportant de beaucoup sur la seconde.

a) L'Assemblée nationale

855. Elle se substitue à l'ancienne Chambre des députés et est élue comme elle au suffrage universel direct. Mais le mode de scrutin est désormais la représentation proportionnelle dans le cadre départemental, avec répartition des restes à la plus forte moyenne. Ce mode de scrutin, qui est modifié – partiellement – en 1951 par l'adoption du système des apparentements, a un effet très direct sur la vie politique car il encourage le multipartisme et multiplie les groupes parlementaires.

L'Assemblée a la plénitude du pouvoir législatif et du pouvoir de contrôle. Elle vote la loi et même, jusqu'en 1954, la vote seule. Après 1954, elle vote la loi de concert avec la seconde chambre mais, en cas de désaccord, peut de sa propre initiative faire prévaloir sa volonté. Les députés possèdent l'initiative des dépenses mais ne peuvent l'exercer pendant la discussion budgétaire. Elle contrôle le Gouvernement dès sa constitution et tout au long de son existence.

b) Le Conseil de la République

856. Il se substitue à l'ancien Sénat et, comme lui, il est élu au suffrage indirect par un collège de notables ressemblant fort à celui de la Troisième République et où prédominent les délégués des conseils municipaux [1]. Mais les conseils ne sont élus que pour six ans et sont renouvelés par moitié. Comme pour l'ancien Sénat, le mode d'élection favorise les campagnes et les petites villes au détriment des grands centres urbains.

Le Conseil de la République est une assemblée parlementaire mais qui ne dispose que de pouvoirs limités par rapport à ceux de l'Assemblée nationale. Selon une formule très utilisée mais significative, les constituants ont voulu en faire une « chambre de réflexion ». Cette limitation des compétences du Conseil ne doit guère surprendre car elle est impliquée par son recrutement moins démocratique et de toute manière correspond assez bien à ce qui existe dans les régimes étrangers similaires où les deux chambres sont rarement à parité. Toujours est-il que le Conseil de la République ne peut mettre en cause la responsabilité politique du Gouvernement. En revanche, il dispose d'un pouvoir législatif limité, d'abord de simple avis puis, après la révision de 1954, de décision mais sous la réserve très importante du pouvoir de dernier mot appartenant à l'Assemblée nationale sur sa propre initiative.

---

1. Les modalités de l'élection d'abord très complexes (cf. L. 27 oct. 1946) ont été simplifiées par la suite de manière à se rapprocher de celles qui s'appliquaient à l'ancien Sénat (cf. L. 23 sept. 1948).

B. Les organes exécutifs

857. Le bicéphalisme exécutif habituel en régime parlementaire est institutionnalisé par la Constitution. Il associe le président de la République et le Gouvernement dirigé par le président du Conseil des ministres.

a) Le président de la République

858. Il se situe dans la tradition de ses prédécesseurs de la Troisième République mais avec des pouvoirs nominaux diminués et, paradoxalement, une autorité sans doute plus grande. Cette dernière tient à la personnalité des deux titulaires de la fonction, Vincent Auriol et René Coty, qui ont exercé, dans des styles différents, une influence considérable et une véritable « magistrature morale ».

Élu pour sept ans par le Parlement, c'est-à-dire par l'Assemblée nationale et le Conseil de la République réunis, le président de la République est politiquement irresponsable. C'est pourquoi chacun de ses actes doit être contresigné par le président du Conseil et par les ministres responsables, c'est pourquoi aussi il ne peut prendre aucune initiative qui n'ait reçu l'approbation du chef de Gouvernement. Ses pouvoirs sont donc des pouvoirs nominaux, les pouvoirs réels étant exercés en fait par le président du Conseil. Encore doit-on noter que certains pouvoirs nominaux qui étaient confiés au président de la République par les lois de 1875 sont attribués par la Constitution de 1946 au président du Conseil, telles l'exécution des lois et la dissolution.

859. Mais le partage institutionnel des pouvoirs entre le président de la République et le président du Conseil rend mal compte des possibilités considérables que conserve en fait le chef de l'État. De toute manière, le président de la République dispose d'une compétence extrêmement importante, nécessairement affranchie de la procédure du contreseing et qui est celle du choix du président du Conseil proposé à l'investiture de l'Assemblée. Étant donné la composition politique de celle-ci, son action lors des crises gouvernementales est toujours considérable, souvent décisive.

b) Le président du Conseil des ministres et le Gouvernement

860. Le président du Conseil exerce la triple fonction : 1°) de chef réel de l'exécutif, parce que, étant politiquement responsable, il doit détenir l'autorité effective ; 2°) de chef de Gouvernement parce qu'il choisit ses ministres et peut, en pratique, les révoquer ; 3°) de chef de la majorité parlementaire, parce que les conditions de son investiture et aussi de la mise en cause possible de sa responsabilité le désignent tout naturellement pour diriger la coalition des partis associés au Gouvernement.

En tant que chef de l'exécutif, le président du Conseil, dont la fonction est, on le sait, institutionnalisée, dispose, par la procédure du contreseing ou plus directement par dessaisissement du président de la République, de pouvoirs nombreux et importants. Notamment, il assure l'exécution des lois, ce qui lui confère le pouvoir réglementaire général et il nomme aux emplois civils et militaires, ce qui en fait le chef effectif de l'administration. Il joue également un rôle essentiel lorsqu'il s'agit de prononcer la dissolution de l'Assemblée.

En tant que chef de Gouvernement, il coordonne et dirige l'action de ses ministres mais d'abord il les choisit. C'est lui, en effet, qui les propose à la nomination du président de la République mais on ne peut dire que sa liberté soit totale car il doit se préoccuper d'obtenir l'accord des partis, sans lequel rien ne peut se faire sous la Quatrième République. Il doit aussi veiller au respect de la solidarité gouvernementale et peut, si ses ministres y manquent, demander au président de la République de les révoquer.

Le Gouvernement constitue, en effet, et comme il se doit en régime parlementaire, un organe collégial et solidaire. Ses membres sont collectivement responsables de la politique générale du Cabinet et individuellement de leurs actes personnels.

II. Les mécanismes de collaboration

861. Cette collaboration se manifeste d'une part, à l'occasion de l'exercice de la compétence législative, le Gouvernement disposant traditionnellement de l'initiative législative et étant parfois habilité à prendre des décrets modifiant la législation, d'autre part, à l'occasion des rapports étroits et rationalisés qui sont établis par la Constitution entre le Gouvernement et l'Assemblée nationale.

A. L'exercice de la compétence législative

862. Il faut d'abord rappeler que la notion traditionnelle de la loi est maintenue mais on insistera davantage sur les extensions du pouvoir réglementaire qui conduisent le Gouvernement, en dépit de l'article 13 de la Constitution, à intervenir en matière législative, car elles annoncent et amorcent les changements qui trouveront leur aboutissement dans l'article 34 de la Constitution de 1958.

a) Le maintien des notions traditionnelles

863. Sous la Quatrième comme sous la Troisième République, le critère de la loi est exclusivement organique et la loi demeure définie par son auteur : c'est l'acte voté, selon la procédure législative, soit, avant la révision de 1954, par l'Assemblée nationale, soit, après cette révision, par le Parlement ou par la seule Assemblée nationale dans les conditions fixées par l'article 20 de la Constitution. La loi continue d'ailleurs d'être considérée comme l'expression de la volonté générale, qui ne peut être limitée. Il s'ensuit que le domaine législatif est illimité et que le législateur peut légiférer en toute matière et la rendre législative par là même si elle ne l'est pas encore.

Le Gouvernement, pour sa part, dispose d'une compétence réglementaire subordonnée (lorsqu'il prend des règlements d'application) ou subsidiaire (lorsqu'il intervient dans le silence de la loi et à la condition, fixée par la jurisprudence administrative, qu'il ne s'agisse pas de matières réservées à la loi par la tradition républicaine). Mais, dans ce second cas, il va de soi que si le législateur se saisit de la matière, comme il lui est possible à tout moment, le Gouvernement ne peut faire autre chose que se replier sur sa compétence réglementaire subordonnée.

b) Les solutions nouvelles pour l'extension des compétences réglementaires

864. Les constituants avaient gardé un souvenir fâcheux de la pratique des lois de pleins pouvoirs et des décrets-lois de la Troisième République et ils entendaient si peu déroger aux notions traditionnelles que l'article 13 de la Constitution dispose : « L'Assemblée nationale vote seule la loi. Elle ne peut déléguer ce droit » Il semblait donc que les pratiques antérieures étaient définitivement condamnées. En fait, il n'en a rien été et très rapidement il est apparu indispensable de recourir de nouveau à des procédures permettant au Gouvernement d'intervenir en matière législative. Mais l'article 13 constituait une difficulté supplémentaire et des précautions – hypocrites, il faut bien le dire – ont dû être prises pour parvenir au résultat recherché sans avoir l'air de violer les dispositions constitutionnelles.

865. Des procédures diverses ont été utilisées à cet effet, de manière un peu anarchique. Toutefois, la tentative appelée au plus bel avenir est celle de la loi du 17 août 1948 : son article 6 prévoit que des décrets pris en Conseil des ministres après avis du Conseil d'État peuvent abroger, modifier ou remplacer les lois en vigueur dans les matières « ayant par leur nature un caractère réglementaire », dont l'article 7 donne une énumération limitative. Cette procédure est très différente de celle en usage sous la Troisième République puisque cette fois il ne s'agit pas d'habiliter par une loi de pleins pouvoirs le Gouvernement à prendre des décrets-lois pendant une durée limitée. La loi du 17 août 1948 procède à une « délégalisation » sans limitation de durée des matières qu'elle énumère et qu'elle fait entrer dans la compétence du pouvoir réglementaire. L'argument sous-jacent est que si le législateur peut, comme on l'a indiqué, étendre à volonté le domaine législatif, il n'y a aucune raison pour qu'il ne puisse pas aussi le restreindre. En d'autres termes, le législateur peut toujours procéder à une répartition préétablie des matières législatives et réglementaires qui durera autant qu'il le souhaitera car il va de soi qu'il peut revenir à tout moment sur ce qu'il a décidé.

866. D'autres textes ont également habilité le Gouvernement à intervenir en matière législative. Il faut citer, entre autres, la loi du 11 juillet 1953 qui institue trois procédures différentes d'extension de la compétence réglementaire[1], la loi du 14 août 1954 qui est une loi de pleins pouvoirs de type assez classique[2], la loi-cadre du 23 juin 1956 qui, selon une technique originale, fixe les principes de l'autonomie des territoires d'outre-mer et renvoie pour l'application à des décrets pouvant modifier la législation existante et devant être pris avant l'expiration du délai imparti. Au total, on a dénombré, au cours de la période qui va de la Constitution du 27 octobre 1946 au 3 juin 1958 inclus, trente et une lois étendant la compétence réglementaire ou accordant des pouvoirs spéciaux.

B. Les rapports du président du Conseil et de l'Assemblée nationale

867. Ils sont caractérisés par la rationalisation qui s'applique à l'investiture, à la responsabilité et à la dissolution.

---

1. Cf. la loi du 11 juillet 1953 (*D.* 1953, p. 237) : l'article 5 procède à une extension du pouvoir réglementaire dans le prolongement de la loi du 17 août 1948, l'article 6 confère au gouvernement le pouvoir de suspendre ou de différer par décrets toute disposition législative entraînant une dépense pour l'État ou une collectivité publique, l'article 7 donne au gouvernement le pouvoir de modifier par décrets la législation existante dans diverses matières. Ces trois articles fixaient des délais, d'ailleurs différents.

2. Cf. la loi du 14 août 1954 (*D.* 1954, p. 352). Elle accorde au gouvernement le pouvoir de modifier la législation existante dans diverses matières, pendant un délai préfixé. Ces dispositions sont prorogées par la loi du 2 avril 1955.

a) L'investiture du président du Conseil

868. La procédure d'investiture ayant été modifiée par la révision de 1954, il faut examiner les règles applicables avant et après cette date.

Avant 1954, le texte constitutionnel initial de 1946 prévoyait que, après avoir été choisi et proposé par le président de la République, le président du Conseil désigné se présentait seul devant l'Assemblée nationale pour lui soumettre son programme et obtenir son investiture par un vote à la majorité absolue des membres composant l'Assemblée. Il s'agissait pour les constituants d'assurer le Gouvernement, dès son départ, d'un large soutien parlementaire, de manière à éviter tout retour à l'instabilité gouvernementale. Ce n'est qu'après son investiture que le président du Conseil composait son Gouvernement. Comme cette dernière opération impliquait des dosages difficiles et qu'elle pouvait tout remettre en question, les chefs de Gouvernement ont pris l'habitude de se présenter une seconde fois, avec leurs ministres, devant l'Assemblée, bien que cela ne fût nullement prévu par l'article 45 de la Constitution. Le vote de confiance intervenait alors à la majorité simple, c'est-à-dire à la majorité des suffrages exprimés. C'est ce que l'on a appelé le système de la *double investiture,* inauguré dès le 28 janvier 1947 par P. Ramadier, premier chef de Gouvernement de la Quatrième République.

869. C'est pourquoi la révision de 1954 a modifié l'ordre dans lequel se succèdent les différentes phases du processus d'investiture. Désormais le président du Conseil désigné par le président de la République présente son programme et *la composition de son Gouvernement* à l'Assemblée. Autre modification, celle-ci l'investit non plus à la majorité absolue des députés, trop difficile à obtenir, mais à la *majorité des suffrages exprimés.* À la vérité, la formation des gouvernements n'en sera pas facilitée pour autant et le président de la République sera obligé de faire précéder le processus d'investiture d'une phase préliminaire non prévue par la Constitution au cours de laquelle des personnalités sont « pressenties » pour prendre contact avec les partis et essayer de trouver des solutions à la crise.

b) La responsabilité politique du Gouvernement

870. Elle est appréciée selon les techniques du parlementarisme rationalisé par le jeu de la question de confiance ou de la motion de censure.

La question de confiance est posée par le président du Conseil après délibération du Gouvernement. Le vote de l'Assemblée ne peut intervenir que 24 heures au moins (avant 1954 un jour franc) après le dépôt de la question, la confiance ne pouvant être refusée qu'à la majorité absolue des députés composant l'Assemblée. Si celle-ci n'est pas atteinte, il demeure donc en fonction. Il s'agit là d'un moyen de pression qui peut être efficace lorsqu'il s'agit de conclure un débat de politique générale, mais il devient complètement inopérant lorsqu'il s'agit pour le Gouvernement de faire adopter un projet de loi qu'il estime indispensable.

En effet, le vote qui va intervenir sera apprécié de deux manières distinctes : à la majorité absolue des députés, par application de la Constitution, pour savoir si le Gouvernement est renversé ou demeure en fonction, à la majorité des suffrages exprimés, par application du règlement de l'Assemblée, pour savoir si le projet est adopté ou repoussé. Supposons que sur une assemblée de 600 membres, il y ait lors du vote du projet sur lequel le Gouvernement a posé la question de confiance, 250 voix contre, 220 voix pour et 130 abstentions : le projet est rejeté (à la majorité relative) mais le Gouvernement n'est pas renversé (la majorité absolue ne s'est pas prononcée contre lui). Situation absurde à laquelle les gouvernements essaieront d'échapper par divers procédés et subterfuges.

La motion de censure peut être déposée par un ou plusieurs députés, le vote intervient au moins 24 heures (avant 1954 un jour franc) après ce dépôt. Son adoption à la majorité absolue oblige le Gouvernement à démissionner. En fait, cette procédure n'entraînera jamais la démission d'un Gouvernement.

c) La dissolution de l'Assemblée

871. La rationalisation joue cette fois dans un esprit différent puisqu'il ne s'agit plus d'éviter l'instabilité gouvernementale mais de se prémunir, en souvenir de la dissolution du 25 juin 1877, contre les abus éventuels et toujours redoutés de l'exécutif.

La dissolution ne peut être prononcée au cours des dix-huit premiers mois de la législature et elle ne peut l'être ensuite que si, au cours d'une même période de dix-huit mois, deux crises gouvernementales sont survenues dans les conditions prévues par la Constitution, c'est-à-dire à la suite du vote d'une motion de censure ou du rejet d'une question de confiance posée par le Gouvernement[1].

En fait, les députés vont s'efforcer par un habile dosage des votes, notamment lorsque le Gouvernement pose la question de confiance, de le mettre en minorité – et en difficulté – sans que pour autant la majorité absolue se prononce contre lui. Ainsi la dissolution ne peut être décidée par le Gouvernement. Le 2 décembre 1955, E. Faure, président du Conseil des ministres, y parviendra tout de même, les conditions étant enfin réunies, et aura le courage remarquable de rompre le charme magique qui s'attachait à la dissolution depuis l'affaire du 16 mai 1877.

Section 3
La détérioration du régime

872. Elle est fonction de facteurs assez divers qui se regroupent dans le jeu des partis politiques et la paralysie du système institutionnel.

I. Le jeu des partis politiques

873. Les partis politiques occupent la première place dans la vie politique mais leur comportement est souvent irresponsable.

---

1. Il faut ajouter que, jusqu'en 1954, en cas de dissolution, le président de l'Assemblée nationale remplaçait le président du Conseil dans ses fonctions et désignait, en accord avec le bureau de l'Assemblée, un nouveau ministre de l'Intérieur. Après 1954, ce n'est que dans le cas où la dissolution fait suite à un vote de censure que le président de l'Assemblée nationale remplace le président du Conseil. Il fait alors aussi fonction de ministre de l'Intérieur.

A. L'absence de majorité parlementaire

874. Elle tient à l'existence de partis d'opposition au régime, à la conjonction assez fréquente d'oppositions très différentes et à la présence simultanée, parmi les autres courants politiques de plusieurs majorités possibles, en fonction des secteurs de la vie nationale.

a) La rupture du tripartisme et la double opposition au régime

875. Les constituants de 1946 avaient pensé que le tripartisme constituerait une donnée constante de la vie politique sous le nouveau régime et ils voyaient en lui une garantie de stabilité encore supérieure à celles inscrites dans la Constitution. Mais leurs espoirs furent très vite déçus car le tripartisme disparaît définitivement le 5 mai 1947 lorsque le président du Conseil socialiste P. Ramadier procède à la révocation des ministres communistes coupables d'avoir manqué à la solidarité gouvernementale. Quelques jours auparavant, le général de Gaulle avait fondé un nouveau mouvement, le Rassemblement du peuple français (RPF), qui se situe d'emblée en marge du régime et qui va immédiatement obtenir des succès importants lors des élections municipales des 13 et 20 octobre 1947.

Ainsi les gouvernements vont devoir faire face, jusqu'en 1958, à une double opposition que l'on considère, à tort ou à raison, comme une opposition au régime lui-même et non pas seulement aux formations ministérielles qui se succèdent. Les communistes, pour leur part, ne participeront plus à l'exercice du pouvoir sous la Quatrième République. Le RPF, lui, éclatera en 1952-1953 mais seuls quelques-unes de ses membres accepteront d'entrer dans des gouvernements de Troisième Force, les autres se cantonnant dans une opposition très critique. Après les élections de 1956, ils seront relayés dans ce rôle par le mouvement Poujade.

b) La conjonction des oppositions

876. Les partis dits d'opposition au régime vont très souvent mêler leurs voix soit pour faire obstacle à l'investiture des gouvernements de Troisième Force (et souvent avec succès, surtout jusqu'en 1954, alors que le président du Conseil ne peut être investi qu'à la majorité absolue des députés), soit pour mettre en cause leur responsabilité.

C'est ainsi que L. Blum ne peut être investi le 21 novembre 1947 en raison de cette double opposition (il n'obtient que 300 voix alors qu'il en aurait fallu 309). Devant cette opposition quasi-systématique, les gouvernements sont à la merci de la moindre défection et du moindre incident. C'est ainsi que les gouvernements P. Mendès France, E. Faure, G. Mollet, M. Bourgès-Maunoury et F. Gaillard qui sont renversés par des majorités de rencontre associant communistes, modérés au moins pour partie, républicains-sociaux (ex-RPF) et poujadistes[1]. Or il est clair que cette double opposition est

---

1. Le gouvernement Mendès France est battu le 5 février 1955 par 319 voix contre 273, le second gouvernement E. Faure le 29 novembre 1955 par 318 voix contre 218, le gouvernement Mollet le 21 mai 1957 par 250 voix contre 213, le gouvernement Bourgès-Maunoury le 30 septembre 1957 par 279 voix contre 253, le gouvernement Gaillard le 15 avril 1958 par 320 voix contre 265.

exclusivement négative et qu'elle ne peut en aucun cas permettre de résoudre la crise en servant de support à une solution de remplacement[1].

En sens contraire, mais le résultat n'est guère différent, il arrive aussi que des personnalités centristes annoncent, lorsqu'elles se présentent au vote d'investiture, qu'elles récusent certaines voix et qu'elles n'en tiendront pas compte pour le calcul de leur majorité, comme l'a fait, pour les voix communistes, P. Mendès France lors de son investiture le 17 juin 1954[2].

c) La présence simultanée de plusieurs majorités au sein de la même coalition gouvernementale

877. L'élimination des partis considérés comme d'opposition au régime réduit l'éventail parlementaire « utile » à environ quatre cents députés sur un peu plus de six cent vingt. Ces députés vont des socialistes aux modérés et représentent, en beaucoup plus diversifié, une gamme d'opinions aussi étendue que la Chambre des Communes tout entière. On ne peut même pas dire qu'ils forment un centre car, en réalité, ces partis vont de la gauche à la droite. On comprend donc que la révision de 1954 ait supprimé l'exigence de la majorité absolue pour l'investiture car si cette majorité absolue peut être facilement atteinte lorsqu'il s'agit de faire tomber un Gouvernement, elle est bien plus difficile à atteindre pour une solution positive.

878. Ce que l'on appelle la Troisième Force comprend surtout, au cours de la première législature, les socialistes, les radicaux et assimilés, les républicains populaires. Des solutions de rechange plus orientées vers le centre droit et incluant des groupes modérés apparaissent après les élections de 1951. Dans un cas comme dans l'autre, il est indispensable de faire cohabiter au moins trois de ces quatre familles politiques. Or elles se divisent constamment sur les différents secteurs de la politique nationale. Par exemple, socialistes et républicains populaires ont des vues voisines sur la politique économique et sur la politique européenne mais ils sont séparés par une opposition quasi irréductible sur la laïcité et le problème scolaire. Sur ces deux derniers points, en revanche, les républicains-populaires peuvent s'entendre avec les modérés, tandis que les radicaux ont les mêmes vues que les socialistes. Mais sur le plan économique tout oppose radicaux et socialistes cependant que les républicains-populaires, qui de toute manière ne veulent pas être rejetés à droite, se révèlent plus interventionnistes, et aussi plus « européens », que les modérés.

Il va de soi que la coexistence de ces majorités différentes et simultanées au sein d'une même coalition gouvernementale rend celle-ci extrêmement fragile.

B. L'absence de solidarité gouvernementale

879. Alors qu'en régime parlementaire le Gouvernement constitue un organe collégial et fondamentalement solidaire, sous la Quatrième République les ministres se

---

1. Il aurait sans doute fallu que la Constitution de 1946 comportât une disposition analogue à celle de l'article 67 de la Loi fondamentale d'Allemagne.

2. P. Mendès France est investi par 419 voix (dont 99 communistes). La majorité absolue, encore requise à l'époque, était de 314 voix. Il avait annoncé qu'il récuserait les voix communistes et qu'il choisirait librement ses ministres.

considèrent trop souvent comme les représentants de leurs partis respectifs et provisoirement coalisés. Ce sont les intérêts souvent divergents de ces partis qui l'emportent sur la politique décidée par le président du Conseil et arrêtée en Conseil des ministres.

Le cas le plus flagrant et le plus connu est celui qui a mis fin au tripartisme : le président Ramadier ayant posé la question de confiance sur sa politique des salaires et des prix, les députés communistes votent, le 4 mai 1947, contre la confiance au Gouvernement au sein duquel ils étaient représentés. Mais il en est bien d'autres.

À la fin d'août 1948, le président A. Marie démissionne en raison de l'impossibilité prévisible de faire cohabiter dans la même équipe les socialistes représentés par L. Blum et les modérés représentés par P. Reynaud. En octobre 1949, le premier Gouvernement Queuille démissionne à la suite d'une lettre de critique sur sa politique financière écrite et rendue publique par le ministre du Travail, D. Mayer. En février 1951, le président R. Pleven démissionne par suite des dissensions entre les socialistes et les républicains populaires de son Gouvernement. En décembre 1952, le président Pinay, dont le Gouvernement comprend des républicains populaires, constate la défection du groupe MRP et démissionne en se référant expressément à « la défaillance d'un groupe important de la majorité ». Il est à peine besoin de dire que cette liste n'est pas exhaustive.

C. Les effets du mode de scrutin

880. La représentation proportionnelle joue un rôle important dans le fonctionnement du régime mais ce rôle est négatif. En effet, la proportionnelle cristallise les situations acquises comme on le constate en 1945 et 1946, en dépit de prises de position diversifiées, comme sur le premier projet de Constitution. Après la fin du tripartisme, les dirigeants de la Troisième Force, qui se sentent menacés sur leur gauche (par les communistes) et sur leur droite (par le RPF gaulliste) inventent le système de la proportionnelle avec apparentements (déjà étudié, cf. chapitre 4, section 3). Celui-ci les maintiendra artificiellement en place (en 1951 davantage qu'en 1956) mais malheureusement les élections n'arrivent plus à exprimer véritablement la volonté populaire. Le pouvoir est coupé de la réalité politique et sociale.

On ajoutera que les modes de scrutin à base de proportionnelle pratiqués sous la Quatrième République présentent un effet commun, qui est de rendre les dirigeants des partis pratiquement inamovibles au sein des assemblées et par conséquent irresponsables.

II. La paralysie du système institutionnel

881. La rationalisation devait assurer la stabilité gouvernementale et l'efficacité parlementaire. C'est le contraire qui se produit.

A. L'instabilité gouvernementale

882. Elle déborde les règles inscrites dans la Constitution, la crise gouvernementale devient le phénomène majeur du régime, qui ne trouve de solution que dans ce que le président E. Faure a appelé « le gouvernement à secousses ».

a) Les crises gouvernementales

883. Au cours des douze années que dure le régime, vingt-quatre gouvernements vont se succéder.

En vertu de la Constitution, la crise ne pouvait se produire qu'à la suite d'une question de confiance ou d'une motion de censure, ce qui impliquait que le Gouvernement soit battu à la majorité absolue des députés. En fait, aucune motion de censure n'a jamais été adoptée dans ces conditions. En revanche, des gouvernements doivent se retirer parce que la confiance leur est refusée à la majorité absolue[1]. Mais, dès le début du régime, de nombreux gouvernements démissionnent dans trois hypothèses non prévues par la Constitution.

D'abord, des gouvernements démissionnent lorsque, ayant posé la question de confiance sur un projet de loi, celui-ci est repoussé sans que la majorité absolue soit atteinte. Se conformant alors à la logique du régime parlementaire de préférence à la lettre de la Constitution, ils présentent leur démission au président de la République qui ne peut faire autre chose que l'accepter[2]. Ensuite, d'autres gouvernements pratiquent, toujours lorsqu'ils entendent associer leur existence au sort d'un texte, ce que l'on appelle la pseudo-question de confiance ou question de confiance implicite, ce qui revient à dire qu'ils avertissent l'Assemblée qu'ils se retireront si le projet auquel ils tiennent n'est pas adopté[3]. Enfin il arrive que des gouvernements n'attendent pas un vote défavorable de l'Assemblée et qu'ils tirent, en démissionnant immédiatement, les conséquences logiques de la dislocation dûment constatée des groupes composant la majorité gouvernementale[4].

884. Il arrive aussi que les crises viennent des réserves suscitées par le président du Conseil dans sa propre famille politique, le plus souvent parce qu'il y coexiste plusieurs tendances. C'est ainsi qu'en novembre 1947, le Gouvernement Ramadier finit par succomber aux réticences de G. Mollet, alors secrétaire général de la SFIO, qu'en février 1955, le Gouvernement Mendès France tombe, pour une large part, sous le coup des critiques qui lui sont adressées par R. Mayer, également radical, et qu'il est remplacé par le Gouvernement à direction radicale d'E. Faure. On conçoit que les électeurs soient déconcertés.

Ces dissensions et ces crises donnent à chaque fois naissance à un ballet ésotérique et absurde qui dure de longues semaines et qui fait se succéder président du Conseil « pressenti » puis « désigné », ensuite « investi » par l'Assemblée nationale (s'il ne l'est pas il faut tout recommencer) et enfin « nommé ». Ces jeux politiciens pour spécialistes ne sont évidemment ni compris ni admis par le peuple.

---

1. C'est le cas des gouvernements Bidault (démissionnaire en juin 1950), Pleven (janv. 1952), Mayer (déc. 1952), Mendès France (févr. 1955), Faure (nov. 1955), Gaillard (avr. 1958).

2. C'est le cas des gouvernements Faure (démissionnaire en févr. 1952), Laniel (juin 1954), Mollet (mai 1957), Bourgès-Maunoury (sept. 1957).

3. Cette pratique n'est pas, à proprement parler, à la source de l'instabilité mais elle est certainement contraire à la Constitution. À noter que le gouvernement Pleven de 1951 tombe à la fin de février sur son projet de loi électorale sans avoir été réellement mis en minorité, simplement parce que la confiance lui a été trop chichement mesurée.

4. C'est le cas des gouvernements Ramadier (démissionnaire en nov. 1947), R. Schuman (août 1948), Marie (août 1948), Pinay (août 1952).

b) Le « gouvernement à secousses »

885. L'excellente formule du président E. Faure caractérise parfaitement un système qui intègre et utilise la crise gouvernementale et qui la transforme en instrument de gouvernement.

En effet, lorsqu'un Gouvernement n'arrive pas à surmonter une difficulté et doit se retirer, il est exclu que le président pressente les dirigeants de la double opposition au régime et, par conséquent, son choix se porte nécessairement sur le personnel des partis de Troisième Force et modérés. La crise gouvernementale se passe donc tout entière dans le cadre de ces groupes intermédiaires, c'est-à-dire de la majorité au sens large, car ce n'est que là qu'une solution peut être trouvée. On comprend donc très bien d'une part, que les crises soient longues, d'autre part, que l'on se trouve finalement ramené à une combinaison gouvernementale très proche de celle à laquelle il vient d'être mis fin, les changements n'affectant que la direction et parfois le parti-pivot de la nouvelle coalition, ainsi que le recrutement ou l'éviction d'un groupe charnière. Au mieux, la nouvelle coalition sera orientée un peu plus à droite ou un peu plus à gauche.

Mais le temps écoulé et les difficultés rencontrées ne sont pas complètement perdus. En effet, la preuve ayant été administrée qu'il n'existe pas de solution de rechange vraiment différente, le Gouvernement successeur peut généralement résoudre la difficulté sur laquelle a buté son prédécesseur, bien que sa composition soit le plus souvent très voisine de celle de ce dernier. Et il peut ainsi poursuivre son action jusqu'à ce qu'il rencontre à son tour une nouvelle difficulté : tel est le « gouvernement à secousses [1] ».

B. Le dérèglement institutionnel

886. De nouveau, comme sous la Troisième République, le Parlement, qui intervient constamment dans le champ d'action du Gouvernement, renonce paradoxalement à assumer le rôle législatif qui est le sien propre. Non seulement les plans de développement et de modernisation lui échappent, parce que ce ne sont pas des lois au sens strict, mais encore il se décharge (en dépit de l'article 13, par la procédure des lois d'habilitation) sur le Gouvernement du soin de prendre les mesures législatives lorsqu'elles sont impopulaires.

Ainsi l'Assemblée empêche le Gouvernement de gouverner mais elle ne gouverne pas à sa place, ce qui lui serait d'ailleurs difficile. De son côté, le peuple, desservi par un mode de scrutin qui cristallise la représentation de l'opinion, n'arrive pas à imposer sa volonté. Les élections se font en marge des grands problèmes de l'après-guerre et sont souvent dominées par les querelles héritées du passé. Le Parlement dessaisit les électeurs de leur souveraineté et les partis tendent à leur tour à dessaisir le Parlement.

La classe politique apparaît coupée de la Nation. Le peuple se sent de moins en moins concerné par ce qui se passe au Palais-Bourbon, qui apparaît toujours davantage comme la « maison sans fenêtre » dénoncée par les observateurs. La vie politique prend un caractère toujours plus irréel. En mai 1958, un mouvement séditieux très localisé va suffire à faire sombrer le régime dans l'indifférence générale.

---

1. Par exemple, le gouvernement Queuille démissionne en octobre 1949 parce que les socialistes qui en font partie réclament la liberté des salaires mais le gouvernement Bidault, qui lui succède et dont la composition est très voisine accordera, lui, la liberté des salaires. De même, le gouvernement Pleven tombe en février 1951 sur la loi électorale que le gouvernement Queuille, qui lui succède, et qui est très proche, fait voter par l'assemblée.

▶ Bibliographie

J.-J. Becker, *Histoire politique de la France depuis 1945*, 6e éd., A. Colin, coll. « Cursus », 1998.

J. Bougrab, *Aux origines de la Constitution de la IVe République*, Dalloz, coll. « Nouvelle Bibliothèque de Thèses », 2002.

J. Chapsal, *La vie politique en France de 1940 à 1958*, 2e éd., PUF, coll. « Thémis », 1990.

G. Conac, X. Prétot et G. Teboul (dir.), *Le préambule de la Constitution de 1946*, Dalloz, 2001.

M. Morabito, *Histoire constitutionnelle et politique de la France (1789-1958)*, 14e éd., Montchrestien, 2016.

J.-J. Sueur, « Le régime d'assemblée et l'élaboration de la Constitution de la IVe République », *RDP* 1984, p. 1209.

G. Vedel, *Manuel élémentaire de droit constitutionnel,* Sirey, 1949.

P. Williams, *La vie politique sous la IVe République,* A. Colin, 1971.

Titre 2

La Cinquième République

887. Ce titre comprend onze chapitres organisés en trois grands blocs.

Dans le premier bloc, figurent trois chapitres liminaires consacrés à une présentation d'ensemble de la Cinquième République. Il s'agit d'abord de situer dans le temps, dans l'espace et parmi les courants d'inspiration le régime mis en place en 1958 (chapitre 15, Les fondements historiques et juridiques de la Cinquième République). Ensuite, il a paru utile d'expliquer de manière générale les modes de fonctionnement du régime, de présenter les apports de sa pratique, d'en préciser la nature (chapitre 16, La nature du régime politique de la Cinquième République). Puis, la source du pouvoir résidant dans le peuple, il a paru nécessaire d'étudier les procédures par lesquelles il peut désigner ses représentants et faire connaître sa volonté, sans négliger le fait que les citoyens sont également représentés par les partis politiques (chapitre 17, Le peuple souverain et les partis politiques).

Dans le second bloc, au fil de cinq chapitres, sont étudiées une à une les principales institutions de la Cinquième République. Il faut évidemment commencer par le président de la République car, si c'est le peuple qui est bien la source du pouvoir, c'est le président qui, en dehors des périodes de cohabitation, l'exerce dans toute sa plénitude, assumant la direction de la politique nationale. Il est donc d'un intérêt capital de procéder à l'étude d'un organe qui est au centre des institutions, de déterminer son rôle à la fois en période normale et en période de crise et, peut-être davantage encore, d'analyser ses rapports avec les autres organes (chapitre 18, Le président de la République). Cette étude doit évidemment être complétée par celle du Gouvernement (chapitre 19, Le Gouvernement) et du Parlement (chapitre 20, Le Parlement). Comme il s'agit, sous la Cinquième République telle qu'elle fonctionne depuis ses débuts, de deux organes appelés à collaborer étroitement, il paraît souhaitable de réfléchir à leurs relations mutuelles (chapitre 21, Les rapports du Gouvernement et du Parlement). On terminera cette étude des institutions de la Cinquième République en examinant ses institutions juridictionnelles, notamment celles chargées du contrôle de constitutionnalité dont l'importance est devenue déterminante (chapitre 22, La fonction juridictionnelle).

Enfin, dans le troisième bloc, trois chapitres essentiels sont consacrés au droit constitutionnel normatif. Après avoir situé la Constitution de la Cinquième République dans la hiérarchie des normes (chapitre 23, La Constitution de 1958 dans la hiérarchie des normes), il faut également déterminer le rang normatif des normes internationales et européennes (chapitre 24, Les normes internationales et européennes dans la hiérarchie des normes) ainsi que des normes législatives et règlementaires (chapitre 25, Les normes législatives et règlementaires dans la hiérarchie des normes).

Chapitre 15

Les fondements historiques et juridiques de la Cinquième République

888. Ce chapitre 15 traitera des données historiques et juridiques fondamentales sans lesquelles on ne saurait comprendre la Cinquième République, retraçant son installation (section 1), son intégration dans le cadre de l'Union européenne (section 2), déterminant son territoire (section 3), sa population et plus précisément les citoyens titulaires des droits civiques (section 4) et rappelant enfin les valeurs républicaines (section 5).

Section 1

L'installation de la Cinquième République

889. Entre le 13 mai 1958, date du coup de force et de l'appel du Comité de salut public d'Alger, et le 28 mai, date de la démission du Gouvernement Pflimlin, la Quatrième République se décompose littéralement. Sans aucun soutien populaire, en proie comme toujours à l'incapacité d'agir, les parlementaires en viennent à considérer le retour au pouvoir du général de Gaulle comme un moindre mal et l'Assemblée nationale lui accorde l'investiture le 1er juin 1958. Le nouveau Gouvernement obtient immédiatement le vote de la loi constitutionnelle du 3 juin 1958 qui l'habilite, sous certaines conditions, à mettre en place de nouvelles institutions.

On examinera la loi du 3 juin 1958, l'inspiration de la Constitution du 4 octobre 1958 et son adoption.

I. La fin de la Quatrième République et la loi constitutionnelle du 3 juin 1958

890. Trois questions doivent être étudiées concernant le vote, le contenu et la validité de la loi du 3 juin 1958.

A. Le vote

891. Comme la procédure prévue par l'article 90 de la Constitution de 1946, qui requiert des votes de confirmation, est lente alors qu'il veut aller vite, le Gouvernement choisit, parmi les projets de révision en instance, une résolution qui présente l'intérêt d'une part, d'avoir déjà été votée par les deux assemblées avant d'être laissée en suspens, d'autre part, d'avoir pour objet la modification de l'article 90[1]. Ayant déjà été adoptée dans les conditions fixées par ledit article 90, cette résolution permet de faire l'économie des premières phases de la procédure et de gagner ainsi un temps précieux. Portant sur l'article 90, elle permet aussi au Gouvernement de se faire habiliter par le Parlement à réviser lui-même la Constitution.

C'est bien ce que fait le Gouvernement, qui soumet au Parlement – en application d'une résolution qui n'avait évidemment jamais eu en vue l'élaboration d'une nouvelle Constitution – un texte disposant que « par dérogation aux dispositions de son article 90, la Constitution sera révisée par le Gouvernement investi le 1er juin 1958 » et ce sous certaines conditions que le texte énonce. Il est adopté par l'Assemblée nationale par 350 voix contre 161, puis par le Conseil de la République et il est promulgué le 3 juin 1958.

B. Le contenu

892. La loi confie le pouvoir de révision – par dérogation à l'article 90 – au « Gouvernement investi le 1er juin 1958 », c'est-à-dire au dernier Gouvernement de la Quatrième République qui réunit, sous la présidence du général de Gaulle, des représentants éminents de la plupart des courants politiques, à l'exception des communistes. Elle impose à ce Gouvernement, sans lui fixer de délai, diverses conditions de procédure et aussi, ce qui est très important, l'obligation d'obtenir du peuple la ratification référendaire du projet qu'il aura élaboré.

Cependant l'essentiel réside dans le fait que la loi du 3 juin 1958 énonce cinq principes qui s'imposent au Gouvernement et qui apparaissent comme autant de limitations à sa liberté de rédaction de la future Constitution[2]. Certes, les obligations ainsi imparties au Gouvernement, d'ailleurs avec son accord, sont dépourvues de sanction. Elles n'en ont pas moins – la troisième surtout – exercé une influence certaine sur le nouveau régime.

C. La validité

893. Elle doit être appréciée sur le double plan de la procédure et du fond.

S'agissant d'abord de la procédure suivie, il faut rappeler que, pour gagner du temps, le Gouvernement de Gaulle a utilisé une résolution datant de 1955, déjà votée par les assemblées et relative à la nécessaire révision de l'article 90. Mais il est bien évident que cette résolution n'avait jamais eu pour objectif de permettre l'élaboration d'une Constitution entièrement nouvelle et encore moins, si c'est possible, d'en

---

1. Il s'agissait d'une résolution tendant à décider la révision des articles 17, 49, 50, 51, 60 à 82 inclus et 90 de la Constitution. Elle avait été adoptée le 24 mai 1955 par l'Assemblée nationale et le 19 juillet 1955 par le Sénat. Elle était depuis lors en sommeil.

2. « 1°) Seul le suffrage universel est la source du pouvoir. C'est du suffrage universel ou des instances élues par lui que dérivent le pouvoir législatif et le pouvoir exécutif ; 2°) le pouvoir exécutif et le pouvoir législatif doivent être effectivement séparés de façon que le gouvernement et le Parlement assument chacun pour sa part et sous sa responsabilité la plénitude de leurs attributions ; 3°) le gouvernement doit être responsable devant le Parlement ; 4°) L'autorité judiciaire doit demeurer indépendante pour être à même d'assurer le respect des libertés essentielles telles qu'elles sont définies par le Préambule de la Constitution de 1946 et par la Déclaration des droits de l'Homme à laquelle il se réfère ; 5°) la Constitution doit permettre d'organiser les rapports de la République avec les peuples que lui sont associés. »

confier le soin à un organe exécutif. On peut même affirmer que rien n'était plus étranger aux intentions des auteurs de la résolution. C'est pourquoi on peut se demander si au-delà d'un apparent respect de la lettre des textes, il n'y a pas détournement de procédure.

894. S'agissant du fond, des critiques peuvent également être adressées à la loi du 3 juin, qui porte en même temps dérogation à l'article 90 et habilitation du Gouvernement investi le 1er juin 1958 à établir un projet de loi constitutionnelle. Or cette simplification de procédure n'a pas été sans affecter le fond car il est difficile de ne pas voir dans le texte une véritable délégation du pouvoir constituant dérivé, ce qui était juridiquement impossible puisque non prévu par la Constitution. Il faut ajouter que même si l'opération avait été décomposée en deux phases, elle n'en aurait pas été moins contestable car elle aurait de toute manière eu pour objectif de contourner les dispositions constitutionnelles et elle en aurait méconnu l'esprit.

Il faut donc, en dépit d'un effort certain des auteurs de la loi pour se situer dans un cadre légal, faire quelques réserves sur sa validité. S'il ne s'agit pas d'une délégation du pouvoir constituant dérivé – illicite parce que non autorisée – on doit convenir que l'habilitation du Gouvernement investi le 1er juin y ressemble beaucoup.

II. L'inspiration de la Constitution

895. Il y a, en réalité, plusieurs inspirations composites et parfois contradictoires. C'est ainsi que les constituants veulent à la fois rompre avec le passé en établissant un État plus fort et un pouvoir plus stable et se rattacher à la tradition républicaine, libérale et parlementaire, en partie par conviction, en partie aussi par obligation, en raison des contraintes de la loi constitutionnelle du 3 juin 1958.

A. La volonté de restauration de l'État

896. Elle animait déjà le discours prononcé à Bayeux le 16 juin 1946 par le général de Gaulle et dont les idées inspirent très largement et très directement la Constitution. Elle implique le renforcement des organes exécutifs et l'attribution au président de la République d'un rôle nouveau de gardien et de garant de l'État.

a) Le renforcement des organes exécutifs

897. Il est étroitement lié à la restauration de l'État.

En effet, l'objectif premier des constituants, c'est-à-dire du général de Gaulle lui-même et de Michel Debré, chargé en tant que garde des Sceaux d'établir le projet de Constitution, est de mettre en place un système institutionnel tel que l'autorité de l'État soit affirmée à l'intérieur et son indépendance maintenue à l'extérieur. L'État, qui a en charge les intérêts supérieurs et permanents de la Nation, ne doit pas devenir la proie des clans, des partis, des féodalités de toutes sortes, encore moins des intérêts étrangers. Pour cela, il faut que son appareil dispose des pouvoirs nécessaires pour résister aux pressions diverses qui sont inévitablement appelées à s'exercer sur lui. Or cette force de résistance, seuls les organes exécutifs sont susceptibles de la manifester.

Il faut aussi tenir compte de la volonté des constituants de rétablir l'équilibre des pouvoirs législatif et exécutif en relevant ce dernier de la condition diminuée qui lui était faite sous les deux Républiques précédentes. Un État fort ne peut s'accommoder d'un pouvoir instable. C'est pourquoi le renforcement des organes exécutifs tend également à assurer la stabilité gouvernementale. Les techniques de rationalisation des rapports entre le Gouvernement et les assemblées sont systématiquement utilisées au profit du premier. Mais il est vrai que, ce faisant, les constituants créent les conditions d'un nouveau déséquilibre, cette fois en faveur de l'exécutif.

b) Le rôle de garant du président

898. Dans le cadre du renforcement des organes exécutifs, c'est au président de la République qu'incombe plus particulièrement la charge de l'État. Il doit donc disposer des pouvoirs qui lui permettent de faire face à cette mission.

À cet égard, les constituants ont mis en œuvre une conception de la séparation des pouvoirs qui fait du président le détenteur initial du pouvoir exécutif comme le Parlement peut l'être du pouvoir législatif. Cette conception avait été très clairement exposée par le général de Gaulle dans son discours de Bayeux lorsqu'il déclarait que « c'est du chef de l'État, placé au-dessus des partis, élu par un collège qui englobe le Parlement mais beaucoup plus large (...) que doit procéder le pouvoir exécutif ». Elle fait du président l'homme fort de l'exécutif et contient en germe la subordination du Premier ministre même si celle-ci n'apparaît pas particulièrement dans le texte constitutionnel initial. Elle explique que des pouvoirs importants lui soient conférés, parmi lesquels des pouvoirs propres lui ménageant notamment les possibilités d'un dialogue direct avec les électeurs, soit qu'il les consulte par référendum, soit qu'il leur demande d'élire une nouvelle Assemblée. Elle explique aussi, autant que les souvenirs de juin 1940, l'article 16.

Il est à peine besoin de souligner combien cette orientation des constituants de 1958 s'éloigne de la tradition républicaine. Celle-ci répugne à conférer au chef de l'État des pouvoirs politiques effectifs et davantage encore des pouvoirs propres. Il n'est pas excessif de dire qu'il y a rupture complète, en ce qui concerne le président, avec les principes les plus constants de notre droit constitutionnel depuis 1877 [1].

B. L'acceptation de la filiation parlementaire

899. Le passé parlementaire de la France n'en fait pas moins sentir son influence d'une part, par sa pesanteur même, qui fait que les constituants, même lorsqu'ils réagissent contre les errements de la Quatrième République, se situent encore dans son prolongement, d'autre part, parce que la loi du 3 juin 1958 leur impose un certain nombre de contraintes qui se rattachent précisément à ce passé parlementaire et libéral. C'est ce que l'on peut constater en examinant l'héritage légué par la Quatrième et le régime souhaité par les constituants.

---

1. En revanche, on peut retrouver une filiation avec certains réformateurs peu suivis de la Troisième République : cf. O. Passelecq, « De Tardieu à de Gaulle », *RFDC* 1990, p. 387.

a) L'héritage de la Quatrième République

900. L'héritage de cette République si décriée par les constituants est tout de même partiellement accepté, au moins dans certains de ses aspects. Il faut dire qu'ils ont besoin d'établir un lien avec elle pour faire oublier le coup de force du 13 mai 1958 et les origines hasardeuses et finalement peu démocratiques du nouveau régime. La Quatrième, dont le caractère démocratique et libéral n'était, à défaut de l'efficacité et de la stabilité, pas contestable sert dans cette perspective de caution bourgeoise. Son influence se manifeste de plusieurs manières.

D'abord, et comme les y invitait la loi du 3 juin 1958, les constituants vont inscrire dans le Préambule de la Constitution une double référence au Préambule de 1946 et à la Déclaration de 1789, qui les incorpore dans le droit positif. C'est là une garantie fondamentale accordée aux citoyens d'autant que, assez curieusement, les rédacteurs du texte vont aller plus loin que leurs prédécesseurs de 1946 puisque les droits et libertés auxquels il est fait référence se trouveront bénéficier d'une valeur juridique plus grande que sous la Quatrième République.

Ensuite, on constate que les constituants n'hésitent pas à tenir compte de l'expérience acquise sous la Quatrième République soit pour apporter à certaines institutions dont les mauvais résultats sont patents les améliorations nécessaires, soit pour poursuivre et mener à son terme une évolution déjà commencée [1]. C'est ainsi que les constituants se sont inspirés de l'échec du Comité constitutionnel pour y substituer le Conseil constitutionnel, qui devait s'avérer une réussite. C'est dans les mêmes conditions qu'ils ont rédigé l'article 34, qui en délimitant un domaine législatif, marque une rupture avec la tradition et qui peut être considéré comme le point d'aboutissement d'une évolution amorcée sous le régime précédent par des textes comme la loi du 17 août 1948. Parfois même les constituants vont reprendre, après l'avoir plus ou moins remanié, un projet de révision déposé sous la Quatrième République. Par exemple, on doit considérer que le projet de révision déposé le 16 janvier 1958 par le Gouvernement Gaillard inspire très directement l'article 49 de la nouvelle Constitution relatif à la mise en cause de la responsabilité politique du Gouvernement devant l'Assemblée nationale, qui rattache de manière décisive la Cinquième République à la Quatrième. Il ne faut pas oublier, à ce sujet, que la loi du 3 juin 1958 imposait aux constituants d'introduire dans leur texte cette règle fondamentale du régime parlementaire.

b) Le régime souhaité par les constituants

901. À la vérité, l'article 49 ne laisse que deux possibilités, la première étant celle d'un régime parlementaire, la seconde d'un régime mixte participant pour une part au régime parlementaire. Or si la seconde est apparue, au fur et à mesure que le temps passait et compte tenu de la pratique, comme correspondant à la réalité, c'est manifestement la première qui a été envisagée et retenue par les constituants. Dans son discours du 27 août 1958 [2] devant l'Assemblée générale du Conseil d'État, Michel Debré s'est

---

1. L. Philip, « Des intentions des constituants de 1946 à la pratique constitutionnelle de la Ve République ou de la continuité en droit français », *RDP* 1984, p. 1245.

2. Dans ce discours, Michel Debré revient plusieurs fois sur la même idée dont il souligne l'importance : « Le gouvernement a voulu rénover le régime parlementaire. Je serai même tenté de dire qu'il veut l'établir car pour de nombreuses raisons la République n'a jamais réussi à l'instaurer ». Et encore : « Le projet de Constitution, tel qu'il vous est soumis, a l'ambition de créer un régime parlementaire ».

montré extrêmement net : « Pas de régime conventionnel, pas de régime présidentiel, la voie devant nous est étroite, c'est celle du régime parlementaire ». Comme toujours c'est le régime parlementaire « à l'anglaise » qui est visé.

Il peut paraître un peu surprenant que les constituants aient négligé la contradiction majeure entre les mécanismes du régime parlementaire qu'ils souhaitaient établir et le rôle si actif confié au président. Cette contradiction fait de la Cinquième République, dès le départ, un régime ambigu, qui ne peut être parlementaire que dans le sens dualiste du terme, avec tous les aléas qu'il comporte et dont avait suffisamment témoigné l'épisode fâcheux du 16 mai 1877.

III. L'adoption de la Constitution

902. L'adoption de la Constitution se fait dans les conditions fixées par la loi du 3 juin 1958. On examinera successivement l'élaboration du texte, sa ratification et l'installation des nouvelles institutions.

A. L'élaboration du projet de Constitution

903. Elle comporte les différentes phases prévues mais les discussions qui ont eu lieu n'ayant pas été publiées immédiatement, il a fallu un travail de recherche très poussé pour pouvoir, longtemps après, les présenter au public.

a) L'établissement de l'avant-projet gouvernemental

904. Tout au long du mois de juin 1958, les travaux se poursuivent et finalement un avant-projet de Constitution est présenté vers la mi-juillet à un Comité ministériel restreint, puis les 23, 25 et 26 juillet à des Conseils de cabinet réunis sous la présidence du général de Gaulle. Des modifications sont proposées, dont certaines sont adoptées. À l'issue de ces réunions, le texte de l'avant-projet est arrêté.

b) L'examen du Comité consultatif constitutionnel

905. Le Comité est composé de 39 membres dont 26 parlementaires parmi lesquels 16 députés désignés par la Commission du suffrage universel de l'Assemblée nationale et 10 sénateurs désignés par la Commission similaire du Conseil de la République. Les 13 autres membres sont désignés discrétionnairement par le Gouvernement. Aux termes du décret du 16 juillet 1958 relatif au Comité, celui-ci élit en son sein son président. C'est Paul Reynaud qui est élu et le Comité est saisi le 29 juillet 1958 de l'avant-projet gouvernemental. Il faut souligner à cet égard combien l'élaboration de la Constitution s'éloigne de la tradition républicaine puisque non seulement il n'est pas fait appel à une assemblée constituante élue et ayant pouvoir de décision mais encore le Comité mis en place, composé d'élus au second degré et de personnalités nommées, n'a qu'un pouvoir d'avis et travaille dans un silence insolite.

Toujours est-il que dès le 14 août 1958 le président Paul Reynaud informe le général de Gaulle des observations présentées par le Comité. Celles-ci ne bouleversent pas l'économie générale du projet mais des modifications sont proposées concernant notamment l'élection du président de la République, ses pouvoirs exceptionnels, le référendum et l'interdiction de cumul entre fonction ministérielle et mandat parlementaire. La lettre du 14 août relève au passage, en se référant à une audition du général de Gaulle, que le Gouvernement n'est responsable que devant l'Assemblée et non devant le chef de l'État et en tire la conclusion que… « malgré l'accroissement des pouvoirs du chef de l'État, c'est bien du régime parlementaire qu'il s'agit ».

c) L'établissement du projet définitif

906. Le texte de l'avant-projet rectifié par le Gouvernement après son examen par le Comité est soumis le 27 août 1958 au Conseil d'État par M. Debré, qui prononce à cette occasion l'important discours déjà cité. Les observations du Conseil d'État donnent lieu à une dernière mise au point du projet, dont le texte est définitivement arrêté en Conseil des ministres le 3 septembre 1958. Il est présenté au peuple français le 4 septembre 1958 par le général de Gaulle dans un discours prononcé place de la République à Paris [1].

d) La discrétion officielle sur les débats et travaux

907. Contrairement à une tradition bien établie dans les régimes républicains, les débats et travaux préparatoires n'ont pas fait l'objet d'une publication officielle immédiate et intégrale. Seuls ont été publiés le texte de l'avant-projet, le compte rendu analytique des débats du Comité et l'avis émis par ce dernier, ce qui est évidemment fort peu. Les autres documents annoncés n'ont jamais été publiés officiellement. Ce silence s'explique par le fait que les premiers gouvernements de la Cinquième République constatant l'écart très sensible entre le texte constitutionnel et la pratique suivie n'ont pas voulu alimenter les critiques par une publication qui ne pouvait que les placer dans une position difficile sur le plan juridique. On ne pouvait donc compter que sur les travaux dus à l'initiative de chercheurs [2].

Il a fallu attendre un décret du 8 juin 1984 pour que soit créé un Comité chargé de la publication, systématique et en principe complète, des travaux préparatoires des institutions de la Cinquième République. Bien qu'au cours du long délai écoulé – plus de vingt-cinq ans – des documents aient pu disparaître, un effort considérable a été effectué pour rassembler et reconstituer les archives et quatre volumes, d'une très grande richesse documentaire, ont été publiés en 1987, 1988, 1991 et 2001 [3].

B. La ratification du projet de Constitution

908. Précédée d'une campagne référendaire calme, la ratification n'a pas la même signification en métropole et dans les territoires d'outre-mer.

---

1. La date, qui est celle de l'anniversaire de la fondation de la Troisième République, et le lieu ont évidemment été choisis à titre symbolique.

2. J.-L. Debré, *Les idées constitutionnelles du général de Gaulle,* LGDJ, 1974 ; M. Waline, « Note pratique sur la publication des travaux préparatoires de la nouvelle Constitution », *RDP* 1960, p. 483.

3. Documents pour servir à l'histoire de l'élaboration de la Constitution du 4 octobre 1958, volume I : *Des origines de la loi constitutionnelle du 3 juin 1958 à l'avant-projet du 29 juillet 1958,* 1987 ; volume II : *Le Comité consultatif constitutionnel : De l'avant-projet du 29 juillet 1958 au projet du 21 août 1958*, 1988 ; volume III : *Du Conseil d'État au référendum : 20 août-28 septembre 1958*, 1991 ; volume IV : *Commentaires sur la Constitution (1958-1959)*, 2001, La documentation française.

a) La campagne référendaire

909. Elle est terne parce que la population a, dans son ensemble, le sentiment que les jeux sont faits. Aussi bien les événements étant passés par un paroxysme au cours du mois de mai 1958, la tension ne pouvait que retomber ensuite. Le projet de Constitution bénéficie d'ailleurs du discrédit quasi total qui frappe la Quatrième République. Enfin, la composition même du Gouvernement témoigne du large consensus qui le soutient. Presque tous les partis font donc campagne pour le oui, seuls manifestent une opposition résolue quelques personnalités isolées, parmi lesquelles François Mitterrand, et le parti communiste, bien qu'il n'ait guère participé à l'exercice du pouvoir sous le régime précédent (jusqu'en mai 1947 seulement).

b) Le référendum en métropole

910. Le projet de Constitution est distribué à chaque électeur mais il n'est pas interdit de penser qu'un assez grand nombre d'entre eux se déterminent davantage en fonction du Gouvernement qui le leur soumet que du contenu du texte, qui présente un caractère nécessairement technique. Le référendum a lieu le 28 septembre 1958 et il y a très peu d'abstentions : 4 006 614 soit 15 % des inscrits. La réponse est claire et massive : 17 668 790 oui contre 4 625 211 non. Elle a à la fois le caractère d'une condamnation de la Quatrième République et d'un vote de confiance au général de Gaulle.

c) Le référendum dans les territoires d'outre-mer

911. Il est plus complexe dans la mesure où la question posée comporte une double signification. En répondant oui, les électeurs expriment d'une part, leur acceptation du projet de Constitution, d'autre part, leur volonté de demeurer liés à la France sous une forme à déterminer. En effet, leur Assemblée locale devra alors choisir, dans un délai de quatre mois, entre le maintien du statut de territoire d'outre-mer, la transformation en départements d'outre-mer et la transformation en État membre de la Communauté instituée par le titre XII du projet de Constitution (ces dispositions de la Constitution de 1958 relatives à la Communauté ont été supprimées par la révision du 4 août 1995). En répondant non, ils rejettent à la fois le projet et toute forme d'intégration ou d'association. Il est entendu que, dans ce cas, la France les considérera comme indépendants et n'apportera plus son aide. Tous vont se prononcer, à la quasi-unanimité de leurs électeurs, pour le oui – à la seule exception de la Guinée qui, sous l'influence de son leader Sekou Touré, se détermine négativement, sur le même mode plébiscitaire –, en faveur de la Constitution et de la Communauté.

C. La mise en place des nouvelles institutions

912. La Constitution est promulguée le 4 octobre 1958 et le régime s'installe. Elle prévoit, en effet, que les nouvelles institutions doivent être mises en place dans un délai de quatre mois et accorde au Gouvernement, pour la même durée, des pouvoirs exceptionnels.

Il s'agit essentiellement d'élire le président de la République et les assemblées parlementaires. Pour cela, il faut qu'interviennent les lois organiques relatives au mode d'élection de ces organes. Elles font l'objet, conformément à l'article 92, alinéas premier et 2, d'ordonnances du Gouvernement[1] prises en Conseil des ministres après avis du Conseil d'État et ayant force de loi. L'élément le plus important réside dans l'adoption, pour l'élection des députés, du scrutin uninominal majoritaire à deux tours, qui était déjà celui de la Troisième République.

913. Il est d'abord procédé à l'élection de l'Assemblée nationale les 23 et 30 novembre 1958. Ces élections marquent le triomphe des partis modérés, et notamment de l'Union pour la Nouvelle République (UNR), parti créé pour soutenir l'action du général de Gaulle. En revanche, les partis de gauche sont complètement laminés par le mode de scrutin. Avec un nombre de voix légèrement supérieur à celui de l'UNR qui compte 212 sièges, le Parti communiste n'en obtient que 10. Il est ensuite procédé à l'élection du président de la République, le 28 décembre 1958. C'est le général de Gaulle qui est élu, conformément à l'attente générale et avec une très large majorité.

Les pouvoirs exceptionnels conférés au Gouvernement par les alinéas premier et 2 de l'article 92 l'autorisent notamment, comme il vient d'être indiqué, à prendre, par ordonnances ayant force de loi, en Conseil des ministres et après avis du Conseil d'État, les mesures législatives nécessaires à la mise en place des institutions, ainsi qu'à fixer, dans les mêmes conditions le régime électoral des assemblées[2].

Section 2

L'Union européenne et la Cinquième République

914. On ne peut pas présenter la Cinquième République sans la situer, même rapidement, dans le cadre juridique de l'Union européenne[3]. En effet, l'intégration de la France dans la Communauté, puis dans l'Union, n'a pu se faire sans limitations

---

1. Le Conseil constitutionnel a estimé que ces ordonnances portant lois organiques, qui n'avaient pu lui être soumises, et pour cause, bénéficient d'une présomption de conformité à la Constitution. À noter, à titre de curiosité juridique, que ces ordonnances, prises dans le délai imparti et depuis longtemps expiré, ont vu leur support juridique disparaître du fait de l'abrogation de l'article 92 par la loi de révision constitutionnelle du 4 août 1995.

2. Depuis lors les lois de révision constitutionnelles du 25 juin 1992 et du 27 juillet 1993 ont modifié la numérotation des titres de la Constitution. En outre, la loi de révision constitutionnelle du 4 août 1995 a abrogé le Titre XIII (De la communauté) qui se rapportait aux relations de la France avec ses anciens territoires d'outre-mer devenus indépendants, et le Titre XVII (Dispositions transitoires). L'article 92, qui se trouvait dans le Titre XVII, est donc abrogé mais les mesures prises en vertu dudit article n'en conservent pas moins, si elles n'ont pas été modifiées ou abrogées depuis par des textes de même niveau, leur valeur juridique législative. À noter qu'un Titre XIII consacré à la Nouvelle-Calédonie a été rétabli par la loi constitutionnelle du 20 juillet 1998.

3. La Communauté européenne est l'appellation donnée par le traité de Maastricht (article G) à la Communauté économique européenne (CEE) créée par le traité de Rome du 25 mars 1957. Ses membres fondateurs étaient six (Belgique, Allemagne, France, Italie, Luxembourg, Pays-Bas). Leur nombre s'est ensuite accru à plusieurs reprises (Danemark, Espagne, Grèce, Irlande, Portugal, Royaume-Uni) et a été porté à quinze à la suite du traité de Corfou du 24 juin 1994 (Autriche, Finlande, Suède). Ce nombre a été porté à vingt-cinq lors du sommet de Copenhague en décembre 2002 par l'adhésion, avec effet au 1er mai 2004, de dix nouveaux États membres (Chypre, Estonie, Hongrie, Lettonie, Lituanie, Malte, Pologne, République tchèque, Slovaquie, Slovénie). À compter du 1er janvier 2007, ce nombre a été porté à 27 avec les adhésions de la Bulgarie et de la Roumanie, puis à 28 avec l'adhésion de la Croatie devenue effective le 1er juillet 2013.

et transferts importants de la souveraineté nationale telle qu'elle est définie par la Constitution française. De six membres fondateurs en 1957, dont la France, la Communauté devenue Union européenne en 1992 est passée à quinze membres, puis vingt-cinq et désormais vingt-huit. Elle suppose « la libre circulation des personnes, des marchandises, des services et des capitaux » à l'intérieur des frontières communes [1].

915. Sa spécialisation essentiellement économique, pour aussi étendue qu'elle soit, fait que l'Union européenne ne constitue certainement pas un État. Néanmoins, elle dispose d'organes communs dotés de pouvoirs importants et notamment de celui de prendre unilatéralement des décisions qui s'imposent à tous les États membres et à leurs populations. L'exécutif comprend le Conseil, composé d'un représentant – en principe un ministre – par État-membre et la Commission, composée de hauts fonctionnaires, qui est chargée d'assister le Conseil et de préparer et proposer ses décisions. L'organe délibérant est le Parlement européen, élu au suffrage universel direct mais qui, par contraste, n'a été jusqu'au traité de Maastricht doté que de peu de pouvoirs. Il faut également compter avec la Cour de justice de l'Union, dont les pouvoirs sont considérables. C'est sans doute cette juridiction qui a le mieux défini la communauté européenne en indiquant qu'il s'agit d'une « Communauté de durée illimitée, dotée d'attributions propres, de la personnalité, de la capacité juridique, d'une capacité de représentation internationale et plus précisément, de pouvoirs réels issus d'une limitation de compétence ou d'un transfert d'attributions des États à la Communauté [2] ».

916. Quant au droit communautaire, on le présente généralement en opérant une distinction entre le droit primaire et le droit dérivé. Le premier recouvre les traités institutifs (les Traités de Rome) et les conventions et décisions modificatives (par exemple, l'Acte unique européen, le Traité de Maastricht et le traité de Lisbonne). Le second recouvre les règlements, les directives et les décisions édictés par le Conseil. Les normes communautaires devant faire, plus loin dans cet ouvrage, l'objet d'une étude détaillée, on se bornera aux deux indications suivantes. D'une part, ces normes, et en tout cas les règlements, sont applicables de plein droit au sein des États membres, immédiatement (sur tout le territoire) et directement (à toute la population). D'autre part, ces décisions peuvent être prises, selon les secteurs et aussi selon une graduation chronologique, soit à la majorité, simple ou qualifiée, ce qui constitue le droit commun, soit à l'unanimité, ce qui évidemment dans une Europe désormais élargie nuit singulièrement à l'efficacité du pouvoir normatif communautaire [3].

---

1. Pour des développements plus substantiels sur les institutions et le droit communautaire, on peut renvoyer aux manuels classiques tels que celui de J.-C. Gautron, *Droit européen,* 14e éd., Dalloz, 2012.

2. CJCE 15 juill. 1964, *Costa c/ENEL,* aff. 6/64. *Rec.*, p. 1141.

3. Le droit dérivé en vigueur a pu être évalué en 2005 à environ 17 000 règlements, directives et décisions du pilier communautaire de l'Union européenne. Ces chiffres doivent être rapprochés des quelque 10 500 lois et 120 000 décrets réglementaires en vigueur en France (J. Maïa, « La contrainte européenne sur la loi », *Pouvoirs* 2005, p. 54).

I. Les étapes de la construction européenne

A. La naissance des communautés : les traités de Rome de 1957

917. En réalité, il faut partir de l'immédiat après-guerre car les débuts de la construction européenne sont antérieurs à 1957. Sans doute serait-il vain de chercher à leur fixer une date précise. On peut au moins évoquer la Déclaration de Robert Schuman du 9 mai 1950 qui est à l'origine de la Communauté européenne du charbon et de l'acier (CECA instituée par le traité de Paris du 18 avril 1951), c'est-à-dire d'une organisation sectorisée mais commune à six États européens, rappeler aussi le rôle décisif joué par Jean Monnet, dont les idées sont à la source de toutes les tentatives en vue de fédérer, au moins sur un plan économique, ces six États et ceux qui voudraient ultérieurement s'y agréger.

Le traité du 24 mars 1957, qui institue la CEE a une vocation beaucoup plus large puisqu'il s'agit cette fois de préparer la mise en place d'un marché commun comportant entre ses membres la suppression des barrières douanières, l'harmonisation des politiques économiques, ainsi que la libre circulation des personnes, des marchandises, des services et des capitaux. La mise en œuvre a été prudente et très échelonnée, principalement en raison des nombreuses et très importantes difficultés à surmonter et aussi pour une part en raison de l'avènement de la Cinquième République, mise devant le fait accompli et à ce moment plus réservée devant le texte que le régime précédent.

Pour bien comprendre cette réserve, il faut signaler que dans la plupart des pays fondateurs ou concernés il y avait débat entre d'une part, les partisans d'une Europe de type plutôt confédéral, créant certes des liens étroits et forts entre les États mais laissant chacun d'eux maître des décisions engageant sans retour son avenir et, d'autre part, les partisans d'une organisation de type fédéral, ayant des compétences très étendues et dont l'organe exécutif déciderait à la majorité. Le général de Gaulle, arrivé au pouvoir dès 1958, avait pour sa part très nettement opté pour la première voie. C'est cependant la seconde qui a dans l'ensemble prévalu parce qu'elle était dans la logique du texte de 1957, clairement exprimée dès 1964 par la Cour de justice des Communautés européennes et parce que tel était le choix des autres États membres. Le général de Gaulle n'a pu que ralentir et freiner une évolution inéluctable en imposant à ses partenaires en 1966 le compromis dit de Luxembourg.

918. Les traités modificatifs ultérieurs n'ont fait que confirmer cette orientation vers la supranationalité. En 1969 une simple décision communautaire confère au Conseil européen des chefs de l'État et de Gouvernement – distinct du Conseil des ministres prévus par le traité de Rome – une périodicité régulière, en 1976 une convention substitue à l'Assemblée des Communautés européennes un Parlement européen composé de députés élus au suffrage universel direct, en 1986 le traité dit Acte unique européen donne un support conventionnel au Conseil européen précité, étend les compétences communautaires, accroît le nombre des décisions prises à la majorité par le Conseil des ministres, rappelle l'objectif de la libre circulation à l'intérieur des frontières de la Communauté. Enfin, en 1989 les membres de cette dernière – à ce moment au nombre de douze – décident le passage à une Union économique et monétaire comportant en aboutissement la création d'une monnaie unique.

B. La mue de l'Union européenne : le traité de Maastricht de 1992

919. Signé le 17 février 1992 à Maastricht, le traité sur l'Union européenne marque un tournant très important de la construction européenne.

S'agissant d'abord de la construction européenne, ses apports sont multiples. Il s'attache à achever l'union monétaire et économique décidée en 1989. À cette fin, il met en place, en fonction des critères qu'il établit et des étapes qu'il prévoit, une monnaie unique, opérationnelle entre 1998 et 2002. Il institue un Système européen de banques centrales, chacune dotée d'une pleine indépendance par rapport aux autorités de son pays, sous la direction d'une Banque centrale européenne, pleinement indépendante par rapport aux autorités européennes. On notera que les dispositions du traité vont bien au-delà de l'économie. Elles traitent également de la politique étrangère commune et des problèmes de sécurité intérieure. D'ailleurs la Communauté cède la place, dans la terminologie utilisée, à une Union européenne à vocation beaucoup plus large. Le choix du terme Union exprime bien le resserrement opéré quant aux centres de décisions et quant à la prise de celles-ci. Pour ce qui est du resserrement, la Banque centrale européenne en constitue un bon exemple, puisque pour ce qui est des décisions, la règle majoritaire est de plus en plus fréquemment appliquée.

920. Cette évolution a été confirmée et même amplifiée par les traités d'Amsterdam en 1997 et de Nice en 2000. Par exemple, pour ce qui est du Conseil, il existe une nette tendance à l'accroissement du nombre des décisions prises à la majorité simple ou à la majorité qualifiée (c'est-à-dire pondérée en fonction de l'importance des populations de chaque État et en fonction du nombre de voix exigées) par rapport aux décisions prises à l'unanimité, qui subsistent mais en moins grand nombre. Il y a là une orientation caractéristique vers un « préfédéralisme ». Pour ce qui est du Parlement européen, qui avait peu de pouvoirs, la tendance est à leur renforcement par l'octroi d'un pouvoir de rejet des décisions qui lui sont proposées et d'une compétence de codécision lorsqu'il les accepte. En outre, il continue à pouvoir, à la majorité des deux tiers des voix exprimées et à la majorité des membres qui le composent, censurer la Commission et l'obliger à démissionner collectivement. On notera enfin que le président de la Commission joue toujours un rôle essentiel et que le Conseil, à présidence tournante, est doté d'un Secrétaire général.

921. S'agissant de la politique commune, on doit relever qu'un premier objectif, qui constitue une avancée fondamentale et dans un certain sens la raison d'être de l'Union européenne, a désormais été atteint. Il s'agit, pour 19 États-membres sur 28, de la mise en œuvre d'une politique monétaire commune par l'institution d'une Banque centrale européenne indépendante des instances de l'Union et exerçant sa tutelle sur les Banques centrales nationales indépendantes des gouvernements, ainsi que par l'institution d'une unité monétaire unique, l'euro, qui est devenu opérationnel, même pour les citoyens, depuis le 1er janvier 2002 et qui a donc été définitivement substituée aux anciennes monnaies nationales. Cette politique monétaire doit s'accompagner d'une politique financière et économique commune. Deux autres objectifs sont visés dans les prochaines années, à savoir une politique étrangère commune et une politique de sécurité intérieure commune (dans la terminologie européenne il s'agit des deuxième et troisième piliers).

C. La limite de l'intégration européenne : l'échec du projet de « Constitution européenne » de 2004

922. C'est à la Convention européenne sur l'avenir de l'Europe, présidée par V. Giscard d'Estaing, que le Conseil avait confié l'élaboration et la rédaction du projet de traité visant à établir une « Constitution européenne ». Celui-ci avait été remis au Conseil le 20 juin 2003. Le projet, relativement complet et cohérent, comportait en seconde partie une Charte des droits fondamentaux de l'Union. Sur cette base, mais après d'âpres négociations, le traité international visant à établir une « Constitution européenne » a été signé le 18 juin 2004 à l'issue d'une conférence intergouvernementale qui s'est tenue à Bruxelles. Ce traité devait être ratifié par les 25 États membres en 2006. D'un certain point de vue, ce traité pouvait apparaître comme un bon moyen de parer aux difficultés institutionnelles provoquées par l'élargissement indéfini de l'Union européenne. Ainsi, s'agissant des institutions, le projet conférait à l'UE la personnalité morale qu'elle n'avait pas encore. Il modifiait sur plusieurs points les organes exécutifs pour en améliorer le fonctionnement ou en renforcer l'efficacité. D'abord, en instituant un président du Conseil européen élu par ce dernier pour une durée – renouvelable une fois – de deux ans et demi, qui se serait substitué à l'actuelle présidence « tournante », qui fait alterner à la tête du Conseil pour une durée de six mois tous les États membres. Ensuite, il visait à renforcer cet exécutif en instituant un ministre des affaires étrangères commun. Le Conseil européen, composé des Chefs d'État ou de Gouvernement, aurait été assisté par un Conseil des ministres comportant plusieurs formations spécialisées et statuant à la majorité qualifiée. Enfin la Commission, organe très important de préparation, de gestion et d'exécution, ne devait plus comporter que 13 membres, son président étant élu par le Parlement européen sur proposition de la Commission. S'agissant du Parlement européen, il aurait dû comporter 736 membres élus pour cinq ans, chaque pays disposant « de façon dégressivement proportionnelle » d'un nombre de représentants fonction dans une large mesure de l'importance de sa population (art. 19). Il aurait pu exercer des fonctions législatives et budgétaires conjointement avec le Conseil européen et le Conseil des ministres, ainsi que, de manière limitée, quelques fonctions de contrôle.

923. Cependant, lors du référendum organisé en France le 29 mai 2005 en vue de la ratification de ce traité, le peuple français qui n'avait plus été consulté sur les avancées de la construction européenne depuis 1992, et notamment les élargissements successifs, a très nettement rejeté ce projet. Le 1er juin de la même année, les Néerlandais ont fait de même à une majorité plus écrasante encore. Il en est résulté, une période d'incertitudes pour l'Union européenne. Bien sûr, celle-ci ne cesse pas d'exister, mais il est certain que sa progression se trouvera ralentie, sinon stoppée, pour de nombreuses années. Sans rentrer dans le détail des explications sociologiques et politiques variées qui ont été avancées pour expliquer cette défiance démocratique à l'égard de la poursuite de la construction européenne, il est permis de penser qu'une des raisons de cet échec réside dans la volonté populaire d'indiquer jusqu'où ne pas aller trop loin dans la voie de l'intégration européenne. En particulier, il paraît désormais établi que le mimétisme constitutionnel et, par voie de conséquence étatique, qui a inspiré ce projet de « traité constitutionnel » ne constitue pas la meilleure solution. Les progrès les plus significatifs de la construction européenne ont été réalisés lorsque ceux-ci s'inscrivaient dans la démarche originelle, certes complexe et ambiguë, mais somme toute assez efficace.

C'est cette démarche qui a été à nouveau suivie avec l'adoption du traité de Lisbonne.

D. La relance de l'Union européenne : le traité de Lisbonne de 2007

924. Le traité signé à Lisbonne le 13 décembre 2007[1] a pour objet de remédier l'échec du défunt « traité constitutionnel ». Pour entrer en vigueur, ce traité devait être ratifié par les États membres de l'Union européenne. La France a été le cinquième pays à remplir cette exigence, mais il faut le souligner, en empruntant la voie parlementaire grâce à un vote intervenu le 14 février 2008. En revanche, l'Irlande a rejeté la ratification par référendum en juin 2008 ce qui a nécessité l'organisation d'un second référendum ayant le même objet en octobre 2009 et, en Pologne, bien que la ratification ait été approuvée par le Parlement, le président de la République, M. Lech Kaczynski, a refusé jusqu'à la dernière limite de signer le décret de promulgation de la loi. La même situation a prévalu en République tchèque où le traité avait franchi avec succès toutes les étapes de la ratification parlementaire, mais où le président de la République M. Vaclav Klaus persistait à refuser de promulguer la loi de ratification.

Malgré ces réticences, le traité de Lisbonne est entré en vigueur le 1er décembre 2009 soit le premier jour du mois qui suit l'achèvement du processus de ratification dans les États signataires.

925. Pourtant ce traité a été sensiblement édulcoré par rapport au « traité constitutionnel »[2]. Ainsi, sur un plan symbolique, il n'est plus qualifié, de manière impropre, de « Constitution ». De même, les symboles de l'Union européenne, tels que le drapeau, l'hymne et la devise ont été abandonnés. Cependant, plusieurs innovations majeures figurent toujours dans ce nouveau traité. En particulier, l'Union européenne est désormais dotée de la personnalité juridique. Elle peut ainsi conclure des accords internationaux dans ses domaines de compétences. Elle pourrait également adhérer à la Convention européenne de sauvegarde des droits de l'Homme et des libertés fondamentales, ce qui pourrait être de nature à clarifier un épineux problème juridique d'articulation des catalogues de droits fondamentaux en Europe. Au-delà de ces aspects normatifs, deux autres apports essentiels méritent d'être soulignés : d'une part, l'entrée en vigueur du traité de Lisbonne a permis une simplification du processus de décision au sein du Conseil de l'Union européenne puisque le nouveau traité prévoit que la majorité qualifiée se définira comme étant égale à au moins 55 % des membres du Conseil comprenant au moins 15 d'entre eux et représentant des États membres réunissant au moins 65 % de la population de l'Union. D'autre part, le nouveau traité permet à l'Union d'être représentée par un exécutif plus pérenne, dans la mesure où le président du Conseil européen est désormais élu à la majorité qualifiée pour une durée de deux ans et demi, renouvelable une fois.

926. Il n'en reste pas moins, comme l'a affirmé avec force la Cour constitutionnelle allemande dans son arrêt du 30 juin 2009, que l'Union Européenne n'est pas et n'a pas vocation à devenir un État fédéral. Il s'agit tout ou mieux d'une « Confédération d'États », lesquels ont librement choisi d'exercer en commun certaines de leurs compétences. En revanche, ces États, maîtres de leur propre destin national, n'ont pas abdiqué

---

1. J. Ziller (dir.), *L'Union européenne. Édition Traité de Lisbonne*, La documentation française, 2008.

2. Pour une opinion différente, sérieusement argumentée, cf. A. Pécheul, *Le traité de Lisbonne, la Constitution malgré nous ?*, Cujas, 2008.

leur souveraineté dans la mesure où ils n'ont pas abandonné à l'Union européenne ce qui en représente le cœur, à savoir la « compétence de leur compétence ».

II. Les incidences sur la souveraineté nationale

927. Elles sont importantes et il faut les apprécier au regard des textes constitutionnels et de la jurisprudence du Conseil constitutionnel.

A. Le cadre constitutionnel

928. Le titre premier de la Constitution de la Cinquième République est intitulé « De la souveraineté » et, notamment, ses articles 3 et 4 traitent de la souveraineté nationale. Celle-ci est proclamée par l'article 3 de la Déclaration de 1789 disposant que « le principe de toute souveraineté réside essentiellement dans la Nation » ainsi que par l'article 3 de la Constitution, selon lequel « la souveraineté nationale appartient au peuple qui l'exerce par ses représentants et par la voie du référendum ».

Le Préambule de 1946 traite pour sa part de la souveraineté étatique. L'alinéa 14 dispose que « la République française, fidèle à ses traditions, se conforme aux règles du droit public international » et l'alinéa 15 que « sous réserve de réciprocité, la France consent aux limitations de souveraineté nécessaires à l'organisation et à la défense de la paix ».

Ceci étant, il ne faut pas oublier que si souveraineté nationale et souveraineté étatique correspondent à deux concepts distincts, elles ne s'opposent nullement. On doit même dire qu'elles se relient et se complètent. En effet, la souveraineté qui appartient à la Nation est manifestement exclusive, c'est-à-dire qu'elle exclut tout pouvoir de commandement qui serait extérieur à la Nation et donc à l'État dans lequel cette dernière s'inscrit. C'est absolument certain pour la Déclaration de 1789, cela ne l'est pas moins pour la Constitution « gaullienne » de 1958.

B. L'interprétation constitutionnelle

a) La jurisprudence antérieure à 1992

929. Elle prend pour principal appui l'alinéa 15 du Préambule de 1946.

La distinction des limitations et des transferts de souveraineté. En 1976, le Conseil a distingué entre les limitations de souveraineté, qui sont licites puisque prévues par la Constitution, et les transferts qui ne le sont pas, considérant par ailleurs que les conditions imposées par l'alinéa 15 – réserve de réciprocité et finalité tendant à l'organisation et à la défense de la paix – vont toujours de soi dans le cadre communautaire[1].

Cette distinction a suscité des critiques. Certaines sont d'ordre logique. Elles font valoir que si la souveraineté est comme beaucoup le prétendent, un pouvoir de droit initial, inconditionné et suprême, elle est ou elle n'est pas, sans possibilité de position intermédiaire, et que dans ces conditions toute limitation la fait disparaître. Cependant ces critiques ne sont pas vraiment décisives dans la mesure où la définition proposée de la souveraineté paraît dépassée et où le préambule de 1946 fait nettement état des

---

1. Décis. n° 76-71 DC du 30 déc. 1976, *Rec.*, p. 15.

limitations et des transferts. D'autres critiques sont plus pratiques et portent sur la difficulté de distinguer en fait entre limitations et transferts.

C'est pourquoi le Conseil va apporter une nouvelle précision en assimilant implicitement les transferts aux clauses portant « atteinte aux conditions essentielles d'exercice de la souveraineté » et en indiquant que ces conditions recouvrent « le respect des institutions de la République, la continuité de la vie de la Nation et la garantie des droits et libertés[1] ». On observera que ces formules sont bien vagues et laissent au Conseil une grande liberté d'appréciation. Il a néanmoins confirmé sa jurisprudence en 1991 en étirant au maximum la notion de limitations[2].

930. *L'inadéquation de cette jurisprudence.* Cette dernière était sans doute fondée en droit mais elle ne pouvait être considérée comme satisfaisante car elle ne rendait pas compte de l'état réel du droit en la matière. En effet, la condamnation des transferts de souveraineté, bien que parfaitement justifiée, pouvait paraître platonique dans la mesure où nombre d'entre eux avaient été réalisés par les conventions institutives – conclues sous la Quatrième République et ayant échappé à tout contrôle – ainsi que par le droit dérivé, qui procède de ces conventions et participe de leur intangibilité.

La vérité est que pendant longtemps les virtualités supranationales de la Communauté n'ont pas été clairement perçues d'une part, parce que leur mise en œuvre a été volontairement lente et progressive, d'autre part, parce que le général de Gaulle, fort méfiant à leur égard, n'en tenait guère compte et que ses successeurs ont agi avec discrétion.

Mais depuis une vingtaine d'années, la Communauté a connu un élargissement et une progression également considérables. Des conventions modificatives sont venues étendre son champ d'action, qui excède désormais largement le domaine économique, et renforcer les pouvoirs des instances communautaires, qui décident de plus en plus souvent à la majorité[3]. Dans le même temps, l'état d'esprit changeait et une orientation plus favorable à la supranationalité se faisait jour chez les gouvernants français.

On conçoit dès lors que la jurisprudence du Conseil, inchangée en pratique depuis 1976, pouvait sembler s'inscrire en porte-à-faux avec la situation réelle et l'évolution en cours.

b) La jurisprudence postérieure à 1992

931. À la suite de sa saisine le 11 mars 1992 par le président de la République, François Mitterrand, en application de l'article 54 de la Constitution, afin d'examiner la compatibilité du traité de Maastricht avec la Constitution, le Conseil a rendu une décision n° 92-308 DC du 9 avril 1992[4]. Celle-ci comporte deux éléments importants, l'un à portée générale, l'autre faisant application du premier au traité examiné.

932. En premier lieu, le Conseil modifie très sensiblement sa jurisprudence antérieure, telle qu'elle s'était exprimée en 1976 et en 1985. Cette fois, il prend appui sur l'alinéa 14 du Préambule de 1946, qui pose le principe de la soumission aux normes

---

1. Décis. n° 85-188 DC du 22 mai 1985, *Rec.*, p. 15.

2. Décis. n° 91-294 DC du 25 juill. 1991, *RDP* 1991, p. 1547.

3. Lorsque le vote doit avoir lieu à la majorité, il s'agit presque toujours d'une majorité qualifiée. À noter que les votes des États sont pondérés en fonction de critères essentiellement démographiques.

4. *Rec.* 55.

internationales et ne comporte pas, à la différence de l'alinéa 15, l'expression « limitations de souveraineté ». Il rappelle la règle *Pacta sunt servanda,* qui implique que tout traité en vigueur lie les parties.

Dès lors le Conseil constitutionnel peut considérer que « le respect de la souveraineté nationale ne fait pas obstacle à ce que la France puisse conclure, sous réserve de réciprocité, des engagements internationaux en vue de participer à la création ou au développement d'une organisation internationale permanente dotée de la personnalité juridique et investie de pouvoirs de décision par l'effet de transferts de compétences consentis par les États-membres ». On observera que cette dernière formule paraît directement inspirée de celle utilisée par la CJCE dans l'arrêt *Costa*, précité, de 1964. Toujours est-il que le Conseil paraît valider par ce considérant les transferts déjà réalisés. Il prend acte de la situation existante et conforme sa jurisprudence à celle de la CJCE. Mais pour l'avenir il rappelle que les clauses contraires à la Constitution ou portant atteinte « aux conditions essentielles d'exercice de la souveraineté nationale » – c'est-à-dire opérant le plus souvent un transfert de souveraineté – continueront, avant que puisse être donnée l'autorisation de ratifier, à nécessiter une révision constitutionnelle.

933. En second lieu, le Conseil fait application de cette position de principe aux dispositions du traité. Trois séries de dispositions sont déclarées incompatibles avec la Constitution ou portent atteinte aux conditions essentielles d'exercice de la souveraineté nationale. Elles concernent : 1°) l'octroi du droit de vote et d'éligibilité aux citoyens de la Communauté pour les élections municipales des États-membres [1] ; 2°) la substitution aux unités monétaires nationales du futur « euro » et l'adoption d'une politique de change commune [2] ; 3°) l'adoption d'une politique commune de visas pour le franchissement des frontières extérieures [3].

934. Cette décision du Conseil constitutionnel a entraîné fort logiquement une révision de la Constitution. L'Assemblée nationale a été saisie le 5 mai 1992 du projet de révision, qui modifiait les intitulés des titres XIV, XV et XVI et insérait sous le nouveau titre XIV « Des Communautés européennes et de l'Union européenne » deux articles additionnels, les articles 88.1 et 88.2. Le Congrès l'a adopté définitivement le 23 juin par 592 voix contre 73. La loi de révision a été promulguée le 25 juin 1992. Le contenu de la révision finalement adoptée est passablement différent du contenu du projet, les assemblées – et particulièrement le Sénat – ayant sensiblement modifié ce dernier et le président et le Gouvernement ayant finalement préféré se rallier pour accélérer l'adoption de la loi de révision. C'est pourquoi on peut distinguer parmi ses dispositions celles qui ont un objet indépendant du traité de Maastricht et celles qui en sont la conséquence directe.

935. Les premières sont celles qui modifient : 1°) l'article 2 de la Constitution pour indiquer que la langue de la République est le français ; 2°) l'article 54 pour

---

1. Cette clause est contraire à l'article 3 de la Constitution de 1958 et met en cause les conditions d'exercice de la souveraineté dans la mesure où les conseillers municipaux participent à la désignation des sénateurs.

2. Le Conseil retient la perte de la maîtrise de la politique monétaire et aussi le fait que, dans sa phase ultime, la politique de change sera déterminée par le Conseil à une majorité qualifiée.

3. Là encore, le Conseil retient la perte de la maîtrise de cette politique et le fait que, dans sa phase ultime, elle sera déterminée par le Conseil à une majorité qualifiée.

permettre (par analogie avec l'article 61.2) à soixante députés ou à soixante sénateurs de saisir le Conseil constitutionnel pour lui demander de vérifier si un engagement international, qui doit faire l'objet d'une ratification autorisée par une loi, comporte ou non des clauses contraires à la Constitution ; 3°) l'article 74 pour décider que les statuts des territoires d'outre-mer devront être fixés et modifiés par des lois organiques, après consultation de l'Assemblée territoriale intéressée, au moins en ce qui concerne les compétences de leurs institutions propres.

936. Les secondes recouvrent quatre articles. Deux d'entre eux concernent moins le traité de Maastricht que l'appartenance de la France à l'Union européenne. Tel est le cas des articles 88-1 et 88-4. L'article 88-1 énonce une déclaration de principe : il proclame la participation de la République « aux Communautés européennes et à l'Union européenne, constituées d'États qui ont choisi librement, en vertu des traités qui les ont constituées, d'exercer en commun certaines de leurs compétences ». Dans la forme, ce texte est modéré, s'abstenant d'évoquer un transfert de souveraineté qui correspondrait mieux à la réalité. Quant au fond, il n'en donne pas moins valeur constitutionnelle à l'intégration de la France dans l'Union européenne et revêt donc une très grande importance. L'article 88-4 est plus technique, il constitutionnalise, en les modifiant, les règles législatives antérieures relatives à l'information du Parlement par le Gouvernement sur les propositions d'actes communautaires.

Les deux autres articles, 88.2 et 88.3, sont directement destinés à rendre la Constitution compatible avec le traité de Maastricht, auxquels ils font l'un et l'autre expressément référence. Ils comportent, sous réserve de réciprocité, l'acceptation des transferts de compétences nécessaires : 1°) à l'établissement de l'union économique et monétaire européenne, ainsi qu'à la détermination des règles relatives au franchissement des frontières extérieures des États membres (art. 88.2) ; 2°) à la possibilité d'accorder « aux seuls citoyens de l'Union résidant en France » le droit de vote et d'éligibilité aux élections municipales. Il est clair que ces deux derniers articles mettent en cause « les conditions essentielles d'exercice de la souveraineté nationale » et contredisent plusieurs autres articles, tels l'article 20 (conduite de la politique de la Nation), l'article 34 (régime d'émission de la monnaie) et l'article 3 (seuls sont électeurs les nationaux français).

937. Enfin, il faut souligner que, dans sa décision du 19 novembre 2004 relative au traité visant à établir une Constitution pour l'Europe [1], le Conseil constitutionnel s'est placé dans le droit fil de sa jurisprudence de 1992. Il a encore une fois admis l'existence du principe de primauté du droit de l'Union européenne. Il en résulte qu'il a clairement indiqué qu'il existe deux « portes d'entrées » dans la Constitution française pour ce que Georges Vedel appelait le « droit venu d'ailleurs ». D'une part, l'article 55 pour les « engagements internationaux » de la France et, d'autre part, l'article 88-1 pour les « obligations communautaires ». Ces dernières bénéficiant en quelque sorte d'un traitement préférentiel. Par la suite, le Conseil constitutionnel a passé au crible constitutionnel les stipulations du traité. Les incompatibilités relevées ont justifié une révision de la Constitution par une loi constitutionnelle du 1er mars 2005 qui avait pour objet de modifier en profondeur le titre XV de la Constitution.

---

1. L. Favoreu, L. Philip, P. Gaïa, R. Ghévontian, F. Mélin-Soucramanien, E. Oliva et A. Roux, *Les grandes décisions du Conseil constitutionnel*, 19e éd., Dalloz, 2018, *op. cit.*

Cependant, comme cette réforme constitutionnelle était conditionnée par la ratification du traité lors du référendum du 29 mai, cette révision est devenue sans objet. C'est pourquoi, une nouvelle révision constitutionnelle est intervenue le 4 février 2008, à la suite d'une décision du Conseil constitutionnel intervenue le 20 décembre 2007 [1]. Le Conseil ayant jugé que les stipulations du traité de Lisbonne relatives d'une part aux compétences et au fonctionnement de l'Union et, d'autre part aux pouvoirs nouveaux reconnus aux parlements nationaux, appelaient encore une fois une révision constitutionnelle.

Section 3
Le territoire sous la Cinquième République

938. On examinera le principe d'indivisibilité de la République et ses incidences sur le territoire, qui n'ont nullement fait obstacle à la grande vague décolonisatrice des années 1960 (I), le système mis en place par la Constitution de 1958 et qui a fonctionné jusqu'à la révision constitutionnelle de 2003 (II), les grandes orientations de la loi constitutionnelle du 28 mars 2003 (III), enfin deux cas particulièrement topiques ceux de la Nouvelle-Calédonie et de la Corse (IV).

I. L'indivisibilité de la République et le territoire

939. Il s'agit d'un principe à valeur constitutionnelle, inscrit dans l'article premier de la Constitution. Ce principe n'a pourtant pas empêché la grande vague décolonisatrice qui a suivi les commencements de la Cinquième République. Plus récemment, le Conseil constitutionnel, interprétant la Constitution, a élaboré une jurisprudence reposant sur la distinction du peuple français et des populations d'outre-mer.

A. L'indivisibilité de la République et l'évolution des esprits

940. L'indivisibilité se rapporte bien à « la République » mais il est clair qu'à travers celle-ci elle concerne aussi le territoire et les populations. Il n'est guère douteux que sous la Révolution française le territoire a tenu un rôle important, alors qu'il s'agissait non seulement de défendre le nouveau régime mais également le sol national menacé par les armées étrangères [2].

Depuis lors, plus de deux siècles se sont écoulés. On sait qu'à la suite d'une guerre gagnée ou perdue le territoire peut s'étendre ou se réduire. D'autres événements sont à prendre en considération. C'est ainsi qu'aux XIXe et XXe siècles, la colonisation a projeté la République bien au-delà de ses frontières métropolitaines. Après la Seconde

---

1. Décis. n° 2007-560 DC du 20 déc. 2007, *Rec.* 457.

2. L'unité et l'indivisibilité sont affirmées dans la première Constitution révolutionnaire – non encore républicaine – du 3 septembre 1791 (titre II, art. premier). Cf. R. Debbasch, *Le principe révolutionnaire d'unité et d'indivisibilité de la République*, Economica-PUAM, 1988 ; A. Boyer, *Le statut constitutionnel des territoires d'outre-mer et l'unité de la République*, Economica-PUAM, 1998 ; F. Lemaire, *Le principe d'indivisibilité de la République*, préf. S. Pierré-Caps, Presses universitaires de Rennes, Rennes, 2010 ; M. Verpeaux, *Les collectivités territoriales en France,* 3e éd., Dalloz, 2006.

Guerre mondiale l'opinion a encore évolué. Non sans difficultés ni soubresauts, elle s'est détachée des thèses expansionnistes et a reconnu à juste titre aux peuples d'outre-mer le droit de construire eux-mêmes leur propre avenir. Le général de Gaulle lui a apporté le renfort puissant de son volontarisme. De leur côté les instances internationales ont joué un rôle important et émancipateur.

B. La grande vague décolonisatrice d'après 1958

941. Elle témoigne de l'œuvre capitale de décolonisation entreprise sous la Cinquième République.

a) Les supports juridiques

942. La Constitution de 1958 avait mis en place une phase transitoire en instituant une Communauté rassemblant autour de la République les anciens territoires d'outre-mer devenus États-membres et s'administrant eux-mêmes (ancien titre XIII). La condition requise pour appartenir à la Communauté était de répondre positivement lors du référendum du 28 septembre 1958. La réponse négative donnée par la Guinée a entraîné sa sécession immédiate.

Deux articles de la Constitution ont été ensuite utilisés pour faciliter l'accession à l'indépendance. L'article 85.2 (alinéa introduit par la révision du 4 juin 1960) permettait de reconnaître par voie d'accords conclus entre tous les États-membres l'indépendance de ceux qui la sollicitaient. L'article 53, *in fine,* ouvrait une autre voie en disposant que « nulle cession, nul échange, nulle adjonction de territoire n'est valable sans le consentement des populations intéressées ». À la vérité cette voie était contestable car l'article 53 ne vise que les cessions, échanges ou adjonctions de territoire procédant d'un traité. Or, les traités sont normalement passés entre États. Mais l'octroi par la République de l'indépendance à un territoire d'outre-mer, qui jusque-là dépendait d'elle, peut très difficilement être assimilé à un traité entre États. C'est pourtant ce qu'a décidé le Conseil constitutionnel qui a estimé que dès lors que les autres conditions étaient satisfaites, l'article 53 pouvait aussi s'appliquer « dans l'hypothèse où un territoire cesserait d'appartenir à la République pour constituer un État indépendant ou y être attaché [1] ».

Il va de soi qu'une loi constitutionnelle peut aussi permettre de favoriser, souvent de manière progressive, l'indépendance d'un territoire. Toutefois, ce procédé n'a été utilisé que plus tard, à la fin des années 1990.

b) Les applications pratiques

943. Dans les années soixante elles sont très nombreuses. La Guinée ayant fait sécession, tous les anciens TOM africains et malgache devenus États de la Communauté obtiennent l'indépendance par voie d'accords en vertu de l'article 85.2. En 1962, l'Algérie reçoit également son indépendance à la suite des référendums nationaux, décidés en application de l'article 11, du 8 janvier 1961 approuvant la politique d'autodétermination et du 8 avril 1962 approuvant les accords d'Évian. Au cours des vingt années suivantes des référendums locaux ont permis, en application de l'article 53, *in fine,*

1. Décis. n° 75-59 DC du 30 déc. 1975.

l'indépendance de la Côte française des Somalis (13 mars 1967), des Comores (22 déc. 1974) à l'exception de Mayotte qui s'est prononcée pour son maintien dans la République (1er juill. 1975). Dans les mêmes conditions, le territoire des Afars et des Issas est devenu lui aussi indépendant (8 mai 1977).

C. Le peuple français et la République indivisible

944. Le peuple français, en tant que « concept juridique », a été défini par le Conseil constitutionnel qui, dans sa décision n° 91-290 DC du 9 mai 1991, le distingue « des peuples d'outre-mer auxquels est reconnu le droit à la libre détermination ».

Il n'est pas certain que cette distinction soit infirmée par la révision constitutionnelle du 28 mars 2003 disposant que « la République reconnaît, au sein du peuple français, les populations d'outre-mer, dans un idéal commun de liberté, d'égalité et de fraternité » (art. 72). Certes, cette dernière formule paraît intégrer les populations d'outre-mer au sein du peuple français, dont elles font en effet partie, mais en même temps elle leur confère une spécificité.

945. S'agissant du peuple français, le Conseil constitutionnel a rappelé qu'on doit y voir « un concept juridique… à valeur constitutionnelle », indissociable d'une « République indivisible, laïque, démocratique et sociale, qui assure l'égalité devant la loi de tous les citoyens quelle que soit leur origine ». Il s'ensuit que toute dissociation du peuple français en communautés spécifiques ne saurait être envisagée, non plus que tout démembrement délibéré du territoire, lequel – on le rappelle – couvre l'hexagone et les îles de proximité, dont la Corse.

946. S'agissant des citoyens français, il faut indiquer d'ores et déjà que toute personne remplissant les conditions requises, qu'elle appartienne au peuple français ou à des populations d'outre-mer dès lors que ces dernières n'ont pas opté pour l'indépendance et se trouvent toujours sous souveraineté française, bénéficie évidemment de cette citoyenneté. Il s'ensuit deux conséquences non négligeables. D'abord la citoyenneté française se révèle une notion plus large, plus attractive, que celle de peuple français, qu'elle déborde quantitativement. Ensuite, il va de soi que tous les citoyens de métropole ou d'outre-mer, bénéficient des mêmes droits garantis par la Constitution [1].

II. La Constitution de 1958 et le statut initial des collectivités territoriales

947. La Constitution de 1958, dans son texte originel, consacre son titre XII aux « collectivités territoriales ». Mais on doit aussi tenir compte de la loi ordinaire du 2 mars 1982 instituant les régions et renforçant la décentralisation, de la révision constitutionnelle du 20 juillet 1998 mettant en œuvre un statut provisoire pour la Nouvelle-Calédonie, ainsi que de la jurisprudence du Conseil constitutionnel qui a été amené à prendre des initiatives importantes. Le régime décrit ci-après est celui qui aura été appliqué jusqu'à la révision de 2003.

---

1. Décis. n° 91-290 DC du 9 mai 1991, cons. 12.

A. Les catégories de collectivités

948. Bien que dans son texte initial l'article 72 établisse un régime commun, on constate, en le complétant par les articles 73 et 74, qui prévoient quelques modalités particulières, qu'il existait en réalité trois catégories distinctes, d'ailleurs dotées d'appellations propres pour deux d'entre elles, à savoir les collectivités ultra-marines. Il s'agit pour ces dernières des départements d'outre-mer (les quatre DOM, à savoir la Guadeloupe, la Guyane, La Réunion et la Martinique), qui font l'objet de l'article 73 et qui sont en principe assimilés aux départements métropolitains depuis la loi du 19 mars 1946, et des Territoires d'outre-mer (TOM), qui font l'objet de l'article 74, et qui bénéficient d'une large autonomie. Par soustraction, la troisième catégorie, qui peut être qualifiée de droit commun, est composée des collectivités territoriales métropolitaines, communes et départements, dont l'existence est constitutionnalisée dès 1958, et régions, dont l'existence est alors seulement légale puisqu'elles procèdent de la loi du 2 mars 1982.

À noter qu'il serait tout aussi justifié de ne distinguer que deux catégories, d'une part, celle des collectivités de droit commun (métropolitaines et DOM, puisque ces derniers sont assimilés), d'autre part, celle des collectivités à organisation particulière (les TOM). Le choix entre ces deux classifications est purement didactique.

B. La décentralisation administrative

949. L'article 72 caractérise un régime classique de décentralisation administrative en spécifiant d'une part que toutes les collectivités précédemment citées « s'administrent librement par des conseils élus » au suffrage universel direct et dans les conditions prévues par la loi, d'autre part que, le délégué du Gouvernement – préfet ou Haut-commissaire – a la charge des intérêts nationaux, du contrôle administratif et du respect des lois.

S'agissant des DOM et des TOM des dispositions particulières sont prévues par les articles 73 et 74. Selon l'article 73 « le régime législatif et l'organisation administrative des DOM peuvent faire l'objet de mesures d'adaptation nécessitées par leur situation particulière », c'est-à-dire en réalité par leur éloignement géographique ou leur insularité. Pour autant on n'oubliera pas que, toutes les fois qu'il est possible, c'est le principe d'assimilation qui s'applique à eux. Aux termes de l'article 74 les TOM étaient dotés d'une organisation particulière tenant compte de leurs intérêts propres. À ce titre leurs statuts étaient fixés par des lois organiques ne pouvant être modifiées qu'après consultation de l'assemblée territoriale. Les autres modalités de leur organisation particulière relevaient de la loi ordinaire mais toujours après consultation de l'assemblée territoriale.

950. Il va de soi qu'au cours de ces dernières années le régime de ces collectivités et territoires a beaucoup évolué. La décentralisation a été très sensiblement renforcée par la loi du 2 mars 1982 et les lois subséquentes, qui ont étendu leurs compétences et dans le cadre de ces dernières, donné des pouvoirs de décision à leurs assemblées et à leurs exécutifs élus. Cette même loi a fait des régions des collectivités décentralisées particulièrement actives. Les TOM, devenus des COM (collectivités d'outre-mer) depuis 2003 ont bénéficié d'une très large autonomie, dont on trouve l'illustration en Polynésie française. La loi constitutionnelle du 20 juillet 1998 a conféré à la

Nouvelle-Calédonie, à la suite de l'Accord de Nouméa du 5 mai 1998, un statut provisoire dont une des finalités pourrait être l'indépendance.

Cependant le système mis en place est toujours demeuré uniforme, par catégories et à l'intérieur de chacune d'elles, et par conséquent rigide. Cette rigidité était liée au principe d'indivisibilité et au principe d'égalité et ne pouvait être surmontée que par une loi constitutionnelle. Tel a été, entre autres, l'objet de la loi constitutionnelle du 28 mars 2003.

C. La jurisprudence constitutionnelle

951. Au cours de cette période le Conseil constitutionnel a été saisi de problèmes liés à l'indivisibilité de la République – ou d'autres questions intéressant les collectivités territoriales : compétences respectives de l'État et des collectivités, ressources et charges de celles-ci, principe de libre administration, extension de la législation aux DOM, mesures d'adaptation en faveur des DOM, organisation particulière des TOM, modalités de consultation des assemblées territoriales.

À plusieurs reprises il a eu ainsi l'occasion d'exprimer sa position sur des problèmes sensibles ou sur des questions de principe. Tel fut le cas lorsqu'il a censuré la référence au « peuple corse », faisant justement observer que la Constitution ne connaît que l'ensemble des citoyens « sans distinction d'origine, de race ou de religion [1] ». Si cette solution est solidement ancrée dans le texte, il n'en a pas toujours été de même pour certaines constructions plus audacieuses. Parmi celles-ci il faut citer, dans la même décision, la formule selon laquelle « la Constitution de 1958 distingue le peuple français des peuples d'outre-mer auxquels est reconnu le droit à la libre détermination ; que la référence faite au peuple français figure d'ailleurs depuis deux siècles dans de nombreux textes constitutionnels ; qu'ainsi le concept juridique de peuple français a valeur constitutionnelle [2] ».

952. Par la suite le Conseil constitutionnel a repris la même distinction entre le peuple français et les peuples des territoires d'outre-mer mais en ancrant bien mieux sa décision dans « les termes du deuxième alinéa du Préambule de la Constitution de 1958 ». À vrai dire le terme peuple, qui figure effectivement dans le Préambule ne correspond guère à la réalité de ces territoires, qui comportent des populations d'origines diverses. Le Conseil constitutionnel n'en poursuit pas moins, dans cette décision du 4 mai 2000, rendue au sujet de Mayotte, que les autorités de la République sont « habilitées à consulter les populations d'outre-mer intéressées, non seulement sur leur volonté de se maintenir au sein de la République française ou d'accéder à l'indépendance, mais également sur l'évolution statutaire de leur collectivité territoriale à l'intérieur de la République ; que, toutefois, dans cette dernière éventualité, lesdites autorités ne sauraient être liées, en vertu de l'article 72 de la Constitution, par le résultat de cette consultation [3] ».

Il s'agit là d'une interprétation intéressante et très constructive mais qui repose sur un support textuel assez fragile dans la mesure où le deuxième alinéa du Préambule de 1958 avait surtout pour objet la Communauté – tôt disparue – c'est-à-dire un rassemblement d'États d'outre-mer indépendants autour de la République. Il faut ajouter que les territoires

---

1. Décis. n° 91-290 DC du 9 mai 1991, cons. 13.
2. Décis. n° 91-290 DC du 9 mai 1991, cons. 12.
3. Décis. n° 2000-428 DC du 4 mai 2000, cons. 6.

ultra-marins ont été soumis comme les autres à des brassages de populations. Le Conseil constitutionnel, pour sa part, utilise le mot « peuple » lorsqu'il fait référence au Préambule et souvent « populations » lorsqu'il est question de consultations.

III. La révision de 2003 et l'actuelle organisation décentralisée de la République

953. La révision de 2003 témoigne d'une volonté politique forte en vue d'introduire dans le système existant une plus grande souplesse permettant de rapprocher l'administration des citoyens, de donner la parole et la primauté à ces derniers et de tenir compte de réalités qui peuvent être différentes d'une collectivité à l'autre. On examinera donc la redistribution des collectivités, les principales orientations de la réforme et l'attention toute particulière portée à l'outre-mer.

A. Le reclassement des collectivités

954. À l'ancien article 72, qui énumérait de manière assez sommaire les communes, les départements et les territoires d'outre-mer, le nouveau texte de 2003 substitue une énumération plus complète et plus diversifiée distinguant les communes, les départements, les régions, les collectivités à statut particulier et les collectivités d'outre-mer qui étaient antérieurement qualifiées sous le sigle TOM mais cette appellation disparaît. Les régions se trouvent constitutionnalisées et il en est de même des collectivités à statut particulier, cette formule très générale pouvant s'appliquer aussi bien à des collectivités métropolitaines qu'à des collectivités d'outre-mer. À noter que les départements et régions d'outre-mer subsistent (cf. art. 73). En revanche, les groupements intercommunaux, désormais très nombreux, ne sont pas visés et ne bénéficient donc pas des dispositions du titre XII. La Nouvelle-Calédonie continue, au sein du titre XIII, de faire l'objet d'un traitement spécifique, conformément à la loi constitutionnelle du 20 juillet 1998.

Au-delà des grandes catégories qui continuent d'apparaître, la diversification est donc très poussée.

B. Les grandes orientations

955. Certaines privilégient la continuité, d'autres le changement.

a) L'ouverture aux citoyens

956. Sur ce point le changement domine. L'article 72.1 prévoit que les projets de délibérations ou d'actes relevant de la compétence d'une collectivité territoriale, quelle qu'elle soit, peuvent, à son initiative, être soumis par la voie du référendum, à la décision des électeurs de cette collectivité.

b) Le système normatif

957. Continuité et changement se partagent la matière. Conformément à l'article 34 de la Constitution, le Parlement vote la loi et lui seul. Si on excepte le cas très particulier de la Nouvelle-Calédonie, la législation est donc nécessairement nationale, sous réserve des multiples possibilités d'adaptation offertes notamment aux collectivités territoriales d'outre-mer, y compris à celles régies par l'article 73 et assimilées aux collectivités métropolitaines. Mais l'article 72 confère à toutes les collectivités un pouvoir réglementaire pour l'exercice de leurs compétences. Or ces collectivités devraient bénéficier, par transfert, de nombreuses nouvelles compétences, accompagnées des financements nécessaires.

c) Les principes applicables

958. Plusieurs sont nouveaux et devraient déterminer des changements importants. Tel est le cas du principe de subsidiarité dont la substance est inscrite dans l'article 72, alinéa 2, disposant que « les collectivités territoriales ont vocation à prendre des décisions pour l'ensemble des compétences qui peuvent le mieux être mises en œuvre à leur échelon ». La finalité de ce texte va nettement dans le sens d'un accroissement des compétences des collectivités. Il faut aussi évoquer le rappel par ce même article du principe selon lequel « ces collectivités s'administrent librement par des conseils élus ». Autre principe nouveau, celui qui permet aux collectivités de « déroger à titre expérimental, pour un objet et une durée limités, aux dispositions législatives ou réglementaires qui régissent l'exercice de leurs compétences ».

d) Le représentant de l'État

959. Dans chaque collectivité ce représentant – terme qui a été préféré à celui de délégué – a la charge des intérêts nationaux, du contrôle administratif et du respect des lois. Innovation heureuse, ce représentant de l'État – Haut-commissaire ou préfet – est aussi « représentant de chacun des membres du Gouvernement » (art. 72). Il va de soi qu'il existe aussi un contrôle contentieux par la juridiction administrative des décisions prises par les collectivités territoriales.

C. Les collectivités territoriales d'outre-mer

960. La révision de 2003 a manifestement porté une attention particulière à l'outre-mer, ou plutôt conviendrait-il de dire aux outre-mer au pluriel, tant leur diversité statutaire est grande désormais [1].

On rappellera d'abord que l'article 72-3 dispose que « la République reconnaît, au sein du peuple français, les populations d'outre-mer, dans un idéal commun de liberté, d'égalité et de fraternité ». Cette formule inscrite dans le texte constitutionnel prévaut théoriquement sur celle assez différente, que le Conseil constitutionnel avait dégagé de l'alinéa 2 du préambule de la Constitution de 1958 et selon laquelle « la Constitution a distingué le peuple français des peuples des territoires d'outre-mer, auxquels est reconnu le droit à la libre détermination et à la libre expression de leur volonté ».

961. Il faut aussi relever les dispositions de l'article 72-3, alinéa 2, énumérant « la Guadeloupe, la Guyane, la Martinique, La Réunion, Mayotte, Saint-Barthélémy,

---

1. F. Mélin-Soucramanien (dir.), *L'outre-mer français : un « modèle » pour la République ?*, Presses universitaires de Bordeaux, Bordeaux, 2008.

Saint-Martin, Saint-Pierre-et-Miquelon, les îles Wallis-et-Futuna et la Polynésie française ». Une accession à l'indépendance ne serait désormais concevable qu'à la stricte condition d'une révision constitutionnelle opérée selon l'une des deux voies ouvertes par l'article 89, seule susceptible de soustraire un ou plusieurs de ces territoires à la mention expresse qui en est faite.

962. On observera enfin que la révision de 2003 maintient la distinction antérieure entre les collectivités – Guadeloupe, Guyane, Martinique, La Réunion – régies par l'article 73, en principe assimilées aux collectivités métropolitaines, et les autres collectivités d'outre-mer – toutes les autres – régies par l'article 74 et qui bénéficient d'une très large autonomie, à l'exemple de la Polynésie française, la plus autonome de toutes. Cette distinction semble cependant en train d'évoluer. En effet, des possibilités renforcées d'adaptation sont désormais offertes aux départements et régions d'outre-mer[1]. Encore faut-il ajouter que parmi les « quatre vieilles », seule La Réunion est attachée au statut traditionnel d'assimilation, comme en témoigne l'article 73, alinéa 5, qui la traite de manière spécifique. Enfin, cas parfaitement singulier, l'article 73 comporte désormais une nouvelle composante puisque la collectivité de Mayotte a choisi d'opter pour le régime de la départementalisation. Ce changement de statut a été entériné par une loi organique du 3 août 2009, entrée en vigueur, non sans mal, en 2011.

IV. Sur deux statuts en devenir

963. Il s'agit des statuts de la Nouvelle-Calédonie et de la Corse. Ils n'ont évidemment rien de commun, la Corse étant formée d'une collectivité territoriale à statut particulier et de deux départements et la Nouvelle-Calédonie, un territoire en voie d'émancipation doté d'un statut provisoire.

A. La Nouvelle-Calédonie

964. Après une longue période conflictuelle, des négociations ont eu lieu en 1998 entre deux mouvements locaux aux vues divergentes, le FNLKS (pour l'indépendance) et le RCPR (pour l'autonomie sans rupture avec la République). Elles ont abouti à l'accord de Nouméa, signé le 5 mai 1998, et contresigné par le Premier ministre à l'époque, M. Lionel Jospin.

Le statut provisoire mis en place au cours de la période transitoire de « vingt années » par cet accord comportant de nombreuses et importantes dérogations à la Constitution, une révision de celle-ci était nécessaire. Elle a été opérée par la révision du 20 juillet 1998, qui introduit dans un Titre XIII, les articles 76 et 77 nouveaux et prévoit un référendum local qui a eu lieu le 8 novembre 1998 et qui a été largement positif. Les modalités d'application ont été précisées par la loi organique n° 99-209 du 19 mars 1999[2].

L'accord de Nouméa a également prévu qu'à l'issue de cette période transitoire, un référendum local permettra de choisir entre au moins deux solutions possibles,

1. F. Mélin-Soucramanien, « Les collectivités territoriales régies par l'article 73 de la Constitution », *Les nouveaux Cahiers du Conseil constitutionnel* n° 35, 2012. 25.

2. Décis. n° 99-410 DC du 15 mars 1999.

indépendance ou autonomie maintenant les liens avec la République. Ce référendum, qui aurait pu être organisé dès mai 2014, a finalement eu lieu le 4 novembre 2018.

965. Il faut souligner tout ce qu'a de singulier la procédure adoptée. Les articles 76 et 77 nouveaux, formant le Titre XIII de la Constitution renvoient de manière expresse à l'accord de Nouméa, qui est un acte passé entre deux groupements de droit privé, officialisé par des signatures gouvernementales, mais dont le texte n'a pas par lui-même valeur constitutionnelle. En droit public c'est ce qu'on peut appeler un acte innommé. Pourtant, l'article 77 faisant référence à ses « orientations », celles-ci ont valeur constitutionnelle et s'imposent donc au Gouvernement et au Parlement, auteur de la loi organique d'application. Ces accords, visés par la Constitution, acquièrent donc valeur constitutionnelle par renvoi ou par prétérition.

Dans une certaine mesure, la Nouvelle-Calédonie dispose donc déjà d'une Constitution, certes enchâssée dans la Constitution de la République française, mais d'une Constitution tout de même. Cette singularité est d'autant plus nécessaire que le statut transitoire est, sur un certain nombre de questions, en contradiction directe avec les principes à valeur constitutionnelle tirés des autres dispositions du texte de 1958. Parmi ces contradictions il faut tout particulièrement citer la discrimination électorale limitant l'exercice du droit de vote – pour le référendum du 8 novembre 1998 et pour les référendums ultérieurs sur l'accès à la pleine souveraineté – aux seuls électeurs inscrits sur les listes locales depuis une longue période[1]. On peut également citer l'institution d'une citoyenneté calédonienne, la souveraineté dite « partagée » entre la République et la nouvelle entité, des transferts de compétences à caractère « irréversible » (alors que le Conseil constitutionnel affirme que le pouvoir constituant est « souverain », ce qui implique que tout peut être modifié, sauf la République elle-même). Cette situation dérogatoire a été encore amplifiée avec la révision de l'article 77 de la Constitution par la loi constitutionnelle du 23 février 2007 dont l'objet est de contraindre les pouvoirs publics à prendre compte comme composant le corps électoral les seules personnes domiciliées en Nouvelle-Calédonie depuis plus de dix ans lors de la consultation du 8 novembre 1998.

966. Le statut transitoire comporte aussi d'autres innovations, parmi lesquelles l'institution du Congrès, qui est l'assemblée délibérante de la Nouvelle-Calédonie et se compose de délégués des assemblées de province. Il vote les « lois du pays », qui peuvent faire l'objet d'un contrôle de constitutionnalité du Conseil constitutionnel[2]. Il peut aussi mettre en cause la responsabilité du Gouvernement calédonien. Bien entendu il est aussi prévu un haut-commissaire de la République nommé en Conseil des ministres. À noter que la loi organique autorise la participation de la Nouvelle-Calédonie à certains rapports avec des États étrangers du Pacifique soit dans ses domaines de compétence, soit par délégation des autorités de la République. Depuis les élections provinciales du 11 mai 2014, la Nouvelle-Calédonie est entrée dans la dernière phase prévue par l'Accord de Nouméa : celle du référendum d'aboutissement de l'Accord. Un premier référendum a eu lieu le 4 novembre 2018. Il a

---

1. LO n° 99-209 du 19 mars 1999, notamment art. 218 et 219 ; v. aussi art. 188 et 189.

2. LO n° 99-209 du 19 mars 1999, Titre III. Pour une première application, cf. Décis. n° 2000-1 LP du 27 janv. 2000, *Loi du Pays I*, *GDCC*. Sur l'ensemble de la question, cf. O. Gohin, « Les lois du pays : contribution au désordre normatif français », *RDP* 2006, p. 85.

permis à environ 175 000 électeurs inscrits sur la liste électorale spéciale pour la consultation sur l'accession de la Nouvelle-Calédonie à la pleine souveraineté, dite « LESC », de répondre par « oui » ou par « non » à la question suivante : « Voulez-vous que la Nouvelle-Calédonie accède à la pleine souveraineté et devienne indépendante ? ». La participation s'est élevée à 80, 63 % des inscrits. Le « non » à la pleine souveraineté et à l'indépendance a recueilli 78 734 voix, soit 56, 7 % des suffrages, alors que 60 199 voix, soit 43,3 % des suffrages, se sont exprimées en faveur du « oui ». L'enseignement principal de ce scrutin est que ce pays est marqué par une nette fracture territoriale qui, en outre, correspond à une division ethnique. En effet, territorialement, les deux votes se répartissent ainsi : dans la Province Sud (la plus densément peuplée, mais où les Kanaks sont minoritaires), le « non » a représenté 73, 71 % et le « oui », 26, 29 % ; dans la Province Nord (où les Kanaks sont majoritaires), le « non » a recueilli 24, 17 % et le « oui », 75, 83 % ; enfin, dans la Province des Îles Loyauté (où les Kanaks sont majoritaires), le Non ne correspond qu'à 17,82 % des suffrages exprimés, alors que le Oui totalise 82,18 %. Quoi qu'il en soit, la réponse ayant été négative, l'Accord de Nouméa prévoit, dans ce cas de figure, qu'un autre référendum ayant le même objet devra être organisé. Il aura lieu le 4 octobre 2020.

B. La Corse

967. Sur le plan statutaire, depuis la loi du 13 mai 1991, la Corse était une collectivité territoriale à statut particulier au sens de l'article 72, alinéa premier, de la Constitution, comportant deux départements : la Haute-Corse et la Corse du sud. Elle était régie par un organe délibérant, l'Assemblée de Corse, et un organe exécutif, le Conseil exécutif de Corse, responsable politiquement devant l'Assemblée. Par la suite, la loi n° 2002-92 du 22 janvier 2002 a été votée à la suite des accords dits de Matignon. Cependant, le texte promulgué comportait d'importantes modifications par rapport au projet de loi voté par l'Assemblée nationale. Mis en présence d'évidentes inconstitutionnalités, le Conseil constitutionnel a censuré un article et émis des réserves d'interprétation pour d'autres [1].

La censure a porté sur un article ouvrant au législateur « fût-ce à titre exceptionnel, dérogatoire et limité dans le temps, la possibilité d'autoriser la collectivité territoriale de Corse à prendre des mesures relevant du domaine de la loi ». Pour ce qui est des réserves d'interprétation, le Conseil a d'abord rappelé que « le pouvoir réglementaire dont dispose une collectivité territoriale (...) ne peut s'exercer en dehors des compétences qui lui sont dévolues par la loi » et ne peut empiéter sur « le pouvoir réglementaire d'exécution des lois » que le Premier ministre tient de l'article 21. Le Conseil a ensuite indiqué que « l'enseignement de la langue corse (...) ne saurait revêtir un caractère obligatoire ni pour les élèves ni pour les enseignants ».

Sous ces réserves, la loi, qui comporte de nombreuses dispositions renforçant l'autonomie et la spécificité de la collectivité territoriale de Corse, a été appliquée.

968. La situation n'en a pas moins été jugée insatisfaisante. C'est pourquoi la loi n° 2003-486 du 10 juin 2003 a prévu pour le 6 juillet 2003 une consultation des électeurs invités à se prononcer sur une nouvelle organisation institutionnelle de la Corse. Cette consultation a été décidée en application de l'article 72-1 (alinéa 3), dont la rédaction

---

1. Décis. n° 2001-454 DC du 17 janv. 2002.

est issue de la révision constitutionnelle du 28 mars 2003. Il s'agit donc d'une consultation pour avis et non d'un référendum. L'objectif essentiel est de substituer une collectivité territoriale unique aux trois collectivités en place (la collectivité de Corse et les deux départements). Le 6 juillet 2003 les électeurs ont répondu négativement (50,98 %). En dépit de cette réponse négative, la loi portant nouvelle organisation territoriale de la République du 7 août 2015 comporte plusieurs dispositions relatives au statut de la Corse (art. 30 et s. de la loi NOTRe). Désormais elle n'est plus qualifiée de « collectivité territoriale », mais de « collectivité de Corse » ; celle-ci constitue, à compter du 1er janvier 2018, une collectivité à statut particulier au sens de l'article 72 de la Constitution, en lieu et place de la collectivité territoriale de Corse et des départements de Corse-du-Sud et de Haute-Corse.

Section 4
La citoyenneté sous la Cinquième République

969. Le pouvoir de l'État procède de la Nation, c'est-à-dire du corps des citoyens (cf. Déclaration de 1789, art. 3 ; Constitution de 1958, art. 3). On examinera successivement les concepts de Nation et de citoyenneté, deux éléments fondamentaux de l'héritage révolutionnaire, les statuts juridiques des nationaux, des citoyens et des étrangers et enfin la mention faite dans l'article 2 de la Constitution que « la langue de la République est le français ».

A. La Nation, la citoyenneté et l'héritage révolutionnaire

970. C'est la Révolution française qui a mis à l'honneur le concept de Nation et qui a ainsi justement rappelé que le pouvoir ne peut procéder d'un seul, non plus que d'une élite autoproclamée, qu'il ne peut avoir d'autre origine que la volonté du corps social tout entier, c'est-à-dire du peuple lequel compose dans son ensemble la Nation. L'article 3 de la Déclaration de 1789, qui dispose que « le principe de toute souveraineté réside essentiellement dans la Nation » et ajoute que « nul corps, nul individu ne peut exercer d'autorité qui n'en émane expressément » est à cet égard parfaitement explicite.

La Déclaration rappelle aussi dans son article 6 que les citoyens, tous égaux devant la loi, ont le droit de concourir personnellement ou par leurs représentants à sa formation, c'est-à-dire à l'expression de la volonté générale et qu'ils sont « également admissibles à toutes dignités, places et emplois publics, selon leurs capacités et sans autre distinction que celle de leurs vertus et de leurs talents ». Là encore, la signification est claire : le citoyen est le titulaire des droits civiques et particulièrement du premier d'entre eux, celui qui consiste à désigner ceux qui seront chargés d'exercer le pouvoir. En d'autres termes, le citoyen est le titulaire par excellence du droit d'élire et du droit d'être élu aux élections politiques. La citoyenneté est à ce titre une éminente dignité, en connexion étroite avec le pouvoir, la souveraineté et l'État et conférant droits et devoirs. On ajoutera que si la Déclaration de 1789 ne comporte pas de définition juridique précise de la citoyenneté, une indication précieuse figure dans la Constitution des 3-14 septembre 1791, qui lie la citoyenneté à la nationalité française, par filiation ou par résidence (Titre II, art. 2 et 3). Elle est confirmée en droit positif par l'article 3.4 de la Constitution de 1958 selon lequel « sont électeurs, dans les conditions déterminées par la loi, tous les nationaux français majeurs des deux sexes, jouissant de leurs droits civils et politiques ».

971. Pourtant, pendant la plus grande partie du XIXe et du XXe siècle, ces notions se sont quelque peu brouillées, l'ambiguïté tenant moins à l'imprécision des textes qu'à l'évolution des événements. La citoyenneté a été mise en cause par une législation longtemps restrictive des droits des femmes et par une période coloniale – désormais obsolète – qui était complètement désaccordée, à cet égard, des principes révolutionnaires. C'est la République, et plus particulièrement la Cinquième République, qui a donné à l'héritage révolutionnaire, demeuré embryonnaire, son développement logique et qui a permis de conférer un contenu réel à des dispositions qui étaient restées largement formelles.

B. Nationaux, citoyens, étrangers

972. Puisque la citoyenneté demeure liée à la nationalité, c'est par celle-ci qu'il faut commencer.

a) La nationalité

973. Il existe un Code de la nationalité française introduit dans le Code civil par la loi n° 93-933 du 22 juillet 1993, modifié notamment par la loi n° 98-170 du 16 mars 1998 (cf. Code civil, Titre premier *bis*, art. 17 et suivants).

Plusieurs critères sont utilisés pour attribuer ou acquérir la nationalité française. En se bornant à l'essentiel on retiendra : 1°) le critère de la filiation (C. civ., art. 18 : est français l'enfant dont l'un des parents est français) ; 2°) le critère de la naissance en France en application du droit du sol (art. 19.3 pour l'enfant dont l'un des parents y est lui-même né ; art. 21.7 pour l'enfant né de parents étrangers si à sa majorité il y a lui-même sa résidence depuis l'âge de 11 ans pendant une période continue ou discontinue de 5 ans ; dans ces deux hypothèses l'attribution est de plein droit, donc sans que l'intéressé ait à manifester sa volonté [1]) ; 3°) le critère volontariste du mariage avec un conjoint français (art. 21.2, une confirmation expresse est nécessaire un an après le mariage) ; 4°) le critère de la naturalisation, également volontariste (art. 21.15 et s. ; elle peut être accordée sur demande et sans condition d'âge, par décret, si l'intéressé a sa résidence en France, s'il justifie de son assimilation à la communauté française et d'une connaissance suffisante de la langue). À noter aussi que la nationalité relevant de l'état des personnes, le contentieux est traditionnellement judiciaire.

On observera que si le « droit du sang » – filiation – est utilisé pour la reconduction pure et simple au sein des familles qui ont déjà la nationalité française, le « droit du sol » domine très largement la matière de l'acquisition de la nationalité française par des personnes qui ne l'ont pas encore.

---

1. Le processus peut être accéléré, c'est-à-dire que la nationalité peut être attribuée dès l'âge de treize ou de seize ans si elle est demandée par les parents ou par l'intéressé lui-même.

b) La citoyenneté

974. À défaut d'une définition textuelle, la tradition juridique française et la jurisprudence du Conseil constitutionnel[1] associent la citoyenneté à la nationalité ainsi qu'à la possession du droit de vote et d'éligibilité aux élections politiques.

C'est pourquoi on doit considérer tous les nationaux français comme des citoyens dès lors que, conformément à l'article 3.4 de la Constitution, ils jouissent « de leurs droits civils et politiques ». Il en est ainsi à dater du jour de l'acquisition de la nationalité (C. civ., art. 22). La condition relative à la jouissance des droits civils et politiques ne semble exclure que les mineurs, les majeurs sous tutelle et les personnes auxquelles les tribunaux ont interdit le droit de vote et d'élection en application des lois qui autorisent cette interdiction et pour la durée de celle-ci (C. élect., art. 5 et 6).

975. Il convient en outre de rappeler deux cas particuliers déjà signalés. D'une part, les ressortissants des autres États membres de l'Union européenne ont le droit de participer aux élections municipales françaises dans les conditions fixées par l'article 88-3 de la Constitution bien qu'ils ne soient pas citoyens français. D'autre part, l'article 4 de la loi organique du 19 mars 1999 institue « une citoyenneté de la Nouvelle-Calédonie » pour les personnes de nationalité française remplissant les conditions prévues.

c) Les étrangers

976. S'agissant des étrangers – et aussi des apatrides – résidant en France, le problème est moins celui de leur détermination (nécessairement tous ceux qui n'ont pas la nationalité française) que celui de leur statut, c'est-à-dire de leur entrée sur le territoire et de leurs conditions de séjour. Il n'est évidemment possible que de recenser rapidement les problèmes soulevés.

On retiendra d'abord que, conformément à sa tradition, la France accorde le droit d'asile « à tout étranger persécuté en raison de son action en faveur de la liberté ou qui sollicite la protection de la France pour un autre motif ». Ce droit d'asile constitutionnel ou « national » qui puise ses racines dans un lointain passé, a été inséré dans la Constitution (art. 53.1) par la révision du 25 novembre 1993 en vue de bien marquer qu'il était antérieur et indépendant par rapport au droit d'asile conventionnel prévu par la Convention de Schengen.

977. Pour l'entrée et le séjour des étrangers sur le territoire de la République – en dehors du droit d'asile – les textes législatifs et réglementaires fixent les règles d'attribution des visas, des cartes de séjour temporaires et des cartes de résident, ainsi que les modalités d'un possible regroupement familial (cf. ordonnance n° 45-2658 du 2 novembre 1945, modifiée à de nombreuses reprises et en dernier lieu par la loi n° 98-349 du 11 mai 1998). Il faut aussi tenir compte des conventions passées, sous réserve de réciprocité, avec de nombreux États étrangers.

Les étrangers « dont la résidence en France est stable et régulière[2] » sont sous la protection de la jurisprudence du Conseil constitutionnel. Celui-ci, après avoir rappelé

---

1. Décis. n° 82-146 DC du 18 nov. 1982, *Quotas par sexe*.

2. C'est la formule habituellement employée par le Conseil constitutionnel ; par ex. : Décis. n° 97-389 DC du 22 avr. 1997.

« qu'aucune règle de valeur constitutionnelle n'assure aux étrangers des droits de caractère général et absolu d'accès et de séjour sur le territoire national », a fermement souligné qu'il appartient au législateur « de respecter les libertés et les droits fondamentaux de valeur constitutionnelle reconnus à tous ceux qui résident sur le territoire de la République [1] ». Pour autant la conciliation est parfois difficile avec les nécessités de la sauvegarde de l'ordre public.

C. Le français, langue de la République

978. Cette disposition a été introduite dans la Constitution à l'article 2, alinéa premier, par la révision du 25 juin 1992. Elle témoigne avec force de l'unité de la République, traditionnellement associée à l'indivisibilité depuis la Révolution française, et que renforce encore dans ce même article 2 la quadruple mention de l'emblème, de l'hymne, de la devise et du principe de la République, qui s'imposent également sur tout son territoire et à toute sa population.

L'affirmation selon laquelle « la langue de la République est le français » signifie non seulement qu'elle est communément parlée par tous ceux qui vivent sur son sol mais encore et surtout qu'elle est langue officielle, celle qui doit obligatoirement être utilisée, oralement et par écrit, par les pouvoirs et les services publics, ainsi que par tous ceux qui s'adressent à ces derniers. Elle est donc un puissant facteur d'unité du groupe et permet aussi de maintenir et développer au-delà des frontières de la République un rayonnement qui existe depuis des siècles [2].

979. Pour autant il va de soi que les personnes résidant en France peuvent utiliser des langues régionales pour un usage privé ou culturel qui est parfaitement licite et qui dans de nombreux cas mérite d'être soutenu et encouragé [3]. C'est d'ailleurs pourquoi la France a signé le 7 mai 1999 la Charte européenne des langues régionales ou minoritaires. Mais saisi par le président de la République, le Conseil constitutionnel a estimé qu'en dépit des précautions prises et des réserves faites par le Gouvernement, certaines dispositions mettaient en cause l'usage devant les services publics de la langue française et étaient contraires « aux principes constitutionnels d'indivisibilité de la République, d'égalité devant la loi et d'unicité du peuple français », principes qui s'opposent à ce que des droits collectifs soient reconnus « à quelque groupe que ce soit défini par une communauté d'origine, de culture, de langue ou de croyance ». Ces principes sont si fondamentaux que le président de la République a refusé de déposer un projet de révision en vue de les modifier et de pouvoir ainsi être autorisé à ratifier. L'actuel président de la République, M. François Hollande, s'est sur ce point inscrit dans le pas de ses prédécesseurs, puisque, à la suite de deux avis négatifs du Conseil d'État rendus les 7 mars 2013, puis le 30 juillet 2015, il a lui aussi finalement renoncé à faire ratifier cette Charte Néanmoins, il est permis de penser que la réforme constitutionnelle de 2008 a légèrement fait évoluer la situation. En effet,

---

1. Décis. n° 93-325 DC du 13 août 1993. Le Conseil précise que figurent parmi ces droits la liberté individuelle et la sûreté, la liberté d'aller et venir, la liberté du mariage, le droit de mener une vie familiale normale, les droits à la protection sociale.

2. Décis. n° 99-412 DC du 15 juin 1999, *Charte européenne des langues régionales ou minoritaires*.

3. En ce sens, cf. V. Bertile, *Constitution et langues régionales (France, Espagne, Italie)*, préf. F. Mélin-Soucramanien, Bruylant, coll. « Droit public comparé et européen », Bruxelles, 2008.

à la suite d'un amendement introduit par le président de la Commission des lois à l'Assemblée nationale, M. Jean-Luc Warsmann, la loi constitutionnelle du 23 juillet 2008 a inséré dans la Constitution un nouvel article 75-1 prévoyant que « les langues régionales appartiennent au patrimoine de la France ». Même si la portée de cette disposition est avant tout symbolique et qu'elle ne crée pas de droits subjectifs au profit des locuteurs de langues régionales comme l'a jugé le Conseil constitutionnel, il n'en reste pas moins qu'elle pourrait représenter une clause d'habilitation constitutionnelle permettant au minimum l'adoption d'une loi promouvant davantage l'usage des langues régionales ou minoritaires sur le territoire national. Cette loi pourrait, à terme, constituer le socle d'un « Code des langues de France ».

Section 5
Les valeurs de la Cinquième République

980. Tout régime se construit sur un certain nombre de valeurs. Pour sa part, la Cinquième République a repris à son compte les valeurs républicaines traditionnelles tendant d'une part, à une organisation démocratique, pluraliste et libérale de la société reposant sur le pouvoir du peuple, d'autre part, à l'affirmation et à la protection des droits fondamentaux de la personne humaine.

I. L'ordre social républicain

981. On retiendra les trois principales valeurs de référence : la souveraineté nationale, le principe démocratique, la tradition républicaine.

A. La souveraineté nationale

982. C'est un véritable mythe fondateur mais, comme il a été vu, elle est actuellement très sérieusement battue en brèche par l'intégration de la République dans l'Union européenne.

Elle est affirmée avec beaucoup de force par le texte constitutionnel. Déjà la Déclaration des droits de 1789 – qui sous la Cinquième République a valeur constitutionnelle – proclamait que « le principe de toute souveraineté réside essentiellement dans la Nation ». La Constitution de 1958 reprend et complète la formule dans son article 3 selon lequel « la souveraineté nationale appartient au peuple qui l'exerce par ses représentants et par la voie du référendum ». Ces textes déterminent sans aucune équivoque qui est, dans l'État, le titulaire de la souveraineté. Il s'agit bien du peuple, du corps des citoyens, à l'exclusion de toute fraction particulière, personne ou collège. L'article 3 précise d'ailleurs très clairement « qu'aucune Section du peuple ni aucun individu ne peut s'en attribuer l'exercice ».

983. On notera qu'il serait vain, sous la Cinquième République, d'opposer souveraineté nationale et souveraineté populaire puisque l'article 3 fait référence à la fois à la Nation et au peuple. Le même texte, en visant également les représentants du peuple et la voie référendaire, réunit d'ailleurs les conséquences jadis attachées à ces deux modes d'exercice du pouvoir. La vérité est que la souveraineté appartient à l'ensemble des électeurs, dès lors qu'ils remplissent les conditions fixées par la loi et sans que, bien évidemment, il ne soit jamais tenu compte des différenciations sociales, culturelles, de fortune ou de revenus, ou encore « d'origine, de race ou de religion », expressément proscrites par l'article premier de la Constitution.

984. Mais si profondément ancrée qu'elle soit dans le droit français la souveraineté nationale connaît actuellement une crise. En effet, un nombre important de normes applicables sur le territoire et à la population émanent désormais des autorités de l'Union européenne. Or, comme l'a jugé le Conseil constitutionnel[1], « le passage de la règle de l'unanimité à celle de la majorité qualifiée et de la codécision » concernant la prise des décisions européennes met en cause la souveraineté nationale française. On sait par ailleurs que la pratique de la majorité qualifiée, déjà non négligeable, s'est encore accrue depuis que le traité de Lisbonne est en vigueur.

985. Des marques tangibles de cette crise figurent depuis quelques années dans la Constitution. Concurremment avec l'article 3 précité, l'article 88-1, introduit en 1992, rappelle que « la République participe… à l'Union européenne », cependant que l'article 88-2 précise que « la France consent aux transferts de compétence nécessaires à l'Union économique et monétaire », ce qui autorise l'application, en vertu des traités, de la règle de la majorité qualifiée mais n'est pas sans contredire l'article 3 de la Constitution. On retrouve une contradiction du même ordre entre l'article 3, alinéa 4, selon lequel seuls sont électeurs, dans les conditions déterminées par la loi, « les nationaux français » et l'article 88-3, lui aussi introduit en 1992, aux termes duquel « les citoyens de l'Union européenne se voient accorder le droit de vote et d'éligibilité aux élections municipales ».

Pour donner un sens à ces différents textes, il faut donc considérer que la souveraineté nationale constitue toujours le principe de base régissant la société politique française mais que des dérogations de plus en plus importantes lui sont désormais apportées, du fait de l'appartenance à l'Union européenne, par diverses dispositions constitutionnelles expresses.

B. Le principe démocratique

986. Il vient très heureusement compléter la notion précédente à laquelle il donne tout son sens. En effet, si la souveraineté nationale permet d'identifier qui en est le titulaire, à savoir le peuple, c'est le principe démocratique qui impose que l'on retienne de ce dernier une conception aussi extensive que possible, de manière à assurer le pouvoir du plus grand nombre par l'intermédiaire du bulletin de vote. En d'autres termes, il exige l'adoption du suffrage universel direct, masculin et féminin, la participation aux scrutins étant subordonnée à des conditions minimales d'âge, de capacité et de nationalité (avec, pour cette dernière, on vient de le voir, des dérogations possibles). Tel est effectivement le cas sous la Cinquième République. Celle-ci fait d'ailleurs du suffrage universel direct un usage plus important

---

1. Décis. n° 97-394 DC du 31 déc. 1997, cons. 28.

que les régimes républicains précédents puisque ce mode de scrutin sert à élire non seulement les députés mais aussi le président de la République.

987. Il faut ajouter que les exigences du principe démocratique vont bien au-delà de la mise en œuvre du suffrage universel. Elles impliquent le respect des libertés fondamentales énoncées par la Déclaration de 1789 et le Préambule de 1946, ainsi que le pluralisme des courants de pensée tels qu'ils sont incarnés par les partis politiques. Or ceux-ci ont été longtemps ignorés par les textes constitutionnels français. Tel n'est pas le cas de la Constitution de 1958 qui, dans son article 4, rappelle qu'ils concourent à l'expression du suffrage et qu'ils se forment et exercent leur activité librement, faisant du pluralisme une de ses valeurs de référence. L'article 4 précise en outre qu'ils doivent « respecter les principes de la souveraineté nationale et de la démocratie ». Il s'agit là manifestement d'une garantie prise à l'encontre des partis extrémistes susceptibles par leur doctrine ou par leur activité de mettre en danger la démocratie. Il serait donc erroné d'y voir un effet de la méfiance héritée des Troisième et Quatrième Républiques et éprouvée par les constituants à l'égard du « régime des partis », ceux-ci ayant souvent, sous ces régimes, confisqué le pouvoir et dessaisi le peuple de sa souveraineté. Toujours est-il qu'en dépit des précautions prises et contrairement à l'attente du général de Gaulle, les partis sont redevenus un élément essentiel du fonctionnement de la Cinquième République, tant il est vrai que les démocraties contemporaines ne sauraient s'en passer. La loi constitutionnelle du 23 juillet 2008 est venue renforcer encore cette exigence de pluralisme démocratique en créant un troisième alinéa à l'article 4 au terme duquel : « la loi garantit les expressions pluralistes des opinions et la participation équitable des partis et groupements politiques à la vie de la Nation ».

C. La tradition républicaine

988. Elle s'est formée progressivement, et pour l'essentiel, sous la Troisième République, seul régime républicain de longue durée. En réalité, la tradition républicaine recouvre toutes les valeurs de la Cinquième République mais on retiendra ici plus particulièrement celles que désigne l'article premier de la Constitution en proclamant que la France est une République laïque et sociale et aussi, depuis la révision du 28 mars 2003, à organisation décentralisée.

989. On entend communément par laïcité tout système étatique excluant l'influence des Églises quelles qu'elles soient sur le pouvoir politique et administratif. Il s'agit, en somme, de la mise en œuvre de la séparation des Églises et de l'État, qui a fait l'objet en France de la loi du 9 décembre 1905. Chacun doit rester dans son domaine propre, l'État ayant bien évidemment l'exclusivité de la direction politique, de l'organisation et de l'activité administrative, ainsi que de toutes leurs implications, de même qu'il a seul la charge de l'ordre public. La définition la plus claire de la laïcité « à la française » est sans doute celle qu'a retenu le Conseil constitutionnel, dans sa décision du 19 novembre 2004 à propos du « Traité constitutionnel européen ». Il a en effet jugé dans cette affaire que le principe de laïcité doit s'interpréter, en France, comme interdisant « à quiconque de se prévaloir de ses croyances religieuses pour s'affranchir des règles communes régissant les relations entre collectivités publiques et particuliers [1] ». Pour autant la neutralité n'est pas l'indifférence. Sans en favoriser aucune, la République doit respecter toutes les croyances, conformément à l'article premier de la Constitution, c'est-à-dire veiller à ce qu'elles puissent être librement pratiquées, selon leurs caractères propres et leurs rites, dès lors que ceux-ci ne troublent pas l'ordre public et ne gênent pas les autres.

990. Dans le même esprit, l'article premier dispose que la République assure l'égalité devant la loi de tous les citoyens sans distinction non seulement de religion, comme il vient d'être indiqué, mais aussi d'origine ou de race. Ce texte exprime au plus haut niveau juridique le rejet par le droit français de toute discrimination ethnique ou raciale, de toute évidence contraire à l'esprit qui anime les institutions du régime héritier de la Révolution française. Toute méconnaissance serait donc censurée et sanctionnée. Il s'agit incontestablement d'une des valeurs, sinon de la valeur essentielle, auxquelles se réfère la Cinquième République [2].

991. La République est aussi sociale. Il faut entendre par-là qu'elle doit faire une place éminente aux valeurs de solidarité entre les différentes couches sociales, impliquant un effort d'amélioration de la condition des plus défavorisés. Absents de la Déclaration de 1789 – bien que figure dans la devise républicaine le terme moins souvent commenté de fraternité – les droits économiques et sociaux occupent la plus grande part du Préambule de 1946, témoignant ainsi de l'évolution des esprits. Il suffit à cet égard de renvoyer à ses dispositions.

992. L'organisation de la République est aussi décentralisée, comme le proclame l'article premier de la Constitution depuis la révision du 28 mars 2003. À vrai dire, une décentralisation mesurée avait été mise en place dès les débuts de la Troisième République. Un nouvel élan lui a été donné en 1982 mais il est vrai que la révision de 2003 a très sensiblement accru les possibilités d'action et d'autonomie des collectivités territoriales, tant métropolitaines qu'ultra-marines.

Enfin, et bien qu'il s'agisse d'un acquis beaucoup plus récent, qui ne date guère que du début de la Cinquième République et de la volonté émancipatrice du général de Gaulle, il faut aussi faire figurer parmi les valeurs incluses dans la tradition républicaine le droit des peuples à disposer d'eux-mêmes et plus précisément le droit des peuples, naguère anciennement colonisés ou dépendants, à obtenir, selon leur volonté régulièrement exprimée, une complète intégration, l'autonomie interne ou l'indépendance.

993. L'ensemble de ces valeurs pourrait bien constituer le cœur de ce que le Conseil constitutionnel appelle justement l'« identité constitutionnelle de la France » depuis sa décision du 27 juillet 2006, *Droits d'auteur.*

II. Le respect des droits fondamentaux

994. Il s'agit d'une valeur majeure, considérée comme telle par la société française, par référence au grand texte fondateur du 26 août 1789, et observée par les régimes

---

1. Cons. 18.

2. En ce sens, cf. F. Mélin-Soucramanien, *Le principe d'égalité dans la jurisprudence du Conseil constitutionnel,* Economica-PUAM, 1997.

républicains. Cependant, ce n'est que sous la Cinquième République que la mise en œuvre du contrôle de la constitutionnalité des lois lui a assuré une réelle efficacité juridique.

A. De la Déclaration de 1789 à la Charte de l'environnement de 2004

995. Il faut partir une fois de plus de la Déclaration des droits de l'Homme et du citoyen de 1789, dont le titre est parfaitement explicite et qui, plaçant au premier plan la liberté et l'égalité, énonce et définit en d'admirables formules non seulement les principes d'un nouvel aménagement du pouvoir politique mais aussi les libertés et les droits de l'individu. Ce texte connaîtra une fortune exceptionnelle et justifiée. Il a dès l'origine valeur constitutionnelle puisqu'il est partie intégrante de la Constitution du 3 septembre 1791, comme l'atteste sa première phrase. Pourtant, à cette époque, faute d'un contrôle de la constitutionnalité des lois, il ne s'impose au législateur que dans la mesure où celui-ci veut bien s'y conformer.

La Constitution de 1791 ayant été éphémère, la Déclaration de 1789 perd théoriquement sa valeur constitutionnelle mais conserve pour les esprits libéraux, sur un plan philosophique et politique, une valeur quasi mythique. Par la suite, plusieurs constitutions seront, elles aussi, précédées d'une Déclaration des droits, plus rarement des devoirs. La Charte « octroyée » du 4 juin 1814 elle-même rendra un rapide et lapidaire hommage aux droits de la personne, sans que le régime en facilite l'exercice. La Troisième République, mise en place par une majorité monarchiste, s'abstiendra de toute référence de cet ordre, tout en s'inspirant très largement de la philosophie de la Déclaration : les grandes lois sur les libertés datent de cette période mais elles n'ont qu'une valeur législative et non pas constitutionnelle. Quant à la Quatrième République, elle apporte un très grand progrès, son préambule énonçant un certain nombre de droits économiques et sociaux considérés « comme particulièrement nécessaires à notre temps » et qui témoignent de la marche des esprits en un siècle et demi. Mais le contrôle de constitutionnalité institué par la Constitution de 1946 est très insuffisant et de toute manière le préambule en est exclu. De ce fait les libertés et les droits sont privés de la garantie que pourrait leur conférer la Constitution.

B. La mise en œuvre d'une garantie constitutionnelle sous la Cinquième République

996. Plusieurs éléments vont y contribuer. Pour la première fois en France un véritable contrôle de constitutionnalité est institué par le Titre VII de la Constitution de 1958, qui met en place un Conseil constitutionnel chargé entre autres compétences de statuer sur les lois qui lui sont déférées avant promulgation. Contrairement à ce qui existait sous le régime précédent, le contrôle se fait aussi par rapport au Préambule de 1958, donc à la Déclaration de 1789 et au Préambule de 1946, en raison d'une décision du Conseil constitutionnel (n° 71-44 DC du 16 juill. 1971). Une révision constitutionnelle du 29 octobre 1974 a permis à soixante parlementaires, donc principalement aux groupes d'opposition, de saisir le Conseil, au même titre que les autorités politiques désignées par l'article 61.2. La révision constitutionnelle du 23 juillet 2008 créant une question prioritaire de constitutionnalité à l'article 61-1 de la Constitution a encore accru ce phénomène. Enfin, les alternances électorales et gouvernementales ont renforcé l'indépendance du Conseil. Sans doute ces différents éléments n'ont-ils pas tous été voulus ni même souhaités par les constituants de 1958, qui attribuaient au Conseil un rôle beaucoup plus modeste. Toujours est-il qu'ils ont permis un extraordinaire développement du contrôle pour le plus grand bénéfice des droits de la personne, valeur fondamentale de la Cinquième République.

▶ Bibliographie

Sur les fondements de la Cinquième République

AFDC, *1958-2008 : cinquantième anniversaire de la Constitution française*, Dalloz, 2008.

P. Avril, *La Ve République. Histoire politique et constitutionnelle*, 2e éd., PUF, 1994.

G. Carcassonne et M. Guillaume, *La Constitution*, 13e éd., Seuil, coll. « Points », 2016.

Documents pour servir à l'histoire de l'élaboration de la Constitution du 4 octobre 1958. 4 volumes publiés ; volume I : *Des origines de la loi constitutionnelle du 3 juin 1958 à l'avant-projet du 29 juillet 1958*, 615 p., 1987 ; volume II : *Le Comité consultatif constitutionnel : de l'avant-projet du 29 juillet 1958 au projet du 21 août 1958*, 787 p., 1988 ; volume III : *Du Conseil d'État au référendum 20 août-28 septembre 1958,* 777 p., 1991 ; volume IV : *Commentaires sur la Constitution (1958-1959),* 403 p., 2001, La documentation française.

B. François, *Naissance d'une Constitution, La Cinquième République 1958-1962*, Presses Sc. Po., 1996.

D. G. Lavroff, « À propos de la Constitution », in *Mélanges P. Pactet*, Dalloz, 2003, p. 283.

L'écriture de la Constitution de 1958, actes du colloque du 30e anniversaire, Aix-en-Provence 8, 9 et 10 sept. 1988 (dir. D. Maus, L. Favoreu et J.-L. Parodi), Economica, 1992.

F. Luchaire et G. Conac (dir.), *La Constitution de la République française*, 3e éd., Economica, 2008 (cet ouvrage commente la Constitution article par article).

D. Maus, *Les grands textes sur la pratique institutionnelle de la Cinquième République,* 7e éd. à jour au 1er mars 1998, La documentation française (réunit une somme de documents indispensables).

D. Maus, O. Passelecq (dir.), *Témoignages sur l'écriture de la Constitution de 1958. Autour de R. Janot*, La documentation française, 1997.

F. Rouvillois, *Les origines de la Ve République,* PUF, coll. « Que sais-je ? », nº 3305, 1998.

Sur l'Union européenne et la Cinquième République

O. Dutheillet de Lamothe, « Le Conseil constitutionnel et le droit européen », *RFDC* nº 57, 2004, p. 23.

J.-M. Favret, « L'intégration européenne en France, sur la divisibilité de la souveraineté », *RDP* 1999, p. 1741.

B. François, « Maastricht, la Constitution et la politique », *RFDC* 1992, p. 469.

P. Gaïa, *L'insertion des engagements internationaux dans l'ordre juridique interne*, Economica, 1992.

J.-C. Gautron, *Droit européen,* 14e éd., Dalloz, 2012.

C. Grewe, « La révision constitutionnelle en vue de la ratification du traité de Maastricht », *RFDC* 1992, p. 413.

B. Mathieu, F. Mélin-Soucramanien et M. Verpeaux (dir.), *Constitution et construction européenne,* Dalloz, 2006.

A. Pécheul, *Le Traité de Lisbonne (13 décembre 2007). La Constitution malgré nous ?*, Cujas, 2008.

J.-L. Quermonne, *Le système politique de l'Union européenne,* 9e éd., Montchrestien, 2015.

Site internet

www.europe.gouv.fr

Chapitre 16

La nature du régime politique de la Cinquième République

997. On étudiera successivement le fonctionnement du régime (section 1), l'évolution de sa pratique (section 2) et sa classification (section 3).

Section 1 *Le fonctionnement du régime*

998. La Cinquième République, qui a beaucoup évolué depuis 1958, a connu des modes de fonctionnement alternatifs. C'est ainsi que si le président de la République a assumé le plus souvent une prépondérance certaine dans l'exercice du pouvoir exécutif, le Premier ministre en a aussi bénéficié lors des périodes de cohabitation, mais dans l'une et l'autre hypothèse toujours avec l'indispensable soutien de la majorité parlementaire. L'appui de celle-ci apparaît comme le seul dénominateur commun à tous les cas de figure.

Pour exposer cette situation complexe, il faut partir des données de base du régime et en particulier de son double ancrage démocratique (I), rechercher en s'aidant des textes et de la pratique qui détient le pouvoir réel et à quelles conditions (II), examiner enfin les deux principaux modes de fonctionnement, celui défini par la prépondérance présidentielle (III) et celui lié à la cohabitation (IV).

I. Le double ancrage démocratique du régime

999. Sous la Cinquième République, le pouvoir vient du peuple mais tous les problèmes ne sont pas résolus pour autant.

A. Les deux organes élus au suffrage universel direct

1000. Ces deux organes sont l'Assemblée nationale et, depuis la révision de 1962, le président de la République. On conçoit que l'expression directe de la volonté populaire les investit d'une légitimité en ce qui concerne les députés et d'une grande autorité en ce qui concerne le président.

Dans le système appliqué de 1958 à 2002, deux autres considérations étaient à retenir. D'une part, le président était élu pour sept ans, les députés pour cinq ans. D'autre part, et cette seconde considération est toujours valable, le président, élu comme en régime présidentiel, bénéficie aussi des prérogatives d'un chef d'État en régime parlementaire. Il faut entendre par là que le président dispose du droit de dissolution de l'Assemblée nationale et que s'il démissionne ou décède, un nouveau président doit être élu, faute de vice-président. Il existait donc – et en cela le système était et d'ailleurs demeure très démocratique – de nombreuses occasions de consultations populaires au suffrage universel direct, sans même évoquer les possibilités de consultations référendaires.

Dès lors, on conçoit aisément que si les électeurs pouvaient, comme il paraît logique, élire un président et une majorité de même orientation, comme ils l'ont fait très longtemps et aussi en 1981, en 1988, ces deux fois après dissolution, ou encore en 1995 et en 2002, ils pouvaient également, du fait de la disparité des dates et de la multiplication des votes-sanctions, désigner des organes d'opinions divergentes ou même opposées comme en 1986, 1993 et 1997 et ouvrir ainsi une période de cohabitation.

Depuis la révision du 2 octobre 2000 instituant le quinquennat et la remise en ordre du calendrier électoral par la loi organique du 15 mai 2001, les risques de divergence entre les résultats de la présidentielle et ceux des législatives sont atténués, même s'ils n'ont pas complètement disparu pour autant.

B. Le choix du scrutin majoritaire

1001. Depuis 1958, la Cinquième République est restée fidèle au scrutin majoritaire uninominal à deux tours adopté pour l'élection présidentielle et pour les élections législatives, réserve faite des législatives de 1986 qui ont eu lieu à la représentation proportionnelle.

S'agissant de l'élection présidentielle, il est clair que le mode de scrutin a obligé les partis à passer des accords en vue du second tour. Il a fait beaucoup pour la bipolarisation de la vie politique.

S'agissant des élections législatives, ce mode de scrutin a produit les mêmes effets. D'abord parce que là encore le second tour oblige à des accords de désistement et bien souvent à des alliances permanentes. Ensuite et surtout, parce que l'effet amplificateur bien connu du scrutin majoritaire avantage le ou les partis victorieux qui sont très sensiblement surreprésentés. Or, qu'elle soit ou non favorable au président, le régime a besoin d'une majorité nette. Enfin parce que la fixation d'un pourcentage minimum de voix – 12,5 % des inscrits – pour participer au second tour permet de clarifier le débat en éliminant les petites formations ou en réduisant leur représentation parlementaire.

II. Qui détient le pouvoir réel ?

1002. C'est la grande question que soulève le régime, dont le fonctionnement favorise tantôt le président de la République, tantôt le Premier ministre. Il n'est pas facile d'y donner les réponses convenables car elles dépendent en partie d'événements contingents et notamment de la succession des élections présidentielle et législatives.

A. Les textes et le paradoxe du régime

1003. Il tient à la contradiction existant entre la volonté affirmée des constituants et notamment du général de Gaulle de faire du président de la République l'élément central des institutions ou, selon l'expression imagée et forte de Michel Debré, « la clé de voûte » du régime et un texte constitutionnel qui ne lui confère que des pouvoirs de crise, très rarement utilisables dans les périodes normales, lesquelles sont – heureusement – de beaucoup les plus fréquentes. Au cours de ces périodes, c'est la majorité parlementaire et le Premier ministre désigné par le président mais nécessairement choisi parmi les dirigeants de la majorité qui, en vertu du texte, disposent du pouvoir réel.

En effet, c'est à la majorité qu'appartient le vote des lois et du budget, éventuellement contre l'avis du Sénat. Aucun Gouvernement ne peut être formé contre sa volonté. En vertu des articles 20 et 21 de la Constitution, c'est le Gouvernement qui « détermine et conduit la politique de la Nation » et le Premier ministre qui « dirige l'action du Gouvernement ». Face à cette toute puissance, le président ne peut presque rien faire si ce n'est se hasarder à tenter une dissolution très risquée.

1004. Tout dépend donc de la convergence ou de la divergence d'orientation entre le président et la majorité parlementaire. S'il est bien soutenu, le président peut détenir le pouvoir réel, comme cela a été le cas de 1958 à 1986, depuis lors à plusieurs reprises (de 1988 à 1993 et de 1995 à 1997) et de nouveau depuis 2002. Dans le cas contraire, le pouvoir passe, comme l'impose le texte, à l'autre tête de l'exécutif. C'est pourquoi le président a bien davantage besoin d'une majorité que celle-ci n'a besoin du président.

Là est le paradoxe du régime : le président, bien qu'on ait voulu en faire l'homme fort du système, ne reçoit de la Constitution, en période normale, que peu de compétences. Il dépend donc entièrement de la majorité parlementaire, avec le risque que celle-ci relève d'une orientation différente de la sienne. Certes, l'aménagement du pouvoir est très démocratique mais l'objectif recherché ne pourra pas toujours être atteint. Il est inévitable que l'on assiste de temps à autre à une succession de phases où le pouvoir passe du président au Premier ministre et *vice versa.* Il faut dire que les constituants ont assumé une tâche difficile, l'héritage des républiques précédentes, bien que contesté, pesant encore lourd. À cet égard, il est significatif que l'un des objectifs principaux de la réforme institutionnelle initiée en 2007 par le président Sarkozy n'ait pas été atteint. En effet, le président de la République avait confié au comité Balladur la mission de réécrire les articles 5, 20 et 21 de la Constitution, autrement dit de redéfinir les rapports entre président de la République et Premier ministre. Bien qu'il se soit acquitté de cette mission, le comité Balladur n'a pas été suivi par le chef de l'État qui, confronté à la montée des oppositions à ce projet, a été contraint de renoncer à ce qui constituait pourtant le « noyau dur » de sa réforme.

B. Prépondérance présidentielle ou cohabitation ?

1005. L'option dépend largement des élections législatives, ce qui ne saurait surprendre puisque, comme il a été indiqué en exergue, le seul dénominateur commun aux divers cas de figure impliqués par la Cinquième République réside dans le fait que de toute manière le pouvoir appartient nécessairement à la majorité parlementaire et donc au Gouvernement qui en est l'émanation, conformément aux articles 20 et 21 et aux articles 49 et 50 de la Constitution. Les deux principales hypothèses sont donc celles d'une convergence ou d'une divergence d'orientation politique entre le président et la majorité parlementaire.

Convergence et divergence peuvent se révéler aussi bien à l'occasion de la présidentielle que des législatives. Mais si la divergence se révèle lors de la présidentielle, l'expérience montre que le président peut, en décidant la dissolution, obtenir assez facilement une majorité favorable. En revanche, si la divergence se révèle à l'issue des législatives, le président n'a pas de recours puisqu'il ne servirait à rien de prononcer la dissolution (si elle est possible), les élections risquant d'être encore plus défavorables.

1006. Si les résultats des élections législatives vont dans le sens souhaité par le président, ce dernier va disposer du pouvoir réel, non pas – on le sait – en vertu des textes mais par accord du Premier ministre et de la majorité parlementaire. Sa prépondérance est quasi certaine car elle correspond à sa qualité d'élu national et à l'esprit du régime pratiqué depuis 1958. Ceci étant, elle peut comporter des paliers diversifiés allant d'un contrôle étroit de la majorité et du Gouvernement à une large autonomie laissée à ces derniers. On peut aussi envisager une diversification par secteurs (économie, social, sécurité, etc.).

Si les résultats des élections législatives vont dans un sens contraire à celui du président, celui-ci doit alors s'effacer devant la majorité parlementaire et le Premier ministre. Par la force du texte constitutionnel c'est le Premier ministre qui va détenir le pouvoir réel. Bien entendu, le président conserve quelques pouvoirs non négligeables, notamment en matière de politique extérieure et de politique de défense. Son rôle n'en est pas moins très diminué par rapport à l'hypothèse précédente.

C. La tentative de régulation par l'institution du quinquennat

1007. L'institution du quinquennat par la révision constitutionnelle du 2 octobre 2000 et la remise en ordre du calendrier électoral par la loi organique du 15 mai 2001 seront étudiées de manière détaillée dans le chapitre consacré au président de la République. Or un des motifs les plus fréquemment avancés à l'appui de ces réformes tient au désir d'éviter à l'avenir – ou au moins de réduire – les cas de cohabitation.

En effet, dès lors, d'une part, que le mandat présidentiel a désormais une durée alignée sur celle de la législature et d'autre part que l'élection présidentielle précède en principe les législatives, il semblerait logique – les deux élections se suivant à des dates rapprochées – que les électeurs se prononcent les deux fois pour des candidats de même orientation. C'est d'ailleurs ce qui s'est produit au printemps 2002.

1008. Il convient cependant de faire quelques réserves. Cette réforme ne met en place qu'un « quinquennat sec », c'est-à-dire sans mesures d'accompagnement. C'est ainsi que le président garde le droit de dissolution qu'il tient de l'article 12 de la Constitution et, s'il en use, le calendrier électoral sera bouleversé. Il est vrai aussi que cette objection paraît peu importante car il est permis de penser que le président hésitera désormais à user de son droit de dissolution. S'il est soutenu par la majorité, il n'a aucune raison de le faire, ni en cours de mandat, ni même à la fin puisqu'il détruirait la concomitance des élections. S'il a affaire à une majorité réservée ou hostile, il doit y réfléchir à deux fois – et même davantage – pour choisir le bon moment, ni trop tôt (c'est risqué), ni trop tard (ce n'est plus la peine). En revanche, l'hypothèse de la démission, de la disparition ou de l'empêchement éventuel du président subsiste et, faute de vice-président, le calendrier électoral serait nécessairement affecté.

Il ne faut pas non plus négliger le fait que même si ces hypothèses ne se produisent pas, comme il est souhaitable, les électeurs peuvent encore refuser de jouer le jeu qui leur est demandé et se prononcer au contraire, à peu d'intervalle, lors de la présidentielle et des législatives, pour des candidats d'orientations différentes. Les citoyens, aux prises avec des appareils administratifs souvent contraignants, peuvent vouloir « diviser et partager le pouvoir » entre les différentes tendances. On sait que cette pratique est courante aux États-Unis lorsque tous les quatre ans l'élection du président et celle des représentants – entre autres – ont lieu le même jour.

1009. Ces réserves doivent être gardées présentes à l'esprit. Cependant il est permis de penser que l'harmonisation prévaudra et que les périodes de cohabitation, sans nécessairement disparaître, deviendront plus rares. S'il en était ainsi, la convergence des orientations entraînerait probablement, en pratique, une certaine présidentialisation d'un régime qui, selon les textes, demeure parlementaire.

C'est d'ailleurs la principale question que pose la réforme intervenue. Il n'est pas douteux que le régime, avant ou après le quinquennat, a souvent paru manquer de cohérence et a laissé un goût d'inachevé. Mais il a aussi permis une très grande stabilité du pouvoir, tantôt à dominante présidentielle, tantôt à dominante parlementaire.

III. Convergence des majorités et prépondérance présidentielle

1010. C'est le cas de figure actuel, observable depuis les élections présidentielles et législatives de 2007, 2012 et 2017. Il est généralement considéré comme « normal » parce qu'il a été souhaité *ab initio* par le général de Gaulle et qu'il a été le plus longuement pratiqué par la droite et par la gauche.

A. Le soutien de la majorité parlementaire au président

1011. Le président de la République exerçant le pouvoir en très grande partie par l'intermédiaire d'un Premier ministre et d'un Gouvernement politiquement responsables, aux termes de l'article 49 de la Constitution, devant l'Assemblée nationale, il est évident que le soutien de la majorité parlementaire lui est indispensable[1]. Ce n'est qu'à cette condition que le Premier ministre peut assumer son rôle de courroie de transmission entre les deux organes issus du suffrage universel direct et qu'il peut appliquer la politique voulue par le président.

Ce soutien peut évidemment varier dans ses modalités selon la composition de la majorité, qui peut être absolue, composite ou relative. S'il s'agit d'une majorité absolue de députés appartenant au parti qui était celui du président, ce dernier bénéficie d'une position particulièrement forte. C'est le cas aujourd'hui du président Macron depuis les élections législatives de juin 2017. Le président de la République peut compter sur l'appui à l'Assemblée nationale, non seulement d'un groupe de députés appartenant au mouvement politique qu'il a créé, la République en marche, détenant à lui seul la majorité absolue, puisque ce groupe comprend 309 membres et 4 apparentés. Mais il peut compter aussi sur le soutien d'appoint de députés ayant exprimé leur volonté de se rallier à la majorité présidentielle. Il s'agit des quarante-sept membres du groupe Modem et des trente-cinq députés se rattachant au groupe dit des « Constructifs ».

---

1. Il s'agit de la majorité des députés car le gouvernement n'est pas responsable devant le Sénat qui ne peut, par ailleurs, s'opposer durablement à la volonté législative du gouvernement et de l'Assemblée.

C'était le cas du président Hollande depuis les élections législatives de juin 2012, même si la situation a changé à la suite d'élections législatives partielles et surtout l'émergence à compter de 2014 de députés, appartenant au parti majoritaire, mais dits « frondeurs ». Cela a été également le cas du président Sarkozy de 2007 à 2012, mais d'autres présidents ont bénéficié de la même situation, notamment le président Mitterrand de 1981 à 1986 et le président Chirac de 2002 à 2007. Il peut s'agir aussi d'une majorité absolue mais composite, rassemblant des partis ayant fait campagne lors de la présidentielle précédente pour le président en fonction ou bien encore s'engageant à soutenir son action lors de la législature qui s'annonce. De tels rassemblements se sont effectués autour du général de Gaulle. Le soutien est alors très solide, bien que certains éléments de la majorité puissent en profiter pour faire pression sur le groupe central. Depuis 1958 le soutien de ces majorités de coalition n'a fait défaut qu'une seule fois, lors de la censure votée le 5 octobre 1962 contre le Premier ministre G. Pompidou. Encore faut-il noter que le général de Gaulle a immédiatement retrouvé par la dissolution une majorité de soutien.

1012. Il peut s'agir aussi d'une majorité relative, comme le cas s'est produit à l'issue des élections législatives de 1988. Seul le Parti socialiste avait pris position pour le président. Or il n'avait obtenu que 275 sièges sur 577. Pourtant, de 1988 à 1993, les gouvernements de M. Rocard, E. Cresson et P. Bérégovoy ont pu mettre en œuvre la politique voulue par le président Mitterrand. Sur le plan politique, l'essentiel résidait moins dans la nécessité d'obtenir un appoint que dans l'impossibilité dans laquelle se trouvaient les autres partis de proposer une majorité de rechange. Sur le plan institutionnel, le Gouvernement voyait son existence garantie par les dispositions si favorables à l'exécutif que comporte la Constitution et dont certaines s'appuient précisément sur l'absence d'une majorité alternative.

B. La prépondérance du président de la République

1013. S'il est soutenu par la majorité parlementaire, le président peut devenir – avec des nuances selon sa personnalité propre – le premier et le principal détenteur du pouvoir politique, comme cela a été le cas de 1958 à 1986 et de 1988 à 1993 (pour le général de Gaulle, les présidents Pompidou, Giscard d'Estaing, Mitterrand), de 1995 à 1997 et de 2002 à 2007 (pour le président Chirac), de 2007 à 2012 (pour le président Sarkozy), de 2012 à 2017 (pour le président Hollande) et, depuis 2017 (pour le président Macron).

a) La primauté présidentielle

1014. On le sait déjà, elle ne tient pas exclusivement au texte de la Constitution mais aux conceptions des constituants, fort bien exposées par le général de Gaulle notamment dans ses conférences de presse, et surtout à la pratique observée par ce dernier et par les présidents qui ont suivi et qui ont souvent renchéri sur la ligne de conduite gaullienne lorsqu'ils étaient soutenus par la majorité parlementaire. La révision constitutionnelle de 1962, en leur conférant une légitimité démocratique, les a certainement aidés. Pour autant, la majorité présidentielle ne suffit pas. Pour exercer le pouvoir, le président a absolument besoin de la majorité parlementaire.

Dans ce schéma c'est donc le président qui détermine et conduit en premier la politique nationale – en dépit des dispositions de l'article 20 de la Constitution – et qui en fixe les objectifs. C'est lui aussi qui en confie la mise en œuvre au Premier ministre de son choix et qui en contrôle la réalisation. Selon la formule constamment utilisée, le Premier ministre « procède » du président de la République, il lui doit entièrement son existence politique, que ce soit pour sa nomination ou pour son maintien en fonction. En effet, puisque le Premier ministre est en fonction pour faire la politique décidée par le président de la République, il paraît normal qu'il soit responsable devant ce dernier, bien que cette responsabilité ne soit nullement prévue par la Constitution et lui semble même contraire. En d'autres termes, il existe un partage vertical des compétences entre le président et le Premier ministre, l'un et l'autre ayant dans leurs attributions l'ensemble de la politique nationale, mais le président intervenant en premier et au plus haut niveau, le Premier ministre, en second et de manière subordonnée.

Une bonne illustration de cette primauté est fournie en matière de défense par le général de Gaulle décidant en son temps de doter la France d'un armement nucléaire de dissuasion et, plus récemment, par le président Chirac décidant en 1996 de supprimer la conscription et de mettre en place une armée professionnelle. Bien entendu la majorité parlementaire et donc le Gouvernement ont à chaque fois suivis, mais l'initiative et la volonté étaient présidentielles.

b) Les limites constitutionnelles

1015. Les seules limites tirées des textes qui peuvent être opposées à la toute-puissance du président sont d'ordre constitutionnel.

D'une part, les lois adoptées par la majorité sur l'initiative du Premier ministre agissant selon la volonté du président peuvent être déférées par les groupes d'opposition au Conseil constitutionnel qui contrôle leur constitutionnalité et veille notamment à ce qu'elles ne méconnaissent pas les droits et libertés auxquels se réfère le Préambule.

D'autre part, la Constitution ne peut être modifiée qu'avec l'accord du Sénat (dont la majorité n'a pas nécessairement la même orientation que celle de l'Assemblée), tout au moins si les procédures de l'article 89 sont respectées.

En d'autres termes, le président, même en convergence avec la majorité parlementaire ne peut, en principe, ni contrevenir à la Constitution (en raison de l'existence du Conseil constitutionnel), ni la modifier contre la volonté du Sénat en dépit du soutien de l'Assemblée. Certes, ces contre-pouvoirs ne doivent pas être négligés. Cependant, ils pèsent légèrement dans la balance face à ceux du président soutenu par une majorité parlementaire.

C. L'ambivalence du président de la République

1016. Dans le cadre de ce mode de fonctionnement, c'est un des traits les plus spécifiques de la Cinquième République.

Le président est fonctionnellement le président de tous les Français. Chef de l'État, il incarne la Nation rassemblée, il la représente auprès des États étrangers, il en fait valoir les intérêts. Dans ce rôle, il ne peut pas être seulement le chef de la majorité qui l'a élu, c'est-à-dire d'une partie des Français, dont il épouserait la cause face à l'autre fraction. Il doit s'élever au-dessus des partis, être le président des citoyens qui ont voté pour un autre candidat comme de ceux qui se sont prononcés pour lui.

Mais le président est politiquement une personnalité qui a appartenu à un parti et qui le plus souvent l'a dirigé. En tant que candidat il a présenté un programme nécessairement très proche de celui de ce parti. Ce dernier et ses alliés ont fait campagne en sa faveur, contre les autres candidats. En tant que président, il doit mettre en œuvre ce programme, avec le concours de son Premier ministre et le soutien de sa majorité. Dès lors il lui est très difficile, quelles que soient ses intentions, de ne pas apparaître comme un président politiquement orienté, si ce n'est peut-être en matière de politique extérieure, parce qu'elle fait l'objet d'un consensus assez général. Dans les autres domaines, le consensus risque d'être d'autant plus rare que la politique du président sera plus nette et plus affirmée.

En d'autres termes, un président qui gouverne, ce qui a été le cas très fréquent des présidents de la Cinquième République est sans doute le président de tous les Français mais de manière abstraite et juridique. Seul le général de Gaulle a pu légitimement revendiquer cette qualité dans sa plénitude, et encore était-ce, autant en raison de son rôle passé, que de ses fonctions du moment.

IV. Divergence des majorités et cohabitation politique

1017. On désigne par cohabitation la coexistence, pendant une période plus ou moins longue d'une part, d'un président de la République, d'autre part, d'une majorité parlementaire – et par conséquent d'un Premier ministre et d'un Gouvernement – d'orientations différentes, le plus souvent opposées.

A. Les expériences de cohabitation

1018. Elles ne sont survenues que depuis une trentaine d'années (de 1986 à 1988, de 1993 à 1995 et de 1997 à 2002).

Il faut d'abord écarter ce qu'on peut appeler la fausse cohabitation, à savoir celle mettant aux prises un président nouvellement élu ou réélu avec une majorité d'orientation différente et déjà en place, comme cela s'est produit en 1981 et en 1988. Le président, fort du vote populaire qui vient de se porter sur lui dispose d'une solution immédiate et décisive : il lui suffit de prononcer la dissolution de l'Assemblée et il a toute chance de voir les électeurs lui accorder une majorité de soutien, comme cela a été le cas lors des élections précitées.

C'est pourquoi on réserve le terme aux cohabitations qui surviennent à l'occasion de législatives intervenues au cours d'un mandat présidentiel et qui envoient siéger à l'Assemblée nationale une majorité d'orientation différente de celle du président. Ce dernier est alors désarmé car une dissolution n'est pas immédiatement envisageable. Il est donc dans l'obligation de s'accommoder de la nouvelle majorité et d'une politique différente ou contraire à la sienne (à moins de démissionner, ce que son courant politique, qui a intérêt à maintenir une présence, lui déconseillera).

Il est clair que le vote en faveur de la nouvelle majorité apparaît comme un vote-sanction à l'égard non seulement de la précédente majorité mais aussi du président qui avait voulu ou couvert la politique suivie. C'est pourquoi il lui faut s'effacer jusqu'à la prochaine échéance électorale. On conçoit, dans ces conditions, que la cohabitation – après une période de consensualisme plus ou moins longue, tenant à la conjoncture et aux personnalités en présence – devienne assez rapidement conflictuelle (notamment si les deux têtes de l'exécutif doivent s'affronter lors de la présidentielle suivante).

À ce sujet, il est important de souligner que la cohabitation représente une modalité très particulière et originale par rapport au véritable régime parlementaire. Certes, c'est, comme dans un régime de ce type, au Premier ministre, au Gouvernement et à la majorité parlementaire que le pouvoir réel appartient mais le président demeure un organe plus actif qu'un chef d'État parlementaire, d'une part, parce qu'il a été élu au suffrage universel direct, d'autre part, parce qu'il peut l'être de nouveau, s'il est politiquement en mesure de se présenter.

B. Le transfert du pouvoir réel au Premier ministre

1019. Il résulte de la simple application des articles 20 et 21 précités, dès lors que le Premier ministre est libéré d'une tutelle que le président n'est plus en mesure d'exercer, faute de majorité de soutien.

a) Le rôle directeur du Premier ministre

1020. Le Premier ministre a la possibilité d'imposer sa volonté au Gouvernement et à l'ensemble de l'Administration. Ses ministres, à la tête des différents départements, mettent en œuvre la politique gouvernementale. Le Premier ministre donne ses ordres aux Préfets, il procède à la nomination de la presque totalité des fonctionnaires et agents publics [1], il dispose du pouvoir réglementaire, il assure l'exécution des lois.

C'est lui aussi, et c'est un point capital, qui fait préparer les projets de lois par ses ministres et qui les fait adopter par sa majorité. C'est sur ses instructions que le projet de budget est préparé et c'est le Gouvernement qui l'exécute. Dès lors qu'il est fidèlement soutenu par la majorité parlementaire, le Premier ministre est en mesure de décider et conduire la politique économique, financière, monétaire, sociale, éducative, sanitaire, culturelle, etc.

b) Le soutien de la majorité parlementaire

1021. Pour le Premier ministre, ce soutien est indispensable qu'il s'agisse d'une majorité absolue de députés membres de son propre parti ou d'une majorité de députés membres de la coalition qui a remporté les élections c'est-à-dire d'une majorité composite ou plurielle. Cela a été le cas pour la droite en 1993 et cela a encore été le cas pour la gauche en 1997. Toutefois, il lui faut alors se méfier des surenchères possibles des partis qui servent d'appoint ou de charnière. La Constitution lui confère des moyens de pression importants (cf. art. 44, alinéa 3, 45, 49, alinéa 3).

c) Les risques de tension et l'arbitrage populaire

1022. Les causes de tension ne manquent pas entre le président, contraint de laisser mettre en œuvre une politique contraire à la sienne, et le Premier ministre et sa majorité. D'où les risques d'affrontement et le recours possible à l'arbitrage populaire.

---

1. Mais la nomination aux emplois les plus élevés nécessite la signature et donc le bon vouloir du président. Ph. Yolka, « Le pouvoir de nomination du chef de l'État sous la Cinquième République », *RDP* 1999, p. 719.

La majorité dispose d'armes mais indirectes et difficiles à mettre en œuvre. En effet, le président est, aux termes de l'article 68, politiquement irresponsable. C'est dire qu'à partir du moment où le président et la majorité ont choisi la coexistence, ils doivent éviter les affrontements trop vifs. En revanche, et même si le moyen n'est sûrement pas honorable, une majorité peut essayer, par son harcèlement, de pousser le président à la démission ou de le discréditer en vue de la prochaine présidentielle.

Le président, de son côté, dispose d'assez peu de moyens, sous réserve du dernier, ultime et décisif, mais risqué. D'une part, il peut par des communiqués, des discours, des déclarations radiodiffusées et télévisées faire connaître sa désapprobation ou son opposition à telle mesure gouvernementale ou à tel aspect de la politique conduite par le Premier ministre. D'autre part, il tient de la Constitution un certain nombre de facultés d'empêcher ou de retarder (refus de signature de textes réglementaires et de certaines nominations, saisine du Conseil constitutionnel). Enfin, le président a la possibilité de faire appel au peuple pour lui redonner la parole : la dissolution est évidemment son arme décisive, à condition de laisser à l'opinion le temps d'évoluer. Mais c'est une arme difficile à utiliser surtout lorsqu'elle a fait l'objet d'un usage malheureux comme en 1997.

C. Le président garant des institutions

1023. En période de cohabitation le rôle du président est très diminué. Le partage du pouvoir avec le Premier ministre cesse d'être vertical pour devenir horizontal, ce dernier en recueillant la part la plus importante et surtout la plus active. En effet, il faut en revenir à la stricte application des textes qui, en période courante, ne sont pas favorables au président.

a) L'article 5 de la Constitution

1024. Il constitue le principal support sur lequel puisse s'appuyer le président et en tout cas celui qui comporte le champ d'intervention le plus étendu. En effet cet article le charge de veiller au respect de la Constitution, d'assurer par son arbitrage le fonctionnement régulier des pouvoirs publics ainsi que la continuité de l'État. Il en fait également le garant de l'indépendance nationale, de l'intégrité du territoire et du respect des traités. Cet article couvre pratiquement l'ensemble de la politique nationale mais il convient de lui apporter deux restrictions. D'une part, il ressort implicitement du texte que le président n'a l'obligation d'intervenir que s'il existe une menace mettant en cause l'un des vastes secteurs énumérés. D'autre part, l'article 5 ne précise pas les moyens dont le président doit user ; or ses compétences constitutionnelles habituelles peuvent se révéler insuffisantes ou inappropriées.

b) Les autres compétences constitutionnelles

1025. Elles ne permettent au président de jouer qu'un rôle institutionnel limité.

En effet, les pouvoirs propres du président ne lui seront pas d'une grande utilité, à l'exception du pouvoir de dissolution. Certes, il doit nommer le Premier ministre (art. 8) mais sans véritable liberté de choix car il doit nécessairement désigner un dirigeant de la majorité. Bien que le champ référendaire ait été étendu en sa faveur par la révision du 4 août 1995 (art. 11), il ne peut décider l'organisation d'un référendum que s'il est saisi d'une proposition en ce sens du Gouvernement, des assemblées, ou d'une fraction du corps électoral depuis la révision du 23 juillet 2008. Il ne peut évidemment pas recourir à l'article 16, qui ne vise pas les différends politiques avec la majorité. Il lui reste la possibilité d'adresser des messages au Parlement (art. 18, alinéa premier) ou s'adresser au Parlement réuni en Congrès (art. 18, alinéa 2) pour faire connaître ses positions et de saisir le Conseil constitutionnel (art. 54 et 61), dont il continue de nommer un membre sur trois ainsi que le président (art. 56) mais ce ne sont pas là des compétences susceptibles de le mettre en position de force.

1026. On peut en dire autant des pouvoirs constitutionnels presque toujours partagés avec le Premier ministre. Le président préside le Conseil des ministres (art. 9) mais rien ne s'oppose à ce que le Premier ministre s'assure auparavant de la cohésion de son Gouvernement. En matière législative, le président n'intervient jamais que sur des points de forme ou de procédure : la promulgation des lois (art. 10, alinéa premier) est une obligation à laquelle il ne peut se soustraire et pour demander une nouvelle délibération (art. 10, alinéa 2), il doit obtenir le contreseing et donc l'accord du Premier ministre. En revanche, le président participant à l'exercice du pouvoir exécutif concurremment avec le Premier ministre, il est normal qu'il ait la maîtrise de sa signature lorsque celle-ci est requise, par exemple pour les décrets délibérés en Conseil des ministres (art. 13, alinéa premier), pour les ordonnances (c'est très discutable mais il y a le précédent de 1986) ou pour les nominations de hauts fonctionnaires (art. 13, alinéas 2, 3, 4 et 5).

1027. Dans le même esprit, le président garde un pouvoir non négligeable en matière de révision constitutionnelle. Sans doute ne peut-il déposer de projet sans une proposition du Premier ministre mais de son côté celui-ci, s'il veut faire aboutir ses projets, ne peut que gagner à la participation du président. De 1997 à 2008, plusieurs projets ont été déposés dont la plupart ont abouti. Dans la plupart des cas, si l'on excepte la révision de 2000 sur le quinquennat, l'initiative réelle appartenait au président de République.

1028. C'est surtout dans les domaines de la politique étrangère et de la politique de défense que le partage horizontal des tâches est le plus malaisé à mettre en œuvre, les compétences du président et du Premier ministre étant littéralement imbriquées. On retiendra que le président négocie et ratifie les traités (art. 52, alinéa premier) mais rien n'empêche que le Gouvernement donne sa préférence aux accords en forme simplifiée pour lesquels le président est seulement tenu informé (art. 52, alinéa 2), qu'il est chef des armées et préside les conseils et comités supérieurs de défense nationale (art. 15) mais c'est le Premier ministre qui dispose de la force armée et qui est responsable de la défense nationale (art. 20 et 21). Il apparaît ainsi que politique étrangère et politique de défense sont les terres d'élection de la coexistence. Le président, qui a compétence pour engager les forces aériennes stratégiques, ne peut en aucun cas être privé de son droit de regard et de contrôle, non plus que le Premier ministre, responsable devant l'Assemblée nationale de l'ensemble de la politique gouvernementale.

En définitive, et si on s'en tient au texte constitutionnel, en période de cohabitation, le rôle du président apparaît singulièrement limité ce qui est tout à fait compréhensible car la Constitution en fait l'homme des périodes de crise bien davantage que de l'exercice continu du pouvoir.

c) Le rôle politique

1029. Il est lui aussi très diminué puisqu'on en revient au texte et que les articles 20 et 21 confient au Gouvernement et au Premier ministre la direction de la politique nationale. Cependant, il n'est pas inexistant. Ancien dirigeant d'un parti important et d'une des deux grandes coalitions, le président a été élu au suffrage universel direct. Son retour au premier plan n'est donc pas impossible.

Section 2
L'évolution de la pratique du régime

1030. Depuis 1958 et sans changer fondamentalement de nature, le régime a beaucoup évolué. Des modifications, dont certaines ont été très importantes comme l'instauration de l'élection du président de la République au suffrage universel direct en 1962, ont été apportées à la Constitution. Durant toute cette période, des présidents aux personnalités très différentes se sont succédé, des alternances ont été réalisées, la cohabitation entre un président et une majorité d'orientation politique différente a été expérimentée à trois reprises. Puis, à compter de 2002, l'instauration du quinquennat a complètement modifié la donne. Dès lors, trois phases peuvent alors être distinguées : d'abord, celle de l'orthodoxie constitutionnelle (1958-1981) ; ensuite, celle de la respiration démocratique (1981-2002) ; et, enfin, celle du dérèglement institutionnel (depuis 2002).

I. L'orthodoxie constitutionnelle (1958-1981)

1031. De 1958 à 1981 a prévalu une forme d'orthodoxie constitutionnelle. Celle-ci a été particulièrement marquée durant la période où le Général de Gaulle a été président de la République, soit jusqu'en 1969. Mais on peut observer que, sur le plan constitutionnel tout au moins, ses deux successeurs immédiats, Georges Pompidou et Valéry Giscard d'Estaing, n'ont pas dévié de la ligne tracée par le fondateur de la Cinquième République.

A. La période gaullienne (1958-1969)

1032. L'apport du général de Gaulle qui doit être considéré, à la manière américaine, comme le Père fondateur de la Cinquième République est incontestable et décisif. Toute cette période est marquée par le volontarisme gaullien qui laisse une empreinte profonde. Elle est caractérisée par le personnage lui-même, qui sur tous les plans innove et donne le ton, par la révision constitutionnelle de 1962 qui, sur un point capital, bouleverse le texte initial de la Constitution, par la mise en place du fait majoritaire et par le style présidentiel donné au régime.

a) Le Père fondateur

1033. Personnage devenu quasi mythique de son vivant en raison du rôle historique qu'il a assumé pendant la Seconde Guerre mondiale, le général de Gaulle a façonné le régime et lui a donné son style. Dans l'ensemble, tout date de la période gaullienne ou, au moins, a été amorcé au cours de cette période. C'est le général de Gaulle qui, d'entrée de jeu, modifie la répartition constitutionnelle des compétences pourtant favorable au président et instituée à son intention, pour se saisir de l'essentiel du pouvoir et prendre en charge la direction des affaires nationales, avec l'accord des Premiers ministres dont il affirme qu'ils sont responsables devant lui. C'est lui qui déclare, dans une formule sans doute excessive mais combien significative, que le président est à la source de tous les pouvoirs [1]. C'est déjà au cours de cette période que des libertés sont prises avec le texte constitutionnel et on retrouve également la marque du général de Gaulle dans le style quelque peu consulaire qu'il imprime au régime en utilisant pleinement les procédures de démocratie semi-directe inscrites dans la Constitution.

On observera cependant que le Général, s'il revendique tous les pouvoirs, n'en use en pratique que de manière modérée. Il exerce pleinement son mandat mais ne sort pas vraiment du rôle dévolu au président. Certains de ses successeurs iront beaucoup plus loin.

b) La révision constitutionnelle de 1962

1034. Elle substitue à l'élection du président de la République par un collège d'environ soixante-quinze mille notables, proche du collège sénatorial, une élection au suffrage universel direct.

Cette révision comporte deux caractéristiques. D'une part, elle est destinée à donner aux futurs successeurs du général de Gaulle une part du prestige et de l'autorité qui lui viennent, en ce qui le concerne, du rôle historique assumé au cours de la Seconde Guerre mondiale. D'autre part, elle confère au régime un caractère authentiquement démocratique dans la mesure où désormais le principal titulaire du pouvoir réel aura sa source directe dans le peuple. En revanche, ce mode d'élection éloigne du régime parlementaire qui constitue l'objectif officiellement recherché, tout en recélant pour l'avenir, et notamment pour les courants les plus proches du Général, de grandes difficultés dues à la multiplicité des candidatures qui n'ont pas alors été imaginées.

c) Le fait majoritaire

1035. Il permet le fonctionnement régulier du régime tout en marquant la rupture la plus étonnante avec les régimes qui ont précédé.

Il tient d'abord au fait qu'en 1958 le général de Gaulle substitue à la représentation proportionnelle pratiquée sous la Quatrième République, qui émiette la représentation parlementaire, le scrutin uninominal majoritaire à deux tours. Certes, ce dernier n'avait pas donné sous la Troisième République des résultats très satisfaisants mais cette fois il est conforté par trois autres éléments.

D'une part, le scrutin majoritaire à deux tours, avec élimination au second des candidats n'ayant réalisé au premier que de faibles scores, avantage les grandes formations et permet de surreprésenter la majorité. D'autre part, les élections législatives se font pour ou contre le président et leur préparation conduit à la formation de deux coalitions. Enfin, l'élection présidentielle elle-même, qui ne laisse en lice au second tour que deux candidats, joue évidemment dans le même sens.

---

1. Conférence de presse du 31 janvier 1964.

d) Le style présidentiel

1036. Les constituants ont voulu instituer un régime parlementaire mais le général de Gaulle a immédiatement imprimé au régime un style présidentiel. Plusieurs facteurs y concourent : sa dimension historique et son charisme personnel, le fait qu'il oriente et conduit la politique nationale, la subordination volontaire des Premiers ministres, aussi remarquables qu'ils soient, l'allégeance des majorités qui le soutiennent. Toujours est-il que la pratique s'écarte progressivement du texte.

B. Les prolongements post-gaulliens (1969-1981)

1037. Le régime est, pour l'essentiel maintenu dans sa ligne constitutionnelle initiale mais sur le plan politique une double évolution se produit qui divise et affaiblit le courant majoritaire de droite et renforce l'opposition de gauche.

a) La continuité constitutionnelle

1038. La primauté présidentielle demeure la pierre angulaire du régime.

Certes, on constate quelques infléchissements. Les procédures de démocratie semi-directe sont mises en sommeil. Le Parlement est désormais traité avec plus de considération. Les relations avec l'Assemblée nationale sont normalisées cependant qu'il est mis fin à l'ostracisme dont le Sénat avait été frappé de 1962 à 1969. Mais il s'agit surtout d'une apparence. Le président Pompidou n'hésitera pas à demander – et obtenir – la démission de son Premier ministre, J. Chaban-Delmas alors qu'il vient de faire l'objet d'un vote massif de confiance (en 1972). Le président Giscard d'Estaing et son Premier ministre R. Barre seront bien obligés d'user des armes, nombreuses et efficaces, que leur donne la Constitution pour contraindre une majorité réticente à les suivre (de 1976 à 1980).

1039. Des révisions interviennent mais sur des points mineurs, à l'exception de celle de 1974, de grande importance et d'inspiration très libérale, qui élargit aux parlementaires de l'opposition les possibilités de saisine du Conseil constitutionnel. Elle permet l'instauration d'un contrôle de la constitutionnalité des lois désormais principalement orienté vers la protection des libertés et des droits fondamentaux.

b) La double évolution politique

1040. Lente et progressive, elle est préjudiciable à la droite, favorable à la gauche.

Dans un premier temps, la majorité s'élargit à de petites formations centristes jusque-là hostiles. De son côté, V. Giscard d'Estaing crée les Républicains indépendants. Mais le mouvement hérité du gaullisme (UNR, puis UDR) demeure largement prépondérant au sein du courant majoritaire.

Tout change avec l'élection en 1974 du président Giscard d'Estaing. Pour la première fois sous la Cinquième République, le président était issu d'une formation minoritaire de la majorité. Un tel déplacement du centre de gravité de la majorité ne pouvait aller sans tensions qui prennent un caractère aigu à partir d'août 1976, lorsque J. Chirac démissionne de ses fonctions de Premier ministre. Dès lors, la dégradation du climat au sein de la majorité est continue et publique. À l'approche des présidentielles de 1981, la confiance a disparu, les désaccords sont continuels et l'alliance formelle.

À gauche, les partis se réorganisent et surtout s'associent en 1972 au sein de l'Alliance pour un Programme commun (PC, PS, MRG). La coalition éclate en 1977, mais la gauche n'en amorce pas moins une remontée très sensible en suffrages lors du premier tour des législatives de 1973 et de 1978. Finalement, elle réussit, en 1981, à faire élire président de la République son candidat, F. Mitterrand.

II. La respiration démocratique (1981-2002)

1041. Alors qu'un même courant politique avait exercé le pouvoir pendant vingt-trois ans, en 1981 va intervenir un fait politique majeur : l'*alternance*. Celle-ci va se prolonger durant les deux septennats de François Mitterrand, entrecoupés par deux périodes de cohabitation de deux années chacune, jusqu'à un retour de balancier en 1995 avec l'élection de Jacques Chirac pour un premier septennat lui aussi marqué par une période de cohabitation cette fois de cinq ans.

A. Les deux septennats de François Mitterrand (1981-1995)

a) L'alternance politique et la prise en charge d'un héritage contesté

1042. Élu le 10 mai 1981, le président Mitterrand prononce immédiatement la dissolution de l'Assemblée nationale élue en 1978. Il obtient une large majorité de gauche qui va lui permettre d'appliquer son programme. Lors de sa réélection en 1988, le président va rééditer le même processus avec des résultats assez proches bien que moins nets (le Parti socialiste n'obtient qu'une majorité relative).

Tant du point de vue de l'exécutif que du législatif, on constate donc un changement complet de l'orientation politique ce que l'on désigne souvent sous les termes de « grande alternance ». Mais celle-ci se situe sur le seul plan politique. Sur le plan institutionnel c'est au contraire la continuité qui s'impose : le régime va fonctionner comme précédemment, au moins jusqu'en 1986 et de nouveau de 1988 à 1993.

Pourtant on pouvait se demander si le président Mitterrand et le Parti socialiste adopteraient le régime tel qu'il se présentait, alors qu'ils l'avaient si vivement critiqué lorsqu'ils étaient dans l'opposition. En réalité, une fois le pouvoir conquis ils en ont constaté les avantages et en ont profité au maximum, à tel point que la prépondérance présidentielle s'est transformée en démarche quasi monarchique et que la colonisation de l'appareil d'État s'est encore accentuée. Il faut ajouter qu'une révision constitutionnelle mettant en cause le fonctionnement interne du régime aurait risqué de se heurter à l'hostilité ou du moins aux réserves du Sénat.

1043. Cependant, vers la fin de la période, plusieurs révisions sont intervenues, soit consécutive à des accords communautaires (révision du 25 juin 1992, nécessitée par le traité de Maastricht), soit purement techniques (révision du 27 juillet 1993 relative à la Cour de justice de la République et au Conseil supérieur de la magistrature et révision du 25 novembre 1993 relative au droit d'asile). Il est vrai que deux projets de révision modifiant environ cinquante articles de la Constitution ont été préparés sur l'ordre du président mais, de manière significative, ils n'ont été déposés que le 10 mars 1993, c'est-à-dire à la veille des élections législatives des 21 et 28 mars 1993, qui devaient opérer un changement radical – et parfaitement attendu – de majorité. En d'autres termes, le dépôt a été fait pour prendre date et non dans une perspective de mise en œuvre effective.

b) Les votes-sanctions à l'occasion des législatives et les deux premières cohabitations

1044. La période des septennats mitterrandiens est marquée par la domination du Parti socialiste mais celle-ci n'a pas été continue tout au long de ces quatorze années. Il existe, en effet, une certaine instabilité du corps électoral qui, en 1986 et en 1993, émet des votes-sanctions à son encontre.

Si on tient compte à la fois des présidentielles et des législatives on constate que les changements d'orientation se succèdent à la tête de l'État : en 1981 victoire complète de la gauche à la présidentielle et aux législatives qui suivent sur dissolution, en 1986 victoire partielle de la droite aux législatives (partielles parce que le président reste évidemment en fonction et parce qu'en prévision du vote sanction annoncé il a modifié le mode de scrutin, substituant la proportionnelle au scrutin majoritaire à deux tours), en 1988 nouvelle victoire complète de la gauche à la présidentielle et aux législatives qui suivent (sur nouvelle dissolution), en 1993 (victoire partielle de la droite aux législatives – mais plus large qu'en 1986 –, le scrutin à deux tours ayant été rétabli).

Il est certain que lorsque c'est l'élection présidentielle qui sert de point de départ, l'hypothèse est plus favorable à une alternance totale (comme en 1981 et en 1988). Au contraire, lorsque le changement de majorité intervient à l'occasion du renouvellement de l'Assemblée nationale, en fin de législature, il en résulte une situation insolite qui est celle de la cohabitation, mettant aux prises en 1986-1988 et en 1993-1995 le président socialiste et les majorités parlementaires de droite ainsi que les Premiers ministres prenant appui sur elles. Ces périodes de cohabitation sont presque toujours difficiles, souvent conflictuelles, mais il faut signaler que pour l'essentiel le pouvoir appartient au Premier ministre et à la majorité qui le soutient.

B. Le septennat de Jacques Chirac (1995-2002)

1045. Deux périodes sont à distinguer : de 1995 à 1997 (rétablissement de la convergence) et de 1997 à 2002 (troisième cohabitation).

a) La convergence des majorités (1995-1997)

1046. En avril et mai 1995, J. Chirac qui, au premier tour de la présidentielle ne devance que d'environ 700 000 voix E. Balladur (Premier ministre, qui s'était également porté candidat), est élu au second tour contre le candidat socialiste, L. Jospin.

Il bénéficie de la majorité élue en 1993, pléthorique mais composite, formée du RPR et de l'UDF, de « chiraquiens » et de « balladuriens ». Il nomme A. Juppé Premier ministre. Deux révisions constitutionnelles d'importance sont adoptées. D'une part, la loi constitutionnelle n° 95-880 du 4 août 1995 élargit le champ d'application des consultations référendaires prévues par l'article 11, institue la session ordinaire unique de neuf mois des assemblées parlementaires et modifie le régime de l'inviolabilité parlementaire. D'autre part, la loi de révision constitutionnelle n° 96-138 du 22 février 1996 prévoit que le Parlement devra désormais voter chaque année – en s'inspirant pour une part du modèle des lois de finances – une loi de financement de la Sécurité sociale déterminant les conditions de son équilibre.

b) La troisième cohabitation (1997-2002)

1047. Le 21 avril 1997 le président Chirac prononce la dissolution de l'Assemblée nationale. Il s'agit d'une dissolution d'un type nouveau, purement tactique, en vue d'anticiper « à l'anglaise » les législatives qui devaient avoir lieu en 1998. Son objet était d'éviter la proximité et la concurrence des élections et des échéances européennes de 1998 (mise en place progressive de l'euro) et de 1999 (élections au Parlement européen).

La dissolution n'est pas comprise. Lors des élections des 25 mai et 1er juin 1997, le président et le Gouvernement sont abandonnés par leurs électeurs de 1993 et de 1995 qui reprochent à la droite ses divisions, le continuel combat des chefs, leur insuffisante fermeté idéologique, l'abandon d'une partie de ses engagements. Un nouveau vote-sanction est émis au premier-tour, suivi au second d'un arbitrage du Front national défavorable à la droite. La coalition de gauche remporte un net succès. Le président Chirac nomme immédiatement L. Jospin Premier ministre. Une troisième cohabitation commence, qui transfère le pouvoir réel au Gouvernement de la gauche plurielle.

1048. On ne retiendra de cette législature socialiste, sous la présidence de J. Chirac, que ce qui concerne le droit constitutionnel mais sur ce plan on a assisté à une véritable floraison de projets, tous déposés par le Premier ministre avec l'accord et au nom du président de la République.

En renvoyant pour analyse aux chapitres qui en traitent, il faut d'abord signaler les révisions déjà adoptées et promulguées : 1°) la loi constitutionnelle du 20 juillet 1998 sur la Nouvelle-Calédonie ; 2°) la loi constitutionnelle du 25 janvier 1999 pour permettre la ratification du traité d'Amsterdam ; 3°) la loi constitutionnelle n° 99-568 du 8 juillet 1999 relative à la Cour pénale internationale ; 4°) la loi constitutionnelle n° 99-569 du 8 juillet 1999 relative à la parité entre les femmes et les hommes ; 5°) la loi constitutionnelle n° 2000-964 du 2 octobre 2000 relative à la durée du mandat du président de la République.

III. Le dérèglement institutionnel (2002-...)

1049. Conformément à la loi constitutionnelle du 2 octobre 2000 instituant le quinquennat et à la loi organique du 15 mai 2001 modifiant le calendrier électoral, il a été procédé les 21 avril et 5 mai 2002 à l'élection présidentielle et les 9 et 16 juin 2002 au renouvellement de l'Assemblée nationale.

Quatre journées électorales se succèdent donc en moins de deux mois mais dès la première, le 21 avril, la défaite de la majorité plurielle sortante est acquise, le principal candidat de la gauche, Lionel Jospin, Premier ministre en exercice, arrivé en troisième position, étant éliminé dès le premier tour. Le 5 mai le président Chirac est réélu avec 82 % des voix face au candidat de l'extrême-droite, Jean-Marie Le Pen. En juin la majorité plurielle sortante fait l'objet d'un nouveau vote-sanction et la droite dispose d'une majorité absolue de députés. La convergence d'orientation entre la majorité présidentielle est ainsi rétablie, mais rapidement le quinquennat va entrainer un bouleversement de la vie politique française au moins aussi important que celui généré par la réforme de 1962 relative à l'élection du président de la République au suffrage universel direct. En effet, le quinquennat conduit à une accélération du rythme des cycles politiques et nécessairement à une forme de gouvernement présidentiel où, en dépit de la volonté parfois réelle des acteurs politiques, l'essentiel du pouvoir est concentré entre les mains du président de la République, l'Assemblée nationale étant insensiblement transformée en chambre d'enregistrement.

Cette évolution du régime de la Cinquième République, que l'on peut déplorer car elle renforce la personnalisation du pouvoir politique concentré entre les mains du président de la République et corrélativement concourt à l'appauvrissement du débat d'idées, va se poursuivre, dans des configurations très différentes, sous les quinquennats de Jacques Chirac, Nicolas Sarkozy, François Hollande et paraît s'amplifier sous celui d'Emmanuel Macron.

A. Le quinquennat de Jacques Chirac (2002-2007)

1050. On retiendra d'abord deux lois de révision constitutionnelle d'importance très inégale : d'une part, la loi constitutionnelle du 25 mars 2003 relative au mandat d'arrêt européen et complétant l'article 88-2 de la Constitution, d'autre part, la loi constitutionnelle du 28 mars 2003 relative à l'organisation décentralisée de la République qui comporte des réformes profondes concernant l'organisation territoriale, les référendums locaux et le système normatif territorial. Ensuite, il faut signaler l'adoption, le 28 février 2005, d'une importante révision constitutionnelle qui, accessoirement, ajoute un alinéa à l'article 34 de la Constitution et, à titre principal, modifie le préambule de la Constitution afin que celui-ci renvoie désormais à la Charte de l'environnement de 2004. Outre le fait que cette révision élargit le bloc de constitutionnalité, ce qui représente une première, elle contribue à doter la France d'un catalogue complet de droits fondamentaux incluant ceux dits de la « troisième génération ».

Puis, la Constitution a été modifiée, toujours le 28 février 2005, par une seconde loi constitutionnelle afin de la mettre en adéquation avec les stipulations du Traité visant à établir une Constitution pour l'Europe. Cette refonte du titre XV (« Des communautés et de l'Union européenne ») aurait dû devenir effective à compter de la ratification du traité par référendum le 29 mai 2005. Comme celui-ci s'est conclu par un rejet massif du texte, tout laisse à penser que cette réforme est maintenant caduque. À la suite de ce référendum négatif, le Premier ministre a présenté sa démission et le président de la République a nommé comme chef de Gouvernement M. Dominique de Villepin, lequel s'est vu doté par le président lui-même d'un « Premier ministre-bis », M. Nicolas Sarkozy.

1051. Le référendum négatif et la nomination d'un nouveau Premier ministre ont ouvert en France une période institutionnelle sans précédent et, à vrai dire, assez paradoxale. La société française traverse une grave crise de confiance perceptible notamment à travers le référendum négatif de mai 2005, les émeutes de novembre 2005, la crise sociale du contrat de première embauche en mars 2006, la succession des « affaires » (Clearstream, EADS...) depuis le début de l'année 2006, etc. La représentation nationale paraît coupée des aspirations populaires et, contrairement à la logique institutionnelle induite par le quinquennat, la marge de manœuvre du chef de l'État paraît extrêmement réduite. La fin du quinquennat de Jacques Chirac a été extrêmement difficile. Néanmoins, le président Chirac est parvenu à faire adopter trois lois constitutionnelles par le Congrès le 23 février 2007 : la première portant sur l'article 77 de la Constitution et la définition du corps électoral en Nouvelle-Calédonie, la deuxième modifiant les articles 67 et 68 et, par conséquent, le régime de la responsabilité pénale du président de la République et enfin, la troisième constitutionnalisant l'interdiction de la peine de mort en créant un article 66-1 de la Constitution. Ce faisant, Jacques Chirac aura été, et de loin, le président de la République ayant le plus souvent modifié la Constitution de 1958 (14 lois constitutionnelles adoptées de 1995 à 2007). Ce qui ne représente pas le moindre des paradoxes pour un homme politique issu d'un mouvement gaulliste. De plus, cette « fin de règne » difficile n'a pas empêché l'élection de M. Nicolas Sarkozy le 6 mai 2007, alors même que celui-ci appartenait à la majorité sortante.

B. Le quinquennat de Nicolas Sarkozy (2007-2012)

1052. Après la révision de la Constitution du 23 juillet 2008 et surtout avec la conception très personnelle de la pratique des institutions de la Cinquième République qui était celle de Nicolas Sarkozy, le poids du « gouvernement présidentiel » s'est considérablement renforcé entre 2007 et 2012. Contrairement, à ce qui était encore une lecture possible de la Constitution de 1958 jusqu'alors, le président de la République est apparu beaucoup plus comme un « capitaine » ayant progressivement absorbé l'essentiel de la fonction gouvernementale, que comme un simple « arbitre ».

a) L'atténuation de la fonction arbitrale du président de la République

1053. La révision de la Constitution avait été annoncée par le président de la République dans un discours prononcé à Épinal le 12 juillet 2007, soit moins de deux mois après son élection. La mise en musique de cette réforme a été alors confiée à un comité, composé de constitutionnalistes et d'hommes politiques, placé sous la présidence d'Édouard Balladur, ancien Premier ministre. La lettre de mission du président de la République à ce « comité de réflexion et de proposition sur la modernisation et le rééquilibrage des institutions de la Cinquième République » indiquait très clairement quel était l'objectif principal de cette réforme, à savoir : une clarification des rapports entre le président de la République, chef de l'État, et le Premier ministre, chef du Gouvernement. En effet, la Constitution française comporte, et du reste comporte encore aujourd'hui, une ambiguïté fondamentale qui a pu faire dire d'elle qu'il s'agit d'une Constitution « bâtarde », ou hermaphrodite, aménageant un régime pouvant fonctionner tantôt sur le mode présidentiel, en période de coïncidence entre les majorités présidentielle et parlementaire, tantôt sur le mode parlementaire, en période de discordance entre ces majorités, c'est-à-dire de cohabitation. Les dispositions constitutionnelles qui permettent ce fonctionnement alternatif du régime sont principalement les articles 5 et 20 de la Constitution. L'article 5 relatif au chef de l'État prévoit que : « Le président de la République veille au respect de la Constitution. Il assure, par son arbitrage, le fonctionnement régulier des pouvoirs publics ainsi que la continuité de l'État. Il est le garant de l'indépendance nationale, de l'intégrité du territoire et du respect des traités ». L'article 20 relatif au Gouvernement prévoit, quant à lui, que : « Le Gouvernement détermine et conduit la politique de la Nation. Il dispose de l'administration et de la force armée… ».

1054. Afin de rendre univoque la lecture du régime et par conséquent de limiter les risques de confrontation entre les deux pôles de l'exécutif, le « comité Balladur » a proposé la réécriture des articles 5 et 20 de la Constitution afin que ceux-ci prévoient, d'une part, pour l'article 5, que : « Le président de la République définit la politique de la Nation » ; et, d'autre part, pour l'article 20, que : « Le Gouvernement conduit la politique de la politique de la Nation ». Cette nouvelle rédaction avait donc pour objet d'éviter qu'une dyarchie puisse exister au sommet de l'État en établissant une hiérarchie entre le président de la République, seul titulaire du pouvoir exécutif, et le Premier ministre, simple exécutant. Cependant, ce projet qui au départ constituait le cœur de la « nouvelle Constitution » a été abandonné en cours de route par le président face à la montée des oppositions. Il n'en reste pas moins que la révision votée, à une seule voix de majorité, par le Congrès le 21 juillet 2008 et promulguée le 23 juillet contribue à placer le président non plus « au-dessus de la mêlée » mais bien au cœur de celle-ci en lui faisant perdre une série d'attributions de « surplomb » qui caractérisaient encore le chef de l'État français comme un chef d'État de régime parlementaire.

Ainsi, s'agissant du mandat du président de la République, l'article 6 a été modifié afin de prévoir désormais que : « Nul ne peut exercer plus de deux mandats consécutifs ». De même, s'agissant des attributions « régaliennes » du chef de l'État, son pouvoir de nomination tiré de l'article 13 de la Constitution est désormais encadré, les conditions de mise en œuvre de l'article 16 de la Constitution relatif aux pleins pouvoirs sont précisées, le droit de grâce prévu à l'article 17 de la Constitution ne peut plus être exercé qu'à titre individuel et, enfin, aux termes du nouvel article 64 de la Constitution, le président ne préside plus le Conseil supérieur de la magistrature. Bien entendu, ces mesures peuvent être perçues comme induisant une limitation des pouvoirs du chef de l'État, mais elles peuvent aussi être lues comme lui ayant fait perdre une série de leviers constitutionnels destinés à lui permettre de jouer un rôle de garant des institutions et d'arbitre de leur fonctionnement harmonieux, au profit de prérogatives nouvelles qui le placent plus directement au centre de l'action politique conduite par la majorité parlementaire. En ce sens, désormais, le président assume un véritable « gouvernement présidentiel » en absorbant l'essentiel de la fonction gouvernementale.

b) L'absorption de la fonction gouvernementale par le président de la République

1055. La réécriture des articles 5 et 20 de la Constitution ayant échoué, on aurait pu penser que le régime de la Cinquième République est toujours formellement un régime parlementaire dualiste. En réalité, dans la pratique des institutions de 2007 à 2012, le régime a fonctionné de manière inédite. À tel point que des polémistes, comme Bastien François par exemple, ont pu considérer que la Constitution de la Cinquième République était devenue la « Constitution Sarkozy ».

Ce jugement de valeur a été confirmé par la pratique politique du président qui, contrairement à tous ses prédécesseurs, n'a pas hésité à apparaître comme le véritable chef de la majorité parlementaire. Bien sûr, il partageait avec d'autres présidents de la Cinquième République un goût pour le pouvoir personnel, mais ce qui est véritablement inédit ce sont les proportions que ce phénomène a pris durant ces cinq années de présidence trépidante. Outre les réunions de ministres à l'Élysée, le président n'hésitait pas y convoquer la majorité parlementaire. Quotidiennement, ses conseillers intervenaient publiquement afin de justifier son action politique ou annoncer quels seront ses choix, à tel point que leur parole avait acquis beaucoup plus d'importance que celle des ministres réduits le plus souvent à faire de la figuration dans cette pièce qui se jouait sans eux. Dans la pratique, le gouvernement avalisait les choix politiques arrêtés par le chef de l'État et le Premier ministre faisait figure, aux dires mêmes du président de la République de simple « collaborateur ». M. Nicolas Sarkozy avait même évoqué l'éventualité de reprendre les rênes du parti majoritaire et donc de cumuler les fonctions de chef de l'État et de responsable du parti politique majoritaire ce qui était en contradiction directe avec l'esprit de la Cinquième République. Le général de Gaulle ayant précisément choisi l'option, clairement exposée dans le discours de Bayeux le 16 juin 1946, d'un chef de l'État « placé au-dessus des partis ».

Au-delà de cette pratique politique, la révision du 23 juillet 2008 a également permis au président de la République de se rendre en personne devant les chambres du Parlement réunies en Congrès afin d'y délivrer un message. Certes, le débat qui peut suivre cette intervention doit se faire hors sa présence et ne peut donner lieu à aucun vote, mais il n'en reste pas moins que cette nouvelle rédaction de l'article 18 de la Constitution rompt avec une tradition républicaine bien établie depuis la loi de Broglie du 13 mars 1873. Cette règle qui, au nom de la séparation des pouvoirs, interdisait, au chef de l'État de s'adresser directement aux députés et sénateurs était perçue comme un pilier du parlementarisme républicain. M. Nicolas Sarkozy a, pour la première fois dans l'histoire de la Cinquième République, usé de cette prérogative le 22 juin 2009 en prononçant un discours devant les parlementaires réunis au Congrès à Versailles. Le président Hollande a également utilisé cette prérogative le 16 novembre 2015, immédiatement après les attentats de Paris ayant coûté la vie à cent trente personnes. Quant à l'actuel président, M. Emmanuel Macron, sa conception du message adressé au Congrès paraît s'inspirer de la pratique nord-américaine du discours sur l'État de l'Union, puisqu'il a choisi de réunir les parlementaires à Versailles en commençant son quinquennat, le 3 juillet 2017, afin de leur exposer les priorités de son mandat.

Il en résulte que durant cette période, le régime de la Cinquième République, s'il n'est pas devenu en droit un régime présidentiel, est assurément devenu en fait un régime parlementaire moniste dans lequel la fonction gouvernementale n'est plus assurée par un Premier ministre responsable devant le Parlement, mais bien plutôt par un président responsable théoriquement devant le peuple seul. C'est un type de régime possible. Il avait d'ailleurs été envisagé, voire préconisé, par des auteurs comme Marcel Prélot ou René Capitant immédiatement après la seconde guerre mondiale.

C. Le quinquennat de François Hollande (2012-2017)

1056. Toutefois, lors de l'élection présidentielle de mai 2012, les français ont sanctionné, entre autres, cette lecture présidentialiste du régime de la Cinquième République. La présidence de François Hollande paraît avoir été placée sous le signe d'un retour à la normale correspondant davantage à l'esprit originel de la Constitution [1]. Celle-ci, rappelons-le, avait pour but de créer un régime parlementaire, certes original,

1. J. Gicquel, « Variations sur la présidence normale de François Hollande », *L'État, le Droit, le Politique. Mélanges en l'honneur de Jean-Claude Colliard*, Dalloz, 2014, p. 305.

dans la mesure où depuis 1962 le président de la République est élu au suffrage universel direct et dispose de pouvoirs propres importants, mais un régime parlementaire néanmoins.

1057. Sur le plan constitutionnel, comme cela semble être devenu une forme de tradition depuis une vingtaine d'années, François Hollande, à peine élu, a manifesté l'intention d'imprimer sa marque sur la Constitution de la Cinquième République. À cette fin, il a nommé en juillet 2012 une *Commission pour la rénovation et la déontologie de la vie publique*, composée de quatorze membres et présidée par l'ancien Premier ministre Lionel Jospin. Cette commission, dite « Commission Jospin » a rendu son rapport le 9 novembre 2012 [1] et dans une conférence de presse du 13 novembre, le président de la République a indiqué vouloir présenter au Parlement la plupart des propositions contenues dans ce rapport, dont un grand nombre nécessitent une révision de la Constitution. De fait, entre février et avril 2013, plusieurs projets de lois constitutionnelles ont été déposés par le Gouvernement, par exemple, sur le statut juridictionnel du président de la République, la suppression de la Cour de justice de la République, les incompatibilités applicables aux membres du Gouvernement, la présence des anciens présidents de la République au Conseil constitutionnel, etc. Aucune de ces révisions de la Constitution n'a été adoptée, faute de réunir la majorité des trois-cinquièmes requise en cas de réunion du Congrès. Cette « paralysie » du pouvoir constituant à l'initiative duquel se trouve le président de la République s'est prolongée lorsque François Hollande a dû renoncer au début de l'année 2016 au projet de loi constitutionnelle visant à inscrire le régime de l'état d'urgence et la déchéance de nationalité dans la Constitution, alors même que ces engagements avaient été pris solennellement devant le Parlement réuni en Congrès à la suite des attentats perpétrés sur le sol français le 13 novembre 2015. Le souhait du président Hollande d'exercer une présidence « normale » a donc été exaucé au-delà de ses espérances car, encore davantage que certains de ses prédécesseurs notamment lors des périodes de cohabitation, son mandat paraît avoir été frappé du sceau d'une forme d'impuissance constitutionnelle.

D. Le quinquennat d'Emmanuel Macron (2017-...)

1058. Cette impuissance constitutionnelle, conjuguée à une série de revers électoraux lors de toutes les élections intermédiaires organisées durant ce quinquennat, a conduit à la situation inédite sous la Cinquième République d'un président sortant, éligible juridiquement à sa propre réélection, mais dans l'incapacité de fait d'être à nouveau candidat. Aussi, François Hollande a t-il fini par se résoudre à ne pas être candidat à sa succession lors de l'élection présidentielle de 2017.

1059. À l'issue d'une campagne électorale à nulle autre pareille sous la Cinquième République, Emmanuel Macron a été élu président de la République le 7 mai 2017 avec 66, 1 % des voix à l'issue d'un second tour l'opposant à la candidate de l'extrême-droite, Marine Le Pen. Cette élection a vu l'élimination dès le premier tour des candidats issus des deux principaux partis politiques français jusqu'alors, les Républicains et le parti socialiste et a été marquée par l'émergence d'une force politique

---

1. *Pour un renouveau démocratique. Rapport de la Commission de rénovation et déontologie de la vie publique*, La documentation française, 2012.

nouvelle : la République en marche, dont le positionnement sur l'échiquier politique traditionnel demeure aujourd'hui encore à préciser.

1060. Les élections législatives qui ont suivi, les 11 et 18 juin 2017, ont prolongé et amplifié ce phénomène en donnant une très large majorité parlementaire au soutien du nouveau président de la République. En effet, à l'Assemblée nationale, les députés appartenant au groupe La République en marche étaient à l'origine au nombre de 343, bien au-delà donc du seuil de la majorité absolue fixé à 289 députés. Il faut encore ajouter à ce nombre déjà élevé, quarante-sept députés Modem et trente-cinq députés se rattachant au groupe dit des « Constructifs » qui ont annoncé leur volonté de soutenir l'action du président de la République. Il serait évidemment prématuré à ce stade d'interpréter les premières années du quinquennat d'Emmanuel Macron. Cependant, plusieurs indices laissent à penser que le renforcement du gouvernement présidentiel, amplifié par le quinquennat et le calendrier électoral faisant primer l'élection présidentielle sur les élections législatives, va se poursuivre. Ainsi, les élections législatives de juin 2017 ont été marquées par une abstention sans précédent sous la Cinquième République. Moins de 50 % des électeurs se sont déplacés pour cette élection pourtant très importante. Sans qu'évidemment on puisse s'en réjouir, les électeurs ont fait en cette occasion preuve de sens politique en signifiant qu'ils avaient parfaitement compris où se situait désormais le centre de gravité du pouvoir politique en France. De même, le fait que, en violation de l'article 27 de la Constitution qui prohibe le mandat impératif, les candidats de la République en marche se soient engagés à voter une série de projets portés par le président de la République sans que leur contenu ait été précisément connu n'augure rien de très favorable au profit des pouvoirs du Parlement. La même remarque vaut aussi pour le Congrès que le président de la République, en application de l'article 18 de la Constitution, a choisi de réunir le 3 juillet 2017, la veille même de la déclaration de politique générale du Premier ministre.

1061. Comme annoncé par le Président Macron dans ce discours au Congrès, un projet de loi constitutionnelle visant à créer une « démocratie plus représentative, responsable et efficace » avait été présenté lors du conseil des ministres du 4 mai 2018. Ce projet contenait de nombreuses pistes de réformes. Certaines étaient reprises de projets anciens n'ayant pu aboutir faute de majorité lors du quinquennat précédent, comme par exemple : la réforme du Conseil supérieur de la magistrature, la suppression de la Cour de justice de la République ou encore la disparition de la possibilité pour les anciens présidents de la République de siéger comme membres de droit au Conseil constitutionnel. D'autres étaient plus novatrices comme celles relatives à la procédure parlementaire, le remplacement de l'actuel Conseil économique, social et environnemental par une « Chambre de la société civile », ou encore une série de mesures relatives aux collectivités territoriales, parmi lesquelles il faut signaler celles concernant la Corse. Ce projet de loi constitutionnelle s'inscrivait dans un ensemble de réformes plus vaste contenant aussi un projet de loi organique et un projet de loi ordinaire présentés lors du conseil des ministres du 23 mai 2018 prévoyant la réduction du nombre des députés et des sénateurs, l'interdiction du cumul des mandats dans le temps, au-delà de trois mandats identiques, complets et consécutifs, pour les parlementaires et les présidents d'exécutifs locaux, ainsi que l'instillation d'une dose de proportionnelle pour l'élection des députés. Cependant, l'examen par le Parlement de cet ensemble de mesures a repoussé à deux reprises : une première fois, durant l'été 2018, à la suite de l'« affaire

Benalla » et, une seconde fois, en décembre 2018, en raison du mouvement des « gilets jaunes » et de l'organisation du grand débat national qui a suivi. Aussi, un nouveau projet de loi constitutionnelle, intitulé cette fois « pour un renouveau de la vie démocratique » a-t-il présenté en conseil des ministres le 28 août 2019. Ce second projet reprend en grande partie le contenu du premier projet de 2018 même si on peut relever quelques innovations, en particulier s'agissant de la protection de l'environnement. Ainsi, ce second projet de loi constitutionnelle prévoit d'inscrire l'action en faveur de la préservation de l'environnement, de la diversité biologique et contre le réchauffement climatique à l'article premier de la Constitution, aux côtés des principes fondateurs de la République. Cependant, près d'un an plus tard, l'examen de ce projet n'a toujours pas commencé à l'Assemblée nationale. Cette fois, c'est l'instauration de l'état d'urgence sanitaire en France entre le 24 mars et le 10 juillet 2020 afin de tenter d'enrayer la pandémie de covid-19 qui aura eu raison de cette volonté de réviser la Constitution. À l'approche de l'élection présidentielle de 2022, il est donc désormais hautement improbable que cette réforme constitutionnelle, plusieurs fois reportée, finisse par voir le jour.

Section 3
La classification du régime

1062. Le fonctionnement des institutions fait clairement apparaître qu'il s'agit d'un régime mixte.

A. Les emprunts aux régimes traditionnels

1063. Formellement, la Cinquième République participe à la fois du régime parlementaire et du régime présidentiel.

a) Les emprunts au régime parlementaire

1064. Ils sont d'autant plus nombreux que c'est un tel régime que les constituants ont voulu établir à l'origine. Ils l'ont d'ailleurs effectivement établi en inscrivant dans l'article 49 de la Constitution, ainsi d'ailleurs qu'ils y étaient tenus par la loi constitutionnelle du 3 juin 1958, la règle fondamentale du régime parlementaire en prévoyant que le Gouvernement était responsable devant l'Assemblée nationale. Ils ont fait du Gouvernement un organe collégial et solidaire. Ils ont organisé sa collaboration constante avec les assemblées sur le plan législatif. Ils ont soumis le président de la République à l'obligation du contreseing pour un grand nombre de ses décisions. Ils lui ont attribué un droit de dissolution qui n'est certes pas orthodoxe dans la mesure où il constitue un pouvoir propre mais qui n'en est pas moins significatif puisqu'on ne le trouve jamais en régime présidentiel.

Il existe donc des éléments incontestables de rattachement au régime parlementaire et peut-être à cette forme un peu ancienne qu'est le régime parlementaire dualiste : c'est tout au moins ce qui résulte de l'attribution au président de pouvoirs propres. En tout cas, ces éléments sont suffisants pour qu'on puisse penser qu'il ne s'agit pas d'un régime présidentiel.

b) Les emprunts au régime présidentiel

1065. Ils tiennent moins aux textes qu'à la pratique du régime. Certes il faut rappeler que la Constitution a nettement séparé mandat parlementaire et fonctions ministérielles et que la révision de 1962, en faisant du président l'élu direct de l'ensemble des électeurs, lui a assuré une autorité peu compatible avec le rôle qui est celui du chef de l'État dans les régimes parlementaires contemporains. Mais l'essentiel réside dans le fait que longtemps soutenu par des majorités parlementaires fidèles sinon inconditionnelles le président s'est saisi de la plénitude du pouvoir, qu'il a fixé les objectifs que le Premier ministre est chargé de réaliser, qu'il a contrôlé les moyens que ce dernier emploie à cet effet, qu'il s'est attribué le premier rôle et qu'aucun titulaire de la fonction n'y a renoncé, sauf par force, à la suite d'élections législatives perdues. Il faut ajouter que le président, toujours s'il y a convergence d'orientation politique entre la majorité et lui-même, peut choisir le Premier ministre librement, qu'il participe au choix des ministres, leur adresse ses instructions (et parfois les convoque). Depuis cinquante ans que la Cinquième République existe, le système qui vient d'être décrit a fonctionné durant quarante et un ans.

On est là assez loin du régime parlementaire. Alors que celui-ci associe constamment autorité et responsabilité, sous la Cinquième République, le Gouvernement responsable ne dispose pas du pouvoir ultime, sauf en période de cohabitation, et le président qui normalement en dispose est irresponsable. Il faut ajouter que le régime parlementaire a été inventé pour mettre le chef de l'État à l'abri et à l'écart des conflits politiques. Or c'est l'inverse qui se produit sous le régime actuel, chaque élection étant susceptible, en cas de défaite du courant du président de remettre en cause la conception de la fonction présidentielle qui prévaut depuis 1958.

En réalité, la pratique du régime doit beaucoup au régime présidentiel lorsqu'il y a convergence d'orientation entre les deux organes élus au suffrage universel direct, le président et l'Assemblée nationale. Elle en revient au régime parlementaire lorsqu'il y a une nette divergence d'orientation ouvrant une période de cohabitation et qu'il lui faut dès lors appliquer les textes.

B. Un régime mixte à fonctionnement alternatif

1066. Participant du régime parlementaire et du régime présidentiel, la Cinquième République ne relève ni de l'un ni de l'autre.

C'est un régime mixte, caractère qui est certainement à l'origine de la faible cohérence des institutions et de certains dysfonctionnements. En effet, on n'y retrouve pas la logique propre des régimes traditionnels, non plus que leurs mécanismes en principe bien rodés.

C'est aussi un régime à fonctionnement alternatif. Si le président et la majorité sont en concordance d'orientation, il est à dominante fortement présidentielle avec quelques traits du régime parlementaire. Si le président et la majorité sont en discordance d'orientation, il est à dominante nettement parlementaire, avec quelques éléments du régime présidentiel. Tout se joue en fonction – et même au hasard – des élections au suffrage universel direct, c'est-à-dire des présidentielles et surtout des législatives car ce sont elles qui font naître la cohabitation. Des législatives perdues par le président non seulement modifient l'orientation de la politique nationale, ce qui est normal, mais aussi transforment la nature du régime, ce qui est peu rationnel et assez surprenant. On soulignera que l'un des objectifs principaux, sinon l'objectif principal, de la révision constitutionnelle initiée par M. Nicolas Sarkozy dès après son élection était précisément de lever cette ambiguïté en faisant du président de la République, non seulement l'« arbitre », mais aussi le « capitaine » du régime. Mais, on le sait, cette partie de la réforme est restée lettre morte faute de consensus suffisant.

▶ Bibliographie

P. Avril, *Les conventions de la Constitution*, PUF, 1997.

L. Favoreu, *La politique saisie par le droit*, Economica, 1988.

L. Favoreu, « Légalité et constitutionnalité », *Cahiers du Conseil constitutionnel* n° 3, 1997, p. 73.

B. François, *Naissance d'une Constitution : La Cinquième République (1958-1962)*, Presses de Science Po, 1996.

A. Laquièze, « Le modèle du régime présidentiel sous la Ve République », *Droits* n° 43, 2006, p. 45.

D. G. Lavroff, *Le droit constitutionnel de la Cinquième République*, 3e éd., Dalloz, 1999.

J. Massot, *Alternance et cohabitation sous la Cinquième République*, La documentation française, 1997.

P. Pactet, « Le président de la Cinquième République et le respect de la Constitution », in *Mélanges J. Velu,* Bruylant, 1992.

Revue du droit public 2000 (n° 4) : *Dix constitutionnalistes répondent à quatre questions* ; présentation de X. Robert et J.-P. Camby ; les réponses de P. Avril, J.-M. Blanquer, G. Carcassonne, D. Chagnollaud, M.-A. Cohendet, J. Gicquel, F. Mélin-Soucramanien, P. Pactet, J. Robert, D. Rousseau (p. 943 à 1035).

Groupe de travail sur l'avenir des institutions, dit « Commission Bartolone/Winock », *Refaire la démocratie*, Rapport n° 3100, Assemblée nationale, 2015 ; éd. Thierry Marchaisse, 2016.

Chapitre 17

Le peuple souverain et les partis politiques

1067. Aux termes de l'article 3 de la Constitution : « La souveraineté nationale appartient au peuple qui l'exerce par ses représentants et par la voie du référendum » Le peuple souverain est ainsi conduit à arbitrer la compétition permanente entre les différentes formations politiques.

On examinera successivement le droit de suffrage (section 1), le régime des élections (section 2), celui des consultations référendaires nationales, étant observé que des deux articles concernés, l'article 89 sera réservé pour être étudié ultérieurement à l'occasion des procédures de révision dont le référendum à caractère national peut éventuellement constituer la phase finale et que seul sera retenu ici le référendum prévu par l'article 11 (section 3), le régime aussi des consultations référendaires territoriales ou locales, dont la possibilité a été sensiblement accrue par la révision constitutionnelle du 28 mars 2003 (section 4), celui enfin des partis politiques qui donnent leur véritable signification aux compétitions électorales et référendaires, au moins sur le plan national (section 5).

Section 1
Le suffrage

1068. On doit distinguer entre la jouissance du droit de vote, qui confère la qualité d'électeur, et l'exercice du droit de vote, qui est subordonné à l'inscription sur une liste électorale. Il faut ensuite évoquer ce qui peut s'analyser comme une dérogation au droit de suffrage : l'exigence de parité entre les femmes et les hommes.

I. La jouissance du droit de vote et la qualité d'électeur

1069. La détermination de la qualité d'électeur a été passablement complexifiée par la révision constitutionnelle du 25 juin 1992 adoptée à la suite du traité de Maastricht.

En effet, les dispositions de principe demeurent celles, à caractère général, de l'article 3 de la Constitution selon lesquelles «... sont électeurs, dans les conditions déterminées par la loi, tous les nationaux français majeurs des deux sexes, jouissant de leurs droits civils et politiques ». Ces dispositions continuent de s'appliquer sans réserve pour les élections présidentielles, législatives, sénatoriales, pour les votations référendaires, ainsi que pour les élections régionales et départementales.

Mais en vertu de l'article 88-3, ajouté à la Constitution par la révision du 25 juin 1992, des dispositions spéciales doivent être appliquées aux élections municipales de manière à en ouvrir l'accès, sous certaines conditions, aux citoyens des États membres de l'Union européenne.

1070. Ce sont les conditions générales posées par l'article 3 qui seront examinées dans les développements qui suivent, à savoir les trois conditions – évidemment cumulatives – requises pour participer aux élections politiques, de nationalité, d'âge et de jouissance des droits civils et politiques. Mais à l'occasion de l'examen de la condition de nationalité, des indications seront aussi données pour préciser les conditions d'application de l'article 88-3 aux élections municipales.

A. La condition de nationalité

1071. En principe, et notamment pour toutes les élections politiques, il faut avoir la nationalité française, de naissance ou par acquisition. Jusqu'en 1973, les étrangers naturalisés ne bénéficiaient de la qualité d'électeur qu'au terme d'un délai de cinq ans après leur naturalisation. Cette exigence a été supprimée par la loi du 9 janvier 1973.

1072. Par dérogation au principe réservant le droit de vote aux seuls nationaux, l'article 88-3 prévoit qu'en application du traité du 7 février 1992 les citoyens des États membres de l'Union européenne peuvent, sous réserve de réciprocité et sous les conditions fixées par une loi organique votée dans les mêmes termes par les deux assemblées, voter et se faire élire aux élections municipales [1]. Mais s'ils ont la possibilité d'être élus conseillers municipaux, ils ne pourront en aucun cas exercer les fonctions de maire ou d'adjoint. On ajoutera qu'ils ne pourront pas davantage participer à la désignation des électeurs sénatoriaux ni à l'élection des sénateurs. En effet, eu égard aux compétences constitutionnelles et législatives du Sénat, leur accorder cette faculté serait les faire participer à l'exercice d'une fonction de souveraineté réservée, en application des principes républicains, aux seuls nationaux. Mais sous ces réserves le vote et l'éligibilité aux élections municipales des citoyens de l'Union européenne est un droit et non pas une simple faculté comme la rédaction de l'article 88-3 aurait pu le laisser penser : la loi organique doit respecter ce droit (Cons. const. n° 92-312 DC du 2 sept. 1992).

B. La condition d'âge

1073. Il faut avoir dix-huit ans révolus, la loi du 5 juillet 1974 ayant fixé à cet âge la majorité civile et politique [2]. L'âge requis pour être électeur était auparavant de vingt et un ans.

---

1. À l'exclusion de toutes les autres élections territoriales ou politiques.

2. En principe, l'âge requis doit être calculé à la date de clôture de la liste électorale, c'est-à-dire le dernier jour de février, mais il ne s'agit là que d'une règle intéressant la procédure d'inscription car, aux termes de l'article L. 30 du Code électoral, les nationaux français remplissant la condition d'âge après cette date ont eux aussi la qualité d'électeur et peuvent se faire inscrire selon des modalités spéciales, en dehors de la période de révision des listes. Il faut observer également que si la loi du 5 juillet 1974 a fixé au même âge majorité civile et majorité politique, l'article 7 du Code civil maintient le principe selon lequel « l'exercice des droits civils est indépendant de l'exercice des droits politiques, lesquels s'acquièrent et se conservent conformément aux lois constitutionnelles et électorales ».

C. La jouissance des droits civils et politiques

1074. Il s'agit en fait d'une condition négative car jouissent de leurs droits civils et politiques les Français qui ne se trouvent pas dans un des cas d'incapacité déterminés par la loi et s'il y a lieu mis en œuvre par les tribunaux. On peut distinguer à cet égard entre l'incapacité proprement dite et l'incapacité se rattachant à une notion d'indignité.

La première vise, aux termes de l'article L. 5 du Code électoral les majeurs en tutelle, catégorie regroupant depuis la loi du 3 janvier 1968 les aliénés ayant fait l'objet d'une décision d'interdiction judiciaire.

La seconde s'applique aux personnes dont le comportement passé ne permet pas de penser qu'elles pourraient remplir avec honneur et dignité leur devoir de citoyen.

1075. Pendant longtemps l'article L. 5 précité du Code électoral a énuméré un certain nombre de condamnations pour infractions graves entraînant automatiquement la privation du droit de vote, à titre permanent ou temporaire. Ce système a été supprimé par l'article 159 de la loi n° 92-1336 du 16 décembre 1992 relative à l'entrée en vigueur du nouveau Code pénal (NCP). Dans sa rédaction issue de la loi n° 92-683 du 22 juillet 1992 ce dernier dispose que l'interdiction du droit de vote : « ne peut, nonobstant toute disposition contraire, résulter de plein droit d'une condamnation pénale » (NCP, art. 132-21). En revanche, cette interdiction peut être prévue par « des dispositions particulières » (cf. même art.) mais encore faut-il qu'elle soit expressément prononcée par la juridiction pénale saisie (cf. NCP, art. 132-17). L'intéressé peut être relevé de cette interdiction par le tribunal lui-même et elle peut aussi prendre fin par une loi d'amnistie ou un jugement de réhabilitation. Enfin, les faillis non réhabilités peuvent également faire l'objet d'un jugement prononçant l'interdiction du droit de vote.

1076. Toutefois, la loi n° 95-65 du 19 janvier 1995 relative au financement de la vie politique a, par son article 10, rétabli dans le Code électoral un article L. 7 prévoyant une interdiction automatique d'inscription sur les listes électorales de cinq ans pour les personnes ayant fait l'objet d'une condamnation définitive pour l'une des infractions prévues par les articles 432-10 à 432-16 du Code pénal (manquements au devoir de probité) et 433-1 à 433-4 du même code (corruption, trafic d'influence, intimidation, détournement de biens publics). Il serait évidemment souhaitable que soient intégrées dans un ensemble plus cohérent et plus clair des dispositions éparses adoptées sous la pression des circonstances.

II. L'exercice du droit de vote et l'inscription sur les listes électorales

1077. Le droit de vote ne peut être exercé que par les électeurs inscrits sur une liste électorale. Cette inscription est d'ailleurs obligatoire (C. élect., art. L. 9). Il y a une liste électorale par commune ou encore par bureau de vote lorsque la commune est divisée en plusieurs bureaux de vote (C. élect., art. L. 17). On examinera les conditions, la procédure et le contentieux de l'inscription.

A. Les conditions de l'inscription

1078. Elles sont au nombre de deux. D'abord, il faut être électeur, c'est là une condition indispensable encore que non suffisante.

Ensuite, l'électeur doit présenter avec la commune sur la liste électorale de laquelle il entend se faire inscrire un lien qui peut résulter de l'un des trois éléments suivants : 1°) ou bien il y a son domicile au sens du droit civil (C. civ., art. 102 s.) ; 2°) ou bien il peut justifier d'une résidence réelle et continue de six mois au moins dans la circonscription considérée à la date de clôture de la liste électorale, c'est-à-dire le dernier jour de février ; 3°) ou bien il figure dans la circonscription souhaitée, pour la cinquième fois sans interruption l'année de la demande d'inscription, au rôle d'une contribution directe communale et, s'il ne réside pas dans ladite commune, a déclaré vouloir y exercer ses droits électoraux ; cette disposition, qui est manifestement destinée aux possesseurs de résidence secondaire est complétée par une autre autorisant tout électeur ou toute électrice à se faire inscrire sur la même liste que son conjoint. Nul ne peut être inscrit sur plusieurs listes électorales (C. élect., art. L. 10).

B. La procédure de l'inscription

1079. Dans chaque commune ou bureau de vote, la liste électorale est permanente et elle fait l'objet d'une révision annuelle effectuée par la Commission administrative. C'est cette révision qui constitue l'opération d'inscription la plus importante, de beaucoup, mais certaines modifications peuvent être apportées à la liste en dehors des opérations de révision, le tout sous contrôle de l'Institut national de la statistique et des études économiques (INSEE).

1080. Les *opérations de révision* ont lieu chaque année et dans chaque bureau de vote du 1er septembre au 31 décembre, sous l'autorité de la Commission administrative. Celle-ci est composée du maire ou d'un adjoint, président, d'un délégué de l'administration désigné par le préfet ou le sous-préfet et d'un délégué choisi par le conseil municipal et qui peut être aussi bien un conseiller municipal qu'un électeur de la commune choisi en dehors du conseil.

La Commission est chargée de réviser la liste de l'année précédente en effectuant deux sortes d'opérations : d'une part, elle peut procéder à des inscriptions et à des radiations d'office, d'autre part, elle doit statuer sur les demandes d'inscription, de changement ou de radiation dont elle est saisie et qui doivent être accompagnées des justifications nécessaires.

1081. La Commission établit du 1er au 9 janvier un état des modifications apportées à la liste électorale, qui porte le nom de *tableau récapitulatif*. Le maire doit, dès le 10 janvier, déposer ce tableau au secrétariat de la mairie, faire procéder à son affichage pour en assurer la publicité et le laisser affiché pendant dix jours. Il établit un procès-verbal constatant que toutes les formalités ont bien été accomplies et envoie copie du tableau à la préfecture. Le préfet, s'il estime que les formalités et les délais prescrits par la loi n'ont pas été observés, peut, dans les deux jours qui suivent la réception du tableau, déférer les opérations de la commission au Tribunal administratif qui statue dans les trois jours. Le juge d'instance doit être immédiatement avisé.

1082. La *clôture de la liste* a lieu le dernier jour de février. C'est la Commission administrative qui arrête la liste en tenant compte de toutes les rectifications ordonnées entre le 10 janvier et la date de clôture par le juge d'instance ou par la Cour de cassation puisque cette période est celle du contentieux.

1083. Les *modifications effectuées en dehors de la période de révision* sont celles expressément prévues et spécifiées par le Code électoral. Pour les inscriptions (cf. C. élect., art. L. 30 à L. 35), la décision ne peut venir que du tribunal d'instance ou, s'il y a lieu, de la Cour de cassation. Pour les radiations, la décision peut être prise dans certains cas par le maire (cf. C. élect., art. R. 18 et R. 21) et dans d'autres par la Commission administrative (notamment lorsqu'une demande de radiation a été reçue de l'INSEE).

C. Le contentieux de l'inscription

1084. Le contentieux proprement électoral comporte des recours portés devant le tribunal d'instance et la Cour de cassation.

Des *recours devant le tribunal d'instance* peuvent être formés contre les décisions prises par la Commission administrative et inscrites dans le tableau récapitulatif établi le 10 janvier. Sont admis à former un recours : 1°) les électeurs inscrits pour rectification d'erreur matérielle ; 2°) les citoyens omis ; 3°) les tiers inscrits s'ils veulent faire procéder à l'inscription ou à la radiation d'une personne omise ou indûment inscrite ; les préfets et les sous-préfets sont sur ce point assimilés aux tiers inscrits mais ils doivent introduire leur action dans les cinq jours suivant la réception du tableau. Normalement le recours doit être formé par simple déclaration au greffe, dans les dix jours pendant lesquels le tableau doit, à partir du 10 janvier, demeurer affiché. Le tribunal d'instance statue sans frais dans les dix jours qui suivent. Le tribunal d'instance doit aviser le Commissaire de la République et le maire de ses décisions dans les trois jours.

1085. Les *pourvois devant la Cour de cassation,* formés par simple requête, sans frais et dispensés du ministère d'avocat, doivent être déposés dans les dix jours suivant la notification de la décision du tribunal d'instance. Ils ne peuvent être formés que par les parties qui étaient en présence devant le tribunal d'instance et n'ont pas d'effet suspensif. Si la Cour casse la première décision, l'affaire est renvoyée à un nouveau tribunal.

Il faut ajouter que la répression de certaines infractions est prévue par le Code électoral. Celui-ci énumère un certain nombre d'infractions se rapportant à des inscriptions frauduleuses et les punit d'amendes et de prison.

D. Les modalités du vote

1086. Pour chaque citoyen le vote est personnel. Exceptionnellement le vote peut avoir lieu par procuration (C. élect., art. L. 71 à L. 78).

III. L'exigence de parité entre les femmes et les hommes

1087. La loi constitutionnelle n° 99-569 du 8 juillet 1999 avait institué la parité entre les femmes et les hommes quant à l'accès aux mandats électoraux et aux fonctions électives en introduisant dans l'article 3 de la Constitution un alinéa 5 disposant que « la loi favorise l'égal accès des femmes et des hommes » aux dits mandats et fonctions. Cependant, cette disposition est apparue rapidement trop limitative en raison de l'interprétation qu'en a retenu le Conseil constitutionnel. Pour ce dernier, en effet, cette disposition insérée à l'article 3 sur le droit de suffrage devait s'interpréter strictement comme ne concernant que les élections politiques. Pour cette raison, le Conseil avait exclu d'en faire le fondement de textes législatifs visant à favoriser l'élection de femmes lors d'élections professionnelles. Pour les élections au Conseil supérieur de la magistrature (Décis. n° 01-445 DC du 19 juin 2001, *Rec* 63), ou pour des élections au sein des conseils d'administration et de surveillance des sociétés privées et des entreprises du secteur public (Décis. n° 06-533 DC du 16 mars 2006, *Rec.* 39).

En conséquence, à l'occasion de la révision du 23 juillet 2008, le constituant a élargi le dispositif en commençant par supprimer le cinquième alinéa de l'article 3 et en ajoutant une nouvelle phrase à l'article premier de la Constitution. Celui-ci prévoit désormais que : « La loi favorise l'égal accès des femmes et des hommes aux mandats électoraux et fonctions électives, ainsi qu'aux responsabilités professionnelles et sociales ».

A. Les difficultés rencontrées et les solutions retenues

1088. Il était apparu depuis longtemps que les femmes élues à des fonctions politiques étaient, en dépit d'une progression continue mais faible, bien moins nombreuses que les hommes. Les pouvoirs publics ont donc voulu intervenir pour accélérer cette progression, ce qui soulevait deux sortes de difficultés.

Les premières concernaient le niveau juridique auquel se situer. En effet, selon les principes fondamentaux du droit public français depuis la Révolution de 1789, énoncés de manière explicite dans l'article premier de la Constitution de 1958, la République « assure l'égalité devant la loi de tous les citoyens sans distinction d'origine, de race ou de religion ». Ce principe s'oppose à tout communautarisme et à « toute division par catégorie », y compris celles liées au sexe, comme le Conseil constitutionnel avait eu l'occasion de le rappeler dans sa décision n° 82146 DC du 18 novembre 1982. Dès lors les pouvoirs publics, s'ils voulaient intervenir, devaient nécessairement le faire au niveau constitutionnel.

Les secondes concernaient les moyens juridiques à utiliser : s'agissait-il de moyens incitatifs, comme peut le laisser penser la formule « la loi favorise… » ou s'agissait-il d'une obligation de résultat, c'est-à-dire d'une parité numérique des élus des deux sexes, comme paraît l'impliquer l'expression « égal accès… » ? La loi d'application du 6 juin 2000 semble avoir pour objectif final la parité numérique mais sans rigueur, en ayant recours à des moyens incitatifs pour y parvenir et en tenant compte des caractères propres des différentes élections, et notamment du mode de scrutin pratiqué[1]. Le Conseil constitutionnel, saisi par soixante sénateurs, a reconnu dans sa décision n° 2000-429 DC du 30 mai 2000 que, eu égard aux termes de la loi de révision du 8 juillet 1999, le législateur avait le choix et qu'il lui était loisible « d'adopter des dispositions revêtant soit un caractère incitatif, soit un caractère contraignant ».

---

1. En vertu de la loi du 6 juin 2000, la parité s'applique également aux élections municipales (dans les communes de 3 500 habitants et plus) aux élections cantonales et aux élections régionales, selon des modalités distinctes.

B. L'application aux différentes élections politiques

1089. On examinera les différentes formules retenues par le législateur – en principe contraignantes – en fonction de la diversité des élections politiques et des modes de scrutin.

Il faut d'abord mettre à part l'élection présidentielle pour laquelle la liberté des candidatures rend la parité inconcevable. Elle serait d'ailleurs absurde pour l'élection d'un (ou d'une) président(e) en raison du caractère unique et personnel de la désignation.

Pour les élections législatives, pratiquées selon le même mode de scrutin (uninominal majoritaire à deux tours), les mêmes difficultés se présentent. Cependant, le législateur entend cette fois inciter les partis à « contribuer » à la parité, comme le veut l'article 4 de la Constitution, en présentant autant de candidatures féminines que de candidatures masculines et dans les mêmes conditions. La loi use à cette fin d'une incitation financière. C'est pourquoi, lors de chaque renouvellement de l'Assemblée nationale, on dénombre pour chaque parti les candidats de chaque sexe. Si l'écart dépasse 2 % du nombre total des candidats de ce parti, une sanction financière est appliquée à ce dernier par réduction de la subvention qui doit lui être allouée au titre du financement des partis. Lors des élections de 2002, 2007 et 2012, les partis avaient fait des efforts pour présenter davantage de candidates mais la progression était demeurée faible et aucun n'avait atteint la parité réelle. En revanche, lors des élections législatives de juin 2017, la donne a changé car, compte tenu du nombre élevé de candidates présentées dans des circonscriptions gagnables par La République en marche, le nombre de députées élues a très sensiblement progressé. L'Assemblée nationale compte désormais en son sein 224 femmes sur 577 députés, ce qui représente une proportion de 38 %.

Pour les élections sénatoriales pratiquées dans les départements élisant trois sénateurs ou plus et pour les élections européennes qui se font au scrutin de liste et à la représentation proportionnelle, la parité s'applique. La règle est simple : sur chacune des listes, l'écart entre le nombre des candidats de chaque sexe ne peut être supérieur à un et chaque liste est composée alternativement d'un candidat de chaque sexe. Mais les règles propres aux sénatoriales – suffrage indirect, renouvellement triennal – devraient freiner ou au moins ralentir les effets de la parité.

Section 2
Les élections

1090. On étudiera successivement les élections présidentielles, les élections législatives, les élections sénatoriales et les élections européennes.

I. L'élection présidentielle

1091. Il faut partir du texte initial de 1958 et retracer le cycle électoral.

A. La Constitution de 1958 et la révision de 1962

1092. Le texte initial des articles 6 et 7 de la Constitution de 1958 s'inspirait très directement des principes énoncés à ce sujet dans le discours de Bayeux. En effet, le président de la République devait être élu au suffrage universel indirect, à deux ou trois degrés, par un collège électoral d'environ 75 000 personnes, très proche du collège sénatorial, et comportant, pour la France métropolitaine, les députés, les sénateurs, les conseillers généraux et les délégués des conseils municipaux. Ces derniers représentaient plus de neuf dixièmes des membres du collège.

La révision du 6 novembre 1962 a substitué à ce système assez désuet une élection au suffrage universel direct qui a profondément transformé la nature du régime qui avait été établi en 1958. À noter que la loi référendaire n° 62-1292 du 6 novembre 1962 comporte des dispositions à valeur constitutionnelle (art. premier et 2, modifiant art. 6 et 7 de la Constitution) et des dispositions à valeur organique.

B. La date de l'élection présidentielle

1093. Elle est fixée par l'article 7 de la Constitution qui dispose que l'élection a lieu « vingt jours au moins et trente-cinq jours au plus avant l'expiration des pouvoirs du président en exercice ». Le même article prévoit également, en cas de vacance de la présidence ou d'empêchement des dispositions adaptées aux cas évoqués.

On rappelle qu'après l'institution du quinquennat par la révision du 2 octobre 2000, il a fallu qu'intervienne la loi organique du 15 mai 2001 reportant au troisième mardi de juin l'expiration des pouvoirs de l'Assemblée nationale pour être assuré que la présidentielle précéderait les législatives.

C. L'éligibilité et les candidatures

1094. Il est souhaitable que ne se présentent à l'élection présidentielle que des candidats ayant, sinon nécessairement des chances de succès, au moins une dimension nationale parce que représentatifs d'un courant d'opinion.

a) L'éligibilité

1095. Il convient de souligner ici qu'étrangement le Code électoral ne prévoit pas de dispositions particulières fixant des conditions d'éligibilité s'agissant de l'élection présidentielle, alors même que toute la vie politique française gravite autour de cette élection [1]. Les dispositions à valeur organique de la loi du 6 novembre 1962, modifiée sur ce point notamment en 2001 puis en 2006, se bornent à opérer un renvoi aux dispositions générales du Code électoral. Il en résulte donc que, dans le silence des textes, ou plutôt en l'absence de dispositions spéciales, ce sont ces dispositions générales qui s'appliquent et qu'en cas de difficulté d'interprétation c'est naturellement au juge constitutionnel que revient le dernier mot. Ces dispositions générales sont celles qui apparaissent notamment aux articles L. 1 à L. 7 et L. 40 à L. 45 du Code électoral.

1096. En conséquence, pour être éligible lors de l'élection à la présidence de la République, quatre conditions sont requises.

---

1. Dans le passé, une disposition spécifique a pourtant existé, puisque les membres de familles ayant régné sur la France étaient inéligibles à la présidence de la République. Cette interdiction créée par la loi constitutionnelle du 14 août 1884 avait été confirmée par la Constitution de 1946, mais a disparu lors de l'adoption de la Constitution de 1958.

En premier lieu, le candidat doit avoir la « qualité d'électeur », c'est-à-dire tout d'abord être français ou française (art. L. 44).

En deuxième lieu, le candidat doit avoir « dix-huit ans révolus » (art. LO 127). Jusqu'à la loi organique du 14 avril 2011 [1], l'âge minimum requis était de vingt-trois ans. Très curieusement, cette condition d'éligibilité ne figure pas dans un texte propre à l'élection présidentielle. La loi du 6 novembre 1962 se contentant de renvoyer aux dispositions du Code électoral relatives à l'élection des députés. Au regard du principe de séparation des pouvoirs, ce parallélisme est bien peu satisfaisant et les conditions d'éligibilité du président de la République devraient être clairement dissociées de celles des députés et sénateurs.

En troisième lieu, le candidat doit avoir « satisfait aux obligations imposées par le Code du service national » (art. L. 45). Ces obligations sont désormais très ténues et se résument, depuis une loi du 28 octobre 1997, à un « appel de préparation à la défense ». En revanche, par le passé, cette condition a pu poser problème. Ainsi, en 1969, dans la décision *Ducatel c/Krivine,* le Conseil constitutionnel avait dû résoudre la question de savoir si Alain Krivine pouvait être candidat à l'élection présidentielle alors même qu'il était en train d'effectuer son service national. En d'autres termes, il s'agissait de savoir si, placé dans cette situation, il pouvait être considéré comme ayant satisfait aux obligations du Code du service national. La réponse du Conseil a été affirmative car cette exception au droit de suffrage devait forcément être interprétée strictement.

En quatrième et dernier lieu, le candidat ne doit pas se trouver dans l'un des cas d'incapacité ou d'inéligibilité prévus aux articles L. 5 à L. 7 du Code électoral. Dans une telle hypothèse, le Conseil constitutionnel n'a d'autre choix que d'exclure de la liste des candidats la personne qui aurait été, par exemple, déclarée inéligible à la suite d'une décision judiciaire [2].

1097. À noter que le président est immédiatement rééligible. Cependant, depuis la révision constitutionnelle du 23 juillet 2008, l'article 6, alinéa 2, précise que : « Nul ne peut exercer plus de deux mandats consécutifs ». Comme c'est le cas aux États-Unis, le président n'est donc immédiatement rééligible qu'une fois. Néanmoins rien n'interdit qu'après une période de « viduité » de cinq ans, il soit à nouveau candidat. Cette limitation du cumul des mandats dans le temps n'existe, pour l'instant, en France que s'agissant de l'élection présidentielle.

b) Les candidatures

1098. Les procédés de sélection des candidats par une présentation des candidatures ne sont pas nouveaux dans le droit électoral français. Ils reposent cette fois nécessairement sur des considérations d'ordre subjectif. On se souvient en particulier du système en vigueur au début du second Empire des candidatures officielles soutenues par l'Empereur des français. De même, aux commencements de la Cinquième République bien qu'il ait été prévu que le président soit élu par un collège électoral, une règle de présentation des candidatures avait tout de même été édictée par l'ordonnance organique du 7 novembre 1958 relative à l'élection du président de la République. Son article

1. *JO* 19 avr. 2011, p. 6826.
2. Décis. du 21 avr. 1974, *Roustan, Rec.* 46.

premier imposait que les candidats fussent présentés par au moins cinquante membres du collège électoral d'environ 80 000 membres.

1099. Dans un second temps, avec l'adoption du principe de l'élection du chef de l'État au suffrage universel direct, la loi du 6 novembre 1962 a repris la formule initiale, mais en s'efforçant de resserrer davantage les mailles du filet. Ont alors été exigés cent présentations émanant de députés, sénateurs, membres du Conseil économique et social, conseillers généraux ou maires élus d'au moins dix départements ou territoires d'outre-mer différents. Cependant, cette condition préalable n'eut pas l'effet escompté puisque le nombre de candidats à l'élection présidentielle ne cessa de croître. Alors que trois candidats seulement s'étaient soumis aux suffrages du collège électoral en 1959, six se confrontèrent au suffrage universel en 1965, sept en 1969 et jusqu'à douze en 1974. Cet afflux de candidatures conduisit le Conseil constitutionnel à formuler des observations dépourvues d'ambiguïté. Pour le Conseil, intervenant ici de manière inédite, du moins publiquement, comme conseiller du Gouvernement : « ... si le principe de la présentation des candidats par certaines catégories de citoyens n'appelle aucune critique, il importe, pour respecter l'esprit même de l'institution de l'élection du président de la République par le suffrage universel, que les candidatures aient une assise véritablement nationale. Il est également indispensable que tout courant réel d'opinion puisse susciter une candidature. À ces fins, il conviendrait d'augmenter le nombre de présentations et d'exiger que les signataires de celles-ci comprennent des élus du quart au moins des départements et territoires tout en évitant de paraître conférer à l'une quelconque des catégories de citoyens habilités a signer des présentations un privilège par rapport aux autres » [1].

Comme on le sait, à la suite de ces observations, le législateur organique intervint pour restreindre encore un peu plus l'accès des prétendants à la candidature. En effet, la loi organique du 18 juin 1976 [2], vint modifier les dispositions ayant valeur organique de la loi du 6 novembre 1962 [3], afin de prévoir que désormais les candidats devraient recueillir cinq cents présentations émanant de titulaires de mandats électifs nationaux [4] ou territoriaux [5]. Au surplus, le nouveau dispositif impose que parmi les signataires, qui représentent un « vivier » d'environ quarante-sept mille titulaires du droit

---

1. Déclaration du Conseil constitutionnel à l'occasion de la proclamation des résultats de l'élection présidentielle de 1974, *Rec.* 57.

2. *JO* 19 juin 1976, p. 3676.

3. Le texte actuellement en vigueur de la loi de 1962 a été encore plusieurs fois modifié depuis 1976, notamment afin de tenir compte de l'apparition de nouvelles catégories de collectivités territoriales et, par suite, d'élus en leur sein. La dernière retouche a été apportée par la loi organique du 21 février 2007 portant dispositions statutaires et institutionnelles relatives à l'outre-mer (*JO* 22 févr. 2007, p. 3121).

4. Députés, sénateurs, représentants au Parlement européen de nationalité française et élus en France et membres élus de l'Assemblée des français de l'étranger.

5. Membres des conseils régionaux, de l'Assemblée de Corse, des conseils généraux des départements, de Mayotte, des conseils territoriaux de Saint-Barthélemy, de Saint-Martin et de Saint-Pierre-et-Miquelon, du Conseil de Paris, de l'assemblée de la Polynésie française, du congrès et des assemblées de province de la Nouvelle-Calédonie, de l'assemblée territoriale des îles Wallis-et-Futuna, maires, maires délégués des communes associées, maires des arrondissements de Lyon et de Marseille. Les présidents des organes délibérants des communautés urbaines, des communautés d'agglomération, les présidents des communautés de communes, le président de la Polynésie française, le président du gouvernement de la Nouvelle-Calédonie.

de présentation[1], figurent des élus d'au moins trente départements ou collectivités d'outre-mer sans que plus d'un dixième d'entre eux puissent être les élus d'un même département ou collectivité d'outre-mer. Ces présentations doivent parvenir au Conseil constitutionnel au plus tard le sixième vendredi précédant le premier tour de scrutin à dix-huit heures. En somme, la loi organique du 18 juin 1976 a rendu plus strictes les conditions primitives trop libérales qui n'avaient pas permis de filtrer des candidatures manifestement fantaisistes ou sans intérêt. Cependant, ce dispositif a, à son tour, été jugé encore trop laxiste[2]. C'est la raison pour laquelle, faute d'une réforme plus ambitieuse qui aurait par exemple conduit à augmenter le nombre de parrainages exigés, la loi organique du 25 avril 2016 de modernisation des règles applicables à l'élection présidentielle a, au moins, prévu que les noms et qualités des citoyens ayant valablement présentés des candidats seraient rendus publics par le Conseil constitutionnel au fur et à mesure de la réception des présentations par celui-ci.

1100. En effet, lors des élections présidentielles postérieures à l'entrée en vigueur de la loi organique du 18 juin 1976, le nombre de candidats est resté très élevé : dix en 1981, neuf en 1988, neuf en 1995, seize en 2002, douze en 2007, dix en 2012 et onze en 2017. Le pic de seize candidats en 2002 a d'autant plus frappé les esprits, que cet émiettement des candidatures notamment à gauche a représenté la cause majeure de l'élimination dès le premier tour de Lionel Jospin candidat pour le parti socialiste. La confrontation au second tour de l'élection présidentielle de 2002 entre l'ancien président de la République, Jacques Chirac, et le président du Front national de l'époque, Jean-Marie Le Pen, a mis en évidence avec une obscure clarté les limites du système, le seuil de qualification pour le second tour étant tombé à son étiage historiquement le plus bas. Chacun a alors compris que les défauts du système de sélection des candidatures, conjugués il est vrai avec quelques erreurs de stratégie politique, pouvaient conduire à un dévoiement complet de l'élection présidentielle elle-même. Or, compte tenu de l'importance démesurée de cette élection dans la vie politique française, c'est l'équilibre de l'ensemble de l'édifice républicain qui a été atteint.

Enfin, le candidat doit avoir donné son consentement, il dépose un cautionnement, ainsi que, sous pli scellé, une déclaration de sa situation patrimoniale. Le Conseil constitutionnel doit s'assurer que ce dernier dépôt a bien été effectué car son omission entraînerait la nullité de la candidature (cf. loi organique n° 88-226 du 11 mars 1988, article premier, et loi organique n° 90-383 du 10 mai 1990).

c) L'établissement de la liste des candidats

1101. Elle incombe au Conseil constitutionnel.

Pour ce faire, le Conseil doit évidemment vérifier si les candidats satisfont aux conditions d'éligibilité, aux conditions de parrainage et aux autres conditions qui viennent d'être évoquées. La liste une fois établie doit être publiée au *Journal officiel* au plus tard le seizième jour précédant le premier tour de scrutin.

---

1. En réalité, environ quarante-deux mille, si on tient compte du cumul de plusieurs mandats par un seul élu. Les titulaires du droit de présentation disposent d'un droit de vote qui est personnel et non pas plural en fonction du nombre de mandats électifs dont ils sont titulaires.
2. F. Mélin-Soucramanien, « Devenir candidat, quels filtres ? », *Pouvoirs* n° 138, 2011, p. 19.

Des recours peuvent être formés par toute personne ayant fait l'objet de présentation. En vertu de l'article 8 du décret n° 2001-213 du 8 mars 2001 (qui remplace le décret initial du 14 mars 1964), ils sont portés – de manière un peu surprenante – devant le Conseil constitutionnel qui vient précisément d'établir la liste. Ces réclamations doivent parvenir au Conseil le lendemain du jour de la publication. Le délai est donc extrêmement court. Le Conseil statue sans délai mais cette fois en qualité de juge électoral.

D. Le régime de l'élection

1102. Ce régime procède pour une large part des dispositions du décret du 14 mars 1964. On en retiendra les traits les plus marquants.

a) La campagne présidentielle

1103. Elle s'ouvre au jour de la publication de la liste des candidats et elle est à la fois nationale et très personnalisée, par la nature même de l'élection. C'est pourquoi des mesures ont été prises en vue d'assurer son bon déroulement.

S'agissant des dépenses électorales, la loi organique n° 62-1292 du 6 novembre 1962 (art. 3) modifiée à plusieurs reprises, a institué une réglementation comportant l'obligation d'établir un compte de campagne, un plafonnement (distinct pour le premier et le second tour) et une prise en charge partielle par l'État sous la forme d'un remboursement forfaitaire aux candidats ayant obtenu au moins 5 % des suffrages exprimés au premier tour[1]. Le contrôle des comptes de campagnes a été opportunément transféré à la Commission nationale des comptes de campagnes et des financements politiques par la loi organique du 5 avril 2006. Ses décisions sont susceptibles d'appel, à l'initiative des candidats, devant le Conseil constitutionnel. De plus, désormais, la commission nationale des comptes de campagnes comme le Conseil constitutionnel se voit reconnaître la faculté de moduler le remboursement des dépenses de campagne en fonction de la gravité des manquements et de la bonne foi des candidats. Ces ajustements sont justifiés à la fois en droit et en opportunité comme l'a jugé le Conseil constitutionnel dans sa décision n° 2006-536 DC du 5 avril 2006.

S'agissant de la campagne elle-même, une surveillance est exercée par la Commission nationale de contrôle instituée par l'article 13 du décret n° 2001-213 du 8 mars 2001 et composée de membres du Conseil d'État, de la Cour de cassation et de la Cour des comptes.

b) Les opérations de proclamation

1104. Les votes sont dépouillés dans chaque bureau, totalisés au chef-lieu de chaque département par une commission de recensement et font enfin l'objet d'un recensement général à Paris sous la surveillance du Conseil constitutionnel. Celui-ci, qui a pour mission de veiller à la régularité des opérations électorales, en proclame les résultats.

---

1. Les dépenses électorales sont plafonnées à 13,7 millions d'euros pour le premier tour et à 18,3 millions d'euros pour le second. Une avance (remboursable) de 153 000 euros est accordée à chaque candidat retenu. Les dépenses effectuées ne sont remboursées, pour partie, qu'au-dessus d'un certain seuil de suffrages obtenus, en principe 5 %.

c) Le report éventuel de l'élection

1105. La révision du 18 juin 1976 s'est proposé de régler les difficultés qui n'avaient pas été prévues par le texte initial de l'article 7 et qui tiennent à la disparition ou à l'empêchement d'un candidat soit avant le premier tour, soit entre les deux tours. Les mesures prises sont graduées en fonction de la date à laquelle survient la disparition ou l'empêchement : 1°) s'il survient dans les sept jours précédant la date limite de dépôt des candidatures, qui se situe elle-même dix-huit jours avant le premier tour, le Conseil constitutionnel peut reporter l'élection [1] ; 2°) s'il survient entre cette date limite de dépôt et le premier tour, le Conseil doit reporter l'élection ; 3°) s'il survient entre les deux tours, le Conseil déclare qu'il doit être procédé de nouveau à l'ensemble des opérations électorales [2]. Le Conseil doit être saisi soit par les autorités prévues à l'article 61 de la Constitution, soit par les comités de parrainage habilités par la loi organique à présenter les candidatures. Il peut proroger, si nécessaire, les délais normaux de l'élection présidentielle.

d) Le contentieux électoral

1106. Il est confié au Conseil constitutionnel. Celui-ci peut être saisi dans les quarante-huit heures qui suivent le scrutin, soit par les Préfets (pour les irrégularités commises dans leur département), soit par tout candidat (pour l'ensemble des opérations). Il peut aussi se saisir lui-même, à l'occasion de ses vérifications, des réclamations signalées par les électeurs ainsi que par les représentants des candidats auprès des commissions départementales de recensement, à condition, toutefois, que ces réclamations aient été inscrites sur les procès-verbaux de dépouillement. Il statue souverainement et peut annuler, partiellement ou totalement, les opérations.

E. Le mode de scrutin

1107. Il est fixé par l'article 7 de la Constitution. Le président de la République est élu au scrutin majoritaire à deux tours, la majorité absolue des suffrages exprimés étant requise au premier tour. Si un second tour est nécessaire, seuls peuvent s'y présenter les deux candidats qui ont recueilli – s'il y a lieu après retrait de candidats plus favorisés – le plus grand nombre de suffrages au premier tour (il ne s'agit donc pas nécessairement des deux candidats qui étaient arrivés en tête). Cependant, jusqu'à présent, le candidat arrivé en second ne s'est jamais retiré au profit de celui qui le suivait et on peut penser qu'il est hautement improbable qu'une telle hypothèse se réalise un jour.

II. Les élections législatives

1108. L'article 24 de la Constitution pose le principe de l'élection des députés au suffrage universel direct cependant que l'article 25 renvoie à une loi organique dont

---

1. Cette possibilité ne peut jouer que si la disparition ou l'incident affecte une des personnes ayant, moins de trente jours avant la date limite de dépôt des candidatures, annoncé publiquement sa décision d'être candidat.

2. Il faut qu'il s'agisse de l'un des deux candidats les plus favorisés au premier tour ou de l'un des deux candidats restés en présence.

les dispositions ont été insérées dans le Code électoral et que l'article 34 dispose que la loi – ordinaire – fixe les règles concernant le régime électoral des assemblées parlementaires (notamment en ce qui concerne le mode de scrutin).

A. Le système majoritaire et l'intermède de la représentation proportionnelle en 1986

1109. Le scrutin traditionnel de la Cinquième République est le scrutin majoritaire à deux tours, mais la loi du 10 juillet 1985 a ouvert, pour les élections du 16 mars 1986, un court intermède au profit de la représentation proportionnelle.

a) Avant 1985 : le scrutin uninominal majoritaire à deux tours

1110. C'est le mode de scrutin voulu par le général de Gaulle et consacré par l'ordonnance n° 58-945 du 13 octobre 1958. Il faut en rappeler brièvement les modalités et les effets.

Dans le cadre de circonscriptions dont les limites étaient tracées en fait par le ministère de l'Intérieur et consacrées en droit par la loi, il fallait, pour être élu au premier tour, obtenir la majorité absolue des suffrages exprimés (et avoir un nombre de voix au moins égal au quart des électeurs inscrits). En cas de ballottage, seuls pouvaient se représenter les candidats ayant obtenu au moins 12,5 % des électeurs inscrits (depuis la loi n° 76-665 du 19 juillet 1976). Cette règle, à l'instar de celles relatives à l'élection du président de la République, bien qu'à un moindre degré, a contribué pour une part non négligeable à la bipolarisation de la vie politique française, en éliminant pratiquement du second tour les représentants des petites formations. Par là même, elle a notablement clarifié le débat électoral. Au second tour, la majorité relative suffisait.

Ce mode de scrutin a été, à juste titre, associé au bon fonctionnement de la Cinquième République. En effet, le scrutin majoritaire a un effet amplificateur qui l'a conduit d'une part, à sous-représenter les petites formations extrémistes ou même centristes, d'autre part, à surreprésenter la coalition gagnante – de droite ou de gauche – et, à l'intérieur de chaque coalition, le parti dominant.

b) En 1986 : la représentation proportionnelle dans le cadre départemental

1111. Deux raisons ont inspiré le changement radical de mode de scrutin réalisé par la loi n° 85-890 du 10 juillet 1985[1]. D'une part, le programme du candidat F. Mitterrand – les 110 propositions – comportait l'engagement de substituer la représentation proportionnelle au scrutin majoritaire (proposition n° 47). D'autre part, la dégradation rapide des positions électorales de la gauche, dont témoignaient éloquemment les élections partielles de 1982 à 1986, ne pouvait qu'inciter à l'adoption d'un mode de scrutin atténuant les conséquences parlementaires de la défaveur de l'opinion. Il reste que la R.P. est certainement moins adaptée aux mécanismes de fonctionnement du régime que ne l'était le système majoritaire.

---

1. Décis. n° 85-196 DC du 8 août 1985, *Rec.*, p. 63.

c) Le retour au scrutin majoritaire

1112. Les partis de la droite parlementaire s'étaient engagés, dans leur plate-forme électorale, à revenir au mode de scrutin antérieur, considéré comme lié au bon fonctionnement du régime. Toutefois, compte tenu de sa courte majorité, le Gouvernement Chirac a estimé devoir recourir à l'article 38.

La loi n° 86-825 du 11 juillet 1986 a donc d'une part, posé le principe du retour au scrutin uninominal majoritaire à deux tours, selon les modalités prévues antérieurement à 1985, d'autre part, habilité le Gouvernement à procéder par ordonnances à la délimitation de nouvelles circonscriptions électorales, celles antérieures à 1985 comportant trop d'inégalités de représentation. Le Conseil constitutionnel, saisi par l'opposition, a reconnu la conformité de cette loi à la Constitution. Il a en même temps formulé des prescriptions assez strictes quant au contenu des ordonnances à intervenir. Notamment, il a indiqué que si des écarts de représentation motivés par des impératifs d'intérêt général étaient concevables, la délimitation n'en devait pas moins se faire « sur des bases essentiellement démographiques » et devait respecter « le principe de l'égalité de suffrage [1] ».

Toutefois, le refus du président Mitterrand de signer les ordonnances préparées par le Gouvernement a conduit ce dernier à faire voter par la majorité la loi n° 86-1197 du 24 novembre 1986 relative à la délimitation des circonscriptions pour l'élection des députés.

B. La date des élections législatives

1113. Aux termes de l'article 25 de la Constitution, « une loi organique fixe la durée des pouvoirs de chaque assemblée… ». En application de ce texte, l'article LO 120 du Code électoral prévoit que l'Assemblée nationale se renouvelle intégralement et l'article LO 121, modifié par la loi organique n° 2001-419 du 15 mai 2001, dispose que ces pouvoirs « expirent le troisième mardi de juin de la cinquième année qui suit son élection ». Les élections doivent avoir lieu dans les soixante jours qui précédent (art. LO 122).

Toutefois, en cas de dissolution et par mesure de précaution, la Constitution dispose dans son article 12 que « les élections générales ont lieu vingt jours au moins et quarante jours au plus tard après la dissolution ».

C. Les circonscriptions électorales

1114. Elles n'ont évidemment pas la même dimension avec la représentation proportionnelle et avec le scrutin majoritaire.

La loi du 10 juillet 1985 avait assigné à la représentation proportionnelle le cadre du département qui constituait donc la circonscription. Un tableau annexé au Code électoral attribuait à chaque département un nombre de sièges correspondant à l'importance de sa population (ce nombre allait de 2 sièges à 21 pour Paris et 24 pour le Nord).

Le scrutin majoritaire uninominal implique que chaque département soit divisé en autant de circonscriptions qu'il est prévu de sièges. En 1986, pour garantir

---

1. Décis. n° 86-208 DC du 1er juill. 1986, *Rec.*, p. 78.

l'honnêteté du découpage, une Commission composée de membres des grands corps de l'État a été préalablement consultée et ses avis publiés. D'autre part, le Conseil constitutionnel a eu l'occasion de se prononcer puisqu'il a été saisi par l'opposition avant que ne soit promulguée la loi du 24 novembre 1986[1]. Comme le fait la Cour suprême des États-Unis, la jurisprudence du Conseil constitutionnel repose principalement sur le principe de l'égalité du suffrage. Il en résulte que le découpage des circonscriptions électorales doit être réalisé sur des « bases essentiellement démographiques ». En pratique, cela signifie que les écarts de représentativité entre les députés doivent être aussi réduits que possible. Le Conseil constitutionnel a admis en 1986 des écarts maximum de plus ou moins 20 %. Il a également, toujours dans le souci de préserver une forme d'égalité du suffrage, imposé l'élection d'au moins deux députés par département.

Par ailleurs, le Conseil constitutionnel prend en compte aussi des éléments plus subjectifs afin d'assurer le cas échéant le respect d'une forme d'équilibre politique.

Même si, dans le contexte de l'époque, cette jurisprudence a pu être perçue comme représentant un progrès démocratique notable, force est de constater que la situation actuelle n'est guère satisfaisante. En effet, dès 2002, le Conseil constitutionnel avait relevé dans ses observations que la délimitation des circonscriptions électorales était devenue largement obsolète. Les deux recensements généraux de la population française intervenus en 1990 et en 1999 ont fait apparaître des disparités de représentations contraires au principe de l'égalité du suffrage.

1115. C'est pourquoi, à l'issue du nouveau recensement général intervenu en 2008, la loi du 23 février 2010 ratifiant l'ordonnance du 29 juillet 2009 a-t-elle validé à un nouveau découpage des circonscriptions électorales. Ce redécoupage tient compte de la jurisprudence antérieure du Conseil constitutionnel en faisant correspondre à chaque circonscription une fraction correspondant à 125 000 personnes avec des écarts n'excédant pas plus ou moins 20 %. A l'issue de ce redécoupage, les contours d'un grand nombre de circonscriptions ont été remodelés, trente-trois circonscriptions ont été supprimées et autant ont été créées. Il en résulte que désormais, les 577 sièges de députés sont répartis de la façon suivante : 556 pour les départements, 10 pour les collectivités d'outre-mer et, pour la première fois, 11 pour les députés élus par les français résidant à l'étranger.

D. L'éligibilité et les candidatures

1116. Elles seront examinées successivement.

a) L'éligibilité

1117. Pour être éligible, il faut être électeur et satisfaire d'abord aux conditions générales d'éligibilité déjà évoquées à propos du président de la République.

Il faut aussi satisfaire à des conditions particulières c'est-à-dire ne pas se trouver dans l'un des cas d'incapacité ou d'inéligibilité prévus par les articles LO 127 à LO 136. Ceux-ci conduisent à distinguer inéligibilités absolues et inéligibilités

---

1. Décis. n° 86-218 DC du 18 nov. 1986, *Rec.*, p. 167.

relatives. Les premières empêchent l'élection dans quelque circonscription que ce soit et, dans l'ensemble, résultent d'une certaine indignité attestée par une condamnation ou une décision judiciaire. Il en va tout différemment des secondes, qui n'empêchent l'élection que dans certaines circonscriptions seulement, celles avec lesquelles l'intéressé présente un lien parce qu'il y a exercé des fonctions d'autorité en tant que haut fonctionnaire, haut magistrat, officier ayant exercé un commandement.

b) Les candidatures

1118. Avec le scrutin majoritaire, chaque candidat doit se présenter accompagné d'un suppléant appelé à le remplacer s'il venait à occuper des fonctions incompatibles. On rappellera que les partis doivent respecter le principe de l'égal accès des femmes et des hommes aux mandats électoraux et que s'ils y manquent ils doivent faire l'objet de sanctions financières.

Une déclaration de candidature est nécessaire, qui doit être adressée au préfet dans le département considéré. Celui-ci, s'il a un doute sur l'éligibilité, peut saisir dans les vingt-quatre heures le tribunal administratif, qui statue dans les trois jours. La décision du tribunal ne peut être contestée que l'élection une fois acquise et devant le Conseil constitutionnel [1].

E. Le régime des élections

1119. On observera le processus chronologique, la question du mode de scrutin étant réservée.

a) La campagne législative

1120. Elle est à la fois différente et proche de la campagne présidentielle. Différente, car elle se situe sur un double plan, national sans doute, entre les grandes formations politiques, mais local aussi et avant tout, entre les candidats et les partis qui les soutiennent. Proche car des problèmes similaires se posent, concernant la campagne, les dépenses, l'utilisation des médias audiovisuels, l'affichage et la propagande. Les solutions sont voisines ou transposées, notamment en ce qui concerne le financement de la campagne (loi organique du 11 mars 1988 ; loi organique du 10 mai 1990 ; loi organique du 14 avril 2011). Il faut ajouter que, couverts par l'immunité de l'article 68 de la Constitution, tous les présidents de la République sont intervenus dans les campagnes des législatives, plus ou moins ouvertement.

b) Le contentieux électoral

1121. Il est confié par l'article 59 de la Constitution au Conseil constitutionnel, dont la compétence présente deux caractéristiques : – 1°) il ne peut être saisi qu'une fois l'élection acquise, ce qui ne soulève aucune difficulté avec la représentation proportionnelle puisqu'elle ne comporte qu'un tour unique mais ce qui conduit, avec le scrutin majoritaire, à attendre le second tour s'il y a ballottage (il peut de toute manière

---

1. Décis. n° 84-983 du 7 nov. 1984, *Rec.*, p. 117 ; cf. également CE 21 sept. 1984, *Allain*, *Rec.*, p. 307.

se prononcer sur l'ensemble des opérations, y compris les difficultés relatives aux candidatures, qui ont été soumises par le préfet au tribunal administratif), – 2°) il ne statue que s'il y a contestation.

La saisine du Conseil doit se faire dans les dix jours qui suivent la proclamation des résultats. Tous les électeurs inscrits, ainsi que les candidats, sont autorisés à contester l'élection. La requête n'a pas d'effet suspensif. Si la contestation est jugée sérieuse, il est procédé à une instruction contradictoire et le Conseil statue souverainement, soit en rejetant la requête, soit en annulant l'élection, soit en réformant les résultats.

1122. Ces recours ont longtemps constitué le seul contentieux des élections législatives. Mais en 1981 le Conseil constitutionnel leur a apporté un complément intéressant et important, en admettant la recevabilité, toujours sur la base de l'article 59, de recours dirigés contre les actes préliminaires aux opérations électorales [1]. En l'occurrence, il s'agissait des décrets portant convocation des collèges électoraux et cette jurisprudence a pris d'autant plus de relief qu'en principe le Conseil constitutionnel ne connaît pas des actes réglementaires. La régularité de l'ensemble des opérations électorales étant mise en cause par ces décrets, le Conseil constitutionnel n'a pas hésité à en apprécier la validité en les confrontant aux dispositions constitutionnelles (en l'espèce l'article 12).

F. Le mode de scrutin

1123. On sait que la loi du 11 juillet 1986 a rétabli le scrutin uninominal majoritaire à deux tours selon le système antérieur à 1985. Il s'ensuit qu'en cas de ballottage ne peuvent participer au second tour que les candidats ayant obtenu un pourcentage de voix au moins égal à 12,5 % des inscrits.

Ce système a pu être considéré comme satisfaisant car il est apparu comme étant le plus à même de garantir l'existence pendant la durée d'une législature d'une majorité stable et efficace. Cependant, la Commission mise en place en 1992, présidée par le doyen G. Vedel, et chargée d'étudier pour l'avenir une réforme du mode de scrutin, s'était déjà prononcée pour un système mixte sur le modèle allemand. Ensuite, la Commission de rénovation et de déontologie de la vie publique, nommée par François Hollande et présidée par l'ancien Premier ministre Lionel Jospin, a aussi proposé en 2012 la mise en place d'un scrutin mixte consistant à instiller une dose limitée de 10 % de représentation proportionnelle dans un scrutin majoritaire, pour l'essentiel, préservé [2]. À présent, l'actuel gouvernement a présenté un projet de loi ordinaire lors du conseil des ministres du 23 mai 2018 prévoyant l'instillation d'une dose de proportionnelle de 15 % pour l'élection des députés. Cette réforme, différée à deux reprises déjà (par l'« affaire Benalla » puis par la crise des « gilets jaunes »), si elle était finalement adoptée, pourrait s'appliquer pour la première fois lors des élections législatives prévues en 2022.

---

1. Décis. du 11 juin 1981, *Rec.*, p. 95, *RDP* 1981, p. 1347, comm. L. Favoreu.

2. *Pour un renouveau démocratique. Rapport de la Commission de rénovation et déontologie de la vie publique*, La documentation française, 2012, pp. 41 et 42.

III. Les élections sénatoriales

1124. Elles présentent un caractère spécifique car, contrairement aux députés, les 348 sénateurs sont élus au suffrage universel indirect par des collèges de grands électeurs. La loi organique du 30 juillet 2003 a profondément modifié le mode d'élection des sénateurs ainsi que la durée de leur mandat.

A. Le collège sénatorial

1125. Aux termes de l'article 24-3 de la Constitution, le Sénat « assure la représentation des collectivités territoriales », fonction qui était déjà celle de la seconde chambre sous les Troisième et Quatrième Républiques. C'est pourquoi le collège de grands électeurs qui, dans chaque département (celui-ci constituant la circonscription électorale), est chargé d'élire les sénateurs, est composé de manière à apparaître comme l'émanation des collectivités locales. Il comprend, en effet, les députés, les conseillers régionaux, les conseillers départementaux et des délégués des conseils municipaux. La composition du collège électoral des sénateurs a été légèrement modifiée par la loi du 2 août 2013 relative à l'élection des sénateurs. Dans les communes de plus de 30 000 habitants, les conseils municipaux élisent des délégués supplémentaires à raison de 1 pour 800 habitants – contre 1 pour 1 000 auparavant – en sus de 30 000 habitants. Le collège compte donc environ 150 000 « grands électeurs », parmi lesquels on dénombre 95 % de délégués des conseils municipaux.

a) Le système initial de 1958

1126. Les délégués des conseils municipaux, étaient désignés, dans la plupart des communes, en nombre variable selon le nombre de conseillers municipaux qui était lui-même fonction de l'importance de la population. Une certaine proportionnalité était donc recherchée mais elle était atténuée par le relais que constituait la référence aux conseillers municipaux car les petites communes disposent, comme il est normal, d'un conseil municipal relativement plus étoffé que ne le postulerait l'importance de leur population. Les communes rurales continuaient donc, comme sous les deux Républiques précédentes, d'être surreprésentées.

b) Les tentatives de réforme

1127. Les socialistes n'ont jamais été très favorables au Sénat dont ils dénoncent depuis longtemps le recrutement estimé peu démocratique.

Ainsi, le Gouvernement dirigé par Lionel Jospin a-t-il fait adopter la loi du 10 juillet 2000. Le projet initial se proposait de traiter de la même manière communes urbaines et communes rurales, dont les délégués au collège sénatorial seraient désignés sur une base essentiellement numérique, c'est-à-dire en fonction de l'importance de la population, à raison d'un délégué pour 300 habitants (ou fraction de ce nombre). À partir de ce principe, le mode de scrutin pouvait tout de même varier selon les communes (scrutin uninominal majoritaire à deux tours au-dessous de 3 500 habitants, représentation proportionnelle au-dessus de 3 500 habitants). Dans une décision du 6 juillet 2000, le Conseil a censuré les dispositions prévues à ce sujet par le projet de loi et n'a laissé subsister que celles relatives à l'élection des sénateurs par le collège sénatorial[1]. S'agissant de la désignation des délégués, le Conseil a considéré qu'en vertu de l'article 24 de la Constitution, le Sénat assure la représentation des collectivités territoriales dans leur diversité, que dans ces conditions le collège sénatorial doit être essentiellement composé de membres des assemblées délibérantes et que si, pour les communes les plus importantes, des délégués supplémentaires doivent être élus, comme c'est le cas depuis longtemps, ce ne peut être qu'à titre de « correction démographique ». Or, l'importance donnée par le projet de loi aux délégués supplémentaires élus sur une base numérique allait bien au-delà d'une simple correction démographique.

B. Le Sénat et l'égal accès des femmes et des hommes

1128. C'est un problème plus complexe qu'il n'y paraît à première vue. Il faut, en effet, tenir compte non seulement de la loi du 6 juin 2000, mais encore du caractère indirect du suffrage et du renouvellement par tiers jusqu'à présent et par moitié depuis l'adoption de la loi organique du 30 juillet 2003.

S'agissant de la désignation des grands électeurs, il faut d'abord souligner que la loi du 6 juin 2000 n'en faisant pas état, la règle de la parité ne peut être considérée comme obligatoire à leur égard. En d'autres termes, le choix des grands électeurs est libre. En revanche, il ne faut pas oublier que la règle de la parité s'impose pour l'élection de très nombreux membres du corps électoral qui désigne les grands électeurs : conseillers municipaux des communes de 3 500 habitants et plus, conseillers départementaux, conseillers régionaux[2]. Ce corps électoral comprendra donc un pourcentage un peu plus élevé de femmes, même s'il n'atteint pas 50 %. Il est raisonnablement permis de penser que la répartition des grands électeurs sera un peu plus équitable.

S'agissant de l'élection des sénateurs, la loi du 6 juin 2000 reprend ses droits, au moins en partie, c'est-à-dire dans les départements qui élisent trois (selon la loi du 10 juillet 2000) ou quatre (selon la loi votée en juillet 2003) sénateurs ou plus au scrutin de liste et à la représentation proportionnelle. La loi dispose que sur chacune des listes, l'écart entre le nombre de candidats de chaque sexe ne peut être supérieur à un et que chaque liste est composée alternativement d'un candidat de chaque sexe.

C. Le régime des élections

1129. On en retiendra seulement les éléments les plus typiques.

a) Le mandat sénatorial

1130. L'âge d'éligibilité des sénateurs a été ramené de trente à vingt-quatre ans par la loi du 14 avril 2011. En application de la loi organique du 30 juillet 2003, le mandat des sénateurs n'est plus en principe que de six ans. Depuis 2011, le Sénat est renouvelé par moitié tous les trois ans.

---

1. Décis. nº 2000-431 DC du 6 juill. 2000.

2. Il s'agit de conseillers élus au scrutin de liste. La loi du 6 juin 2000 prévoit que sur chacune des listes, l'écart entre le nombre des candidats de chaque sexe ne peut être supérieur à un. Elle dispose aussi qu'au sein de chaque groupe entier de six candidats dans l'ordre de présentation de la liste doit figurer un nombre égal de candidats de chaque sexe (il faut comprendre que dans chaque groupe de six noms il doit y avoir trois femmes et trois hommes, quel que soit l'ordre interne à ce groupe).

b) Le mode de scrutin

1131. La loi du 2 août 2013 a modifié la répartition entre les circonscriptions dans lesquelles les sénateurs sont élus au scrutin majoritaire à deux tours et celles où ils sont élus au scrutin à la représentation proportionnelle à un tour. Le scrutin majoritaire s'applique désormais à toutes les circonscriptions élisant 1 ou 2 sénateurs (contre 1 à 3 sénateurs auparavant). En revanche, dans les départements où sont élus trois sénateurs ou plus, l'élection a lieu à la représentation proportionnelle suivant la règle de la plus forte moyenne, sans panachage ni vote préférentiel Ainsi, en 2014, pour les 178 sièges en jeu, ce système mixte a conduit à l'élection de 59 sénateurs au scrutin majoritaire et de 119 sénateurs à la représentation proportionnelle.

c) Les opérations électorales

1132. La liste des électeurs du département doit avoir été établie par le Préfet quinze jours francs avant la date de l'élection. Celle-ci a lieu au chef-lieu du département et le collège électoral est présidé par le président du tribunal de grande instance, bien qu'il n'en soit pas membre (C. élect., art. R. 163). Le vote est obligatoire et tout électeur qui, sans cause légitime, n'a pas pris part au scrutin est passible d'une amende, à vrai dire minime (C. élect., art. L. 318).

d) Le contentieux électoral

1133. Le contentieux de l'élection des sénateurs, dans la mesure où il s'agit d'élections nationales à caractère politique, est confié au Conseil constitutionnel. Toutefois, les élections sénatoriales comportent, en plus du contentieux de l'élection des sénateurs, un contentieux de l'élection des délégués sénatoriaux qui est porté devant le tribunal administratif. Le préfet et les électeurs des communes peuvent contester la régularité de l'élection des délégués. Les électeurs sénatoriaux peuvent contester le tableau sur lequel ils figurent et qui est établi par le préfet après l'élection des délégués. La décision du tribunal administratif peut, après l'élection des sénateurs et à l'occasion d'une contestation, être déférée au Conseil constitutionnel qui, là encore, a le dernier mot.

IV. Les élections au Parlement européen

1134. Par rapport aux élections précédemment étudiées, les élections au Parlement européen[1] présentent sur le plan juridique une différence de nature car elles ne sont pas prévues par la Constitution et ne tendent pas à désigner les organes titulaires de la souveraineté française sur l'ensemble du territoire national, ce qui emporte certaines conséquences juridiques[2]. Mais sur le plan politique, elles en sont proches car ayant lieu au suffrage universel direct elles suscitent la même compétition et comportent des enseignements voisins.

---

1. La loi n° 90-55 du 15 janvier 1990 (art. 17) a substitué les termes « Parlement européen » aux termes « Assemblée des Communautés européennes ».

2. Par exemple, le contentieux de ces élections est dévolu au Conseil d'État et non au Conseil constitutionnel.

L'organisation de ces élections a été longtemps réglée par la loi du 7 juillet 1977 modifiée par la loi du 5 février 1994. Ces textes faisaient du territoire de la République une seule et unique circonscription au sein de laquelle l'élection avait lieu à la représentation proportionnelle intégrale, selon le système de la plus forte moyenne, sans panachage ni vote préférentiel. Chaque liste devait donc comporter autant de candidats que de sièges à pourvoir (pour la France 87 sièges). En vertu de la loi constitutionnelle du 8 juillet 1999 et de la loi d'application du 6 juin 2000, chaque liste devait être composée alternativement d'un candidat de chaque sexe.

1135. L'élection se fait au scrutin de liste à la représentation proportionnelle, sans panachage, ni vote préférentiel. De 2003 à 2018, l'élection se déroulait dans le cadre de huit grandes circonscriptions rassemblant les vingt-deux régions métropolitaines et neuf collectivités territoriales ultra-marines. Depuis l'adoption de la loi du 25 juin 2018 relative à l'élection des représentants au Parlement européen [1], l'élection se déroule à nouveau, comme avant 2003, dans le cadre d'une circonscription unique représentée par l'ensemble du territoire de la République. Les sièges sont répartis entre les listes ayant obtenu au moins 5 % des suffrages exprimés à la représentation proportionnelle selon la règle de la plus forte moyenne. Les premières élections ayant eu lieu selon ces nouvelles modalités sont celles s'étant déroulées le 26 mai 2019. Le principal enseignement des élections européennes depuis 1979 réside dans l'importance du taux d'abstention. Ainsi, lors des élections du 25 mai 2014, près de 60 % des électeurs français s'étaient abstenus. L'effet collatéral de ce taux d'abstention élevé, conjugué avec d'autres facteurs comme la crise économique ou le climat politique délétère en France, est que le Front national emmené par Mme Marine Le Pen s'est imposé en 2014 comme la principale force politique du pays. Lors du scrutin ayant eu lieu en 2019, la participation électorale a légèrement augmenté, en France, comme dans le reste de l'Union européenne d'ailleurs, pour atteindre 50,1 %. Néanmoins, la liste du Rassemblement National (ex-Front national) est encore arrivée en tête.

Section 3
Le référendum national prévu par l'article 11

1136. La procédure référendaire est prévue par la Constitution du 4 octobre 1958, expressément par ses articles 11 et 89 pour les consultations nationales. Ainsi qu'il a déjà été indiqué en tête de ce chapitre le référendum de l'article 89 représentant une des phases finales possibles de la procédure de révision constitutionnelle, il sera étudié à l'occasion de celle-ci, dans le chapitre consacré à la Constitution. Ceci étant posé, on rappellera que tout référendum implique non seulement la participation des électeurs mais aussi l'aboutissement à une décision, positive ou négative, à la différence d'une simple consultation pour avis, qui d'ailleurs ne peut guère se concevoir sur un plan national.

L'article 11 a été introduit dans la Constitution de 1958 à la demande du général de Gaulle et traduit sa volonté de permettre au président de consulter directement le peuple. On ne peut dire pourtant que cette tentative en vue d'instaurer une démocratie

---

1. *Journal officiel* du 26 juin 2018, texte n° 1.

semi-directe ait pleinement réussi. Certes les référendums de 1961, avril 1962, 1992 ont fait connaître clairement la volonté des électeurs. Ceux d'octobre 1962 et de 1969 ont été viciés par un détournement de procédure. Un autre a été marqué par un nombre très élevé d'abstentions (ce qui s'est renouvelé en 2000, au titre de l'article 89 mais le problème n'était guère différent). On a l'impression que le président, quelle que soit sa tendance, hésite désormais à consulter le peuple, dans la crainte d'un échec ou d'une manifestation d'indifférence.

I. Le champ d'application du référendum

1137. L'article 11 permet au président de la République de soumettre un projet de loi directement à l'ensemble des électeurs. Le texte doit obligatoirement avoir l'un des trois objets suivants : 1°) l'organisation des pouvoirs publics ; 2°) des réformes relatives à la politique économique, sociale ou environnementale de la Nation et aux services publics qui y concourent (cette deuxième catégorie de consultations possibles a été ajoutée par la loi de révision constitutionnelle du 4 août 1995 complétée par celle du 23 juillet 2008) ; 3°) l'autorisation de ratifier un traité qui, sans être contraire à la Constitution, aurait des incidences sur le fonctionnement des institutions.

A. L'organisation des pouvoirs publics

1138. La première hypothèse présente un caractère général et ménage d'assez larges possibilités au chef de l'État. Elle souffre cependant de l'imprécision du texte car il n'est pas facile d'assigner des limites à l'organisation des pouvoirs publics. Cette expression recouvre certainement tout ce qui concerne les organes de l'État, leur structure, leur désignation, leur fonctionnement.

Encore faut-il souligner qu'il ne peut s'agir que de ce qui se situe en deçà du seuil constitutionnel. En effet, on ne peut, semble-t-il, réviser la Constitution par la voie de l'article 11. En d'autres termes, celui-ci n'autorise que la modification de dispositions infra-constitutionnelles, en principe à valeur de loi ordinaire[1]. Cette interprétation a d'ailleurs été confirmée par le Conseil d'État qui, dans son arrêt d'Assemblée du 30 octobre 1998, *Sarran*, précise que le référendum prévu par l'article 11 est réservé aux matières législatives.

Pour ce qui est des lois organiques, il semble bien que le texte de l'article 46, déterminant les procédures d'examen et de contrôle – notamment par le Conseil constitutionnel – qui leur sont applicables, exclut par là même qu'elles puissent être adoptées par voie référendaire. En sens contraire, il paraît difficile d'interdire aux lois référendaires de comporter des dispositions à caractère de lois organiques alors que ces dernières ont pour objet propre d'être des lois d'application de la Constitution, c'est-à-dire de porter sur « l'organisation des pouvoirs publics ». En outre, il existe un précédent (cf. article 3 de la loi référendaire n° 62-1292 du 6 novembre 1962 relative à l'élection du président de la République au suffrage universel). On retrouve dans cette confusion un des effets de la rédaction imprécise de l'article 11.

---

1. À noter qu'en contrepartie une loi référendaire à valeur de loi ordinaire peut être modifiée par une simple loi parlementaire (Décis. n° 89-265 DC du 9 janv. 1990, *Rec.*, p. 12).

B. Projets portant sur des réformes relatives à la politique économique, sociale ou environnementale de la Nation et aux services publics qui y concourent

1139. Cet objet possible du référendum a été introduit dans l'article 11 par la loi constitutionnelle du 4 août 1995 [1] et complétée par celle du 23 juillet 2008.

Ayant pour objet la politique économique sociale ou environnementale et les services publics qui y concourent, le référendum décidé par le président doit en principe donner lieu à une loi ordinaire comme pourrait en voter le Parlement. En effet, il s'agit du domaine législatif courant, tel qu'il est déterminé par la Constitution (et notamment par l'article 34 entre autres articles). Aussi bien les observations précédemment présentées relatives à l'exclusion des lois constitutionnelles et organiques du champ référendaire de l'article 11 s'appliquent-elles *a fortiori* à cette deuxième hypothèse.

La concurrence ainsi établie entre loi parlementaire et loi référendaire n'en soulève pas moins quelques difficultés, la principale se rapportant au choix que doit opérer l'exécutif et plus spécialement le président. La nouvelle rédaction de l'article 11, peu précise, n'apporte aucune indication. En revanche, on peut se reporter aux travaux préparatoires de la loi et aux déclarations du garde des Sceaux de l'époque. Celui-ci a d'abord rappelé que le référendum « demeure toujours l'exception par rapport à la voie parlementaire [2] ». De manière plus incisive, il a aussi indiqué que « les libertés et les principes… repris dans le bloc de constitutionnalité sont exclus du champ du référendum [3] ». Sont également écartés de ce champ « le droit pénal, les lois de finances, les questions de souveraineté comme la police, la défense et la politique étrangère [4] ».

Ces déclarations n'ont qu'une valeur indicative et il est regrettable que le texte lui-même ne soit pas plus précis et plus explicite. Il est tout de même permis de considérer que la loi constitutionnelle du 4 août 1995 vise les grandes orientations en matière économique et sociale, c'est-à-dire les sujets de société, à l'exclusion des problèmes institutionnels et des libertés, encore que les deux soient parfois étroitement liés. Depuis la loi constitutionnelle du 23 juillet 2008, le champ d'application de cette procédure a encore été entendu puisque désormais le référendum de l'article 11 peut aussi être utilisé pour un projet de loi relatif à la protection de l'environnement.

C. L'autorisation de ratifier un traité non contraire à la Constitution mais ayant une incidence sur le fonctionnement des institutions

1140. Cette dernière hypothèse permet au président, en faisant intervenir le peuple, de donner à l'autorisation de ratifier un traité, un relief particulier, soit parce qu'il s'agit d'un traité important, soit pour lever les hypothèques si le traité est contesté. Il doit s'agir de traités conformes à la Constitution car si ce n'était pas le cas, ce n'est pas l'article 11 qui s'appliquerait mais l'article 54. Cette disposition a été appliquée

---

1. La loi constitutionnelle du 4 août 1995 a fait l'objet de deux textes d'application, la loi organique n° 95-1292 du 16 décembre 1995 et la loi n° 96-62 du 29 janvier 1996.
2. *JO Déb. Ass. nat.* 12 juill. 1995, p. 921.
3. *JO Déb. Ass. nat.* 11 juill. 1995, p. 844. Mais il n'en est pas de même des modalités d'exercice des libertés (*JO Déb. Ass. nat.* 11 juill. 1995, p. 899).
4. *JO Déb. Ass. nat.* 11 juill. 1995, p. 844.

trois fois lorsqu'elle a servi de support à la consultation du 23 avril 1972, à celle du 20 septembre 1992 ainsi qu'à celle du 29 mai 2005, avec le résultat que l'on sait.

II. Les propositions de référendum

1141. Ces propositions de référendum peuvent émaner : soit du Parlement ou du Gouvernement, soit, depuis 2008, conjointement du Parlement et de citoyens.

A. Les propositions émanant du Parlement ou du Gouvernement

1142. L'article 11, dans sa formulation originelle, prévoyait que le président ne peut agir que sur proposition émanant soit conjointement de l'Assemblée nationale et du Sénat soit du Gouvernement[1] mais elle doit alors être présentée pendant que le Parlement est en session[2]. Dans cette dernière hypothèse un débat doit avoir lieu à l'Assemblée nationale et au Sénat.

1143. Jusqu'à présent, aucun référendum n'a été décidé sur proposition des assemblées. Mais on ne peut dire non plus que l'initiative soit toujours venue du Gouvernement. C'est souvent le président, lorsqu'il se sentait soutenu par une majorité proche de lui, qui a pris cette initiative et qui l'a fait entériner ensuite par le Gouvernement, pour satisfaire à la lettre, sinon à l'inspiration de l'article 11. De toute manière, le concours, même passif, du Gouvernement est nécessaire puisqu'il lui appartient de rédiger le projet de loi ou tout au moins d'accepter de le faire sien. En période de cohabitation la situation est beaucoup plus difficile pour le président qui ne peut prendre d'initiative que si la majorité et le Premier ministre y consentent.

B. Les propositions émanant de parlementaires et de citoyens : le « référendum d'initiative partagée »

1144. Compte tenu de l'attrait des procédés de démocratie semi-directe et en dépit de leur efficacité relative, une troisième possibilité de déclenchement de la procédure de référendum législatif a été créée par la loi constitutionnelle du 23 juillet 2008. En effet, les nouveaux alinéas 3 à 6 de l'article 11 introduisent en droit constitutionnel français un nouvel instrument de démocratie semi-directe qui existe déjà en France, mais seulement au plan local (art. 72-1, alinéa premier). Il s'agit d'une forme de référendum d'initiative populaire combinant référendum classique et droit de pétition que l'on pourrait qualifier de « référendum d'initiative partagée ». Les nouvelles dispositions de l'article 11 prévoient désormais que : « Un référendum portant sur un objet mentionné au premier alinéa peut être organisé à l'initiative d'un cinquième des membres du Parlement, soutenue par un dixième des électeurs inscrits sur les listes électorales. Cette initiative prend la forme d'une proposition de loi et ne peut avoir pour objet l'abrogation

---

1. En cas de cohabitation, la proposition peut être refusée au président.

2. Il est rappelé qu'en vertu de la loi constitutionnelle du 4 août 1995 la session ordinaire du Parlement dure neuf mois, du premier jour ouvrable d'octobre au dernier jour ouvrable de juin. Bien entendu, un référendum peut aussi être proposé au cours d'une session extraordinaire (mais elles ne durent généralement que quelques jours).

d'une disposition législative promulguée depuis moins d'un an (alinéa 3). Les conditions de sa présentation et celles dans lesquelles le Conseil constitutionnel contrôle le respect des dispositions de l'alinéa précédent sont déterminées par une loi organique (alinéa 4). Si la proposition de loi n'a pas été examinée par les deux assemblées dans un délai fixé par la loi organique, le président de la République la soumet à référendum (alinéa 5). Lorsque la proposition de loi n'est pas adoptée par le peuple français, aucune nouvelle proposition de référendum portant sur le même sujet ne peut être présentée avant l'expiration d'un délai de deux ans suivant la date du scrutin (alinéa 6) ».

1145. En dépit de la complexité de cette procédure mêlant droit de pétition et référendum qui pouvait faire douter du fait qu'un référendum de ce type soit un jour réellement organisé, une première proposition a été adoptée en 2019 et a donc déclenché un processus qui pourrait conduire à l'organisation d'un référendum en 2020. En effet, une proposition de loi « visant à affirmer le caractère de service public national de l'exploitation des aérodromes de Paris » a été déposée par 248 parlementaires le 10 avril 2019 alors que la privatisation du groupe était envisagée par le projet de loi relatif à la croissance et la transformation des entreprises (Pacte). Bien que cette loi Pacte ait été définitivement adoptée par le Parlement le 11 avril 2019, le Conseil constitutionnel, dans une décision 2019-1 RIP du 9 mai 2019, qui constitue la première du genre, a considéré que la proposition de loi était conforme aux conditions posées par l'article 11 de la Constitution[1]. Bien que sa décision ait pu être contestée, la marge de manœuvre du Conseil était en réalité réduite en la matière puisqu'il devait se borner à vérifier la régularité procédurale et en particulier la question de savoir si cette proposition n'avait pas pour objet l'abrogation d'une disposition législative promulguée depuis moins d'un an, sans évidemment pouvoir se prononcer en opportunité. Il en résulte que la phase de recueil des signatures des citoyens représentant 10 % du corps électoral, soit 4 717 396 électeurs, a débuté sous l'égide du ministère de l'intérieur le 13 juin 2019 et a pris fin neuf mois après, le 12 mars 2020. Le nombre requis de signatures n'a pas été atteint puisqu'au 13 mars 2020, le nombre de soutiens valablement déposés au soutien de la proposition a été arrêté par le Conseil constitutionnel à un total de 1 090 570. En conséquence, le Sénat ou l'Assemblée nationale n'ont pas eu l'obligation d'inscrire cette proposition à leurordre du jour. Dans le cas contraire, le Parlement aurait dû étudier dans les six mois la proposition de loi visant à conférer le statut de service public aux Aéroports de Paris, c'est-à-dire au plus tard le 12 septembre 2020. En cas d'adoption d'une motion de renvoi en commission, un référendum aurait alors dû être organisé. On le voit, la route est encore longue jusqu'à l'organisation d'un référendum à l'initiative conjointe de parlementaires et de citoyens, même si, dans le cas d'espèce, le résultat recherché a été atteint puisque la privatisation du groupe aérodromes de Paris a d'ores et déjà été stoppée.

III. La procédure du référendum

1146. Il faut distinguer le débat parlementaire auquel donne lieu la proposition soumise au président, la décision de ce dernier, les opérations référendaires et la promulgation de la loi.

---

1. *Journal officiel* du 15 mai 2019, texte n° 65.

A. L'obligation d'un débat parlementaire pour les référendums décidés sur proposition du Gouvernement

1147. Il s'agit d'une innovation de la loi constitutionnelle du 4 août 1995. Le débat devant chaque assemblée est obligatoire lorsque le référendum est proposé par le Gouvernement, ce qui, on le sait, est le cas habituel. Il faut immédiatement ajouter qu'il tombe sous le sens que si le référendum était proposé sur initiative conjointe des deux assemblées, un débat aurait nécessairement eu lieu à ce sujet devant chacune d'elles. Il s'ensuit que désormais un débat parlementaire précédera dans tous les cas la décision du président.

Ce débat s'impose pour chacun des trois objets possibles du référendum prévu par l'article 11 et précédemment énumérés. En aucun cas le débat ne doit donner lieu à un vote, lequel risquerait d'empiéter sur la liberté de décision du président qui dispose en la matière, comme on sait, d'un pouvoir propre. Pour la même raison il a été décidé, lors du vote de la loi constitutionnelle du 4 août 1995, que le Conseil constitutionnel ne serait pas consulté sur la constitutionnalité du projet de loi soumis à référendum.

Lors des discussions qui ont précédé le vote de cette même loi, il a également été précisé que le débat devant chaque assemblée ne pourrait porter que sur la déclaration du Gouvernement, c'est-à-dire sur l'objet du référendum proposé et non sur son opportunité ou sa constitutionnalité. Cet encadrement strict du débat paraît parfaitement logique mais il est permis de penser qu'il sera difficile à faire respecter.

Il faut enfin souligner que le débat prévu par l'article 11 dans sa nouvelle rédaction est plutôt à l'avantage du Sénat. En effet, ce dernier n'avait, dans le système précédent aucune possibilité de faire connaître l'opinion de ses membres alors que l'Assemblée nationale pouvait toujours, même privée de débat, mettre en cause la responsabilité politique du Gouvernement par la voie d'une motion de censure, comme cela a été fait en 1962. Désormais chacune des deux assemblées peut, à défaut d'émettre un avis collectif puisque le vote est interdit, permettre aux représentants des groupes d'exprimer la diversité de leurs opinions.

B. La décision présidentielle

1148. En premier lieu, pour les projets du Gouvernement ou les propositions d'origine exclusivement parlementaire, elle est prise discrétionnairement par le président de la République qui peut donner suite, ou non, à la proposition dont il est saisi. Il s'agit d'ailleurs pour lui d'un pouvoir propre, c'est-à-dire dispensé du contreseing du Premier ministre et des membres du Gouvernement.

On doit cependant distinguer plusieurs situations possibles. Si le président est véritablement saisi d'une proposition des assemblées ou du Gouvernement, il lui est théoriquement assez facile de refuser d'organiser un référendum mais il est clair que ce refus va le placer dans une situation politique très délicate. Si c'est lui qui souhaite une consultation dont par hypothèse le Gouvernement ne veut pas – par exemple en période de cohabitation – il lui sera très difficile ou même impossible d'obliger ce dernier à faire la proposition prévue par l'article 11 et à accepter d'assumer le projet de loi. Si c'est l'Assemblée nationale qui est hostile au projet, les difficultés sont encore considérables car, faute de pouvoir s'en prendre au président, elle peut mettre en cause la responsabilité du Gouvernement comme on l'a bien vu en 1962. On peut donc considérer que derrière le pouvoir propre et discrétionnaire conféré au chef de l'État par l'article 11, il existe, notamment sur le plan politique, bien des difficultés d'application si l'Assemblée nationale et surtout le Gouvernement ne sont pas étroitement unis au président.

En second lieu, pour les propositions de référendum combinant initiative parlementaire et populaire prévues par la Constitution depuis la loi constitutionnelle du 23 juillet 2008, il semble que le président de la République ait, non pas un pouvoir discrétionnaire, mais une compétence liée. La rédaction du cinquième alinéa de l'article 11 (« Le président de la République *la soumet* au référendum »), invite clairement à cette lecture, seule conforme d'ailleurs à la nature même de ce nouveau procédé de démocratie semi-directe.

C. Les opérations référendaires

1149. Il faut distinguer entre les opérations préalables (la préparation) et les opérations référendaires proprement dites (la votation).

Les opérations préalables présentent une très grande importance car elles peuvent avoir une influence directe sur le résultat. C'est le Gouvernement qui a compétence pour les organiser, après consultation du Conseil constitutionnel, qu'il doit aussi aviser de toute mesure prise. Une des décisions essentielles, prise après que le Conseil ait présenté ses observations, est celle qui fixe la liste des groupements habilités à user des moyens officiels de propagande, radio et télévision, qui jouent un rôle capital lors de la campagne référendaire. Celle-ci est menée d'une part, par le président de la République auteur réel du projet soumis aux citoyens et par le Gouvernement qui l'assiste, d'autre part, par les formations politiques de la majorité et de l'opposition mais le seul moyen pour celles-ci de toucher l'opinion est évidemment de figurer sur la liste de celles autorisées à user de la radio et de la télévision.

Les opérations référendaires proprement dites comportent la votation elle-même, le dépouillement des votes, le recensement général qui se fait sous la surveillance du Conseil constitutionnel et la proclamation des résultats, qui est assurée par ce même Conseil. Si le résultat est positif, la loi référendaire doit être promulguée par le président de la République dans les conditions habituelles.

D. La promulgation de la loi référendaire

1150. La loi constitutionnelle du 4 août 1995 a apporté sur ce point une précision utile. Le texte originel de l'article 11 prévoyait, par renvoi à l'article 10, que la promulgation aurait lieu « dans les quinze jours qui suivent la transmission au Gouvernement de la loi définitivement adoptée ». Mais une telle transmission n'est propre qu'aux lois parlementaires. Pour les lois référendaires l'adoption est constatée par le Conseil constitutionnel. C'est pourquoi, il est désormais prévu que la promulgation aura lieu « dans les quinze jours qui suivent la proclamation des résultats de la consultation ».

IV. Le contentieux du référendum

1151. On examinera les différentes possibilités contentieuses en suivant le processus référendaire.

A. La décision de mise en œuvre de l'article 11

1152. La décision du président de la République n'est susceptible d'aucun recours devant quelque juridiction que ce soit. Le Conseil constitutionnel est incompétent parce qu'il estime, d'une manière générale, qu'il ne peut être saisi en dehors des cas prévus par la Constitution et que celle-ci ne prévoit rien de tel en ce qui concerne la décision présidentielle de recours à l'article 11[1]. Le Conseil d'État s'estime également incompétent pour connaître d'un acte « sur la légalité duquel il n'appartient pas au Conseil d'État de se prononcer[2] ».

Cette immunité, inspirée par le désir de ne pas soumettre le président à la censure du Conseil constitutionnel, conduit à le placer au-dessus de la Constitution puisqu'il peut la méconnaître sans aucun contrôle ni aucune sanction.

B. Le contrôle des opérations préalables

1153. Ces opérations relèvent, on le sait, de la compétence du Gouvernement, qui a seul pouvoir de décision, mais qui est tenu de consulter ou d'aviser, selon les cas, le Conseil constitutionnel. Dans ces conditions, ce dernier a commencé par décliner toute compétence juridictionnelle en la matière (Décis. 23 déc. 1960, *Le Regroupement national, Rec.* 67). En revanche, le Conseil d'État admettait la recevabilité des recours formés contre les décisions gouvernementales relatives aux opérations préalables (CE 19 oct. 1962, *Brocas*) mais encore fallait-il qu'il puisse se prononcer avant la promulgation de la loi référendaire – si le résultat de la consultation est positif – car autrement, le peuple s'étant prononcé, il ne pourrait statuer au fond (CE 27 oct. 1961, *J Soustelle et le Regroupement national*).

1154. Depuis lors, les jurisprudences de ces deux Hautes juridictions ont sensiblement évolué. Le Conseil constitutionnel, juge de la loi et non des décrets, a cependant admis qu'une requête pouvait être portée devant lui à l'encontre des décrets relatifs aux modalités d'organisation des consultations, sur le fondement des articles 59 (élections) ou 60 (référendum) de la Constitution, sous des conditions très strictes (requête mettant en cause l'ensemble des opérations, dépôt antérieur à la consultation et en spécifiant que ce recours était tout à fait exceptionnel)[3]. Le Conseil d'État, juge de l'excès de pouvoir, a accepté de se prononcer, avant la consultation, sur les actes détachables. En 2000, le Conseil constitutionnel a confirmé cette évolution en admettant la recevabilité d'un recours formé préalablement à la tenue du scrutin. Tout récemment, dans une décision du 24 mars 2005, *Hauchemaille et Meyet,* le Conseil constitutionnel franchit un palier supplémentaire en admettant encore une fois la recevabilité d'un tel recours mais cette fois dirigé contre des actes préparatoires à un référendum législatif (art. 11, C)[4].

---

1. Const. const. 11 juin 1981, *Delmas, Rec.*, p. 97.

2. CE, Ass., 12 mars 1993, *Union nationale écologique* ; 26 mars 1993, *Parti des travailleurs* ; 23 mai 1997, *Meyet.*

3. Décis. du 25 juill. 2000, *Hauchemaille, Rec.*, p. 117 ; Décis. du 23 août 2000, *Larrouturou, Rec.*, p. 137.

4. M. Fatin-Rouge Stéfanini, « La décision du Conseil constitutionnel du 24 mars 2005, *Hauchemaille et Meyet* : un nouveau pas en matière de contrôle des référendums », *RFDA* 2005, p. 1040.

C. Le contrôle des opérations référendaires

1155. C'est le principal contrôle juridictionnel qui soit assuré en matière référendaire par le Conseil constitutionnel. Il procède des dispositions de l'article 60 de la Constitution selon lesquelles le Conseil « veille à la régularité des opérations de référendum ». On peut le rapprocher du contrôle exercé par ce même Conseil lors des élections présidentielles.

Le Conseil constitutionnel peut être saisi, dans les quarante-huit heures suivant la clôture du scrutin, par les préfets pour les irrégularités commises dans leurs départements et il peut aussi se saisir lui-même des réclamations présentées par les électeurs et inscrites dans les procès-verbaux de dépouillement. S'il constate l'existence d'irrégularités dans le déroulement des opérations le Conseil peut soit procéder aux rectifications et redressements nécessaires, soit prononcer leur annulation totale.

D. La loi référendaire

1156. Le Conseil constitutionnel a été saisi, après le référendum du 28 octobre 1962, d'un recours présenté par le président du Sénat de l'époque, G. Monnerville, se référant à l'article 61 de la Constitution, contre la loi référendaire qui venait d'être adoptée par les électeurs à une forte majorité mais qui n'était pas encore promulguée.

Le Conseil s'est déclaré incompétent pour connaître du recours, motif pris de ce que « les lois que la Constitution a entendu viser dans son article 61 sont uniquement les lois votées par le Parlement et non point celles qui, adoptées par le peuple à la suite d'un référendum, constituent l'expression directe de la souveraineté nationale »[1]. Cette décision peut être comprise car on ne voit pas comment le Conseil constitutionnel pourrait censurer une loi qui vient d'être adoptée par une majorité populaire, même si – comme c'était le cas – cette loi prend sa source dans une utilisation abusive et fautive des textes constitutionnels.

V. Les pratiques du référendum

1157. Elles comportent des significations différentes pendant la période gaullienne et au cours de la période qui a suivi.

Pour le général de Gaulle, le référendum représentait à la fois un moyen de consulter le pays sur une question d'intérêt national et un instrument de Gouvernement lui permettant d'éviter de consulter le Parlement lorsque l'accord de ce dernier lui paraissait douteux. En d'autres termes, le référendum se présentait comme une question de confiance posée directement aux électeurs, invités à accorder au président une nouvelle investiture populaire lorsque le besoin s'en faisait sentir, c'est-à-dire dans des circonstances difficiles. Le général n'hésitait d'ailleurs pas à faire d'une réponse

---

1. Décis. du 6 nov. 1962, *Rec.* 27. Le Conseil constitutionnel a profité de l'occasion qui lui était offerte pour rappeler « que la compétence du Conseil constitutionnel est strictement délimitée par la Constitution ainsi que par les dispositions de la loi organique du 7 novembre 1958 sur le Conseil constitutionnel prise pour l'application du titre VII de celle-ci ; que le Conseil ne saurait donc être appelé à se prononcer sur d'autres cas que ceux qui sont limitativement énumérés par ces textes ». Cette position a été réaffirmée depuis lors à plusieurs reprises.

positive la condition de son maintien en fonction. On sait qu'il a tenu parole après le résultat négatif de sa quatrième consultation référendaire en avril 1969.

1158. Depuis lors le référendum a connu une éclipse partielle. Le référendum de 1972 sur l'entrée de la Grande-Bretagne dans la CEE a donné lieu à un résultat médiocre. Le référendum de 1988 sur le statut futur de la Nouvelle-Calédonie a été marqué par un pourcentage d'abstentions – plus de 65 % – qui lui enlevait une grande partie de sa signification politique. Seul le référendum de 1992 en vue d'autoriser le président à ratifier le traité de Maastricht a été probant, peut-être en raison de son objet. Le vote positif n'a dépassé que de très peu les 50 % (cf. tableau à la fin de ce chapitre). Il est précisé que le référendum du 24 septembre 2000 organisé en application de l'article 89 de la Constitution ne peut trouver place dans ce chapitre qui traite seulement des référendums décidés en application de l'article 11 [1]. Cette évolution devrait être confirmée à la suite de l'échec de la consultation référendaire du 29 mai 2005 sur le traité constitutionnel européen. En effet, même si ce référendum a été marqué par une participation record de près de 70 % des électeurs inscrits, les conséquences qu'en a tiré le président de la République, M. Jacques Chirac, paraissent limitées. Comme il l'avait indiqué clairement au cours de la campagne, dès le 29 mai il a indiqué qu'à ses yeux sa légitimité n'était pas remise en cause. Tout au plus, le président de la République a-t-il changé de chef de Gouvernement. Évidemment, cette pratique, conjuguée avec les dangers potentiels que présente toute consultation faisant appel à la démocratie directe, prive le référendum d'une partie de l'intérêt qu'il revêtait dans la conception « gaullienne » originelle des institutions de la Cinquième République.

Section 4

Les référendums propres aux collectivités territoriales

1159. Pendant longtemps on n'a pu faire état en la matière que de l'article 53, *in fine*, de la Constitution, aux termes duquel « nulle cession, nul échange, nulle adjonction de territoire n'est valable sans le consentement des populations intéressées ». Puis, l'Accord de Nouméa de 1998, auquel renvoient les articles 76 et 77 de la Constitution, a prévu la tenue de consultations spécifiques en Nouvelle-Calédonie. Sur son fondement, a eu lieu le 4 novembre 2018 une consultation référendaire cruciale pour l'avenir institutionnel de La Nouvelle-Calédonie. Plus largement encore, la jurisprudence du Conseil constitutionnel a ouvert – en 2000 – de nouvelles perspectives de référendum et de consultation pour l'ensemble des « peuples d'outre-mer ». C'est cependant la révision constitutionnelle du 28 mars 2003 qui a institué, en leur donnant un fondement juridique solide, les plus larges possibilités référendaires en faveur des collectivités territoriales.

On distinguera un régime commun à toutes les collectivités territoriales (art. 53 et 72-1), des régimes propres aux collectivités situées outre-mer (art. 72-4 et 73) et le régime spécial applicable à la Nouvelle-Calédonie (art. 76 et 77).

---

1. On peut tout de même signaler qu'il a donné lieu à un pourcentage très élevé d'abstentions (environ 70 %).

I. Les référendums applicables à toutes les collectivités territoriales

1160. Il s'agit des référendums prévus par les articles 53 et 72-1, à l'exclusion des simples consultations pour avis [1].

A. L'article 53 de la Constitution

1161. Sa formulation d'un caractère très général le range incontestablement dans cette catégorie. Pourtant il n'a été utilisé que pour permettre à quelques collectivités d'outre-mer de revendiquer leur indépendance (référendum des 19 mars 1967 et 8 mai 1977 à Djibouti, du 22 décembre 1974 aux Comores) ou de rester dans le cadre français (référendum du 8 février 1976 à Mayotte). On sait que sa rédaction a suscité quelques difficultés juridiques car l'article 53 paraît impliquer l'existence d'un traité entre États, ce qu'on ne retrouve pas dans les hypothèses de décolonisation. Mais le Conseil constitutionnel a levé ces difficultés en admettant que l'article 53 pouvait s'appliquer « dans l'hypothèse où un territoire cesserait d'appartenir à la République pour devenir un État indépendant ou y être attaché » [2].

B. L'article 72-1 (alinéa premier) de la Constitution

1162. Il dispose que « dans les conditions prévues par la loi organique, les projets de délibérations ou d'acte relevant de la compétence d'une collectivité territoriale peuvent, à son initiative, être soumis, par la voie du référendum, à la décision des électeurs de cette collectivité ». C'est là une disposition importante qui devrait permettre de donner plus largement la parole aux électeurs des collectivités et à ceux-ci de la prendre. Toutefois, il est difficile de se prononcer sur les modalités d'application de l'article 72-1 tant que la loi organique prévue par ce texte n'est pas intervenue. Il semble que seules les collectivités énumérées par ledit article soient concernées, ce qui exclurait les groupements intercommunaux. On peut aussi se demander qui exercera, au nom de la collectivité territoriale, le droit d'initiative qui lui est conféré.

II. Les consultations propres aux collectivités territoriales d'outre-mer

1163. Les articles précédemment étudiés – 53 et 72-1 – leur sont certainement applicables mais il existe aussi des dispositions plus spécifiques. Le problème de l'accession à l'indépendance peut aussi être évoqué.

---

1. Ce même article 72.1 (alinéa 3) prévoit qu'une consultation pour avis peut être organisée « lorsqu'il est envisagé de créer une collectivité territoriale dotée d'un statut particulier ou de modifier son organisation » ou encore lorsqu'il est envisagé de modifier les limites des collectivités territoriales.
2. Décis. n° 75-59 DC du 30 déc. 1975.

A. L'article 72-4

1164. Il prévoit que pour tout ou partie de chacune de ces collectivités aucun changement ne peut intervenir sans que le consentement des électeurs concernés ait été préalablement recueilli. Il s'agit donc bien d'une consultation, le changement de régime portant « de l'un vers l'autre des régimes prévus par les articles 73 et 74 ». On sait que l'article 73 concerne les départements et régions d'outre-mer et l'article 74 les collectivités d'outre-mer, pratiquement toutes à statut particulier. En principe, ces changements se situent donc dans le cadre d'ensemble de la République. Le 24 janvier 2010, à l'issu d'une consultation s'étant déroulée en deux temps, les collectivités de Guyane et de Martinique interrogées sur le fondement de l'article 72-4 ont exprimé très clairement leur volonté de demeurer dans le cadre de l'article 73, tout en optant pour une collectivité unique telle que prévue par le septième alinéa de cet article. Mais la « passerelle » entre les articles 73 et 74 peut être empruntée dans les deux sens puisque la population de Mayotte, consultée en ce sens, a choisi d'opter pour le statut de département. La loi organique du 3 août 2009 a entériné ce changement de statut en prévoyant la création d'une collectivité à statut unique prenant le nom de « Département de Mayotte ». Différenciation et assimilation sont donc possibles sur le fondement des dispositions constitutionnelles très souples introduites par la révision de 2003.

B. L'article 73, alinéa 7

1165. Ainsi qu'il vient d'être dit, cet article traite des départements et régions d'outre-mer. Son dernier alinéa dispose que s'il est envisagé de substituer à un département ou une région d'outre-mer une collectivité nouvelle ou encore d'y instituer une assemblée délibérante unique, le consentement des électeurs inscrits dans le ressort de ces collectivités doit être préalablement recueilli.

C. La question de l'accession à l'indépendance

1166. Cette accession est évidemment toujours possible mais il semble bien, sous réserve de l'interprétation que le Conseil constitutionnel peut être appelé à donner, que ses modalités aient été sensiblement et implicitement modifiées par la révision du 28 mars 2003.

On sait que, antérieurement à cette révision, deux voies au moins étaient possibles : d'une part, un référendum local en application de l'article 53, d'autre part, un référendum toujours local, mais cette fois en application de la jurisprudence du Conseil constitutionnel visant l'alinéa 2 du préambule de 1958 [1]. Désormais et au moins pour les collectivités nommément citées dans l'article 72.3, on ne voit pas comment l'une d'elles pourrait être soustraite de cette énumération sans une révision constitutionnelle opérée conformément à l'une des deux procédures prévues par l'article 89, c'est-à-dire sur un plan national.

---

1. Décis. n° 2000-428 DC du 4 mai 2000. Cette voie semble demeurer ouverte, dans la mesure où selon l'article 72.3 « la République reconnaît au sein du peuple français, les populations d'outremer », dont la spécificité est donc reconnue.

III. Les référendums propres à la Nouvelle-Calédonie

1167. Ils relèvent des articles 76 et 77 composant le titre XIII de la Constitution. La Nouvelle-Calédonie dispose, en effet, depuis la révision du 20 juillet 1998 d'un statut spécifique procédant de l'accord signé à Nouméa le 5 mai 1998.

Aux termes de ces textes, une première consultation référendaire portant sur l'accession à la pleine souveraineté a eu lieu le 4 novembre 2018. Comme la réponse à la question de savoir si la Nouvelle-Calédonie devait accéder à la pleine souveraineté et ainsi devenir indépendante a été négative, comme le prévoit l'Accord de Nouméa en cas de réponse négative lors de ce premier référendum, une deuxième, voire une troisième consultation, devra être organisée. La deuxième consultation devrait avoir lieu en octobre 2020. Pour participer à ces votations, une liste électorale spéciale a été constituée, en fonction d'une série de critères fixés par l'article 218 de la loi organique du 19 mars 1999 découlant de l'Accord de Nouméa[1]. Cette dérogation au principe d'égalité devant le suffrage a été admise par le Conseil constitutionnel et la Cour européenne des droits de l'homme en raison de son caractère nécessairement transitoire.

Section 5

Les partis politiques et la transparence financière de la vie politique

1168. On examinera le statut des partis, les tentatives récentes en vue d'établir la transparence financière de la vie politique avant de présenter les principaux partis français.

I. Le statut juridique des partis politiques

1169. Le cadre constitutionnel de l'activité politique des partis était minimal dans la rédaction originelle de la Constitution de 1958. L'article 4 de la Constitution se contentait de proclamer que : « Les partis et groupements politiques concourent à l'expression du suffrage. Ils se forment et exercent leur activité librement. Ils doivent respecter les principes de la souveraineté nationale et de la démocratie ». Cette disposition, sans ambiguïtés affirme d'une part, la liberté de formation des partis politiques, composante de la liberté d'association ; et, d'autre part prévoit une limitation potentielle de cette liberté dans l'hypothèse où un parti politique en abuserait en violant les principes de la souveraineté nationale et de la démocratie. En France, contrairement à ce qui s'est passé aux États-Unis, en Allemagne ou, plus récemment en Turquie, le juge constitutionnel n'a pas été conduit à intervenir sur ce fondement afin, par exemple, d'interdire un parti politique.

---

1. Sur l'ensemble de la question, cf. L. Havard, « La réalisation de la citoyenneté calédonienne », *RDP* n° 3, 2013.

La loi constitutionnelle du 23 juillet 2008 a précisé les contours de ce cadre juridique en ajoutant deux nouveaux alinéas à l'article 4. Le deuxième alinéa de l'article 4 prévoit désormais que : « Ils [les partis politiques] contribuent à la mise en œuvre du principe énoncé au second alinéa de l'article premier [relatif à la parité entre les femmes et les hommes] dans les conditions déterminées par la loi ». Le troisième alinéa prévoit, quant à lui, que : « La loi garantit les expressions pluralistes des opinions et la participation équitable des partis et des groupements politiques à la vie démocratique de la Nation ». Ce dernier alinéa, sous forme d'une déclaration de principe, inscrit dans le texte même de la Constitution une exigence de pluralisme que le Conseil constitutionnel et le législateur avaient déjà en l'occasion de rappeler à plusieurs reprises.

1170. Pendant longtemps, les partis se sont formés en toute liberté, sans que les pouvoirs publics aient éprouvé le besoin de leur consacrer des textes spécifiques. Ils empruntaient la forme juridique des associations régies par la loi du 1er juillet 1901. Le Conseil constitutionnel a veillé au respect de ces principes. Sa célèbre décision du 16 juillet 1971 a été rendue à l'encontre d'un projet de loi qui se proposait de soumettre certaines associations, pour l'acquisition de leur capacité juridique, à un contrôle préalable de l'autorité judiciaire. Le texte a été censuré sur ce point [1].

Mais au cours des dernières années, il est apparu, compte tenu des problèmes posés par le financement occulte et souvent délictueux des partis, que le silence n'était peut-être pas la meilleure solution. Des textes ont donc été adoptés qui réglementent le financement et qui en profitent pour rappeler que « les partis et groupements politiques se forment et exercent leur activité librement » (L. n° 88-227 du 11 mars 1988, art. 7). Les partis ont la personnalité juridique et les droits y afférents : droit d'ester en justice, droit d'acquérir à titre gratuit ou onéreux des biens meubles ou immeubles et d'une manière générale d'effectuer tous les actes conformes à leur mission, y compris la création et la gestion de journaux.

II. La recherche de la transparence financière de la vie politique

1171. Cette recherche a fait l'objet, depuis 1988 de plusieurs lois rendues nécessaires par la constatation des agissements délictueux auxquels se livrent certains partis pour faire face à leurs dépenses électorales [2]. Ces lois comportent trois séries de mesures tendant au financement des partis, au plafonnement des dépenses électorales et à un droit de regard sur le patrimoine de certains élus.

A. Le financement des partis politiques

1172. Il est réglementé, pour l'essentiel, par la loi n° 90-55 du 15 janvier 1990, qui a modifié et complété la loi n° 88-227 du 11 mars 1988.

---

1. Décis. n° 71-44 DC du 16 juill. 1971, *Liberté d'association*, *Rec.*, p. 29.
2. Il s'agit de la loi organique du 11 mars 1988, de la loi organique du 10 mai 1990, de la loi du 11 mars 1988, de la loi du 15 janvier 1990, de la loi du 29 janvier 1993, de la loi organique du 19 janvier 1995 relative à la déclaration de patrimoine des membres du Parlement, de la loi du 19 janvier 1995 relative au financement de la vie politique, de la loi du 10 avril 1996, de la loi du 14 avril 2011 relative à la transparence financière de la vie politique ou, encore, à la suite de l'affaire dite « Cahuzac », des lois organique et ordinaire du 11 octobre 2013 relatives à la transparence de la vie publique.

Le financement est en partie public, assuré par l'État, en partie privé, provenant de dons, mais toujours contrôlé. Pour faciliter le contrôle, les partis doivent obligatoirement confier l'encaisse des fonds à une association de financement ou à un mandataire financier, qui peut alors être une personne physique. Les associations de financement et les mandataires doivent être agréés par la Commission nationale des comptes de campagne et des financements politiques.

Le financement public est divisé en deux fractions : la première, à laquelle ont vocation tous les partis ayant présenté des candidats dans soixante-quinze circonscriptions au moins, est fonction du nombre de suffrages obtenus aux législatives, la seconde n'est destinée qu'aux partis représentés à l'Assemblée nationale, elle est fonction du nombre d'élus.

Le financement privé est soumis à un certain nombre de conditions : plafonnement des dons (différent selon qu'ils viennent d'une personne physique ou morale, interdiction des dons des États étrangers, recours aux chèques ou virements au-delà de 150 euros, etc.).

Les partis doivent tenir une comptabilité soumise au contrôle de la Commission nationale précitée. Les manquements sont sanctionnés (parfois pénalement).

B. Le plafonnement des dépenses électorales

1173. Il concerne à la fois l'élection présidentielle et la plupart des autres élections.

Pour l'élection présidentielle, les dispositions organiques de la loi référendaire n° 62-1292 du 6 novembre 1962, modifiée en dernier lieu par la loi organique du 28 février 2012, obligent les candidats à recourir à une association de financement ou à un mandataire financier et à tenir un compte de campagne. Les dépenses des candidats sont plafonnées à 16,851 millions d'euros pour le premier tour et à 22, 509 millions d'euros pour le second.

Pour les autres élections, la loi précitée du 15 janvier 1990, modifiée à plusieurs reprises et dernièrement par la loi du 17 mai 2013 (insérée dans le Code électoral, articles 52-4 à 52-18) impose le même recours, un plafonnement et la tenue d'un compte de campagne. En cas d'infraction à la réglementation, la Commission nationale des comptes de campagne doit saisir le Conseil constitutionnel (cf. art. 52-15).

C. Les déclarations de situation patrimoniale

1174. Des règles avait été édictées en la matière à compter de la fin des années quatre-vingt. Cependant, bien qu'elles aient eu le mérite d'exister, ces règles n'ont pas produits tous les effets escomptés, loin s'en faut. En particulier, elles n'ont pas paru de nature à prévenir de manière suffisamment efficace les conflits d'intérêts. C'est pourquoi, le rapport de la commission présidée par M. Jean-Marc Sauvé, vice-président du Conseil d'État, en 2011 [1], puis le rapport de la « Commission Jospin » en 2012 [2], ont tous deux proposé d'aller plus loin en la matière. À la suite de ces deux rapports et, il faut bien le dire de l'« *affaire Cahuzac* » survenue au début de l'année 2013 qui a sans aucun doute hâté le mouvement en servant de déclencheur, la loi organique du 11 octobre 2013 et une loi ordinaire datée du même jour ont créé une *Haute Autorité pour la transparence de la vie*

---

1. *Pour une nouvelle déontologie de la vie publique. Rapport de la Commission de réflexion pour la prévention des conflits d'intérêts dans la vie publique*, La documentation française, 2011.

2. *Pour un renouveau de la vie démocratique. Rapport de la Commission de rénovation et de déontologie de la vie publique*, La documentation française, 2012.

publique à laquelle les principaux responsables politiques et administratifs devront transmettre une déclaration de patrimoine en début et en fin de mandat ainsi qu'une déclaration d'intérêts. Le champ d'application personnel de cette obligation a été sensiblement élargi par rapport au droit préexistant. Y sont désormais assujettis : les membres du Gouvernement, les parlementaires nationaux et européens, les principaux responsables exécutifs locaux, les membres des autorités administratives indépendantes, les collaborateurs des cabinets ministériels et du président de la République, les titulaires d'emploi à la décision du Gouvernement nommés en conseil des ministres et les responsables des principales entreprises publiques. Les sanctions pénales en cas de non-respect des obligations de transmission ont été considérablement renforcées. Les déclarations d'intérêts et de situation patrimoniale des membres du Gouvernement sont rendues publiques sur le site internet de la *Haute Autorité pour la transparence de la vie publique*. Dans ce cas, la transparence est donc complète. En revanche, pour les déclarations de patrimoine des parlementaires ainsi que des autres personnes relevant de la « juridiction » de la *Haute Autorité pour la transparence de la vie publique*, afin de respecter tout de même un tant soit peu le droit au respect de la vie privée, elles deviennent accessibles au public en préfecture, mais dans des conditions très strictes prévues par un décret du 26 mai 2014.

▶ Bibliographie

Sur les élections

J.-P. Camby, *Le Conseil constitutionnel, juge électoral*, 7e éd., Sirey, 2017.

F. Mélin-Soucramanien, « Le Conseil constitutionnel, juge électoral », *Pouvoirs* n° 105, 2003, p. 117.

F. Potier et M. de Villiers, *Code électoral 2020*, LexisNexis, 2019.

R. Rambaud, *Droit des élections et des référendums politiques*, LGDJ, coll. « Précis », 2019.

R. Rambaud, *Le droit des campagnes électorales*, LGDJ, coll. « Systèmes », 2016.

L. Touvet et Y.-M. Doublet, *Le droit des élections*, 2e éd., Economica, 2014.

Site internet

www.election-politique.com

Sur le financement des partis et des élections

D. Biroste, *Financement et transparence de la vie politique*, LGDJ, coll. « Systèmes », 2015.

J.-P. Camby, *Le financement de la vie politique*, Montchrestien, 1994.

Y.-M. Doublet, *L'argent et la politique en France*, Economica, 1997.

Y.-M. Doublet, *Le financement de la vie politique*, 2e éd., PUF, coll. « Que sais-je ? », n° 2550, 2015.

Sur le référendum

J.-M. Denquin, *Référendum et plébiscite. Essai de théorie générale*, LGDJ, 1976.

J.-P. Duprat, « Le référendum constitutionnel dans le système français dominé par une logique représentative », *RIDC* 2006, p. 553.

M. Fatin-Rouge, *Référendum et justice constitutionnelle*, Economica-PUAM, coll. « Droit public positif », Paris, Aix-en-Provence, 2004.

F. Hamon, *Le référendum, étude comparative*, 2e éd., LGDJ, coll. « Systèmes », 1998.
F. HAmon et O. Passelecq (dir.), *Le référendum en Europe*, L'Harmattan, 2001.
F. Luchaire, « Les conséquences de la réforme constitutionnelle du 4 août 1995 », *RDP* 1996, p. 329.
B. Plessix, « Des droits nouveaux pour les citoyens », *JCP* 2008. I. 177.
P. Taillon, *Le référendum, expression directe de la souveraineté du peuple ?*, Dalloz, coll. « Bibliothèque parlementaire et constitutionnelle », 2012.
M. Verpeaux, « Le "référendum local" et la Constitution », *Cahiers du Conseil constitutionnel* n° 12, 2002, p. 124.

Les référendums nationaux sous la Cinquième République

	Inscrits	**Votants**	**Suff. expr.**	**Abstentions**	**OUI**	**NON**
28 septembre 1958 [1] *approbation de la Constitution*						
	26 603 464	22 506 850	22 293 301	17,37	17 668 790	4 624 521
8 janvier 1961 [2] *politique d'autodétermination en Algérie*						
	27 184 408	20 791 246	20 196 547	26,24	15 200 073	4 996 474
8 avril 1962 [2] *approbation des accords d'Évian*						
	26 991 743	20 401 906	19 303 668	24,66	17 508 607	1 795 061
28 octobre 1962 [2] *élection du président de la République au suffrage universel direct*						
	27 582 113	21 301 816	20 742 058	23,03	12 809 363	7 942 695
27 avril 1969 [2] *création de régions et rénovation du Sénat (rejet)*						
	28 656 494	23 091 019	22 458 888	19,87	10 515 655	11 943 233
23 avril 1972 [2] *entrée de la G-B. dans le Marché commun*						
	29 312 637	17 693 567	15 622 328	39,76	10 601 645	5 026 683
6 novembre 1988 [2] *sur la Nouvelle-Calédonie*						
	38 025 823	14 028 705	12 371 046	63,10	9 896 498	2 474 548
20 septembre 1992 [2] *sur l'Union européenne*						
	38 305 534	26 695 951	25 786 574	30,31	13 162 992	12 623 582

	Inscrits	Votants	Suff. expr.	Abstentions	OUI	NON
24 septembre 2000 [3] *quinquennat*						
	39 941 192	12 058 688	10 118 348	69,68	7 407 697	2 710 651
29 mai 2005 [2] *Traité constitutionnel (rejet)*						
	41 799 866	28 985 293	28 256 673	30,66	12 806 394	15 450 279

[1] Référendum organisé en application de la loi constitutionnelle du 3 juin 1958.
[2] Référendum organisé en application de l'article 11 C.
[3] Référendum organisé en application de l'article 89 C.

Les élections législatives sous la Cinquième République

PREMIER TOUR Suffrages obtenus % des suffrages exprimés			**DEUXIÈME TOUR Sièges**	
23 et 30 novembre 1958 Inscrits 1er tour 27 236 491 – Suffrages exprimés 1er tour 20 489 709				
Parti communiste	3 882 204	18,9	PC	10
Socialistes et divers gauche	3 514 652	17,2	Socialistes	47
Radicaux, RGR, Centre rép.	2 347 989	11,6	MRP et apparentés	64
MRP et apparentés	2 378 788	11,6	UNR	207
UNR	3 603 958	17,6	Indépendants	118
Indépendants et droite	2 815 176	13,7	Élus d'Algérie	66
Modérés	1 277 424	6,2	Divers	24
Extrême droite	669 518	3,2	Non-inscrits	41
18 et 25 novembre 1962 Inscrits 1er tour 27 526 358 – Suffrages exprimés 1er tour 18 333 791				
Parti communiste	4 003 563	21,8	PC	41
Socialistes et divers gauche	2 725 196	14,9	Socialistes	66
Radicaux et centre gauche	1 429 649	7,8	Rassemblement démocratique	39
MRP	1 665 695	9	Centre démocrate	55
UNR-UDT	5 855 744	32	UNR-UDT	233
Indépendants et CNI	2 493 525	13,6	Républicains indépendants	36
Extrême droite	159 429	0,9	Non-inscrits	12

PREMIER TOUR **Suffrages obtenus % des suffrages exprimés**			**DEUXIÈME TOUR** **Sièges**	
4 et 11 mars 1967 **Inscrits 1er tour 28 300 936 – Suffrages exprimés 1er tour 22 389 514**				
Parti communiste	5 039 032	22,5	PC	73
Extrême gauche	495 412	2,2	FGDS	121
FGDS	4 244 110	19	Progrès et démocratie	41
Centre démocrate	2 829 998	12,6	Union Ve République	200
Ve République	8 448 982	37,7	Républicains indépendants	42
Divers droite	1 140 748	5,1	Non-inscrits	9
Extrême droite	191 232	0,9		
23 et 30 juin 1968 **Inscrits 1er tour 28 181 848 – Suffrages exprimés 1er tour 22 147 315**				
Parti communiste	4 434 832	20	PC	34
Extrême gauche	873 581	4	FGDS	57
FGDS	3 823 732	17,2	Progrès et démocratie	33
Progrès et démocratie	2 289 849	10,3	UDR	293
UDR	9 667 532	43,7	Républicains indépendants	61
Divers droite	1 028 953	4,7	Non-inscrits	9
Extrême droite	28 736	0,1		
4 et 11 mars 1973 **Inscrits 1er tour 29 901 822 – Suffrages exprimés 1er tour 23 751 213**				
Parti communiste	5 085 108	21,4	PC	73
Extrême gauche	778 195	3,3	Socialistes et radicaux	102
Socialistes et divers gauche	5 227 341	22	Réformateurs	34
Centre démocratique et progrès	883 961	3,7	Union centriste	30
Réformateurs	2 979 781	12,5	UDR	183
UDR	5 684 396	24	Républicains indépendants	55
Républicains indépendants	1 656 191	7	Non-inscrits	13
Divers droite	1 456 240	6,1		

PREMIER TOUR **Suffrages obtenus % des suffrages exprimés**			**DEUXIÈME TOUR** **Sièges**	
14 et 21 mars 1978 **Inscrits 1er tour 35 204 152 – Suffrages exprimés 1er tour 28 560 243**				
Parti communiste	5 870 402	20,5	PC	86
Extrême gauche	953 088	3,3	Parti socialiste	113
Socialistes et divers gauche	6 451 151	22,5	RPR	154
MRG	603 932	2,1	UDF	123
Écologistes	621 100	2,1	Non-inscrits	15
RPR	6 462 264	22,6		
UDF	6 128 849	21,4		
Divers droite	1 478 259	5,5		
14 et 21 juin 1981 **Inscrits 1er tour 36 257 433 – Suffrages exprimés 1er tour 25 141 190**				
Parti communiste	4 065 540	16,1	Parti communiste	44
Extrême gauche	334 674	1,3	Parti socialiste	285
Socialiste et radicaux de gauche	9 432 362	37,5	RPR	88
Divers gauche	183 010	0,7	UDF	62
Écologistes	271 688	1,1	Non-inscrits	12
RPR	5 231 269	20,8		
UDF	4 827 437	19,2		
Divers droite	795 216	3,3		
***16 mars 1986* (R.P. tour unique)** **Inscrits 37 162 020 – Suffrages exprimés 27 825 239**				
Parti communiste	2 740 972	9,7	Parti communiste	35
Extrême gauche	427 753	1,8	Parti socialiste	211
Socialistes et radicaux de gauche	8 865 935	31,5	RPR	158
Divers gauche	655 360	2,3	UDF	130
Union RPR-UDF	11 489 652	42	Front national	33
Divers droite	1 094 336	3,9	Non-inscrits	10
Front national	2 762 670	9,8		

PREMIER TOUR Suffrages obtenus % des suffrages exprimés			DEUXIÈME TOUR Sièges	
5 et 12 juin 1988 **Inscrits 1er tour 37 945 582 – Suffrages exprimés 1er tour 24 432 095**				
Parti communiste	2 765 761	11,3	Parti communiste	25
Extrême gauche	89 065	11,3	Parti socialiste	275
Parti socialiste et majorité présid.	8 897 392	36,4	UDC	40
MRG	279 316	1,4	UDF	90
Écologistes et divers	104 810	0,4	RPR	130
RPR	4 687 047	19,2	Non-inscrits	17
UDF	4 519 459	18,4		
Divers droite	729 717	3		
Front national	2 359 528	9,6		
21 et 28 mars 1993 **Inscrits 1er tour 38 968 660 – Suffrages exprimés 1er tour 25 442 403**				
Parti communiste	2 336 254	9,2	Parti communiste	23
Extrême gauche	451 804	1,7	PS, MRG, divers gauche	70
Socialistes, radicaux de gauche, majorité présid.	5 162 667	20,3	UDF	213
Gén. écol. et Verts	1 944 674	7,6	RPR	247
Divers centre	1 074 185	4,1	Divers droite, non-inscrits	24
RPR	5 188 196	20,4		
UDF	4 855 274	19,1		
Divers droite	1 269 872	5		
FN	3 159 477	12,4		
25 mai et 1er juin 1997 **Inscrits 1er tour 39 215 743 – Suffrages exprimés 1er tour 25 334 439**				
Parti communiste	2 509 781	9,9	Parti communiste	37
Extrême gauche	552 216	2,1	Parti socialiste	245
Parti socialiste	6 460 005	25,5	Verts	8
Verts	910 253	3,5	Divers gauche	29
MDC, div. g.	785 371	3,1	UDF et div. D.	117
UDF	3 723 694	14,7	RPR	140
RPR	4 259 061	16,8	Front national	1
LDI et divers droite	1 177 647	4,6		
Front national	3 824 000	15,3		

PREMIER TOUR Suffrages obtenus % des suffrages exprimés			**DEUXIÈME TOUR Sièges**	
9 et 16 juin 2002 Inscrits 1er tour 40 968 484 – Suffrages exprimés 1er tour 25 246 045				
Parti communiste	1 216 178	4,82	Parti communiste	21
Parti socialiste	6 086 599	24,11	Parti socialiste	147
Verts	1 138 222	4,51	Parti radical de gauche	7
UMP	8 408 023	33,30	Verts	3
UDF	1 226 462	4,86	UDF	23
Front national	2 862 960	11,34U	MP	376
10 et 17 juin 2007 **Inscrits 1er tour 43 888 483 – Suffrages exprimés 1er tour 26 525 147**				
Parti communiste	1 115 717	4,29	Parti communiste	18
Parti socialiste	6 436 156	24,73	Parti socialiste	191
Verts	845 874	3,25	Verts	4
UMP	10 289 219	39,54	UMP	305
UDF-Modem	1 981 119	7,61	UDF-Modem	4
Front national	1 116 006	4,29	Le nouveau centre	19
			Parti radical	12
			Parti radical de gauche	8
			Autres	16
10 et 17 juin 2012 Inscrits 1er tour 46 082 104 – Suffrages exprimés 1er tour 25 952 859				
Front de gauche	1 793 192	6, 91	Front de gauche	10
Parti socialiste	7 618 326	29, 35	Parti socialiste	258
Europe-Écologie-Les verts	1 418 264	5, 46	Europe-Écologie- Les verts	16
Radical de gauche	428 898	1, 65	Radical de gauche	11
Divers gauche	881 555	3, 40	Divers gauche	21
Centre pour la France	458 098	1, 77	Centre pour la France	2
Nouveau centre	569 897	2, 20	Nouveau centre	11
UMP	7 037 268	27, 12	UMP	185
Front national	3 528 663	13, 60	Front national	2
Divers droite	910 034	3, 51	Divers droite	14

PREMIER TOUR Suffrages obtenus % des suffrages exprimés			**DEUXIÈME TOUR Sièges**	
11 et 18 juin 2017 Inscrits 1er tour : 47 570 988 – Suffrages exprimés 1er tour : 23 167 508				
Parti communiste français	615 487	2, 72	Parti communiste français	10
La France insoumise	2 497 622	11, 03	La France insoumise	17
Parti socialiste	1 685 677	7, 44	Parti socialiste	30
Divers gauche	362 281	1, 60	Divers gauche	12
Écologiste	973 527	4, 30	Écologiste	1
La République en marche	6 391 269	28, 21	La République en marche	308
Modem	932 227	4, 12	Modem	42
Union des démocrates et indépendants	687 225	3, 03	Union des démocrates et indépendants	18
Les républicains	3 573 427	15, 77	Les républicains	112
Divers droite	625 345	2, 76	Divers droite	6
Debout la France	265 420	1, 17	Debout la France	1
Front national	2 990 454	13, 20	Front national	8

Chapitre 18

Le président de la République

1175. « Clé de voûte » du régime, pour reprendre l'expression employée par Michel Debré lors de la présentation du projet de Constitution, le président de la République joue un rôle primordial dans son fonctionnement lorsqu'il a le soutien de la majorité parlementaire. Toutefois, lorsque celui-ci fait défaut, son rôle apparaît singulièrement plus effacé. On étudiera d'abord le président sur le plan organique à travers son statut (section 1), ses compétences constitutionnelles et ses pouvoirs (section 2), puis dans l'exercice de ses fonctions, en distinguant entre la fonction normale du chef de l'État (section 3) et les pouvoirs de crise (section 4).

Section 1
Le statut du président de la République

1176. Les modalités de l'élection du président ayant déjà été étudiées, il faut examiner maintenant la durée de ses fonctions, les modes de cessation de ses fonctions, l'intérim, la suppléance et enfin le régime de responsabilité du chef de l'État.

I. La durée des fonctions : du septennat au quinquennat

1177. Depuis l'instauration de la Cinquième République, deux changements majeurs sont intervenus : la limitation de la durée du mandat présidentiel et celle du nombre de mandats que le président est susceptible d'effectuer.

A. La limitation de la durée du mandat présidentiel

1178. Sous la Cinquième République il s'agissait d'une question récurrente.

Il en était question depuis fort longtemps puisque, en 1973 déjà, le président Pompidou, atteint par la maladie, avait fait déposer un projet de loi constitutionnelle en vue de l'établir. Voté à de courtes majorités par les députés et par les sénateurs, en réalité très réticents, ce projet n'a même pas été soumis au Congrès[1]. Par la suite, le président Giscard d'Estaing et le président Mitterrand se sont prononcés pour le quinquennat mais sans en vouloir pour eux-mêmes puisqu'ils ont cherché (pour le premier) ou réussi (pour

---

1. Le projet, déposé le 6 septembre 1973 a été voté le 16 octobre 1973 par l'Assemblée nationale (par 270 voix contre 211) et le 19 octobre 1973 par le Sénat (par 162 voix contre 112). Il s'agissait déjà d'un quinquennat « sec » sans mesure d'accompagnement.

le second) à exercer leur mandat pendant quatorze ans. En 2000, l'ancien président Giscard d'Estaing est de nouveau revenu à la charge. Pour sa part, le président Chirac s'était montré l'année précédente hostile à une réduction de la durée du mandat.

Il semble que les principaux protagonistes se soient décidés pour des arguments contingents et électoralistes ou encore inspirés par le caractère fâcheux d'une cohabitation à la fois prolongée (puisque devant durer cinq ans) et conflictuelle (les deux têtes de l'exécutif devant vraisemblablement s'affronter lors de la présidentielle de 2002). Une proposition de loi constitutionnelle a été annoncée par le parti socialiste mais la menace était faible car il n'est pas sûr que le Sénat l'aurait votée. Le président Chirac s'est finalement rallié à la condition qu'il s'agisse d'un quinquennat « sec », c'est-à-dire que le projet ne comporte aucune autre disposition que celle concernant la durée du mandat et qu'il ne soit susceptible d'aucun amendement lors de son passage devant les assemblées.

1179. Comme le président Chirac l'avait demandé le projet se borne à modifier l'article 6 de la Constitution pour fixer à cinq ans la durée du mandat présidentiel. Un seul mot est changé. Les assemblées l'ont voté à de fortes majorités, comme il est naturel puisque le président et le Premier ministre, qui représentaient à eux deux presque tout l'éventail politique étaient d'accord. Encore fallait-il aux termes de l'article 89 de la Constitution un vote de confirmation du Congrès ou du peuple. Pour la première fois depuis 1958 le président a décidé d'utiliser la procédure de la confirmation référendaire.

La campagne a été dans l'ensemble assez morne, ce qui s'explique par le fait que les appuis de gauche et de droite privaient la consultation de véritable enjeu. Le président a lui aussi appelé à un vote positif. Dans l'ensemble les intervenants ont fait valoir que le quinquennat permettrait un meilleur contrôle du chef de l'État et pourrait même éliminer la cohabitation, dans l'espoir que la logique des électeurs les conduirait à harmoniser leurs choix, sans qu'il soit porté de véritable atteinte aux institutions de la Cinquième République. Certains de ces arguments pouvaient paraître convaincants, d'autres moins. Il est exact que si un président dispose d'un pouvoir considérable, mieux vaut qu'il n'exerce pas ses fonctions trop longtemps (d'autant qu'il faut tenir compte de la réélection possible). Quant à l'élimination de la cohabitation, il est clair que le quinquennat peut la favoriser mais ne la garantit pas de manière durable.

Toujours est-il que les électeurs ont approuvé le projet – devenu la loi constitutionnelle du 2 octobre 2000 – tout en désertant les urnes : il y a eu 69,8 % d'abstentions. Par rapport aux inscrits les « oui » représentent 18,5 % et les « non » 6,8 %. Le quinquennat a été adopté par le peuple mais dans la plus grande indifférence, alors même qu'il bouleverse l'équilibre des institutions.

B. La limitation du nombre de mandats

1180. Dans sa rédaction issue de la loi constitutionnelle du 23 juillet 2008, l'article 6 de la Constitution relatif à l'élection du président de la République précise désormais dans son deuxième alinéa que : « Nul ne peut exercer plus de deux mandats consécutifs ». Cette modification de la Constitution correspond à une promesse de campagne de M. Nicolas Sarkozy. Elle figurait dans la lettre de mission adressée au Comité Balladur en juillet 2007. Néanmoins, le comité avait écarté cette idée, jugeant « qu'il était inutile, voire inopportun, au vu de la rédaction de l'article 6 de la Constitution issu de la révision constitutionnelle du 2 octobre 2000 qui a instauré le quinquennat, de prévoir que le président de la République ne puisse être élu plus de deux fois ». Le président de la République a malgré tout persisté dans son intention initiale et fait introduire cette disposition dans l'avant-projet de loi constitutionnelle et de fait, elle a été adoptée sans difficulté par l'Assemblée nationale et le Sénat, puis par le Congrès [1].

II. La cessation de fonctions

1181. La Constitution doit s'efforcer de prévoir les différentes éventualités susceptibles de se présenter.

A. La cessation de fonctions

1182. Normalement, les fonctions du président prennent fin par l'arrivée du terme de son mandat.

De manière plus exceptionnelle, la cessation de fonctions peut aussi résulter d'une démission (général de Gaulle, 28 avril 1969), d'un décès (Pompidou, 4 avril 1974) ou d'un empêchement définitif. Selon l'article 7 de la Constitution du 4 octobre 1958, l'empêchement est constaté, à la demande du Gouvernement, par le Conseil constitutionnel qui en décide à la majorité absolue de ses membres. C'est le Conseil qui décide si l'empêchement est provisoire ou s'il est définitif, auquel cas il est procédé au remplacement du président en exercice. Que ce soit en cas de vacance (démission, décès) ou d'empêchement définitif, le scrutin pour l'élection du nouveau président a lieu, sauf force majeure constatée par le Conseil constitutionnel, vingt jours au moins et trente-cinq jours au plus après l'ouverture de la vacance ou la déclaration du caractère définitif de l'empêchement.

Les dispositions relatives à l'empêchement provisoire sont demeurées théoriques. Elles n'ont pas joué lorsque le général de Gaulle a subi une intervention chirurgicale, le 17 avril 1964, le président du Sénat, G. Monnerville, n'avait même pas été informé. Le président Pompidou n'a pas davantage eu recours à elles lorsque la maladie dont il souffrait s'est aggravée, à la fin de l'année 1973. Le président Mitterrand gravement malade lui aussi, l'a longtemps caché et après l'avoir très tardivement révélé a exercé son second mandat jusqu'à son terme normal.

B. L'intérim et la suppléance

1183. L'intérim, qui présente beaucoup plus d'intérêt que la suppléance, s'applique aux cas de vacance et d'empêchement provisoire ou définitif. S'il s'agit d'une vacance ou d'un empêchement définitif, l'article 7 de la Constitution prévoit que l'intérim ne peut durer plus de trente-cinq jours. S'il s'agit d'un empêchement provisoire (maladie par exemple), l'intérim peut être plus long mais il est dans l'esprit de l'institution qu'il ne se prolonge pas trop car sinon le Conseil constitutionnel serait amené à déclarer le caractère définitif de l'empêchement.

---

1. En ce sens, cf. H. Roussillon, « Limiter à deux le nombre de mandats présidentiels : une révision inutile », *LPA* n° 97, 2008, p. 12.

a) La réglementation juridique de l'intérim

1184. L'intérim est assuré par le président du Sénat ou, s'il est lui-même empêché, par le Gouvernement collégialement.

Il présente deux caractères bien différents, qui peuvent paraître contradictoires mais qui, en réalité, sont plutôt complémentaires. D'une part, le président intérimaire est, pour une durée limitée mais dans toute la force de l'expression, le chef de l'État et, en principe, toutes les compétences présidentielles lui sont dévolues. Il en est ainsi même pour les compétences procédant de l'article 16, dont il peut faire application, en cas de crise grave. Il doit, en effet, assurer la continuité de l'État quelles que soient les circonstances. D'autre part, l'intérim n'est destiné qu'à permettre une gestion provisoire de l'État, la solution des grands problèmes et les décisions sur les grandes options étant naturellement reportées à plus tard.

C'est pourquoi, par exception au principe qui vient d'être posé, certaines compétences sont refusées au président intérimaire, qui ne peut ni consulter le pays par voie de référendum, ni prononcer la dissolution de l'Assemblée nationale. C'est pourquoi également la Constitution ne peut être révisée pendant la durée de l'intérim. C'est pourquoi enfin le Gouvernement ne peut engager sa responsabilité ni faire l'objet d'une motion de censure, de manière à ce qu'il ne risque pas de devoir présenter sa démission. En d'autres termes, la réglementation de l'intérim s'efforce de cristalliser les institutions pendant les quelques semaines nécessaires : dans un cadre constitutionnel qui doit demeurer inchangé, le président intérimaire est un authentique chef de l'État, avec toute la primauté qui s'y attache, le Gouvernement est maintenu en fonction, l'Assemblée demeure en exercice sinon toujours en session ou en réunion.

b) Le problème politique posé par l'intérim

1185. En réalité, le véritable problème tient moins à la réglementation juridique qu'aux rapports politiques parfois difficiles qui peuvent exister entre le président intérimaire, le Gouvernement et la majorité de l'Assemblée. On l'a constaté en 1969 lorsque le président intérimaire, A. Poher, qui avait pris position pour le « non » au référendum du 27 avril, dont l'échec devait entraîner la démission du général de Gaulle, s'est trouvé aux prises avec le Gouvernement de M. Couve de Murville, dont toute l'action s'était exercée en faveur du « oui ». Il faut ajouter qu'A. Poher était candidat à la présidence de la République contre G. Pompidou, candidat du courant politique auquel appartenait le Gouvernement. La tension a été immédiatement perceptible et des pratiques regrettables furent observées, les archives étant soustraites ou refusées au président intérimaire et le Gouvernement ne tenant plus que des conseils de cabinet pour éviter que le président intérimaire y assiste. Il est clair que le fonctionnement de l'institution a été, en l'occurrence, contraire à l'esprit qui devait l'animer. Celui-ci exigeait que le président intérimaire ne subisse aucun ostracisme, même s'il était candidat, ce qu'on pouvait d'autant moins lui refuser qu'on l'admet pour le président sortant. Ces difficultés ne se sont pas renouvelées en 1974 mais il est vrai qu'A. Poher, de nouveau président intérimaire, n'était plus candidat.

c) La suppléance

1186. La suppléance ne s'applique qu'aux courtes absences (par exemple un voyage ou une brève hospitalisation) et permet au président de la République de faire présider le Conseil des ministres par le Premier ministre, à condition que celui-ci bénéficie d'une délégation expresse précisant la séance et l'ordre du jour.

III. Le régime de responsabilité du président de la République

1187. Par application du principe de la séparation des pouvoirs qui figure à l'article 16 de la Déclaration de 1789, le président de la République ne peut voir mise en cause sa responsabilité politique. Dans le régime politique français, seul le Premier ministre peut voir celle-ci engagée par l'Assemblée nationale dans le cadre fixé par les articles 49 et 50 de la Constitution.

L'article 67 de la Constitution commence donc par rappeler que « le président de la République n'est pas responsable des actes accomplis en cette qualité, sous réserve des dispositions des articles 53-2 et 68 ». En d'autres termes, le principe demeure celui de l'irresponsabilité politique du chef de l'État à raison de ses fonctions, l'engagement de sa responsabilité pénale représentant l'exception.

La Constitution prévoit désormais deux voies permettant d'engager la responsabilité pénale du président de la République. La première est la voie internationale dans la mesure où l'article 53-2 de la Constitution créé par la loi constitutionnelle du 8 juillet 1999 admet la juridiction de la Cour pénale internationale, spécialement par exemple en cas de commission de crimes contre l'humanité. La deuxième voie, interne celle-ci, est celle désormais ouverte par les nouveaux articles 67 et 68 de la Constitution modifiés par la loi constitutionnelle du 23 février 2007. Il convient d'indiquer rapidement quel était le système initial de la Constitution de 1958 avant de décrire son évolution contemporaine.

A. Le système initial d'irresponsabilité du président de la République

1188. L'ancien article 68 de la Constitution prévoyait que le président de la République n'était responsable pénalement qu'en cas de « haute trahison » ce qui constituait bien une qualification pénale mais assez difficile à caractériser en particulier en temps de paix. Sous la Cinquième République, de 1958 à 1997, cette disposition n'avait guère suscité de débats dans la mesure où il était clair, d'une part, que le principe d'irresponsabilité politique devait jouer à plein et que celui de la responsabilité pénale ne pouvait produire des effets que dans des circonstances très exceptionnelles. Une difficulté est cependant apparue concernant l'ancien président Jacques Chirac, mis en cause dans différentes affaires pour des faits susceptibles de recevoir une qualification pénale et commis antérieurement à 1995, c'est-à-dire avant son entrée en fonctions. Le problème se posait donc de savoir si ces faits pouvaient être considérés comme détachables de l'exercice de la fonction de président de la République ce qui aurait pu avoir comme conséquence de laisser attraire le chef de l'État devant les juridictions pénales de droit commun ou si, au contraire, ces faits n'étaient pas détachables de l'exercice de la fonction de président de la République ce qui aurait permis de faire bénéficier Jacques Chirac d'une forme d'« immunité », pour ne pas dire d'impunité.

1189. À l'évidence, aucune de ces deux solutions n'était satisfaisante. C'est donc le Conseil constitutionnel, dans une décision du 22 janvier 1999, *Cour pénale* *internationale,* puis la Cour de cassation, dans un arrêt du 10 octobre 2001, qui sont intervenus afin de fixer de concert et avec précision le régime de responsabilité pénale du président de la République. Il en résulte que les actes commis antérieurement au début du mandat sont considérés comme détachables de l'exercice des fonctions. Cependant, afin de protéger la fonction présidentielle, le président doit conserver le bénéfice de son privilège de juridiction devant la Haute Cour de justice durant l'exercice de son mandat. C'est pourquoi, tant que dure ce dernier, le président ne peut être poursuivi devant une juridiction ordinaire. Il est donc nécessaire que la prescription qui s'attache aux infractions pénales soit suspendue durant l'exercice du mandat.

B. La « responsabilisation » du président de la République

1190. Ces incertitudes ont conduit à ce qu'une refonte du statut pénal du chef de l'État soit entreprise. La promesse en avait été faite par Jacques Chirac alors candidat à sa propre succession en 2002. En conséquence, une commission présidée par le professeur Pierre Avril a été instituée le 3 juillet 2002 avec, pour mandat, de formuler des propositions de révision constitutionnelle. Cette commission a rendu son rapport le 12 décembre 2002. Ses conclusions, fortement et heureusement inspirées par les solutions dégagées par le Conseil constitutionnel et la Cour de cassation ainsi que par des expériences étrangères, ont été, à peu de choses près, reprises dans la loi constitutionnelle du 23 février 2007 ayant modifié le titre IX, ainsi que les articles 67 et 68 de la Constitution.

1191. Désormais, les choses sont plus simples tout au moins en apparence. D'abord, quelle que soit la nature des faits qui lui sont reprochés, quel que soit le moment où ils ont été commis (durant l'exercice de son mandat, lorsqu'il est président de la République en fonctions), le chef de l'État ne peut, et devant aucune juridiction ou autorité administrative française, « être requis de témoigner, non plus que faire l'objet d'une action, d'un acte d'information, d'instruction ou de poursuite. Tout délai de prescription ou de forclusion est suspendu. Les instances et procédures auxquelles il est ainsi fait obstacle peuvent être reprises ou engagées contre lui à l'expiration d'un délai d'un mois suivant la cessation des fonctions » (Const., art. 67). Ensuite, cette protection fonctionnelle du président de la République durant l'exercice de son mandat peut cesser dans l'hypothèse de sa destitution par le Parlement réuni en Haute Cour. C'est ici que le système proposé par la Commission Avril et constitutionnalisé en 2007 est le plus original au regard de la tradition républicaine française. Ce système est, en effet, largement inspiré de la procédure d'*impeachment* telle qu'on la connaît aux États-Unis d'Amérique et telle qu'elle a été exportée dans la plupart des pays subissant l'influence du droit institutionnel nord-américain, comme par exemple le Brésil.

1192. Il appert de l'article 68 de la Constitution, complété par la loi organique du 24 novembre 2014 [1] : d'une part, que le président de la République peut être destitué en cas de « manquement à ses devoirs manifestement incompatible avec l'exercice de son mandat » et ; d'autre part, que « la destitution est prononcée par le Parlement réuni en Haute Cour ». Cette procédure de destitution traduit une forme

1. A. Levade, « La procédure de destitution du président de la République enfin applicable… ou presque », *JCP G*, n° 51, 15 déc. 2014.

de « responsabilisation » du président de la République. Cette responsabilité accrue représente sans doute un impératif démocratique dans un contexte où, depuis l'instauration du quinquennat en 2000, le régime se présidentialise progressivement. Cependant, le danger existe de voir cette responsabilité, en principe seulement pénale, glisser insensiblement vers une responsabilité politique. À cet égard, l'imprécision de la qualification des faits susceptibles d'enclencher une procédure de destitution (« manquement à ses devoirs manifestement incompatible avec l'exercice de son mandat ») est certainement fâcheuse. De même que le fait de ne plus parler de « Haute Cour de justice », mais simplement de « Haute Cour », comme si ce n'était plus de justice qu'il s'agissait peut apparaître comme un choix discutable.

1193. Fort heureusement, le constituant a mis en place des garde-fous en prévoyant, en particulier, des règles procédurales très strictes qui pourraient limiter les dérives potentielles. L'article 68 dispose, en effet, que la Haute Cour, présidée par le président de l'Assemblée nationale, statue à bulletins secrets et à la majorité des deux tiers des membres composant l'assemblée concernée ou la Haute Cour. L'article 68 prévoit également que toute délégation de vote est interdite et que, par imitation du mécanisme prévu pour la motion de censure, seuls sont recensés les votes favorables à la proposition de réunion de la Haute Cour ou à la destitution.

1194. Cependant, la Commission de rénovation et de déontologie de la vie publique, présidée par l'ancien Premier ministre Lionel Jospin, a préconisé dans son rapport remis au président de la République le 9 novembre 2012, d'aller plus loin afin de mieux faire le départ entre la responsabilité politique d'une part, et la responsabilité pénale ou civile du président de la République d'autre part. En effet, le constituant de 2008 avait persisté à mêler ces deux formes de responsabilité. Surtout, le régime d'inviolabilité temporaire en matière pénale et civile a pu apparaître comme excessivement protecteur du président, allant bien au-delà de ce qui est strictement nécessaire afin d'assurer une protection légitime de la fonction. Cette protection très large de la fonction présidentielle conduisait à garantir une quasi-impunité à l'homme assumant temporairement cette fonction. C'est pourquoi, dans un souci d'égalité des citoyens devant la loi et, plus précisément, devant la justice, la « Commission Jospin » a-t-elle formulé trois propositions (n° 16, 17 et 18). La première n'a rien de révolutionnaire. Elle ne remet en rien en cause l'immunité fonctionnelle qui doit bénéficier au président de la République lorsqu'il agit en cette qualité. Elle consiste seulement à lever une ambigüité en substituant aux expressions « Haute Cour » et « Parlement réuni en Haute Cour », les expressions « Congrès » et « Parlement réuni en Congrès ». Cette proposition implique une modification de l'article 68 de la Constitution et un changement de l'intitulé de son titre IX. En 2007, le constituant avait déjà commencé le travail en renonçant à l'expression « Haute Cour de justice » au profit de l'expression « Haute Cour ». Il s'agit ici simplement de transformer cet essai afin d'affirmer clairement le caractère exclusivement politique et en rien juridictionnel, de la mise en œuvre de la procédure de destitution prévue à l'article 67 de la Constitution. Dans un régime politique comme celui de la Cinquième République depuis la révision de 1962, il n'est pas totalement illégitime que le président de la République, compte tenu de ce qu'est son rôle, de l'importance de ses pouvoirs propres, soit exceptionnellement tenu de rendre des comptes à raison de son action. Si c'est le cas, cette responsabilité de nature politique ne peut être mise en œuvre que devant le peuple, à l'occasion d'élections ou de référendum, ou devant le Parlement parce qu'il dispose d'une légitimité démocratique équivalente. Les deux autres propositions, quant à elles, sont effectivement plus novatrices. On sait que l'article 67 de la Constitution organise une inviolabilité temporaire au profit du président de la République aussi bien en matière pénale que civile. On sait également les difficultés pratiques que cette inviolabilité a pu poser s'agissant de M. Jacques Chirac, en matière pénale, ou de M. Nicolas Sarkozy, en matière pénale et civile. On sait encore le soupçon que l'existence d'une telle protection instille dans l'esprit de nombre de français. Il nous a donc semblé indispensable, afin de garantir le principe d'égalité et de renouer le lien de confiance entre les français et le premier de leurs représentants, de proposer de mettre fin cette inviolabilité complète aussi bien en matière civile que pénale. C'est pourquoi, la Commission a proposé que, lorsque le président a agi en tant qu'homme et non en qualité de président, autrement dit lorsque ses actes sont détachables de sa fonction, le droit commun lui soit applicable. Bien entendu, dans le même temps, le président de la République doit tout de même être protégé des plaintes et procédures abusives. Aussi, tout en conservant le principe de l'application du droit commun, a été soulignée la nécessité de prévoir des règles de procédure et de compétences spécifiques. En particulier, afin de faire la balance, il a été proposé que les requêtes, en matière pénale ou civile, soient filtrées par une « commission supérieure d'examen préalable ». Cette dernière aurait pour mission d'écarter les requêtes manifestement infondées ou non détachables de l'exercice de ses fonctions.

Cette importante réforme du statut juridictionnel du président de la République a fait l'objet d'un projet de loi constitutionnelle présenté lors du Conseil des ministres du 13 mars 2013 (n° 816). Mais, pour l'instant, ce projet de révision de la Constitution n'a pas été inscrit à l'ordre du jour des assemblées dans la mesure où il paraît acquis que, compte tenu du contexte politique du moment, la majorité des trois-cinquièmes requise par l'article 89 afin de réviser la Constitution ne serait pas atteinte.

Section 2

Les attributions et les pouvoirs du président de la République

1195. Il faut d'abord rappeler les attributions que confère la Constitution au président de la République. Il faut ensuite tenir compte de ses pouvoirs de décision qui, au terme de l'article 19 de la Constitution, peuvent être propres ou partagés.

I. Les compétences constitutionnelles du président de la République

1196. On peut classer les compétences constitutionnelles du président de la République en cinq catégories.

Compétences politiques. Nomination du Premier ministre et, sur sa proposition, des ministres (art. 8), présidence du Conseil des ministres (art. 9), messages aux assemblées (art. 18, alinéa premier), faculté de prendre la parole devant le Parlement réuni en Congrès (art. 18, alinéa 2), faculté de demander au Parlement, avant l'expiration du délai de promulgation, une nouvelle délibération de la loi ou de certains de ses articles, qui ne peut être refusée (art. 10, alinéa 2), ouverture et clôture des sessions extraordinaires (art. 30).

Compétences exécutives. Promulgation des lois dans les 15 jours suivant la transmission au Gouvernement de la loi définitivement adoptée (art. 10, alinéa premier), signature des ordonnances et décrets délibérés en Conseil des ministres, ce qui implique que le président est investi du pouvoir réglementaire (art. 13 alinéa premier), nomination aux emplois civils ou militaires, sous réserve des délégations possibles et de l'avis de commissions parlementaires permanentes (art. 13, alinéas 2 à 5).

Compétences diplomatiques et militaires. Négociation et ratification des traités, certains d'entre eux ne pouvant cependant être ratifiés qu'en vertu d'une loi (art. 52 et 53), accréditation des ambassadeurs (art. 14), le président est chef des armées, il préside les Conseils et Comités supérieurs de défense nationale (art. 15).

Compétences en matière constitutionnelle. Il doit veiller au respect de la Constitution (art. 5), il a l'initiative de la révision – comme en 1875 – concurremment avec les membres du Parlement et il peut intervenir dans la procédure de révision pour réunir le Parlement en Congrès (art. 89).

Compétences en matière judiciaire. Droit de grâce à titre individuel (art. 17)[1], faculté de demander des avis au Conseil supérieur de la magistrature (art. 64), nomination de deux personnalités qualifiées au Conseil supérieur de la magistrature (art. 65).

Tous les actes accomplis en vertu de ces compétences sont soumis à l'obligation du contreseing, à l'exception de la nomination du Premier ministre et des messages aux assemblées ou au Congrès.

II. Les pouvoirs propres

1197. C'est la catégorie la plus intéressante et la plus spécifique. Elle comprend les compétences limitativement énumérées par l'article 19 de la Constitution, dans l'exercice desquelles le président de la République est habilité à décider seul – même s'il peut ou s'il doit recueillir auparavant certains avis – sans avoir à obtenir le contreseing du Premier ministre ou d'un autre membre du Gouvernement.

Il s'agit là d'une innovation capitale car sous les Troisième et Quatrième Républiques, le président ne pouvait prendre aucun acte sans que celui-ci soit contresigné par les ministres responsables, ni même prononcer un discours sans que le Gouvernement en ait été préalablement informé. Depuis 1958, le Premier ministre et le Gouvernement ont été souvent amenés à assumer devant l'Assemblée nationale la responsabilité politique d'actes et de décisions auxquels ils n'avaient pas nécessairement participé et dont parfois – pour les membres du Gouvernement sinon pour le Premier ministre – ils n'avaient pas toujours été informés à l'avance.

1198. En tout cas, les pouvoirs propres s'appliquent à des compétences certes importantes mais d'une utilisation assez souvent exceptionnelle du chef de l'État : nomination du Premier ministre (art. 8, alinéa premier), consultation du pays par référendum

1. M. Guillaume, « Amnistie et grâce : ordre, contrordre, désordre », in *Mélanges J. Gicquel*, Montchrestien, Paris, 2008, p. 215.

dans les cas prévus par l'article 11, dissolution de l'Assemblée (art. 12), prise en charge de tous les pouvoirs en cas de nécessité (art. 16), messages au Parlement ou au Congrès (art. 18), nomination de trois membres et du président du Conseil constitutionnel (art. 56), saisine de ce même Conseil pour lui faire vérifier la constitutionnalité d'un traité (art. 54) ou d'une loi (art. 61).

Rappelons, toutefois, que s'il a en face de lui une majorité parlementaire hostile le président ne pourra pas exercer pleinement les pouvoirs qu'il tient de l'article 8, alinéa premier, car il doit tenir compte de la volonté de cette majorité et de l'article 11 car il ne sera pas saisi de la proposition requise par la Constitution.

III. Les pouvoirs partagés

1199. Il s'agit des pouvoirs partagés avec le Premier ministre et le Gouvernement, dont l'exercice nécessite le contreseing du chef du Gouvernement et des ministres concernés par l'application. Les pouvoirs partagés s'appliquent à toutes les décisions et à tous les actes du président de la République qui ne font pas expressément l'objet de pouvoirs propres en vertu de l'énumération limitative contenue dans l'article 19. En d'autres termes, les pouvoirs propres correspondent à des compétences d'attribution alors que les pouvoirs partagés représentent la catégorie de droit commun.

Ces pouvoirs partagés se situent dans le prolongement de ceux qui appartenaient au président des Troisième et Quatrième Républiques et dont l'exercice impliquait toujours le contreseing du président du Conseil des ministres. Mais ils présentent cependant avec ces derniers une différence capitale. En effet, avant 1958, le contreseing avait pour effet de transférer au Gouvernement responsable la totalité des compétences que le président n'exerçait que nominalement et en apparence. Depuis 1958, si le contreseing associe le Gouvernement à la décision du président, la volonté de ce dernier peut peser d'un poids décisif mais à condition qu'il soit soutenu par une majorité de même orientation car, dans le cas contraire, sa part dans la prise des décisions devient extrêmement réduite.

Section 3
L'exercice de la fonction présidentielle

1200. On sait que, en application des textes et bien davantage encore en marge de ceux-ci, le président de la République a depuis 1958 exercé une fonction qui faisait de lui, s'il était soutenu par la majorité parlementaire, le centre de tous les mécanismes institutionnels et politiques. Mais il faut aussi tenir compte des périodes de cohabitation, au cours desquelles son rôle apparaît singulièrement diminué.

I. La fonction présidentielle sous ses deux aspects

1201. Elle change complètement d'aspect et de nature selon que le président trouve un soutien ou une opposition dans la majorité parlementaire.

A. La prépondérance du président

1202. Elle a paru longtemps la seule formule envisageable parce qu'elle correspond à la conception initiale des constituants et parce qu'on peut lui trouver un fondement textuel dans l'article 5 de la Constitution qui fait du président l'arbitre du « fonctionnement régulier des pouvoirs publics ». Il a d'ailleurs été précisé à de nombreuses reprises par les interprètes autorisés de la pensée du général de Gaulle, Père fondateur de la Cinquième République, qu'il s'agissait nécessairement d'un arbitrage actif, impliquant initiatives et interventions diverses et conduisant, toutes les fois qu'il en est besoin, le président à décider en dernier ressort de tous les problèmes à résoudre, quels qu'ils soient. C'est d'ailleurs ainsi que tous les présidents, de gauche comme de droite, jusqu'au président Chirac inclus, ont compris leur fonction[1]. Le président Sarkozy, l'« hyper-président » comme aimaient à le brocarder les journalistes, ayant poussé cette logique à l'extrême[2]. C'est aussi de cette manière qu'ils l'ont exercée, toutes les fois qu'ils ont été soutenus par la majorité parlementaire, c'est-à-dire constamment pour certains, en temps limité pour d'autres.

1203. En réalité, le président serait – dans cette hypothèse et elle seule – « la clé de voûte des institutions », ce qui conduit à distinguer deux plans. Sur le plan de l'*exécutif,* le président est, par son élection, le détenteur initial de ce pouvoir et il sert donc de support et de soutien aux autres organes exécutifs et notamment au Premier ministre et au Gouvernement, qui procèdent de lui et par conséquent dépendent de lui, ce qui implique déjà, en toute logique et à terme, que le Gouvernement soit responsable devant le président. Sur le plan plus large des *institutions,* il est le recours dont l'intervention remettrait – en principe – les mécanismes en marche s'ils se bloquaient. C'est pourquoi il dispose de pouvoirs propres qui lui permettent soit de faire procéder à de nouvelles élections, soit d'organiser une consultation référendaire, soit même de se saisir de tous les pouvoirs en cas de crise nationale.

B. L'effacement possible du président

1204. Ce n'est qu'en 1986 que pour la première fois un président s'est trouvé confronté, après des législatives, à une majorité hostile à sa politique.

Dès lors, il a bien fallu en revenir, comme par la suite en pareil cas, à l'application pure et simple du texte constitutionnel. Or il fait surtout du président l'homme des crises et c'est pour résoudre celles-ci qu'il est doté de pouvoirs d'un emploi assez ou même très exceptionnel, tels ceux prévus par les articles 11, 12 et 16. Dans les périodes,

---

1. C'est ainsi que le général de Gaulle avait affirmé dans une allocution du 4 octobre 1962 que la Constitution « fait réellement du président de la République le chef de l'État et le guide de la France ». Plus nettement encore, il a déclaré dans sa conférence de presse déjà évoquée du 31 janvier 1964 que « le président est évidemment seul à détenir et à déléguer l'autorité de l'État » et aussi qu'il « doit être évidemment entendu que l'autorité indivisible de l'État est confiée tout entière au président par le peuple qui l'a élu, qu'il n'en existe aucune autre, ni ministérielle, ni civile, ni militaire, ni judiciaire, qui ne soit conférée et maintenue par lui, enfin, qu'il lui appartient d'ajuster le domaine suprême qui lui est propre avec ceux dont il attribue la gestion à d'autres ». Cf. G. Berlia, « La conférence de presse du président de la République du 31 janvier 1964 et les institutions », *RDP* 1964, p. 127.

2. En réalité, la pratique des institutions l'a transformé davantage en un « super-Premier ministre », plutôt qu'en un « hyper-président ».

de beaucoup les plus nombreuses, d'exercice ordinaire et courant du pouvoir, ce sont les articles 20 et 21 de la Constitution qui s'appliquent et ils confient au Gouvernement, émanation de la majorité hostile, le soin de déterminer et conduire la politique de la Nation et au Premier ministre celui de diriger l'action gouvernementale. D'où l'effacement imposé au président qui ne peut se prévaloir que du rôle de garant des institutions que lui confère l'article 5. Tel a été le cas de 1986 à 1988, de 1993 à 1995 et de 1997 à 2002.

1205. Ce retrait présidentiel, s'il peut paraître mal accordé avec ce que l'on considère actuellement comme l'esprit du régime n'est nullement contraire au texte. Il faut rappeler une fois de plus que Michel Debré voulait établir un régime parlementaire dont le président serait l'élément central. Il y voyait d'autant moins d'antinomie que précisément le président n'avait que des pouvoirs de crise et qu'en 1958 il n'était pas élu au suffrage universel direct, la contradiction n'est venue qu'ensuite.

II. Le président de la République et le Premier ministre : la politique présidentielle et la politique gouvernementale

1206. Il faut distinguer, là encore, deux cas de figure, selon que le président de la République gouverne par l'intermédiaire et avec le concours de « son » Premier ministre ou selon qu'il doit laisser gouverner, pour l'essentiel, le Premier ministre chef d'une majorité parlementaire hostile à la politique souhaitée par le chef de l'État.

A. Le président de la République et son Premier ministre

1207. Dans le système mis en place en 1958 le président de la République est considéré, on le sait, comme le détenteur initial du pouvoir exécutif. Il s'ensuit que le Premier ministre « procède » du président de la République et, tout comme le Gouvernement, reçoit de lui son existence et ses pouvoirs.

a) Le partage vertical du pouvoir entre le président et son Premier ministre

1208. Le président de la République et le Premier ministre ont l'un et l'autre à déterminer et à conduire la politique de la Nation, pour reprendre les termes de l'article 20, dont on sait cependant qu'il réserve ces tâches au seul Gouvernement. La seule différence est que le président le fait en premier, en décidant des grandes orientations, en indiquant les voies à suivre, en fixant des objectifs et aussi en suivant plus particulièrement certains problèmes, et notamment ceux concernant les rapports entre États, alors que le Premier ministre n'intervient qu'en second, pour réaliser les programmes arrêtés et les décisions prises. En d'autres termes et comme l'avait déclaré le général de Gaulle dans sa conférence de presse du 9 septembre 1968, le président a une fonction et une action qui sont « à grande portée et dépassent la conjoncture » cependant que le Premier ministre « est lui aux prises avec la conjoncture (et) vit dans ce qu'on nomme la politique, c'est-à-dire dans l'immédiat, pour y traduire en actions du moment les directives d'ensemble données par le président ».

b) La mise en œuvre de la politique présidentielle par le Premier ministre

1209. Dans ce système, c'est pour le Premier ministre une fonction essentielle et elle exige qu'il possède totalement la confiance du président de la République dont il va s'efforcer de réaliser les objectifs. En effet, il est celui qui est chargé de mettre en forme, dans le court ou le moyen terme, ce que le président a conçu dans la perspective du long terme.

Il ne faut pas croire pour autant que la mise en œuvre de la politique présidentielle confine le Premier ministre dans un rôle de pure exécution. Bien au contraire, elle suppose de sa part, au niveau où il est placé, initiative, impulsion, coordination, décision. Il doit d'ailleurs élaborer cette politique et en assurer, en toute liberté, des secteurs entiers. Tout dépend à cet égard des personnalités respectives du président et du Premier ministre, ainsi que des circonstances.

c) La conduite de la majorité parlementaire par le Premier ministre

1210. Le Premier ministre est le chef naturel des groupes qui soutiennent l'action du président et la sienne propre. Il exerce d'ailleurs ce leadership au nom du président et s'il est le chef utile et effectif de la majorité parlementaire, le chef de l'État en demeure, bien que de manière plus discrète, le chef éminent.

d) La prise en charge des responsabilités exécutives par le Premier ministre

1211. Le Premier ministre ne fait pas que réaliser la politique présidentielle, il en assume la responsabilité devant l'Assemblée nationale. À ce titre, il fait écran aux critiques dirigées contre le président et lui assure un recul utile en cas de crise grave avec la majorité parlementaire. Son départ ne saurait cependant suffire à maintenir le président hors d'atteinte si, après dissolution, une majorité de soutien n'était pas retrouvée.

Il en résulte que le Premier ministre qui n'est politiquement responsable, en droit, que devant la seule Assemblée nationale (cf. art. 49 et 50) est aussi responsable, en fait (et contrairement au texte constitutionnel) devant le président de la République. Puisqu'il est chargé de mettre en œuvre la politique du président, il est assez logique que ce dernier puisse lui demander sa démission. En effet, le président peut vouloir changer de Premier ministre, soit parce qu'il veut inaugurer une nouvelle phase de sa politique, soit parce qu'il n'est pas satisfait de la manière dont sa politique est conduite, soit même, et plus curieusement, pour masquer ses propres erreurs et échecs et procéder aux adaptations nécessaires. En d'autres termes, le Premier ministre apparaît comme une victime expiatoire toute désignée pour assurer la sanction des infléchissements de la politique du président. Mais, bien entendu, il doit donner de lui-même sa démission, ce qui, il faut le dire, n'a jamais soulevé de difficultés.

B. Le président de la République et le Premier ministre de la majorité parlementaire

1212. C'est un cas de figure qui a paru longtemps exceptionnel et insolite mais qui depuis 1986 est survenu à trois reprises.

Dans cette hypothèse, tout change. En effet, le partage vertical du pouvoir précédemment décrit entre le président et le Premier ministre cède la place à un partage horizontal qui est entièrement à l'avantage du second. Certes, le président reste, conformément à l'article 5, le recours ayant en charge la sauvegarde de la Nation (art. 16), l'arbitre ayant mission de redonner la parole au peuple (art. 12). Mais il est écarté pour l'essentiel de la détermination et de la conduite de la politique nationale, désormais assumées par le Premier ministre, conformément à la lettre de l'article 20. Le président ne conserve un rôle actif qu'en matière de politique étrangère et de politique de défense, en raison de ses attributions constitutionnelles et de ses responsabilités propres en ce qui concerne l'engagement des forces aériennes stratégiques (D. 12 juin 1996) et encore le partage-t-il avec le Premier ministre. On constate donc un déplacement du centre de gravité du pouvoir exécutif de l'Élysée vers Matignon et il va de soi que le Premier ministre, qui ne met plus en œuvre la politique présidentielle mais la sienne propre n'encourt plus aucune responsabilité devant le président.

III. Le président de la République et l'Assemblée nationale : l'arme de la dissolution

1213. En principe, ce n'est que par l'intermédiaire du Premier ministre et du Gouvernement que le président de la République peut entrer en relations avec le Parlement [1]. Cependant il a, avec la dissolution, une possibilité d'action directe très importante à l'encontre de l'Assemblée nationale.

A. Le président de la République et le Parlement

1214. Ces organes procèdent également du suffrage universel direct (président et Assemblée nationale) ou indirect (Sénat).

Pour ce qui est de l'Assemblée nationale, il a déjà été suffisamment indiqué que le président ne peut exercer la prépondérance qui lui est habituellement reconnue que s'il a le soutien de la majorité parlementaire.

Pour ce qui est du Sénat, on observera que si le pouvoir y dispose d'une majorité, c'est certainement pour lui un atout sérieux, mais qui n'est nullement indispensable puisque d'une part, le Gouvernement n'est pas responsable devant la seconde chambre et que d'autre part, il ne dépend même pas d'elle pour le vote des lois, l'article 45 lui permettant de faire prévaloir la volonté d'une Assemblée nationale dominée par une majorité fidèle. En sens contraire, on ne doit pas oublier que la Constitution confère au Sénat la maîtrise des lois organiques qui le concernent (cf. art. 46) ainsi qu'un droit de veto constitutionnel qui lui permet de tenir le pouvoir en échec s'il veut modifier la Constitution et qu'il a d'ailleurs déjà fait jouer à plusieurs reprises. Mais le veto constitutionnel ne joue que de manière exceptionnelle alors que l'emploi de l'article 45 par le Gouvernement est fréquent.

---

1. Sous réserve de quelques compétences relativement mineures : droit de message (art. 18, alinéa premier), faculté de s'adresser au Congrès (art. 18, alinéa 2), droit de demander une nouvelle délibération de la loi (art. 10). Encore le Premier ministre se charge-t-il de la transmission, ce qui implique son accord (au moins pour la nouvelle délibération).

B. Le président de la République et la dissolution de l'Assemblée nationale

1215. L'article 12 fait du droit de dissolution une prérogative personnelle et un pouvoir propre du président de la République, qui l'a déjà utilisé à cinq reprises, le 6 octobre 1962, le 30 mai 1968, le 18 mai 1981, le 13 mai 1988 et le 21 avril 1997 [1]. Il lui revient donc de décider discrétionnairement s'il doit ou non faire usage de ce droit dont l'exercice n'est subordonné à aucune condition de fond, seulement à des conditions formelles et conjoncturelles.

Quant à la forme, le président de la République doit, avant de prononcer la dissolution, consulter le Premier ministre, le président du Sénat et celui de l'Assemblée nationale mais il n'est nullement tenu de suivre leurs avis, qui peuvent d'ailleurs être divergents. Quant à la période d'exercice, la dissolution ne peut intervenir : 1°) dans l'année qui suit les élections intervenant après une dissolution (art. 12, alinéa 4) ; 2°) pendant l'exercice par le président de la République des pouvoirs exceptionnels prévus par l'article 16 ; 3°) pendant l'intérim assuré par le président du Sénat en cas de vacance de la Présidence de la République (art. 7).

S'agissant d'un pouvoir propre du président de la République, le décret de dissolution n'a pas à être contresigné par le Premier ministre. La dissolution doit être suivie d'élections générales dans le délai fixé par l'article 12 et la nouvelle Assemblée nationale se réunit de plein droit. Elle n'a aucun effet sur le Sénat, non plus, en principe, que sur le Gouvernement, qui est seulement tenu par l'usage de démissionner après l'élection de l'Assemblée et qui peut parfois n'être pas reconduit, comme cela a été le cas en 1968, après des élections qui, pourtant, avaient été gagnées.

C. La signification de la dissolution de l'Assemblée nationale

1216. Ce qui caractérise le droit de dissolution prévu par l'article 12 c'est qu'il constitue pour le président de la République un pouvoir propre et effectif, une prérogative personnelle et non pas une compétence purement nominale. C'est pourquoi cette dissolution serait fort difficile à expliquer si on la situait en régime parlementaire et qu'elle serait proprement inexplicable en régime présidentiel. Dans le cadre du premier, elle apparaîtrait comme une survivance du régime parlementaire dualiste, qui n'est plus pratiqué par les grands États modernes. En régime présidentiel, le président n'a pas le droit de dissoudre l'Assemblée.

Dans le régime actuel, la dissolution revêt des significations différentes. Elle est à la fois un moyen d'éviter les risques de blocage des institutions, une arme du président de la République lorsqu'il est personnellement mis en cause, un procédé pour sortir d'une crise de société, ainsi qu'un moyen pour l'exécutif de provoquer des élections législatives à un moment qu'il estime favorable.

1217. La dissolution représente d'abord la principale issue constitutionnelle aux risques de blocage des institutions résultant notamment d'un désaccord entre le président et la majorité. Encore faut-il qu'elle soit possible (elle ne peut suivre une première dissolution qu'après un délai d'un an). Si elle l'est, elle permet de donner la parole au

---

1. A. Cabanis et M.-L. Martin, *La dissolution parlementaire à la française,* Presses de Science Po, 2001.

peuple et de sortir ainsi de l'affrontement. En effet, si le peuple donne raison au président en élisant une majorité de soutien (donc une nouvelle majorité), l'harmonie est rétablie. Si le peuple donne tort au président en confirmant la majorité précédente, le président n'a plus qu'à s'incliner mais, de toute manière les institutions sont remises en marche. C'est une dissolution de ce type qui a été décidée en 1981 et en 1988 dans des conditions très favorables pour le président puisque les législatives ont eu lieu dans la foulée des présidentielles.

1218. La dissolution est aussi pour le président de la République une arme lui permettant de répondre aux attaques qui seraient dirigées contre lui par certains partis de la coalition gouvernementale, comme il peut arriver même lorsque celle-ci ne relève pas d'un courant politique opposé au sien. En effet, il est normal que les conflits qui paraissent opposer l'Assemblée au Gouvernement l'opposent, en réalité, au président de la République, titulaire réel du pouvoir. C'est si vrai que la seule fois où l'Assemblée a censuré un Gouvernement, en 1962, elle l'a fait en visant nommément dans la motion de censure le président de la République. C'est pourquoi il était logique qu'à cette condamnation le président réponde lui-même en décidant la dissolution.

1219. La dissolution peut être également un moyen de sortir d'une crise plus sociale qu'institutionnelle, comme on l'a constaté en 1968. En donnant à l'ensemble des électeurs – sans d'ailleurs qu'il y ait désaccord entre le président et la majorité parlementaire – la possibilité d'exprimer la volonté populaire, elle a permis de faire taire les minorités agissantes et de mettre fin à des désordres que les institutions proprement dites n'arrivaient plus à endiguer.

1220. Enfin la dissolution peut permettre au président de la République, normalement en plein accord avec le Premier ministre et sur sa suggestion, de provoquer des élections législatives anticipées parce qu'il estime qu'il est souhaitable de dynamiser sa majorité et de relancer sa politique en prévision de difficultés ultérieures. Il s'agit alors d'une dissolution « à l'anglaise » qui en soi n'a rien d'incompatible avec le fonctionnement du régime. En revanche il est clair que le pari est très risqué et qu'il convient de faire preuve d'une très grande prudence. Le premier essai qui en a été fait en avril 1997 n'a pas été heureux pour le président, la large majorité qui le soutenait et qui pouvait le faire pendant un an encore ayant été battue.

Section 4

L'exercice des pouvoirs de crise

1221. L'article 16 permet au président de se saisir de tous les pouvoirs en cas de nécessité [1]. Motivées par le souvenir de juin 1940, ses dispositions sont sans précédent dans la tradition républicaine et autorisent l'exercice d'une dictature au sens qu'avait ce terme dans la Rome antique. L'article 16 a été appliqué en 1961 et depuis lors,

---

1. F. Saint-Bonnet, « Réflexions sur l'article 16 et l'état d'exception », *RDP* n° spécial, *Quarante ans de la Ve République,* 1998. 1699. Cf. également : S. Platon, « Vider l'article 16 de son venin : les pleins pouvoirs sont-ils solubles dans l'État de droit contemporain ? », *RFDC* n° hors-série, *Après le Comité Balladur, réviser la Constitution en 2008 ?*, 2008.

sa suppression a été envisagée à plusieurs reprises. La grande révision du 23 juillet 2008 aurait pu représenter une occasion rêvée. Las, le constituant a préféré créer une garantie supplémentaire sans toucher à l'essentiel.

I. La mise en œuvre

1222. À quelques formalités près, elle est laissée à la discrétion du président de la République et ne comporte d'autres limites que celles que celui-ci se fixe à lui-même. C'est dans sa conscience que les citoyens doivent trouver leur principale garantie et on comprend, dans ces conditions, que l'article 16 ait inspiré et continue d'inspirer les plus grandes craintes aux esprits libéraux.

A. Les conditions de fond

1223. Pour que le président puisse mettre en œuvre l'article 16, il faut que : 1°) les institutions de la République, l'indépendance de la Nation, l'intégrité du territoire ou l'exécution de ses engagements internationaux soient menacés d'une manière grave et immédiate ; 2°) le fonctionnement régulier des pouvoirs publics soit interrompu. On doit souligner ce que ces conditions, qui sont cumulatives, ont de vague et d'imprécis, imprécision d'autant plus inquiétante que c'est le président qui apprécie seul et souverainement si les conditions sont réunies.

B. Les conditions de forme

1224. Le président doit procéder à des consultations préalables et officielles : du Premier ministre, des présidents des assemblées, du Conseil constitutionnel. Il n'est pas tenu de suivre leurs avis, qui peuvent d'ailleurs être divergents, mais celui émis par le Conseil doit être motivé et publié.

C. La décision de mise en œuvre

1225. Il s'agit d'un pouvoir propre du président, échappant à tout contrôle juridictionnel quel qu'il soit (CE 2 mars 1962, *Rubin de Servens*, *RDP* 1962, p. 314 et 288). Le président doit informer la Nation de sa décision par un message.

II. Le régime juridique

1226. La mise en œuvre de l'article 16 ouvre une parenthèse dans l'état de droit normalement prévu par la Constitution.

A. Les pouvoirs du président de la République

1227. Le président de la République est habilité à prendre les mesures exigées par les circonstances, ce qui revient à dire qu'il dispose, pendant la durée d'application de l'article 16, de la plénitude du pouvoir exécutif et du pouvoir législatif. À noter que disposant du pouvoir législatif, il peut créer des juridictions d'exception, comme cela a été le cas en 1961. Ces pouvoirs n'ont d'autres limites que : 1° l'interdiction, formulée expressément par l'article 16, de prononcer la dissolution de l'Assemblée nationale pendant l'exercice des pouvoirs exceptionnels ; 2° l'impossibilité de procéder, par le moyen de cet article, à une révision de la Constitution ; elle résulte implicitement des termes de l'article 16 qui n'accorde de pouvoirs au président que pour lui permettre de rétablir «... les pouvoirs publics constitutionnels... », ce qui doit s'entendre des institutions en place au moment de la mise en œuvre et qui ne peuvent donc faire l'objet d'aucune modification.

B. Les mesures d'application

1228. Il peut s'agir de décisions (législatives ou réglementaires) ou de décrets (pour les mesures individuelles d'application), pris par le président et dispensés de tout contreseing.

L'article 16 n'impose à leur sujet que la consultation préalable du Conseil constitutionnel, dont l'avis ne lie pas le chef de l'État, et une condition de finalité, les mesures prises devant être inspirées par la volonté de rétablir rapidement l'ordre constitutionnel normal.

Si les décisions législatives échappent à tout contrôle juridictionnel, il n'en est pas de même des décisions réglementaires (cf. arrêt *Rubin de Servens*, préc.) et des mesures individuelles d'application (CE 23 oct. 1964, *d'Oriano*, *RDP* 1965, p. 282), qui peuvent être déférées au Conseil d'État par la voie du recours pour excès de pouvoir.

C. Le régime des pouvoirs publics

1229. On doit distinguer entre le Gouvernement et le Parlement.

Le Gouvernement continue à exercer ses fonctions habituelles mais en respectant, pour ce qui est des mesures exigées par les circonstances, l'action prioritaire du président, qui dispose de la plénitude du pouvoir exécutif.

Le Parlement se réunit de plein droit pendant toute la durée d'application de l'article 16, mais il peut suspendre provisoirement le cours de ses travaux, ce qu'il avait fait, en 1961, de fin juillet au début septembre. Ses attributions sont très sensiblement réduites, si on se réfère, en l'absence de textes, au précédent de 1961. Les règles adoptées alors – d'un caractère contestable et qui semblent avoir été si improvisées que l'on hésite à penser qu'elles fixent le droit en la matière – distinguent entre les périodes de sessions normales et les autres.

Au cours des sessions normales (ordinaires ou extraordinaires), le Parlement continue d'exercer ses pouvoirs législatif et de contrôle habituels «... pour autant qu'il ne s'agisse pas de mesures prises ou à prendre en vertu de l'article 16 ». Il peut donc aussi bien censurer le Gouvernement que voter les lois, mais sans concurrencer le président, que l'article 16 a saisi de la plénitude du pouvoir législatif.

En dehors des sessions normales, les travaux du Parlement ne peuvent avoir un «... aboutissement législatif ». Il s'ensuit que le Gouvernement ne peut engager sa responsabilité sur le vote d'une loi dans les conditions de l'article 49, alinéa 3 et que «... pour assurer l'équilibre fondamental des pouvoirs... », l'Assemblée ne peut, de son côté, censurer le Gouvernement dans les conditions de l'article 49, alinéa 2.

D. Le contrôle exercé par le Conseil constitutionnel

1230. La révision constitutionnelle du 23 juillet 2008 s'est bornée à rajouter un sixième alinéa à l'article 16 prévoyant que : « Après trente jours d'exercice des pouvoirs exceptionnels, le Conseil constitutionnel peut être saisi par le président de l'Assemblée nationale, le président du Sénat, soixante députés ou soixante sénateurs aux fins d'examiner si les conditions énoncées au premier alinéa demeurent réunies. Il se prononce dans les délais les plus brefs par un avis public. Il procède de plein droit à cet examen et se prononce dans les mêmes conditions au terme de soixante jours d'exercice des pouvoirs exceptionnels et à tout moment au-delà de cette durée ». Cette nouvelle garantie est, à vrai dire, assez limitée. En effet, la Constitution prévoyait déjà que le Conseil devait émettre un avis sur la décision de recourir à l'article 16. La révision de 2008 ne fait donc qu'étendre le champ d'application de l'avis du Conseil qui pourra être donné durant la période de mise en œuvre de l'article 16. Il n'en reste pas moins que le Conseil ne fait toujours que rendre un avis qui peut parfaitement être surmonté par le président. C'est pourquoi, il aurait sans doute été préférable de supprimer purement et simplement cet article, fenêtre ouverte sur la dictature fût-elle de « salut public ».

III. La durée d'application

1231. On doit distinguer entre la durée d'application de l'article 16 et la durée des effets des décisions prises en application de l'article 16.

A. La durée d'application de l'article 16

1232. Elle doit se limiter au strict nécessaire puisqu'il ressort de l'article 16 que l'application cesse de se justifier dès que «... le fonctionnement régulier des pouvoirs publics... » est de nouveau assuré et que les mesures prises doivent être inspirées par la volonté de rétablir «... dans les moindres délais... » l'ordre juridique normal. Mais la décision de fin d'application est laissée à l'appréciation du président de la République, sans contrôle ni sanction. En 1961, l'application de l'article 16, décidée le 23 avril, a été abusivement prolongée jusqu'au 29 septembre, c'est-à-dire bien au-delà du retour au fonctionnement régulier des pouvoirs publics.

B. La durée d'effet des décisions prises en application de l'article 16

1233. Il est apparu en 1961 que les mesures prises demeuraient en vigueur même après l'expiration de la période d'application de l'article 16. En effet, certaines décisions ont elles-mêmes prévu leur date de fin d'application cependant que d'autres étaient expressément maintenues en vigueur par une décision prise à la fin de la période d'application et que les mesures individuelles d'application devenaient définitives.

▶ Bibliographie

P. Avril, « Le président de la République, représentant de la Nation », in *Constitution et finances publiques, Études en l'honneur de Loïc Philip,* Economica, 2005, p. 31.

C.-A. Colliard, « Les pouvoirs du président de la République en cas de coexistence institutionnelle (mars 1986 – mai 1988) », *RDP* 1989, p. 1565.

C. Debbasch, « Le président de la République et le Premier ministre dans le système politique de la Ve République : duel ou duo ? », *RDP* 1982, p. 1175.

M. Frangi, *Le président de la République – Arbitrer, diriger, négocier*, 2e éd., L'Harmattan, 2018.

P. Jan, *Le président de la République au centre du pouvoir*, La documentation française, 2011.

A. Levade, « Les nouveaux équilibres de la Ve République », *RFDC* n° 82, 2010, p. 227.

S. Milacic, « Les ambiguïtés du rapport français au président de la République », *Constitutions*, n° 1-2013.

J. Massot, *L'arbitre et le capitaine, Essai sur la responsabilité présidentielle*, Flammarion, 1987.

J. Massot, *Chef de l'État et chef de gouvernement. Dyarchie et hiérarchie*, La documentation française, 1993.

A. Vidal-Naquet, « Un président de la République plus "encadré" », *JCP* 2008. I. 17.

Les élections présidentielles depuis 1962
(résultats proclamés par le Conseil constitutionnel)

Élections	**Premier tour** ***Suffrages obtenus***		**Deuxième tour** ***Suffrages obtenus*** **% des suffrages exprimés** **% des électeurs inscrits**	
5 et 19 décembre 1965 Inscrits 2e tour 28 902 704 Suff. exprimés 2e tour 23 703 434	C. de Gaulle F. Mitterrand J. Lecanuet J.-L. Tixier-Vignancourt P. Marcilhacy M. Barbu	10 828 521 7 694 005 3 777 120 1 260 208 415 017 279 685	**C. de Gaulle** F. Mitterrand	13 083 699 55,1 % 45,2 % 10 619 735 44,9 % 36,8 %
1er et 15 juin 1969 Inscrits 2e tour 29 500 334 Suff. exprimés 2e tour 19 007 489	G. Pompidou A. Poher J. Duclos G. Deferre M. Rocard L. Ducatel A. Krivine	10 051 783 5 268 613 4 808 285 1 133 222 8 6 470 286 447 239 104	**G. Pompidou** A. Poher	11 064 731 58,2 % 37,5 % 7 943 118 41,8 % 26,9 %

Élections	**Premier tour** ***Suffrages obtenus***		**Deuxième tour** ***Suffrages obtenus*** **% des suffrages exprimés** **% des électeurs inscrits**	
5 et 19 mai 1974 Inscrits 2ᵉ tour 30 600 775 Suff. exprimés 2ᵉ tour 26 367 807	F. Mitterrand V. Giscard d'Estaing J. Chaban-Delmas J. Royer A. Laguiller R. Dumont J.-M. Le Pen E. Muller A. Krivine B. Renouvin J.-C. Sebag G. Heraud	11 044 373 8 326 774 3 857 728 810 540 595 247 337 800 190 921 176 279 93 990 43 722 42 007 19 255	**V. Giscard d'Estaing** F. Mitterrand	13 396 203 50,7 % 43,7 % 12 971 604 49,3 % 42,3 %
26 avril et 10 mai 1981 Inscrits 2ᵉ tour 36 398 762 Suff. exprimés 2ᵉ tour 30 350 568	V. Giscard d'Estaing F. Mitterrand J. Chirac G. Marchais B. Lalonde A. Laguiller M. Crepeau M. Debré M.-F. Garaud	8 222 432 7 505 960 5 225 848 4 456 922 1 126 254 668 057 642 847 481 821 386 623	**F. Mitterrand** V. Giscard d'Estaing	15 708 262 51,7 % 43,1 % 14 642 306 48,3 % 40,1 %
24 avril et 8 mai 1988 Inscrits 2ᵉ tour 38 168 869 Suff. exprimés 2ᵉ tour 30 923 249	F. Mitterrand J. Chirac R. Barre J.-M. Le Pen A. Lajoinie A. Waechter P. Juquin A. Laguiller P. Boussel	10 367 220 6 063 514 5 031 849 4 375 894 2 055 995 1 149 642 639 084 606 017 116 823	**F. Mitterrand** J. Chirac	16 704 279 54 % 43,7 % 14 218 970 45,9 % 37,2 %
23 avril et 7 mai 1995 Inscrits 2ᵉ tour 39 976 944 Suff. exprimés 2ᵉ tour 29 943 671	L. Jospin J. Chirac E. Balladur J.-M. Le Pen R. Hue A. Laguiller Ph. de Villiers D. Voynet J. Cheminade	7 097 786 6 348 375 5 658 796 4 570 838 2 632 460 1 615 552 1 443 186 1 010 681 84 959	**J. Chirac** L. Jospin	15 763 027 52,6 % 39,4 % 14 180 644 47,3 % 35,4 %

Élections	**Premier tour** ***Suffrages obtenus***		**Deuxième tour** ***Suffrages obtenus*** **% des suffrages exprimés** **% des électeurs inscrits**	
21 avril et 5 mai 2002 Inscrits 2e tour 41 191 009 Suff. exprimés 2e tour 31 066 779	J. Chirac	5 665 855	**J. Chirac** J.-M. Le Pen	25 540 873 82,2 % 62 % 5 525 906 17,79 % 13,4 %
	J.-M. Le Pen	4 804 713		
	L. Jospin	4 610 113		
	F. Bayrou	1 949 170		
	A. Laguiller	1 630 045		
	J.-P. Chevènement	1 518 528		
	N. Mamère	1 495 724		
	O. Besancenot	1 210 562		
	J. Saint-Josse	1 204 689		
	A. Madelin	1 113 484		
	R. Hue	960 480		
	B. Mégret	667 026		
	C. Taubira	660 447		
	C. Lepage	535 837		
	C. Boutin	339 112		
	D. Gluckstein	132 686		
21 avril et 5 mai 2007 Inscrits 2e tour 44 472 733 Suff. exprimés 2e tour 35 773 578	O. Besancenot	1 498 581	**N. Sarkozy** S. Royal	18 983 138 52,0 % 42,6 % 16 790 440 47,0 % 37,7 %
	M.-G. Buffet	707 268		
	G. Schivardi	123 540		
	F. Bayrou	6 820 119		
	J. Bové	483 008		
	D. Voynet	576 666		
	P. de Villiers	818 407		
	S. Royal	9 500 112		
	F. Nihous	420 645		
	J.-M. Le Pen	3 834 530		
	A. Laguiller	487 857		
	N. Sarkozy	11 448 663		
22 avril et 6 mai 2012 Inscrits 2e tour 46 066 307 Suff. exprimés 2e tour 34 861 353	F. Hollande	10 272 705	**F. Hollande** N. Sarkozy	18 000 668 51,6 % 39 % 16 860 685 48,3 % 36,6 %
	N. Sarkozy	9 753 629		
	M. Le Pen	6 421 426		
	J.-L. Mélenchon	3 984 822		
	F. Bayrou	3 275 122		
	E. Joly	828 345		
	N. Dupont-Aignan	643 907		
	P. Poutou	411 960		
	N. Arthaud	202 548		
	J. Cheminade	89 545		

Élections	**Premier tour** *Suffrages obtenus*		**Deuxième tour** *Suffrages obtenus* % des suffrages exprimés % des électeurs inscrits	
23 avril et 7 mai 2017 Inscrits 2e tour 47 568 693 Suff. exprimés 2e tour 31 381 603	E. Macron	8 656 346	**E. Macron**	20 743 128 66,1 % 43,6 %
	M. Le Pen	7 678 491	M. Le Pen	10 638 475 33,9 % 22,3 %
	F. Fillon	7 212 995		
	J.-L. Mélenchon	7 059 951		
	B. Hamon	2 291 288		
	N. Dupont-Aignan	1 695 000		
	J. Lassalle	435 301		
	P. Poutou	394 505		
	F. Asselineau	332 547		
	N. Arthaud	232 384		
	J. Cheminade	65 586		

Chapitre 19

Le Gouvernement

1234. Dans la Constitution de la Cinquième République, immédiatement après le titre II consacré au président de la République, on trouve un titre III entièrement consacré au Gouvernement. Cet ordre correspond à la logique du texte de 1958 qui met en place un exécutif dualiste, tout au moins en apparence.

Il s'agira ici de décrire brièvement le Gouvernement en tant qu'organe (section 1), avant de préciser le champ de l'activité gouvernementale (section 2).

Section 1

L'organisation du Gouvernement

1235. Il faut examiner sa composition, le problème complexe des incompatibilités gouvernementales et – sans revenir sur le rôle politique du Premier ministre déjà étudié à l'occasion des pouvoirs présidentiels dont il est indissociable – les attributions constitutionnelles du Gouvernement et de son chef.

I. La composition du Gouvernement

1236. Il comprend le Premier ministre et les autres membres du Gouvernement, qui constituent ensemble un organe collégial, solidaire et hiérarchisé.

A. La désignation du Premier ministre

1237. Il est désigné par le président de la République, dont c'est une des prérogatives les plus importantes. Cette désignation pose un problème politique, qui est celui du choix, et un problème juridique, qui est celui de la nomination.

1238. Le problème du *choix* d'abord. Aux termes de l'article 8, le président « nomme le Premier ministre ». C'est donc au chef de l'État qu'il appartient de choisir le chef du Gouvernement et il exerce ce choix d'autant plus discrétionnairement qu'il s'agit pour lui d'un pouvoir propre. La seule limite, mais qui n'est pas négligeable, est qu'il doit le choisir de telle sorte que le Premier ministre jouisse de la confiance de la majorité parlementaire. Cette nécessité s'impose au président que la majorité parlementaire soit ou non en concordance d'orientation avec lui.

S'il y a concordance, le président dispose d'une certaine liberté de choix. Certes, il est dans la logique du régime qu'il désigne un des dirigeants du parti le plus important de la majorité, c'est-à-dire celui qui a obtenu le plus de sièges à l'Assemblée nationale. Mais s'il existe, comme c'est généralement le cas, plusieurs dirigeants de haut niveau, rien ne s'oppose à ce que le président exerce librement son choix. C'est dans ces conditions que le président Emmanuel Macron a désigné Édouard Philippe en 2017.

Si la majorité est politiquement hostile ou même seulement très réservée (comme en 1986, 1993 et 1997), la liberté du président est très réduite. Il doit choisir le Premier ministre dans la nouvelle majorité, généralement en tenant compte de ses souhaits.

1239. Le problème de la *nomination* ensuite. Elle fait l'objet d'un décret du président de la République qui ne soulève pas de difficultés particulières mais la question s'est posée de savoir, compte tenu des dispositions de l'article 49, alinéa premier, si le Premier ministre ne doit pas se présenter ensuite devant l'Assemblée nationale pour exposer son programme et solliciter un vote de confiance. Cette question concernant moins la nomination du Premier ministre que sa responsabilité devant l'Assemblée, elle sera examinée à l'occasion de l'étude d'ensemble qui sera faite de cette dernière mais on peut d'ores et déjà indiquer qu'elle a reçu une réponse négative.

B. La cessation de fonctions du Premier ministre

1240. Aux termes de l'article 8 précité de la Constitution, le président « met fin (aux fonctions du Premier ministre) sur la présentation par celui-ci de la démission du Gouvernement ». La démission du Premier ministre entraîne donc toujours celle du Gouvernement.

Si on considère les différentes démissions qui sont intervenues depuis 1958, on constate qu'elles répondent à plusieurs types. Il y a d'abord la démission volontaire, qui peut tenir, par exemple, à l'existence d'un désaccord avec le président (J. Chirac en 1976 ou M. Valls en 2016). Il y a ensuite la démission de courtoisie, donnée par le Premier ministre après une élection présidentielle ou des élections législatives. Ces démissions peuvent être suivies d'une reconduction de l'intéressé dans ses fonctions (par ex. G. Pompidou, en 1965 et en 1967, P. Messmer en 1973) ou d'un changement de Premier ministre (remplacement de G. Pompidou par M. Couve de Murville en 1968, de ce dernier par J. Chaban-Delmas en 1969, de P. Messmer par J. Chirac en 1974). Il y a également la démission imposée, dans les conditions définies par l'article 50, à la suite de la mise en cause du Gouvernement par l'Assemblée nationale (G. Pompidou en 1962). Il y a aussi la démission provoquée par le président de la République, qui souhaite changer de Premier ministre (M. Debré en 1962, J. Chaban-Delmas en 1972, P. Mauroy en 1984, M. Rocard en 1991, Mme E. Cresson en 1992, J.-P. Raffarin en 2005, J. M. Ayrault en 2014). Il y a même la démission à caractère insolite sinon donnée, du moins annoncée, entre les deux tours des législatives le 27 mai 1997 par A. Juppé et qui paraît avoir été adressée directement aux électeurs tout autant, sinon davantage, qu'au président [1].

1241. C'est bien évidemment la démission provoquée qui soulève le plus de difficultés car elle correspond à une véritable mise en cause de la responsabilité politique du Premier ministre par le président de la République, une forme de « révocation »,

---

1. Cette démission procédait aussi d'un désaccord avec le président Mitterrand, qui venait de désavouer publiquement la politique suivie par son Premier ministre.

qui n'est nullement prévue par la Constitution et qui va même à l'encontre du texte. En effet, selon un principe d'interprétation constant, dès lors que le texte constitutionnel prévoit, dans ses articles 49 et 50, des modalités précises de mise en œuvre de la responsabilité gouvernementale, il exclut par là même toute autre modalité. C'est pourquoi elle doit satisfaire à deux conditions implicites.

La première condition est que le président ne peut agir ainsi que si le Premier ministre est politiquement très proche de lui, c'est-à-dire si le président et la majorité ont la même orientation. Dans le cas contraire, le président est évidemment désarmé et il est hors de question qu'il demande à un Premier ministre devant tout à la majorité et fort peu au chef de l'État de démissionner.

C'est qu'il existe, en effet, une seconde condition en ce sens que la démission provoquée doit obligatoirement apparaître comme une démission volontaire. On observera que, en cas de concordance d'orientation, la responsabilité du Premier ministre devant le président, bien que non prévue par la Constitution, répond à une certaine logique du système. En effet, dans la mesure où le chef du Gouvernement met en œuvre la politique du président, il n'est pas anormal que celui-ci se réserve « la faculté de le changer[1] » en fonction des aléas et des infléchissements de sa politique. C'est dans ces conditions que sont intervenues les démissions données en avril 1962 par M. Debré[2], en juillet 1972 par J. Chaban-Delmas et en mai 2005 par J.-P. Raffarin. L'arrivée au pouvoir en 1981 et en 1988 d'un président et d'une majorité de gauche n'a pas modifié les données de ce problème et il n'est pas douteux que le Premier ministre est resté responsable, en fait, devant le chef de l'État[3], comme en témoignent les démissions données le 17 juillet 1984 par P. Mauroy, le 15 mai 1991 par M. Rocard et le 2 avril 1992 par Mme E. Cresson, ou encore le 30 mars 2014 par J.-M. Ayrault.

C. Les membres du Gouvernement

1242. Il faut étudier la désignation et la cessation de fonctions des membres du Gouvernement.

a) La désignation des membres du Gouvernement

1243. Comme pour le Premier ministre, mais dans des conditions différentes, elle pose le problème du choix et celui de la nomination.

1244. Le choix est un choix politique qui appartient normalement au Premier ministre mais dans lequel pèse fortement le président. Encore faut-il distinguer. Si le président est soutenu par la majorité, il va jouer un rôle très actif, soit qu'il impose ses choix, soit qu'il contrôle ceux du Premier ministre. Dans le cas contraire, son rôle est très limité : le Premier ministre compose lui-même son Gouvernement, le président n'intervenant que pour récuser, le cas échéant, les titulaires envisagés pour certains postes en relation directe avec le chef de l'État. C'est ce qui s'est produit, en mars 1986,

---

1. Général de Gaulle, Conférence de presse du 31 janvier 1964.

2. Dans cette optique, on peut dire que la démission provoquée sanctionne la réussite d'un Premier ministre tout autant que son échec éventuel.

3. Réponse à la question écrite n° 9767 posée au Premier ministre par Pierre-Bernard Cousté (*JO Ass. nat.*, Q et R., 22 mars 1982, p. 1157).

lors de la formation du Gouvernement Chirac pour l'attribution du ministère des Affaires étrangères et du ministère de la Défense. Toutefois, la désignation par le président de la République à la fois du Premier Ministre et d'un ministre d'État, en l'occurrence, Nicolas Sarkozy, crée un précédent puisque le chef de l'État a officiellement indiqué qu'il se réservait le droit de désigner directement tel ou tel membre du Gouvernement. Outre le fait que cette pratique est discutable au regard du principe constitutionnel de la séparation des pouvoirs, elle aboutit à affaiblir encore davantage la nécessaire solidarité gouvernementale.

1245. Aux termes de l'article 8, alinéa 2, de la Constitution, « sur la proposition du Premier ministre (le président de la République) nomme les autres membres du Gouvernement » Le décret de nomination concrétise donc, par ses deux signatures, l'accord nécessaire du président de la République et du Premier ministre.

b) La cessation de fonctions des membres du Gouvernement

1246. Aux termes de l'article 8, alinéa 2, de la Constitution, le président met fin, sur proposition du Premier ministre, aux fonctions des membres du Gouvernement. Le chef de l'État et le chef du Gouvernement disposent donc ensemble d'un pouvoir de révocation, qui est spécifique, puisque le président n'en dispose pas, au moins en droit, à l'égard du Premier ministre. Mais les membres du Gouvernement peuvent aussi partir de leur propre chef et c'est pourquoi il faut envisager plusieurs hypothèses.

La démission collective du Gouvernement peut faire suite à la mise en cause de sa responsabilité politique, soit par l'Assemblée nationale dans les conditions définies par l'article 49, soit par le président de la République demandant et obtenant du Premier ministre qu'il consente à se retirer avec son équipe.

La démission individuelle des membres du Gouvernement est toujours possible. Elle peut tenir à des causes diverses mais elle est surtout intéressante lorsqu'elle tient à un désaccord politique avec le président de la République ou avec le Premier ministre. Si la divergence est sérieuse, le ministre ne peut que donner sa démission, soit de sa propre initiative[1], soit à la demande du Premier ministre[2].

La révocation par le président de la République sur proposition du Premier ministre donne au désaccord un caractère plus tranchant. On peut citer, à titre d'exemple, le décret du 8 juillet 1988 mettant fin aux fonctions de ministre délégué de Léon Schwartzenberg pour manquement à la solidarité gouvernementale dix jours seulement après sa nomination. À noter que, durant longtemps, cette durée de dix jours a représenté le record de brièveté de présence au sein du Gouvernement. Ce singulier « record » a été battu ensuite par Thomas Thévenoud, éphémère secrétaire d'État au commerce extérieur durant neuf jours seulement, contraint à la démission en septembre 2014 après que la Haute autorité pour la transparence de la vie publique ait révélé sa situation fiscale.

---

1. Un exemple significatif est fourni par la démission de ses fonctions de ministre de l'Intérieur de J.-P. Chevènement le 29 août 2000 en raison de son désaccord sur le futur statut de la Corse préparé par le gouvernement L. Jospin. Le 1er mars 1991, il avait déjà donné sa démission de ses fonctions de ministre de la Défense du gouvernement M. Rocard en raison de son désaccord sur l'engagement des forces françaises dans la guerre du Golfe.

2. À titre d'exemple, A. Madelin avait démissionné le 25 août 1995, à la demande du Premier ministre, de ses fonctions de ministre des Finances en raison de déclarations impliquant des divergences de vues sur la politique à suivre.

1247. Les remaniements ministériels interviennent à intervalles irréguliers, généralement pour donner plus de dynamisme et de vigueur à une équipe affaiblie par l'usure du pouvoir. Ils permettent de tirer les conséquences de quelques échecs et de faire entrer des éléments nouveaux, parfois d'opérer des mutations. Le président Nicolas Sarkozy a conceptualisé l'idée de « remaniement permanent ». De fait, en cinq ans, de mai 2007 à mai 2012, le Gouvernement a été remanié à treize reprises. Lorsque le remaniement envisagé est plus important, le Premier ministre présente sa démission au président, qui le reconduit dans ses fonctions, ce qui lui permet de constituer un nouveau Gouvernement avec la liberté souhaitable. Ainsi, François Fillon a-t-il démissionné à quatre reprises : en 2007, à la suite des élections législatives ; en 2008, à la suite des élections municipales ; en 2009, à la suite des élections européennes ; et, en 2010, afin de constituer un « gouvernement de combat » en vue de préparer l'échéance présidentielle de 2012. L'ultime Gouvernement constitué par François Fillon était donc, formellement en tout cas, son cinquième. En revanche, il faut souligner que pour des raisons stratégiques, François Fillon a refusé de présenter sa démission en mars 2010 à l'issue des élections régionales, même si le remaniement du 22 mars 2010, par son ampleur, s'apparentait bel et bien à la constitution d'un nouveau Gouvernement.

1248. La nouvelle rédaction de l'article 25, alinéa 2, issue de la révision constitutionnelle du 23 juillet 2008 qui prévoit un « remplacement temporaire » par leur suppléant des députés ou des sénateurs qui acceptent des fonctions gouvernementales devrait encore faciliter les remaniements ministériels à intervalles rapprochés car il crée un « droit au retour » au sein des assemblées ou profit des ministres. Cette disposition constitutionnelle, qui renoue avec la pratique des Troisième et Quatrième Républiques, génère nécessairement une plus grande instabilité ministérielle, voire une instabilité gouvernementale. De plus, elle présente l'inconvénient de privilégier la participation au Gouvernement des députés ou des sénateurs car ils bénéficient d'une forme de « sécurité de l'emploi », au détriment des hommes ou des femmes non investis de mandats parlementaires.

D. Le Gouvernement organe collégial, solidaire et hiérarchisé

1249. Bien que la Cinquième République ne puisse être complètement assimilée à un régime parlementaire, le Gouvernement forme un organe collégial et solidaire.

a) La collégialité et la solidarité

1250. Elles signifient que le Gouvernement est doté d'une existence propre, distincte de celle de ses membres et qui se traduit dans l'institution du Conseil des ministres. Elles signifient aussi que si chaque ministre est individuellement responsable de ses actes, il l'est également, en tant que membre du Gouvernement, de la politique générale de ce dernier, ainsi que de celles menées par ses différents collègues. Cette règle est d'autant plus logique qu'un membre du Gouvernement en désaccord avec sa politique a toujours la ressource de démissionner. S'il ne le fait pas, c'est qu'il est solidaire.

b) La hiérarchie gouvernementale

1251. L'élément essentiel de cette hiérarchie est évidemment l'autorité exercée de manière très effective par le Premier ministre, en application de l'article 21.

Mais il existe d'autres éléments qui font du Gouvernement un organisme structuré et hiérarchisé, de forme pyramidale. Les membres du Gouvernement ne se situent pas tous sur le même plan : les décrets de nomination les classent, en effet, en plusieurs catégories.

Au sommet, c'est-à-dire venant immédiatement après le Premier ministre, il peut exister des *ministres d'État,* normalement chargés d'un département, qui sont soit des personnalités auxquelles leurs fonctions antérieures ou actuelles confèrent un poids politique important, soit des personnalités chargées d'incarner au niveau gouvernemental la solidarité des partis coalisés, voire des tendances existant à l'intérieur d'un parti.

Ensuite viennent les ministres de plein exercice, chargés d'un département ministériel et participant de droit à toutes les réunions du Conseil des ministres. Le décret de nomination des membres du Gouvernement témoigne généralement de leur ordre de préséance. Certains gouvernements comprennent des ministres délégués, normalement chargés eux aussi d'un département ministériel mais rattachés au Premier ministre ou à un ministre de plein exercice. Ils assistent au Conseil des ministres bien que ne bénéficiant pas d'une totale autonomie. En revanche, les secrétaires d'État ne participent pas aux réunions du Conseil des ministres, sauf pour les affaires qui les concernent. Se situant à la base de la pyramide gouvernementale, ils peuvent être chargés d'un département ou de services administratifs et sont soit placés auprès du Premier ministre pour exercer des tâches précises, soit placés auprès d'un ministre pour l'assister dans la gestion de son département.

E. La responsabilité pénale des ministres

1252. Jusqu'en 1993, elle devait être appréciée par la Haute Cour de justice. Mais l'expérience a montré que cette juridiction était difficile à constituer et à saisir et qu'elle était inadaptée à la fonction qui lui était dévolue.

C'est pourquoi la loi constitutionnelle n° 93-952 du 27 juillet 1993 est venue, après les législatives de mars 1993, abroger le second alinéa de l'article 68 de la Constitution et le remplacer par deux nouveaux articles, 68-1 et 68-2, qui ont institué une Cour de justice de la République dont sont justiciables les membres du Gouvernement, y compris le Premier ministre, pour les actes accomplis dans l'exercice de leurs fonctions et qualifiés par la loi crimes ou délits au moment où ils ont été commis.

1253. Cependant, suivant l'une des propositions formulées par la « Commission Jospin » en novembre 2012, le Gouvernement a proposé d'aller plus loin encore en supprimant purement et simplement la Cour de justice de la République qui a largement fait la preuve de son inefficacité. Un projet de loi constitutionnelle révisant les articles 68-1 à 68-3 de la Constitution a été déposé en ce sens en mars 2013. Il vise à mettre fin à ce privilège de juridiction en soumettant les ministres ou anciens ministres aux juridictions de droit commun, y compris pour les actes commis durant l'exercice de leurs fonctions. Deux garde-fous viennent tout de même encadrer cette réforme radicale : le filtrage des recours par une commission des requêtes et l'attribution de compétence au tribunal de grande instance de Paris. Cependant, pour l'heure, cette réforme n'a pas été adoptée en raison de l'impossibilité dans laquelle s'est trouvé le président Hollande de parvenir à réunir la majorité des trois-cinquièmes requise par l'article 89 pour réviser la Constitution.

Les gouvernements sous la Cinquième République

Gouvernement	Durée des fonctions	Fin des fonctions
Debré	8 janvier 1959 – 14 avril 1962	Démission volontaire (mais donnée sur la demande du président de la République)
Pompidou (I)	15 avril 1962, démission remise le 6 octobre 1962 et acceptée le 28 novembre 1962	Vote, le 5 octobre 1962, d'une motion de censure
Pompidou (II)	6 décembre 1962 – 8 janvier 1966	Démission à la suite de l'élection présidentielle (19 décembre 1965)
Pompidou (III)	8 janvier 1966 – 10 avril 1967	Démission à la suite des élections législatives (5 et 12 mars 1967)
Pompidou (IV)	10 avril 1967 – 10 juillet 1968	Démission à la suite des élections législatives (23 et 30 juin 1968)
Couve de Murville	11 juillet 1968 – 22 juin 1969	Démission à la suite de l'élection présidentielle (15 juin 1969)
Chaban-Delmas	23 juin 1969 – 5 juillet 1972	Démission volontaire mais donnée sur la demande du président de la République
Messmer (I)	6 juillet 1972 – 5 avril 1973	Démission donnée à la suite des élections législatives (4 et 11 mars 1973)
Messmer (II)	6 avril 1973 – 27 février 1974	Démission donnée à la demande du président pour permettre un vaste remaniement
Messmer (III)	1er mars 1974 – 27 mai 1974	Démission donnée à la suite de l'élection présidentielle (19 mai 1974)
Chirac	28 mai 1974 – 22 août 1976	Démission motivée par un désaccord rendu public entre le Premier ministre et le président
Barre (I)	26 août 1976 – 30 mars 1977	Démission donnée pour permettre un remaniement
Barre (II)	30 mars 1977 – 24 mars 1978	Démission donnée à la suite des élections législatives (11 et 19 mars 1978)

Gouvernement	Durée des fonctions	Fin des fonctions
Barre (III)	5 avril 1978 – 11 mai 1981	Démission donnée à la suite de l'élection présidentielle (10 mai 1981)
Mauroy (I)	22 mai 1981 – 23 juin 1981	Démission donnée à la suite des élections législatives (14 et 21 juin 1981)
Mauroy (II)	23 juin 1981 – 23 mars 1983	Démission donnée à la demande du président pour permettre un remaniement
Mauroy (III)	23 mars 1983 – 17 juillet 1984	Démission consécutive à un désaccord politique avec le président Mitterrand mais donnée avec l'accord de ce dernier
Fabius	19 juillet 1984 – 20 mars 1986	Démission consécutive aux élections législatives du 16 mars 1986
Chirac	20 mars 1986 – 9 mai 1988	Démission consécutive à l'élection présidentielle (8 mai 1988)
Rocard (I)	10 mai 1988 – 23 juin 1988	Démission consécutive aux élections législatives (5 et 12 juin 1988)
Rocard (II)	25 juin 1988 – 15 mai 1991	Démission donnée à la demande du président
Cresson	16 mai 1991 – 2 avril 1992	Démission donnée à la demande du président
Bérégovoy	2 avril 1992 – 29 mars 1993	Démission consécutive aux élections législatives des 21 et 28 mars 1993
Balladur	30 mars 1993 – 11 mai 1995	Démission consécutive à l'élection présidentielle (mai 1995)
Juppé (I)	16 mai 1995 – 7 novembre 1995	Démission donnée pour permettre un remaniement
Juppé (II)	7 novembre 1995 – 2 juin 1997	Démission consécutive aux élections législatives du 25 mai et 1er juin 1997
Jospin	4 juin 1997 – 6 mai 2002	Démission consécutive à l'élection présidentielle du 5 mai 2002

Gouvernement	Durée des fonctions	Fin des fonctions
Raffarin (I)	8 mai 2002 – 17 juin 2002	Démission consécutive aux élections législatives des 9 et 16 juin 2002
Raffarin (II)	17 juin 2002 – 30 mars 2004	Démission consécutive aux élections régionales des 21 et 28 mars 2004
Raffarin (III)	30 mars 2004 – 20 mai 2005	Démission consécutive au référendum du 29 mai 2005
De Villepin	31 mai 2005 – 15 mai 2007	Démission consécutive à l'élection présidentielle des 5 et 6 mai 2007
Fillon (I)	17 mai 2007 – 19 juin 2007	Démission consécutive aux élections législatives des 10 et 17 juin 2007
Fillon (II)	19 juin 2007 – 18 mars 2008	Démission consécutive aux élections municipales des 9 et 16 mars 2008
Fillon (III)	18 mars 2008 – 23 juin 2009	Démission consécutive aux élections européennes des 6 et 7 juin 2009
Fillon (IV)	23 juin 2009 – 13 novembre 2010	Démission donnée pour permettre un remaniement
Fillon (V)	14 novembre 2010 – 10 mai 2012	Démission consécutive à l'élection présidentielle des 22 avril et 6 mai 2012
Ayrault (I)	15 mai 2012 – 18 juin 2012	Démission consécutive aux élections législatives des 10 et 17 juin 2012
Ayrault (II)	21 juin 2012 – 30 mars 2014	Démission consécutive aux élections municipales des 23 et 30 mars 2014
Valls (I)	31 mars 2014 – 25 août 2014	Démission donnée pour permettre un remaniement
Valls (II)	26 août 2014 – 10 février 2016	Démission donnée pour permettre un remaniement
Valls (III)	11 février 2016 – 6 décembre 2016	Démission donnée pour permettre au Premier ministre de concourir à l'élection primaire préalable à l'élection présidentielle

Gouvernement	Durée des fonctions	Fin des fonctions
Cazeneuve	6 décembre 2016 – 10 mai 2017	Démission consécutive à l'élection présidentielle des 23 avril et 7 mai 2017
Philippe (I)	15 mai 2017 – 19 juin 2017	Démission consécutive aux élections législatives des 11 et 18 juin 2017
Philippe (II)	21 juin 2017 - …	

II. Les incompatibilités gouvernementales

1254. Aux termes de l'article 23 de la Constitution : « (...) les fonctions de membre du Gouvernement sont incompatibles avec l'exercice de tout mandat parlementaire, de toute fonction de représentation professionnelle à caractère national et de tout emploi public ou de toute activité privée ».

A. La signification

1255. L'article 23 a une portée très générale puisqu'il vise tout emploi public et toute activité privée. C'est cependant l'incompatibilité établie entre fonctions ministérielles et mandat parlementaire qui est au centre de la formule et qui est de beaucoup la plus intéressante car elle va directement à l'encontre d'une règle classique du régime parlementaire. Dans ce dernier, en effet, les ministres sont pratiquement toujours choisis parmi les parlementaires, qui ne perdent pas pour autant leur mandat. Historiquement, c'est même en leur qualité de parlementaires que les ministres ont eu accès aux assemblées et qu'ils y ont pris part aux votes. L'article 23 rompt donc avec la tradition républicaine. Les ministres n'en ont pas moins accès aux assemblées (art. 31) mais ils n'y votent pas puisqu'ils sont remplacés par leurs suppléants.

L'incompatibilité édictée par l'article 23 laisse en dehors de son champ d'application d'importantes fonctions à caractère politique ou électif. C'est le cas, par exemple, pour la direction d'un parti politique ou les mandats locaux.

1256. Toutefois le problème a été renouvelé au cours de l'été 1997, le Premier ministre Lionel Jospin ayant demandé aux membres de son Gouvernement de se démettre des autres mandats ou fonctions, même compatibles, qu'ils pouvaient exercer. Depuis lors, il a pris encore plus d'acuité du fait de la loi organique du 14 février 2014 et de loi du même jour interdisant le cumul de fonctions exécutives locales avec le mandat de député ou de sénateur. Ces textes, applicables à compter de 2017, qui visent essentiellement les mandats de député et de sénateur ainsi que les fonctions exécutives locales, laissent en dehors d'eux les membres du Gouvernement qui ne sont pas visés en tant que tels.

1257. Cependant, cette liste de fonctions incompatibles pourrait encore s'étendre dans l'avenir puisque le Gouvernement de l'époque avait déposé en mars 2013 un projet de loi constitutionnelle visant à inscrire dans la Constitution que les fonctions de membre du Gouvernement sont incompatibles avec l'exercice de fonctions exécutives au sein des collectivités territoriales et de leurs établissements publics de coopération. Cette règle, qui répond à la nécessité pour chaque ministre de se consacrer pleinement à ses fonctions, avait fait l'objet d'une proposition de la « Commission Jospin ». Il faut cependant souligner que cette commission proposait d'aller bien plus loin en interdisant tout simplement le cumul de fonctions ministérielles avec tout mandat local [1]. Pour l'instant, ce projet de loi constitutionnelle n'a pu être adopté, faute d'une majorité suffisante. Il faut néanmoins relever que le projet de loi constitutionnelle visant à créer une « démocratie plus représentative, responsable et efficace » présenté lors du conseil des ministres du 4 mai 2018 a prévu, à son tour, d'inscrire cette incompatibilité à l'article 23 de la Constitution.

B. Les modalités

1258. Elles sont précisées par l'ordonnance du 17 novembre 1958 portant loi organique pour l'application de l'article 23.

L'incompatibilité ne prend effet qu'à l'expiration d'un délai d'un mois à compter de la nomination aux fonctions ministérielles. Ce délai permet aux ministres d'opter entre leur appartenance au Gouvernement et l'exercice des fonctions incompatibles. Une fois ce délai expiré, ceux d'entre eux qui sont parlementaires – en fait presque tous – sont remplacés par leurs suppléants.

On aurait pu concevoir que, pendant le délai d'option, les ministres parlementaires soient autorisés à voter. C'est la règle contraire qui, très logiquement, a prévalu, le choix en faveur des fonctions ministérielles étant présumé à partir de la nomination. Il est donc expressément prévu qu'au cours de ce mois les ministres ne peuvent prendre part à aucun scrutin.

Cette règle n'a pas été sans gêner des gouvernements qui, au moment de leur constitution, ne disposaient à l'Assemblée nationale que d'une majorité faible ou incertaine. En effet, la majorité se trouve privée des voix des ministres parlementaires sans disposer des voix de leurs suppléants, qui ne les ont pas encore remplacés. Pour surmonter cette difficulté, les gouvernements ont eu recours à divers procédés et souvent à des artifices de procédure : démission individuelle des ministres réélus – en début de législature – pour les faire participer à l'élection du bureau et des commissions de l'Assemblée, avant de les nommer dans la nouvelle équipe (Gouvernement Pompidou en avril 1967), report de la nomination des secrétaires d'État aux jours suivant le vote sur le programme (Gouvernement Chirac en juin 1974).

III. Les attributions du Gouvernement

1259. Il faut distinguer les attributions constitutionnelles du Premier ministre, qui en font le chef du Gouvernement et de l'Administration, et celles du Gouvernement qui se situent non seulement sur le plan proprement gouvernemental mais aussi sur le plan législatif et financier.

---

1. *Pour un renouveau de la vie démocratique. Rapport de la Commission de rénovation et de déontologie de la vie publique*, La documentation française, 2012, p. 61 et s.

A. Les attributions du Premier ministre

1260. Aux termes de l'article 21 de la Constitution, le Premier ministre «... dirige l'action du Gouvernement ».

Autrement dit, il est bien le premier à l'intérieur du Gouvernement, au sens plein et fort que l'on doit donner à cette formule. Il faut d'abord entendre par là que c'est sur sa proposition que sont nommés et révoqués les ministres (art. 8, alinéa 2). Il faut ensuite insister sur le fait que tout au long de l'existence du Gouvernement, le Premier ministre exerce sur ses collègues une autorité incontestable, encore que ses modalités puissent varier selon la personnalité, nécessairement différente, des titulaires successifs de la fonction. Il leur adresse ses instructions, tranche les différends qui peuvent survenir entre eux, arbitre les luttes de tendances entre les membres du Gouvernement se réclamant de partis associés certes, mais aussi rivaux, apprécie et éventuellement sanctionne les résultats obtenus. Il doit contresigner ou signer les principaux textes (projets de lois, de décrets réglementaires) émanant des différents ministères et secrétariats d'État, ce qui lui permet d'exercer son contrôle. On n'oubliera pas, d'autre part, qu'il doit veiller au maintien de la solidarité gouvernementale et que les compétences de proposition, de consultation ou de saisine dont il est constitutionnellement investi ne peuvent que renforcer son autorité (par ex. art. 16, 19, 29, 54, 61, 89).

1261. Le Premier ministre est aussi le chef suprême de l'Administration. Il assure l'exécution des lois et exerce le pouvoir réglementaire (art. 21), nomme aux emplois civils et militaires par délégation du président de la République (art. 21 ; Ord. n° 58-1136 du 28 nov. 1958). Il est également responsable de la défense nationale, encore que sur ce dernier point les grandes options soient réservées au chef de l'État. Mais au-delà de ces compétences particulières, si importantes soient-elles, il est le supérieur le plus élevé d'une Administration hiérarchisée qui constitue l'instrument par excellence du pouvoir.

B. Les attributions du Gouvernement

1262. Aux termes de l'article 20, « le Gouvernement détermine et conduit la politique de la Nation ». Il dispose, à cet effet, d'attributions nombreuses et diversifiées sur le plan proprement gouvernemental et ministériel comme sur le plan législatif et financier.

S'agissant des attributions gouvernementales et ministérielles, il suffit de rappeler que le Gouvernement a pour mission d'assister le Premier ministre dans la mise en œuvre de la politique déterminée par le président de la République (s'il est soutenu par la majorité) ou par le Premier ministre lui-même (dans le cas contraire) et d'indiquer qu'il dispose de l'Administration et de la force armée (art. 21), qu'il propose le recours au référendum (art. 11), qu'il décrète l'état de siège (art. 36). Il participe à la prise des décisions délibérées en Conseil des ministres. Les ministres et les secrétaires d'État chargés d'un Département ont évidemment à en assurer la direction et la gestion.

S'agissant des attributions législatives et financières, il faut souligner que le Premier ministre et le Gouvernement prennent une part extrêmement active à l'élaboration de la loi ordinaire et ont en charge la préparation et l'exécution des lois de finances ainsi que des lois de financement de la sécurité sociale.

Section 2
L'activité gouvernementale et l'appareil étatique

1263. Si l'activité gouvernementale est évidemment primordiale, il n'en faut pas moins évoquer l'appareil administratif qui assure la préparation et l'exécution des décisions prises et les moyens financiers sans lesquels l'exercice du pouvoir ne peut se concevoir.

I. L'ACTIVITÉ GOUVERNEMENTALE

1264. Elle concerne le Premier ministre et les différents membres du Gouvernement.

A. Le Premier ministre et ses services

1265. On observera d'abord que le Premier ministre exerce selon son appréciation personnelle les responsabilités qui lui sont propres, qu'il s'agisse de ses pouvoirs de direction et d'arbitrage à l'égard des autres membres du Gouvernement ou de ses pouvoirs d'impulsion, de coordination et de décision pour tout ce qui concerne la politique nationale, c'est-à-dire en fait la mise en œuvre de la politique présidentielle sous le contrôle de la majorité parlementaire. Le Premier ministre entretient donc nécessairement des rapports étroits avec le chef de l'État et avec le Parlement. On sait toutefois que sa position est très différente selon qu'il est en convergence d'opinion avec le président ou avec une majorité d'orientation différente.

1266. Le Premier ministre est assisté par des services administratifs dont le plus important est constitué par le Secrétariat général du Gouvernement, créé en 1935 [1].

C'est une sorte d'état-major civil, de structure assez légère mais comportant un personnel de qualité, dont le rôle est particulièrement important dans le domaine législatif car il lui appartient d'assurer la coordination entre le Gouvernement et le Parlement. A l'heure actuelle, cette fonction importante est assurée par M. Marc Guillaume. D'autre part, des organismes très importants sont rattachés au Premier ministre, parfois directement (Secrétariat général de la Défense nationale), parfois par l'intermédiaire d'un ministre ou d'un secrétaire d'État délégué auprès du Premier ministre.

B. Le Conseil des ministres

1267. C'est l'instance de décision du Gouvernement en tant qu'organe collégial et solidaire. Il se tient en principe chaque mercredi matin sous la présidence du président de la République. L'ordre du jour est préparé par le Secrétaire général du Gouvernement qui consulte le Premier ministre et le chef de l'État et définitivement arrêté par ce dernier. Seuls les ministres assistent au Conseil, les ministres délégués et les secrétaires d'État n'étant convoqués que pour les affaires qui les concernent mais la pratique a passablement varié. S'ils n'assistent pas au Conseil, ils sont réunis peu après et informés par un ministre, normalement le garde des Sceaux.

---

1. M. Long, *Les services du Premier ministre*, Economica, 1981.

Il n'est pas douteux que la part prise aux séances par le président est prépondérante dès lors qu'il a affaire à un Premier ministre et à une majorité qui lui sont proches même si, pour les questions importantes, il est procédé à la consultation individuelle des participants. Dans l'ensemble, on peut dire que la possibilité de discuter les projets de décisions soumis au Conseil des ministres est très réduite, ne serait-ce que parce qu'ils ont déjà fait l'objet d'une longue préparation, parfois au sein de comités restreints et que, très logiquement, l'accord est déjà réalisé et qu'il est beaucoup trop tard pour le remettre en cause. De toute manière, les décisions sont prises non pas à la majorité, ce qui n'aurait pas de sens pour un organe collégial et solidaire, mais, comme il est logique, à l'unanimité, un ministre ayant toujours la possibilité de démissionner s'il est en désaccord.

En revanche, si le président se trouve en présence d'une majorité et par conséquent d'un Premier ministre d'une orientation politique différente de la sienne, il est naturel qu'il préside sans faire obstacle aux mesures envisagées par le Gouvernement mais en indiquant ses réserves ou son opposition de principe à celles-ci et en le faisant ensuite connaître à l'opinion par son porte-parole et par ses propres déclarations.

C. Les membres du Gouvernement

1268. Les ministres et les secrétaires d'État sont placés à la tête de départements ministériels qui comportent à la fois une administration centrale et des services extérieurs. Le nombre des Départements ministériels varie d'un Gouvernement à l'autre.

II. L'APPAREIL ADMINISTRATIF

1269. Soumis à l'autorité du Gouvernement, il emploie un grand nombre d'agents publics et bénéficie de prérogatives importantes.

A. Les principes d'organisation

1270. L'appareil étatique proprement dit est régi par le principe de l'autorité hiérarchique et par celui de la déconcentration. En vertu du premier, il existe une hiérarchie stricte de la base au sommet – c'est-à-dire le Premier ministre, dont l'article 21 prévoit qu'il « dispose de l'administration » – qui impose aux organes subordonnés d'exécuter les ordres qu'ils reçoivent, toute méconnaissance pouvant entraîner une sanction disciplinaire. En vertu du second, des compétences sont déléguées par les organes centraux à des agents de l'État – normalement les Préfets – répartis sur le territoire national, ce qui permet, comme on l'a dit, de rapprocher l'administration des administrés. Il faut ajouter que le Gouvernement exerce aussi un contrôle de tutelle sur les collectivités et administrations décentralisées.

B. Les agents publics

1271. Ils constituent une masse considérable représentant 20 à 25 % de la population active : plus de cinq millions d'agents publics si on y inclut les agents des collectivités décentralisées et des entreprises nationales, environ 2 200 000 si on s'en tient aux seuls agents, civils et militaires, de l'État [1]. Ce nombre très élevé recouvre une très grande diversité de statuts mais il faut souligner que dans tous les cas les agents publics sont soumis à des règles différentes de celles qui s'appliquent aux salariés du secteur privé, parfois un peu plus protectrices, souvent beaucoup plus contraignantes.

C. Le régime administratif

1272. L'administration ayant pour objectif de réaliser la politique présidentielle et gouvernementale et ayant donc en charge l'intérêt général doit être en mesure de le faire prévaloir sur les intérêts particuliers. À cet effet, elle est dotée de prérogatives diverses, exorbitantes du droit commun, qui la mettent dans une situation de nette supériorité vis-à-vis des personnes privées, physiques ou morales, et qui lui permettent de surmonter les obstacles que celles-ci pourraient éventuellement lui opposer. Il faut particulièrement citer, parmi ces prérogatives, le procédé du service public et celui de la décision exécutoire, qui lui permettent d'imposer unilatéralement sa volonté.

III. Les moyens financiers

1273. Ils présentent une grande importance car ils conditionnent l'action du Gouvernement.

A. Les dépenses publiques et le budget

1274. Contrairement aux particuliers, l'État fiXE le montant de ses dépenses et ensuite seulement celui de ses recettes. L'ajustement des unes aux autres, avec ou sans impasse, correspond à ce qu'on appelle le budget, c'est-à-dire la loi de finances de l'année. Par le vote de celle-ci, le Parlement autorise pour une année la perception des recettes et la réalisation des dépenses qui permettront à l'État de remplir ses missions et à ses services de fonctionner.

B. La direction de l'économie et des finances

1275. Elle est assurée, sous l'autorité du Premier ministre, par le ministre chargé de l'économie et des finances. Il lui revient de préparer et exécuter les lois de finances, celle de l'année, c'est-à-dire le budget, les lois de finances rectificatives et les lois de règlement. La matière a été longtemps régie par l'ordonnance n° 59-2 du 2 janvier 1959. Elle l'est désormais par la loi organique n° 2001-692 du 1er août 2001 relative aux lois de finances. Ce texte prend des dépenses de l'État une vue plus large et plus évolutive, correspondant mieux à la réalité économique [2].

Pour autant, il faut rappeler que dès qu'il est question de dépenses et de crédits, rien ne se fait sans l'accord ou la participation du ministre des finances et ceci à trois points de vue différents.

---

1. F. Melleray, *Droit de la fonction publique,* 4e éd., Economica, 2017, p. 4.

2. Cf., parmi de nombreuses autres références sur le sujet : A. Barilari et M. Bouvier, *La LOLF et la nouvelle gouvernance financière de l'État,* LGDJ, 2007.

D'abord tous les textes à incidence financière, et presque tous en ont, doivent porter son contreseing. Le ministre a ainsi la possibilité de faire connaître son avis et bien souvent de l'imposer, sous réserve de l'arbitrage du Premier ministre.

Ensuite, lors de la préparation du budget, il reçoit les demandes d'ouverture de crédits des autres ministres, qui lui font connaître leurs besoins. Chargé d'assurer l'équilibre, parfois relatif, des dépenses et des recettes, il lui appartient de fixer, toujours sous l'arbitrage du Premier ministre, le montant des crédits accordés (c'est-à-dire des dépenses autorisées) aux autres départements ministériels. Il n'est pas excessif de dire que par cette voie il est associé à leur gestion et, en tout cas, détermine et limite leurs possibilités d'action.

Enfin, lors de l'exécution du budget, il est en mesure de contrôler par l'intermédiaire des contrôleurs financiers – hauts fonctionnaires du ministère des Finances placés auprès des ministres dépensiers – et de ses comptables, la régularité des opérations de dépenses publiques réalisées par ses collègues.

C. Le financement de la Sécurité sociale

1276. En principe, il ne concerne l'exécutif que de manière indirecte, la Sécurité sociale étant cogérée par les syndicats d'employeurs et de salariés. Mais les déficits de plus en plus considérables que l'État est appelé à combler ne peuvent le laisser indifférent. La loi constitutionnelle du 22 février 1996 a prévu le vote annuel d'une loi de financement déterminant les conditions générales de l'équilibre financier de la Sécurité sociale. Comme pour le budget, le Gouvernement joue un rôle très important dans la préparation de cette loi, appelée à être votée par la majorité qui le soutient. À noter que la procédure d'examen de la loi de financement de la Sécurité sociale est transposée, à quelques différences près, de celle applicable à la loi de finances de l'année. Ce rapprochement s'est d'ailleurs traduit par la création d'un « ministère des comptes publics » dans le Gouvernement Fillon I constitué en mai 2007. Ce nouveau ministère a désormais en charge, non seulement la préparation des lois de finances de l'État, mais aussi des lois de financement de la Sécurité sociale.

▶ Bibliographie

O. Beaud, *Le sang contaminé. Essai critique sur la criminalisation des gouvernants*, PUF, 1999.

J.-P. Camby, « Intérim, suppléance et délégation (du Premier ministre) », *RDP* 2001, p. 1605.

M. Caron, *L'autonomie organisationnelle du Gouvernement. Recherche sur le droit gouvernemental de la Cinquième République*, LGDJ, 2015.

G. Carcassonne, « Rationaliser la responsabilité politique », in *Mélanges P. Pactet*, Dalloz, 2003, p. 543.

J. Fournier, *Le travail gouvernemental*, Dalloz, 1987.

J. Gicquel, « Le programme de travail gouvernemental sous la Ve République », in *Constitution et finances publiques, Études en l'honneur de Loïc Philip,* Economica, 2005, p. 99.

P. Jan, *Le Gouvernement*, 3e éd., La documentation française, 2015.

J. Lauze, « Les grands principes du droit budgétaire d'une loi organique à l'autre », *RDP* 2001, p. 1691.

O. Schrameck, *Dans l'ombre de la République : les cabinets ministériels*, Dalloz, 2006.

Ph. Ségur, *La responsabilité politique*, PUF, coll. « Que sais-je ? », n° 3294.

Site internet

www.gouvernement.fr

Chapitre 20

Le Parlement

1277. Dans l'ordre des titres de la Constitution de 1958, le Parlement n'apparaît qu'en quatrième position. Cette « relégation » contraste fortement avec le sort réservé à l'organe délibérant dans les textes constitutionnels de la plupart des grandes démocraties. Par exemple, la Constitution des États-Unis d'Amérique consacre, quant à elle, son premier article au Congrès. Ce choix du constituant de 1958 était bien évidemment délibéré. Sans mettre fin au parlementarisme républicain, l'objet même de la Constitution de la Cinquième République était précisément de le rationaliser. Cet objectif a été atteint, parfois dépassé, même si la révision du 23 juillet 2008 s'est efforcée de revaloriser quelque peu le Parlement. Ce dernier sera envisagé ici en tant qu'organe (section 1), puis à travers son activité (section 2). Enfin, il faudra évoquer un organe qui joue un certain rôle en marge du Parlement : le Conseil économique, social et environnemental (section 3).

Section 1

L'organisation du Parlement

1278. Le Parlement a, dans l'ensemble, occupé sous la Cinquième République une position qui paraît un peu diminuée parce que la Constitution donne au Gouvernement les moyens nécessaires pour le contraindre si besoin est.

Il faut examiner la question du bicamérisme, le statut des députés et des sénateurs et, enfin, les attributions du Parlement.

I. Le Parlement et la question du bicamérisme

1279. La Cinquième République a repris, pour l'essentiel, les orientations de la République précédente, en ce sens que le Parlement est toujours composé de deux chambres, celle élue au suffrage universel direct ayant plus de pouvoirs que l'autre. Mais, en 1969, sans d'ailleurs que le bicamérisme ait été remis en cause, le problème du Sénat s'est trouvé posé par le pouvoir, qui envisageait de lui faire subir une transformation profonde. Finalement, le Sénat a bien résisté et, compte tenu de la conjoncture politique, a réussi à tenir le pouvoir en échec.

A. L'existence de deux assemblées parlementaires

1280. Aux termes du nouvel article 24 de la Constitution issu de la révision du 23 juillet 2008, le Parlement comprend l'Assemblée nationale et le Sénat. On sait que la première, composée au plus de 577 députés, est élue au suffrage universel direct pour cinq ans, qu'elle se renouvelle intégralement et que le président de la République peut en prononcer la dissolution, alors que le second, qui comprend 348 sénateurs au maximum, est élu au suffrage indirect pour six ans et qu'il se renouvelle par moitié tous les trois ans depuis septembre 2004.

1281. L'Assemblée et le Sénat ne sont pas sur un pied de stricte égalité. Bien que le Sénat ait plus de pouvoirs que n'en avait le Conseil de la République avant 1958, il reste en retrait par rapport à l'Assemblée, dont la prééminence tient au caractère incontestablement plus démocratique de l'élection de ses membres. C'est ainsi, par exemple, que seule l'Assemblée peut mettre en cause la responsabilité politique du Gouvernement, que si les deux chambres doivent, en principe, voter la loi en termes identiques, le Gouvernement peut, s'il le désire, faire prévaloir le point de vue de l'Assemblée, qu'en matière financière, l'Assemblée dispose de plus de temps que le Sénat pour examiner et voter le budget. En revanche, le Sénat tire une influence certaine du pouvoir plein, égal à celui de l'Assemblée nationale, dont il dispose en matière de révision constitutionnelle.

B. Le problème du Sénat

1282. Le Sénat fait depuis longtemps l'objet de critiques venant de bords très différents et portant principalement sur son mode de recrutement, qui serait peu démocratique et qui avantage les campagnes et les petits bourgs, surreprésentés par rapport aux grands centres urbains. Le Sénat constituerait ainsi un obstacle au progrès et un frein au changement. Ses défenseurs font valoir que ce « grand conseil des communes de France » s'est toujours montré le fidèle gardien des institutions républicaines et que son mode de recrutement, en le mettant à l'abri des brusques revirements d'opinion, présente des avantages non négligeables.

D'ailleurs le Sénat a fait l'objet, en 1969, d'une très profonde tentative de réforme, le général de Gaulle ayant soumis au référendum, en application de l'article 11, un projet de loi relatif à la création de régions et à la « rénovation du Sénat ». Observons que la procédure choisie était très contestable puisque, lorsqu'il s'agit de modifier la Constitution, comme c'était le cas, ce sont les procédures de l'article 89 qui doivent être appliquées. Quant au fond, le projet consacrait, sous couvert de rénovation, la disparition de fait du Sénat en tant que seconde chambre parlementaire. D'une part, il opérait la fusion du Sénat et du Conseil économique et social en une seule assemblée, qui aurait donc comporté à côté de ses membres élus des membres nommés sur proposition d'organisations professionnelles, économiques et sociales, ne pouvant prétendre à la qualité de représentants du peuple. D'autre part, le nouveau Sénat perdait tout pouvoir de décision et n'apparaissait plus que sous les traits d'un organe consultatif. Le référendum a fait l'objet d'une réponse négative ayant conduit à la démission du général de Gaulle. Curieusement, le projet du Parti socialiste en vue de l'élection présidentielle de 2007 reprenait presqu'à l'identique le projet gaulliste de 1969 en envisageant également la fusion du Sénat et du Conseil économique et social.

II. Le statut des parlementaires

1283. Il s'applique à la suppléance, aux incompatibilités et aux immunités.

A. La suppléance parlementaire

1284. C'est une innovation de la Constitution de 1958. Celle-ci pose en principe, dans son article 25, que lors de l'élection des députés et des sénateurs doivent être élus des suppléants appelés à remplacer le titulaire en cas de vacance du siège (jusqu'au renouvellement, général ou partiel, de l'assemblée à laquelle il appartenait). Le remplacement du titulaire par le suppléant présente pour principal intérêt d'éviter qu'il soit procédé à une élection partielle.

Pour l'Assemblée nationale, le remplacement a lieu dès que le siège devient vacant pour cause de décès, d'acceptation de fonctions incompatibles ou de prolongation au-delà de six mois d'une fonction confiée par le Gouvernement. À noter que la démission du titulaire doit donner lieu à une élection partielle ceci pour éviter qu'une personnalité se fasse élire dans une circonscription à seule fin de démissionner ensuite pour céder la place à son suppléant, ce qui aboutirait à surprendre la volonté des électeurs.

Pour le Sénat, si l'élection a lieu à la représentation proportionnelle, le remplacement est assuré par le suivant de liste. Si l'élection a lieu au scrutin majoritaire, le remplacement du titulaire dont le siège devient vacant est assuré par le suppléant élu en même temps que lui. Dans ce cas, la notion de vacance exclut la démission du titulaire, qui doit donner lieu, comme à l'Assemblée, à une élection partielle.

B. Les incompatibilités parlementaires

1285. Elles ne font pas obstacle à l'élection mais, celle-ci acquise, obligent l'élu à choisir entre son mandat parlementaire et l'exercice des fonctions incompatibles. En vertu de l'article 25, le régime des incompatibilités est fixé par une loi organique. On distinguera les règles applicables aux incompatibilités avec les activités publiques, celles concernant les incompatibilités avec des activités privées et les procédures prévues pour assurer le respect de ces règles.

a) Les activités publiques

1286. Le principe applicable est celui de l'incompatibilité entre le mandat parlementaire et les activités publiques. Parmi ces dernières, on distinguera deux catégories différentes : d'une part, les mandats électifs, d'autre part, les fonctions publiques.

1287. S'agissant des mandats électifs, plusieurs vagues législatives sont intervenues. La première avec la loi organique du 30 décembre 1985 et les deux lois du 5 avril 2000, l'une organique et l'autre ordinaire. Elles imposent des interdictions et des limitations :
1°) Les interdictions ou incompatibilités s'appliquent d'abord au cumul des mandats nationaux entre eux ou avec certaines fonctions ce qui revient à dire qu'on ne peut être député et sénateur, ni ministre et parlementaire (du fait de l'article 23) non plus que député ou sénateur et membre du Conseil économique ou du Conseil constitutionnel ; ou encore – depuis la loi organique d'avril 2000 – député et représentant au Parlement

européen ou député et titulaire de plus d'un mandat local, soit de conseiller régional ou de conseiller général ou de conseiller municipal d'une commune d'au moins 3 500 habitants ; 2°) La loi ordinaire du 5 avril 2000 complète ces dispositions par deux séries de mesures. D'une part, elle limite le cumul des mandats locaux entre eux : nul ne peut cumuler plus de deux mandats locaux, ceux de conseiller régional, de conseiller général ou de conseiller municipal (cf. C. élect., art. L. 46.1). D'autre part, elle établit de nouvelles incompatibilités entre les fonctions exécutives locales (celles de président de conseil régional, de président de conseil général, de maire, qui ne peuvent être cumulées) ainsi qu'entre les fonctions exécutives locales et celle de représentant au Parlement européen. Pour ces derniers la loi prévoit expressément que s'ils sont élus député ou sénateur ou à une fonction exécutive locale, ils cessent par ce fait même d'exercer leur mandat européen. La loi ne leur permet que le cumul avec un mandat local mais, comme il vient d'être indiqué, sans fonction exécutive.

1288. Malgré ces deux vagues de réformes, la situation française est longtemps demeurée singulière : en 2012, 82 % des députés et 77 % cumulaient encore leur mandat parlementaire avec d'autres fonctions électives. Il s'agit d'une situation sans équivalent en Europe et dans le Monde. C'est pourquoi, il a été décidé de limiter encore plus strictement le cumul des mandats en passant par la loi, puisqu'en France il ne semble pas que de telles pratiques puissent évoluer de manière spontanée. Ainsi, le Gouvernement a-t-il déposé en avril 2013 un projet de loi interdisant le cumul des mandats de député, de sénateur ou de représentant au Parlement européen avec des fonctions exécutives locales. Ce projet, reprend une des propositions de la « Commission Jospin » [1], même si celle-ci avait précisé dans son rapport qu'une telle limitation devait représenter le premier pas vers l'instauration d'un mandat unique. Ce projet a conduit à l'adoption dans la douleur de deux lois, l'une organique, l'autre ordinaire, datées du 14 février 2014. La loi organique prévoit l'interdiction du cumul du mandat parlementaire national avec un mandat exécutif local, tandis que la loi ordinaire rend impossible le cumul du mandat parlementaire européen avec un mandat exécutif local. Devrait donc disparaître à terme la figure bien française du « député-maire ». Cependant, deux remarques peuvent être faites. D'abord, cette troisième étape dans la limitation du cumul des mandats n'est sans doute pas la dernière [2]. Comme il avait été souligné dans le rapport de la « Commission Jospin », le système le plus opportun car le plus à même de favoriser, le renouvellement, la féminisation, la diversification, etc. de la classe politique française demeure assurément celui du mandat unique auquel il faudra tout de même bien parvenir un jour. Ensuite, cette réforme votée en 2014 était d'application différée puisqu'il a été prévu pour des raisons politiques conjoncturelles qu'elle n'entrerait en vigueur qu'au 31 mars 2017. Le Parlement actuel est donc, désormais, le « Parlement du non-cumul ».

1289. S'agissant des fonctions publiques, l'incompatibilité les vise toutes, françaises, internationales, étrangères, civiles ou militaires car il est évident qu'on ne peut mener de front un mandat parlementaire, qui suppose une totale indépendance à l'égard

---

1. *Pour un renouveau de la vie démocratique. Rapport de la Commission de rénovation et de déontologie de la vie publique*, La documentation française, 2012, p. 63 et s.

2. Cf. M. Verpeaux, « La fin du cumul des mandats : tout s'éclaircit ? », *La semaine juridique*, éd. G., avril 2014, doctr. 466.

du Gouvernement, et une carrière de fonctionnaire, qui implique l'obéissance à ce même Gouvernement ; toutefois, il est dérogé à cette règle en faveur des professeurs de l'enseignement supérieur, qui bénéficient de garanties statutaires assurant leur indépendance ; l'incompatibilité s'applique aussi aux fonctions de direction (directeur général et directeur général adjoint) exercées dans les entreprises nationales et les établissements publics nationaux car si les intéressés n'ont pas nécessairement la qualité de fonctionnaires, leurs postes n'en sont pas moins à la discrétion du Gouvernement.

1290. Le Gouvernement peut charger d'une mission temporaire un parlementaire sans que celui-ci soit obligé de renoncer à son mandat, dès lors que la mission n'excède pas six mois. Si elle se prolonge au-delà de six mois, l'incompatibilité apparaît et l'intéressé doit choisir.

b) Les activités privées

1291. À l'inverse du cas précédent, le principe applicable est celui de la compatibilité entre le mandat parlementaire et les activités privées, mais il comporte des exceptions de plus en plus nombreuses. À la vérité, on peut s'étonner que la compatibilité ait été admise avec un secteur privé dominé par la recherche du plus grand profit personnel. Il faut sans doute voir là la projection sur le plan institutionnel de l'idéologie libérale dominante. Simplement, on a multiplié les dérogations, c'est-à-dire les cas d'incompatibilité, de manière à éviter les effets les plus néfastes de la collusion, pratiquement inévitable dans un tel système, entre les affaires et la politique, sans parvenir d'ailleurs à un résultat satisfaisant.

1292. On doit d'abord faire état de deux interdictions. La première interdit à tout parlementaire de faire ou de laisser figurer son nom suivi de l'indication de sa qualité dans toute publicité relative à une entreprise financière, industrielle ou commerciale (C. élect., art. LO 150). La seconde interdit aux parlementaires avocats un certain nombre d'actes parce qu'ils pourraient les mettre en conflit avec l'intérêt public (C. élect., art. LO 149).

On doit surtout souligner l'existence d'un certain nombre d'incompatibilités avec des activités privées, énumérées par l'article LO 146, qui résulte, dans sa rédaction actuelle, de la loi organique du 24 janvier 1972[1]. Ces incompatibilités visent les fonctions de direction exercées dans des sociétés, entreprises ou établissements : 1°) recevant l'aide financière spécifique d'une collectivité publique ; 2°) ayant exclusivement un objet financier ou faisant publiquement appel à l'épargne, même s'il s'agit de sociétés civiles ; 3°) ayant pour principale activité l'exécution de travaux ou la prestation de fournitures ou de services pour le compte d'une collectivité publique, 4°) exerçant

---

1. Le texte voté par les deux assemblées prévoyait, de manière singulière, que chacune d'elles pouvait librement choisir, dans son règlement, de confier soit au Conseil constitutionnel (c'était le souhait de l'Assemblée nationale), soit à elle-même (c'était le souhait du Sénat) le soin de statuer sur les demandes d'autorisation présentées par les parlementaires désireux d'occuper en cours de mandat certaines fonctions. Mais le Conseil constitutionnel a estimé, dans sa décision n° 71-46 DC du 20 janvier 1972 que la liberté ainsi laissée à chaque assemblée de déterminer par la voie de son règlement l'autorité chargée de se prononcer sur les demandes de ses membres était contraire aux dispositions de l'article 25 de la Constitution. En effet, cet article « réserve à la loi organique, comme faisant partie du régime des incompatibilités, *le pouvoir de déterminer, notamment, les cas d'incompatibilités ainsi que l'autorité chargée d'exercer le contrôle...* ».

une activité de construction ou de promotion immobilière ; 5°) dont plus de la moitié du capital est constituée par des participations aux sociétés et entreprises précédentes. D'autre part, un parlementaire ne peut accepter, en cours de mandat, des fonctions permanentes de conseil ou de membre du conseil d'administration ou de surveillance dans ces mêmes sociétés et entreprises (C. élect., art. LO 147 [1]).

c) Les procédures de sanctions

1293. Ces procédures, qui ont été renouvelées par la loi organique du 5 avril 2000 sont prévues à l'article LO 151 du Code électoral.

Le parlementaire ayant transgressé les interdictions édictées par les articles LO 149 et LO 150 est déclaré démissionnaire d'office, sans délai, par le Conseil constitutionnel, à la requête du bureau de l'Assemblée ou du garde des Sceaux.

Le parlementaire se trouvant, lors de son élection, dans un des cas d'incompatibilité précédemment exposés doit, dans les trente jours qui suivent, opter entre son mandat et la fonction ou l'activité incompatible. Dans ce même délai, il doit déclarer au bureau de son assemblée toute activité professionnelle qu'il envisage de conserver. Le bureau examine si les activités ainsi déclarées sont compatibles avec le mandat parlementaire. Si le bureau estime qu'il y a doute, ou s'il est en différend avec l'intéressé, le Conseil constitutionnel est saisi soit par le président de l'assemblée, soit par le garde des Sceaux, soit par le parlementaire lui-même [2]. Le Conseil apprécie souverainement le cas qui lui est soumis et s'il estime qu'il y a incompatibilité, le parlementaire doit régulariser sa situation dans les trente jours qui suivent la notification de la décision. À défaut, le Conseil le déclare démissionnaire d'office.

Le parlementaire peut aussi se trouver, en cours de mandat, confronté à un cas d'incompatibilité. C'est pourquoi il doit déclarer au bureau de l'Assemblée à laquelle il appartient toute activité professionnelle nouvelle qu'il envisage d'exercer. À partir de cette déclaration, la procédure suit le même cours que s'il s'agissait d'un cas d'incompatibilité constatée lors de l'élection. En cas de doute ou de contestation, le Conseil constitutionnel est saisi par le président de l'Assemblée, le garde des Sceaux ou le parlementaire lui-même.

C. Les immunités parlementaires : l'irresponsabilité

1294. Elle met le parlementaire à l'abri de toutes poursuites civiles ou pénales pour les opinions et votes émis dans l'exercice de son mandat – c'est-à-dire au sein des diverses formations de l'assemblée – même s'ils entraînent un dommage ou constituent une infraction (par ex. : imputations calomnieuses). Elle lui permet donc de s'exprimer en toute liberté. L'irresponsabilité étant perpétuelle ne cesse pas à la fin du mandat. Elle s'étend à la reproduction des discours, ainsi qu'à leurs comptes rendus de bonne foi par les journalistes. Mais elle ne s'étend pas à toute l'activité politique

---

1. Le Conseil constitutionnel se livre dans chaque cas à un examen au fond des activités exercées. Cf., pour le cas du député B. Tapie, Décis. n° 89-9-I du 6 mars 1990 (*Rec.*, p. 50, compatibilité reconnue), pour des cas d'incompatibilité : Décis. n° 87-7-I du 6 déc. 1988 (*Rec.*, p. 262) et Décis. n° 89-8 I du 7 nov. 1989 (*Rec.*, p. 97).

2. Marcel Dassault avait saisi lui-même à deux reprises de son propre cas le Conseil constitutionnel qui a rendu à ce sujet ses décisions n° 76-3-I du 20 décembre 1976 (*Rec.*, p. 73) et n° 77-5-I du 18 octobre 1977 (*Rec.*, p. 81).

du parlementaire, qui est responsable – sous réserve de l'inviolabilité – de ce qu'il peut dire, écrire ou faire en dehors de l'exercice de son mandat et notamment lorsqu'il est chargé d'une mission par le Gouvernement[1].

D. Les immunités parlementaires : l'inviolabilité et la révision de 1995

1295. L'objectif est de protéger le parlementaire des initiatives possibles de l'exécutif et du ministère public en dépendant, qui pourraient pour le déconsidérer susciter abusivement poursuites ou arrestations pour crimes ou délits commis en dehors de l'exercice de ses fonctions (ceux commis dans cet exercice sont déjà couverts par l'irresponsabilité). Ce système, motivé par des souvenirs déjà anciens, datant notamment du Second Empire, était traditionnel en régime républicain.

a) Le régime originel de 1958

1296. Il était dominé par trois règles : 1°) Pendant la durée des sessions, aucune poursuite ou arrestation n'est possible sans l'autorisation de l'assemblée dont l'intéressé fait partie, sauf s'il y a eu flagrant délit ; 2°) Hors session aucune arrestation n'est possible sans l'autorisation du Bureau de l'assemblée, sauf s'il y a flagrant délit, poursuites autorisées ou condamnations définitives ; 3°) L'assemblée peut toujours suspendre la détention ou la poursuite d'un de ses membres.

b) La révision de 1995

1297. Il y a eu au cours des quinze dernières années un certain nombre d'affaires de corruption qui ont d'autant plus choqué l'opinion que les majorités en place avaient tendance à protéger les leurs de manière excessive. C'est pourquoi il a paru nécessaire de réduire la protection des parlementaires.

Les modifications sont les suivantes : 1°) Le régime est le même pendant les sessions et hors session[2] ; 2°) C'est désormais le Bureau de l'assemblée dont fait partie le parlementaire concerné qui est chargé dans tous les cas de donner l'autorisation prévue ; 3°) Cette autorisation n'est nécessaire que si le parlementaire est sous le coup, en matière criminelle ou correctionnelle, « d'une arrestation ou de toute autre mesure privative ou restrictive de liberté » (les poursuites ne sont plus mentionnées). Comme auparavant l'autorisation n'est pas requise en cas de crime ou de délit flagrant ou de condamnation définitive.

Dans le même esprit, l'assemblée peut toujours suspendre – mais pour la durée de la session seulement – la détention, les mesures privatives ou restrictives de liberté ou la poursuite d'un de ses membres. Si nécessaire – notamment si l'assemblée a épuisé les 120 jours de séance de la session ordinaire – elle sera réunie de plein droit pour des séances supplémentaires.

---

1. Décis. n° 89-262 DC du 7 nov. 1989, *Rec.*, p. 90.
2. Cette unification du régime est en rapport avec l'institution d'une session ordinaire unique par cette même loi de révision du 4 août 1995.

III. Les attributions du Parlement

1298. Le Parlement ne dispose sous la Cinquième République que des compétences qui lui sont expressément attribuées par la Constitution. Au terme de l'article 24 de la Constitution, ces compétences se déclinent en trois grandes séries d'attributions : voter la loi, contrôler l'action du Gouvernement et évaluer les politiques publiques.

1299. ***Les attributions législatives*** seront étudiées dans le chapitre consacré aux rapports entre les pouvoirs publics. En effet, l'élaboration de la loi résulte non pas de la seule volonté des organes législatifs, comme on pourrait être tenté de le croire, mais de l'étroite collaboration du Gouvernement et du Parlement. On doit même considérer que la participation du premier est plus importante que celle du second. Il faut ajouter qu'entrent dans les attributions législatives non seulement le pouvoir de voter la loi mais aussi celui d'approuver les lois de programme relatives à l'action économique et sociale de l'État ou encore d'autoriser la ratification d'un engagement international figurant dans l'énumération de l'article 53. On peut aussi y faire figurer l'article 38 qui habilite le Parlement à autoriser le Gouvernement, par une loi, à prendre des ordonnances. Il faut faire une place à part au pouvoir prévu par l'article 35 d'autoriser la déclaration de guerre. Cette compétence devrait être importante mais on sait que l'article 35 n'est plus observé. Ni la guerre du Golfe en 1991, ni les frappes aériennes sur la Yougoslavie en 1999 n'ont été précédées d'une autorisation du Parlement. C'est pourquoi, l'article 35 a été profondément modifié par la révision constitutionnelle du 23 juillet 2008. Il continue à prévoir que la déclaration de guerre est autorisée par le Parlement, ce qui devrait demeurer exceptionnel car les nouvelles formes de conflits armés ne laissent plus guère de place à une déclaration en bonne et due forme. Pour tenir compte de cette évolution, les alinéas 2 à 4 de l'article 35 indiquent maintenant que : « Le Gouvernement informe le Parlement de sa décision de faire intervenir les forces armées à l'étranger, au plus tard trois jours après le début de l'intervention. Il précise les objectifs poursuivis. Cette information peut donner lieu à un débat qui n'est suivi d'aucun vote (alinéa 2). Lorsque la durée de l'intervention excède quatre mois, le Gouvernement soumet sa prolongation à l'autorisation du Parlement. Il peut demander à l'Assemblée nationale de décider en dernier ressort (alinéa 3). Si le Parlement n'est pas en session à l'expiration du délai de quatre mois, il se prononce à l'ouverture de la session suivante (alinéa 4) ».

1300. ***Les attributions de contrôle*** s'entendent principalement de la mise en cause de la responsabilité politique du Gouvernement par l'Assemblée nationale qui, elle aussi, parce qu'elle concerne les rapports entre les pouvoirs publics, est étudiée dans le chapitre suivant. Mais il existe des formes de contrôle qui, pour être plus modestes, n'en sont pas moins efficaces. Tel est le cas du procédé des questions au Gouvernement. Les conditions du dialogue entre le Parlement et le Gouvernement sont d'ailleurs réunies, au moins sur le plan juridique, puisque les membres du Gouvernement ont accès aux assemblées, où ils doivent être entendus lorsqu'ils le demandent (art. 31).

1301. ***Les attributions d'évaluation*** des politiques publiques étaient déjà assumées en partie par le Parlement. Mais la révision constitutionnelle du 23 juillet 2008, poursuivant un objectif de revalorisation du Parlement, a donné un fondement constitutionnel et surtout a cherché à rationaliser cette fonction désormais essentielle des parlements dans le cadre des démocraties modernes. En particulier, le constituant a voulu donner au Parlement les moyens de parvenir à accomplir efficacement cette mission l'évaluation notamment en prévoyant d'une part que la Cour des comptes doit l'assister (art. 47-2 C.) et d'autre part, que des commissions d'enquête peuvent être créées afin de recueillir les éléments d'information nécessaires (art. 51-2 C.).

Section 2

Les travaux des assemblées et la procédure parlementaire

1302. Les procédures appliquées devant les assemblées et la vie parlementaire dans son ensemble ont une très grande importance pour la compréhension des mécanismes du régime. Il nous faut étudier successivement les sources du droit parlementaire, les cadres de l'activité parlementaire et l'exercice de cette même activité au sein des deux assemblées.

I. Les sources du droit parlementaire

1303. On les trouve essentiellement dans les règlements des assemblées mais on ne doit pas négliger pour autant les autres sources, à commencer par la Constitution et par certaines lois organiques.

A. La Constitution et les lois organiques

1304. La Constitution comporte, en effet, des dispositions se rapportant directement au fonctionnement interne des assemblées (cf. art. 27, 28, 29, 30, 31, 32, 33, 39, 43, 44 et 48). On observera que ces dispositions sont beaucoup plus nombreuses, et importantes, que ne l'étaient celles ayant le même objet que l'on pouvait trouver dans les constitutions républicaines antérieures. Elles témoignent des précautions que les constituants ont voulu prendre pour prémunir les parlementaires contre toute tentative de retour à un régime d'assemblée. Les règles relatives aux commissions et à la fixation de l'ordre du jour illustrent de manière particulièrement éloquente cette volonté. Elles s'imposent aux assemblées et ne peuvent être modifiées sans qu'il soit procédé à une révision constitutionnelle.

1305. Bien que les lois organiques constituent une source moins importante, certaines d'entre elles comportent des dispositions relatives au fonctionnement des assemblées. Tel est le cas, par exemple, de la loi organique autorisant exceptionnellement les parlementaires à déléguer leur droit de vote (Ord. n° 58-1066 du 7 nov. 1958, complétée par LO 3 janv. 1962) et surtout de la loi organique qui a très directement pour objet « le fonctionnement des assemblées parlementaires » (Ord. n° 58-1100 du 17 nov. 1958 modifiée par diverses lois organiques ultérieures). La révision constitutionnelle du 23 juillet 2008 dont l'un des objets était de « renforcer le Parlement » a été, elle aussi, prolongée par plusieurs lois organiques et, en particulier, la loi du 15 avril 2009 relative à l'application des articles 34-1, 39 et 44 de la Constitution.

B. Les règlements des assemblées

1306. Ce sont les textes essentiels en ce qui concerne le fonctionnement des assemblées. Chaque assemblée élabore et adopte son propre règlement. Mais conformément à l'article 61, alinéa premier, de la Constitution, ce règlement doit obligatoirement être soumis à l'examen du Conseil constitutionnel, qui vérifie sa constitutionnalité. L'Assemblée nationale et le Sénat ont dû procéder à une véritable refonte de leur règlement à la suite de l'entrée en vigueur de la loi constitutionnelle du 23 juillet 2008. Ainsi, l'Assemblée nationale a-t-elle adopté un nouveau règlement le 27 mai 2009, alors que le Sénat adoptait le sien le 2 juin de la même année.

a) Les règlements de l'Assemblée nationale et du Sénat

1307. Ces règlements sont présentés différemment mais l'un et l'autre comportent la même économie générale et des dispositions très proches, ayant de toute manière à traiter des mêmes questions et à résoudre les mêmes difficultés. Chaque règlement est complété par une Instruction générale émanant du bureau de l'assemblée qui, descendant bien plus avant dans le détail, règle des problèmes matériels et concrets qui sont ceux du fonctionnement quotidien. Ces règlements peuvent être révisés toutes les fois que le besoin s'en fait sentir puisque chaque assemblée peut modifier le sien à la majorité des suffrages exprimés. D'ailleurs, lors de chaque nouvelle législature, les présidents de l'Assemblée et du Sénat ont voulu imprimer leur marque et ont initié des réformes plus ou moins importantes des règlements. Les dernières ont eu lieu en 2014 au cours de la XIVe législature et, en juillet 2019 durant l'actuelle législature.

b) Le contrôle obligatoire du Conseil constitutionnel

1308. Imposé par l'article 61, alinéa premier, ce contrôle est exercé de manière particulièrement attentive par le Conseil constitutionnel. Il est d'autant plus rigoureux que le Conseil a à la fois une conception très extensive des normes constitutionnelles auxquelles le règlement doit être conforme et une conception très stricte de la corrélation entre ces normes et les dispositions du règlement.

Le Conseil constitutionnel entend, en effet, de manière très large et très souple les normes constitutionnelles de référence. Il a lui-même déclaré que « la conformité à la Constitution des règlements des assemblées doit s'apprécier tant au regard de la Constitution elle-même que des lois organiques prévues par elle, ainsi que des mesures législatives nécessaires à la mise en place des institutions prises en vertu de l'article 92, alinéa premier, de la Constitution [1] ». En d'autres termes, les règlements des assemblées doivent être conformes à un bloc de constitutionnalité qui va au-delà de la Constitution proprement dite. Il est clair que cet élargissement du bloc de constitutionnalité conduit à un renforcement du contrôle exercé sur les règlements des assemblées.

Dans le même temps, le Conseil constitutionnel apprécie très strictement la nécessaire corrélation entre les règlements et le bloc de constitutionnalité. Il va de soi d'abord que les règlements ne peuvent ajouter aux normes constitutionnelles de référence. C'est ainsi, par exemple, que le Conseil a estimé que le règlement ne pouvait limiter le temps

---

1. Décis. n° 66-28 DC du 8 juill. 1966 ; Décis. n° 69-37 DC du 20 nov. 1969 ; Décis. n° 92-314 DC du 17 déc. 1992.

de parole des membres du Gouvernement alors que l'article 31, alinéa 2, de la Constitution dispose qu'ils « sont entendus quand ils le demandent[1] » ou encore que le règlement ne pouvait prévoir que l'Assemblée siégerait de droit en comité secret sur demande du Premier ministre alors que l'article 33, alinéa 2, lui laisse la faculté de se prononcer sur l'opportunité de cette procédure[2].

1309. Mais surtout et de manière beaucoup plus générale, les dispositions des règlements ne doivent pas s'écarter, si peu que ce soit, de ce qu'implique le texte constitutionnel. Le Conseil a illustré cette exigence de manière particulièrement nette lorsqu'il a estimé que, compte tenu de l'article 48, alinéa 2, de la Constitution autorisant « les membres du Parlement » à poser des questions au Gouvernement, le règlement des assemblées ne pouvait viser un prétendu droit des présidents de commissions permanentes à poser des questions « ès qualités », bien qu'ils disposent incontestablement de ce droit en tant que simples parlementaires[3]. C'est dire que le règlement doit, lorsqu'il existe des dispositions constitutionnelles, se borner à en préciser les modalités d'application au sein des assemblées et à déterminer « les mesures et les décisions d'ordre intérieur ayant trait au fonctionnement et à la discipline des assemblées[4] ». Ainsi qu'on l'a fait valoir à juste titre, il ne suffit pas que le règlement soit compatible avec le bloc de constitutionnalité, il faut qu'il y soit rigoureusement conforme[5], c'est-à-dire qu'il se situe à l'égard des normes constitutionnelles de référence dans un rapport d'étroite dépendance, au respect et au maintien duquel le Conseil constitutionnel veille très soigneusement. Il n'est évidemment pas douteux que la jurisprudence du Conseil constitutionnel renforce là encore la surveillance à laquelle sont soumis les règlements mais on doit tout de même observer que ce contrôle est neutre, c'est-à-dire qu'il peut jouer aussi bien à l'avantage des assemblées, en les protégeant contre elles-mêmes et contre les abandons de compétence consentis par une majorité trop complaisante[6], qu'à leur détriment au moins apparent, en les cantonnant dans leurs attributions constitutionnelles, sans leur permettre de s'en évader, ce qui ne peut guère être critiqué sur le plan juridique[7].

---

1. Décis. n° 59-2 DC du 17, 18 et 24 juin 1959.

2. Décis. n° 59-2 DC du 17, 18 et 24 juin 1959.

3. Décis. n° 69-37 DC du 20 nov. 1969.

4. Décis. n° 59-2 DC du 17, 18 et 24 juin 1959. Cette formule est utilisée par le Conseil pour déterminer le seul objet que peuvent avoir les propositions de résolution.

5. L. Favoreu, « Le principe de constitutionnalité. Essai de définition d'après la jurisprudence du Conseil constitutionnel », in *Mélanges C. Eisenmann*. 1975, p. 33 : « Le règlement des assemblées ne peut rien prévoir qui ne soit permis par la Constitution. Il s'agit donc bien de conformité au sens strict et non pas de compatibilité ou de non-contrariété » (p. 43).

6. Le Conseil constitutionnel s'est prononcé dans un sens libéral, et souvent contre l'opinion connue du gouvernement, à l'égard des dispositions intéressant la formation des groupes parlementaires (Décis. n° 71-42 DC du 18 mai 1971), l'activité des assemblées au cours des sessions extraordinaires et la faculté laissée par la Constitution aux assemblées de siéger en comité secret (Décis. n° 59-2 DC du 17, 18 et 24 juin 1959).

7. Le Conseil constitutionnel a fait obstacle aux tentatives des assemblées d'étendre leurs compétences par la voie de leur règlement, notamment en ce qui concerne le vote bloqué (Cons. const. n° 59-5 du 15 janv. 1960), les questions orales (Cons. const. n° 63-25 du 21 janv. 1964) et l'ordre du jour (Cons. const. n° 69-37 du 20 nov. 1969).

II. Les cadres de l'activité parlementaire

1310. Il s'agit du cadre temporel, c'est-à-dire des réunions du Parlement, qui recouvrent la législature et les sessions, et du cadre fonctionnel, c'est-à-dire des formations du Parlement.

A. Les réunions du Parlement : la législature

1311. Elle désigne la période qui sépare le début des travaux des députés après des élections générales de la cessation de leur activité en vue de leur renouvellement collectif par de nouvelles élections générales.

C'est donc à l'activité de l'Assemblée nationale que la législature fournit un cadre et non pas à celle du Sénat, dont la moitié des membres est renouvelée tous les trois ans. Cependant, l'importance de l'Assemblée nationale est telle et son rôle si décisif en matière législative par rapport à celui du Sénat que l'on considère généralement que la législature constitue l'unité de base de l'activité parlementaire tout entière. Les législatures font d'ailleurs l'objet d'une numérotation dans les documents parlementaires. La législature en cours, à l'issue des élections législatives de juin 2017, est la XVe.

1312. La durée de la législature n'est pas fixée par la Constitution, l'article 25 se bornant à renvoyer à une loi organique le soin de fixer « la durée des pouvoirs de chaque assemblée ». Ses dispositions ont été insérées dans le Code électoral, aux termes duquel l'Assemblée nationale se renouvelle intégralement (art. LO 120), ses pouvoirs expirant, selon la rédaction introduite par la loi organique n° 2001-419 du 15 mai 2001, « le troisième mardi de juin de la cinquième année qui suit son élection » (art. LO 121). Ainsi la législature dure normalement cinq années.

Il pourrait cependant en être autrement parce que la date de cessation d'activité de l'Assemblée, c'est-à-dire de fin de législature, constitue en réalité une variable. D'une part, l'article 12 de la Constitution dispose expressément que le président de la République peut prononcer la dissolution de l'Assemblée nationale et il peut évidemment le faire au moment qu'il estime le plus opportun.

D'autre part, la durée des pouvoirs de chaque assemblée étant fixée par une loi organique, il est évidemment toujours possible au Parlement de modifier celle-ci et notamment, la durée de la législature sous réserve, bien entendu, de respecter les dispositions de l'article 46.

B. Les réunions du Parlement : les sessions et la révision de 1995

1313. Contrairement à la législature, qui ne s'applique qu'à l'Assemblée, les sessions sont communes aux deux assemblées et s'appliquent donc aussi au Sénat. La Constitution distingue la session ordinaire, les sessions extraordinaires et les sessions de plein droit limitativement énumérées par le texte constitutionnel.

a) La session ordinaire

1314. Le texte initial de l'article 28 en avait prévu deux : la première s'ouvrant le 2 octobre et durant quatre-vingts jours, la seconde s'ouvrant le 2 avril et durant quatre-vingt-dix jours. Ce système entraînait des inconvénients divers suscitant de nombreuses critiques : rupture de rythmes, la première session qui est celle de l'examen de la loi de finances de l'année s'achevant dans la précipitation pour être suivie par un trimestre de vacuité parlementaire, lent démarrage des sessions finissant dans la multiplication des séances de nuit au cours desquelles le travail législatif risque d'être de moins bonne qualité et favorisant l'absentéisme, recours excessif aux sessions extraordinaires, réduction des activités de contrôle qui entrent pourtant dans la compétence normale des assemblées, d'autant que l'activité législative s'accélère et s'intensifie sans cesse. C'est pourquoi le président Chirac a décidé en 1995, à la demande du président de l'Assemblée nationale de l'époque Philippe Seguin, d'inclure dans le projet de révision relatif à l'extension du champ référendaire des dispositions modifiant l'article 28 pour assurer une meilleure distribution du travail législatif et un contrôle plus attentif de l'activité gouvernementale.

1315. Dans sa rédaction issue de la loi constitutionnelle du 4 août 1995, l'article 28 pose désormais le principe d'une session ordinaire unique qui commence le premier jour ouvrable d'octobre et prend fin le dernier jour ouvrable de juin. La session ordinaire dure donc neuf mois. Toutefois, afin de pas encourager l'inflation législative, l'article 28 dispose également qu'une session ordinaire ne peut excéder cent vingt jours de séance. Bien que les motivations de ces deux dispositions soient l'une et l'autre justifiées, il faut reconnaître que conjuguées elles ne donnent pas une grande impression de cohérence. En tout cas, une certaine souplesse est introduite par la disposition permettant la tenue de jours supplémentaires de séance, à la décision du Premier ministre, après consultation du président de l'Assemblée nationale, ou de la majorité des membres de chaque assemblée.

b) Les sessions extraordinaires

1316. Même si la révision de 1995 était censée les rendre moins nécessaires et moins fréquentes, elles peuvent avoir lieu aux termes de l'article 29 de la Constitution, à la demande soit du Premier ministre, soit de la majorité des membres composant l'Assemblée nationale, toujours sur un ordre du jour déterminé. Lorsque la session extraordinaire a lieu à l'initiative du Premier ministre, ce qui est le cas le plus fréquent, l'article 29 ne prévoit pas de limitation particulière. En revanche, lorsqu'elle a lieu à l'initiative des députés, ce qui est très rare, elle est soumise à deux limitations, dont l'une au moins est très rigoureuse. D'une part, la session ne doit pas se prolonger au-delà de ce qui est strictement nécessaire pour épuiser l'ordre du jour et, de toute manière, elle doit s'achever au plus tard douze jours après son ouverture. D'autre part, une nouvelle session extraordinaire ne pourrait être demandée avant l'expiration du mois qui suit la clôture que par le seul Premier ministre.

c) Les sessions de plein droit

1317. Ce sont celles expressément prévues par la Constitution dans des circonstances qui demeurent exceptionnelles, qu'il s'agisse de la réunion du Parlement après des élections consécutives à une dissolution (art. 12, alinéa 3), en période d'application de l'article 16 (art. 16, alinéa 4) ou pour entendre un message du président (art. 18, alinéa 2).

C. Les formations du Parlement : groupes, commissions, offices parlementaires d'évaluation, assemblée plénière

1318. Ce sont les formations qui servent de cadre aux travaux parlementaires.

a) Les groupes politiques

1319. Leur rôle est capital pour le fonctionnement des assemblées et, d'une manière plus large, pour le fonctionnement du régime.

Ils rassemblent les parlementaires par affinités politiques, le nombre minimum de membres étant fixé à 15 à l'Assemblée nationale[1] et au Sénat. Pour vérifier que les conditions requises sont bien remplies, chaque groupe doit adresser au président de l'assemblée une déclaration politique, ainsi que la liste nominative de ses membres. Mais il s'agit de simples formalités, généralement faciles à satisfaire, et le Conseil constitutionnel a bien précisé que « l'obligation faite à chaque groupe de rendre publique une déclaration politique formulant les objectifs et les moyens de la politique qu'il préconise n'emporte aucun contrôle sur le contenu de cette déclaration[2] ».

Les groupes réunissant essentiellement des membres d'un même parti, surtout à l'Assemblée nationale, il peut arriver que des parlementaires ne veuillent s'inscrire à aucun d'entre eux. Il existe donc des parlementaires non-inscrits mais la plupart d'entre eux choisissent de s'apparenter à un groupe, avec l'accord de son bureau[3].

1320. La révision constitutionnelle du 23 juillet 2008 a apporté un changement majeur qui a très nettement renforcé le poids des groupes parlementaires. En effet, la loi constitutionnelle a inséré dans le texte de la Constitution de 1958 deux nouveaux articles. L'article 51-1 dispose que : « Le règlement de chaque assemblée détermine les droits des groupes parlementaires constitués en son sein. Il reconnaît des droits spécifiques aux groupes d'opposition de l'assemblée intéressée ainsi qu'aux groupes minoritaires ». L'article 51-2 prévoit, quant à lui, que : « Pour l'exercice des missions de contrôle et d'évaluation définies au premier alinéa de l'article 24, des commissions d'enquête peuvent être créées au sein de chaque assemblée pour recueillir, dans les conditions prévues par la loi, des éléments d'information. La loi détermine leurs règles d'organisation et de fonctionnement. Leurs conditions de création sont fixées par le règlement de chaque assemblée ». Cette reconnaissance accrue des groupes parlementaires et des droits de l'opposition, même si elle aurait pu être plus ambitieuse[4], représente une avancée vers l'édification d'un statut de l'opposition, entreprise entamée en 1974, mais laissée inachevée depuis lors [5].

---

1. La décision d'abaisser de trente à vingt le nombre minimum a été prise le 2 juillet 1988 par la majorité de gauche pour permettre aux 25 députés communistes de constituer un groupe parlementaire. Puis, le règlement de l'Assemblée nationale du 27 mai 2009 a encore abaissé ce seuil, cette fois à 15.

2. Décis. n° 71-42 DC du 18 mai 1971.

3. L'apparentement satisfait à la fois le groupe, qui voit son audience s'élargir, et le parlementaire non inscrit, qui conserve son indépendance mais qui bénéficie de quelques menus avantages pratiques, notamment pour sa désignation dans une commission.

4. X. Vandendriessche, « Une revalorisation parlementaire à principes constitutionnels constants », *JCP* 2008. I. 174.

5. M.-C. Ponthoreau, « L'opposition comme garantie constitutionnelle », *RDP* 2002, p. 1127.

b) Les commissions parlementaires

1321. Il est, en ce qui les concerne, particulièrement important de distinguer le droit et le fait. Sur le plan du droit, l'article 43 de la Constitution a profondément bouleversé le système antérieur en posant deux règles nouvelles : la première porte sur le renvoi des projets et propositions par priorité à une commission spéciale, la seconde sur la limitation à huit dans chaque assemblée du nombre des commissions permanentes depuis la révision du 23 juillet 2008. Sur le plan des faits, il faut bien constater que la première règle n'est guère appliquée, l'assemblée et le Gouvernement lui-même renonçant à utiliser la faculté qui leur était offerte et qui était destinée, dans l'esprit des constituants, à éviter que les commissions permanentes ne prennent une importance comparable à celle qui était la leur sous les Républiques précédentes. Cet objectif a effectivement été atteint mais non pas par le recours aux commissions spéciales[1].

1322. À l'Assemblée nationale, après l'adoption du règlement du 27 mai 2009, on compte désormais huit commissions permanentes : 1°) Commission des affaires culturelles et de l'éducation ; 2°) Commission des affaires économiques ; 3°) Commission des affaires étrangères ; 4°) Commission des affaires sociales ; 5°) Commission de la défense nationale et des forces armées ; 6°) Commission du développement durable et de l'aménagement du territoire ; 7°) Commission des finances, de l'économie générale et du contrôle budgétaire ; 8°) Commission des lois constitutionnelles, de la législation et de l'administration générale de la République.

1323. Le règlement du Sénat en date du 2 juin 2009 prévoit que la seconde chambre compte, quant à elle, six commissions permanentes : 1°) Commission des affaires étrangères, de la défense et des forces armées ; 2°) Commission des affaires sociales ; 3°) Commission de la culture, de l'éducation et de la communication ; 4°) Commission de l'économie, du développement durable et de l'aménagement du territoire ; 5°) Commission des finances ; 6°) Commission des lois constitutionnelles, de législation, du suffrage universel, du Règlement et d'administration générale.

1324. Les commissions permanentes, du fait de leur nombre réduit, avaient un effectif considérable, surtout à l'Assemblée nationale. De ce point de vue, les modifications des règlements de l'Assemblée nationale et du Sénat, consécutives à la révision constitutionnelle du 23 juillet 2008, ont sensiblement modifié la donne. Ainsi, à l'Assemblée nationale, par exemple, le règlement du 27 mai 2009 prévoit que l'effectif maximum de chaque commission est égal à un huitième de l'effectif des membres composant l'Assemblée, soit 73, alors qu'auparavant une commission permanente pouvait compter jusqu'à 143 membres.

1325. En principe, la majorité se répartit les présidences de commissions, sans que l'on puisse se référer à des règles bien précises. Il faut cependant noter que, depuis 2007, la Commission des finances à l'Assemblée est présidée par un représentant de l'opposition. Cette pratique a été inscrite dans le texte du règlement de l'assemblée

---

1. Au cours de ces dernières années, il y a eu peu de commissions spéciales constituées à l'Assemblée nationale alors que les commissions permanentes ont examiné en moyenne plusieurs centaines de textes chaque année.

nationale lors de sa refonte en mai 2009. Son article 39-3 prévoit que : « Ne peut être élu à la présidence de la Commission des finances, de l'économie générale et du contrôle budgétaire qu'un député appartenant à un groupe s'étant déclaré d'opposition ». Les commissions sont essentiellement des organes de préparation du travail législatif en séance plénière, elles ne devraient en aucun cas s'immiscer dans l'activité des départements ministériels ni procéder à un quelconque contrôle de l'exécutif[1]. Les ministres ont accès aux séances des commissions, ils doivent être entendus lorsqu'ils le demandent, ils peuvent aussi être convoqués. Les séances ne sont pas publiques.

1326. Les commissions spéciales sont très rarement constituées, ainsi qu'il vient d'être indiqué. Elles se composent, à l'Assemblée, de cinquante-sept membres désignés à la représentation proportionnelle des groupes, au Sénat de vingt-quatre membres au plus. La commission spéciale doit cesser son activité et disparaître dès que le texte qui a motivé sa création a fait l'objet d'une décision définitive.

Les commissions spéciales d'enquête sont créées par une résolution de l'Assemblée ou du Sénat, résolution qui doit déterminer avec précision les faits objet de l'enquête[2].

Elles ne peuvent comporter plus de trente députés ou de vingt-et-un sénateurs. Après étude, et presque toujours audition de témoins très divers, parmi lesquels les membres du Gouvernement, elles doivent établir un rapport qui est remis au président de l'assemblée[3]. Depuis la loi du 19 juillet 1977, la publication du rapport est de droit sauf si l'Assemblée, réunie en comité secret, s'y oppose. Il va de soi que les rapports des commissions d'enquête peuvent avoir une incidence politique non négligeable.

La règle essentielle est celle qui interdit la concurrence avec l'autorité judiciaire, ce qui revient à dire que si des poursuites judiciaires sont en cours, il ne peut être créé, à l'occasion des mêmes faits, de commission d'enquête et que si des poursuites sont engagées postérieurement à la Constitution de la commission d'enquête, celle-ci doit suspendre ses travaux.

c) Les offices et délégations parlementaires

1327. Plusieurs lois ont institué des Délégations ou Offices parlementaires : pour l'Union européenne (L. du 6 juill. 1979), pour l'évaluation des choix scientifiques et technologiques (L. du 8 juill. 1983), pour l'évaluation de la législation (L. du 14 juin 1996), pour l'évaluation des politiques publiques (L. du 14 juin 1996), pour les droits des femmes et l'égalité des chances entre les hommes et les femmes (L. du 12 juill. 1999), pour le renseignement (L. du 9 oct. 2007), notamment. Ces textes ont été insérés dans l'ordonnance n° 58-1100 du 17 novembre 1958 relative au fonctionnement des assemblées parlementaires (art. 6 *bis* à 6 *septiès*).

---

1. On notera que les commissions parviennent cependant à exercer un contrôle – mais qui demeure très limité – à l'occasion de l'examen des projets de loi (et notamment du projet de loi de finances), ainsi qu'en s'efforçant d'exercer un contrôle sur l'application des lois dont elles ont été saisies.

2. De 1958 au 1er juin 2015, 86 commissions d'enquête ont été constituées à l'Assemblée nationale.

3. Elles pourraient citer devant elles des ministres mais non pas le président de la République, en fonction ou les ayant cessées. Voir en ce sens le précédent créé le 29 août 1984 par le président Mitterrand et confirmé par M. Nicolas Sarkozy en 2007 dans l'affaire de la libération des infirmières et du médecin bulgares détenus en Lybie.

Chacun des deux Offices – pour l'évaluation de la législation et pour l'évaluation des politiques publiques – était commun au Parlement bien que composé de deux délégations émanant, l'une de l'Assemblée nationale, l'autre du Sénat. Cependant, la loi du 15 juin 2009, dans un souci légitime de rationalisation de l'action publique a supprimé ces deux offices parlementaires, ainsi d'ailleurs que la délégation parlementaire à l'aménagement et au développement durable du territoire et l'office parlementaire d'évaluation des politiques de santé. L'ensemble de ces structures étant désormais remplacé par le comité d'évaluation et de contrôle des politiques publiques dont l'existence est prévue, devant l'Assemblée nationale, par les articles 98-1 et 146-2 à 146-7 du règlement de l'Assemblée nationale dans sa rédaction issue de la modification du 27 mai 2009. Il faut souhaiter que cette simplification des structures parlementaires de contrôle et d'évaluation des politiques publiques contribue à renforcer leur activité qui, en pratique, est souvent réduite.

d) L'assemblée plénière

1328. Qu'il s'agisse de l'Assemblée nationale ou du Sénat, c'est évidemment la formation normale, la seule qui soit habilitée à prendre des décisions en matière législative ou en matière de contrôle.

III. L'exercice de l'activité parlementaire

1329. Les travaux parlementaires ont lieu sous la conduite du président assisté du Bureau et, dans une certaine mesure, de la Conférence des présidents. S'ils se font pour une part importante dans le cadre des commissions, ils ne s'en déroulent pas moins, pour l'essentiel, en séance plénière et publique et donnent lieu à des débats qui font l'objet d'une réglementation très précise.

A. La conduite des travaux parlementaires : la présidence, le bureau des assemblées et la conférence des présidents

1330. On les examinera successivement.

a) La présidence des assemblées

1331. Aux termes de l'article 32 de la Constitution, le président de l'Assemblée nationale est élu pour la durée de la législature, le président du Sénat après chaque renouvellement partiel. La séance au cours de laquelle il est procédé à l'élection est ouverte par le doyen d'âge, qui prononce une allocution, sans qu'aucun débat ne puisse avoir lieu. Au Sénat comme à l'Assemblée, l'élection a lieu au scrutin secret à la tribune, c'est-à-dire que seuls peuvent y participer les membres de l'assemblée étant physiquement présents. Pour être élu, la majorité absolue des suffrages exprimés est nécessaire aux deux premiers tours, au troisième la majorité relative suffit. Depuis 1958, l'Assemblée nationale a été successivement présidée par MM. J. Chaban-Delmas, A. Peretti, E. Faure, J. Chaban-Delmas, L. Mermaz, J. Chaban-Delmas, L. Fabius, H. Emmanueli, Ph. Seguin, L. Fabius, R. Forni, J.-L. Debré, P. Ollier, B. Accoyer, C. Bartolone, F. de Rugy et, depuis septembre 2018, R. Ferrand. Le Sénat a lui été présidé par MM. G. Monnerville, A. Poher, R. Monory, C. Poncelet, G. Larcher, J.-P. Bel (premier socialiste à accéder à cette charge depuis 1958 de 2011 à 2014) et, depuis septembre 2014, à nouveau, G. Larcher.

1332. Le président de chaque assemblée, qui est généralement une personnalité politique importante, a des attributions de deux sortes : constitutionnelles et parlementaires. Au titre des premières, le président du Sénat assure l'intérim de la Présidence de la République, les présidents des deux assemblées doivent être consultés par le chef de l'État avant qu'il ne prononce la dissolution ou mette en œuvre l'article 16, ils nomment un membre du Conseil constitutionnel à chaque renouvellement triennal et ils peuvent saisir le Conseil constitutionnel dans les conditions prévues par la Constitution. Au titre des secondes, le président dirige les débats, fait observer le règlement, maintient l'ordre et la discipline, veille à la sûreté intérieure et extérieure de l'assemblée. Il bénéficie à ces différents titres d'une autorité considérable que renforce encore l'audience personnelle qu'il ne peut manquer d'avoir auprès des parlementaires de toutes les formations. En effet, le président est tenu à une stricte impartialité, dans l'ensemble bien observée.

b) Le Bureau des assemblées

1333. Le Bureau de chaque assemblée comporte des vice-présidents, chargés d'assister et de suppléer le président, des questeurs, chargés des problèmes d'administration intérieure[1], des secrétaires chargés de contrôler les votes et la rédaction des procès-verbaux. À l'Assemblée nationale, leur élection doit se faire « en s'efforçant de reproduire au sein du Bureau la configuration politique de l'assemblée[2] ». Si une entente amiable ne peut être réalisée, il est procédé à une élection en la forme, pour chaque fonction, au scrutin plurinominal majoritaire. Au Sénat, vice-présidents et questeurs sont élus pour trois ans, après chaque renouvellement partiel, par scrutins secrets et séparés et par bulletins plurinominaux. Pour être élu, la majorité absolue des suffrages exprimés est nécessaire aux deux premiers tours, au troisième la majorité relative suffit. Les secrétaires sont nommés également pour trois ans mais à la proportionnelle des groupes et compte tenu de la représentation déjà acquise à ceux-ci au sein du Bureau.

c) La Conférence des présidents

1334. C'est un organe qui, au sein de chaque assemblée et sous l'autorité de son président, réunit les vice-présidents, les présidents de commissions permanentes et les présidents de groupes[3]. En ce qui concerne ces derniers, le règlement de l'Assemblée nationale prévoit, lors des votes au sein de la Conférence, une pondération en fonction

---

1. Ils sont conduits, par conséquent, à contrôler la bonne marche des services administratifs placés sous l'autorité d'un secrétaire général.

2. Règlement Ass. nat., art. 10.

3. Il faut ajouter, à l'Assemblée nationale, le Rapporteur général de la Commission des finances, le président de la Délégation parlementaire pour l'Union européenne et dans chaque assemblée, s'il y a lieu, les présidents des commissions spéciales intéressées.

des effectifs des groupes [1]. La Conférence, en principe dominée par la majorité, joue un rôle important pour la fixation de l'ordre du jour et l'organisation de débats.

B. Le déroulement des travaux parlementaires : l'ordre du jour, les débats, les votes, les questions, les pétitions

1335. Les règlements des assemblées, et parfois la Constitution, comportent sur ces différents points une réglementation très élaborée et très détaillée. L'article 28 de la Constitution, issu de la loi constitutionnelle du 4 août 1995 a d'ailleurs prévu que les jours et les horaires des séances sont déterminés par le règlement de chaque assemblée.

a) L'ordre du jour

1336. Il fait l'objet de l'article 48 de la Constitution, sans doute l'un des plus nouveaux et des plus importants parmi ceux traitant des rapports de l'exécutif et du législatif. À l'origine, il donnait au Gouvernement, dans chaque assemblée, la maîtrise à peu près complète des travaux parlementaires. Cette situation a sensiblement évolué depuis lors, une première fois avec la révision constitutionnelle du 4 août 1995 et, une seconde fois avec celle du 23 juillet 2008. Cette dernière consacre une règle de parité entre le Gouvernement et les assemblées, chacun disposant de deux semaines de séance sur quatre. Cependant, il faut encore distinguer dans l'ordre du jour une partie prioritaire et une partie complémentaire.

1337. La partie prioritaire relève de la seule volonté du Gouvernement qui y inscrit ses propres projets de lois ainsi que les propositions qu'il accepte (et dont on peut supposer qu'elles émanent, dans leur quasi-totalité, de ses amis politiques). C'est là une prérogative extrêmement importante car elle lui permet non seulement de faire passer très rapidement les textes qui lui conviennent mais encore de retarder d'autant, et parfois d'ajourner *sine die*, l'examen des autres textes, qui ne peuvent figurer qu'à la seconde partie de l'ordre du jour.

1338. La partie complémentaire fait l'objet de propositions de la Conférence des présidents qui se réunit à cet effet une fois par semaine dans chaque assemblée. C'est cette dernière qui décide ensuite s'il y a lieu ou non de retenir ces propositions, qui font l'objet d'un vote global, sans pouvoir être amendées. Dans l'affirmative, l'ordre du jour ne peut plus être modifié que par le Gouvernement s'il décide de nouvelles inscriptions dans la partie prioritaire. Il faut souligner que la partie complémentaire elle-même est soumise à la volonté de la majorité, prépondérante au sein de la Conférence.

b) Les débats

1339. Il faut distinguer entre la procédure normale et les procédures accélérées. Le débat est ouvert par l'appel du texte ou de l'affaire inscrit à l'ordre du jour. La

---

1. Règlement Ass. nat., art. 48 : « Dans les votes émis au sein de la Conférence sur les propositions qui lui sont soumises par ses membres, il est attribué aux présidents des groupes un nombre de voix égal au nombre des membres de leur groupe après défalcation des autres membres de la Conférence. »

discussion générale s'engage, notamment en ce qui concerne les projets ou propositions, par l'audition du Gouvernement, s'il le juge utile, et la présentation du rapport de la ou les commissions saisies. Une règle importante veut, en effet, que les membres du Gouvernement et les présidents et rapporteurs des commissions concernées obtiennent la parole quand ils la demandent. Ensuite, il peut être opposé au texte une exception d'irrecevabilité (en vue de le faire reconnaître comme contraire aux dispositions de la Constitution) et une question préalable (en vue de faire décider qu'il n'y a pas lieu de délibérer). S'il n'en est pas opposé ou si elles ne font pas l'objet d'un vote positif, la discussion se poursuit par la prise de parole des parlementaires qui se sont inscrits à cet effet, l'auteur ou premier signataire d'une proposition – si tel est le cas – ayant priorité. En effet, au contraire des membres du Gouvernement, les parlementaires n'obtiennent la parole que s'ils l'ont demandée. Après la clôture de la discussion générale, une motion peut encore être présentée et mise aux voix en vue du renvoi du texte à la commission saisie. Il est ensuite procédé à la discussion et au vote des articles et enfin au vote sur l'ensemble.

1340. Les procédures abrégées comprennent, à l'Assemblée nationale, les votes sans débat et les débats restreints, qui font l'objet d'une réglementation très stricte.

Au Sénat comme à l'Assemblée nationale, les grands débats sont organisés par la Conférence des présidents, qui prévoit le nombre de séances consacrées au sujet retenu, répartit les temps de parole entre les différents groupes et fixe à l'avance l'heure-limite des votes.

c) Les votes

1341. Aux termes de l'article 27, alinéa 2, de la Constitution, « le droit de vote des membres du Parlement est personnel » Cette disposition est destinée à éviter l'absentéisme parlementaire et c'est pourquoi les délégations du droit de vote ne sont autorisées que dans les cas limitativement énumérés par la loi organique à laquelle renvoie l'article 27, alinéa 3, selon lequel « nul ne peut recevoir délégation de plus d'un mandat[1] ».

En fait, cette disposition constitutionnelle est mal observée pour une raison simple, qui est que les parlementaires ont à faire face à des tâches si nombreuses et si absorbantes qu'ils ne peuvent les assumer complètement. L'obligation de vote personnel est donc souvent contournée.

1342. Divers procédés sont utilisés pour procéder aux votes. Ceux-ci peuvent d'abord avoir lieu, de manière un peu rudimentaire, à main levée ou par assis et levé. Mais le procédé le plus courant est le vote au scrutin public ordinaire, qui a lieu normalement par procédé électronique ou, à défaut, par bulletins. On observera, toutefois, que seul le premier garantit le vote personnel. En effet, le vote de chacun doit, en principe, être déclenché par l'intéressé de son pupitre à l'aide d'une clé individuelle de contact,

---

1. Cf. l'ordonnance n° 58-1066 du 7 novembre 1958, complétée par la loi organique n° 62-1 du 3 janvier 1962. La délégation n'est autorisée qu'en cas de maladie, mission temporaire confiée par le gouvernement, participation aux travaux d'une assemblée internationale, absence de la métropole lors des sessions extraordinaires, cas de force majeure appréciés par les bureaux des assemblées. En fait, ces causes d'empêchement sont très libéralement appréciées.

ce qui constitue une opération trop rapide pour qu'il soit possible de faire appel à un parlementaire ami faisant office de « boîtier[1] ».

Le Gouvernement peut aussi recourir au scrutin public ordinaire car celui-ci permet d'enregistrer et ensuite de publier la position prise par chaque député présent (pour, contre, abstention). Le scrutin public ordinaire doit normalement inciter les députés de la majorité à faire acte de présence et à voter de manière disciplinée.

Bien entendu, le vote personnel est également garanti en cas de scrutin public à la tribune car les parlementaires sont alors appelés et les secrétaires procèdent à un pointage. Le scrutin public à la tribune est de droit lorsque la Constitution exige une majorité qualifiée ou lorsque la responsabilité du Gouvernement est engagée. Les votes font l'objet d'une publication au *Journal officiel*, qui là encore mentionne non seulement les résultats mais aussi les votes émis par chacun, sauf lorsqu'il s'agit d'élections de personnes car alors le scrutin est secret.

1343. Depuis quelques années, on constate une présence beaucoup plus assidue des députés lors des votes en raison d'une part, de la brièveté du vote par procédé électronique, qui ne permet pas d'avoir recours à un « boîtier », d'autre part, des initiatives des présidents fixant les votes importants à des moments favorables, parfois légèrement dissociés du débat.

d) Les questions

1344. L'article 48 *in fine* de la Constitution prévoit, dans sa rédaction issue de la révision du 4 août 1995, qu'une séance par semaine *au moins* est réservée par priorité aux questions des membres du Parlement et aux réponses du Gouvernement. Il y a plusieurs sortes de questions.

Les questions *orales* sont en réalité posées par écrit, c'est la réponse du Gouvernement qui est toujours orale. Initialement elles pouvaient être avec ou sans débat. Les premières, qui ne pouvaient être suivies d'un vote pour ne pas ressusciter l'ancienne interpellation, sont tombées en désuétude et ont même disparu du Règlement. Les secondes ont fort bien survécu sous la forme des *questions au Gouvernement* (parfois à un ministre), portant généralement sur des problèmes actuels et qui, retransmises pendant une heure par la télévision, renseignent utilement les parlementaires et l'opinion publique. L'Assemblée consacre désormais deux séances par semaine à ces questions, le mardi et le mercredi après-midi, de 15 heures à 16 heures.

Les questions *écrites* font l'objet d'une réponse gouvernementale publiée au *Journal officiel*. Elles sont extrêmement nombreuses[2]. La réponse doit être publiée dans le mois suivant la publication de la question au *Journal officiel*.

e) Les pétitions

1345. Elles sont adressées aux présidents des assemblées et émanent, en principe, des citoyens. Les pétitions doivent être signées et comporter les indications nécessaires

---

1. Cette appellation vient de ce que, lorsque les votes avaient lieu par bulletins, les parlementaires remettaient à certains de leurs collègues, nécessairement présents, la clé de la boîte qui, sur leur pupitre, renfermaient les bulletins à leur nom.

2. À titre d'exemple, au cours de la XIIIe législature, de 2007 à 2012 plus de 130 000 questions écrites ont été formulées par des députés.

à l'identification des signataires[1]. Elles sont envoyées pour étude à la commission compétente et ensuite, et selon le cas, classées purement et simplement, renvoyées à un ministre pour une réponse directe au pétitionnaire ou, très exceptionnellement, soumises à l'assemblée. À titre d'exemple, au cours de la XIIe législature, soit de 2002 à 2007, trente-quatre pétitions ont été adressées à l'Assemblée nationale. Sur cet ensemble, trente ont été classées et quatre seulement ont été renvoyées à un ministre. Au cours de la XIIIe législature, de 2007 à 2012, sur trente-six pétitions adressées, aucune n'a été renvoyée à un ministre. Cette procédure, remontant à la période révolutionnaire, était donc devenue, au fil du temps, anecdotique.

1346. Cependant, les choses pourraient changer car la dernière réforme du règlement de l'Assemblée nationale intervenue en juillet 2019 entend revivifier le droit de pétition. Ainsi, le règlement prévoit désormais : d'une part, la possibilité de signer les pétitions par voie électronique ; et, d'autre part, que les pétitions ayant recueilli le nombre significatif de 100 000 signatures soient mises en ligne sur le site de l'Assemblée. Les pétitions pourront alors être renvoyées à la commission compétente au fond, qui les examinera, en associant éventuellement à ses débats les premiers signataires et des ministres, et publiera un rapport. De plus, les pétitions ayant recueilli un nombre important de signatures pourront donner lieu à un débat en séance sur la base du rapport de la commission. Cette possibilité sera ouverte aux pétitions sous la double condition qu'elles dépassent un seuil de 500 000 signataires domiciliés dans 30 départements au moins. Ces modalités simplifiées de dépôt des pétitions accompagnées d'un renforcement de leur effectivité paraissent de nature à en faire un instrument simple et efficace de démocratie participative pour peu que les citoyens s'en emparent.

C. Les délégations parlementaires pour l'Union européenne et les commissions des affaires européennes

1347. On sait que le Parlement est largement dessaisi, notamment dans le domaine économique – mais pas seulement – par le Conseil de l'Union, qui édicte sur proposition de la Commission européenne des normes communautaires directement et immédiatement applicables sur le territoire des États membres. Pour que le Parlement n'ait pas à se trouver devant des normes déjà édictées dont il n'aurait pas eu connaissance, il a été créé dans chaque assemblée une Délégation parlementaire pour l'Union européenne (cf. l'article 6 *bis* de l'ordonnance no 58-1100 du 17 novembre 1958 relative au fonctionnement des assemblées parlementaires). Chaque Délégation comporte trente-six membres désignés de manière à assurer une représentation proportionnelle des groupes.

1348. À la suite de la révision constitutionnelle du 23 juillet 2008, le règlement des deux assemblées a été modifié afin de mettre en œuvre les dispositions du nouvel article 88-4 de la Constitution qui prévoit qu'une commission des affaires européennes doit être créée dans chaque chambre. Ainsi, à l'Assemblée nationale, il est désormais

---

1. Une pétition apportée ou transmise par un rassemblement sur la voie publique ne peut être reçue par le président ni déposée sur le Bureau. En effet, il serait choquant qu'une pression puisse être ainsi exercée sur les élus du peuple par une minorité agissante essayant de se faire entendre et recevoir par la violence.

prévu qu'une telle commission, comprenant quarante-huit membres désignés de manière à assurer une représentation proportionnelle des groupes politiques et une représentation équilibrée des commissions permanentes, est constituée au début de chaque législature. Sa fonction est de « suivre les travaux conduits par les institutions européennes ». Ses pouvoirs ne sont pas négligeables, dans la mesure où la Commission des affaires européennes peut, de sa propre initiative ou à la demande d'une commission permanente ou spéciale saisie au fond d'un projet ou d'une proposition de loi portant sur un domaine couvert par l'activité de l'Union européenne, formuler des observations sur toute disposition de ce projet ou de cette proposition. Ces observations peuvent être présentées devant la commission permanente ou spéciale saisie au fond du projet ou de la proposition de loi. La Conférence des présidents peut autoriser la Commission des affaires européennes à présenter ses observations en séance publique. Cette fonction de « vigie » est évidemment extrêmement importante compte tenu de la part sans cesse croissante du « droit venu d'ailleurs » dans la législation nationale. Cependant, pour que les commissions des affaires européennes créées dans chacune des deux chambres puissent acquérir réellement de l'influence dans l'avenir, comme c'est déjà le cas en Allemagne ou en Grande-Bretagne par exemple (pour des raisons bien différentes dans chacun de ces pays, au demeurant), il paraît nécessaire que les députés et sénateurs français s'impliquent encore davantage dans cette mission désormais essentielle pour le Parlement national.

Section 3

Un organe en marge du Parlement : le Conseil économique, social et environnemental

1349. La Constitution, qui lui consacre les trois articles de son titre XI, en fait un organe consultatif, chargé de représenter les intérêts économiques, sociaux et, désormais environnementaux depuis la loi constitutionnelle du 23 juillet 2008, auprès du Gouvernement [1]. Le texte de la Constitution est complété par la loi organique du 28 juin 2010 [2]. Le Conseil économique, social et environnemental est un organe situé en marge du Parlement et dont les membres n'ont pas la qualité de parlementaires car n'étant pas élus par le peuple au suffrage universel, direct ou indirect, ils ne représentent pas la Nation. Depuis novembre 2015, il est présidé par M. Patrick Bernasconi.

I. Les caractères du Conseil économique, social et environnemental

1350. Ils ressortent clairement de ses antécédents et de sa fonction.

A. Les antécédents

1351. Le Conseil actuel est l'héritier des organes qui avaient été mis en place à la fin de la Troisième République et sous la Quatrième République.

---

1. J. Dermagne, *Qu'est-ce que le Conseil économique et social ?*, Éd. L'Archipel, 2005.
2. *JO* 29 juin 2010, p. 11633.

C'est en 1925 qu'est créé le premier Conseil national économique. Assez curieusement, le texte initial est un simple décret du 16 janvier mais l'existence du Conseil est confirmée par une loi du 19 mars 1936. Présidé par le président du Conseil des ministres, il tient à ce moment le rôle d'un modeste conseiller du Gouvernement, puis du Parlement, pour les affaires économiques. Avec la Quatrième République, le Conseil économique prend de l'importance. Il tire son existence de l'article 25 de la Constitution de 1946, mais demeure un organe consultatif.

B. La fonction et son évolution

1352. De 1958 à 2008, le Conseil économique et social conserve une importance certaine mais compte tenu du libéralisme dominant il est essentiellement orienté vers l'étude et la prévision. Organe prévu par la Constitution, spécialisé, consultatif, l'ordonnance portant loi organique du 29 décembre 1958, modifiée en 1984, 1990, 1992, 2000 et 2010, lui assigne des objectifs ambitieux puisqu'il doit non seulement examiner et suggérer les adaptations économiques nécessaires mais encore « favoriser la collaboration des différentes catégories professionnelles » qu'il rassemble et « assurer leur participation à la politique économique et sociale du Gouvernement ». Il est certain que de tels objectifs sont assez difficiles à réaliser mais le Conseil est apparu comme un organe d'étude et d'information où les représentants des grandes catégories socio-professionnelles et des principales activités économiques ont pris l'habitude de travailler en commun et ont produit des rapports de grande valeur. Néanmoins, cette institution est souvent décriée en raison de son impact, il est vrai très mesuré, sur les politiques de réformes gouvernementales. C'est la raison pour laquelle la révision constitutionnelle du 23 juillet 2008 a modifié à la marge cette institution vieillissante en particulier en élargissant son champ d'action à la sphère environnementale et en l'ouvrant sur l'extérieur grâce à la création d'une saisine par voie de pétition. Le projet de loi constitutionnelle visant à créer une « démocratie plus représentative, responsable et efficace » qui a été présenté lors du conseil des ministres du 4 mai 2018 pourrait aller encore plus loin, sans toutefois supprimer le Conseil économique, social et environnemental, en le transformant en une « Chambre de la société civile » dont la composition et les attributions seraient profondément renouvelées.

II. La composition du Conseil économique, social et environnemental

1353. La rédaction actuelle de l'article 71 de la Constitution prévoit que le nombre de ses membres ne peut excéder 233. Ils sont désignés pour cinq ans, le plus grand nombre par les organisations les plus représentatives des différentes catégories socio-professionnelles, les autres directement par le Gouvernement. Si les nominations directes ne soulèvent pas de difficultés particulières à ceci près qu'elles sont souvent politiquement orientées, les nominations sur proposition des organisations les plus représentatives sont plus complexes.

C'est la loi organique qui fixe, en effet, les diverses catégories retenues (salariés, chefs d'entreprise, agriculture, etc.) et le nombre de sièges attribué à chacune d'elles. C'est ensuite le Gouvernement qui détermine quelles sont les organisations les plus représentatives pour une catégorie socioprofessionnelle donnée et qui fixe pour chacune de ces organisations, à l'intérieur de la catégorie, le nombre de sièges qui lui revient. Ces deux décisions gouvernementales, qui ne vont pas toujours sans conflits, se font sous le contrôle du juge administratif et plus précisément du Conseil d'État.

Le Conseil élabore et adopte son propre règlement, qui n'a pas à être soumis au Conseil constitutionnel puisqu'il ne constitue pas une assemblée parlementaire. En revanche, ce règlement doit être approuvé par décret. Le Conseil élit son président, qui est assisté d'un bureau de treize membres. Il comporte des formations d'étude et de travail (les sections) et une formation délibérante (l'assemblée), seule qualifiée pour les avis donnés au nom du Conseil.

III. Les attributions du Conseil économique, social et environnemental

1354. Le Conseil est une assemblée purement consultative, qui émet des avis et ne décide jamais.

Tout dépend, en réalité, de savoir qui demande son avis au Conseil économique, social et environnemental. En premier lieu, il peut s'agir du Gouvernement. Ce dernier a la faculté de lui demander un avis sur les projets de lois, d'ordonnances ou de décret, ainsi que sur les propositions de lois qui lui sont soumis (art. 69, alinéa premier). Plus généralement, le Gouvernement peut le consulter sur les projets de loi de programmation définissant les orientations pluriannuelles des finances publiques (art. 70). De manière plus imprécise, il peut aussi être saisi de tout problème de caractère économique, social ou environnemental (art. 70). Dans le contexte actuel de la société française, cette faculté a toutes les chances de demeurer purement théorique tant l'emprise du Conseil d'État, dans sa fonction de conseiller du Gouvernement, est déterminante. Cependant, dans un cas, le Gouvernement a compétence liée, il est dans l'obligation de solliciter l'avis du Conseil économique, social et environnemental : lorsqu'il s'agit d'un plan ou d'une loi de programmation à caractère économique, social ou environnemental.

1355. En second lieu, la révision constitutionnelle du 23 juillet 2008 a prévu que le Conseil économique social et environnemental pourrait également être saisi par voie de pétition. Les conditions de mise en œuvre de cette nouvelle voie d'accès au Palais d'Iéna devront être précisées par une loi organique. En toute hypothèse l'effet de cette réforme devrait demeurer limité dans la mesure où le Conseil devra se contenter de faire « connaître au Gouvernement et au Parlement les suites qu'il propose d'y donner » (art. 69, alinéa 3). Autrement dit, là encore, le Conseil économique, social et environnemental ne dispose d'aucun pouvoir décisionnel.

1356. Enfin, en dernier lieu, le Conseil dispose d'une faculté d'auto-saisine, puisqu'il peut toujours, de sa propre initiative, appeler l'attention du Gouvernement sur les réformes qui lui paraissent nécessaires à la réalisation des objectifs économiques, sociaux et environnementaux qui lui ont été assignés par la Constitution.

▶ Bibliographie

M. Ameller et G. Bergougnous, *L'Assemblée nationale,* 2e éd., PUF, coll. « Que sais-je ? », no 2897, 2015.

P. Avril, « Un nouveau droit parlementaire ? », *RDP*, 2010, p. 121.

P. Avril, J. Gicquel et J.-E. Gicquel, *Droit parlementaire,* 5e éd., Montchrestien, 2014.

I. Bouhadana, *Les commissions des finances des assemblées parlementaires en France : origines, évolutions et enjeux*, LGDJ, 2007.

J. P. Camby et P. Servent, *Le travail parlementaire sous la Ve République*, 5e éd., Montchrestien, 2010.

S. Hutier, *Le contrôle de la procédure parlementaire par le Conseil constitutionnel*, Fondation Varenne, 2016.

A. Martin, *Le président des assemblées parlementaires de la Cinquième République*, LGDJ, 1996.

F. Mélin-Soucramanien, « Le Président de l'Assemblée nationale », *La Constitution de la Cinquième République : 60 ans d'application (1958-2018)*, LGDJ, 2018.

E. Pierre, *Traité de droit politique, électoral et parlementaire*, Librairies-imprimeries réunies, 1906.

F. Robbe, *La représentation des collectivités territoriales par le Sénat. Étude sur l'article 24, alinéa 3, de la Constitution française*, LGDJ, 2001.

L. Touzeau, « Le Conseil économique, social et environnemental après la loi organique du 28 juin 2010 : une assemblée constitutionnelle mal identifiée », *RDP* 2011, p. 637.

P. Türk, *Les commissions parlementaires permanentes et le renouveau du Parlement sous la Ve République*, Dalloz, 2005.

J.- J. Urvoas et M. Alexandre, *Manuel de survie à l'Assemblée nationale. L'art de la guérilla parlementaire*, Odile Jacob, 2012.

Sites internet

www.senat.fr
www.assemblee-nationale.fr
www.conseil-economique-et-social.fr

Chapitre 21

Les rapports du Gouvernement et du Parlement

1357. Le Gouvernement et les assemblées entretiennent, dans ce régime mixte qu'est la Cinquième République, des rapports étroits, très proches des rapports de type fondamentalement parlementaire, même si les révisions successives du 2 octobre 2000 instaurant le quinquennat et du 23 juillet 2008 renforçant les pouvoirs du président, ont accentué le caractère présidentiel du régime. Il s'agit normalement de rapports de collaboration, qui se manifestent tout particulièrement à l'occasion de l'élaboration de la loi (section 1). Il peut s'agir aussi de rapports de tension aboutissant, le cas échéant, à la mise en cause de la responsabilité politique du Gouvernement devant l'Assemblée nationale (section 2). Et, enfin, ces rapports entre le Gouvernement et le Parlement peuvent être sous-tendus par une logique d'évaluation des politiques publiques (section 3)

Section 1
L'élaboration de la loi

1358. La loi est, en principe, l'œuvre du Parlement qui la vote (art. 24). On n'oubliera pas cependant que la France faisant partie de l'Union européenne, l'action du législateur est fortement contrainte, en particulier en matière économique et financière. On n'oubliera pas davantage que, en fait, le Gouvernement est à l'origine de la très grande majorité des lois promulguées et que son rôle en la matière est fondamental. On examinera successivement les caractères généraux et les différentes phases de la procédure d'élaboration de la loi.

I. La collaboration législative du Gouvernement et du Parlement

1359. Cette collaboration présente pour caractéristique essentielle d'être entièrement orientée au profit du Gouvernement.

A. Une collaboration inégalitaire

1360. Comme sous les Républiques précédentes, l'élaboration de la loi exige, sous la Cinquième République, une collaboration constante des organes législatifs, c'est-à-dire de l'Assemblée nationale et du Sénat, et des organes exécutifs, c'est-à-dire du Gouvernement et même du président de la République, qui intervient en fin de processus pour la promulgation.

Le système français comporte une originalité dans la mesure où la prépondérance du Gouvernement, que l'on retrouve dans la plupart des pays, se situe sur le plan institutionnel tout autant que sur le plan politique. En effet, elle ne tient pas seulement à l'existence d'une majorité parlementaire de soutien acceptant, en principe, de voter les projets de lois du Gouvernement. Elle tient également à la mise à la disposition de l'exécutif d'un ensemble de mesures et de prérogatives ayant pour objet et pour effet de déterminer le domaine d'action du Parlement et de permettre au Gouvernement de faire prévaloir ses vues.

La détermination du domaine législatif, qui pose des problèmes nombreux et complexes, est étudiée par ailleurs mais il faut rappeler ici que l'article 34 de la Constitution comporte une énumération des matières législatives qui rompt avec la tradition française en la matière.

Les prérogatives permettant au Gouvernement d'intervenir efficacement dans la procédure d'élaboration de la loi concernent en revanche très directement ce chapitre. Elles montrent très clairement que la collaboration législative instituée par la Constitution entre le Gouvernement et le Parlement a été rationalisée dans un sens systématiquement favorable au premier.

B. Les prérogatives gouvernementales

1361. Sans procéder pour le moment à leur étude détaillée, il est utile de dresser la liste des prérogatives constitutionnelles du Gouvernement, en distinguant d'une part, celles qui lui permettent de s'opposer aux propositions qui lui déplaisent et d'autre part, celles qui lui permettent de faire adopter ses propres projets et les propositions qui lui conviennent.

1362. À l'encontre des propositions et des amendements déposés par des parlementaires de l'opposition et souvent même de la majorité et qu'il souhaite écarter, le Gouvernement dispose de moyens efficaces. Ces moyens peuvent être de simple défense lorsqu'ils se bornent à obliger le Parlement à demeurer dans le champ d'activité qui lui a été assigné (irrecevabilités, art. 41) à respecter des interdictions prévues dans l'intérêt des finances publiques (l'irrecevabilité de l'article 40) ou d'une étude rationnelle des amendements (fins de non-recevoir, art. 44, alinéa 2). Ils prennent un caractère plus offensif lorsqu'ils assurent au Gouvernement une partie de la maîtrise de l'ordre du jour (art. 48).

1363. En faveur de ses projets et des propositions acceptées par lui, le Gouvernement dispose de moyens plus efficaces encore. Il peut d'abord en accélérer l'examen en les faisant inscrire par priorité à l'ordre du jour (art. 48). Il tient de la Constitution la certitude que la discussion de ses projets de loi constitutionnelle de finances et de financement de la sécurité sociale portera, devant la première assemblée saisie, sur ses propres textes non modifiés à la suite de leur examen par les commissions compétentes (art. 42, alinéa 2). De manière plus décisive, il peut aussi imposer le vote bloqué sur tout ou partie d'un texte en discussion (art. 44, alinéa 3), faire céder l'opposition éventuelle du Sénat (art. 45) et enfin exercer une forte pression sur l'Assemblée nationale en engageant sa responsabilité sur le vote des projets de lois de finances et de lois de financement de la sécurité sociale ainsi que sur un projet ou une proposition de loi par session (art. 49, alinéa 3).

II. L'INITIATIVE LÉGISLATIVE

1364. On examinera successivement les projets, les propositions, les amendements et les irrecevabilités qui peuvent leur être opposés. Il faut rappeler auparavant que la libre initiative du législateur est doublement limitée, d'une part et dans une certaine mesure par l'existence d'un domaine réglementaire, d'autre part et surtout par les possibilités d'intervention des autorités de l'Union européenne, dont le champ d'action recouvre largement le domaine législatif et dont les normes l'emportent sur la loi.

A. Les projets, les propositions et les amendements

1365. Conformément à l'article 39, l'initiative des lois appartient concurremment au Premier ministre et aux membres du Parlement.

a) La présentation des projets, des propositions et des amendements

1366. Les parlementaires, députés et sénateurs, déposent propositions et amendements, soit à titre individuel, soit plus souvent à titre collectif, au nom des membres d'un groupe parlementaire.

Le Premier ministre a l'obligation de soumettre ses projets de loi à l'avis du Conseil d'État, qui les examine en Assemblée générale ou, en cas d'urgence, en Commission permanente. Cet avis porte essentiellement sur la qualité rédactionnelle et sur la cohérence juridique, notamment avec les textes antérieurs. Le Premier ministre dépose ensuite ses projets sur le bureau de l'une ou de l'autre assemblée, étant observé que les projets de lois de finances doivent obligatoirement être soumis en premier lieu à l'Assemblée nationale. Il peut aussi présenter des amendements. De plus, le nouvel article 39, alinéa 5, de la Constitution, issu de la révision constitutionnelle du 23 juillet 2008 prévoit que le président d'une assemblée peut soumettre pour avis au Conseil d'État, avant son examen en commission, une proposition de loi déposée par l'un de ses membres, sauf si ce dernier s'y oppose. Cette possibilité nouvelle qui tend à faire du Conseil d'État, non seulement le conseil du Gouvernement, mais aussi du Parlement pourrait contribuer à améliorer la qualité de la loi.

b) Les chances d'adoption des projets et des propositions

1367. Il est évident que projets et propositions n'ont pas les mêmes chances d'aboutissement. Comme dans tous les régimes où Gouvernement et Parlement participent à l'élaboration de la loi – c'est le cas des régimes parlementaires – les projets en ont bien davantage que les propositions, d'abord parce que le Gouvernement dispose de prérogatives importantes, ensuite et surtout parce que la majorité des projets sont destinés à réaliser le programme législatif du Gouvernement.

1368. Pour fixer les idées, signalons à titre d'exemple, qu'au cours de la XIVe législature (juin 2012-juin 2017), dominée par une majorité socialiste, 409 projets de lois ont été déposés ou transmis et 339 adoptés, alors que 1 837 propositions étaient déposées et 110 adoptées. Ces chiffres sont évidemment très significatifs, d'autant que le pourcentage réel d'adoption des projets déposés est encore plus élevé qu'il ne paraît si on tient compte de ce que leur examen est parfois reporté ou retardé jusqu'à l'année suivante. On doit aussi prendre en considération le fait que nombre des propositions adoptées ont été déposées par des parlementaires de la majorité.

c) Les chances d'adoption des amendements

1369. Il n'en est pas de même lorsque cette initiative s'exerce sous la forme du droit d'amendement. Au cours de cette même XIVe législature 115 200 amendements ont été enregistrés et 18 821 ont finalement été adoptés, parmi lesquels une majorité est d'origine gouvernementale. De plus, malgré la révision constitutionnelle du 23 juillet 2008, l'opposition demeure dans une situation peu favorable. Ce sont les rapporteurs désignés par les Commissions qui ont le plus de chances de faire aboutir leurs amendements. Mais les parlementaires de la majorité se trouvent, là aussi, dans une situation favorable. De manière générale, le droit d'amendement représente certainement l'élément le plus efficace de l'initiative législative, en ce qu'il permet aux parlementaires d'exercer sur le Gouvernement une pression et un contrôle qui peuvent entraîner un infléchissement de son action législative.

d) Le contrôle des amendements par le Conseil constitutionnel

1370. Le Conseil, s'il est saisi, peut connaître de tous les amendements soit au titre de l'article 41, soit au titre de l'article 61, alinéa 2. Dans cette dernière hypothèse, le contrôle concerne les amendements introduits dans la loi, généralement par le Gouvernement, et adoptés par le Parlement. À noter que dans les années 1980 le Conseil constitutionnel avait jugé d'une part, qu'un amendement ne doit « pas être dépourvu de tout lien avec le projet de loi en discussion [1] » d'autre part, qu'il ne doit pas dépasser, par son objet et sa portée, « les limites inhérentes à l'exercice du droit d'amendement [2] ». Désormais, seule l'absence de lien de l'amendement avec le texte en discussion paraît de nature à justifier une annulation. En effet, le second motif, tenant en la « dimension » de l'amendement a été abandonné depuis une décision du Conseil constitutionnel datant de 2002 [3].

B. Les irrecevabilités législatives

1371. Elles procèdent des articles 40 et 41 de la Constitution et profitent presque exclusivement au Gouvernement.

a) L'irrecevabilité de l'article 40

1372. Aux termes de l'article 40, une irrecevabilité peut être opposée aux propositions et aux amendements formulés par les parlementaires lorsque leur adoption entraînerait soit une diminution des ressources publiques, soit la création ou l'aggravation d'une charge publique. On observera qu'elle ne peut s'appliquer aux projets et aux

1. Décis. n° 85-198 DC du 13 déc. 1985.

2. Décis. n° 86-221 DC du 29 déc. 1986 ; Décis. n° 86-225 DC du 23 janv. 1987 ; Décis. n° 90-277 DC du 29 juill. 1990.

3. Décis. n° 2001-445 DC du 12 janv. 2002.

amendements du Gouvernement. En revanche, à l'Assemblée nationale, elle peut être opposée avant le dépôt du texte, normalement par le Gouvernement mais aussi par tout député[1], ainsi que par le bureau de la Commission des finances. Si elle est opposée à une proposition et que l'irrecevabilité est contestée, c'est le bureau de la Commission des finances qui statue, après avoir entendu l'auteur de la proposition et éventuellement le Gouvernement. Si elle est opposée à un amendement, c'est le président de l'Assemblée nationale qui statue, après avoir consulté le président ou le Rapporteur général de la Commission des finances et, s'il y a lieu, le bureau de l'Assemblée. Les règles appliquées par le Sénat sont voisines. Si l'irrecevabilité est décidée, le texte ne peut recevoir aucune suite. S'il est déclaré recevable, la procédure législative se poursuit et le Gouvernement ne peut s'opposer au vote.

1373. Contrairement à ce qui se passe pour les irrecevabilités de l'article 41, l'intervention du Conseil constitutionnel n'est pas prévue par l'article 40. Mais le Conseil peut néanmoins être conduit à connaître des décisions prises en application de cet article s'il est ultérieurement saisi au titre de l'article 61, alinéa 2, c'est-à-dire tout à la fin de la procédure législative, après le vote mais avant promulgation[2]. Le Conseil est surtout saisi pour les amendements parlementaires tombant sous le coup de l'article 40, beaucoup moins pour les propositions[3].

1374. Il importe également de souligner que LOLF adoptée en 2001 ouvre de nouvelles perspectives aux parlementaires. Sans doute l'article 40 de la Constitution demeure-t-il inchangé. Mais les innovations profondes de la loi de 2001, qui substitue à la notion étroite de chapitre budgétaire la notion beaucoup plus large et souple de « mission », permet aux parlementaires de proposer des ajustements plus faciles à accepter parce que se situant dans un cadre plus vaste[4].

b) L'irrecevabilité de l'article 41

1375. Aux termes de l'article 41, une irrecevabilité peut aussi être opposée aux propositions et aux amendements d'origine parlementaire qui ne seraient pas du domaine de la loi, tel qu'il est déterminé par la Constitution, ou qui seraient contraires à une délégation accordée en vertu de l'article 38. Dans ces deux hypothèses, seul le Gouvernement peut opposer l'irrecevabilité lors de chaque lecture (notamment à l'encontre des amendements), ce qui se comprend puisqu'il s'agit d'obliger le Parlement à demeurer dans le domaine législatif qui lui est assigné. Si le président de l'assemblée conteste l'irrecevabilité, il doit saisir le Conseil constitutionnel, qui statue dans un délai de huit jours. Il va de soi que le Gouvernement pourrait aussi saisir le Conseil si le président de l'Assemblée s'abstenait de le faire[5].

---

1. Ce qui constitue une différence importante avec les irrecevabilités de l'article 41, même si, en fait, les parlementaires n'usent que de manière tout à fait exceptionnelle de la possibilité qui leur est offerte.

2. Décis. n° 81-134 DC du 3 janv. 1982.

3. E. Douat, « Droit constitutionnel financier », *J.-Cl. Adm.* fasc. 1461.

4. La « mission » doit s'entendre d'un ensemble coordonné de programmes concourant à une politique publique (cf. L. 1er août 2001, art. 47).

5. Il n'a pas été abusé de cette procédure. En ce sens, cf. É. Oliva. *L'article 41 de la Constitution du 4 octobre 1958. Initiative législative et Constitution,* Economica-PUAM, 1997.

III. La procédure législative

1376. Elle comporte l'examen et le vote du texte par chaque assemblée.

A. Du dépôt à la discussion générale

1377. Tout projet ou proposition est d'abord examiné en commission, puis par l'assemblée en séance publique.

a) Le dépôt et l'examen en commission

1378. Les projets et propositions déposés sont imprimés et distribués. C'est en principe le président de l'assemblée saisie qui décide de la commission à laquelle ils doivent être renvoyés et qui fait établir un rapport. S'il s'agit d'un projet, le rapport doit, compte tenu de l'article 42, alinéa premier, conclure à l'adoption, au rejet ou à des amendements, qui figurent alors en annexe dans ce que l'on appelle le tableau comparatif (s'il s'agit d'autoriser la ratification d'un engagement international visé par l'article 53, le rapport ne peut conclure qu'à l'adoption, au rejet ou à l'ajournement, par application de l'article 128 du Règlement AN). S'il s'agit d'une proposition, le rapport conclut par un texte d'ensemble, comprenant par conséquent les amendements adoptés par la commission.

1379. Des amendements peuvent aussi être déposés après le rapport de la commission, et en fonction de celui-ci mais, aux termes de l'article 44, alinéa 2, après l'ouverture des débats, le Gouvernement peut s'opposer à l'examen de tout amendement qui n'a pas été antérieurement soumis à la commission compétente. En fait, c'est là une faculté dont il use rarement (sauf s'il s'agit d'amendements déposés tardivement et en très grand nombre dans un objectif d'obstruction).

b) L'inscription à l'ordre du jour

1380. Pour que le texte vienne en discussion, il doit être inscrit à l'ordre du jour. En vertu de l'article 48 le Gouvernement peut faire inscrire par priorité les projets de lois de finances et de financement de la sécurité sociale, ses projets de loi et les propositions qu'il accepte et il peut retarder l'inscription des autres propositions, sous réserve des nouvelles dispositions de l'article 48 réservant deux semaines de séance sur quatre à l'ordre du jour fixé par chaque assemblée (introduites par la loi constitutionnelle du 23 juillet 2008).

c) La discussion générale

1381. La nouvelle rédaction de l'article 42, alinéa premier, issue de la révision constitutionnelle du 23 juillet 2008, impose que : « la discussion porte, en séance, sur le texte adopté par la commission saisie en application de l'article 43 ou, à défaut, sur le texte dont l'assemblée a été saisie ». Ce nouveau dispositif, rehausse assurément les droits du Parlement de manière très significative. Cependant, il n'est pas certain qu'au final la qualité de la loi soit améliorée.

1382. En revanche, s'agissant exclusivement des projets de lois constitutionnelles, de lois de finances et de lois de financement de la sécurité sociale le Gouvernement demeure assuré, on vient de l'indiquer, que la discussion portera sur le texte qu'il a déposé et que les amendements votés par la commission saisie seront certes examinés mais à l'occasion de la discussion sur les articles auxquels ils se rapportent. En d'autres termes, ces amendements, même s'ils bénéficient d'un poids plus considérable que les autres, ne peuvent venir dénaturer le texte gouvernemental, qui demeure tel que son auteur l'a voulu.

B. Du vote à la transmission à l'autre assemblée

1383. Les votes ont lieu selon une procédure rationnelle mais assez complexe qui ménage de nombreuses possibilités d'intervention au Gouvernement.

a) Le vote des articles et des amendements

1384. Il est d'abord procédé au vote par article, les amendements étant mis en discussion à l'occasion de l'examen de l'article auquel ils se rapportent, étant observé que les amendements peuvent eux-mêmes faire l'objet de sous-amendements [1]. Lorsqu'il y a plusieurs amendements concurrents, un ordre doit être respecté, qui consiste à faire passer en tête les amendements de suppression et ensuite les autres amendements en commençant par ceux qui s'écartent le plus du texte proposé et dans l'ordre où ils s'y opposent, s'y intercalent, s'y ajoutent. Les amendements présentés par le Gouvernement ou par la commission saisie au fond ont priorité sur les amendements ayant un objet identique mais déposés par des parlementaires. Chaque article, amendé ou non, doit être adopté à la majorité des suffrages exprimés [2].

b) Les demandes de vote bloqué

1385. C'est à l'occasion du vote des articles – et par conséquent des amendements – que le Gouvernement peut demander le *vote bloqué* prévu par l'article 44, alinéa 3, de la Constitution, qui lui permet d'obliger l'assemblée saisie à se prononcer par un seul vote sur tout ou partie du texte en ne retenant que ses propres amendements ou ceux déposés par des parlementaires mais acceptés par lui [3]. Il s'agit là d'une prérogative très efficace parce qu'elle permet au Gouvernement d'obtenir un vote favorable sur les dispositions auxquelles il tient essentiellement. Toutefois, l'ensemble du texte et de ses amendements, y compris ceux non retenus par le Gouvernement, demeure soumis à examen et discussion par l'Assemblée. Celle-ci est donc pleinement informée et le débat n'est nullement escamoté. Le vote bloqué n'en assure pas moins un gain de temps important puisque sur le texte retenu par le Gouvernement il n'y a plus qu'un scrutin unique (au lieu d'un scrutin par amendement, ceux-ci pouvant être

---

1. Décis. n° 73-49 DC du 17 mai 1973 (les sous-amendements sont indissociables du droit d'amendement).

2. Sous réserve des textes pour lesquels la Constitution requiert une majorité qualifiée.

3. Le texte visé par l'article 44, alinéa 3, peut être d'origine gouvernementale ou parlementaire mais, en pratique, le gouvernement n'a recours au vote bloqué qu'en faveur de ses projets de loi, qu'il s'agisse de lois ordinaires, de finances ou organiques.

très nombreux). Surtout, il libère le Gouvernement du harcèlement des scrutins multiples et le garantit des surprises et des imprévus en cours de séance.

1386. On observera que les parlementaires de la majorité sont aussi visés que ceux de l'opposition par la procédure du vote bloqué car ils se trouvent privés, eux aussi et dans les mêmes conditions, de toute possibilité de faire aboutir leurs amendements. J. Chaban-Delmas, en tant que président de l'Assemblée nationale, avait exposé avec beaucoup de clarté, le 29 janvier 1968, l'intérêt du vote bloqué en indiquant que… « c'est un procédé qui a été prévu pour permettre à tout moment, et généralement à un moment difficile, au Gouvernement de passer du plan technique, sur lequel il peut y avoir mille réserves à faire, bien des critiques qui pourraient entraîner un vote contraire, au plan politique supérieur et de la politique générale ». On peut ajouter que le Gouvernement est ainsi assuré que son texte initial sera dans l'ensemble respecté.

1387. Il reste que, à plusieurs reprises, et notamment dans les débuts du régime, le Gouvernement a abusé de la procédure du vote bloqué, l'utilisant pour faire adopter des dispositions qui n'étaient pas essentielles. En théorie, l'article 44, alinéa 3 devrait être réservé à quelques cas rares et importants. En pratique, tout dépend de la conjoncture politique, le Gouvernement y ayant plus volontiers recours lorsque sa majorité est courte et/ou peu homogène.

c) Les demandes de seconde délibération

1388. Après le vote des articles, le Gouvernement peut demander – ainsi que tout parlementaire mais ceux-ci ont moins de chances de l'obtenir – une seconde délibération de tout ou partie du texte. C'est l'assemblée qui décide mais la majorité doit normalement se retrouver derrière le Gouvernement. La seconde délibération ne porte que sur les nouvelles propositions du Gouvernement ou de la commission saisie et sur les amendements qui s'y rapportent (cf. Règl. AN, art.101).

d) Le vote sur l'ensemble

1389. S'il n'y a pas de seconde délibération, l'Assemblée entend les explications de vote des représentants des partis et il est procédé au vote sur l'ensemble du texte, la majorité requise pour l'adoption étant calculée sur les suffrages exprimés[1]. Mais il faut rappeler que, en se fondant sur l'article 49, alinéa 3, de la Constitution, le Premier ministre peut engager la responsabilité du Gouvernement devant l'Assemblée nationale sur le vote d'un projet de loi, à condition qu'il s'agisse d'un projet de loi de finances ou de financement de la sécurité sociale ou encore d'un projet ou d'une proposition de loi choisie parmi l'ensemble des textes examinés au cours d'une session.

1390. Ce cheminement allant du dépôt au vote, en passant par la discussion, devant chacune des deux assemblées représente ce qu'il est convenu d'appeler une *lecture*.

---

1. Sous réserve que la Constitution ne requiert pas une majorité qualifiée.

IV. La navette législative

1391. En principe, une loi ne peut être adoptée que si elle a l'accord de l'Assemblée nationale et du Sénat. Mais, par dérogation à ce principe, si un désaccord se prolonge ou en cas d'urgence, le Premier ministre peut décider, d'abord, d'appliquer une procédure de conciliation, ensuite et quel qu'en soit le résultat, d'autoriser l'Assemblée nationale à statuer définitivement.

A. L'adoption souhaitable des lois par accord de l'Assemblée nationale et du Sénat

1392. Aux termes de l'article 45, alinéa premier, « tout projet ou proposition de loi est examiné successivement dans les deux assemblées du Parlement en vue de l'adoption d'un texte identique ».

Cette disposition est importante car si elle n'entraîne pas, on le verra, le rétablissement du Sénat dans la fonction législative qui était la sienne sous la Troisième République, non plus qu'une égalité totale avec l'Assemblée nationale, elle signifie tout de même que celle-ci ne peut jamais, à elle seule, contraindre le Sénat sur le plan législatif, comme c'était le cas sous la Quatrième République.

1393. Le premier alinéa de l'article 45 implique évidemment l'existence d'une navette entre les deux assemblées. En effet, chacune d'elles a également le droit de modifier le texte qui lui est soumis et il est possible, par exemple, que la seconde assemblée saisie renvoie à la première un texte amendé et par conséquent non conforme à celui que celle-ci avait voté. Cette navette obéit à deux règles. D'une part, au cours des lectures successives du texte, les délibérations ne portent plus que sur les articles faisant l'objet de désaccord, les autres étant considérés comme acquis et ne pouvant plus faire l'objet d'amendements. D'autre part, chaque délibération au sein de l'une et l'autre assemblée est soumise à la procédure législative normale, ce qui suppose le renvoi à la commission initialement saisie, le dépôt possible de nouveaux amendements sur les points litigieux et une discussion en séance publique.

B. L'adoption possible des lois par un vote de l'Assemblée nationale statuant seule

1394. Celui-ci peut intervenir en vue de faire adopter la loi par l'Assemblée nationale quelle que soit la position du Sénat.

a) L'intervention du Premier ministre ou des présidents des deux assemblées

1395. L'intervention du Premier ministre est naturellement subordonnée à l'existence d'un désaccord. En effet, le chef du Gouvernement ne peut intervenir que si un projet n'a pu être adopté après deux lectures par chaque assemblée, ou bien, s'il a déclaré l'urgence après une seule lecture par chacune d'entre elles. On observera à ce sujet qu'il n'est pas nécessaire que le désaccord soit prolongé. Cette intervention, qui consiste, à ce stade, dans le fait de provoquer la réunion d'une commission mixte paritaire, est toujours facultative.

Il va de soi que, sur un plan politique, le Premier ministre n'interviendra pour faire prévaloir la volonté de l'Assemblée nationale que s'il se sait soutenu par sa majorité, ce qui correspond d'ailleurs au schéma normal de fonctionnement du régime. Mais, sous cette réserve, il peut, s'il le veut, passer outre aux réserves du Sénat, voire à son hostilité affichée, en mettant en œuvre la procédure prévue par les alinéas 3 et 4 de l'article 45 et en invitant l'Assemblée nationale à statuer définitivement.

On observera, en revanche, que si le Gouvernement est en accord avec le Sénat et – bien que cette hypothèse soit beaucoup moins crédible – en désaccord avec la majorité des députés, il peut très bien profiter du désaccord entre les deux assemblées pour tenir en échec, par sa seule abstention, la volonté de l'Assemblée.

Ainsi, et dans tous les cas, le Gouvernement arbitre la situation, d'autant que l'application de l'article 45 peut être conjuguée avec celle de l'article 44, alinéa 3 (vote bloqué) et avec celle de l'article 49, alinéa 3 (engagement de responsabilité sur le vote d'un texte devant l'Assemblée nationale). Le Gouvernement peut exercer une pression décisive à la fois sur l'Assemblée et sur le Sénat.

1396. La révision constitutionnelle du 23 juillet 2008, dans un souci de cohérence et afin d'assurer le respect du principe de séparation des pouvoirs, a reconnu aux présidents des deux assemblées agissant conjointement la faculté de provoquer la réunion d'une commission mixte paritaire dès lors évidemment qu'il s'agit de propositions de loi (art. 45, alinéa 2).

1397. Il faut ajouter que l'article 45 ne peut s'appliquer qu'aux lois ordinaires et aux lois organiques (dans cette dernière hypothèse « le texte ne peut être adopté par l'Assemblée nationale en dernière lecture qu'à la majorité absolue de ses membres », conformément à l'article 46, alinéa 3) [1]. Pour ce qui est des lois constitutionnelles, l'article 45 ne s'applique pas et le vote du Sénat est indispensable (l'article 89 exige un vote « par les deux assemblées en termes identiques »).

b) Les commissions mixtes paritaires et la procédure de l'article 45

1398. Cette procédure, principalement, appelle deux remarques.

D'une part, le fonctionnement des commissions mixtes paritaires est apparu délicat mais finalement efficace. En effet, avant 1981 elles sont presque toujours parvenues à mettre au point un texte qui a été ensuite voté par les deux assemblées (le texte de la CMP fait l'objet dans chacune d'elles d'un vote unique portant sur l'ensemble). Il était rare que le Gouvernement soit dans l'obligation d'inviter l'Assemblée à statuer seule et définitivement. En revanche, de 1981 à 1986, l'accord n'a presque jamais pu être réalisé et le Gouvernement a demandé fréquemment à l'Assemblée de statuer définitivement, ce qui est parfaitement compréhensible puisque l'opposition était majoritaire au Sénat. Ces pratiques se sont reproduites ensuite, en particulier, lorsque la gauche était au pouvoir, mais que le Sénat demeurait acquis à l'opposition. Cette situation a quasiment pris fin entre 2012 et 2014, lorsque la gauche était majoritaire à la fois à l'Assemblée et au Sénat. Il est vrai que le Gouvernement a très souvent imposé la procédure d'urgence, ce qui a été beaucoup plus mal accepté car l'urgence réduit les échanges

---

1. Selon l'article 46, les lois organiques relatives au Sénat « doivent être votées dans les mêmes termes par les deux assemblées », ce qui revient à dire que l'article 45 ne s'applique pas.

entre les deux assemblées et limite les possibilités de parvenir à un compromis. En effet, si l'urgence est déclarée, la CMP est convoquée après une seule lecture, ce qui fait que les amendements adoptés par le Sénat ne sont même pas examinés par l'Assemblée. C'est pourquoi l'urgence est ressentie avec une certaine amertume par le Sénat qui estime, quel que soit le travail ultérieur de la CMP, que le Gouvernement sacrifie à une solution imposée la recherche d'un compromis amiable. Sous XIVe législature, de 2012 à 2017, sur 339 textes adoptés, 216 l'ont été au terme d'une procédure accélérée, soit près de 64 %.

La commission mixte paritaire

Procédures prévues par l'article 45 de la Constitution pour mettre fin sur l'initiative, soit du Gouvernement, soit des présidents des deux assemblées agissant conjointement, aux navettes législatives entre l'Assemblée nationale et le Sénat

Commission mixte paritaire	Gouvernement (projets) Présidents des assemblées (propositions)	Parlement
Se met d'accord sur un texte	{ Il intervient	*Première possibilité* : Le texte de la CMP complété par les amendements acceptés ou proposés par le Gouvernement – seuls recevables – est voté par l'Assemblée nationale et le Sénat. *Seconde possibilité* : Le texte n'est pas voté par les deux assemblées ; après une nouvelle lecture, le Gouvernement peut demander à l'assemblée nationale de statuer définitivement sur : – soit le texte élaboré par la CMP ; – soit le dernier texte voté par elle, modifié le cas échéant par un ou plusieurs des amendements adoptés par le Sénat.
	{ Il n'intervient pas	La navette reprend.
Ne peut se mettre d'accord sur un texte	{ Il intervient	Après une nouvelle lecture, le Gouvernement peut demander à l'Assemblée nationale de statuer définitivement sur le dernier texte voté par elle, modifié le cas échéant par un ou plusieurs des amendements adoptés par le Sénat
	{ Il n'intervient pas	La navette reprend.

1399. D'autre part, il est important de souligner que le Gouvernement conserve constamment la maîtrise de la situation. En effet, non seulement il peut à tout moment stopper la procédure ou la poursuivre mais encore le texte de la commission mixte paritaire soumis aux deux assemblées ne peut être modifié que par les amendements proposés ou acceptés par le Gouvernement. C'est là une prérogative dont ce dernier a beaucoup usé, en ne retenant le plus souvent que ses propres amendements, ce qui ne va pas sans modifier l'esprit de cette procédure de conciliation. Il est vrai que le Sénat ne peut guère faire autre chose que se résigner [1].

V. Les interventions possibles du président de la République et du Conseil constitutionnel

1400. Ce sont de simples éventualités mais l'intervention du président, d'ailleurs de pure procédure, est extrêmement rare alors que celle du Conseil, qui porte sur le fond, est très fréquente. Elles doivent l'une et l'autre se situer – ou au moins débuter – dans le délai de promulgation de la loi, c'est-à-dire dans les quinze jours qui suivent la transmission au Gouvernement de la loi définitivement adoptée.

A. La demande de nouvelle délibération

1401. L'article 10, alinéa 2, autorise le président à demander aux deux assemblées, dans le délai de promulgation, une nouvelle délibération de la loi ou de certains de ses articles. Cette nouvelle délibération ne peut être refusée.

Cette faculté intéressante, d'ailleurs traditionnelle, permet au président, qui ne participe pas à l'exercice du pouvoir législatif et qui ne pourrait en aucun cas remanier lui-même le texte d'une loi (sauf en période d'application de l'article 16), d'inviter le Parlement à reconsidérer sa position. Bien entendu, le Parlement a toute liberté de maintenir sa position antérieure. On observera qu'il ne s'agit pas d'un pouvoir propre et que par conséquent le président doit obtenir l'accord et le contreseing du Premier ministre.

1402. L'article 10, alinéa 2, a fait jusqu'à présent l'objet de trois utilisations qui n'ont pas été sans susciter certaines interrogations.

En 1983, le président a saisi le Parlement, par un décret du 13 juillet, d'une demande de nouvelle délibération de la loi sur l'Exposition universelle de 1989, qui avait été définitivement adoptée le 30 juin 1983 [2]. Il s'agissait d'un cas très particulier car le pouvoir avait dû renoncer à ladite Exposition entre l'adoption et la promulgation. C'est pour éviter celle-ci que le président a eu recours à l'article 10, alinéa 2, mais, bien entendu, la loi n'est jamais revenue devant les assemblées. Il reste que la solution retenue, peut-être inévitable, constitue un véritable détournement de procédure.

En 1985, le président a, par décret du 9 août, demandé une nouvelle délibération d'une loi sur l'évolution de la Nouvelle-Calédonie, qui avait été adoptée mais non

---

1. B. Foucher, « Le dernier mot à l'Assemblée nationale », *RDP* 1981, p. 1191.

2. On a fait observer qu'il serait plus normal que le président adressât sa demande par un message (art. 18). Mais l'article 10, alinéa 2, ne dispense nullement l'initiative du président du contreseing du Premier ministre et à cet égard le décret est préférable (B. Baufumé, « Le droit présidentiel de demander une nouvelle délibération de la loi », *RDP* 1985, p. 1239).

encore promulguée parce que le Conseil constitutionnel, saisi, en avait déclaré certaines dispositions non conformes à la Constitution par une décision en date du 8 août 1985[1]. Il s'agissait donc de permettre aux assemblées de substituer de nouvelles dispositions à celles censurées par le Conseil constitutionnel. Celui-ci, saisi une seconde fois, a rendu le 23 août 1985 une décision reconnaissant la constitutionnalité de la procédure suivie et précisant que l'initiative présidentielle ouvre « dans la procédure législative en cours une phase complémentaire résultant du contrôle de constitutionnalité », qui n'exclut nullement l'application de l'article 45[2].

En 2003, une situation similaire s'est présentée à l'occasion du vote du projet de loi relatif à l'élection des conseillers régionaux et des représentants au Parlement européen. Ce texte voté le 15 février 2003 par l'Assemblée nationale et le 12 mars 2003 par le Sénat, a été déféré au Conseil constitutionnel par les parlementaires d'opposition. Le Conseil a censuré l'article 4 concernant l'élection des conseillers régionaux sous motif qu'il avait été modifié par le Gouvernement sans que le Conseil d'État ait été consulté sur cette modification[3]. Dans ces conditions, le Gouvernement a préféré, pour gagner du temps, renoncer à la modification envisagée. Le président de la République a demandé, en application de l'article 10 de la Constitution, une nouvelle délibération de la loi – reprenant le texte initial de l'article 4 tel qu'il avait été soumis au Conseil d'État – qui a été votée le 8 avril 2003 par l'Assemblée nationale et le 9 avril par le Sénat et a été promulguée le 11 avril 2003 sous le numéro 2003-327.

B. Le contrôle de conformité à la Constitution

1403. Conformément à l'article 61, alinéa 2 de la Constitution, il est assuré par le Conseil constitutionnel, très souvent saisi depuis que la révision constitutionnelle du 29 octobre 1974 en a ouvert la possibilité à soixante parlementaires, c'est-à-dire principalement aux groupes d'opposition.

Si le Conseil est saisi, il doit statuer dans le délai d'un mois ou, en cas d'urgence, de huit jours, le délai de promulgation étant évidemment suspendu. Une disposition déclarée inconstitutionnelle ne peut être promulguée (art. 62). Si elle n'est pas inséparable de l'ensemble de la loi, le président de la République peut soit promulguer le texte législatif à l'exception des dispositions censurées, soit – comme on l'a vu – demander aux assemblées une nouvelle délibération de la loi.

1404. On a parfois prétendu que le Conseil constitutionnel, en exerçant son contrôle, participerait à l'élaboration de la loi, à la manière d'une « troisième chambre ». C'est une thèse qui ne peut être retenue. Certes, le contrôle exercé dans le cadre de l'article 61 de la Constitution est préventif. Il s'insère à la fin du processus d'élaboration, mais il n'en est pas moins juridictionnel[4], c'est-à-dire d'une nature fondamentalement différente de la nature de l'activité législative[5]. La loi soumise au Conseil constitutionnel est achevée

---

1. Décis. n° 85-196 DC du 8 août 1985, *Rec.*, p. 63.

2. Décis. n° 85-197 DC du 23 août 1985, *Rec.*, p. 70.

3. Décis. n° 2003-468 DC du 3 avr. 2003, *Rec.*, p. 325.

4. Comme le soutenait, à juste titre, Marcel Waline dès 1975 dans sa préface aux *Grandes décisions du Conseil constitutionnel,* 1re éd., Sirey, Paris, 1975.

5. Le Conseil constitutionnel rappelle lui-même que la Constitution ne lui a pas conféré « un pouvoir général d'appréciation et de décision identique à celui du Parlement mais lui donne seulement et parfaite, la promulgation étant un acte purement formel. Surtout, le Conseil statue en droit, en confrontant la loi qui lui est déférée à la Constitution. Et s'il interprète ces deux normes, il fait ce que fait tout juge. En revanche, il est exact que la jurisprudence du Conseil constitutionnel exerce une influence – salutaire – sur les pouvoirs publics, ceux-ci ayant intérêt à se conformer par avance à ses exigences, pour éviter sa censure. Il existe donc un « effet dissuasif » du contrôle de constitutionnalité des lois [1].

VI. La promulgation et la publication

1405. Elles marquent la fin du processus d'élaboration de la loi.

A. La promulgation

1406. C'est l'acte par lequel le président d'une part, constate l'existence d'une loi votée par les organes législatifs dans les conditions prévues par la Constitution, d'autre part, donne aux autorités publiques l'ordre d'exécuter cette loi [2].

a) Les modalités de la promulgation

1407. La promulgation doit intervenir dans les quinze jours qui suivent la transmission au Gouvernement de la loi définitivement adoptée. Ce délai s'applique non seulement aux lois ordinaires mais aussi aux lois constitutionnelles, référendaires et organiques. Le décret de promulgation doit être contresigné par le Premier ministre et par les ministres responsables, c'est-à-dire par ceux qui peuvent être considérés comme les principaux promoteurs du texte, sur le double plan de sa préparation et de son application. Il faut évidemment y inclure le ministre des Finances si le texte comporte des incidences financières, ce qui arrive très souvent.

1408. S'agissant du délai dans lequel doit intervenir la promulgation, on observera que si la durée est bien déterminée (quinze jours) le point de départ reste quelque peu imprécis ou tout au moins est difficile à connaître de l'extérieur avec précision (généralement la loi transmise par le président de la dernière assemblée saisie parvient au Secrétariat général du Gouvernement deux ou trois jours après le dernier vote et c'est cette date qui est retenue comme date de départ du délai). Ce délai pose un problème car le président ayant le choix de la date dès lors qu'il respecte le délai de quinze jours, on peut craindre qu'il accélère la promulgation, à la demande du Gouvernement, pour éviter que les députés et les sénateurs de l'opposition n'aient le temps de recueillir les soixante signatures requises. Fort heureusement, on ne peut dire que ces craintes se soient réalisées et la plupart des lois sont promulguées au cours de la seconde moitié du délai prévu par l'article 10.

---

compétence pour se prononcer sur la conformité à la Constitution des lois déférées à son examen. » ; Décis. n° 75-54 DC du 15 janv. 1975, *IVG*, *Rec.*, p. 19.

1. L. Favoreu, « L'effet dissuasif du recours préventif en inconstitutionnalité », in *Mélanges D.-G. Lavroff*, Dalloz, 2005, p. 151.

2. CE, Ass., 8 févr. 1974, *Commune de Montory*, *RDP* 1974, p. 1571, avec les conclusions Rougevin-Baville : « La promulgation est l'acte par lequel le chef de l'État atteste l'existence de la loi et donne l'ordre aux autorités publiques d'observer et de faire observer cette loi. »

b) La compétence liée du président de la République

1409. Sous réserve des deux facultés qui lui sont reconnues par les articles 10, alinéa 2, et 61, alinéa 2, et du choix de la date à l'intérieur du délai de quinze jours, le président de la République a l'obligation de promulguer la loi. Il s'agit donc pour lui d'une compétence liée.

c) Les effets de la promulgation

1410. Il est souvent avancé que la promulgation donne force exécutoire à la loi[1] mais on ne voit pas pourquoi on devrait refuser aux délibérations législatives du Parlement la force exécutoire qui est reconnue aux délibérations des conseils des collectivités territoriales[2]. Il est donc préférable de s'inspirer de la formule utilisée en la matière par le Conseil d'État et de dire que le décret de promulgation permet les opérations juridiques et matérielles d'exécution : alors que la force exécutoire qui s'attache à la loi votée par le législateur demeure abstraite, le président de la République donne aux autorités publiques l'ordre « d'observer et de faire observer la loi ». La promulgation lui donne aussi sa date qui est celle de la signature du décret de promulgation, lequel comporte obligatoirement une disposition terminale selon laquelle : « La présente loi sera exécutée comme loi de l'État[3] »

B. La publication

1411. C'est la procédure employée pour porter la promulgation de la loi à la connaissance des citoyens et la leur rendre opposable. On sait que nul n'est censé ignorer la loi. La publication s'effectue par insertion du décret de promulgation dans le *Journal officiel* (éd. Lois et décrets).

Section 2

La responsabilité politique du Gouvernement devant l'Assemblée nationale

1412. l importe de réserver le cas de la procédure nouvelle créée par l'article 50-1 de la Constitution issu de la révision constitutionnelle du 23 juillet 2008 qui n'entraîne pas à proprement parler une mise en cause de la responsabilité politique du Gouvernement puisque le texte précise que le Gouvernement peut, de sa propre initiative ou à la demande d'un groupe parlementaire, faire une déclaration devant l'une ou l'autre des assemblées qui donne lieu à débat, voire à un vote, sans pour autant engager sa responsabilité.

---

1. Cf. par ex. : J. Massot, « Article 10 », in *La Constitution de la République française,* 3e éd., Montchrestien, 2005.

2. En ce sens : E. Sauvignon, « La promulgation des lois : réflexions sur la jurisprudence *Desreumaux* », *RDP* 1981. 989.

3. CE 8 févr. 1974, *Commune de Montory* : l'acte de promulgation « n'a d'autre date que celle de sa signature, bien qu'il ne prenne effet, comme la loi elle-même, qu'après avoir été publié dans les conditions fixées par les lois et règlements et, notamment, par le décret du 5 novembre 1870 ». Le Commissaire du gouvernement Rougevin-Baville avait déclaré dans ses conclusions que « toute référence à la date de la promulgation d'une loi doit s'entendre de la date de la signature ».

En limitant le propos aux dispositions constitutionnelles permettant d'engager réellement la responsabilité politique du Gouvernement, on examinera successivement les conditions et les principes qui ont présidé à l'aménagement de la responsabilité politique du Gouvernement devant l'Assemblée nationale, ainsi que les différents cas d'engagement ou de mise en cause de la responsabilité gouvernementale.

I. Les caractères dominants de la responsabilité gouvernementale devant l'engagement de responsabilité

1413. Aux termes de l'article 49, alinéa premier, « le Premier ministre, après délibération du Conseil des ministres, engage devant l'Assemblée nationale la responsabilité du Gouvernement sur son programme ou éventuellement sur une déclaration de politique générale » Cet alinéa définit une même procédure, mais il semble viser deux modes possibles d'engagement de la responsabilité d'une part sur le programme du Gouvernement, d'autre part sur une déclaration de politique générale.

A. La procédure applicable

1414. Elle comporte deux éléments principaux.

a) La décision du Premier ministre

1415. Bien que prise par le Premier ministre, cette décision engage le sort du Gouvernement tout entier, en tant qu'organe collégial et solidaire et c'est pourquoi l'article 49 exige une délibération du Conseil des ministres. Observons à ce sujet que la formule généralement utilisée et selon laquelle « le Conseil des ministres autorise le Gouvernement à engager sa responsabilité devant l'Assemblée nationale » est abusive, l'article 49, alinéa premier, indiquant clairement que la décision appartient au Premier ministre. Bien entendu, celui-ci peut aussi consulter le président de la République mais il ne le fera que s'ils ont la même orientation politique. De toute manière, juridiquement, l'accord du président n'est nullement requis.

b) Le calcul de majorité

1416. L'alinéa premier de l'article 49 ne comportant aucune disposition à ce sujet, ce sont les règles de droit commun qui s'appliquent, ce qui veut dire que l'on recense les votes pour le Gouvernement, les votes contre et les abstentions et que si le Gouvernement n'obtient pas la majorité des suffrages exprimés, il doit démissionner. Pour que le Gouvernement l'emporte, il faut donc que les voix favorables soient plus nombreuses que les voix hostiles, ce qui a pu s'avérer parfois difficile.

B. Les caractères de l'engagement de responsabilité dans les cas visés par l'article 49, alinéa premier

1417. Il faut procéder à l'analyse juridique de l'article 49, alinéa premier, et examiner la pratique gouvernementale en la matière.

a) L'analyse juridique

1418. Le texte de l'article 49, alinéa premier, paraît établir une distinction entre l'engagement de responsabilité sur le programme, qui serait obligatoire et s'imposerait au Gouvernement (l'indicatif « engage » ayant valeur d'impératif s'il n'est assorti d'aucune réserve) et l'engagement de responsabilité sur une déclaration de politique générale, qui serait facultatif et laissé à la discrétion du Gouvernement (puisque cet engagement n'intervient qu'« éventuellement »).

En réalité, la véritable difficulté consiste à déterminer en quoi un programme se différencie d'une déclaration de politique générale.

Certes on a pu penser que le programme se situait lors de la formation du Gouvernement, lorsqu'il annonce les lignes directrices de la politique qu'il entend pratiquer ainsi que les objectifs qu'il lui assigne, alors que les déclarations de politique générale n'interviendraient, s'il y a lieu, qu'après une certaine durée d'exercice des fonctions, pour renforcer les assises parlementaires et la crédibilité politique du Gouvernement. La conséquence pratique, et capitale, c'est que tout Premier ministre nouvellement nommé aurait l'obligation de se présenter devant l'Assemblée nationale pour en solliciter un vote de confiance.

Mais il est clair que cette distinction entre programme et déclaration de politique générale est fragile. Le premier mot est sans doute plus précis, la seconde expression plus vague. Cependant un Gouvernement ne pourrait-il faire part à l'Assemblée nationale, en cours d'existence, d'un programme ponctuel, visant un secteur déterminé, par exemple un programme économique ou énergétique ? En sens inverse, une déclaration ne peut-elle être faite par le Premier ministre nouvellement nommé pour annoncer ses projets, ses intentions et, pour tout dire, sa politique générale ?

La distinction ne paraît d'ailleurs pas retenue par le Conseil constitutionnel qui, dans une décision en date du 12 janvier 1977, semble considérer – de manière incidente, il est vrai, par rapport à la question dont il est saisi – que la Constitution « tend à conférer une acception analogue » aux deux expressions. Dans ces conditions, mieux vaut ne pas s'attacher à une analyse trop précise de la lettre du texte.

b) La pratique gouvernementale antérieure à 1993

1419. De 1958 à 1993, la pratique a été fluctuante. En effet, des gouvernements ont demandé dès leur formation un vote de confiance, d'autres se sont présentés sans demander de vote, d'autres encore ont attendu plusieurs mois après leur formation. Presque toujours, les votes ont eu lieu sur des déclarations de politique générale.

Mais cette pratique apparemment discordante masque, en réalité, une convergence de vues transcendant les clivages politiques car même les gouvernements qui demandaient un vote de confiance lors de leur formation ont pris bien soin de préciser qu'ils n'y étaient nullement tenus par l'article 49, alinéa premier, et qu'ils ne procédaient que du seul président [1].

---

1. À plusieurs reprises, des Premiers ministres ont fait valoir que l'opposition pouvait toujours déposer une motion de censure si elle le désirait. Mais l'argument est spécieux car le calcul de majorité est tout différent et, au moins en principe, il est plus difficile de renverser un gouvernement par la voie de l'alinéa 2 que par celle de l'alinéa premier.

c) La pratique gouvernementale postérieure à 1993

1420. À compter de 1993, en revanche, tous les gouvernements ont, à un moment ou à un autre de leur existence, sollicité la confiance de l'Assemblée. Ainsi, durant la XIVe législature, le premier ministre, M. Manuel Valls, a mis en œuvre cette procédure à deux reprises : en avril 2014, lors de la constitution de son premier gouvernement, et en septembre de la même année, à la suite du remaniement provoqué par le départ de plusieurs ministres et notamment celui du ministre de l'économie, M. Arnaud Montebourg. Le 4 juillet 2017, à l'orée de la XVe législature, le Premier ministre, M. Édouard Philippe, a demandé et obtenu la confiance de l'Assemblée nationale après avoir détaillé les projets de l'exécutif dans son discours de politique générale. Les députés lui ont accordé cette confiance à une large majorité : 370 votes pour, 67 votes contre et 129 abstentions.

d) La portée de l'article 49, alinéa premier

1421. Puisque le Conseil constitutionnel lui-même ne paraît pas distinguer programme et déclaration de politique générale, il serait vain de trop solliciter un texte manifestement mal rédigé, d'autant que la pratique des courants de droite et celle des courants de gauche ne lui accordent qu'une importance relative. En réalité, deux cas sont à distinguer.

Dans le schéma « normal » de fonctionnement du régime, où prévaut la concordance des majorités, le Premier ministre procède du seul président de la République et s'il est souhaitable qu'il engage sa responsabilité devant l'Assemblée nationale, c'est parce qu'il est responsable devant elle et qu'il est bon que le contrat de confiance s'exprime dès le départ. Il s'agit d'une obligation de courtoisie.

Dans le schéma exceptionnel, c'est-à-dire celui d'une cohabitation entre une majorité parlementaire et un président ayant une appartenance partisane différente, le Premier ministre tire sa légitimité non de sa nomination par le président mais de l'existence à l'Assemblée d'une majorité de tendance opposée à celle du président. N'ayant pour seul support que cette majorité, il est indispensable qu'il engage sa responsabilité devant elle. Il s'agit *d'une nécessité de survie.*

De toute manière, les gouvernements successifs sous la Cinquième République n'ont pas abusé de l'article 49, alinéa premier. On ne compte, en effet, que trente-neuf engagements de responsabilité dans les conditions de l'article 49, alinéa premier de 1958 à 2017.

II. La mise en cause de la responsabilité sur l'initiative des députés : la motion de censure

1422. C'est l'arme classique de l'Assemblée à l'encontre du Gouvernement dans les régimes parlementaires, ce que n'est pourtant pas la Cinquième République. La Constitution, dans son article 49, alinéa 2, en réglemente l'emploi dans la tradition du parlementarisme rationalisé et dans un sens favorable à l'exécutif.

A. La procédure applicable

1423. Elle est conçue de manière à éviter que l'Assemblée puisse renverser trop facilement le Gouvernement.

a) Le dépôt de la motion

1424. Elle doit être signée par un dixième au moins des membres de l'Assemblée, ce dixième étant calculé sur le nombre de sièges effectivement pourvus. Un même député ne peut signer plusieurs motions de censure à la fois. Mais, surtout, à partir du dépôt aucune signature ne peut être retirée ni ajoutée. Les motions sont généralement motivées. Il est rappelé qu'aucune motion de censure ne peut être déposée pendant la durée de l'intérim présidentiel et que pendant la durée d'application de l'article 16, une motion de censure ne peut être déposée que lors des sessions ordinaires et à condition qu'elle n'entende pas sanctionner « les mesures prises ou à prendre en vertu dudit article 16 ».

b) Le vote de la motion

1425. Aux termes de l'article 49, alinéa 2, il ne peut avoir lieu que quarante-huit heures après le dépôt de la motion. Mais l'article 154 du règlement de l'Assemblée ajoute une précision intéressante en indiquant que la discussion « doit avoir lieu au plus tard le troisième jour de séance suivant l'expiration du délai constitutionnel ». Aucun retrait d'une motion de censure n'est possible après sa mise en discussion qui, une fois engagée, doit être poursuivie jusqu'au vote.

c) Le calcul de majorité

1426. L'article 49, alinéa 2, comporte à cet égard une règle essentielle : seuls sont recensés les votes favorables à la motion de censure, qui ne peut être adoptée qu'à la majorité des membres composant l'Assemblée nationale.

Ce système présente des avantages certains. D'abord il crédite le Gouvernement non seulement des voix de ceux qui, dans un scrutin normal, auraient voté pour lui mais également des voix de ceux qui se seraient abstenus ; de ce fait, les députés n'ont pas d'autre possibilité que de prendre position pour ou contre le maintien en fonction du Gouvernement, ce qui paraît tout à fait normal dans un scrutin aussi important, requérant de chaque député un engagement clair et complet et non pas une neutralité équivoque. Ensuite, lorsque la motion n'est pas adoptée, il renforce la position du Gouvernement, qui se trouverait politiquement diminuée si, dans un scrutin normal, les abstentions dénombrées avaient été considérables. Enfin, lorsque la motion de censure est adoptée, il peut favoriser, en dégageant une majorité nette, la Constitution du nouveau Gouvernement ; toutefois, le résultat ne sera atteint que si cette majorité est unie et constructive et ne résulte pas de la conjonction occasionnelle d'oppositions contradictoires.

d) Les suites de la motion

1427. Si elle est adoptée, elle entraîne la démission du Premier ministre et du Gouvernement. Dans le cas contraire, l'article 49, alinéa 2, *in fine*, dans sa nouvelle rédaction issue de la loi constitutionnelle du 4 août 1995 prévoit qu'un député ne peut être signataire de trois motions de censure au cours d'une même session ordinaire (désormais de neuf mois), à moins que le Gouvernement ne prenne lui-même l'initiative d'engager sa responsabilité sur le vote d'un texte, dans les conditions définies par l'article 49, alinéa 3.

B. La signification politique

1428. La motion de censure représente une survivance du régime parlementaire dans le cadre spécifique de la Cinquième République mais sa signification est entièrement nouvelle.

a) La mise en cause du pouvoir

1429. C'est une mise en cause globale car si, conformément à la tradition, la motion de censure est dirigée contre le Premier ministre, on ne doit pas oublier qu'il n'est plus le seul ni même le principal titulaire du pouvoir politique (exception faite des cas de cohabitation). Dès lors il est très compréhensible que la motion puisse viser le président de la République tout autant et même davantage que le Premier ministre. Celui-ci en est certes le destinataire nominal mais le président peut être le destinataire réel. En d'autres termes, le chef du Gouvernement est politiquement responsable devant l'Assemblée nationale non seulement pour sa politique et ses propres décisions mais aussi pour la politique et les décisions prises par le président – notamment dans l'exercice de ses pouvoirs propres – quand bien même il n'y aurait pas participé et aurait seulement été tenu informé.

b) La pratique parlementaire

1430. En raison de la prévalence du fait majoritaire, il n'y a eu, depuis 1958, qu'un nombre très limité de motions de censure qui ne soient pas liées à l'engagement de responsabilité du Gouvernement sur le vote d'un texte. Elles ont été déposées par l'opposition plutôt pour susciter des débats de politique générale que dans l'espoir d'un succès rendu improbable par l'existence d'une majorité cohérente et unie. La seule qui ait abouti est celle qui, votée le 5 octobre 1962 par 280 voix, a entraîné la démission du premier Gouvernement Pompidou (la majorité requise était de 241 voix)[1].

---

1. Le texte de la motion montre bien qu'elle était dirigée contre le président : « L'Assemblée nationale... considérant que la Constitution dont le général de Gaulle est l'auteur et qu'il a fait approuver en 1958 par le peuple français prescrit formellement dans un titre spécial qu'une proposition de révision doit être : 1) votée par les deux chambres du Parlement ; 2) approuvée par un référendum, le peuple français ayant été éclairé par les débats parlementaires ; cons. qu'en écartant le vote par les deux chambres, le président de la République viole la Constitution dont il est le gardien ; considérant qu'il ouvre ainsi une brèche par laquelle un aventurier pourrait passer un jour pour renverser la République et supprimer les libertés ; considérant que le président de la République n'a pu agir que sur la proposition du gouvernement ; censure le gouvernement conformément à l'article 49, alinéa 2, de la Constitution ».

III. La mise en cause de la responsabilité sur les initiatives successives du Premier ministre et des députés : l'engagement de responsabilité sur le vote d'un texte

1431. L'alinéa 3 de l'article 49 procède davantage encore que l'alinéa 2 des idées et des préoccupations qui inspiraient le projet Gaillard sous la Quatrième République. Il est très vite apparu comme une pièce maîtresse de la stabilité du régime de la Cinquième République. Pourtant, à chacune de ses utilisations, il a fait l'objet de critiques de la part de l'opposition du moment, voire de la fraction rétive de la majorité, car il représente un moyen très efficace de « forcer la main » de cette dernière. En conséquence, il a parfois été envisagé de le supprimer ce qui serait sans doute une erreur funeste. La loi constitutionnelle du 23 juillet 2008 a choisi un moyen terme en limitant son usage aux textes considérés comme les plus importants : les projets de loi de finances, les projets de loi de financement de la sécurité sociale et un projet ou une proposition de loi au maximum par session. Même si cette réforme n'a pas fondamentalement bouleversé la donne, l'avenir dira si cette réforme n'a pas porté atteinte à l'une des clés de la stabilité gouvernementale acquise depuis 1958 [1].

A. La procédure applicable

1432. L'essentiel de la procédure et ce qu'il y a de fondamentalement changé par rapport à la Quatrième République, c'est que l'existence du Gouvernement et le sort du texte sont indissolublement liés.

a) L'engagement de responsabilité et la présomption d'adoption

1433. L'article 49, alinéa 3, tel qu'il est rédigé après la loi constitutionnelle du 23 juillet 2008, prévoit que le Premier ministre peut, après délibération du Conseil des ministres, engager la responsabilité du Gouvernement devant l'Assemblée nationale sur le vote d'un projet de loi de finances, de financement de la sécurité sociale ou d'un autre projet ou proposition de loi par session La liaison avec ce dernier élément, c'est-à-dire avec soit un projet de loi de finances, soit un projet de loi de financement de la sécurité sociale, soit encore un autre projet ou proposition de loi par session susceptible de faire l'objet d'un vote de la part de l'Assemblée, est absolument indispensable. À partir du moment où le Premier ministre, seul compétent, décide d'engager sa responsabilité sur le vote d'un texte, celui-ci bénéficie d'une présomption d'adoption par l'Assemblée. En effet, la situation créée par la décision du Premier ministre n'a que trois issues possibles : ou bien aucune motion de censure n'est déposée, ou bien une motion de censure est déposée et rejetée, ou bien encore une motion est déposée et adoptée.

b) L'absence de motion de censure

1434. Aucune motion de censure n'est déposée dans les vingt-quatre heures qui suivent la transmission à l'Assemblée de la décision du Premier ministre : le texte est

---

1. M. Lascombe, « Le gouvernement et la révision constitutionnelle : un oublié très présent », *JCP* 2008. I. 173.

considéré comme adopté, sans même que les députés votent à son sujet ; en d'autres termes, l'écoulement du délai transforme la présomption d'adoption en décision positive. Cette solution est normale car s'il ne se trouve pas un dixième des députés pour protester, c'est que le texte bénéficie d'une majorité massive ou que l'opposition se sait numériquement impuissante et qu'un vote lui paraît inutile.

c) Le dépôt et le rejet de la motion de censure

1435. Une motion de censure est déposée dans le même délai de vingt-quatre heures et selon la procédure précédemment examinée mais ne recueille pas la majorité absolue : le texte est encore considéré comme adopté. En effet, on considère, et c'est là toute l'innovation mais elle est capitale, que tous ceux qui ne se sont pas expressément prononcés contre le Gouvernement en votant la motion de censure ont, en définitive, voté pour lui.

Ce mécanisme est très profitable au Gouvernement, comme un exemple chiffré permettra de le faire comprendre. Supposons que sur 577 députés 275 seulement votent la motion de censure ; non seulement la motion n'est pas adoptée et le Gouvernement reste en place mais encore le texte est, lui, considéré comme adopté, parce que ayant implicitement bénéficié des 302 autres voix. En réalité, s'il avait été procédé à un vote dans les formes habituelles, c'est-à-dire recensant les votes favorables au Gouvernement, les votes hostiles et les abstentions, on aurait sûrement retrouvé les 275 voix dirigées contre le Gouvernement mais peut-être ce dernier n'aurait-il bénéficié que de 266 voix en sa faveur, 36 députés s'abstenant. Il aurait donc été mis en minorité et même s'il n'était pas obligé de démissionner (la majorité absolue des membres de l'Assemblée ne s'étant pas prononcée contre lui), son projet de loi aurait été repoussé et son crédit et son autorité très largement entamés. C'était d'ailleurs ce qui se produisait sous la Quatrième République.

1436. L'article 49, alinéa 3, évite ces inconvénients en recourant à la fiction du soutien tacite du Gouvernement par les députés qui ne se sont pas déclarés ouvertement hostiles, selon l'application d'une formule pouvant s'énoncer : qui n'est pas activement contre le Gouvernement est pour lui. En dépit de son niveau élevé d'abstraction, ce système n'est pas choquant parce qu'il est très logique : lors d'un vote suffisamment important pour que le Gouvernement engage son existence à son sujet, les députés doivent prendre une position sans équivoque et il est normal que le Gouvernement soit présumé recueillir l'adhésion de ceux qui ne se manifestent pas.

1437. Ajoutons enfin que l'article 49, alinéa 3, ne permet pas seulement au Gouvernement d'exercer une forte pression sur l'Assemblée pour l'amener à voter un texte auquel il tient. Il lui permet aussi de garder à son texte son intégrité originelle, en éliminant toute discussion sur les amendements. Néanmoins, le recours fréquent à ce mécanisme inhérent au parlementarisme rationalisé peut être perçu comme une négation des principes mêmes de la démocratie représentative. C'est en tout cas ce qui a pu être soutenu lors du vote, selon cette modalité qui devrait rester exceptionnelle, de la loi pour l'égalité des chances créant le « contrat première embauche » en 2006, à nouveau, en 2015 pour le vote de la loi « croissance », portée par celui qui était alors le ministre de l'économie, M. Emmanuel Macron, ou, avec plus de vigueur encore, en mai 2016 à l'occasion du vote en première lecture la loi visant à instituer de nouvelles libertés pour les entreprises et les actifs, dite « loi travail » ou « loi El Khomri ». Dans ce dernier cas, d'ailleurs, on a pu noter une originalité puisque, non seulement, l'opposition a déposé une motion de censure, mais même une fraction de la majorité composée de « frondeurs » a tenté d'en déposer une. Faute de pouvoir réunir au moins 58 députés, celle-ci n'a finalement pas pu être déposée.

d) Le dépôt et l'adoption de la motion de censure

1438. Une motion de censure est régulièrement déposée et recueille les voix de la majorité absolue des membres composant l'Assemblée nationale. Dans ce cas, et dans ce cas seulement, le texte est rejeté et le Gouvernement renversé.

B. La signification politique

1439. Il apparaît, dans ces conditions que le Gouvernement bénéficie, du fait des dispositions de l'article 49, alinéa 3, d'une arme très efficace puisque, son sort étant indissolublement lié à celui des lois de finances ou de financement de la sécurité sociale et des textes qu'il juge les plus importants dans la limite d'un par session, l'Assemblée est dans l'impossibilité de lui refuser les moyens de gouverner sans mettre fin à ses fonctions, ce qui paraît normal. Dans la hiérarchie des moyens de pression gouvernementaux, l'engagement de responsabilité se situe au sommet, juste au-dessus du vote bloqué. Son emploi, combiné avec le recours aux procédures de l'article 45, permet au Gouvernement de se passer d'un vote positif des deux chambres, l'article 45 autorisant à passer outre l'opposition du Sénat et l'Assemblée se prononçant, en vertu de l'article 49, selon le mécanisme qui vient d'être exposé. Ce système a suscité des critiques car il conduit à faire voter les députés non pas sur le texte mais sur la motion de censure, lorsqu'elle est déposée.

Section 3
Le contrôle et l'évaluation des politiques publiques par le Parlement

1440. Selon une définition officielle souvent citée, « l'évaluation d'une politique publique a pour objet d'apprécier l'efficacité de cette politique en comparant ses résultats aux objectifs assignés et aux moyens mis en œuvre » [1]. L'évaluation des politiques publiques est courante dans les démocraties avancées, particulièrement en Grande-Bretagne et dans les pays scandinaves. En France, il ne s'agit pas non plus d'une nouveauté. Cependant, la révision constitutionnelle du 23 juillet 2008 a, d'une part, posé en principe la compétence du Parlement en ce domaine et, d'autre part, prévu des mécanismes garantissant l'effectivité de ce principe.

L'article 24 de la Constitution affirme clairement la compétence du Parlement en matière d'évaluation des politiques publiques. C'est le troisième volet du triptyque puisqu'il prévoit que : « Le Parlement vote la loi. Il contrôle l'action du Gouvernement. Il évalue les politiques publiques ». Cet ajout consolide sur le plan constitutionnel

---

1. Décret du 18 novembre 1988, cité par : B. Perret, *L'évaluation des politiques publiques*, éd. La Découverte, 2001.

des procédures qui jusqu'alors étaient prévues essentiellement par les règlements des assemblées. Autant dire que sur ce point, la valeur ajoutée de la révision constitutionnelle du 23 juillet 2008 est faible. C'est pourquoi, il est préférable de relever l'existence de garanties à ce principe, qu'elles soient d'origine constitutionnelle ou parlementaire.

I. Les garanties d'origine constitutionnelle

1441. Le constituant a innové en prévoyant deux mécanismes susceptibles de contribuer significativement à faire progresser une « culture » de l'évaluation systématique des politiques publiques. Le premier de ces mécanismes est créé par l'article 47-2 de la Constitution qui prévoit explicitement que la Cour des comptes doit assister le Parlement dans le contrôle de l'action du Gouvernement. Ce nouvel article de la Constitution de 1958 attribue à la Cour des comptes une responsabilité particulière dans l'assistance au Parlement dans cette mission d'évaluation des politiques publiques. Le second mécanisme imaginé par le constituant est plus classique. C'est celui prévu au nouvel article 51-2 de la Constitution qui prévoit que : « Pour l'exercice des missions de contrôle et d'évaluation définies au premier alinéa de l'article 24, des commissions d'enquête peuvent être créées au sein de chaque assemblée, pour recueillir, dans les conditions prévues par la loi, des éléments d'information ». L'existence des commissions d'enquête est donc désormais prévue dans le texte même de la Constitution. La réforme du règlement du 27 mai 2009 a renforcé le pluralisme des commissions d'enquête. En particulier, il est prévu que leurs membres sont désignés à la proportionnelle des groupes et les fonctions de président ou de rapporteur doivent être automatiquement attribuées à un membre d'un groupe d'opposition ou d'un groupe minoritaire.

II. Les garanties d'origine parlementaire

1442. À l'initiative du président de l'Assemblée nationale de 2007 à 2012, M. Bernard Accoyer, a été créé un organe transversal spécifique : le comité d'évaluation et le contrôle des politiques publiques de l'Assemblée nationale. L'existence de ce comité est prévue aux articles 98-1 et 146-2 à 146-7 du Règlement de l'Assemblée nationale tel qu'il résulte de la réforme du 27 mai 2009. Ce comité d'évaluation et de contrôle, qui a commencé à se réunir à compter de juillet 2009, compte d'une part dix-sept membres de droit représentant les principales instances de l'Assemblée : le président de l'Assemblée qui préside le comité, les présidents des huit commissions permanentes et celui de la commission des affaires européennes, le rapporteur général de la commission des finances, le président de l'office parlementaire d'évaluation des choix scientifiques et technologiques ; le président de la délégation parlementaire aux droits des femmes et à l'égalité des chances entre les femmes et les hommes, les présidents de groupe. D'autre part, le Comité comprend également quinze députés désignés par les groupes, dix d'entre eux émanant de l'opposition, cinq de la majorité.

1443. Le Comité d'évaluation et de contrôle est chargé de trois missions principales. En premier lieu, il doit assurer, au besoin de sa propre initiative l'évaluation des politiques publiques transversales. En second lieu, il doit être informé des conclusions des missions d'information. En dernier lieu, il doit donner un avis sur les études d'impact qui doivent désormais accompagner les projets de lois. Cependant, il faut souligner que le Conseil constitutionnel, dans sa décision du 25 juin 2009, a étroitement encadré les pouvoirs de comité afin que celui-ci ne s'érige pas en une sorte de « comité de salut public » pouvant porter atteinte à la séparation des pouvoirs. Le Conseil constitutionnel a ainsi proscrit que ce comité d'évaluation et de contrôle puisse adresser des injonctions au Gouvernement.

► Bibliographie

V. Barbe, *Le rôle du Parlement dans la protection des droits fondamentaux. Étude comparative : Allemagne, France, Royaume-Uni*, LGDJ, 2009.

B. Baufume, *Le droit d'amendement et la Constitution sous la Cinquième République*, LGDJ, 1993.

J.-C. Camby, *La loi*, LGDJ, 2015.

R. Ghevontian, X. Magnon et M. Stefanini (dir.), *Pouvoir exécutif et Parlement : de nouveaux équilibres ?*, PUAM, 2012.

M. Lascombe, « Le Gouvernement et la révision constitutionnelle : un oublié très présent », *JCP* 2008. I. 173.

F. Luchaire, « Un droit à dimension variable, le droit d'amendement », in *Constitution et finances publiques, Études en l'honneur de Loïc Philip*, Economica, 2005, p. 125.

B. Mathieu, *La loi*, 3e éd., Dalloz, coll. « Connaissance du droit », 2010.

M. Mauguin-Helgeson, *L'élaboration parlementaire de la loi. Étude comparative : Allemagne, France, Royaume-Uni*, Dalloz, 2006.

J.-M. Pastor, « Moyens d'évaluation et de contrôle du Parlement », *AJDA* 2010, p. 124.

J. Trémeau, *La réserve de loi : compétence législative et Constitution*, Economica-PUAM, 1997.

Chapitre 22

La fonction juridictionnelle

1444. La fonction juridictionnelle est assurée en France par un grand nombre de juridictions parfois investies de compétences extrêmement spécialisées. Si on veut présenter une vision organisée de cet ensemble, il faut souligner l'existence de trois ordres juridictionnels : premièrement, l'ordre juridictionnel constitutionnel, composé d'une seule juridiction, le Conseil constitutionnel (section 1) ; deuxièmement, l'ordre juridictionnel judiciaire, coiffé par la Cour de cassation ; et, troisièmement, l'ordre juridictionnel administratif, dont la juridiction suprême est le Conseil d'État. Les développements consacrés à ces deux ordres juridictionnels seront nécessairement plus brefs car, bien qu'ils tirent leur existence de la Constitution, ils font généralement l'objet d'enseignements spécifiques approfondis (section 2).

Section 1

Le Conseil constitutionnel

1445. En apparence, il succède au Comité constitutionnel mis en place par la Constitution de 1946. En réalité, il s'agit d'un organe sans précédent dans la tradition républicaine française. C'est pourquoi il convient de le présenter et, au moins sommairement, d'en retracer l'évolution qui l'a conduit, après avoir été considéré comme un organe marginal, à assumer un rôle de tout premier plan au sein du régime (I). On examinera ensuite son organisation (II), ses attributions (III), le bloc de constitutionnalité qu'il est chargé de faire respecter (IV), son fonctionnement (V), ses rapports avec la Cour de cassation et le Conseil d'État (VI) et on donnera enfin quelques aperçus sur sa jurisprudence en tant que juge chargé de contrôler la constitutionnalité des lois (VII).

On n'oubliera pas cependant que l'étude du Conseil constitutionnel ne se limite nullement au présent chapitre. Déjà amorcée dans les chapitres précédents pour les aspects contentieux de la désignation et du fonctionnement des différents organes, elle se poursuit pleinement dans les deux chapitres terminaux de cet ouvrage consacrés aux normes juridiques, qui reposent très largement sur la jurisprudence du Conseil constitutionnel.

I. L'ÉVOLUTION DU CONSEIL

1446. Le Conseil constitutionnel est composé pour l'essentiel de neuf membres désignés par les plus hautes autorités représentatives de l'État auxquels peuvent s'ajouter les anciens présidents de la République, membres de droit. La Constitution lui a conféré des compétences diverses qui à la fois l'autorisent à intervenir et délimitent strictement ses possibilités car il ne dispose que de compétences d'attribution. Ceci posé, si on veut retracer son évolution depuis 1958, il faut surtout s'attacher à sa fonction principale qui consiste à contrôler dans les conditions fixées par la Constitution un certain nombre de normes dont, à titre principal, les lois votées par le Parlement.

A. Des débuts très discrets

1447. En créant le Conseil constitutionnel les auteurs de la Constitution poursuivaient, semble-t-il, des objectifs assez modestes.

Certes, ils lui avaient confié, en application de l'article 61, alinéa 2, un possible contrôle de la constitutionnalité des lois mais l'exercice de cette compétence était assorti de deux tempéraments importants. D'une part, il ne pouvait être saisi que par de hautes personnalités – chef de l'État et du Gouvernement, présidents des assemblées – *a priori* peu hostiles au pouvoir qu'elles incarnaient. D'autre part, la conformité à la Constitution paraît avoir été comprise de manière très stricte, c'est-à-dire par référence au texte de la Constitution proprement dite, et donc à l'exclusion du préambule, ce qui excluait par là même les grandes normes protectrices des libertés et des droits de 1789 et de 1946.

La véritable utilité attendue du Conseil résidait dans la volonté de garantir l'effectivité des articles 37, alinéa 2, et 41, qui permettaient au Premier ministre de le saisir pour lui demander de se prononcer sur le caractère législatif ou réglementaire des textes de lois que le Gouvernement souhaitait pouvoir modifier par décrets ou encore des propositions de lois et des amendements déposés par des parlementaires. En d'autres termes, le Conseil était chargé, à l'initiative de l'exécutif, de contenir le Parlement dans le domaine législatif, qui était le sien et que l'on considérait à l'époque comme déterminé par l'article 34. Durant environ une décennie, le Conseil, d'ailleurs peu saisi, a accepté cette conception minimaliste de la mission qui lui était impartie et s'est effectivement cantonné dans le rôle d'un organe régulateur de compétences entre le Parlement et le Gouvernement[1].

B. La montée en puissance

1448. Trois événements successifs l'ont permise.

Le premier est dû à la seule volonté du Conseil, qui a décidé dans sa célèbre décision du 16 juillet 1971 de viser « notamment » le préambule et a ainsi reconnu la valeur constitutionnelle de la Déclaration de 1789, du préambule de 1946 et des principes fondamentaux reconnus par les lois de la République – visés eux-mêmes par le texte de 1946 – dont il a fait une première application dans sa décision.

1449. Le deuxième tient au vote le 29 octobre 1974 d'une révision constitutionnelle modifiant l'article 61 pour permettre à soixante députés ou à soixante sénateurs de saisir

---

1. Cf. L. Favoreu, « Le Conseil constitutionnel, régulateur de l'activité normative des pouvoirs publics », *RDP* 1967, p. 24.

le Conseil, ce qui ouvrait sa barre aux groupes parlementaires d'opposition. Dans ces conditions, le nombre des recours a décuplé cependant que le contrôle, désormais effectué pour l'essentiel par rapport aux grands textes de 1789 et de 1946, orientait la jurisprudence du Conseil vers la protection des droits fondamentaux. Progressivement, le Conseil va connaître sa grande période. Le prestige qu'il retire de son rôle de garant des droits et libertés bénéficie à l'exercice des autres compétences. Il est le juge naturel des élections politiques nationales, adresse des recommandations sur des réformes techniques souhaitables, défend en dépit des progrès de la construction européenne la souveraineté nationale et même, désormais, « l'identité constitutionnelle de la France ». Ses méthodes, ses modes d'interprétation, sa jurisprudence font l'objet d'analyses et de commentaires nombreux et approfondis. Ses membres, devenus « les sages » de la République, sont unanimement reconnus, y compris par ceux qui avaient longtemps critiqué leurs prédécesseurs et l'institution elle-même. D'une certaine manière, le Conseil joue un rôle de pacification de la vie politique car, comme l'a souligné à maintes reprises le Doyen Louis Favoreu, il représente un facteur de « régulation » et d'« authentification » des alternances politiques.

1450. Le troisième événement notable est la révision constitutionnelle du 23 juillet 2008 qui a créé un nouvel élan au profit du Conseil constitutionnel. En effet, en admettant la possibilité que le Conseil d'État et la Cour de cassation opèrent des renvois préjudiciels en constitutionnalité lorsqu'une disposition législative applicable dans un procès en cours est susceptible de porter atteinte aux droits et libertés garantis par la Constitution (art. 61-1), le constituant a mis fin à une forme d'« exception française »[1]. Désormais, comme ses homologues européens, le Conseil pourra exercer la plénitude des missions habituellement dévolues aux juridictions constitutionnelles[2].

La question qui se pose maintenant est de savoir si cette évolution est arrivée à son terme ou si le processus doit encore être poursuivi afin de transformer le Conseil constitutionnel en véritable cour constitutionnelle digne de ce nom. La question reste ouverte. Ce qui est certain c'est que cette nouvelle phase, si elle devait avoir lieu, devra être initiée par une volonté politique forte et approuvée par le pouvoir constituant. Il est également certain qu'une telle évolution, ou plutôt révolution, devra nécessairement être accompagnée d'une modification en profondeur des règles présidant à la désignation des membres du Conseil constitutionnel.

C. Une jurisprudence respectée

1451. Depuis sa décision fondatrice du 16 juillet 1971, le Conseil a eu le temps d'élaborer une jurisprudence à la fois stable et évolutive, protectrice et raisonnable. Il faut ajouter qu'elle est respectée dans tous les sens du mot, parce qu'elle s'impose juridiquement et également parce que, à quelques réserves près sans lesquelles il n'y aurait plus de doctrine, elle est comprise et appréciée.

---

1. A. Roux, « Le nouveau Conseil constitutionnel. Vers la fin de l'exception française ? », *JCP* 2008. I. 175.

2. À cet égard, on ne peut que déplorer qu'ait été rejeté l'amendement du Sénat, adopté par celui-ci en première lecture le 24 juin 2008, et défendu vigoureusement par le président Robert Badinter, qui visait à dénommer « Cour constitutionnelle » l'actuel Conseil constitutionnel.

La stabilité tient à ce qu'une jurisprudence qui s'inscrit dans la durée s'impose à l'organe qui l'a élaborée et lie ses membres, même s'il s'agit de successeurs. Certes, des revirements de jurisprudence sont toujours possibles mais ils sont rares parce que pour préserver la crédibilité de l'organe, ils doivent être très sérieusement motivés [1]. Pour autant, la stabilité n'exclut pas les évolutions nécessaires, qu'il s'agisse d'infléchissements, de compléments ou de conquête de nouveaux domaines. Dans le même esprit, il faut souligner l'esprit libéral qui inspire le Conseil constitutionnel et qui lui a fait tirer des grandes normes fondatrices de 1789 et de 1946 un maximum de principes et de dispositions à valeur constitutionnelle pour assurer aux citoyens et aux personnes la protection souhaitable. À cet égard, le Conseil constitutionnel est certainement devenu le principal garant du libéralisme politique et de l'État de droit.

II. L'organisation du Conseil

1452. Elle est réglementée par le titre VII de la Constitution et notamment par ses articles 56 et 57, ainsi que par l'ordonnance du 7 novembre 1958 portant loi organique sur le Conseil constitutionnel.

A. La composition du Conseil

1453. Aux termes de l'article 56, le Conseil comprend deux catégories de membres : les membres de droit et les membres nommés. Les membres de droit sont les anciens présidents de la République, qui en font partie à vie (ils sont affranchis de la prestation de serment). Les membres nommés sont au nombre de neuf : trois sont désignés par le président de la République, trois par le président de l'Assemblée nationale, trois par le président du Sénat. Le choix n'est plus entièrement libre. En effet, les nominations effectuées par le président de la République sont désormais soumises à la procédure prévue au dernier alinéa de l'article 13 de la Constitution. Il est donc nécessaire que la proposition de nomination du président de la République soit soumise à la commission permanente compétente créée dans chacune des deux assemblées. Ces commissions rendent des avis publics et disposent d'un véritable droit de veto puisque le nouvel article 13 prévoit que : « Le président de la République ne peut procéder à une nomination lorsque l'addition des votes négatifs dans chaque commission représente au moins trois cinquièmes des suffrages exprimés au sein des deux commissions ». Les nominations effectués par les présidents des assemblées sont également quelque peu encadrées, puisque la nouvelle rédaction de l'article 56 issue de la révision constitutionnelle du 23 juillet 2008 prévoit qu'elles sont «... soumises au seul avis de la commission permanente compétente de l'assemblée concernée ». On le voit, le nouveau système n'est guère contraignant, d'autant qu'il ne résout pas la principale difficulté à savoir l'exigence de qualification juridique des membres du conseil constitutionnel. Il s'agit, en effet, de la seule Cour constitutionnelle européenne dont il n'est pas exigé que les membres soient titulaires de compétences juridiques particulières. D'ailleurs, de février 2007

1. T. Di Manno, « Les revirements de jurisprudence du Conseil constitutionnel français », *Les Cahiers du Conseil constitutionnel* n° 20, 2006, p. 135.

à février 2013 et depuis octobre 2017, alors que la tradition s'était établie dès 1959, le Conseil constitutionnel ne comporte plus en son sein de professeur de droit[1]. Le mandat des membres nommés dure neuf ans et ils sont renouvelés par tiers tous les trois ans : il faut entendre par là que chaque autorité investie du pouvoir de nomination procède, la même année mais tous les trois ans, à une désignation. Nul ne peut être nommé pour deux mandats, ce qui représente une garantie d'indépendance. La seule exception est prévue par l'article 12 de l'ordonnance du 7 novembre 1958 qui dispose que lorsqu'un membre est nommé pour achever le mandat d'un membre pour cause de démission ou de décès par exemple, à l'expiration de ce mandat, le membre nommé peut être à nouveau désigné comme membre du Conseil constitutionnel s'il a occupé ces fonctions de remplacement pendant moins de trois ans. C'est le cas, actuellement, de Mme Claire Bazy-Malaurie qui, si elle achève son mandat, aura donc en tout siégé près de douze années au Conseil constitutionnel.

1454. Le mode de désignation des membres nommés a naturellement suscité des critiques. En effet, il n'est pas exclu que les trois présidents aient parfois tendance à choisir des personnalités supposées proches de leurs propres orientations. Dès lors deux hypothèses sont envisageables. Lorsqu'il y a convergence d'orientation entre le président de la République et la majorité parlementaire, et par conséquent le président de l'Assemblée nationale, deux autorités sur les trois investies du pouvoir de nomination appartiennent en principe à la majorité, d'où le risque d'un Conseil dominé par celle-ci alors que sa tâche principale consiste à vérifier la conformité à la Constitution des lois votées par cette majorité. Lorsqu'il y a divergence ou lorsque le pouvoir politique tout entier change de bord, l'orientation du Conseil va se modifier mais avec un certain retard et partiellement (en raison du renouvellement triennal), d'où les risques de déphasage et de clivage au sein d'un organe qui ne devrait se déterminer que pour des motifs juridiques.

Dans l'absolu, ces critiques peuvent paraître pertinentes. Dans la pratique, et même si on peut certainement concevoir des systèmes présentant plus de garanties, les craintes qu'elles expriment ne se sont pas toutes entièrement réalisées. En effet, on ne peut réduire le choix à des considérations de sympathie politique alors que, même si elles ne sont pas toujours absentes, il fait intervenir des éléments nécessairement beaucoup plus complexes. Toujours est-il que le Conseil n'a pas hésité à censurer le pouvoir en place, même si une majorité de membres lui devaient leur nomination. Il a donc fait jouer le fameux « devoir d'ingratitude » qui est la clé de l'indépendance. Il a d'ailleurs été critiqué successivement par les partis de gauche et par les partis de droite. Mais il reste vrai que la crédibilité reconnue du Conseil doit davantage à l'indépendance d'esprit de ses membres, à leur compétence et à la haute conscience qu'ils ont de leur mission qu'aux dispositions relatives à son recrutement. Sur ce point, une réforme constitutionnelle devient désormais très urgente notamment au regard des exigences européennes en la matière.

1455. À noter que les membres de droit se trouvent, eux aussi, dans une situation délicate. En effet, s'agissant de hautes personnalités dont les orientations politiques sont bien connues, leur participation, surtout si elle est épisodique, risque d'être interprétée comme une marque de soutien ou d'hostilité, selon les cas, au pouvoir

---

1. F. Melleray, « Sur une exception française », *AJDA* 2007, p. 553.

en place. Néanmoins, deux anciens présidents de la Quatrième République, Vincent Auriol et René Coty ont siégé au Conseil. Depuis mai 2004, le président Valéry Giscard d'Estaing siège également de manière aléatoire, notamment pour les décisions rendues sur le fondement de l'article 61 de la Constitution. Cela a également été le cas de l'ancien président Jacques Chirac de mai 2007 jusqu'à son décès en septembre 2019. Nicolas Sarkozy, membre de droit depuis mai 2012 n'a siégé que de manière anecdotique jusqu'en janvier 2013. François Hollande, quant à lui, n'a jamais siégé. Cette faculté reconnue au profit des anciens présidents de la République apparaît ainsi de plus en plus clairement comme un anachronisme, surtout après qu'ait été réalisée l'extension des missions du Conseil constitutionnel avec la création de la question prioritaire de constitutionnalité. D'ailleurs, la suppression de la catégorie des membres de droit avait été préconisée par le rapport Balladur. Après avoir été approuvée par les sénateurs, cette proposition a été rejetée par les députés en deuxième lecture. Il faudra y revenir à l'occasion d'une prochaine révision constitutionnelle car avec l'élection de présidents de la République jeunes, l'allongement de l'espérance de vie et l'impossibilité d'exercer plus de deux mandats consécutifs désormais inscrite à l'article 6 de la Constitution, cette disposition soulèvera des difficultés de plus en plus aigües. D'ailleurs, à la suite des propositions de la « Commission Jospin », le Gouvernement a déposé en mars 2013 un projet de loi constitutionnelle visant à modifier l'article 56 de la Constitution afin de supprimer son deuxième alinéa et, ainsi, de faire en sorte que les anciens présidents de la République ne puissent plus désormais être membres de droit du Conseil. Cette réforme salutaire n'a toutefois pas pu être adoptée sous la XIVe législature, faute d'une majorité suffisante. Cependant, le projet de loi constitutionnelle intitulé « pour un renouveau de la vie démocratique » présenté en conseil des ministres le 28 août 2019 prévoit de nouveau la disparition de cet archaïsme.

B. La présidence du Conseil

1456. Le président de la République nomme le président du Conseil constitutionnel parmi les membres nommés ou de droit. Jusqu'à présent, le choix des présidents successifs s'est toujours porté sur un membre qu'ils avaient eux-mêmes nommé. Cela a encore été le cas avec l'actuel président, M. Laurent Fabius, nommé au Conseil et désigné comme président de la haute juridiction par le président de la République en février 2016. Le président a voix prépondérante en cas de partage.

Il va de soi que le mode de désignation du président a fait l'objet des mêmes critiques que celui des membres du Conseil, d'autant qu'il s'est agi le plus souvent d'une personnalité ayant exercé des fonctions – ministérielles notamment – telles que son orientation politique était forcément connue. Les mêmes réponses doivent leur être faites.

1457. Les textes ne prévoient rien quant à la durée des fonctions du président. Il faut en conclure que le président de la République est libre de déterminer lui-même cette durée, ce qui implique – comme elle n'est pas indiquée à l'avance dans la décision de nomination – qu'il pourrait aussi, s'il le voulait, remplacer le président en fonction [1].

1. Cette possibilité paraît, toutefois, politiquement très difficile à mettre en œuvre si le président en fonction n'accepte pas de faciliter son remplacement ce qui suppose une unité de vue avec le

Dans la pratique, les présidents de la République ont désigné comme président un membre qu'ils venaient de nommer et qui a donc exercé ses deux mandats, de membre et de président, pendant la même durée.

1458. À noter que certaines lacunes de la loi organique ont été mises en lumière en mars 1999. En raison d'une mise en cause judiciaire et bien que bénéficiant de la présomption d'innocence, le président R. Dumas a souhaité, le 23 mars 1999, abandonner ses fonctions présidentielles. Rien n'étant prévu par les textes, il s'est mis de lui-même en congé du Conseil avant de démissionner du Conseil le 1er mars 2000. Le doyen d'âge, M. Yves Guéna a, le 24 mars 1999, été chargé d'assurer l'intérim puis, le 2 mars 2000, été nommé président du Conseil constitutionnel par le président de la République. Pierre Mazeaud lui a succédé comme président à compter du 27 février 2004 jusqu'en février 2007.

C. Le statut des conseillers

1459. Ils sont astreints à prêter serment devant le président de la République et s'engagent à bien et fidèlement remplir leur mission, à garder le secret des délibérations et des votes (même après leur mandat), à ne prendre aucune position publique et à ne donner aucune consultation sur les questions de leur ressort. Dans la pratique, ces règles sont de moins en moins bien respectées que ce soit par les membres du Conseil en exercice ou par ceux ayant quitté leurs fonctions.

Ils sont aussi soumis à des incompatibilités : on ne peut être membre du Conseil et membre du Gouvernement ou du Parlement ou du Conseil économique, social et environnemental. La loi organique du 19 janvier 1995 a étendu les incompatibilités à « l'exercice de tout mandat électoral ». Elle dispose également que sont applicables aux membres du Conseil constitutionnel les incompatibilités professionnelles prévues pour les parlementaires. On observera que l'interdiction faite aux membres du Conseil de prendre une position publique sur les questions ayant fait ou susceptibles de faire l'objet d'une décision du Conseil, équivaut en fait à leur interdire toute fonction de direction ou de responsabilité à la tête d'un parti politique, ce qui est parfaitement justifié.

Le cas échéant, les conseillers peuvent être démis d'office par le Conseil lui-même, s'il constate un manquement à ces différentes obligations.

À noter que l'incompatibilité n'empêche pas un conseiller d'être candidat à un mandat politique national : simplement il est mis en congé et, s'il est élu, remplacé. Le problème est plus délicat pour les membres de droit. En 1984, le Conseil a décidé que le président Giscard d'Estaing, élu député, devait être considéré comme mis en congé pendant la durée de son mandat électif[1].

---

président de la République. En février 1986, à la suite de la démission du président D. Mayer, qui restait membre du Conseil, le président Mitterrand a pu nommer le président R. Badinter.

1. Décis. n° 84-983 du 7 nov. 1984, *Rec.*, p. 17. À noter que la même solution doit être appliquée lorsque le membre de droit devient député au Parlement européen ; cf. L. n° 77-729 du 7 juill. 1977, art. 6 ; C. élect., art. LO 152.

Composition du Conseil constitutionnel au 1er juillet 2019

Membres	Désignation
Laurent Fabius (président)	Nommé par le président de la République en février 2016 (fin du mandat en février 2025)
Membres de droit	
Valéry Giscard d'Estaing	Membre de droit (depuis mai 2004)
Nicolas Sarkozy	Membre de droit (depuis mai 2012, ne siège plus depuis janvier 2013)
François Hollande	Membre de droit (depuis juin 2017, n'a jamais siégé)
Membres nommés	
Jacques Mézard	Nommé par le président de la République en février 2019 (fin du mandat en février 2028)
Claire Bazy-Malaurie	Nommée par le président de l'Assemblée nationale en août 2010 (remplace Jean-Louis Pezant décédé, nommée à nouveau en février 2013, fin du mandat en février 2022)
Nicole Maestracci	Nommée par le président de la République en février 2013 (fin du mandat en février 2022)
Alain Juppé	Nommé par le président de l'Assemblée nationale en février 2019 (fin du mandat en février 2028)
François Pillet	Nommé par le président du Sénat en février 2019 (fin du mandat en février 2028)
Michel Pinault	Nommé par le président du Sénat en février 2016 (fin du mandat en février 2025)
Corinne Luquiens	Nommée par le président de l'Assemblée nationale en février 2016 (fin du mandat en février 2025)
Dominique Lottin	Nommée par le président du Sénat en octobre 2017 (remplace Nicole Belloubet, nommée garde des Sceaux, fin du mandat en février 2022)

III. Les attributions du Conseil

1460. On examinera les fondements de la compétence du Conseil avant d'examiner ses différentes attributions en les regroupant sous trois rubriques selon qu'il intervient comme autorité constitutionnelle, comme juge électoral ou juge constitutionnel.

A. Les fondements de la compétence du Conseil

1461. Ils se trouvent exclusivement dans la Constitution et dans les lois organiques, auxquelles le Conseil reconnaît une valeur dérivée de la Constitution.

Le Conseil a déclaré lui-même qu'il ne disposait que de compétences d'attribution et que « la Constitution a strictement délimité la compétence du Conseil constitutionnel, que celui-ci ne saurait être appelé à statuer ou à émettre un avis que dans les cas et suivant les modalités qu'elle a fixées »[1]. Des décisions ultérieures ont confirmé cette décision de principe en visant, outre la Constitution, les lois organiques[2]. En d'autres termes, le Conseil n'a pas de compétence générale, la Constitution ne lui en ayant pas conféré, mais seulement des compétences ponctuelles prévues par divers articles de la Constitution et des lois organiques et dans les cas qu'ils établissent.

Il s'ensuit que si le Conseil est saisi d'une requête qui n'entre pas exactement dans un des cas, il doit décliner sa compétence. C'est ce qui a été plusieurs fois vérifié bien que dans quelques occasions, très rares, le Conseil ait accepté, sur la demande et avec l'accord des organes exécutifs, d'aller au-delà de ce que prévoient les textes. Encore peut-on considérer qu'il s'agit d'extension de simple bon sens (par exemple, le Conseil a accepté de constater la vacance de la Présidence alors que l'article 7 ne le charge que de constater l'empêchement du président, cf. déclaration du Conseil du 3 avril 1974, *Rec.* 55).

B. Le Conseil, autorité constitutionnelle

1462. Les compétences du Conseil procèdent en la matière des articles 7 et 16 de la Constitution, ainsi que des lois organiques sur l'élection du président de la République et sur le Conseil lui-même. Ces textes habilitent le Conseil soit à émettre un avis dans certains cas précis, soit à prendre une décision dans d'autres. Dans cette seconde hypothèse, la décision prise est évidemment justiciable des dispositions de l'article 62, alinéa 2, selon lesquelles les décisions du Conseil ne sont susceptibles d'aucun recours et s'imposent à toutes les autorités. C'est dire qu'elles ne peuvent être distinguées de celles que le Conseil est amené à prendre en qualité de juge constitutionnel. Il paraît cependant plus logique et plus conforme à la réalité de considérer que le Conseil intervient en qualité d'autorité constitutionnelle.

1463. Huit catégories d'interventions peuvent être recensées à ce titre.

En vertu de l'article 16, il doit être consulté sur la réunion des conditions requises – il émet un avis motivé et publié – ainsi que sur les mesures d'application.

En vertu de l'article 16, tel qu'il a été modifié par la loi constitutionnelle du 23 juillet 2008, le conseil est compétent pour se prononcer, de manière facultative, après trente jours d'exercice des pouvoirs exceptionnels et, de manière automatique, après l'écoulement d'un délai de soixante jours.

En vertu de l'article 7, le Conseil saisi par le Gouvernement, constate l'éventuel empêchement, provisoire ou définitif, du président de la République.

---

1. Décis. du 14 sept. 1961, *Rec.* 55.

2. Décis. n° 62-20 du 6 nov. 1962, *Rec.* 27.

En vertu de ce même article, le Conseil peut être appelé à se prononcer sur le report éventuel de la date de l'élection du président en cas d'empêchement ou de disparition d'un candidat dans les conditions fixées par ledit article.

En vertu de la loi référendaire du 6 novembre 1962 modifiant à la fois l'article 7 de la Constitution et les lois organiques antérieures sur l'élection du président de la République, il reçoit les présentations de candidatures, s'assure du consentement des personnes présentées et vérifie qu'elles ont produit sous pli scellé une déclaration de leur situation patrimoniale (sur ce dernier point, cf. loi organique du 11 mars 1988, art. premier). Il établit la liste des candidats, veille à la régularité des opérations électorales, arrête et proclame les résultats. À noter que par combinaison de la loi référendaire de 1962 (art. 3 III) et de l'article 46 de la loi organique sur le Conseil, celui-ci peut être consulté par le Gouvernement sur l'organisation de l'élection présidentielle.

En vertu de la loi organique sur le Conseil lui-même, il est consulté sur l'organisation des référendums, surveille les opérations de vote et le recensement général des suffrages (Ord. du 7 nov. 1958, art. 46 à 49).

En vertu de l'article 11 de la Constitution relatif au référendum d'« initiative partagée » entre les membres du Parlement et le peuple créé par la loi constitutionnelle du 23 juillet 2008, le Conseil peut être conduit à contrôler en amont la constitutionnalité de la proposition de loi soumise à référendum.

Enfin, en vertu des nouvelles dispositions de l'article 41 de la Constitution introduites par la révision de 2008, le Conseil constitutionnel pourra être saisi par le Gouvernement ou les présidents des assemblées afin de trancher un désaccord entre ces autorités sur la validité d'une exception d'irrecevabilité opposée à une proposition ou à un amendement.

L'ensemble de ces chefs de compétences tend à accroître le rôle du Conseil constitutionnel comme régulateur des conflits entre organes constitutionnels, sans toutefois aller aussi loin qu'en Italie, en Allemagne ou en Espagne où existent des procédures spécifiques de résolutions des conflits entre organes constitutionnels[1].

C. Le Conseil, juge électoral

1464. Les compétences du Conseil en matière électorale représentent une innovation particulièrement heureuse et une amélioration incontestable par rapport au système antérieur. Elles lui sont dévolues par la Constitution, ainsi que par les lois organiques relatives aux différentes élections et au Conseil lui-même. Elles font de ce dernier un véritable juge pour trois types d'élections et de votations.

a) Pour les élections présidentielles

1465. Le Conseil constitutionnel est chargé de juger les réclamations relatives à la liste des candidats qu'il a lui-même établie (assez curieusement, cette compétence n'est expressément formulée que dans un texte réglementaire, le décret 64-231 du 14 mars 1964, art. 7), ainsi que les réclamations relatives à la régularité des opérations électorales (Constitution, art. 58, loi référendaire du 6 novembre 1962, art. 3 III, décret précité du 14 mars 1964, art. 28).

---

1. Sur l'ensemble du sujet, cf. E. Carpentier, *La résolution des conflits entre organes constitutionnels*, préf. A. Roux, LGDJ, 2006.

1466. Le Conseil est également chargé de vérifier les comptes de campagne des candidats. Il se substitue alors à la Commission des comptes de campagne et des financements politiques et dispose des pouvoirs qui lui sont accordés par les articles 52.15 et 52.17 du Code électoral. L'instruction est contradictoire. Si le Conseil constate que les textes légaux n'ont pas été observés, des sanctions financières peuvent être décidées (non-remboursement des dépenses personnelles du candidat, restitution par ce dernier de l'avance de 153 000 euros consentie lors de l'acceptation de la candidature, etc.).

b) Pour les élections législatives ou sénatoriales

1467. Le Conseil est chargé de juger le contentieux des inéligibilités (cf. C. élect., art. LO 136 et LO 160, art. LO 296 et LO 304) et le contentieux des incompatibilités (C. élect., art. LO 151, LO 151.1 et LO 297) ainsi que toute contestation relative à l'élection d'un député ou d'un sénateur : ces contestations représentent la part la plus considérable du contentieux électoral proprement dit (cf. Constitution, art. 59) ; il doit alors être saisi dans les dix jours qui suivent la proclamation des résultats (Ord. du 7 nov. 1958).

1468. Le Conseil est également chargé du contentieux du financement des dépenses électorales ; il doit alors être saisi par la Commission nationale des comptes de campagne et des financements politiques, soit que le compte de campagne n'ait pas été déposé dans le délai prescrit, soit que le compte ait été rejeté, soit encore qu'il y ait eu dépassement du plafond (cf. C. élect., art. 52.15)[1]. L'instruction est contradictoire. À noter que si la Commission saisit le Conseil, celui-ci n'est pas lié par sa décision. Il est juge alors que la Commission est une autorité administrative indépendante. Le Conseil peut donc procéder à un nouvel examen et refaire les calculs. S'il estime que des irrégularités ont été commises, le Conseil *doit* déclarer l'intéressé inéligible pendant un an (non-dépôt du compte ou rejet de ce dernier) ou *peut* déclarer l'inéligibilité (dépassement du plafond). Dans cette dernière hypothèse, l'intéressé doit normalement verser au Trésor public le montant du dépassement et perd son droit à remboursement de ses dépenses de campagne (art. 52.15).

1469. On sait également que, par sa décision du 11 juin 1981, le Conseil constitutionnel s'est reconnu compétent, sur la base de l'article 59 de la Constitution aux termes duquel il « statue, en cas de contestation, sur la régularité de l'élection des députés et des sénateurs », pour apprécier la validité des actes préliminaires aux opérations électorales – y compris des décrets réglementaires alors que le Conseil est, en principe, incompétent à l'égard de cette catégorie de normes – lorsque ces actes, mettent en cause la régularité de l'ensemble des opérations électorales. Il doit alors nécessairement statuer avant le premier tour de scrutin 1.

Il doit cependant être bien précisé qu'en l'occurrence le Conseil constitutionnel n'intervient qu'à titre exceptionnel, en tant que juge de l'élection, et qu'il se refuse absolument à censurer l'inconstitutionnalité de dispositions législatives invoquées à ce sujet devant lui, sous motif qu'il ne peut procéder à un tel contrôle qu'en application

---

1. Depuis 1995 les requérants et défendeurs à un contentieux électoral sont autorisés par le Conseil à présenter des observations orales, ce qui constitue une innovation importante et au progrès considérable au regard des droits de la défense.

de l'article 61 et non pas de l'article 59[1]. Le Conseil constitutionnel peut donc au titre de l'article 59, connaître d'un décret de convocation à un référendum[2] ou d'un décret de convocation à l'élection présidentielle[3], ce qui ne va pas sans un partage de compétences complexe avec le Conseil d'État, obligé de décliner la sienne propre[4].

c) Pour les votations référendaires

1470. Le Conseil est chargé de juger les réclamations relatives aux opérations référendaires proprement dites (Ord. du 7 nov. 1958, art. 50).

D. Le Conseil, juge constitutionnel

1471. Le Conseil a également à se comporter en véritable juge constitutionnel, soit qu'il ait à vérifier à la demande du Gouvernement si le Parlement n'a pas excédé sa compétence, soit qu'il ait à vérifier la conformité de certaines normes à la Constitution. Dans le premier cas, il apparaît comme un juge régulateur de compétences, dans le second comme le juge de la constitutionnalité de certaines normes.

a) Le Conseil, juge de la régulation des compétences

1472. La Constitution comporte des dispositions relatives au domaine réservé au législateur, lequel bénéficie de compétences d'attribution (cf. art. 34, 53, 66) et au domaine relevant *a contrario* de l'autorité réglementaire, laquelle bénéficie de la compétence de droit commun (cf. art. 37). Comme cette répartition constitutionnelle des matières a été instituée pour le profit du Gouvernement, ce dernier est seul chargé de prendre les initiatives nécessaires pour la faire respecter par le législateur. En vertu de l'article 37, alinéa 2, le Conseil constate si un texte organiquement législatif ne comporte pas des dispositions matériellement réglementaires, ce qui, dans l'affirmative, permettrait au Gouvernement de le modifier par décret[5]. En vertu de l'article 74, il lui appartient aussi sur saisine de l'assemblée d'une collectivité territoriale d'outre-mer, de constater qu'une loi promulguée postérieurement au changement de statut de la dite collectivité se situait bien « dans le domaine de compétence de cette collectivité », ce qui lui permet de la modifier[6]. Ce faisant, le Conseil n'intervient que pour décider, par référence à la Constitution, de la qualification, législative ou réglementaire,

---

1. Décis. du 11 juin 1981, *François Delmas, Rec.*, p. 97 ; Décis. du 11 sept. 2000, *Meyet, Rec.*, p. 148 ; Décis. du 20 sept. 2001, *Hauchemaille et Marini, Rec.*, p. 121.

2. Décis. du 23 août 2000, *Hauchemaille, Rec.*, p. 134.

3. Décis. du 14 mars 2001, *Hauchemaille* (2e esp.), *Rec.*, p. 53.

4. CE 1er sept. 2000, *Larrouturou, Meyet et autres.*

5. Pour un exemple récent particulièrement topique, cf. Décis. n° 2006-203 L du 31 janv. 2006, à l'occasion de laquelle le Conseil a « délégalisé » le texte du 23 février 2005 portant reconnaissance de la Nation et contribution nationale en faveur des français rapatriés. Cette décision du Conseil constitutionnel a permis, dans un second temps, au gouvernement d'abroger par décret l'article 4 du texte adopté en la forme législative qui avait prêté à controverse dans la mesure où il prévoyait que « les programmes scolaires reconnaissent le rôle positif de la présence française outre-mer ». Cette procédure, telle qu'elle a été utilisée, est assimilable à une forme de contrôle de constitutionnalité des lois *a posteriori.*

6. Pour une première décision du Conseil constitutionnel sur le fondement de ce chef de compétence, cf. Décis. n° 2007-1 LOM du 3 mai 2007, *Compétences fiscales en Polynésie française.*

des matières sur lesquelles porte le texte qui lui est soumis. Quelle que soit la décision du Conseil, ce texte subsiste tel quel. Simplement, l'erreur de qualification qui avait pu être commise à son sujet est rectifiée.

b) Le Conseil juge de la constitutionnalité des normes

1473. La Constitution de 1958, à l'origine, a institué un contrôle de conformité à ses dispositions d'un certain nombre de normes infra-constitutionnelles, à savoir les règlements des assemblées parlementaires (art. 61, alinéa premier), les lois organiques (art. 61, alinéa premier), les lois ordinaires (art. 61, alinéa 2) et les engagements internationaux (art. 54). Ainsi qu'on aura l'occasion de le constater, la saisine du Conseil est parfois obligatoire (art. 61, alinéa premier), d'autres fois facultative et, dans ce dernier cas, elle peut être dévolue à des autorités diverses (art. 54 et 61, alinéa 2). On ajoutera que depuis la loi organique n° 99-209 du 19 mars 1999 mettant en œuvre les articles 76 et 77 nouveaux de la Constitution, le Conseil constitutionnel peut être appelé à se prononcer sur la constitutionnalité d'une « loi du pays » adoptée par le Congrès de la Nouvelle-Calédonie (cf. art. 104 et 105 LO n° 99-209 du 19 mars 1999 relative à la Nouvelle-Calédonie)[1].

1474. Dans tous les cas, l'intervention du Conseil présente une caractéristique : il décide sans recours possible du sort du texte qui lui est déféré et qu'il confronte aux dispositions constitutionnelles, puisqu'une norme déclarée non conforme se voit privée de la possibilité d'accéder à une existence juridique et ne peut entrer en application ou doit être abrogée.

1475. C'est en tant que juge de la constitutionnalité des lois (art. 61, alinéa 2) que le Conseil a assumé, de la manière la plus complète, son rôle de juge constitutionnel, notamment depuis que la révision constitutionnelle du 29 octobre 1974 a permis à 60 parlementaires – donc généralement aux parlementaires d'opposition – de le saisir. En effet, il y a désormais peu de lois, au moins de lois importantes, qui ne soient pas soumises au Conseil.

Depuis la révision constitutionnelle du 23 juillet 2008, l'article 61-1 nouveau de la Constitution permet également un contrôle *a posteriori* de la conformité des lois à la Constitution. Bien que les modalités de ce contrôle soient imparfaites dans la mesure où, d'une part, le Conseil ne peut être saisi que s'il est allégué une violation des droits et libertés constitutionnellement garantis et non pas toute atteinte à la Constitution et, d'autre part, que ce contrôle prend la forme d'un renvoi préjudiciel effectué (ou non) par la Cour de cassation ou le Conseil d'État, il n'en reste pas moins que la compétence du Conseil comme juge constitutionnel se trouve sensiblement élargie.

---

1. La procédure de saisine et de décision du Conseil constitutionnel est assez complexe. Il faut que les « lois du pays » aient fait l'objet, à la demande des autorités habilitées par l'article 103, d'une seconde délibération du Congrès. Si celui-ci maintient son vote précédent, le Conseil peut être saisi par les autorités énoncées par l'article 104 (pour l'essentiel, des instances exécutives et délibératives). Il doit alors se prononcer dans les trois mois de la saisine.

Le rôle du Conseil constitutionnel en tant que juge constitutionnel

Textes déférés	**Caractère de la saisine**	**Auteur de la saisine**	**Pouvoirs du juge constitutionnel**
Propositions de lois et amendements (avant le vote)	facultatif (Constitution, art. 41, al. 2)	– Premier ministre – président de l'assemblée intéressée	Constatation du caractère législatif ou réglementaire (déclaration)
Lois ordinaires (après le vote mais avant promulgation)	facultatif (Constitution, art. 61, al. 2)	– président de la République – Premier ministre – Président de l'Assemblée nationale – président du Sénat – 60 députés ou 60 sénateurs (depuis 1974)	Vérification de conformité à la Constitution (annulation)
Lois organiques (après le vote mais avant promulgation)	obligatoire (Constitution, art. 46 et 61, al. 1er)	Premier ministre	Vérification de conformité à la Constitution (annulation)
Textes en forme législative votés et promulgués depuis 1958, portant sur des matières réglementaires et que le Gouvernement désire modifier par décrets	facultatif (Constitution, art. 37, al. 2)	Premier ministre	Constatation du caractère législatif ou réglementaire (déclaration)
Traités et engagements internationaux	facultatif (Constitution, art. 54)	– président de la République – Premier ministre – président de l'Assemblée nationale – président du Sénat – 60 députés ou 60 sénateurs (depuis 1992)	Vérification de compatibilité avec la Constitution (déclaration)

Textes déférés	Caractère de la saisine	Auteur de la saisine	Pouvoirs du juge constitutionnel
Règlements de l'Assemblée nationale et du Sénat	obligatoire (Constitution, art. 61, al. 1er)	– président de l'Assemblée nationale – président du Sénat	Vérification de conformité à la Constitution (annulation)
« Lois du pays » votées en seconde délibération par le Congrès de Nouvelle-Calédonie	facultatif (Constitution, art. 77 et LO 19 mars 1999, art. 104 et 105)	– Haut-commissaire du Gouvernement – président du Congrès – président d'une assemblée de province – 18 membres de Congrès	Vérification de conformité à la Constitution (annulation)
Lois ordinaires (après la promulgation)	facultatif (Constitution, art. 74 et LO 27 févr. 2004, art. 12)	– président de la Polynésie française – président de l'Assemblée de Polynésie française – Premier ministre – président de l'Assemblée nationale – président du Sénat	Constatation du caractère national ou local (déclaration)
Lois ordinaires (après la promulgation)	facultatif (Constitution, art. 61-1)	Renvoi préjudiciel du Conseil d'État ou de la Cour de cassation après QPC soulevée par un requérant	Vérification de conformité à la Constitution (abrogation)

IV. Le bloc de constitutionnalité selon le Conseil, juge constitutionnel

1476. Le Conseil, juge constitutionnel, ne peut exercer de contrôle sur les normes qui lui sont soumises qu'en les confrontant aux normes constitutionnelles de référence, lesquelles constituent dans leur ensemble le bloc de constitutionnalité[1]. À l'égard de celui-ci, le Conseil joue un rôle capital. En effet, les normes de référence procèdent certes de la Constitution mais il arrive souvent que celle-ci ait besoin d'être interprétée. C'est au Conseil de le faire, ce qui le conduit à donner forme à un certain nombre

1. Sur cette notion, cf. L. Favoreu, « Le principe de constitutionnalité », in *Mélanges C. Eisenmann,* Cujas, 1975, p. 33.

de normes constitutionnelles et ainsi à déterminer les contours et les limites du bloc de constitutionnalité. On examinera les normes qui y sont admises, celles qui en sont exclues et les problèmes que peuvent poser d'éventuelles divergences entre certaines de ces normes [1].

A. Les normes retenues

1477. Toutes prennent leur source dans la Constitution, étant observé que si beaucoup y sont expressément énoncées, d'autres y sont contenues de manière implicite ou allusive, ce qui nécessite, pour les dégager, une intervention du Conseil constitutionnel.

a) Les normes énoncées par le texte constitutionnel

1478. Ce sont de beaucoup les plus nombreuses et on les trouve non seulement dans le corps même de la Constitution mais aussi dans les textes auxquels renvoie son Préambule.

Pour ce qui est du texte constitutionnel proprement dit, le fait que chaque article s'intègre, quel que soit son contenu, dans le bloc de constitutionnalité relève de la vérité d'évidence. Le Conseil constitutionnel en cite d'ailleurs un certain nombre dans ses décisions. On notera à ce sujet que certaines dispositions font plus souvent que d'autres, en raison de leur contenu, office de normes de référence et qu'il arrive très souvent au Conseil d'apprécier de manière globale la conformité à la Constitution, sans se référer à un article précis.

Pour ce qui est du Préambule et des textes auxquels il renvoie, c'est-à-dire la Déclaration de 1789, le Préambule de 1946 et désormais la Charte de l'environnement de 2004, il importe de souligner qu'ils constituent une part très importante du bloc de constitutionnalité. En effet, ils concernent essentiellement les droits et libertés fondamentaux. Or le Conseil est très souvent saisi pour en faire assurer le respect. Sa jurisprudence s'est d'ailleurs constamment développée en ce sens, de la liberté d'association constitutionnalisée en 1971, au droit d'asile [2], de la liberté individuelle à la protection de la santé [3], d'une manière générale des libertés traditionnelles aux droits d'un caractère plus contemporain [4]. Actuellement, il n'y a pratiquement plus aucune disposition des textes de 1789 et de 1946 qui n'ait été utilisée à cette fin par le Conseil, juge naturel de la protection des droits fondamentaux constitutionnels. Ainsi, dans une décision du 16 mars 2006, le Conseil constitutionnel est même allé jusqu'à se référer pour la première fois à l'article premier de la Déclaration de 1789 qui prévoit que « tous les hommes naissent et demeurent libres et égaux en droits. Les distinctions sociales ne peuvent être fondées que sur l'utilité commune ».

---

1. Sur l'ensemble de la question des contours du bloc de constitutionnalité, cf. A. Roblot-Troizier, *Contrôle de constitutionnalité et normes visées par la Constitution française. Recherches sur la constitutionnalité par renvoi,* préf. M. Verpeaux, Dalloz, 2007.

2. Notamment : Décis. n° 93-325 DC du 13 août 1993.

3. Décis. n° 90-283 DC du 8 janv. 1991.

4. Par exemple, pour le droit à des moyens convenables d'existence prévu par le Préambule de 1946 : Décis. n° 86-225 DC du 23 janv. 1987.

1479. Il faut enfin signaler le problème particulier que posent les lois organiques. Certes, elles ne font pas partie du bloc de constitutionnalité puisqu'elles n'ont pas valeur constitutionnelle. Cependant, ce sont des lois d'application de certains articles de la Constitution, elles en précisent la mise en œuvre et lui sont nécessairement conformes. Dans un certain sens, elles prolongent la Constitution et sont donc particulièrement précieuses lorsque celle-ci est succincte ou trop peu explicite. C'est pourquoi le Conseil constitutionnel les prend en considération et les cite expressément lorsqu'il contrôle la constitutionnalité des Règlements des assemblées parlementaires [1] et de certaines lois, telles les lois de finances [2].

b) Les normes dégagées par le Conseil constitutionnel

1480. *Trois hypothèses* peuvent être distinguées.

Le plus souvent le Conseil se borne à préciser le sens d'un texte constitutionnel, sens dont on n'avait pas pris conscience jusqu'alors et qui peut être assez différent de celui résultant de la simple lecture. Ce faisant, le Conseil ne crée évidemment pas une norme constitutionnelle nouvelle mais il dégage la signification véritable d'une norme préexistante, ce qui, presque toujours, en modifie la portée. L'interprétation du Conseil joue donc un grand rôle, qu'elle soit simplement clarificatrice, ou encore extensive ou restrictive, analogique (lorsqu'elle applique à une situation nouvelle un texte fait pour une situation différente mais connexe), neutralisante (lorsqu'elle impose ses réserves aux autorités chargées de l'application).

1481. Parfois, le Conseil est en mesure d'aller beaucoup plus loin. On sait que les Préambules de 1958 et de 1946 confèrent valeur constitutionnelle aux « principes fondamentaux reconnus par les lois de la République » visés par ce dernier mais sans aucune autre indication à ce sujet. Il appartient donc au juge de les énoncer toutes les fois qu'il l'estime nécessaire. En principe, ce juge sera normalement le Conseil constitutionnel mais de manière exceptionnelle il peut aussi s'agir du Conseil d'État qui n'a pas hésité à constater l'existence d'un principe fondamental reconnu par les lois de la République que le Conseil constitutionnel n'avait pas encore eu l'occasion de mettre en évidence [3]. Bien entendu, il va de soi que le juge ne fait, au hasard des recours dont il est saisi, qu'en constater l'existence. Cependant si, là encore, il ne crée aucun principe, il est clair que son rôle est capital car il dispose d'une très grande liberté, n'étant tenu que par le rattachement aux « lois de la République ».

1482. Exceptionnellement, il arrive que le Conseil tire de la philosophie qui inspire la Constitution des principes à valeur constitutionnelle. On peut citer en ce sens le principe de continuité des services publics [4] et la liberté d'entreprendre [5]. Le rattachement

---

1. Décis. n° 92-314 DC du 17 déc. 1992, *Rec.*, p. 126.

2. Décis. n° 92-309 DC du 9 juin 1992, *Rec.*, p. 66.

3. CE, Ass., 3 juill. 1996, *Moussa Koné.*

4. Manifestement inspiré par la jurisprudence du Conseil d'État : Décis. n° 79-105 DC du 25 juill. 1979, *Ponts à péages, Rec.*, p. 33.

5. Décis. n° 81-132 DC du 16 janv. 1982, *Nationalisations, Rec.*, p. 18. Le Conseil prendra soin de préciser que cette liberté n'est ni générale ni absolue : Décis. n° 90-283 DC du 8 janv. 1991, *Rec.*, p. 11. Par la suite le Conseil constitutionnel a rattaché la liberté d'entreprendre à l'article 4 de la Déclaration : Décis. n° 2001-451 DC du 27 nov. 2001.

à la Constitution, d'ailleurs justifié, est alors global, faute de pouvoir invoquer une disposition précise qui, en l'occurrence, n'existe pas. Mais de telles hypothèses demeurent très rares.

B. Les normes non retenues

1483. Il s'agit essentiellement des règlements des assemblées parlementaires et des normes internationales ou communautaires.

1484. S'agissant des règlements des assemblées parlementaires, il existe une abondante jurisprudence du Conseil constitutionnel leur refusant la qualité de norme constitutionnelle [1]. La solution est traditionnelle et incontestable au regard du principe de hiérarchie des normes.

1485. S'agissant des normes internationales, le Conseil s'est prononcé dans une décision de principe du 15 janvier 1975 [2]. Il a considéré qu'il ne lui appartient pas, lorsqu'il est saisi en application de l'article 61, « d'examiner la conformité d'une loi aux stipulations d'un traité ou d'un accord international », marquant ainsi clairement que ceux-ci ne font pas partie du bloc de constitutionnalité. Il souligne d'ailleurs dans cette même décision qu'« une loi contraire à un traité ne serait pas, pour autant, contraire à la Constitution ».

Cette jurisprudence a eu, en 1993, un effet singulier dans la mesure où elle a rendu nécessaire une révision de la Constitution. En effet, les conventions de Dublin et de Schengen prévoient que l'État saisi en premier d'une demande d'asile a une compétence exclusive pour se prononcer [3]. Peu après, le Conseil constitutionnel a jugé qu'une loi mettant en application lesdites conventions était contraire à la Constitution dans la mesure où elle privait les demandeurs d'asile ayant déjà fait l'objet d'un refus du droit qui leur est reconnu par le Préambule de 1946 [4]. La Constitution l'emporte sur la norme communautaire, de valeur juridique inférieure. Il a donc fallu que la révision du 25 novembre 1993 élève au niveau constitutionnel, par introduction d'un nouvel article 53-1, la possibilité de déterminer par accord entre États européens les compétences respectives des uns et des autres en matière de droit d'asile pour que la difficulté soit surmontée. Le procédé utilisé étant à la fois indirect et ponctuel, les normes internationales demeurent, en tant que telles, exclues du bloc de constitutionnalité. Toutefois, la jurisprudence « Économie numérique » de 2004, prolongée par la décision « Droits d'auteur » de 2006, paraît avoir fragilisé cette position de principe s'agissant spécialement du droit communautaire dérivé. Néanmoins, dans une décision très importante du 12 mai 2010, « *Jeux en ligne* », le Conseil constitutionnel a réitéré sa jurisprudence « *I.V.G.* » de 1975. Il était opportun que le Conseil se prononce à nouveau sur la question de savoir si les traités internationaux et, spécialement les traités relatifs à l'Union européenne, peuvent ou non faire partie des normes de référence de son contrôle,

---

1. Décis. n° 78-97 DC du 27 juill. 1978, *Rec.*, p. 31 ; Décis. n° 89-274 DC du 22 janv. 1990, *Rec.*, p. 61.

2. Décis. n° 74-54 DC du 15 janv. 1975, *IVG*, *Rec.*, p. 19.

3. La Convention de Dublin, du 15 juin 1990, est relative à la détermination de l'État responsable d'une demande d'asile. La convention de Schengen date elle du 19 juin 1990.

4. Décis. n° 93-325 DC du 13 août 1993.

au moment où la question prioritaire de constitutionnalité vient d'entrer en vigueur. En effet, il était possible de se demander si la création de cette nouvelle voie de recours n'avait pas changé la donne en plaçant le Conseil constitutionnel dans la même position que le juge ordinaire qui, lorsqu'il contrôle la validité de la loi *a posteriori* le fait en la confrontant aux normes internationales et européennes. À cette interrogation, somme toute assez légitime, le Conseil constitutionnel a répondu par la négative en précisant qu'il ne lui appartient pas, qu'il soit saisi en application de l'article 61 ou de l'article 61-1 de la Constitution d'examiner la compatibilité d'une loi avec les engagements internationaux et européens de la France. Il est cependant vraisemblable, et assurément souhaitable, que cette position de principe évolue dans un avenir proche. Un revirement de jurisprudence sur ce point présenterait l'avantage de faire du Conseil constitutionnel le juge de la conformité de la loi à l'ensemble des normes de valeur supra-législatives, qu'elles soient d'origine constitutionnelle ou conventionnelle.

1486. On rappellera enfin que les lois organiques sont elles aussi exclues du bloc de constitutionnalité, aux nuances près soulignées précédemment.

C. Les divergences et contrariétés éventuelles entre normes constitutionnelles

1487. Ces divergences et contrariétés peuvent effectivement se produire car il est courant qu'une même saisine du Conseil constitutionnel mette en cause plusieurs normes à valeur constitutionnelle.

Dans l'hypothèse où elles sont difficilement conciliables, en fonction de quels critères le Conseil constitutionnel va-t-il donner la préférence à telle d'entre elles sur telle autre, ce qui pose à la limite le problème de l'existence éventuelle d'une supra-constitutionnalité [1] ? Ou si on préfère, parmi les normes retenues, certaines sont-elles plus constitutionnelles que d'autres ?

Cette difficulté concerne tout particulièrement les divergences possibles entre la Déclaration de 1789 et le Préambule de 1946, que sépare plus d'un siècle et demi et dont les sources d'inspiration sont fort différentes, individualiste pour l'une, sociale pour l'autre. À la vérité, il y a peu de discordances, les deux textes traitant de matières distinctes, les libertés individuelles d'une part, les droits économiques et sociaux d'autre part. Cependant, on a parfois relevé quelques contradictions, concernant notamment le droit de propriété, considéré comme « un droit inviolable et sacré » par la Déclaration (art. 17) mais soumis à diverses restrictions par le Préambule. Or les deux textes ont même valeur juridique, en l'occurrence constitutionnelle comme l'a érigé en principe le Conseil constitutionnel dans sa décision *Nationalisation* du 16 janvier 1982. Néanmoins, il est permis de penser que, compte tenu de l'expansion de la jurisprudence constitutionnelle protectrice des droits fondamentaux et au regard des techniques de protection de ceux-ci en droit comparé, il sera peut-être nécessaire que le Conseil nuance cette position. En effet, à l'heure où la juridicisation et la « fondamentalité »

1. Des auteurs ont fait état d'une possible hiérarchisation des normes formellement constitutionnelles, cf. S. Rials, « Les incertitudes de la notion de Constitution », *RDP* 1984, p. 587 ; S. Arne, « Existe-t-il des normes supraconstitutionnelles ? », *RDP* 1993, p. 459. Cf. également la controverse sur souveraineté et supra-constitutionnalité, in *Pouvoirs* n° 67, 1993, entre L. Favoreu (qui, de manière nuancée, n'écarte pas la possibilité d'une supra-constitutionnalité) et G. Vedel (contre).

envahissent toutes les dispositions constitutionnelles, y compris celles qu'y prêtent le moins, le Conseil serait peut-être bien inspiré d'opérer une remise en ordre afin d'indiquer ce qui distingue du point de vue de leur normativité et de leur effectivité, par exemple, les droits fondamentaux des objectifs à valeur constitutionnelle ou encore les droits fondamentaux des exigences à valeur constitutionnelle.

V. Le fonctionnement du Conseil, juge constitutionnel

1488. On examinera successivement les caractères du contrôle exercé, la procédure à observer et l'autorité des décisions du Conseil.

A. Les caractères du contrôle exercé

1489. Il est juridictionnel et non systématique.

a) Le contrôle est juridictionnel

1490. Bien qu'il ait parfois été contesté, c'est un point qui ne saurait faire de doute. En effet, le Conseil ne se prononce ni en équité ni en opportunité mais, exclusivement, en droit. Sa tâche consiste d'une part, à examiner le contenu du texte qui lui est déféré, d'autre part, à le confronter aux normes constitutionnelles pour en décider soit la qualification (législative ou réglementaire) soit la validité juridique (il est conforme ou non à la Constitution). Dans un cas comme dans l'autre, il ne peut se déterminer qu'en fonction de considérations de pure et stricte validité constitutionnelle[1]. Il remplit donc bien l'office traditionnellement dévolu au juge et si, nécessairement, il a à interpréter la Constitution, il reste encore dans le cadre des compétences traditionnelles de celui-ci. On ajoutera que l'autorité attachée à ses décisions par l'article 62 ne peut que venir confirmer ce caractère juridictionnel[2].

b) Le contrôle n'est pas systématique

1491. Le contrôle exercé par le Conseil n'est obligatoire et systématique que pour les règlements des assemblées et pour les lois organiques (art. 61, alinéa premier).

Pour les lois ordinaires, le contrôle est facultatif puisqu'il n'est exercé que si le Conseil est saisi dans les conditions fixées par l'article 61, alinéa 2, de la Constitution. Certes, on sait que depuis la révision de 1974 le Conseil a toute chance d'être saisi par soixante parlementaires d'opposition, voire dans de rares cas par des parlementaires appartenant à la majorité, dès lors qu'une loi présente un intérêt ou une importance politique. Il reste que quelques lois peuvent échapper au contrôle du Conseil constitutionnel.

---

1. Le Conseil constitutionnel considère d'ailleurs expressément que « la Constitution ne (lui) confère pas un pouvoir général d'appréciation et de décision identique à celui du Parlement » (Décis. n° 86-218 DC du 18 nov. 1986. *Rec.*, p. 67). Ce considérant a été repris dans de nombreuses décisions ultérieures.

2. Sur ce point, cf. M. Waline, « Préface », *Les grandes décisions du Conseil constitutionnel, op. cit.*

De même, toutes les propositions de loi et toutes les lois promulguées comportant – peut-être – des dispositions matériellement réglementaires ne seront pas nécessairement soumises au Conseil en application des articles 41 et 37, alinéa 2, puisque le Gouvernement apprécie discrétionnairement s'il doit ou non intervenir. En fait, le Gouvernement n'use que rarement de l'article 41 et fort peu de l'article 37, alinéa 2.

1492. Pour les lois de révision constitutionnelle et les lois référendaires, tout contrôle est, pour l'instant, écarté. Ce qui se comprend parfaitement pour les secondes puisque le propre de la Démocratie c'est que c'est toujours le peuple qui doit avoir le dernier mot. En revanche, cela se comprend moins bien pour les premières dans la mesure où, ni théoriquement, ni pratiquement, rien n'exclut le contrôle des lois constitutionnelles dès lors qu'elles ont été adoptées par le Parlement et non par le peuple [1].

1493. Pour les engagements internationaux, seuls ceux dont la ratification ou l'approbation nécessite une autorisation législative peuvent être déférés au Conseil (art. 54 et 61, alinéa 2). Les saisines de ce type sont beaucoup moins fréquentes mais depuis la révision du 25 juin 1992, elles peuvent être effectuées – comme pour les lois – par soixante parlementaires et présentent un grand intérêt juridique.

1494. Cependant, la possibilité de faire juger des questions prioritaires de constitutionnalité par le Conseil constitutionnel depuis le 1er mars 2010 tend à combler les lacunes du contrôle de constitutionnalité. En effet, désormais, les lois qui n'ont pas été jugées conformes dans les motifs et le dispositif d'une décision antérieure du Conseil constitutionnel, ou encore qui l'ont été mais à propos desquelles un « changement des circonstances » est intervenu, peuvent être jugées à l'aune de leur application dans des cas concrets. Ce faisant, le contrôle de constitutionnalité des lois pratiqué en France se rapproche, même tardivement et lentement, de ce qui constitue le droit commun du procès constitutionnel dans les pays européens.

B. Le contrôle préventif de la constitutionnalité des lois

1495. Dans le cadre spécifique de l'article 61, alinéa 2, le contrôle exercé par le Conseil constitutionnel est un contrôle préventif ou *a priori*, c'est-à-dire intervenant sans doute après le vote de la loi mais préalablement à sa promulgation.

a) Les caractères du contrôle préventif

1496. Dans le système originel de la Constitution de 1958, il avait pour conséquence qu'en principe une loi promulguée – que le Conseil constitutionnel n'ait pas été saisi ou qu'il ait rendu une décision de conformité – était irréprochable et incontestable et ne pouvait plus pouvoir faire l'objet d'une contestation à quelque titre que ce soit [2]. Ce mode de contrôle avait pour principal avantage d'assurer l'intangibilité des lois promulguées et par voie de conséquence la sécurité juridique.

---

1. Cf. notamment F. Luchaire, « La loi constitutionnelle en question. Commentaire de la décision du Conseil constitutionnel du 26 mars 2003 », in *Mélanges M. Lesage,* 2006, p. 75 ; M. Vonsy, « Le "Parlement constituant" n'est pas souverain », *RDP* n° 3, 2007, p. 793.

2. Décis. n° 78-96 DC du 27 juill. 1978, *Rec.*, p. 29.

Mais le contrôle préventif présentait aussi des inconvénients. D'une part, si une loi promulguée n'avait pas été déférée en temps utile au Conseil constitutionnel, soit par négligence, soit par indifférence des parlementaires d'opposition, elle ne pouvait plus être remise en cause alors que, peut-être, sa conformité à la Constitution était discutable. D'autre part, le contrôle de constitutionnalité était forcément limité aux lois qui depuis 1958 avaient été (ou seraient) votées et qui avaient (ou seraient) soumises avant promulgation au Conseil constitutionnel, sans que jamais la constitutionnalité des lois antérieures à 1958 puisse faire l'objet du moindre contrôle, si ce n'est du Conseil d'État, alors que celui-ci pourrait se révéler nécessaire.

b) Le contrôle de constitutionnalité des lois promulguées admis par le Conseil constitutionnel

1497. Ce dernier n'en a admis la possibilité que dans certains cas exceptionnels et en imposant des conditions très strictes. C'est une décision du 25 janvier 1985 qui a ouvert la voie en déclarant que « la régularité au regard de la Constitution d'une loi promulguée peut être utilement contestée à l'occasion de l'examen des dispositions législatives qui la modifient, la complètent ou affectent son domaine[1] ». Cette jurisprudence a été confirmée[2].

Les conditions sont évidemment très rigoureuses : 1°) l'exception ne peut être soulevée que devant le Conseil lui-même et dans les conditions fixées par l'article 61, alinéa 2, c'est-à-dire en pratique par les parlementaires d'opposition (et non pas devant tout tribunal et par toute partie) ; 2°) elle ne peut être soulevée qu'à l'occasion d'une loi modificatrice de la loi dont la régularité est contestée ; 3°) encore faut-il qu'il s'agisse bien d'une loi modificatrice et non pas d'une loi de « simple mise en application » ; 4°) enfin, il faut supposer que le Conseil n'a pas eu en son temps à se prononcer sur les dispositions de la première loi dont la régularité est contestée. Ces conditions expliquent que la voie ainsi ouverte au contrôle de constitutionnalité des lois promulguées soit de très faible débit.

C. La question prioritaire de constitutionnalité

1498. Cette quasi-impossibilité de contrôler la constitutionnalité des lois déjà promulguées, alors même que c'est bien souvent à l'occasion de leur application que les inconstitutionnalités se révèlent, était dénoncée par la plus grande partie de la doctrine française[3].

1499. Néanmoins, l'introduction en France d'un mécanisme permettant un contrôle efficace des lois promulguées paraissait compromis car, à plusieurs reprises, en 1990 et en 1993, le constituant avait échoué dans ses tentatives de faire adopter une telle réforme. Finalement, après des discussions intenses et des auditions de personnalités extérieures de grande qualité, le Comité Balladur a formulé une

---

1. Décis. n° 85-186 DC du 25 janv. 1985, *Rec.*, p. 13.

2. Décis. n° 89-256 DC du 25 juill. 1989, cons. 10 ; Décis. n° 98-399 DC du 18 déc. 1998, cons. 25 ; Décis. n° 99-410 DC du 15 mars 1999, cons. 39 ; Décis. n° 99-416 DC du 23 juill. 1999, cons. 37.

3. Cf. parmi d'autres : F. Mélin-Soucramanien, « Du déni de justice constitutionnelle en droit public français », in *Mélanges L. Favoreu*, Dalloz, 2007, p. 277.

proposition en ce sens. C'est cette proposition qui, à une nuance près, a conduit à la rédaction de l'article 61-1 nouveau de la Constitution. Depuis l'adoption de la loi constitutionnelle du 23 juillet 2008, la Constitution dispose donc que : « Lorsque, à l'occasion d'une instance en cours devant une juridiction, il est soutenu qu'une disposition législative porte atteinte aux droits et libertés que la Constitution garantit, le Conseil constitutionnel peut être saisi de cette question sur renvoi du Conseil d'État ou de la Cour de cassation qui se prononce dans un délai déterminé » (art. 61-1, alinéa premier). Cette nouvelle voie de recours a été mise en œuvre par une loi organique du 10 décembre 2009, elle-même relayée par un « décret de procédure » du 16 février 2010. La nouvelle procédure peut donc être actionnée par les justiciables depuis le 1er mars 2010. La loi organique du 10 décembre 2009 a ajouté à la révision constitutionnelle en qualifiant la question de constitutionnalité de « prioritaire ». Elle prévoit ainsi une règle de « préférence constitutionnelle », au terme de laquelle il est expressément prévu que lorsqu'une juridiction de première instance est saisie de « moyens contestant de façon analogue, la conformité de la disposition à la Constitution et aux engagements internationaux de la France, [elle] doit se prononcer en premier lieu sur la question de constitutionnalité ». Cette règle de sélection procédurale des moyens dirigés contre la loi est parfaitement cohérente avec la hiérarchie des normes dans l'ordre juridique interne français, au sens où l'entendent le Conseil constitutionnel, le Conseil d'État et la Cour de cassation. En toute hypothèse, cette question prioritaire de constitutionnalité devrait constituer un instrument efficace de promotion des droits fondamentaux constitutionnels et, par là même, un progrès de l'État de droit. D'autant que les effets de la décision du Conseil constitutionnel seront, comme dans le cadre du contrôle *a priori*, des effets *erga omnes* puisque l'article 62, alinéa 2, précise qu'une « disposition déclarée inconstitutionnelle sur le fondement de l'article 61-1 est abrogée à compter de la publication de la décision du Conseil constitutionnel ».

1500. Cet effet absolu distingue donc très nettement la question prioritaire de constitutionnalité « à la française » de l'exception d'inconstitutionnalité « à l'américaine » qui, quant à elle, ne conduit qu'à des décisions dotées d'un effet relatif, *inter pares*. Néanmoins, afin de garantir le principe de sécurité juridique, l'article 62 de la Constitution précise que le Conseil constitutionnel peut moduler les effets de sa déclaration d'inconstitutionnalité dans le temps en reportant à une date ultérieure l'abrogation de la disposition censurée. En outre, le Conseil constitutionnel a la faculté de déterminer « les conditions et limites dans lesquelles les effets que la disposition a produite sont susceptibles d'être remis en cause ». Ces effets puissants de la décision du Conseil constitutionnel devraient lui permettre de soutenir avantageusement la comparaison avec le contrôle opéré en particulier par la Cour européenne des droits de l'Homme dont, on le sait, les arrêts ont une portée essentiellement déclaratoire.

1501. En revanche, plusieurs inconnues subsistent. La première est de savoir quelle sera dans l'avenir le degré d'ouverture du filtre effectué par le Conseil d'État et la Cour de cassation. En effet, si ces juridictions suprêmes choisissaient de retenir le contentieux constitutionnel et de ne renvoyer qu'avec parcimonie le soin de trancher les litiges aux juges de la rue Montpensier, évidemment, cette nouvelle voie de recours pourrait perdre presque tout intérêt[1]. Ce phénomène a déjà pu être observé dans d'autres pays européens, par exemple en Italie. Certains arrêts de la Cour de cassation, en particulier, indiquent assez bien que celle-ci n'entend pas laisser le Conseil constitutionnel se transformer en Cour suprême, coiffant l'ensemble de l'ordre juridictionnel français. La décision la plus significative à cet égard est sans aucun doute celle rendue par l'assemblée plénière de la Cour de cassation le 15 avril 2011 dans laquelle celle-ci viole, directement et de manière parfaitement délibérée, l'autorité de chose jugée par le Conseil constitutionnel dans sa décision n° 2010-14/22 QPC du 30 juillet 2010, *Garde à vue*[2].

1502. La seconde inconnue réside dans les évolutions possibles du Conseil constitutionnel lui-même. Il s'est déjà doté d'un règlement intérieur de procédure pour traiter plus efficacement les questions prioritaires de constitutionnalité à l'issue d'une décision du 4 février 2010. Il a entrouvert les portes du prétoire constitutionnel aux avocats. Il a rendu ses audiences publiques en se dotant depuis avril 2012 d'une véritable salle d'audience. Il a renforcé les exigences du principe du contradictoire. Tout récemment, à partir de deux décisions QPC intervenues le 10 mai 2016, il a simplifié la forme de ses décisions en renonçant à la rédaction traditionnelle en « considérant ». Cependant, beaucoup de chemin reste encore à parcourir pour aligner le Conseil constitutionnel sur les standards européens en la matière[3]. Il est permis d'espérer que le développement de sa jurisprudence en matière de questions prioritaires de constitutionnalité va avoir un effet d'entraînement et conduire inéluctablement à des évolutions, notamment sur les règles présidant à la composition du Conseil constitutionnel afin d'adapter l'organe à ses nouvelles fonctions.

---

1. Au 31 mars 2017, malgré la sélection des affaires opérées par les « juridictions du filtre » devant lesquelles ont été posées plusieurs milliers de questions prioritaires de constitutionnalité, le Conseil constitutionnel a été saisi à de nombreuses reprises par le Conseil d'État ou la Cour de cassation et a rendu 548 décisions, parmi lesquelles près de 200 décisions de censure. Au-delà de la mise en place par les avocats d'une véritable stratégie procédurale, ces chiffres attestent d'une diffusion d'une culture de la Constitution et de ses ressources contentieuses.

2. Cf. L. Favoreu, L. Philip, P. Gaïa, R. Ghévontian, F. Mélin-Soucramanien, E. Oliva et A. Roux, *Les grandes décisions du Conseil constitutionnel*, 19e éd., Dalloz, 2018. Il faut souligner que, de son côté, le Conseil d'État adopte une position nettement plus constructive en acceptant de jouer pleinement son rôle de juge constitutionnel en complémentarité avec le Conseil constitutionnel. En ce sens, cf. : CE, Ass., 13 mai 2011, *Mme A.*, req. n° 316734.

3. Cf. F. Sudre, « Question préjudicielle de constitutionnalité et CEDH », *RDP* 2009, p. 671.

Schéma du circuit procédural d'une question prioritaire de constitutionnalité[1]

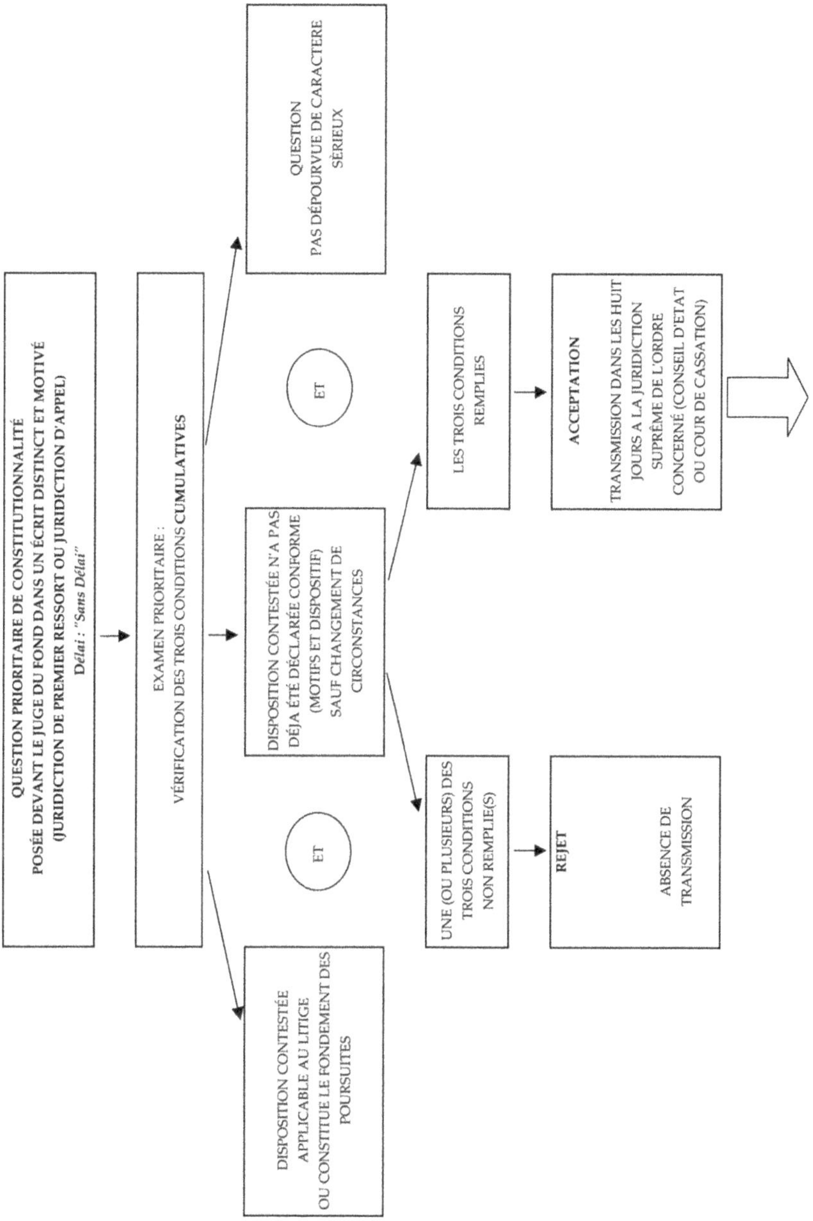

1. Schéma réalisé avec le concours de M. Éric Lestrade, Docteur en droit, avocat, membre du CERCCLE.

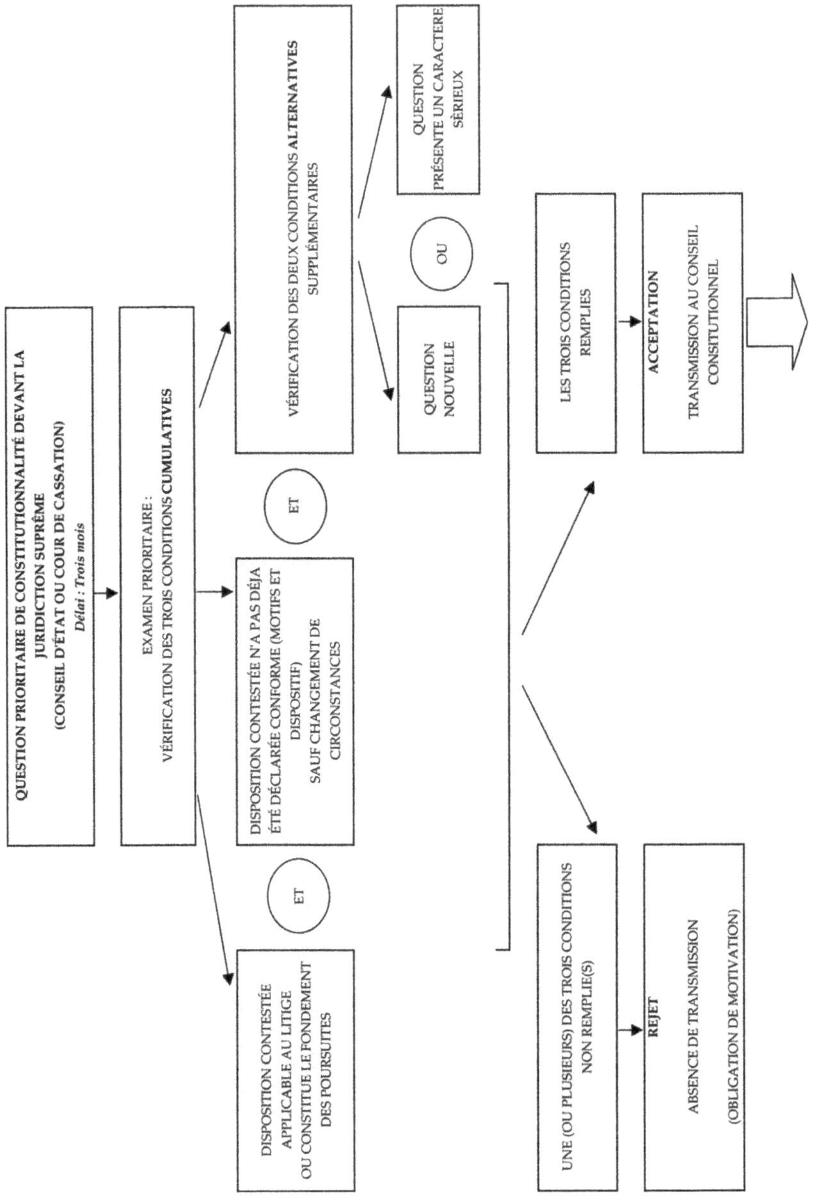
QUESTION PRIORITAIRE DE CONSTITUTIONNALITÉ DEVANT LA JURIDICTION SUPRÊME
(CONSEIL D'ÉTAT OU COUR DE CASSATION)
Délai : Trois mois
EXAMEN PRIORITAIRE :
VÉRIFICATION DES TROIS CONDITIONS CUMULATIVES
DISPOSITION CONTESTÉE APPLICABLE AU LITIGE OU CONSTITUE LE FONDEMENT DES POURSUITES
ET
DISPOSITION CONTESTÉE N'A PAS DÉJA ÉTÉ DÉCLARÉE CONFORME (MOTIFS ET DISPOSITIF) SAUF CHANGEMENT DE CIRCONSTANCES
ET
VÉRIFICATION DES DEUX CONDITIONS ALTERNATIVES SUPPLÉMENTAIRES
QUESTION NOUVELLE
OU
QUESTION PRÉSENTE UN CARACTERE SÈRIEUX
UNE (OU PLUSIEURS) DES TROIS CONDITIONS NON REMPLIE(S)
REJET
ABSENCE DE TRANSMISSION
(OBLIGATION DE MOTIVATION)
LES TROIS CONDITIONS REMPLIES
ACCEPTATION
TRANSMISSION AU CONSEIL CONSITUTIONNEL

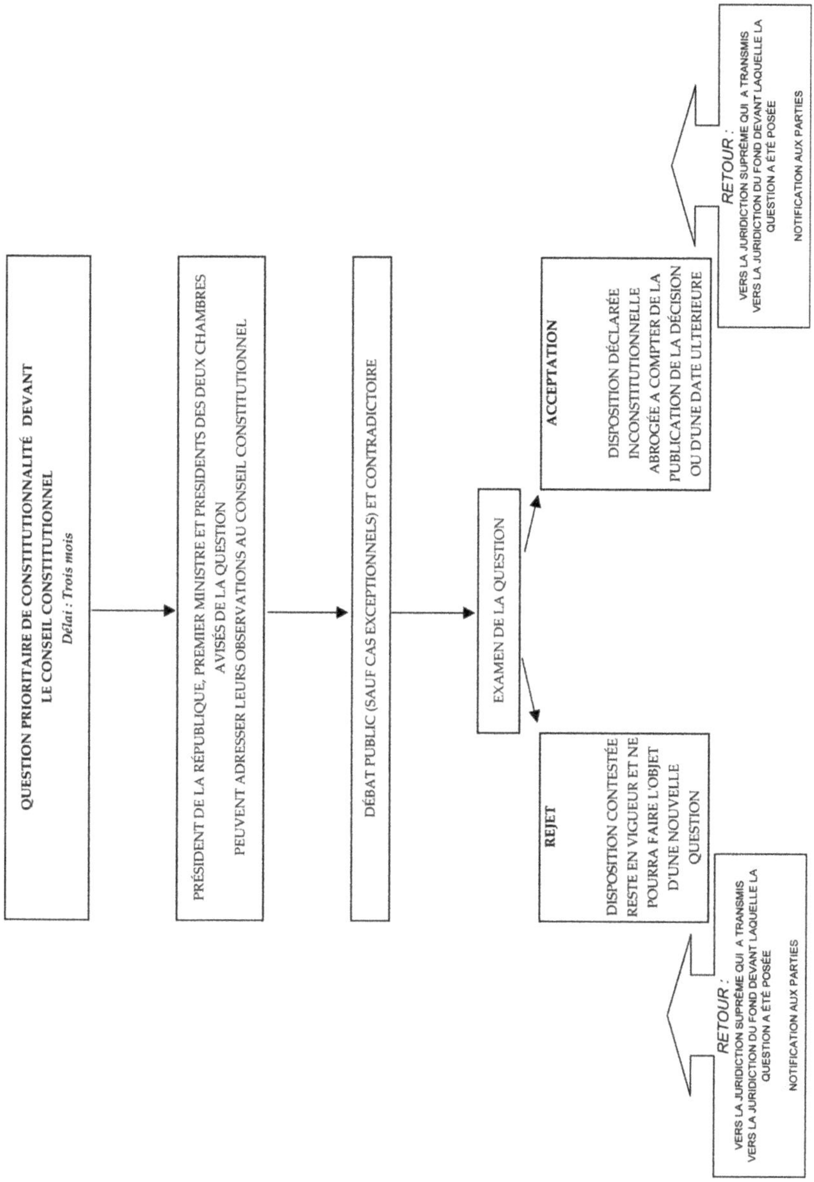
QUESTION PRIORITAIRE DE CONSTITUTIONNALITÉ DEVANT LE CONSEIL CONSTITUTIONNEL
Délai : Trois mois
PRÉSIDENT DE LA RÉPUBLIQUE, PREMIER MINISTRE ET PRESIDENTS DES DEUX CHAMBRES AVISÉS DE LA QUESTION
PEUVENT ADRESSER LEURS OBSERVATIONS AU CONSEIL CONSTITUTIONNEL
DÉBAT PUBLIC (SAUF CAS EXCEPTIONNELS) ET CONTRADICTOIRE
EXAMEN DE LA QUESTION
ACCEPTATION
DISPOSITION DÉCLARÉE INCONSTITUTIONNELLE ABROGÉE A COMPTER DE LA PUBLICATION DE LA DÉCISION OU D'UNE DATE ULTERIEURE
RETOUR :
VERS LA JURIDICTION SUPRÊME QUI A TRANSMIS
VERS LA JURIDICTION DU FOND DEVANT LAQUELLE LA QUESTION A ÉTÉ POSÉE
NOTIFICATION AUX PARTIES
REJET
DISPOSITION CONTESTÉE RESTE EN VIGUEUR ET NE POURRA FAIRE L'OBJET D'UNE NOUVELLE QUESTION
RETOUR :
VERS LA JURIDICTION SUPRÊME QUI A TRANSMIS
VERS LA JURIDICTION DU FOND DEVANT LAQUELLE LA QUESTION A ÉTÉ POSÉE
NOTIFICATION AUX PARTIES

D. La procédure devant le Conseil

1503. Il faut examiner les modalités de la saisine et l'instruction devant le Conseil.

a) Les auteurs de la saisine

1504. En dehors des cas de saisine automatique (pour les règlements des assemblées et les lois organiques), ils sont clairement indiqués par la Constitution.

1505. S'agissant de la régulation des compétences, le Conseil peut être saisi par le Premier ministre (art. 37, alinéa 2) ou par ce dernier et par les présidents des assemblées (art. 41).

1506. S'agissant de la compatibilité des engagements internationaux avec la Constitution, le Conseil peut être saisi par le président de la République, le Premier ministre et les présidents des assemblées, soixante députés ou soixante sénateurs (art. 54). Aucun délai n'est prévu.

1507. S'agissant de la constitutionnalité des lois, avant leur promulgation, le Conseil constitutionnel peut être saisi par ces quatre mêmes autorités, ainsi que par au moins soixante députés ou soixante sénateurs (art. 61, alinéa 2). Depuis 1974, la presque totalité des recours en la matière sont le fait des parlementaires d'opposition. Après la promulgation, l'article 61-1 de la Constitution introduit par la révision constitutionnelle du 23 juillet 2008 prévoit que le Conseil peut être saisi par un renvoi préjudiciel effectué soit par le Conseil d'État, soit par la Cour de cassation, dans les conditions prévues par la loi organique du 10 décembre 2009. Le mécanisme de la question prioritaire de constitutionnalité est donc hybride car si, à l'origine du recours, se trouve nécessairement le justiciable partie à un procès, à l'arrivée ce sont les juridictions suprêmes de chacun des ordres juridictionnels qui ont la faculté de renvoyer ou non l'affaire devant le Conseil constitutionnel. La question prioritaire de constitutionnalité naît donc sous la forme d'une exception avant de se métamorphoser en renvoi préjudiciel.

b) La requête et les pouvoirs du Conseil

1508. La requête doit être signée par le ou les auteurs habilités. S'il s'agit d'une requête présentée en application de l'article 61, alinéa 2, le Conseil peut être saisi indifféremment par une ou plusieurs lettres mais elles doivent lui parvenir avant la promulgation de la loi dans le cadre du contrôle préventif de l'article 61. La saisine du Conseil suspend le délai de promulgation (art. 61, alinéa 4).

1509. La requête doit indiquer les dispositions estimées non-conformes à la Constitution et, de préférence, les moyens invoqués. En réalité, les requêtes sont très inégalement motivées. Certaines sont introduites sans « aucun moyen particulier[1] ». On parle alors de « saisine blanche ». Cependant, et bien que les auteurs de la saisine ne disposent que de peu de temps, la tendance actuelle est plutôt à la présentation de véritables mémoires développant les moyens juridiques invoqués, souvent en abondance, à l'appui

1. Décis. n° 86-211 DC du 26 août 1986. *Rec.*, p. 20.

de la requête. Aussi bien ces mémoires peuvent être préparés, soit par les parlementaires eux-mêmes, soit par des consultants extérieurs, avant le vote de la loi, alors que l'on sait déjà ce que seront ses principales dispositions. En revanche, la requête serait irrecevable si la signature des parlementaires était apposée avant l'adoption définitive du texte législatif[1].

Le Conseil ne s'estime pas lié par les termes de la requête. Certes, il en tient compte et répond pratiquement toujours aux moyens invoqués bien qu'il lui arrive de leur apporter une solution par des voies qui lui sont propres. Mais il peut parfaitement aller au-delà et, notamment dans le cadre de l'article 61.2, statuer *ultra petita,* c'est-à-dire procéder de sa propre initiative à l'examen de dispositions dont l'inconstitutionnalité n'avait pas été invoquée[2]. On sait que cette possibilité est, en principe, refusée aux juges judiciaires, qui doivent s'en tenir strictement aux prétentions des parties, sans pouvoir les outrepasser. Il n'en est pas de même pour les requêtes en contrôle de constitutionnalité, qui loin d'opposer des parties, ne soulèvent que le problème, à la fois objectif et d'ordre public, de la validité de la loi. La faculté de statuer *ultra petita* se justifie donc pleinement. Bien sûr, le Conseil en use plus volontiers si les moyens sont peu développés[3]. Même s'ils sont surabondants le Conseil rappelle sa prérogative en indiquant, à la fin des motifs, qu'il n'y pas lieu pour lui « de soulever d'office aucune question de conformité à la Constitution en ce qui concerne les autres dispositions de la loi soumise à son examen »[4].

1510. S'agissant de la question prioritaire de constitutionnalité, l'article 23-1 de la loi organique du 10 décembre 2009 prévoit qu'elle doit être formulée dans un « écrit distinct et motivé ». L'office du juge constitutionnel est, dans cette hypothèse également, étroitement circonscrit à la question soulevée par les justiciables et transmise soit par la Cour de cassation, soit par le Conseil d'État.

c) L'instruction devant le Conseil

1511. Elle est nécessairement rapide car les textes imposent au Conseil des délais très brefs alors que les affaires soumises sont souvent fort complexes : un mois pour le contrôle préventif de la constitutionnalité des lois mais si le Gouvernement invoque l'urgence, ce délai est réduit à huit jours (art. 61 et art. 37, alinéa 2), le délai est également de huit jours lorsque le Conseil est saisi au titre de l'article 41.

L'étude de chaque dossier n'en est pas moins fort élaborée et très minutieuse. De plus, il s'agit essentiellement une étude juridique, le Conseil manifestant une certaine réserve à l'égard des questions de fait, sans s'en interdire l'examen[5]. Un conseiller est

---

1. Décis. n° 76-69 DC du 8 nov. 1976, *Rec.*, p. 7. Cette décision rappelle que la requête ne peut être dirigée qu'à l'encontre des « textes qui, à la date à laquelle les parlementaires prennent l'initiative de saisir le Conseil, ont le caractère de lois c'est-à-dire ont été définitivement adoptés dans l'ensemble de leurs dispositions par les deux chambres du Parlement ».

2. Décis. n° 82-146 DC du 18 nov. 1982, *Rec.*, p. 66.

3. Décis. n° 86-211 DC du 26 août 1986, préc.

4. Cette formule est pratiquement de style : par exemple, cf. Décis. n° 85-202 DC du 16 janv. 1986, *Rec.*, p. 14.

5. Ainsi qu'il le déclare lui-même « pour l'examen de situations de fait le Conseil constitutionnel... se prononce dans des conditions différentes de celles dans lesquelles la juridiction administrative est appelée à statuer sur la légalité d'un acte administratif » : Décis. n° 86-218 DC du 18 nov. 1986, *Rec.*, p. 167.

chargé d'établir un rapport, qui présente une très grande importance bien que le Conseil soit évidemment libre de n'en pas suivre les conclusions. Le conseiller – rapporteur peut s'informer auprès des rapporteurs des commissions parlementaires. Le Secrétariat général du Gouvernement peut, de son côté, présenter un mémoire en défense. Les parlementaires auteurs de la saisine peuvent aussi développer leurs moyens mais collectivement[1]. Le Conseil constitutionnel admet également l'audition de requérants parlementaires ou d'experts afin d'éclairer les vues du rapporteur. Cet élément constitue indéniablement une amélioration dans l'application du principe du contradictoire.

Il reste que cette avancée est bien timide et que, par exemple, le fait que le Conseil constitutionnel n'ait toujours pas édicté un règlement de procédure en matière de contrôle de constitutionnalité des lois *a priori* demeure symptomatique d'une certaine immaturité de l'institution qui dispose pourtant, désormais, d'une légitimité suffisante pour franchir de nouvelles étapes[2].

L'instruction terminée le Conseil prend sa décision en séance plénière, sept conseillers au moins étant présents (sauf cas de force majeure dûment constatée par le procès-verbal) et le président ayant voix prépondérante en cas de partage.

E. Les méthodes du Conseil

1512. En tant que juge constitutionnel, le Conseil a essentiellement pour mission de confronter deux normes, d'une part la norme à valeur constitutionnelle, qui s'impose, d'autre part, la norme qui lui est déférée et qui doit, au moins, ne pas être contraire à celle qui lui est supérieure. C'est dire qu'il dispose d'une assez large marge de liberté pour apprécier les recours dont il est saisi. Pour autant il ne peut se décider arbitrairement car sa liberté est encadrée. Il s'est d'ailleurs inspiré pour procéder à cette confrontation, de techniques utilisées depuis longtemps par le Conseil d'État, qui ont fait leurs preuves et qu'il transpose au besoin.

a) L'étendue et les limites du contrôle

1513. On conçoit fort bien que la tâche impartie au Conseil puisse soulever de grandes difficultés. À moins que les textes ne soient parfaitement clairs et ne s'imposent d'eux-mêmes, il lui appartient de leur donner leur véritable signification quant au fond et ceci en fonction de la forme. C'est dire que comme tout juge suprême, il doit interpréter, ce qui revient souvent à s'éloigner du texte – obscur, ambigu, insuffisant – et parfois même à lui ajouter du sens. Il peut aussi avoir à constater l'existence d'un principe non écrit et qu'il n'a pas encore introduit dans ses décisions ou, si on préfère, dont il n'a pas encore révélé la valeur constitutionnelle. Il peut encore avoir à déterminer parmi les principes constitutionnels concernés celui qu'il faut mettre prioritairement en avant. De même, il peut être obligé de donner à la norme déférée un sens qui pouvait échapper jusque-là à ses auteurs, c'est-à-dire aux autorités publiques. Sa liberté n'est donc pas négligeable.

---

1. En revanche, le mémoire « ampliatif » qui serait déposé par un seul des requérants ne serait pas recevable : Décis. n° 2000-428 DC du 4 mai 2000, cons. 3.

2. F. Mélin-Soucramanien, « La légitimité du Conseil constitutionnel : une question de procédure ? », in *Revue belge de droit constitutionnel* n° 3, 1999, p. 325.

1514. Mais deux limites s'imposent au Conseil. D'une part, il est tenu par les textes dont il ne doit jamais trop s'éloigner, si ce n'est parce qu'il ne peut faire autrement et encore faut-il qu'il le fasse raisonnablement et très modérément. C'est son devoir d'état, pratiquement presque toujours respecté. D'autre part, il est tenu par sa propre jurisprudence, qui lui indique et lui trace la voie à suivre. Certes, le Conseil peut décider des revirements de jurisprudence mais ceux-ci sont finalement rares.

b) Les techniques utilisées

1515. Ainsi qu'il a été indiqué, elles sont souvent inspirées de celles auxquelles, au cours d'une longue jurisprudence, le Conseil d'État a eu recours. On se bornera à en citer quelques-unes.

Le Conseil constitutionnel a utilisé la notion « d'erreur manifeste d'appréciation » que l'auteur de la norme déférée a pu commettre et que par conséquent on ne peut considérer comme correspondant à ce qu'a voulu le constituant[1]. L'expression est cependant de moins en moins utilisée car acceptable vis-à-vis de l'autorité administrative, elle paraît un peu désobligeante vis-à-vis du législateur qui représente le peuple. Le Conseil préfère donc plutôt désormais évoquer des dispositions ou des mesures frappées de « disproportionnalité » ou « excessives » ou encore déclarées « manifestement inappropriées[2] ». Ce faisant, le Conseil se livre à une appréciation de l'adéquation de la loi qui prend la forme d'un contrôle de proportionnalité, sans aller jusqu'à un contrôle de l'opportunité dans la mesure où, depuis sa décision du 15 janvier 1975, « *I.V.G.* », le Conseil constitutionnel martèle régulièrement que « la Constitution ne confère pas au Conseil un pouvoir général d'appréciation et de décision identique à celui du Parlement ». Enfin, le Conseil s'efforce, en matière notamment de droits fondamentaux, de tenir compte, non seulement des textes, mais aussi de « l'état de la législation antérieure » à 1958, législation qui fait partie de la tradition républicaine et qui a pu apporter aux libertés certaines limitations comme certains aménagements[3].

F. L'autorité des décisions du Conseil

1516. Aux termes de l'article 62 de la Constitution, non seulement les décisions du Conseil constitutionnel « ne sont susceptibles d'aucun recours » mais encore « elles s'imposent aux pouvoirs publics et à toutes les autorités administratives et juridictionnelles ».

a) Caractères des décisions du Conseil constitutionnel

1517. L'institution d'un contrôle de constitutionnalité n'aurait pas de sens si les décisions du Conseil constitutionnel n'étaient pas dotées d'une force juridique irréfragable, c'est-à-dire qui ne peut être récusée par quelque organe que ce soit, même au sommet de la République. Le Conseil a d'ailleurs précisé que cette force

---

1. Décis. n° 81-132 DC du 16 janv. 1982.

2. Décis. n° 96-377 DC du 16 juill. 1996 ; Décis. n° 99-424 DC du 29 déc. 1999, cons. 4 ; Décis. n° 2000-441 DC du 28 déc. 2000, cons. 2 et 3.

3. Décis. n° 87-149 L du 20 févr. 1987.

juridique « s'attache non seulement à leur dispositif mais aussi aux motifs qui en sont le soutien nécessaire et en constituent le fondement même [1] ».

Cette autorité s'impose évidemment au législateur, aux organes exécutifs et aux Cours suprêmes des deux ordres, comme il sera montré plus loin. Elle s'impose également à tout auteur de saisine et le Conseil a bien précisé d'une part, que la chose jugée par lui ne pouvait être remise en cause, d'autre part, que s'il était saisi une deuxième, voire une troisième fois, il ne pourrait examiner que les seuls éléments nouveaux [2].

1518. Ce qu'il faut bien souligner, c'est que le fait que l'autorité des décisions s'attache à la fois aux motifs (c'est-à-dire aux « considérants » par lesquels le Conseil justifie et fonde sa position) et au dispositif (c'est-à-dire à l'énoncé de la décision) a pour conséquence de conférer une valeur quasi-constitutionnelle à l'interprétation du texte constitutionnel que l'on trouve inévitablement dans les motifs de ces décisions. Cette interprétation va ensuite s'imposer avec toute sa force juridique aux juridictions des deux ordres, conformément à l'article 62 de la Constitution.

Certes, la Cour de cassation en Assemblée plénière a apporté une restriction en décidant que l'autorité de chose jugée qui s'attache aux motifs qui sont « le soutien nécessaire » des décisions du Conseil constitutionnel ne concerne « que le texte soumis à l'examen du Conseil » et devient sans effet direct à l'égard des litiges mettant en cause des textes différents [3]. Si on comprend aisément cette conception stricte de la chose jugée, il est tout de même permis de penser qu'un considérant nettement formulé emportera, pour toutes les affaires donnant à juger un problème similaire, par sa « force interprétative persuasive [4] » la conviction des autres juridictions, même si le litige repose sur des textes distincts. C'est du moins ce qu'implique, semble-t-il, l'article 62 de la Constitution. On ne doit pas oublier qu'ensuite elle ne pourra être remise en cause que par le Conseil constitutionnel lui-même, qui peut infléchir sa jurisprudence et donc son interprétation (mais cela n'arrive que rarement) ou encore par les titulaires du pouvoir constituant institué, à l'occasion d'une révision constitutionnelle (mais c'est également très rare).

b) L'effet des décisions à l'égard des dispositions contrôlées

1519. Ces dernières ne peuvent accéder à l'existence juridique que si elles ont été reconnues conformes à la Constitution.

S'agissant des engagements internationaux, l'article 54 prévoit que s'ils comportent des clauses contraires à la Constitution, le Parlement ne pourra autoriser leur ratification ou leur approbation qu'après révision de la Constitution. Mais comme celle-ci peut apparaître, dans certains cas, comme lointaine et même improbable, l'effet le plus clair, dans le court terme, est que ces engagements n'entreront pas en application.

S'agissant des règlements des assemblées, la décision du Conseil élimine les dispositions inconstitutionnelles. Il en est de même pour les lois organiques et les lois ordinaires puisque les dispositions déclarées non conformes ne peuvent être promulguées.

---

1. Décis. n° 92-312 DC du 2 sept. 1992.
2. Le Conseil constitutionnel a été saisi à trois reprises, par des auteurs différents ou à des titres différents, du problème de la contrariété invoquée entre le traité de Maastricht et la Constitution.
3. Ass. plén. 10 oct. 2001, *Breisacher*.
4. Cette formule est, dans cette même espèce, de l'Avocat général, R. de Gouttes, *RFDC* 2002, p. 1.

À noter que si les dispositions sanctionnées ne sont pas dissociables d'autres dispositions, voire du reste du texte, il ne pourra être procédé à la promulgation des dispositions concernées[1], éventuellement du texte lui-même[2]. Si, au contraire, elles sont dissociables, les autres dispositions peuvent être promulguées[3].

Dans le cadre de la question prioritaire de constitutionnalité de l'article 61-1, les effets sont aussi absolus puisque la disposition censurée est abrogée. Néanmoins, le Conseil a la faculté de moduler les effets de sa décision dans le temps.

Enfin lorsque le Conseil est appelé à se prononcer sur le caractère législatif ou réglementaire des propositions ou des lois qui lui sont soumises, sa décision opère un classement – ou une qualification – qui s'impose aux assemblées et au Gouvernement (art. 41 et 37.2).

VI. Le Conseil constitutionnel et les cours suprêmes des ordres judiciaire et administratif

1520. Puisque l'article 62, alinéa 3, de la Constitution dispose entre autres que les décisions du Conseil constitutionnel « s'imposent à toutes les autorités administratives et juridictionnelles », il faut évidemment comprendre parmi ces dernières la Cour de cassation et le Conseil d'État. On prendra garde cependant que ces hautes juridictions n'en conservent pas moins certaines possibilités de libre intervention dans des matières qui relèvent du droit constitutionnel sous la double condition de droit et de bon sens qu'elles demeurent dans les limites de leur compétence et qu'elles ne contredisent pas une jurisprudence avérée du Conseil constitutionnel.

A. La primauté jurisprudentielle du Conseil constitutionnel

1521. Si cette primauté va de soi comme procédant directement de l'article 62, alinéa 3, l'application ne laisse pas d'être délicate. En effet, le Conseil constitutionnel se situe non pas au-dessus mais en marge des deux ordres de juridictions et il n'existe aucune procédure permettant de le saisir en cas de contrariété de jurisprudence. En d'autres termes, le Conseil constitutionnel et les hautes juridictions concernées poursuivent, à l'occasion des requêtes ou des litiges dont ils ont à connaître, et qui constituent autant de cas spécifiques, des démarches parallèles, sans lien procédural entre elles, qui pourraient les conduire à résoudre différemment un même problème juridique.

1522. Dans l'ensemble, il n'en va pas ainsi et l'unité de jurisprudence a été heureusement sauvegardée. En effet, la Cour de cassation et le Conseil d'État ont tenu d'eux-mêmes à observer la primauté, affirmée par l'article 62, des décisions du Conseil constitutionnel et à reconnaître leur autorité de chose jugée.

---

1. Décis. n° 86-223 du 29 déc. 1986, *Rec.*, p. 184.
2. Décis. n° 81-132 DC du 16 janv. 1982, *Rec.*, p. 18.
3. Par exemple, la censure partielle du Conseil constitutionnel (Décis. n° 86-210 DC du 29 juill. 1986, *Rec.*, p. 110) n'a pas empêché la promulgation de la loi n° 86-8967 du 1er août 1986 portant réforme du régime juridique de la presse, amputée des dispositions des trois articles déclarés non conformes à la Constitution (*JO* 2 août 1986, p. 9529).

C'est ainsi que la Cour de cassation, dans deux arrêts du 25 avril 1985 [1], a modifié sa jurisprudence antérieure [2] et a adopté l'interprétation que donne de l'article 66 de la Constitution le Conseil constitutionnel [3], en déclarant que le juge judiciaire répressif est compétent pour apprécier la légalité de tout acte administratif, réglementaire ou non. L'Avocat général avait préconisé cette évolution en invoquant la jurisprudence du Conseil constitutionnel.

Une autre disparité de jurisprudence, très significative, a pris fin dans les années quatre-vingt-dix. Elle concernait la matière des contraventions et des peines applicables. Le Conseil constitutionnel a jugé que celles donnant lieu à des peines privatives de liberté ne pouvaient être établies que par le législateur [4]. Pourtant un texte à valeur législative (l'ordonnance n° 58-1297 du 23 décembre 1958 ayant force de loi) avait donné compétence à l'autorité réglementaire pour déterminer les contraventions et les peines applicables, y compris pour ces dernières jusqu'à deux mois d'emprisonnement. Certes ce texte antérieur à la décision de 1973 méconnaissait la Constitution telle que l'interprétait le Conseil constitutionnel mais il n'en avait pas moins valeur législative et formait une loi-écran s'imposant au Conseil d'État et à la Cour de cassation [5]. Les contrariétés de jurisprudence se sont donc poursuivies jusqu'à l'adoption du nouveau Code pénal, entré en vigueur le 1er mars 1994, qui ne confère compétence à l'autorité réglementaire que pour déterminer celles des contraventions qui donnent lieu à des peines d'amende, à l'exclusion des peines privatives de liberté.

1523. Il arrive aussi que le Conseil constitutionnel et le Conseil d'État soient en concurrence dans un même secteur de compétence, comme on l'a constaté récemment avec les décrets préparatoires à l'organisation du référendum constitutionnel du 24 septembre 2000 (application de l'article 89 de la Constitution). Le Conseil constitutionnel a réactivé sa jurisprudence Delmas de 1981 dont il avait spécifié qu'elle devait demeurer tout à fait exceptionnelle [6]. Il a donc déclaré recevables, sur le fondement de l'article 60 de la Constitution, des requêtes dirigées contre ces décrets et les a ensuite rejetées au fond avant proclamation des résultats pour moyens inopérants [7]. Seulement ces décrets ont aussi fait l'objet de recours pour excès de pouvoir portés devant le Conseil d'État, juge de droit commun en la matière. Ce dernier a témoigné de sa bonne volonté en constatant que l'existence d'une voie de recours exceptionnelle devant le Conseil constitutionnel « fait obstacle… à ce que la légalité des décrets soit contestée » devant lui [8].

---

1. Crim. 25 avr. 1985, *Vukovic* (1re affaire), *Bogdan* (2e affaire), *D.* 1985, p. 329, concl. Dontenwille.

2. Crim. 1er juin 1967, *Canivet, JCP* 1968. II. 15505, note Lamarque.

3. Décis. n° 79-109 DC du 9 janv. 1980, *Rec.*, p. 29 ; Décis. n° 83-164 DC du 29 déc. 1983, *Rec.*, p. 67 ; Décis. n° 84-181 DC des 10 et 11 oct. 1984, *Rec.*, p. 78.

4. Décis. n° 73-30 L du 28 nov. 1973.

5. CE 3 févr. 1978, *CFDT* et *CGT* ; Crim. 26 févr. 1974, *D.* 1974, p. 273.

6. Décis. du 11 juin 1981, *François Delmas, Rec.*, p. 97.

7. Décis. du 25 juill. 2000, *Hauchemaille, Rec.*, p. 117 ; Décis. du 23 août 2000, *Larrouturou, Rec.*, p. 137 ; Décis. du 6 sept. 2000, *Hauchemaille, Rec.*, p. 140 ; Décis. du 11 sept. 2000, *Meyet, Rec.*, p. 148 ; cf. chron. R. Ghevontian, *RFDC* 2001, p. 225.

8. CE, Ass., 1er sept. 2000, *Larrouturou et autres*.

B. Les possibilités subsistantes de libre intervention de la Cour de cassation et du Conseil d'État

1524. Il s'agit ici d'interventions initiales dans le domaine propre du droit constitutionnel. Elles tiennent aux démarches parallèles, précédemment évoquées, de ces hautes juridictions. Si un problème constitutionnel spécifique se pose à elles, il leur appartient de le trancher puisqu'elles sont obligées de statuer. Bien entendu, elles en ont nettement moins l'occasion que le Conseil constitutionnel et si elles ont à se prononcer elles le font avec prudence, en veillant à ne pas se mettre en contradiction avec la jurisprudence du Conseil et, au contraire, en s'inspirant de son esprit. Quelques exemples suffiront à le montrer.

a) La Cour de cassation

1525. Par exemple, la Cour de cassation a dû se prononcer sur une requête mettant en cause un refus d'inscription sur les listes électorales en Nouvelle-Calédonie[1]. L'argument invoqué faisait état de la contradiction existant entre les discriminations électorales imposées par l'accord de Nouméa et les conventions internationales, signées et ratifiées par la France, et proscrivant de telles discriminations comme contraires aux principes démocratiques. La Cour de cassation, en Assemblée plénière, a constaté que la discrimination critiquée avait été décidée en application de l'article 77 de la Constitution et a estimé « que la suprématie conférée aux engagements internationaux ne (s'applique) pas dans l'ordre interne aux dispositions de valeur constitutionnelle ». Ce faisant, elle s'est prononcée sur une question constitutionnelle très importante en adoptant une position qui concorde avec celle, implicite, du Conseil constitutionnel appliquant l'article 54.

b) Le Conseil d'État

1526. Comme on pouvait s'y attendre, ses interventions sont plus fréquentes et plus audacieuses.

Il faut d'abord faire observer que dès 1998 le Conseil d'État avait lui aussi affirmé que l'article 55 de la Constitution, qui fonde la supériorité des engagements internationaux sur les lois internes, ne concernait pas les lois constitutionnelles[2].

Le Conseil d'État est allé nettement plus loin en n'hésitant pas à constater l'existence d'un principe fondamental reconnu par les lois de la République jusqu'alors informulé par le Conseil constitutionnel et selon lequel l'extradition d'un étranger doit être refusée lorsqu'elle est demandée dans un but politique[3]. Cette démarche a été parfois critiquée parce que faisant intervenir le Conseil d'État dans un domaine, celui des principes fondamentaux reconnus par les lois de la République, qui semblait réservé au Conseil constitutionnel. L'initiative du Conseil d'État paraît au contraire justifiée. Sur le fond, on ne peut qu'approuver et être assuré que si le Conseil constitutionnel avait eu à se prononcer le premier, il aurait adopté la même position, conforme à la tradition française. Sur l'initiative elle-même on ne saurait davantage faire de réserves car en droit

---

1. Ass. plén. 2 juin 2000, *Mlle Pauline Fraisse, RDP* 2000, p. 1037, obs. X. Prétot.

2. CE, Ass., *Sarran, Levacher et autres,* 30 oct. 1998.

3. CE, Ass., 3 juill. 1996, *Moussa Koné.*

interne la Constitution est la norme suprême que chaque juridiction se doit d'appliquer dans les limites de sa compétence et dès lors qu'elle en a l'occasion, puisque de toute manière, elle est obligée de statuer. Ceci étant, il est sans doute souhaitable, pour éviter toute confusion, que des démarches de ce type demeurent exceptionnelles.

1527. Ce ne devrait pas être le cas, en revanche, des missions qui ont été confiées au Conseil d'État par le législateur lui-même lorsqu'il a adopté la loi n° 2000-597 du 30 juin 2000 relative au référé-liberté devant les juridictions administratives[1]. Ce texte institue une procédure d'urgence permettant au juge des référés d'ordonner les mesures provisoires nécessaires à la sauvegarde d'une liberté fondamentale à laquelle un organisme public (ou privé chargé d'une mission de service public) aurait porté une atteinte grave et manifestement illégale (d'où l'appellation courante de référé-liberté).

Il est à peine besoin d'écrire que les nouvelles compétences ainsi dévolues au Conseil d'État n'empiètent nullement sur celles, toutes différentes, du Conseil constitutionnel. Mais il reste vrai que la substance des affaires traitées n'est pas sans rapport. Le nouvel article L. 521-2 du Code de justice administrative conduit les juridictions administratives à prendre position sur des requêtes invoquant des atteintes d'une gravité manifeste aux libertés fondamentales, ce qui rejoint les questions que se pose le Conseil constitutionnel lorsqu'il est saisi au titre de l'article 61, et *a fortiori* lorsqu'il sera saisi sur le fondement de l'article 61-1. D'ores et déjà, un certain nombre de divergences sont apparues, par exemple, s'agissant de savoir si le principe constitutionnel de libre administration des collectivités territoriales peut être considéré comme une liberté fondamentale (Ord. réf., CE 13 janv. 2001, *Commune de Venelles*), ou encore si le principe d'égalité indéterminé, c'est-à-dire le principe général d'égalité, constitue bien un droit fondamental à part entière (Ord. réf., CE 26 juin 2003, *Association départementale des parents d'élèves de Meurthe-et-Moselle*). C'est indéniablement pour cette raison que, lors de la préparation du projet de loi constitutionnelle qui allait conduire à la révision du 23 juillet 2008, l'Assemblée générale du Conseil d'État s'est opposée à ce que la condition de mise en œuvre d'une question préjudicielle de constitutionnalité sur le fondement de l'article 61-1 de la Constitution réside dans la violation d'une « liberté fondamentale » comme le prévoyait le texte initial. Le constituant a finalement opté pour l'expression plus neutre en apparence de « droits et libertés que la Constitution garantit ». Soulignons qu'en droit comparé et dans la théorie générale des droits fondamentaux ces deux expressions sont parfaitement équivalentes.

VII. La jurisprudence du Conseil, juge de la constitutionnalité des lois

1528. On ne retiendra dans les développements qui suivent que cette seule fonction parmi toutes celles exercées par le Conseil. On sait que c'est celle qui influence le plus fortement l'ordonnancement juridique.

1. *JO* 1er juill. 2000, p. 9948 (le texte a été intégré dans le Code de justice administrative).

A. La détermination des principes applicables aux différentes branches du droit

1529. Le rôle du Conseil est à cet égard considérable et il serait erroné de penser que sa jurisprudence ne concerne que l'organisation de l'État, le fonctionnement des pouvoirs publics et la protection des droits et libertés. Sans doute s'agit-il d'une part très appréciable de son champ d'activité et même d'une part privilégiée, pour ce qui est des droits et libertés. Mais l'influence de sa jurisprudence va bien au-delà et s'exerce en réalité sur toutes les branches du droit positif[1].

On ne doit pas oublier, en effet, que le Conseil, lorsqu'il est saisi en application de l'article 61, confronte aux normes constitutionnelles – c'est-à-dire non seulement à la Constitution mais aussi aux normes auxquelles se réfère le Préambule – les lois qui lui sont déférées. Or ces lois ont les objets les plus divers puisque le Parlement est appelé à légiférer sur toutes les matières auxquelles la Constitution, et particulièrement l'article 34, attribue le caractère législatif. Même si le Conseil constitutionnel doit à chaque fois tirer ses principes de solution des mêmes normes constitutionnelles, on conçoit que sa jurisprudence recouvre les différentes disciplines juridiques.

Bien entendu, cette jurisprudence est plus abondante lorsqu'il s'agit de branches relativement récentes, qui donnent lieu à des interventions fréquentes du législateur. Tel est le cas du droit du travail, du droit social, du droit de la santé, du droit économique, du droit de l'urbanisme : il suffit, pour s'en convaincre, de renvoyer aux tables des décisions rendues par le Conseil constitutionnel. Elle est également abondante lorsqu'elle concerne une discipline traditionnelle mais touchant aux libertés, tel le droit pénal et la procédure pénale.

Mais bien que quantitativement plus réduite, la jurisprudence du Conseil demeure décisive lorsqu'elle s'applique aux disciplines traditionnelles du droit privé. Au cours des deux dernières décennies, le Conseil constitutionnel a rendu des décisions fort importantes mettant en cause l'organisation judiciaire, le droit de propriété, les obligations civiles et commerciales, la responsabilité civile, le droit des sociétés[2], mais aussi ce l'ensemble du droit processuel [3]. Les principes énoncés par ces décisions s'imposent, en vertu de l'article 62, non seulement à la Cour de cassation, qui les observe, mais aussi au Gouvernement et au législateur, lorsqu'il intervient de nouveau[4]. Il n'est donc pas excessif de dire que le Conseil diffuse sa jurisprudence sur l'ensemble du droit français.

L'existence d'une question préjudicielle de constitutionnalité telle que prévue désormais par l'article 61-1 de la Constitution tend, bien entendu, accroître ce phénomène de constitutionnalisation.

---

1. L. Favoreu, « L'influence de la jurisprudence du Conseil constitutionnel sur les diverses branches du droit », in *Itinéraires. Études en l'honneur de Léo Hamon,* Itinéraire, 1982, p. 235.

2. Sur l'ensemble de la question, cf. : M. Frangi, *Constitution et droit privé,* Economica, 1989 ; N. Molfessis, *Le Conseil constitutionnel et le droit privé,* LGDJ, 1997.

3. E. Lestrade, *Les principes directeurs du procès dans la jurisprudence du Conseil constitutionnel,* L'Harmattan, Paris, 2015.

4. V. Bacquet-Bréhant, *L'article 62, alinéa 2, de la Constitution du 4 octobre 1958,* LGDJ, 2005.

B. La protection des droits fondamentaux

1530. Le Conseil constitutionnel n'a cessé depuis une quarantaine d'années de développer une jurisprudence protectrice des libertés et des droits de la personne humaine, avec un « âge d'or » se situant dans les années soixante-dix et quatre-vingt.

1531. L'étape décisive a été marquée par la grande décision du 16 juillet 1971, *Liberté d'association* [1]. Le Conseil avait été saisi, en application de l'article 61, alinéa 2, par le président du Sénat d'un recours contre une loi modifiant les dispositions de la loi du 1er juillet 1901 sur la liberté d'association en vue de soumettre l'acquisition de la capacité juridique de certaines associations à un contrôle préalable de l'autorité judiciaire. Le Conseil constitutionnel, après avoir visé le Préambule de la Constitution, a estimé qu'il existait un principe fondamental reconnu par les lois de la République et sous-jacent à la grande loi du 1er juillet 1901 sur la liberté d'association. Il en a tiré la conclusion que la loi qui lui était soumise méconnaissait ce principe et l'a déclarée non conforme à la Constitution.

1532. L'élément nouveau et capital, c'est évidemment l'insertion dans le bloc de constitutionnalité, à travers les normes auxquelles se réfère le Préambule, des libertés individuelles et des droits économiques et sociaux. Comme ils sont énoncés de manière abstraite et parfois elliptique par les textes, le Conseil dispose d'une large marge d'appréciation. Par une longue série de décisions, le Conseil a garanti libertés et droits et en a imposé le respect au législateur, ainsi qu'au Gouvernement qui prépare les projets de lois [2]. On peut même dégager de ses considérants une véritable philosophie de la liberté. Ajoutons que ce rôle de protecteur des libertés et des droits a été très considérablement développé par la révision constitutionnelle de 1974 autorisant 60 parlementaires à saisir le Conseil. La possibilité désormais reconnue aux justiciables de saisir, même indirectement, le Conseil constitutionnel en soulevant une question prioritaire de constitutionnalité parachève cette évolution, tant il est vrai que c'est très souvent dans l'application des lois que ses effets potentiellement inconstitutionnels peuvent être éprouvés.

C. L'interprétation de la Constitution

1533. Comme tout juge constitutionnel, le Conseil doit nécessairement interpréter la Constitution [3]. Il en est même l' « interprète authentique ». Il procède à cette interprétation de plusieurs manières.

Parfois, le Conseil est amené à donner un sens à certaines formules-cadres auxquelles le constituant n'a pas cru devoir donner un contenu explicite. C'est ainsi que le Préambule

---

1. *Rec.* 29 ; cf. également *AJDA* 1971, p. 537, note J. Rivero.

2. À titre d'exemples : Décis. n° 76-75 DC du 12 janv. 1977 (*Rec.*, p. 33, sur la liberté individuelle) ; Décis. n° 77-87 DC du 23 nov. 1977 (*Rec.*, p. 42, sur la liberté de l'enseignement) ; Décis. n° 83-164 DC du 29 déc. 1983 (*Rec.*, p. 62, sur l'inviolabilité du domicile) ; Décis. n° 83-165 DC du 20 janv. 1984 (*Rec.*, p. 30, sur les libertés universitaires) ; Décis. n° 84-181 DC des 10 et 11 oct. 1984 (*Rec.*, p. 78, sur la liberté de la presse) ; Décis. n° 94-343 DC du 22 juill. 1994 (*Rec.*, 100, sur la bioéthique et le respect de la dignité et du corps humain).

3. F. Mélin-Soucramanien (dir.), *L'interprétation constitutionnelle,* Dalloz, 2005 ; cf. également : M. Disant, *L'autorité de la chose interprétée par le Conseil constitutionnel*, LGDJ, 2010.

de 1946, auquel fait référence le Préambule de 1958, fait état de « principes fondamentaux reconnus par les lois de la République ». Il appartenait donc au Conseil de déterminer quels sont ces principes et il en a effectivement énoncé plusieurs : liberté d'association[1], liberté de l'enseignement[2], indépendance de la juridiction administrative[3], etc. Il va de soi que le Conseil constitutionnel ne crée pas ces principes, il les constate et c'est d'ailleurs pourquoi rien ne lui interdit d'en faire apparaître de nouveaux.

1534. Plus souvent le Conseil doit, pour dégager le sens véritable du texte constitutionnel sur une question donnée, combiner entre elles plusieurs dispositions qui se situent dans des parties différentes de la Constitution. C'est ainsi qu'il doit concilier les compétences d'attribution que le législateur tient de l'article 34 avec les dispositions relatives aux libertés et aux droits figurant dans la Déclaration de 1789 et le Préambule de 1946, ainsi que, le cas échéant, d'autres articles de la Constitution, tel l'article 66 faisant « l'autorité judiciaire gardienne de la liberté individuelle[4] ». Il arrive également que cette conciliation doive être faite, en marge des textes, avec des « objectifs de valeur constitutionnelle » tels que « la sauvegarde de l'ordre public, le respect de la liberté d'autrui et la préservation du caractère pluraliste des courants d'expression socioculturels[5] ».

D. La surveillance indirecte de l'exécutif par les décisions de conformité sous réserves

1535. C'est un aspect nouveau de la jurisprudence du Conseil constitutionnel que l'on ne peut bien comprendre que si on commence par rappeler qu'en tant qu'organe chargé de contrôler la constitutionnalité des lois il rend normalement des décisions déclaratives qui s'adressent, au-delà des auteurs de la requête, à toutes les autorités publiques et juridictionnelles. Or il lui arrive de plus en plus souvent de rendre des décisions qui sont aussi prescriptives et qui tendent plus spécialement à indiquer au Gouvernement comment il doit appliquer la loi et à le placer sous la surveillance du Conseil d'État.

En principe, le Conseil, saisi presque toujours par un groupe d'opposition, examine le contenu de la loi qui lui est déférée, l'apprécie au fond par rapport aux normes à valeur constitutionnelle et la déclare conforme ou non. Certes, ce faisant, le Conseil contrôle à la fois le législateur qui a voté la loi et le Gouvernement qui l'a préparée mais peu importe car l'essentiel réside dans le caractère déclaratif de la décision : le Conseil dit le droit, ce qui est l'office traditionnel du juge et là se borne sa tâche.

1536. Mais, par un glissement insensible, le Conseil constitutionnel est passé du contrôle de la loi déjà votée mais non encore promulguée à la surveillance de l'application à venir de la loi reconnue conforme à la Constitution. Cette application, dont on ne sait encore (au moment où la décision est rendue) ce qu'elle sera, le Conseil souhaite la canaliser et l'encadrer en adressant au Gouvernement des conseils et parfois des injonctions, en lui indiquant la marche à suivre et en la consignant dans le corps même de la décision. Tout se passe comme si le Conseil, inquiet de rendre une décision

---

1. Décis. n° 71-44 DC du 16 juill. 1971, *Rec.*, p. 9.
2. Décis. n° 77-87 DC du 23 nov. 1977, *Rec.*, p. 42.
3. Décis. n° 80-119 DC du 22 juill. 1980, *Rec.*, p. 46.
4. À titre d'exemple, cf. Décis. n° 73-80 L du 28 nov. 1973, *Rec.*, p. 45.
5. Décis. n° 93-333 DC du 21 janv. 1994, *Rec.*, p. 32.

de conformité qui lui paraît « à la limite » et peu confiant dans l'interprétation qui en sera faite par le Gouvernement, s'efforçait de dicter à ce dernier l'interprétation correcte de la loi qui lui a été déférée.

La décision rendue est sans doute toujours déclarative mais elle devient aussi prescriptive. Il s'ensuit que si ces prescriptions ne sont pas respectées par le Gouvernement, les personnes concernées peuvent, en principe, former un recours pour excès de pouvoir devant le Conseil d'État qui censurera les transgressions des réserves émises par le Conseil constitutionnel.

Perceptible déjà dans la décision rendue les 19 et 20 janvier 1981 sur la loi « Sécurité et liberté [1] », cette démarche inspire bien plus fortement encore un certain nombre de décisions ultérieures [2]. Les tables des Recueils de décisions du Conseil constitutionnel distinguent désormais les « interprétations neutralisantes » (en principe restrictives par rapport aux intentions du législateur) et les « interprétations directives » (c'est-à-dire intégrant les consignes impératives du Conseil).

Section 2
L'organisation juridictionnelle française

1537. Si l'on met à part la Haute Cour et la Cour de justice de la République, dont la compétence s'exerce à l'égard du personnel politique de l'exécutif (chef de l'État, pour la première ; ministres et s'il y a lieu complices, pour la seconde), la fonction juridictionnelle est confiée en France à trois ordres de juridictions. On vient d'évoquer l'ordre juridictionnel constitutionnel. Il faut maintenant décrire rapidement l'ordre judiciaire ayant à son sommet la Cour de cassation et l'ordre administratif, ayant à son plus haut niveau le Conseil d'État.

I. La Haute Cour

1538. Elle fait l'objet du titre IX de la Constitution, qui comprend les articles 67 et 68.

Cette juridiction a été créée par la loi constitutionnelle du 23 février 2007. Elle est l'héritière de la Haute Cour de justice, instituée par une ordonnance du Gouvernement provisoire le 18 novembre 1944, celle-là même qui a jugé Philippe Pétain à la Libération. L'ancienne Haute Cour de justice prévue par le texte initial de la Constitution de 1958 avait vu progressivement ses compétences s'amenuiser. En particulier, la loi constitutionnelle du 27 juillet 1993 qui a abrogé le second alinéa de l'ancien article 68 en créant la Cour de justice de la République, l'a privée de sa compétence s'agissant des membres du Gouvernement. Il en résultait donc une situation curieuse où une juridiction d'exception, très lourde à mettre en place, n'était plus compétente que pour juger une seule personne : le président de la République dans l'hypothèse où celui-ci se rendrait coupable du crime de haute trahison.

---

1. Décis. n° 80-127 DC des 19 et 20 janv. 1981, *Rec.*, p. 15.

2. Cf. T. di Manno, *Le juge constitutionnel et la technique des décisions « interprétatives » en France et en Italie*, Economica, 1997 ; A. Viala, *Les réserves d'interprétation dans la jurisprudence du Conseil constitutionnel*, LGDJ, 2000.

1539. À vrai dire, ce système était très peu satisfaisant. C'est pourquoi, le constituant a choisi un système assez différent qui, s'il représente une forme de progrès, peut aussi receler quelques dangers. Désormais, la Constitution ne parle plus de « Haute Cour de justice » mais tout simplement de « Haute Cour » ce qui, bien évidemment, renforce encore la singularité de cet organe qui est davantage de nature institutionnelle que juridictionnelle. En réalité, la Haute Cour représente tout simplement une formation particulière du Parlement réunie aux fins de juger le président de la République en cas de « manquement à ses devoirs manifestement incompatible avec l'exercice de son mandat ». On peut ici faire le parallèle avec le Congrès prévu à l'article 89 de la Constitution qui représente une formation particulière du Parlement réunie aux fins de réviser la Constitution. Il reste que la Haute Cour est investie d'un pouvoir très important puisqu'elle peut prononcer la destitution du président de la République élu, faut-il le rappeler, au suffrage universel direct.

1540. Pratiquement, la procédure prévue par la loi organique du 24 novembre 2014 (finalement adoptée sept ans après la révision constitutionnelle de 2007) a lieu en deux temps. Dans un premier temps, pour déclencher la procédure, une proposition de résolution motivée, signée par un dixième des députés ou des sénateurs doit être déposée. Cette résolution doit ensuite être adoptée à la majorité des deux tiers des membres composant chacune des assemblées à la fois par l'Assemblée nationale et le Sénat. Les modalités du vote sont strictement définies : non seulement, toute délégation de vote est proscrite ; mais encore, comme pour la motion de censure, seuls sont recensés les votes favorables à la proposition de réunion de la Haute Cour. Ces règles valent aussi *a fortiori* pour le vote de la destitution. Ce vote a lieu, dans un second temps, dans le cadre de la Haute Cour proprement dite. Celle-ci est présidée par le président de l'Assemblée nationale. Elle statue dans un délai d'un mois, à bulletins secrets, sur la destitution.

1541. Ce mécanisme est assez comparable à celui existant dans des pays comme, par exemple, les États-Unis, le Brésil ou encore Madagascar. Le danger potentiel qu'il recèle est évidemment celui d'une politisation excessive de la responsabilité, en principe exclusivement pénale, du président de la République.

II. La Cour de justice de la République

1542. Avant 1993, les ministres et dans certains cas leurs complices relevaient eux aussi de la Haute Cour de justice. Mais ce système n'a pas donné satisfaction. En effet, les catégories visées par le texte initial de l'article 68 étaient hétérogènes, les infractions très diverses, le pouvoir hésitait à mettre en route cette lourde machinerie, les groupes parlementaires étaient tentés de refuser de désigner leurs représentants quand un de leurs dirigeants était menacé. Finalement les ministres et anciens ministres paraissaient bénéficier d'un privilège de juridiction et échapper à une responsabilité pourtant inscrite dans la Constitution [1].

---

1. Sur l'ensemble de la question, cf. P.-O. Caille, « Cour de justice de la République », *JCL adm.* 2011, fasc. 40.

A. La Cour de justice de la République

1543. La loi constitutionnelle n° 93-952 du 27 juillet 1993 a, conformément à une suggestion du Comité Vedel, institué une Cour de justice de la République chargée de juger, dans le cadre des lois pénales, les membres du Gouvernement, y compris le Premier ministre, pour les actes accomplis dans l'exercice de leurs fonctions et qualifiés crimes ou délits au moment où ils ont été commis. La Cour comprend quinze juges. Douze d'entre eux sont des parlementaires élus en leur sein par les assemblées (six députés, six sénateurs). Trois sont des magistrats du siège à la Cour de cassation, dont l'un préside la Cour de justice.

1544. Toute personne se prétendant lésée peut porter plainte à l'encontre des membres du Gouvernement mais afin d'éviter les procédures inconsidérées ou abusives une Commission des requêtes est obligatoirement consultée. C'est elle qui décide si la Cour de justice doit ou non être saisie. Le Procureur général près la Cour de cassation peut également saisir la Cour de justice mais là encore sur avis conforme de la Commission des requêtes. On sait que par dérogation expresse au principe de non-rétroactivité des lois, les articles 68, alinéa premier, et 68, alinéa 2, « sont applicables aux faits commis avant leur entrée en vigueur » (Const., art. 68, alinéa 3).

1545. Cependant, comme il a déjà été indiqué, les jours de la Cour de justice de la République sont sans doute comptés puisque, en mars 2013, reprenant une des propositions de la « Commission Jospin », le Gouvernement avait déposé un projet de loi constitutionnelle supprimant les articles 68-1 à 68-3 de la Constitution. Dans le souci d'assurer le respect du principe d'égalité devant la justice, il vise à mettre fin à ce privilège de juridiction en soumettant les ministres ou anciens ministres aux juridictions de droit commun, y compris pour les actes commis durant l'exercice de leurs fonctions. Deux garde-fous viennent tout de même encadrer cette réforme radicale : le filtrage préalable des recours par une commission des requêtes et l'attribution de compétence au tribunal de grande instance de Paris. Comme les autres réformes constitutionnelles initiées sous le quinquennat de François Hollande, cette révision n'a pu aboutir faute d'une majorité suffisante. Cependant, l'actuel président de la République, M. Emmanuel Macron, a annoncé son intention de la faire adopter dans son discours du 3 juillet 2017 devant le Congrès réuni à Versailles. Aussi, le projet de loi constitutionnelle « pour un renouveau de la vie démocratique » présenté en conseil des ministres le 28 août 2019 contient-il un article prévoyant à nouveau la suppression de cette juridiction d'exception qui a amplement montré ses limites.

B. L'affaire dite « du sang contaminé »

1546. C'est en vertu de du dispositif constitutionnel adopté en 1993 que le procès dit du « sang contaminé » s'est ouvert le 9 février 1999. Un ancien Premier ministre, M. Laurent Fabius (actuellement président du Conseil constitutionnel), deux anciens ministres, Mme Georgina Dufoix et M. Edmond Hervé, ont comparu devant la Cour de justice de la République pour « homicides involontaires et atteintes involontaires à l'intégrité des personnes ». Il s'agissait d'établir leur éventuelle responsabilité pénale dans la contamination par le virus du sida de personnes, hémophiles ou autres, transfusées avec du sang contaminé. Le 9 mars 1999, la Cour de justice de la République a relaxé les deux premiers cités, le troisième étant blâmé sans qu'une peine soit prononcée. Ce procès a suscité, à juste titre, de nombreuses discussions. Il est intervenu trop longtemps après les faits qui remontaient à 1984 environ. Les familles des victimes n'ont pas été autorisées à se porter parties civiles et leurs avocats n'ont donc pu plaider. Certains témoins, en instance de jugement, ont pu ne pas prêter serment. Le secret des délibérations n'a pas été respecté.

Surtout on a fait valoir que la responsabilité des dirigeants politiques ne doit pas être appréciée sur un plan pénal mais sur un plan politique [1]. C'est un argument convaincant, tout particulièrement s'agissant d'un ancien Premier ministre, mais on doit aussi constater que les intéressés ont été longtemps protégés par leur groupe parlementaire et qu'une seule des trois personnalités a décidé d'interrompre au moins provisoirement sa carrière politique. Or la responsabilité politique n'a de signification que si, le cas échéant, cette carrière peut être mise en jeu, soit que l'intéressé donne sa démission, soit que celle-ci lui soit imposée. On n'oubliera pas non plus que des professionnels, médecins notamment, ont déjà été condamnés pénalement et que d'autres étaient encore susceptibles de passer en jugement. C'est pourquoi ce procès a laissé une impression d'insatisfaction, qui justifie aujourd'hui la suppression pure et simple de la Cour de justice de la République [2].

III. L'indépendance statutaire de l'autorité judiciaire

1547. Cette dernière fait l'objet du titre VIII de la Constitution mais on doit aussi tenir compte de l'article 34, dont certaines dispositions la concernent directement, ainsi que de la loi organique portant statut de la magistrature (Ord. n° 58-1270 du 22 déc. 1958 modifiée à plusieurs reprises et notamment par la loi organique n° 2001-539 du 25 juin 2001).

A. L'indépendance de l'autorité judiciaire

1548. C'est une des exigences les plus constantes de la tradition républicaine, répondant à une préoccupation très pratique et réaliste de protection des citoyens. L'article 64 en rappelle d'ailleurs la nécessité mais en lui donnant curieusement pour garant le président de la République. C'est là une idée un peu surprenante car elle vient contredire la référence souvent invoquée à la théorie de la séparation des pouvoirs. En réalité, les garanties statutaires, qui se situent dans le cadre de la tradition républicaine tendent à protéger les magistrats contre d'éventuelles pressions du pouvoir en place, qu'il s'incarne selon les périodes dans le président de la République ou dans le Gouvernement et sa majorité.

La plus décisive réside sans doute dans le fait que le Conseil constitutionnel considère que l'indépendance de l'autorité judiciaire est un principe à valeur constitutionnelle et qu'il en est de même de la spécificité des fonctions dévolues aux juridictions judiciaires « sur lesquelles ne peuvent empiéter ni le législateur ni le Gouvernement ». Et le Conseil précise que, dès lors, « il n'appartient ni au législateur ni au Gouvernement

---

1. O. Beaud, *Le sang contaminé,* PUF, 1999.

2. Cf. G. Carcassonne, « Cour de justice de la République : renoncer au salmigondis à la française », *JCP* 2012, 646.

de censurer les décisions des juridictions, d'adresser à celles-ci des injonctions ou de se substituer à elles dans le jugement des litiges relevant de leur compétence »[1].

Il faut ajouter que l'article 34 place dans *la compétence du législateur* la création de nouveaux ordres de juridiction et le statut des magistrats ; pour ce dernier, il doit même s'agir d'une loi organique (art. 64).

1549. En réalité, l'indépendance de l'autorité judiciaire tient avant tout à l'indépendance des magistrats du siège. C'est pourquoi l'article 64 proclame leur *inamovibilité,* la loi organique précisant qu'ils ne peuvent recevoir, sans leur consentement, une affectation nouvelle, même en avancement (art. 4). Mais l'inamovibilité, si elle est nécessaire, n'est pas suffisante et c'est toute la carrière des magistrats du siège, qui doit faire l'objet de garanties, particulièrement en ce qui concerne la nomination, l'avancement et la discipline.

En principe, seuls peuvent être *nommés* magistrats les auditeurs de justice formés par l'école nationale de la magistrature. Mais une nomination directe peut aussi profiter à certaines catégories de personnes dont la profession juridique garantit la compétence, dans les conditions très strictes déterminées par la loi organique. Ainsi deux lois organiques intervenues en 2003 et 2005 ont successivement créé puis étendu les compétences de ceux que l'on appelle désormais des « juges de proximité ». Le Conseil constitutionnel a étroitement encadré le recrutement de ces magistrats d'un nouveau genre en considérant qu'en toute hypothèse les conditions de leur recrutement devaient se conformer aux exigences de l'article 6 de la Déclaration de 1789. En particulier, il a jugé que les candidats, outre le fait qu'ils devaient avoir exercé « des fonctions impliquant des responsabilités dans le domaine administratif, économique ou social », devaient disposer de « connaissances juridiques ou d'une expérience juridique suffisante[2] ».

Pour l'*avancement,* la garantie tient à l'intervention du Conseil supérieur de la magistrature qui, aux termes de l'article 65, est chargé d'examiner tous les dossiers d'avancement, les décisions étant prises par l'exécutif soit sur sa proposition, soit sur son avis conforme.

Quant à la *discipline,* elle est directement assurée par ce même Conseil supérieur de la magistrature.

B. Indépendance et impartialité

1550. Si l'indépendance statutaire des magistrats du siège par rapport au pouvoir peut être finalement assurée en dépit des difficultés, l'impartialité, c'est-à-dire l'indépendance par rapport à la politique, tout aussi indispensable, pose des problèmes encore plus délicats. En effet, les moyens juridiques sont cette fois de peu de secours, d'autant que les magistrats sont évidemment des citoyens comme les autres, ayant les mêmes droits et les mêmes devoirs[3].

---

1. Décis. n° 80-119 DC du 22 juill. 1980, *Rec.*, p. 46. Ces principes sont liés au « principe constitutionnel de la séparation des pouvoirs ». Cependant, ils ne s'opposent pas à la pratique des lois de validation – donc rétroactives – dès lors qu'elles ne se situent pas en matière pénale. On notera qu'en ce qui concerne les validations législatives, la Cour européenne des droits de l'Homme est plus exigeante.

2. Décis. n° 2003-455 DC du 20 févr. 2003, *Rec.*, p. 156.

3. L. Favoreu, L. Philip, P. Gaïa, R. Ghévontian, F. Mélin-Soucramanien, E. Oliva et A. Roux, *Les grandes décisions du Conseil constitutionnel*, 19e éd., Dalloz, 2018, n° 5.

1551. Le problème le plus délicat concerne les magistrats du parquet. En effet, en dépit des garanties constitutionnelles et organiques dont ils jouissent, la France a été condamnée par la Cour européenne des droits de l'Homme à deux reprises dans des arrêts *Medvedyev* du 10 juillet 2008 et du 29 mars 2010 en raison du statut qu'elle leur attribue. Dans le premier arrêt, la Cour européenne des droits de l'Homme formule un jugement érigé en principe puisqu'elle indique que « le parquet (en France) n'est pas une autorité judiciaire faute d'indépendance suffisante à l'égard du pouvoir exécutif ». Dans un nouvel arrêt du 23 novembre 2010, *France Moulin*, la Cour européenne des droits de l'Homme reprend et amplifie la solution du premier arrêt *Medvedyev* en jugeant « qu'un procureur ne remplit pas les garanties d'indépendance pour être qualifié de juge ou de magistrat habilité par la loi à exercer des fonctions judiciaires ». La Cour européenne des droits de l'Homme précise plus loin que les garanties de l'indépendance à l'égard de l'exécutif sont insuffisantes et elles excluent donc que le procureur puisse agir par la suite au cours de la procédure pénale. La Cour européenne des droits de l'Homme va au-delà de l'indépendance en exigeant aussi des juges une véritable impartialité et pour opérer un contrôle de l'impartialité elle met en œuvre un contrôle concret afin de vérifier si un juge, pour des raisons qui lui sont personnelles, ne rompt pas le caractère équitable de la procédure.

IV. Le Conseil supérieur de la magistrature

1552. Il a été remanié à plusieurs reprises, notamment en 1993. Cependant la révision constitutionnelle du 23 juillet 2008 a opéré une rupture propre à faire émerger un nouveau Conseil supérieur de la magistrature.

Le statut initial était précisé par l'article 65 de la Constitution, ainsi que par l'ordonnance n° 58-1271 du 22 décembre 1958 portant loi organique sur le Conseil. Celui-ci était composé, outre son président, de neuf membres désignés par le président de la République. Cependant le choix de ce dernier n'était pas entièrement libre puisque la désignation intervenait sur proposition, en nombre triple de celui des postes à pourvoir, du bureau de la Cour de cassation pour six des neuf membres, du Conseil d'État pour le septième, les deux derniers étant laissés à la discrétion du président de la République. Le Conseil était normalement présidé par le président de la République, qui pouvait se faire suppléer par le Ministre de la Justice. Lorsqu'il statuait en matière disciplinaire, il était présidé par le Premier président de la Cour de cassation.

En 1993, le Comité consultatif pour la révision de la Constitution créé en 1992 et présidé par le Doyen Vedel a préconisé dans son rapport du 15 février une réforme du Conseil supérieur de la magistrature. Ses propositions ont été reprises pour partie dans le projet de loi déposé par le Gouvernement Bérégovoy en mars 1993. Ce projet a été lui-même amendé par les assemblées qui ont voté la loi constitutionnelle du 27 juillet 1993 (cf. article 65 nouveau et la loi organique n° 94-100 du 5 février 1994 modifiée par la loi organique n° 2001-539 du 25 juin 2001, art. 33 à 35).

1553. Mais, il aura fallu attendre la révision constitutionnelle du 23 juillet 2008 pour voir apparaître véritablement un « nouveau » Conseil supérieur de la magistrature[1]

---

1. J. Gicquel, « Le nouveau Conseil supérieur de la magistrature », *JCP* 2008, p. 176.

qui n'est désormais plus présidé par le président de la République. Le nouvel article 65 de la Constitution comprend onze alinéas particulièrement ciselés d'où découlent deux innovations majeures.

En premier lieu, l'article 65 consacre l'existence de trois formations du Conseil supérieur de la magistrature. Les deux premières répondent au souci d'assurer le respect du principe de séparation des pouvoirs en distinguant nettement entre une formation compétente pour les magistrats du siège et une formation compétente pour les magistrats du parquet. La formation compétente pour les magistrats du siège comprend quinze membres : cinq magistrats du siège, un du parquet, un conseiller d'État, un avocat et six personnalités qualifiées (deux d'entre elles sont désignées par le président de la République dans les conditions désormais posées par l'article 13 de la Constitution, les présidents des assemblées en nomment chacun deux après avis public des commissions permanentes compétentes). Cette formation est présidée par le premier président de la Cour de cassation. Elle est compétente, d'une part, en matière de nomination des magistrats du siège puisqu'elle formule des propositions de nomination pour les magistrats du siège à la Cour de cassation, les premiers présidents de cour d'appel et présidents de tribunal de grande instance. Pour les autres nominations, elle émet des avis conformes. D'autre part, cette formation est également compétente en matière disciplinaire. S'y adjoint alors le magistrat du siège appartenant à la formation compétente pour le parquet. Ainsi, l'équilibre est rétabli puisque lorsqu'elle statue en matière disciplinaire, le nombre de magistrats (huit) égale celui des non-magistrats (huit).

La formation compétente pour les magistrats du parquet comprend elle aussi quinze membres, en miroir de la formation propre aux magistrats du siège. On trouve en son sein cinq magistrats du parquet, un magistrat du siège, un conseiller d'État, un avocat et six personnalités qualifiées. Cette formation est cette fois présidée par le procureur général près la Cour de cassation. S'agissant des nominations, elle se borne à donner un avis simple. Pour ce qui est de ses compétences en matière disciplinaire, elles sont aussi réduites à un avis simple. Soulignons que dans cette formation disciplinaire, le magistrat du parquet siégeant dans la formation compétente à l'égard des magistrats du siège vient grossir les rangs ce qui permet d'établir une parité, qui n'est d'ailleurs pas forcément souhaitable entre magistrats et non-magistrats.

Le nouvel article 65 de la Constitution consacre également l'existence d'une formation dite « plénière » mais qui curieusement ne comprend en réalité qu'une fraction des deux formations précédemment mentionnées : trois des cinq magistrats du siège, trois des cinq magistrats du parquet, le conseiller d'État, l'avocat et les six personnalités qualifiées issus de la formation compétente à l'égard des magistrats du siège. Cette formation « plénière » de quinze membres est présidée par le premier président de la Cour de cassation. Cette formation singulière a compétence pour répondre aux demandes d'avis du président de la République, garant de l'indépendance de l'autorité judiciaire au terme de l'article 64 de la Constitution, se prononcer sur les questions relatives à la déontologie des magistrats et sur toute question relative au fonctionnement de la Justice dont le saisit le garde des Sceaux.

En second lieu, et c'est peut-être là que réside l'innovation majeure de cette réforme, l'article 64, alinéa 10, prévoit que le Conseil supérieur de la magistrature peut désormais être saisi par un justiciable. Cette voie de recours a été aménagée par la loi organique du 22 juillet 2010 qui prévoit que les recours sont filtrés par une commission d'admission des requêtes.

1554. Cependant, une réforme plus complète du Conseil supérieur de la magistrature reste toujours en suspens. Un projet de loi constitutionnelle ambitieux avait été préparé durant les XIIIe et XIVe législatures mais il n'a jamais pu être soumis à l'approbation du Congrès. Le projet de loi constitutionnelle « pour un renouveau de la vie démocratique » présenté en conseil des ministres le 28 août 2019 reprend à peu de choses près l'économie générale de ce projet. En effet, il prévoit de modifier l'article 65 de la Constitution afin que les magistrats du parquet soient dorénavant nommés sur avis conforme de la formation compétente du Conseil supérieur de la magistrature, et non plus sur avis simple. Dans cet esprit, la même formation devrait statuer comme conseil de discipline des magistrats du parquet, à l'instar de ce qui est prévu aujourd'hui pour ceux du siège, et ne se bornerait plus à donner simplement un avis. Ces évolutions ont évidemment pour objet de renforcer l'indépendance de la magistrature et, spécialement, des magistrats du parquet.

V. La juridiction administrative

1555. Le principe de la séparation des autorités administrative et judiciaire, qui est apparu au début du XIXe siècle comme un prolongement nécessaire de la théorie de la séparation des pouvoirs, a conduit à l'institution d'un ordre de juridictions administratives autonomes. Ces juridictions sont très diversifiées et bien que leurs membres ne bénéficient pas des garanties prévues en faveur des magistrats du siège, ils n'en ont pas moins fait preuve, vis-à-vis du pouvoir d'une indépendance parfois importante.

On notera que la décision précitée du 22 juillet 1980 du Conseil constitutionnel assimile fort heureusement les juridictions administratives aux juridictions judiciaires quant à leur indépendance et quant à la spécificité de leurs fonctions, sur lesquelles par conséquent le législateur et le Gouvernement ne peuvent empiéter. Cette décision est d'autant plus importante que si, en ce qui concerne les juridictions judiciaires le Conseil constitutionnel pouvait se référer à l'article 64 de la Constitution, il ne pouvait, en ce qui concerne les juridictions administratives, prendre appui sur un texte constitutionnel. Il a donc visé l'évolution intervenue depuis la loi du 24 mai 1872, qui avait juridictionnalisé le Conseil d'État statuant au contentieux, et fait de cette indépendance et de cette spécificité des principes fondamentaux reconnus par les lois de la République, c'est-à-dire des principes à valeur constitutionnelle. On peut tout de même relever que la révision du 23 juillet 2008 a gravé dans le marbre du texte constitutionnel une compétence contentieuse, certes en principe indirecte, du Conseil d'État : celle de renvoyer ou de ne pas renvoyer une question de constitutionnalité devant le Conseil constitutionnel (art. 61-1, C.).

1556. Le *Conseil d'État,* créé par la Constitution du 22 frimaire an VIII, est à la fois la plus haute juridiction administrative et le plus haut conseil administratif siégeant auprès des pouvoirs publics.

En effet, ses attributions sont de deux sortes : contentieuses et administratives. Pour situer l'importance des premières, il suffit d'indiquer que le Conseil d'État a notamment compétence pour juger, sur requête des administrés, la conformité des règlements aux lois, aux principes généraux du droit et à la Constitution. À ce titre, il contribue puissamment à faire respecter par le pouvoir le principe républicain de la primauté de la Constitution et de la loi. Mais surtout il assume à l'égard des règlements et des décisions unilatérales de l'Administration, une fonction de protection des libertés publiques et des droits individuels. Quant aux attributions administratives, elles sont également fort importantes car elles conduisent notamment le Conseil d'État à examiner pour avis les projets de lois et d'ordonnances ainsi qu'un grand nombre de règlements ; le Gouvernement peut ne pas suivre l'avis émis, le rôle du Conseil d'État étant purement consultatif mais, en fait, il est très souvent pris en considération et apporte ainsi une garantie de rédaction correcte et de régularité juridique.

► Bibliographie

Sur le Conseil constitutionnel

Recueils de jurisprudence

Il est indispensable de consulter les recueils de jurisprudence et tout particulièrement :

– le *Recueil des décisions du Conseil constitutionnel* (un volume par année, d'abord édité par l'Imprimerie nationale puis, depuis 1993, par Dalloz).

– *Les Cahiers du Conseil constitutionnel*, puis *Les nouveaux Cahiers du Conseil constitutionnel* (édités par Dalloz de 1997 à 2013 et par Lextenso depuis 2013, ils comportent des indications précieuses sur l'activité du Conseil, ainsi que des études comparatives et théoriques).

Commentaires jurisprudentiels

L'ouvrage de base demeure : L. Favoreu, L. Philip, P. Gaïa, R. Ghévontian, F. Mélin-Soucramanien, E. Oliva et A. Roux, *Les grandes décisions du Conseil constitutionnel*, 19e éd., Dalloz, 2018.

Il est également nécessaire de se reporter aux commentaires régulièrement publiés notamment dans la *Revue française de droit constitutionnel*, la revue *Constitutions*, ou encore la *Revue du droit public*.

Ouvrages et études relatifs à la juridiction et à sa jurisprudence

« Le Conseil constitutionnel », *Pouvoirs* n° 13, 1991 et n° 105, 2004.

P. Avril et J. Gicquel, *Le Conseil constitutionnel*, 6e éd., Montchrestien, 2011.

V. Champeil-Desplats, *Les principes fondamentaux reconnus par les lois de la République*, Economica-PUAM, 2001.

T. Di Manno, *Le juge constitutionnel et la technique des décisions « interprétatives » en France et en Italie*, Economica, Aix-Marseille, 1997.

G. Drago, *Contentieux constitutionnel français*, 4e éd., PUF, coll. « Thémis », 2016.

L. Favoreu, *La politique saisie par le droit*, Economica, 1988.

P. Gaïa, Le *Conseil constitutionnel et l'insertion des engagements internationaux dans l'ordre juridique interne*, Economica, Aix-Marseille, 1992.

B. Genevois, La *jurisprudence du Conseil constitutionnel*, Éd. STH, 1988.

L. Hamon, *Les Juges de la loi. Naissance et rôle d'un contre-pouvoir*, Fayard, 1987.

P. Jan, *Le procès constitutionnel*, 2e éd., LGDJ, 2010.

F. Luchaire, *Le Conseil constitutionnel*, Economica, 1980 ; 2e éd. refondue, tome 1 : *Organisation et attributions* 1997 ; tome 2, *Jurisprudence : l'individu* ; 1998, tome 3, *Jurisprudence : l'État*, 1999 ; tome 4, 2006.

B. Mathieu et M. Verpeaux, *Contentieux constitutionnel des droits fondamentaux*, LGDJ, 2002.

B. Mathieu, J.-P. Machelon, F. Mélin-Soucramanien, X. Philippe et D. Rousseau, *Les grandes délibérations du Conseil constitutionnel*, 2e éd., Dalloz, 2013.

F. Mélin-Soucramanien, *Le principe d'égalité dans la jurisprudence du Conseil constitutionnel*, Economica, Aix-Marseille, 1997.

F. Mélin-Soucramanien, *Libertés fondamentales*, 3e éd., Dalloz, coll. « Mémentos », 2018.

F. Rueda, *Le contrôle de l'activité du pouvoir exécutif par le juge constitutionnel : les exemples français, allemand et espagnol*, LGDJ, 2000.

D. Rousseau, J. Bonnet et P.-Y. Gadhoun, *Droit du contentieux constitutionnel*, 11e éd., Montchrestien, 2016.

H. Roussillon et P. Esplugas, *Le Conseil constitutionnel*, 8e éd., Dalloz, 2015.

A. Roux, « Le nouveau Conseil constitutionnel. Vers la fin de l'exception française », *JCP* 2008. I. 175.

C.-E., Senac, *L'office du juge constitutionnel. Étude du contrôle de constitutionnalité par les juridictions françaises*, LGDJ, 2015.

M. Verpeaux, « Conseil constitutionnel », *Juris-Classeur administratif*, fasc. 1410, 2013.

M. Verpeaux, *Contentieux constitutionnel*, Dalloz, coll. « Mémentos », 2016.

A. Viala, *Les réserves d'interprétation dans la jurisprudence du Conseil constitutionnel*, LGDJ, 1999.

Question prioritaire de constitutionnalité

J. Bonnet et P.-Y. Gadhoun, *La question prioritaire de constitutionnalité*, PUF, coll. « Que-sais-je ? », n° 3906, 2014.

G. Carcassonne, O. Duhamel et A. Duffy, *QPC, la question prioritaire de constitutionnalité*, 2e éd., Dalloz, 2015.

X. Magnon (dir.), *La question prioritaire de constitutionnalité : pratique et contentieux*, 2e éd., Litec, 2013.

B. Mathieu et D. Rousseau, *Les grandes décisions de la question prioritaire de constitutionnalité*, LGDJ, 2013.

C. Maugüe et J.-H. Stahl, *La question prioritaire de constitutionnalité*, 3e éd., Dalloz, coll. « Connaissance du droit », 2017.

X. Philippe (dir.), *Contrôle de constitutionnalité par voie préjudicielle. La saisine par les citoyens*, PUAM, 2009.

Pouvoirs, n° spécial, « La question prioritaire de constitutionnalité », n° 137, Le Seuil, 2011.

D. Rousseau (dir.), *La question prioritaire de constitutionnalité*, Lextenso, 2010.

Sites internet

www.conseil-constitutionnel.fr
www.afdc.fr
www.bfdc.fr

Chapitre 23

La Constitution de 1958 dans la hiérarchie des normes

1557. Dans tout régime, il se forme, à partir de la Constitution, des normes juridiques dont la hiérarchie commande tous les rapports juridiques existant sur l'ensemble du territoire national. Cette hiérarchie est particulièrement importante dans un pays comme la France, en raison de la prédominance des critères organiques et de la puissance, au moins historique, de l'État-Nation. Il faut donc étudier les différentes catégories de normes juridiques, ce qui sera fait en trois chapitres.

Le présent chapitre est consacré à la Constitution, qui se situe en France au sommet de l'ordre juridique interne. Le texte initial de la Constitution actuellement en vigueur date du 4 octobre 1958, même si on prendra évidemment en compte les nombreuses révisions intervenues depuis ou, à titre indicatif, simplement tentées. On examinera le contenu de la Constitution et son interprétation (section 2), sa force juridique par rapport aux autres normes internes, internationales ou supra-nationales (section 3), le pouvoir de révision, qui est la forme courante du pouvoir constituant souverain (section 4), les procédures de révision (section 5). Mais, auparavant, il faut présenter à grands traits la hiérarchie des normes juridiques (section 1).

Section 1

La hiérarchie des normes juridiques

1558. Elle présente un intérêt capital car elle détermine la validité de chaque norme, les règles inférieures devant, dans un même secteur de compétences ou de matières, être conformes – ou au moins compatibles – aux règles supérieures, même si le contrôle juridictionnel de cette conformité, ou de cette compatibilité, dans l'ensemble satisfaisant, demeure encore incomplet. Les conditions dans lesquelles s'exerce ce contrôle ont été indiquées à l'occasion de l'étude de chaque catégorie de normes et il suffit d'y renvoyer. En revanche, il est nécessaire de préciser quels sont les facteurs de la hiérarchie et quels en sont les degrés.

I. Les facteurs de la hiérarchie des normes

1559. La hiérarchie des normes est principalement fonction de la hiérarchie établie entre les organes auteurs de ces normes, elle-même liée à la prédominance des critères organiques en droit français [1].

---

1. Cette assertion est mise en cause dans l'ouvrage remarquable de Denys de Béchillon, *Hiérarchie des normes et hiérarchie des fonctions normatives de l'État*, Economica, 1996, auquel il est conseillé de se reporter.

On notera que des difficultés de classement subsistent néanmoins. C'est ainsi qu'il n'est pas facile de classer les normes constitutionnelles françaises par rapport aux normes inscrites dans les traités et accords conclus par la France. En principe, ces dernières devraient l'emporter, d'une part, en raison de la primauté du droit international affirmée par le Préambule de 1946 (alinéa 14), d'autre part, parce qu'en cas de contrariété constatée par le Conseil constitutionnel l'article 54 envisage, comme solution possible, la révision de la Constitution[1]. Mais il faut bien dire qu'il s'agit là d'une vue peu réaliste. La supériorité des normes internationales demeure purement théorique. Dans la pratique, il n'existe aucun moyen de faire céder la norme constitutionnelle devant quelque autre norme que ce soit, même internationale dans la mesure où c'est la Constitution elle-même qui définit les critères et conditions d'application sur le sol national du « droit venu d'ailleurs » selon la formule du Doyen Vedel. La Constitution se situe incontestablement, dans l'ordre juridique français, au sommet de la hiérarchie des normes. C'est d'ailleurs ce qu'ont confirmé le Conseil d'État dans son arrêt d'Assemblée du 30 octobre 1998 (*Sarran, Levacher et autres*), la Cour de cassation dans l'arrêt d'Assemblée plénière du 2 juin 2000 (*Mlle Pauline Fraisse*) et surtout le Conseil constitutionnel dans ses décisions concernant le Traité de Maastricht en 1992 et le traité visant à établir une Constitution pour l'Europe en 2004. C'est également cette solution que font prévaloir d'autres cours constitutionnelles européennes, en particulier la Cour constitutionnelle allemande, tout récemment encore dans un arrêt du 5 mai 2020.

II. Les degrés de la hiérarchie des normes

1560. La hiérarchie des normes juridiques s'ordonne par degrés ou niveaux. On adoptera l'ordre décroissant.

Au niveau le plus élevé se situent les normes constitutionnelles, qu'il s'agisse du texte initial de 1958 ou des révisions opérées dans les conditions prévues par l'article 89 ou même de la révision opérée en 1962 selon la voie référendaire de l'article 11, en dépit de l'inconstitutionnalité de la procédure suivie. La même valeur constitutionnelle doit, en principe, être attribuée au texte de la Constitution et à son Préambule et, par voie de conséquence, aux textes et aux normes auxquels renvoie ce Préambule, à savoir les dispositions de la Déclaration de 1789, du Préambule de 1946 et de la Charte de l'environnement de 2004, à savoir également les principes fondamentaux reconnus par les lois de la République cités dans le Préambule de 1946.

1561. Viennent ensuite les normes et clauses inscrites dans les traités et accords internationaux introduits dans le droit français, ainsi que les normes communautaires européennes, puisque l'article 55 leur reconnaît, une autorité supérieure à celles des lois. On sait que, depuis 1989, le Conseil d'État, comme déjà la Cour de cassation, accepte de donner son plein effet à l'article 55.

---

1. Il faut aussi faire état de l'article 27 de la Convention de Vienne selon lequel « une partie ne peut invoquer les dispositions de son droit interne comme justifiant la non-exécution d'un traité », cf. R. Pinto, « Article 55 », in *La Constitution de la République française,* 3e éd., Montchrestien, 2005.

1562. On trouve, au troisième niveau, le groupe des lois et des textes à valeur législative. C'est un groupe très composite, comprenant des normes édictées par des auteurs fort différents et selon des procédures très variées mais en principe promulguées par le président de la République. À l'intérieur de ce groupe, la catégorie de droit commun est évidemment constituée par les lois ordinaires ou parlementaires votées par le Parlement ou, éventuellement, par la seule Assemblée nationale s'il est fait application de l'article 45. Ces lois ordinaires peuvent toujours être soumises au contrôle du Conseil constitutionnel. Elles devraient, en principe, porter sur des matières législatives, faute de quoi le Gouvernement peut, sur autorisation du Conseil constitutionnel, procéder à leur déclassement en les modifiant par décrets en application de l'article 37.2. Les autres catégories recouvrent : 1°) les lois organiques, qui sont elles aussi adoptées par le Parlement selon la procédure spéciale de l'article 46 et sont obligatoirement soumises au contrôle du Conseil constitutionnel ; 2°) les lois référendaires, qui sont adoptées par les électeurs dans les conditions fixées par l'article 11 et qui ne sont jamais soumises au contrôle du Conseil constitutionnel ; 3°) les ordonnances prises en application de l'article 38 par le Gouvernement lorsqu'elles ont été ratifiées par le Parlement soit expressément, soit même indirectement, si un texte législatif ultérieur s'y réfère ou les vise (mais à condition, de toute manière, que le projet de loi de ratification ait été déposé en temps utile) ; 4°) les décisions prises en matière législative par le président de la République en période d'application de l'article 16.

1563. Le dernier groupe est celui des règlements. Il est extrêmement diversifié mais tous les règlements présentent cette particularité de pouvoir être déférés par les administrés y ayant intérêt à la juridiction administrative par la voie du recours pour excès de pouvoir. Il faut d'abord y faire entrer d'une part, les ordonnances à valeur réglementaire, c'est-à-dire prises par le Gouvernement en application de l'article 38 mais non encore ratifiées par le Parlement, d'autre part, les décisions prises en matière réglementaire par le président de la République en application de l'article 16. Il s'agit cependant là de deux catégories un peu exceptionnelles. La catégorie de droit commun, au niveau tout au moins des organes exécutifs, est celle des décrets réglementaires. Parmi ceux-ci, on distingue les décrets pris en Conseil des ministres, par référence à l'article 13, qui sont obligatoirement signés par le président de la République et les décrets simples qui sont signés par le Premier ministre (parfois aussi par le président de la République mais en méconnaissance du texte constitutionnel).

1564. Le groupe des règlements n'est pas épuisé pour autant, ou plutôt il ne l'est qu'en ce qui concerne les règlements émanant du président de la République et du Premier ministre. En effet, le groupe comprend aussi les arrêtés réglementaires pris par les ministres, les préfets et les maires, lesquels disposent, selon les cas, de compétences générales ou spéciales. C'est assez dire l'extrême diversité des règlements susceptibles d'être déférés à la juridiction administrative.

Hiérarchie des normes dans l'ordre juridique interne français

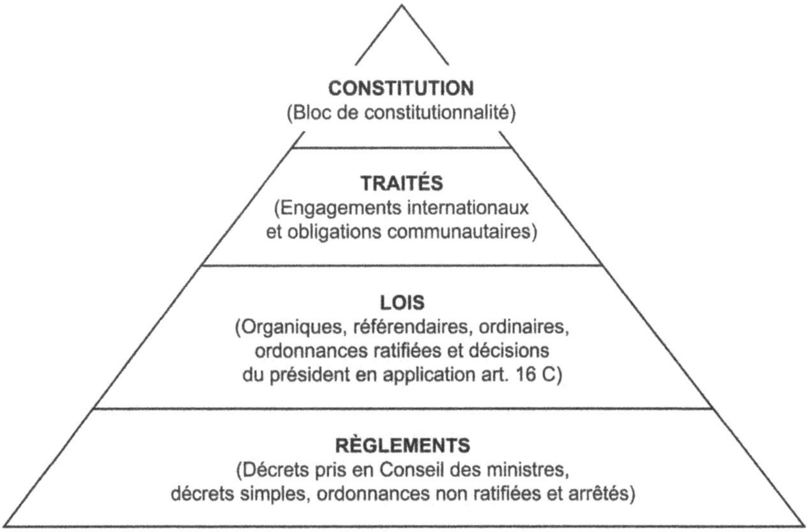

Section 2

Le contenu de la Constitution et son interprétation

1565. Le mot tout simple de « Constitution » recouvre en réalité un ensemble complexe. Non seulement les dispositions à valeur constitutionnelles figurent dans plusieurs textes auxquels il convient de se reporter, mais encore il est indispensable de prendre en compte l'interprétation qu'en donne le Conseil constitutionnel.

I. La Constitution et son Préambule

1566. Il faut préciser le contenu et la valeur juridique de ces textes. Bien entendu, c'est le Préambule qui soulève le plus de difficultés car la Constitution proprement dite n'appelle pas ici d'observations particulières, ni en ce qui concerne son contenu, suffisamment commenté dans l'ensemble des chapitres consacrés à la Cinquième République, ni en ce qui concerne sa valeur juridique, qui est évidemment une valeur constitutionnelle.

1567. La Constitution doit s'entendre du texte même de la Constitution en vigueur, en l'occurrence celle du 4 octobre 1958, et aussi du Préambule qui le précède et qui fait référence «... aux droits de l'homme et aux principes de la souveraineté nationale tels qu'ils sont définis par la Déclaration de 1789, confirmée et complétée par le Préambule de la Constitution de 1946 ainsi qu'aux droits et devoirs contenus dans la Charte de l'environnement de 2004 ». Mais le préambule de la Constitution de 1946 visait lui-même la Déclaration de 1789 et «... les principes fondamentaux reconnus par les lois de la République ». On doit, par conséquent, considérer que la Déclaration de 1789, les principes fondamentaux reconnus par les lois de la République et le Préambule de 1946 font partie de notre Constitution au même titre que le texte de celle-ci. Les hésitations qui étaient permises dans le cadre de la Constitution de 1946, parce que son article 92 soustrayait le Préambule de la compétence du Comité constitutionnel, ne sont plus concevables dans le cadre de la Constitution de 1958, qui ne comporte aucune limitation de ce genre.

II. Le bloc de constitutionnalité

1568. Les normes auxquelles renvoient les préambules de la Constitution de 1958 et, par ricochet, de la Constitution de 1946, présentent un intérêt capital pour les citoyens car elles concernent essentiellement les droits et libertés fondamentaux et vont servir de support au contrôle exercé par le Conseil constitutionnel. Il faut donc reprendre ces différentes normes pour en déterminer la valeur juridique et signaler leur importance ainsi que les difficultés auxquelles elles peuvent donner lieu.

A. La Déclaration de 1789 et le Préambule de 1946

1569. Ces deux textes sont directement visés dès l'origine par le Préambule de 1958 mais avec une réserve résultant de la référence expresse « aux droits de l'homme et aux principes de la souveraineté nationale ». En d'autres termes, n'a valeur constitutionnelle dans ces deux textes que ce qui concerne ces droits et ces principes.

1570. Pour ce qui est de la Déclaration de 1789, on doit considérer que toutes ses dispositions intéressent les droits de l'homme et les principes de la souveraineté nationale et ont donc valeur constitutionnelle. Le Conseil constitutionnel vise fréquemment la Déclaration. Dans une décision du 16 mars 2006, à propos de la loi relative à l'égalité des chances, le Conseil constitutionnel s'est même référé pour la première fois à l'article premier de la Déclaration de 1789. Jusqu'à présent, il avait omis de le faire, contrairement au Conseil d'État, sans doute en raison du caractère extrêmement général de cette disposition. Il lui arrive aussi de viser directement un principe qui y figure – par exemple, le principe d'égalité, réaffirmé également par l'article premier de la Constitution – sans évoquer de sources textuelles [1].

1571. Pour ce qui est du Préambule de 1946, il en va presque de même car à peu près toutes ses dispositions touchent aux droits de l'Homme et aux principes de la souveraineté nationale. Toutefois, on doit exclure les trois derniers alinéas, qui concernaient l'Union française et sont devenus sans objet. Le Conseil constitutionnel fait application des normes incluses dans le Préambule de 1946, le plus souvent en rappelant le renvoi qu'y fait le Préambule de 1958 [2].

---

1. Décis. n° 82-152 DC du 14 janv. 1983, *Rec.*, p. 31. Sur la question de l'« égalité indéterminée » comparée à l' « égalité déterminée », cf. F. Mélin-Soucramanien, *Le principe d'égalité dans la jurisprudence du Conseil constitutionnel,* Economica-PUAM, 1997.

2. Décis. n° 79-109 DC du 9 janv. 1980, *Rec.*, p. 29. Il arrive aussi que le Préambule de 1946 soit seul cité : Décis. n° 82-139 DC du 11 févr. 1982, *Rec.*, p. 31.

B. La Charte de l'environnement de 2004

1572. Cette Charte de l'environnement a été introduite dans le bloc de constitutionnalité à l'issue d'une révision de la Constitution votée par le Congrès le 28 février 2005. Cette Charte à laquelle renvoie désormais le préambule de la Constitution de 1958 a donc pleine valeur constitutionnelle. Cependant, toutes les dispositions de ce texte ne paraissent pas revêtir une densité normative identique. Certaines correspondent sans aucun doute à de véritables droits fondamentaux susceptibles d'être invoqués utilement comme moyens d'annulation devant le Conseil constitutionnel. C'est le cas, par exemple, du principe de réparation des dommages causés à l'environnement énoncé à l'article 4 et qui ne représente que la traduction du fameux principe « pollueur-payeur ». Au contraire, d'autres dispositions, comme le « droit de vivre dans un environnement équilibré et respectueux de la santé » (article premier) ne constituent que des objectifs à valeurs constitutionnelle. Il faudra attendre que le Conseil constitutionnel ait interprété ces dispositions afin de savoir avec précision lesquelles sont réellement justiciables et lesquelles constituent du « droit mou ». Pour finir sur ce point, il est permis de penser que cette révision de la Constitution, bien qu'elle revête une importance symbolique considérable était partiellement inutile comme le démontrent des exemples étrangers tels que celui de l'Italie où la Cour constitutionnelle protège le droit à l'environnement en interprétant extensivement le droit à la santé [1].

C. Les principes fondamentaux reconnus par les lois de la République

1573. Le Préambule de 1958 s'y réfère indirectement, à travers le Préambule de 1946 qui les cite expressément.

Aucun texte ne donne une liste de ces principes. En toute logique, c'est le Conseil constitutionnel qui les détermine et les énonce librement, au fur et à mesure du développement de sa jurisprudence. Il le fait, en principe, à partir des textes législatifs relatifs aux libertés et aux droits adoptés avant 1946, c'est-à-dire essentiellement sous la Troisième République, dont on a déjà dit qu'elle avait constitué la grande époque du libéralisme politique français. Si ces principes se rattachent normalement à des textes législatifs, ils n'en sont pas moins dissociables de ces derniers : en effet, le Conseil constitutionnel distingue nettement entre le principe qui sous-tend le texte et qui seul a valeur constitutionnelle (par exemple, le principe fondamental de la liberté d'association) et le texte lui-même, qui précise les modalités d'aménagement de cette liberté et qui demeure un texte de loi ordinaire (dans le même exemple, la loi du 1er juillet 1901).

1574. Le Conseil constitutionnel n'a d'ailleurs pas abusé du pouvoir largement discrétionnaire qui est le sien car finalement seules quelques décisions attribuent à des principes insusceptibles d'être rattachés à un texte constitutionnel précis la qualité de principes fondamentaux reconnus par les lois de la République [2].

---

1. Cf. F. Mélin-Soucramanien et J. Pini, « Constitution et droit de l'environnement », in *J.-Cl. Environnement,* 1997, fasc. 152.

2. Citons les principales décisions : Décis. n° 71-44 DC du 16 juill. 1971 (principe de la liberté d'association) ; Décis. n° 76-70 DC du 2 déc. 1976 (principe des droits de la défense) ; Décis. n° 77-87 DC du 23 nov. 1977 (principe de la liberté de l'enseignement) ; Décis. n° 80-119 DC

Il faut cependant rappeler qu'en 1996 le Conseil d'État s'est expressément reconnu le droit d'énoncer, lui aussi, un « principe fondamental reconnu par les lois de la République, selon lequel l'État doit refuser l'extradition d'un étranger lorsqu'elle est demandée dans un but politique »[1]. Cette décision, qui est dans la droite ligne de la jurisprudence française et que l'on ne peut qu'approuver au fond, est en revanche éminemment discutable sur le plan de la hiérarchie des normes.

III. L'interprétation du texte par le Conseil constitutionnel

1575. Si le texte constitutionnel et ses révisions représentent le support de la quasi-totalité des normes à valeur constitutionnelle, il n'en faut pas moins tenir compte de l'interprétation – généralement constructive et même extensive – à laquelle se livre le Conseil constitutionnel lorsqu'il a à contrôler la Constitutionnalité des lois et des engagements internationaux au titre des articles 61 et 54.

C'est ainsi que s'il doit confronter à la Constitution une norme législative le Conseil constitutionnel peut sans doute interpréter cette dernière pour lui conférer le sens qui lui permettra de la déclarer conforme à la Constitution – c'est l'objet des décisions de conformité sous réserves – mais il peut aussi et plus souvent, attribuer à des dispositions constitutionnelles une signification qui n'apparaissait pas clairement à la seule lecture. Il peut également – de manière plus difficile à justifier, à supposer même que ce soit possible – se détacher du texte constitutionnel et révéler, ou parfois, créer, une norme qui n'a d'ancrage que dans sa propre décision. Il suffit de rappeler la jurisprudence qui l'a conduit de 1987 à 2002 à décider qu'un amendement ne doit pas dépasser par son objet et sa portée « les limites inhérentes à l'exercice du droit d'amendement », pourtant non prévues par les textes.

Sans doute s'agissait-il d'un cas-limite, sur lequel le Conseil est d'ailleurs revenu[2]. Il n'en faut pas moins bien comprendre que l'interprétation constructive du texte constitutionnel par le Conseil est pratiquement inévitable, les constitutions et davantage encore les Déclarations et Préambules étant presque toujours rédigés en termes très concis, désignant d'un ou plusieurs mots, sous une forme parfois elliptique (liberté, égalité, démocratie, laïcité, etc.) des secteurs juridiques extrêmement étendus recouvrant des notions multiples.

1576. Encore faut-il ajouter que cette liberté peut s'exprimer non seulement dans la décision elle-même, c'est-à-dire dans son dispositif, mais également dans les motifs qui

---

du 22 juill. 1980 (principe de l'indépendance de la juridiction administrative) ; Décis. n° 83-165 DC du 20 janv. 1984 (principe de l'indépendance des professeurs d'Université) ; Décis. n° 86-224 DC du 23 janv. 1987 (principe du contrôle des autorités exécutives par la juridiction administrative) ; Décis. n° 89-256 DC du 25 juill. 1989 (principe de la protection de la propriété privée immobilière confiée à l'autorité judiciaire) ; Décis. n° 2002-460 DC du 22 août 2002 (principe de la proportionnalité des peines applicables aux mineurs) ; Décis. n° 2011-157 QPC du 5 août 2011 (principe du particularisme du droit applicable dans les départements du Bas-Rhin, du Haut-Rhin et de la Moselle).

1. CE, Ass., 3 juill. 1996, *Moussa Koné*.

2. Décis. n° 98-401 DC du 10 juin 1998, cons. 26 : « il revient au législateur de fixer les principes fondamentaux du droit du travail et notamment de poser des règles propres à assurer au mieux, conformément au cinquième alinéa du préambule de la Constitution de 1946, le droit pour chacun d'avoir un emploi, tout en ouvrant le bénéfice de ce droit au plus grand nombre d'intéressés ».

sous-tendent et justifient la décision. En effet, le Conseil constitutionnel a décidé depuis longtemps que « l'autorité des décisions visées par le second alinéa de l'article 62 de la Constitution s'attache non seulement à leur dispositif mais aussi aux motifs qui en sont le soutien nécessaire et en constituent le fondement même [1] ». En d'autres termes, et sous réserve que cette condition soit remplie, l'autorité prévue par l'article 62.2 couvre à la fois la décision et l'interprétation du texte constitutionnel qui y a conduit. Il est donc permis de penser qu'elle sera reprise par les autres juridictions confrontées à un problème similaire.

C'est pourquoi il faut considérer le champ du « constitutionnel » comme un ensemble complexe, comportant au moins deux niveaux juridiques et associant autour d'un noyau central et textuel une frange périphérique composée des motivations à caractère prescriptif introduites dans sa jurisprudence par le Conseil constitutionnel. Bien entendu ces motivations gardent un caractère subsidiaire et supplétif. Elles peuvent être remises en cause par le Conseil lui-même. Elles n'en contribuent pas moins à l'élargissement du champ ou, si on préfère, à la mise en place d'une « nébuleuse constitutionnelle ».

Mais on doit aussi souligner qu'il est extrêmement important que le Conseil n'use que de manière très mesurée de sa marge de liberté. Si l'interprétation est nécessaire et inévitable, elle n'en doit pas moins demeurer aussi proche que possible du texte. Le juge constitutionnel est chargé de contrôler la conformité à la Constitution de certaines normes. Il n'est pas habilité sous couvert d'interprétation à la réviser[2].

Section 3
La force juridique de la Constitution

1577. Elle doit être appréciée par rapport aux normes émanant du législateur, de l'exécutif ou encore du droit externe (international, communautaire, européen).

I. La Constitution et les organes législatifs

1578. Elle s'impose évidemment à eux mais ce principe de bon sens a pourtant, dans le passé, souvent été méconnu en l'absence, traditionnelle en droit français, de tout contrôle de la constitutionnalité des lois.

A. L'instauration du contrôle

1579. La Constitution de 1958 l'a confié au Conseil constitutionnel, qui l'exerce de manière exclusive. Les juridictions judiciaires et administratives continuent en principe à refuser de vérifier, même par voie d'exception, la constitutionnalité des lois et il est clair que la création du Conseil constitutionnel ne peut que les conforter dans cette position.

---

1. Décis. nº 62-18 L du 16 janv. 1962 ; Décis. nº 92-312 DC du 2 sept. 1992.

2. Cf. P. Pactet, « À propos de la marge de liberté du Conseil constitutionnel », in *Mélanges J. Robert*, Montchrestien, 1998.

B. L'étendue du contrôle

1580. Le contrôle peut, dans l'ensemble, être considéré comme satisfaisant même s'il subsiste encore des lacunes. Pour apprécier son efficacité, il faut distinguer entre les différentes catégories de lois.

Pour ce qui est des lois organiques, on sait qu'elles sont obligatoirement soumises, avant leur promulgation, au Conseil constitutionnel. On est donc assuré de leur conformité à la Constitution.

En revanche, les lois référendaires ne sont jamais vérifiées par le Conseil, qui refuse d'en connaître ; il en résulte que, sous couvert d'une loi référendaire, une décision du président de la République ratifiée par une majorité d'électeurs pourrait impunément méconnaître la Constitution et l'a d'ailleurs déjà fait[1]. On ajoutera que, depuis la révision du 4 août 1995, les lois référendaires peuvent, sous le couvert des « réformes relatives à la politique économique et sociale de la Nation et aux services publics qui y concourent », porter sur des matières jusqu'alors réservées aux lois parlementaires par l'article 34. Mais cette concurrence possible entre ces deux catégories de lois n'implique aucune irrégularité et ne postule donc pas un contrôle.

S'agissant des lois ordinaires, on notera que jusqu'à la révision de 1974, elles ne pouvaient être soumises au Conseil constitutionnel que par quatre autorités seulement : le président de la République, le Premier ministre, les présidents des deux assemblées. Or, le fonctionnement normal du régime implique, on le sait, que trois de ces autorités (le président de la République, le Premier ministre et le président de l'Assemblée nationale) appartiennent au même courant politique ou à des courants très proches. On pouvait donc craindre que ces autorités adoptent une position d'abstention, surtout alors que les lois, dans leur quasi-totalité, prennent leur origine dans une initiative gouvernementale. Dans ces conditions, le contrôle reposait entièrement sur le président du Sénat qui, en effet, est intervenu dans tous les cas importants mais qui pouvait aussi omettre de le faire, par simple inadvertance. Une loi de constitutionnalité douteuse pouvait donc être promulguée et appliquée. Depuis la révision constitutionnelle du 29 octobre 1974, ce risque paraît très limité puisque soixante députés ou soixante sénateurs peuvent saisir aussi le Conseil qui est désormais ouvert aux groupes parlementaires d'opposition. Même s'il n'a pas entièrement disparu, le risque a bien évidemment encore été réduit depuis la mise en œuvre de la question prioritaire de constitutionnalité le 1er mars 2010.

II. La Constitution et les organes exécutifs

1581. Là encore, elle s'impose évidemment à eux mais on doit distinguer selon qu'une loi s'interpose ou non entre la Constitution et les actes des autorités exécutives, gouvernementales et administratives[2].

---

1. Il faut tout de même rappeler que, compte tenu des termes de l'article 11 une loi référendaire ne peut transgresser la Constitution que si le président a bénéficié de la connivence du Premier ministre ou des assemblées, chargés de la proposition.

2. Il faut souligner que la saisine du Conseil constitutionnel n'est pas toujours l'apanage des groupes d'opposition. En effet, la majorité peut se diviser et, dans ce cas, la fraction qui n'a pas pu obtenir le rejet de la loi sera incitée à demander au Conseil d'en apprécier la conformité à la Constitution. C'est ce qui est arrivé pour la loi sur l'interruption volontaire de grossesse en 1975.

A. Aucune loi ne s'interpose

1582. Dans ce cas, les règlements doivent évidemment être conformes à la Constitution et leur constitutionnalité est vérifiée, sur recours des administrés, par les juridictions administratives et plus spécialement par le Conseil d'État statuant au contentieux. La reconnaissance de la valeur constitutionnelle du Préambule prend ici toute son importance car les actes des organes exécutifs ne contreviennent généralement pas au texte même de la Constitution mais il arrive qu'ils méconnaissent les principes protecteurs des libertés inclus dans le Préambule. Le Conseil d'État est alors fondé à les annuler, ce qu'il faisait déjà, avant même la décision du Conseil constitutionnel du 16 juillet 1971, en tirant du Préambule des « principes généraux du droit » s'imposant au Gouvernement et à l'Administration, et ce qu'il a désormais tendance à faire en visant directement la Déclaration de 1789[1], voire le Préambule de 1946[2].

Ainsi l'existence d'un recours contentieux porté devant le Conseil d'État, sur l'initiative des citoyens, assure en principe la conformité des actes des organes exécutifs à la Constitution.

B. Une loi s'interpose

1583. Joue alors ce que l'on appelle parfois la « théorie de la loi-écran ». Il s'agit du refus pour les juridictions ordinaires de juger la constitutionnalité d'un acte réglementaire puis sur le fondement d'une loi, au motif que cette dernière fait écran entre cet acte et la Constitution. Cette interprétation, discutable selon nous, se justifie par le refus constant des juridictions ordinaires de juger directement de la conformité des lois à la Constitution. L'argument sous-jacent est donc que, juger un acte réglementaire pris en application d'une loi, équivaudrait à juger la loi elle-même.

1584. Dans une première hypothèse, la loi-écran n'a pas été déférée au Conseil constitutionnel et elle est devenue irréprochable. Le recours contentieux à l'encontre des actes d'application existe bien et le Conseil d'État peut être saisi par tout administré justifiant d'un intérêt, comme précédemment, mais les juridictions administratives se refusant, ainsi que les juridictions judiciaires, à contrôler la constitutionnalité des lois, le Conseil d'État devrait se borner à contrôler la conformité de l'acte à la loi sans vérifier la conformité de la loi à la Constitution, même si celle-ci paraît improbable[3]. Il faut, cependant, tenir compte de deux tempéraments. D'une part, le risque d'inconstitutionnalité a nettement diminué, la plupart des lois qui posent des problèmes étant désormais déférées avant promulgation au Conseil constitutionnel. D'autre part, les conséquences évidemment fâcheuses du système de la loi-écran ont conduit le Conseil d'État à s'efforcer de développer son contrôle en réduisant et si possible en contournant l'écran législatif. Il reste, cependant, que l'inconstitutionnalité potentielle des actes d'application est couverte par le caractère irréprochable de la loi promulguée formant écran (cf. CE 2 févr. 1983, *Union des transports publics urbains et régionaux*, *RDP* 1984. 212, note J.-M. Auby).

---

1. CE 8 août 1987, *Peltier, Rec.*, p. 28.
2. CE 9 juill. 1986, *Syndicat des commissaires de police*, *Rec.*, *Tables*, p. 586, *RDP* 1987, p. 250.
3. CE 3 févr. 1978, *CFDT et CGT, AJDA* 1978. 388, note M. Durupty.

1585. Dans une deuxième hypothèse la loi-écran a été déférée avant promulgation au Conseil constitutionnel qui a rendu une décision de conformité sous réserves, c'est-à-dire qui a consigné dans sa décision, comme il arrive de plus en plus souvent, son interprétation du texte et les conditions dans lesquelles il doit être appliqué. Dans cette hypothèse, cette interprétation doit être respectée et le règlement qui y contreviendrait devrait normalement être censuré par le Conseil d'État.

Enfin, dans une troisième hypothèse le Conseil constitutionnel a été saisi et a constaté purement et simplement la conformité de la loi-écran à la Constitution (ou sa non-contrariété). On est alors assuré que le règlement ne risque pas de méconnaître la Constitution pour avoir précisé les modalités d'application de la loi.

III. La Constitution et le droit externe

1586. Les principales données juridiques de ce problème complexe ont été exposées à propos du cas particulier de l'intégration de la République française dans l'Union européenne. On les reprendra brièvement en les situant dans le cadre plus général du droit externe.

1587. Il existe dans le Préambule de 1946 deux alinéas qui paraissent consacrer – le premier surtout – la primauté des normes internationales sur les normes nationales. Il s'agit de l'alinéa 14 selon lequel « la République française, fidèle à ses traditions, se conforme aux règles du droit public international » et de l'alinéa 15 qui dispose que « sous réserve de réciprocité, la France consent aux limitations de souveraineté nécessaire à l'organisation et à la défense de la paix ». À vrai dire ces textes sont peu opérationnels et correspondent plutôt à des déclarations d'intention. Le Conseil constitutionnel en a longtemps dégagé une distinction à la fois subtile et fragile entre les limitations de souveraineté, qui sont autorisées par l'alinéa 15 [1], et les transferts de souveraineté qui ne le sont pas et qui s'appliqueraient aux engagements portant « atteinte aux conditions essentielles d'exercice de la souveraineté » [2].

Ces dispositions de principe, utiles pour résoudre certaines difficultés liées à l'intégration européenne, ne renseignent pas suffisamment, on l'admettra, sur la force juridique respective de la Constitution et des normes de droit externe. Force est donc de se référer aux articles 54 et 55 de la Constitution, beaucoup plus précis, et à la jurisprudence du Conseil constitutionnel, du Conseil d'État et de la Cour de cassation.

1588. L'article 54 dispose pour sa part que si « un engagement international comporte une clause contraire à la Constitution, l'autorisation de ratifier ou d'approuver l'engagement international en cause ne peut intervenir qu'après la révision de la Constitution ». Ce texte peut paraître ambivalent car d'une part, il fait prévaloir la Constitution sur l'engagement international et d'autre part, il envisage la révision de la Constitution de préférence à celle de l'engagement. En réalité, le premier élément domine très largement, la modification de l'engagement n'étant guère concevable puisqu'il exigerait l'accord de toutes les parties signataires. L'article 55 dispose de son côté que « les traités

---

1. Décis. n° 76-71 DC du 30 déc. 1976.
2. Décis. n° 85-188 DC du 22 mai 1985 ; Décis. n° 92-308 DC du 9 avr. 1992.

ou accords régulièrement ratifiés ou approuvés ont, dès leur publication, une autorité supérieure à celle des lois », sous réserve de réciprocité.

Pour ce qui est de l'article 54, le Conseil constitutionnel peut être saisi d'une éventuelle contrariété entre les clauses d'un engagement international et la Constitution. Il lui appartient alors de procéder à l'examen des deux textes et de constater ou non la compatibilité. On sait qu'il l'a fait à plusieurs reprises, essentiellement à l'égard des conventions modificatives du Traité de Rome de 1957 instituant la Communauté économique européenne[1], ou encore de la Convention européenne des droits de l'Homme et de sauvegarde des libertés fondamentales[2]. S'il y a lieu une procédure de révision peut alors être engagée mais sans obligation de faire, ce qui montre bien la primauté implicite de la Constitution.

1589. S'agissant de l'article 55, les hautes juridictions administratives et judiciaires se sont aussi et très nettement prononcées en faveur de cette primauté de la Constitution. Le Conseil d'État a estimé dans un arrêt d'Assemblée du 30 octobre 1998 que « la suprématie ainsi conférée aux engagements internationaux ne s'applique pas, dans l'ordre interne, aux dispositions de nature constitutionnelle »[3]. Deux ans plus tard, la Cour de cassation, en Assemblée plénière, a repris la même position, pratiquement dans les mêmes termes[4]. On ne peut qu'approuver cette position, qui est celle d'une partie de la doctrine et qui a été exposée dans ce manuel depuis de nombreuses éditions. Il faut en expliquer la logique, certaine dans l'ordre interne, et aussi son étrangeté, tout aussi évidente dans l'ordre international.

La position du Conseil d'État et de la Cour de cassation se comprend parfaitement si on la replace dans son cadre qui est celui, comme ces hautes juridictions le précisent elles-mêmes, de l'ordre juridique interne. Comme tout organe institué, elles procèdent de la Constitution et ne peuvent que la considérer comme la norme première et suprême. Aussi bien lorsque, par exemple, le Conseil d'État fait prévaloir les engagements internationaux sur les lois internes (non constitutionnelles), comme dans la jurisprudence *Nicolo*[5], c'est précisément en application de la Constitution et plus particulièrement de son article 55. Pour le Conseil d'État et la Cour de cassation, la Constitution est la norme fondamentale dont ils tirent leur existence et leurs pouvoirs. Ils ne peuvent aller au-delà de ce texte et encore moins à son encontre.

On observera aussi que la logique de la jurisprudence *Sarran* conduit à n'affirmer la primauté sur les engagements internationaux que des seules normes à valeur constitutionnelle. Il s'ensuit que les engagements internationaux devraient l'emporter sur les lois organiques et les lois référendaires (non constitutionnelles). Pour ces dernières, on peut regretter que la démocratie, dans son expression la plus directe et la plus immédiate, soit une fois de plus tenue en échec.

1590. Cette jurisprudence du Conseil d'État et de la Cour de cassation a été confirmée par le Conseil constitutionnel s'agissant du contrôle de constitutionnalité des lois nationales transposant des directives européennes. Dans une décision du 10 juin 2004

---

1. Décis. n° 70-39 DC du 19 juin 1970.
2. Décis. n° 85-188 DC du 22 mai 1985.
3. CE, Ass., 30 oct. 1998, *Sarran, Levacher et autres*.
4. Ass. plén. 2 juin 2000, *Mlle Pauline Fraisse*.
5. CE 20 oct. 1989, *Nicolo, Rec.*, p. 90.

sur l'économie numérique, le Conseil constitutionnel a exclu de contrôler de tels actes législatifs sauf si ceux-ci portent atteinte à « une disposition expresse de la Constitution ». Cette position ferme traduit bien la suprématie de la Constitution, en tout cas de son « noyau dur », y compris sur le droit européen. Cette jurisprudence a été précisée et sans doute amplifiée depuis une décision du 27 juillet 2006, *Droits d'auteur*[1], dans laquelle le Conseil a cette fois fait référence à l'« identité constitutionnelle de la France » comme représentant potentiellement une limite à l'application du droit communautaire dérivé. Cette jurisprudence est extrêmement importante. Elle produira tous ses effets lorsque le contenu de cette fameuse « identité constitutionnelle de la France » aura été précisé. Selon nous, il ne peut s'agir que des principes républicains essentiels, c'est-à-dire ceux que la Constitution de la Cinquième République a distingué comme essentiels. Au terme de l'article premier de la Constitution de 1958, la République reposerait sur cinq grands principes : 1°) le principe d'indivisibilité tempéré par la décentralisation ; 2°) le principe de laïcité ; 3°) le principe démocratique ; 4°) le principe du caractère social de l'État ; et enfin, 5°) le principe d'égalité accommodé par l'exigence de parité. Ces cinq principes pourraient constituer les cinq piliers de l'« identité constitutionnelle de la France ».

Section 4
L'exercice du pouvoir de révision

1591. Comme il est habituel en droit constitutionnel comparé, la Constitution de 1958 consacre ses dispositions terminales et, en l'occurrence, son titre XVI et son article 89 à sa propre révision. En fonction de ce texte et de la jurisprudence du Conseil constitutionnel, on examinera les limites inscrites dans l'article 89, le caractère souverain du pouvoir constituant et le refus du Conseil constitutionnel de contrôler les révisions.

I. Les limites à l'exercice du pouvoir de révision

1592. On les trouve non seulement dans l'article 89 mais aussi dans les articles 7 et 16. Certaines concernent la période de révision, d'autres l'objet de la révision (pour le respect de ces limites, cf. B et C).

A. La période de la révision

1593. En ce qui concerne la période de la révision, il existe une double interdiction : aucune procédure de révision ne peut être engagée ou poursuivie, d'une part, lorsqu'il est porté atteinte à l'intégrité du territoire (art. 89), d'autre part, pendant la durée de l'intérim présidentiel (art. 7). Si la première interdiction apparaît comme un lointain souvenir des tragiques événements de juin et juillet 1940, la seconde représente une précaution contre d'éventuels coups de force ou tentatives de pression. Les limites ainsi assignées à l'exercice du pouvoir constituant dérivé semblent efficaces, dans la mesure

1. *JO* 3 août 2006, p. 11541.

où elles portent sur la procédure et empêchent le déclenchement même de l'opération de révision ou sa poursuite. Il faut également rappeler qu'on ne saurait réviser la Constitution en période d'application de l'article 16 puisque les pouvoirs consentis au président de la République sont précisément destinés à rétablir l'ordre constitutionnel normal, c'est-à-dire antérieur à la mise en application dudit article.

B. L'objet de la révision

1594. En ce qui concerne l'objet de la révision, l'article 89 a repris *in fine* une formule traditionnelle depuis la loi du 14 août 1884 et selon laquelle la forme républicaine du Gouvernement ne peut faire l'objet d'une révision. Cette prescription, qui ne doit en aucun cas être transgressée, présente une importance capitale puisqu'elle concerne le fondement même du régime.

II. Le pouvoir constituant est souverain

1595. Cette formule est tirée de la décision n° 92-312 DC du 2 septembre 1992 du Conseil constitutionnel, qui est, parmi les rares décisions relatives à l'exercice du pouvoir constituant institué, celle qui en traite le plus directement[1]. En effet, les autres décisions, fort intéressantes elles aussi, se rapportent plutôt à la compétence du Conseil et aux limites qui l'enferment assez étroitement et qui lui interdisent – estime-t-il – de connaître des lois de révision, comme d'ailleurs des lois référendaires.

La décision du 2 septembre 1992 a été rendue sur recours formé par soixante parlementaires agissant en application de l'article 54 de la Constitution, modifié peu avant par la révision constitutionnelle du 25 juin 1992, qui avait pour objet principal de rendre la Constitution compatible avec le traité de Maastricht. Le recours tendait à faire constater l'incompatibilité persistante – selon les parlementaires – entre la Constitution pourtant modifiée et le traité.

1596. Le Conseil a d'abord tenu à rappeler les limites et les prescriptions relatives à l'exercice du pouvoir de révision énoncées par les articles 7, 16 et 89 et concernant, comme il a été indiqué précédemment la période et l'objet de la révision. Les termes figurant dans la décision sont intéressants car c'est « sous réserve » du respect de ces limites et prescriptions que le « pouvoir constituant est souverain ». Mais comme la Constitution ne contient aucune disposition permettant une saisine spécifique pour non-respect de ces limitations et prescriptions, on peut se demander dans quelles conditions – bien que pouvant statuer *ultra petita* – le Conseil pourrait être amené à en assurer l'observation.

Il a ensuite exposé très clairement ce que permet le caractère « souverain » attribué au pouvoir de révision. En effet, il indique qu'il est loisible à celui-ci « d'abroger, de modifier ou de compléter les dispositions de valeur constitutionnelle dans la forme qu'il estime appropriée ; qu'ainsi rien ne s'oppose à ce qu'il introduise dans le texte de la Constitution des dispositions nouvelles qui, dans le cas qu'elles visent, dérogent à une règle ou à un principe de valeur constitutionnelle ; que cette dérogation peut être

1. Décis. n° 92-312 DC du 2 sept. 1992.

aussi bien expresse qu'implicite ». Il a fait également valoir « que relève du pouvoir d'appréciation du constituant le fait de choisir et ajouter à la Constitution une disposition nouvelle, plutôt que d'apporter des modifications ou des compléments à ses articles ».

1597. Il répond ainsi à la question de savoir si une révision peut intégrer dans le texte en vigueur des dispositions qui lui sont contradictoires parce qu'elles relèvent d'une autre philosophie du devenir national. Sa réponse affirmative ne doit pas surprendre parce que le propre d'une révision est évidemment de modifier l'état de droit existant. Il est remarquable à cet égard que le Conseil admette pleinement, sous couvert de dérogations, toutes les modifications et contradictions, aussi bien implicites qu'expresses, mineures ou très importantes.

III. Le refus du Conseil constitutionnel de contrôler les révisions

1598. Ce refus qui ressort très clairement de certaines décisions – et notamment des décisions du 6 novembre 1962, du 2 septembre 1992 et du 26 mars 2003 – est en parfaite harmonie avec le principe selon lequel « le pouvoir constituant est souverain ».

1599. La première décision d'incompétence, n° 62-20 DC du 6 novembre 1962, n'est pas très significative. Le recours du président du Sénat dirigé contre la révision relative à l'élection du président de la République au suffrage universel direct pouvait certes faire valoir qu'elle avait été obtenue par la voie de l'article 11, donc de manière contestable. Tout en faisant appel à « l'esprit des institutions [1] », le Conseil constitutionnel a décliné sa compétence, estimant que les lois visées par l'article 61, au titre duquel il avait été saisi, étaient « uniquement des lois votées par le Parlement et non point celles qui, adoptées par le peuple à la suite d'un référendum, constituent l'expression directe de la souveraineté nationale ». On peut ajouter que le Conseil aurait sans doute été embarrassé d'avoir à censurer une loi référendaire.

1600. Trente ans plus tard, la décision n° 92-312 DC du 2 septembre 1992 apparaît plus élaborée. Si elle affirme que « le pouvoir constituant est souverain », c'est sous la réserve expresse des limitations et prescriptions figurant dans les articles 7, 16 et 89. Mais le recours des parlementaires était dirigé moins contre la révision du 25 juin 1992 que, une nouvelle fois, contre l'incompatibilité alléguée du traité de Maastricht avec la Constitution modifiée. Le Conseil a rejeté le recours au fond, déclarant qu'il n'y avait plus de contrariété. Saisi une troisième fois – la première décision n° 92-308 DC datait du 9 avril 1992 – et faisant appel non plus à l'esprit des institutions mais à l'équilibre des pouvoirs, il rend une décision d'incompétence en visant l'article 61 et en reprenant ses formules de 1962.

1601. Dans ces conditions, la décision n° 2003-469 DC du 26 mars 2003 apparaît comme la plus topique [2]. En effet, le recours des parlementaires était dirigé – et c'était une première – contre la loi de révision constitutionnelle, relative à l'organisation décentralisée de la République, décidée par un vote du Congrès, en application pure et simple

---

1. Sur l'esprit des institutions, cf. C. Goyard, *Introduction*, in *Mélanges P. Pactet*, Dalloz, 2003.
2. *JO lois et décrets* 29 mars 2003, p. 5570.

de l'article 89. Le Conseil constitutionnel a, une fois de plus, décliné sa compétence en rappelant qu'il « ne tient ni de l'article 61, ni de l'article 89, ni d'aucune autre disposition de la Constitution, le pouvoir de statuer sur une révision constitutionnelle ».

1602. Cette interprétation prête à discussion car, en droit comparé, il n'est pas rare que des juridictions constitutionnelles acceptent de contrôler des lois constitutionnelles. C'est le cas de la Cour suprême des États-Unis, de l'Inde, d'Israël. En Europe, c'est le cas notamment du tribunal constitutionnel portugais ou, avec certaines nuances, de la Cour constitutionnelle italienne. En France, un tel contrôle serait parfaitement envisageable, à la condition qu'il ne porte que sur les lois constitutionnelles votées par le Congrès et non pas par le peuple. En effet, autant il est certain que dans une société démocratique le peuple doit demeurer le souverain ultime, autant il est bien établi que l'action du Parlement, fut-elle constituante, n'est plus souveraine depuis la généralisation du contrôle de constitutionnalité des lois [1].

IV. Les discordances possibles avec les principes fondateurs

1603. Aux termes de l'article premier de la Constitution, « la France est une République indivisible, laïque, démocratique et sociale. Elle assure l'égalité devant la loi de tous les citoyens sans distinction d'origine, de race ou de religion. Elle respecte toutes les croyances. Son organisation est décentralisée. La loi favorise l'égal accès des femmes et des hommes aux mandats électoraux et fonctions électives, ainsi qu'aux responsabilités professionnelles et sociales ». L'article 3 souligne que « la souveraineté nationale appartient au peuple qui l'exerce par ses représentants et par la voie du référendum » et que « sont électeurs, dans les conditions déterminées par la loi, tous les nationaux français majeurs des deux sexes, jouissant de leurs droits civils et politiques ». Encore faudrait-il évoquer la Déclaration de 1789 et le Préambule de 1946 qui énumèrent avec beaucoup de force les droits des citoyens. Tels sont les principes fondateurs de la République.

Mais on sait aussi que « le pouvoir constituant est souverain », que les révisions ont été nombreuses depuis l'origine et que le Conseil constitutionnel, qui refuse de contrôler les révisions constitutionnelles, reconnaît qu'il est toujours possible d'introduire « dans le texte de la Constitution des dispositions nouvelles qui, dans le cas qu'elles visent, dérogent à une règle ou à un principe de valeur constitutionnelle [2] ». On ajoutera qu'il est normal que les esprits évoluent et qu'il faut tenir compte de la pression des événements.

1604. Ces différents éléments expliquent que figurent dans la Constitution des dispositions qui se concilient mal avec le texte originel et parfois lui sont directement contraires ou portent atteinte aux thèmes fondateurs.

Tel est le cas, à titre principal, des dispositions nécessitées par l'intégration de la France dans l'Union européenne et qui privent d'une très large part de leur substance les articles relatifs à la souveraineté nationale. Mais si ce principe essentiel est pratiquement dépouillé de son contenu, les droits et libertés ne sont pas touchés, sous réserve de quelques dispositions.

---

1. En ce sens, cf. : O. Bonnefoy, *Les relations entre Parlement et Conseil constitutionnel*, thèse dactyl., Bordeaux, 2015.

2. Décis. n° 92-312 DC du 2 sept. 1992.

Tel est le cas encore des discriminations électorales et professionnelles figurant dans l'accord de Nouméa du 5 mai 1998, dont les orientations ont été inscrites dans la Constitution par la loi de révision du 20 juillet 1998 et ont été confirmées par la révision de l'article 77 de la Constitution par la loi constitutionnelle du 23 février 2007. Elles ne se comprennent que parce qu'elles s'appliquent à un territoire précis et pour une période transitoire.

Section 5
Les procédures de révision de la Constitution

1605. Elles sont inscrites dans l'article 89 qui prévoit deux procédures distinctes et impose certaines limites et restrictions à l'exercice du pouvoir de révision. On examinera ces différents points ainsi que les difficultés d'application apparues à l'usage.

I. Les procédures de l'article 89

1606. Il faut d'abord indiquer que cet article occupe à lui seul le titre XVI de la Constitution intitulé « De la révision ». Il institue deux procédures, une procédure normale, comportant un cycle complet d'opérations et de consultations, et une procédure allégée, faisant l'économie de l'ultime phase référendaire de la procédure normale, mais renforçant en contrepartie certaines des opérations antérieures et applicables, sur décision du président de la République, aux seuls projets de révision (et non aux propositions).

1607. Pour mémoire, on notera qu'il existait dans ce texte originel un article 85 se situant dans le Titre consacré à la « Communauté » (qui rassemblait à l'époque la République et les États et peuples des territoires d'outre-mer) et comportant une procédure de révision propre à ladite « Communauté ». Cet article 85 n'a été appliqué qu'une seule fois, lors de l'adoption de la révision du 4 juin 1960 qui avait précisément pour objet d'y ajouter un second alinéa. Ensuite la « Communauté » a disparu très rapidement, dès la fin de 1960, et l'article a été abrogé ultérieurement par la loi constitutionnelle du 4 août 1995.

II. La procédure normale

1608. Elle comporte les phases classiques en la matière.

A. Initiative

1609. L'initiative appartient concurremment au président de la République, sur proposition du Premier ministre, et aux membres du Parlement. Ceux-ci ne se sont nullement privés d'exercer le droit qui leur est ainsi accordé, cependant les seules révisions qui aient abouti avaient leur origine dans une initiative du président de la République.

B. Discussion et vote

1610. Le texte, projet ou proposition, est soumis pour discussion et vote à l'Assemblée nationale et au Sénat, qui doivent l'adopter en termes identiques bien que par votes séparés (mais exprès).

L'article 89 ne prévoyant aucune disposition particulière à ce sujet, c'est la procédure législative habituelle qui s'applique, mais il va de soi que le Gouvernement ne peut avoir recours à l'article 45 pour contraindre le Sénat puisque, comme il vient d'être indiqué, celui-ci doit voter la loi de révision dans les mêmes termes que l'Assemblée nationale.

Bien qu'il s'agisse de modifier la charte fondamentale de l'État, il n'est pas exigé de majorité qualifiée : la majorité des suffrages exprimés suffit au sein de chaque assemblée.

C. Référendum

1611. C'est qu'il existe une phase finale de ratification populaire : le texte adopté par les deux assemblées est soumis à référendum et ce n'est que si la réponse des électeurs est positive qu'il pourra être promulgué par le président de la République.

Cette procédure a été mise en œuvre pour la première fois depuis 1958 à l'occasion de la révision du 2 octobre 2000 substituant le quinquennat au septennat. Le référendum a eu lieu le 24 septembre 2000 et a été marqué par la très grande indifférence des électeurs (résultat positif mais les abstentions se sont élevées à environ 70 % des inscrits).

III. La procédure allégée

1612. Il est évident que la procédure normale est très lourde, en raison notamment de la nécessité de consulter le peuple. Or une Constitution, pour solennelle qu'elle soit, n'est pas un texte sacré et il peut être souhaitable de la modifier sur un point relativement mineur, sans pour autant consulter l'ensemble des citoyens. D'où la procédure allégée prévue par l'article 89.

A. Le problème du choix

1613. L'existence de cette procédure pose d'abord le problème du choix entre procédure normale et procédure allégée. À cet égard, la réponse donnée par la Constitution est conforme à l'esprit général qui l'anime et qui est, on le sait, très favorable à l'exécutif. C'est le président de la République qui seul peut décider du recours à la procédure abrégée, sa décision devant être contresignée par le Premier ministre et les ministres responsables. Bien plus, aux termes de l'article 89, la procédure abrégée ne peut être appliquée qu'aux seuls *projets* de révision, c'est-à-dire aux projets venant du président de la République lui-même, à l'exclusion des propositions émanant des parlementaires. Le projet en question doit de toute manière avoir été voté par l'Assemblée nationale et par le Sénat en termes identiques et à la majorité des suffrages exprimés. L'article 89 ne précise pas à quel moment le président de la République doit intervenir.

B. L'allégement de la procédure

1614. La procédure abrégée se caractérise par un allégement du processus de révision. En effet, la consultation référendaire est supprimée et c'est sur le seul plan parlementaire que se situe l'adoption définitive du projet. On comprend donc que, à ce niveau, les exigences soient plus grandes. C'est pourquoi le projet déjà adopté par l'Assemblée nationale et le Sénat siégeant séparément est soumis aux deux assemblées réunies en Congrès, c'est-à-dire siégeant ensemble à Versailles. Le bureau du Congrès est celui de l'Assemblée nationale et le vote doit être acquis à la majorité des trois cinquièmes des suffrages exprimés. Le texte est ensuite promulgué par le président de la République.

IV. Les problèmes posés par l'application de l'article 89

1615. Cet article pose un certain nombre de problèmes sur lesquels il convient d'attirer l'attention.

A. Le veto constitutionnel du Sénat

1616. Il ressort clairement de l'article 89 qu'aucune révision de la Constitution ne peut avoir lieu sans l'accord du Sénat, que celui-ci doit manifester par un vote positif à la majorité des suffrages exprimés. Et, comme il a été indiqué, le Gouvernement, qui dispose de moyens de pression à l'encontre de l'Assemblée nationale, en est dépourvu à l'égard du Sénat. Cette situation peut poser des problèmes à l'exécutif lorsque l'orientation politique du Sénat n'est pas conforme à celle du président de la République ou de l'Assemblée nationale, ce qui est arrivé à plusieurs reprises. En d'autres termes, le Sénat a un droit de veto en matière constitutionnelle alors qu'il n'en détient pas en matière législative. Il est redevenu le gardien de la Constitution qu'il était sous la Troisième République.

1617. Ce droit de veto a été exercé formellement pour la première fois par le Sénat au cours de l'été 1984 lorsqu'il a tenu en échec le projet déposé en application de l'article 89 par le président Mitterrand[1] et portant révision de l'article 11 pour permettre aux citoyens de se prononcer par référendum, à l'initiative du président de la République, sur les garanties fondamentales en matière de libertés publiques. Il a suffi au Sénat d'opposer à deux reprises – les 7 août et 5 septembre 1984[2] – la question préalable pour que le texte soit définitivement rejeté. Le Sénat a récidivé en 1990 à l'encontre du projet de révision qui devait instituer un contrôle de la constitutionnalité des lois par voie d'exception mais, cette fois, il a réussi à faire obstacle au projet

1. Le président de la République se situait dans le cadre de la procédure normale (art. 89, alinéa 2) puisqu'il avait annoncé qu'il y aurait ratification référendaire.

2. Cette seconde intervention du Sénat faisait suite à l'adoption du projet par l'Assemblée nationale le 14 août 1984.

en y introduisant des dispositions jugées inacceptables par le président Mitterrand. Plus récemment, le Sénat a encore stoppé un processus de révision de la Constitution alors même que le projet avait été adopté par l'Assemblée nationale et que, surtout, compte tenu du contexte d'une menace terroriste élevée, ce projet de loi constitutionnelle de « protection de la Nation » pouvait apparaître comme une cause nationale dépassant les clivages partisans. Il s'agissait de la révision visant à inscrire dans la Constitution le régime de l'état d'urgence et la déchéance de nationalité à propos de laquelle le président de la République de l'époque, M. François Hollande, a décidé de « clore le débat constitutionnel » le 30 mars 2016 face à l'opposition du Sénat. Ce nouvel usage du veto par le Sénat n'a pas manqué de relancer le débat sur l'opportunité de maintenir au profit de la seconde chambre ce pouvoir de blocage des réformes institutionnelles.

B. L'interruption et la reprise des procédures allégées

1618. Certaines tentatives de révision par la procédure abrégée ont fait apparaître des difficultés. En 1973 un projet déposé par le président Pompidou et tendant à substituer un quinquennat au septennat présidentiel a été abandonné par son auteur parce que les majorités obtenues à l'Assemblée nationale et au Sénat ne laissaient pas augurer l'obtention d'une majorité des trois cinquièmes lors de la réunion du Congrès. En 1974 un projet du président Giscard d'Estaing tendant à permettre aux parlementaires devenus ministres et cessant de l'être de retrouver leurs sièges a connu le même sort pour les mêmes raisons.

L'interruption de la procédure a pris dans les deux cas l'aspect d'un abandon pur et simple qui paraît juridiquement fragile, notamment lorsque les assemblées ont voté le projet de révision et en partagent, par conséquent, la maîtrise avec le président. En effet, celui-ci, même co-auteur du projet voté, ne tient, semble-t-il, de l'article 89 qu'une compétence de procédure (choisir entre le référendum ou le Congrès) et non de fond (poursuite ou abandon). Ceci étant, on ne voit pas comment on pourrait contraindre à poursuivre la procédure un président qui s'y refuse [1].

La seule vraie question concerne donc la reprise de la procédure au stade où elle était parvenue, mais longtemps après, par un successeur du président qui a déposé le projet. Le bon sens impose évidemment une réponse négative, même si aucun délai n'est prévu [2]. C'est d'ailleurs la démarche qui a prévalu en 2000 pour instituer le quinquennat : toute la procédure a été recommencée, comme s'il n'y avait eu aucun précédent.

C. Le problème de la ratification référendaire des propositions

1619. Aucune proposition parlementaire n'a encore abouti mais on peut envisager, notamment en cas de cohabitation, qu'une telle proposition soit votée dans les conditions requises par l'article 89 (ce qui suppose un vote positif du Sénat), avec l'accord

---

1. Sur cette question, cf. H. Roussillon, « Le devenir du projet Pompidou de 1973 », in *La révision de la Constitution*, 1993.

2. Il est vrai que l'on pourrait invoquer, en sens contraire, le précédent qui est à l'origine de la Cinquième République puisque la loi constitutionnelle du 3 juin 1958 a été adoptée à partir de résolutions votées en 1955. Mais les circonstances étaient exceptionnelles.

au moins tacite du Gouvernement. Le problème se poserait alors de savoir si le président de la République peut s'opposer à la nécessaire consultation référendaire.

En droit, une réponse négative s'impose. En effet, il ressort des textes que le président ne dispose que d'une compétence de procédure (choix de la date pour la convocation des électeurs mais sans excéder les limites du raisonnable). L'absence de délai préfixé dans l'article 89, si elle laisse une certaine latitude au président, ne lui confère évidemment pas un droit de veto à l'encontre des propositions d'origine parlementaire, à l'égard desquelles il reste, d'un bout à l'autre de la procédure, totalement étranger quant au fond (c'était différent pour les projets). Un refus du président ou un ajournement abusif constituerait une fraude à la Constitution évidemment choquante. Mais il faut tout de même ajouter que si une telle hypothèse se réalisait, il serait très difficile d'y porter remède, compte tenu de l'irresponsabilité du président.

V. La controverse sur l'emploi de l'article 11

1620. Deux projets de révision constitutionnelle parmi les plus importants, l'un couronné de succès en 1962, l'autre soldé par un échec en 1969, ont été entrepris et poursuivis non pas en vertu de l'article 89 mais en application de l'article 11. On sait, en effet, que le texte originel de cet article – non modifié sur ce point par la loi constitutionnelle du 4 août 1995, qui lui a apporté des compléments – autorise le président de la République à soumettre à référendum des projets de loi portant «... sur l'organisation des pouvoirs publics ».

1621. L'emploi de cet article avait suscité en son temps de vives controverses.

Ce sont essentiellement des raisons de commodité pratique qui ont conduit le général de Gaulle à utiliser, contre la lettre de la Constitution, l'article 11 au lieu de l'article 89. En effet, l'article 89, quelle que soit la procédure utilisée, normale ou abrégée, impose que le projet soit voté, en termes identiques et à la majorité des suffrages exprimés, par l'Assemblée nationale et le Sénat. Si l'accord de ces deux assemblées, ou de l'une d'elles, est douteux, le président de la République peut être tenté d'échapper à leur veto – et notamment à celui du Sénat, parfois plus réticent à l'égard du pouvoir – en ayant recours à la procédure de consultation directe des électeurs prévue par l'article 11. C'est dans ces conditions que le général de Gaulle a eu recours à l'article 11, en 1962, parce qu'il n'avait plus de majorité de soutien à l'Assemblée – comme devait le montrer la censure du Gouvernement Pompidou – ni au Sénat, et en 1969, parce que le Sénat était très hostile au projet le concernant.

On pourrait aussi envisager un recours à l'article 11 après échec d'une procédure commencée sous le couvert de l'article 89. Le président ferait appel auprès du peuple du rejet résultant soit du vote négatif d'une des assemblées ou des deux, soit d'un vote du Congrès n'atteignant pas la majorité requise. Il est certain qu'il s'agirait là d'une inconstitutionnalité aggravée par méconnaissance à la fois de l'article 11 et de l'article 3.1 selon lequel la volonté du peuple s'exprime aussi valablement par ses représentants que par son vote. Ceci étant, elle ne pourrait pas plus que le recours direct à l'article 11 être tenue en échec, le président n'étant assujetti à aucun contrôle. C'est d'ailleurs la raison pour laquelle l'article 11 n'a peut-être pas fini de faire parler de lui.

Section 6
La pratique des révisions de la Constitution

1622. On examinera successivement les révisions intervenues entre 1958 et 1995 et les révisions votées ou projetées depuis cette date. En effet, l'élection du président Jacques Chirac en 1995 a marqué un tournant dans la mesure où, de 1958 à 1995, il a été procédé à huit révisions en trente-sept ans, alors que de 1995 à 2007, sous sa présidence, la Constitution a été révisée quatorze fois en douze ans.

I. Les révisions et tentatives de révision antérieures à 1995

1623. Il faut tenir compte, pour prendre une vue d'ensemble, à la fois des révisions acquises et des tentatives qui n'ont pas abouti. Elle permet de distinguer une révision réalisée en application de l'article 85 (en 1960), une révision effectuée au titre de l'article 11 (en 1962), les révisions opérées en vertu de la procédure abrégée prévue par l'article 89 (en 1963, 1974, 1976, 1992, juillet 1993 et novembre 1993), les projets rejetés soit par vote référendaire au titre de l'article 11 (en 1969) soit par opposition du Sénat (en 1984) et les projets non poursuivis soit en raison d'un premier vote à une trop faible majorité (en 1973 et 1974) soit en raison d'une dénaturation par les amendements sénatoriaux (en 1990).

Entre 1981 et 1993, les majorités socialistes n'ont pu faire aboutir que la révision du 25 juin 1992 rendue nécessaire par le traité de Maastricht.

D'autres projets, ont été soumis à un Comité consultatif institué à cet effet par décret en 1992 et présidé par le doyen G. Vedel. Ce Comité les a étudiés et après les avoir amendés a consigné ses propres propositions dans un rapport du 15 février 1993, d'un grand intérêt. À l'extrême fin de la législature socialiste, le Gouvernement Bérégovoy, modifiant à son tour dans un sens moins libéral les propositions du Comité Vedel, a déposé le 11 mars 1993 deux projets de loi constitutionnelle comportant plus de cinquante modifications au texte constitutionnel. Ces deux projets ont été déposés pour prendre date, à la veille d'élections législatives dont tout donnait à penser qu'elles ne seraient pas favorables à la majorité de gauche[1].

1624. En mars 1993, les législatives donnent effectivement le pouvoir à la droite, F. Mitterrand demeurant président. Le Gouvernement E. Balladur fait voter : 1°) la loi constitutionnelle du 27 juillet 1993 réformant le Conseil supérieur de la magistrature et instituant une Cour de justice de la République ; 2°) la loi constitutionnelle du 25 novembre 1993 créant un article 53.1 relatif au droit d'asile et destiné à faire disparaître certaines contradictions relevées par le Conseil constitutionnel[2] entre les traités communautaires de Dublin et de Schengen et la Constitution.

---

1. Ces projets n'ont reçu qu'une application très partielle, dans un texte d'ailleurs modifié, du fait de la loi constitutionnelle du 27 juillet 1993.

2. Décis. n° 93-323 DC du 5 août 1993.

II. Les révisions postérieures à 1995

1625. On rappellera d'abord que toutes les révisions sont intervenues par la volonté ou avec l'appui du président Jacques Chirac qui aura très fréquemment modifié la Constitution de 1958. Sous cette réserve, on peut distinguer trois périodes, l'une conduite par le Gouvernement A. Juppé, qui s'appuie sur la majorité de droite issue des élections de 1993, une autre, qui part des élections législatives d'avril 1997 et qui est conduite par le Gouvernement L. Jospin, et la dernière qui part des élections présidentielle et législatives de 2002 et qui est conduite par J.-P. Raffarin et enfin par D. de Villepin.

1626. Au cours de la première période, deux révisions sont votées : 1°) la loi constitutionnelle du 4 août 1995, qui modifie les articles 11 (pour étendre les possibilités de consultation référendaire) et 28 (pour instituer la session parlementaire unique) ; 2°) la loi constitutionnelle du 22 février 1996, qui a pour principal objet de conférer au Parlement un pouvoir de contrôle par le vote de la loi de financement sur l'équilibre financier de la Sécurité sociale.

1627. Au cours de la deuxième période, cinq révisions ont été votées, plusieurs projets ont été déposés et examinés. Les révisions adoptées sont : 1°) la loi constitutionnelle du 20 juillet 1998 relative à l'évolution de la Nouvelle-Calédonie ; 2°) la loi constitutionnelle du 25 janvier 1999, qui assure la mise en conformité de la Constitution avec le traité d'Amsterdam ; 3°) la loi constitutionnelle n° 99-568 du 8 juillet 1999 sur la reconnaissance de la Cour pénale internationale ; 4°) la loi constitutionnelle n° 99-569 du 8 juillet 1999 relative à l'égalité entre les femmes et les hommes ; 5°) la loi constitutionnelle du 2 octobre 2000 fixant à cinq ans la durée du mandat du président de la République.

1628. La troisième période est ouverte par les élections présidentielle et législatives du printemps 2002. Le président Jacques Chirac est réélu et il dispose désormais d'une majorité de soutien à l'Assemblée nationale. Les révisions, qui ne se sont jamais heurtées au cours de la période précédente à des difficultés majeures mais qui ont pu paraître quelque peu « neutralisées », s'en trouvent facilitées et peuvent témoigner d'une volonté politique plus affirmée. Il faut signaler à ce titre la loi constitutionnelle n° 2003-276 du 28 mars 2003, relative à l'organisation décentralisée de la République, qui modifie les articles premier, 7, 34, 37, 39, 60, 72, 73, 74 et introduit dans la Constitution les articles 72-1, 72-2, 72-3, 72-4, 74-1. Pour mémoire, on indiquera également que trois jours plus tôt, la loi constitutionnelle n° 2003-267 du 25 mars 2003 a introduit dans l'article 88-2 un alinéa nouveau relatif au mandat d'arrêt européen en application d'actes pris au plan de l'Union européenne. Le 28 février 2005, le Congrès a adopté deux révisions de la Constitution. En premier lieu la loi constitutionnelle n° 2005-205 du 1er mars 2005 a modifié l'article 34 de la Constitution et surtout le préambule de la Constitution qui désormais renvoie à la Charte de l'environnement de 2004. Cette dernière se trouve donc intégrée dans le bloc de constitutionnalité aux côtés de la Déclaration de 1789, du Préambule de la Constitution de 1946, des Principes fondamentaux reconnus par les lois de la République et, bien entendu, de la Constitution de 1958 elle-même. En second lieu, la loi constitutionnelle n° 2005-204 a entendu réviser le titre XV de la Constitution relatif aux « Communautés européennes et à l'Union européenne ». Cette révision avait pour objet de rendre la Constitution compatible avec les stipulations du traité visant à établir une Constitution pour l'Europe comme l'exige l'article 54 de la Constitution. Or, cette révision était conditionnelle dans la mesure où elle n'avait de sens que si et seulement si le « traité constitutionnel » était ratifié. Comme il ne l'a pas été à la suite du référendum négatif du 29 mai 2005, cette révision a été frappée de caducité.

Enfin, dans les dernières semaines de son mandat, le président de la République a poussé les feux afin de faire adopter trois lois constitutionnelles de première importance. Elles ont toutes trois été adoptées le 23 février 2007. La première complète l'article 77 de la Constitution et vise à briser la jurisprudence du Conseil constitutionnel en imposant une « citoyenneté bloquée », réservée aux personnes résidant en Nouvelle-Calédonie depuis plus de dix ans à la date du 5 mai 1998, en vue du référendum devant avoir lieu en 2008. La deuxième, qui correspond à une promesse de campagne de J. Chirac effectuée en 2002, a pour effet de doter le chef de l'État d'un nouveau régime de responsabilité pénale. Sont donc profondément modifiés les articles 67 et 68 qui forment le titre IX de la Constitution. Troisièmement et dernièrement, un article 66-1 nouveau a été créé afin de constitutionnaliser l'interdiction de la peine de mort.

III. La révision constitutionnelle du 23 juillet 2008 : une « nouvelle » Constitution ?

1629. La révision constitutionnelle adoptée le 23 juillet 2008 est sans conteste la plus importante depuis 1958. Plusieurs caractéristiques ayant présidé à son adoption méritent d'être soulignées. Ainsi, cette réforme a été véritablement préparée. Contrairement à d'autres révisions constitutionnelles récentes, ou projets de révision, celle-ci a fait l'objet d'une réflexion approfondie, par des experts d'abord de juillet à novembre 2007 au sein du Comité de réflexion et de proposition sur la modernisation et le rééquilibrage des institutions de la Cinquième République (dit « Comité Balladur »), par les représentants de la Nation ensuite entre avril et juillet 2008 au cours d'un débat parlementaire d'une grande qualité. Pourtant, cette révision a été votée le 21 juillet 2008 par le Congrès « à l'arraché »[1] puisque ce sont seulement deux voix qui ont fait la différence lors de ce scrutin incertain jusqu'à la dernière minute. La loi constitutionnelle promulguée le 23 juillet 2008 a conduit à la création de neuf nouveaux articles et en a modifié ou complété trente-neuf autres. Cette révision de grande ampleur était sans doute nécessaire à l'heure où la Cinquième République fêtait son cinquantième anniversaire. À vrai dire, le seul autre choix possible aurait résidé dans un changement de Constitution permettant le passage à une VIe République. Quelles que soient les appréciations que l'on pourrait porter sur le choix effectué par le président de la République d'alors, M. Nicolas Sarkozy, de changer *la* Constitution, plutôt que changer *de* Constitution, force est de constater que cette révision constitutionnelle a modifié certains équilibres institutionnels établis depuis 1958, même si ses effets en profondeur, notamment sur la revalorisation du rôle du Parlement, peuvent être jugés décevants. À vrai dire, avec le recul d'une dizaine d'années maintenant, c'est l'instauration de la question prioritaire de constitutionnalité qui ressort avec le plus de netteté comme l'apport principal de cette révision.

---

1. M. Verpeaux, « La révision constitutionnelle à l'arraché », *JCP* 2008, p. 170.

IV. L'ENVAHISSEMENT PROGRESSIF DE LA CONSTITUTION PAR LES TEXTES DE DROIT EXTERNE

1630. Il faut entendre par droit externe les textes de droit international et de droit européen auxquels la Constitution fait désormais explicitement référence.

La date de départ se situe évidemment en 1992 à l'occasion de la révision du 25 juin 1992, nécessitée par le traité de Maastricht et qui insère dans la Constitution les articles 88-1, 88-2, 88-3, 88-4, dont deux visent expressément ledit traité. Ensuite, plusieurs révisions interviennent, qui sont motivées par des textes ou des considérations de droit externe. La révision du 25 novembre 1993 ajoute à la Constitution un article 53-1 pour conférer à la France un « super-droit d'asile » venant en complément de celui procédant dans chaque État de l'Union européenne de la Convention de Schengen. La révision du 25 janvier 1999, rendue nécessaire par le traité d'Amsterdam, modifie les articles 88-2 et 88-4. La révision du 8 juillet 1999 introduit un article 53-2 aux termes duquel « la République peut reconnaître la juridiction de la Cour pénale internationale dans les conditions prévues par le traité signé le 18 juillet 1998 ». La révision du 25 mars 2003 sur le mandat d'arrêt européen qu'elle introduit dans l'article 88-2 fait également référence au traité sur l'Union européenne. La révision du 1er mars 2005 avait-elle pour objet de permettre la ratification ultérieure du traité du 29 octobre 2004 établissant une Constitution pour l'Europe ? Comme on le sait, la ratification de ce traité ayant été repoussée par référendum le 29 mai 2005, ce traité n'entrera jamais en vigueur. Il n'en reste pas moins que le texte de la Constitution avait été modifié en prévision de cette ratification. Malgré cette déconvenue, le président de la République, M. Nicolas Sarkozy, a procédé en 2008 comme l'avait fait son prédécesseur en 2005. En effet, la loi constitutionnelle du 4 février 2008 visant à rendre compatible la Constitution avec le traité de Lisbonne a modifié les articles 88-1 à 88-7 de la Constitution. Ce traité est entré en vigueur le 1er décembre 2009, soit un mois après l'achèvement du processus de ratification dans les vingt-sept États membres de l'Union européenne à l'époque.

► Bibliographie

Sur la hiérarchie des normes

D. de Béchillon, *Hiérarchie des normes et hiérarchie des fonctions normatives de l'État*, Economica, 1996.

H. Kelsen, *Théorie pure du droit,* trad. C. Eisenmann, Dalloz, 1962.

P. Pactet, « Quelques réflexions sur les principes relatifs aux libertés et aux droits sous la Cinquième République », in *Mélanges C.A. Colliard*, Pedone, 1984.

M. Waline, « Les rapports entre la loi et le règlement avant et après 1958 », *RDP* 1959, p. 699.

Sur la révision de la Constitution

F. Moderne, *« Réviser » la Constitution,* Dalloz, Paris, 2006.

C. Starck, *La Constitution cadre et mesure du droit*, Economica-PUAM, 1994.

M. Verpeaux, « Constitution et lois constitutionnelles. Brèves réflexions à l'occasion de quelques révisions récentes », in *Mélanges J. Gicquel*, Montchrestien, 2008, p. 593.

Du nouveau dans la Constitution ? (Commentaire article par article du projet de loi constitutionnelle de modernisation des institutions de la Ve République), LPA n° spécial, 2008.

M. Verpeaux (dir.), « Révision de la Constitution : la Ve République rénovée ? À propos de la loi constitutionnelle du 23 juillet 2008 », *JCP* 2008.

Comité consultatif pour la révision de la Constitution, dit « Comité Vedel », Rapport du 15 février 1993, *Journal officiel* du 16 février 1993

Comité de réflexion et de proposition sur la modernisation et le rééquilibrage des institutions, dit « Comité Balladur », *Rapport du 29 octobre 2007*, La documentation française/Fayard, 2007.

Commission pour la rénovation et la déontologie de la vie publique, dite « Commission Jospin », La documentation française, 2012.

Groupe de travail sur l'avenir des institutions, dit « Commission Bartolone/Winock », *Refaire la démocratie*, Rapport n° 3100, Assemblée nationale, 2015 ; éd. Thierry Marchaisse, 2016.

Révisions et projets de révision de la Constitution[1]

Date de la révision	Objet de la révision	Procédure utilisée	Observations
1. Projet ayant abouti à la loi const. du 4 juin 1960	Complète les art. 85 et 86 (adaptation à la Communauté contractuelle)	Art. 85	Vote par AN (280 voix contre 174) Vote par Sénat République (146 voix contre 128) Vote par Sénat Communauté (205 voix contre 8)
2. Projet ayant abouti à loi const. du 6 novembre 1962	Modifie les art. 6 et 7 (élection du prés. de la Rép. au suffrage universel direct)	Art. 11	Référendum 28 octobre 1962 Inscrits 28 185 478 Absten. 6 490 915 Oui 13 150 516 Non 7 974 538
3. Projet ayant abouti à la loi const. du 30 décembre 1963	Modifie l'art. 28 (dates d'ouverture des sessions)	Art. 89 (proc. abrégée)	Congrès réuni à Versailles 20 décembre 1963 (557 voix contre 1 167 abstentions)
Projet du 2 avril 1969 (rejeté par le peuple)	Modifie ou abroge les art. 7, 20, 24, 25, 34, 35, 36, 39, 40, 42, 45, 46, 47, 48, 49, 59, 67, 68, 69, 70, 71, 72, 89 (création de régions et rénovation du Sénat)	Art. 11	Référendum du 27 avril 1969 Inscrits 29 392 390 Absten. 5 839 779 Non 12 007 102 Oui 10 901 753
Projet du 6 septembre 1973 (non poursuivi)	Modifie l'art. 6 (quinquennat)	Art. 89 (proc. abrégée)	Vote par AN (270 voix contre 211) 16 octobre 1973 Vote par Sénat (162 voix contre 112) 19 octobre 1973 Majorité des trois cinquièmes compromise

1. Il n'est question dans ce tableau que des projets émanant du président de la République, à l'exclusion des propositions émanant des parlementaires. Les numéros d'ordre, dans la colonne « date de la révision », permettent d'identifier rapidement les vingt-quatre révisions effectivement intervenues depuis l'origine.

Date de la révision	Objet de la révision	Procédure utilisée	Observations
4. Projet ayant abouti à la loi constitution-nelle du 29 octobre 1974	Modifie l'art. 61 (saisine du Conseil constitutionnel)	Art. 89 (proc. abrégée)	Congrès réuni à Versailles 21 octobre 1974 (488 voix contre 273)
5. Projet ayant abouti à la loi constitutionnelle du 18 juin 1976	Modifie l'art. 7 (empêchement ou disparition d'un candidat à l'élection présidentielle)	Art. 89 (proc. abrégée)	Congrès réuni à Versailles 14 juin 1976 (490 voix contre 258)
Projet du 24 juillet 1984 (rejeté par le Sénat)	Modifie l'article 11 (pour permettre au président de décider un référendum sur les garanties fonda-mentales des libertés)	Art. 89 (proc. normale)	Rejeté par le Sénat 8 août 1984 (207 voix contre 106) Approuvé par l'AN 23 août 1984 (324 voix contre 158) Rejeté par le Sénat 5 septembre 1984 (207 voix contre 104)
Projet du 2 avril 1990 (non poursuivi)	Modifie les art. 61, 62 et 63 (exception d'inconstitutionnalité)	Art. 89 (proc. abrégée)	Approuvé par AN 26 avril 1990 (306 voix contre 246) Modifié par Sénat 14 juin 1990 (228 voix contre 17 et 73 abstentions)
6. Projet ayant abouti à la loi const. du 25 juin 1992	Révision nécessitée par le traité de Maastricht du 7 février 1992	Art. 89 (proc. abrégée)	Amendé par AN 12 mai 1992 Amendé par Sénat 16 juin 1992 Adopté par AN 18 juin 1992 Adopté par Congrès 23 juin 1992
7. Projets n°s 231 et 232 du 10 mars 1993 ayant très partiellement abouti à la loi const. du 27 juillet 1993	Devaient modifier environ 50 articles. Repris très partiellement après les législatives de mars 1993 pour modifier les art. 65 et 68 et introduire les art. 68.1 et 68.2 (après les législatives de mars 1993)	Art. 89 (proc. abrégée)	Amendé par Sénat 27 mai 1993 Amendé par AN 23 juin 1993 Navette 1er-8 juillet 1993 Adopté par Congrès 19 juillet 1993

Date de la révision	**Objet de la révision**	**Procédure utilisée**	**Observations**
8. Projet ayant abouti à la loi const. du 25 novembre 1993	Ajoute un art. 53.1 (droit d'asile)	Art. 89 (proc. abrégée)	Voté par AN 2 novembre 1993 Voté par Sénat 16 novembre 1993 Voté par Congrès 19 novembre 1993 (698 voix contre 157)
9. Projet ayant abouti à la loi const. du 4 août 1995	Modifie les art. 11 et 28 et accessoirement plusieurs autres articles. Abroge les titres XIII et XVII	Art. 89 (proc. abrégée)	Amendé par AN 12 juillet 1995 Amendé par Sénat 26 juillet 1995 Amendé par AN 27 juillet 1995 Voté par Sénat 28 juillet 1995 Voté par le Congrès 31 juillet 1995
10. Projet ayant abouti à la loi const. du 22 février 1996	Complète l'art. 34, modifie l'art. 39, et ajoute un art. 47.1	Art. 89 (proc. abrégée)	Voté par AN 25 janvier 1996 Voté par Sénat 7 février 1996 Voté par Congrès 19 février 1996
11. Projet ayant abouti à la loi const. du 20 juillet 1998	Révision relative à la Nouvelle-Calédonie. Rétablit le Titre XIII	Art. 89 (proc. abrégée)	Voté par AN 16 juin 1998 Voté par Sénat 30 juin 1998 Voté par Congrès 6 juillet 1998
12. Projet ayant abouti à la loi const. du 25 janvier 1999	Révision nécessitée par le traité d'Amsterdam du 2 octobre 1997 (modifié 88.2 et 88.4)	Art. 89 (proc. abrégée)	Voté par AN 2 décembre 1998 Voté par Sénat 18 décembre 1998 Voté par Congrès 19 janvier 1999
13. Projet ayant abouti à la loi const. du 8 juillet 1999	Introduit sur art. 53-2 (Cour pénale internationale)	Art. 89 (proc. abrégée)	Voté par AN 6 avril 1999 Voté par Sénat 29 avril 1999 Voté par Congrès 28 juin 1999

Date de la révision	Objet de la révision	Procédure utilisée	Observations
14. Projet ayant abouti à la loi const. du 8 juillet 1999	Complète les art. 3 et 4 (égalité entre les femmes et les hommes)	Art. 89 (proc. abrégée)	Amendé par Sénat 4 mars 1999 Voté par AN 10 mars 1999 Voté par Congrès 28 juin 1999
15. Projet ayant abouti à la loi const. du 2 octobre 2000	Modifie l'art. 6 (substitue le quinquennat au septennat)	Art. 89 (proc. avec refer.)	Vote par AN 20 juin 2000 Vote par Sénat 29 juin 2000 Approuvé par réf. 24 septembre 2000
Projet de loi const. déposé le 26 mai 1998	Conseil supérieur de la magistrature (art. 65)	Art. 89 (proc. abrégée)	Voté par AN 6 octobre 1998 Voté par Sénat 18 novembre 1998 Retiré le 19 janvier 2000 de l'ordre du jour du Congrès
Projet de loi const. déposé (suspendu ou en attente ?)	Modifie l'art. 77 (Nouvelle Calédonie) et rétablit au titre XIV (Polynésie française, art. 78 nouveau)	Art. 89 (proc. abrégée)	Voté par AN le 10 juin 1999 Voté par Sénat 12 octobre 1999
16. Projet ayant abouti à la loi const. du 25 mars 2003	Ajoute un alinéa à l'art. 88.2 (mandat d'arrêt européen)	Art. 89 (proc. abrégée)	Voté par AN Voté par Sénat Voté par Congrès 17 mars 2003
17. Projet ayant abouti à la loi const. du 28 mars 2003	Modifie les art. 1, 7, 34, 37, 39, 60, 72, 73, 74, ajoute les art. 72.1, 72.2, 72.3, 72.4, 74.1 (organisation décentralisée de la Rép.)	Art. 89 (proc. abrégée)	Voté par AN 4 décembre 2002 Voté par Sénat 11 décembre 2002 Voté par Congrès 17 mars 2003
18. Projet ayant abouti à la loi const. du 1er mars 2005	Modifie l'alinéa 1er du préambule (Charte de l'environnement) et l'article 34 de la Constitution	Art. 89 (proc. abrégée)	Voté par AN 1er juin 2004 Voté par Sénat 24 juin 2004 Voté par Congrès 28 février 2005

Date de la révision	Objet de la révision	Procédure utilisée	Observations
19. Projet ayant abouti à la loi const. du 1er mars 2005 (caduque)	Modifie le titre XV de la Constitution (« Traité constitutionnel »)	Art. 89 (proc. abrégée)	Voté par AN 1er février 2005 Voté par Sénat 17 février 2005 Voté par Congrès 28 février 2005
20. Projet ayant abouti à la loi const. du 23 février 2007	Complète l'art. 77 (Corps électoral en Nouvelle-Calédonie)	Art. 89 (proc. abrégée)	Voté par AN 13 décembre 2006 Voté par Sénat 16 janvier 2007 Voté par Congrès 19 février 2007
21. Projet ayant abouti à la loi const. du 23 février 2007	Modifie le titre IX et les art. 67 et 68 (responsabilité pénale du président de la République)	Art. 89 (proc. abrégée)	Voté par AN 16 janvier 2007 Voté par Sénat 7 février 2007 Voté par Congrès 19 février 2007
22. Projet ayant abouti à la loi const. du 23 février 2007	Crée l'art. 66-1 (constitutionalisation de l'interdiction de la peine de mort)	Art. 89 (proc. abrégée)	Voté par AN 30 janvier 2007 Voté par Sénat 7 février 2007 Voté par Congrès 19 février 2007
23. Projet ayant abouti à la loi const. du 4 février 2008	Modifie le titre XV et les art. 88-1 à 88-7 (traité de Lisbonne)	Art 89 (proc. abrégée)	Voté par AN 16 janvier 2008 Voté par Sénat 29 janvier 2008 Voté par Congrès 4 février 2008
24. Projet ayant abouti à la loi const. du 23 juillet 2008	crée : titre XI *bis*, art. 34-1, 47-2, 50-1, 51-1, 51-2, 61-1, 71-1, 75-1 et 87. modifie : titre XI, art. 3, 4, 11, 17, 18, 24, 25, 34, 39, 41, 42, 43, 45, 46, 47, 47-1, 48, 49, 62, 65, 69, 70, 71, 73, 74-1, 88-4, 88-5, 89. complète : art. 1er, 6, 11, 13, 16, 25, 35, 38, 44, 56, 72-3	Art. 89 (proc. abrégée)	Voté par AN 9 juillet 2008 Voté par Sénat 16 juillet 2008 Voté par Congrès 21 juillet 2008

Chapitre 24

Les normes internationales et européennes dans la hiérarchie des normes

1631. La Constitution consacre son titre VI aux traités et accords internationaux et son titre XV à l'Union européenne. Le titre VI traite l'ensemble des normes internationales générales et conventionnelles, (ces dernières étant de beaucoup les plus importantes), qu'il convient d'étudier (section 1). Le titre XV concerne l'Union européenne, dont les normes s'appliquent directement à la population et au territoire français (section 2). Une section sera réservée à l'incidence de la Convention européenne des droits de l'Homme et des libertés fondamentales sur les juridictions françaises (section 3).

Section 1

Les normes internationales

1632. Il faut d'abord évoquer ce que recouvre l'expression (I), examiner la conclusion des engagements internationaux (II), étudier l'article 54 relatif au contrôle de la constitutionnalité de ces mêmes engagements (III), étudier aussi l'article 55 sous le double aspect de l'introduction de ces engagements en droit interne (IV) et de leur primauté sur les lois internes non constitutionnelles (V).

I. Les normes internationales générales et le droit international conventionnel

A. Le droit international général

1633. Il recouvre toutes les règles qui procèdent non pas des conventions internationales mais, conformément aux dispositions de l'article 38 du statut de la Cour internationale de Justice du 26 juin 1945, de la coutume internationale et des principes généraux du droit reconnus par les nations civilisées. L'existence de ce droit international général est certaine même si sa place est réduite par rapport au droit conventionnel et si son effectivité se heurte parfois à des résistances.

Or le Préambule de 1946 indique, dans son alinéa 14, que « la République française, fidèle à ses traditions, se conforme aux règles du droit public international ». Il s'agit là d'une véritable déclaration de principe, affirmant nettement la supériorité de tout le droit international, général et conventionnel, sur les normes internes, y compris constitutionnelles. On verra cependant que, dans la pratique, les conflits éventuels entre la norme internationale et la norme constitutionnelle interne ne se résolvent pas nécessairement au bénéfice de la première.

B. Les traités et accords internationaux

1634. Ils font l'objet du titre VI de la Constitution mais la véritable distinction, en droit international et en droit français, est entre engagements en forme solennelle et accords en forme simplifiée.

Les premiers sont des actes plurilatéraux faisant l'objet d'un formalisme important et impliquant une procédure assez longue : conclus au nom du chef de l'État, ils sont soumis à ratification et n'entrent en vigueur qu'après l'échange des instruments de ratification. Les accords en forme simplifiée sont des actes plurilatéraux à procédure courte : conclus au nom du Gouvernement, ils ne sont pas soumis à ratification et entrent en vigueur dès leur signature. Ils représentent plus des trois quarts des engagements internationaux passés par la France.

La Constitution de 1958 introduit dans cette distinction simple un élément de complication dans la mesure où les articles 53, 54 et 55 font référence à la nécessaire approbation de certains accords, pourtant non soumis à ratification. Ils entrent de ce fait dans une catégorie intermédiaire, généralement parce qu'ils ont un objet figurant dans l'énumération de l'article 53, ce qui implique une intervention du Parlement.

On ajoutera deux observations supplémentaires. D'une part, il n'existe aucun critère rationnel présidant à la répartition des matières entre engagements en forme solennelle et accords en forme simplifiée. Les deux procédures peuvent être employées indifféremment, ce qui fait que des engagements très importants peuvent être conclus sous la forme d'accords [1]. D'autre part, la pratique française permet au ministre des Affaires étrangères d'assortir certains engagements de réserves diverses.

II. La conclusion des engagements internationaux

1635. Le titre VI de la Constitution comporte diverses dispositions sur les modalités de conclusion des engagements internationaux, auxquelles il faut associer les usages traditionnels en la matière.

A. La négociation

1636. La Constitution, dans son article 52, réserve à l'exécutif et plus précisément au président de la République la compétence en la matière mais il ne l'exerce pleinement qu'à l'égard des engagements en forme solennelle car en ce qui concerne les accords le texte constitutionnel prévoit qu'il doit seulement être tenu informé.

Ainsi, au moins pour les engagements en forme solennelle, le rôle primordial est institutionnellement dévolu au président, qui assume des fonctions d'impulsion, de direction et de décision, prenant des initiatives, désignant des plénipotentiaires, signant les lettres de pleins pouvoirs, fixant des objectifs, diffusant des instructions

1. À noter que le Conseil d'État refuse de connaître par voie contentieuse du choix fait par l'exécutif entre engagements en forme solennelle et accords en forme simplifiée : CE, Ass., 18 déc. 1998, *SARL du parc d'activités de Blotzheim*.

et faisant connaître ses décisions. Bien entendu, les contacts diplomatiques et les procédures administratives sont très largement assurés, sous son autorité, par le ministre des Affaires étrangères et par ses services, dont c'est la tâche spécifique. Il est clair, d'autre part, que le Premier ministre ne peut être tenu à l'écart de négociations dont il assume la responsabilité politique devant l'Assemblée nationale [1].

Pour les accords en forme simplifiée, qui sont de beaucoup les plus nombreux, le président reste en retrait puisqu'il doit être seulement tenu informé, sans qu'il soit d'ailleurs précisé à quel moment. Or il est certain que si cette information est tardive, le président se trouve largement dessaisi par le Gouvernement et plus spécialement par le Premier ministre assisté du ministre des Affaires étrangères. En pratique, cependant, l'écart est moins marqué qu'il ne le paraît dans le texte entre la négociation des traités et celle des accords, tout au moins dans le schéma normal de fonctionnement du régime, un accord ne pouvant guère être conclu contre la volonté du président. Mais le problème peut se poser en période de cohabitation. En pratique il ne semble pas qu'il y ait eu de véritables difficultés.

B. La signature

1637. C'est un procédé d'authentification du texte des traités et des accords et elle doit être donnée par un représentant qualifié de l'État ayant pouvoir à cet effet. En France, il s'agit d'un agent de l'exécutif exerçant au moins pour l'occasion les fonctions de représentant plénipotentiaire, si même il ne s'agit pas, pour des engagements importants, d'une autorité exécutive proprement dite. Pour les accords, la signature produit un effet supplémentaire essentiel puisqu'elle leur donne, en principe, force obligatoire en liant les États signataires.

C. La ratification ou l'approbation

1638. La Constitution, dans son titre VI, vise également la ratification et l'approbation des traités et accords. Celles-ci ne se distinguent guère en droit international mais elles présentent en droit français interne des différences certaines.

On sait déjà que le droit français réserve la ratification aux engagements en forme solennelle et l'approbation aux accords en forme simplifiée qui n'entrent pas en vigueur dès leur signature. Deux plans doivent être distingués : celui de l'analyse théorique de la ratification et de l'approbation et celui de la position assez pragmatique adoptée par les juridictions françaises.

Sur le plan de l'analyse théorique, les différences essentielles entre ratification et approbation résident dans leur nature et dans leurs effets. Dans leur *nature,* d'abord : la ratification est à la fois un acte de droit interne par lequel l'autorité investie du pouvoir de décision en la matière confirme la signature déjà donnée par ses représentants plénipotentiaires et un acte de droit international par lequel un État exprime son consentement à être lié par le traité, ce second caractère l'emportant d'ailleurs nettement sur le premier. L'approbation est surtout un acte de droit interne résultant, dans certains cas, d'une exigence constitutionnelle propre

---

1. Les actes du président de la République, dans l'exercice des compétences qu'il tient de l'article 52, par exemple la signature des lettres de pleins pouvoirs, demeurent soumis à l'obligation du contreseing.

à la France. Dans leurs *effets*, ensuite : la ratification donne, sur le plan international, force obligatoire au traité, qui entre en vigueur au moment de l'échange des instruments de ratification, selon des modalités qui peuvent varier ; on considère d'ailleurs qu'un État peut refuser de ratifier puisque précisément il n'est pas encore lié. L'approbation, lorsqu'elle est nécessaire et même si elle comporte des effets assez proches, se situe dans un contexte très différent puisque l'État devrait être lié dès la signature de l'accord et ne pouvoir refuser d'approuver.

1639. Il faut ajouter que la compétence de ratifier les traités est dévolue au président de la République par l'article 53 qui, en revanche, ne lui confère pas le pouvoir d'approuver les accords. La ratification peut être refusée et, de toute manière, aucun délai n'est prévu (par ex. la Convention européenne des droits de l'Homme, signée en 1953, n'a été ratifiée qu'en 1974). Elle s'effectue en principe par l'échange de lettres de ratification signées par le président de la République et contresignées par le Premier ministre et par le ministre des Affaires étrangères. L'approbation résulte d'une lettre d'approbation ou du décret de publication de l'accord[1].

Sur le plan pratique qui est celui du contrôle juridictionnel, les différences qui viennent d'être relevées entre ratification et approbation s'estompent. En effet, les juridictions françaises considèrent que non seulement l'approbation mais aussi la ratification ne peuvent être appréhendées et identifiées qu'à travers le décret de publication (faute sans doute de pouvoir contrôler l'échange de lettres de ratification). En d'autres termes, le décret de publication, qui a normalement pour objet d'introduire les engagements internationaux, quels qu'ils soient, en droit français, est aussi pour les juges le seul acte faisant foi que la ratification ou l'approbation est bien intervenue et que les dispositions constitutionnelles du titre VI ont bien été observées.

Dans l'ensemble, il faut regretter que l'imprécision des textes et l'existence d'une pratique diplomatique largement livrée à elle-même ne permettent qu'un contrôle insuffisant des organes exécutifs.

Cette insuffisance apparaît plus nettement encore si on considère que le Gouvernement est seul habilité à émettre ou à lever des réserves, ainsi qu'à dénoncer un engagement international : même si ce dernier n'a pu être ratifié qu'en vertu d'une autorisation du Parlement, celui-ci n'a plus, en principe, à intervenir ensuite, qu'il s'agisse des réserves ou de la dénonciation[2].

D. Les cas d'autorisation préalable par une loi ordinaire

1640. L'article 53 comporte une énumération limitative de traités ou d'accords pour lesquels la ratification ou l'approbation doivent être autorisées par une loi. Il s'agit des traités de paix, des traités de commerce, des traités ou accords relatifs à

---

1. CE 13 juill. 1965, *Société Navigator, Rec.*, p. 422, concl. Fournier : «... dans le cas d'un accord dit en forme simplifiée, c'est-à-dire négocié sans que le président de la République ait eu à délivrer de pleins pouvoirs, la ratification exigée par la Constitution doit être entendue comme une simple approbation donnée par le chef de l'État (...) cette approbation peut notamment résulter de la signature par le président de la République d'un décret de publication dudit accord au *Journal officiel.* » L'accord en cause avait été passé sous l'empire de la Constitution de 1946 mais, sur ce point, le problème se présente de la même manière dans le cadre de la Constitution de 1958.

2. J. Dhommeaux, « Le rôle du Parlement dans l'élaboration des engagements internationaux : continuité et changements », *RDP* 1987, p. 1466.

l'organisation internationale, de ceux qui engagent les finances de l'État, de ceux qui modifient les dispositions de nature législative, de ceux qui sont relatifs à l'état des personnes et de ceux qui comportent cession, échange ou adjonction de territoire [1]. Ces dispositions sont évidemment impératives mais on observera que des engagements internationaux très importants comme les traités ou accords d'alliance, d'assistance mutuelle ou de non-agression ne figurent pas dans l'énumération de l'article 53 et peuvent donc être conclus et ratifiés ou approuvés sans vote préalable du Parlement. Il est vrai que le Gouvernement peut toujours prendre l'initiative de demander l'autorisation du Parlement même lorsque ce n'est pas obligatoire. C'est ce qui s'est passé, par exemple, pour la décision du Conseil des Communautés européennes du 20 septembre 1976 relative à l'élection au suffrage universel direct des représentants à l'Assemblée des Communautés : bien que n'y étant pas tenu par l'article 53, le Gouvernement a saisi le Parlement qui a donné son autorisation par une loi du 30 juin 1977.

1641. On doit noter qu'aux termes de l'article 128 du règlement de l'Assemblée nationale (cf. également l'article 47 du règlement du Sénat), les assemblées votent sur le projet de loi autorisant la ratification et non pas sur les dispositions de l'engagement international à ratifier. Ce dernier ne peut donc faire l'objet d'amendements, ce qui est logique. En effet, l'engagement international, qui a nécessité l'accord de tous les États signataires, ne peut être modifié que dans les mêmes conditions et non pas par une déclaration unilatérale de volonté d'un seul de ces États. La règle a été rappelée et appliquée lors du débat assez animé qui a précédé le vote de la loi précitée du 30 juin 1977.

1642. Il faut ajouter qu'en vertu de l'article 53, nulle cession, nul échange, nulle adjonction de territoire n'est valable sans le consentement des populations intéressées. Les engagements internationaux relatifs à de telles modifications de territoires doivent par conséquent faire l'objet non seulement d'une autorisation législative mais aussi d'une consultation référendaire positive préalablement à toute ratification ou approbation. La même procédure de consultation a été utilisée pour certaines accessions à l'indépendance.

E. La possibilité d'une autorisation préalable par une loi référendaire

1643. Aux termes de l'article 11, le président de la République peut soumettre au référendum un projet de loi « tendant à autoriser la ratification d'un traité qui, sans être contraire à la Constitution, aurait des incidences sur le fonctionnement des institutions ».

Ces dispositions permettent au président, s'il le souhaite, de se faire autoriser directement par le peuple au lieu de s'adresser au Parlement. Le texte ne vise que la ratification des traités mais il semble pouvoir être étendu à l'approbation des accords. La décision est laissée au pouvoir discrétionnaire du président sous les réserves prévues par l'article 11 – proposition conjointe des assemblées ou proposition du Gouvernement pendant la durée des sessions – qui n'ont jamais constitué une gêne pour le chef de l'État, réserve faite des périodes de cohabitation. En revanche, ce procédé ne peut être employé qu'à l'égard des engagements internationaux ayant « des incidences sur le

---

1. Ces dispositions sont reprises, avec quelques modifications, de celles figurant dans l'article 27 de la Constitution de 1946 ; cf. également l'article 8 de la loi constitutionnelle du 16 juillet 1875.

fonctionnement des institutions », ce qui paraît viser plus spécialement les engagements relatifs aux organisations internationales mais laisse une large marge d'appréciation au président. Dès lors que cette condition est remplie – mais de toute manière sa méconnaissance ne comporte pas de sanction – peu importe que l'engagement international en question figure ou non dans l'énumération de l'article 53.

1644. On sait que ces dispositions ont été utilisées par le président Pompidou (référendum du 23 avril 1972 pour autoriser la ratification du traité de Bruxelles), par le président Mitterrand (référendum du 20 septembre 1992 pour autoriser la ratification du traité de Maastricht) et, en dernier lieu, par le président Chirac (référendum du 29 mai 2005 pour autoriser la ratification du Traité établissant une Constitution pour l'Europe). L'échec de ce dernier référendum a conduit l'actuel président de la République, M. Nicolas Sarkozy, à davantage de circonspection dans le recours à cet instrument à double tranchant. En effet, il a choisi de ne pas emprunter la voie référendaire afin de ratifier le traité signé à Lisbonne le 13 décembre 2007. Celui-ci, contrairement à la tradition qui s'était établi pour la ratification marquant des étapes majeures de la construction européenne, a été ratifié par une loi ordinaire votée par le Parlement le 13 février 2008.

III. L'article 54 et le contrôle de la constitutionnalité des engagements internationaux

1645. Le contrôle de la compatibilité des engagements internationaux à la Constitution ne concerne qu'une partie des conventions internationales passées par la France. Il est confié au Conseil constitutionnel qui peut être saisi par deux voies différentes, ouvertes par les articles 54 et 61.

A. Les engagements internationaux susceptibles de faire l'objet d'un contrôle

1646. Seuls sont susceptibles de faire l'objet d'un contrôle, les engagements qui nécessitent, avant leur ratification ou leur approbation, une autorisation du Parlement, c'est-à-dire ceux visés par l'article 53. Ce n'est qu'à leur égard qu'il peut être demandé au Conseil constitutionnel, dans les conditions exposées ci-après, de vérifier la conformité de leurs clauses à la Constitution. C'est ce qui ressort très directement des termes mêmes de l'article 54, lequel lie étroitement le contrôle exercé par le Conseil constitutionnel à l'autorisation de ratifier ou d'approuver (autorisation qui doit être donnée par une loi parlementaire ou par une loi référendaire).

Cependant, on doit aussi tenir compte du fait que le Gouvernement, comme il a déjà été indiqué, peut de son plein gré et sans y être tenu par l'article 53, solliciter l'autorisation du législateur avant qu'il soit procédé à la ratification ou à l'approbation d'un traité ou d'un accord. On sait qu'il y a des précédents en ce sens. Dès lors, on ne voit pas pourquoi, si le Gouvernement a l'intention ferme de s'adresser au Parlement, il ne serait pas autorisé à saisir le Conseil constitutionnel. L'article 54 n'exclut nullement une telle interprétation, qui permet d'assurer un meilleur contrôle.

De toute manière, il ressort clairement de ce qui précède que le contrôle ne peut porter que sur des engagements internationaux qui, appelant une intervention du législateur, ne sont pas encore introduits dans l'ordre interne. Une fois introduits, tout contrôle de constitutionnalité est exclu.

B. La saisine du Conseil constitutionnel

1647. Il existe, en principe, deux voies distinctes pour saisir le Conseil constitutionnel.

a) La voie de l'article 54

1648. C'est la voie normale et on a longtemps pensé qu'elle était la seule possible. Aux termes de l'article 54, le Conseil constitutionnel peut être saisi des engagements internationaux visés ci-dessus par le président de la République, le Premier ministre, le président de l'une des assemblées parlementaires et depuis la loi constitutionnelle du 25 juin 1992 par soixante députés ou soixante sénateurs [1].

La révision de 1992 a donc aligné, quant aux titulaires du droit de saisine, le contrôle de la constitutionnalité des engagements internationaux (article 54) sur celui des lois (article 61, alinéa 2). C'est une réforme qui mérite d'être saluée car elle permet à l'opposition de contester devant le Conseil constitutionnel la validité au regard du droit constitutionnel interne des conventions internationales négociées sous l'égide du président de la République (pour les engagements en forme solennelle) ou sous l'égide du Premier ministre (pour les accords en forme simplifiée). Cette possibilité offerte à l'opposition était d'autant plus nécessaire que l'on pouvait penser que ni le président de la République, ni le Premier ministre, ni le président de l'Assemblée, qui appartiennent en principe au courant majoritaire, ne seraient enclins à saisir le Conseil à l'encontre de conventions qui correspondent forcément à leurs vues politiques puisqu'ils en sont les maîtres d'œuvre.

Cependant, il faut signaler, pour être complet, que si les autorités habilitées avant 1992 à saisir le Conseil ne se sont que très rarement manifestées, le président de la République et le Premier ministre ont tout de même tenu, à l'occasion de quelques grands textes engageant l'avenir, notamment sur le plan communautaire, à en faire vérifier la conformité à la Constitution [2].

b) La voie de l'article 61

1649. La jurisprudence du Conseil constitutionnel a, par une démarche audacieuse, permis de pallier les insuffisances de l'article 54 antérieurement à la révision de 1992.

En effet, le Conseil a estimé d'une part, qu'il pouvait être saisi, dans les conditions fixées par l'article 61, alinéa 2 (c'est-à-dire aussi par 60 députés ou 60 sénateurs), d'un recours dirigé contre la loi votée par le Parlement et autorisant la ratification ou l'approbation d'un engagement international, d'autre part, qu'en cette occurrence il était habilité à vérifier la conformité dudit engagement à la Constitution. C'est ce qui

---

1. Cette dernière possibilité a été immédiatement utilisée par les parlementaires – mais sans succès quant au fond – à l'encontre du traité de Maastricht : Décis. n° 93-312 DC du 2 sept. 1992, *Rec.*, p. 76, *RDP* 1992, p. 1610.

2. Le Conseil constitutionnel a été saisi par le Premier ministre (Décis. n° 70-39 DC du 19 juin 1970) et par le président de la République (Décis. n° 76-71 DC du 30 déc. 1976 ; Décis. n° 85-188 DC du 22 mai 1985 ; Décis. n° 92-308 DC du 9 avr. 1992). Le Conseil peut aussi être saisi par le président de la République et le Premier ministre (Décis. n° 97-394 DC du 31 déc. 1997).

résulte d'une décision du 17 juillet 1980[1] confirmée par une décision du 19 juillet 1983[2]. De ce fait, les groupes d'opposition, qui ne pouvaient à l'époque saisir le Conseil constitutionnel au titre de l'article 54, se sont vus autorisés à le faire, avant promulgation de la loi, en application de l'article 61, alinéa 2.

C. Les effets du contrôle

1650. Aux termes de l'article 54, si le Conseil constitutionnel estime qu'un engagement international comporte des clauses contraires à la Constitution « l'autorisation de le ratifier ou de l'approuver ne peut intervenir qu'après révision de la Constitution ».

Cette formule est à la fois habile et souple. Elle est habile car en évoquant une éventuelle révision de la Constitution pour que celle-ci soit mise en harmonie avec le projet d'engagement international litigieux, elle semble faire référence au principe de la primauté du droit international sur le droit interne, évoquée par l'alinéa 14 du Préambule de 1946, auquel renvoie le Préambule de 1958. Elle est souple car elle laisse toute liberté aux autorités étatiques pour procéder à cette révision, ce qui implique, dans la réalité des choses, la supériorité de la Constitution. Les autorités constitutionnelles peuvent donc choisir le moment qu'elles estimeront le plus opportun, le projet d'engagement demeurant en sommeil aussi longtemps qu'il est nécessaire. Elles peuvent aussi s'abstenir de toute révision et, dans cette hypothèse, le projet de convention ne sera jamais mis en application.

D. Les insuffisances du contrôle

1651. Elles ressortent clairement des développements qui précèdent.

On retiendra principalement que de nombreuses conventions internationales conclues par la France échappent au contrôle, parce qu'elles n'entrent pas dans l'énumération de l'article 53 ou parce que le Gouvernement n'envisage pas de saisir le législateur. N'appelant pas une intervention du Parlement, elles ne pourront être déférées au Conseil constitutionnel au titre de l'article 54 qui lie, comme il a été signalé, la saisine du Conseil à l'autorisation législative, non plus qu'au titre de l'article 61.2 puisque dans ce cas c'est la loi d'autorisation elle-même qui est l'objet du recours.

1652. Il faut ajouter que même si on ne considère que les seules conventions internationales susceptibles d'entrer dans l'énumération de l'article 53, la consultation du Parlement dépend largement de la bonne volonté de l'exécutif. Celui-ci dispose en la matière d'une marge importante d'appréciation discrétionnaire puisque c'est lui qui décide seul – et sans aucun contrôle, c'est ce qui est important – si ces conventions répondent bien aux catégories visées par l'article 53 et si, par conséquent, elles doivent être soumises au législateur[3].

---

1. Décis. n° 80-116 DC du 17 juill. 1980, *Rec.*, p. 36 ; cf. L. Favoreu, *RDP* 1980, p. 1641.

2. Décis. n° 83-160 DC du 19 juill. 1983, *Rec.* 43.

3. Cf. A. Pellet, « Article 53 », in *La Constitution de la République française,* 3e éd., Montchrestien, 2005 : « Dans l'état actuel des choses, il n'existe aucun moyen de sanctionner un manquement par l'exécutif aux dispositions de l'article 53. »

IV. L'ARTICLE 55 ET L'INTRODUCTION DES ENGAGEMENTS INTERNATIONAUX EN DROIT INTERNE

1653. L'article 55 de la Constitution, d'une part, énonce les conditions mises à l'introduction des engagements internationaux en droit interne, d'autre part pose en principe la supériorité des engagements internationaux sur les lois internes.

A. L'article 55, le principe de supériorité et ses trois conditions

1654. L'article 55 dispose que « les traités ou accords régulièrement ratifiés ou approuvés ont, dès leur publication, une autorité supérieure à celle des lois sous réserve, pour chaque accord ou traité, de son application par l'autre partie ». On peut rapprocher ces dispositions, au moins quant à l'esprit, de celles – plus générales et plus vagues – de l'alinéa 14 du préambule de 1946 selon lesquelles « la République française, fidèle à ses traditions, se conforme aux règles du droit public international ».

Il ressort de l'article 55 de la Constitution que la primauté des traités et accords sur les lois et les autres normes juridiques inférieures est subordonnée à trois conditions. La première tient au fait que cette primauté ne peut profiter qu'aux traités et accords régulièrement ratifiés ou approuvés, ce qui est logique : en effet, puisqu'ils doivent l'emporter sur les lois internes, encore faut-il qu'ils aient été conclus dans les conditions requises, de manière à pouvoir s'intégrer dans le droit national. La deuxième se rapporte à la publication, qui est évidemment essentielle pour que les dispositions de ces engagements deviennent opposables. Elle est décisive lorsqu'il s'agit d'invoquer ces derniers devant un juge. La troisième tient à la réciprocité attendue des autres États signataires du traité ou de l'accord. Elle est, elle aussi, naturelle mais on observera que l'article 55 est sur ce point en retrait sur les dispositions de l'article 28 de la Constitution de 1946, qui allaient plus loin sur la voie de la supériorité des engagements internationaux sur les normes internes[1].

B. La publication des traités et accords

1655. Les formalités de la ratification et de l'approbation ont déjà été étudiées. La réciprocité relève de l'application des traités et accords et se présente plutôt comme une donnée de fait relevant de la vigilance des gouvernements. Il faut, en revanche, donner quelques indications sur la publication, qui introduit les engagements internationaux en droit interne, leur donne force obligatoire à l'égard des autorités administratives et les rend opposables aux citoyens et aux personnes morales.

Pendant fort longtemps, l'introduction des engagements internationaux en droit français a nécessité un décret de promulgation du président de la République. L'article 26 de la Constitution de 1946 a rompu avec ce système traditionnel

---

1. En effet, l'article 28 n'imposait pas la condition de réciprocité. En contrepartie il prévoyait la possibilité d'une dénonciation des traités, éventuellement avec l'autorisation de l'Assemblée nationale.

en conférant force obligatoire en droit interne aux traités régulièrement ratifiés et publiés, sans qu'il y ait à prendre d'autres mesures [1].

La Constitution de 1958, bien que ses dispositions soient moins nettes, s'est engagée elle aussi dans la voie de l'introduction automatique des engagements internationaux en droit français. Il résulte, en effet, de l'article 55 que les traités ou accords régulièrement ratifiés ou approuvés font dès leur publication partie de notre droit positif et s'imposent aux autorités et aux citoyens.

La publication est donc une formalité capitale, non seulement à l'égard des accords, pour lesquels elle vaut approbation, mais aussi à l'égard de tous les engagements internationaux, qu'elle introduit en droit interne [2]. Normalement la publication a lieu par insertion au *Journal officiel* de la République française.

Toutefois, comme il s'agit avant tout de rendre le traité ou l'accord opposable aux citoyens, les textes relatifs à la publication n'imposent celle-ci que pour les engagements internationaux « de nature à affecter par leur application les droits et obligations des particuliers [3] ». Les autres engagements internationaux ne sont pas soumis à l'obligation de la publication parce que s'adressant aux autorités publiques, celles-ci doivent nécessairement en être informées puisqu'elles sont placées, par hypothèse, sous le contrôle des autorités exécutives qui les ont négociés, signés, ratifiés ou approuvés. Il s'ensuit que les engagements internationaux conclus par la France ne sont pas tous publiés. On peut le regretter.

C. Le contrôle de la régularité procédurale de la conclusion des engagements internationaux

1656. Dès lors que des conditions sont mises à la supériorité des engagements internationaux, il est normal qu'un contrôle puisse avoir lieu pour vérifier qu'elles ont bien été respectées.

Contrairement à ce que l'on pourrait penser, ce contrôle n'est pas exercé à titre principal par le Conseil constitutionnel. En effet, il ne dispose que de compétences d'attribution et aucun texte ne lui donne compétence à ce sujet. Il ne pourrait donc en connaître que si un problème apparaissait incidemment lorsqu'il est saisi en vertu des articles 54 et 61. Ce sont donc les juridictions judiciaires et plus encore administratives, non soumises aux mêmes contraintes, qui devraient normalement exercer ce contrôle [4]. Or elles ont toujours témoigné d'une très grande réserve, ne voulant pas s'immiscer dans le domaine diplomatique de l'exécutif, voyant dans les actes entourant la conclusion

---

1. Si ce n'est des mesures d'application mais à ce moment les traités ou accords sont déjà introduits en droit interne.

2. Il ne faut évidemment pas confondre la publication des traités et accords par les autorités exécutives dans le cadre de leur introduction en droit français et la publication prévue par l'article 102 de la Charte des Nations unies, par les soins du Secrétariat général, des traités et accords internationaux qui y ont été enregistrés.

3. Cf. Décr. 14 mars 1953 (art. 3), *JO* 15 mars 1953, mod. par Décr. 11 avr. 1986.

4. À la vérité, on peut considérer que « tout traité ou tout accord régulièrement introduit dans l'ordre français s'y applique en tant que norme internationale » et n'est pas, pour autant, intégré dans la hiérarchie des normes nationales (Nguyen Quoc Dinh, « La jurisprudence française actuelle et le contrôle de la conformité des lois aux traités », *Annuaire français de droit international*, 1975. 873). Mais cette position laisse subsister le problème de l'examen par le juge, à l'occasion de cas concrets, de la régularité procédurale et de la compatibilité de normes nationales avec un engagement international.

des engagements internationaux des « actes de gouvernement » dont elles ne voulaient pas connaître et ne se hasardant à vérifier que la publication parce qu'il s'agit de la condition de légalité la plus formelle et la plus externe.

Cette jurisprudence timorée ne pouvait guère se maintenir à partir du moment où ces mêmes juges allaient donner leur plein sens aux dispositions de l'article 55 et faire prévaloir les traités et accords sur les lois internes même postérieures. Encore faut-il que ces engagements internationaux aient été régulièrement conclus : les conséquences sont trop importantes pour qu'on s'abstienne de vérifier. C'est ce qui explique que par un arrêt d'Assemblée du 18 décembre 1998, le Conseil d'État s'est reconnu le droit de vérifier la régularité de la ratification ou de l'approbation des traités et accords invoqués devant lui, de même qu'il en contrôle la publication[1]. C'est un pas important vers un contrôle plus complet de l'action diplomatique du Gouvernement. On observera cependant que le Conseil d'État demeure prudent et qu'il se refuse, dans le même arrêt, à se prononcer sur le choix du mode de conclusion des engagements internationaux – forme solennelle ou forme simplifiée – qui relève de la compétence exclusive de l'exécutif.

V. L'ARTICLE 55 ET LA SUPÉRIORITÉ DES ENGAGEMENTS INTERNATIONAUX SUR LES LOIS INTERNES NON CONSTITUTIONNELLES

1657. La supériorité quant au fond ou, si l'on préfère, quant à leur contenu des engagements internationaux sur les lois internes est l'apport capital de l'article 55. On examinera la position du Conseil constitutionnel, celle des juridictions administratives et judiciaires, ainsi que les précieux compléments fournis par la jurisprudence du Conseil d'État à la fin de l'année 1998.

A. Le refus du Conseil constitutionnel de contrôler la conformité des lois aux engagements internationaux

1658. Le Conseil a adopté, au regard de l'article 55, une position modulée mais dans l'ensemble négative.

Il reconnaît évidemment la valeur constitutionnelle qui s'attache à ses dispositions et sanctionne toute violation directe de celles-ci. Par exemple, une loi limitant abusivement, dans son domaine d'application, la portée de l'article 55 ne peut être que censurée[2].

En revanche, il refuse de sanctionner les violations indirectes de l'article 55 résultant de la méconnaissance par une loi ordinaire des dispositions d'un engagement international. Ce refus a été clairement exprimé par le Conseil dans sa décision du 15 janvier 1975[3]. Le Conseil avait été saisi, conformément à l'article 61, par soixante députés d'une demande en vérification de la conformité à la Constitution de la loi

---

1. CE, Ass., 18 déc. 1998, *SARL du parc d'activités de Blotzheim*.

2. Décis. n° 86-216 DC du 3 sept. 1986, *Rec.*, p. 135.

3. Décis. n° 75-54 DC du 15 janv. 1975, *RDP* 1975, p. 165 avec des commentaires de L. Favoreu et L. Philip. Malgré quelques évolutions récentes qui ont pu laisser penser à une inflexion de cette jurisprudence, celle-ci est constamment réaffirmée par le Conseil constitutionnel (cf., par ex., Décis. n° 2006-535 DC du 30 mars 2006, *Loi pour l'égalité des chances*).

sur l'interruption volontaire de grossesse, sous motif notamment que cette loi aurait méconnu les dispositions de l'article 2 de la Convention européenne des droits de l'Homme et aurait par conséquent contrevenu au principe posé par l'article 55.

Dans sa décision, le Conseil indique, dans des termes d'un caractère suffisamment général pour fixer le droit applicable en la matière, qu'il ne lui appartient pas, « lorsqu'il est saisi en application de l'article 61, d'examiner la conformité d'une loi aux stipulations d'un traité ou d'un accord international ».

Il estime, en effet, qu'il y a une différence de nature entre le contrôle que peut postuler l'article 55 et le contrôle de la conformité des lois à la Constitution prévu par l'article 61. Cette différence tient notamment à ce que la supériorité des engagements internationaux présente un caractère à la fois relatif et contingent, parce que le traité ou l'accord a un champ d'application limité et parce que cette supériorité n'existant que pour autant qu'il y a réciprocité peut varier dans le temps, alors que la primauté de la Constitution sur les lois internes est générale, absolue, définitive. C'est pourquoi la sanction prévue par l'article 62, à savoir l'interdiction de promulguer une loi déclarée non conforme à la Constitution paraît inadaptée par son caractère lui aussi « absolu et définitif » au problème que pose l'éventuelle contradiction entre une loi interne et les normes inscrites dans un traité ou un accord international. Aussi bien le Conseil relève-t-il qu'une loi contraire à un traité n'est pas nécessairement contraire à la Constitution. Cependant, dans sa décision du 10 juin 2004 relative à l'économie numérique, le Conseil constitutionnel a ouvert une brèche dans cette position de principe en se reconnaissant un pouvoir de contrôler la conformité des normes de droit communautaire dérivé dans l'hypothèse où celles-ci heurteraient une « disposition expresse contraire de la Constitution [1] ». Depuis, une décision du 27 juillet 2006, *Droits d'auteur* [2], a substitué à cette notion celle sans doute plus explicite d'« identité constitutionnelle de la France ». Il s'agit sans doute d'une ouverture, certes timide, vers un possible contrôle de la conformité à la Constitution des normes législatives d'origine supranationale. Celui-ci présenterait l'avantage de procéder à une remise en ordre salutaire de la hiérarchie des normes. Cependant, dans sa décision du 12 mai 2010, « *Jeux en ligne* », le Conseil constitutionnel a refermé cette porte à peine entr'ouverte en réaffirmant avec force la solution dégagée en 1975 et en l'étendant, au-delà de l'article 61 de la Constitution à l'article 61-1 relatif à la question de constitutionnalité.

On comprend parfaitement, dans ces conditions, que le Conseil, qui ne peut être saisi en cette matière que par la voie de l'article 61, n'ait pas accepté d'intégrer dans le contrôle institué par cet article celui assez différent que suppose l'article 55 [3]. Mais si on veut que ce dernier ne demeure pas lettre morte, il faut tout de même qu'il donne lieu à un contrôle qui ne peut donc être exercé que par les juridictions judiciaires et administratives [4].

---

1. Décis. n° 2004-5059 C, *Rec.* 101, cons. 7. Parmi de nombreux commentaires, cf. O. Dupéré, « Le contrôle de constitutionnalité du droit dérivé de l'Union européenne », *RFDC* n° 61, 2005, p. 147.

2. *JO* 3 août 2006, p. 11541.

3. L'article 55 pose le problème de l'applicabilité ponctuelle de la loi au regard des dispositions d'un traité. L'article 61 soulève le problème beaucoup plus général de la conformité d'une norme juridique inférieure à une norme juridique supérieure.

4. Plusieurs commentateurs estiment que la position adoptée par le Conseil constitutionnel constituait une incitation aux juridictions judiciaires et administratives à faire respecter les dispositions de l'article 55. En ce sens : Nguyen Quoc Dinh, « La jurisprudence française actuelle et le contrôle de la conformité des lois aux traités », *Annuaire français de droit international,* 1975. 859.

B. La position des juridictions judiciaires et administratives

1659. Ce sont effectivement ces juridictions qui assurent la primauté des engagements internationaux par rapport aux normes françaises prévue par l'article 55. Trois observations doivent être présentées à ce sujet.

En premier lieu, il faut souligner que les juridictions concernées, et plus spécialement les deux juridictions supérieures que sont le Conseil d'État et la Cour de cassation, ne procèdent pas, à proprement parler, à un contrôle de la norme française par rapport à la norme internationale. En effet, aucun texte ne les charge d'un tel contrôle. Simplement, il arrive qu'au cours d'un même litige des dispositions d'un engagement international et d'autres de droit interne (norme législative ou norme réglementaire) soient simultanément invoquées alors qu'elles se contredisent sur quelque point. Il appartient alors à la Cour de cassation ou au Conseil d'État de déterminer la norme applicable et, bien entendu, de le faire en fonction de l'article 55, c'est-à-dire en donnant la préférence à la norme internationale, sous réserve de la condition de réciprocité.

1660. En second lieu, on observera que si la confrontation des deux normes soulève un problème d'interprétation concernant l'engagement international, la juridiction saisie a longtemps dû surseoir à statuer et s'adresser au Ministère des affaires étrangères, qui disposait d'une compétence exclusive. Mais cette position a été abandonnée et les juridictions se reconnaissent désormais compétentes pour interpréter les actes internationaux[1] (sous réserve cependant d'un renvoi à la CJCE lorsqu'il s'agit d'actes communautaires).

1661. Enfin on notera que l'harmonie établie entre les positions de la Cour de cassation et celles du Conseil d'État est toute récente et fait suite à de longues divergences. Sans doute la Cour de cassation a-t-elle, pour sa part, donné très tôt à l'article 55 la plénitude de sa signification : dans un arrêt en date du 24 mai 1975, *Société des cafés Jacques Vabre*, elle a décidé, en présence d'une contradiction entre les dispositions du Traité de Rome du 25 mars 1957 et un texte législatif postérieur datant de 1966, que le premier était seul applicable, à l'exclusion du second « bien que ce dernier texte fût postérieur[2] ». Mais le Conseil d'État s'est longtemps borné à donner la préférence à l'engagement international lorsqu'il était en contradiction avec un règlement ou une loi antérieure et se refusant à le faire lorsque la contrariété portait sur une loi postérieure. Pour l'essentiel, il fondait sa décision sur le motif qu'il ne lui appartenait pas d'apprécier la validité des lois. Cet argument n'était évidemment pas convaincant car il ne s'agissait pas de porter un jugement de validité mais seulement de résoudre une contradiction entre deux normes, conformément à l'article 55 qui s'impose au Conseil d'État comme aux autres juridictions. Finalement, le Conseil d'État dans l'arrêt d'Assemblée, *Nicolo* du 20 octobre 1989 a estimé à juste titre devoir, lui aussi, se conformer aux prescriptions de cet article en faisant prévaloir, sous la réserve de réciprocité, les engagements internationaux sur les normes nationales, y compris postérieures.

---

1. CE 29 juin 1990, *Groupe d'information et de soutien des travailleurs immigrés (GISTI), Rec.*, p. 171.

2. Ch. mixte 24 mai 1975, *Société des cafés Jacques Vabre, JCP* 1975. II. 18180 *bis*, concl. Touffait.

C. L'inapplicabilité de l'article 55 aux lois constitutionnelles

1662. Après l'arrêt *Nicolo* de 1989, le Conseil d'État a continué à faire évoluer sa jurisprudence. Le 30 octobre 1998, il a rendu un arrêt d'Assemblée fort important dont on peut tirer de précieux enseignements [1].

L'apport principal de la jurisprudence *Sarran* tient dans le considérant selon lequel « la suprématie ainsi conférée aux engagements internationaux ne s'applique pas, dans l'ordre interne, aux dispositions de nature constitutionnelle [2] ». Deux ans plus tard, la Cour de cassation a adopté la même position [3].

1663. La position du Conseil d'État se comprend parfaitement si on la replace dans son cadre, qui est celui, comme il le précise lui-même, de l'ordre juridique interne. Comme tout organe institué, le Conseil d'État procède de la Constitution et ne peut que la considérer comme la norme première et suprême. Aussi bien, lorsqu'il fait prévaloir les engagements internationaux sur les lois internes (non constitutionnelles), comme dans la jurisprudence *Nicolo*, c'est précisément en application de la Constitution et plus particulièrement de son article 55. Telle est la hiérarchie normative dans l'ordre interne mais il va de soi qu'il existe aussi un ordre juridique international et que dans celui-ci la hiérarchie normative est inversée.

1664. On signalera deux conséquences de la jurisprudence *Sarran*.

D'une part, il semble que désormais les engagements internationaux l'emportent sur les lois organiques et les lois référendaires (pour ces dernières à condition qu'elles ne modifient pas la Constitution). C'est sans doute juridiquement correct mais il faut bien constater que la démocratie, dans son expression la plus directe et la plus immédiate, est une fois de plus tenue en échec.

D'autre part, si dans l'ordre national les juridictions judiciaires et administratives doivent donner la préférence à la Constitution, il est possible que, dans l'ordre international et *a fortiori* européen, où la hiérarchie normative est inversée, les jugements et les arrêts rendus mettent en jeu la responsabilité internationale de la France, comme il est déjà arrivé mais, il est vrai, à l'occasion de normes législatives.

Section 2

Les normes issues du droit de l'Union européenne

1665. Les normes issues du droit de l'Union européenne apparaissent comme des normes internationales spécifiques d'une grande originalité. Elles s'insèrent d'ailleurs de manière privilégiée dans la hiérarchie normative française et appellent une étude particulière.

---

1. CE, Ass., 30 oct. 1998, *Sarran, Levacher et autres*.

2. La jurisprudence *Sarran* se situe à cet égard dans la filiation directe de la jurisprudence *Moussa Koné* (CE, Ass., 3 juill. 1996), qui allait même plus loin puisque dans cet arrêt, le Conseil d'État avait affirmé la prévalence d'un « principe fondamental reconnu par les lois de la République » – donc de nature constitutionnelle – qu'il avait lui-même déterminé comme tel.

3. Ass. plén. 2 juin 2000, *Mlle Pauline Fraisse*.

I. Les différentes catégories de normes issues du droit de l'Union européenne

1666. Trois catégories, peuvent être distinguées à titre principal, selon que ces normes relèvent du droit primaire de l'Union européenne, du droit dérivé de l'Union européenne ou du droit de l'Union européenne procédant des engagements extérieurs de l'Union européenne.

A. Le droit primaire de l'Union européenne

1667. Il est formé par les conventions institutives et modificatives. Il s'agit notamment du Traité de Paris du 18 avril 1951 instituant la Communauté européenne du charbon et de l'acier et des Traités de Rome du 25 mars 1957 instituant la Communauté économique européenne et la Communauté européenne de l'énergie atomique, auxquels il faut ajouter le Traité de Bruxelles du 8 avril 1965, ainsi que les traités qui sont venus ultérieurement accroître le nombre des États membres passé, au fil du temps, de six à vingt-huit, puis réduit à ving-sept après le *Brexit*.

B. Le droit dérivé de l'Union européenne

1668. Il est plus original et intéressant. Il recouvre les normes et décisions édictées unilatéralement par les organes habilités et plus précisément par le Conseil de l'Union européenne, sur proposition de la Commission [1].

En principe, ces normes sont désormais acquises à la majorité des voix en tenant compte de la pondération prévue (Traités consolidés, art. 205) mais l'unanimité continue d'être requise dans certains cas. Elles présentent un caractère supranational puisqu'elles s'imposent aux États minoritaires. Le Conseil dispose donc d'un véritable pouvoir législatif européen, qu'il exerce de manière collective et volontariste, même si, en fait, les décisions les plus importantes sont souvent prises à l'unanimité, presque toujours à la suite de concessions mutuelles. Le droit dérivé est donc bien un droit supranational prenant sa source et sa validité dans les conventions fondatrices mais procédant de la manifestation de volonté unilatérale d'un organe quasi fédéral.

1669. Le droit dérivé comprend les règlements, les directives et une grande partie des décisions du Conseil de l'Union européenne. Les règlements sont des « lois européennes », au sens matériel du terme, c'est-à-dire des normes à portée générale, obligatoires et exécutoires de plein droit sur l'ensemble des territoires des États composant l'Union européenne. Les directives s'adressent aux destinataires qu'elles énoncent et imposent un résultat à atteindre tout en laissant à chaque État le choix des moyens, éventuellement normatifs, pour y parvenir. Les décisions ont un caractère obligatoire mais qui ne concerne que les destinataires qu'elles désignent, États ou personnes physiques ou morales (art. 249 des Traités consolidés).

1. Le Conseil est composé de représentants des États-membres, qui y délèguent des ministres. La Commission est composée de hauts fonctionnaires nommés d'un commun accord par tous les États.

1670. Dans sa décision du 10 juin 2004 relative à l'économie numérique, le Conseil constitutionnel s'est réservé le droit de contrôler des normes issues du droit dérivé si elles se heurtent à des « dispositions expresses contraires à la Constitution ». Ultérieurement, dans sa décision du 27 juillet 2006 relative aux droits d'auteurs, la Haute juridiction a préféré utiliser l'expression, plus parlante il est vrai, d'« identité constitutionnelle de la France ».

La distribution entre le droit primaire et le droitdérivé est donc assez simple. Le premier se présente sous la forme classique de conventions internationales multilatérales, le second sous une forme entièrement nouvelle puisqu'il est édicté unilatéralement par des organes communs habilités à prendre des décisions ou des normes s'imposant à tous les États membres, à savoir le Conseil, au moins en droit, agissant en fait sur l'initiative de la Commission, dont on sait déjà la très grande importance. On se méfiera cependant d'une terminologie un peu flottante, certaines décisions particulièrement importantes et prises à l'unanimité devant être assimilées à de véritables conventions modificatives.

Tel est le cas de la décision du 20 septembre 1976 relative à l'élection au suffrage universel direct des représentants à l'Assemblée européenne (devenue Parlement européen).

C. Le droit de l'Union européenne procédant de ses engagements extérieurs

1671. Il s'agit des conventions conclues par l'Union européenne avec des États tiers ou des organisations internationales. Elles se caractérisent par le rôle décisif joué par les organes de l'Union européenne lors de la négociation et de la conclusion de ces conventions qui apparaissent, pour chacun des États-membres, comme des accords en forme simplifiée entrant en vigueur dès que le représentant de cet État a donné sa signature au sein du Conseil.

II. L'intégration des normes issues du droit de l'Union européenne dans le droit interne

1672. Elle présente une spécificité incontestable en ce sens que si elle se fait dans des conditions différentes selon les catégories de normes, l'intégration réalisée est toujours supérieure à celle qui caractérise les autres normes internationales, ce qui est conforme à la finalité des institutions européennes puisque l'Union européenne a pour vocation de mettre en œuvre un ordre juridique commun et, précisément, intégré. On distinguera entre d'une part, les conventions institutives et modificatives et d'autre part, les normes composant le droit dérivé, en examinant à chaque fois les problèmes de la réception et de l'application des normes issues du droit de l'Union européenne.

1673. S'agissant des conventions institutives ou modificatives, passées sous forme solennelle, leur réception est soumise aux procédures et formalités habituelles. Le Parlement français – ou le peuple si on fait jouer l'article 11 de la Constitution – doit autoriser leur ratification et elles sont publiées dans les conditions propres au droit français [1]. En revanche, leur application va bien au-delà de ce que prévoient les règles du droit international puisque,

---

1. Par exemple, pour le traité CEE, cf. loi autorisant la ratification du 2 août 1957 et décret de publication du 28 janvier 1958.

conformément à la jurisprudence de la Cour de justice, et contrairement auxdites règles, leurs dispositions non seulement lient les États-membres mais encore sont présumées directement applicables, en principe, aux personnes privées [1]. Les décisions du Conseil de l'Union assimilées, en raison de leur nature et de leur procédure, à des engagements internationaux appellent dans leur ensemble les mêmes observations. En revanche, les normes incluses dans les engagements internationaux de l'Union ne bénéficient pas, *a priori,* d'une présomption d'applicabilité directe [2].

1674. S'agissant des normes et décisions composant le droit dérivé, c'est-à-dire, selon l'article 288 TFUE, le règlement, la directive, la décision, les recommandations et les avis, créations juridiques autonomes su droit de l'Union européenne, distinctes des instruments juridiques nationaux, l'intégration au droit français est plus complète encore et on peut même la dire totale. Ceci ne saurait surprendre dès lors que la Cour de justice a jugé dès 1964 que « le traité CEE a institué un ordre juridique propre intégré au système des États membres lors de l'entrée en vigueur du traité et qui s'impose à leurs juridictions » [3]. Tel est bien le cas du double point de vue de la réception et de l'application des normes issues du droit de l'Union européenne.

D'une part, les règlements, directives et décisions ne doivent faire l'objet d'aucune mesure de réception en droit interne : non seulement celles-ci ne sont pas nécessaires mais encore elles sont interdites [4]. Par conséquent, il suffit pour qu'elles s'intègrent dans le droit français d'une publication au *Journal officiel* de l'Union européenne.

D'autre part, aux termes de l'article 288 TFUE les règlements « sont directement applicables dans tout État membre ». Il faut entendre par là que dès leur publication ils sont exécutoires sur tout le territoire de l'Union (applicabilité immédiate) et qu'ils peuvent être invoqués par toute personne devant les juges nationaux (applicabilité directe). Les règlements sont donc bien des lois européennes qui s'intègrent de plein droit aux hiérarchies juridiques internes, ce qui les différencie très nettement de la plupart des autres normes internationales [5]. Les directives posent un problème un peu plus délicat dans la mesure où elles assignent un résultat à atteindre dans un certain délai en laissant aux États-membres le choix des moyens juridiques. Les personnes physiques et morales qui en sont les destinataires ultimes ne peuvent donc être pleinement concernées que lorsque les mesures nationales nécessaires ont été prises. Mais sous cette réserve de simple bon sens, il faut néanmoins parler d'applicabilité immédiate et directe car dès que les directives ont été édictées, les autorités des États-membres ne peuvent plus prendre de mesures législatives ou réglementaires qui y seraient contraires.

III. Le contrôle de la compatibilité des normes issues du droit de l'Union européenne avec la Constitution

1675. Ce contrôle ne peut être effectué en droit français que par le Conseil constitutionnel, soit parce qu'il est saisi au titre de l'article 54 par l'une des autorités habilitées

1. CJCE 5 févr. 1963, *Van Geend en Loos,* aff. 26/62, *Rec.*, p. 1.
2. CJCE 12 déc. 1972, *International Fruit Company,* aff. 21 à 24/74, *Rec.*, p. 1219.
3. CJCE 15 juill. 1964, *Costa c/ENEL*, aff. 6/64. *Rec.* 1141.
4. CJCE 7 févr. 1973, *Commission CE c/République italienne,* aff. 30/72. *Rec.*, p. 101.
5. Décis. n° 77-89 DC du 30 déc. 1977, *Rec.*, p. 46.

d'un recours portant sur un engagement international impliquant une intervention du législateur, en principe pour en autoriser la ratification ou l'approbation, soit parce qu'il est saisi au titre de l'article 61.2 d'un recours introduit par des parlementaires portant sur la loi d'autorisation. Dans un cas comme dans l'autre, le contrôle n'est donc possible que si le législateur intervient.

1676. C'est assez dire que presque tout le droit communautaire (avant le Traité de Lisbonne de 2009) et le droit de l'Union européenne (depuis le Traité de Lisbonne de 2009) a échappé et échappera au contrôle de constitutionnalité. C'est évident pour les conventions institutives, qui ont été signées sous la Quatrième République. C'est également vrai pour certaines conventions modificatives, qui n'ont pas été soumises au Conseil constitutionnel alors qu'elles auraient pu l'être (par exemple l'Acte unique européen). Cela l'est encore davantage, et c'est le plus important, pour le droit dérivé, produit ou à produire par les institutions de l'Union européenne, qui n'a pu et ne pourra faire l'objet d'un contrôle pour deux raisons : d'une part, parce que c'est un droit qui, comme son appellation l'indique, dérive ou procède des conventions institutives devenues définitives et conclues pour « une durée illimitée », qui en constituent la source juridique et qu'il n'est pas question de remettre en cause ; d'autre part, sur le plan de la procédure et s'il en était besoin, parce qu'il n'existe aucun moyen de saisir le Conseil constitutionnel d'un règlement ou d'une directive de l'Union européenne.

1677. En définitive, le Conseil constitutionnel n'a eu à se prononcer que très rarement, lorsqu'il a été saisi au titre de l'article 54 par le président de la République ou le Premier ministre lui demandant d'apprécier si certaines clauses de conventions modificatives (ou de décisions assimilées) – nécessitant une autorisation législative de ratifier – n'étaient pas contraires à la Constitution.

Il suffit donc de rappeler que, dans son dernier état, la jurisprudence du Conseil constitutionnel, se fondant sur l'alinéa 14 du Préambule de la Constitution de 1946 et sur la règle *Pacta sunt servanda,* valide les transferts de compétence – souvent, en réalité, des transferts de souveraineté – déjà intervenus et rappelle pour l'avenir qu'une convention ou une décision de l'Union européenne contraire à la Constitution ou portant atteinte aux conditions essentielles d'exercice de la souveraineté nationale ne peut être ratifiée (lorsqu'elle y est soumise) qu'après que la Constitution ait été révisée et mise en conformité.

IV. Les éventuelles contrariétés entre normes constitutionnelles et normes issues du droit de l'Union européenne

1678. Il faut entendre par là les contrariétés qui se révèlent alors que la norme issue du droit de l'Union européenne s'impose aux États membres, qu'elle ait été contrôlée ou non par le Conseil constitutionnel. On sait déjà que la plupart d'entre elles n'ont pas été et ne seront pas contrôlées et peuvent donc se révéler à l'usage difficilement compatibles avec les normes constitutionnelles françaises. Mais même si le Conseil s'est prononcé et a admis la conformité, une difficulté imprévue peut surgir.

C'est ce qui s'est produit, par exemple, en 1993 [1] à l'occasion d'une loi sur la maîtrise de l'immigration mettant en œuvre les dispositions de la Convention de Schengen du 19 juin 1990, qui confèrent à l'État de l'Union européenne saisi en premier d'une demande d'asile une compétence exclusive de décision. Le Conseil constitutionnel, saisi en son temps de la loi autorisant l'approbation de ladite Convention, avait donné son aval [2]. En revanche, il a censuré pour partie la loi sur la maîtrise de l'immigration sous motif que, en dépit de la Convention de Schengen, les principes à valeur constitutionnelle tirés du Préambule de 1946 (alinéa 4) imposaient à la France d'examiner systématiquement une seconde fois et en fonction de son droit propre les demandes d'asile déjà refusées ailleurs.

Bien que découverte un peu tardivement, la contradiction était donc flagrante entre la norme européenne et la norme nationale. Il faut surtout souligner que le Conseil constitutionnel n'a pas hésité à donner la primauté à la seconde.

Pour sortir de cette impasse, le Gouvernement a consulté le Conseil d'État, qui a préconisé une révision de la Constitution de manière à faire accéder au niveau constitutionnel la substance des clauses européennes relatives à la répartition des compétences entre États en matière d'asile et à obliger ainsi le Conseil constitutionnel à les prendre en considération.

1679. C'est ce qu'a fait la loi constitutionnelle du 25 novembre 1993 introduisant dans la Constitution un article 53-1, qui comporte deux alinéas. Le premier fait référence aux accords entre États européens « déterminant leurs compétences respectives pour l'examen des demandes d'asile ». Il permet à la France d'appliquer, sans censure du Conseil constitutionnel, la Convention de Schengen et par conséquent, de respecter ses engagements. Le second rappelle que la France, en dérogation à ladite Convention, a « toujours le droit de donner asile à tout étranger persécuté ». Il se situe dans le droit fil de la décision du Conseil constitutionnel. De même, dans sa décision du 19 novembre 2004 à propos du Traité établissant une Constitution pour l'Europe [3], le Conseil constitutionnel a relevé une série d'incompatibilités entre le traité abusivement qualifié à l'époque de « Constitution européenne » et la Constitution nationale. Ceci a suscité une révision de la Constitution par une loi constitutionnelle du 1er mars 2005. Cette révision qui modifie en profondeur le titre XV de la Constitution est désormais caduque dans la mesure où elle n'avait de sens que dans le but d'« accueillir » dans l'ordre juridique français le « traité constitutionnel » dont la ratification a été repoussée par le référendum du 29 mai 2005.

V. La primauté des normes issues du droit de l'Union européenne par rapport à la loi

1680. Il s'agit d'une primauté juridique, procédant de la Constitution française et confirmée par la jurisprudence de la Cour de justice. Elle s'impose à toutes les juridictions nationales.

---

1. Décis. n° 93-325 DC des 12-13 août 1993, *Rec.*, p. 224.
2. Décis. n° 91-294 DC du 25 juill. 1991, *Rec.*, p. 91.
3. *Rec.*, p. 173.

A. La primauté juridique des normes issues du droit de l'Union européenne

1681. On sait que l'article 55 de la Constitution confère aux engagements internationaux, dès leur publication, « une autorité supérieure à celle des lois, sous réserve, pour chaque accord ou traité de son application par l'autre partie ». Or les normes issues du droit de l'Union européenne sont considérées comme des normes internationales et l'article 55 leur est évidemment applicable ainsi que l'a rappelé le Conseil constitutionnel dans sa décision du 19 novembre 2004.

On ajoutera qu'il faut aussi tenir compte des éléments spécifiques. D'une part, la condition de réciprocité prévue par l'article 55 n'aura en principe pas à jouer, au moins en ce qui concerne les règlements de l'Union européenne puisqu'ils sont directement et immédiatement applicables sur le territoire et à toute la population des États-membres. En revanche, cette condition retrouve sa force pour les directives, qui peuvent faire l'objet de mesures d'exécution prises à des dates différentes. D'autre part, et surtout les conventions institutives ont mis en place une garantie juridictionnelle : la Cour de justice de l'Union européenne qui peut avoir à connaître de recours en manquement d'État et il faut certainement ranger parmi les manquements possibles l'édiction de normes nationales en contradiction avec les normes européennes. Or si les arrêts de la Cour de justice de l'Union européenne n'ont en la matière qu'un caractère déclaratoire[1] et si elle ne peut annuler des actes législatifs ou réglementaires, les autorités nationales n'en sont pas moins tenues de se conformer à ces arrêts, faute de quoi la Cour serait saisie de nouveau[2]. La primauté des normes européennes est donc particulièrement bien garantie.

B. La position des juridictions françaises

1682. Le Conseil constitutionnel étant incompétent puisqu'aucun texte ne permet de le saisir pour lui demander de faire respecter les dispositions de l'article 55, c'est évidemment aux juridictions judiciaires et administratives qu'il appartient d'y veiller et, en cas de contrariété, d'assurer la primauté des normes issues du droit de l'Union européenne sur le droit interne, y compris la loi. C'est d'ailleurs souvent à propos de ces normes que les arrêts de principe ont été rendus.

On ne reviendra pas sur les divergences qui ont longtemps séparé les jurisprudences du Conseil d'État et de la Cour de cassation. Depuis 1989, elles sont globalement en harmonie.

La Cour de cassation fait prévaloir depuis longtemps le règlement européen sur les normes législatives nationales, c'est-à-dire sur les lois antérieures ou postérieures et bien entendu, sur les règlements de l'exécutif[3]. Sa jurisprudence accorde la même primauté aux directives[4].

Le Conseil d'État, après une longue résistance, a rejoint cette position, d'abord par une décision de principe affirmant la primauté de la norme internationale sur la

---

1. CJCE 16 déc. 1960, *Humblet,* aff. 6/60, *Rec.*, p. 1127.
2. CJCE 13 juill. 1972, *Commission c/Italie,* aff. 48/71, *Rec.*, p. 589.
3. Ch. mixte 24 mai 1975, *Société des cafés Jacques Vabre,* préc.
4. Crim. 7 nov. 1990, *Bull.* 939.

norme législative même postérieure [1], puis par des décisions appliquant cette jurisprudence aux règlements européens [2] et aux directives [3].

Bien entendu, ces hautes juridictions ne sont nullement habilitées à censurer le législateur. Mais devant nécessairement se prononcer, il leur appartient d'apprécier la compatibilité des deux normes et en cas d'incompatibilité, de donner la préférence à la norme européenne. On ajoutera que s'il n'est pas au pouvoir du Conseil d'État d'annuler une loi incompatible, il peut sanctionner l'État pour non-respect du droit communautaire. C'est ainsi qu'il considère que le décret d'application d'une loi contraire à une directive manque de base légale et que cette illégalité engage la responsabilité de l'État et ouvre droit à réparation pécuniaire [4].

Section 3
Les normes issues du droit de la Convention européenne des droits de l'Homme

1683. L'Europe exerce une influence considérable sur le droit français et sur les juridictions qui le mettent en œuvre non seulement à travers l'Union européenne, mais également par l'intermédiaire de la Convention européenne de sauvegarde des droits de l'Homme et des libertés fondamentales signée à Rome le 4 novembre 1950.

I. La protection européenne des droits de l'Homme et les problèmes posés

1684. Cette protection bénéficie aux ressortissants des 47 États signataires de la Convention, ce qui est très positif mais ne va pas sans nécessiter quelques ajustements de jurisprudence.

A. La Convention et la Cour européenne des droits de l'Homme

1685. La Cour européenne des droits de l'Homme (CEDH), qui siège à Strasbourg, a été mise en place par la Convention européenne de sauvegarde des libertés fondamentales et des droits de l'Homme signée à Rome le 4 novembre 1950 sous l'égide du Conseil de l'Europe. De nombreux signataires sont venus ultérieurement s'agréger aux premiers. Elle a été ratifiée par la France en 1974. La Cour se compose d'un nombre de juges égal à celui des États membres, élus pour six ans par le Conseil de l'Europe sur une liste de trois candidats proposés par chaque État. Elle constitue une juridiction unique, comportant en son sein des formations restreintes ainsi qu'une Assemblée plénière. Elle peut être saisie par tout État adhérent pour manquement par un autre État

---

1. CE 20 oct. 1989, *Nicolo, Rec.* 190.
2. CE 24 sept. 1990, *Boisdet, Rec.* 250.
3. CE 28 févr. 1992, *SA Rothmans International France et SA Philip Morris France.*
4. CE 28 févr. 1992, *Sté Arizona Tobacco Products et SA Philip Morris France.*

aux dispositions de la Convention. Elle peut aussi être saisie par requêtes individuelles, après épuisement des voies de recours internes, émanant de personnes physiques ou morales victimes de violations par un État adhérent de ces mêmes dispositions. Ses décisions sont revêtues de l'autorité de chose jugée (cf. Convention, art. 46).

B. Les problèmes posés

1686. On ne retiendra que les principaux, parmi lesquels on peut en distinguer de deux catégories.

Il y a d'abord des conceptions distinctes de la hiérarchie des normes. Pour la CEDH les droits énumérés par la Convention doivent être considérés comme intégrés dans le droit positif des États adhérents[1]. Les particuliers peuvent donc les faire valoir devant leurs juridictions nationales, à l'égard desquelles ces droits s'imposent. Et ils s'imposent dans l'interprétation qu'en donne la CEDH, qui a plénitude de décision en la matière (cf. art. 32 de la Convention). Les juridictions françaises, si elles se sont progressivement habituées à appliquer les dispositions de l'article 55 de la Constitution relatives à la primauté des traités, gardent plus de distance. On doit d'abord mettre à part le Conseil constitutionnel qui se refuse depuis 1975 à tout contrôle de conventionnalité. La Cour de cassation et le Conseil d'État estiment, par des jurisprudences concordantes, que la suprématie conférée aux engagements internationaux ne s'applique pas, dans l'ordre interne, aux dispositions de valeur constitutionnelle ce qui représente une réserve importante et éventuellement extensible. Sous cette réserve la suprématie des engagements internationaux est admise et elle est observée mais l'angle de vision n'est pas le même.

1687. Il y a ensuite le contenu même de la Convention européenne qui, certes, recouvre très largement le contenu des textes constitutionnels français relatifs aux libertés et aux droits (Déclaration de 1789 et préambule de 1946 notamment) mais sans qu'il y ait véritablement identification. On constate quelques différences, plus ou moins importantes, d'autant plus compréhensibles que la Convention et ces textes ont été adoptés à des dates fort éloignées et qu'il faut aussi tenir compte de l'interprétation – impérative, comme on l'a montré – de la CEDH. En d'autres termes, l'harmonisation tenant à la matière comporte des failles qui peuvent donner lieu à des jurisprudences discordantes.

II. Les incidences sur la protection française des droits de l'Homme

1688. Il ne faut pas voir dans la CEDH un troisième degré de juridiction institutionnalisé et systématique mais pour certains dysfonctionnements de la justice dont on ne s'aperçoit même plus sur un plan national tellement ils sont traditionnels elle en tient lieu et les retombées de sa jurisprudence sont loin d'être négligeables.

---

1. Les articles le plus souvent invoqués sur le plan contentieux sont l'article 6 (droit à un procès équitable), l'article 8 (droit au respect de la vie privée et familiale), l'article 10 (liberté d'expression), l'article 12 (droit au mariage), l'article 13 (droit à un recours effectif), l'article 14 (interdiction de discrimination).

A. Les incidences sur la jurisprudence du Conseil constitutionnel

1689. À première vue, le Conseil constitutionnel ne paraît pas directement concerné. Mais, la réalité doit être nuancée. On observera d'abord qu'en sa qualité de juge électoral sa décision – bien que sans recours possible en France – peut donner lieu à une requête devant la CEDH. Certes celle-ci considère que l'article 6, § 1, de la Convention est inapplicable au contentieux électoral lorsque celui-ci ne présente qu'un caractère purement politique mais il ressort de la jurisprudence de la Cour qu'il en serait autrement si des sanctions pénales étaient prononcées pour méconnaissance des règles prescrites [1]. De même et sur un plan plus général de contrôle de constitutionnalité des lois, la Cour s'est prononcée à l'encontre des validations législatives décidées par le Parlement sur l'initiative du Gouvernement pour pallier les conséquences d'une décision de justice. La Cour indique clairement que le Conseil constitutionnel avait entériné trop libéralement une validation législative pour des motifs qui n'étaient pas d'intérêt général mais de simple réduction d'un risque financier [2]. La condamnation de la jurisprudence du Conseil a été en l'occurrence extrêmement nette. Sans doute ce n'est pas la décision elle-même qui est annulée mais son contenu qui est invalidé. Les effets n'en sont pas moins intéressants au moins pour l'avenir, le Conseil constitutionnel acceptant de faire évoluer sa jurisprudence mais avec précaution et en affirmant son indépendance [3].

B. Les incidences sur la jurisprudence des Cours suprêmes des deux ordres

1690. Si la CEDH n'hésite pas à condamner la jurisprudence du Conseil constitutionnel, on pense bien que ni la Cour de cassation ni le Conseil d'État ne peuvent échapper à sa censure.

Sans multiplier les exemples, c'est ainsi que la CEDH a condamné au titre de l'article 6, § 1, de la Convention, comme ne satisfaisant pas aux exigences d'un procès équitable, des arrêts entérinant des sanctions administratives et des pénalités fiscales et financières qui auraient dû être considérées comme des sanctions pénales et traitées comme telles [4], ou n'ayant pas fait observer le principe de la publicité des audiences [5] (notamment dans le cas des juridictions ordinales) ou encore des jugements rendus après un délai excessif alors qu'il y avait urgence [6].

On observera que ces condamnations, qui témoignent de la part de la Cour d'une rigueur juridique parfaitement justifiée, s'adressent dans l'ensemble moins aux hautes juridictions nationales qu'à des textes dépassés et à des pratiques

---

1. CEDH 21 oct. 1997, *Pierre Bloch.*

2. CEDH 28 oct. 1999, *Zielinski et Pradal* ; Décis. n° 93-332 DC du 13 janv. 1994 ; cf. également : X. Prétot, « Le Conseil constitutionnel, la Cour européenne de Strasbourg et les validations législatives », in *Mélanges G. Conac*, Economica, 2001, p. 219.

3. Décis. n° 99-422 DC du 21 déc. 1999, cons. 65 ; Décis. n° 99-425 DC du 29 déc. 1999, cons. 15, 16 et 17 ; cf. également : CE 28 juill. 2000, *M. Tête.*

4. CEDH 24 févr. 1994, *Bendenoun.*

5. Le Conseil d'État conforme désormais sa jurisprudence à celle de la CEDH. cf. CE, Ass., 14 févr. 1996, *Maubleu* ; 30 oct. 1998, *Lorenzi.*

6. CEDH 26 mars 1992, *Ed. Periscope* ; CEDH 16 déc. 1992, *Geouffre de la Pradelle.*

traditionnelles de l'Administration [1]. Cette pression a d'ailleurs fait évoluer la jurisprudence de la Cour de cassation et du Conseil d'État. C'est pourquoi on peut dire que la CEDH a eu une influence dans l'ensemble bénéfique sur le droit français.

▶ Bibliographie

Sur les traités et accords internationaux

La Constitution et l'Europe, colloque organisé par l'Université Paris II, 25 mars 1992, Montchrestien, 1992.

C. Bluman, « L'article 54 et le contrôle de la constitutionnalité des traités en France », *RGDIP* 1978. 567-688.

J.-F. Flauss, « La condition spécifique des traités relatifs aux droits de l'Homme dans les constitutions contemporaines », in *Mélanges P. Pactet*, Dalloz, 2003, p. 163.

J.-F. Flauss, « Le rang du droit international dans la hiérarchie des normes en droit français », in *LPA* n°s 83 et 85, 10 et 15 juill. 1992.

P. Gaïa, *Le Conseil constitutionnel et l'insertion des engagements internationaux dans l'ordre juridique interne*, Economica-PUAM, 1991.

F. Mélin-Soucramanien, « La Constitution, le juge et le "droit venu d'ailleurs" », in *Mélanges S. Milacic*, Bruylant, Bruxelles, 2007, p. 177.

J. Rideau, « Constitution et droit international », *RFDC* 1990. 259-296 et 425-454.

F. Sudre, *La Convention européenne des droits de l'Homme*, PUF, « Que sais-je ? », n° 2513.

Sur les normes communautaires et européennes

V. Berger et L. E. Pettiti, *Jurisprudence de la Cour européenne des droits de l'Homme*, 13e éd., Sirey, 2014.

L. Burgorgue-Larsen, « La "force de l'évocation" (ou Le fabuleux destin de la Charte des droits fondamentaux de l'Union européenne) », in *Mélanges P. Pactet*, Dalloz, 2003, p. 65.

P. Gaïa, « Les interactions entre les jurisprudences de la CEDH et du Conseil constitutionnel », *RFDC* 1996. 724.

C. Gauthier, S. Platon et D. Szymczak, *Droit européen des droits de l'homme*, Sirey, coll. « Université », 2016.

B. Mathieu, F. Mélin-Soucramanien et M. Verpeaux (dir.), *Constitution et construction européenne*, Dalloz, 2006.

F. Sudre, L. Milano et H. Surrel, *Droit international et européen des droits de l'homme*, 14e éd., PUF, 2019.

« Les rapports entre l'ordre juridique interne et l'ordre juridique européen », dossier spécial, *RFDA* nos 1-2, 2005.

« Constitution et Europe », *Les Cahiers du Conseil constitutionnel* n° 18, 2005.

1. Cf. M. Verpeaux, Chron. *RFDC* 2001, p. 793.

Chapitre 25

Les normes législatives et réglementaires dans la hiérarchie des normes

1691. Ce chapitre représente la continuation des deux précédents. On y étudiera le rang des lois, règlements et ordonnances dans la hiérarchie des normes juridiques.

Section 1

Les lois

1692. La loi émane en principe du pouvoir législatif mais il a déjà été indiqué qu'en fait elle est pour une large part l'œuvre du pouvoir exécutif. On examinera les critères, le domaine et la primauté de la loi.

I. Les critères de la loi

1693. Il existe plusieurs catégories de lois mais la catégorie de droit commun est celle des lois parlementaires, ou ordinaires. Or, la Constitution de 1958 comporte à leur sujet des innovations considérables. Il faut donc rappeler brièvement l'état du droit antérieur, étudier les critères de la loi sous la Cinquième République et examiner ensuite les autres catégories de lois, les textes en forme ou à valeur législative ainsi que les aménagements dont les lois sont susceptibles dans les outre-mer.

A. La définition de la loi avant 1958

1694. Pour bien comprendre l'état actuel du droit en la matière, il faut rappeler quel était antérieurement le critère de la loi.

Ce critère était purement organique et *formel* : la loi se reconnaissait à son auteur et, accessoirement, à son mode d'élaboration, c'était l'acte voté par l'organe législatif, c'est-à-dire par le Parlement, selon la procédure législative et régulièrement promulgué par le président de la République. La compétence législative du Parlement était illimitée, la loi pouvait porter sur n'importe quelle matière, avoir n'importe quel objet, se présenter sous la forme d'une règle générale ou s'appliquer à un cas particulier : en principe son contenu n'intervenait pas dans sa définition, seul l'élément organique et formel était pris en considération.

C'est ce que le grand juriste français R. Carré de Malberg a expliqué de la manière la plus claire en soulignant que « la loi tire ses caractères distinctifs de la qualité spéciale de son auteur » et que « le domaine de la loi est sans bornes, comme celui de la volonté générale » [1].

1695. Sans doute l'élément *matériel* n'était-il pas complètement ignoré mais il n'intervenait pas dans la détermination du critère.

Par exemple, certaines matières étaient réservées au législateur par la Constitution ou par la tradition républicaine (notamment ce qui concernait les libertés, le droit de propriété, l'autorité judiciaire, l'état des personnes) mais il s'agissait de garanties accordées au législateur et non pas d'une limitation de ses pouvoirs. Par exemple encore, des matières législatives pouvaient être délégalisées par le législateur mais cela tenait à ce que ce dernier pouvant tout faire et notamment se saisir de toute question pour la rendre législative pouvait aussi procéder à l'opération inverse. Aussi bien le législateur, lorsqu'il modifiait la répartition existante des matières législatives et des matières réglementaires, en déclarant réglementaires par nature certaines matières législatives, pouvait toujours revenir sur sa décision par une loi ultérieure.

C'est pourquoi l'intervention des éléments matériels ne remettait nullement en cause la définition exclusivement organique de la loi. Le législateur demeurait toujours maître de la situation car il n'existait pas de domaine réglementaire qui lui soit opposable par quelque autorité que ce soit en dehors de la sienne propre.

B. La définition de la loi depuis 1958

1696. Elle est plus difficile à appréhender et on ne peut qu'être frappé par les hésitations de la doctrine et les infléchissements de la jurisprudence, bien que les textes aient d'abord paru d'une grande clarté.

a) Les éléments d'une définition de la loi

1697. Ils sont, depuis 1958, au nombre de deux : d'une part, des éléments textuels, du fait des innovations incontestables que comporte la Constitution de 1958 en la matière, d'autre part, des éléments jurisprudentiels, la mise en place progressive d'un véritable contrôle de la constitutionnalité des lois ayant permis au Conseil constitutionnel d'interpréter les dispositions constitutionnelles. Ces deux éléments – le premier évident, le second d'abord moins spectaculaire mais prenant de plus en plus d'importance – influencent directement la définition que l'on peut donner de la loi.

Leur prise en considération conduit à maintenir, de manière certaine, le critère organique antérieur : le nouvel article 24 issu de la révision constitutionnelle du 23 juillet 2008 disposant que : « Le Parlement vote la loi », il est clair qu'après comme avant 1958 la loi se définit toujours avant tout par son auteur. Toute la difficulté a consisté à déterminer s'il ne convenait pas d'ajouter au critère organique un critère matériel, de telle manière que la loi doive se définir aussi par son contenu. Sur ce point, les positions ont passablement varié, au fur et à mesure que se développait la jurisprudence du Conseil constitutionnel.

---

1. *La loi, expression de la volonté générale,* Sirey, 1931, chapitre II, n° 24.

On peut, dans l'ensemble, distinguer trois périodes, celle de l'affirmation de l'existence d'un tel critère matériel, strictement entendu, celle qui voit l'élargissement continu de ce critère, dont les contours deviennent de plus en plus imprécis, celle enfin qui est marquée par un retour discret au seul critère organique. De ce fait, trois définitions différentes se sont succédé.

b) Première période : la loi est définie par un critère organique et un critère matériel

1698. Au début de la Cinquième République et tout au long des années 1960, la loi a pu être définie comme l'acte voté par le Parlement (élément organique) et portant sur l'une des matières énumérées par l'article 34 (élément matériel).

En effet, cet article, après avoir énoncé, ainsi qu'il a été dit, que la loi est votée par le Parlement, dispose qu'elle fixe les règles ou détermine les principes fondamentaux d'un certain nombre de matières qui sont donc nécessairement des matières législatives et qui délimitent ainsi le contenu possible de la loi. Certes, quelques autres articles de la Constitution (art. 66, alinéa 2, sur la sauvegarde de la liberté individuelle, art. 72, alinéa 2, sur la libre administration des collectivités territoriales, etc.) renvoient aussi à des lois mais ils pouvaient paraître assez négligeables dans la mesure où l'article 34 contenant déjà des positions très proches sinon identiques, il était permis de penser qu'ils faisaient double emploi avec lui. Il reste que l'existence d'un critère matériel était certaine et ses contours bien délimités.

1699. Le Conseil constitutionnel veillait d'ailleurs très strictement, lorsqu'il était saisi, à ce que la loi porte bien sur des matières législatives au sens de l'article 34 [1] ou, beaucoup plus exceptionnellement, d'un autre article de la Constitution [2]. Cette jurisprudence s'accordait très bien avec le caractère propre du Conseil, lequel apparaissait à l'époque comme un organe régulateur de compétences veillant à protéger l'exécutif des immixtions éventuelles du législatif.

c) Deuxième période : la loi est définie par ces mêmes critères mais avec un notable élargissement et une plus grande imprécision du critère matériel

1700. Deux facteurs vont intervenir qui modifient sensiblement le contenu de la définition précédente. L'un tient à l'évolution de la jurisprudence du Conseil constitutionnel, l'autre à une analyse plus attentive des textes constitutionnels. C'est pourquoi, à partir de 1973, et bien que l'existence du critère matériel ne soit pas à proprement parler remise en cause, les implications qu'on en peut tirer quant à la définition de la loi apparaissent fort différentes.

---

1. Les formules utilisées par le Conseil constitutionnel, qui vise constamment l'article 34, sont significatives. C'est ainsi que le législateur n'est pas habilité à légiférer « dans une matière qui n'est pas au nombre de celles réservées à sa compétence par l'article 34 de la Constitution » (Décis. n° 62-18 L du 18 janv. 1962, *Rec.*, p. 31) et qu'il doit demeurer dans le cadre « des principes fondamentaux (ou) des règles que l'article 34 de la Constitution a réservé à la compétence du législateur » (Décis. n° 69-54 L du 10 juin 1969, *Rec.*, p. 26).

2. Ces décisions sont peu nombreuses. Cependant, pour une référence à l'article 74 de la Constitution, cf. Décis. n° 65-34 du 2 juill. 1965, *Rec.*, p. 5.

L'évolution de la jurisprudence du Conseil constitutionnel trouve son point de départ dans sa décision bien connue du 16 juillet 1971[1] lorsqu'il décide pour la première fois de procéder à un contrôle au fond de la conformité de la loi à la Constitution et plus précisément à son Préambule. Il est clair que ce faisant le Conseil constitutionnel allait très au-delà des problèmes plus limités de la délimitation des compétences législatives et réglementaires. Dès lors la voie était ouverte pour ajouter à l'énumération de l'article 34 de nouvelles matières législatives procédant non seulement d'autres articles de la Constitution (ce qu'il avait toujours fait) mais aussi des normes visées par le Préambule, c'est-à-dire de la Déclaration de 1789, des principes fondamentaux reconnus par les lois de la République et du Préambule de 1946. Le pas décisif est franchi par une décision du 28 novembre 1973 déclarant que la matière des contraventions et des peines qui leur sont applicables est législative lorsque les dites peines comportent des mesures privatives de liberté[2]. Cette décision ne pouvait prendre appui sur l'article 34 puisque la matière des contraventions et des peines qui leur sont applicables ne figure pas dans l'énumération dudit article par suite d'une omission qui semble délibérée, les crimes et les délits étant eux, expressément visés[3]. Il a suffi au Conseil constitutionnel, pour aller bien au-delà de l'article 34, de viser également l'article 66 et surtout le Préambule.

1701. Louis Favoreu et Loïc Philip observaient que la rédaction qui a été finalement adoptée pour l'article 37 : « Les matières autres que celles qui sont du domaine de la loi ont un caractère réglementaire », comportait une modification très importante par rapport à la rédaction initialement envisagée et qui était : « Les matières autres que celles visées à l'article 31 (devenu l'article 34) ont un caractère réglementaire ». Cette modification paraît bien confirmer, en effet, que les constituants – bien qu'ils aient probablement agi de manière très empirique – n'ont pas voulu limiter le domaine législatif aux seules matières énumérées par l'article 34. C'est une justification supplémentaire de la jurisprudence précitée du Conseil constitutionnel.

Il s'ensuit deux conséquences importantes.

D'une part, il est clair que les matières législatives vont au-delà de l'énumération de l'article 34. En réalité, le Conseil constitutionnel peut, en interprétant le Préambule et les normes auxquelles il se réfère, en étendre la liste assez largement et s'il n'abuse pas des possibilités qui sont les siennes, il n'en reste pas moins que le domaine législatif est loin d'être aussi étroitement délimité et assigné qu'on avait pu le croire. Plus précisément encore, les frontières de ce domaine s'estompent dans la mesure où elles dépendent de la jurisprudence à venir du Conseil constitutionnel.

D'autre part, la définition de la loi va désormais comporter, tout comme la détermination de son domaine, et pour les mêmes raisons, une marge importante d'imprécision. La loi apparaît comme l'acte voté par le Parlement selon la procédure législative

---

1. Décis. n° 71-44 DC du 16 juill. 1971, *Rec.*, p. 29.
2. Décis. n° 73-80 L du 28 nov. 1973, *Rec.*, p. 75.
3. La décision du 28 novembre 1973 est d'autant plus significative qu'elle marque un revirement complet de la jurisprudence du Conseil constitutionnel. Celui-ci avait, en effet, décidé lorsqu'il prenait pour principal appui l'article 34, que « la détermination des contraventions et des peines dont celles-ci sont assorties est de la compétence réglementaire » (Décis. n° 63-22 L du 19 févr. 1963, *Rec.*, p. 27).

et portant soit sur l'une des matières législatives énumérées par l'article 34 soit sur une matière déclarée législative par la jurisprudence et tout particulièrement par celle du Conseil constitutionnel. Mais il est évident que cette seconde partie de la définition est par nature assez fuyante.

d) Troisième période : le retour à la définition organique

1702. Dans ces conditions, le critère matériel ne subsistait que dans la mesure où le législateur demeurait dans l'obligation de ne légiférer que sur des matières législatives même si on pouvait regretter l'imprécision de leurs limites. En effet, on pouvait penser qu'une loi comportant des dispositions à caractère non législatif – et par conséquent ne satisfaisant pas au critère matériel – serait exposée à la censure du Conseil constitutionnel, saisi en application de l'article 61, alinéa 2, soit par les organes de la majorité – en principe le président de la République, le Premier ministre, le président de l'Assemblée nationale – soit par le président du Sénat, soit par les groupes d'opposition réunissant les signatures de 60 parlementaires.

1703. Le Conseil constitutionnel, par une décision du 30 juillet 1982, a adopté une position sensiblement différente [1]. Il considère, en effet, en se référant aux articles 37, alinéa 2, et 41 qui ouvrent au Gouvernement des procédures pour faire respecter le partage des compétences législatives et réglementaires, que le domaine réglementaire a été institué au profit du seul Gouvernement, que les parlementaires n'ont donc pas à invoquer devant le Conseil le fait qu'une loi comporte certaines dispositions à caractère non législatif, qu'au demeurant « la Constitution n'a pas entendu frapper d'inconstitutionnalité une disposition de nature réglementaire contenue dans une loi ».

Certes, cette décision ne fait pas disparaître le domaine réservé au législateur par la Constitution, avec son noyau central sûr, à savoir l'article 34, et sa périphérie plus incertaine. Mais elle montre que le critère de la loi est sans lien avec son contenu et ne comporte donc aucun élément matériel puisque avec l'accord du Gouvernement – renonçant, par exemple, à utiliser l'article 41 ou déposant sciemment un projet comportant des dispositions non législatives – la loi peut porter sur des matières réglementaires sans qu'aucune censure soit encourue.

Or l'existence d'un élément de critère ne peut dépendre de la volonté du Gouvernement, d'autant que ce dernier est le principal auteur de la loi : admettre une autre position reviendrait à reconnaître au Gouvernement la possibilité de faire varier au coup par coup les critères de la loi. Il est donc préférable de s'en tenir à la seule définition organique, étant tout de même observé que celle-ci ne fait pas obstacle, en l'occurrence, à l'existence d'un domaine réglementaire opposable au législateur par le Gouvernement si ce dernier en a la volonté. La loi n'en doit pas moins être définie comme l'acte voté par le Parlement selon la procédure législative [2].

---

1. Décis. n° 82-143 DC du 30 juill. 1982, *Rec.*, p. 57.

2. À noter que pour tenir compte de la concurrence et de l'autorité supérieure des normes communautaires, la définition pourrait être complétée ainsi : dans l'espace de libre création normative dont disposent les autorités de la République mais sous réserve de l'intervention prioritaire des instances communautaires, la loi est l'acte voté par le Parlement selon la procédure législative. Cf. P. Pactet, « La loi, permanence et changements », in *Mélanges R. Chapus*, Montchrestien, 1992, p. 503.

C. Les caractéristiques des lois parlementaires

1704. Il ressort de la jurisprudence du Conseil constitutionnel, interprétant la Constitution, qu'un certain nombre d'obligations pèsent sur le Parlement lorsqu'il exerce son pouvoir législatif.

a) Le législateur ne peut adresser au Gouvernement une injonction d'avoir à proposer des mesures législatives

1705. Il est arrivé que le Parlement vote une loi faisant obligation au Gouvernement de prendre – par exemple, pour l'adaptation d'un plan de développement économique – un ensemble cohérent de mesures nécessitant le dépôt de projets de lois. Le Conseil constitutionnel estime qu'une telle loi est contraire à la Constitution, qu'elle ne peut trouver aucune base juridique dans l'article 34 et qu'elle serait en contradiction avec le droit d'initiative des lois conféré au Premier ministre par l'article 39 [1].

b) Le législateur ne peut se lier lui-même dans l'exercice de sa compétence législative

1706. Le Conseil constitutionnel a expressément rappelé que « le législateur ne peut lui-même se lier, qu'une loi peut toujours et sans condition, fût-ce implicitement, abroger ou modifier une loi antérieure ou y déroger ». À la vérité, ce principe traditionnel allait de soi mais il n'est pas mauvais qu'il ait été énoncé avec autant de netteté. Il s'ensuit que si une loi réserve au Gouvernement l'initiative législative dans un secteur déterminé, ces dispositions « sont dépourvues de tout effet juridique et ne peuvent limiter en rien le droit d'initiative du Gouvernement et des membres du Parlement, qu'elles ne sauraient pas davantage empêcher le vote dans l'avenir de lois contraires auxdites dispositions [2] ».

Dans le même esprit, une loi parlementaire peut parfaitement modifier une loi référendaire à valeur de loi ordinaire [3].

c) Le législateur détermine des principes et fixe des règles

1707. Il faut d'abord entendre par là – ce sont les termes mêmes de l'article 34 – que la loi doit avoir un contenu normatif, c'est-à-dire qu'elle doit, en principe, viser impersonnellement, anonymement, ses destinataires et, bien sûr, produire des effets de droit. Dans le cas contraire, le Parlement peut désormais opter pour le vote de résolutions. Cette innovation de la loi constitutionnelle du 23 juillet 2008 apparaît à l'article 34-1 de la Constitution qui prévoit que : « Les assemblées peuvent voter des résolutions dans les conditions fixées par une loi organique ». Cette nouvelle catégorie d'actes votés par le Parlement devrait permettre de mieux faire le départ entre les lois, ayant par principe un contenu normatif, et les simples résolutions, ayant elles une portée essentiellement symbolique. On sait que cette difficulté a surgi à propos de ce qu'on a appelé les « lois mémorielles ».

---

1. Décis. n° 78-102 DC du 17 janv. 1979, *Rec.*, p. 26.
2. Décis. n° 82-142 DC du 27 juill. 1982, *Rec.*, p. 52.
3. Décis. n° 89-265 DC du 9 janv. 1990, *Rec.*, p. 12.

1708. Si on se fie à la lettre du texte, le législateur devrait disposer d'une compétence plus étendue lorsqu'il fixe des règles (l'autorité réglementaire n'ayant plus qu'à préciser les dernières modalités d'application) que lorsqu'il doit déterminer les principes fondamentaux (l'autorité réglementaire devant alors organiser leur mise en œuvre et préciser les modalités d'application [1]).

En pratique, il n'en est rien. Cette distinction, respectée dans les premières années du régime, a complètement disparu. Qu'il s'agisse de fixer les règles ou de déterminer les principes, le législateur et l'autorité réglementaire interviennent dans les mêmes conditions, l'un en premier, l'autre en second.

D. Les lois d'origine ou à procédure spécifique

1709. Les lois d'origine spécifique, et qui comportent également une procédure spéciale, sont les *lois constitutionnelles,* qui ont pour auteur les organes titulaires du pouvoir constituant dérivé, et les lois *référendaires*, qui ont pour auteur le peuple.

Les lois à procédure spécifique recouvrent principalement les lois organiques mais il faut aussi évoquer les lois de finances et les lois de financement de la Sécurité sociale, qui sont certes des lois parlementaires ou ordinaires, mais qui font tout de même l'objet d'une procédure spéciale.

1710. Les *lois organiques* sont des mesures d'application de la Constitution, dont certains articles renvoient expressément à des lois de ce type pour préciser certaines modalités de mise en œuvre. Elles peuvent prendre leur origine dans un projet ou une proposition et elles sont votées dans les conditions habituelles sous les trois réserves énoncées dans l'article 46 de la Constitution : 1°) pour toutes les lois organiques, un délai de quinze jours est obligatoire entre le dépôt du texte et son vote par la première assemblée saisie ; 2°) dans les mêmes conditions mais à l'exception des lois organiques relatives au Sénat, la procédure de l'article 45 est applicable mais l'Assemblée nationale ne pourra statuer seule et définitivement qu'à la majorité absolue de ses membres ; 3°) pour les seules lois organiques relatives au Sénat, l'article 45 n'est pas applicable et le texte doit en être voté dans les mêmes termes par les deux assemblées, ce qui est reconnaître, en la matière, un véritable droit de veto au Sénat, particulièrement important lorsqu'il s'agit, par exemple, de voter les lois organiques relatives à certaines modalités de l'élection des sénateurs (mais non pas au mode de scrutin, qui relève curieusement de la loi ordinaire et non pas de la loi organique).

Il faut ajouter d'une part, que les lois organiques sont, en application de l'article 61, obligatoirement soumises au Conseil constitutionnel ce qui leur confère, en principe, un « brevet de constitutionnalité », d'autre part, que leurs prescriptions s'imposent au législateur [2].

1711. Les *lois de finances* déterminent la nature, le montant et l'affectation des ressources et des charges de l'État, compte tenu de l'équilibre financier qu'elles définissent [3]. La plus importante est la loi de finances de l'année, c'est-à-dire le budget, dont

---

1. Décis. n° 63-23 DC du 19 févr. 1963, *Rec.*, p. 29.
2. Décis. n° 85-202 DC du 16 janv. 1986, *Rec.*, p. 14.
3. L'article 47 relatif aux lois de finances renvoie à une loi organique, qui a été prise par ordonnance du 2 janvier 1959, à laquelle se substitue progressivement la loi organique du 1er août 2001.

le projet doit être déposé en premier sur le bureau de l'Assemblée nationale, à l'ouverture de la session ordinaire désormais unique, laquelle a lieu le premier jour ouvrable d'octobre. Les particularités de la procédure portent surtout sur les délais qui sont imposés aux assemblées. En effet, conformément aux dispositions de l'article 47, le Parlement doit se prononcer dans un délai de soixante-dix jours, faute de quoi les dispositions du projet pourraient être mises en vigueur par ordonnances du Gouvernement. Dans le cadre de ce délai global, l'Assemblée nationale doit se prononcer en première lecture dans un délai de quarante jours [1]. Le texte est alors transmis au Sénat qui a vingt jours pour se prononcer à son tour en première lecture. Ensuite le projet revient devant l'Assemblée et, si des désaccords subsistent, le Gouvernement met en œuvre l'article 45 en déclarant l'urgence. Il ne reste plus, en effet, que quelques jours aux deux assemblées pour parvenir à une solution commune. On observera que l'obligation imposée au Parlement de respecter des délais aussi brefs alors qu'il s'agit d'examiner un dossier particulièrement complexe réduit sensiblement ses possibilités de contrôle.

1712. Les *lois de financement de la Sécurité sociale* introduites dans l'article 34 par la loi constitutionnelle du 22 février 1996 sont soumises, en vertu de l'article 47-1 nouveau de la Constitution, à une procédure étroitement inspirée de celle applicable aux lois de finances. Les projets sont présentés en premier lieu à l'Assemblée nationale qui a vingt jours pour se prononcer en première lecture, à la suite de quoi le Sénat est saisi et dispose de quinze jours pour se prononcer à son tour. En cas de désaccord, le Gouvernement peut mettre en œuvre l'article 45. Si le Parlement ne s'est pas prononcé dans un délai de cinquante jours, les dispositions du projet peuvent être mises en vigueur par ordonnances du Gouvernement. Le processus d'examen est donc très proche de celui des lois de finances, le Gouvernement joue dans les deux cas un rôle essentiel, simplement les délais sont plus courts pour le financement de la Sécurité sociale.

E. Les textes en forme ou à valeur législative

1713. Les textes en *forme législative* sont des textes organiquement législatifs, parce qu'ils ont été votés par le Parlement selon la procédure législative, mais dont certaines dispositions sont matériellement réglementaires, parce qu'elles ne relèvent pas du domaine de la loi. Bien entendu, il faut supposer que la loi a été votée sur l'initiative ou avec l'accord du Gouvernement. Mais l'article 37, *in fine,* confère au Gouvernement la possibilité de s'adresser au Conseil constitutionnel, même longtemps après la promulgation du texte, pour lui demander de constater le caractère réglementaire des dispositions soumises et pouvoir ainsi les modifier par règlement. Il faut considérer que ces textes en forme législative sont des lois puisqu'ils ont été votés par le Parlement, promulgués par le président de la République et que, jusqu'à ce que le Conseil constitutionnel se soit prononcé, ils en présentent tous les caractères, étant insusceptibles de recours contentieux.

---

1. Si l'Assemblée ne respecte pas le délai de quarante jours, le gouvernement saisit directement le Sénat de son texte initial, avec les seuls amendements votés par l'Assemblée nationale et acceptés par lui, le Sénat doit alors statuer dans un délai de quinze jours (art. 47).

1714. Les textes à *valeur législative* sont des textes organiquement réglementaires, parce qu'ils ont été pris par une autorité exécutive, mais matériellement législatifs, parce qu'ils portent sur des matières législatives et modifient d'ailleurs les lois existantes. Il s'agit essentiellement des décisions prises en matière législative par le président de la République en période d'application de l'article 16 et des ordonnances prises par le Gouvernement lorsqu'il y est autorisé par le Parlement en application de l'article 38, à condition que le projet de loi portant ratification ayant été déposé en temps utile, les ordonnances aient été effectivement ratifiées, expressément ou implicitement. Ce ne sont évidemment pas des lois au sens exact du terme.

F. La loi et ses aménagements possibles outre-mer

1715. On sait déjà que les collectivités territoriales d'outre-mer ne disposent pas du pouvoir législatif, réservé par l'article 34 de la Constitution au Parlement à la seule exception des « lois du pays » autorisées en Nouvelle-Calédonie. Sur ce point la révision constitutionnelle du 28 mars 2003 n'a rien changé et se borne à conférer aux collectivités territoriales d'outre-mer un pouvoir réglementaire « renforcé » dont on peut estimer, en fonction de la jurisprudence du Conseil constitutionnel, qu'elles l'avaient déjà.

En revanche, la révision de 2003 s'est efforcée de rompre avec la rigidité et l'uniformité antérieures et d'introduire au profit de l'outre-mer une plus grande souplesse. Elle y a, semble-t-il, réussi mais au prix d'une assez grande diversité et complexité des situations possibles.

1716. On retiendra d'abord que l'expérimentation, pour un objet et une durée limités, est désormais permise. Toutes les collectivités territoriales situées outre-mer, quelles qu'elles soient, peuvent s'en prévaloir et, aux termes de l'article 72, « déroger… aux dispositions législatives ou réglementaires qui régissent l'exercice de leurs compétences ». Il suffit qu'un texte législatif ou réglementaire l'ait prévu.

1717. Pour les départements et régions d'outre-mer, en principe assimilés aux collectivités de l'hexagone, si les lois et les règlements sont applicables de plein droit, des adaptations sont possibles, décidées par ces collectivités elles-mêmes, à condition qu'elles portent sur des matières de leur compétence ou qu'elles y soient autorisées par le législateur (cf. art. 73). Ce dernier peut aussi les habiliter à fixer elles-mêmes les règles applicables sur leur territoire dans un nombre limité de matières relevant du domaine de la loi ou du règlement. Il sera ainsi tenu compte des spécificités et des contraintes propres à ce territoire. Cependant, l'article 73 exclut de cette possibilité les matières d'intérêt national (politique étrangère, défense, sécurité, etc.) ou sensibles (droits civiques, libertés publiques, etc.), en clair, ce que l'on a coutume d'appeler les « compétences régaliennes ».

1718. Pour les autres collectivités, toutes à statut particulier en pratique, la gamme des aménagements possibles est encore plus diversifiée. Elle va, en application de l'article 74, de la consultation préalable des collectivités intéressées sur les projets ou propositions de lois qui les concernent aux mesures d'extension avec adaptation par le Gouvernement pour les matières relevant de la compétence de l'État, toujours après consultation préalable. S'agissant de collectivités bénéficiant d'une très large autonomie

– essentiellement la Polynésie française – l'assemblée délibérante peut d'une part, fixer des règles générales justifiées par des nécessités locales et d'autre part, modifier une loi promulguée après l'entrée en vigueur du statut de la dite collectivité si le Conseil constitutionnel a préalablement reconnu que la matière traitée entrait dans son domaine de compétence [1].

II. Le domaine de la loi

1719. Il faut examiner non seulement l'étendue du domaine législatif proprement dit mais aussi la protection dont il peut faire l'objet – ou non – lorsqu'il se pose des problèmes de concurrence avec les normes communautaires ou des problèmes de frontières avec le domaine réglementaire.

A. L'étendue du domaine législatif

1720. Identifié au début du régime aux matières énumérées par l'article 34 de la Constitution, le domaine législatif n'a cessé de s'étendre et de progresser bien au-delà de ses limites initiales.

a) Le domaine législatif par détermination directe de la Constitution

1721. C'est évidemment l'article 34 qui représente le noyau initial et principal du domaine législatif mais il faut aussi tenir compte de quelques autres dispositions constitutionnelles.

On sait que l'article 34 comporte trois longues énumérations de matières, à la lecture attentive desquelles on ne peut que renvoyer, tout en rappelant qu'il n'y a pas lieu de faire une distinction entre celles pour lesquelles le législateur détermine des principes et celles pour lesquelles il fixe des règles. Les dispositions de l'article 34 ont été complétées par la loi constitutionnelle du 22 février 1996 ainsi que par celle du 23 juillet 2008. Par ailleurs, ce même article dispose *in fine* que ses dispositions pourraient être « précisées et complétées par une loi organique ». Jusqu'à présent aucune loi organique n'est intervenue à cette fin mais on observera au passage ce que cette disposition a d'insolite dans la mesure où elle prévoit qu'une loi organique pourrait ajouter à la Constitution sans que la procédure de révision soit observée.

1722. Il est à peine besoin de souligner toute l'importance et le caractère novateur de l'article 34. En effet, il marque le terme de l'évolution amorcée sous la Quatrième République par la loi du 17 août 1948 et la conduit à son terme en délimitant, avec l'autorité d'un texte constitutionnel, la part principale et irréductible du domaine législatif. C'est cet article qui a pu faire croire, durant les quinze premières années de la Cinquième République, que la loi devait être définie non plus organiquement mais matériellement. On sait que cette erreur a été rectifiée et que s'il existe

---

1. Pour un premier cas d'application de ce nouveau chef de compétence du Conseil constitutionnel, cf. Décis. n° 2007-1 LOM du 3 mai 2007, *Compétence fiscale en Polynésie française*. Dans cette affaire, le Conseil a d'ailleurs jugé que le législateur national n'avait pas empiété sur la compétence réservée aux autorités locales polynésiennes.

un domaine réservé au législateur ou, si on préfère, un domaine minimal qui ne pourrait être réduit que par une révision constitutionnelle, l'article 34 ne fait aucunement obstacle aux extensions de ce domaine évoquées ci-après.

Il faut auparavant rappeler que l'article 34 n'est nullement exclusif et que d'autres dispositions constitutionnelles font état de matières attribuées au législateur, notamment les articles 53, 66, 72.

b) Le domaine législatif par intervention du Conseil constitutionnel interprétant la Constitution

1723. Il appartient au Conseil constitutionnel d'interpréter, lorsqu'il est saisi, le texte de la Constitution et ce faisant il peut être amené à attribuer au législateur une compétence que ce texte ne faisait pas clairement apparaître.

Un exemple particulièrement éclairant a été fourni dans les années soixante-dix par la jurisprudence du Conseil constitutionnel attribuant compétence au législateur en matière de contraventions lorsqu'elles étaient punies – jusqu'en 1993 – de peines privatives de liberté [1] (et non pas seulement d'amendes). Pourtant, si on s'en tient à la seule lecture, qui paraît claire, de l'article 34, il semble bien que seuls les crimes et délits et les peines qui leur sont applicables relèvent de la compétence du Parlement. Le Conseil constitutionnel n'en a pas moins estimé, à juste titre, qu'il fallait combiner les dispositions de l'article 34 avec celles de l'article 66 et surtout avec les normes auxquelles renvoie le Préambule et notamment avec la Déclaration de 1789 : s'agissant de peines privatives de liberté, l'intervention du législateur devenait indispensable, alors même qu'elles s'appliquaient à des contraventions délibérément passées sous silence par l'article 34 [2].

1724. En réalité, il arrive souvent que le Conseil constitutionnel supplée le silence de l'article 34, qui ne peut avoir tout prévu. C'est ainsi que par un revirement de jurisprudence significatif, il a décidé que le législateur serait seul compétent, dans les domaines qui lui sont réservés par la Constitution, pour faire précéder la décision de l'autorité administrative de l'avis d'une commission même si celle-ci a été créée par voie réglementaire. Ce revirement a manifestement été inspiré par une interprétation, d'ailleurs justifiée, des principes généraux de répartition des compétences, faute de texte précis.

c) L'extension du domaine législatif par les volontés concordantes du Gouvernement et du législateur

1725. Il s'agit des hypothèses, qui ne sont pas rares, d'empiétement du législateur sur le domaine réglementaire. Avec la connivence du Gouvernement et de sa majorité, une loi peut comporter des dispositions relevant en principe de l'autorité réglementaire, qu'elle prenne son origine dans une proposition ou, plus souvent, dans un projet. L'accord du Gouvernement est absolument indispensable car en cas d'empiétement, il est seul habilité à agir pour faire respecter son domaine réglementaire. S'il s'en abstient, l'extension de la

---

1. Les peines privatives de liberté ont été supprimées pour les contraventions par le nouveau Code pénal de 1994.

2. Décis. n° 73-80 L du 28 nov. 1973, *Rec.*, p. 45, cons. 10 à 12.

compétence législative est acquise, sous réserve d'un éventuel recours ultérieur à l'article 37, alinéa 2, (cf. décision précitée du Conseil constitutionnel du 30 juillet 1982).

d) L'extension du domaine législatif réalisée par la révision du 22 février 1996

1726. Le champ ouvert au Parlement est considérable, puisque la révision de 1996 fait désormais entrer dans le domaine législatif la surveillance et le contrôle des « conditions générales de l'équilibre financier de la Sécurité sociale ». Bien que, en matière budgétaire, les dépenses conditionnent traditionnellement les recettes, il est cette fois prévu que c'est compte tenu des prévisions de recettes que la loi de financement fixera annuellement les objectifs de dépenses. La réforme est incontestablement ambitieuse.

B. La protection du domaine législatif

1727. Il importe de sous-distinguer entre les cas où le législateur reste en deçà de sa compétence et ceux où il l'excède.

a) L'incompétence négative du législateur

1728. Si le Gouvernement veut prendre un règlement lorsqu'une loi serait nécessaire (ce qui est peu probable), il ne peut en être empêché par le Parlement. Aucune procédure n'existe permettant à ce dernier de saisir le Conseil constitutionnel, ni habilitant celui-ci à statuer. Le règlement entre en application et il faut attendre, pour qu'il soit annulé, qu'un administré ait saisi d'un recours pour excès de pouvoir le Conseil d'État et que celui-ci se soit prononcé. Le contrôle n'intervient donc que sur l'initiative des citoyens et exige souvent un délai considérable.

En revanche, une protection peut être assurée au domaine législatif dans des cas assez exceptionnels, plus précisément si le législateur, en adoptant une loi, méconnaît l'étendue de sa compétence et confère à l'autorité réglementaire des pouvoirs excessifs et notamment celui d'intervenir dans le domaine législatif (en dehors de l'article 38). Le Conseil constitutionnel peut alors être saisi et il lui est loisible de censurer les dispositions qui permettent à l'autorité réglementaire d'empiéter sur le domaine de la loi [1]. En effet, il ressort de sa jurisprudence que « le législateur ne saurait restreindre sa compétence [2] ».

Il doit être bien souligné que dans le cas présent, le législateur pêche par insuffisance, il reste en deçà des limites de son domaine et autorise – ce qu'il n'a pas le droit de faire – l'autorité réglementaire à y intervenir à sa place. Dans le cas ci-après, à l'inverse, le législateur excède son domaine et empiète sur celui de l'autorité réglementaire.

b) Les empiétements du législateur sur le domaine réglementaire

1729. Ils posent des problèmes différents selon que le Gouvernement s'y oppose ou selon qu'il les accepte.

---

1. Cf. C. G. Schmitter, « L'incompétence négative du législateur », *AIJC*, vol. V, 1989, p. 137.
2. Décis. n° 93-322 DC du 28 juill. 1993, *Rec.*, p. 204 ; cf. également : Décis. n° 91-291 DC du 6 mai 1991, *Rec.*, p. 40.

1730. ***Le Gouvernement s'y oppose.*** On suppose d'une part, que des propositions de lois (et éventuellement des amendements) sont déposées, par des parlementaires de l'opposition, et peut-être même de la majorité, portant sur des matières estimées à tort ou à raison comme non législatives par le Gouvernement, d'autre part, que ce dernier veut réagir et s'y opposer. Le seul problème qui se pose est un problème de protection du domaine réglementaire. Or cette protection est fort bien assurée, comme on aura l'occasion de le montrer. Le Gouvernement peut stopper net ces tentatives en opposant aux propositions (ou aux amendements) l'irrecevabilité prévue par l'article 41. Il peut aussi, en présence d'une loi déjà promulguée s'adresser au Conseil constitutionnel, en application de l'article 37, alinéa 2, pour lui demander de procéder au déclassement des dispositions matériellement réglementaires du texte considéré.

Il faut souligner qu'au cours des quinze premières années d'existence de la Cinquième République les gouvernements qui se sont succédé ont veillé avec beaucoup de vigilance et de fermeté à ce que le législateur ne sorte pas du domaine qui lui était assigné.

1731. ***Le Gouvernement les accepte.*** Le Gouvernement peut aussi accepter que le législateur légifère sur des matières non législatives. En effet, il peut estimer plus rapide et plus efficace de déposer un projet de loi que de prendre un règlement. Il peut ainsi considérer favorablement une proposition de loi déposée par un membre de la majorité et traitant, pour certaines de ses dispositions, de matières réglementaires. Il faut même dire que de tels textes – ce qui est évident pour les projets mais ce qui ne l'est guère moins pour les propositions – ne peuvent aboutir que si le Gouvernement intervient de manière positive, notamment pour les faire venir en discussion devant les assemblées (car on ne peut guère imaginer qu'une proposition soit inscrite à l'ordre du jour sans que le Gouvernement fasse preuve de complaisance, en dépit des quelques facilités prévues par la révision de 1995).

Le problème qui se pose n'est plus un problème de protection du domaine réglementaire (puisque le Gouvernement prend l'initiative de l'empiétement, en tout cas y consent et même l'encourage) c'est un problème de validité de la loi qui sera votée en méconnaissance des dispositions constitutionnelles relatives à la répartition des compétences entre le législateur et le Gouvernement. En effet, on pourrait parfaitement concevoir que la loi soit déférée – par exemple par 60 parlementaires de l'opposition – au Conseil constitutionnel avant sa promulgation, en application de l'article 61, et que le Conseil constate qu'elle est contraire à la Constitution et par conséquent insusceptible d'être promulguée.

Le Conseil constitutionnel a effectivement eu à se prononcer mais il l'a fait dans un sens différent. L'importante décision déjà citée du 30 juillet 1982 reconnaît la constitutionnalité d'une loi empiétant sur le domaine réglementaire[1]. Le raisonnement du Conseil constitutionnel est particulièrement intéressant car il est tout à fait significatif de l'évolution considérable intervenue dans la conception que l'on s'est fait des domaines respectifs de la loi et du règlement. Ce partage a d'abord été entendu – et appliqué – avec une grande rigueur puis avec de plus en plus de souplesse.

---

1. Décis. n° 82-143 DC du 30 juill. 1982, *Rec.*, p. 57.

Section 2
Les règlements

1732. Les règlements émanent du pouvoir exécutif ou des autorités administratives qui lui sont rattachées. On examinera les critères, le domaine et l'autorité du règlement.

I. Les critères du règlement

1733. Il faut proposer une définition du règlement et examiner quelles sont les autorités investies du pouvoir réglementaire.

A. La définition du règlement

1734. Elle associe un élément organique parce que le règlement est une décision unilatérale des autorités exécutives ou rattachées et un élément matériel parce que le règlement comporte obligatoirement des dispositions visant anonymement une catégorie de personnes. Le règlement peut donc être défini comme un acte pris unilatéralement par des autorités exécutives ou administratives, présentant un caractère exécutoire et comportant des dispositions à portée générale et impersonnelle.

On observera que, contrairement à ce qui se passe pour la loi, la définition du règlement n'a pas été affectée par la Constitution de 1958. Il faut ajouter que si les lois font l'objet d'une promulgation par le président de la République avant d'être publiées, les règlements font simplement l'objet d'une publication dont la forme peut varier mais qui prend pour les règlements des autorités exécutives proprement dites celle d'une publication au *Journal officiel.*

B. Les autorités investies du pouvoir réglementaire

1735. Il s'agit des autorités présidentielle, gouvernementales et administratives mais il faut mettre l'accent sur le chef de l'État et sur le chef du Gouvernement, qui sont les plus importantes.

C'est le Premier ministre qui, en dépit de la prééminence habituelle du chef de l'État sous la Cinquième République, dispose, en vertu de l'article 21 du pouvoir réglementaire de droit commun. Ses décrets doivent être contresignés, le cas échéant, par les ministres chargés de leur application, cette formule devant être entendue au sens strict[1]. Le président de la République dispose également du pouvoir réglementaire puisque, aux termes de l'article 13, il doit signer les décrets délibérés en Conseil des ministres, lesquels doivent être contresignés par le Premier ministre et par les ministres responsables[2].

Les ministres ont également un pouvoir réglementaire qu'ils tirent de leur qualité de chef responsable d'un département et qui, parfois, leur vient aussi d'un texte

---

1. Un ministre qui aurait participé à la préparation du décret mais qui n'est pas chargé de l'appliquer ne contresigne pas. Si le Premier ministre est seul chargé de l'exécution, il n'y aura pas de contreseing.

2. Ce sont les ministres ayant participé à titre principal à la préparation du décret et qui sont également chargés de l'application.

législatif leur conférant certaines compétences dans un secteur précis. Ce pouvoir est toujours limité à ce qui fait l'objet spécifique du département et en principe, c'est-à-dire sous réserve de dérogations législatives finalement assez nombreuses, il n'a pas d'effets directs sur le public.

Les préfets et les maires en tant qu'organes déconcentrés de l'État disposent d'un pouvoir réglementaire qui leur vient soit de délégations législatives, et elles sont très nombreuses, soit de leur qualité de chef responsable des services dont ils ont la charge.

C. Les collectivités territoriales disposent aussi d'un pouvoir réglementaire

1736. Ce pouvoir leur a été clairement reconnu par la révision constitutionnelle du 28 mars 2003 qui a modifié l'article 72, alinéa 3. C'est une nouveauté par rapport au texte de 1958. Cependant ce dernier comportait déjà la formule – reprise en 2003 – selon laquelle « ces collectivités s'administrent librement par des conseils élus ». Le Conseil constitutionnel en a récemment tiré diverses conséquences confirmant l'existence d'un pouvoir réglementaire encadré : d'une part, ce pouvoir ne peut s'exercer que dans la limite des compétences dévolues aux collectivités, il ne doit porter aucune atteinte aux libertés publiques non plus qu'à leurs garanties, ni mettre en cause le pouvoir réglementaire que le Premier ministre tient de l'article 21 et qui doit évidemment prévaloir.

II. Le domaine du règlement

1737. Compte tenu des problèmes de frontières qui se posent inévitablement, on examinera ce domaine et sa protection.

A. L'étendue du domaine réglementaire

1738. Il s'agit ici du domaine réglementaire des autorités exécutives, président de la République et Premier ministre.

Longtemps on a considéré que l'exécutif était appelé à intervenir dans deux domaines différents : d'une part, il était autorisé, en application de l'article 37, alinéa 2, à prendre des règlements dits autonomes « dans les matières autres que celles qui sont du domaine de la loi », d'autre part, il pouvait aussi, en vertu du « pouvoir réglementaire » et du pouvoir d'assurer « l'exécution des lois » qui lui sont reconnus par l'article 21, prendre des règlements dits d'application des lois et se situant par conséquent dans le cadre de l'article 34 et plus généralement du domaine législatif.

1739. Actuellement cette distinction est devenue obsolète en droit constitutionnel. D'une part, et depuis l'origine, c'est un même régime juridique qui a toujours été appliqué aux règlements dits autonomes et aux règlements dits d'application. D'autre part, cette distinction n'est plus conciliable avec la jurisprudence du Conseil constitutionnel qui admet les empiétements du législateur sur le domaine réglementaire par nature, dès lors qu'ils ne suscitent pas d'opposition de la part du Gouvernement : à partir du moment où il n'y a plus de limites fixes et permanentes entre matières législatives et matières réglementaires, on ne voit pas comment il pourrait exister une catégorie spécifique de règlements autonomes [1].

1740. En réalité, la jurisprudence du Conseil a recréé l'unité du pouvoir réglementaire en assignant aux articles 37 et 21 une signification différente de celle qu'on leur avait initialement attribuée. Selon cette signification, l'article 37 détermine l'étendue du pouvoir réglementaire, qui s'exerce tout naturellement, et comme cela a toujours existé, lorsque le législateur n'est pas, ou pas encore, intervenu et aussi, parce que c'est indispensable, lorsqu'il est intervenu, pour préciser les modalités d'application des lois [2]. L'article 21, pour sa part, détermine l'autorité investie du pouvoir réglementaire général, à savoir le Premier ministre.

Dans ces conditions, et de même qu'il faut faire justice de l'opinion avancée dans les premières années d'existence du régime, selon laquelle le législateur ne disposerait que de compétences d'attribution, il n'est pas possible de dire que le Gouvernement dispose, par référence à l'article 37, d'une compétence normative de droit commun. Le Conseil constitutionnel se montre beaucoup plus nuancé et subtil lorsqu'il déclare que la Constitution « a voulu, à côté du domaine réservé à la loi, reconnaître à l'autorité réglementaire un domaine propre [3] ». Ce qui revient à dire, comme il a été indiqué, qu'il existe entre le domaine législatif réservé et le domaine réglementaire propre un espace qui peut être *revendiqué* par l'autorité réglementaire ou *occupé* par le législateur, en fonction de la position adoptée dans chaque cas d'espèce par le Gouvernement et, bien évidemment, de la jurisprudence du Conseil constitutionnel.

B. La protection du domaine réglementaire

1741. Elle est efficacement assurée pour peu que le Gouvernement veuille user des armes dont il dispose.

En effet, si le Parlement tente de légiférer sur une matière non législative, le Gouvernement va pouvoir le stopper net. Dès le dépôt de la proposition et lors des débats, il peut opposer l'irrecevabilité prévue par l'article 41 et, en cas de désaccord, saisir le Conseil constitutionnel.

1742. Même après la promulgation, si par erreur le Gouvernement a laissé adopter une loi qui excède les limites de l'article 34, il n'est pas désarmé pour autant : il peut encore faire constater par le Conseil constitutionnel que le texte intervenu a matériellement un caractère réglementaire et il est alors autorisé à le modifier par des décrets réglementaires (art. 37, alinéa 2, *in fine*). Notons enfin qu'il était aussi nécessaire de rétablir dans le domaine réglementaire les textes législatifs, très nombreux, intervenus avant 1958 sur des matières non prévues à l'article 34. C'est ce que fait l'article 37, alinéa 2 en autorisant le Gouvernement à modifier ces textes par décrets pris après avis du Conseil d'État.

---

1. Dans le même sens, cf. L. Favoreu, « Les règlements autonomes n'existent pas », *RFDA* n° 2, 1987, p. 871.

2. Décis. n° 76-94 DC du 2 déc. 1976, *Rec.*, p. 67 : « Considérant que la Constitution, en son article 34, réserve au législateur la fixation des règles concernant les droits civiques… et laisse, en vertu de son article 37, au pouvoir réglementaire le soin d'édicter les mesures nécessaires pour l'application de ces règles ».

3. Décis. n° 82-143 DC du 30 juill. 1982.

C. Les empiétements du Gouvernement sur le domaine législatif

1743. On exclura bien entendu, les extensions temporaires de la compétence réglementaire autorisées par le législateur en application de l'article 38.

Sous cette réserve, il est clair que le Gouvernement peut, dans l'exercice des pouvoirs réglementaires qu'il tient de l'article 37, prendre par inadvertance, erreur ou volonté délibérée des règlements portant sur des matières habituellement considérées comme législatives. C'est l'empiètement-type, destiné à se prolonger un certain temps car le Conseil d'État même s'il est saisi d'un recours pour excès de pouvoir par un citoyen lésé, ne se prononcera pas avant des mois et parfois un ou deux ans. Il a déjà été indiqué que la protection du domaine législatif est mal assurée.

III. L'autorité du règlement

1744. Il faut examiner successivement l'autorité juridique du règlement et son contrôle juridictionnel.

A. L'autorité juridique du règlement

1745. Comme les lois, les règlements ont force exécutoire et s'imposent donc aux autorités administratives chargées de les appliquer, ainsi qu'aux citoyens lorsque ceux-ci en sont les destinataires directs.

Les différences avec les lois n'en sont pas moins nombreuses. Outre le fait que les règlements font l'objet d'une publication et non d'une promulgation, il existe entre eux une hiérarchie qui n'existe pas entre les lois ordinaires. Cela tient à ce que les lois sont toujours l'œuvre d'un même auteur, le Parlement, alors que les règlements émanent d'autorités exécutives très diversifiées et très hiérarchisées. Cette hiérarchie a pour conséquence que les règlements émanant d'autorités situées à un niveau inférieur de la hiérarchie doivent, en principe, ne pas contrevenir aux dispositions réglementaires prises par une autorité supérieure, à condition évidemment que les uns et les autres se situent dans une même matière ou dans un même secteur de compétences. Encore faut-il tenir compte de la marge parfois importante de liberté d'action, c'est-à-dire de compétence discrétionnaire, qui peut être laissée par certains textes à l'autorité administrative placée au bas de la hiérarchie. Cependant, la différence la plus importante, de beaucoup, entre l'autorité juridique des règlements et celle des lois concerne l'existence, pour les seuls règlements, d'un contrôle juridictionnel ouvert aux citoyens.

B. Le contrôle juridictionnel des règlements

1746. On évoquera les actions contentieuses possibles et les modalités du contrôle exercé par le Conseil d'État.

a) Les actions contentieuses possibles

1747. Le règlement peut toujours faire l'objet d'un recours devant la juridiction administrative, tout administré y ayant intérêt pouvant déférer au Conseil d'État par la voie du recours pour excès de pouvoir les règlements du président de la République et du Premier ministre. D'autre part, les administrés peuvent aussi, si un règlement est invoqué à leur encontre au cours d'un procès, soulever devant la juridiction saisie, sous certaines conditions, une exception d'illégalité visant ce règlement, et cela devant les juridictions judiciaires comme devant les juridictions administratives. Les règlements sont donc bien des actes contestables, dont le contrôle est efficacement assuré par le juge sur l'initiative des citoyens.

Cependant, ce contrôle devient moins efficace lorsqu'il s'agit de censurer des règlements empiétant sur le domaine de la loi car les recours n'ont pas d'effet suspensif et, même si l'annulation est ultérieurement obtenue, l'application du règlement pendant une période plus ou moins longue risque d'avoir créé une situation irréversible.

b) Le contrôle du Conseil d'État

1748. La position du Conseil d'État est évidemment capitale car il lui appartient de se prononcer en dernier ressort sur la validité des règlements, au contraire du Conseil constitutionnel qui ne connaît que des lois. Cette position appelle les deux observations suivantes.

D'une part, le Conseil d'État n'a pas hésité, dès le tout début de la Cinquième République à admettre la recevabilité des recours dirigés contre les règlements pris en application de l'article 37 et qui ne procédaient pas d'un texte législatif préexistant [1]. Comme il n'y a jamais eu d'incertitude quant à la possibilité de former un recours contre un règlement d'application d'une loi, ce sont bien tous les règlements pris par des autorités exécutives qui se trouvent justiciables du Conseil d'État.

D'autre part, alors que le Conseil constitutionnel assimile – de manière indirecte, dans sa jurisprudence relative à la loi – les règlements ne procédant pas d'un texte législatif et les règlements d'exécution des lois, le Conseil d'État procède à un contrôle légèrement différencié de ces deux sortes de règlements dans la mesure où il ne peut confronter les premiers à des lois par hypothèse inexistantes ni les seconds à la Constitution compte tenu de l'interposition de la loi-écran [2]. Il est vrai que cette jurisprudence fait l'objet de discussions critiques et il est de fait que le Conseil d'État s'efforce de procéder dans chaque cas d'espèce à une appréciation de la validité des règlements qui ne s'embarrasse pas de théories *a priori* et qui tend à réduire le rôle de la loi-écran [3]. Il reste, cependant, que sa jurisprudence continue à la prendre en considération [4]. De toute manière, les différences qui peuvent subsister quant au contrôle exercé ne sont pas véritablement significatives et ne remettent nullement en cause l'unité du pouvoir réglementaire.

---

1. CE 26 juin 1959, *Syndicat général des ingénieurs-conseils*, *S.* 1959, p. 202, note Drago, *D.* 1959, p. 541, note L'Huillier, *RDP* 1959, p. 1004, concl. Fournier.

2. R. Chapus, *Droit administratif général*, tome 1, 15e éd., Montchrestien, 2001.

3. L. Favoreu, « Les règlements autonomes n'existent pas », *RFDA* 1987, p. 871.

4. CE 2 févr. 1983, *Union des transports publics urbains et régionaux, RDP* 1984, p. 212, note J.-M. Auby. En l'occurrence, l'inconstitutionnalité tenait à ce que la loi, en renvoyant à un règlement d'application, lui confiait le soin de prendre des mesures en matière législative. Le Conseil constitutionnel n'ayant pas été saisi en temps utile, le Conseil d'État a admis la validité du texte réglementaire d'exécution de la loi.

Section 3

Les ordonnances

1749. Elles prennent la suite des décrets-lois des Républiques précédentes mais alors que ces décrets-lois étaient d'une constitutionnalité douteuse, les ordonnances prises dans les conditions définies par l'article 38 de la Constitution sont d'une régularité juridique qui, *a priori*, ne souffre plus de discussion. Cet article permet, en effet, au Parlement d'étendre temporairement par une loi d'habilitation la compétence réglementaire du Gouvernement qui se trouve ainsi autorisé, dans des secteurs bien déterminés, à modifier par ordonnances des lois existantes. Les ordonnances sont des actes organiquement exécutifs et matériellement législatifs.

Si les ordonnances prévues par l'article 38 sont de loin beaucoup plus importantes, on ne doit pas oublier qu'il existe deux autres catégories d'ordonnances, prévues par les articles 47 et 74-1 de la Constitution.

I. Les conditions d'adoption des ordonnances de l'article 38

1750. Aux origines de l'application de la Constitution de 1958, si on excepte la période transitoire de l'installation du régime, l'article 38 de la Constitution était mis en œuvre avec parcimonie. Jusque dans les années 1980, il arrivait que, durant plusieurs années, aucune ordonnance ne soit publiée. Les choses ont beaucoup changé depuis lors, avec une nette accélération à compter des années 2000. Ainsi, durant la période allant de 1984 à 2003, 29 lois contenant des mesures d'habilitation ont été adoptées. Celles-ci ont conduit à la publication de 155 ordonnances, dont 98 ont été effectivement ratifiées. De 2004 à 2013, cette fois, c'est 98 lois contenant des mesures d'habilitation qui ont pu être adoptées. Elles ont conduit à la publication de 357 ordonnances, 304 d'entre elles étant finalement ratifiées.[1]. Ce phénomène est évidemment très inquiétant car, alors même que l'on se situe en période de concordance des majorités présidentielle et parlementaire, il traduit une défiance à l'égard du principe même de la démocratie représentative et plus immédiatement une dégradation supplémentaire du partage des compétences entre l'autorité réglementaire et l'autorité législative, pour tout dire une banalisation de ce qui s'apparente à une forme de confusion des pouvoirs au profit de l'exécutif.

A. L'autorisation législative

1751. Aux termes de l'article 38, le « Gouvernement peut, pour l'exécution de son programme, demander au Parlement l'autorisation de prendre par ordonnances, pendant un délai limité, des mesures qui sont normalement du domaine de la loi ». Plusieurs conditions sont requises.

---

1. *Les ordonnances prises sur le fondement de l'article 38 de la Constitution,* Division des lois et de la légistique, Direction de la séance, Publications du Sénat, 2014.

a) Les conditions relatives au vote de la loi

1752. Il faut une loi d'autorisation émanant du Parlement, cette loi étant adoptée selon la procédure législative habituelle, ce qui implique que le Gouvernement peut notamment faire application, au cours de cette procédure, des dispositions de l'article 45, pour surmonter les objections éventuelles du Sénat, et de l'article 49, alinéa 3, pour faire pression sur l'Assemblée nationale en associant son sort à celui de la loi d'autorisation [1].

b) Les conditions relatives à l'étendue de l'habilitation

1753. Aux termes de l'article 38, c'est pour faciliter au Gouvernement « l'exécution de son programme » que le législateur l'autorise à prendre des « mesures qui sont normalement du domaine de la loi ». S'agissant du programme visé par l'article 38 le Conseil constitutionnel a eu l'occasion de préciser qu'il n'y avait pas lieu de l'assimiler au programme visé dans le premier alinéa de l'article 49 et qu'il devait être entendu « comme faisant obligation au Gouvernement d'indiquer avec précision... quelle est la finalité des mesures qu'il se propose de prendre [2] ». Ajoutons qu'il ressort de cette même décision que la mise en œuvre de l'article 38 peut impliquer, le cas échéant, « des circonstances imprévues » ou une situation « requérant des mesures d'urgence ». Il convient cependant de ne pas restreindre à de telles hypothèses l'application de l'article 38, qui est d'une portée plus générale et ne semble pas limiter la liberté du Gouvernement de solliciter l'autorisation de prendre des ordonnances.

S'agissant des matières législatives sur lesquelles peuvent porter les ordonnances, le Conseil constitutionnel veille à ce qu'elles soient fixées avec une précision suffisante. Si celle-ci laisse à désirer, il n'hésite pas à utiliser la technique des décisions de conformité sous réserves et à énoncer lui-même les précisions qui lui paraissent nécessaires et que le Gouvernement devra par conséquent observer, sous le contrôle éventuel du Conseil d'État [3]. Finalement, la marge de libre appréciation laissée au Gouvernement se trouve très sensiblement réduite.

c) Les conditions relatives aux délais impartis au Gouvernement

1754. Il y a deux délais successifs : 1°) L'autorisation accordée étant temporaire, la loi doit fixer un premier délai qui est celui pendant lequel le Gouvernement est autorisé à prendre des ordonnances ; 2°) L'intervention du Gouvernement dans le domaine législatif étant, en principe, soumise à contrôle ultérieur par le Parlement, la loi doit également prévoir un second délai, nécessairement plus long que le premier et qui est celui imparti au Gouvernement pour déposer devant les assemblées le projet de loi de ratification.

---

1. Il faut cependant noter que la loi référendaire promulguée à l'issue de la consultation populaire du 8 avril 1962 (sur les accords d'Évian) autorisait le président de la République à prendre par ordonnances les mesures nécessaires à l'application desdits accords.

2. Décis. n° 76-72 DC du 12 janv. 1977, *Rec.*, p. 31.

3. La décision du Conseil constitutionnel n° 86-208 DC des 1er et 2 juillet 1986 (loi relative à l'élection des députés et autorisant le gouvernement à délimiter par ordonnance les circonscriptions électorales) est tout à fait représentative de cette technique.

d) L'exigence jurisprudentielle de respect de la Constitution

1755. Cette exigence va de soi et s'applique à la loi d'habilitation comme à toute autre loi. Mais le Conseil constitutionnel va plus loin et rappelle que la loi d'habilitation ne saurait « avoir ni pour objet ni pour effet de dispenser le Gouvernement, dans l'exercice des pouvoirs qui lui sont conférés en application de l'article 38 de la constitution, du respect des règles et principes de valeur constitutionnelle » (Décis. n° 86-208 des 1er et 2 juill. 1986), ce qui lui permet de développer son contrôle sur les matières visées et sur les pouvoirs conférés par la loi.

B. L'édiction des ordonnances

1756. Avant tout, les ordonnances doivent être prises dans le délai imparti au Gouvernement pour ce faire. Quant à la forme, elles doivent avoir fait l'objet d'un avis du Conseil d'État, avoir été délibérées en Conseil des ministres, porter le contreseing du Premier ministre et des ministres responsables, être revêtues de la signature du président de la République[1].

C'est ce dernier point qui a suscité des controverses en 1986. Le président de la République a, en effet, revendiqué le droit de refuser sa signature, s'appuyant, semble-t-il, sur l'article 13.1 aux termes duquel il « signe les ordonnances et les décrets délibérés en Conseil des ministres ». Or s'agissant des décrets, il a certainement la maîtrise de sa signature et il paraît logique d'adopter la même position à l'égard des ordonnances citées dans le même article et la même phrase et qui, comme les décrets, sont publiés (et non promulgués) et qui sont susceptibles de recours devant le Conseil d'État.

Sans méconnaître la valeur de ces arguments, il faut signaler qu'ils se heurtent à de graves objections. Pour les décrets, il n'y a rien que de très normal à ce que le président, qui participe à l'exercice du pouvoir exécutif concurremment avec le Premier ministre, dispose d'une compétence discrétionnaire. Il n'en est pas de même pour les ordonnances qui sont des actes matériellement législatifs. Les ordonnances portent sur des matières législatives et qui ne cessent pas de l'être pendant la durée de l'habilitation. Elles ne peuvent d'ailleurs être ultérieurement modifiées que par des lois. Admettre le refus de signature du président, c'est le faire participer personnellement à l'exercice du pouvoir législatif auquel le Gouvernement seul est habilité par le Parlement en vertu de l'article 38. Or le président n'a jamais aucune compétence discrétionnaire en matière législative, sauf en cas d'application de l'article 16 mais alors sur habilitation expresse. C'est là une raison de fond qui devrait normalement conduire à refuser au président cette compétence discrétionnaire mais force est de constater que le précédent de 1986, qui n'a pas été contesté par le Gouvernement de l'époque, est en sens contraire[2].

---

1. Si, à l'occasion du contrôle exercé sur la loi d'habilitation, le Conseil constitutionnel a énoncé un certain nombre de prescriptions concernant le contenu des futures ordonnances, il va de soi que le gouvernement devra en tenir compte (Décis. n° 86-208 DC des 1er et 2 juill. 1986, *Rec.*, p. 78). Il appartiendra ensuite au Conseil d'État de veiller, sur recours pour excès de pouvoir, au respect de ces prescriptions.

2. Cf. dans le même sens, avec une argumentation complète et précise : Y. Gaudemet, « Sur l'abus ou sur quelques abus de la législation déléguée », in *Mélanges P. Pactet*, Dalloz, 2003, p. 617.

II. Le régime juridique des ordonnances de l'article 38

1757. Ce sont des actes de l'autorité réglementaire mais portant sur des matières qui, normalement, sont législatives. Elles tirent de cette distorsion entre leur auteur et leur contenu un caractère hybride qui affecte leur existence juridique. Celle-ci est rythmée par les deux délais prévus par la loi d'autorisation : le délai imparti pour prendre les ordonnances (premier délai) et le délai imparti pour déposer le projet de loi de ratification (second délai).

A. De la publication des ordonnances à l'expiration du premier délai

1758. Elles ont la valeur d'actes réglementaires, bien qu'à contenu matériellement législatif, c'est-à-dire qu'elles sont publiées et non pas promulguées, qu'elles entrent immédiatement en vigueur, qu'elles sont susceptibles de recours et annulables par la juridiction administrative. Rien ne s'oppose à ce que le Gouvernement modifie une ordonnance par une nouvelle. Mais le Parlement ne peut légiférer sur les matières qui ont fait l'objet de l'autorisation accordée au Gouvernement et, s'il s'y essayait, se verrait opposer l'irrecevabilité prévue par l'article 41.

B. De l'expiration du premier délai à l'expiration du second

1759. Les ordonnances qui ont été publiées conservent leur valeur réglementaire. Le Gouvernement ne peut plus prendre de nouvelles ordonnances puisque l'autorisation qui lui avait été accordée a pris fin. À l'égard des ordonnances déjà prises, il ne peut pas davantage, et pour la même raison, modifier celles de leurs dispositions qui ont un contenu législatif. Quant au Parlement, il recouvre sa compétence normale à l'égard des matières qui avaient été temporairement soustraites à son contrôle. On est donc en présence d'une catégorie d'actes à valeur réglementaire, susceptibles en tant que tels d'annulation par la juridiction administrative, mais dont les dispositions matériellement législatives ne peuvent plus être modifiées que par la loi et non par le règlement. On observera cependant – et c'est très important – que le recours pour excès de pouvoir, s'il est possible, ne sera déclaré recevable par le Conseil d'État que s'il a été formé dans le délai du recours contentieux.

C. Après l'expiration du second délai

1760. À la date limite fixée pour le dépôt du projet de loi de ratification, une alternative se présente : ou bien le Gouvernement a omis d'effectuer ce dépôt en temps utile et les ordonnances prises deviennent caduques, ou bien il a fait ce dépôt. S'il en est ainsi, trois possibilités sont à considérer : 1°) le Parlement n'aura jamais à se prononcer parce que le projet, bien que déposé, ne sera jamais inscrit à l'ordre du jour et ne viendra donc jamais en discussion : les ordonnances demeurent ce qu'elles sont, c'est-à-dire des actes à valeur réglementaire avec les conséquences indiquées au paragraphe précédent [1]; 2°) le Parlement, appelé à en débattre, refuse la ratification : les ordonnances

---

1. Dans ce cas de figure particulier, le Conseil constitutionnel dans une décision n° 2020-843 QPC du 28 mai 2020 a encore ajouté à la complexité de l'ensemble en acceptant de contrôler par la voie deviennent caduques ; 3°) le Parlement ratifie les ordonnances – qu'il peut d'ailleurs modifier – en les visant ou en s'y référant dans un texte législatif. Elles prennent alors, une pleine valeur législative, ce qui les soustrait à tout contrôle juridictionnel [1].

III. Les ordonnances des articles 47 et 47-1 et de l'article 74-1 de la Constitution

1761. Elles constituent deux catégories bien distinctes n'ayant d'autre point commun que d'être prises par le Gouvernement.

L'article 47 dispose depuis 1958 que si le Parlement ne s'est pas prononcé, comme il y est tenu, dans un délai de soixante-dix jours sur le projet de loi de finances de l'année – en réalité le budget – les dispositions de ce dernier peuvent être mises en vigueur par le Gouvernement par ordonnance. Ce texte témoigne d'une méfiance à l'égard du Parlement manifestement héritée des Républiques précédentes. En réalité, les gouvernements de la Cinquième République assurés presque toujours d'une vraie majorité n'ont guère eu besoin de l'article 47. Cette mesure de précaution n'en a pas moins été étendue par la révision du 22 février 1996 aux lois de financement social qui font l'objet de l'article 47-1.

1762. L'article 74-1 dispose que dans les collectivités d'outre-mer visées à l'article 74 – c'est-à-dire autres que les départements et régions d'outre-mer – et en Nouvelle-Calédonie, le Gouvernement peut, dans les matières de la compétence de l'État, étendre par ordonnances, avec les adaptations nécessaires, les dispositions de nature législative en vigueur dans la métropole. Les ordonnances sont prises en Conseil des ministres après avis des assemblées délibérantes intéressées et du Conseil d'État.

► Bibliographie

Sur les lois et les règlements

G. Burdeau, « Le déclin de la loi », in *Archives Phil. dr.* 1963, p. 35.

J.-C. Car, *Les lois organiques de l'article 46 de la Constitution du 4 octobre 1958*, Economica-PUAM, 1999.

R. Chapus, *Droit administratif général,* tome 1, Montchrestien, 15e éd., 2001.

L. Favoreu, « Les règlements autonomes existent-ils ? », in *Mélanges G. Burdeau*, LGDJ, 1977.

L. Favoreu, « Les règlements autonomes n'existent pas », *RFDA* n° 2, 1987, p. 771.

A. Haquet, *La loi et le règlement,* LGDJ, coll. « Systèmes », Paris, 2007.

B. Mathieu, *La loi*, 3e éd., Dalloz, 2010.

É. Oliva, *L'article 41 de la Constitution du 4 octobre 1958*, Economica, 1997.

---

de questions prioritaires de constitutionnalité une ordonnance non ratifiée (donc, en principe un acte de valeur réglementaire) à la condition que le délai de ratification soit expiré. Le Conseil constitutionnel a clairement fait primer ici le fond (la nature législative) sur la forme (le caractère de loi).

1. Le gouvernement peut cependant saisir le Conseil constitutionnel, au titre de l'article 37, alinéa 2, pour lui demander de constater que certaines dispositions d'une ordonnance ayant acquis valeur législative sont matériellement réglementaires.

N. Poulet-Gibot Leclerc, *La place de la loi dans l'ordre juridique interne*, PUF, 1992.

J. Tremeau, *La réserve de loi. Compétence législative et Constitution*, Economica, 1997.

M. Verpeaux, *La naissance du pouvoir réglementaire (1789-1799)*, PUF, 1991.

Sur les ordonnances

C. Boyer-Merentier, *Les ordonnances de l'article 38 de la Constitution du 4 octobre 1958*, Economica-PUAM, 1996.

P. Delvolvé, « L'été des ordonnances », *RFDA* n° 5, 2005, p. 909.

Y. Gaudemet, « Sur l'abus ou sur quelques abus de la législation déléguée », in *Mélanges P. Pactet*, Dalloz, 2003, p. 617.

A.-M. Le Pourhiet, *Les ordonnances. La confusion des pouvoirs en droit public français*, LGDJ, 2011.

Index analytique

Les chiffres renvoient aux numéros des paragraphes.

D

E

Table des matières

TITRE 2

LE FONCTIONNEMENT DES RÉGIMES ÉTRANGERS CONTEMPORAINS

SECONDE PARTIE

DROIT CONSTITUTIONNEL FRANÇAIS

TITRE 1

LES INSTITUTIONS FRANÇAISES DE 1789 À 1958

TITRE 2

LA CINQUIÈME RÉPUBLIQUE